운영체제 기본 개념의 이해

Operating Systems: A Concept-Based Approach

Dhananjay M. Dhamdhere 지음

김성조 · 류연승 · 서대화 · 이금석
조병호 · 최의인 · 최태영 · 편기현 옮김

Mc Graw Hill

TEXT BOOKS
텍스트북스

The McGraw-Hill Companies

Operating Systems : A Concept-Based Approach, 1st Edition.

1 2 3 4 5 6 7 8 9 10 Textbooks 20 11

Original : Operating Systems : A Concept-Based Approach, 1st Edition.
By Dhananjay M. Dhamdhere.
ISBN 978-0-07-295769-3

This book is exclusively distributed by Textbooks.

When ordering this title, please use ISBN 978-89-93543-21-6

Printed in Korea

차 례

3장 운영체제의 개요 *Overview of Operating Systems* 55

4장 운영체제의 구조 *Structure of Operating Systems* 87

2부 프로세스 관리 *Process Management* 115

4부 파일 시스템과 I/O 관리

저자 서문

목적

운영체제 학습에 있어, 첫 과정의 주 목적은 운영체제의 기본적인 개념과 기술들에 대한 이해를 진전시키는 것이다. 대부분의 학생들은 인터넷을 통해 운영체제에 관한 많은 정보를 가지고 있지만, 운영체제에 대한 기본 개념은 부족하다. 이러한 현실은 운영체제 개념에 대한 교육을 쉽지 않은 작업으로 만든다. 왜냐하면 이미 지식을 가진 학생들에게는 몇몇 개념들을 지루하지 않게 설명해야 하며, 처음 접한 학생들에게도 같은 방식으로 설명하되 겁을 주지 않아야 하기 때문이다. 이 책은 이러한 요구사항들을 반영하여 운영체제 개념 및 기술에 대해 설명한다.

일반적인 접근

이 책은 무엇이 운영체제를 움직이는가에 대한 핵심적인 지식을 쌓는 것으로 시작한다. 운영체제는 컴퓨터 시스템과 사용자 사이에서, 사용자에게 좋은 품질을 제공하고 컴퓨터 시스템의 효율적 사용을 돕는 중개자이다. 운영체제와 컴퓨터 간 그리고 운영체제와 사용자 연산 간 상호작용에 대한 논의는 중개자라는 관점을 강화하고 실제적인 세부 사항을 그러한 관점에 추가한다. 이러한 접근은 새로운 독자뿐 아니라 관련 지식을 갖춘 숙련된 독자들에게도 운영체제를 이해하기 쉽게 해준다. 또한 운영체제 학습을 위해 반드시 필요한 컴퓨터 아키텍처의 중요한 특징들 역시 강조된다.

이 책의 대부분은 유사한 접근법을 따른다. 각 장에서는 운영체제의 몇몇 기능과 관련된 기본적인 개념을 알아보며, 컴퓨터 아키텍처의 의미 있는 요소들과 운영체제 기술을 설명한다. 그리고 예제를 통해 그들의 동작을 명확하게 보여준다. 이러한 접근법의 인상적인 점은 다음과 같다.

- 기본적인 개념들이 쉬운 용어로 소개된다.
- 기술과 개념 간의 연관성이 쉽게 파악된다.
- 개념과 기술을 보여 주기 위한 수많은 예제가 포함된다.

- 구현 세부 사항과 사례 연구들이 본문 내 작은 단위(capsules)로 구성(organize)된다.
- 추가적인 절들이 교착상태 정의, 커널 메모리 할당, 동기화 및 멀티프로세서 시스템에서의 스케줄링, 파일 공유 의미론, 그리고 파일 시스템의 신뢰성 등과 같은 차원 높은 주제를 위해 할당된다.

교육적 요소

- **이 책의 사전검토** 1장의 마지막 절은 전체적인 운영체제 기법, 각 장에서 다루는 주제, 그리고 각 장과 다른 장의 상호 관련성 속에서 각 장의 중요성을 설명함으로써 학습에 대한 동기를 부여하는 이 책의 간단한 사전검토(preview)이다.
- **부(Part) 소개** 각 부의 내용을 설명하고, 부에 속한 장들의 지침을 제공하는 소개로 시작한다.
- **장(Chapter) 소개** 각 장의 목적과 장에서 다루는 주제들을 설명함으로써 독자에게 동기를 부여한다.
- **그림 및 표** 각 장에는 특정 운영체제 기능의 기본적인 개념과 기술을 실증하는 개념에 기반한 그림이 있다. 이러한 그림들은 이 책 학습의 필수적인 부분이다. 다른 그림들은 특정 기술의 실질적인 방식 혹은 단계적인 연산 과정 등 전통적인 목적을 위해 사용된다. 표는 특정 주제에 대한 개요 및 요약을 제공함으로써 학습에 중요한 역할을 한다.
- **예제** 예제들은 논의되고 있는 중요한 개념 및 기술과 관련된 주요 이슈를 보여준다. 예제가 본문과 분리될 수 있도록 다른 방식으로 조판(typeset)되었다. 따라서 독자가 생각의 흐름를 방해받고 싶지 않다면, 특히 장을 처음 읽을 때는 예제를 건너뛸 수도 있다.
- **프로그램 코드** 프로그램 코드는 이해하기 쉬운 의사코드(pesudocode) 형식으로 제공된다.
- **병행** 시스템의 스냅샷 학생들은 소프트웨어 시스템상에서 병행하는 움직임들을 가시화하는 데 어려움을 겪으며, 이로 인해 프로세스 동기화를 충분히 이해하기 힘들다. 스냅샷은 다른 움직임과 병행 시스템상에서 움직임의 전체적인 뷰를 제공하는 자료로 표현된다.
- **사례 연구** 사례 연구는 특정 운영체제 기능의 설계 및 구현에 있어 실질적인 문제, 방식, 그리고 균형을 강조하는 장에 포함된다. 우리는 유닉스, 리눅스, 솔라리스, 그리고

윈도우 운영체제를 통해 자유롭게 설명한다. 리눅스 2.6이나 윈도우 Vista 같은 특정 버전의 특징을 논의할 때를 제외하면 유닉스, 리눅스, 솔라리스, 그리고 윈도우는 그저 참조만 할 뿐이다.

- **개념 테스트** 객관식 질문들이 각 장의 마지막에 제공되어, 독자가 그 장에서 제시된 개념들을 얼마나 이해했는지 테스트할 수 있다.
- **연습문제** 연습문제는 각 장의 마지막에 포함된다. 연습문제는 이해도 시험뿐만 아니라 심도 있는 이해를 제공하는 개념적 질문과, 교재에서 다룬 내용에 기반하여 숫자로 나타낸 문제 역시 포함한다.
- **요약** 각 장의 마지막에 포함된 요약은 다루어진 주요 주제와 그들의 상호관계를 강조한다.
- **강사 재원** 자세한 솔루션 매뉴얼과 강의용 슬라이드가 제공된다.

이 책의 구성

효과적인 운영체제 학습을 위해 이 책은 4개의 부로 구성된다. 각 부와 장들 간의 상호의존성은 다음 페이지의 그림을 통해 나타냈다. 각 부의 자세한 내용은 다음과 같다.

- **1부: 개요** 1부는 4개의 장으로 구성된다. 1장 서론은 사용자 편리성, 자원의 효율적인 사용, 그리고 보안 및 보호가 어떻게 운영체제의 기본적인 관심사가 되는지 논의하고, 그들의 구현에 관련된 작업들을 설명한다. 물론 전체적인 사전검토 역시 포함된다. 2장은 운영체제가 사용자 프로그램의 실행을 준비하고, 프로그램에 의해 만들어진 요구들을 처리하기 위해 어떻게 컴퓨터 하드웨어상의 요소들을 사용하는지 설명한다. 3장은 다른 종류의 운영체제들을 설명하고, 그들 각각에 의해 사용되는 기본 개념 및 기술에 대해 논의하며, 현대의 운영체제에 채용된 기술들을 열거한다. 4장은 컴퓨터 아키텍처 및 운영체제에 사용되는 컴퓨팅 환경의 변화를 채용할 수 있게 하는 운영체제 설계 방법론에 대해 설명한다.
- **2부: 프로세스 관리** 운영체제는 프로그램의 실행을 관리하는 프로세스(process)와 스레드(thread) 개념을 사용한다. 비공식적으로 프로세스와 스레드 모두 프로그램의 실행을 나타낸다. 운영체제는 언제든 다수의 프로세스를 이용하여 편리한 사용자 서비스를 제공하고, 자원이 효율적으로 사용될 수 있도록 그들을 서비스한다. 2부는 프로세스와 스레드의 관리에 관한 문제를 설명하는 6개의 장으로 구성된다. 5장에서는 어떻게 프로세스와 스레드가 생성되고, 각각의 목적 달성을 위해 어떻게 상호작용하

는지, 그리고 어떻게 그들이 운영체제에 의해 제어되는지 설명한다. 나머지 5개 장은 프로세스 동기화, 스케줄링, 교착상태, 메시지 전달, 그리고 멀티프로세서 운영체제에서의 동기화 및 스케줄링 등 구체적인 프로세스 관리를 다룬다.

- **3부: 메모리 관리** 2개의 장이 프로세스 간 메모리의 할당과 공유를 다룬다. 11장에서는 메모리가 너무 작아져서 사용할 수 없는 메모리 단편화(memory fragmentation) 문제와, 메모리 단편화를 다루는 기술 등 메모리 관리의 기초에 대해 논의한다. 12장에서는 메모리 단편화 문제를 해결하고 규모가 큰 프로그램 실행을 지원하는 가상 메모리(virtual memory)의 구현에 대해 논의한다.
- **4부: 파일 시스템** 4부는 3개의 장으로 구성된다. 13장에서는 생성, 접근, 공유, 그리고 신뢰성 있는 파일의 저장소를 위한 기능을 논의한다. 14장에서는 I/O 장치와 파일에서의 연산이 어떻게 효율적인 방법으로 구현되는지 논의한다. 15장에서는 보안과

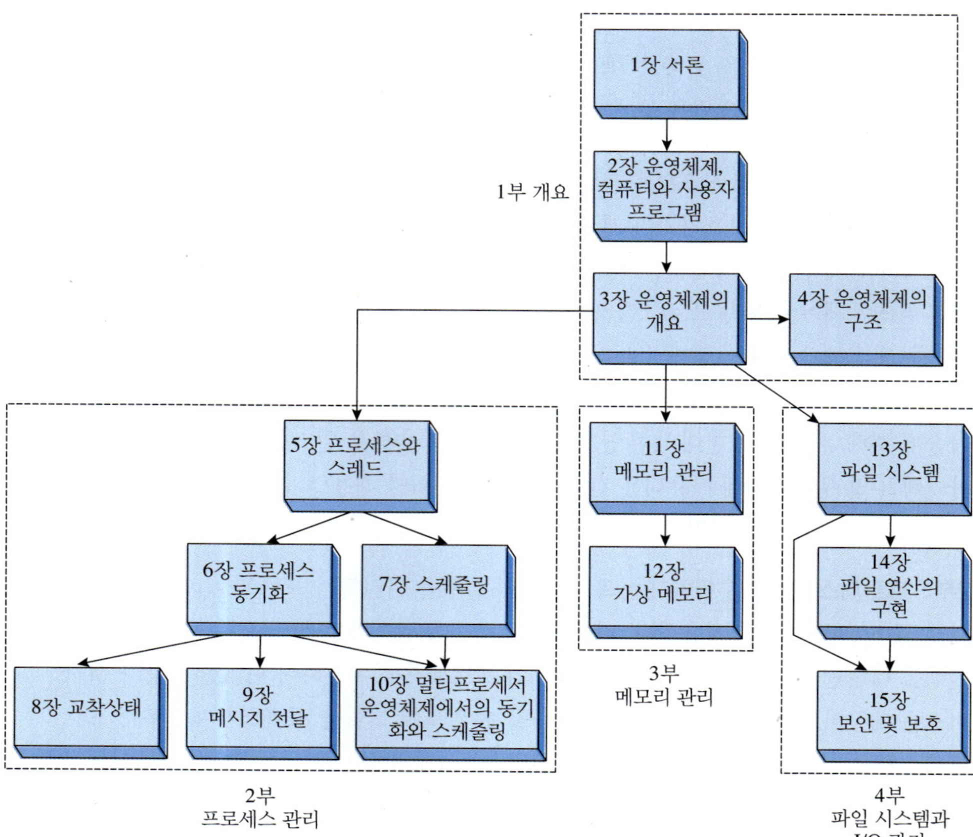

보호 기술이 어떻게 파일에 대한 불법적 형태의 접근을 막는지 논의한다.

이 책의 사용

컴퓨팅에 대한 소개와는 별도로, 이 책은 독자가 어떠한 특정 배경 지식을 갖고 있다고 가정하지 않는다. 그래서 강사와 학생들은 학생들이 이미 알고 있는 많은 소개 자료를 찾고 싶을 것이다. 이 자료는 하나의 매우 중요한 이유 때문에 포함되었다. 서두에 언급한 것처럼, 학생들은 이미 많은 것을 알고 있지만 종종 개념에 대한 이해가 부족하다. 따라서 개념에 기반한 방법으로 제공된 훨씬 친숙한 주제를 읽는 것이 유용하다. 이러한 이유로, 강사들은 강의에서 2장 및 3장, 특히 다음의 주제들을 다루는 것이 필수적이다.

- 2.2절: 메모리 계층, I/O 및 인터럽트
- 2.3절: 인터럽트 서비스와 시스템 호출
- 3.5절: 다중 프로그래밍 시스템, 특히 프로그램 혼합(mix) 및 우선순위

이 책에 포함된 모든 주제를 반 학기나 한 학기 동안의 운영체제 과정에서 다룰 수는 없다. 강사는 운영체제의 구조, 메시지 전달, 그리고 멀티프로세서 운영체제에서의 동기화 및 스케줄링 등에서 몇몇 고급 주제를 다루는 장들을 건너뛰고 싶어할 수도 있다.

역자 서문

운영체제는 컴퓨터를 전공하는 학생이라면 반드시 수강해야 하는 필수 과목이다. 시중에 운영체제에 대한 여러 책들이 나와 있으나 그 내용이 모두 다르다. 따라서 자신에게 적합한 책을 선택하기도 힘들고, 또한 공부하는 학생들에게 적합한 책을 추천하기도 쉽지 않다.

이번에 출간하는 Operating Systems A Concept-Based Approach는 IT 분야를 이끄는 인도의 한 대학에 몸담고 있는 D. M. DHAMDHERE 교수가 관련 분야 학생들을 가르치기 위해 만든 책이다. 역자 또한 대학에서 오랫동안 운영체제 강의를 하면서 학생들에게 적합한 교재가 없을까 고민하던 중 이 책을 접하게 되었다. 이 책은 운영체제의 개념과 기술에 대한 이해를 돕기 위해 운영체제와 관련된 기본적인 개념과 컴퓨터 아키텍처의 의미 있는 요소들을 설명하고 있다. 또한 다양한 예제를 통해 그들의 동작을 명확하게 보여줌으로써 기술과 개념 간의 연관성을 쉽게 파악할 수 있도록 하였다. 더불어 구현에 따른 세부사항과 사례 연구들이 자세하게 나열되어 있다.

이 책은 크게 4개의 부로 구성된다. 전반적인 개요에 해당하는 1부는 운영체제의 기본적인 관심사와, 운영체제가 사용자 프로그램의 실행을 준비하고 프로그램에 의해 만들어진 요구들을 처리하기 위해 어떻게 컴퓨터 하드웨어상의 요소들을 사용하는지와, 컴퓨터 아키텍처 및 운영체제에 사용되는 컴퓨팅 환경의 변화를 받아들일 수 있게 하는 운영체제 설계 방법론에 대해 설명한다. 2부는 프로세스 관리로, 프로세스와 스레드의 관리에 관한 문제를 논의한다. 3부는 메모리 관리로, 프로세스 간 메모리 할당과 공유에 대해 설명한다. 4부는 파일 시스템으로, 파일의 저장소를 위한 기능과 I/O 장치와 파일에서의 연산이 어떻게 효율적인 방법으로 구현되는지 논의하며, 마지막으로 보안과 보호 기술이 어떻게 파일에 대한 불법 형태의 접근을 막는지 설명한다.

이 책에 포함된 모든 주제를 한 학기 동안의 운영체제 과정에서 다루기는 어렵다. 따라서 운영체제의 구조, 메시지 전달, 그리고 멀티프로세서 운영체제에서의 동기화 및 스케줄링 등에서 몇몇 고급 주제를 다루는 장들을 건너뛰고 강의할 수도 있다.

끝으로 번역에 참가해 주신 모든 역자분들과 최종적인 감수를 맡아주신 최의인 교수님께 감사드리며, 출간을 위해 애써 주시고 꼼꼼하게 편집을 도와준 텍스트북스 관계자께 고마움을 전한다.

역자 일동

part 1

개요
Overview

운영체제는 사용자들의 연산(computational) 요구를 충족시키기 위해 CPU, 메모리, 그리고 I/O 장치와 같은 컴퓨터 시스템 자원의 사용을 제어한다. 사용자들은 편리성과 양질의 서비스를 제공받고, 다른 사용자들의 행동에 의해 방해받지 않기를 원한다. 반면 시스템 관리자들은 사용자 프로그램 실행에 있어 효율적인 컴퓨터 자원의 사용과 좋은 성능을 원한다. 이러한 다양한 기대들은 사용자 편리, 효율적인 사용, 그리고 보안 및 보호 등으로 특징지을 수 있다. 운영체제가 제공하는 사용자 편리성 혹은 효율적인 사용의 정도는 컴퓨팅 환경, 즉 컴퓨터 시스템의 하드웨어, 다른 컴퓨터와 인터페이스, 그리고 사용자들에 의해 수행되는 연산들에 의해 결정된다.

다양한 운영체제들이 서로 다른 컴퓨팅 환경을 위해 개발되었다. 우리는 이들 운영

1부의 로드 맵

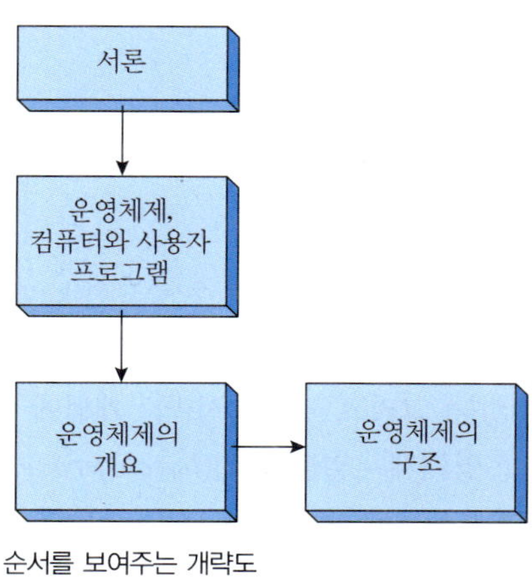

1부 장들의 교육과정에서 학습 순서를 보여주는 개략도

체제들에서 사용되는 기본적인 개념 및 기술들, 그리고 운영체제에 의해 제공되는 사용자 편리성과 효율적인 사용에 대해 설명한다. 현대의 운영체제는 기존 운영체제가 가지고 있는 기본 원리에 기반하고 있어, 대부분의 개념과 기술들은 현대의 운영체제에서도 발견된다.

현대의 운영체제는 서로 다른 아키텍처를 갖는 컴퓨터 시스템에서 사용되어야 하며, 컴퓨팅 환경의 발전에 맞춰 변화해야 한다. 우리는 운영체제를 서로 다른 컴퓨터 아키텍처상에서 구현되도록 운영체제 설계 방법론(methodologies)과 컴퓨팅 환경의 발전에 대해 설명한다.

1장: 서론

이 장에서는 어떻게 사용자들이 사용자 편리성을 인식하는지, 어떻게 운영체제가 자원의 **효율적인 사용**(*efficient use*)을 달성하는지, 그리고 어떻게 보안과 보호를 보장하는지 논의한다. 컴퓨터 시스템에 대한 **효과적인 이용**(*effective utilization*)의 이러한 개념(notion)은 특정 컴퓨팅 환경에 가장 어울리는 사용자 편리성과 효율적인 사용의 관점에서 설명한다. 프로그램 및 자원의 관리, 그리고 보안과 보호에 연관된 작업들(tasks) 역시 설명된다. 이 장의 마지막 절에서는 각 장에서 논의된 개념과 기술들, 그리고 운영체제에 있어 그들의 중요성을 설명하는 등 책의 전반적인 내용이 소개된다.

2장: 운영체제, 컴퓨터와 사용자 프로그램

이 장에서는 운영체제 및 운영체제의 성능과 관련된 컴퓨터 시스템의 하드웨어 요소들을 제시한다. 사용자 프로그램을 제어하고 프로그램 내의 I/O 연산을 수행하기 위해 어떻게 운영체제가 하드웨어 요소들을 사용하는지, 그리고 사용자 프로그램들이 운영체제와 연동(interact)하고 원하는 서비스를 얻기 위해 어떻게 하드웨어 요소들을 사용하는지 설명한다.

3장: 운영체제의 개요

이 장은 운영체제의 기초적인 원리를 다루는 매우 중요한(key) 장이다. 이 장에서는 여러 컴퓨팅 환경에서의 연산의 특성과 이러한 환경에서 사용되는 운영체제의 특징을 논의한 다음, 효율성, 시스템 성능, 그리고 사용자 서비스 개념에 대해 논의한다. 이후 절에서는 다섯 가지 종류의 운영체제—**일괄 처리**(*batch processing*), **다중 프로그래밍**(*multiprogramming*), **시분할**(*time-sharing*), **실시간**(*real-time*), 그리고 **분산 운영체제**

(distributed operating systems)—를 논의하고, 각 종류의 운영체제가 그들의 목적을 달성하기 위해 필요한 주요 개념 및 기술들에 대해 설명한다.

4장: 운영체제의 구조

운영체제의 구조는 다음 두 가지 특징을 갖는다. 즉, 코딩의 간편함 및 동작(operation)의 효율성에 기여하는 것과, 운영체제가 다른 컴퓨터에 쉽게 이식될 수 있거나 새로운 기능을 쉽게 포함하도록 구성하는 것이다. 이 장에서는 운영체제를 구조화하는 세 가지 방법에 대해 논의한다. 운영체제의 계층적 구조화는 코딩을 간편화하고, 커널 기반 구조화는 서로 다른 컴퓨터 시스템을 구현하는 데 있어 편리성을 제공하며, 마이크로커널 기반 구조화는 컴퓨팅 환경에서의 변화에 맞춰 운영체제 요소의 변경을 용이하게 할 뿐만 아니라 다른 운영체제상에서의 구현의 편리성도 제공한다.

Chapter 1

서론
Introduction

운영체제를 정의하는 방식은 아마도 사용자가 자신의 컴퓨터 시스템에서 기대하는 바에 따라 달라질 것이다. 각 사용자는 컴퓨터 시스템의 역할에 대해 사용자별로 개인적인 관점을 가지고 있다. 기술적인 용어를 사용하여 말하자면, 개별 사용자는 컴퓨터 시스템에 관한 **추상적 관점**(*abstract view*), 즉 사용자가 중요하다고 생각하는 기능들만을 고려한 관점을 가지고 있다고 말할 수 있다.

우리가 흔히 OS라고 부르는 운영체제는 사용자와 컴퓨터 시스템 간의 중개자이다. 운영체제는 컴퓨터 시스템을 통해 모든 운영체제 사용자의 추상적 관점에서 필요로 하는 서비스와 기능들을 제공한다. 운영체제는 또한 사용자의 요구사항이 변함에 따라 그 서비스와 기능들을 점진적으로 변화시킬 수 있다.

운영체제 설계자들은 컴퓨터 시스템 자원의 효율적인 사용, 사용자의 편리성, 그리고 사용자 활동들 간의 간섭 방지 등 세 가지 이슈들을 다루어야만 한다. 효과적인 사용은 컴퓨터 시스템이 특정 애플리케이션을 전담 처리하도록 할당된 경우에 더욱 중요하고 사용자 편리성은 PC에서 더욱 중요한데, 여러 사용자가 컴퓨터 시스템을 공유할 때는 위 두 가지가 똑같이 중요하다. 따라서 운영체제 설계자는 하나의 운영체제 환경에서 효율적 사용과 사용자 편리성의 적절한 조합을 위해 노력해야 한다.

지금부터는 운영체제가 어떻게 동작하는지에 대해 개괄적으로 살펴보겠다. 즉, **프로그램 관리**(*program management*) 및 **자원 관리**(*resource management*)를 위한 함수들(functions)이 어떻게 자원의 효율적인 사용과 사용자 편리성을 보장하도록 지원하는지, 그리고 **보안**(*security*)과 **보호**(*protection*)를 위한 기능들이 다른 프로그램과 자원들과의 간섭을 어떻게 방지하는지에 대해 알아보겠다.

1.1 운영체제의 추상적 관점(ABSTRACT VIEWS OF AN OPERATING SYSTEM)

"OS가 무엇이냐"와 같은 질문은 사용자의 관심에 따라 답이 다를 것이다. 예를 들어,

- 학생들에게 운영체제는 인터넷을 사용할 수 있도록 지원하는 소프트웨어이다.
- 프로그래머에게 운영체제는 컴퓨터 시스템상에서 프로그램을 개발할 수 있도록 지원하는 소프트웨어이다.
- 애플리케이션 패키지 사용자에게 운영체제는 단순히 그 패키지를 사용할 수 있도록 지원해 주는 소프트웨어이다.
- 기술자(예를 들어 컴퓨터로 자동화된 화학 공장)에게 운영체제는 공장을 제어하는 컴퓨터 시스템의 보이지 않은 하나의 구성 요소이다.

어떤 사용자는 운영체제를 단순히 컴퓨터 시스템을 원하는 대로 사용할 수 있도록 해주는 하나의 수단으로 생각한다. 학생에게 컴퓨터 시스템의 유일한 목적은 인터넷에 접속하는 것이고, 운영체제는 이것이 가능하도록 도와준다. 따라서 학생은 운영체제를 인터넷 브라우징을 위한 수단으로 생각한다. 프로그래머, 패키지 사용자, 그리고 기술자는 단순히 컴퓨터를 사용하는 것뿐만 아니라 자신들의 특별한 목적 관점에서 운영체제를 이해한다. 즉, 각자의 목적이 다르기 때문에 운영체제에 대한 각자의 견해 또한 다르다.

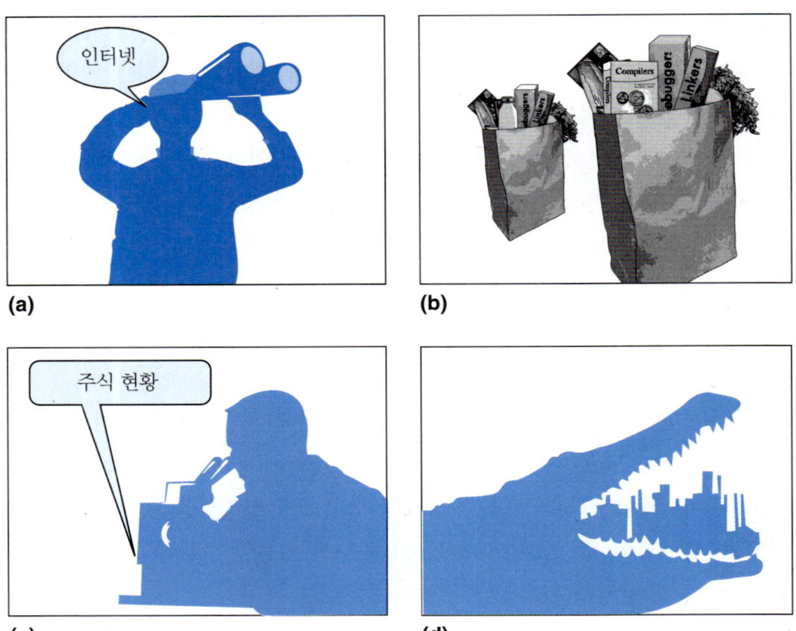

그림 1.1 운영체제의 추상적 관점: 학생, 프로그래머, 애플리케이션 사용자, 그리고 기술자

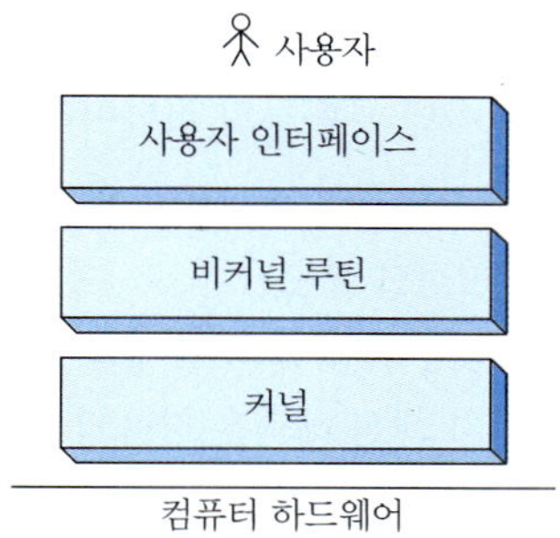

그림 1.2 운영체제 설계자의 추상적 관점

그림 1.1은 우리가 위에서 고려했던 운영체제의 네 가지 관점을 보여주고 있다. 이것들은 각 개인별 관점에서 필수적이라고 생각되는 특징들에 초점이 맞춰져 있기 때문에 추상적 관점이라고 말할 수 있다. 즉, 각각은 실재(reality)하는 것의 일부 요소(element)는 포함하나 나머지 것들은 무시한다. 학생, 애플리케이션 사용자, 그리고 기술자는 운영체제의 최종 사용자(end user)이고, 그들의 관점에 운영체제의 어떤 기능도 포함되어 있지 않다. 프로그래머의 관점은 소프트웨어 개발자의 그것과 같아, 소프트웨어 개발을 위해 필요한 운영체제의 기능이 포함된다.

운영체제 설계자는 운영체제의 구조와 구성 요소(component) 간의 관계를 보여주는 자신 만의 추상적 관점을 가지고 있다. 그림 1.2는 이러한 관점을 보여준다. 각 부분은 여러 개의 루틴들로 구성되며, 이들 각각이 수행하는 역할은 다음과 같다.

- 사용자 인터페이스(*user interface*): 사용자 인터페이스는 프로그램을 실행하기 위한 명령어를 입력받고 운영체제가 제공하는 자원과 서비스를 사용한다.
- 비커널 루틴(*nonkernel routines*): 이 루틴들은 프로그램의 실행과 컴퓨터 자원의 활용과 관련된 사용자 명령어를 실행하며, 사용자 인터페이스를 통해 호출된다.
- 커널(*kernel*): 커널은 운영체제의 핵심이다. 커널은 컴퓨터의 동작을 제어하고 컴퓨터의 CPU, 메모리, 그리고 다른 자원들을 사용하기 위한 함수와 서비스들을 제공한다. 커널의 함수들과 서비스들은 비커널 루틴과 사용자 프로그램에 의해 호출된다.

그림 1.2에서 보인 운영체제 설계자 관점에서 볼 때 운영체제는 두 가지 기능을 제공한다. 운영체제는 실질적으로 컴퓨터 시스템이 편리하게 사용자 프로그램을 실행하고 자원을 활용할 수 있도록 하는 루틴들의 집합이다. 운영체제는 자신보다 위에 있는 계층의 루틴들이 그 아래 계층의 루틴들에 의해 제공되는 기능들을 사용하는 계층적인 구조를 가지고 있다. 사실 각 계층은 자신의 아래 계층을 추상적 관점으로 바라보며, 그

계층의 다음 하위 계층은 상위 계층의 명령어를 처리할 수 있는 장치(machine)이다. 하위 계층이 전체 컴퓨터 시스템이 아닌 루틴들의 집합이라는 사실은 상위 계층에 아무런 차이가 없다. 사용자에게 사용자 인터페이스는 운영체제 언어로 작성된 명령어를 이해하고 실행되도록 지원해 주는 장치처럼 보인다.

이 책에서는 계속해서 운영체제 구성 요소 설계를 추상적 관점에서 보여줄 예정이다. 이것으로부터 기대되는 두 가지 핵심 혜택은 다음과 같다.

- 복잡도 관리(*managing complexity*): 시스템의 추상적 관점에는 시스템 기능 중에서 선택된 것만 포함된다. 이러한 성질은 시스템을 설계하거나 연구하는 동안 복잡도를 관리하는 데 유용하다. 예를 들어, 운영체제가 사용자 프로그램들의 실행을 위해 어떻게 준비하는지에(그림 1.3에서 그와 같은 관점을 보여준다) 관한 추상화 관점은 프로그램의 처리에만 중점을 둔다. 즉, 이러한 방법은 운영체제가 어떻게 메모리나 I/O 장치와 같은 다른 자원들을 처리하는지를 보여주지 않음으로써 운영체제에 대한 이해를 쉽게 해준다.
- 범용 기법 제시(*presenting a generic scheme*): 추상화는 실질적으로 많은 변형된 형태를 제공하는 범용 기법 제시를 위해 사용된다. 그림 1.2에서 보인 설계자의 추상적 관점에서 이렇게 사용된 두 개의 예를 볼 수 있다. 사용자 인터페이스는 많은 변형 중 두 개, 즉 명령어 행(command line) 인터페이스와 GUI(graphical user interface)로 구성된 추상화이다. 커널은 예를 들어 CPU의 다양한 모델들과 디스크 내 자료를 구축하고 접근하는 여러 방법과 같은 하드웨어의 다양성이 비커널 루틴들에 대해 쉽게 은폐될 수 있도록 비커널 루틴들에 대해 컴퓨터 시스템의 추상화를 제시한다.

1.2 운영체제의 목적(GOALS OF AN OS)

운영체제의 근본적인 목적은 다음과 같다.

- 효율적 사용(*efficient use*): 컴퓨터 자원의 효율적인 활용을 보장한다.
- 사용자 편리성(*user convenience*): 컴퓨터 시스템의 편리한 사용법을 제공한다.
- 비간섭(*noninterference*): 운영체제 사용자들의 활동에 대한 간섭을 방지한다.

효율적 사용과 사용자 편리성이라는 두 가지 목적은 때로는 서로 상충될 수 있다. 예를 들어 빠른 서비스를 강조하면 프로그램이 실행 중이 아닐 때조차도 메모리와 같은 자원이 그 프로그램에 할당되어 있어야 하나, 이로 인해 자원은 비효율적으로 사용된다. 이와 같은 상충이 발생할 때, 운영체제 설계자는 주어진 환경에 가장 적합한 효율적 사용과 사용자 편리성을 적절하게 타협해야 한다. 이것이 컴퓨터 시스템의 **효율적 활용**(*effective utilization*)이라는 개념이다. 현재 수많은 운영체제가 이용되고 있는데, 그 이유는 이들 각각이 효율적 활용이라는 관점에서 다른 특징을 가지고 있기 때문이다. 하나의 극단적인 운영체제는 명령 제어 애플리케이션에서 요구하는 빠른 서비스를 제공하며, 또 다른 극단적인 경우는 저렴한 비용의 컴퓨팅을 제공하기 위해 컴퓨터 자원을 효율적으로 사용하는 반면, 중간에 있는 운영체제들은 이 두 극단의 다양한 조합을 제공한다.

사용자의 행위(activities)에 대한 개입이나 간섭은 사용자의 프로그램이나 데이터의 불법 사용, 수정, 또는 사용자에 대한 자원이나 서비스를 거부하는 형태로 나타난다. 이와 같은 간섭은 사용자와 비사용자(nonusers) 둘 다 원인이 될 수 있고, 운영체제는 이것을 막기 위한 조치를 반드시 취해야 한다.

1.2.1 효율적 사용(Efficient Use)

운영체제는 메모리, CPU, 디스크, 그리고 프린터와 같은 I/O 장치 등 컴퓨터 시스템 자원의 효율적인 사용을 보장해야 한다. 예를 들어, 프로그램에 할당된 메모리와 I/O 장치가 유휴(idle) 상태로 남아 있는 경우처럼 프로그램에 할당된 자원을 사용하지 않는다면 효율성이 나빠질 것이다. 이와 같은 상황은 눈덩이 효과(snowballing effect)를 발생시킨다. 즉, 그 자원이 한 프로그램에 할당되어 있기 때문에 그 자원을 필요로 하는 다른 프로그램의 사용이 거부된다. 이 두 프로그램은 실행될 수 없어 이들에 할당된 자원들 또한 유휴 상태로 있게 된다. 또한 운영체제 자체도 실행되고 있는 동안 약간의 CPU와 메모리 자원을 소비하게 되고, 이러한 자원 소비는 사용자 프로그램이 이용 가능한 자원의 양이 줄어들게 되어 **오버헤드**(*overhead*)가 증가하게 된다. 효율성을 높이기 위해 운영체제는 프로그램에 의한 자원 낭비와 자신의 오버헤드를 최소화해야 한다.

자원의 사용을 모니터링하고 필요할 때 이를 정정할 수 있는 적절한 조치를 취함으로써 자원이 효율적으로 사용될 수 있다. 그러나 자원 사용 모니터링은 오버헤드를 증가시키고 효율성을 저하시킨다. 사실 효율적 사용을 강조하는 운영체제는 CPU, 메모리와 같은 몇몇 중요 자원의 효율성에 대해서만 점검하거나, 또는 자원의 사용을 전혀 모니터링하지 않고 대신 우수한 효율성을 보장하는 방식으로 프로그램과 자원을 처리함으로써 오버헤드를 줄인다.

1.2.2 사용자 편리성(User Convenience)

사용자 편리성은 표 1.1에서와 같이 많은 측면에서 설명될 수 있다. 초창기의 사용자 편리성은 고급 언어로 작성된 프로그램을 실행할 수 있는 능력과 같이 아주 기본적인 것이 요구되었다. 초기 운영체제가 사용됨에 따라 좀 더 향상된 서비스가 요구되었는데,

표 1.1 다양한 측면에서의 사용자 편리성

측면	예
필요성의 달성	프로그램을 실행하고 파일 시스템을 사용할 능력
훌륭한 서비스	컴퓨터 사용 요청에 대한 신속한 응답
사용하기 쉬운 인터페이스	사용하기 쉬운 명령어, GUI 등
새 프로그래밍 모델	병행(concurrent) 프로그래밍
웹 기반 기능	웹으로 활성화된 서버를 설치하기 위한 수단
개선 측면	새로운 기능을 추가하고 새로운 컴퓨터 기술을 사용

그 당시에는 단지 사용자 요구에 대한 빠른 응답이 중요했다.

새로운 분야에서 컴퓨터가 사용됨에 따라 다른 관점의 사용자 편리성이 요구되었다. 초기 운영체제는 사용자가 명령어를 입력하게 하고, 필요한 매개변수 값을 명시해야 하는 **명령어 행 인터페이스**(*command-line interface*)를 제공하였다. 사용자들은 명령어 사용법을 배우기 위해 상당한 훈련을 필요로 했지만, 사용자들이 과학자이거나 컴퓨터 전문가이어서 이러한 훈련은 크게 문제되지 않았다. 그러나 새로운 다른 부류의 사용자들이 컴퓨터를 편리하게 사용할 수 있도록 하기 위해 보다 간단한 인터페이스가 필요하게 되어 **그래프를 이용한 사용자 인터페이스**(*graphical user interfaces*: GUI)가 출현하였다. 이러한 인터페이스는 프로그램과 파일을 나타내기 위해 스크린상에서 **아이콘**(*icons*)을 사용하였으며, 이 아이콘이나 관련 메뉴들을 마우스로 클릭하면 그것들과 관련된 명령어가 실행될 수 있다. 이러한 움직임은 20세기 초반 자동차 운전 기술의 보급과 비유될 수 있다. 시간이 경과함에 따라, 운전은 전문 기술이라기보다는 제한된 훈련이나 경험을 가지고도 획득할 수 있는 보통 기술이 되었다.

컴퓨터 사용자들은 컴퓨팅 능력이 향상됨에 따라 새로운 문제의 해결을 시도하였다. 신 모델이 새로운 유형의 문제들에 대해 비용 측면에서 효율적인 해결책을 개발하기 위해 제안되었다. 이들 모델 중에서 모듈러나 객체 지향 프로그램 설계와 같은 일부는 운영체제 대신 컴파일러 기술에 의해 지원될 수 있다. 병행 프로그래밍 모델과 같은 다른 모델들은 운영체제가 지원하는 특정 기능을 요구한다. 인터넷의 발전은 네트워킹을 지원하고 서버의 작업 부하량에 따라 서버의 성능을 조절할 수 있는 능력을 갖춘 웹 가능(Web-enabled) 서버를 구축하는 동기가 되었다.

사용자와 사용자가 속한 기관은 운영체제를 통해 자신들의 애플리케이션을 구축하는 데 상당한 시간과 노력을 투자한다. 이러한 투자는 새로운 애플리케이션 분야와 새로운 컴퓨터 기술이 개발될 때에도 유효해야 하기 때문에, 운영체제는 새로운 컴퓨터 기술을 통해 새로운 기능을 제공하고 새로운 애플리케이션 분야를 지원할 수 있도록 개선될 필요가 있다.

1.2.3 비간섭(Noninterference)

컴퓨터 사용자는 컴퓨팅 기능을 사용하는 과정에서 여러 가지 형태의 간섭에 직면할 수 있다. 사용자의 프로그램은 다른 사람의 행위에 의해 중단될 수 있거나, 사용하고자 하는 운영체제 서비스가 비슷한 방법으로 중단될 수 있다. 운영체제는 프로그램이나 운영체제 서비스에 의해 배타적으로 사용되도록 자원들을 할당하고, 또 자원들에 불법으로 접근하지 못하게 함으로써 그와 같은 간섭을 방지한다. 다른 형태의 간섭은 프로그램과 사용자 파일에 저장된 데이터와 관련이 있다.

컴퓨터 사용자는 컴퓨터 애플리케이션을 개발하거나 사용하는 데 있어 몇몇 다른 사용자와 협력할 수 있기 때문에 그들과 자신의 파일 일부의 공유를 원할 수 있다. 그 밖에 다른 사람이 그 사용자의 파일에 접근하려고 하는 것은 불법이며 간섭이 된다. 이러한 형태의 간섭을 방지하기 위해, 운영체제는 사용자의 어떤 파일들을 어떤 사람들이 접근할 수 있는지를 파악하고 있어야 한다. 이것은 인가(*authorization*)라는 과정을 통해 달성 가능하며, 이것에 의해 사용자는 어떤 사용자가 어떤 파일들에 접근할 수 있는지 명시할 수 있다. 운영체제는 이러한 정보를 사용하여 파일들에 대한 불법 접근을 방지할 수 있다.

1.3 운영체제의 동작(OPERATION OF AN OS)

운영체제가 동작하는 동안 주요 관심사는 프로그램의 실행, 자원의 사용, 그리고 프로그램과 자원 간의 간섭 방지이다. 따라서 운영체제의 세 가지 주요 기능은 다음과 같다.

- **프로그램 관리**(*program management*): 운영체제는 프로그램을 초기화하고 프로그램이 CPU상에서 실행될 수 있도록 준비하며, 실행을 완료한 뒤 프로그램을 종료시킨다. 임의의 시간에 시스템 내에는 많은 프로그램이 존재할 수 있기 때문에, 운영체제는 **스케줄링**(*scheduling*)이라는 기능을 수행하여 다음에 실행할 프로그램을 선택한다.
- **자원 관리**(*resource management*): 운영체제는 프로그램이 메모리나 I/O 장치와 같은 자원을 필요로 할 때 이들을 할당한다. 프로그램이 종료되었을 때, 운영체제는 이 자원들을 회수해서 그것들을 필요로 하는 다른 프로그램에 할당한다.
- **보안과 보호**(*security and protection*): 운영체제는 보안과 보호 기능을 동시에 활용하여 사용자 행동들(activities) 간에 간섭이 일어나지 않도록 한다. 하나의 예로서, 운영체제가 파일에 대한 불법적인 접근을 어떻게 방지하는지 생각해 보자. **보안**(*security*) 기능은 비사용자들이 컴퓨터 시스템의 서비스와 자원들을 활용하지 못하도록 한다. 따라서 비사용자 누구도 파일에 접근할 수 없다. **보호**(*protections*) 기능은 파일 소유자 또는 소유자가 허가한 사용자들이 아닌 사용자들의 파일 접근을 방지한다.

표 1.2 운영체제가 수행하는 공통 업무

업무	실행되는 시점
자원 목록 구축	부팅 중
보안을 위한 정보 관리	새로운 사용자들을 등록할 때
사용자 신분 확인	로그인 시
프로그램 실행 시작	사용자 명령 시
인증 정보 관리	사용자의 어떤 동료가 어떤 프로그램과 데이터에 접근할 수 있는지 명시할 때
자원 할당	사용자 또는 프로그램이 요청할 때
자원의 현재 상태 관리	자원 할당/회수 중
프로그램의 현 상태 관리 및 스케줄링	OS 동작 중 지속적으로

표 1.2는 운영체제가 공통적으로 수행하는 작업(task)들을 기술하고 있다. 컴퓨터 시스템이 켜지면, 일반적으로 디스크와 같은 I/O 장치의 미리 지정된 장소에 저장된 프로그램을 자동으로 적재하고, 그 프로그램의 실행을 시작한다. 이 프로그램은 메모리에 있는 **부트 절차**(*boot procedure*)라고 불리는 소프트웨어를 적재하기 위해 **부트스트래핑**(*bootstrapping*)으로 알려진 소프트웨어 기술을 적용한다. 이 기술을 통해 초기에 메모리에 적재된 프로그램이 메모리에 있는 또 다른 프로그램을 적재하고, 이 프로그램은 또 다른 프로그램을 적재하는 과정을 부트 절차의 적재가 완료될 때까지 계속한다. 부트 절차는 시스템에 있는 모든 하드웨어 자원의 목록을 만들고, 컴퓨터 시스템의 제어를 운영체제에게 이관한다.

시스템 관리자는 어떤 사용자들이 시스템 사용자로 등록되어 있는지 명시한다. 운영체제는 이 사용자들만 로그인할 수 있도록 허용함으로써 자신의 자원과 서비스를 사용할 수 있도록 한다. 사용자는 자신의 동료들이 일부 프로그램과 자료에 접근할 수 있도록 인가한다. 운영체제는 이 정보를 기록하고 있다가 자원의 보호를 위해 사용한다. 운영체제는 또한 자원의 효율적인 활용을 위해 필요한 일단의 함수들을 실행한다. 이러한 함수에는 프로그램 스케줄링과 자원의 상태와 사용 정보 추적 기능이 있다.

다음 절에서는 프로그램과 자원의 관리와 보안 및 보호를 구현하는 데 요구되는 운영체제의 역할에 대해 간략히 설명한다.

1.3.1 프로그램 관리(Program Management)

현대의 CPU들은 초고속으로 프로그램 명령어(instructions)를 수행할 능력을 가지고 있어, 운영체제는 CPU상에서 여러 프로그램을 교차 실행(interleaving)함으로써 효율적인 사용자 서비스 제공이 가능하다. **스케줄링**(*scheduling*)은 이와 같은 프로그램의 교

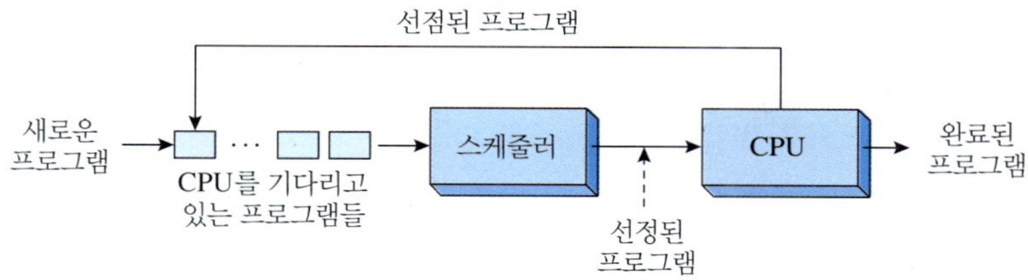

그림 1.3 스케줄링의 개요

차 실행을 위한 핵심 기능으로서, 임의의 시점에 CPU가 어떤 프로그램에 배정되어야 하는지를 결정한다. 그림 1.3은 추상적인 관점에서 스케줄링을 보여주고 있다. 스케줄링을 수행하는 운영체제 루틴인 **스케줄러**(*scheduler*)는 CPU상에서 실행되기를 대기하고 있는 프로그램의 명단을 관리하며, 실행할 프로그램을 하나씩 선택한다. 모든 프로그램에 대해 공정한 서비스를 제공하는 운영체제에서 스케줄러는 또한 CPU를 얼마나 오랫동안 사용할 수 있는지를 명시한다. 운영체제는 현재 프로그램에 허용이 명시된 시간 동안 실행된 후 CPU를 빼앗아 다른 프로그램에 할당한다. 우리는 이러한 행위는 **선점**(*preemption*)이라 부른다. 선점 때문에 CPU를 빼앗긴 프로그램은 CPU 실행 대기 프로그램 목록에 다시 저장된다.

운영체제가 채택한 스케줄링 정책은 CPU와 사용자 서비스의 효율적인 사용에 영향을 줄 수 있다. 만일 하나의 프로그램이 짧은 시간 동안 실행된 후 선점된다면, 빈번한 선점 때문에 스케줄링 오버헤드가 클 수 있다. 그러나 각 프로그램이 CPU를 사용할 기회를 얻기 위해 기다리는 지연시간이 짧다면 결과적으로 사용자에 대한 서비스가 좋아질 것이다. 만일 프로그램이 오랫동안 실행된 후 선점된다면, 스케줄링 오버헤드는 낮아지겠지만 사용자 서비스는 더 나빠질 것이다.

1.3.2 자원 관리(Resource Management)

자원의 할당과 회수는 자원 테이블을 이용하여 수행된다. 이 테이블의 각 엔트리는 자원의 이름과 주소 그리고 그 자원이 이용 가능한지 또는 어떤 다른 프로그램에 할당되었는지를 나타내는 현재 상태(current status)를 포함하고 있다. 표 1.3은 I/O 장치 관리를 위한 테이블이다. 이 테이블은 부트 프로시저(boot procedure)가 시스템에 있는 I/O 장치들에 존재하는지를 감지하여 구축되고, 그 장치가 할당과 회수된 상황에 따라 운영체제가 이 테이블을 갱신한다. 어떤 디스크는 임의 지점으로 직접 접근이 가능하기 때문에, 디스크의 다른 부분들이 독립적인 장치로서 취급될 수 있다. 따라서 표 1.3의 장치들인 disk1과 disk2는 동일한 디스크의 두 개의 다른 지점일 수 있다.

자원 할당 정책 중 두 가지가 널리 사용된다. **자원 분할**(*resource partitioning*) 기법

표 1.3 I/O 장치를 위한 자원 테이블

자원명	클래스	주소	할당 상태
printer1	프린터	101	P_1에 할당
printer2	프린터	102	이용 가능
printer3	프린터	103	이용 가능
disk1	디스크	201	P_1에 할당
disk2	디스크	202	P_2에 할당
cdw1	CD writer	301	이용 가능

에서 운영체제는 어떤 자원이 각 사용자 프로그램에 할당되어야 하는지 미리 결정한다. 예를 들어, 운영체제는 어떤 프로그램에 1 MB의 메모리, 1000개의 디스크 블록, 그리고 모니터가 할당되어야 한다고 미리 결정할 수 있다. 운영체제는 각 사용자 프로그램이 처음 실행될 때 하나의 자원 파티션을 할당한다. 자원 할당을 편리하게 하기 위해, 자원 테이블은 표 1.3과 같이 개별 자원 대신 자원 파티션별로 엔트리를 가지고 있다. 자원 분할은 구현하기 쉽기 때문에 오버헤드는 적으나 할당된 자원이 미리 결정되기 때문에 융통성이 부족하다. 만일 프로그램이 필요로 하는 것보다 더 많은 자원을 자원 파티션이 포함하고 있다면 자원이 낭비된다. 또한 자원 파티션에서 제공 가능한 자원보다도 더 많은 것을 요구하면 운영체제는 그 프로그램을 실행시킬 수 없다. 이것은 이용 가능한 자원이 또 다른 파티션에 존재해도 마찬가지다.

풀 기반(*pool-based*) 자원 할당 기법에서 운영체제는 공용 자원 풀로부터 자원을 할당한다. 하나의 프로그램이 자원을 요청했을 때 운영체제는 자원 테이블을 참조하고, 이용 가능하면 그 자원을 할당한다. 이 방법에서는 자원의 할당과 회수가 이루어질 때마다 오버헤드가 발생한다. 그러나 할당된 자원이 낭비될 수 있고 이용 가능한 자원이 존재할 때만 자원 요구가 만족될 수 있다는 자원 분할 기법의 두 가지 문제가 해결될 수 있다.

가상 자원(Virtual Resource) 가상 자원이란 운영체제가 실제 자원의 사용을 통해 지원하는 일종의 가상의 자원이다. 하나의 운영체제는 여러 가상 자원을 지원하기 위해 동일한 실제 자원을 여러 번 사용할 수 있다. 이러 식으로 운영체제는 실제로 보유하고 있는 것보다 더 많은 자원을 보유하고 있다는 느낌을 사용자에게 줄 수 있다. 매번 가상 장치가 사용될 때마다 실질적으로는 실제 자원이 적절하게 사용된다. 그런 의미에서 하나의 가상 장치는 자원에 대한 프로그램의 추상화된 뷰(view)로 간주된다.

가상 자원의 사용은 가상 장치의 사용으로부터 시작되었다. 프로그램 간의 상호 간섭을 방지하기 위해, 한 프로그램이 독점적으로 사용할 수 있도록 하나의 장치를 할당해 주는 것은 좋은 아이디어였다. 그러나 컴퓨터 시스템은 많은 실제 장치를 소유할 수 없었기 때문에 가상 장치가 사용되었다. 운영체제는 사용자가 I/O 장치를 필요로 할 때 하나의 가상 장치를 생성할 수 있다. 예를 들어, 표 1.3에서 프로그램 P_1과 P_2에 각각 할당된 disk1과 disk2라 불리는 디스크들은 실제 디스크를 기반으로 한 두 개의 가상 디스크일 수 있다. 가상 장치들은 최근 운영체제에서도 역시 사용되고 있다. 프린터 서버는 가상 장치의 흔한 예이다. 한 프로그램이 파일을 프린트하고자 할 때, 프린트 서버는 단순히 그 파일을 프린트 큐에 복사한다. 프린트를 요청한 프로그램은 마치 프린팅이 이미 수행 완료된 것으로 간주하고 프린팅을 진행한다. 프린트 서버는 지속적으로 프린트 큐를 검사하고, 큐에 있는 파일들을 출력한다. 대부분의 운영체제는 **가상 메모리**(*virtual memory*)라 불리는 가상 자원을 제공하는데, 이것은 컴퓨터의 실제 메모리보다 큰 가상의 메모리가 존재한다는 착각을 하게 한다. 가상 메모리를 사용함으로써 프로그래머는 실제 메모리의 크기보다 큰 프로그램을 실행시킬 수 있다.

몇몇 운영체제는 각 머신이 사용자에게 할당될 수 있도록 **가상 머신**(*virtual machines* : VMs)을 생성한다. 이러한 방식은 두 가지 장점을 가지고 있다. 각 사용자에게 하나의 가상 머신을 할당하면 사용자 간의 상호 간섭을 피할 수 있다. 또한 각 사용자가 자신의 가상 머신을 동작시키기 위해 자신만의 운영체제를 선택할 수 있다. 실질적으로 이러한 방법(arrangement)은 사용자들이 동일한 컴퓨터 시스템상에서 동시에 서로 다른 운영체제를 사용할 수 있도록 허용한다.

1.3.3 보안과 보호(Security and Protection)

1.2.3절에서 언급한 것처럼 운영체제는 어떤 사람도 시스템에 속한 프로그램과 자원을 불법으로 사용할 수 없도록 하거나, 어떤 식으로든 간섭하지 못하도록 해야 한다. **보안**(*security*) 기능은 운영체제가 제어할 수 없는 사람이나 프로그램에 의한 불법 사용이나 방해와 같은 위협에 대응하는 반면, **보호**(*protection*) 기능은 운영체제 사용자들에 의한

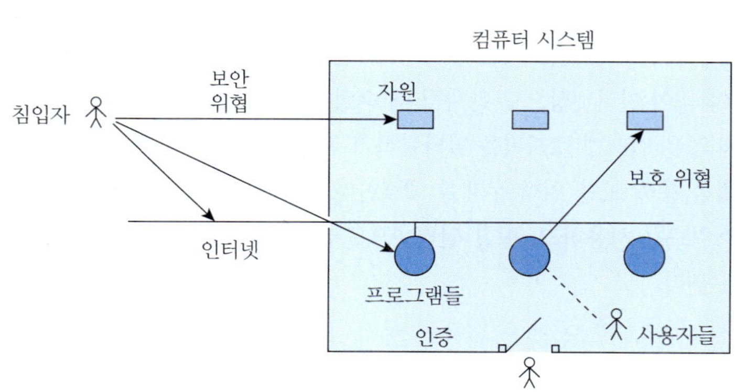

그림 1.4 보안과 보호 위협의 개요

유사한 위협들에 대해 대응한다. 그림 1.4는 보안과 보호 관련 위협이 운영체제 내에서 어떻게 발생하는지를 보여준다.

전형적인 단독(stand-alone) 환경에서, 컴퓨터 시스템은 완전히 격리된 채로 동작한다. 이와 같은 시스템에서 보안과 보호 이슈들은 처리가 용이하다. 운영체제는 보안과 보호 기능 구현을 지원할 수 있도록 정보를 관리하고 있음을 상기하기 바란다(표 1.2 참고). 컴퓨터 시스템 사용자의 신분은 그 사람이 로그인할 때 패스워드를 통해 확인된다. **인증**(*authentication*)이라 불리는 이 행위를 통해 등록된 사용자 이외에 어떤 사람도 컴퓨터 시스템을 사용할 수 없음을 보장한다. 결과적으로, 인증 절차가 완전하면 보안 위협은 시스템에서 발생하지 않는다. 이런 환경에서, 앞의 1.2.3절에서 언급된 간섭의 형태는 모두 보안에 대한 위협이 된다. 운영체제는 **메모리 보호**(*memory protection*)와 같은 하드웨어 기능들의 도움을 받아 프로그램을 실행하고 운영체제 서비스가 중단되지 않도록 한다. 운영체제는 사용자가 어떤 파일을 소유하거나 파일의 소유자에 의해 허가될 때만 그 파일에 접근하는 것을 허용함으로써 파일들이 간섭받지 않도록 한다.

컴퓨터 시스템이 인터넷에 연결되었고 사용자가 인터넷에서 프로그램을 다운로드할 때, 다운로드한 프로그램이 시스템에 있는 다른 프로그램 또는 자원을 간섭할 위험이 있다면 이것이 보안 위협이다. 왜냐하면 위협의 원인이 다운로드된 프로그램을 작성하였거나 그것을 수정한 **침입자**(*intruder*)라 불리는 시스템 외부의 어떤 사람이기 때문이다. 이와 같은 보안 위협들은 공개된 적법한 기능과 잘 위장된 악의적인 기능을 보유하고 있는 프로그램인 **트로이 목마**(*Trojan horse*), 또는 시스템에 있는 다른 프로그램들에 자신을 첨부하고 이 프로그램이 복제되었을 때 다른 시스템에 퍼뜨리는 악의적인 기능을 가진 코드의 일부인 **바이러스**(*virtus*)를 통해 형성된다. 다른 종류의 보안 위협은 운영체제의 보안 셋업(setup)의 결함을 통해 자기 자신을 복제하는 **웜**(*worms*)이라 불리는 프로그램에 의해 생성된다. 웜은 상상할 수 없을 정도로 빠른 속도로 자신을 복제함으로써 광범위한 재앙을 초래할 수 있다. 2001년에 코드 레드(Code Red) 웜은 9시간 만에 25만여 대의 컴퓨터 시스템을 감염시켰다.

운영체제는 정교한 인증 기술의 사용, 보안상의 허점이 발견되면 이를 막기(plugging), 프로그램들이 인터넷상으로 복사될 때 수정될 수 없게 하기, 그리고 컴퓨터 시스템을 통해 원하지 않은 인터넷 트래픽을 필터링하기 위한 인터넷 **방화벽**(*firewalls*) 사용하기 등 다양한 방법을 통해 보안 위협 문제를 해결한다. 보안을 위해 사용자들은 추측하기가 불가능한 패스워드를 사용하고, 또한 인터넷으로부터 프로그램을 다운로드받을 때 주의하는 것이 요구된다.

1.4 사전검토(PREVIEW)

컴퓨팅 환경(computing environment)은 컴퓨터 시스템, 사용자 자신과 사용하는 프로그램, 그리고 다른 시스템과의 인터페이스 등으로 구성된다. 운영체제는 컴퓨터 시스템이 자신의 컴퓨팅 환경에서 효율적으로 활용될 수 있도록 설계되었다. 효율적인 활용은 자원의 효율적 사용, 컴퓨팅 환경에서 편리한 사용자 서비스, 사용자 행동들 간 비간섭 보장들을 통해 이루어진다. 이 책에서는 단일 CPU를 가진 하나의 컴퓨터 시스템을 사용하는 일반적인 컴퓨팅 환경에 적합한 운영체제를 주로 다룬다. 다만 10장의 경우 멀티프로세서 컴퓨팅 환경에 적합한 운영체제를 다룬다.

이 책에서 우리는 운영체제 설계와 구현을 설명하기 위해서 추상적인 뷰(abstract view)를 사용할 예정인데, 그 이유는 1.1절에서 논의한 바와 같이 추상적인 뷰는 복잡한 개념과 아이디어를 일반화하여 쉽게 설명하는 데 도움을 주기 때문이다.

1.4.1 운영체제 소개(Introduction to Operating Systems)

이 책의 1부는 1장부터 4장까지로 구성되어 있다. 운영체제에 대한 실질적인 설명은 2장에서 운영체제가 컴퓨터 그리고 사용자 프로그램과 어떻게 상호작용을 하는지를 논의하면서 시작할 예정이다.

이벤트와 인터럽트(Events and Interrupts) 운영체제는 CPU상에서 여러 사용자 프로그램들을 번갈아 실행한다. 사용자 프로그램이 실행되는 동안, 사용자 프로그램 자신의 행위 또는 다른 프로그램의 행위에 관련된 어떤 상황에서 운영체제의 도움이 필요할 수 있다. 따라서 운영체제의 도움을 필요로 하는 어떤 상황이 발생했음을 나타내는 **이벤트**(*event*)의 발생은 CPU의 제어를 운영체제로 이관하는 원인이 된다. 운영체제는 CPU를 이용하여 이벤트를 분석하고 적절한 행위를 수행하는 명령어를 실행한다. 이벤트가

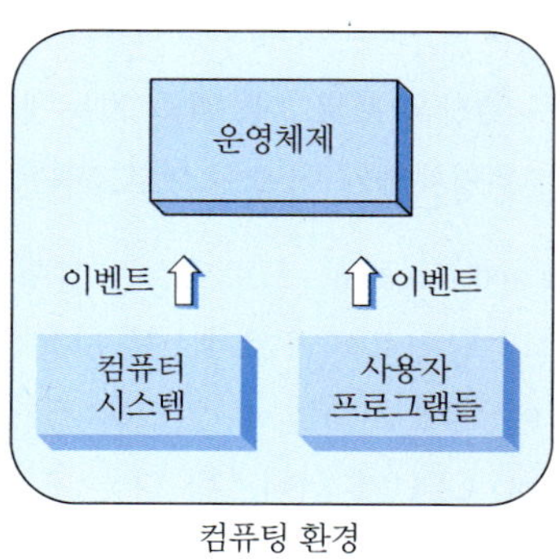

그림 1.5 컴퓨팅 환경에서의 운영체제

처리되면, OS는 CPU상에서 사용자 프로그램이 실행될 수 있도록 스케줄링한다. 따라서 운영체제는 **이벤트 구동**(*event driven*) 방식으로 동작한다고 말할 수 있다. 예를 들어, 만일 I/O 연산이 종료되면 운영체제는 I/O 연산을 요청했던 프로그램에게 통보하고, 만일 다른 요청이 대기 중이라면 그 장치에서 다른 I/O 연산을 시작한다. 어떤 경우든 운영체제는 다음에 실행할 프로그램을 선정하기 위해 스케줄링을 실행해야 한다. 그림 1.5는 운영체제 기능에 대한 추상적 뷰로서, **논리적 뷰**(*logical view*)를 보여주고 있다.

I/O 연산의 종료나 프로그램에 의한 자원 요청은 실질적으로 컴퓨터 시스템에서 **인터럽트**(*interrupt*)를 발생시킨다. CPU는 인터럽트를 인지하고 운영체제의 해당 루틴을 호출하도록 설계되어 있다. 이러한 물리적 뷰는 운영체제를 배우는 데 기초가 되며 2장에서 다루어진다.

컴퓨터 시스템의 효율적 활용(Effective Utilization of a Computer System) 컴퓨팅 환경은 컴퓨터 구조의 발전과 컴퓨터 사용자들의 새로운 요구에 따라 발전해 왔다. 각 컴퓨팅 환경에서 다른 형태의 효율적 활용이 요구됨에 따라, 운영체제는 그것을 구현하기 위해 다른 기술들을 사용했다. 현대 컴퓨팅 환경은 비대화형(noninteractive), 시분할, 그리고 분산 컴퓨팅 환경과 같은 여러 가지 전통적인 컴퓨팅 환경을 포함하고 있어, 이러한 환경에서 채택된 기술들이 현대 운영체제에도 역시 사용된다. 3장에서는 운영체제를 본격적으로 배우는 데 필요한 배경이 되는 기술이 다루어진다.

운영체제의 이식성과 확장성(Portability and Extensibility of Operating Systems) 초기 운영체제는 특수 컴퓨터 시스템을 위해 개발되었고, 이런 컴퓨터 시스템의 구조에 종속적이었다. 유닉스(Unix)와 윈도우(Windows) 같은 현대 운영체제는 다양한 컴퓨터 구조에 설치 가능해야 한다는 **이식성**(*portable*)과, 컴퓨팅 환경 특성의 변화로 인한 새로운 요구를 만족시켜야 한다는 **확장성**(*extensible*)이라는 두 가지 새로운 요구사항에 부합되어야 한다. 4장에서는 이식성과 확장성 지원을 위한 운영체제 설계 기술이 다루어진다.

1.4.2 사용자 프로그램 관리하기(Managing User Computations)

이 책의 2부를 구성하는 5장~10장은 프로그램 관리 기능에 관한 다양한 측면을 다룬다. 5장은 이것에 대한 기초로서, 운영체제가 어떻게 프로그램을 실행하는지 설명한다.

프로세스와 스레드(Processes and Threads) 프로세스는 실행 중인 프로그램이다. 운영체제는 작업 처리를 위한 하나의 단위로서 프로세스를 사용한다. 즉, 운영체제는 프로세스에 자원을 할당하고 CPU에 의해 처리될 수 있도록 스케줄링한다. 운영체제는 어떤 프로세스를 선점하고(preempt) CPU가 서비스할 다른 프로세스를 스케줄링하기로 결정하면 **프로세스 스위칭**(*process switching*)을 수행한다(그림 1.3 참고). 프로세스 스위칭은 선점된 프로세스에 관한 정보를 보관하고 새로이 스케줄링될 프로세스에 관련된

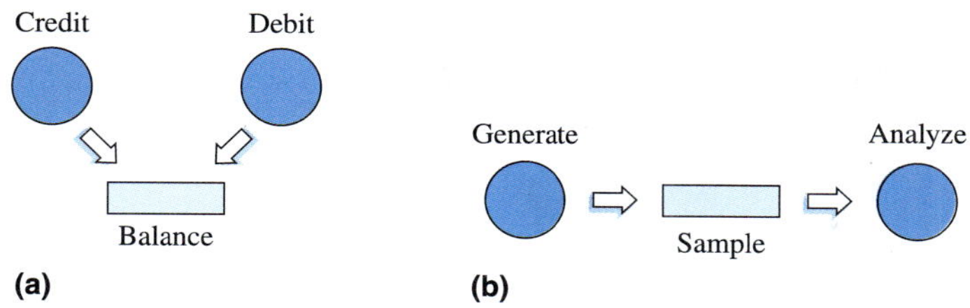

그림 1.6 두 가지 종류의 프로세스 동기화

정보를 호출한다. 이 과정은 약간의 CPU 시간을 필요로 하고 운영체제의 **오버헤드**(*overhead*)가 된다. **스레드**(*thread*)란 개념은 운영체제 오버헤드를 줄이기 위해 도입되었다. 스레드들 간 스위칭은 프로세스들 간 스위칭에 비해 저장하거나 접근해야 할 정보가 훨씬 적다. 프로세스나 스레드는 여러 측면에서 유사하기 때문에, 우리는 스레드의 구현에 관해 설명할 때를 제외하고는 프로세스와 스레드 둘 다에 **프로세스**(*process*)라는 동일한 용어를 사용한다.

프로세스 동기화(Process Synchronization) 공통의 목적을 가진 프로세스들은 그들이 원하는 순서대로 실행될 수 있도록 수행 순서가 조정되어야 한다. 이러한 요구를 우리는 **프로세스 동기화**(*process synchronization*)라 한다. 그림 1.6은 두 가지 종류의 프로세스 동기화를 예를 들어 설명하고 있다. 그림 1.6(a)는 은행 계좌의 예금 잔고에 접근하는 *credit*과 *debit*이라고 불리는 프로세스들을 보여준다. 만일 두 프로세스가 동시에 잔고를 갱신한다면 실행 결과가 틀릴 수 있기 때문에, 두 가지의 갱신은 반드시 순차적으로 실행되어야만 한다. 그림 1.6(b)는 어떤 데이터를 생성하고 그 데이터를 *sample*이라는 변수에 저장하는 *generate*라는 프로세스와, 변수 *sample*에 저장된 데이터를 분석하는 *analyze*라는 프로세스를 보여준다. 여기서 프로세스 *analyze*는 프로세스 *generate*가 *sample*에 일단의 다음 데이터를 입력할 때까지 분석을 시작해서는 안 되며, 프로세스 *generate*는 프로세스 *analyze*가 이전 데이터의 분석을 완료할 때까지 다음 데이터를 생성해서는 안 된다. 프로그래밍 언어와 운영체제는 동기화 수행을 위해 사용할 수 있는 여러 가지 기능을 제공한다. 6장에서는 이들 기능, 즉 프로세스가 이들을 어떻게 사용하는지 그리고 운영체제에서 이것들을 어떻게 구현하는지에 대해 설명한다.

메시지 전달(Message Passing) 프로세스들은 **메시지 전달**(*message passing*)을 통해 상호작용한다. 하나의 프로세스가 메시지에 있는 정보를 다른 프로세스로 전송할 때, 목적지 프로세스가 메시지 수신을 요청할 때까지 운영체제는 그 메시지를 자신의 자료 구조에 저장한다. 그림 1.6(b)의 경우와는 달리, 송신자와 목적지 프로세스 간의 동기화는 운영체제에 의해 수행된다. 즉, 목적지 프로세스가 메시지 수신을 요청할 때까지 메시지가 전송되지 않았다면 운영체제는 목적지 프로세스를 대기시킨다. 메시지 전달과 관

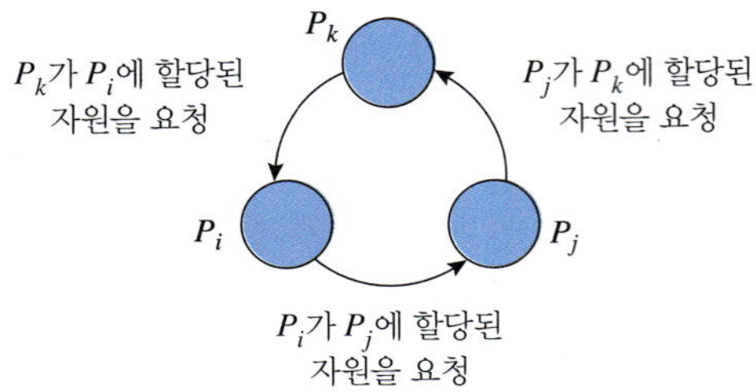

그림 1.7 세 프로세스가 연관된 교착상태

련된 상세한 사항은 9장에서 설명한다.

스케줄링(Scheduling) 컴퓨팅 환경의 특성에 따라 컴퓨터 시스템의 효율적 활용이 자원의 효율적 사용, 높은 사용자 편리성, 또는 두 가지의 적절한 배합을 의미하는지가 결정된다. 운영체제는 여러 프로세스가 CPU를 공유하게 하는 스케줄링 정책을 통해 컴퓨터 시스템이 효율적으로 활용될 수 있도록 한다. 이런 방식으로 많은 프로세스들이 동시에 진행되어 모든 사용자에 대해 빠른 서비스 제공이 가능하면, 결과적으로 사용자의 편리성을 높일 수 있다. 프로세스 간 CPU 공유 방식이 프로세스에 할당된 자원의 사용을 제어하므로, 이 방식이 컴퓨터 시스템의 효율적인 사용도 좌우한다. 7장에서는 컴퓨터 시스템의 효율적인 사용이나 높은 사용자 편리성을 목표로 했던 전통적인 스케줄링 정책과, 효율적 사용과 사용자 편리성의 적절한 조합을 목표로 하는 현대 운영체제에서 사용되는 스케줄링 정책이 다루어진다.

교착상태(Deadlocks) 사용자 프로세스들은 컴퓨터 시스템의 자원을 공유한다. 만일 어떤 프로세스 P_i가 요청한 자원이 현재 프로세스 P_j에 할당되었다면, P_i는 P_j가 그 자원을 양도할 때까지 대기해야 한다. 그와 같은 대기(wait)는 때로는 프로세스들이 기약 없이 다른 프로세스들의 행동을 기다려야 하는 상황인 **교착상태**(*deadlock*)의 원인이 된다. 그림 1.7은 이와 같은 상황을 보여주고 있다. 프로세스 P_i에서 P_j로 향한 화살표는 프로세스 P_i가 현재 프로세스 P_j에 할당된 자원을 요청했기 때문에 대기 중이라는 것을 나타낸다. 프로세스 P_j와 P_k는 이와 유사하게 현재 프로세스 P_k와 P_i에 각각 할당된 자원을 대기하고 있다. 따라서 세 개의 프로세스가 교착상태에 있다. 교착상태는 시스템의 성능에 불리하게 작용한다. 왜냐하면 교착상태에 포함된 프로세스들은 더 이상 진행될 수가 없고, 그 프로세스들에게 할당된 자원들이 사용될 수 없어 낭비되기 때문이다. 운영체제에서 사용되는 교착상태 처리 기법은 8장에서 설명한다.

멀티프로세서 운영체제(Multiprocessor Operating Systems) 멀티프로세서 컴퓨터 시스템은 자신에 속한 여러 개의 CPU를 이용하여 여러 개의 프로세스를 동시에 서비스할 수 있기 때문에 고성능을 제공할 수 있다. 만일 하나의 컴퓨터 애플리케이션에 속한 프로세스들이 여러 CPU상에서 동시에 스케줄링될 수 있다면, 멀티프로세서 컴퓨터 시스템은 그 애플리케이션의 처리 속도를 향상시킬 수 있다. 이러한 장점을 달성하기 위해, 프로세스들이 여러 CPU상에서 효율적이고 조화롭게 동작할 수 있도록 보장하는 특별한 스케줄링과 동기화 기법이 사용되어야 한다. 이러한 기술들은 10장에서 다루어진다.

1.4.3 메모리 관리(Management of Memory)

메모리 관리는 프로세스들의 요구를 만족시키기 위해 메모리의 효율적인 할당, 반환 및 재사용 기능을 제공한다. 고전적인 메모리 할당 모델에서는 하나의 연속된 메모리 공간이 프로세스에 할당된다. 이 모델은 새로운 프로세스를 수용하기에 충분히 크지 않은 메모리 공간의 재사용을 지원하지 않기 때문에, 커널은 여러 개의 자유(free) 공간을 하나의 큰 자유 메모리 공간으로 통합하는 **압축**(*compaction*)이라는 기술을 사용해야 하는데, 이 과정에서 상당한 오버헤드가 발생한다. **비연속 메모리 할당 모델**(*noncontiguous memory allocation model*)에서는 서로 떨어진 많은 메모리 공간이 한 프로세스에 할당될 수 있도록 함으로써 여러 개의 소규모 메모리 공간을 직접 재사용할 수 있다. 우리는 11장에서 메모리 재사용 기술과 비연속 메모리 할당 모델에 대해 설명한다. 커널은 자신의 메모리 요구를 효율적으로 처리하기 위한 특별한 기법을 사용한다. 이러한 기술들 또한 11장에서 다루어진다.

가상 메모리(Virtual Memory) 현대 운영체제는 컴퓨터 시스템의 실제 메모리보다 큰 저장 능력을 가진 **가상 메모리**(*virtual memory*)를 제공한다. 이를 위해 운영체제는 디스크에 프로세스의 코드와 데이터를 저장하고, 코드와 데이터의 일부만 메모리에 적재한다. 이런 방식을 통해 프로세스의 크기가 메모리의 크기를 초과해도 동작할 수 있다.

운영체제는 가상 메모리를 실현하기 위해 비연속 메모리 할당 모델을 사용한다. 운영체제는 프로세스의 코드와 자료의 어느 부분이 메모리에 있고, 그것들의 주소에 관련된 메모리 할당 정보를 가지고 있는 테이블을 관리한다. 프로세스가 처리되는 동안, **메모리 관리 장치**(*memory management unit*: MMU)라고 불리는 특수 하드웨어 장치를 이용하여 CPU는 자신이 사용하는 각 명령어 혹은 데이터의 주소를 이 장치로 보내고, 이 장치는 그 프로세스에 관한 메모리 할당 정보를 활용하여 명령어와 데이터가 실제로 메모리 어디에 위치하는지를 알기 위해 메모리 주소를 계산한다. 만일 원하는 명령어나 자료가 메모리에 존재하지 않으면, MMU는 "메모리에 없음(missing)"이라는 인터럽트를 발생시킨다. 이때 운영체제는 원하는 명령어나 자료를 포함한 부분을 메모리에 적재한 다음(이를 위해 운영체제는 어떤 다른 부분을 메모리에서 제거해야만 할 수도 있다), 그 프로세스를 재개한다. 그림 1.8은 어떤 프로세스 P_i가 동작 중일 때 가상 메모리의 상태를 보여주는 다이어그램이다.

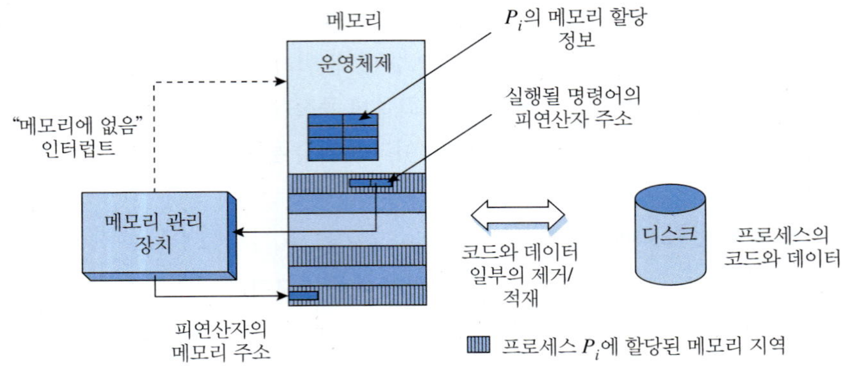

그림 1.8 가상 메모리 동작을 보여주는 다이어그램

"메모리에 없음" 인터럽트는 프로세스의 진행을 지연시키기 때문에, 운영체제는 이러한 인터럽트의 발생 빈도를 낮추기 위해 어떤 프로세스의 코드와 데이터의 어느 부분을 얼마나 오랫동안 메모리에 유지해야 하는지와 같은 두 가지의 핵심 사항을 결정해야 한다. 이러한 결정을 내리는 데 사용되는 기술은 12장에서 다루어진다.

1.4.4 파일과 I/O 장치 관리(Management of Files and I/O Devices)

파일 시스템은 파일에 대한 빠른 접근성 제공, 비인가자(unauthorized person)에 의한 파일 불법 접근으로부터의 보호, 그리고 결함이 있는 I/O 미디어나 정전과 같은 오류 시에 안정적인 동작 제공과 같이 사용자가 기대하는 여러 가지 사항을 만족시켜야 하고, 또한 I/O 장치의 효율적인 사용을 보장해야 한다. 파일 시스템은 이러한 기대를 만족시키는 것과 관련된 여러 가지 이슈들을 독립적으로 다루기 위해 계층적 구조를 채택하고 있으며, 그림 1.9는 이에 관한 추상적 뷰를 보여주고 있다. 상위 계층은 파일 시스템 그 자체로서 사용자로 하여금 몇몇 다른 사용자와 자신의 파일들을 공유할 수 있도록 허용하며, 파일 보호와 신뢰성을 제공한다. 파일 연산을 실행하기 위해 파일 시스템은 **입/출력 제어 시스템**(IOCS)을 포함하고 있는 하위 계층을 호출한다. 이 계층은 프로세스의 빠른 파일 접근과 효율적인 I/O 장치 사용을 보장한다.

파일 시스템(File System) 파일 시스템은 자신의 디렉터리 구조상 적당한 위치에 **홈 디렉터리**(*home directory*)를 포함하는 등 자신에 대한 논리적 뷰를 각 사용자에게 제공한다. 사용자는 자신의 홈 디렉터리와 이 디렉터리 내에 있는 다른 디렉터리 혹은 윈도우 운영체제의 폴더에 디렉터리 또는 다른 폴더를 생성할 수 있으며, 이런 절차를 원할 때까지 계속할 수 있다. 사용자는 다른 협력자가 자신의 파일에 접근할 수 있도록 파일 시스템에게 협력자의 이름과 파일 이름을 알려준다. 파일 시스템은 이 정보를 이용하여 파일을 보호한다. 신뢰성 보장을 위해 파일 시스템은 결함이 있는 I/O 미디어나 정전과 같은 오류로 인해 파일 내 데이터나 **메타데이터**(*metadata*)라고 불리는 디렉터리에 있는 자신의 데이터가 손상되지 않도록 한다. 파일 시스템의 이런 모든 기능은 13장에서 다루어진다.

입/출력 제어 시스템(Input Output Control System: IOCS) IOCS는 프로세스와 I/O 장치상에 기록된 파일 간의 데이터 전송을 통해 파일 연산을 수행한다. IOCS는 데이터 전송에 필요한 시간을 줄이거나, 프로세스와 I/O 장치 간의 데이터 전송 횟수를 줄이거나, 또는 I/O 장치가 주어진 시간 내에 완료할 수 있는 I/O 연산 횟수를 극대화하는 것과 같은 세 가지 기법을 통해 프로세스와 I/O 장치 간의 파일 연산을 효율적으로 구현한다. 이러한 기술은 14장에서 다루어진다.

보안과 보호(Security and Protection) 앞의 1.3.3절에서 우리는 보안과 보호에 대한 위협과 보안과 보호를 구현하는 데 사용되는 방법에 대해 설명했다. 운영체제는 자신만이 알고 있는 암호화 함수를 이용하여 패스워드 데이터를 암호화한다. 침입자가 패스워드로서 가능한 모든 스트링을 시도해 보지 않고서는 사용자의 패스워드를 알 수 없기 때문에 암호화를 통해 보안 관리를 강화할 수 있다. 이러한 다양한 보안과 보호에 대한 위협, 암호화 기술, 그리고 보호를 위한 다양한 기법들은 15장에서 설명한다.

1.4.5 분산 운영체제(Distributed Operating Systems)

분산 컴퓨터 시스템은 자신의 메모리를 가지고 있는 네트워킹 하드웨어와 소프트웨어를 통해 연결된 여러 대의 컴퓨터 시스템으로 구성되며, 각각은 **노드**(*node*)라 불린다. 분산 시스템 사용을 통해 컴퓨터 애플리케이션 프로세스들을 시스템의 서로 다른 노드상에 동시에 스케줄링함으로써 애플리케이션 처리 속도 향상, 컴퓨터 시스템과 그들에 속한 자원들의 중복 제공을 통한 고신뢰성, 그리고 노드 간의 자원 공유와 같은 세 가지의 핵심 장점을 기대할 수 있다. 이러한 장점을 달성하기 위해 분산 운영체제는 다음과 같은 근본적인 이슈들을 해결해야 한다.

- 네트워킹은 분산 시스템 노드 간 데이터 전송 시 지연의 원인이 된다. 이와 같은 지연은 다른 노드들에 위치한 데이터들 간 불일치로 이어질 수 있고, 시스템 내에서 이벤트가 발생한 시간적 순서 파악을 어렵게 할 수 있다.
- 컴퓨터 또는 네트워킹 구성 요소가 동작하지 않을 때 처리 속도 향상과 신뢰성 있는 연산을 위해 스케줄링, 자원 할당, 그리고 교착상태 검출과 같은 제어 기능들이 여러 노드에서 실행되어야 한다.
- 다른 노드에 위치한 프로세스들 간에 교환되는 메시지들은 공중망을 통해 이동하고 분산 운영체제가 제어하지 않은 컴퓨터 시스템을 통과할 수가 있다. 침입자는

이러한 것을 활용하여 메시지를 손상시키거나, 인증 절차를 속일 수 있는 가짜 메시지를 만들어 시스템의 실제 사용자 행세를 할 수 있다(그림 1.4 참고).

1.5 요약

컴퓨터 사용자 요구사항의 달성 여부는 컴퓨터가 수행할 수 있는 역할에 달려 있다. 몇몇 사용자에게 컴퓨팅은 인터넷 브라우징 또는 이메일 전송 수단이 될 수 있는 반면, 다른 사용자에게는 데이터 처리나 과학 계산과 같은 프로그램의 직접적인 실행 수단이 될 수 있다. 운영체제는 모든 사용자의 요구를 만족시켜야 하기 때문에 다양한 기능을 가질 필요가 있다.

현대 컴퓨터는 메모리와 디스크 공간과 같은 자원이 충분하고, 강력한 처리 능력을 가진 CPU를 가지고 있다. 컴퓨터 사용자들이 이러한 풍부한 자원으로 인해 많은 효과를 볼 수 있도록 운영체제는 자신의 자원을 여러 프로그램들에 배분하고 CPU상에서 번갈아 실행되도록 함으로써 많은 프로그램을 동시에 서비스한다. 운영체제는 컴퓨팅의 효율성을 보장하기 위해 다음 세 가지 요구사항을 만족시켜야 한다.

- 효율적 사용(*efficient use*): 컴퓨터 자원의 효율적인 사용을 보장한다.
- 사용자 편리성(*user convenience*): 컴퓨터 시스템을 사용하는 편리한 방법을 제공한다.
- 비간섭(*noninterference*): 사용자들의 행동이 방해받지 않도록 한다.

운영체제는 동작하는 동안 프로그램 관리, 자원 관리, 그리고 보안과 보호와 같은 세 가지 주요 기능의 수행을 통해 이 요구사항을 만족시킨다. 운영체제는 수백만 줄의 코드로 구성된 복잡한 소프트웨어이기 때문에 우리는 운영체제의 설계를 배우는 복잡도를 극복하기 위해 추상화에 의지한다. 추상화는 컴퓨터와 같은 하드웨어 시스템, 운영체제와 같은 소프트웨어 시스템, 또는 도시 교통과 같은 실생활 시스템의 특징적인 면에 초점을 맞추는 대신, 이러한 면과 관련 없는 세세한 것들은 무시할 수 있다. 우리는 운영체제의 설계와 운영의 다양한 측면들을 배우기 위해 이 책 전체에 걸쳐 추상화를 사용할 것이다.

이 책은 다음과 같이 진행된다. 먼저 운영체제가 자신의 동작을 제어하기 위해 컴퓨터 시스템과 어떻게 상호작용하는지 논의한 다음, 운영체제가 어떻게 프로그램의 실행, 메모리 할당, 그리고 프로그램의 파일 사용을 관리하며 보안과 보호를 보장하는지를 배운다. 그 다음 네트워크로 연결된 여러 컴퓨터 시스템의 동작을 제어하는 분산 운영체제에 대해 배운다.

여러분의 생각을 평가해 보라.

1.1 다음 각 문장이 참인지 거짓인지 구분하라.

a. 부트 절차는 사용자 프로그램을 시작시키기 위해 사용된다.

b. 선점 기술은 사용자 프로그램 간에 CPU를 공유하기 위해 사용된다.

c. 만일 운영체제가 풀(pool) 기반 자원 할당 정책을 채택하면, 자원이 낭비될 수 있다.

d. 가상 자원을 프로세스에 할당하면 프로세스 간

상호 간섭을 배제할 수 있다.

e. 허가된 사용자에 의해 발생하는 위협이 보안 위협이다.

1.2 다음 기술/방법 각각이 (i) 사용자 편리성 (ii) 컴퓨터 시스템의 효율적 사용을 제공하는지 여부를 표시하라.

a. 가상 메모리

b. 파일 보호

c. 비연속 메모리 할당

1.3 다음 사항들이 보안 과실인지 보호 과실인지 구분하라.

a. 종이에 자신의 패스워드를 쓰는 것

b. 모든 사람에게 자신의 파일에 대해 읽기와 쓰기를 허용하는 것

c. 바이러스를 포함한 것으로 알려진 프로그램을 다운로드하는 것

연습문제

1.1 컴퓨터가 OS_1과 OS_2와 같은 두 개의 운영체제를 통해 동작할 수 있다. 프로그램 P는 OS_1을 통해 항상 성공적으로 실행된다. OS_2를 통해 실행될 때, 그 프로그램은 때때로 "실행 중 자원 부족"이라는 오류로 인해 실행이 중지되나, 다른 경우는 성공적으로 실행이 완료된다. 프로그램 P의 이와 같은 행동의 원인은 무엇이고, 바로잡을 수 있는지 설명하라. 바로잡을 수 있다면, 그 방법과 결과를 기술하라.(힌트: 자원 관리 정책을 고려할 것)

1.2 시분할 운영체제는 다음과 같은 스케줄링 정책을 사용한다. 즉, 하나의 프로그램에게는 실행을 위해 선택될 때마다 시간 조각(*time slice*)이라 불리는 제한된 길이의 CPU 시간이 주어진다. 매 시간 조각이 끝날 때마다 그 프로그램은 선점되며, CPU를 사용하기 원하는 모든 다른 프로그램에 실행 기회가 부여된 다음에서야 실행될 수 있다고 하자. 시분할 시스템에 대해 (a) 사용자 서비스와 (b) 사용 효율성 측면에서 의견을 제시하라.

1.3 어떤 컴퓨터가 매우 빠른 CPU를 가지고 있으나 메모리가 적다면, 대부분의 컴퓨터 프로그램이 거의 항상 메모리에 적재될 수 없어 결과적으로 CPU는 처리할 작업 부족으로 자주 유휴(idle) 상태에 있게 된다. 스와핑(*swapping*)은 비활동(inactive) 프로그램을 메모리에서 제거하고, CPU 사용을 원하는 프로그램을 CPU가 서비스할 수 있도록 그 자리에 적재하는 기술이다. 스와핑이 (a) 사용자 서비스와 (b) 사용 효율성을 향상시키는가? 운영체제 오버헤드에는 어떤 영향을 주는가?

1.4 "분할된 자원 할당이 보다 향상된 사용자 편리성을 제공하나, 효율성은 좋지 않다"라는 주장의 타당성에 대해 의견을 제시하라.

1.5 만일 프로그램이 어떤 의미 있는 작업을 실행하고 있지 않다면(예를 들어, 사용자의 명령 대기 중), 그 프로그램은 휴면(dormant) 상태에 있다. 휴면 프로그램은 어떤 자원을 낭비하고 있는가? 이 자원의 낭비를 어떻게 줄일 수 있는가?

1.6 운영체제는 실제 장치가 부족할 때 가상 장치를 생성한다. 가상 장치 생성은 (a) 사용자 서비스와 (b) 사용 효율성을 향상시키는가?

1.7 다음 상황에서 교착상태가 일어날 수 있는가?

a. 시스템이 프로그램들에 자원을 분할하여 배정한다.

b. 일단의 프로그램들이 실행 중에 메시지 패싱을 이용해 통신한다.

1.8 어떤 사용자가 자신의 동료들이 자신의 파일 중 몇 개에 접근할 수 있기를 원하나 자신의 다른 파일에는 접근하지 못하도록 하고, 또한 동료가 아닌 사람들은 자신의 어떤 파일에도 접근하지 못하도록 운영체제가 보호해 주기를 기대하고 있다. 사용자와 운영체제가 공동으로 어떻게 이것을 달성할 수 있는지 설명하라..

참고문헌

컴퓨터 시스템을 관리하는 소프트웨어로서 운영체제를 보는 관점은 대부분의 운영체제 교과서에 보통 제시되고 있다. 운영체제 관련 최근 교과서에는 Tanembaum(2001), Nutt(2004), Silberschatz(2005), 그리고 Stallings(2005) 등이 있다.

Berzins(1986)는 서브시스템의 내부 동작을 은폐(hide)하는 일단의 추상화를 통해 소프트웨어 시스템 설계의 복잡도를 어떻게 줄일 수 있는지를 설명하였다. 대부분의 소프트웨어 공학 관련 책들은 소프트웨어 설계에서 추상화의 역할에 대해 설명하고 있다. 소프트웨어 설계의 투명성 개념에 관한 Parnas와 Siewiorek의 논문(1975)은 소프트웨어의 고전으로 간주되고 있다. Booch의 책(1994)은 객체지향 소프트웨어 개발에 있어 추상화에 대해 기술하고 있다.

가상 장치 개념은 맨체스터 대학에서 개발된 아틀라스(Atlas) 컴퓨터 시스템의 스풀링 시스템에서 처음으로 사용되었고, 그 개념은 Kilburn 논문(1961)에서 설명되어 있다.

Berghel(2001)은 2001년에 큰 혼란을 일으켰던 코드 레드 웜에 대해 설명한 반면, Ludwig(1998)과 Ludwig(2002)은 다른 종류의 바이러스에 대해 기술하고 있다. Pfleeger와 Pfleeger(2003)는 컴퓨터 보안에 관련된 교과서이고, Garfinkel(2003)은 솔라리스, 맥 운영체제, 리눅스, 그리고 FreeBSD 운영체제에서의 보안에 대해 다루고 있다. 마지막으로 Russinovich와 Solomon(2005)은 윈도우의 보안 기능에 대해 설명하고 있다.

1. Berghel, H. (2001): "The Code Red worm," *Communications of the ACM*, **44** (12), 15–19.
2. Berzins, V., M. Gray, and D. Naumann (1986): "Abstraction-based software development," *Communications of the ACM*, **29** (5), 403–415.
3. Booch, G. (1994): *Object-Oriented Analysis and Design*, Benjamin-Cummings, Santa Clara.
4. Garfinkel, S., G. Spafford, and A. Schwartz (2003): *Practical UNIX and Internet Security*, 3rd ed., O'Reilly, Sebastopol, Calif.
5. Kilburn, T., D. J. Howarth, R. B. Payne, and F. H. Sumner (1961): "The Manchester University Atlas Operating System, Part I: Internal Organization," *Computer Journal*, **4** (3), 222–225.
6. Ludwig, M. A. (1998): *The Giant Black Book of Computer Viruses*, 2nd ed., American Eagle, Show Low.
7. Ludwig, M. A. (2002): *The Little Black Book of Email Viruses*, American Eagle, Show Low.
8. Nutt, G. (2004): *Operating Systems—A Modern Perspective*, 3rd ed., Addison-Wesley, Reading, Mass.
9. Parnas, D. L., and D. P. Siewiorek (1975): "Use of the concept of transparency in the design of hierarchically structured systems," *Communications of the ACM*, **18** (7), 401–408.
10. Pfleeger, C. P., and S. Pfleeger (2003): *Security in Computing*, Prentice Hall, Englewood Cliffs, N.J.
11. Russinovich, M. E., and D. A. Solomon (2005): *Microsoft Windows Internals*, 4th ed., Microsoft Press, Redmond, Wash.
12. Silberschatz, A., P. B. Galvin, and G. Gagne (2005): *Operating System Principles*, 7th ed., John Wiley, New York.
13. Stallings, W. (2005): *Operating Systems—Internals and Design Principles*, 5th ed., Pearson Education, New York.
14. Tanenbaum, A. S. (2001): *Modern Operating Systems*, 2nd ed., Prentice Hall, Englewood Cliffs, N.J.

Chapter 2

운영체제, 컴퓨터와 사용자 프로그램

The OS, the Computer, and User Programs

1장에서 본 것처럼 운영체제는 프로그램 초기화나 자원 할당과 같은 많은 작업들을 반복적으로 수행한다. 이러한 작업들을 **제어 함수**(*control function*)라고 한다. 운영체제는 하드웨어 장치가 아니라 일련의 루틴이기 때문에 CPU에서 명령어를 실행함으로써 제어 함수를 수행한다. 따라서 사용자 프로그램과 운영체제 모두 CPU를 사용한다. 운영체제를 이해하는 데 있어서 가장 중요한 것은 시스템이나 사용자 프로그램과 어떻게 상호작용을 하는지, 즉 운영체제가 컴퓨터 제어 함수를 수행할 때 어떤 방법으로 CPU 제어권을 획득하는지, 그리고 사용자 프로그램으로 제어를 어떻게 전달하는지에 대해 아는 것이 중요하다.

CPU에서 실행 중인 하나의 프로그램을 중단시키고 다른 프로그램을 실행하도록 하는 작업을 **CPU 전환**(*switching*)이라고 한다. 커널에서 제어 함수가 수행되어야 할 때, CPU는 커널을 실행하기 위해 전환되어야 한다. 제어 함수의 수행이 끝난 뒤에 CPU의 제어권은 사용자 프로그램으로 전환된다.

컴퓨터와 관련된 특성에 대한 개략적인 설명으로 이 장을 시작한다. 특히 커널에서 제어 함수를 수행해야 할 때 **인터럽트**가 어떻게 CPU를 전환하여 커널을 실행시키는지에 대해 알아볼 것이다. 이 장의 뒷부분에서는 어떻게 **인터럽트 서비스**(*interrupt servicing*)와 **시스템 호출**(*system calls*) 개념이 운영체제와 사용자 프로그램의 상호작용을 가능하게 하는지 알아볼 것이다.

2.1 운영체제 동작의 기본적인 원리 (FUNDAMENTAL PRINCIPLES OF OS OPERATION)

3장에서 운영체제의 특징을 설명하기 전에 운영체제 동작의 기능적 이해가 중요하다. 운영체제의 관점에서 현대 컴퓨터들의 어떤 특성이 중요한지, 사용자 프로그램과 자원을 제어하고 보안과 보호를 구현하기 위해서 운영체제가 이 특징들을 어떻게 사용하는지, 그리고 사용자 프로그램이 운영체제로부터 서비스를 어떻게 받는지에 대해서 이해해야 한다.

1.1절에서 언급했듯이 운영체제의 **커널**(*kernel*)은 운영체제의 중심부를 이루는 일련의 루틴이다. 커널은 1.3절에서 언급된 작업들을 수행함으로써 컴퓨터의 동작을 제어한다. 따라서 이러한 각 작업들을 **제어 함수**(*control function*)라고 한다. 또한 커널은 사용자 프로그램에 일련의 서비스를 제공한다. 커널은 운영체제가 동작하는 동안 메모리에 존재하고, CPU의 명령을 실행하여 제어 함수와 서비스를 제공한다. 따라서 CPU는 사용자 프로그램과 커널 모두에 의해 사용된다.

컴퓨터의 효율적인 사용을 위해 CPU는 대부분의 시간 동안 사용자 프로그램을 실행하고 있어야 한다. 그러나 시스템에서 커널의 동작이 필요한 상황에서는 CPU가 커널 코드를 실행하도록 전환되어야 하는데, I/O 작업이 끝나거나 타이머 인터럽트가 발생했을 때, 혹은 프로그램이 커널의 서비스를 필요로 할 때 등을 예로 들 수 있다. 1.4절에서 이 상황들을 **이벤트**(*event*)라고 하였다. 운영체제가 어떻게 동작하는지 이해하기 위해서는 다음 세부 사항을 완전히 이해할 필요가 있다.

- 커널이 컴퓨터의 동작을 어떻게 제어하는가?
- 이벤트가 발생했을 때 CPU가 커널 코드를 실행하도록 어떻게 전환되는가?
- 커널이 제공하는 서비스를 사용자 프로그램이 어떻게 사용하는가?
- 커널이 사용자 프로그램 간 상호 간섭과 사용자 프로그램과 운영체제 간 상호 간섭이 없음을 어떻게 보장하는가?

이 장에서는 컴퓨터 시스템 구조에 대해 알아보고, 커널이 컴퓨터 구조의 특성을 이용하여 컴퓨터의 동작을 어떻게 제어하는지 설명할 것이다. 그리고 CPU가 커널 코드를 실행하도록 전환되기 위해 **인터럽트**(*interrupt*)가 어떻게 사용되는지 알아보고, 프로그램이 자신의 요청을 커널에 전달하는 데 사용하는 특수한 인터럽트인 **소프트웨어 인터럽트**(*software interrupt*)를 어떻게 사용하는지 알아볼 것이다.

사용자 프로그램 간 상호 간섭이나 사용자 프로그램과 운영체제 간 상호 간섭이 없음은 CPU가 가지는 두 가지 모드로 보장된다. CPU가 **커널 모드**(*kernel mode*)일 때, CPU는 컴퓨터의 모든 명령을 실행할 수 있다. 이때 커널은 CPU와 함께 동작하여 컴퓨터의 동작을 제어할 수 있다. CPU가 **사용자 모드**(*user mode*)일 때, CPU를 무분별하게 사용할 경우 다른 프로그램이나 운영체제와 상호 간섭할 가능성이 있는 명령들을 실행할 수 없다. CPU는 사용자 프로그램을 실행하기 위해 사용자 모드로 놓이게 된다. 운영체제의 동작 방법을 이해하기 위해 중요한 것은 CPU가 커널 코드를 실행하기 위해 어떻게 커널 모드에 놓이고, 또 CPU가 사용자 프로그램을 실행하기 위해 어떻게 사용자 모드에 놓이는지 아는 것이다.

2.2 컴퓨터(THE COMPUTER)

그림 2.1은 운영체제 관점에서 관련 있는 컴퓨터의 기능 단위를 그림으로 나타낸 것이다. CPU와 메모리는 버스에 직접 연결되어 있지만 I/O 장치는 장치 제어기와 DMA(direct memory access)를 통해서 버스와 연결되어 있다. 만약 CPU와 I/O 장치가 동시에 메모리에 접근하면 버스는 오직 하나만 사용할 수 있도록 허용한다. 다른 접근은 이 접근이 완료될 때까지 미뤄진다. 다음의 몇 절에 걸쳐 기능 단위의 중요한 세부사항에 대해서 설명할 것이다. 또한 이 절의 뒷부분에서는 운영체제가 컴퓨터의 특성을 이용하여 어떻게 컴퓨터 동작과 컴퓨터 사용자 프로그램의 실행을 제어하는지에 대해 알아볼 것이다. 이 장에서 다루는 내용은 하나의 CPU를 가진 컴퓨터로 제한한다. 멀티프로세서의 특성과 분산 컴퓨터 시스템에 대해서는 뒷부분에서 설명할 것이다.

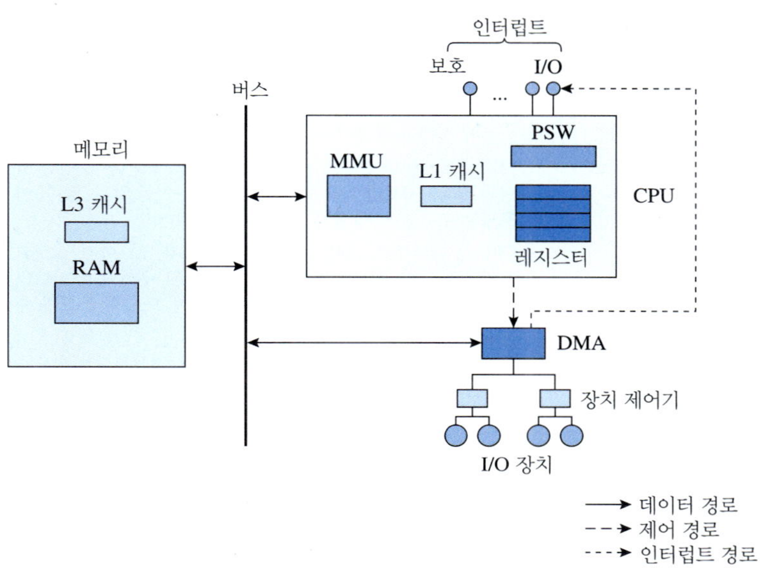

그림 2.1 컴퓨터의 구조.

2.2.1 CPU

범용 레지스터(General-Purpose Registers: GPRs)와 프로그램 상태 규정어(Program Status Word: PSW) CPU의 두 가지 요소는 사용자 프로그램이나 운영체제에서 볼 수 있다. 첫째는 프로그램 실행 중에 가지는 데이터, 주소, 인덱스 값, 혹은 스택 포인터 같은 레지스터이다. 이 레지스터들은 **범용 레지스터**(*general-purpose registers*: GPRs) 혹은 **프로그램 접근 가능 레지스터**(*program-accessible registers*)와 같이 다양한 이름으로 불리는데, 여기서는 GPRs로 표기한다. 또 다른 요소는 CPU 동작에 영향을 주거나 CPU 제어 정보를 담고 있는 일련의 **제어 레지스터**(*control registers*)들이다. 일련의 제어 레지스터들을 **프로그램 상태 규정어**(PSW)라고 하고, 각 제어 레지스터를 PSW의 **필드**(*field*)라고 부른다.

그림 2.2는 PSW의 필드를 설명한 것이다. PSW의 두 개의 필드는 보통 프로그래머가 알고 있는 **프로그램 카운터**(*program counter*: PC)와 **조건 코드**(*condition code*: CC)이다. 프로그램 카운터는 CPU가 실행할 다음 명령어의 주소를 담고 있고, 조건 코드는 CPU가 수행한 마지막 연산이나 논리적 결과를 설명하는 코드를 담고 있다. 예를 들어, 연산의 결과가 0이라든지 비교의 결과가 "같지 않다"와 같은 것이다. 이러한 것들은 보통 별개의 플래그들에 저장된다. 하지만 이를 총괄적으로 **조건 코드 필드** 혹은 **플래그**(*flags*)라고 부르는 필드에 둔다. 다른 레지스터에 대한 내용과 이용 방법은 이 절의 뒷부분에서 알아볼 것이다.

프로그램 카운터 (PC)	조건 코드 (플래그, CC)	모드(M)	메모리 보호 정보 (MPI)	인터럽트 마스크 (IM)	인터럽트 코드 (IC)

필드	설명
프로그램 카운터(PC)	다음에 실행될 명령어의 주소를 가진다.
조건 코드(플래그, CC)	마지막 연산이나 논리적 결과를 나타낸다. 예를 들어, 연산 명령의 결과가 0보다 작은지 같은지 혹은 큰지를 알 수 있다. 이 코드는 조건 분기 명령의 실행에서 사용된다.
모드(M)	CPU가 커널 모드에서 실행되는지 사용자 모드에서 실행되는지 나타낸다. 여기서는 단일 비트 필드로 구성되며, 필드의 값이 0이라면 커널 모드, 1이라면 사용자 모드에서 실행 중임을 나타낸다고 가정한다.
메모리 보호 정보(MPI)	현재 실행 중인 프로그램의 메모리 보호 정보로, 이 필드는 **기본 레지스터**(*base register*)와 **크기 레지스터**(*size register*)로 불리는 두 개의 서브필드로 구성된다.
인터럽트 마스크(IM)	어떤 인터럽트가 활성화되었는지, 어떤 인터럽트가 마스크 오프(mask off)되었는지 나타낸다.
인터럽트 코드(IC)	최근 인터럽트를 발생시킨 조건 혹은 이벤트를 설명한다. 이 코드는 인터럽트 서비스 루틴(interrupt servicing routine)에 의해 사용된다.

그림 2.2 프로그램 상태 규정어(PSW)의 주요 필드

CPU 동작의 커널 모드와 사용자 모드 CPU는 사용자 모드(*user mode*)와 커널 모드(*kernel mode*)라는 두 가지 모드로 동작한다. CPU는 특정 명령어들을 커널 모드에서만 실행할 수 있다. 이 명령어들을 **특권 명령어**(*privileged instructions*)라고 하며, 사용자 프로그램의 실행이 운영체제나 다른 사용자 프로그램에 영향을 줄 수 있는 작업을 수행하는 특별한 명령어이다. 예를 들어, PSW의 **메모리 보호 정보**(*memory protection information*: MPI) 필드의 내용을 바꾸는 명령어는 시스템에서 메모리 보호를 약화시키는 데 사용될 수 있다(2.2.3절의 예제 참고). 운영체제는 CPU가 커널에 있는 명령어를 실행할 때, 커널이 특수 동작을 할 수 있도록 CPU를 커널 모드에 놓는다. 반대로 사용자 프로그램이 실행되고 있을 때, 사용자 프로그램이 운영체제나 다른 사용자 프로그램과 상호 간섭이 일어나지 않도록 운영체제는 CPU를 사용자 모드로 놓는다. 우리는 PSW의 **모드**(*mode*: M) 필드를 단일 비트 필드로서 CPU가 커널 모드일 때 0, 사용자 모드일 때 1의 값을 가진다고 가정한다.

CPU의 상태 범용 레지스터와 PSW는 CPU가 무엇을 하고 있는지 알기 위해 필요한 모든 정보를 갖고 있다. 이 정보가 CPU의 **상태**(*state*)가 된다. 1.3.1절에서 말했듯이, 커널은 현재 CPU를 사용하고 있는 프로그램을 선점(preempt)할 수 있다(그림 1.3 참고). 현재 실행되는 프로그램이 향후에 다시 실행되도록 계획된 경우, 실행을 올바르게 재개할 수 있도록 보장하기 위해 커널은 CPU를 프로그램에서 다른 프로그램으로 옮기기 직전에 CPU 상태를 저장하고, 그 프로그램의 실행이 재개될 경우 저장된 CPU 상태를 범용 레지스터와 PSW로 다시 읽어온다. 예제 2.1은 CPU 상태를 저장하고 복구하는 것으로, 어떻게 프로그램 실행을 재개할 수 있는지 보여준다.

예제 2.1 CPU의 상태

그림 2.3(a)는 CPU가 두 개의 데이터 레지스터 A와 B, 그리고 인덱스 레지스터 X, 스택 포인터 레지스터 SP를 가지는 가상의 컴퓨터를 위한 어셈블리 언어 프로그램을 보여준다. 이 프로그램의 각 어셈블리 언어 명령어는 CPU내의 명령어나 어셈블러 지시어에 해당한다. 예를 들어, 마지막 문장은 값 1을 가지는 메모리 위치를 ALPHA로 선언한다. 첫 번째 명령어는 ALPHA의 값을 레지스터 A로 옮긴다. 두 번째 명령어는 레지스터 A에 있는 값과 값 1을 비교한다. 이 비교는 **조건 코드** 필드에 적절한 값을 설정한다. 작업 코드 BEQ를 가지는 세 번째 명령어는 비교의 결과가 "같다"면 NEXT 레이블의 명령어로 제어를 이동하는 조건 분기 명령어이다. COMPARE 명령어의 결과가 "같다"라고 가정하고, 조건 코드 00은 이 명령의 결과를 나타낸다.

COMPARE 명령어를 실행한 후에 커널이 프로그램으로부터 CPU를 가져오려고 할 때, 그림 2.3(b)에서 볼 수 있듯이 CPU의 상태를 저장한다. CPU 상태는 PSW의 내용과 레지스터 A, B, X, SP로 구성된다. PC는 다음에 실행될 명령어의 주소인 150을 가지고 있다. 조건 코드 필드는 비교 결과가 같다는 값을 나타내는 00을 가진다. MPI 필드는 2.2.3절에서 알아볼 프로그램의 메모리 보호 정보를 가진다. CPU 상태가 이전 CPU 상태로 돌아가게 되면, 프로그램은 150번지의 주소 메모리 위치에 존재하는 BEQ 명령에서 실행을 재개할 것이다. 조건 코드 필드는 "같다"라는 의미를 가지는 00을 갖고 있기 때문에, BEQ 명령어는 NEXT 레이블의 명령어로 제어를 이동시킬 것이다. 따라서 프로그램을 재개할 때 올바르게 실행될 것이다.

2.2.2 메모리 관리 장치(Memory Management Unit: MMU)

1.3.2절에서 언급했듯이 **가상 메모리**(*virtual memory*)는 컴퓨터의 실제 메모리보다 용량이 더 큰 환영(illusion) 메모리이다. 1.4.3절에서 말했듯이 운영체제는 불연속 메모리 할당과 MMU(그림 1.8)를 이용하여 가상 메모리를 구현한다. 운영체제는 일련의 메모리 공간을 프로그램에 할당하고, 이 공간에 관련된 정보를 메모리 할당 정보 테이블에 저장한다. 프로그램을 실행하는 동안 CPU는 현재의 명령어에서 사용하는 데이터 혹은 명령어의 주소를 MMU로 전달한다. 이 주소를 **논리 주소**(*logical address*)라고 한다. MMU는 요구한 데이터나 명령어가 실제로 저장되어 있는 메모리의 주소를 찾기 위해 메모리 할당 정보를 이용한다. 이 주소를 **물리 주소**(*physical address*)라 하고, 논리 주소로부터 이 주소를 얻는 과정을 **주소 변환**(*address translation*)이라고 한다. 주소 변환에 대해서는 12장에서 자세히 설명할 것이다.

2.2.3 메모리 계층(Memory Hierarchy)

컴퓨터 시스템은 이상적으로 충분히 크고 속도가 빠른 메모리를 가져서 메모리 접근으로 CPU의 속도가 느려지지 않아야 한다. 하지만 빠른 메모리는 비싸기 때문에 용량이 크고 속도가 빠른 메모리의 역할을 대신할 수 있는 저렴한 장치가 요구된다. 속도가 다른 여러 종류의 메모리들로 구성된 메모리 계층이 해결책이 될 수 있다. 계층에서 가장 빠른 메모리는 용량이 가장 작고, 반대로 메모리가 느리면 용량이 크다. CPU는 오직 가장 빠른 메모리에만 접근한다. 만약 필요한 데이터(혹은 명령어)가 가장 빠른 메모리에

주소		명령어	
0142		MOVE	A, ALPHA
0146		COMPARE	A, 1
0150		BEQ	NEXT
		...	
0192	NEXT		
		...	
0210	ALPHA	DCL_CONST	1

(a)

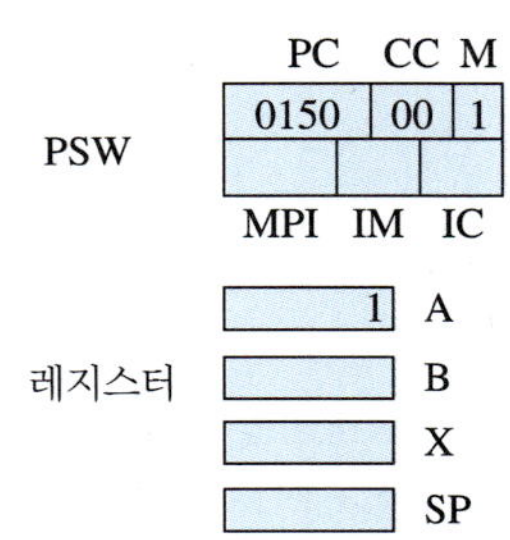

(b)

그림 2.3 (a) 각 명령어 혹은 데이터가 할당된 주소를 보여주는 어셈블리 언어 프로그램의 목록 (b) COMPARE 명령어를 실행한 후의 CPU 상태

존재한다면 즉시 사용되고, 그렇지 않은 경우에는 데이터를 느린 메모리에서 빠른 메모리로 복사한 후 사용된다. 가장 빠른 메모리에 들어 있는 데이터는 다른 데이터를 위한 저장 공간을 확보하기 위해 제거되기 전까지는 계속 빠른 메모리에 남아 있게 된다. 이 방법은 반복적으로 사용되는 데이터에 빠르게 접근할 수 있도록 도와준다. 다른 계층의 메모리들 또한 이와 비슷하게 사용된다. 만약 데이터가 빠른 메모리에 존재하지 않으면 느린 메모리에서 복사하여 사용된다. 효율적인 메모리 접근 시간은 빠른 메모리에서 이러한 상황이 얼마나 자주 일어나는지에 달려 있다.

그림 2.4는 간단한 메모리 계층을 보여준다. 이 계층은 세 개의 메모리 장치를 갖고 있다. 캐시 메모리는 빠르고 용량이 작다. **주 기억 장치**(RAM)는 느리고 용량이 크다. 앞으로 주 기억 장치를 간단히 **메모리**(*memory*)로 부를 것이다. 디스크는 계층에서 가장 느리고 용량이 가장 큰 장치이다. 현대식 컴퓨터의 메모리 계층을 설명하기 전에 이러한 메모리 계층을 먼저 살펴보기로 한다.

캐시 메모리 캐시 메모리는 CPU가 최근에 접근한 명령어나 데이터 값을 담고 있다. 캐시의 성능을 향상시키기 위해 메모리 하드웨어는 단일 바이트를 메모리에서 캐시로 전송시키지 않고, 표준 크기의 메모리 블록을 **캐시 블록**(*cache block*) 혹은 **캐시 라인**(*cache line*)이라고 부르는 캐시 공간에 담는다. 이 방법으로 최근에 접근한 바이트에 가까운 바이트로 접근할 때는 메모리 접근이 필요 없이 바로 수행될 수 있다. CPU가 새로운 값을 바이트에 기록했을 때, 변경된 바이트는 캐시에 기록된다. 변경된 바이트는 조만간 메모리에 기록되어야 한다. 다양한 방법이 바이트를 메모리에 기록하기 위해 사용되어 왔다. 간단한 방식은 변경된 바이트를 캐시와 메모리에 동시에 기록하는 것이다. 이 방식을 *write-through*라고 한다.

프로그램을 실행하는 동안 요구되는 모든 데이터나 명령어에 대해서 CPU는 캐시 검색을 수행한다. 캐시 검색은 요구되는 바이트의 주소를 현재 캐시에 있는 메모리 블록 내 바이트의 주소와 비교하여 이루어진다. 캐시에 요구하는 바이트가 있으면 **적중**(*hit*)했다고 하고, 메모리에 있는 바이트를 캐시로 옮겨 담아야 하는 경우에는 **실패**(*miss*)했다고 한다. 캐시의 **적중률**(*hit ratio*)은 CPU가 접근한 바이트 중 적중한 바이트의 비율을 나타낸 것이다. 높은 적중률은 실제로 **지역성**(*locality*)의 원리를 통해 얻은 결과이다. 프로그램이 최근에 접근한 바이트와 근접한 바이트에 접근하려는 성향을 **공간적 지역성**(*spatial locality*)이라고 하고, 특정 데이터나 명령어에 반복적으로 접근하려고 하는 성향을 **시간적 지역성**(*temporal locality*)이라고 한다. 캐시와 메모리로 이루어진 메모리 계층에서 효율적인 메모리 접근 시간은 다음 식과 같이 주어진다.

$$\begin{aligned} t_{\text{ema}} &= h \times t_{\text{cache}} + (1-h) \times (t_{\text{tra}} + t_{\text{cache}}) \\ &= t_{\text{cache}} + (1-h) \times t_{\text{tra}} \end{aligned} \quad \textbf{(2.1)}$$

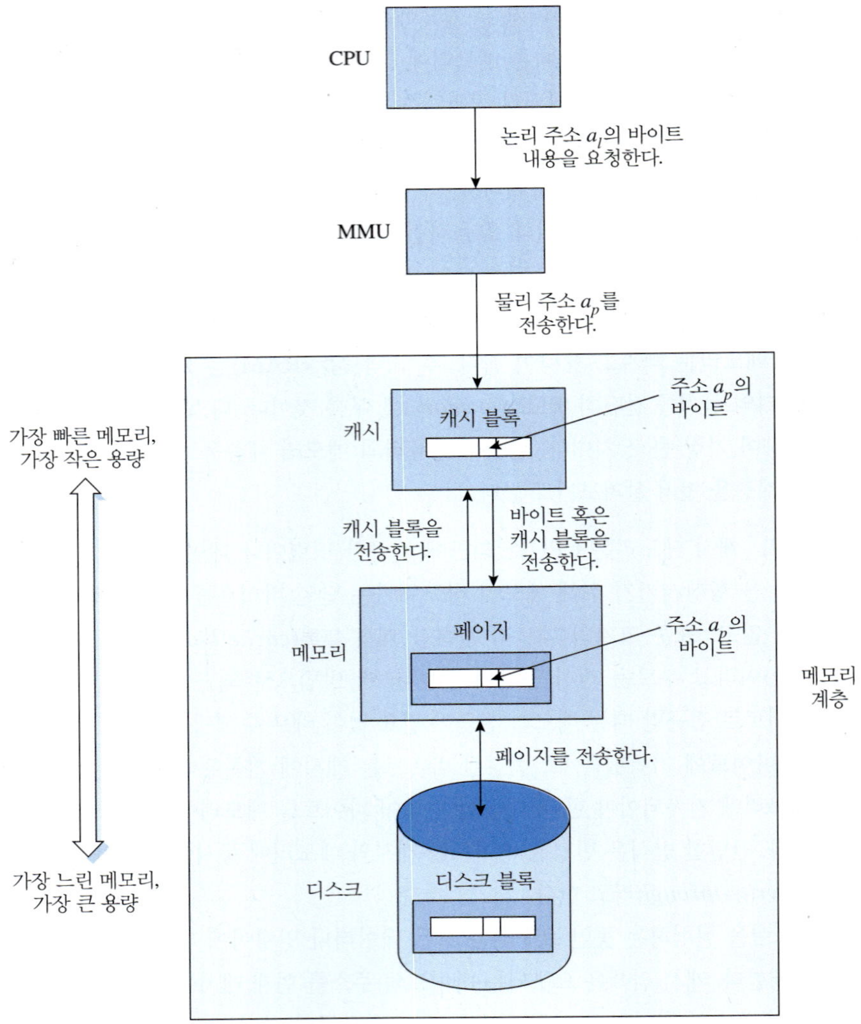

그림 2.4 메모리 계층의 동작

t_{ema} = 효율적인 메모리 접근 시간
t_{cache} = 캐시 접근 시간
t_{tra} = 캐시 블록을 메모리에서 캐시로 전송하는 데 걸리는 시간

공간적 지역성을 통해 높은 적중률을 보장하려면 더 큰 캐시 블록이 필요하다. 그러나 큰 캐시 블록은 t_{tra}를 증가시키므로 t_{tra}를 감소시키기 위한 고급 메모리 구조가 사용되며, 가장 좋은 적중률과 t_{tra} 조합을 제공하는 캐시 블록 크기가 선택된다. 인텔 펜티엄 프로세서는 128바이트의 캐시 블록과 t_{tra}가 메모리 접근 시간의 10배 정도밖에 되지

않는 메모리 구조를 사용한다. 만약 t_{cache} = 10 ns이고 메모리가 캐시보다 10배 느리다고 가정한다면 t_{tra} = 10 × (10 × 10) ns = 1000 ns이다. 캐시 적중률이 0.97이라면 이 메모리 구조는 메모리 접근 시간의 40% 정도인 t_{ema} = 40 ns를 가진다. 캐시의 적중률은 프로그램이 처음 실행될 때는 좋지 못하다는 점에 주목하라. 이는 일부 명령어와 데이터가 캐시로 옮겨져야 하기 때문이다. 적중률은 프로그램이 실행되고 일정 시간이 지났을 때 높다.

현대식 컴퓨터의 메모리 계층은 캐시 메모리의 개수와 MMU의 배치가 그림 2.4에서 볼 수 있는 구조와는 다르다. 메모리와 캐시의 속도가 크게 불일치하기 때문에 그림 2.4의 단일 캐시 대신 메모리 접근 시간을 줄이기 위해 효율적인 캐시 메모리 계층을 사용한다. 그림 2.1에서 볼 수 있듯이 1단계 캐시인 L1 캐시는 CPU 칩 내부에 들어가 있다. CPU 칩은 L1 캐시보다 속도가 느리지만 용량이 큰 2단계 캐시, 혹은 L2 캐시로 불리는 캐시 또한 포함할 수 있다. 용량이 더 크고 속도가 느린 L3 캐시는 일반적으로 CPU의 외부에 존재한다. 그림 2.1은 L3 캐시가 메모리와 관련되어 있음을 보여준다. 이러한 캐시 단계들은 효율적인 메모리 접근 시간의 향상을 돕는다. 향상된 정도를 알기 위해서 낮은 단계로부터의 블록 전송 시간을 식 (2.1)의 t_{tra} 대신에 대입한다. 그리고 전송 중에 낮은 단계의 캐시에서 발생하는 적중 실패를 설명하기 위한 등식을 비슷하게 사용한다(연습문제 2.9 참고). 또 다른 점은, MMU는 MMU와 L1 캐시의 병렬 방식으로 대체되는 것이다. 이 방법에서는 물리 주소가 아닌 논리 주소가 L1 캐시로 보내진다. 따라서 L1 캐시를 검색하기 전에 주소 변환 필요성을 없애고, L1 캐시에서 적중했을 경우 데이터로의 접근 속도를 높여준다. 또한 L1 캐시에서 캐시 실패가 발생하는 경우 시간을 줄일 수 있도록 MMU에 의해 수행되는 주소 변환이 L1 캐시 내의 검색과 겹치는 것을 가능하게 한다.

메모리 메모리 계층 구조의 일부로서, 메모리의 동작은 캐시의 동작과 유사하다. 유사한 점은 일반적으로 **페이지**(*page*)라고 불리는 바이트의 블록 중 일부를 프로그램이 참고할 때, 페이지 하나를 디스크에서 메모리로 복사하는 것이나 메모리를 필요로 하는 다른 블록들을 위한 공간을 확보하기 위해 페이지를 메모리에서 디스크로 복사하는 것이다. 다른 점은 메모리 관리와 메모리와 디스크 사이의 블록 전송은 소프트웨어에 의해 수행되지만, 캐시의 경우는 하드웨어에 의해 수행된다는 것이다. MMU와 메모리, 그리고 디스크로 구성된 메모리 계층을 **가상 메모리**(*virtual memory*)라고 한다. 가상 메모리는 12장에서 설명하고, 편의를 위해서 MMU와 디스크의 역할에 대해서는 특별히 언급하지 않는다.

메모리 보호 많은 프로그램이 컴퓨터의 메모리 안에 공존하기 때문에 한 프로그램이 다른 프로그램에 의해 사용되는 메모리의 내용을 읽거나 파괴하는 것을 방지해야 한다.

이 필요 사항을 **메모리 보호**(*memory protection*)라고 한다. 이것은 프로그램에서 사용되는 메모리 주소가 프로그램에 할당된 메모리 공간의 밖인지를 검사하여 수행된다.

메모리 보호를 수행하기 위해 두 개의 제어 레지스터가 사용된다. **기준 레지스터**(*base register*)는 프로그램에 할당된 메모리 공간의 시작 주소를 가지며, **크기 레지스터**(*size register* 혹은 *limit register*)는 프로그램에 할당된 메모리의 크기를 가진다. 따라서 <기준>과 <크기>가 각각 기준 레지스터와 크기 레지스터가 갖고 있는 내용을 나타낼 때, 할당된 메모리의 마지막 바이트 주소는 다음과 같다.

마지막 바이트 주소 = <기준> + <크기> − 1

예를 들어, 메모리 접근 전에 접근할 메모리 주소가 *aaa*라고 하면 메모리 보호 하드웨어는 이 *aaa*가 기준 레지스터와 크기 레지스터로 정의되는 주소 범위의 밖인지 검사한다. 만약 주소 범위 밖의 주소라면 하드웨어는 메모리 보호 위반을 표시하기 위해 인터럽트를 발생시키고 메모리 접근을 막는다. 나중에 설명하겠지만 인터럽트가 발생하면 커널은 이에 반응하여 잘못된 프로그램을 중지시킨다. PSW(그림 2.2 참고)의 **메모리 보호 정보**(MPI) 필드가 기준 레지스터와 크기 레지스터를 담고 있다. 이렇게 메모리 보호 정보 또한 CPU 상태 중 일부가 되고, 이 상태 또한 프로그램이 선점(preempt)될 때 저장되고 다시 시작할 때 복구된다.

예제 2.2 메모리 보호의 기본 원칙

프로그램 P_1은 커널에 의해 20000번지부터 24999번지까지 총 5000바이트의 메모리 영역에 할당된다. 그림 2.5는 기준 레지스터와 크기 레지스터를 이용하여 프로그램의 메모리 보호를 나타낸 것이다. 할당된 영역의 시작주소 20000번지가 기준 레지스터에 저장되고, 할당된 메모리 영역의 크기인 5000이 크기 레지스터에 저장된다. 메모리 보호 위반 인터럽트는 CPU가 20000~24999 범위를 벗어나는 주소에 있는 명령어를 실행할 경우 발생한다. 예를 들면, 메모리 주소 28252를 CPU가 실행하면 메모리 보호 위반 인터럽트가 발생한다.

프로그램은 자신이 선택한 기준 레지스터와 크기 레지스터의 정보를 수정해서 메모리 보호 기법의 기능을 약화시킬 수 있다. 예를 들어 프로그램 P_1은 기준 레지스터에서 주소 0과 크기 레지스터에서 컴퓨터 메모리 크기를 선택하여 메모리의 전체 영역을 수정할 수 있게 되고, 이를 통해 운영체제나 다른 사용자 프로그램과의 간섭을 일으킬 수 있다. 이를 막기 위해 기준 레지스터와 크기 레지스터에서 정보를 로드하는 데 사용하는 명령어를 특권 명령어로 만든다. 사용자 프로그램을 실행할 때 CPU는 사용자 모드이기 때문에, 이 방식은 사용자 프로그램이 메모리 보호 기법의 기능을 약화시키는 것을 막는다.

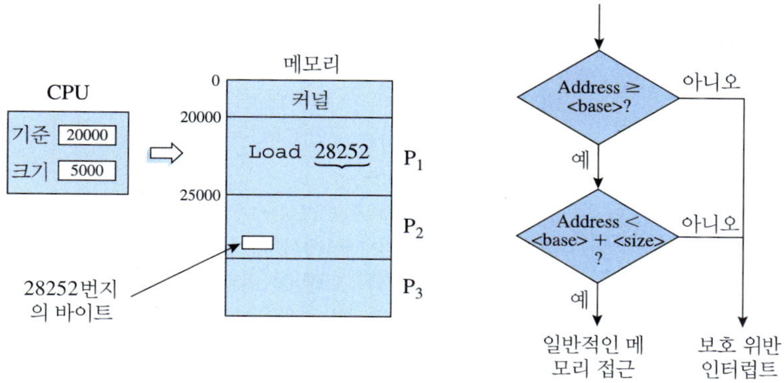

그림 2.5 기준 레지스터와 크기 레지스터를 이용한 메모리 보호

캐시 메모리에서의 메모리 보호는 더 복잡하다. 앞에서 언급한 내용 중 논리 주소를 이용해 L1 캐시에 접근한다는 것을 상기하라. n 바이트의 크기를 가진 프로그램은 일반적으로 $0, \ldots, n-1$의 논리 주소를 사용한다. 많은 프로그램들이 이러한 논리 주소를 공통적으로 사용할 수 있기 때문에, 논리 주소를 기반으로 검사하는 것은 프로그램이 캐시 메모리에 존재하는 값 a에 접근할지 여부를 결정하기 위해 사용될 수 없다. 간단한 방법은 캐시를 비우는 것(*flush*)이다. 예를 들면, 프로그램을 새로 시작하거나 재개할 때 항상 캐시에 있는 모든 내용을 지우는 것이다. 이 방법으로 캐시는 다른 프로그램에 할당된 메모리 영역의 내용을 갖고 있지 않을 것이다. 하지만 과거에 해당 프로그램이 실행될 때 캐시에 적재되었던 프로그램의 내용들 또한 삭제된다. 따라서 낮은 캐시 적중률로 인하여 프로그램의 실행 성능이 처음에는 좋지 않을 것이다. 다른 기법으로는 캐시 블록에 적재된 명령어나 데이터를 가진 프로그램의 id를 기억하여, 오직 그 프로그램만이 해당 캐시 블록에 있는 내용에 접근할 수 있도록 허용하는 방법이 있다. 이 기법은 먼저 프로그램이 캐시 블록의 내용에 해당하는 논리 주소를 생성하고, 캐시 블록에 적재된 명령어 혹은 데이터를 가지는 프로그램의 id와 현재 실행 프로그램의 id가 일치할 때 캐시 적중이 발생한다. 이 기법은 플러싱(*flushing*)이 필요 없고 프로그램의 실행 성과에 영향을 주지 않으므로 선호된다.

2.2.4 입/출력(Input/Output: I/O)

I/O 연산을 위해서는 CPU, 메모리, 그리고 I/O 장치가 사용된다. 메모리와 I/O 장치 간 데이터 전송을 수행하는 방법은 I/O 연산에서 데이터의 전송 속도와 CPU의 개입 수준을 결정한다. 현대식 컴퓨터에서 볼 수 있는 I/O 구조는 I/O 연산 시 CPU의 개입을 감소시키는 방향으로 차차 진화해 왔다. 데이터 전송 속도를 제공하는 것 외에도 I/O 연산

표 2.1 I/O 동작에 따른 모드

I/O 모드	설명
프로그램 I/O 모드	I/O 장치와 메모리 간 데이터 전송이 CPU를 통해 수행된다. I/O 연산이 진행되는 동안 CPU는 다른 어떤 명령어도 실행할 수 없다.
인터럽트 I/O 모드	I/O 연산이 실행된 후 CPU는 어떤 명령어도 실행할 수 없다. I/O 장치와 메모리 사이에서 데이터 전송이 이루어질 경우 인터럽트를 발생시키며, CPU는 인터럽트 서비스 루틴을 실행하여 자료를 전송한다. 이 작업은 모든 데이터가 전송될 때까지 계속된다.
직접 메모리 접근(DMA) 기반 I/O 모드	I/O 장치와 메모리 사이의 데이터 전송이 버스를 통해 직접적으로 이루어진다. 이때 CPU는 데이터 전송에 관여하지 않으며, 전송이 완료되면 DMA 제어기가 인터럽트를 발생시킨다.

이 진행되고 있을 때 CPU가 다른 작업을 수행할 수 있도록 하는 것이다.

I/O 명령의 피연산자가 I/O 장치의 주소와 I/O 연산이 수행할 세부 사항을 나타낸다고 가정하자. CPU가 I/O 명령을 실행하면 해당 장치의 I/O 연산이 시작된다. I/O 연산은 표 2.1의 세 가지 모드 중 하나로 수행된다. **프로그램 I/O 모드**(*programmed I/O mode*)에서는 CPU를 통해 데이터 전송이 이루어진다. 따라서 데이터 전송이 느리기 때문에 CPU는 아주 많이 사용된다. 그 결과 한 번에 오직 하나의 I/O 연산만이 가능하다. **인터럽트 모드**(*interrupt mode*) 또한 CPU의 도움으로 byte-by-byte 데이터 전송이 일어나므로 속도가 느리다. 그러나 이 모드는 바이트 전송 사이에 CPU를 사용하지 않는다. **직접 메모리 접근 모드**(*direct memory access mode*: DMA mode)는 메모리와 I/O 장치 사이에서 CPU의 관여 없이 데이터 블록을 전송할 수 있다. 따라서 이 모드는 높은 데이터 전송률을 가지며, CPU와 I/O 장치가 동시에 동작할 수 있도록 지원한다. 인터럽트 모드와 DMA 모드는 I/O 연산이 몇 개의 장치에서 동시에 동작 가능하게 한다.

DMA 동작은 실제로는 *DMA* 제어기(*DMA controller*)에 의해 동작된다. 이는 특수한 목적의 프로세서로 I/O 연산의 수행을 전담한다. 편의를 위해서 이 장에서는 DMA 동작과 DMA 제어기를 특별한 구분 없이 DMA라고 사용할 것이다. 그림 2.1에서 I/O 구조는 DMA를 이용한다. 같은 종류의 몇몇 I/O 장치들은 장치 제어기에 연결되어 있고, 소수의 장치 제어기들은 DMA에 연결되어 있다. I/O 명령어가 실행될 때(장치 d에 *read* 명령어가 실행된다고 하자) CPU는 I/O 연산의 세부 사항을 DMA에 전송한다. 이후에는 CPU가 I/O 연산에 관여하지 않고, I/O 연산이 진행되는 동안 다른 명령들을 실행한다. DMA는 I/O 연산에 관한 세부 사항을 장치 d의 *read* 동작을 시작하는 장치 제어기에 전달한다. I/O 장치는 장치 제어기에 데이터를 전송하고, 장치 제어기와 메모리 사이의 데이터 전송은 DMA가 관리한다. 따라서 CPU와 I/O 서브시스템이 동시에 동작할 수 있다. 전송이 끝나면 DMA는 I/O 인터럽트를 발생시킨다. 다음 절에서 설명하겠지만 CPU는 인터럽트를 감지하면 커널을 실행한다. 커널은 인터럽트의 원인을 분석하고 I/O 연산이 완료된 것을 알게 된다.

2.2.5 인터럽트(Interrupts)

운영체제가 관여해야 하는 모든 상황을 **이벤트**(*event*)라고 한다. 컴퓨터 설계자는 각각의 이벤트에 **인터럽트**를 연결한다. 인터럽트의 유일한 목적은 이벤트의 발생을 운영체제에 알려 운영체제가 적절하게 이벤트를 처리할 수 있도록 하는 것이다. CPU는 명령 실행 주기에서 네 가지 단계를 반복적으로 수행한다. 프로그램 카운터에 있는 주소의 명령어를 가져오고, 디코딩하고, 실행하고, 실행하는 동안 인터럽트가 발생했는지 여부를 검사한다. 인터럽트가 발생했다면 CPU의 상태(PSW와 GPR의 내용)를 저장하고 PSW와 GPR에 새로운 내용을 읽어와서 CPU가 커널에서 ISR(*interrupt servicing routine*)의 명령을 실행한다. 이후에 커널은 이전에 저장된 CPU의 상태를 PSW와 GPR에 다시 읽어옴으로써 인터럽트에 의해 중단된 프로그램을 간단히 재개할 수 있다(예제 2.1 참고). 컴퓨터 설계자는 각 인터럽트에 우선순위를 매긴다. 동시에 여러 가지의 인터럽트가 발생하면 CPU는 우선순위가 가장 높은 인터럽트를 선택하여 처리한다. 다른 인터럽트들은 선택될 때까지 보류된다.

인터럽트의 종류 표 2.2는 운영체제의 일반적인 동작 중에 발생하는 중요한 세 가지 종류의 인터럽트를 보여준다. **I/O 인터럽트**(*I/O interrupt*)는 I/O 연산의 종료나 I/O 연산 중에 생기는 예외 조건의 발생을 나타낸다. **타이머 인터럽트**(*timer interrupt*)는 운영체제에서 시간 측정을 수행하기 위해 제공된다. **클록 틱**(*clock tick*)은 아주 작은 시간으로 정의하고(수십 분의 1초 혹은 수백 분의 1초), 인터럽트가 미리 지정된 수 틱마다 주

표 2.2 인터럽트의 종류

종류	설명
I/O 인터럽트	I/O의 완료나 I/O 장치의 오작동 같은 조건에 의해 발생하는 인터럽트
타이머 인터럽트	고정된 시간 간격마다 발생하거나 특정 시간이 흐르면 발생하는 인터럽트
프로그램 인터럽트	(1) 오버플로우, 주소 매김 예외, 메모리 보호 위반 등과 같이 명령어를 실행하는 동안 생기는 예외 조건에 의해 발생하는 인터럽트 (2) 인터럽트를 발생시키기 위한 특수 명령어인 **소프트웨어 인터럽트** 명령어의 실행을 통해 발생하는 인터럽트

기적으로 발생되거나, 클록 틱을 이용해서 타이머 레지스터(*timer register*)에 지정된 시간 후에 발생될 수 있다(시간은 특권 명령어로 지정할 수 있다).

트랩(*trap*)이나 예외(*exception*)로도 불리는 프로그램 인터럽트(*program interrupt*)는 두 가지 목적을 가진다. 컴퓨터 하드웨어는 명령어 실행 중 예외 조건의 발생을 나타내기 위해 프로그램 인터럽트를 사용한다. 예를 들면, 산술 연산 시 오버플로우가 발생했거나 메모리 보호 위반이 일어났을 때 이 인터럽트가 발생한다(2.2.3절 참고). 사용자 프로그램은 자신이 사용할 수 없는 자원이나 서비스들을 사용하기 위해 커널에 요구할 때 인터럽트를 사용한다. 이를 위해 컴퓨터에서 제공되는 특수한 명령어가 사용된다. 이 명령어의 유일한 목적은 프로그램 인터럽트를 발생시켜 커널로 제어권을 이동시키는 것이다. 이 명령어의 연산 코드는 기계마다 다르다. 인텔 펜티엄 계열에서는 `int`, 모토롤라 68000에서는 `trap`, MIPS R3000에서는 `syscall`로 불린다. 일반적으로 컴퓨터는 소프트웨어 인터럽트 명령어를 제공한다고 가정하고, 여기서는 연산 코드를 SI라 한다. 또한 이로 인해 발생한 인터럽트를 소프트웨어 인터럽트라고 한다.

인터럽트 코드 몇 가지 종류의 인터럽트가 발생했을 때, 하드웨어는 구체적으로 어떤 인터럽트가 발생했는지 나타내기 위해 PSW의 인터럽트 코드(*interrupt code*: IC) 필드에 인터럽트 코드를 설정한다. 이 정보는 인터럽트 발생의 이유를 알아내는 데 중요한 정보이다. 예를 들어, 프로그램 인터럽트가 발생하면, 인터럽트 코드는 인터럽트가 산술 연산 중 오버플로우에 의한 것인지 메모리 보호 위반에 의한 것인지 알아내는 데 도움을 준다.

인터럽트 코드는 기계마다 다르다. I/O 인터럽트의 경우 인터럽트 코드는 일반적으로 인터럽트를 발생시킨 I/O 장치의 주소이다. 프로그램 인터럽트의 경우 오버플로우나 메모리 보호 위반 같은 예외 조건에 대해서 구별되는 코드를 할당하고, 소프트웨어 인터럽트에 대해서 일련의 인터럽트 코드가 예약되어 있다. 보통 소프트웨어 인터럽트 명령어(SI instruction)는 작은 정수를 피연산자로 가지며, 인터럽트가 발생했을 때 이것이 인터럽트 코드로 사용된다. 만약 컴퓨터가 SI 명령어에 피연산자를 제공하지 않는다면 운영체제가 처리하는 방식이 필요하다. 이 경우 SI 명령어가 소프트웨어 인터럽트를 발생시키기 전에 SI 번호를 스택에 담도록 하는 방식을 사용할 수도 있다.

인터럽트 마스킹 PSW의 인터럽트 마스크(*interrupt mask*: IM) 필드는 현재 발생이 허용된 인터럽트를 나타낸다. IM 필드는 정수 m을 두어 우선순위 $\geq m$인 인터럽트만 발생하도록 지정할 수 있다. 다른 방법으로 각각의 비트가 특정한 인터럽트의 발생 허용 여부를 나타내는 부호화된 비트 값을 가질 수도 있다. 발생이 허용된 인터럽트는 인터럽트 가능(*enabled*)이라고 하며, 나머지에 대해서는 마스크(*mask* 또는 *mask off*)되어 있다고 한다. 마스크된 인터럽트의 발생과 관련된 이벤트가 일어났을 때, 인터럽트는 사라지지 않고 해당 인터럽트가 사용 가능이 될 때까지 보류된다.

인터럽트 액션 모든 명령어를 실행한 후에 CPU는 인터럽트의 발생 여부를 검사한다. 만약 인터럽트가 발생되었다면 CPU는 인터럽트 액션을 수행하는데, 이는 CPU 상태를 메모리에 저장하고 CPU를 커널의 인터럽트 서비스 루틴으로 전환시킨다.

그림 2.6에서처럼 인터럽트 액션은 세 단계로 이루어진다. 먼저 인터럽트의 발생 원인에 따라 PSW의 IC 필드에서 **인터럽트 코드**를 설정한다. 다음으로 PSW의 내용을 메모리에 저장하여 중단된 프로그램을 재개할 때 CPU 상태를 구성할 수 있게 한다(그림 2.3 참고). 중단된 프로그램의 PSW가 저장된 ***PSW* 정보 저장 공간**은 메모리 내의 지정된 공간이거나 스택 공간이다. 마지막 단계는 다음과 같이 CPU가 커널 내부의 적절한 인터럽트 서비스 루틴을 실행하도록 전환하는 것이다. **인터럽트 벡터**(*interrupt vector*) 공간은 몇 개의 인터럽트 벡터를 가진다. 각각의 인터럽트 벡터는 한 종류의 인터럽트에 대한 서비스를 제어하는 데 사용된다. 인터럽트가 어떤 종류인지에 따라 인터럽트 액션은 적절한 인터럽트 벡터를 선택하고, 그 내용을 PSW 필드로 읽어온다. 인터럽트 벡터는 다음과 같은 정보를 가지고 있다.

1. 인터럽트 서비스 루틴의 주소
2. 인터럽트 처리 중 다른 인터럽트가 발생할 수 있는지를 나타내는 인터럽트 마스크

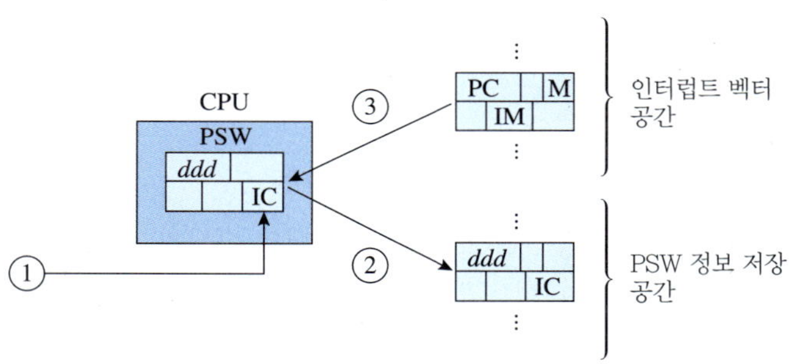

단계	설명
1. 인터럽트 코드 설정	인터럽트 하드웨어가 인터럽트의 발생 원인을 설명하는 코드를 구성한다. 이 코드는 PSW의 **인터럽트 코드**(IC) 필드에 저장된다.
2. PSW 저장	PSW는 ***PSW* 정보 저장 공간**(*saved PSW information area*)으로 복사된다. 일부 컴퓨터에서는 범용 레지스터들도 저장한다.
3. 인터럽트 벡터 로드	발생한 인터럽트 종류에 대응하는 인터럽트 벡터에 접근한다. 인터럽트 벡터의 정보는 대응하는 PSW의 필드에 저장된다. 이 동작은 적절한 인터럽트 서비스 루틴을 실행할 수 있도록 CPU를 전환한다.

그림 2.6 인터럽트 액션

3. 인터럽트 서비스 루틴 실행 중 CPU가 커널 모드일 경우 0, 사용자 모드일 경우 1을 가진다. 일반적으로 인터럽트 서비스 루틴이 특권 명령어를 사용할 수 있도록 0이 선택된다.

편의를 위해서 인터럽트 벡터의 구성 형태는 PSW와 동일하고, 위의 세 가지 정보가 각각 **프로그램 카운터**(PC), **인터럽트 마스크**(IM), 그리고 **모드**(M) 필드에 저장된다고 가정한다. 따라서 인터럽트 액션의 세 번째 단계는 관련된 인터럽트 벡터로부터 PSW의 **프로그램 카운터**, **인터럽트 마스크**와 **모드** 필드로 정보를 가져와서 CPU를 커널 모드에 두고 인터럽트 서비스 루틴으로 전환시킨다.

2.3 운영체제와 컴퓨터, 사용자 프로그램 간의 상호작용 (OS INTERACTION WITH THE COMPUTER AND USER PROGRAMS)

운영체제는 이벤트에 대한 즉각적인 반응을 위해 인터럽트를 발생시키는 모든 이벤트에 대해 규칙성을 가진다. 이 절에서는 인터럽트 발생 시 운영체제가 어떤 방식으로 컴퓨터와 상호작용하여 인터럽트당한 프로그램의 상태를 저장하고, 어떠한 방식으로 이 프로그램이 이후에 다시 실행되는지 알아볼 것이다. 또한 인터럽트 서비스 루틴이 인터럽트를 발생시킨 이벤트의 정보를 얻는 방법과, 프로그램이 소프트웨어 인터럽트를 통해서 운영체제의 서비스를 작동시키는 방법에 대해서도 설명할 것이다. 이렇게 운영체제의 서비스를 작동하는 방법을 **시스템 호출**이라고 한다.

2.3.1 프로그램 실행 제어(Controlling Execution of Programs)

운영체제는 사용자 프로그램이 실행될 때 사용자 프로그램의 실행을 제어하기 위해서 프로그램 실행이 시작된 시간이나 인터럽트 발생 후 프로그램이 재개된 시간 등의 정보를 PSW의 여러 필드에 항상 가지고 있어야 한다. 2.2절에서 언급한 것과 같이 이러한 작용의 핵심 사항은 다음과 같다.

1. 사용자 프로그램 실행이 시작될 때 PSW는 다음과 같은 정보를 가지고 있어야 한다.
   a. **프로그램 카운터** 필드는 프로그램의 첫 명령어 주소를 가져야 한다.
   b. **모드** 필드는 CPU가 사용자 모드임을 표시하는 1을 가져야 한다.
   c. **메모리 보호 정보** 필드는 프로그램의 시작 주소와 메모리 할당 공간의 크기에 대한 정보를 가져야 한다.
   d. **인터럽트 마스크** 필드는 모든 인터럽트가 가능하도록 설정되어 있어야 한다.

2. 사용자 프로그램 실행 중에 인터럽트가 발생하면 CPU의 상태(PSW와 GPRs)가 저장된다.
3. 인터럽트가 발생한 프로그램의 실행이 재개되면 저장된 CPU의 상태가 PSW와 GPRs에 로드된다.

운영체제는 이 기능과 관련된 정보가 있는 테이블을 가진다. 앞으로 우리는 이것을 **프로그램 테이블**이라 하고, 뒷장에서는 **프로세스 제어 블록**(PCB)과 같은 정보 생성 방법에 대해서 구체적으로 알아볼 것이다. 프로그램 테이블의 각 항목은 하나의 사용자 프로그램에 해당하는 정보를 가진다. CPU의 상태를 나타내는 정보는 이 항목 중 하나의 필드에 저장된다. 커널은 프로그램이 시작될 때 1에서 언급한 정보를 이 필드에 넣고, 프로그램의 실행 중 인터럽트가 발생하면 CPU의 상태를 이 필드에 저장한다. 인터럽트가 발생했을 때의 CPU 상태 정보는 *PSW* **정보 저장** 공간에 저장된 정보를 복사하여 이용한다. 이 필드에 저장된 정보는 프로그램이 재개될 때 사용된다. CPU가 프로그램의 명령어를 실행할 때 관련된 PSW의 필드는 1(b)~1(d)에 언급한 정보를 가진다.

2.3.2 인터럽트 서비스(Interrupt Servicing)

2.2.5절에서와 마찬가지로 이해를 돕기 위해 인터럽트 벡터가 PSW와 같은 포맷을 가진다고 가정한다. 커널은 운영체제가 부트되었을 때 다양한 종류의 인터럽트에 대한 인터럽트 벡터를 만든다. 각각의 인터럽트 벡터들은 CPU가 커널 모드임을 보여주는 **코드**(M) 필드의 0, **프로그램 카운터**(PC) 필드에 저장된 인터럽트 서비스 루틴의 첫 명령어 주소, 인터럽트 서비스 루틴이 메모리 전 영역에 접근 가능하게 하는 **메모리 보호 정보**(MPI) 필드에 저장된 0과 메모리 크기, 그리고 중첩 인터럽트 서비스(nested interrupt servicing)에 따라 다른 인터럽트의 발생을 제한하거나 우선순위가 높은 인터럽트만 발생하도록 하는 **인터럽트 마스크**(IM) 필드의 인터럽트 마스크 등의 정보를 포함한다(자세한 사항은 이번 장 후반부에서 논의하게 될 것이다).

그림 2.7은 커널의 작동을 그림으로 나타낸 것이다. 이러한 방식은 인터럽트가 발생했을 때에만 제어 능력을 갖기 때문에 이를 **인터럽트 구동**(*interrupt-driven*) 방식이라고 한다. 인터럽트 동작은 실제로 적절한 **인터럽트 서비스 루틴**(ISR)으로 제어가 넘어가서 그림 2.7의 점선 상자 안의 동작을 수행한다.

먼저 프로그램이 다시 스케줄링될 때를 위해서 현재 인터럽트된 프로그램의 정보를 **프로그램 테이블**에서 찾아 저장한다. 이 정보는 인터럽트 동작으로 저장된 PSW, GPR의 정보와 프로그램이 사용하는 메모리와 자원으로 구성되며, 이를 실행 문맥(execution context) 혹은 간단히 문맥(context)이라고 한다. 또한 실행 문맥을 저장하는 동작을 **문맥 저장**(*context save*) 동작이라고 한다. 그 다음으로 인터럽트 서비스 루틴

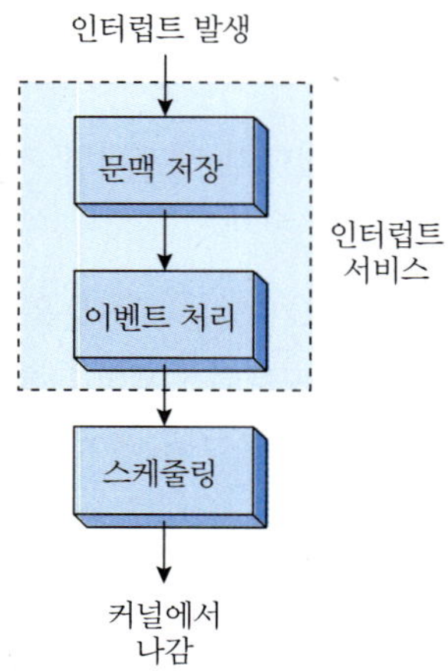

그림 2.7 커널의 인터럽트 구동 방식

표 2.3 커널에서의 이벤트에 따른 처리 동작

인터럽트	이벤트 처리 동작
산술 예외 상황	프로그램 중지
메모리 보호 위반	프로그램 중지
소프트웨어 인터럽트	가능하면 프로그램의 요구사항을 만족시키고, 그렇지 않으면 차후 처리를 위해 기록한다.
I/O 동작의 종료	어떤 프로그램이 I/O 동작을 시작 또는 초기화했는지 찾고, 스케줄링이 가능한 상황임을 알린다. 만약 어떤 장치라도 기다리는 I/O 동작이 있다면 시작한다.
타이머 인터럽트	시간을 업데이트한다. 지정된 시간 간격이 경과한 경우 적절한 동작을 취한다.

은 인터럽트를 발생시킨 이벤트에 대해 적절한 동작을 취하며, 2.2.5절에서 언급했듯이 PSW의 **인터럽트 코드** 필드는 이 동작에 유용한 정보를 제공한다. 표 2.3은 이 동작들을 요약한 것이며, 이들을 커널의 **이벤트 처리**(*event handling*) 동작이라고 부른다.

스케줄링 루틴은 프로그램을 선택하고 저장된 PSW와 GPR을 CPU에 로드하여 CPU가 프로그램을 실행하도록 한다. 선택된 프로그램은 인터럽트를 발생시킨 이벤트의 종류와 다른 프로그램의 상태에 따라 인터럽트가 발생한 순간 실행된 프로그램과 같을 수도 있고 다를 수도 있다. 예제 2.3은 인터럽트가 I/O 연산의 끝에 발생했을 때 인터럽트 서비스와 스케줄링에 대한 내용이다.

예제 2.3 가상 커널에서의 인터럽트 서비스

그림 2.8(a)는 메모리 안의 인터럽트 벡터와 인터럽트 서비스 루틴의 구조를 보여주며, 그림 2.8(b)는 I/O 인터럽트의 처리 과정에서 시간에 따라 변하는 PSW 정보를 보여준다. 인터럽트 벡터는 운영체제 부트 과정을 통해 형성된다. 각각의 인터럽트 벡터는 인터럽트 서비스 루틴의 주소와 인터럽트 마스크를 담고 있으며, 모드 필드에 숫자 0을 가진다. 장치 d_1에서 I/O 연산의 완료를 알리는 인터럽트가 발생하면, 사용자 프로그램은 메모리 주소 *ddd*에 있는 명령어를 실행한다. 그림 2.8(b)의 가장 왼쪽 그림은 이때 PSW에 들어 있는 정보를 나타낸다.

인터럽트 동작의 첫 단계에서 d_1을 PSW의 IC 필드에 넣고 PSW를 *PSW* 정보 저장(*saved PSW information*) 공간에 저장한다. 저장된 PSW의 모드 필드에는 숫자 1, PC 필드에는 주소 *ddd*, 그리고 IC 필드에는 d_1이 저장되어 있다. I/O 완료 인터럽트에 대한 인터럽트 벡터의 정보들이 PSW에 로드된다. 이때 CPU는 커널 모드가 되고 제어 권한은 시작 주소 *bbb*를 가진 I/O 인터럽트 서비스 루틴으로 옮겨가게 된다[그림 2.8(a)에 화살표로 표시된 Ⓐ와 그림 2.8(b)의 PSW 내용을 보라].

I/O 인터럽트 서비스 루틴은 PSW와 프로그램 테이블 안의 GPRs의 정보를 저장한다. 그 다음 저장된 PSW의 IC 필드에서 장치 d_1의 I/O 연산이 완료되었음을 확인하고, I/O 연산을 시작시킨 프로그램이 스케줄링 대상이 됨을 기록한다. 이제 제어 권한을 스케줄러에게로 넘겨준다[그림 2.8(a)의 화살표로 표시된 Ⓑ를 보라]. 스케줄러는 인터럽트당한 프로그램을 선택하여 커널로 하여금 CPU가 PSW와 GPR에 저장된 정보를 불러와서 프로그램을 실행할 수 있도록 한다[그림 2.8(a)의 화살표로 표시된 Ⓒ를 보라]. 프로그램은 시작 주소가 *ddd*인 명령어를 통해 다시 실행될 것이다[그림 2.8(b)의 PSW 내용 중 가장 오른쪽 편을 보라].

중첩 인터럽트 서비스 그림 2.9(a)는 예제 2.3의 인터럽트 서비스 동작을 간단한 다이어그램으로 나타낸 것이다. 인터럽트 서비스 루틴 'a'가 인터럽트를 처리하고, 스케줄러는 인터럽트당한 프로그램을 실행할 프로그램으로 선택한다. 만약 인터럽트 서비스 루틴 'a'가 첫 번째 인터럽트를 처리하는 중에 새로운 인터럽트가 발생하게 되면, 처음과 동일하게 하드웨어와 소프트웨어를 작동할 것이다. 이때 인터럽트 서비스 루틴 'a'가 인터럽트당한 프로그램이 되면, CPU는 다른 인터럽트 서비스 루틴 'b'를 실행하도록 할 것이다[그림 2.9(b) 참고]. 이 경우 첫 번째 인터럽트 처리가 지연되며, 같은 종류의 인터럽트가 다시 발생했을 때 혼란이 야기되지 않도록 커널이 잘 코딩되어야 한다(연습문제 2.6 참고). 하지만 이 방식은 커널이 높은 우선순위의 인터럽트부터 순조롭게 처리할 수 있게 한다.

운영체제는 중첩 인터럽트 서비스(nested interrupt servicing)의 구현을 위해 두 가지 접근 방법을 사용한다. 일부 운영체제는 인터럽트 벡터의 인터럽트 마스크(IM) 필드를 사용하여 인터럽트 서비스 루틴이 실행되는 동안 모든 인터럽트에 마스크 오프(mask off) 연산을 한다(그림 2.8 참고). 이 방법은 커널이 인터럽트 불가(noninterruptible)하도록 하여 한 번에 하나의 인터럽트만 처리하므로 커널의 디자인을 간단하게 한다. 그러나 이 방식은 높은 우선순위의 인터럽트 처리를 지연시킬 수 있다. 다른 방법으로는 커널이 각각의 인터럽트 벡터에 인터럽트 마스크를 정하고, 덜 중요한

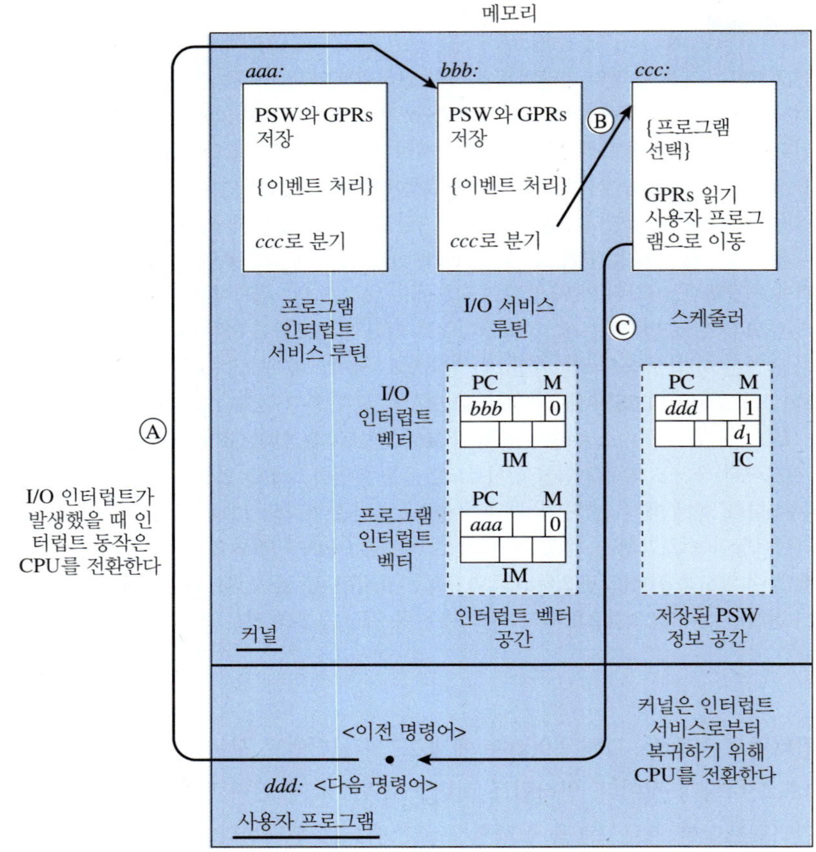

(a) 인터럽트 벡터와 인터럽트 서비스 루틴

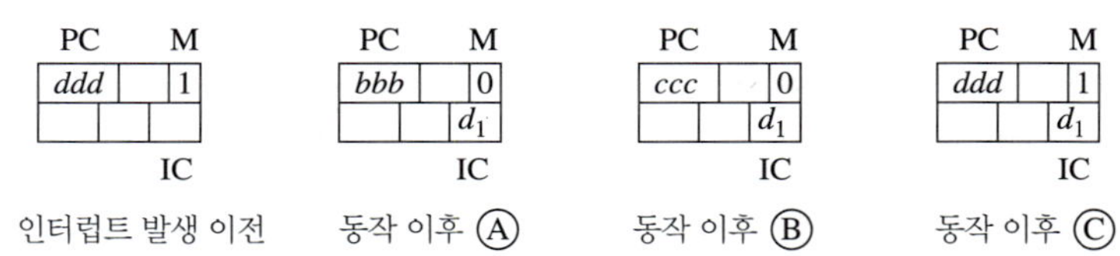

(b) 이벤트에 따른 PSW의 정보

그림 2.8 I/O 인터럽트의 처리와 사용자 프로그램으로의 복귀

인터럽트에 대해서 마스크 오프 연산을 하여 중요한 인터럽트를 먼저 처리하는 것이 있다. 이러한 커널을 **인터럽트 가능 커널**(*interruptible kernel*) 혹은 **선점 가능 커널**(*preemptible kernel*)이라고 부른다. 하지만 같은 커널 자료에 대해서 둘 혹은 그 이상의 인터럽트 서비스 루틴이 중복으로 동작하게 되면 자료 일관성(data consistency) 문제가 발생하게 된다. 따라서 커널은 특정 시간 동안 하나의 자료에 오직 하나의 인터럽트 처리 루틴이 접근할 수 있도록 잠금 기법을 사용해야 한다.

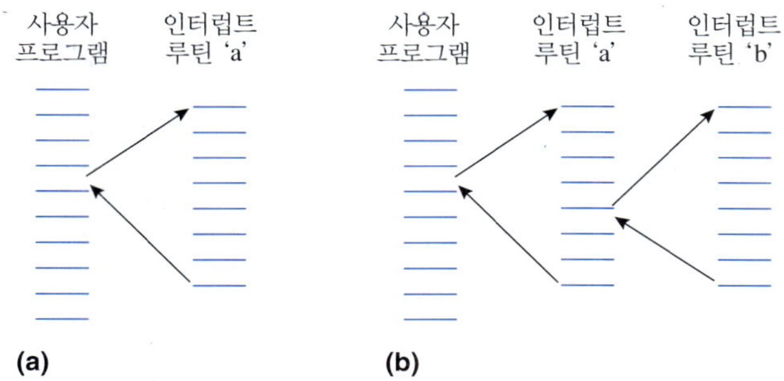

그림 2.9 일반 인터럽트 처리와 중첩 인터럽트 처리

사용자 프로그램 선점(User Program Preemption) 그림 2.7의 기법에서 사용자 프로그램의 선점은 사용자 프로그램이 실행되는 동안 인터럽트가 발생하거나 또는 커널이 CPU가 다른 프로그램을 실행하도록 결정했을 때 무조건적으로 발생한다. 예제 2.3을 통해, 인터럽트당한 프로그램의 상황 정보가 **프로그램 테이블**에 저장되고, 이로 인해 특별한 어려움 없이 선점된 프로그램을 다시 실행할 수 있다는 사실을 기억하라.

2.3.3 시스템 호출(System Calls)

프로그램이 실행될 때 I/O 장치와 같은 컴퓨터 자원들을 사용해야 한다. 그러나 이 자원들은 여러 사용자 프로그램에 의해 사용되므로 동시에 사용되어서는 안 된다. 이를 가능하게 하기 위해 컴퓨터 시스템 구조상 프로그램에 사용되는 중요한 자원을 할당하고 이에 접근하는 명령어는 특권 명령어로 만든다. 이때 이러한 특권 명령어는 CPU가 커널 모드에 있을 때만 실행된다. 따라서 사용자 프로그램은 자원에 직접적으로 접근할 수 없고, 먼저 커널에 요구한 후 커널이 대신해서 자원에 접근하게 되며 커널은 이에 따라 일련의 서비스를 제공한다.

프로그래머의 관점에서 프로그램은 프로그래밍 언어를 통해 컴퓨터 자원을 사용한다. 프로그래밍 언어의 컴파일러는 프로그래머의 의도를 다음과 같이 구현한다. 프로그램이 컴파일되는 동안 컴파일러는 컴퓨터 자원의 사용과 관련된 선언문을 라이브러리 함수 호출로 바꾼다. 라이브러리 함수는 사용자 프로그램과 연결된다. 프로그램이 실행되는 동안 사용자 프로그램은 라이브러리 함수를 호출하고, 호출된 라이브러리 함수는 실제로 커널의 서비스를 이용하여 컴퓨터 자원을 사용할 수 있도록 한다. 이때 라이브러리 함수가 커널의 특정 서비스를 호출할 수 있도록 하는 수단이 필요한데, 이러한 수단을 포괄적으로 **시스템 호출**이라고 부른다.

그림 2.10은 시스템 호출에 대한 내용을 보여준다. 그림 2.10(a)의 프로그램은 `info` 파일을 열고 일부 자료를 이 파일로부터 읽어낸다. 컴파일된 프로그램은 그림 2.10(b)와

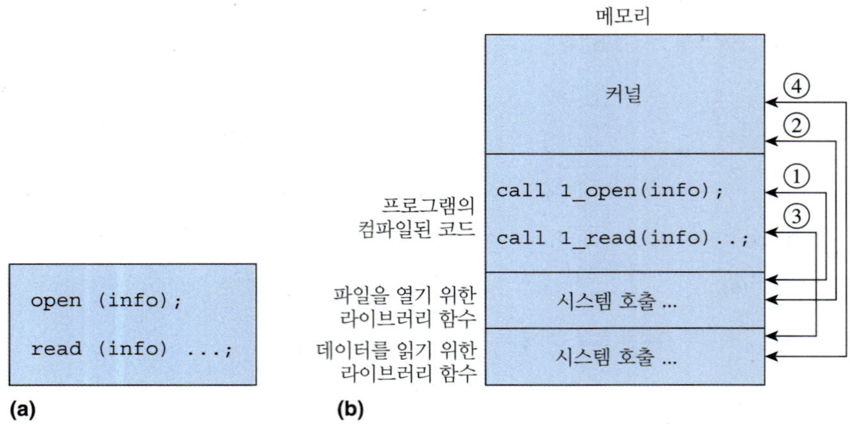

그림 2.10 시스템 호출의 개념도 (a) 프로그램 (b) 실행 시간 배치도

같은 형태를 나타내며, 이 프로그램은 파일을 열기 위해 라이브러리 함수를 호출한다(①). 라이브러리 함수가 커널에서 제공하는 파일 열기 서비스를 시스템 호출을 통해 불러온다(②). 파일을 연 뒤 커널 서비스에서 라이브러리 함수로 복귀(return)되고, 또 사용자 프로그램으로 복귀된다. 파일 읽기 작업 프로그램은 파일을 열 때와 마찬가지로 라이브러리 함수를 호출하고 또다시 시스템 호출을 통해 수행된다(③과 ④).

실제로 시스템 호출은 이전에 언급한 인터럽트 동작을 통해 구현되며 다음과 같이 정의한다.

> **|정의 2.1| 시스템 호출:** 프로그램이 소프트웨어 인터럽트를 통해 커널에 작업을 요청하는 일

2.2.5절에서 언급했듯이 소프트웨어 인터럽트 명령어는 다음과 같은 포맷을 가진다고 가정한다.

SI <*int_code*>

여기서 요구된 커널의 서비스 종류를 나타내는 <*int_code*>는 일반적으로 0~255 범위의 정수 값을 가진다. 프로그램이 이 명령어를 실행하면 프로그램 인터럽트가 발생하고, 그림 2.6에서 보인 인터럽트 동작 1단계와 같이 <*int_code*>를 PSW의 인터럽트 코드(IC) 필드에 복사한다. 프로그램 인터럽트를 위한 인터럽트 서비스 루틴은 PSW에 저장되어 있는 인터럽트 코드 필드를 분석하여 프로그램이 요구한 내용을 찾아낸다.

그림 2.10에서 볼 수 있듯이, 시스템 호출이 파일을 열기 위해 파일 이름인 `info`를 매개변수로 사용하는 것이나 파일을 읽기 위해 읽을 파일 이름, 읽을 정보의 크기, 읽은 자료를 전송하고 저장할 메모리 주소 등을 매개변수로 사용하는 것처럼 시스템 호출은 요청한 커널 서비스와 관련된 정보로 이루어진 매개변수를 가진다. 매개변수를 전달하기 위한 여러 가지 방법이 사용된다. 시스템 호출이 형성되기 전에 매개변수는 레지스터로 로드된다. 이때 매개변수는 스택이나 특정 메로리에 저장되고 레지스터나 스택을 통하여 메모리의 시작 주소를 전달한다.

다음은 현재 시각을 얻기 위한 시스템 호출 실행에 대한 예제이다.

예제 2.4 가상 운영체제 안의 시스템 호출

가상 운영체제는 현재 시각을 얻는 시스템 호출을 제공한다. 이 서비스의 코드를 78이라 하자. 프로그램이 현재 시각을 알기 위해서 소프트웨어 인터럽트를 발생시키는 명령어 `SI 78`을 실행한다. PSW가 PSW 정보 저장 공간에 저장되기 전에 78이 PSW의 인터럽트 코드 필드에 저장된다. 그러므로 그림 2.8에 저장된 PSW 안의 IC 필드 값인 d_1은 78일 것이다. 그림 2.8에 나타난 것처럼 프로그램 인터럽트에 대한 인터럽트 벡터는 PC 필드에 주소 *aaa*를 가진다. 이는 CPU가 시작 주소가 *aaa*인 루틴을 실행하도록 한다. 그리고 인터럽트 코드가 78인 것을 확인하고 프로그램이 현재 시각을 요청한다는 것을 알 수 있다. 일반적인 운영체제에 정의된 바에 따르면 시간에 대한 정보는 프로그램 안의 표준 장소, 일반적으로 자료 레지스터에 저장된다. 따라서 커널은 이 값을 인터럽트가 발생했을 때 자료 레지스터의 내용이 저장되는 **프로그램 테이블**의 항목에 저장한다. 이 값은 CPU가 인터럽트된 프로그램을 다시 실행할 때 자료 레지스터로 불러온다.

그림 2.10에 따라서 우리는 C, C++, Java와 같은 프로그램에 사용된 프로그래밍 언어가 운영체제의 서비스를 필요로 할 때 라이브러리 함수를 호출하며, 이러한 호출은 서비스의 요청을 위해서 시스템 호출을 사용한다는 사실을 알 수 있다. 이러한 방식에는 "라이브러리 함수의 이름은 시스템 호출의 이름과도 같다"는 관습이 존재한다. 예를 들면, 예제 2.4에서 소프트웨어 인터럽트 명령어 `78`을 사용하면 C 프로그램의 라이브러리 함수인 `gettimeofday`가 시스템 호출 *gettimeofday*를 통하여 현재 시간을 얻는 것을 볼 수 있다.

운영체제의 시스템 호출은 프로그램의 시작, 종료, 동기화, 파일의 연산, 시스템 정보수집 등 다양한 목적을 위해 사용된다. 리눅스 운영체제는 200개에 가까운 시스템 호출을 가지고 있다. 표 2.4는 몇 가지 시스템 호출을 보여준다. 이러한 시스템 호출들은 표 2.4에서 볼 수 있는 이름들을 사용하여 C 또는 C++ 프로그램을 통해 호출된다.

표 2.4 몇 가지 리눅스 시스템 호출

호출 번호	호출 이름	설명
1	exit	프로그램의 실행을 종료한다.
3	read	파일로부터 자료를 읽어온다.
4	write	파일에 자료를 쓴다.
5	open	파일을 연다.
6	close	파일을 닫는다.
7	waitpid	프로그램의 실행이 종료될 때까지 기다린다.
11	execve	프로그램을 실행한다.
12	chdir	작업 디렉터리를 변경한다.
14	chmod	파일 권한을 변경한다.
39	mkdir	새로운 디렉터리를 생성한다.
74	sethostname	컴퓨터 시스템의 호스트 이름을 설정한다.
78	gettimeofday	현재 시각을 가져온다.
79	settimeofday	현재 시각을 설정한다.

2.4 요약

첫 번째 장에서 언급되었던 것처럼 현대의 운영체제는 동시에 여러 사용자 프로그램에 서비스를 제공한다. 운영체제는 사용자 프로그램과 컴퓨터 간 다양한 제어 방식을 통해 이러한 서비스를 수행한다. 이번 장에서 우리는 이와 관련된 컴퓨터 기능들에 대해 알아보았고, 이러한 서비스가 어떠한 방식으로 운영체제와 컴퓨터에 의해 이루어졌는지 알아보았다.

운영체제는 일련의 정해진 규칙들의 모음이다. 이러한 정해진 규칙들 안에서 사용되는 명령어들은 그 기능들을 수행하기 위해서 반드시 CPU의 권한을 가지고 있어야 한다. 그러므로 다른 사용자 프로그램이 수행되는 동안이라도 CPU의 권한을 가지고 있는 명령어들의 실행은 이루어져야만 한다. 이러한 실행은 CPU에게 특별한 신호를 전달하거나, **인터럽트**를 호출하는 방법으로 이루어진다. 인터럽트는 I/O의 완료나 실패와 같은 상황에서 발생한다. **시스템 호출**을 통해 수행되는 소프트웨어 인터럽트는 자원의 할당이나 파일 열기와 같은 커널 서비스를 요청하는 프로그램에 의해 발생한다.

CPU에는 각 기능들을 통제하는 **제어 레지스터**들의 집합이 포함되어 있다. **프로그램 상태 규정어**(*Program Status Word*: PSW)는 CPU의 제어 레지스터들의 집합이다. 실행되었다가 인터럽트된 프로그램은 나중에 다시 시작되어야 한다. 이를 가능하게 하는 것은 인터럽트가 발생했을 때 커널이 *CPU*의 상태를 저장하기 때문이다. CPU 상태는 PSW와 GPRs라고 불리는 접근 가능한 레지스터로 구성되어 있다. 인터럽트당한 프로그램은 PSW와 GPRs에 저장되었던 CPU 상태 값을 불러옴으로써 다시 시작할 수 있게 된다.

CPU는 PSW의 **모드** 필드에 의해 두 가지 모드를 가진다. **커널 모드**에서는 CPU가 모든 명령어를 실행할 수 있는 반면에, **사용자 모드**에서는 PSW 안의 **모드** 필드를 읽는 작업과 같은 민감한 작업은 수행할 수 없다. 운영체제는 사용자 프로그램이 실행되는 동안 CPU를 사용자 모드로 동작하게 하고, 커널 안에서의 명령어 수행이 필요한 경우 커널 모드로 동작하게 한다. 이러한 동작 모드의 분리로 인해 시스템 안에서 다른 프로그램들과의 충돌을 예방할 수 있다.

컴퓨터의 메모리 계층은 낮은 가격의 메모리일지라도 빠른 속도와 큰 용량의 효과를 가져다준다. 컴퓨터의 메모리 계층은 **캐시**라고 불리는 작고 아주 빠른 메모리와 우리가 흔히 메모리라고 부르는 느리고 큰 용량의 RAM(random access memory)과 디스크로 구성되어 있다. CPU는 오직 캐시에만 접근한다. 하지만 적은 양의 프로그램 명령어와 데이터만이 캐시에 들어 있다. 다른 부분들은 다른 저장 공간에 저장되어 있다. 효과적인 메모리 접근 시간은 CPU가 캐시에서 명령어와 데이터를 찾는지 여부에 따라 결정되며 이를 **적중률**이라고 부른다.

I/O 시스템은 컴퓨터에서 가장 느린 부분이다. CPU는 I/O 동작이 진행되는 동안 수백만 개의 명령어를 처리할 수 있다. I/O 동작을 수행하는 방법 중 하나는 낭비되는 CPU 시간을 이용하는 것이다. 이러한 이유로 컴퓨터의 I/O 시스템은 **직접 메모리 접근**(*direct memory access*: DMA) 기술을 사용하여 CPU와 I/O 시스템에 독립적으로 동작 가능하도록 한다. 운영체제는 이러한 기능을 활용하여 I/O 동작이 같은 혹은 다른 프로그램에서 동작하는 동안에도 CPU가 명령어들을 수행하게 한다. 이러한 방법은 CPU의 낭비되는 시간을 줄이고 시스템의 성능을 향상시킨다.

여러분의 생각을 평가해 보라.

2.1 다음 각 문장이 참인지 거짓인지 구분하라.

a. 명령어에 의한 조건 코드 집합은 CPU 상태의 부분이 아니다.

b. 프로그램이 'no operation' 명령어를 실행할 때 CPU의 상태는 변한다.

c. 소프트웨어 인터럽트(SI) 명령어는 CPU의 모드를 커널 모드로 바꾼다.

d. 프로그램에서 분기 명령어는 공간 지역성을 줄일 수 있지만, 시간 지역성을 증가시킬 수 있다.

e. DMA가 사용될 때, CPU는 I/O 동작이 수행되는 동안 I/O 장치로 데이터를 전송한다.

f. 메모리 보호 위반은 프로그램 인터럽트를 유발한다.

g. 커널은 프로그램이 시스템 호출을 통하여 I/O 동작이 완료되었다는 것을 알렸을 때, I/O 동작이 끝났다는 것을 알게 된다.

2.2 다음 명령어 중 특권 모드에서 수행되어야만 하는 것은 무엇인가? 왜 그런가?

a. CPU의 커널 모드에 진입하는 작업

b. 크기 레지스터를 불러오는 작업

c. 범용 레지스터 값을 불러오는 작업

d. 인터럽트 마스크 오프(mask off) 작업

e. I/O 동작을 강제적으로 종료하는 작업

연습문제

2.1 커널은 무엇을 사용하여 PSW에 인터럽트 코드 필드를 구성하는가?

2.2 CPU는 커널 코드를 실행하는 동안은 커널 모드에 있어야 하며, 사용자 프로그램을 실행하는 동안은 사용자 모드여야 한다. 운영체제가 동작하는 동안 이러한 작업이 어떻게 이루어지는지 설명하라.

2.3 운영체제의 커널은 인터럽트 서비스 동안 모든 인터럽트를 마스크 오프(mask off)한다. 이러한 마스킹의 장점과 단점에 대해 서술하라.

2.4 컴퓨터 시스템은 2.2.5절에서 설명한 것처럼 클록 틱 기반의 타이머 방식을 가지고 있다. 이러한 방식이 시간을 유지하는 데 어떻게 사용되는지 설명하라. 이러한 접근의 한계는 무엇인가?

2.5 운영체제는 *sleep*이라 불리는 시스템 호출을 지원한다. sleep 호출은 sleep 호출의 인수에 명시된 만큼의 시간(초) 동안 프로그램을 *sleep* 상태로 만든다. 이러한 시스템 호출이 어떻게 수행되는지 서술하라.

2.6 컴퓨터 시스템은 저장된 PSW 정보 영역을 스택으로 구성하고, 인터럽트 액션의 2단계에서 PSW의 내용을 스택에 저장한다(그림 2.6 참고). 인터럽트 서비스를 위한 스택의 장점을 서술하라.

2.7 만약 시스템 호출을 거친 프로그램에 의해 만들어진 요청이 즉시 만족되지 않을 경우, 커널은 요청 사항이 충족될 때까지 프로그램이 선택되지 않도록 스케줄링 구성 요소에게 알린다. 이러한 요청의 예를 제시하라.

2.8 가상 운영체제가 메모리 할당을 요청하기 위한 시스템 호출을 제공한다. 경험이 풍부한 프로그래머는 다음과 같이 조언한다. "당신 프로그램이 메모리 요청을 많이 할 경우, 이 요청들을 하나로 묶어 하나의 시스템 호출로 만들면 프로그램의 속도를 향상시킬 수 있다." 왜 그런지 설명하라.

2.9 컴퓨터는 두 가지 수준의 캐시를 가지고 있다. 하나는 0.01의 접근시간을 제공하고, 다른 하나는 0.1의 접근시간을 제공한다. 만약 각 캐시의 적중률이 0.9이고 메모리는 10 ms의 접근시간을 가지며, 캐시 블록을 불러오기 위해 걸리는 시간은 메모리 접근시간의 5배이다. 효율적인 메모리 접근시간을 계산하라.

2.10 컴퓨터가 초당 천만 개의 명령어를 처리할 수 있는 CPU와 전송 속도가 초당 1억 바이트인 메모리를 가지고 있다. 인터럽트 I/O가 수행 중일 때, 인터럽트 루틴은 메모리와 I/O 장치 사이에 1바이트를 전송하기 위해 50개의 명령어를 수행해야 한다. 아래와 같은 I/O 모드를 사용 중일 때 I/O 명령어 수행 중 최대 데이터 전송률은 얼마인가?
(a) 인터럽트 I/O (b) DMA 기반 I/O

2.11 최대 데이터 전송률이 초당 1만 바이트이고 인터럽트 I/O 모드에서 작동되는 몇 개의 I/O 장치가 연습문제 2.10의 컴퓨터에 연결되어 있다. 이 장치들이 동시에 사용될 때 얼마나 많은 장치들이 최고 속도로 작동될 수 있는가?

2.12 가상 운영체제가 I/O 명령어를 수행하기 위해 두 개의 시스템 호출을 지원한다. 시스템 호출 *init_io*는 I/O 명령어를 시작하며, 시스템 호출 *await_io*는 프로그램이 반드시 I/O 연산이 끝난 후에만 계속 작동하도록 보장한다. 프로그램이 이러한 두 개의 시스템 호출을 사용하는 동안 일어나는 동작에 대해 설명하라. (힌트: CPU에서 운영체제의 어떠한 프로그램도 실행될 수 없을 때, 운영체제는 CPU를 아무것도 하지 않는 무한 루프에 둘 수 있다. 이는 인터럽트가 발생했을 때 루프를 벗어날 것이다.)

참고문헌

Smith(1892)와 Handy(1998)는 캐시 메모리 구조에 대해 설명하였다. Przybylski(1990)는 캐시와 메모리 계층을 설계하였다. 메모리 계층과 I/O 구조는 컴퓨터 구조와 구성에 관련된 대부분의 책에서 찾아볼 수 있는데, 예를 들어 Hayes(1997), Patterson(2002), Hamacher(2002), 그리고 Stallings(2003) 등이 있다.

운영체제와 관련된 대부분의 책에는 시스템 호출 인터페이스에 관하여 설명되어 있다. Bach(1986)는 유용한 유닉스 시스템 호출에 대해 설명하고 있다. O' Gorman(2003)은 리눅스에서 인터럽트 처리 과정을 설명하였다. Beck(2002), Bovet와 Cesati(2005)와 Love(2005)는 리눅스 시스템 호출의 확장성에 대해 설명하였다. Mauro와 McDougall(2006)

은 솔라리스 시스템 호출을 설명하였다. 또한 Russinovich와 Solomon(2005)은 윈도우 시스템 호출을 설명하였다.

1. Bach, M. J. (1986): *The Design of the Unix Operating System*, Prentice-Hall, Englewood Cliffs, N.J.
2. Beck, M., H. Bohme, M. Dziadzka, U. Kunitz, R. Magnus, C. Schroter, and D. Verworner (2002): *Linux Kernel Programming*, 3rd ed., Pearson Education, New York.
3. Bovet, D. P., and M. Cesati (2005): *Understanding the Linux Kernel*, 3rd ed., O'Reilly, Sebastopol.
4. O'Gorman, J. (2003): *Linux Process Manager: The internals of Scheduling, Interrupts and Signals*, John Wiley, New York.
5. Hamacher, C., Z. Vranesic, and S. Zaky (2002): *Computer Organization*, 5th ed., McGraw-Hill, New York.
6. Handy, J. (1998): *The Cache Memory Book*, 2nd ed., Academic Press, New York.
7. Hayes, J. (1997): *Computer Architecture and Organization*, 3rd ed., McGraw-Hill, New York.
8. Hennessy, J., and D. Patterson (2002): Computer *Architecture: A Quantitative Approach*, 3rd ed., Morgan Kaufmann, San Mateo, Calif.
9. Love, R. (2005): *Linux Kernel Development*, 2nd ed., Novell Press.
10. Mauro, J., and R. McDougall (2006): *Solaris Internals*, 2nd ed., Prentice Hall, Englewood Cliffs, N.J.
11. Patterson, D., and J. Hennessy (2005): *Computer Organization and Design: The Hardware/Software Interface*, 3rd ed., Morgan Kaufman, San Mateo, Calif.
12. Przybylski, A. (1990): *Cache and Memory Hierarchy Design: A Performance-Directed Approach*, Morgan Kaufmann, San Mateo, Calif.
13. Russinovich, M. E., and D. A. Solomon (2005): *Microsoft Windows Internals*, 4th ed., Microsoft Press, Redmond, Wash.
14. Smith, A. J. (1982): "Cache memories," *ACM Computing Surveys*, 14, 473–530.
15. Stallings, W. (2003): *Computer Organization and Architecture*, 6th ed., Prentice Hall, Upper Saddle River, N.J.
16. Tanenbaum, A. (1998): *Structured Computer Organization*, 4th ed., Prentice Hall, Englewood Cliffs, N.J.

Chapter 3

운영체제의 개요

Overview of Operating Systems

컴퓨팅 환경(*computing environment*)을 설명하려면 컴퓨터 시스템과 그 사용자를 함께 살펴보아야 한다. 즉, 컴퓨터 시스템이 어떻게 구축되었는지, 다른 시스템과 작업하기 위해 어떻게 설치되었는지, 사용자에게 제공되는 서비스는 어떤 것들이 있는지 등을 살펴볼 필요가 있다. 운영체제는 컴퓨터 자원의 효율적인 이용과 사용자의 편리성을 적절히 결합하여 제공해야 하며, 또한 사용자의 행위에 대한 방해도 막아야 하기 때문에 이러한 컴퓨팅 환경의 모든 특징이 운영체제의 설계에 영향을 미친다. 1장에서 컴퓨터 시스템의 **효율적인 활용**(*effective utilization*) 개념이라고 한 것이 자원의 효과적인 이용과 사용자의 편리성을 말한 것이다.

컴퓨팅의 역사를 통해 볼 때, 컴퓨팅 환경은 컴퓨터 아키텍처와 사용자의 기대가 변화함에 따라 바뀌어 왔다. 효율적인 활용에 대한 새로운 개념은 각각의 새로운 컴퓨팅 환경과 함께 생겨나게 되었으며, 따라서 효율적인 활용을 달성하기 위하여 새로운 개념과 기술을 사용하는 새로운 부류의 운영체제가 개발되었다.

현대의 컴퓨팅 환경은 다양한 애플리케이션을 지원하기 때문에 전통적인 컴퓨팅 환경의 여러 가지 특징을 모두 가지고 있다. 따라서 전통적인 컴퓨팅 환경에서 가지고 있던 대다수 개념과 기술들을 현대의 운영체제가 채택하고 있는 전략에서 찾아볼 수 있다. 이 장에서는 현대의 운영체제에 대한 공부를 쉽게 하기 위해 전통적인 컴퓨팅 환경의 개념과 기술을 설명하고, 이들 중에 어떤 것들이 최근의 운영체제에서 사용되는지 살펴보기로 한다.

3.1 컴퓨팅 환경과 연산의 속성 (COMPUTING ENVIRONMENTS AND NATURE OF COMPUTATIONS)

컴퓨팅 환경은 컴퓨터 시스템, 다른 시스템과의 인터페이스 및 운영체제가 사용자와 프로그램들에게 제공하는 서비스들로 이루어진다. 컴퓨팅 환경은 사용자에게 보다 나은 서비스 품질을 제공하기 위해 끊임없이 발전되어 왔다. 하지만 운영체제는 컴퓨터 시스템이 더욱 강력해지고, I/O 장치 및 다른 시스템과의 인터페이스가 복잡해지며, 사용자들이 새로운 서비스를 요구함에 따라 더욱 복잡한 작업을 수행해야만 한다.

컴퓨팅 환경에서 연산의 본성과 사용자가 이를 지각하는 방식은 컴퓨팅 환경의 특징에 따라 달라진다. 최근의 전형적인 컴퓨팅 환경에서 사용자는 다양한 행위를 동시에 시도할 수 있다. 예를 들면, 사용자는 메일 핸들러를 실행하면서 몇 개 파일을 편집하고, 연산을 시작하고, 동시에 음악을 듣거나 비디오를 보면서 인터넷을 찾아볼 수 있다. 운영체제는 이러한 각각의 행위에 필요한 자원들, 예를 들어 CPU와 메모리, 그리고 동일한 컴퓨터 시스템 내에 있거나 또는 인터넷을 통해 접근할 수 있는 다른 컴퓨터 시스템에 있는 I/O 장치 등을 제공하여 이러한 행위가 사용자를 만족시킬 수 있도록 해야 한다.

우선 컴퓨팅 환경이 어떻게 최근의 형태로 발전되어 왔는지를 간략히 살펴봄으로써 운영체제에 대한 설명을 시작하기로 한다.

비대화식 컴퓨팅 환경(Noninteractive Computing Environment) 이는 초기 형태의 컴퓨팅 환경이다. 이 환경에서 사용자는 연산에 대한 형태로 프로그램과 데이터를 한꺼번에 운영체제에 제출한다. 연산은 운영체제에 의해 실행되며, 그 결과는 다시 사용자에게 되돌려진다. 사용자는 연산이 실행되는 동안 아무런 접촉을 할 수 없다. 그러므로 이러한 연산은 운영체제가 해석하고 인식하는 수동적인 개체로 볼 수 있다. 비대화식 연산의 예로는 밤새도록 수행되는 과학 수치 계산이나 데이터베이스 갱신 등을 들 수 있다. 이러한 컴퓨팅 환경에서 운영체제는 효율적인 자원 이용에 더 중점을 둔다.

비대화식 컴퓨팅 환경에서 사용되는 연산은 **프로그램**이나 **작업**(*job*)의 형태이다. 프로그램은 그 자체로 실행될 수 있는 함수 또는 모듈들의 집합이다. 작업이란 원하는 목표를 달성하기 위해 함께 실행되는 일련의 프로그램들을 말하는 것으로서, 작업 내의 한 프로그램은 그 앞의 프로그램이 성공적으로 실행된 경우에만 실행된다. 예를 들어 C++ 프로그램의 컴파일, 링킹, 그리고 실행을 생각해 보자. 이러한 행위를 하려는 작업은 C++ 컴파일러의 실행, 그 다음에는 라이브러리에 있는 함수들을 그 프로그램과 링크하기 위한 링커의 실행, 그리고 링크된 프로그램의 실행을 해야 한다. 여기서 링킹은 그 프로그램이 성공적으로 컴파일된 경우에만 의미가 있으며, 실행도 링킹이 성공적인 경우에만 의미가 있다.

대화식 컴퓨팅 환경(Interactive Computing Environment) 이 컴퓨팅 환경에서는 사용자가 연산이 진행되는 동안 해당 연산과 상호작용을 할 수 있다. 사용자와 연산 간의 상호작용의 특성은 그 연산이 어떻게 코딩되어 있는가에 달려 있다. 예를 들면, 사용자는 연산이 실행되는 도중에 데이터 파일 이름을 입력하거나 또는 직접 일부 데이터를 입력할 수 있으며, 연산은 그 데이터를 처리한 결과를 보여줄 수도 있다. 운영체제는 사용자와 연산 간 상호작용 구현에 요구되는 평균 시간을 줄이는 데 중점을 둔다.

사용자는 또한 어떤 연산을 시작하기 위해 운영체제와 상호작용을 하며, 전형적으로 운영체제에 대한 각각의 사용자 명령은 별개의 프로그램을 실행하게 한다. 여기서는 사용자 자신이 프로그램 간의 상관관계를 고려하여 그 다음 명령을 내리기 때문에 작업의 개념이 중요하지 않다. 예를 들어 C++ 프로그램을 컴파일하고 링크하여 실행하려고 할 경우에, 사용자는 프로그램 컴파일이 성공적으로 끝나야 링킹을 시도할 것이다. 따라서 대화식 환경에서 운영체제는 작업이 아니라 각 프로그램의 실행을 각기 별개로 다룬다. 운영체제 문헌에서는 대화식 환경에서 실행되는 하나의 프로그램에 대해 **프로세스**(*process*)라는 용어를 사용한다. 원칙적으로 **프로세스**라는 용어는 대화식과 비대화식 환경에 모두 적용되지만, 이 책에서는 관례에 따라 대화식 컴퓨팅 환경의 상황에 대해서만 이 용어를 사용하기로 한다.

사용자와 프로세스 간 상호작용은 사용자가 프로세스에 연산 요구사항, 즉 **하부 요청**(*subrequest*)을 제시하고 프로세스가 응답하는 것으로 이루어진다. 하부 요청의 특성에 따라 응답은 어떤 결과물의 형태이거나 또는 파일 연산이나 데이터베이스 갱신과 같은 행위의 형태로 나올 수 있다. 표 3.1은 프로그램, 작업, 프로세스 및 하부 요청을 설명한 것이다.

실시간, 분산 및 임베디드 환경(Real-time, Distributed and Embedded Environments) 일부 연산은 특별한 요구사항을 가지며, 따라서 이들을 서비스하기 위해 특별한 컴퓨팅 환경이

표 3.1 운영체제에서의 연산

연산	설명
프로그램	**프로그램**은 함수 또는 모듈들의 집합으로서, 라이브러리에서 가져온 일부 함수나 모듈들도 포함된다.
작업	**작업**이란 공통의 목표를 달성하기 위해 함께 실행되는 일련의 프로그램들을 말한다. 작업 내 한 프로그램의 실행은 이전 프로그램이 성공적으로 실행된 경우에만 의미가 있다.
프로세스	**프로세스**는 실행 중인 프로그램을 말한다.
하부 요청	**하부 요청**은 사용자가 프로세스에 연산 요구사항을 표현한 것이다. 각각의 하부 요청은 결과물 또는 행위로 이루어진 하나의 응답을 생성한다.

개발되었다. **실시간 연산**(*real-time computation*)은 특정한 시간 제한하에서 작업하는 것이므로, 그 행위가 정해진 시간 내에 완료되어야만 효과가 있다. 예를 들면, 계측기로부터 주기적으로 샘플 데이터를 가져와서 파일에 저장하는 연산은 그 다음 샘플을 가져와야 하는 시점 이전에 그 전 샘플의 저장을 완료해야 한다. 실시간 환경의 운영체제는 연산이 제한된 시간 내에 완료될 수 있도록 하기 위해 특별한 기법을 사용한다. **분산 컴퓨팅 환경**(*distributed computing environment*)에서는 연산이 네트워크를 통하여 여러 컴퓨터 시스템에 있는 자원들을 사용할 수 있게 한다. **임베디드 컴퓨팅 환경**(*embedded computing environment*)에서는 컴퓨터 시스템이 특정한 하드웨어 시스템, 예를 들어 가전제품이나 자동차의 하부 시스템 또는 개인 정보 단말기와 같은 휴대용 기기 등의 일부가 되며, 이러한 시스템을 효과적으로 제어하는 연산을 실행한다. 컴퓨터는 일반적으로 최소한의 구성을 갖춘 저가 제품이 사용되며, 그 운영체제는 제어하는 시스템의 특성에 따른 시간 제한을 충족시켜야 한다.

최근의 컴퓨팅 환경(Modern Computing Environments) 최근 컴퓨터의 컴퓨팅 환경은 다양한 애플리케이션을 지원하기 위해 앞에서 설명한 여러 가지 컴퓨팅 환경의 특성을 가지고 있다. 따라서 그 운영체제는 사용자 연산과 자원을 관리하기 위해 복잡한 전략을 써야 한다. 예를 들어 사용자와 연산 간 상호작용을 이루는 데 요구되는 평균 시간을 줄여야 하며, 자원도 효율적으로 사용해야 한다.

이 책에서는 최근 운영체제에서 사용되는 전략을 두 단계로 공부한다. 이 장에서는 앞에서 언급한 각 컴퓨팅 환경에서 사용되는 운영체제 전략을 공부한 다음에, 그들 중 어떤 것이 최근의 운영체제에서 유용한지를 살펴본다. 나머지 장에서는 최근 운영체제에서 사용되는 전략의 설계에 대해 설명한다.

3.2 운영체제의 종류(CLASSES OF OPERATING SYSTEMS)

운영체제의 종류는 컴퓨터 시스템과 그에 대한 사용자의 기대가 진전됨에 따라, 즉 컴퓨팅 환경이 진화됨에 따라 시대에 걸쳐 발전되어 왔다. 여기서는 일부 초기 운영체제 종류에 대해 공부하고 있으므로, 각 운영체제가 그 당시의 컴퓨터 시스템과 작업하기 위해 설계되었다는 것을 이해할 필요가 있다. 따라서 그 당시 대표적인 컴퓨터 시스템의 아키텍처를 살펴보아야 할 것이다.

표 3.2는 본질적인 특성에 따라 이름 붙여진 다섯 가지 기본적인 운영체제의 종류를 열거한 것이다. 이 표는 각 종류의 운영체제가 널리 사용된 시점, 기본적인 유효성 기준 또는 주된 관점, 개발 동기, 그리고 주된 관점을 다루기 위해 개발된 주요 개념 등을 보여준다.

표 3.2 각 운영체제별 주요 특징

운영체제 종류	기간	주된 관점	주요 개념
일괄 처리	1960년대	CPU 유휴시간(idle time)	작업 간의 자동 전환
다중 프로그래밍	1960년대	자원 활용	프로그램 우선순위, 선점
시분할	1970년대	우수한 응답시간	시간 조각, 라운드 로빈 스케줄링
실시간	1980년대	시간 제한 충족	실시간 스케줄링
분산	1990년대	자원 공유	분산 제어, 투명성

컴퓨팅 초창기에는 컴퓨팅 하드웨어가 고가였기 때문에 일괄 처리와 다중 프로그래밍 운영체제는 컴퓨터 시스템의 CPU 및 다른 자원들의 효율적인 사용에 주안점을 두었다. 이 시기에는 컴퓨팅 환경이 비대화식이었다. 1970년대에 들어서면서 컴퓨터 하드웨어가 점차 저렴해졌으므로 컴퓨터의 효율적인 사용은 더 이상 주된 관점이 아니었고, 주안점은 컴퓨터 사용자들의 생산성으로 옮겨졌다. 대화식 컴퓨팅 환경이 개발되었으며, 시분할 운영체제가 프로세스에 대한 하부 요청에 빠른 응답을 제공함으로써 더 나은 생산성을 가능하게 하였다. 1980년대에는 실세계 행위에 대한 제어 또는 추적을 위해 실시간 애플리케이션들이 출현하게 되었으며, 운영체제는 이러한 애플리케이션의 시간 제한을 충족시키는 데 초점을 맞추었다. 1990년대에는 하드웨어 가격이 더욱 저렴해짐에 따라 분산 시스템의 개발을 이끌었으며, 이러한 환경에서는 다양한 구성의 자원을 가진 여러 컴퓨터 시스템들이 네트워크를 통하여 서로의 경계를 뛰어넘는 자원의 공유를 가능하게 하였다.

다음 절에서는 표 3.2에서 언급한 다섯 종류의 운영체제에 대한 주요 개념을 자세히 설명한다.

일괄 처리 시스템(Batch Processing Systems) 일괄 처리 운영체제에서 주된 관점은 CPU 효율성이다. 일괄 처리 시스템은 엄격히 한 번에 한 작업 방식으로 운영된다. 한 작업 내에서 프로그램들은 하나씩 차례로 실행된다. 따라서 어느 시점에 한 프로그램만이 실행 상태에 있다. CPU 효율성을 증진시키기 위한 기회는 한 프로그램이 끝나고 그 다음 프로그램을 효율적으로 시작시켜 CPU 시간을 허비하지 않도록 하는 데 달려 있다.

다중 프로그래밍 시스템(Multiprogramming Systems) 다중 프로그래밍 운영체제는 CPU와 I/O 장치 모두에 대한 효율적인 사용에 초점을 맞춘다. 시스템은 어느 시점에 여러 프로그램들이 부분적으로 완료된 상태에 있다. 운영체제는 **프로그램 우선순위**(*program priorities*)를 사용하며, CPU를 필요로 하는 가장 높은 우선순위 프로그램에 CPU를 준다. 높은 우선순위 프로그램이 I/O 동작을 시작하면 CPU를 낮은 우선순위 프로그램에 전환하며, I/O 동작이 끝나면 다시 높은 우선순위 프로그램에 되돌려 준다. 이러한 행위가 I/O 장치와 CPU를 동시에 사용할 수 있게 해준다.

시분할 시스템(Time-Sharing Systems) 시분할 운영체제는 모든 프로세스가 요구하는 하부 요청에 대한 빠른 응답 실행에 초점을 맞추며, 이는 사용자들이 감지할 수 있는 이점을 제공한다. 이러한 이점은 두 가지 방법을 통하여 각 사용자에게 공평한 실행 기회를 부여함으로써 이루어진다. 즉, 운영체제는 모든 프로세스를 차례로 서비스하며, 이를 **라운드 로빈 스케줄링**(*round-robin scheduling*)이라고 한다. 운영체제는 또한 한 프로세스가 실행되도록 스케줄할 경우에 CPU 시간을 과도하게 차지하지 않도록 방지하는데, 이를 시간 **조각**(*time-slicing*) 배분이라고 한다. 이러한 두 가지 기법을 결합하여 사용함으로써 CPU 때문에 너무 오랫동안 기다리는 프로세스가 없도록 한다.

실시간 시스템(Real-Time Systems) 실시간 운영체제는 실세계 행위의 제어나 추적을 위한 컴퓨터 애플리케이션을 구현하는 데 사용된다. 이러한 애플리케이션은 자신이 제어하는 행위 내에서 외부 이벤트의 최근 상황을 빠뜨리지 않도록 하기 위해 시간에 맞추어 연산 작업을 완료할 필요가 있다. 이를 위해 운영체제는 사용자들이 한 애플리케이션 내에 여러 개의 프로세스를 생성할 수 있게 하며, **실시간 스케줄링**(*real-time scheduling*)을 사용하여 프로세스의 실행이 교체되도록 함으로써 애플리케이션이 제한된 시간 내에 완료될 수 있게 한다.

분산 시스템(Distributed Systems) 분산 운영체제는 사용자가 다른 컴퓨터 시스템에 있는 자원을 편리하고 신뢰성 있게 접근할 수 있도록 해준다. 편리성을 높이기 위해 운영체제는 사용자가 시스템 내에 있는 자원의 위치를 알고 있다고 기대하지 않으며, 이를 **투명성**(*transparency*)라고 한다. 효율성을 높이기 위해 운영체제는 서로 다른 컴퓨터 시스템에서 연산의 일부분들을 동시에 실행시킬 수 있다. 운영체제는 **분산 제어**(*distributed control*), 즉 시스템 내에 있는 서로 다른 컴퓨터 간에 의사결정 행위를 나누어 가짐으로써 개별 컴퓨터 또는 네트워크 장애가 시스템에 심각한 손상을 주는 것을 방지하는 기법을 사용한다.

3.3 효율성, 시스템 성능 및 사용자 서비스 (EFFICIENCY, SYSTEM PERFORMANCE, AND USER SERVICE)

측정은 운영체제 기능의 일부 측면에 관한 평가 방법을 제공한다. 1장에서 사용 효율성과 사용자 편리성을 운영체제의 기본적인 두 가지 목표라고 정의하였다. 그러나 시스템 관리자에게는 주어진 환경에서의 시스템 성능이 사용 효율성보다 더 중요하며, 이 절에서는 효율성, 시스템 성능 및 사용자 서비스에 대한 측정 방법을 설명한다. 표 3.3은 이러한 측정을 요약한 것이다.

효율성(Efficiency) 자원 사용의 효율성을 평가하는 방법은 얼마나 많은 자원이 사용되

표 3.3 효율성, 시스템 성능 및 사용자 서비스에 대한 측정

관점	측정	설명
사용 효율성	CPU 효율성	CPU 사용 백분율
	메모리 효율성	메모리 사용 백분율
시스템 성능	처리율	단위 시간당 처리한 일의 양
사용자 서비스	반환시간	작업이나 프로세스를 완료한 시간
	응답시간	하나의 하부 요청을 처리한 시간

지 않고 낭비되었는지를 살펴보는 것과, 사용된 자원 양 내에서 얼마나 많은 양이 생산적으로 사용되었는지를 점검하는 것이 있다. 효율성에 대한 예로서 CPU를 생각해 보자. CPU 시간의 일부는 CPU가 더 이상 할 일이 없기 때문에 낭비된다. 이러한 낭비는 시스템에 있는 모든 사용자 프로세스가 I/O 연산을 수행하고 있거나 사용자로부터 데이터가 주어지기를 기다릴 경우에 발생한다. 사용된 CPU 시간 중 일부는 운영체제 자신이 인터럽트 서비스나 스케줄링을 수행하는 데 사용된 것이다. 이러한 것이 운영체제 동작의 오버헤드(*overhead*)가 된다. 나머지 CPU 시간은 사용자 프로세스들을 실행하는 데 사용된다. CPU 사용의 효율성을 평가하려면 전체 CPU 시간의 몇 퍼센트를 사용자 프로세스 실행에 사용했는지를 고려해야 한다. 메모리나 I/O 장치와 같은 다른 자원의 사용 효율성도 유사한 방법으로 평가할 수 있다. 즉, 전체 자원에서 사용되지 않은 자원 양과 운영체제 오버헤드를 공제한 결과가 전체 자원의 몇 퍼센트인지 생각해 본다.

사용 효율성 개념을 사용하여 사용 효율성과 사용자 편리성 간의 기본적인 상관관계를 간략히 살펴보자. 다중 프로그래밍 시스템은 동시에 여러 사용자 프로그램을 가지고 CPU와 I/O 장치의 효율적인 사용을 위해 그들을 교체 사용한다. CPU는 시스템에 있는 최고 높은 우선순위의 프로그램에 주어지며, 그 프로그램은 원하는 시간만큼 CPU를 사용할 수 있다. 그러나 시분할 시스템은 스케줄된 프로세스가 사용할 수 있는 CPU 시간을 제한한다. 한 프로세스가 CPU 시간을 과다하게 사용하면, CPU를 빼앗아 다른 프로세스에 넘긴다. 선점당한 프로세스는 얼마 후에 다시 스케줄될 수 있다. 이러한 특징은 인터럽트 서비스와 스케줄링에 있어 운영체제 오버헤드를 증가시키며, 따라서 CPU 사용 효율성에 영향을 미친다. 하지만 이로 인해 모든 프로세스에 좋은 응답시간을 제공하며, 이는 운영체제 사용자들이 원하는 특성이다.

시스템 성능(System Performance) 일단 CPU 효율성과 사용자 서비스에 대한 적절한 결합이 결정되고 나면 운영체제가 얼마나 잘 수행하는지를 아는 것이 중요하다. 성능 개념은 컴퓨팅 환경에 따라 다르며, 컴퓨터 시스템이 작동하는 동안에 처리하는 일의 비율로 나타낸다.

운영체제는 일반적으로 보다 나은 성능을 위한 기능 조율을 위해 효율성 측정 방법

을 사용한다. 예를 들어, 메모리 효율이 낮으면 운영체제는 더 많은 사용자 프로그램을 메모리에 로드할 것이다. 그 다음은 시스템이 사용자 연산을 완료하는 비율을 향상시킴으로써 더 나은 시스템 성능을 가져올 것이다. CPU 효율이 낮으면, 운영체제는 그 원인(예를 들어 메모리에 너무 적은 프로그램이 있거나 또는 프로그램들이 I/O가 끝나기를 기다리면서 많은 시간을 소비하는 등)을 찾아내어 가능하면 올바른 조치를 취한다.

시스템 성능은 단위 시간당 처리하는 일의 양으로 특징지으며, 일반적으로 **처리율**(*throughput*)로 측정한다.

|정의 3.1| **처리율(Throughput):** 시스템이 단위 시간당 완료하는 작업, 프로그램, 프로세스 또는 하부 요청의 평균 개수

처리율을 측정하는 데 사용되는 작업의 단위는 컴퓨팅 환경에 따라 다르다. 비대화식 환경에서 운영체제의 처리율은 단위 시간당 완료된 작업 또는 프로그램의 개수로 측정된다. 대화식 환경에서는 단위 시간당 완료되는 하부 요청의 개수로 측정될 수 있다. 특별한 컴퓨팅 환경에서의 성능은 해당 애플리케이션에 의미 있는 값으로 측정될 수 있다. 예를 들어, 은행 환경에서 그 값은 단위 시간당 처리하는 트랜잭션의 개수가 될 수 있다. 처리율은 I/O 장치에 대한 성능 측정으로도 사용될 수 있다. 예를 들어, 디스크 처리율은 단위 시간당 완료되는 I/O 연산의 개수 또는 단위 시간당 전송되는 바이트 수 등으로 측정될 수 있다.

사용자 서비스(User Service) 사용자 편리성에 대한 일부 관점은 뭐라고 꼬집어 말할 수 없기 때문에 수치적으로 측정할 수가 없다. 예를 들면, 사용자에게 친밀한 인터페이스와 같은 특성은 정량화할 수 없다. 하지만 사용자 편리성에 대한 일부 측정 가능한 관점도 있으므로 그에 대한 적절한 측정을 정의할 수 있다.운영체제가 사용자의 연산을 얼마나 빨리 완료했는지를 나타내는 **사용자 서비스**(*user service*)는 이러한 관점 중 하나이다. 여기서는 사용자 서비스에 대한 두 가지 측정, 즉 비대화식 컴퓨팅 환경에서의 **반환시간**(*turnaround time*)과 대화식 컴퓨팅 환경에서의 **응답시간**(*response time*)을 정의한다. 보다 짧은 반환시간 또는 응답시간은 보다 나은 사용자 서비스를 의미한다.

|정의 3.2| **반환시간(Turnaround time):** 사용자가 작업, 프로그램 또는 프로세스 등을 제출한 시간부터 그 결과가 사용자에게 되돌아올 때까지의 시간

|정의 3.3| **응답시간(Response time):** 사용자가 하부 요청을 제출한 시간부터 프로세스가 그에 대해 응답할 때까지의 시간

특별한 컴퓨팅 환경에서 사용하기 위해 특화된 사용자 서비스 측정을 정의할 수 있다. 그러한 두 가지 예로는 실시간 운영체제에서의 **마감 초과시간**(*deadline overrun*)과 분산 운영체제에서의 **연산 가속화율**(*computation speedup*)을 들 수 있다. 마감 초과시간은 운영체제가 시간 제한이 있는 연산의 실행을 얼마나 늦게 완료했는지를 나타내므로 음수 값의 마감 초과시간은 좋은 사용자 서비스를 나타낸다. 연산 가속화율은 애플리케이션 프로세스들이 분산 시스템의 서로 다른 컴퓨터에서 동시에 실행됨으로 인해 얼마 만큼의 비율로 애플리케이션 실행이 가속화되었는지를 나타낸다. 연산 가속화율은 큰 값이 더 나은 사용자 서비스를 의미한다.

3.4 일괄 처리 시스템(BATCH PROCESSING SYSTEMS)

1960년대 컴퓨터 시스템은 비대화식이었다. 펀치 카드가 주된 입력 장치였으므로 작업 및 그 데이터는 카드 묶음으로 구성되었다. 컴퓨터 오퍼레이터는 작업의 실행을 준비하기 위해 카드 판독기에 카드들을 적재하였다. 이러한 행위로 값비싼 CPU 시간을 낭비하게 되었으며, 일괄 처리가 이러한 낭비를 막기 위해 출현하였다.

배치(*batch*)란 운영체제가 처리하도록 형성된 **일련의** 사용자 작업들이다. 컴퓨터 오퍼레이터는 몇 개의 사용자 작업을 차례로 배열하여 하나의 배치를 만들고, 그 배치의 시작과 끝을 나타내는 특별한 표시 카드를 집어넣는다. 오퍼레이터가 배치의 처리를 시작하라는 명령을 내리면, **일괄 처리 커널**(*batching kernel*)이 해당 배치의 첫 번째 작업 처리를 준비한다. 작업이 끝나면 커널은 그 다음 작업의 실행을 시작시키며, 그렇게 하여 배치의 마지막 작업까지 처리한다. 따라서 오퍼레이터는 한 작업의 시작과 끝나는 시점에만 개입한다.

카드 판독기와 프린터는 1960년대의 성능 병목 현상의 원인이었으므로, 일괄 처리 시스템은 시스템 처리율을 향상시키기 위해 자기 테이프를 통한 가상 카드 판독기와 프린터라는 개념(1.3.2절에서 설명)을 사용하였다. 일련의 작업들은 처음에 덜 강력하지

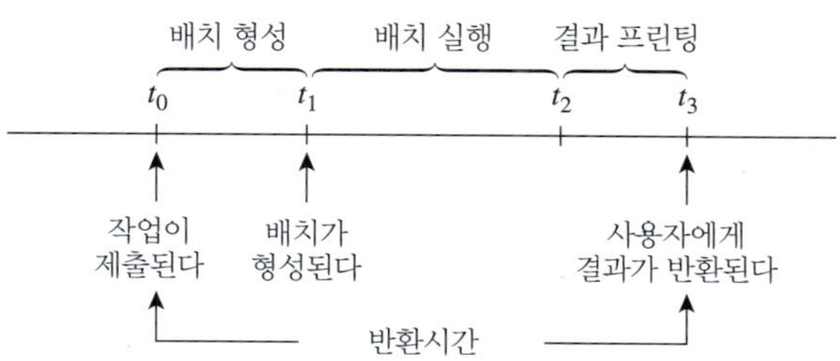

그림 3.1 일괄 처리 시스템에서의 반환시간

```
// JOB ···                      → "Start of job" statement
// EXEC FORTRAN                 → Execute the Fortran compiler
                 } Fortran
                 } program
// EXEC                         → Execute just compiled program
                 } Data for
                 } Fortran
                 } program
/*                              → "End of data" statement
/&                              → "End of job" statement
```

그림 3.2 IBM 360/370 시스템의 제어 명령문

만 값은 저렴한 컴퓨터를 사용하여 자기 테이프에 기록된다. 일괄 처리 시스템은 카드로 처리하는 것보다 빠른 작업을 이 테이프로 처리하여 그 결과를 또 다른 테이프에 기록한다. 결과는 나중에 프린트되어 사용자에게 반환된다. 그림 3.1은 하나의 작업 반환 시간을 구성하는 요소들을 나타낸 것이다.

사용자 작업들은 컴퓨터 메모리에 함께 있지 않으므로 서로의 실행이 뒤섞일 수 없다. 하지만 카드 판독기가 사용자가 쓸 수 있는 유일한 입력 장치였기 때문에 명령, 사용자 프로그램 및 데이터들은 모두 카드 판독기에서 가져오게 되므로, 어떤 작업이 그 작업에서 주어진 데이터보다 더 많이 읽으려고 하면 그 다음 작업에 속하는 몇 개의 카드를 읽을 것이다! 이러한 작업 간의 충돌을 방지하기 위해 일괄 처리 시스템은 사용자에게 작업을 형성하는 카드 묶음 안에 **제어문**(*control statement*)을 집어넣도록 하였다. 일괄 처리 커널의 한 부분인 **명령 해석기**(*command interpreter*)가 작업 내에서 현재 실행 중인 프로그램이 다음 카드를 원하면 카드를 읽는다. 그 카드가 제어문을 가지고 있으면 그 제어문을 분석하여 적절한 조치를 취하고, 그렇지 않으면 그 카드를 현재 실행 중인 프로그램에게 넘겨준다. 그림 3.2는 Fortran 프로그램을 컴파일하고 실행하는 데 사용되는 간단한 제어문을 나타낸 것이다. 프로그램이 주어진 것보다 더 많은 데이터를 읽으려고 하면, 명령 해석기는 `/*`, `/&` 및 `//JOB` 카드를 읽게 될 것이다. 명령 해석기는 이러한 카드들 중 하나를 보게 되면 프로그램이 주어진 것보다 더 많은 데이터를 읽으려 한다는 것을 알게 될 것이고, 그래서 그 작업을 중단하게 될 것이다.

최근 운영체제는 일괄 처리용으로 설계되지 않았지만, 그 기술은 여러 데이터들에 대해 동일한 종류의 처리나 분석이 수행되는 금융 및 과학 연산에서는 아직도 유용하다. 이러한 환경에서 일괄 처리를 사용함으로써 각 데이터 집합에 대해 금융 또는 과학 분석 작업의 개별 초기화로 인한 시간 낭비를 줄일 수 있을 것이다.

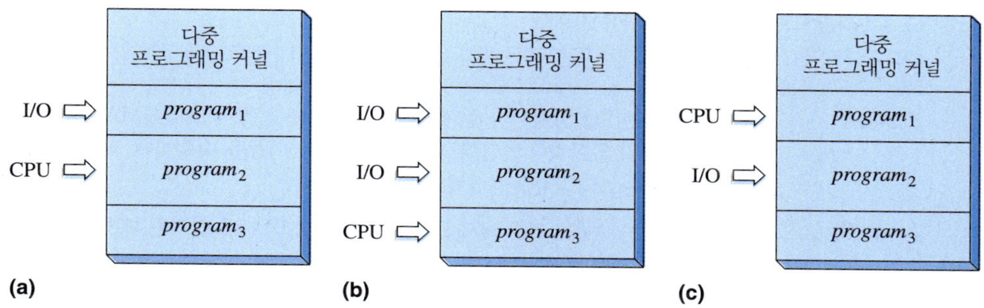

그림 3.3 다중 프로그래밍 시스템의 동작 (a) $program_1$이 I/O 연산을 수행하는 동안에 $program_2$가 실행된다. (b) $program_2$가 I/O 연산을 시작하면 $program_3$이 스케줄된다. (c) $program_1$이 I/O 연산을 완료하면 다시 스케줄된다.

3.5 다중 프로그래밍 시스템(MULTIPROGRAMMING SYSTEMS)

다중 프로그래밍 운영체제는 비대화식 환경에서 효율적인 자원 사용을 위해 개발되었다. 다중 프로그래밍 운영체제는 언제나 컴퓨터 메모리에 다수의 사용자 프로그램을 가지고 있으므로 다중 프로그래밍(*multiprogramming*)이라고 한다. 이 운영체제는 DMA 형태의 I/O를 사용하기 때문에 CPU가 어떤 프로그램을 실행하고 있는 동안에 또 다른 프로그램의 I/O 연산을 수행할 수 있다. 이러한 배합은 CPU와 I/O 장치를 모두 효율적으로 사용할 수 있게 해준다. 여러 프로그램의 I/O와 연산 행위가 한꺼번에 진행될 수 있으므로 시스템 성능을 높이게 된다. 이러한 관점에 대해서는 3.5.1절에서 설명한다.

그림 3.3은 다중 프로그래밍 운영체제 동작을 예시한 것이다. 메모리에는 세 개 프로그램이 들어 있다. $program_1$은 I/O 연산을 진행 중인 반면에 CPU는 $program_2$를 실행하고 있다. $program_2$가 I/O 연산을 시작할 경우에 CPU는 $program_3$에게 전환되며, $program_1$의 I/O 연산이 완료되면 CPU는 $program_1$에게 전환된다. 다중 프로그래밍 커널은 스케줄링, 메모리 관리 및 I/O 관리를 수행한다. 커널은 3.5.1절에서 설명하게 될 간단한 스케줄링 정책을 사용하며, 메모리와 I/O 장치들에 대해 단순한 분할 할당 또는 풀(pool) 기반의 할당을 수행한다. 여러 개 프로그램이 메모리에 동시에 들어 있기 때문에 한 프로그램의 명령어, 데이터 및 I/O 연산 등이 다른 프로그램에 의해 방해받지 않도록 보호해야 한다. 어떻게 이러한 일을 처리하는지를 간략히 살펴볼 것이다.

컴퓨터는 다중 프로그래밍을 지원하기 위해 표 3.4에 요약되어 있는 특성을 가져야 한다(2.2절 참고). DMA는 CPU와 I/O 장치가 동시에 동작할 수 있게 함으로써 다중 프로그래밍을 가능하게 해준다. 메모리 보호 특성은 어떤 프로그램이 CPU 내의 기준 레지스터(*base register*)와 크기 레지스터(*size register*)에 정의되어 있는 주소 범위를 벗어나는 메모리 위치에 대한 접근을 막아준다. 커널 모드 및 사용자 모드의 CPU는 프로그램 간의 방해를 방지하는 효과적인 방법을 제공한다. 2.2절에서 설명했듯이, 운영체제

표 3.4 다중 프로그래밍을 위한 아키텍처 지원

특성	설명
DMA	CPU는 I/O 명령어가 실행되면 I/O 연산을 시작시킨다. DMA는 CPU의 개입 없이 I/O 연산의 해당되는 데이터 이동을 수행하며, 데이터 이동이 완료되면 I/O 인터럽트를 발생시킨다.
메모리 보호	한 프로그램은 기준 레지스터와 크기 레지스터 안에 정의된 메모리 부분에만 접근할 수 있다.
커널 및 사용자	**특권 명령어**(*privileged instructions*)라고 불리는 일부 CPU 명령어는 CPU가 커널 모드에 있을 경우에만 수행될 수 있다. 어떤 프로그램이 CPU가 사용자 모드에 있을 때 특권 명령어를 실행하려고 한다면 프로그램 인터럽트가 발생된다.

는 사용자 프로그램이 실행되는 동안에는 CPU를 사용자 모드로 두며, 기준 레지스터와 크기 레지스터에 각각 어떤 값을 넣는 명령어는 운영체제만이 실행할 수 있는 특권 명령어이다. 만일 어떤 프로그램이 기준 및 크기 레지스터의 내용을 변경하여 메모리 보호를 훼손하려 하면, CPU가 사용자 모드에 있기 때문에 프로그램 인터럽트가 발생될 것이며, 커널은 이 인터럽트를 서비스하면서 해당 프로그램을 중단시키게 될 것이다.

프로그램의 반환시간은 다중 프로그래밍 시스템에서 사용자 서비스에 대한 적절한 측정이 된다. 이 반환시간은 시스템에 있는 프로그램의 전체 개수, 커널이 프로그램 간에 CPU를 공유하게 하는 방식 및 프로그램 자체의 실행 요구사항 등에 따라 달라진다.

3.5.1 프로그램 우선순위(Priority of Programs)

다중 프로그래밍 운영체제에 적절한 성능 측정은 처리된 프로그램의 개수와 그들을 처리하는 데 소요된 전체 시간의 비율인 **처리율**(*throughput*)이다. 시점 t_0과 t_f 동안에 n 개 프로그램을 처리한 다중 프로그래밍 운영체제의 처리율은 $n/(t_f - t_0)$ 이다. 다중 프로그래밍에서는 여러 프로그램의 행위가 동시에 일어날 수 있으므로 이 값은 일괄 처리 시스템의 처리율보다 클 것이다. 즉, 한 프로그램이 I/O 연산을 수행하는 동안에 다른 프로그램은 CPU에서 명령어를 처리할 수 있다. 그러나 실제 처리율은 처리되는 프로그램의 속성, 즉 얼마나 많은 연산과 얼마나 많은 I/O를 수행하는지, 그리고 커널이 시간에 맞추어 이들 행위를 얼마나 잘 겹치게 하는지에 달려 있다.

운영체제는 항상 충분한 개수의 프로그램을 메모리에 유지하므로 CPU와 I/O 장치는 수행할 일이 충분히 있게 된다. 이 개수를 **다중 프로그래밍 정도**(*degree of multiprogramming*)라고 한다. 하지만 다중 프로그래밍 정도가 높다고 해서 CPU 및 I/O 장치들

표 3.5 다중 프로그래밍 기법

기법	설명
적절한 프로그램 혼합	커널은 메모리에 CPU 위주와 I/O 위주의 프로그램을 혼합하여 유지한다. 여기서, • *CPU* 위주의 프로그램은 계산은 많고 I/O는 매우 적으며, CPU 사용 주기가 길다. 즉, I/O 연산을 시작하기 전에 오랜 시간 동안 CPU를 사용한다. • *I/O* 위주의 프로그램은 계산은 매우 적고 I/O가 많으며, CPU 사용 주기가 짧다.
우선순위 기반 선점 스케줄링	모든 프로그램에는 우선순위가 주어진다. CPU는 사용을 원하는 가장 높은 우선순위 프로그램에 할당된다. 만일 높은 우선순위 프로그램이 CPU 사용을 원하면, CPU에서 실행 중이던 낮은 우선순위 프로그램은 선점당한다.

의 효율이 좋다고 보장할 수는 없다. 왜냐하면 각 프로그램이 대부분의 시간 동안 I/O를 수행하면 CPU가 놀게 될 것이고, 프로그램들이 대부분의 시간 동안 CPU 연산을 수행하게 되면 I/O 장치가 놀게 될 것이기 때문이다. 따라서 다중 프로그래밍 운영체제는 프로그램 간에 CPU와 I/O 행위를 중첩시키기 위해 표 3.5에서 기술한 두 가지 기법을 사용한다. 즉, 운영체제는 **프로그램 혼합**(*program mix*)을 사용하여 메모리에 있는 일부 프로그램은 CPU 연산은 많으나 I/O 연산은 얼마 되지 않는 *CPU* **위주 프로그램**(*CPU-bound programs*)으로, 또 다른 일부는 I/O 연산은 많으나 CPU 연산은 얼마 되지 않는 *I/O* **위주 프로그램**(*I/O-bound programs*)으로 적절히 유지한다. 이러한 방식으로 서비스 받는 프로그램들이 CPU와 I/O 장치를 동시에 바쁘게 유지하는 원동력이 된다. 운영체제는 프로그램들의 CPU와 I/O를 잘 중첩시키게 하는 방식으로, 프로그램 간에 CPU를 공유시키기 위해 **우선순위 기반의 선점 스케줄링**(*priority-based preemptive scheduling*) 개념을 사용한다.

> **|정의 3.4|** **우선순위(priority):** 다수의 요청이 서비스를 기다리고 있는 경우에 스케줄러가 어떤 요청을 스케줄해야 할지를 결정하는 기준

커널은 수치적인 우선순위 값을 프로그램에 배정한다. 여기서는 우선순위가 양의 정수 값이고, 큰 값이 높은 우선순위라고 가정한다. 다수의 프로그램이 동시에 CPU를 필요로 하는 경우에 커널은 가장 높은 우선순위 프로그램에 CPU를 준다. 커널은 선점 방식으로 우선순위를 사용한다. 즉, 높은 우선순위 프로그램이 CPU를 원하는 경우에 CPU에서 실행 중인 낮은 우선순위 프로그램을 선점한다. 이러한 방식으로 CPU는 항

상 실행되기 원하는 가장 높은 우선순위 프로그램을 실행한다. 우선순위 기반의 선점 스케줄링의 의미를 잘 이해하기 위해, 높은 우선순위 프로그램이 I/O 연산을 수행하고 있고 낮은 우선순위 프로그램이 CPU에서 실행되고 있는 경우에 높은 우선순위 프로그램의 I/O 연산이 완료되면 어떻게 될까를 생각해 보자. 이 경우에 커널은 즉시 CPU를 높은 우선순위 프로그램에 전환할 것이다.

프로그램에 우선순위를 배정하는 일은 시스템 처리율에 영향을 미치는 아주 중요한 결정이다. 다중 프로그래밍 시스템은 다음과 같은 우선순위 배정 규칙을 사용한다. 즉, **I/O 위주의 프로그램은 CPU 위주의 프로그램보다 높은 우선순위를 가져야 한다.** 예제 3.1은 이 규칙을 예시한 것이다.

예제 3.1 다중 프로그래밍 시스템에서 프로그램의 실행

어떤 다중 프로그래밍 시스템에 I/O 위주 프로그램인 $prog_{iob}$와 CPU 위주 프로그램인 $prog_{cb}$가 있다. 연산은 0 시점에서 시작한다. 그림 3.4에 이들 프로그램의 CPU와 I/O 행위가 타이밍 차트(timing chart) 형태로 그려져 있는데, 여기서 x 축은 시간을 나타내고 y 축은 두 프로그램의 CPU와 I/O 행위를 보여준다. 누적된 CPU와 I/O 행위가 차트 아래쪽에 나타나 있다. 차트에 눈금은 표시하지 않았으며, $prog_{iob}$의 CPU 행위는 명료하게 표시하기 위해 과장되었다.

프로그램 $prog_{iob}$가 더 높은 우선순위 프로그램이다. 그러므로 이 프로그램이 0 시점에 실행을 시작한다. CPU 행위의 짧은 주기가 지난 다음에 이 프로그램은 I/O 연산을 개시한다(t_1 시점). CPU는 이제 $prog_{cb}$에게 전환된다. 따라서 $prog_{cb}$의 실행은 $prog_{iob}$의 I/O 연산과 병행하게 된다. $prog_{cb}$는 CPU 위주 프로그램이므로 t_2 시점에 $prog_{iob}$의 I/O가 끝날 때까지 CPU를 바쁘게 사용한다. 이 시점에 $prog_{iob}$가 더 높은 우선순위이므로 $prog_{cb}$를 선점한다. 이러한 일련의 이벤트가 $0 \sim t_6$ 시간 동안 반복된다. 이런 반복 행위의 변화는 $prog_{cb}$가 I/O 연산을 시작하는 시점에 일어난다. 이제는 두 프로그램이 모두 I/O 연산에 몰두하며, 두 프로그램은 서로 다른 I/O 장치를 사용하기 때문에 동시에 진행되고, CPU는 둘 중 하나가 I/O 연산을 마칠 때까지 놀게 된다. 이 점이 CPU 누적 행위에서 CPU 유휴 주기(CPU-idle periods), $t_6 \sim t_7$과 $t_8 \sim t_9$를 설명해 준다. I/O 유휴 주기는 $prog_{iob}$가 CPU에서 실행되고 $prog_{cb}$가 I/O를 수행하지 않을 때마다 발생한다($0 \sim t_1$, $t_2 \sim t_3$, $t_4 \sim t_5$ 주기 참고). 하지만 CPU와 I/O 서브시스템은 $t_1 \sim t_2$, $t_3 \sim t_4$, $t_5 \sim t_6$ 및 $t_7 \sim t_8$ 시간 주기 동안에는 동시에 실행되면서 바쁘다.

예제 3.1에서 몇 가지를 주목할 수 있다. CPU 효율이 좋고, I/O 효율도 우수하다. 하지만 시스템에 DMA 모드로 동작하는 I/O 장치가 많으면 I/O가 노는 일이 있을 것이다. CPU와 I/O 행위가 병행되는 주기는 빈번하다. $prog_{iob}$는 가장 높은 우선순위의 프로그램이기 때문에 아주 원할하게 진행된다. 이 프로그램이 CPU를 매우 조금만 사용하기 때문에 $prog_{cb}$의 진행도 우수하다. 따라서 처리율도 프로그램들이 하나씩 차례로 실행되는 일괄 처리 시스템에 비해 현격히 높아진다. 이 우선순위 배정의 또 다른 중요한 특징은 보다 많은 프로그램을 추가함에 따라 시스템 처리율이 향상될 수 있다는 점이

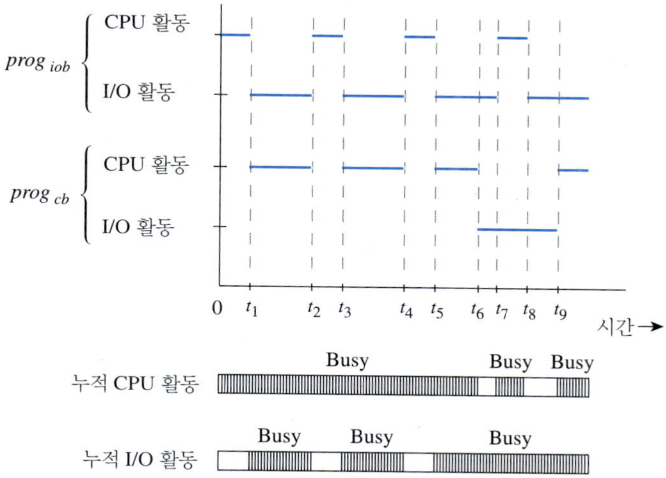

그림 3.4 I/O 위주 프로그램이 높은 우선순위를 가질 경우의 타이밍 차트

다. 표 3.6은 CPU 위주 프로그램의 추가가 다른 프로그램의 실행에 영향을 미치지 않으면서 CPU의 유휴시간을 줄일 수 있는 이유와, 덧붙여 I/O 위주 프로그램의 추가가 CPU 위주 프로그램의 실행에 미미한 영향을 미치면서도 I/O 효율을 향상시킬 수 있는 이유에 대해 설명하고 있다. 커널은 자원의 효율적인 사용을 위해 CPU 위주 프로그램과 I/O 위주 프로그램을 적절하게 추가할 수 있다.

적절한 프로그램 혼합이 유지될 경우, 다중 프로그래밍 정도의 증가는 처리율의 증

표 3.6 다중 프로그래밍 정도를 증가한 경우의 효과

행위	효과
CPU 위주 프로그램의 추가	예제 3.1에서 낭비되는 일부 CPU 시간(예를 들어, $t_6 \sim t_7$과 $t_8 \sim t_9$ 주기)을 활용하기 위해 어떤 CPU 위주 프로그램(예컨데, $prog_3$)이 추가될 수 있다. $prog_3$은 가장 낮은 우선순위를 가질 것이다. 따라서 $prog_3$의 출현은 $prog_{cb}$와 $prog_{iob}$의 진행에 아무런 영향을 미치지 않을 것이다.
I/O 위주 프로그램의 추가	어떤 I/O 위주 프로그램(예컨데, $prog_4$)이 새로 들어올 수 있다. 그 우선순위는 $prog_{iob}$와 $prog_{cb}$의 중간쯤이 될 것이다. $prog_4$의 출현은 I/O 효율을 향상시킬 것이다. $prog_4$는 $prog_{iob}$보다 우선순위가 낮기 때문에 $prog_{iob}$의 진행에는 전혀 영향을 미치지 않을 것이며, $prog_4$는 CPU 시간을 그다지 많이 사용하지 않기 때문에 $prog_{cb}$의 진행에도 조금만 영향을 미칠 것이다.

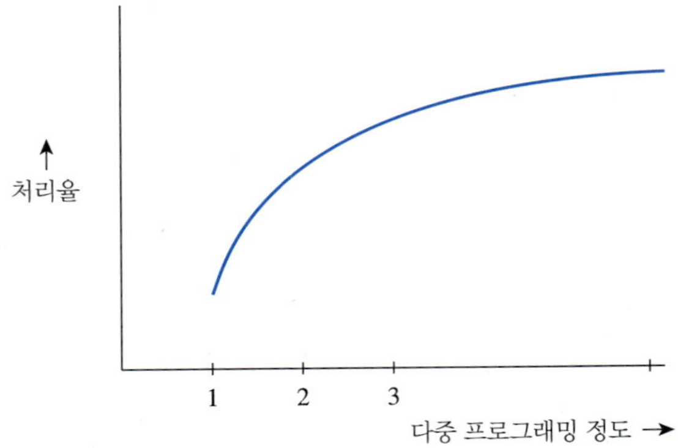

그림 3.5 다중 프로그래밍 정도에 따른 처리율의 변화

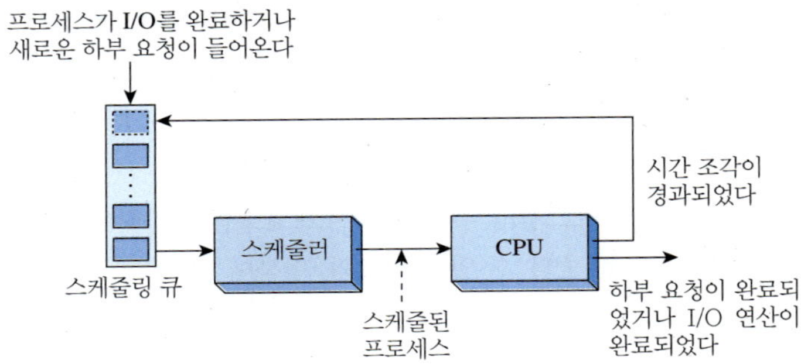

그림 3.6 시간 조각을 가진 라운드 로빈 스케줄링 개념도

가를 가져올 것으로 예상할 수 있다. 그림 3.5는 실제로 시스템 처리율이 다중 프로그래밍 정도에 따라 어떻게 변하는지를 보여준다. 다중 프로그래밍 정도가 1인 경우의 처리율은 시스템에 혼자뿐인 프로그램의 경과시간으로 기록된다. 시스템에 여러 개 프로그램이 있게 되면, 낮은 우선순위 프로그램들도 처리율에 보탬이 된다. 하지만 그 보탬은 그 프로그램들이 CPU를 사용하는 기회에 달려 있다. 다중 프로그래밍 정도가 증가되더라도 낮은 우선순위 프로그램들이 실행되는 기회를 갖지 못하면 처리율의 향상도 없다.

3.6 시분할 시스템(TIME-SHARING SYSTEMS)

대화식 컴퓨팅 환경에서 사용자는 프로세스에게 연산 요구인 하부 요청을 제출하고 그 응답을 모니터 화면에서 검사한다. 시분할 시스템은 사용자가 낸 하부 요청에 대해 빠른 응답을 제공하기 위해 설계되었다. 시분할 시스템은 하부 요청을 처리하는 각 프로세스가 그리 오래 기다리지 않고 차례로 CPU를 차지하는 방식으로 프로세스 간에 CPU 시간을 공유하게 함으로써 이 목표를 달성한다.

시분할 커널에서 사용되는 스케줄링 기법을 **시간 조각을 가진 라운드 로빈 스케줄링**(*round-robin scheduling with time-slicing*)이라고 한다. 이 기법은 다음과 같이 동작한다(그림 3.6 참고). 즉, 커널은 CPU 사용을 원하는 프로세스들의 **스케줄링 큐**(*scheduling queue*)를 유지한다. 커널은 항상 이 큐의 맨 처음에 있는 프로세스를 스케줄링한다. 스케줄된 프로세스가 하부 요청 서비스를 완료하거나 I/O 연산을 시작하면, 커널은 그 프로세스를 큐에서 제거하고 다른 프로세스를 스케줄한다. 제거된 프로세스가 새로운 하부 요청을 받거나 I/O 연산이 완료되면 큐의 맨 마지막에 추가된다. 이러한 배치는 모든 프로세스가 사용할 CPU를 차지하기 전에 동일한 기다림을 겪는다. 그러나 어떤 프로세스가 하부 요청을 서비스하는 데 너무 많은 CPU 시간을 소비하게 되면 프로세스들의 응답시간은 길어질 것이다. 커널은 이러한 상황을 피하기 위해 **시간 조각**(*time slice*) 개념을 사용한다. 여기서는 시간 조각을 δ로 표기한다.

> **|정의 3.5| 시간 조각(Time Slice):** CPU 시간을 공유하는 모든 프로세스가 CPU에서 실행되기 위해 스케줄된 경우에 소비할 수 있는 최대 CPU 시간 양

프로세스가 하부 요청에 대한 서비스를 끝내기 전에 시간 조각이 경과되면 커널은 그 프로세스를 선점하여 스케줄링 큐의 맨 마지막으로 옮긴 다음에 다른 프로세스를 스케줄한다. 선점당한 프로세스가 다시 큐의 맨 앞에 도달하면 또다시 스케줄될 것이다. 따라서 프로세스는 하부 요청에 대한 서비스를 완료하기 전에 여러 번 스케줄되어야 할 수도 있다. 커널은 시간 할당 기법을 구현하기 위해 타이머 인터럽트를 사용한다(2.2절과 표 2.2 참고).

시분할 시스템에서 사용자 서비스에 대한 적절한 측정은 하부 요청을 서비스하는 데 드는 시간, 즉 응답시간(rt)이다. 응답시간은 다음과 같은 방식으로 예측할 수 있다. 즉, 어떤 시점에 시스템을 사용하고 있는 사용자의 수를 n이라고 하자. 그리고 각 사용자의 하부 요청에 대한 서비스를 완료하기 위해 정확히 δ CPU 초가 필요하며, σ를 **스케줄링 오버헤드**(*scheduling overhead*), 즉 커널이 스케줄링을 수행하는 데 소비하는 CPU 시간이라고 하자. 여기서 I/O 연산은 즉각적으로 완료되며, 사용자는 그 전의 하부 요청에 대한 응답을 받자마자 바로 그 다음 하부 요청을 제출한다고 가정하면, 응답시간(rt)과 CPU 효율성(η)은 다음과 같이 계산된다.

$$rt = n \times (\delta + \sigma) \tag{3.1}$$

$$\eta = \frac{\delta}{\delta + \sigma} \tag{3.2}$$

실제 응답시간은 다음의 두 가지 이유 때문에 식 (3.1)로 예측한 rt 값과 다를 수 있다.

첫째, 모든 사용자가 그들의 프로세스에 하부 요청을 하지 않을 수도 있다. 그러므로 rt는 시스템에 있는 전체 사용자의 수 n에 의해 영향을 받지 않을 수 있으며, 실제로 활동 중인 사용자의 수에 영향을 받을 것이다. 둘째, 사용자 하부 요청들은 응답을 생성하기 위해 정확히 δ CPU 초가 필요하지 않다. 그러므로 rt 및 η과 δ와의 관계는 식 (3.1)과 (3.2)에서 보인 것보다 훨씬 복잡하다.

예제 3.2는 시간 조각을 가진 라운드 로빈 스케줄링과 그에 따라 프로세스들의 연산이 어떻게 서로 얽히게 되는지를 예시한 것이다.

예제 3.2 시분할 시스템에서 프로세스들의 동작

프로세스 P_1과 P_2는 주기적인 행동 패턴을 따른다. 각 주기에는 그 다음 하부 요청이 제출될 때까지 기다렸다가 그 하부 요청을 서비스하기 위한 CPU 행위 시간과, 그 결과를 보여주기 위한 I/O 행위 시간이 포함되어 있다. 프로세스 P_1과 P_2의 CPU 시간은 각각 15와 30 ms이며, I/O 시간은 각각 100과 60 ms이다.

그림 3.7은 10 ms의 시간 조각을 사용하는 시분할 시스템에서 이들 프로세스의 동작을 보여준다. 그림 3.7의 위쪽에 있는 표는 스케줄링 리스트와 커널의 스케줄링 결과를 보여주며, 그 반면에 타이밍 차트는 스케줄링 오버헤드가 무시할 만하다고 가정한 경우에 프로세스들의 CPU 및 I/O 행위를 보여준다. 두 프로세스는 모두 그 실행 주기의 CPU 시간을 완료하여 I/O를 시작할 수 있기 전에 여러 번 스케줄되어야 한다. 프로세스 P_1은 0부터 10 ms 시간 동안 CPU를 사용하고, P_2는 10 ms부터 20 ms 동안 CPU를 사용하지만, 둘 다 그들 실행 주기의 CPU 시간을 완료할 수 없다. P_1은 20 ms 시점에 다시 한 번 스케줄되고, 25 ms 시점에 I/O 연산을 시작한다. 이제 P_2는 두 번의 연속된 시간 조각을 갖는다. 하지만 이들 시간 조각은 운영체제가 35 ms 시점에 P_2를 선점했다가 시스템에 CPU를 필요로 하는 다른 프로세스가 없기 때문에 다시 P_2를 스케줄하게 되는 스케줄링 오버헤드에 의해 둘로 나누어진다. 125 ms 시점에 P_1의 I/O 연산이 완료된다. P_2는 45 ms 시점에 I/O 연산을 시작하여 105 ms 시점에 완료한다. 따라서 응답시간은 각각 125 ms와 105 ms이다.

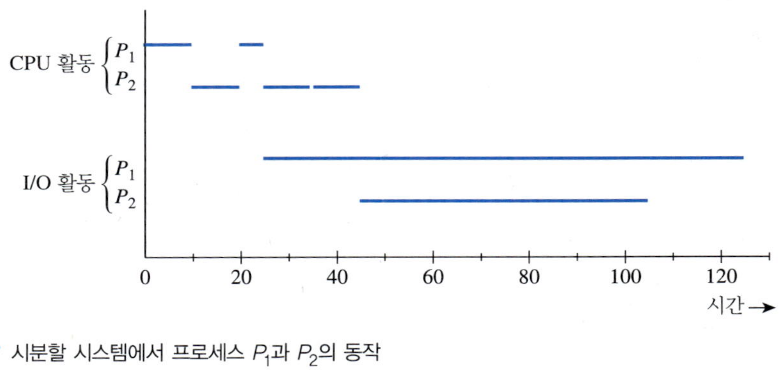

그림 3.7 시분할 시스템에서 프로세스 P_1과 P_2의 동작

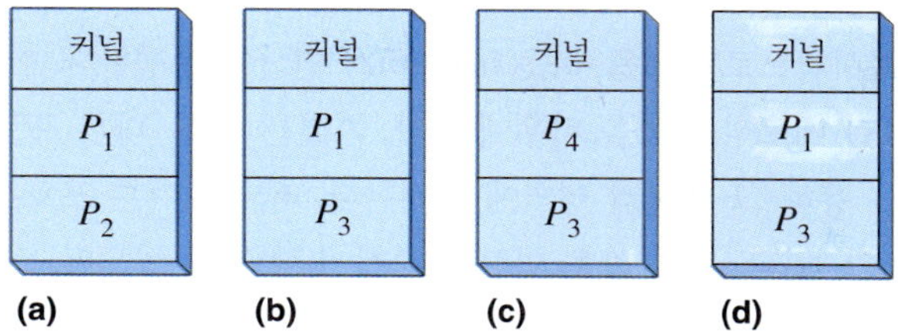

그림 3.8 스와핑 (a) 0~105 ms 사이 메모리에 있는 프로세스들 (b) P_2는 105 ms 시점에 P_3으로 대체된다. (c) P_1은 125 ms 시점에 P_4로 대체된다. (d) P_1이 다음 하부 요청을 서비스하기 위해 스왑-인된다.

3.6.1 프로그램의 교체(Swapping of Programs)

하부 요청 처리율은 시분할 운영체제에 대한 적절한 성능 측정이다. 예제 3.2의 시분할 운영체제는 125 ms 동안 두 개의 하부 요청을 완료했으므로, 처리율은 0~125 ms 동안은 초당 8개 하부 요청으로 계산된다. 하지만 사용자가 이들 프로세스에 그 다음 하부 요청을 즉각적으로 하지 않으면 125 ms 이후에는 처리율이 떨어질 것이다. CPU는 45 ms 시점 이후에는 더 이상 수행할 일이 없기 때문에 놀게 된다. 시스템에 프로세스

시간	스케줄링 리스트	스케줄되는 프로그램	비고
0	P_1, P_2	P_1	10 ms 시점에 P_1이 선점된다.
10	P_2, P_1	P_2	20 ms 시점에 P_2가 선점된다.
20	P_1, P_2	P_1	25 ms 시점에 P_1이 I/O를 시작한다.
25	P_2	P_2	35 ms 시점에 P_2가 선점된다.
35	P_2	P_2	45 ms 시점에 P_2가 I/O를 시작한다.
45	–	–	CPU가 할 일이 없다.

가 더 있었다면 CPU가 몇 개의 하부 요청을 더 서비스할 수 있었을 것이다. 그러나 컴퓨터 메모리에 두 프로세스만 들어갈 수 있다면 어떨까? 시스템 처리율은 낮을 것이며 P_1과 P_2를 제외한 다른 프로세스들의 응답시간은 참기 힘들 것이다. 컴퓨터 메모리에 들어갈 수 있는 개수보다 더 많은 수의 프로세스들을 서비스하기 위해 교체(*swapping*) 기법이 사용된다. 이 기법은 시스템 성능과 프로세스 응답시간 모두를 향상시키는 잠재력이 있다.

|정의 3.6| **교체(Swapping):** 프로세스를 컴퓨터 시스템의 메모리에서 잠시 동안 내보내는 기법

커널은 가까운 시점에 스케줄될 가능성이 없는 프로세스에 대해 그 명령어와 데이터를 디스크에 복사함으로써 **스왑-아웃**(*swap-out*) 연산을 수행한다. 이 연산은 그 프로세스가 할당받았던 메모리 영역을 비우게 된다. 커널은 이제 다른 프로세스를 **스왑-인**(*swap-in*) 연산을 통해 그 메모리 영역에 적재한다. 커널은 다른 프로세스를 CPU에서 서비스하면서 스왑-인과 스왑-아웃 연산을 중첩 수행할 수 있으며, 스왑-인 프로세스는 상당한 시간 동안 스케줄될 수 있을 것이다. 이러한 방식으로 커널은 컴퓨터 메모리에 들어갈 수 있는 개수보다 더 많은 프로세스들을 서비스할 수 있다. 그림 3.8은 커널이 교체 기법을 사용하는 방식을 예시한 것이다. 처음에 프로세스 P_1과 P_2가 메모리에 있다. 이 프로세스들은 그들에게 주어진 하부 요청 처리가 완료되면 각각 프로세스 P_3과 P_4에 의해 교체된다. 이들 프로세스도 선점된 경우에 교체된다. 스왑-아웃되었던 프로세스는 다시 스케줄되어야 할 시점 전에, 즉 그림 3.6에서 보인 스케줄링 큐의 맨 앞 가까이 있게 되는 시점에 메모리로 되돌아오게 된다.

3.7 실시간 운영체제(REAL-TIME OPERATING SYSTEMS)

실시간 **애플리케이션**(*real-time applications*)이라고 부르는 애플리케이션의 부류에서, 사용자는 컴퓨터가 외부 시스템에 있는 행위를 제어하거나 또는 거기에 참여하기 위해 적시에 어떤 행동을 수행하기를 원한다. 행동의 적시성(timeliness)은 외부 시스템의 시간 제한에 의해 결정된다. 따라서 실시간 애플리케이션은 다음과 같이 정의된다.

|정의 3.7| 실시간 애플리케이션(Real-Time Application): 외부 시스템이 결정한 최대 시간 내에 외부 시스템의 행위에 대해 응답하는 프로그램

행위에 대한 애플리케이션의 응답이 너무 오래 걸리면 외부 시스템에 장애가 발생한다. 외부 시스템이 완벽하게 작동하기 위한 응답시간의 최대 값을 표시하기 위해 시스템의 응답 **요구시한**(*response requirement*)이라는 용어를 사용하기로 한다. 적시 응답이란 그 응답시간이 시스템의 응답 요구시한을 넘기지 않는 응답을 말한다.

원격 위성 탐지기로부터 수신되는 데이터를 기록하는 시스템을 생각해 보자. 위성은 디지털화된 표본을 매 초 500 표본의 비율로 지구 기지로 보낸다. 애플리케이션 프로세스는 단순히 이 표본을 파일에 저장하기만 하면 된다. 새로운 표본이 매 2/1000 초, 즉 2 ms마다 도착하기 때문에 컴퓨터는 각각의 "표본을 저장하라"는 요청을 2 ms 이내에 처리해야 하며, 그렇지 못하면 새로운 표본이 컴퓨터 메모리에 있는 이전 표본을 없애 버릴 것이다. 이 시스템은 실패를 방지하려면 2 ms 이내에 표본을 저장해야 하기 때문에 실시간 애플리케이션이다. 그 응답 요구시한은 1.99 ms이다. 실시간 애플리케이션

에서 어떤 행동의 **마감시간**(*deadline*)은 그 행동이 수행되어야 하는 시간을 말한다. 이 예에서 새로운 표본이 t시점에 위성으로부터 수신되었다면, 그 표본을 디스크에 저장하기 위한 제한시간은 $t + 1.99$ ms이다.

실시간 애플리케이션의 예는 미사일 유도장치, 공정 제어 및 항공 교통 통제와 같은 지휘 통제 애플리케이션, 멀티미디어 시스템 및 대규모 데이터베이스를 사용하는 예약이나 은행 시스템 등을 들 수 있다. 이들 시스템의 응답 제한시간은 지휘 통제 시스템의 경우 몇 초에서 몇 밀리 초에 이르며, 예약 및 은행 시스템은 몇 초 정도이다.

3.7.1 강성 및 연성 실시간 시스템(Hard and Soft Real-Time Systems)

최대한의 비용 효과를 달성하면서 실시간 시스템의 이점을 취하기 위해 두 종류의 실시간 시스템이 개발되었다. **강성 실시간 시스템**(*hard real-time system*)은 전형적으로 실시간 애플리케이션을 처리하기 위한 **전용** 시스템(*dedicated* system)으로서, 대개의 경우 모든 조건하에서 응답 제한시간을 충족한다. **연성 실시간 시스템**(*soft real-time system*)은 실시간 애플리케이션의 응답 제한시간을 만족시키기 위해 최대한 노력하지만, 모든 조건하에서 만족시킬 수 있다는 것을 보장할 수는 없다. 일반적으로 연성 실시간 시스템은 확률적인 방식으로, 예를 들어 그 시간의 98% 등의 방식으로 만족시킨다. 유도 및 제어 애플리케이션은 강성 실시간 시스템으로 서비스되기 때문에 응답 제한시간을 만족하지 않으면 실패한다. 고품질 서비스 제공을 목표로 하는 애플리케이션, 예를 들어 멀티미디어 애플리케이션이나 예약 및 은행과 같은 애플리케이션은 실패의 개념이 없기 때문에 연성 실시간 시스템으로 서비스할 수 있다. 예를 들면, 주문형 비디오 시스템으로 제공되는 화면 품질이 간혹 나빠질 수 있지만 그래도 비디오를 시청할 수는 있다.

3.7.2 실시간 운영체제의 특징(Features of a Real-Time Operating System)

실시간 운영체제는 표 3.7에 요약한 것과 같은 특징을 가진다. 처음 세 가지 특징은 시스템의 응답 제한시간을 만족시키기 위해 다음과 같이 도움을 준다. 실시간 애플리케이션은 그 일부분을 운영체제가 동시에, 즉 별개의 프로세스들로 실행될 수 있게 코딩할 수 있다. 이러한 부분들에 우선순위를 부여하고 우선순위 기반의 스케줄링을 사용하면 그 애플리케이션 내에서 다중 프로그래밍과 유사한 상황이 된다. 즉, 애플리케이션의 한 부분이 I/O 연산을 시작하면, 운영체제는 애플리케이션의 다른 부분을 스케줄할 것이다. 따라서 그 애플리케이션에 대한 CPU와 I/O 행위가 서로 중첩될 수 있으며 애플리케이션의 지속시간, 즉 실행시간을 단축시키는 데 도움이 된다. **마감시간 인지 스케줄링**(*deadline-aware scheduling*)은 프로세스들이 자신의 마감시간을 만족하도록 스케줄하기 위해 커널이 사용하는 기법이다.

영역 특정적인 이벤트(*domain-specific events*)를 명세하는 능력 및 이벤트 처리 행

표 3.7 실시간 운영체제의 주요 특성

특성	설명
하나의 애플리케이션 내에서의 동시성	프로그래머는 애플리케이션의 어떤 부분이 동시에 실행되도록 표시할 수 있다. 운영체제는 이러한 각 부분의 실행을 하나의 프로세스로 간주한다.
프로세스 우선순위 스케줄링	프로그래머는 프로세스에 우선순위를 부여할 수 있다. 운영체제는 순위 기반 또는 마감시간 인지 스케줄링을 사용한다.
영역 특정적인 이벤트, 인터럽트	프로그래머는 외부 시스템 내의 특수한 상황을 이벤트로 정의하고 이를 인터럽트와 관련시키며, 이에 대한 이벤트 처리 행위를 명세할 수 있다.
예측 가능성	운영체제의 정책 및 부하는 예측 가능해야 한다.
신뢰성	운영체제는 컴퓨터에 장애가 발생한 경우에도 애플리케이션이 기능을 지속할 수 있도록 보장해야 한다.

위는 실시간 애플리케이션이 외부 시스템의 특별한 조건에 대해 즉각적으로 응답할 수 있게 해준다. 정책 및 운영체제 오버헤드의 **예측 가능성**(*predictability*)은 애플리케이션 개발자가 애플리케이션의 최악 실행시간을 계산하여 외부 시스템의 응답 요구시한을 만족할 수 있는지 여부를 판단할 수 있게 해준다. 예측 가능성 요구는 강성 실시간 운영체제가 그 성능을 정확히 예측할 수 없는 가상 기억장치(12장 참고)와 같은 기능을 사용하지 못하게 한다. 운영체제는 또한 프로세스 간의 자원 공유도 피할 것인데, 이는 지연시간을 예측할 수 없거나 무한정 길게 할 수 있기 때문이다.

실시간 운영체제는 결함이 발생한 경우에도 연산의 지속성을 확보하기 위해 **결함 허용**(*fault tolerance*)과 **점진적인 성능저하**(*graceful degradation*) 등 두 가지 기법을 사용한다. 결함 허용 컴퓨터 시스템은 결함이 발생하더라도 시스템 기능 유지를 보장하기 위해 자원을 중복 사용한다. 예를 들어, 시스템은 애플리케이션이 실제로는 한 개의 디스크만 필요한 경우에도 두 개를 가질 수 있다. 점진적인 성능저하는 결함이 발생한 경우에 시스템이 서비스 수준을 낮추고 나중에 결함이 복구되면 정상적인 연산으로 되돌아가는 능력을 말한다. 프로그래머는 아주 중요한 기능에 높은 우선순위를 부여하여 시스템이 성능저하된 모드로 동작하는 경우에도 이들을 적시에 수행되게 할 수 있을 것이다.

3.8 분산 운영체제(DISTRIBUTED OPERATING SYSTEMS)

분산 컴퓨터 시스템은 네트워크로 연결된 여러 대의 개별 컴퓨터 시스템들로 구성된다. 각 컴퓨터 시스템은 PC, 멀티프로세서 시스템(10장 참고), 혹은 그 자신이 결합된 방식으로 함께 작업하는 하나의 컴퓨터 그룹인 **클러스터**(*cluster*)가 될 수 있다(16.2절 참고). 따라서 한 종류의 다수 개 자원, 예를 들어 다수 개의 메모리, CPU 및 I/O 장치들이 분산 시스템에 존재할 수 있다. 분산 운영체제는 자원의 다중성과 네트워크 존재를 이용하여 표 3.8에 요약한 바와 같은 이점을 제공한다. 하지만 네트워크 결함 또는 개별 컴퓨터 시스템의 결함 가능성이 운영체제 기능을 복잡하게 만들며, 그 설계에 있어 특별한 기법의 사용을 필요로 한다. 사용자도 네트워크를 통하여 자원에 접근하기 위해 특별한 기법을 사용할 필요가 있다. 이러한 관점은 3.8.1절에서 설명한다.

자원 공유(*resource sharing*)는 분산 운영체제에 대한 전통적인 동기부여였다. PC나 워크스테이션 사용자도 근거리 네트워크(LAN)를 통해 프린터와 같은 자원을 사용할 수 있으며, 광역 네트워크(WAN)를 통해 지역적으로 떨어져 있는 컴퓨터 시스템의 특수한 하드웨어 또는 소프트웨어에 접근할 수 있다.

분산 운영체제는 컴퓨터 시스템, 자원 및 통신 경로 등의 중복을 통해 **신뢰성**(*reliability*)을 제공한다. 즉, 애플리케이션에서 사용되는 컴퓨터 시스템 또는 자원이 고장난 경우에 운영체제는 애플리케이션을 다른 컴퓨터 시스템이나 자원으로 전환시킬 수 있으며, 자원에 대한 경로가 고장난 경우에는 자원에 대한 또 다른 경로를 이용할 수 있다. 신뢰성은 자원과 서비스의 높은 **가용성**(*availability*)를 제공하기 위해 사용될 수 있으며, 가용성은 자원이나 서비스가 작동하는 시간의 비율로 정의된다. 파일과 같은 데이터 자원의 높은 가용성은 시스템의 여러 부분에 그 파일을 복사해 둠으로써 제공될 수 있다.

계산속도 향상(*computation speedup*)은 애플리케이션의 지속시간, 즉 실행시간의 단축을 의미한다. 이것은 한 애플리케이션 프로세스들을 분산 시스템에 있는 서로 다른 컴퓨터에 분산시키고 그들을 동시에 실행하여, 전통적인 운영체제에서 실행되는 것보다 빠르게 완료함으로써 이루어진다.

분산 운영체제의 사용자는 전체 시스템에서 유효한 사용자 id와 패스워드를 가진다. 이 특징은 두 가지 면에서 사용자 간의 통신을 훨씬 편리하게 해준다. 첫째, 사용자 id를 통한 통신은 운영체제의 보안 메커니즘을 자동적으로 호출하여 통신의 진정성(authenticity)을 보장해 준다. 둘째, 사용자는 분산 시스템 내에서 이동할 수 있으며, 여전히 시스템을 통해 다른 사용자와 통신할 수 있다.

3.8.1 분산 운영체제의 특수한 기법(Special Techniques of Distributed Operating Systems)

분산 시스템은 네트워크로 연결된 단순한 컴퓨터 집단이 아니라 표 3.8에 요약한 이점을 이루기 위해 개별 컴퓨터의 기능성이 결합되어야 한다. 이러한 이점은 운영체제의 제어 기능 안에 모든 컴퓨터가 참여함으로써 달성된다. 따라서 분산 시스템은 다음과 같이 정의된다.

> **|정의 3.8| 분산 시스템(Distributed System):** 두 개 이상의 노드로 구성되는 시스템으로서, 각 노드는 자체적인 시계와 메모리, 일부 네트워크 하드웨어 및 운영체제의 제어 기능 수행 능력을 가지고 있다.

표 3.8 분산 운영체제의 이점

이점	설명
자원 공유	개별 컴퓨터 시스템의 경계를 넘어 자원들을 사용할 수 있다.
신뢰성	운영체제는 컴퓨터 시스템이나 자원에 고장이 발생해도 기능을 지속한다.
계산속도 향상	애플리케이션 프로세스들이 완료를 앞당기기 위해 다른 컴퓨터 시스템에서 실행될 수 있다.
통신	사용자는 시스템 내의 위치에 상관 없이 서로 통신할 수 있다.

표 3.9는 분산 운영체제에서 사용되는 세 가지 주요 개념 및 기법을 요약한 것이다. **분산 제어**(*distributed control*)는 중앙 집중식 제어(centralized control)의 반대 개념으로, 분산 시스템에 대한 제어 기능이 하나의 단일 컴퓨터에 의해 수행되는 게 아니라 정의 3.8에 설명한 대로 시스템 내에 있는 여러 컴퓨터들에 의해 수행된다. 분산 제어는 단일 컴퓨터 또는 한 그룹의 컴퓨터 장애가 전체 시스템의 동작을 멈추지 않도록 하기 위한 필수적인 기능이다. 자원이나 서비스의 **투명성**(*transparency*)은 사용자가 분산 시스템의 어느 노드에 그런 자원이나 서비스가 포함되어 있는지 알지 못해도 그것에 접근할 수 있어야 한다는 것을 의미한다. 이 특성은 운영체제가 애플리케이션이 사용하는 소프트웨어 자원이나 서비스를 최적화하기 위해 그 위치를 변경할 수 있게 해준다. 예를 들면, 투명성을 제공하는 시스템에서 분산 파일 시스템은 어떤 파일을 그것을 사용하는 연산이 포함되어 있는 노드로 옮김으로써 네트워크를 통해 그 파일에 접근하는 데 걸리는 지연시간을 없앨 수 있을 것이다. **원격 프로시저 호출**(*remote procedure call*: RPC)은 분산 시스템의 다른 컴퓨터에서 실행되는 프로시저를 호출한다. 애플리케이션은 계산속도 향상에 도움이 되도록 그 연산의 일부를 다른 컴퓨터에서 수행하거나, 그 컴퓨터에 있는 자원에 접근하기 위해 RPC 기능을 사용할 수 있다.

표 3.9 분산 운영체제에서 사용되는 주요 개념 및 기법

개념/기법	설명
분산 제어	제어 기능은 분산 시스템에 있는 거의 모든 노드들의 참여를 통해 수행된다.
투명성	분산 시스템 내에서의 위치를 알지 못해도 자원이나 서비스에 접근할 수 있다.
원격 프로시저 호출(RPC)	프로세스가 다른 컴퓨터 시스템에 있는 프로시저를 호출한다. RPC는 프로그래밍 언어에서의 프로시저 호출이나 함수 호출과 유사하며, 운영체제가 네트워크를 통해 원격 프로시저에 매개변수를 넘기고 그 결과를 돌려받는다는 점이 다를 뿐이다.

3.9 현대의 운영체제(MODERN OPERATING SYSTEMS)

현대 컴퓨팅 환경에서 사용자들은 다양한 활동에 종사한다. 그러므로 최근 운영체제는 모든 프로세스에 대해 획일적인 전략을 사용할 수 없고, 각각의 프로세스에 알맞은 전략을 사용해야 한다. 예를 들어 3.1절에서 언급한 바와 같이 사용자는 메일 핸들러를 열고, 몇 개의 파일을 편집하며, 백그라운드 모드에 있는 일부 프로그램을 포함하여 약간의 프로그램을 실행하면서 동시에 비디오를 시청할 수 있다. 여기서 일부 프로그램의 동작은 비대화식이거나 분산 컴퓨터 시스템의 다른 노드에 있는 행위일 수 있으며, 반면에 비디오 표현은 연성 실시간 행위이다. 그러므로 운영체제는 프로그램 실행에 대해서는 라운드 로빈 스케줄링을 사용해야 하고, 비디오 애플리케이션에 대한 프로세스에 대해서는 우선순위 기반 스케줄링을 사용하며, 다른 노드에서의 행위를 지원하기 위해 원격 프로시저 호출(RPC)을 구현한다. 따라서 현대의 운영체제는 일괄 처리, 다중 프로그래밍, 시분할, 실시간 및 분산 운영체제 등과 연관하여 앞에서 설명한 대부분의 개념 및 기법을 사용한다. 표 3.10은 초창기 개념들이 어떤 것을 겨냥했는지에 대한 전형적인 예를 보여준다.

운영체제는 다양한 행위를 효과적으로 다루기 위해 연산 시 만나는 상황들에 대해 적절한 전략을 사용한다. 그러한 전략의 몇 가지 예는 다음과 같다.

- 커널은 우선순위 기반의 스케줄링을 사용한다. 하지만 다중 프로그래밍 시스템에서처럼 모든 프로세스에 고정된 우선순위를 배정하는 대신에 실시간 제약을 가진 프로세스에만 고정된 높은 우선순위를 배정하고, 그 밖의 프로세스에는 최근의 행

표 3.10 현대 컴퓨터 환경에서 고전적인 운영체제 개념의 사용

개념	전형적인 사용 예
일괄 처리	각 자원 사용에 대해 시간이 허비되는 초기화를 피하기 위해 사용된다. 예를 들어 비영업부서에서 데이터베이스 트랜잭션은 일괄 처리되며, 연구기관 및 임상 연구실에서 과학 계산도 일괄 처리된다.
우선순위 기반 선점 스케줄링	높은 우선순위 애플리케이션에 더 나은 대우를 제공하며, 대화식 프로세스에 높은 우선순위를 배정하고 비대화식 프로세스에는 낮은 우선순위를 배정함으로써 효율적인 자원 사용을 달성하기 위해 사용된다.
시분할	한 프로세스가 CPU를 독점하는 것을 방지하기 위해 사용된다. 우수한 응답시간의 제공을 도와준다.
교체	동시에 서비스되는 프로세스의 개수를 증가시키기 위해 사용된다. 시스템 성능 및 프로세스의 응답시간을 개선하는 데 도움을 준다.
한 애플리케이션에서 여러 개의 프로세스 생성	애플리케이션 실행시간을 단축하기 위해 사용된다. 그 애플리케이션이 상당한 양의 CPU 및 I/O개의 프로세스 생성 행위를 포함하는 효과적이다
자원 공유	레이저 프린터와 같은 자원 또는 LAN 환경에서 파일 서버와 같은 서비스를 공유하기 위해 사용된다.

위에 알맞게 현재 우선순위를 변경한다. 예를 들면, 대화식으로 실행되고 있거나 최근에 I/O 연산을 수행한 프로세스에는 높은 우선순위를 배정하고, 그렇지 않은 프로세스는 우선순위를 낮춘다.

- 현대 운영체제는 전형적으로 **가상 메모리**(*virtual memory*)라 불리는 특성을 사용하는데, 어떤 시점에 프로세스의 일부만이 메모리에 들어 있게 되고 다른 부분은 필요한 경우에 적재된다. 커널은 프로세스의 최근 행위를 고려하여 그 프로세스에 얼마나 많은 메모리를 할당할지 결정한다. 예를 들어 프로세스가 최근에 몇 개 부분만을 사용해 왔다면 더 적은 메모리를 할당하고, 프로세스가 여러 부분들을 사용했다면 더 많은 메모리를 할당한다.
- 커널은 컴퓨터 작동 중 언제라도 I/O 장치를 연결시킬 수 있는 **플러그-앤-플레이**(*plug-and-play*) 기능을 제공하며, 이들을 다루기 위한 적절한 방법을 선정할 것이다.

다음 장들에서는 상황에 적응하는 전략에 대한 다양한 실례를 보게 될 것이다.

3.10 요약

컴퓨팅 환경은 컴퓨터 시스템, 다른 시스템과의 인터페이스, 그리고 운영체제가 사용자 및 그들의 프로그램에 제공하는 서비스들로 구성된다. 컴퓨팅 환경은 컴퓨터 기술 및 컴퓨터 애플리케이션의 발전과 함께 발달되었다. 각각의 환경은 효율적인 자원 사용 및 사용자 서비스의 서로 다른 조합을 추구하였으므로 자체적인 개념과 기술을 사용하는 여러 부류의 운영체제에 의해 서비스되었다. 이 장에서는 기본적인 운영체제 부류에서 사용되는 개념 및 기법들을 살펴보았다.

일괄 처리 운영체제는 한 묶음의 프로그램에 대한 자동적인 처리에 주안점을 두고, 프로그램 실행 사이의 CPU 허비시간을 줄였다. 직접 메모리 접근(DMA) 기술의 개발로 인해 I/O 연산이 진행되는 동안 CPU는 명령어를 실행할 수 있게 되었다. 운영체제는 이 특성을 사용하여 한 프로그램의 I/O 연산과 또 다른 프로그램의 명령어 실행을 중첩시킴으로써 동시에 여러 개 프로그램을 서비스하는 데 활용하였다. 다중 프로그래밍 운영체제는 I/O 위주의 프로그램에 높은 **우선순위**를 배정하며, 우수한 시스템 성능을 얻기 위해 **우선순위 기반 스케줄링**을 수행한다.

컴퓨팅 하드웨어의 가격이 낮아지면서 사용자 편리성이 중요하게 되었다. 따라서 시분할 운영체제는 사용자 프로그램에 빠른 응답을 제공하는 것에 초점을 맞추었다. 이는 **시간 조각**을 가진 **라운드 로빈 스케줄링**을 통해 이루어졌으며, 여기서는 모든 프로그램들을 차례대로 서비스하며, CPU를 사용할 차례가 된 프로그램은 한정된 CPU 시간만을 사용할 수 있었다.

실시간 컴퓨터 애플리케이션은 외부 시스템에서 지정한 시간 제한을 만족시켜야 한다. 미사일 통제 시스템과 같은 **강성 실시간 시스템**은 보장된 방식으로 시간 제한을 만족시켜야 하는 반면에, 멀티미디어 시스템과 같은 **연성 실시간 시스템**은 시간 제한을 만족시키는데 간혹 실패가 있어도 괜찮다. 실시간 운영체제는 하나의 애플리케이션 프로그램 내에서의 병행성(concurrency)을 지원하며 시간 제한을 만족시키기 위해 우선순위 기반 스케줄링 또는 마감시간 인지 스케줄링 같은 기법을 사용한다.

분산 운영체제는 네트워크로 연결된 한 그룹의 컴퓨터 시스템을 관리하며, 관리 기능을 여러 컴퓨터에서 수행한다. 분산 운영체제는 프로그램들이 네트워크를 통해 자원을 공유하게 함으로써 모든 컴퓨터 자원을 효율적으로 사용하게 하고, 프로그램의 부분들을 서로 다른 컴퓨터에서 동시에 실행함으로써 프로그램의 실행 속도를 빠르게 하며, 자원 및 서비스의 중복을 통해 신뢰성을 제공한다.

현대의 운영체제는 고전적인 컴퓨팅 환경의 모든 요소들을 가진 다양한 컴퓨팅 환경을 관리하므로 서로 다른 애플리케이션에 대해서는 서로 다른 기법을 사용해야 한다. 최근의 운영체제는 각 애플리케이션의 속성에 따라 가장 적절한 기법을 선택하는 적응적 전략을 사용한다.

여러분의 생각을 평가해 보라.

3.1 프로그램 A, B, C, D는 유사한 구조를 가지는데, 각각은 일차원 배열 Z의 각 원소에 대해 어떤 처리를 수행하는 n 개의 명령문을 가진 단일 순환문으로 구성되어 있다. 이들 프로그램의 서로 다른 특징은 아래와 같다.

프로그램 A: $n = 4$이며 Z는 매우 큰 배열
프로그램 B: $n = 100$이며 Z는 매우 큰 배열
프로그램 C: $n = 4$이며 Z는 작은 배열
프로그램 D: $n = 100$이며 Z는 작은 배열

이들 프로그램은 일괄 처리 시스템에서 실행된다. 이들 프로그램을 캐시 적중률(cache hit ratio)이 높은 순으로 말해 보라.

3.2 한 묶음의 프로그램 *C*를 실행하기 위해 다중 프로그래밍 시스템을 사용한다. 시스템은 다수의 프로그램을 수용할 수 있는 충분한 메모리를 가지고 있다. *C* 안에 있는 프로그램들은 매번 다중 프로그래밍 정도를 다르게 하여 여러 번 실행되며, 다중 프로그래밍 정도에 대한 시스템 처리율과 CPU 효율은 그래프로 나타낸다. 다음 각 경우에서, *C*에 있는 프로그램들의 속성에 대해 어떤 추론을 할 수 있는가?

- **a.** 처리율이 다중 프로그래밍 정도와 거의 상관이 없다.
- **b.** 처리율이 다중 프로그래밍 정도에 따라 거의 선형적으로 증가한다.
- **c.** CPU 효율이 다중 프로그래밍 정도와 거의 상관이 없다.
- **d.** CPU 효율이 다중 프로그래밍 정도에 따라 거의 선형적으로 증가한다.

3.3 다음 각 문장이 참인지 거짓인지 구분하라.

- **a.** 캐시 메모리의 출현으로, 프로그램을 일괄 처리 시스템에서 실행할 때보다 다중 프로그래밍이나 시분할 시스템에서 실행할 경우가 CPU 시간이 더 많이 든다.
- **b.** 다중 프로그래밍 운영체제는 높은 처리율을 달성하기 위해 CPU 기반 프로그램에 더 높은 우선순위를 배정한다.
- **c.** 다중 프로그래밍 커널이 CPU 효율이 낮다는 것을 인지하면, I/O 위주 프로그램을 메모리에서 내보내야 한다.
- **d.** 시분할 시스템에서 시간 조각이 너무 크면, 프로세스들은 그들이 시작된 순서와 동일하게 연산을 마치게 될 것이다.
- **e.** 동일한 시간에 동일한 시분할 시스템을 사용하는 두 사람은 서로 매우 다른 응답시간을 받게 될 것이다.
- **f.** 실시간 시스템에서 인터럽트 마스킹(interrupt masking)을 사용하는 것은 옳지 않다.

연습문제

3.1 시스템은 자신이 수행할 수 있는 용량보다 더 많은 작업이 주어졌을 경우 과부하가 걸렸다고 말한다. 반면에 용량의 일부가 허비되고 있으면 저부하로 볼 수 있다. 일괄처리 시스템의 처리율을 증진시키기 위해 다음과 같은 정책이 제안되었다. 즉, 작업들을 CPU 요구시간에 따라 짧은 작업과 긴 작업으로 분류한다. 짧은 작업과 긴 작업을 분리하여 처리한다. 짧은 작업이 없을 경우에만 긴 작업을 처리한다. 이 정책이 다음 각 경우 일괄 처리 시스템의 처리율을 향상시킬 수 있는가? (a) 저부하인 경우 (b) 과부하인 경우

3.2 다중 프로그래밍 커널은 프로그램들을 CPU 위주의 프로그램과 I/O 위주의 프로그램으로 분류하여 적절한 우선순위를 배정한다. 다중 프로그래밍 시스템에서 프로그램 분류를 틀리게 한 경우 처리율과 반환시간에 어떤 결과를 초래하는가? 틀린 분류가 그림 3.5에서 보인 다중 프로그래밍 정도에 대한 처리율 그래프에 어떤 영향을 미치는가?

3.3 다중 프로그래밍 시스템의 CPU가 I/O 연산의 완료를 알리는 인터럽트가 발생한 시점에 높은 우선순위 프로그램을 실행하고 있었다. 다음 각 경우에 대해 인터럽트에 따른 운영체제의 모든 대응 및 행위에 대해 말해 보라.

a. I/O 연산은 더 낮은 우선순위 프로그램이 시작한 것이다.

b. I/O 연산은 더 높은 우선순위 프로그램이 시작한 것이다.

각 경우에 대해 타이밍 차트를 이용하여 나타내 보라.

3.4 다중 프로그래밍 운영체제가 메모리에 프로그램 $prog_{iob}$와 $prog_{cb}$를 가지고 있으며, $prog_{cb}$의 우선순위가 더 높다. 이 시스템에 대해 그림 3.4와 유사한 타이밍 차트를 그리고, 그림 3.4의 시스템보다 처리율이 낮아진다는 것을 증명해 보라.

3.5 두 개의 CPU 위주 프로그램과 두 개의 I/O 위주 프로그램을 가지고 있는 시스템에서 다음 각 경우에 대해 타이밍 차트를 그리라.

(a) CPU 위주 프로그램이 더 높은 우선순위를 가진다.

(b) I/O 위주 프로그램이 더 높은 우선순위를 가진다.

3.6 50번 실행되는 단일 순환문을 가진 프로그램이 있다. 이 순환문 안에는 50 ms의 CPU 시간을 사용하는 계산이 있고, 그 다음에 20 ms 걸리는 I/O 연산이 뒤따른다. 이 프로그램이 오버헤드가 거의 없는 다중 프로그래밍 운영체제에서 실행되고 있다. 이 프로그램의 CPU와 I/O 행위를 나타내는 타이밍 차트를 그리고, 다음 각 경우에 걸리는 시간을 계산하라.

a. 이 프로그램이 시스템에서 가장 높은 우선순위를 가진다.

b. 이 프로그램이 동일한 특성을 가진 n 개의 다른 프로그램들과 다중 프로그래밍되고 있으며, 가장 낮은 우선순위를 가진다. (i) $n = 3$ (ii) $n = 4$ (iii) $n = 5$인 경우를 말해 보라.

3.7 다중 프로그래밍 운영체제에 오버헤드가 거의 없으며, 크기가 동일한 프로그램들을 서비스하고 있다. 각 프로그램은 n 번 반복되는 순환문을 가지고 있으며, 각 반복에는 t_c ms의 CPU 시간이 걸리는 계산과 그 다음에 t_{io} ms 걸리는 I/O 연산이 포함되어 있다. 이 프로그램들은 n, t_c 및 t_{io} 값이 각각 다음과 같은 두 부류가 있다.

부류	n	t_c	t_{io}
A	5	15	100
B	6	200	80

시스템은 두 개 프로그램만을 수용할 수 있는 크기의 메모리가 있다. 10개 프로그램이 0 시점에 시스템에 들어오며, A와 B 부류가 각각 5개씩이다. 이 시스템에서 두 개 프로그램의 연산이 끝날 때까지 프로그램들의 연산 과정을 나타내는 타이밍 차트를 그리라. 그들의 반환시간도 계산하라.

3.8 CPU가 프로그램 명령어를 실행하고 있거나 I/O 연산이 진행 중이면, 그 프로그램은 "진행 중이다"라고 말한다. 프로그램의 **진행 계수**(*progress coefficient*)는 프로그램이 시스템에 상주한 시간에 대한 실제 진행 중인 시간 비율이다. 연습문제 3.6(b)의 프로그램에 대한 진행 계수를 계산하라.

3.9 다음 문장의 타당성에 대해 말해 보라. "다중 프로그래밍 시스템에서 CPU 위주 프로그램은 항상 매우 낮은 진행 계수를 가진다."

3.10 어떤 다중 프로그래밍 시스템에서 다중 프로그래밍 정도 $(m) \gg 1$이다. 이 시스템에서 하드웨어 구성 요소를 확장 또는 교체하여 처리율을 두 배로 증가시키려는 제안이 있다. 다음 세가지 제안 중 어느 것이 원하는 결과를 얻을 수 있을까?

a. CPU를 속도가 두 배 빠른 것으로 교체한다.

b. 메모리를 현재 크기의 두 배로 확장한다.

c. CPU를 2배 빠른 것으로 교체하고, 메모리를 현재 크기의 두 배로 확장한다.

3.11 다중 프로그래밍 시스템에서 서비스되고 있는 m 개의 프로그램 $P_1, \ldots, P_m$ 이 있다. 여기서 m은 다중 프로그래밍 정도이며, P_i 프로그램의 우선순위는 P_{i+1} 프로그램의 우선순위보다 높다. 모든 프로그램은 속성상 순환적이며, 각 주기마다 CPU 행위시간과 I/O 행위시간이 포함되어 있다. b^i_{cpu}와 b^i_{io}를 각각 P_i 프로그램의 CPU 주기시간과 I/O 주기시간이라고 하자. 다음 각 문장의 타당성에 대해 말해 보라.

a. $b^h_{io} > \Sigma_{j \neq h}(b^j_{cpu})$인 경우에 CPU가 노는 경우가 생긴다. 여기서 P_h는 가장 높은 우선순위 프로그램이다.

b. 모든 $i = 1, \ldots, m-1$에 대해 $b^i_{io} < (b^{i+1}_{cpu} + b^{i+1}_{io})$ 이고 $b^i_{io} > \Sigma_{j=i+1 \ldots m}(b^j_{cpu})$ 일 경우에 프로그램 P_m이 CPU 시간을 확실히 받을 수 있다.

3.12 프로그램이 CPU 시간을 전혀 받지 못한 경우에 그 프로그램은 기아 상태(*starve*)에 있다고 말한다. 다중 프로그래밍 시스템에서 다음 중 어느 조건의 경우에 가장 낮은 우선순위 프로그램이 기아 상태에 있게 되는가? (표기는 위의 문제 3.11과 동일하다.)

a. 어떤 프로그램 P_i에 대해 $b^i_{io} < \Sigma_{j=i+1 \ldots m}(b^j_{cpu})$

b. 어떤 프로그램 P_i에 대해 $b^i_{io} < \Sigma_{j=i+1 \ldots m}(b^j_{cpu})$ 및 모든 $j > 1$에 대해 $b^i_{cpu} > b^j_{io}$

3.13 어떤 시분할 시스템이 n 개의 동일한 프로세스를 가지고 있으며, 각 프로세스는 t_p CPU 초 시간이 필요한 계산과 t_{io} 초 시간이 필요한 I/O 연산이 포함된 순환문을 실행하고 있다. 시간 조각의 값에 따른 응답시간의 변화를 그래프로 그리라. (**힌트**: $t_P < \delta$, $\delta < t_P < 2 \times \delta$, 그리고 $t_P > 2 \times \delta$ 인 경우를 생각해 보라.)

3.14 다음 문장의 타당성을 말해 보라. "δ 값이 모든 프로그램의 CPU 요구시간보다 크다면, 시분할 시스템의 동작은 동일한 프로그램을 다중 프로그래밍 시스템에서 동작시킬 경우와 같다."

3.15 다음 질문에 대해 충분한 근거와 함께 답하라.

a. 교체(swapping) 기법은 시스템 사용 효율을 증진시키는가 감소시키는가?

b. 다중 프로그래밍에서도 교체 기법을 사용할 수 있는가?

3.16 어떤 컴퓨터가 시분할 운영체제로 운영되고 있다. 처리율을 증가시키기 위해 이 컴퓨터에 두 번째 CPU를 추가하는 안이 제안되었다. 어떤 조건 아래에서 메모리가 추가된 경우에만 두 번째 CPU의 추가가 처리율을 증가시키는가? 어떤 조건 아래에서 메모리가 추가되지 않아도 처리율이 증가하는가?

3.17 어떤 시분할 시스템이 기본적인 메모리 관리 기법으로 교체 기법을 사용하고 있다. 이 시스템은 그 행위를 통제하기 위해 다음과 같은 리스트를 가지고 있다. 즉, 스케줄링 리스트, 스왑-아웃된 프로세스가 포함된 스왑-아웃 리스트, 스왑-아웃될 프로세스가 포함된 스왑-아웃 예정 리스트, 스왑-인될 프로세스가 포함된 스왑-인 예정 리스트 등이다. 커널이 언제, 어떤 이유로 프로세스들을 스왑-아웃 예정 리스트와 스왑-인 예정 리스트에 넣어야 하는지를 설명하라.

3.18 어떤 시분할 시스템이 100 ms의 시간 조각을 사용하고 있다. 각 프로세스는 순환 행위 형태를 가지고 있다. 각 순환 주기에서 프로세스는 하부 요청 결과를 계산하기 위해 평균 50 ms의 CPU 시간이 필요하며, 결과를 사용자 화면에 프린트하기 위해 평균 150 ms가 필요하다. 프로세스는 그 전의 하부 요청 결과를 프린트 완료한 1초 후에 새로운 하부 요청을 받는다. 운영체제는 언제나 10개의 프로세스를 메모리에 수용할 수 있으며, 그 반면에 I/O 장치는 언제나 25개의 프로세스를 서비스할 수 있다. 각 프로세스의 스왑-인과 스왑-아웃 시간은 각각 t_s ms이다. 다음 각 경우 이 시스템의 10초 동안의 평균 처리율을 계산하라.

a. 운영체제가 10개의 프로세스를 가지고 있다.

b. 운영체제가 20개의 프로세스를 가지고 있으며, t_s는 750 ms이다.

c. 운영체제가 20개의 프로세스를 가지고 있으며, t_s는 250 ms이다.

3.19 어떤 실시간 애플리케이션이 2초의 응답시간을 요구하고 있다. 시분할 시스템의 평균 응답시간이 각각 (a) 20초 (b) 2초 (c) 0.2초인 경우에, 실시간 애플리케이션에 대해 시분할 시스템을 사용하는 것의 타당성에 대해 말해 보라.

3.20 어떤 시분할 시스템이 n 개 프로세스를 서비스한다. 여기서는 δ CPU 초 시간의 시간 조각을 사용하며, 프로세스 간의 교체에 t_s CPU 초 시간이 필요하다. 어떤 실시간 애플리케이션이 t_c 초의 CPU 시간이 필요하고, 그 다음에는 t_{io} 초의 I/O 연산이 뒤따르며, 응답은 t_d 초 이내에 생성해야 한다. 이 실시간 애플리케이션 응답 요구시간을 만족시킬 수 있는 시분할 시스템의 δ 값의 최대치는 얼마인가?

3.21 자동차의 마이크로프로세서 기반 제어기를 위해 어떤 애플리케이션을 개발하고 있다. 이 애플리케이션은 다음과 같은 기능을 수행해야 한다.

i. 자동차 속도를 감시하고 표시한다.

ii. 연료 상태를 감시하고, 필요하면 경고한다.

iii. 현재 속도에서의 연료 효율, 즉 킬로미터/리터를 표시한다.

iv. 엔진 상태를 감시하며, 비정상적인 상태면 경고한다.

v. 주기적으로 속도 및 연료 상태와 같은 부가적인 정보를 기록한다(즉, 항공기의 '블랙박스' 기능을 구현한다).

이 애플리케이션에 대한 다음 질문에 답하라.

a. 이것은 실시간 애플리케이션인가? 그 이유도 함께 말하라.

b. 이 애플리케이션에서 여러 개의 프로세스를 생성하면 응답시간을 단축할 수 있는가? 그렇다면 각 프로세스 안에 무슨 기능이 들어가야 하는가? 그들의 우선순위는 어떻게 해야 하는가?

c. 이 영역에 특정 이벤트 및 인터럽트를 정의할 필요가 있는가? 그렇다면 그들의 우선순위도 명시하라.

3.22 만일 2 개의 독립적인 이벤트 e_1과 e_2의 발생 확률이 각각 pr_1과 pr_2이고, pr_1과 pr_2가 1보다 작은 값이면 두 이벤트가 동시에 일어날 확률은 $pr_1 \times pr_2$이다. 어떤 분산 시스템이 2개의 디스크를 가지고 있다. 2개의 디스크가 모두 고장날 확률이 0.0001보다 작아야 한다면, 한 디스크가 고장날 확률은 얼마이어야 하는가?

3.23 분산 시스템에서 계산속도 향상을 위해, 어떤 애플리케이션을 분산 운영체제 제어하에 있는 세 대의 컴퓨터 시스템에서 실행시키기 위해 세 부분으로 나누어 코딩하였다. 하지만 속도 향상의 결과는 3보다 작았다. 이러한 낮은 향상을 가져오게 된 모든 가능한 이유를 열거하라.

참고문헌

일괄 처리, 다중 프로그래밍 및 시분할 시스템에 대한 문헌은 1970년대로 돌아간다. Zhao(1989)와 Liu(2000)는 실시간 시스템에 대한 좋은 자료이다. 대부분의 운영체제 교재는 이 장에서 설명한 운영체제 부류들을 다루고 있으며, 최근의 운영체제 교재에는 Tanenbaum(2001), Bic과 Shaw(2003), Nutt(2004), Silbershatz 등(2005) 및 Stalling(2005) 등이 있다. 운영체제에 관한 포괄적인 여러 참고문헌을 인터넷에서 찾을 수 있다.

Tanenbaum과 Renesse(1985)는 분산 운영체제 공부를 위한 좋은 출발점이 된다. 여기서는 분산 운영체제의 주요한 설계 문제점을 설명하고 있으며, 일부 분산 운영체제에 대한 조사도 포함되어 있다. Tanenbaum(1995)에서는 일부 잘 알려진 분산 운영체제에 대해 상세히 설명하고 있다. Coulouris 외(2001)는 분산 시스템의 개념 및 설계를 설명하고 있다.

여러 책에서 최근의 특정 운영체제에 대해 설명하고 있다. Bach(1986)와 Vahalia(1996)는 유닉스 운영체제에 대해 설명한다. Beck 외(2002), Bovet와 Cesati(2005) 및 Love(2005) 등은 리눅스 운영체제를 설명하고 있으며, Stevens와 Rago(2005)는 유닉스, 리눅스 및 BSD 운영체제에 대해 설명한다. Mauro와 Mcdougall(2006)은 솔라시스에 대해 기술하였다. Russiovich와 Solomon(2005)은 윈도우 운영체제에 대해 설명한다.

1. Bach, M. J. (1986): *The Design of the Unix Operating System,* Prentice Hall, Englewood Cliffs, N.J.
2. Beck, M., H. Bohme, M. Dziadzka, U. Kunitz,. R. Magnus, C. Schroter, and D. Verworner(2002): *Linux Kernel Programming*, 3rd ed., Pearson Education, New York.
3. Bic, L., and A. C. Shaw (2003): *Operating Systems Principles,* Prentice Hall, Englewood Cliffs, N.J..
4. Bovet, D. P., and M. Cesati (2005): Understanding *the Linux Kernel,* 3rd ed., O'Reilly, Sebastopol.
5. Coulouris, G., J. Dollimore, and T. Kindberg(2001): *Distributed Systems—Concepts and Design*, 3rd ed., Addison-Wesley, New York.
6. Crowley, C. (1997): *Operating Systems—A Design Oriented Approach*, McGraw-Hill, New York.
7. Denning, P. J. (1971): "Third generation operating systems," *Computing Surveys*, **4** (1),175–216.
8. Fortier, P. J. (1988): *Design of Distributed Operating Systems*, McGraw-Hill, New York.
9. Goscinski, A. (1991): *Distributed OperatingSystems—The Logical Design*, Addison-Wesley, New York.
10. Liu, J. W. S. (2000): *Real-Time systems*, Pearson Education, New York.
11. Love, R. (2005): *Linux Kernel Development*, 2nd ed., Novell Press.
12. Mauro, J., and R. McDougall (2006): *Solaris Internals*, 2nd ed., Prentice Hall.
13. Nutt, G. (2004): *Operating Systems—A Modern Perspective*, 3rd ed., Addison-Wesley, Reading,Mass.
14. Russinovich, M. E., and D. A. Solomon (2005): *Microsoft Windows Internals*, 4th ed., Microsoft Press, Redmond, Wash.
15. Silberschatz, A., P. B. Galvin, and G. Gagne (2005): *Operating System Principles*, 7th ed., John Wiley, New York.
16. Singhal, M., and N. G. Shivaratri (1994): *Advanced Concepts in Operating Systems*, McGraw-Hill, New York.
17. Sinha, P. K. (1997): *Distributed Operating Systems*, IEEE Press, New York.
18. Smith, A. J. (1980):"Multiprogramming and memory contention," *Software—Practice and Experience*, **10** (7), 531–552.
19. Stallings, W. (2005): *Operating Systems—Internals and Design Principles*, 5th ed., Pearson Education, New York.
20. Stevens, W. R., and S. A. Rago (2005): *Advanced Programming in the Unix Environment*, 2nd ed., Addison-Wesley Professional.
21. Tanenbaum, A. S. (2003): *Computer Networks,* 4th ed., Prentice Hall, Englewood Cliffs, N.J.

22. Tanenbaum, A. S. (2001): *Modern Operating Systems,* 2nd ed., Prentice Hall, Englewood Cliffs, N.J.
23. Tanenbaum, A. S., and R. Van Renesse (1985): "Distributed Operating Systems," *Computing Surveys*, **17** (1), 419–470.
24. Tanenbaum, A. S. (1995): *Distributed Operating Systems*, Prentice Hall, Englewood Cliffs, N.J.
25. Vahalia, U. (1996): *Unix Internals: The New Frontiers*, Prentice Hall, EnglewoodCliffs, N.J.
26. Wirth, N. (1969): "On multiprogramming, machine coding, and computer organization," *Communications of the ACM*, **12** (9), 489–491.
27. Zhao, W. (1989): "Special issue on real-time operating systems," *Operating System Review*,**23**, 7.

Chapter 4

운영체제의 구조
Structure of Operating Systems

운영체제의 생명주기 동안, 컴퓨터 시스템과 컴퓨팅 환경에는 어느 정도 변화가 발생할 것이다. 운영체제가 이 변화에 적응하기 위해서는, 새로운 컴퓨터 시스템에서 운영체제를 구현하고 새로운 기능을 추가하는 것이 용이해야 한다. 이 요구사항을 운영체제의 **이식성**(*portability*)과 **확장성**(*extensibility*)이라고 한다.

초기의 운영체제는 특정 컴퓨터 시스템의 구조와 밀접하게 통합되었다. 이 특징은 이식성에 영향을 주었다. 현대의 운영체제는 **커널**(*kernel*)이나 **마이크로커널**(*microkernel*) 형태로 운영체제의 핵심(core)을 구현하고, 운영체제의 나머지 부분은 핵심이 제공하는 서비스를 이용해서 구성한다. 이 구조는 구조 의존성(architecture dependency)이 운영체제의 핵심에만 한정되도록 한다. 따라서 운영체제의 이식성은 커널이나 마이크로커널의 특성에 따라 결정된다. 운영체제의 확장성은 핵심이 제공하는 고유의 서비스에 따라 결정된다.

운영체제의 구조는 운영체제 핵심의 기본 특성과, 운영체제의 나머지 부분 및 그들 서로 간의 상호작용과 관계된다. 운영체제의 구조와 관련한 여러 가지 철학을 기술하고 운영체제의 이식성과 확장성에 미치는 영향에 대해 논의한다.

4.1 운영체제의 연산(OPERATION OF AN OS)

컴퓨터를 켜면, **부트 프로시저**(*boot procedure*)가 컴퓨터의 구성을 분석한다. 즉, CPU 유형, 메모리 크기, I/O 장치 및 컴퓨터에 연결되어 있는 다른 하드웨어의 상세한 내용(1.3절 참고) 등을 분석한다. 그런 다음 운영체제의 일부를 메모리에 적재하고, 이 정보로 자료 구조를 초기화하고, 컴퓨터 시스템의 제어를 그곳으로 넘겨준다.

그림 4.1은 운영체제 연산의 개략도이다(2.3절 참고). I/O 종료나 시간 조각의 만료와 같은 이벤트는 인터럽트를 유발한다. 프로세스가 자원을 요청하거나 I/O 연산을 시

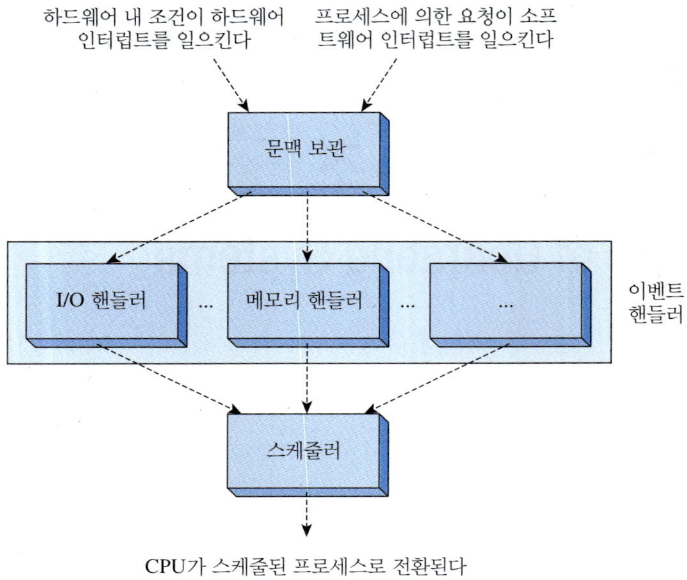

그림 4.1 운영체제 연산의 개요

작하는 등의 **시스템 호출**(*system call*)을 하면, **소프트웨어 인터럽트**(*software interrupt*)라고 불리는 인터럽트를 일으킨다. 인터럽트 행동은 CPU를 인터럽트 서비스 루틴으로 전환한다. 인터럽트 서비스 루틴(interrupt servicing routine)은 인터럽트된 프로그램에 관한 정보를 보관하기 위해 **문맥 보관**(*context save*) 행동을 수행하고, **이벤트 핸들러**(*event handler*)를 활성화한다. 이벤트 핸들러는 이벤트를 처리하기 위해 적절한 행동을 한다. 그리고 나서 스케줄러는 프로세스를 선택하고 CPU를 그에게 전환한다. CPU 전환(switching)은 이벤트를 처리하는 동안 두 번 일어난다. 즉, 먼저 이벤트 처리를 수행하기 위해 커널에게로, 다음에는 스케줄러가 선택한 프로세스에게로 전환한다.

운영체제의 기능은 이벤트 핸들러가 인터럽트 서비스 루틴에 의해 활성화될 때 이벤트 처리기에 의해 구현된다. 표 4.1은 이들 기능을 요약하며, 주로 프로세스 및 자원

표 4.1 운영체제의 기능

기능	설명
프로세스 관리	프로세스의 시작과 종료, 스케줄링
메모리 관리	메모리의 할당과 해제, 스와핑(swapping), 가상 메모리 관리
I/O 관리	I/O 인터럽트 서비스, I/O 연산의 시작, I/O 장치 성능의 최적화
파일 관리	파일의 생성, 저장 및 접근
보안과 보호	프로세스와 자원의 간섭을 방지
네트워크 관리	네트워크를 통한 데이터의 송신과 수신

의 관리와 이들 간의 간섭을 방지하는 데 관계된다.

4.2 운영체제의 구조(STRUCTURE OF AN OS)

4.2.1 정책과 메커니즘(Policies and Mechanisms)

운영체제가 자신의 기능 중 하나를 어떻게 수행하게 할 것인지를 결정할 때, 운영체제 설계자는 두 가지 다른 수준에서 생각할 필요가 있다.

- 정책(*policy*): 정책은 운영체제가 무슨 기능을 수행할 것인지의 기준이 되는 원칙이다.
- 메커니즘(*mechanism*): 메커니즘은 정책을 구현하기 위해 필요한 특정 행동이다.

정책은 무엇(*what*)이 행해져야 하는지를 결정하고, 메커니즘은 어떤 일이 어떻게(*how*) 행해져야 하고 실제로 행해지는지 결정한다. 정책은 무슨 조건하에서 어느 메커니즘 모듈이 호출되어야 하는지를 결정하는 의사 결정 모듈로서 구현된다. 메커니즘은 특정 행동을 수행하는 모듈로서 구현된다. 다음 예제를 통해 라운드 로빈 스케줄링에서의 정책과 메커니즘을 확인한다.

예제 4.1 라운드 로빈 스케줄링에서의 정책과 메커니즘

스케줄링할 때, 라운드 로빈 기법(3.6절 참고)이 정책이 되도록 고려해 보자. 다음의 메커니즘은 라운드 로빈 스케줄링 정책을 구현하기 위해 필요하다.

준비 프로세스의 큐(queue)를 유지한다.
CPU를 프로세스의 실행으로 전환한다[이 행동을 디스패칭(*dispatching*)이라 한다].

다중 프로그래밍 시스템(3.5.1절 참고)에서 사용된 우선순위 기반 스케줄링 정책 역시 준비 프로세스에 관한 정보를 유지하는 메커니즘이 필요하다. 하지만 이는 라운드 로빈 스케줄링에서 사용한 메커니즘과는 다르다. 왜냐하면 프로세스 우선순위에 따라 정보를 조직하기 때문이다. 하지만 디스패칭 메커니즘은 모든 스케줄링 정책에 공통이다.

특정 프로세스나 자원 관리 정책을 구현하는 메커니즘과는 별도로, 운영체제는 또한 관리 행위(housekeeping actions)를 수행하는 메커니즘을 가지고 있다. 4.1절에서 설명한 문맥 보관 행위는 메커니즘으로서 구현된다.

4.2.2 운영체제의 이식성과 확장성(Portability and Extensibility of Operating Systems)

운영체제의 설계와 구현은 거대한 재정적인 투자를 포함한다. 이런 투자를 보호하기 위

해 운영체제 설계는 10년 이상의 생명주기를 가져야 한다. 이 기간 동안에 컴퓨터 구조, I/O 장치 기술 및 애플리케이션 환경에 다소의 변화가 일어날 수 있기 때문에, 운영체제는 이 변화에 적응할 수 있어야 한다. 이와 관련해서 이식성과 확장성이라는 두 가지 기능이 중요하다.

이식(*porting*)은 새로운 컴퓨터 시스템에 사용할 소프트웨어를 적용하는 행동이다. **이식성**(*portability*)은 소프트웨어 프로그램이 이식될 수 있는 용이성을 가리킨다. 즉, 이식 노력에 역비례한다. **확장성**(*extensibility*)은 새로운 기능이 소프트웨어 시스템에 추가될 수 있는 용이성을 가리킨다.

운영체제의 이식은 운영체제가 새로운 하드웨어에서 작업할 수 있도록 구조(architecture)에 의존적인 코드 부분을 변경하는 것을 의미한다. 운영체제에서 구조 의존적인 데이터와 명령어의 몇 가지 예는 다음과 같다.

- 인터럽트 벡터는 CPU를 인터럽트 서비스 루틴으로 전환하기 위해 PSW 내 다양한 항목에 적재되어야 하는 정보를 포함한다(2.2.5절 참고). 이 정보는 구조에 따라 다르다.
- 메모리 보호와 관련된 정보와 메모리 관리 장치(MMU)에 제공되는 정보는 구조에 따라 다르다(2.2.2절과 2.2.3절 참고).
- I/O 연산을 수행하는 데 사용되는 I/O 명령어는 구조에 따라 다르다.

운영체제 코드의 구조 의존적인 부분은 보통 정책보다는 메커니즘과 연관되어 있다. 구조 의존적인 코드의 크기가 작고, 또 이식 노력이 전체 코드의 크기보다는 구조 의존적인 코드의 크기에 따라 결정되도록 전체 코드가 구조화되어 있으면 운영체제는 높은 이식성을 가진다. 운영체제 이식성의 문제는 운영체제의 구조 의존적인 부분과 구조 독립적인 부분을 분리하고, 두 부분 간에 잘 정의된 인터페이스를 제공하는 것에 역점을 두고 있다.

운영체제의 확장성은 두 가지 목적이 필요하다. 컴퓨터 시스템에 새로운 하드웨어[새로운 I/O 장치나 네트워크 어댑터(adapter) 같은 장치]를 접목하는 것과, 새로운 사용자 기대에 부응하는 새로운 기능을 제공하는 것이다. 초기의 운영체제는 어떤 종류의 확장성도 제공하지 않았다. 따라서 새로운 I/O 장치를 추가하려면 운영체제를 수정해야 했다. 이후의 운영체제는 부트 프로시저에 기능을 추가함으로써 이 문제를 해결하였다. 이는 운영체제가 마지막으로 부트될 때 존재하지 않았던 하드웨어를 검사해서, 사용자가 새로운 하드웨어를 취급할 적절한 소프트웨어를 선택하도록 촉구하거나 자신이 그러한 소프트웨어를 선택한다. 여기서 적절한 소프트웨어는 전형적으로 새로운 장치를 취급할 **장치 드라이버**(*device driver*)라고 하는 루틴들의 집합이다. 새로운 소프트웨어는 적재되어서 적절하게 호출되어 사용될 수 있도록 커널과 통합된다. 현대의 운영체제는 플러그-앤드-플래이(*plug-and-play*) 성능을 제공함으로써 진일보했다. 그래서 새로운 하드웨어는 운영체제가 동작 중일 동안에도 추가될 수 있다. 운영체제는 새로운 하드웨어의 추가에 따라 발생하는 인터럽트를 처리해서 적절한 소프트웨어를 선택하고 커널과 통합한다.

확장성의 결여는 새로운 사용자 기대에 부응하는 데 어려움이 있다. 그러한 어려움의 몇 가지 예는 운영체제의 역사에서 찾아볼 수 있다. 1980년대와 1990년대에, PC 사용자는 동시에 운영체제에 여러 세션(session)을 설정하는 새로운 기능을 갖고 싶어 했다. MS DOS와 같이 그 당시 잘 알려진 몇몇 운영체제는 충분한 확장성이 결여되어 있었기 때문에 이 기능을 제공하는 데 어려움이 있었다. 멀티프로세서 컴퓨터 시스템을 지원하는 동안 유닉스 운영체제도 비슷한 어려움이 있었다. 4.7절에서 확장성에 대해 논의한다.

4.3 단일체 구조를 가지는 운영체제(OS WITH MONOLITHIC STRUCTURE)

운영체제는 많은 기능을 가지며 수백만 개의 명령어를 포함하고 있는 복잡한 소프트웨어이다. 소프트웨어 모듈(module)의 집합으로 구성되어 있으며, 각 모듈은 아무 기능이나 데이터에 접근하는 데 사용되는 잘 정의된 **인터페이스**(*interface*)를 가지고 있다. 그러한 설계는 한 모듈이 다른 모듈 기능의 내부 상세에 대해서는 알 수 없는 특성을 가진다. 이러한 특성으로 인해 운영체제의 설계, 코딩 및 테스트가 간단해진다.

초기의 운영체제는 **단일체**(*monolithic*) 구조로 되어 있었다. 그래서 운영체제는 사용자와 순수한 기계(컴퓨터 시스템의 하드웨어) 간에 단일 소프트웨어 계층을 형성하였다(그림 4.2 참고). 사용자 인터페이스는 명령 해석기(command interpreter)로 제공되었다. 명령 해석기는 사용자 프로세스의 생성을 조직하였다. 명령 해석기와 사용자 프로세스 둘 다 시스템 호출을 통해 운영체제 기능과 서비스를 호출하였다.

단일체 구조에는 두 종류의 문제가 한동안 나타났다. 오직 하나의 운영체제 계층은 순수한 기계와 하나의 인터페이스만을 가지고 있었다. 따라서 구조 의존적인 코드는 운

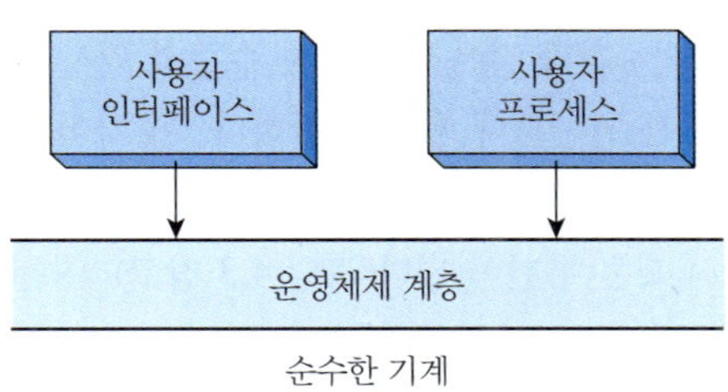

그림 4.2 단일체 운영체제

영체제 전체에 퍼져 있었고, 그래서 이식성이 부족했다. 이는 또한 테스트와 디버깅(debugging)을 어렵게 했으며, 유지와 성능 향상 비용을 증가시켰다. 이러한 문제 때문에 운영체제를 구성하는 다른 방법을 찾게 되었다. 다음 절들에서 이들 문제의 해결책으로서 구현된 운영체제를 구성하는 세 가지 방법에 대해 논한다.

- 계층적 구조(*layered structure*): 계층적 구조는 운영체제를 여러 개의 계층으로 구성함으로써 운영체제를 개발하고 유지하는 복잡도와 비용을 감소시킨다(4.4절 참고). 1960년대의 THE 다중 프로그래밍 시스템은 잘 알려진 계층적 운영체제의 예이다.
- 커널 기반 구조(*kernel-based structure*): 커널 기반 구조는 이식성이 증가하도록 구조 의존성을 커널을 구성하는 운영체제 코드의 작은 구역으로 제한한다(4.6절 참고). 유닉스 운영체제가 커널 기반 구조이다.
- 마이크로커널 기반 운영체제 구조(*microkernel-based OS structure*): 마이크로커널은 운영체제를 구현하는 설비와 서비스의 최소 집합으로, 이식성을 좋게 한다. 이는 또한 마이크로커널을 변경하지 않고 운영체제를 변경할 수 있기 때문에 확장성이 좋다.

4.4 운영체제의 계층적 설계(LAYERED DESIGN OF OPERATING SYSTEMS)

단일체 운영체제는 모든 운영체제 구성 요소가 순수한 기계에서 작업할 수 있도록 해야 하는 문제 때문에 어려움이 있었다. 이 특징은 운영체제와 순수한 기계 간의 큰 의미론적 간극(*semantic gap*) 때문에 운영체제를 개발할 때 비용과 노력을 증가시켰다.

> **|정의 4.1| 의미론적 간극(Semantic Gap):** 애플리케이션에서 필요로 하는 연산의 특성과 기계가 제공하는 연산의 특성 사이의 불일치

의미론적 간극은 다음과 같이 설명될 수 있다. 기계 명령어는 피연산자의 산술적 혹은 논리적 조작과 같은 기계 수준의 원시적 연산(primitive operation)을 구현한다. 운영체제 모듈은 알고리즘을 포함하고 있다. 말하자면 알고리즘은 프로세스의 문맥을 보관하고 I/O 연산을 시작하는 것과 같은 운영체제 수준의 원시적 연산을 사용한다. 이들 연산은 기계 수준의 원시적 연산보다 훨씬 복잡하다. 이 차이가 큰 의미론적 간극으로 이어지며, 간극은 프로그래밍을 통해 메워져야 한다. 운영체제가 바라는 각 연산은 명령어들의 순서(*sequence*) 혹은 루틴이 된다(그림 4.3 참고). 이는 높은 프로그래밍 비용으로 이어진다.

운영체제와 운영체제가 동작하는 기계 사이의 의미론적 간극은 더 유능한 기계[운영

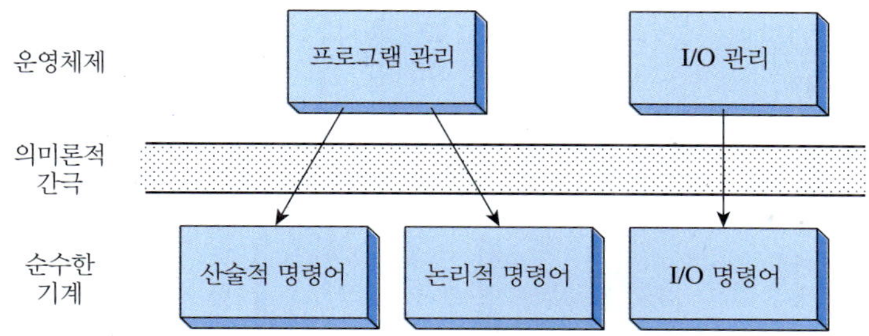

그림 4.3 의미론적 간극

체제가 수행해야 할 일부(또는 전부)를 수행할 수 있는 명령어를 제공하는 기계]를 사용하거나, 또는 더 유능한 기계를 소프트웨어로 **시뮬레이트**(*simulate*)함으로써 줄일 수 있다. 전자의 접근 방법은 비용이 많이 든다. 후자의 접근 방법에서 프로그램으로 되어 있는 **시뮬레이터**(*simulator*)는 순수한 기계에서 실행하고 운영체제가 원하는 많은 기능을 가지고 있는 더 강력한 기계를 흉내낸다. 이 새로운 '기계'를 **확장된 기계**(*extended machine*)라고 부르며, 시뮬레이터를 확장된 기계 소프트웨어라고 부른다. 이제 운영체제는 순수한 기계보다는 확장된 기계와 인터페이스한다. 확장된 기계 소프트웨어는 운영체제와 순수한 기계 사이에 계층을 형성한다.

계층적 운영체제를 설계할 때의 기본적인 원칙은 한 계층의 루틴들은 자기 바로 아래 계층의 설비만을 사용해야 한다는 것이다. 즉, 구조 내의 어느 계층도 우회할 수는 없다. 더욱이 하위 계층에 있는 루틴의 접근은 엄격히 계층 사이의 인터페이스를 통해서 이루어져야 한다. 이와 같이 하나의 계층에 속한 루틴은 하위 계층에 속한 자료 구조나 명령어의 주소를 '알지' 못한다. 단지 하위 계층의 루틴을 호출하는 방법을 알고 있을 뿐이다. **정보 은닉**(*information hiding*)이라고 부르는 이 특성은 운영체제의 다른 계층에 속한 루틴이 한 계층의 데이터를 오용하거나 훼손하는 것을 방지한다. 디버깅할 동안에, 계층 내 오류(예를 들어 데이터의 부정확한 값)의 원인은 그 계층 자체에 있기 때문에 오류의 국지화가 쉬워진다. 정보 은닉은 다른 계층에 영향을 주지 않고 수정할 수 있다는 것을 의미한다. 이 특징으로 인해 운영체제의 테스트와 디버깅이 간단해진다.

그림 4.4는 두 계층으로 된 운영체제를 설명한다. 확장된 기계는 문맥 보관, 디스패칭, 스와핑 및 I/O 시작과 같은 연산을 제공한다. 운영체제 계층은 확장된 기계 계층의 맨 위에 위치한다. 이 배치는 함수의 알고리즘을 원시적 연산의 구현으로부터 분리함으로써 운영체제 모듈의 코딩과 테스트를 상당히 단순화한다. 따라서 단일체 운영체제에서보다 운영체제 모듈을 테스트하고, 디버깅하고, 수정하는 것이 더 쉽다. 하위 계층이 확장된 기계의 **추상화**(*abstraction*)를 제공한다고 말한다. 운영체제 계층을 운영체제의 **최상위 계층**(*top layer*)이라고 한다.

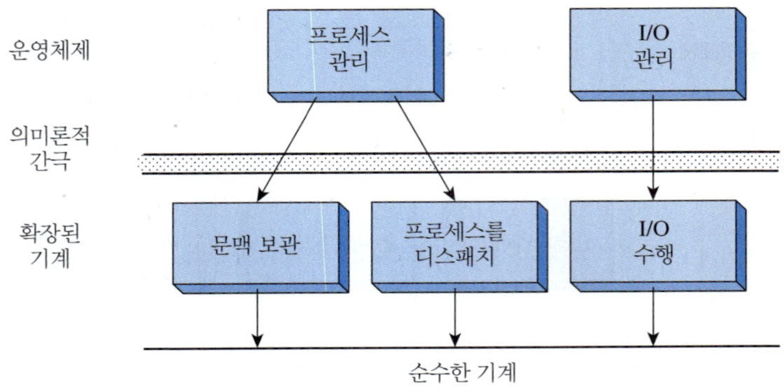

그림 4.4 계층적 운영체제 설계

운영체제의 계층적 구조는 서로 다른 추상화와 여러 가지 계층을 사용해서 다양한 방법으로 진화해 왔다. 예제 4.2는 THE 다중 프로그래밍 시스템을 설명하고 있는데, 이는 다중 계층 구조를 사용하고 프로세스를 최하위 계층으로 추상화하고 있다.

예제 4.2 THE 다중 프로그래밍 시스템의 구조

THE 다중 프로그래밍 시스템은 Technische Hogeschool Eindhoven에서 Dijkstra와 그 일행이 계층적 설계를 사용해서 개발하였다. 표 4.2는 THE 시스템 내 계층의 계층 구조를 보여준다.

시스템의 계층 0은 다중 프로그래밍을 구현하기 위해 처리기 할당을 담당한다. 이 기능은 프로세스 상태를 추적 관리하고, 프로세스 간 전환을 하고, 우선순위 기반 스케줄링을 사용하는 것을 포함한다. 계층 0 상위의 계층들은 이 문제들과는 관계가 없다. 사실 이들은 시스템 내에 다수의 프로세스가 존재한다는 것을 알 수가 없다.

계층 1은 메모리 관리를 수행한다. 이는 메모리와 보조 기억장치인 드럼(drum)으로 메모리 계층 구조를 구현한다(2.2.3절 참고). 메모리와 드럼 간의 전송에 대한 상세는 운영체제의 나머지 부분과는 관계가 없다.

계층 2는 가상 콘솔(console)을 각 프로세스에 할당함으로써 프로세스와 운영자 콘솔 간 통신을 구현한다. 계층 3은 I/O 관리를 수행한다. I/O 프로그래밍의 복잡함(14.4절 참고)은 계층 4에서는 숨겨지며, 계층 4는 사용자 프로세스가 점유한다.

운영체제 설계의 계층적 접근은 세 가지 문제로 어려움이 따른다. 시스템 동작은 계층적 구조로 인해 느려질 수 있다. 각 계층은 인접한 계층하고만 상호작용할 수 있다. 이는 사용자 프로세스가 요구한 운영체제 서비스에 대한 요청이, 순수한 기계가 요청된 행동을 수행하기 전에, 가장 상위 계층으로부터 가장 하위 계층으로 옮겨져야 한다는 것을 의미한다. 이 특징으로 인해 오버헤드가 크다.

두 번째 문제는 계층적 설계를 개발할 때의 어려움과 관계가 있다. 한 계층은 바로 하위 계층하고만 접근할 수 있기 때문에, 필요한 모든 기능과 설비는 하위 계층에서 이용할 수 있어야 한다. 이 요구사항은 서로 간의 서비스를 요구하는 계층 순서화의 문제

표 4.2 THE 다중 프로그래밍 시스템에서의 계층

계층	설명
계층 0	처리기 할당과 다중 프로그래밍
계층 1	메모리와 드럼 관리
계층 2	운영자와 프로세스 간 통신
계층 3	I/O 관리
계층 4	사용자 프로세스

를 야기한다. 이 문제는 종종 한 계층을 두 개로 쪼개서 다른 계층을 두 개로 쪼갠 계층 사이에 둠으로써 해결된다. 예를 들면, 설계자는 프로세스 처리 기능을 하나의 계층에 두고, 메모리 관리를 다음의 상위 계층에 두고 싶다. 하지만 메모리 할당은 프로세스 생성의 일부로서 필요하다. 이 어려움을 극복하기 위해, 프로세스 처리는 두 계층으로 분리할 수 있다. 한 계층은 문맥 보관, 전환, 스케줄링 및 프로세스 동기화와 같은 프로세스 관리 기능을 수행한다. 이 계층은 메모리 관리 계층보다 하위에 둔다. 다른 하나의 계층은 프로세스 생성을 수행한다. 이는 메모리 관리 계층의 상위에 놓는다.

세 번째 문제는 운영체제 기능의 단층화(stratification)와 관계가 있다. 단층화는 각 기능이 계층적 운영체제의 서로 다른 계층에 알맞은 성분으로 나누어져야 하기 때문에 일어난다. 이들 성분은 다른 성분들과 통신하기 위해 여러 개의 계층 간 인터페이스를 사용해야 한다. 예를 들면, 각각 계층 l_1과 l_2에 속해 있는 두 모듈 F_{l_1}과 F_{l_2}로 구성된 운영체제의 어떤 기능 F를 고려해 보자. 만약 계층 l_2에는 인터럽트를 통해서만 진입할 수 있다면, F_{l_1}은 F_{l_2}와 통신하기 위해 인터럽트를 야기해야 한다. 이 사실로 인해 설계가 복잡해지고 실행 효율이 떨어진다. 단층화는 불충분한 확장성으로 이어진다. 왜냐하면 새로운 기능을 추가하기 위해서는 새로운 코드가 운영체제의 여러 계층에 추가되어야 하기 때문이다. 또한 계층 인터페이스도 변경해야 하기 때문이다.

다중 계층 운영체제의 설계는 운영체제 코드의 구조 의존적인 성분을 분리하는 것에 초점이 있는 것이 아니라는 사실에 유의해야 한다. 이처럼 계층적 구조는 높은 이식성을 보장하지는 않는다.

4.5 가상 기계 운영체제(VIRTUAL MACHINE OS)

서로 다른 부류의 사용자는 서로 다른 종류의 사용자 서비스를 요구한다. 따라서 한 컴퓨터에서 하나의 운영체제를 실행하는 것은 다수 사용자의 기대에 어긋날 수 있다. 서로 다른 기간 동안 서로 다른 운영체제하에서 컴퓨터를 운영하는 것은 만족스러운

해결책이 아니다. 왜냐하면 어느 때든 그 운영체제들 중 어느 하나에서 제공하는 서비스에만 접근할 수 있기 때문이다. 이 문제는 컴퓨터 시스템을 제어하기 위해 **가상 기계 운영체제**(*virtual machine OS*: VM OS)를 사용함으로써 해결된다. 가상 기계 운영체제는 여러 개의 **가상 기계**(*virtual machine*)를 생성한다. 각 가상 기계는 한 사용자에게 할당되고, 사용자는 가상 기계에서 자기가 선택한 임의의 운영체제를 사용할 수 있고, 이 운영체제하에서 자신의 프로그램을 실행할 수 있다. 이런 방법으로 컴퓨터 시스템 사용자들은 동시에 서로 다른 운영체제를 사용할 수 있다. 이들 운영체제의 각각을 **게스트 운영체제**(*guest OS*)라고 하고, 가상 기계 운영체제를 **호스트 운영체제**(*host OS*)라고 한다. 가상 기계 운영체제가 사용하는 컴퓨터는 **호스트 기계**(*host machine*)라고 한다.

가상 기계는 가상 자원이다(1.3.2절 참고). 동일한 하드웨어 구조를 호스트 기계로 가지는 가상 기계를 고려해 보자. 예를 들어, 동일한 명령어를 실행할 수 있는 가상 CPU와 유사한 메모리 및 I/O 장치를 가지고 있지만, 메모리 크기와 I/O 장치 같은 몇몇 구성 요소 면에서는 호스트 기계와 다를 수 있다. 가상 기계와 호스트 기계의 동일한 구조 때문에, 이들 간에 의미론적 간극은 존재하지 않는다. 그래서 가상 기계의 동작은 어떠한 성능의 손실도 없다(이것을 4.4절에서 기술한 확장된 기계 계층의 사용과 대조해 보라). 또한 가상 기계상에서 게스트 운영체제를 실행하기 위한 소프트웨어의 개입도 필요 없다.

가상 기계 운영체제는 프로세스 스케줄링과 닮은 행동을 통해 게스트 운영체제의 병행 연산을 달성한다. 즉, 가상 기계를 선택해서 게스트 운영체제로 하여금 자신의 명령어들을 가상 기계상에서 실행하도록 한다. 운행 중인 게스트 운영체제는 호스트 기계의 환경 전체에서 인터럽트 서비스를 포함한 완전한 제어권을 가지고 있다. 호스트 기계와 게스트 운영체제 사이에 소프트웨어 계층이 없으므로 호스트 기계의 효율적인 사용이 보장된다. 게스트 운영체제는 가상 기계 운영체제가 또 다른 가상 기계로의 전환을 결정할 때까지 호스트 기계의 제어하에 남아 있다. 이는 전형적으로 인터럽트에 반응하여 일어난다. 가상 기계 운영체제는 게스트 운영체제들의 시간 조각과 라운드 로빈 스케줄링을 구현하기 위해 타이머를 채용할 수 있다.

게스트 운영체제 운행 중에 발생하는 인터럽트를 처리하기 위해서는 다소 복잡한 조정이 필요하다. 인터럽트 중 몇 개는 자신의 도메인(domain)에서 발생한다. 예를 들면, 자신의 가상 기계에 포함되어 있는 장치로부터의 I/O 인터럽트 같은 것이다. 반면에 나머지 인터럽트들은 다른 게스트 운영체제의 도메인에서 발생한다. 가상 기계 운영체제는 인터럽트가 발생하면 제어를 넘겨받아서 인터럽트가 속해 있는 도메인의 게스트 운영체제를 찾고, 이를 처리할 게스트 운영체제를 '스케줄'하도록 되어 있다. 하지만 이 방식(arrangement)은 두 번의 문맥 교환(context switch) 동작 때문에 높은 오버헤드를 유발한다. 즉, 첫 번째 문맥 교환은 제어를 가상 기계에게 넘기고, 두 번째 문맥 교환은 제어를 올바른 게스트 운영체제에게 넘긴다. 그러므로 가상 기계 운영체제는 게스트 운영체제가 자신의 도메인에서 발생한 인터럽트에 의해 직접 호출되도록 하는 방식을 사용한다. 이는 다음과 같이 구현된다. 게스트 운영체제로 제어를 넘기는 한편, 가상 기계 운영체제는 게스트 운영체제 내에 정의된 자신의 인터럽트 벡터(2.2.5절 참고)를 교체한다. 이 행동은 인터럽트가 CPU를 게스트 운영체제의 인터럽트 서비스 루틴으로 전환하는 것을 보장한다. 만약 게스트 운영체제가 인터럽트가 자신의 도메인 내에서 발생하지 않았다는 것을 알면 "invoke VM OS"라는 특별한 시스템 호출을 함으로써 제어를 가상 기계 운영체제로 넘긴다. 이제 가상 기계 운영체제는 인터럽트를 적절한 게스트 운영체제에 넘기도록 조정한다. 매우 많은 수의 가상 기계가 존재하면, 인터럽트 처리는 가상 기계 간의 과도한 뒤섞임을 유발한다. 그러므로 가상 기계 운영체제는 인터럽트가 발생된 도메인 내 게스트 운영체제를 즉시 활성화하지 않는다. 즉, 가상 기계 운영체제는 단순히 게스트 운영체제의 도메인 내에서 발생된 인터럽트의 발생을 알아차리고, 이 정보를 다음번에 '스케줄되는' 게스트 운영체제에게 제공한다.

예제 4.3은 1970년대에 잘 알려진 가상 기계 운영체제인 IBM VM/370이 어떻게 동작하는지를 설명한다.

예제 4.3 VM/370의 구조

그림 4.5는 VM/370이 지원하는 3개의 게스트 운영체제를 설명한다. Conversational Monitor System(CMS)은 단일 사용자 운영체제이고, OS/370과 DOS/370은 다중 프로그래밍 운영체제이다. 사용자 프로세스는 VM/370의 존재를 알지 못한다. 즉, 사용자 프로세스는 자기가 사용하는 게스트 운영체제만을 알고 있다. 게스트 운영체제들 간의 간섭을 방지하기 위해, 게스트 운영체제를 실행하는 동안 CPU는 사용자 모드에 놓여 있다. 특권 명령어의 사용을 포함하고 있는 I/O 연산의 시작은 다음과 같이 처리된다. 게스트 운영체제의 커널이 I/O 명령어를 실행할 때, CPU가 사용자 모드에 있는 동안 커널은 특권 명령어를 실행하려는 시도로 보인다. 그래서 커널은 프로그램 인터럽트를 유발한다. 인터럽트는 게스트 운영체제보다는 VM/370에게로 향한다. 그리고 VM/370은 인터럽트를 유발시켰던 I/O 명령어를 실행함으로써 I/O 연산을 시작한다.

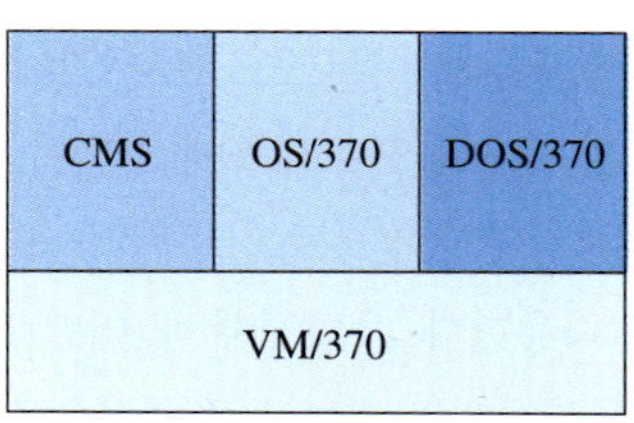

그림 4.5 가상 기계 운영체제 VM/370

CPU의 커널 모드와 사용자 모드 간의 구별은 가상 기계 운영체제의 사용을 다소 어렵게 만든다. 가상 기계 운영체제는 자신을 게스트 운영체제로부터 보호해야 한다. 그래서 사용자 모드에 있는 CPU에서 게스트 운영체제를 실행한다. 하지만 이 방법에서는 게스트 운영체제와 사용자 프로세스 둘 다 사용자 모드에서 실행하고, 이로 인해 게스트 운영체제는 사용자 프로세스에 의해 쉽게 손상될 수 있다. 인텔 80x86 계열 컴퓨터는 이런 어려움에서 벗어나는 방법을 제공한다. 인텔 80x86 컴퓨터는 4개의 실행 모드를 제공한다. 그래서 호스트 운영체제는 커널 모드에 있는 CPU에서 실행하고, 게스트 운영체제는 사용자 모드에 있는 CPU에서 자기 관리하에 실행될 프로세스를 실행할 수 있지만, 자신은 중간 모드(intermediate mode) 중 하나에 있는 CPU에서 실행한다.

가상화(*virtualization*)는 가상 기계의 인터페이스와 자원을 호스트 기계의 인터페이스와 자원으로 매핑(mapping)하는 과정이다. 전가상화(full virtualization)는 호스트 기계와 가상 기계가 동일한 능력을 가진다는 것을 의미한다. 그러므로 운영체제는 순수한 기계상에서 운영할 때와 VM/370이 지원하는 가상 기계상에서 운영할 때에 동일하게 동작한다. 하지만 전가상화는 보안을 취약하게 할 수도 있다. 예제 4.3에서, VM/370이 어떻게 게스트 운영체제가 특권 명령어를 실행하도록 하는지 보았다. 그러나 그 실행은 인터럽트를 유발하고 VM/370 자신은 게스트 운영체제를 대신하여 명령어를 실행한다. 이런 방법은 VM/370이 특권 명령어의 사용이 정당한지를 결정할 수 없기 때문에 불안정하다. 즉, 게스트 운영체제가 특권 명령어를 사용하면 정당한 것이지만, 사용자 프로세스가 사용하면 부당한 것이다.

현대의 가상 기계 환경은 전가상화에서 직면한 문제를 극복하기 위해 **반가상화**(*paravirtualization*)라는 기술을 채용한다. 반가상화는 가상화할 수 없는 명령어(가령 가상 기계에서는 이용할 수 없는 명령어)를 쉽게 가상화된 명령어로 대체한다. 예를 들면, VM/370에서의 보안 문제는 다음과 같이 반가상화를 통해서 해결할 수 있다. 특권 명령어는 가상 기계에 포함되지 않는다. 대신 가상 기계는 특권 명령어를 실행하기 원하는 게스트 운영체제에 의해 사용될 특별 명령어를 제공한다. 특별 명령어는 소프트웨어 인터럽트를 발생시켜서 게스트 운영체제가 가상 기계 운영체제에서 실행하기를 원하는 특별 명령어에 관한 정보를 제공한다. 그리고 가상 기계 운영체제는 게스트 운영체제 대신에 특권 명령어를 실행한다. 호스트 운영체제, 게스트 운영체제 및 사용자 프로세스는 CPU의 서로 다른 실행 모드를 사용하는데, 이는 호스트 운영체제가 가상 기계 내의 특별 명령어가 게스트 운영체제나 또는 사용자 프로세스에 의해서 사용되는지를 알도록 하기 위한 것이다. 즉, 후자의 사용법은 정당한 것으로 간주된다. 또한 반가상화는 호스트 운영체제의 성능을 향상시키기 위해 사용한다. 운영체제 내 어떤 사용자 프로세스도 CPU를 사용하기를 원하지 않을 때는, 운영체제의 커널은 전형적으로 CPU를 **유휴 루프**(*idle loop*) 상태에 놓는다. 하지만 게스트 운영체제가 한가한 루프 상태에 진입하면 호스트 기계의

CPU 시간은 낭비된다. 그러므로 반가상화는 호스트 기계에게 이런 상황을 알릴 수 있도록 가상 기계 내에 특별 명령어를 제공하기 위해 사용될 수 있다. 그리하여 호스트 운영체제가 특정 기간 동안 게스트 운영체제로부터 CPU를 떼어 놓을 수 있도록 한다.

반가상화의 사용은 가상 기계가 호스트 기계와 다르다는 것을 의미한다. 그래서 게스트 운영체제의 코드는 가상화될 수 없는 명령어의 사용을 피할 수 있도록 수정되어야 한다. 이는 가상 기계 운영체제하에서 운영되도록 게스트 운영체제를 **이식**(*porting*)함으로써 가능하다. 다른 방법으로는, 게스트 운영체제의 커널에 대해 **동적 이진 변환**(*dynamic binary translation*) 기법을 채용함으로써 달성할 수도 있다. 이는 가상화할 수 없는 명령어를 포함하고 있는 커널 코드의 일부를 그러한 명령어를 포함하지 않는 코드로 대체하는 것이다. 이 방법의 오버헤드를 줄이기 위해, 수정된 커널 코드는 이진 변환을 반복할 필요가 없도록 캐시된다.

가상 기계는 여러 가지 목적으로 사용된다.

- 다른 운영체제의 사용을 요구하는 새로운 애플리케이션에 대해 기존의 서버를 사용하기 위해서. 이는 **작업부하 합병**(*workload consolidation*)이라고 부른다. 작업부하 합병은 조직에서 필요한 서버의 개수를 줄임으로써 하드웨어와 컴퓨팅의 운영 비용을 줄인다.
- 동일한 호스트와 동일한 운영체제를 사용하는 애플리케이션에 대해 보안과 신뢰도를 제공하기 위해서. 이 장점은 서로 다른 애플리케이션의 가상 기계들은 서로 간의 자원에 접근할 수 없다는 사실에서 발생한다.
- 운영체제의 수정과 수정된 운영체제의 테스트를 동일한 서버에서 병행으로 처리하기 위해서.
- 비상사태 때문에 중단되어야 하는 서버로부터 네트워크상에서 이용 가능한 다른 서버로 가상 기계를 이전함으로써 재난 관리 능력을 제공하기 위해서.

가상 기계 운영체제는 크고, 복잡하고, 비싸다. 가상 기계의 장점을 낮은 비용으로 널리 이용하기 위해서, 가상 기계 운영체제 없이 가상 기계를 사용할 수 있다. 두 가지 그런 방법을 다음에 기술한다.

가상 기계 모니터(**Virtual Machine Monitors: VMMs**) **하이퍼바이저**(*hypervisor*)라고 불리는 가상 기계 모니터는 호스트 운영체제의 최상위에서 동작하는 소프트웨어 계층이다. 이는 호스트 컴퓨터의 자원을 가상화하고 여러 가상 기계의 병행적 연산을 지원한다. 게스트 운영체제가 가상 기계 모니터가 제공한 각 가상 기계상에서 실행될 때, 호스트 운영체제는 가상 기계 모니터와 함께 가상 기계 운영체제와 동등한 능력을 제공한다. VMware와 XEN은 가상 기계 모니터이다. 이들은 호스트 컴퓨터상에서 수백 개의 게스트 운영체제를 구현하는 것을 목표로 하고 있다. 한편, 게스트 운영체제는 순수한 기계상에서의 구현과 비교할 때는 약간의 성능저하를 감수해야 한다.

프로그래밍 언어 가상 기계(Programming Language Virtual Machines) 프로그래밍 언어는 앞에서 논의한 장점 중 몇 가지를 얻으려고 가상 기계를 사용해 왔다. 1970년대에 Pascal 프로그래밍 언어는 이식성을 제공하기 위해 가상 기계를 사용했다. 가상 기계는 Pascal 프로그램의 실행에 편리한 *P-코드 명령어(P-code instructions)*라고 부르는 명령어를 가지고 있었다. 이는 P-코드 명령어에 대한 해석기(interpreter) 형태의 소프트웨어로 구현되었다. 컴파일러는 Pascal 프로그램을 일련의 P-코드 명령어로 변환하고, 이들은 P-코드 해석기를 가지고 있는 어떤 컴퓨터에서도 실행될 수 있었다. 가상 기계는 적은 개수의 명령어를 가지고 있다. 그래서 해석기는 소형(compact)이고 쉽게 이식할 수 있었다. 이 특징으로 인해 1970년대에는 Pascal이 널리 사용되었다. 하지만 가상 기계의 사용은 호스트 컴퓨터상에서 P-코드 명령어와 명령어의 의미론적 간극 때문에 실질적인 성능 면에서 결점이 생긴다.

Java 프로그래밍 언어는 보안과 신뢰도를 제공하기 위해 가상 기계를 사용한다. Java 프로그램은 객체로 구성되고, 객체의 구조와 동작(behavior)은 클래스(class) 내에 규정된다. 각 클래스는 바이트코드(*bytecode*) 형태로 번역되며, 바이트코드는 Java 가상 기계(Java virtual machine: JVM)에 대한 일련의 명령어이다. Java로 코딩한 애플리케이션을 실행하는 동안, 새로운 클래스의 객체를 만날 때마다 클래스 적재기가 활성화된다. 적재기는 클래스의 바이트코드 형태를 라이브러리 또는 인터넷(internet)으로부터 인출하고, 클래스가 보안과 신뢰도 표준[정당한 디지털 서명(*digital signature*)을 가지고 있다]에 적합한지를 검증하고, 그리고 포인터 연산(pointer arithmetic) 같은 기능을 사용하지 않는다. 클래스 파일이 이들 검사 항목 중 어느 하나라도 실패하면 애플리케이션은 중단된다. 여러 개의 Java 애플리케이션이 동일한 호스트에서 실행하면, 그들 각각은 자기 자신의 가상 기계에서 실행한다. 그러므로 그들의 동작은 상호 간섭을 일으키지 않는다. 가상 기계를 사용할 때 암묵적인 성능상 결점은 하드웨어로 Java 가상 기계(JVM)를 구현함으로써 상쇄될 수 있다.

4.6 커널 기반 운영체제(KERNEL-BASED OPERATING SYSTEMS)

그림 4.6은 커널 기반 운영체제의 추상적 표현이다. 커널(*kernel*)은 운영체제의 핵심이다. 커널은 다양한 운영체제 기능들을 지원하는 함수와 서비스의 집합을 제공한다. 운영체제의 나머지 부분은 비커널 루틴(*nonkernel routines*)으로 조직되어 있으며, 이는 사용자가 원하는 프로세스와 자원에 대한 연산을 구현하고, 사용자 인터페이스(*user interface*)를 구현한다. 커널의 동작이 인터럽트에 의해 구동된다(interrupt-driven)는 것을 4.1절과 그림

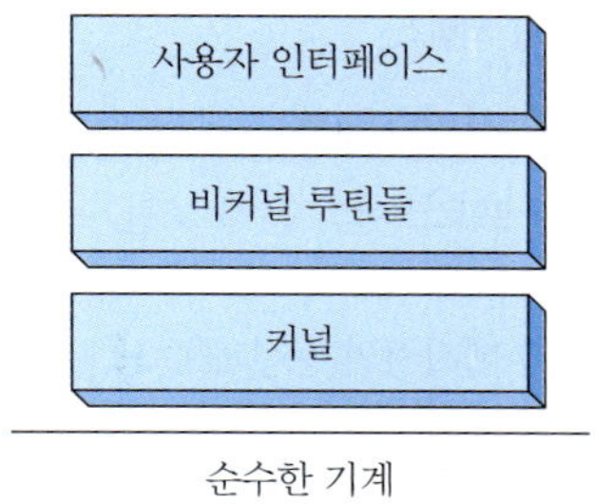

그림 4.6 커널 기반 운영체제의 구조

4.1에서 상기해 보라. 커널은 타이머 인터럽트나 I/O 연산 완료 인터럽트와 같은 인터럽트가 이벤트의 발생을 알려주거나, 혹은 소프트웨어 인터럽트 명령어가 **시스템 호출**을 하면 제어를 얻는다. 인터럽트가 발생하면, 인터럽트 서비스 루틴은 **문맥 보관**(*context save*) 기능을 수행하고 적절한 **인터럽트 핸들러**(*interrupt handler*)를 호출한다. 인터럽트 핸들러는 운영체제의 비커널 루틴이다.

시스템 호출은 사용자 명령을 구현하기 위해 사용자 인터페이스에 의해 호출될 수도 있고, 커널 내 서비스를 호출하기 위해 프로세스에 의해 호출될 수도 있고, 혹은 커널의 기능을 호출하기 위해 비커널 루틴에 의해 호출될 수도 있다. 예를 들면, 사용자가 임의의 파일(`alpha`라는 파일이라고 하자)에 저장되어 있는 프로그램을 실행하라는 명령을 하면, 사용자 인터페이스는 시스템 호출을 하고, 인터럽트 서비스 루틴은 프로그램의 실행을 설정하도록 비커널 루틴을 호출한다. 비커널 루틴은 프로그램의 실행을 위한 메모리를 할당하는 시스템 호출을 하고, `alpha`라는 파일을 오픈하고, 파일의 내용을 할당된 메모리 영역으로 적재한다. 그리고 그 프로그램의 실행을 의미하는 프로세스의 연산을 시작하기 위해 또 다른 시스템 호출이 뒤따른다. 만약 프로세스가 `alpha` 파일에 있는 프로그램을 실행하기 위해 자식 프로세스를 생성하고 싶으면, 역시 시스템 호출을 하고 동일한 행동들이 뒤따른다.

커널 기반 운영체제 구조의 역사적인 동기는 운영체제의 이식성과 비커널 루틴의 설계와 코딩 면에서의 편리함이었다. 운영체제의 이식성은 운영체제 코드의 구조 의존적인 성분(이는 전형적으로 메커니즘으로 구성한다)을 커널에 두고, 커널 코드의 구조 독립적인 성분은 커널 외부에 유지함으로써 달성된다. 이는 이식 노력이 커널의 이식에만 국한되도록 하기 위한 것이다. 커널은 효율성을 보장하기 위해서 전형적으로 단일체이다. 운영체제의 비커널 성분은 단일체일 수도 있고, 또는 계층(layers)으로 더욱 구조화될 수도 있다.

표 4.3은 다양한 운영체제 기능을 지원하기 위해 커널이 제공하는 기능과 서비스의 표본 목록을 포함하고 있다. 이들 기능과 서비스는 추상화의 집합을 비커널 루틴에게 제공한다. 즉, 이들을 사용해서 이들이 직면한 의미론적 간극을 줄임으로써 비커널 루틴의 설계와 코딩을 단순하게 한다(4.4절 참고). 예를 들면, 표 4.3의 I/O 기능은 가상

표 4.3 커널이 제공하는 전형적인 기능과 서비스

운영체제 기능	커널 기능과 서비스의 예
프로세스 관리	인터럽트된 프로그램의 문맥 보관, 프로세스의 디스패치, 스케줄링 목록의 조작
프로세스 통신	프로세스 간 메시지의 송신과 수신
메모리 관리	메모리 보호 정보의 설정, 스왑-인/스왑-아웃, 페이지 부재의 처리(즉, 1.4절의 "missing from memory" 인터럽트)
I/O 관리	I/O의 시작, 프로세스 I/O 완료 인터럽트, I/O 오류의 복구
파일 관리	파일의 오픈, 데이터의 읽기/쓰기
보안과 보호	새로운 사용자에 대한 인증 추가, 파일 보호에 대한 정보 유지
네트워크 관리	메시지를 통한 데이터의 송신/수신

장치의 추상화를 공동으로 구현한다(1.3.2절 참고). 프로세스는 커널이 제공하는 또 다른 추상화이다.

커널 기반 설계는 계층적 운영체제 설계와 유사한 계층화 문제에 부닥친다. 왜냐하면 운영체제 명령을 구현하는 코드가 구조 의존적인 성분, 즉 커널에 포함되는 메커니즘과 구조 독립적인 성분, 즉 커널 외부에 유지되어야 하는 정책의 구현을 포함하기 때문이다. 이들 성분은 시스템 호출을 통해서 서로 통신해야 하는데, 이는 인터럽트 서비스 동작 때문에 운영체제 오버헤드를 추가하게 된다. `alpha`라는 이름의 파일 내 프로그램 실행을 시작시키는 명령을 고려해 보자. 앞에서 논의한 대로 명령을 구현하는 비커널 루틴은 메모리를 할당하고, `alpha` 파일을 오픈하고, 파일 내에 있는 프로그램을 메모리로 적재하고, 실행을 시작하는 4개의 시스템 호출을 하는데, 이는 상당한 오버헤드를 유발한다. 어떤 운영체제 설계에서는 기능 코드의 구조 독립적인 성분도 커널 내에 포함시킴으로써 운영체제 오버헤드를 줄인다. 이와 같이 프로그램의 실행을 시작했던 비커널 루틴은 커널의 일부가 된다. 그러한 다른 예는 프로세스 스케줄링 정책, 장치 구동기의 I/O 스케줄링 정책 및 메모리 관리 정책이 있다. 이렇게 포함하는 것은 운영체제 오버헤드를 줄인다. 하지만 이는 또한 운영체제의 이식성도 줄인다.

커널 기반 운영체제는 확장성이 취약하다. 운영체제에 새로운 기능을 추가하려면 커널이 제공하는 기능과 서비스 면에서 변경이 필요하기 때문이다.

4.6.1 운영체제 커널 기반 구조의 발전 (Evolution of Kernel-Based Structure of Operating Systems)

커널 기반 운영체제의 구조는 다소간의 결점을 보완하도록 발전되었다. 이 발전의 두 단계는 동적으로 적재 가능한 커널 모듈과 사용자 수준 장치 구동기이다.

동적으로 적재 가능한 커널 모듈(*dynamically loadable kernel modules*)을 제공하기

위해서, 커널은 잘 규정된 인터페이스를 통해 그들 서로 간에 상호작용하는 모듈들의 집합으로 설계된다. 모듈들의 핵심 집합으로 구성한 **기본 커널**(*base kernel*)은 시스템이 부트될 때 적재된다. 기본 커널과 인터페이스 하기에 적합한 다른 모듈들은 그 기능이 필요할 때 적재되고, 기능이 더 이상 필요 없을 때 메모리로부터 제거된다. 적재 가능한 모듈의 사용은 운영체제의 동작 동안 메모리를 보존한다. 왜냐하면 어느 때든 커널 내 필요한 모듈만 메모리에 있기 때문이다. 이는 또한 확장성을 제공하는데, 커널 모듈은 분리해서 수정할 수 있고 새로운 모듈은 쉽게 커널에 추가할 수 있기 때문이다. 적재 가능한 커널 모듈의 사용도 역시 약간의 결점을 가진다. 모듈의 적재와 제거는 메모리를 단편화한다. 그래서 커널은 자신의 메모리 요구를 줄이기 위해 메모리 관리 동작을 수행해야 한다. 버그가 있는 모듈(buggy module)은 또한 시스템을 멈추게 할 수도 있다. 적재 가능한 커널 모듈은 새로운 I/O 장치, 네트워크 어댑터 및 새로운 파일 시스템 등을 위한 장치 구동기를 구현하는 데 사용된다. 이는 많은 운영체제에서 단순히 장치 구동기이며, 커널에 새로운 시스템 호출을 추가함으로써 구현된다. 리눅스와 솔라리스 시스템은 동적으로 적재 가능한 커널 모듈에 대한 지원을 통합하였다(4.8.2절과 4.8.3절 참고).

장치 구동기(*device driver*)는 특정 부류의 I/O 장치를 취급한다. 장치 구동기는 I/O 장치 인터페이스의 급속한 변화의 결과로 인해 운영체제 내 가장 동적으로 변화하는 부분을 구성하는 요소이다. 따라서 운영체제의 신뢰도와 확장성은 장치 구동기를 테스트하고 운영체제에 추가하는 것이 얼마나 편리한지에 달려 있다. 장치 구동기의 동적 적재는 이들 양쪽 측면을 증진시킨다. 하지만 이는 장치 구동기가 커널의 특권을 가지고 동작하기 때문에 적당하지 않다. 그래서 버그가 있는 장치 구동기는 운영체제의 동작을 붕괴시키고 잦은 부팅을 야기한다. 장치 구동기를 사용자 모드에서 구동시키면 이러한 어려움을 극복할 수 있다. 그러한 장치 구동기를 **사용자 수준 장치 구동기**(*user-level device driver*)라고 한다.

사용자 수준 장치 구동기는 개발, 디버깅, 배치(deployment), 견고함의 편리성을 제공한다. 왜냐하면 커널 코드와 그 동작이 사용자 수준 구동기의 존재에 영향을 받지 않기 때문이다. 하지만 이는 성능상의 문제를 안고 있다. 초기의 사용자 수준 구동기는 I/O 처리량을 줄이거나 또는 I/O 연산이 소비하는 CPU 시간을 증가시키는 것으로 알려져 있다. 이들 둘 다 I/O 연산을 구현하기 위해 필요한 대단히 많은 수의 시스템 호출의 결과에 기인한다. 예를 들면, 장치 구동기는 I/O 연산을 위한 DMA를 설정하거나 제거하기 위해, I/O 연산의 완료를 기다리는 사용자 프로세스를 깨우기(wake up) 위해, 그리고 연산의 종료 시에 제어를 커널에게 반환하기 위해 시스템 호출을 해야 한다. 이후의 하드웨어와 소프트웨어의 개발은 다양한 수단을 통해서 성능 문제를 극복한다. I/O를 설정하고 제거하는 동작은 IOMMU의 출현으로 인해 단순화되었고, 시스템 호출은 빠른 시스템 호출의 지원으로 속도가 향상되었다.

4.7 마이크로커널 기반 운영체제(MICROKERNEL-BASED OPERATING SYSTEMS)

운영체제의 모든 구조 의존적인 코드를 커널 내에 두면 이식성이 좋아진다. 하지만 실제로 커널 또한 구조 독립적인 코드를 포함하고 있다. 이 특징이 몇 가지 문제를 일으킨다. 이는 커널의 크기를 키우며, 커널이 커지면 이식성의 목표를 손상시킨다. 이는 또한 새로운 기능을 통합하기 위해 커널의 수정을 필요로 하며, 낮은 확장성의 원인이 된다. 큰 커널은 대단히 많은 수의 시스템 호출을 지원한다. 이들 호출 중 어느 것은 거의 사용되지 않는다. 그래서 커널의 서로 다른 여러 버전에 걸쳐 이를 구현하는 것은 철저하게 테스트되지 않을 수도 있다. 이것이 운영체제의 신뢰도를 훼손한다.

마이크로커널(*microkernel*)은 커널의 이식성, 확장성 및 신뢰도와 관련한 문제를 극복하기 위해 1990년대 초반에 개발되었다. 마이크로커널은 운영체제 코드의 필수적인 핵심이다. 그래서 전형적으로 단지 커널 내에 포함되어 있는 메커니즘의 부분 집합만을 가지고 있고, 적은 수의 시스템 호출만을 지원한다. 이들은 철저하게 테스트되어 사용된다. 이 특징이 마이크로커널의 이식성과 신뢰도를 증진시킨다. 운영체제의 덜 필수적인 성분은 마이크로커널의 외부에 두고 그 서비스를 이용한다. 그러므로 이러한 부분은 커널에 영향을 미치지 않고 수정할 수 있다. 원칙적으로 이러한 수정은 운영체제를 다시 부팅하지 않고 이루어질 수 있다. 마이크로커널이 제공하는 서비스는 운영체제 내 어떤 특정 기능 또는 정책에도 치우치지 않는다. 그래서 새로운 기능과 특징이 특정 운영 환경에 적합하도록 운영체제에 추가될 수 있다.

그림 4.7은 마이크로커널 기반 운영체제의 구조를 설명한다. 마이크로커널은 프로세스 스케줄링과 메모리 관리 등에 관한 메커니즘을 포함하고 있지만, 스케줄러나 메모리 핸들러는 포함하고 있지 않다. 이들 기능은 서버(*servers*)로서 구현되며, 결코 종료하지 않는 단순한 프로세스들이다. 서버들과 사용자 프로세스들은 마이크로커널의 최상위에서 동작하며, 마이크로커널은 단지 인터럽트 처리를 수행하고 서버와 사용자 프로세스 간의 통신을 제공한다.

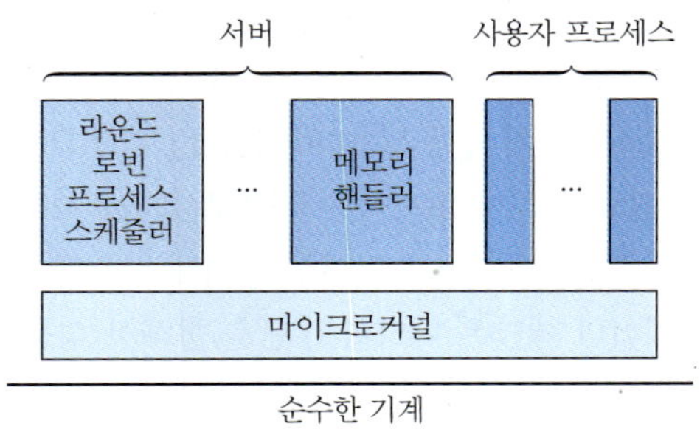

그림 4.7 마이크로커널 기반 운영체제의 구조

마이크로커널의 작은 크기와 확장성은 임베디드 시스템(embedded system) 환경에 유용한 특징이다. 임베디드 애플리케이션(embedded application) 분야에 사용하는 운영체제는 크기가 작고 세밀한 조율이 필요하기 때문이다. 마이크로커널의 확장성은 또한 손에 쥐는 시스템(palm-held system)부터 대형 병렬 및 분산 시스템에 이르기까지 넓은 범주의 컴퓨터 시스템에 동일한 마이크로커널을 사용할 수 있게 한다[이러한 비전은 어느 정도 실현되었다]. Mach 마이크로커널은 유닉스의 여러 가지 서로 다른 버전(version)을 구현하는 데 사용되어 왔다. 분산 운영체제 Amoeba는 워크스테이션(workstation)부터 대형 멀티프로세서까지 배치한 분산 시스템 내 모든 컴퓨터에 동일한 마이크로커널을 사용한다.

"운영체제의 필수적인 핵심"은 무엇인가 하는 것은 다소 논란의 여지가 있다. 그 결과 마이크로커널 내에 포함되는 서비스에는 상당한 변동(variation)이 있다. 예를 들어, Mach 마이크로커널을 IBM에서 구현한 것은 프로세스 스케줄링 정책과 장치 구동기를 커널 외부에 둔다. 이들 기능은 서버로서 실행한다. QNX 마이크로커널은 인터럽트 서비스 루틴, 프로세스 스케줄링, 프로세스 간 통신 및 핵심 네트워크 서비스를 포함한다. L4 마이크로커널은 메모리 관리를 포함하고 7개의 시스템 호출만을 지원한다. QNX와 L4 둘 다 크기가 단지 32 KB이다. 1 KB는 1024바이트이다. 그런 다양성에도 불구하고, 어떤 서비스는 마이크로커널이 제공해야만 한다고 주장할 수 있다. 이들은 메모리 관리 지원, 프로세스 간 통신과 인터럽트 서비스를 포함한다. 메모리 관리와 프로세스 간 통신은 마이크로커널 외부에 존재하는 운영체제 코드 내 상위 수준 모듈(higher-level module)에 의해 호출된다. 인터럽트 서비스 루틴은 인터럽트를 받아서 상위 수준 모듈에게 처리하도록 넘긴다.

1세대 마이크로커널을 사용하는 운영체제는 마이크로커널을 사용하지 않은 운영체제에 비해 처리량이 최대 50%까지 떨어졌다. 이 문제는 기존 마이크로커널의 몇 가지 기능이 마이크로커널과 마이크로커널을 사용해서 구현한 운영체제 사이에 분할되어 있다는 사실에 원인이 있다. 즉, 잘 알고 있는 단층화 문제이다. 예를 들면, 커널은 완전한 메모리 관리 기능을 포함하고 있으며, 이는 프로세스의 생성, 스케줄링 및 디스패칭을 수행한다. 한편 마이크로커널은 단지 프로세스 생성과 디스패칭만을 포함할 수도 있고, 프로세스 스케줄링은 마이크로커널 밑에서 서버로서 실행할 수도 있다. 두 요소 간의 통신은 프로세스 간 통신(interprocess communication: IPC) 설비의 사용을 필요로 한다. 연구원들은 성능 손실의 73%까지가 프로세스 간 통신에 기인한다는 것을 알아냈다. 2세대 마이크로커널인 L4 마이크로커널은 디폴트로 검사하는 유효성(validity)과 권한(right)을 제거하고, 마이크로커널을 사용되고 있는 하드웨어에 알맞게 조율함으로써 프로세스 간 통신을 더 효율적으로 만들었다. 이 행위가 1세대 마이크로커널에서보다 프로세스 간 통신을 20배 빠르게 만들었다. 가상 메모리 관리와 관련된 페이징(paging) 활동은 마이크로커널로부터 마이크로커널을 사용해서 구성한 운영체제로 이동되었다. 이렇게 개선한 후에, 마이크로커널 기반 운영체제는 마이크로커널을 사용하지 않는 운영체제에 비해 처리량이 단지 5%만 떨어진다는 것을 알게 되었다.

엑소커널(*exokernel*)은 성능저하를 줄이기 위해서 운영체제를 구성하는 데 근본적으로 다른 철학을 사용한다. 자원 관리는 집중화될 필요가 없다. 이는 분산 방법으로 응용 프로그램 자체가 수행하도록 한다. 따라서 엑소커널은 단순히 하드웨어 자원의 효율적인 다중화(multiplexing)를 제공하지만, 어떤 추상화도 제공하지 않는다. 이와 같이 응용 프로세스는 컴퓨터 시스템 내 자원을 가공하지 않은 형태로 본다. 이러한 접근은 단일체 유닉스 커널을 사용할 때보다 10~100 배 빠른 연산을 초래한다. 예를 들면, I/O 장치에서 읽어낸 데이터는 이를 요청한 프로세스에 곧바로 전달된다. 엑소커널을 통해서 가지 않고 유닉스 커널을 통해서 간다. 전통적인 운영체제의 기능은 애플리케이션 수준에서 구현되기 때문에, 애플리케이션은 운영체제의 라이브러리로부터 운영체제를 선택해서 사용한다. 운영체제는 비커널 모드(nonkernel mode)에서 프로세스로서 실행하고 엑소커널의 기능을 사용한다.

4.8 사례 연구(CASE STUDIES)

앞 절에서 운영체제의 구조에 대해 논의했다. 즉, 운영체제 구성 요소의 배치(arrangement)와 이들 배치의 특징들을 살펴보았다. 이 절에서는 몇 가지 현대 운영체제의 구조(structure)와 구성(*architecture*) 모두에 관해 논의한다. 구성은 각 구성 요소의 기능과 그들 간 관련성뿐만 아니라 운영체제의 구조에 관계된다. 특정 운영체제 구성 요소의 기능을 설계하고 구현하는 것은 2부~4부의 적당한 장에서 기술한다.

4.8.1 유닉스의 구성(Architecture of Unix)

유닉스는 커널 기반 운영체제이다. 그림 4.8은 유닉스 커널의 개략도이다. 프로세스 관리와 파일 관리라는 두 개의 주요 구성 요소로 되어 있다. 프로세스 관리 구성 요소는 프로세스 간 통신을 위한 모듈과 메모리 관리 모듈 및 스케줄링 모듈로 구성되어 있으며, 프로세스 간 통신을 위한 모듈은 프로세스 간 통신과 동기화를 구현한다. 파일 관리 구성 요소는 장치 구동기를 통해 I/O를 수행한다. 각 장치 구동기는 특정 부류의 I/O 장치를 취급하고 I/O 장치의 처리량을 높이기 위해 디스크 스케줄링과 같은 기술을 사용한다. 버퍼 캐시(buffer cache)는 프로세스와 I/O 장치 간의 데이터 전송 시간과 디스크와 같은 장치에서 수행되는 I/O 연산의 개수를 줄이기 위해 사용된다(1.4.4절 참고).

커널의 프로세스 관리와 파일 관리 구성 요소는 하드웨어에서 일으킨 인터럽트를 통해 활성화되고, 프로세스와 운영체제의 비커널 루틴이 만든 시스템 호출을 통해 활성

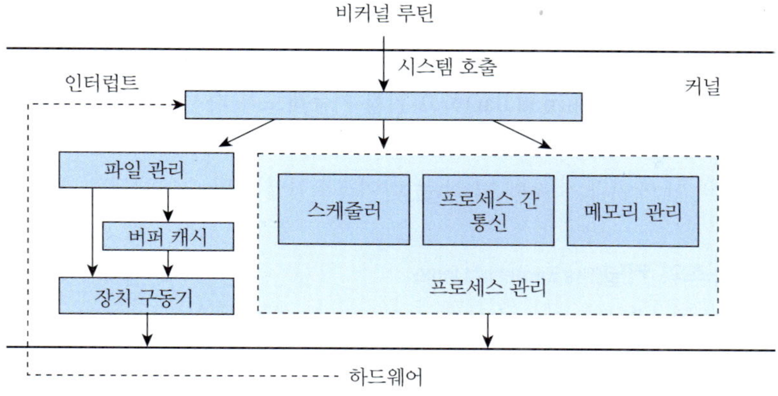

그림 4.8 유닉스 운영체제의 커널

화된다. 운영체제의 사용자 인터페이스는 쉘(*shell*)이라고 하는 명령 해석기이며, 이는 사용자 프로세스로서 실행한다. 유닉스 커널은 어떤 순간에도 인터럽트될 수 없다. 유닉스 커널은 커널 코드를 실행하는 프로세스가 종료되거나 또는 커널 코드의 실행이 안전하게 인터럽트될 수 있는 지점에 도달할 때 인터럽트될 수 있다. 이러한 특징은 인터럽트가 발생해서 다른 프로세스가 커널 코드를 실행하는 것을 시작할 때 커널 자료 구조가 불일치 상태(inconsistent state)에 있지 않도록 보장한다. 이는 커널의 코딩을 상당히 단순화한다(2.3.2절 참고).

유닉스 커널은 40여년 이상의 오랜 역사를 가지고 있다. 본래의 커널은 작고 간단했다. 유닉스는 적은 양의 추상화[가령 파이프(pipe) 메커니즘과 같은 간단하지만 강력한 기능들]를 제공했으며, 이는 사용자가 여러 프로그램을 병행적으로 실행할 수 있게 하였다. 또한 **바이트 스트림**(*byte stream*)이라고 불리는 오직 하나의 파일 구조를 지원하는 작은 파일 시스템을 제공하였다. 모든 장치는 파일로서 표현되는데, 이는 I/O 장치와 파일의 관리를 동일하게 한다. 커널은 C-언어로 작성되었고, 크기는 100 KB보다 작았다. 그러므로 쉽게 이식 가능하였다.

하지만 유닉스 커널은 단일체이고 확장 가능하지 않았다. 그래서 클라이언트-서버 환경과 같은 새로운 컴퓨팅 환경이 진화함에 따라 수정되어야 했다. 프로세스 간 통신과 스레드가 클라이언트-서버 컴퓨팅을 지원하기 위해 추가되었다. 네트워킹 지원도 유사하게 커널 수정을 필요로 했다.

유닉스의 주요 강점은 개방된 표준(open standards)의 사용이었다. 이는 학계로부터 산업계에 이르는 대단히 많은 기구들이 유닉스의 개발에 참여하고 유닉스가 널리 사용되게 하였으나, 동시에 협조하지 않고 개발했기 때문에 많은 변종들이 개발되었다. 커널은 크기가 수백만 바이트로 늘어나면서 턱없이 커지게 되었으며, 이는 이식성에 영향을 미쳤다. 이즈음에 커널 모듈을 메모리에 동적으로 적재하기 위해 하나의 기능이 추가되었다. 이는 커널 모듈이 필요할 때만 적재되도록 할 수 있었다. 이 기능은 커널의 메모리 요구를 줄였으나, 코드 크기는 줄지 않았다. 그러므로 이식성은 향상되지 않았다.

유닉스 커널을 모듈화(modular)하고 확장 가능하도록 다시 설계하기 위해 여러 가지 노력이 있었다. 멀티프로세서 시스템에서 특별한 강점을 가지고 있는 Mach 커널은 이러한 경향의 한 예이다. 이후에 Mach는 마이크로커널 기반 운영체제로 개발되었다.

4.8.2 리눅스의 커널(The Kernel of Linux)

리눅스 운영체제는 유닉스 시스템 V와 유닉스 BSD의 기능들을 제공한다. 또한 POSIX 표준에도 따른다. 리눅스는 인텔 80386에서 처음으로 구현되었고, 그후 인텔 처리기와 다른 여러 구조에서도 구현되어 왔다.

리눅스는 단일체 커널을 가진다. 커널은 개별적으로 적재 가능한 모듈들의 집합으로 구성하도록 설계되었다. 각 모듈은 어떻게 기능들이 호출되는지와 어떻게 데이터가 다른 모듈에 의해 접근될 수 있는지를 표시하는 잘 규정된 인터페이스를 가지고 있다. 반대로 인터페이스는 이 모듈이 사용하는 다른 모듈의 함수와 데이터를 표시한다. 각 모듈은 가까운 미래에 사용될 가능성이 있는지에 따라 개별적으로 메모리에 적재되거나 메모리에서 제거될 수 있다. 원칙적으로 커널의 어떤 구성 요소라도 적재 가능한 모듈로 구성할 수 있으나, 전형적으로 장치 구동기가 독립된 모듈이 된다.

소수의 커널 모듈은 시스템이 부팅될 때 적재된다. 새로운 커널 모듈은 필요할 때 동적으로 적재된다. 하지만 이는 그 모듈이 단일체 커널로서 공동으로 기능할 수 있도록 메모리 내에 이미 존재하는 커널 모듈들과 통합된다. 이 통합은 다음과 같이 수행된다. 커널은 메모리 내에 존재하는 모듈에 정의되어 있는 함수와 데이터의 주소를 기록하는 테이블을 유지한다. 새로운 모듈을 적재하는 동안 커널은 인터페이스를 분석해서 다른 모듈의 어느 함수와 데이터를 사용하는지를 알아내어, 테이블에서 함수와 데이터의 주소를 얻어내고 이것들을 새로운 모듈의 적절한 명령어에 삽입한다. 이 단계의 마지막에서, 커널은 새로운 모듈에 정의된 함수와 데이터의 주소를 추가함으로써 테이블을 갱신한다.

잘 규정된 인터페이스를 가진 커널 모듈을 사용하면 여러 가지 장점이 있다. 모듈 인터페이스의 존재는 커널의 테스트와 유지 보수를 간단하게 한다. 개별 모듈은 새로운 기능을 제공하거나 또는 기존 기능을 향상시키기 위해 수정할 수 있다. 이 특징은 전형적으로 단일체 커널과 연관된 부족한 확장성을 극복한다. 적재 가능한 모듈의 사용은 또한 커널의 메모리 요구를 제한한다. 왜냐하면 어떤 모듈은 시스템 운영 중에 적재되지 않을 수도 있기 때문이다. 이런 장점을 향상시키기 위해, 커널은 원하지 않는 모듈을 메모리로부터 자동적으로 제거하기 위한 기능을 가지고 있다. 즉, 주기적으로 인터럽트를 일으켜서 마지막으로 일으킨 인터럽트 이후에 사용되지 않은 메모리 내 모듈이 어느 것인지를 검사한다. 이들 모듈은 커널과 연결이 끊기고 메모리에서 제거된다. 아니면 모듈은 시스템 호출을 통해서 개별적으로 적재되거나, 메모리로부터 제거될 수 있다.

2003년에 배포된 리눅스 2.6 커널은 리눅스 2.5 커널의 많은 제한을 제거했고, 또한 여러 가지 방법으로 성능을 향상시켰다. 두 가지 가장 현저한 개선 사항은 시스템의 반응 속도와 임베디드 시스템(embedded system)을 지원하는 능력이었다. 리눅스 2.5 까지의 커널은 비선점형(non-preemptive)이었다. 그래서 커널이 낮은 우선순위 태스크를 수행하고 있으면, 높은 우선순위 태스크가 지연되었다. 리눅스 2.6 커널은 선점형(preemptive)이며, 사용자와 애플리케이션에 더 빠른 반응을 보인다. 하지만 커널은 상태를 보관하기가 어렵거나 민감한 연산을 수행하고 있을 때는 선점되어서는 안 된다. 그래서 커널은 특정 함수를 통해서 선점을 가능하게 하거나 불가능하게 할 수 있다. 또한 리눅스 2.6 커널은 메모리 관리 장치(MMU)를 가지고 있지 않은 구조를 지원하며, 이는 임베디드 시스템에 적합하게 한다. 이와 같이 동일한 커널이 임베디드 시스템, 데스크톱(desktop) 및 서버에 사용될 수 있다. 리눅스 2.6 커널에서의 다른 주목할 만한 특징은 개선된 스레드 모델, 개선된 스케줄러 및 프로세스 간 빠른 동기화로 인해 더욱 좋아진 확장성(scalability)이다. 이들 특징은 뒤의 장에서 기술한다.

4.8.3 솔라리스의 커널(The Kernel of Solaris)

Sun 컴퓨터 시스템의 초기 운영체제는 BSD 유닉스에 근거하였다. 하지만 이후의 개발은 유닉스 SVR4에 근거하였다. SVR4 버전 이전의 운영체제는 SunOS라고 부르고, SVR4에 기반한 이후의 버전은 솔라리스라고 부른다. 1980년대 이래 Sun은 네트워킹과 분산 컴퓨팅에 초점을 맞추었다. 운영체제의 여러 네트워킹과 분산 컴퓨팅 특징은 산업계 표준이 되어 왔다. 예를 들면, 원격 프로시저 호출(remote procedure call: RPC)과 분산 환경을 위한 파일 시스템(NFS)이 있다. 이후에 Sun은 또한 멀티프로세서 시스템에도 초점을 맞추었으며, 이는 커널에서 다중 스레드 커널을 강조하고, 선점형으로 만들고, 빠른 동기화를 사용하는 결과로 나타났다.

솔라리스 커널은 멀티프로세서 구조를 포함해서 SPARC와 인텔 80x86 계열의 넓은 범주의 처리기 구조를 지원하는 추상 기계 계층을 가지고 있다. 커널은 완전한 선점형이고 실시간 능력을 제공한다. 솔라리스 7은 동적으로 적재 가능한 커널 모듈의 커널 설계 방법을 사용한다(4.6.1절 참고). 커널은 항상 적재되어 있는 핵심 모듈이다. 즉, 커널은 인터럽트 서비스 루틴, 시스템 호출, 프로세스와 메모리 관리, 그리고 서로 다른 파일 시스템을 동시에 지원할 수 있는 가상 파일 시스템 체제를 포함하고 있다. 다른 커널 모듈들은 동적으로 적재되거나 내려진다. 각 모듈은 자기가 의존하는 다른 모듈과 자기에게 의존하는 다른 모듈에 관한 정보를 가지고 있다. 커널은 현재 적재된 커널 모듈에서 정의된 심볼(symbol)에 관한 정보를 가지고 있는 심볼 테이블(symbol table)을 유지한다. 이 정보는 새로운 모듈을 적재하고 연결하는 데 사용된다. 새로운 정보는 모듈이 적재된 후 심볼 테이블에 추가되고, 어떤 정보는 모듈이 삭제된 후에 삭제된다.

솔라리스 커널은 7개 유형의 적재 가능한 모듈을 지원한다.

- 스케줄러 등급(scheduler class)
- 파일 시스템
- 적재 가능한 시스템 호출
- 실행 가능한 파일의 여러 형태를 위한 로더(loader)
- 스트림 모듈(streams module)
- 버스 제어기와 장치 구동기
- 기타 모듈

적재 가능한 커널 모듈(loadable kernel module)의 사용은 용이한 확장성을 제공한다. 이렇게 하여 새로운 파일 시스템, 새로운 실행 가능한 파일의 형태, 새로운 시스템 호출, 그리고 새로운 종류의 버스와 장치가 쉽게 추가될 수 있다. 커널에서 흥미 있는 특징은 새로운 모듈이 적재되려고 하면 커널은 적재, 연결, 그리고 새로운 모듈의 작업을 시작하기 위한 새로운 스레드를 생성한다는 것이다. 이러한 조정은 모듈 적재가 커널의 정상적인 동작과 병행으로 수행되도록 허용한다. 또한 여러 모듈의 적재가 병행으로 수행되도록 허용한다.

4.8.4 윈도우의 구조(Architecture of Windows)

그림 4.9는 윈도우 운영체제의 구조를 보여준다. **하드웨어 추상화 계층**(*hardware abstraction layer*: HAL)은 순수한 기계와 인터페이스, 그리고 I/O 인터페이스, 인터럽

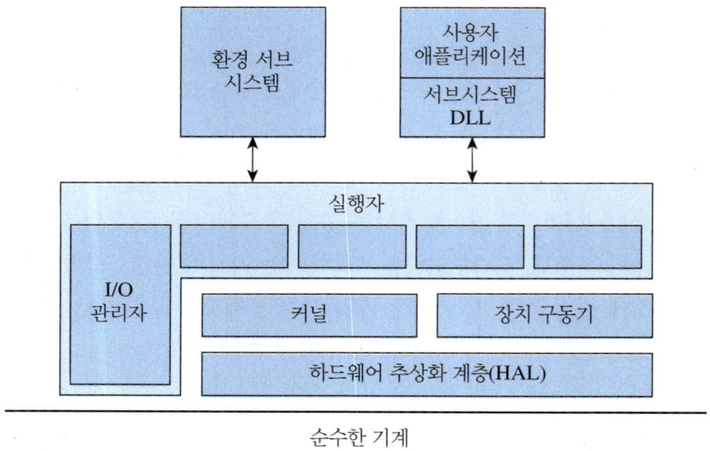

그림 4.9 윈도우의 구조

트 제어기 및 멀티프로세서 시스템에서 프로세스 간 통신 메커니즘의 추상화를 제공한다. 커널은 인터럽트 처리와 멀티프로세서 동기화와 같은 기본적인 서비스를 제공하기 위해서 하드웨어 추상화 계층이 제공하는 추상화를 사용한다. 이런 방법으로 커널은 특정 구조의 특수성으로부터 숨겨지며, 이식성이 향상된다. 하드웨어 추상화 계층과 커널은 전통적인 커널과 동등하다(그림 4.6 참고). **장치 구동기**(*device driver*)는 한 종류의 장치에서 I/O 연산을 관리하기 위해 하드웨어 추상화 계층이 제공하는 추상화를 사용한다.

커널은 프로세스 동기화와 스케줄링 기능을 수행한다. **실행자**(*executive*)는 운영체제의 비커널 루틴으로 구성되어 있다. 실행자의 코드는 프로세스 생성과 종료, 가상 기억장치 관리, 클라이언트-서버 통신을 위해 **지역 프로시저 호출**(*local procedure call*: LPC)이라고 하는 프로세스 간 메시지 전달 설비, I/O 관리와 효율적인 파일 I/O를 제공하기 위한 **파일 캐시**(*file cache*), 그리고 파일의 접근 검증을 수행하는 **보안 참조 모니터**(*security reference monitor*)와 같은 서비스를 제공하기 위해서 커널 내 설비를 사용한다. **I/O 관리기**(*I/O manager*)는 장치 구동기를 사용하며, 필요할 때 동적으로 적재된다. 실행자의 많은 기능은 커널 모드에서 동작한다. 그러므로 실행자가 커널과 상호작용할 때 잦은 문맥 교환을 피하게 되며, 이는 명백한 성능상의 장점이 된다.

환경 서브시스템(environment subsystems)은 MS-DOS, Win32 및 OS/2와 같은 다른 운영체제를 위해 개발된 프로그램의 실행을 지원한다. 실제로 환경 서브시스템은 가상 기계 운영체제 내 게스트 운영체제와 유사하다(4.5절 참고). 환경 서브시스템은 자기의 서비스를 사용하는 사용자의 애플리케이션 상태를 추적 관리하는 프로세스로서 동작한다. 게스트 운영체제의 인터페이스를 구현하기 위해 각 환경 서브시스템은 **동적 연결 라이브러리**(*dynamic link library*: DLL)를 제공하고, 사용자의 애플리케이션이 특정 시스템 서비스를 필요로 할 때 동적 연결 라이브러리를 호출하도록 한다. 동적 연결 라이브러리는 요구된 서비스를 스스로 구현해서 서비스 요청을 실행자에게 넘기거나, 또는 환경 서브시스템에게 서비스를 제공하도록 메시지를 보낸다.

4.9 요약

운영체제의 이식성은 운영체제가 서로 다른 구조를 가지는 컴퓨터에서 구현될 수 있는지의 용이함을 가리킨다. 운영체제의 **확장성**은 운영체제의 기능들이 새로운 컴퓨팅 환경에 적응하도록 수정하거나 혹은 향상시킬 수 있는지의 용이함을 가리킨다. 이식성과 확장성은 현대 운영체제의 긴 생존 기간 때문에 중대한 요구사항이 되었다. 이 장에서 이들 요구사항을 충족하는 운영체제를 구성하는 서로 다른 방법들에 관해 논의하였다. 운영체제의 기능은 전형적으로 **정책**을 가지고 있는데, 이는 기능을 수행하기 위해 사용되는 원칙을 규정하고, 그 기능을 구현하는 행동을 수행하는 소수의 메커니즘을 가지고 있다. 디스패칭이나 문맥 보관과 같은 **메커니즘**은 컴퓨터와 밀접하게 상호작용한다. 그러므로 이들의 코드는 본질적으로 구조 의존적이지만, 정책은 구조 독립적이다. 따라서 운영체제의 이식성과 확장성은 정책과 메커니즘의 코드가 얼마나 구조화되어 있는지에 달려 있다.

초기의 운영체제는 **단일체** 구조를 가졌다. 이들 운영체제는 구조 의존적인 코드가 운영체제 전반에 퍼져 있기 때문에 불충분한 이식성을 가졌다. 이들은 또한 설계의 복잡성도 높았다. 운영체제의 **계층적 설계**는 운영체제 설계의 복잡성을 조절하기 위해 추상화의 원칙을 사용하였다. 이는 운영체제를 계층 구조로 간주하며, 각 계층은 자신보다 상위 계층에게 일련의 서비스를 제공하고, 자신보다 하위 계층에 있는 서비스를 사용하였다. 구조 의존성은 종종 계층 구조에서 더 낮은 계층 쪽으로 제한되었지만, 설계 방법은 이것을 보장하지 않았다.

가상 기계 운영체제(VM OS)는 한 컴퓨터에서 여러 운영체제의 동작을 지원하였다. 이는 각 사용자에게 가상 기계를 생성해서, 그 가상 기계에서 사용자가 자신이 선택한 운영체제를 실행하도록 허용하였다. 가상 기계 운영체제는 스케줄링과 유사한 프로시저를 통해서 호스트 컴퓨터에서 사용자의 가상 기계 연산을 인터리브하였다(interleaved). 가상 기계가 스케줄되면, 운영체제는 그 밑에서 실행될 사용자 애플리케이션의 실행을 조직한다.

운영체제의 **커널 기반 설계**에서, **커널**은 운영체제의 핵심이며 프로세스와 자원에 대한 연산을 구현하기 위해 비커널 루틴을 호출한다. 운영체제 내 구조 의존적인 코드는 전형적으로 커널 내에 상주한다. 이 특징은 운영체제의 이식성을 향상시킨다.

마이크로커널은 운영체제 코드의 필수적인 핵심이다. 이는 크기가 작고, 소수의 메커니즘을 가지고 있고, 어떤 정책도 가지고 있지 않다. 정책 모듈은 **서버 프로세스**로서 구현된다. 이들은 마이크로커널에 영향을 미치지 않고 변경되거나 교체될 수 있다. 그래서 운영체제의 높은 확장성을 제공한다.

여러분의 생각을 평가해 보라.

4.1 다음 각 문장이 참인지 거짓인지 구분하라.

a. 운영체제의 메커니즘은 전형적으로 구조 독립적이다.

b. 계층적 운영체제 조직은 운영체제의 최상위 계층과 순수한 기계 간의 의미론적 간극을 줄인다.

c. 가상 기계 운영체제에서, 각 사용자는 자신이 선택한 운영체제를 실행할 수 있다.

d. 커널 기반 운영체제 구조는 확장성을 제공한다.

e. 마이크로커널 기반 운영체제에서, 프로세스 스케줄러는 사용자 프로세스로서 실행될 수도 있다.

4.2 운영체제가 수행하는 다음 각 기능을 정책 또는 메커니즘으로 구분하라(1장과 3장의 관련 절을 참고하라).

a. 프로그램 선점하기

b. 다중 프로그래밍 시스템에서 사용된 우선순위 기반 스케줄링

c. 스왑-아웃된 프로그램을 메모리로 적재하기

d. 사용자 프로그램이 파일에 접근하도록 허용되었는지 검사하기

4.3 다음 운영체제 중 어느 것이 가장 높은 이식성을 가지는가?

a. 단일체 구조로 된 운영체제

b. 계층적 구조로 된 운영체제

c. 가상 기계 운영체제

d. 커널 기반 운영체제

연습문제

4.1 스케줄링 메커니즘 "스케줄링 목록을 조작하라(manipulate scheduling lists)"(표 4.3 참고)는 시스템 내 이벤트와 스케줄러의 행동에 응답하여 스케줄링 목록을 수정하기 위해 호출된다. 이 메커니즘이 (a) 라운드 로빈 스케줄링과 (b) 우선순위 기반 스케줄링을 수행하는 과정을 기술하라(단, 다중 프로그래밍 시스템에서 사용된다).

4.2 다음 문장을 정당화하라. "가상 기계 운영체제의 안전한 운영(operation)은 자기 자원의 전가상화보다 낮은 가상화를 요구한다. 하지만 게스트 운영체제의 운영 효율을 떨어뜨릴 수도 있다."

4.3 비커널 루틴을 (a) 사용자 인터페이스나 (b) 커널과 합병(merge)한 결과는 무엇인가? (힌트: 1.1절을 참고하라.)

4.4 동적으로 적재 가능한 모듈을 가진 커널과 (a) 단일체 커널이나 (b) 마이크로커널을 사용한 커널 간의 차이점을 열거하라.

참고문헌

Dijkstra(1968)는 THE 다중 프로그래밍 시스템의 구조에 관해 기술하였다. 가상 기계 운영체제 VM/370은 CP/67에 근거하여 Creasy(1981)에 기술되어 있다. XEN과 VMware 가상 기계 제품은 Barham 등(2003)과 Sugarman 등(2001)에 각각 기술되어 있다. IEEE Computer지의 2005년 5월호는 가상화 기술의 특별판이다. Rosenblum과 Garfinkel(2005)은 가상 기계 모니터의 설계 경향을 논의하였다.

Warhole(1994)은 1990년대 초에 마이크로 커널이 만들어낸 진보에 관해 기술하였으며, Liedtke(1996)는 마이크로 커널 설계의 원칙에 관해 기술하였다. Hartig 등(1997)은 L4 마이크로 커널상에서 리눅스 운영체제의 이식과 성능에 관해 기술하였다. Bach(1986), Vahalia (1996) 및 McKusick 등(1996)은 유닉스 커널에 관해 기술하였다. Beck 등(2002), Bovet과 Cesati(2005) 및 Love(2005)는 리눅스 커널에 관해 기술하였고, Mauro와 McDougall(2006)은 솔라리스의 커널에 관해 기술하였다. Tanenbaum(2001)은 Amoeba와 Mach 운영체제의 마이크로 커널에 관해 기술하였다. Russinovich와 Solomon (2005)은 윈도우 구조에 관해 기술하였다.

1. Bach, M. J. (1986): *The Design of the Unix Operating System*, Prentice Hall, Englewood Cliffs, N.J.
2. Barham, P., B. Dragovic, K. Fraser, S. Hand, T. Harris, A. Ho, R. Neugebauer, I. Pratt, and A. Warfield (2003): "XEN and the art of virtualization," ACM *Symposium on Operating System Principles*, 164–177.
3. Beck, M., H. Bohme, M. Dziadzka, U. Kunitz, R. Magnus, C. Schroter, and D. Verworner (2002): *Linux Kernel Programming*, 3rd ed., Pearson Education, New York.
4. Bovet, D. P., and M. Cesati (2005): *Understanding the Linux Kernel*, 3rd ed., O'Reilly, Sebastopol.
5. Creasy, R. J. (1981): "The origin of the VM/370 time-sharing system," *IBM Journal of Research and Development*, **25** (5), 483–490.
6. Dijkstra, E. W. (1968): "The structure of THE multiprogramming system," Communications of the ACM, 11, 341–346.
7. Engler D. R., M. F. Kasshoek, and J. O'Toole (1995): "Exokernel: An operating system architecture for application-level resource management," Symposium on OS Principles, 251–266.
8. Hartig, H., M. Hohmuth, J. Liedtke, S. Schonberg, and J. Wolter (1997): "The performance of microkernel-based systems," *16th ACM Symposium on Operating System Principles*.
9. Liedtke J. (1996): "Towards real microkernels," Communications of the ACM, 39 (9), 70–77.
10. Love, R. (2005): *Linux Kernel Development*, 2nd ed., Novell Press.
11. Mauro, J., and R. McDougall (2006): *Solaris Internals*, 2nd ed., Prentice Hall, Englewood Cliffs, N.J.

part 2

프로세스 관리

Process Management

프로세스는 프로그램의 하나의 실행이다. 애플리케이션은 여러 개의 프로세스를 가지도록 설계될 수 있고, 이들 프로세스들은 병행으로 동작하여 공동으로 목적을 달성할 수 있도록 상호작용할 수 있다. 이런 방식으로 애플리케이션은 사용자에게 더 빠른 응답을 제공할 수 있다.

운영체제는 언제나 많은 수의 프로세스를 내포한다. 프로세스 관리는 프로세스를 생성하고, 프로세스의 자원 요청을 충족시키고, CPU를 사용하기 위해 프로세스를 **스케줄**하고, 프로세스들 간의 상호작용을 조절하기 위해 **프로세스 동기화**를 수행하고, 프로세스들이 서로 간에 무한정 대기하지 않도록 **교착상태**를 회피하고, 프로세스들의 연산을 완수할 때 종료하는 것 등을 포함한다. 운영체제가 프로세스로 하여금 CPU를 사용하도록

2부의 로드 맵

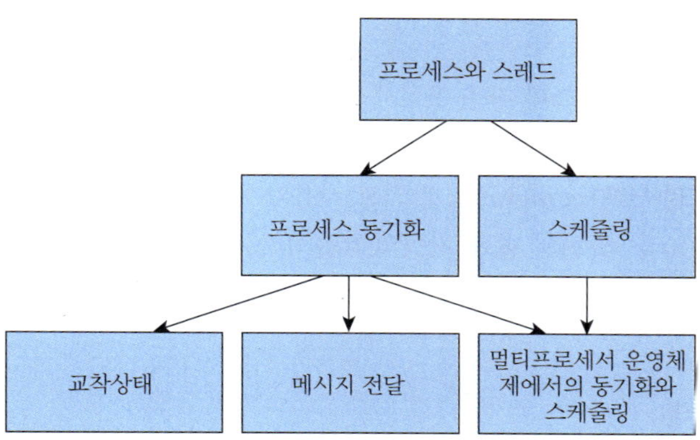

2부 장들의 교육과정에서 학습 순서를 보여주는 개략도

하는 스케줄 방법에 따라 프로세스의 응답시간, 자원 효율성 및 시스템 성능이 결정된다.

스레드는 프로세스 내 자원을 사용하는 것 외에는 모든 것이 프로세스와 유사하다. 운영체제는 프로세스를 관리하는 것보다 스레드를 관리하는 것이 오버헤드가 적다. 프로세스와 스레드를 총칭하여 **프로세스**라는 용어를 사용한다.

5장: 프로세스와 스레드

이 장은 애플리케이션이 시스템 호출을 통해서 프로세스를 생성하는 방법과 여러 개 프로세스의 존재가 애플리케이션 내에서 병행성과 병렬성을 달성하는 방법을 논의하는 것으로 시작한다. 그 후 운영체제가 프로세스를 관리하는 방법을 기술한다. 즉, 운영체제가 프로세스가 무엇을 하고 있는지를 추적 관리하기 위해 **프로세스 상태**의 개념을 어떻게 사용하는지와 관련된 프로세스의 상태에서 이벤트의 영향을 어떻게 반영하는지를 기술한다. 이 장에서는 또한 **스레드**의 개념을 소개하고, 그 장점을 기술하고, 더불어 그들의 특징을 설명한다.

6장: 프로세스 동기화

하나의 애플리케이션 프로세스들은 데이터를 공유하고 다른 프로세스와 협동함으로써 공동의 목적을 위해 작업한다. 프로세스 동기화의 주요 개념은 공유 데이터의 일관성을 보장하기 위해 **상호 배제**(*mutual exclusion*)를 사용하는 것이고, 프로세스들의 활동 조절에 **나누어질 수 없는 연산**(*indivisible operation*)을 사용하는 것이다. 이 장에서는 프로세스 동기화에서 몇 개의 고전적인 문제의 동기화 요구에 대해 논의하고, 프로그래밍 언어와 운영체제에서 제공하는 **세마포**(*semaphores*)나 **모니터**(*monitors*) 같은 동기화 도구를 사용해서 대처할 수 있는 방법을 논의한다.

7장: 스케줄링

스케줄링은 CPU가 서비스할 다음 프로세스를 선택하는 행위이다. 이 장에서는 스케줄러가 **우선순위 기반 스케줄링**(*priority-based scheduling*)의 기본적인 기법을 사용하는 방법, 요청의 **재순서화**(*reordering*), 그리고 사용자 서비스의 적절한 조합을 달성하기 위한 **시간 조각**(*time slice*)의 변화, 자원의 효율적인 사용과 시스템 성능에 관해 논의한다. 또한 다양한 스케줄링 정책과 그 성질에 관해 논의한다.

8장: 교착상태

교착상태는 프로세스가 자원 공유나 동기화 때문에 서로 무한정 대기하는 상황이다. 이 장에서는 교착상태가 어떻게 발생하는지와 운영체제가 교착상태의 부재를 보장하기 위해 교착상태의 **탐지**(*detection*)와 **회복**(*resolution*), 또는 **교착상태 예방**(*deadlock prevention*)이나 **교착상태 회피**(*deadlock avoidance*)를 수행하는 자원 할당 정책을 통해서 **교착상태 처리**(*deadlock handling*)를 어떻게 수행하는지를 논의한다.

9장: 메시지 전달

프로세스들은 **프로세스 간 메시지**(*interprocess messages*) 전송을 통해 정보를 교환한다. 이 장에서는 메시지 전달의 의미론, 버퍼링할 때의 운영체제의 책임, 그리고 프로세스 간 메시지 전송에 관해 논의한다. 또한 메시지 전달이 이메일 설비를 제공하기 위해 상위 수준 프로토콜에서 사용되는 방법과 병렬 또는 분산 프로그램에서 태스크 간 통신을 제공하는 데 사용되는 방법에 관해 논의한다.

10장: 멀티프로세서 운영체제에서의 동기화와 스케줄링

멀티프로세서 컴퓨터 시스템에서 여러 개 CPU의 존재는 애플리케이션에 높은 처리량과 빠른 응답을 약속한다. 이 장에서는 여러 종류의 멀티프로세서 시스템들을 논의하고, 운영체제가 높은 처리량과 빠른 응답을 달성하기 위해 여러 개의 CPU가 커널 코드를 병렬로 실행할 수 있도록 어떻게 커널을 구성하는지와 프로세스들을 동기화하고 스케줄링하는지에 관해 설명한다.

Chapter 5

프로세스와 스레드

Processes and Threads

프로세스(*process*) 개념은 운영체제 내에서 프로그램의 실행을 설명하고, 이해하고, 조직하는 데 도움이 된다. 프로세스는 프로그램의 하나의 실행(*an* execution)이다. '하나의' 실행을 강조한 것은 동일한 프로그램에 몇 개의 실행들이 동시에 운영체제 내에 존재할 수도 있기 때문이며, 이들 실행은 서로 다른 프로세스들을 구성한다. 이러한 상황은 사용자가 프로그램의 독립적인 실행들을 각자 자신의 데이터상에서 시작시킬 때 발생한다. 또한 병행 프로그래밍 기법으로 코딩된 프로그램이 실행될 때 발생한다. 커널은 프로세스에 자원을 할당하고 CPU를 사용하기 위해 프로세스들을 스케줄한다. 이런 방식으로 운영체제는 순차 프로그램과 병행 프로그램 실행을 균등하게 실현한다.

스레드(*thread*) 또한 프로그램의 하나의 실행이지만, 스레드는 프로세스 환경 내에서 기능한다. 즉, 동일한 프로세스의 코드, 데이터 및 자원을 사용한다. 여러 개의 스레드가 동일한 프로세스 환경 내에서 기능하는 것이 가능하며 코드, 데이터 및 자원을 공유한다. 그러한 스레드 간의 전환은 프로세스 간의 전환보다 오버헤드를 적게 요구한다.

이 장에서는 커널이 프로세스와 스레드를 제어하는 방법, 즉 상태(*states*)를 관리하는 방법과 연산을 조직하기 위해 상태 정보를 사용하는 방법에 대해 논의한다. 또한 프로그램이 병행 프로세스나 스레드를 생성하는 방법과 공동 목적을 달성하기 위해 상호작용하는 방법에 대해 논의한다.

프로그램 P

```
file info;
int item;
open (info, "read");
while not
     end-of-file (info)
   read (info, item);
     ...
print ...;
stop;
```

(a)

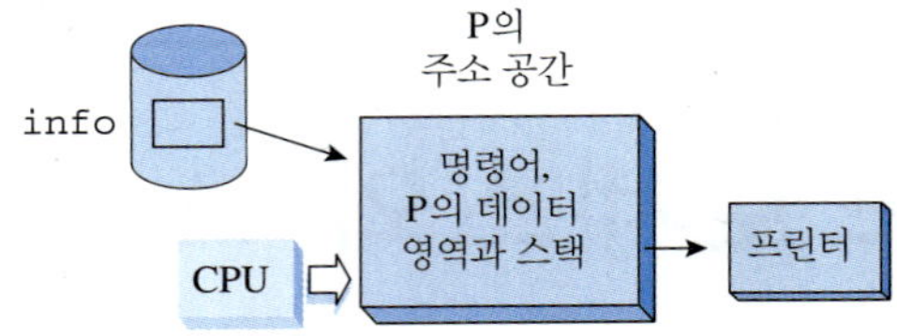

(b)

그림 5.1 프로그램과 그 실행의 추상적 관점

5.1 프로세스와 프로그램(PROCESSES AND PROGRAMS)

프로그램은 스스로는 어떤 행동도 수행하지 않는 수동적 개체이다. 즉, 프로그램을 호출하는 행동이 발생하면 실행된다. **프로세스**(*process*)는 프로그램의 한 실행이다. 프로세스는 프로그램 내에 규정한 행동을 실질적으로 수행한다. 운영체제는 프로세스들 간에 CPU를 공유한다. 이러한 것이 운영체제가 사용자 프로그램을 실행시키는 방법이다.

5.1.1 프로세스란 무엇인가?(What Is a Process?)

프로세스가 무엇인지를 이해하기 위해서 운영체제가 어떻게 프로그램을 실행하는지 논의해 보자. 그림 5.1(a)에 보인 프로그램 P는 파일 `info`의 선언과 변수 `item` 및 `info`로부터 변수를 읽어내서 어떤 계산을 수행한 후, 정지하기 직전에 결과를 프린트하는 문장을 포함하고 있다. 실행 중 이 프로그램의 명령어들은 예정된 계산을 수행하기 위해 데이터 영역과 스택에 있는 값을 사용한다. 그림 5.1(b)은 실행의 추상적인 관점을 보여준다. 프로그램 P의 명령어들, 데이터 및 스택은 주소 공간(address space)을 구성한다. P의 실행을 실현하기 위해서 운영체제는 P의 주소 공간을 제공하기 위한 메모리를 할당하고, 결과를 프린트하기 위한 프린터를 할당하고, P가 파일 `info`에 접근할 수 있는 설비(arrangement)를 설정하고, 실행하기 위해 P를 스케줄한다. CPU는 P의 명령어들을 항상 실행하지는 않기 때문에 옅은 그림자 사각형으로 보여준다. 즉, 운영체제는 P의 실행과 다른 프로그램의 실행 간에 CPU를 공유한다.

위에서 논의한 것에 따라 프로세스를 다음과 같이 정의한다.

|정의 5.1| **프로세스(process):** 프로그램에 할당된 자원을 사용하는 프로그램의 한 실행

사용자가 프로그램을 시작시킬 때 운영체제는 새로운 프로세스를 생성하고 유일한 id를 부여한다. 운영체제는 프로세스에 얼마간의 자원을 할당한다. 즉, 프로그램의 주소 공간을 수용하기 위한 충분한 메모리와 사용자와의 상호작용을 돕기 위한 키보드와 모니터 같은 장치들을 할당한다. 프로세스는 연산 도중에 파일과 같은 부가적인 자원을 요청하기 위해 시스템 호출을 할 수도 있다. 프로그램의 주소 공간과 그에 할당된 자원을 각각 프로세스의 주소 공간과 자원으로 지칭한다.

따라서 프로세스는 6개의 요소로 이루어진다.

$$(id, code, data, stack, resources, CPU\ state) \tag{5.1}$$

여기서 *id*는 운영체제가 부여한 유일한 id이다.

*code*는 프로그램의 코드이다[프로그램의 **텍스트**(*text*)라고도 한다].

*data*는 프로그램 실행에서 사용된 데이터이며, 파일의 데이터를 포함한다.

*stack*은 프로그램 실행 중에 호출된 함수와 프로시저의 매개변수와 복귀 주소를 담고 있다.

*resources*는 운영체제가 할당한 자원의 집합이다.

*CPU state*는 CPU의 PSW와 범용 레지스터(general purpose register: GPR)의 내용으로 구성된다(스택 포인터는 GPR에 속한다고 가정한다).

CPU 상태(CPU state)(2.2.1절)는 코드 내의 어느 명령어가 다음에 실행되어야 하는지를 가리키는 정보와, 실행에 영향을 미치는 PSW의 **조건 코드**(*condition code*) 항목의 내용[**플래그**(*flags*) 항목이라고도 한다]과 같은 다른 정보를 포함한다. CPU 상태는 프로그램의 실행이 진행됨에 따라 변화한다. **프로세스 연산**(*operation of a process*)이란 용어를 프로그램의 실행이란 뜻으로 사용한다. 그처럼 프로세스는 스케줄될 때 연산한다.

5.1.2 프로세스와 프로그램 간의 관계(Relationships between Processes and Programs)

프로그램은 함수와 프로시저의 집합으로 구성된다. 프로그램의 실행 중에 제어는 프로그램의 논리에 따라 함수와 프로시저 사이를 이동한다. 함수나 프로시저의 실행은 프로세스인가? 이런 의심은 명백한 의문으로 이어진다. 즉, 프로세스와 프로그램의 관계는 무엇인가?

운영체제는 코드 내에 있는 함수와 프로시저를 포함한 프로그램의 본질에 관해서는 아무것도 알지 못한다. 단지 시스템 호출을 통해서 나타나는 것만을 안다. 나머지는 모두 프로그램의 제어하에 있다. 프로그램의 기능들은 프로세스로 분리되거나 또는 단일 프로세스의 코드 부분으로 구성한다.

표 5.1 프로세스와 프로그램 간의 관계

관계	예시
일-대-일	순차적 프로그램의 단일 실행
다-대-일	한 프로그램의 여러 개 동시 실행들, 병행 프로그램의 실행

표 5.1은 프로세스와 프로그램 간에 존재할 수 있는 두 종류의 관계를 보여준다. 일-대-일(one-to-one) 관계는 순차적 프로그램의 단일 실행이 진행 중일 때에 나타난다. 예를 들면, 그림 5.1의 프로그램 P의 실행이다. 다-대-일(many-to-one) 관계는 여러 개 프로세스와 한 프로그램 간에 존재한다. 여기에는 두 가지 경우가 있는데, 한 프로그램의 여러 개 실행이 동시에 진행 중인 경우와 이들 실행을 대표하는 프로세스들이 그 프로그램과 다-대-일 관계를 가질 때이다. 실행 중에 프로그램은 코드의 특정 부분이 병행으로 실행되도록 요청하기 위해 시스템 호출을 할 수도 있다. 예를 들면, 별개의 활동이 동시에 발생하는 경우이다. 커널은 코드의 특정 부분 실행을 설정하여 별개의 프로세스로 취급한다. 새로운 프로세스와 프로그램의 실행을 대표하는 프로세스는 그 프로그램과 다-대-일 관계를 가진다. 이러한 프로그램을 **병행 프로그램**(*concurrent program*)이라고 한다.

동시에 시스템 내에 공존하는 프로세스를 **병행 프로세스**(*concurrent processes*)라고 한다. 병행 프로세스는 다른 프로세스와 코드, 데이터 및 자원을 공유한다. 즉, 실행 중에 다른 프로세스와 상호작용할 기회를 가진다.

5.1.3 자식 프로세스(Child Processes)

커널은 프로그램에 대한 프로세스를 생성함으로써 프로그램 실행을 시작한다. 이 프로세스에 대한 기술적인 용어의 부족 때문에, 우리는 이를 프로그램 실행을 위한 **주 프로세스**(*primary process*)라 부르기로 한다. 주 프로세스는 앞 절에서 기술한 대로 다른 프로세스를 생성하기 위해 시스템 호출을 한다. 호출된 프로세스는 그의 **자식 프로세스**(*child process*)가 되고, 주 프로세스는 **부모**(*parent*) 프로세스가 된다. 자식 프로세스는 스스로 다른 프로세스를 이런 식으로 계속해서 생성할 수도 있다. 프로세스들 간의 부모-자식 관계는 **프로세스 트리**(*process tree*) 형태로 나타낼 수 있으며, 근노드(root)에 주 프로세스를 가진다. 자식 프로세스는 부모의 자원 중 일부를 물려받으며, 연산 도중 시스템 호출을 통해서 추가의 자원을 얻을 수 있다.

전형적으로 프로세스는 하나 이상의 자식 프로세스를 생성하고 작업을 그들 각각에게 위임한다. 이를 애플리케이션에서 **멀티태스킹**(*multitasking*)이라 부른다. 이는 표 5.2에 요약한 것과 같은 세 가지 장점을 가진다. 자식 프로세스의 생성은 운영체제에서 다중

표 5.2 자식 프로세스의 장점

장점	설명
계산속도 향상	애플리케이션의 주 프로세스가 자식 프로세스를 생성하지 않았다면 순차적으로 수행해야 했던 행동이 자식 프로세스를 생성했을 경우에는 병행으로 수행할 수 있다. 이 점이 애플리케이션의 실행시간을 줄인다.
주요 기능의 우선순위	주요 기능을 수행하는 자식 프로세스는 높은 우선순위를 부여받을 수 있다. 이것이 애플리케이션의 실시간 요구에 대처할 수 있도록 돕는다.
오류로부터 부모 프로세스의 보호	커널은 실행 중에 오류가 발생하면 자식 프로세스를 취소한다. 부모 프로세스는 오류에 영향을 받지 않으며, 복구 행동을 수행할 수 있다.

프로그래밍을 사용할 경우와 같은 장점을 가진다. 즉, 커널은 애플리케이션에서 I/O 위주 프로세스와 CPU 위주 프로세스의 연산을 인터리브(interleave)시킬 수 있으며, 이는 애플리케이션 실행시간의 감소로 이어진다. 이를 **계산속도 향상**(*computation speedup*)이라 한다. 대부분의 운영체제는 부모 프로세스가 자식 프로세스에게 우선순위를 부여하도록 허용한다. 실시간 애플리케이션은 응답시간 요구를 만족하도록 보장하기 위해서 긴급한 기능을 수행하는 자식 프로세스에게 높은 우선순위를 부여할 수 있다. 예제 5.1에서 이러한 관점에 대해 상세히 설명한다.

세 번째 장점인 자식 프로세스의 오류에 대항하여 부모 프로세스를 보호하는 것은 다음과 같다. 신뢰할 수 없는 코드를 실행시켜야 하는 프로세스를 고려해 보자. 신뢰할 수 없는 코드가 프로세스의 코드에 내포되어 있다면, 신뢰할 수 없는 코드 내 오류가 커널에게 프로세스를 중단시키도록 할 것이다. 하지만 프로세스가 신뢰할 수 없는 코드를 실행시키기 위해 자식 프로세스를 생성한다면, 동일한 오류는 자식 프로세스를 중단시키도록 해서 부모 프로세스는 어떤 손상도 입지 않는다. 운영체제 명령 해석기는 이러한 특징을 장점으로 이용한다. 명령 해석기 자체는 하나의 프로세스로 동작하며, 사용자 프로그램을 실행시켜야 할 때마다 자식 프로세스를 생성한다. 이런 방법으로 그 자신은 사용자 프로그램의 오작동으로부터 손상을 입지 않는다.

예제 5.1은 3.7절의 데이터 기록 시스템(data logging system)이 어떻게 자식 프로세스를 이용한 장점을 취하는지를 설명한다.

예제 5.1 실시간 애플리케이션에서의 자식 프로세스

3.7절의 실시간 데이터 기록(data logging) 애플리케이션에서는 위성으로부터 초당 500샘플의 비율로 데이터 샘플을 받아서 파일에 보관한다. 위성에서 도착한 각 샘플을 컴퓨터의 특정 레지스터에 집어넣는다고 가정한다. *data_logger* 프로세스라 부르는 애플리케이션의 주 프로세스는 다음과 같은 세 가지 기능을 수행해야 한다.

1. 샘플을 특정 레지스터로부터 메모리로 복사한다.
2. 샘플을 메모리로부터 파일로 복사한다.
3. 샘플의 몇 가지 분석을 수행하여 그 결과를 장래에 처리할 때 사용할 다른 파일에 기록한다.

이는 *copy_sample*, *record_sample*, *housekeeping*으로 이름 붙인 3개의 자식 프로세스를 생성하고, 그림 5.2(a)에 보여준 것과 같이 프로세스 트리를 이룬다. 프로세스는 원으로 표시하였고, 부모-자식 관계는 화살표로 표시하였다. 그림 5.2(b)에서 *copy_sample* 프로세스는 샘플을 레지스터로부터 말하자면 50샘플을 보유할 수 있는 *buffer_area*라는 메모리 영역으로 복사한다. *record_sample* 프로세스는 샘플을 *buffer_area*로부터 파일에 기록한다. *housekeeping* 프로세스는 *buffer_area*로부터 샘플을 분석해서 그 결과를 다른 파일에 기록한다. 새로운 샘플의 도착은 인터럽트를 유발하고, 프로그래머가 정의한 인터럽트 서비스 루틴은 이 인터럽트와 연관되어 있다. 커널은 새로운 샘플이 도착할 때마다 이 루틴을 실행한다. 이것이 *copy_sample* 프로세스를 동작하게 한다.

3개 프로세스의 연산은 다음과 같이 겹칠(overlap) 수 있다. *housekeeping*이 분석해서 그 결과를 다른 파일에 기록하는 동안 *copy_sample*은 샘플을 *buffer_area*로 복사할 수 있고, *record_sample*은 이전 샘플을 파일에 기록할 수 있다. 이러한 배치는 이들 기능이 순차적으로 실행되는 것보다 애플리케이션의 최악 경우의 응답시간을 줄여준다. *buffer_area*가 얼마간의 여분 공간을 가지는 한, *copy_sample*만 다음 샘플이 도착하기 전에 완료하면 된다. 다른 프로세스들은 나중에 실행될 수도 있다. 이러한 가능성은 *copy_sample* 프로세스에 가장 높은 우선순위를 부여함으로써 달성된다.

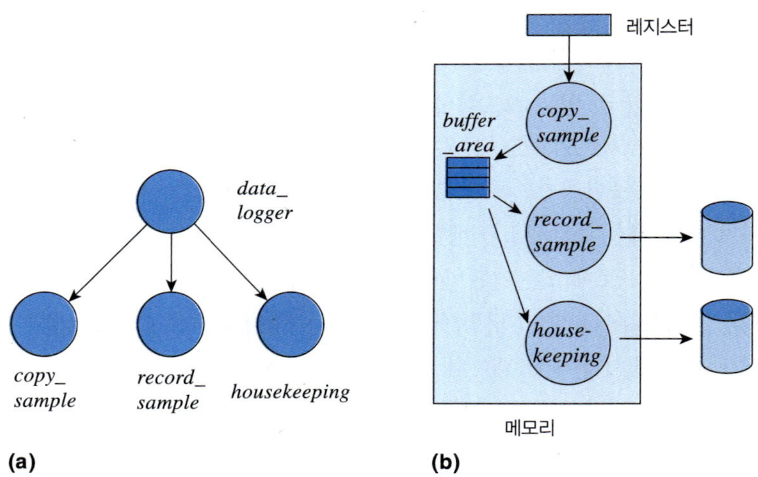

그림 5.2 3.7절의 실시간 애플리케이션 (a) 프로세스 트리 (b) 프로세스

자식 프로세스의 사용을 쉽게 하기 위해서 커널은 다음의 연산을 제공한다.

1. 자식 프로세스를 생성하고 우선순위를 부여하는 연산
2. 자식 프로세스를 종료하는 연산
3. 자식 프로세스의 상태를 결정하는 연산
4. 프로세스들 간에 공유, 통신 및 동기화하는 연산

이 연산들의 사용은 다음과 같이 기술할 수 있다. 예제 5.1에서 *data_logger* 프로세스는 3개의 자식 프로세스를 생성한다. *copy_sample*과 *record_sample* 프로세스는 *buffer_area*를 공유한다. *copy_sample* 프로세스가 샘플을 *buffer_area*로 기록한 이후에만 *record_sample* 프로세스가 샘플을 *buffer_area*에서 복사할 수 있도록 이들의 연산을 동기시킬 필요가 있다. *data_logger* 프로세스는 자신이 종료하기 전에 자식 프로세스를 종료시키거나, 또는 자신의 모든 자식 프로세스들이 종료되었다는 것을 인지한 후에만 자신을 종료하도록 프로그램되어야 한다.

5.1.4 병행성과 병렬성(Concurrency and Parallelism)

병렬성(*parallelism*)은 동시에 발생하는 성질이다. 두 이벤트가 동시에 발생하면 병렬이고, 두 작업이 동시에 수행되어도 병렬이다. **병행성**(*concurrency*)은 병렬성의 환영이다. 두 작업이 병렬로 수행되는 것 같은 환상이 있으면 병행이다. 이에 반하여 실제로는 하나의 작업만이 임의 시점에 수행된다.

운영체제에서 병행성은 CPU에서 프로세스의 연산을 인터리빙(interleaving)시킴으로써 얻어지며, 이들 프로세스가 동시에 연산하는 것 같은 환상을 일으킨다. 병렬성은 멀티프로세서 시스템에서처럼 여러 개 CPU를 사용하고, 이들 CPU에서 다른 프로세스들을 작동시킴으로써 얻어진다.

단순한 병행성이 어떠한 장점을 제공하는가? 이에 대해 3장에서 이미 몇 가지 예를 살펴보았다. 3.5절에서 하나의 CPU상에서 프로세스의 연산을 인터리빙시킴으로써 어떻게 다중 프로그래밍 운영체제의 처리량이 증가하는지에 대해 논의하였는데, 이는 한 프로세스 내의 I/O 연산이 다른 프로세스의 계산 활동과 중첩(overlap)되기 때문이다. 3.6절에서는 시분할 시스템에서 서로 다른 사용자가 생성한 프로세스들의 인터리브된 연산이 어떻게 각 사용자가 컴퓨터를 독점하는 것으로 생각하게 하는지를 보았다. 이렇게 하면 사용하는 실제 컴퓨터의 속도보다 더 느리기는 하다. 5.1.2절과 예제 5.1에서는 프로세스들의 인터리빙(interleaving)이 계산속도 향상으로 이어지는 것을 보았다.

병렬성은 명백하게 더 나은 처리량을 제공한다. 왜냐하면 프로세스가 여러 개의 CPU상에서 동작하기 때문이다. 병렬성은 계산속도를 향상시키는데, 병행성을 통해 얻어진 것과는 질적으로 다르다. 병행성을 채용했을 때 속도 향상은 한 프로세스의 I/O 활동을 다른 프로세스의 CPU 활동과 중첩시킴으로써 얻어진다. 반면 병렬성을 채용했을 때 한 프로세스 내의 CPU와 I/O 활동은 다른 프로세스의 CPU와 I/O 활동을 중첩시킬 수 있다.

병행성과 병렬성을 통한 애플리케이션의 계산속도 향상은 다음과 같은 몇 가지 요인에 좌우된다.

- **애플리케이션 내의 고유한 병렬성**: 애플리케이션이 서로 독립적으로 진행될 수 있는 작업을 가지고 있는가?
- **병행성과 병렬성의 오버헤드**: 병행성을 설정하고 관리하는 오버헤드는 작업을 병행으로 수행하여 얻는 장점보다 크면 안 된다. 예를 들어, 병행으로 수행되도록 시도된 작업 덩어리가 너무 작으면 병행성의 오버헤드가 계산속도 향상을 상쇄하고 오히려 역효과를 낼 수도 있다.
- **운영체제가 지원하는 병행성과 병렬성의 모델**: 모델이 얼마나 많은 오버헤드를 초래하는지와 애플리케이션 내 얼마나 많은 고유한 병렬성이 활용될 수 있는지를 나타낸다.

지금까지는 병행성과 병렬성의 한 모델, 즉 **프로세스 모델**(*process* model)을 논의했다. 5.3절에서 **스레드 모델**(*thread* model)이라고 하는 대체 모델을 소개하고, 그 특성을 논의한다.

5.2 프로세스의 구현(IMPLEMENTING PROCESSES)

운영체제의 관점에서 프로세스는 계산 작업의 한 단위이다. 그러므로 운영체제의 주요 임무는 컴퓨터 시스템의 효율적인 이용을 제공하기 위해 프로세스의 연산을 제어하는 것이다. 따라서 커널은 프로세스에 자원을 할당하고, 다른 프로세스의 간섭으로부터 프로세스와 자원을 보호하고, 그리고 프로세스가 작업을 완료할 때까지 CPU를 사용하도록 보장해야 한다.

커널은 **이벤트**(*event*)가 하드웨어 인터럽트나 시스템 호출로 이어질 때 동작하며 (2.3절 참고), 여기서 이벤트는 커널의 처리를 요구하는 상황이다. 커널은 프로세스의

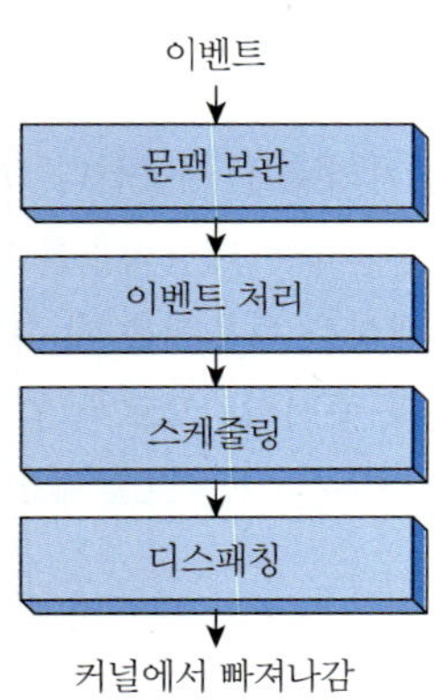

그림 5.3 프로세스를 제어하기 위한 기본적인 기능

연산을 제어하기 위해 네 가지 기본적인 기능을 수행한다.

1. 문맥 보관(*context save*): CPU 상태와 연산이 인터럽트된 프로세스의 자원과 연관된 정보를 보관
2. 이벤트 처리(*event handling*): 인터럽트에 이르게 한 상황 또는 시스템 호출에 이르게 한 프로세스의 요청을 분석하고, 적절한 행동을 취함
3. 스케줄링(*scheduling*): CPU상에서 다음에 실행될 프로세스를 선택
4. 디스패칭(*dispatching*): 스케줄된 프로세스의 자원에 대한 접근을 설정하고 연산을 개시하거나 재개하기 위해 보관된 CPU 상태를 적재

커널은 인터럽트된 프로세스와 연관된 정보를 보관하기 위해 문맥 보관 기능을 수행한다. 다음에 이벤트 처리 루틴의 실행이 이어지고, 인터럽트된 프로세스의 더 이상의 연산은 금지될 수도 있다. 예를 들어, 인터럽트된 프로세스가 I/O 연산을 시작하기 위해 시스템 호출을 발생하거나 또는 어떤 다른 프로세스의 연산을 가능하게 할 때, 즉 인터럽트가 I/O 연산의 종료를 야기하면 인터럽트된 프로세스의 더 이상의 연산은 금지된다. 커널은 프로세스를 선택하기 위해 스케줄링 기능과 그 연산을 개시하거나 재개하기 위해 디스패칭 기능을 수행한다.

앞서 3.5.1절과 3.6절에서 논의한 대로, 스케줄링을 수행하기 위해 운영체제는 항상 어느 프로세스가 CPU를 요구하는지를 알고 있어야 한다. 그러므로 프로세스의 연산을 제어하기 위한 관건은 모든 프로세스를 감시해서 각 프로세스가 매 순간 무엇을 하고 있는지 알고 있어야 한다. 즉, CPU상에서 실행 중이건, CPU가 할당되기를 대기 중이건, I/O 연산이 완료하기를 대기 중이건, 또는 메모리로 교체되기 위해 대기 중이건 간에 말이다. 운영체제는 언제 어느 때든 프로세스가 무엇을 하고 있는지 추적 관리하기 위해 **프로세스 상태**(*process state*)를 감시한다.

여기 5.2절에서 프로세스 상태가 무엇을 의미하는지를 알아보고, 프로세스의 다른 상태들에 대해 고찰한다. 그리고 운영체제가 프로세스 상태에 관한 정보를 유지하는 방법에 대해 고찰한다. 이 장에서는 스케줄링에 관해서는 논의하지 않는다. 이후 7장에서 논의한다.

5.2.1 프로세스 상태와 상태 전이(Process States and State Transitions)

운영체제는 프로세스가 언제 어느 순간에 무엇을 하고 있는지 추적 관리하기 위해 **프로세스 상태**(*process state*)라는 개념을 사용한다.

> **|정의 5.2| 프로세스 상태(Process state):** 프로세스의 현재 활동의 본질을 기술하는 지시자(indicator)

커널은 자신의 기능을 단순화하기 위해 프로세스 상태를 사용한다. 그래서 프로세스 상태의 개수와 명칭은 운영체제마다 다르다. 하지만 대부분의 운영체제는 표 5.3에 기술한 4개의 기본적인 상태를 사용한다. 커널은 프로세스가 자원 요청을 해서 그 요청이 아직 받아들여지지 않았거나 또는 어떤 이벤트가 발생하기를 대기하고 있으면, 프로세스를 **봉쇄 상태**(*blocked state*)에 있다고 간주한다. 대기가 완료될 때까지 그러한 프로세스에 CPU가 할당되어서는 안 된다. 그 요청이 받아들여지거나 또는 대기 중인 이벤트가 발생하면 커널은 프로세스의 상태를 **준비 상태**(*ready state*)로 변경한다. 그러한 프로세스는 스케줄링 대상으로 고려할 수 있다. 커널은 프로세스가 디스패치될 때 프로세스의 상태를 **실행 상태**(*running state*)로 변경한다. 프로세스의 실행이 완료되거나 또는 어떤 이유로 커널에 의해 중지될 때 상태는 **종료 상태**(*terminated state*)로 변경된다.

전통적인 컴퓨터 시스템은 단지 하나의 CPU만 가지고 있고, 그래서 기껏해야 한 프로세스만이 **실행 상태**에 있을 수 있다. 봉쇄 상태, 준비 상태 및 종료 상태에는 꽤 많은 프로세스가 있을 수 있다. 운영체제는 자신의 기능을 단순화하거나 또는 스와핑(swapping)과 같은 추가의 기능을 지원하기 위해 더 많은 상태를 정의할 수도 있다. 5.2.1.1절에서 이 점에 대해 논의한다.

프로세스 상태 전이(Process State Transitions) 프로세스 P_i의 **상태 전이**(*state transition*)는 그 상태 내에서의 변화이다. 상태 전이는 I/O 연산의 개시나 종료와 같은 어떤 사건의 발생에 의해 야기된다. 이벤트가 발생할 때 커널은 프로세스 내 활동에 미치는 영향을 결정하고, 그에 따라 연관된 프로세스의 상태를 변경한다.

실행 상태에 있는 프로세스 P_i가 I/O 요청을 하면, I/O 연산이 완료될 때까지 그 상태가 **봉쇄**(*blocked*) 상태로 변경되어야 한다. I/O 연산의 종료 시점에 P_i의 상태는 **봉쇄** 상태에서 **준비**(*ready*) 상태로 변경되며, 이는 CPU 사용을 원하기 때문이다. 프로세스가 운영체제에 의해 즉시 만족되지 않는 어떤 요청을 하면 유사한 상태 변화가 일어난다. 프로세스 상태는 요청 이벤트가 발생하면 봉쇄 상태로 변경되고, 요청이 만족되면

표 5.3 기본적인 프로세스 상태

상태	설명
실행	CPU가 프로세스 코드에 있는 명령어를 현재 실행 중이다.
봉쇄	프로세스가 한 자원 요청이 받아들여질 때까지 대기해야 하거나 또는 특별한 이벤트가 발생할 때까지 대기하기를 원한다.
준비	프로세스가 연산을 계속하기 위해 CPU를 사용하기를 원하지만, 아직 디스패치되지는 않았다.
종료	프로그램의 실행과 같은 프로세스의 연산이 정상적으로 완료되었거나 또는 운영체제가 중지시켰다.

준비 상태로 변경된다. 준비(*ready*) 프로세스의 상태는 프로세스가 디스패치되면 실행(*running*) 상태로 변경되고, 실행(*running*) 프로세스의 상태는 더 높은 우선순위의 프로세스가 준비되었거나 또는 시간 조각이 경과했다는 이유 때문에 선점되면 준비 상태로 변경된다(3.5.1절과 3.6절 참고). 표 5.4는 상태 전이의 원인을 요약한 것이다.

그림 5.4에 프로세스에 대한 기본적인 상태 전이를 기술한다. 새로운 프로세스는 요청된 자원이 할당된 후에 준비 상태에 놓인다. 새로운 프로세스는 표 5.4에 기술한 사건의 결과에 따라 여러 번 준비, 봉쇄 및 실행 상태로 진입할 수도 있다. 마침내 새로운 프로세스는 종료(*terminated*) 상태에 진입한다.

예제 5.2 프로세스 상태 전이

예제 3.2의 10 ms의 시간 조각을 사용하는 시분할 시스템을 고려해 보자. 여기에는 2개의 프로세스 P_1과 P_2가 있다. P_1은 15 ms의 CPU 시행 시간과 뒤이어 100 ms 동안 지속되는 I/O 연산을 가진다. 한편 P_2는 30 ms의 CPU 시행 시간과 뒤이어 60 ms 동안 지속되는 I/O 연산을 가진다. P_1과 P_2의 실행은 그림 3.7에 표시하였다. 표 5.5에 시스템 운행 중의 상태 전이를 설명한다. 프로그램의 실제 실행은 다음과 같이 진행된다. 시스템 연산은 두 프로세스 모두 준비 상태에서 시간 0에 시작한다. 스케줄러는 프로세스 P_1을 실행하려고 선택하고, 그의 상태를 실행 상태로 변경한다. 시간 10 ms에 P_1은 선점되고, P_2가 디스패치된다. 따라서 P_1의 상태는 준비 상태로 변경되고, P_2는 실행 상태로 변경된다. 시간 20 ms에 P_2는 선점되고, P_1이 디스패치된다. P_1은 I/O 연산 때문에 25 ms에 봉쇄 상태로 진입한다. P_2는 준비 상태에 있기 때문에 디스패치된다. 시간 35 ms에 P_2는 시간 조각이 만료되었기 때문에 선점된다. 하지만 준비 상태에 있는 다른 프로세스가 없기 때문에 다시 디스패치된다. P_2는 45 ms에 I/O 연산을 시작한다. 이제 두 프로세스는 모두 봉쇄 상태에 있다.

5.2.1.1 중단된 프로세스(Suspended Processes)

커널은 앞에서 기술한 네 가지 기본적인 상태 중 하나에 속하지 않는 프로세스 활동의 본질을 기술하기 위해 추가의 상태를 필요로 한다. 프로세스가 메모리로부터 스왑-아웃(swap out)될 때 준비 또는 봉쇄 상태에 있는 프로세스를 고려해 보자. 프로세스가 재개할 수 있기 전에 메모리로 다시 스왑-인(swap in)될 필요가 있다. 그러므로 프로세스는 더 이상 준비 또는 봉쇄 상태에 있지 않으며, 커널은 그에 대한 새로운 상태를 정의해야 한다. 그러한 프로세스를 중단된 프로세스(*suspended process*)라고 한다. 만약 사용자가 자신의 프로세스가 특정 기간 동안 스케줄링되어서는 안 된다고 지정하면, 그 프로세스는 중단된 프로세스가 될 수도 있다. 중단된 프로세스가 예전의 행동을 재개하게 되면, 중단될 때에 있었던 상태로 되돌아간다. 이러한 상태 전이를 쉽게 하기 위해 커널은 여러 개의 중단(*suspend*) 상태를 정의하고 중단된 프로세스를 적절한 중단 상태에 넣는다.

표 5.4 프로세스에 대한 기본적인 상태 전이의 원인

상태 전이	설명
준비 → 실행	프로세스가 디스패치된다. CPU는 명령어 실행을 개시하거나 재개한다.
봉쇄 → 준비	프로세스가 요구한 요청이 허용되거나, 대기 중이던 이벤트가 발생한다.
실행 → 준비	커널이 어떤 다른 프로세스를 스케줄하기로 결정했기 때문에 프로세스가 선점된다. 이러한 전이는 더 높은 우선순위의 프로세스가 준비 상태로 되거나, 또는 프로세스의 시간 조각이 만료되었기 때문에 발생한다.
실행 → 봉쇄	어떤 자원 요청이 허용되거나 특정 이벤트가 시스템에 발생할 때까지 대기하기를 원한다는 것을 가리키기 위해서, 연산 중인 프로세스가 시스템 호출을 발생한다. 봉쇄에 대한 다섯 가지 주요 원인은 다음과 같다. • 프로세스가 I/O 연산을 요청한다. • 프로세스가 자원을 요청한다. • 프로세스가 특정 시간 간격 동안 대기하기를 원한다. • 프로세스가 다른 프로세스로부터 메시지를 기다린다. • 프로세스가 다른 프로세스의 어떤 행동을 기다린다.
실행 → 종료	프로그램의 실행이 완료된다. 프로세스 종료에 대한 다섯 가지 주요 이유는 다음과 같다. • **스스로 종료:** 연산 중인 프로세스가 작업을 완료했거나 의미 있는 연산을 할 수 없다는 것을 깨달아서 "나를 종료하라(terminate me)"는 시스템 호출을 한다. 후자의 상태에 대한 예는 부정확하거나 일관성 없는 데이터, 또는 원하는 방법으로 데이터에 접근할 수 없는 경우이다. 예를 들면, 부적절한 파일 접근 특권과 같은 경우이다. • **부모에 의한 종료:** 자식 프로세스의 실행이 더 이상 필요하지 않거나 의미 없다는 것을 알았을 때, 프로세스는 자식 프로세스 P_i를 종료시키기 위해 "P_i를 종료하라(terminate P_i)"는 시스템 호출을 한다. • **자원 이용을 초과:** 운영체제는 프로세스가 소비할 수 있는 자원을 제한한다. 자원 제한을 초과하는 프로세스는 커널에 의해 중지된다. • **연산 도중 비정상적인 상태:** 비정상적인 상태(abnormal conditions)가 실행 중인 명령어 때문에 야기되면 커널은 프로세스를 중지한다. 예를 들면, 유효하지 않은 명령어의 실행, 특권 명령어의 실행, 오버플로우 같은 산술 연산 상태, 또는 메모리 보호 위반 같은 경우이다. • **다른 프로세스와의 부적절한 상호작용:** 프로세스가 교착상태에 빠지면 커널은 그 프로세스를 중지시킨다.

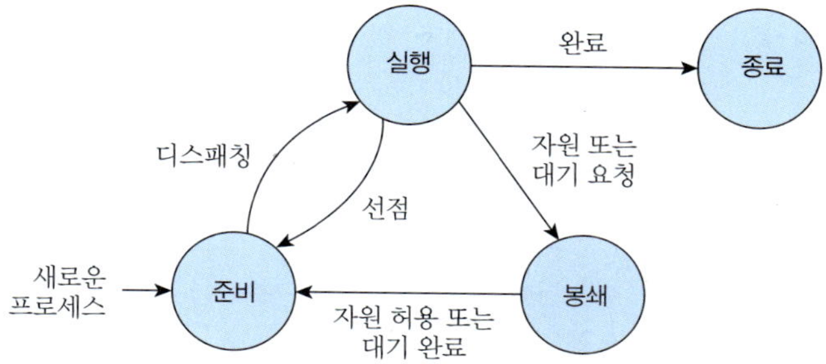

그림 5.4 프로세스에 대한 기본적인 상태 전이

중단된 프로세스에 대한 논의를 스왑된 프로세스(swapped process)로 제한하고, **스왑된 준비**(*ready swapped*)와 **스왑된 봉쇄**(*blocked swapped*)라고 하는 2개의 중단 상태를 사용한다. 따라서 그림 5.5는 프로세스 상태와 상태 전이를 보여준다. **준비** → **스왑된 준비** 또는 **봉쇄** → **스왑된 봉쇄** 상태로의 전이는 스왑-아웃(swap-out) 행동에 의해 일어난다. 역방향으로의 상태 전이는 프로세스가 메모리로 다시 스왑-인(swap-in)될 때 일어난다. **스왑된 봉쇄** → **스왑된 준비** 상태로의 전이는 프로세스가 중단된 상태에 있는 동안이라도 프로세스가 대기 중이던 요청이 허용되면 일어난다. 예를 들어, 봉쇄되었던 자원이 프로세스에 허용되는 경우에 일어난다. 하지만 프로세스는 스왑-아웃된 상태를 지속한다. 프로세스가 메모리로 다시 스왑-인되면, 상태는 **준비**로 변하고 CPU를 차지하기 위해 다른 **준비** 프로세스와 경쟁한다. 새로운 프로세스는 메모리의 가용 여부에 따라 **준비** 상태에 놓이거나 또는 **스왑된 준비** 상태에 놓인다.

표 5.5 시분할 시스템에서의 프로세스 상태 전이

시간	이벤트	설명	새로운 상태	
			P_1	P_2
0		P_1이 스케줄된다	실행	준비
10	P_1이 선점된다	P_2가 스케줄된다	준비	실행
20	P_2가 선점된다	P_1이 스케줄된다	실행	준비
25	P_1이 I/O를 시작한다	P_2가 스케줄된다	봉쇄	실행
35	P_2가 선점된다	—	봉쇄	준비
		P_2가 스케줄된다	봉쇄	실행
45	P_2가 I/O를 시작한다	—	봉쇄	봉쇄

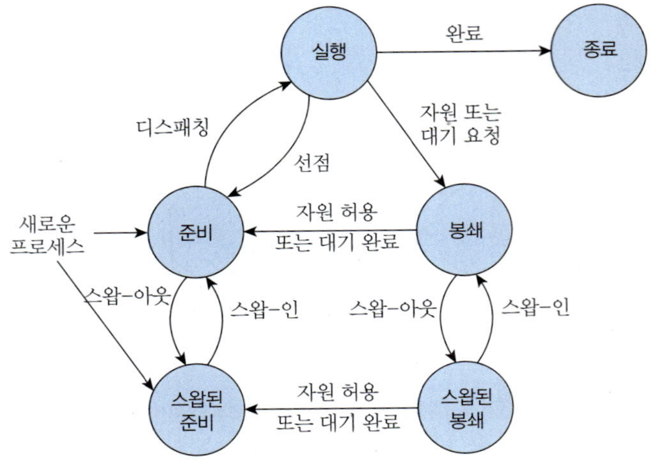

그림 5.5 두 개의 스왑된 상태를 사용한 프로세스 상태와 상태 전이

5.2.2 프로세스 문맥과 프로세스 제어 블록(Process Context and the Process Control Block)

커널은 프로세스에 자원을 할당하고 CPU를 사용하도록 프로세스를 스케줄한다. 따라서 프로세스에 대한 커널의 관점은 두 성분으로 구성된다.

- 프로세스의 코드, 데이터 및 스택, 그리고 메모리 및 파일과 같은 할당된 다른 자원에 관한 정보
- 프로세스 상태, 스택 포인터를 포함한 CPU 상태, 그리고 이 절의 뒤에서 기술하는 몇 가지 다른 항목의 정보와 같은 프로그램 실행과 관련된 정보

커널 관점의 두 성분은 **프로세스 문맥**(*process context*)과 **프로세스 제어 블록**(*process control block*: PCB)에 각각 포함된다(5.6절 참고). 이러한 배치는 서로 다른 운영체제 모듈이 연관된 프로세스 관련 정보를 편리하고 효율적으로 접근할 수 있게 한다.

프로세스 문맥 프로세스 문맥은 다음과 같이 구성된다.

1. **프로세스의 주소 공간:** 프로세스의 코드, 데이터 및 스택 구성 요소(정의 5.1 참고)
2. **메모리 할당 정보:** 프로세스에 할당된 메모리 영역과 관련된 정보. 이 정보는 프로세스의 연산 도중 메모리 관리 장치(memory management unit: MMU)에 의해 사용된다(2.2.2절 참고).
3. **파일 처리 활동의 상태:** 파일 내 현재 위치와 같은 사용 중인 파일에 관한 정보
4. **프로세스 상호작용 정보:** 다른 프로세스와의 상호작용을 제어하기 위해 필요한 정보. 예를 들어 부모와 자식 프로세스의 id, 아직 전달되지는 않았지만 전송될 프로세스 간 정보

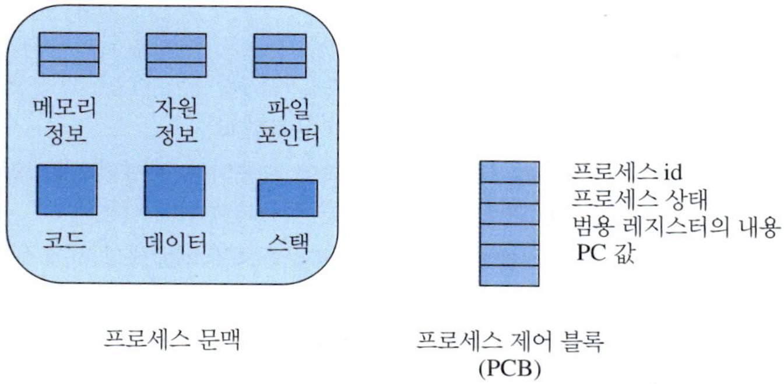

그림 5.6 프로세스의 커널 관점

5. **자원 정보:** 프로세스에 할당된 자원과 관련된 정보
6. **기타 정보:** 프로세스 연산 중 필요한 기타 정보

운영체제는 프로세스에 메모리를 할당하고, 할당된 메모리에 프로세스 코드를 적재하고, 데이터 공간을 설정함으로써 프로세스 문맥을 생성한다. 프로세스에 할당된 자원 및 다른 프로세스와의 상호작용과 관련된 정보는 프로세스가 생존할 동안 프로세스 문맥에 유지된다. 이러한 정보는 프로세스가 연산 중에 행한 파일 열기, 닫기 및 생성과 데이터의 파괴와 같은 행동의 결과에 따라 변한다.

프로세스 제어 블록(Process Control Block: PCB) 한 프로세스의 **프로세스 제어 블록**(PCB)은 프로세스와 관련한 세 종류의 정보를 가진다. 즉, 프로세스 id와 부모 프로세스 id 및 프로세스를 생성한 사용자의 id와 같은 id 정보, 자신의 상태와 같은 프로세스 상태 정보와 PSW와 범용 레지스터(GPR)의 내용, 프로세스 우선순위 및 다른 프로세스와의 상호작용과 같은 연산을 제어하는 데 유용한 정보 등을 가진다. 또한 준비 프로세스의 목록과 같은 스케줄링을 위한 PCB 목록을 구성하기 위해 커널이 사용하는 포인터 항목을 가진다. 표 5.6에 PCB 자료 구조의 항목을 기술한다.

우선순위와 상태 정보는 스케줄러에 의해 사용된다. 스케줄러는 선택된 프로세스의 id를 디스패처(dispatcher)에게 넘긴다. 실행 상태가 아닌 프로세스에 대해서는 *PSW*와 *GPRs* 항목이 마지막에 봉쇄되거나 또는 선점될 당시의 프로세스의 *CPU* 상태를 가지고 있다(2.2.1절 참고). 프로세스의 연산은 PCB로부터 CPU로 단순히 이 정보를 적재함으로써 재개될 수 있다. 이 행동은 프로세스가 디스패치될 때 수행된다.

프로세스가 봉쇄 상태로 될 때 그 이유를 기억해 두는 것은 중요하다. 자원 요청이나 I/O 연산과 같은 봉쇄의 원인을 PCB의 이벤트 정보(*event information*) 항목에 기록함으로써 행해진다. 장치 *d*에서 I/O 연산 중에 봉쇄된 프로세스 P_i를 고려해 보자. P_i의 PCB 내 이벤트 정보 항목은 장치 *d*에서 I/O 연산의 종료를 기다린다는 것을 표시한다.

표 5.6 프로세스 제어 블록(PCB)의 항목

PCB 항목	내용
프로세스 id	프로세스 생성 시에 부여한 유일한 id
부모, 자식 id	이들 id는 프로세스 동기화에 사용되며, 전형적으로 프로세스가 자식 프로세스가 종료되었는지를 검사하기 위해 사용된다.
우선순위	우선순위는 보통 수치 값이다. 프로세스는 생성 시에 우선순위를 부여받는다. 커널은 프로세스의 특성(CPU 위주 또는 I/O 위주), 경과 시간 및 소비한 자원(전형적으로 CPU 시간) 등에 따라 우선순위를 동적으로 변경한다.
프로세스 상태	프로세스의 현재 상태
PSW	이것은 프로세스가 마지막으로 봉쇄되거나 선점될 당시의 상태 정보(snapshot, 예를 들어 이미지)이다. 이 상태 정보를 다시 PSW로 적재하는 것이 프로세스의 연산을 재개하는 것이다(PSW 항목에 대해서는 그림 2.2 참고).
GPRs	프로세스가 마지막으로 봉쇄되었거나 선점되었을 당시의 범용 레지스터의 내용
이벤트 정보	봉쇄 상태에 있는 프로세스에 대해, 이 항목은 프로세스가 대기 중인 이벤트와 관련한 정보를 가진다.
시그널 정보	시그널 핸들러의 위치와 관련한 정보(5.2.6절 참고)
PCB 포인터	이 항목은 스케줄링 목적으로 PCB의 목록을 구성하기 위해 사용된다.

장치 *d*에서 I/O 연산이 완료하면, 커널은 프로세스 P_i에 대해 봉쇄 → 준비 상태로 전이시키기 위해 이 정보를 사용한다.

5.2.3 문맥 보관, 스케줄링 및 디스패칭(Context Save, Scheduling, and Dispatching)

문맥 보관 기능은 이벤트가 발생할 때마다 운영 관리를 수행한다. 인터럽트된 프로세스의 CPU 상태를 PCB 내에 보관하고, 그의 문맥과 관련한 정보를 보관한다(5.2.2절 참고). 인터럽트된 프로세스는 이벤트가 발생하기 전에는 실행 상태에 있었다는 것을 상기하라. 문맥 보관 기능은 그의 상태를 준비 상태로 변경한다. 이벤트 핸들러는 인터럽트된 프로세스의 상태를 이후에 봉쇄 상태로 변경한다. 예를 들어, 현재의 이벤트가 인터럽트된 프로세스 자신이 한 I/O 개시 요청인 경우이다.

스케줄링 기능은 실행시킬 목적으로 준비 프로세스를 선택해서 그 id를 디스패칭 기능으로 넘겨주기 위해 프로세스 상태 정보를 사용한다. 디스패칭 기능은 선택된 프로세스의 문맥을 설정하고, 그의 상태를 실행 상태로 변경하며, 보관된 CPU 상태를 PCB로부터 CPU로 적재한다. 내용을 보호하기 위해 메모리 관리 장치(MMU)가 사용한 주소 변환 버퍼를 깨끗하게 한다. 예제 5.3은 우선순위 기반 스케줄링을 사용하는 운영체제에서 문맥 보관, 스케줄링 및 디스패칭 기능을 설명한다.

예제 5.3 문맥 보관, 스케줄링 및 디스패칭

운영체제는 2개의 프로세스 P_1과 P_2를 가지며, P_2가 P_1보다 더 높은 우선순위를 갖는다. P_2는 I/O 연산 중인 봉쇄 상태라 하고 P_1은 실행 상태라 하자. P_2의 I/O 연산에 대해 I/O 완료 이벤트가 발생하면 다음과 같은 행동이 일어난다.

1. 문맥 보관 기능은 P_1에 대해 수행하고, 그의 상태는 준비 상태로 변경한다.
2. PCB의 이벤트 정보 항목을 사용해서, 이벤트 핸들러는 P_2가 I/O 연산을 개시했다는 것을 알아내 P_2의 상태를 봉쇄에서 준비 상태로 변경한다.
3. 스케줄링을 수행한다. P_2가 가장 높은 우선순위의 준비 프로세스이기 때문에 P_2를 선택한다.
4. P_2의 상태를 실행 상태로 변경하고 P_2를 디스패치한다.

프로세스 전환(Process Switching) 예제 5.3의 1번, 3번 및 4번 기능은 프로세스 P_1과 P_2 간의 전환을 공동으로 수행한다. 또한 프로세스 간의 전환은 실행 프로세스가 요청의 결과나 시간 조각의 종료 시 선점됨에 따라 봉쇄될 때 발생한다. 다음 두 가지 이벤트의 경우에는 프로세스 간 전환을 유발하지 않는다. 첫째, 이벤트로 인해 인터럽트된 프로세스의 우선순위보다 더 낮은 우선순위의 프로세스 내에서 상태 전이만 유발하는 경우이다. 둘째, 즉각적으로 만족되는 요청에 의해 야기된 이벤트처럼 어떤 상태 전이도 유발하지 않는 경우이다. 전자의 경우 스케줄링 기능은 디스패칭을 위해 인터럽트된 프로세스를 선택한다. 후자의 경우 스케줄링은 전혀 수행할 필요가 없다. 즉, 디스패칭 기능은 인터럽트된 프로세스 상태를 단순히 실행 상태로 변경하고 이 프로세스를 디스패치한다.

프로세스 간의 전환은 한 프로세스의 CPU 상태를 보관하고 다른 프로세스의 CPU 상태를 적재하는 것보다 많은 것을 포함한다. 게다가 프로세스의 문맥도 전환될 필요가 있다. 프로세스 전환 동안에 보관하거나 복구할 필요가 있는 모든 정보를 지칭하기 위해 **프로세스의 상태 정보**(*state information of a process*)라는 용어를 사용한다. 프로세스 전환 오버헤드는 프로세스의 상태 정보의 크기에 따라 결정된다. 어떤 컴퓨터 시스템은 프로세스 전환 오버헤드를 줄이기 위해 특별한 명령어를 제공한다. 예를 들어, PSW와 모든 범용 레지스터를 보관하거나 적재하는 명령어, 혹은 메모리 관리 장치(MMU)가 사용한 주소 변환 버퍼를 깨끗하게 하는 명령어 등이다.

더욱이 프로세스 전환은 약간의 간접적인 오버헤드를 가진다. 새로이 스케줄된 프로세스는 캐시 내에 자기 주소 공간의 어느 부분도 갖지 않을 수 있고, 그래서 프로세스가 캐시 내에 충분한 정보를 형성할 때까지 불완전하게 수행될 수도 있다(2.2.3절 참고). 가상 메모리 연산도 또한 초기에 더 불완전하다. 왜냐하면 MMU 내 주소 변환 버퍼가 새로이 스케줄된 프로세스와 관련된 어떤 정보도 가지고 있지 않기 때문이다.

5.2.4 이벤트 처리(Event Handling)

다음 이벤트는 운영체제 작동 중에 발생한다.

1. 프로세스 생성 이벤트(*process creation event*): 새로운 프로세스를 생성한다.
2. 프로세스 종료 이벤트(*process termination event*): 프로세스가 연산을 완료한다.
3. 타이머 이벤트(*timer event*): 타이머 인터럽트가 발생한다.
4. 자원 요청 이벤트(*resource request event*): 프로세스가 자원 요청을 한다.
5. 자원 해제 이벤트(*resource release event*): 프로세스가 자원을 해제한다.
6. *I/O* 개시 요청 이벤트(*I/O initiation request event*): 프로세스가 I/O 연산을 개시하기를 원한다.
7. *I/O* 완료 이벤트(*I/O completion event*): I/O 연산을 완료한다.
8. 메시지 송신 이벤트(*message send event*): 한 프로세스가 다른 프로세스에게 메시지를 송신한다.
9. 메시지 수신 이벤트(*message receive event*): 프로세스가 메시지를 수신한다.
10. 시그널 송신 이벤트(*signal send event*): 한 프로세스가 다른 프로세스에게 시그널을 송신한다.
11. 시그널 수신 이벤트(*signal receive event*): 프로세스가 시그널을 수신한다.
12. 프로그램 인터럽트(*program interrupt*): 실행 프로세스의 현재 명령어가 오작동한다.
13. 하드웨어 오작동 이벤트(*a hardware malfunction event*): 컴퓨터 하드웨어 내의 장치가 오작동한다.

타이머, I/O 완료 및 하드웨어 오작동 이벤트는 실행 프로세스의 외부적인 상황에 의해 야기된다. 그 외의 다른 모든 이벤트는 실행 프로세스 내의 동작에 의해 야기된다. 1번~9번 이벤트를 이벤트 핸들러의 동작을 논의하기 위해 2개 범주로 분류하고, 10번과 11번 이벤트는 5.2.6절에서 논의한다. 커널은 12번이나 13번 이벤트가 발생할 때 실행 프로세스를 중지시키는 등 표준 동작을 수행한다.

프로세스 생성, 종료 및 선점과 관련된 이벤트들 사용자가 프로그램을 실행하기 위해 명령하면, 사용자 인터페이스의 명령 해석기는 프로그램의 이름을 매개변수로 가지는 *create_process* 시스템 호출을 한다. 프로세스가 프로그램을 실행하기 위해 자식 프로세스를 생성하고 싶다면, 스스로 그 프로그램의 이름을 매개변수로 가지는 *create_process* 시스템 호출을 한다.

create_process 시스템 호출에 대한 이벤트 처리 루틴은 새로운 프로세스를 위한 PCB를 생성하고, 유일한 프로세스 id와 우선순위를 부여하고, 이 정보와 부모 프로세스의 id를 PCB의 해당 항목에 넣는다. 그리고 프로세스의 주소 공간을 수용하기 위해 필요한 메모리 양, 예를 들어 실행될 프로그램의 코드와 데이터 및 스택 등을 결정하고,

프로세스에 그만한 메모리를 할당하기 위해 준비한다(메모리 할당 기법은 11장과 12장에 기술한다). 대부분의 운영체제에서 키보드 및 표준 입력과 출력 파일과 같은 몇몇 표준 자원은 각 프로세스와 연관되어 있다. 커널은 이때 표준 자원을 프로세스에 할당한다. 그리고 할당된 메모리와 자원에 관한 정보를 새로운 프로세스의 문맥에 넣는다. 이와 같은 사소한 일을 완료한 후에, PCB 내 프로세스의 상태를 **준비** 상태로 설정하고 프로세스를 적절한 PCB 목록에 넣는다.

프로세스가 자신을 종료시키거나 또는 자식 프로세스를 종료시키기 위해 시스템 호출을 하면, 커널은 그 프로세스가 시작했던 I/O 연산이 완료할 때까지 종료를 지연시킨다. 그리고 그 프로세스에 할당되었던 메모리와 자원을 해제한다. 이러한 기능은 프로세스 문맥 내 적절한 항목에 있는 정보를 사용해서 수행된다. 그리고 나서 커널은 프로세스의 상태를 **종료** 상태로 변경한다. 프로세스의 부모는 장차 자식의 상태를 검사하기를 원할 수도 있다. 그래서 종료된 프로세스의 PCB는 바로 파괴하지 않고, 부모 프로세스가 상태를 검사한 이후 또는 스스로 종료한 이후에 언젠가 파괴한다. 프로세스의 부모가 이미 종료하기 위해 대기 중이라면, 커널은 부모 프로세스를 활성화시켜야 한다. 이 동작을 수행하기 위해 커널은 종료된 프로세스의 PCB로부터 부모 프로세스의 식 id를 얻는다. 그리고 부모 프로세스가 자식 프로세스의 종료를 기다리고 있는지를 알기 위해 부모 프로세스의 PCB 내 **이벤트 정보** 항목을 검사한다(5.2.2절 참고).

실행 프로세스의 시간 조각이 만료되면 **실행** 상태에 있는 프로세스는 선점된다. 타이머 인터럽트에 대한 이벤트 핸들러가 호출되기 전에 이미 문맥 보관 기능은 실행 프로세스의 상태를 **준비** 상태로 변경했다. 그래서 이벤트 핸들러는 단순히 그 프로세스의 PCB를 적절한 스케줄링 목록으로 옮기기만 한다. 더 높은 우선순위 프로세스가 **준비** 상태가 되면 선점이 일어난다. 그러나 더 높은 우선순위 프로세스가 스케줄되면 선점은 묵시적으로 실현되므로, 이벤트 핸들러는 그에 대해 어떤 명시적인 행동도 수행할 필요가 없다.

자원 이용과 관련된 이벤트 프로세스가 시스템 호출을 통해 자원을 요청하면, 이벤트 처리가 아무런 프로세스 상태 전이도 야기하지 않는 경우에 커널은 즉시 자원을 할당할 수 있어야 한다. 그래서 커널은 스케줄링을 생략하고 인터럽트된 프로세스의 연산을 재개하기 위해 디스패칭 기능을 곧바로 부를 수 있다. 만약 자원이 할당될 수 없으면 이벤트 핸들러는 인터럽트된 프로세스의 상태를 **봉쇄** 상태로 변경하고, PCB의 **이벤트 정보** 항목에 요청된 자원의 id를 기록한다. 프로세스가 시스템 호출을 통해 자원을 해제하면, 이벤트 핸들러는 시스템 호출을 한 프로세스의 상태를 변경할 필요가 없다. 그렇지만 어떤 다른 프로세스가 그 자원을 필요로 하기 때문에 봉쇄되었는지를 검사해야 한다. 그리고 봉쇄되었다면 봉쇄된 프로세스 중 하나에 그 자원을 할당하고 그의 상태를 **준비** 상태로 변경한다. 이 행동은 다음에 간단히 논의할 특별한 조정이 필요하다.

I/O 연산의 개시를 요청하는 시스템 호출과 I/O 연산의 종료를 알리는 인터럽트는 유사한 이벤트 처리 행동을 한다. 프로세스의 상태는 I/O 연산이 시작될 때 **봉쇄** 상태로 변경하고, 봉쇄의 원인은 PCB의 **이벤트 정보** 항목에 기록한다. 그 상태는 I/O 연산이 완료될 때 다시 **준비** 상태로 변경한다. 다른 프로세스로부터 메시지를 수신하기 위한 요청과 다른 프로세스에게 메시지를 송신하기 위한 요청도 또한 유사한 행동을 한다.

이벤트 제어 블록(Event Control Block: ECB) 이벤트가 발생하면 커널은 이벤트에 의해 상태가 영향을 받는 프로세스를 알아내야 한다. 예를 들어, I/O 완료 인터럽트가 발생하면 커널은 완료를 기다리고 있는 프로세스를 식별해 내야 한다. 이는 모든 프로세스의 PCB 내의 **이벤트 정보** 항목을 검색함으로써 이루어진다. 이러한 검색은 비용이 많이 들기 때문에 운영체제는 속도 향상을 위해 다양한 기법을 사용한다. **이벤트 제어 블록**(*event control blocks*: ECBs)을 사용하는 기법을 살펴보자.

그림 5.7에 보여준 것처럼 ECB는 3개의 항목을 가지고 있다. **이벤트 기술**(*event description*) 항목은 이벤트를 기술하고, **프로세스** *id*(*process id*) 항목은 이벤트를 기다리고 있는 프로세스의 id를 가지고 있다. 프로세스 P_i가 이벤트 e_i의 발생 때문에 봉쇄되면, 커널은 ECB를 구성해서 e_i 및 P_i와 연관된 관련 정보를 이곳에 넣는다. 커널은 프로세스 간 메시지나 I/O 연산과 같은 이벤트의 각 종류마다 따로 ECB 목록을 유지한다. 그래서 *ECB* **포인터** 항목은 새로이 생성된 ECB를 적절한 ECB 목록에 집어넣기 위해 사용된다.

이벤트가 발생하면 커널은 부합하는 이벤트 기술을 가진 ECB를 찾기 위해 적절한 ECB 목록을 조사한다. ECB의 **프로세스** *id* 항목은 어느 프로세스가 이벤트가 발생하기를 기다리는지 나타낸다. 이 프로세스의 상태는 이벤트의 발생을 반영하기 위해 변경된다. 다음 예제는 I/O 완료 이벤트를 처리하기 위한 ECB 사용에 대해 설명한다. 프로세스 간 메시지를 처리할 때 ECB 사용은 9.2.2절에서 기술한다. PCB의 **이벤트 정보** 항목은 이제 중복된 것으로 보인다. 하지만 커널은 프로세스가 중지하고 있는 동안에 어느 이벤트에 의해 프로세스가 봉쇄되었는지를 알아야 할 필요가 있기 때문에 이벤트 정보 항목을 계속 사용한다.

이벤트 기술
프로세스 id
ECB 포인터

그림 5.7 이벤트 제어 블록(ECB)

예제 5.4 I/O 완료 처리를 위한 ECB의 사용

프로세스 P_i가 어떤 장치 d에 I/O 연산을 요청할 때와 I/O 연산이 완료할 때의 커널의 동작은 다음과 같다.

1. 커널은 ECB를 생성하고, 다음과 같이 초기화한다.
   a. 이벤트 기술(event description) := 장치 d에서 I/O 종료(end of I/O on device d)
   b. 이벤트를 기다리는 프로세스(process awaiting the event) := P_i
2. 새롭게 생성된 ECB(ECB_j라고 부르자)를 ECB 목록에 추가한다.
3. P_i의 상태는 봉쇄 상태로 변경하고 ECB_j의 주소는 P_i의 PCB 내 '이벤트 정보(event information)' 항목에 집어넣는다(그림 5.8 참고).
4. "장치 d에서 I/O 종료"라는 인터럽트가 발생하면, ECB_j는 부합되는 이벤트 기술 항목을 가진 ECB를 검색해서 위치를 찾는다.
5. 영향을 받는 프로세스의 id(예를 들어, P_i)를 ECB_j로부터 추출한다. P_i의 PCB를 찾아서 그 상태를 준비 상태로 변경한다.

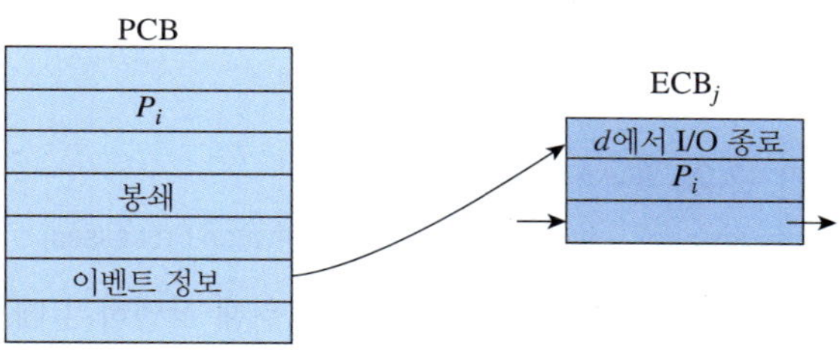

그림 5.8 PCB-ECB 상호관계

이벤트 처리의 요약 그림 5.9는 앞에서 기술한 커널의 이벤트 처리 행동을 설명한다. 봉쇄(*block*) 행동은 시스템 호출을 한 프로세스의 상태를 항상 **준비**에서 **봉쇄**로 변경한다. 봉쇄 해제(*unblock*) 행동은 지금 요청이 충족될 수 있는 프로세스를 찾아서 상태를 **봉쇄**에서 **준비**로 변경한다. 자원을 요청하는 시스템 호출은 자원이 요청한 프로세스에 할당될 수 없으면 **봉쇄** 동작을 하게 한다. 이 행동에 뒤이어 스케줄링과 디스패칭이 따른다. 왜냐하면 다른 프로세스가 CPU를 사용하기 위해 선택되어야 하기 때문이다. 봉쇄 행동은 자원이 즉시 할당될 수 있으면 수행되지 않는다. 이 경우에는 인터럽트된 프로세스가 단순히 다시 디스패치된다. 프로세스가 자원을 해제할 때, 다른 프로세스가 해제된 자원을 기다리고 있으면 **봉쇄 해제** 행동을 수행한다. 봉쇄 해제된 프로세스가 자원을 해제한 프로세스보다 더 높은 우선순위를 가지기 때문에 스케줄링과 디스패칭이 뒤따른다. 이 사건으로 인해 아무 프로세스도 봉쇄 해제되지 않으면 스케줄링은 생략된다.

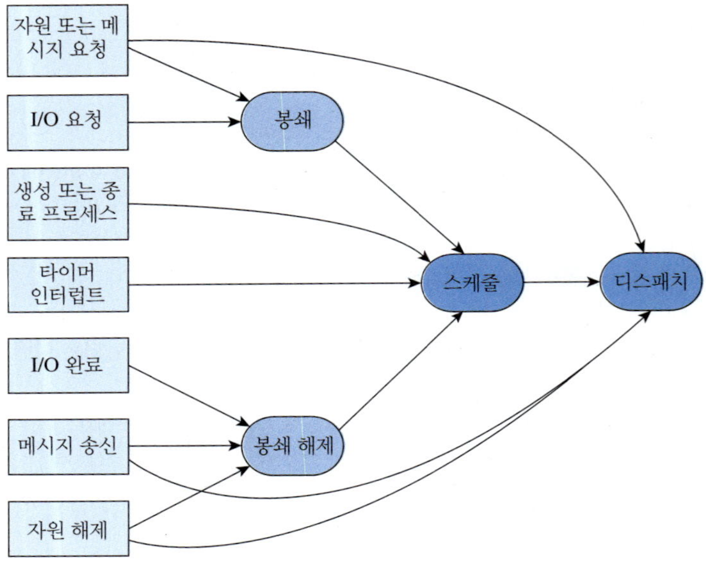

그림 5.9 커널의 이벤트 처리 행동

5.2.5 프로세스 간 공유, 통신 및 동기화 (Sharing, Communication, and Synchronization Between Processes)

한 애플리케이션 내의 프로세스들은 공동의 목적을 위해 작업하기 때문에 서로 상호작용할 필요가 있다. 표 5.7은 네 가지 종류의 프로세스 상호작용을 기술한다. 다음에 그 중요한 특징을 요약한다.

데이터 공유(Data Sharing) 공유 변수는 여러 개 프로세스가 병행으로 갱신하면 일관성 없는 값을 가질 수도 있다. 예를 들어 a가 공유 변수일 때, 두 프로세스가 문장 a:=a+1을 병행으로 실행하면, 그 결과는 커널이 두 프로세스의 실행을 인터리브(interleave)시키는 방법에 따라 좌우된다. 즉, a의 값은 단지 1만 증가될 수도 있다(6.2절에서 이 문제를 논의한다). 이러한 문제를 피하기 위해, 어느 때든 단지 하나의 프로세스만이 공유 데이터에 접근해야 한다. 그래서 한 프로세스가 데이터에 접근하고 있다면 다른 프로세스의 데이터 접근은 연기되어야 한다. 이것을 상호 배제(*mutual exclusion*)라고 한다. 이처럼 병행 프로세스의 데이터 공유는 상호 배제라는 오버헤드를 유발한다.

메시지 전달(Message Passing) 한 프로세스가 어떤 정보를 다른 프로세스에게 메시지 형태로 송신할 수 있다. 다른 프로세스는 정보를 자신의 자료 구조로 복사해서 사용할 수 있다. 송신자와 수신자 프로세스 모두 정보 교환에 참여해야 한다. 즉, 프로세스가 언제 메시지를 송신하는지 또는 수신하는지를 알아야 하고, 그래서 정보 교환은 프로세스 간 협정, 즉 프로토콜의 일부가 된다.

표 5.7 네 가지 종류의 프로세스 상호작용

상호작용의 종류	설명
데이터 공유	공유 데이터는 여러 개 프로세스가 그 데이터를 동시에 갱신하면 일관성이 결여될 수도 있다. 따라서 프로세스들은 한 프로세스가 언제 공유 데이터를 갱신하거나 사용하는 것이 안전한지를 결정하기 위해 상호작용해야 한다.
메시지 전달	프로세스들은 서로에게 메시지를 전달함으로써 정보를 교환한다.
동기화	공동 목적을 완수하기 위해 프로세스들은 그들의 활동을 조정하고 바람직한 순서로 행동을 수행해야 한다.
시그널	시그널은 한 프로세스에게 예외 상황의 발생을 전달하기 위해 사용된다.

동기화(Synchronization) 프로그램의 논리가 어떤 행동 a_j가 수행된 이후에만 행동 a_i가 수행되어야 하는 것을 요구할 수도 있다. 이들 행동이 서로 다른 프로세스 내에서 수행된다면 프로세스 간의 동기화가 필요하다. 즉, 행동 a_i를 수행하려는 프로세스는 다른 프로세스가 행동 a_j를 수행할 때까지 기다려야 한다.

시그널(Signals) 시그널은 예외 상황을 프로세스에게 전달하기 위해 사용된다. 그리하여 프로세스가 적절한 행동을 취해 그 상황을 처리하도록 하는 것이다. 프로세스가 시그널을 수신하면 실행할 코드를 **시그널 핸들러**(*signal handler*)라고 부른다. 시그널 메커니즘은 인터럽트와 비슷하게 모델화된다. 시그널이 프로세스에 송신되면 커널은 프로세스의 연산을 인터럽트하고, 프로세스가 규정한 시그널 핸들러가 있다면 이것을 실행하고, 그렇지 않으면 디폴트(default) 행동을 수행한다. 시그널 핸들러를 실행한 후에 프로세스를 재개하는 방법은 운영체제마다 다르다.

예제 5.5는 예제 5.1의 실시간 애플리케이션에서 프로세스 간 공유, 통신 및 동기화를 설명한다. 시그널의 구현은 5.2.6절에서 기술한다.

예제 5.5 실시간 데이터 기록 애플리케이션에서의 프로세스 상호작용

예제 5.1의 실시간 데이터 기록 애플리케이션에서, *buffer_area*는 프로세스 *copy_sample*과 *record_sample*에 의해 공유된다. 변수 *no_of_sample_in_buffer*가 현재 몇 개의 샘플이 버퍼에 있는지를 표시하기 위해 사용된다면, 두 프로세스 모두 *no_of_sample_in_buffer*를 갱신할 필요가 있고, 따라서 한 프로세스가 접근하고 있으면 갱신하려는 또 다른 프로세스를 연기시킴으로써 일관성이 지켜진다. 이들 프로세스는 활동을 동기화할 필요가 있다. 즉,

*buffer_area*에 들어 있는 이전의 샘플이 파일에 기록된 후에 새로운 샘플이 *buffer_area*에 옮겨지도록 해야 하고, 새로운 샘플이 버퍼로 옮겨진 후에 버퍼의 내용이 파일에 기록되도록 동기화해야 한다.

이들 프로세스는 또한 버퍼의 크기를 알아야 할 필요가 있다. 즉, 몇 개의 샘플을 저장할 수 있는지를 알아야 한다. *no_of_sample_in_buffer*처럼, 변수 *size*는 공유 데이터로 사용된다. 하지만 공유 데이터의 사용은 상호 배제라는 오버헤드를 유발하는데, 버퍼의 크기는 정기적으로 갱신되지 않고 예외 상황에서만 변하므로, 이 경우에 공유 변수의 도입은 타당하지 않다. 따라서 이들 프로세스는 버퍼의 크기를 *buf_size*라는 **지역**(*local*) 데이터로 사용하도록 코딩한다. 그 값은 메시지를 통해서 프로세스 *data_logger*가 이들 프로세스에 보낸다. 프로세스 *data_logger*는 또한 버퍼의 크기가 변경되어야 한다면 이들 프로세스에 시그널을 보낼 필요가 있다.

5.2.6 시그널(Signals)

시그널은 프로세스에 예외 상황을 알려주기 위해 사용되고, 즉시 주의를 기울이게 할 수 있다. 예외 상황과 연관된 시그널 이름의 목록이나 시그널 번호는 운영체제에서 정의된다. 예를 들어, 오버플로우 같은 CPU 상태, 그리고 자식 프로세스, 자원 이용, 혹은 사용자로부터 프로세스로의 긴급 통신과 관련된 상태 등이 있다. 커널은 해당하는 예외 상황이 발생하면 시그널을 프로세스에 보낸다. 몇 종류의 시그널은 또한 프로세스가 보낼 수도 있다. CPU 내 오버플로우와 같이 자신의 활동으로 인한 조건 때문에 프로세스에 보내진 시그널은 **동기**(*synchronous*) 시그널이라 하고, 반면에 그 외의 어떤 다른 조건 때문에 보내진 시그널은 **비동기**(*asynchronous*) 시그널이라 한다.

시그널을 활용하기 위해 프로세스는 *register_handler* 시스템 호출을 하는데, 이는 특정 시그널을 보낼 때 실행되어야 하는 루틴을 규정하고 있다. 즉, 이 루틴을 **시그널 핸들러**(*signal handler*)라고 한다. 프로세스가 시그널에 대한 시그널 핸들러를 규정하지 않으면, 커널은 **디폴트 핸들러**(*default handler*)를 실행한다. 디폴트 핸들러는 프로세스의 주소 공간을 출력하고 중지시키는 것과 같은 어떤 표준 동작을 수행한다.

다른 프로세스 P_j에 시그널을 보내려고 하는 프로세스 P_i는 2개의 매개변수와 함께 라이브러리 함수 `signal`을 호출하며, 매개변수는 P_j라는 목적지 프로세스의 id와 시그널 번호이다. 이 함수는 *signal*이라고 이름 붙인 시스템 호출을 하기 위해 소프트웨어 인터럽트 명령어 <*SI_instrn*> <*interrupt_code*>를 사용한다. *signal* 호출에 대해 이벤트 처리 루틴은 시그널 번호를 알기 위해 매개변수를 추출한다. 그리고 시그널을 P_j에 전달하도록 준비한 다음 복귀한다. 송신자 프로세스 P_i의 상태에는 아무런 변경도 없다.

프로세스 내에서의 시그널 처리는 운영체제에서의 인터럽트 처리와 같은 방법으로 구현된다. 2.2절에서 인터럽트 하드웨어가 어떻게 인터럽트의 각 종류에 대해 하나의 인터럽트 벡터를 사용하는지에 대해 기술했으며, 인터럽트 벡터는 각 종류의 인터럽트를 처리하는 루틴의 주소를 가지고 있다. 유사한 방법이 각 프로세스에서 사용될 수 있다. 시그널 벡터 영역은 각 종류의 시그널에 대한 시그널 벡터를 가지며, 시그널 벡터는 시그널 핸들러의 주소를 가지고 있다. 시그널을 프로세스에 보내면, 커널은 해당 시그널에 대한 시그널 핸들러가 규정되어 있는지 검사하기 위해 해당 시그널 벡터 영역에 접근한다. 만약 있다면 제어를 해당 핸들러에 넘기도록 조정한다. 그렇지 않으면 해당 시그널에 대한 자신의 디폴트 핸들러를 실행한다.

시그널을 받는 프로세스가 봉쇄 상태에 있으면 시그널 처리는 복잡해진다. 커널은 받는 프로세스가 시그널 핸들러를 실행할 수 있도록 상태를 임시로 **준비** 상태로 변경해야 하며, 그 후에 상태를 다시 **봉쇄** 상태로 변경해야 한다. 몇몇 운영체제는 목적지 프로세스가 **봉쇄** 상태에 있으면 시그널의 도착을 단순히 기록해 두고, 프로세스가 **준비** 상태가 되어 스케줄되면 시그널 핸들러를 실행하도록 조정하는 더 간단한 접근 방법을 선호한다.

예제 5.6은 프로세스가 시그널을 처리하는 방법을 설명한다.

예제 5.6 시그널 처리

그림 5.10은 시그널을 처리하기 위해 사용하는 방법을 설명한다. 프로세스 P_i의 코드는 sh1이라는 함수를 가지고 있으며, sh1의 마지막 명령어는 "함수로부터 복귀(return from function)"라는 명령어이고, 이는 스택에서 주소를 꺼내서 이 주소에 있는 명령어로 제어를 넘긴다. 프로세스 P_i는 시그널 sig1에 대한 시그널 핸들러로서 sh1을 등록하기 위해 라이브러리 호출 register_handler(sig1, sh1)를 호출한다. 라이브러리 루틴 register_handler는 시스템 호출 *register_handler*를 호출한다. 이 호출을 처리할 동안 커널은 P_i의 PCB에 접근하여 시그널 벡터 영역의 시작 주소를 얻은 다음, sh1의 주소를 시그널 sig1의 시그널 벡터에 넣는다. 그리고 제어는 P_i로 복귀한다. 그림 5.10(a)에서 실선 화살표는 커널의 자료 구조 내 주소를 가리키고, 점선 화살표는 시스템 호출이 행해질 때 어떻게 CPU가 커널로 전환되는지와 어떻게 P_i로 다시 전환되는지를 나타낸다.

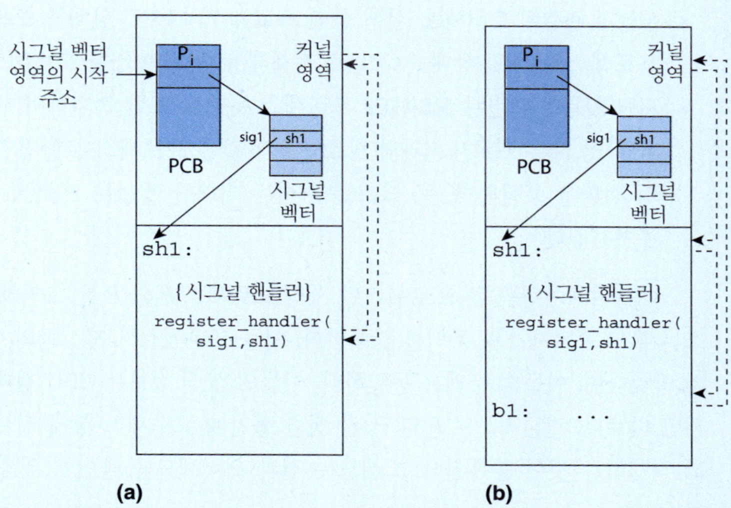

그림 5.10 프로세스 P_i에 의한 시그널 처리 (a) 시그널 핸들러의 등록 (b) 시그널 핸들러의 호출

프로세스 P_i가 주소 b1에 있는 명령어를 실행하려고 할 때 선점되었다고 하자. 잠시 후에 어떤 프로세스 P_j가 시스템 호출 signal(P_i, sig1)을 호출한다. 커널은 P_i의 PCB를 찾아서 시그널 벡터 영역의 주소를 얻은 후, sig1의 시그널 벡터 위치를 알아낸다. 그리고 커널은 프로세스 P_i가 다음과 같은 정상적인 실행을 재개하기 전에 주소 sh1에서 시작하는 시그널 핸들러를 실행하도록 조정한다. 커널은 보관된 P_i의 상태에서 **프로그램 카운터**(PC) 항목 내에 있는 주소 b1을 얻는데, 이는 P_i가 이 주소에 있는 명령어를 막 시작하려고 했기 때문이다. 커널은 이 주소를 P_i의 스택에 집어넣고, 보관된 P_i의 상태 중 프로그램 카운터 항목에 주소 sh1을 넣는다. 이런 방법으로 프로세스 P_i가 스케줄되면, 시작 주소 sh1에 있는 시그널 핸들러 함수를 실행시킨다. sh1의 마지막 명령어는 스택에서 주소 b1을 끄집어내서 주소 b1에 있는 명령어로 제어를 넘기는데, 이는 프로세스 P_i의 정상적인 연산을 재개하는 것이다. 사실 그림 5.10(b)에서 점선 화살표가 보여주는 것처럼, P_i의 실행은 주소 sh1에서 시작하는 시그널 핸들러로 전환되고, 시그널 핸들러가 실행된 후에 재개한다.

5.3 스레드(THREADS)

애플리케이션은 연산의 속도를 높이기 위해 병행 프로세스를 사용한다. 하지만 애플리케이션 내에 있는 프로세스 간 전환은 높은 프로세스 전환 오버헤드를 초래하는데, 이는 프로세스 상태 정보의 크기가 크기 때문이다(5.2.3절 참고). 그래서 운영체제 설계자는 **스레드**(*thread*)라고 하는 프로세스 실행의 대안 모델을 개발하였으며, 스레드는 더 적은 오버헤드로 애플리케이션 내 병행성을 제공한다.

스레드 개념을 이해하기 위해서, 프로세스 전환 오버헤드를 분석하고 무엇을 보관해야 하는지를 알아보자. 프로세스 전환 오버헤드는 두 가지 구성 요소를 가진다.

- **실행과 관련된 오버헤드:** 실행 중인 프로세스의 CPU 상태를 보관해야 하고, 새로운 프로세스의 CPU 상태를 CPU로 적재해야 한다. 이러한 오버헤드는 피할 수 없다.
- **자원 사용과 관련된 오버헤드:** 프로세스 문맥도 또한 전환해야 한다. 이는 메모리와 파일 및 다른 프로세스와의 상호작용과 같은 프로세스에 할당된 자원에 관한 정보의 전환을 포함한다. 큰 크기를 가지는 이러한 정보는 프로세스 전환 오버헤드를 증가시킨다.

애플리케이션의 주 프로세스인 자식 프로세스 P_i와 P_j를 고려해 보자. 이들 프로세스는 부모 프로세스의 문맥을 상속한다. 이들 프로세스가 자신만의 어떤 자원도 할당받지 않았다면, 이들의 문맥은 동일하다. 이들의 상태 정보는 CPU 상태와 스택 내용 면에서만 다르다. 결론적으로 P_i와 P_j 간 전환 동안에 프로세스 상태 정보를 여러 번 보관하고 적재하는 것이 중복된다. 스레드는 전환 오버헤드를 줄이기 위해 이런 특징을 활용한다.

|정의 5.3| **스레드(Thread):** 같은 프로세스의 자원을 사용하는 프로그램의 하나의 실행

프로세스는 시스템 호출을 통해서 스레드를 생성한다. 스레드는 자신만의 자원을 갖지 않는다. 따라서 문맥을 가지지 않는다. 즉, 스레드는 프로세스의 문맥을 사용해서 동작하고, 이를 통해서 프로세스의 자원에 접근한다. 하나의 스레드와 그 문맥을 사용하는 프로세스 간의 관계를 설명하기 위해서 "프로세스의 스레드(thread of a process)"와 "스레드의 부모 프로세스(parent process of a thread)"라는 용어를 사용한다. 스레드가 자식 프로세스의 대용물이 아니라는 것에 유의하라. 즉, 한 애플리케이션이 자기 코드의 여러 부분들을 실행하기 위해 자식 프로세스를 생성하고, 각 자식 프로세스는 병행성을 달성하기 위해 스레드를 생성할 수 있다.

그림 5.11은 스레드와 프로세스 간의 관계를 설명한다. 그림 5.11(a)의 추상적인 관점에서, 프로세스 P_i는 세 개의 스레드를 가지며, 프로세스 P_i를 나타내는 원 안에 물결 모양의 선으로 표현하였다. 그림 5.11(b)는 구현 방법을 보여준다. 프로세스 P_i는 문맥과 PCB를 가지고 있다. P_i의 각 스레드는 동일한 프로그램의 한 실행이다. 따라서 자기 자신만의 스택과 **스레드 제어 블록**(*thread control block*: TCB)을 가진다. TCB는 PCB와 유사하며 다음과 같은 정보를 보관하고 있다.

1. 스레드 스케줄링 정보–스레드 id, 우선순위 및 상태
2. CPU 상태, 예를 들어 PSW와 GPR 내용
3. 부모 프로세스의 PCB를 가리키는 포인터
4. TCB 포인터, 이는 스케줄링을 위한 TCB 목록을 만들기 위해 사용한다.

스레드의 사용은 프로세스 상태를 두 부분으로 효과적으로 나눈다. 자원 상태는 프

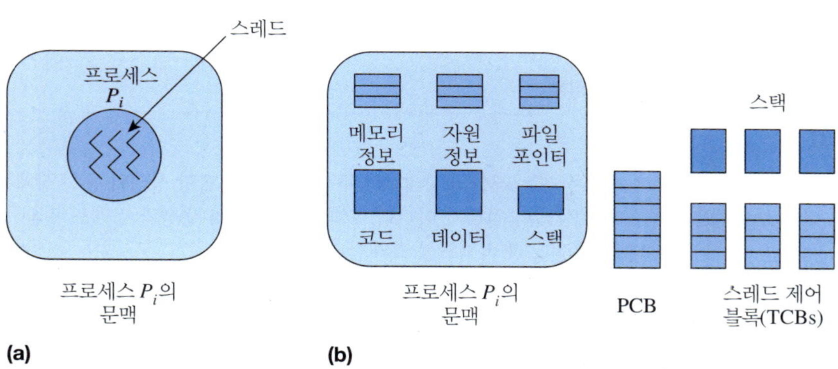

그림 5.11 프로세스 P_i 내의 스레드들 (a) 개념 (b) 구현

로세스와 동일하게 유지하고, CPU 상태인 실행 상태는 스레드와 연관되어 변한다. 프로세스 문맥 내 병행성을 위한 추가 비용은 각 스레드에 대한 실행 상태의 복제일 뿐이다. 실행 상태는 스레드 간 전환이 일어나면 전환될 필요가 있지만, 자원 상태는 프로세스의 스레드 간 전환이 일어나도 복제되지도 전환되지도 않는다.

스레드 상태와 상태 전이(Thread States and State Transitions) 스레드가 자기에게만 할당된 자원을 가지지 않는다는 차이점을 제외하면, 스레드와 프로세스는 유사하다. 따라서 스레드 상태 및 스레드 상태 전이는 프로세스 상태 및 프로세스 상태 전이와 유사하다. 스레드가 생성되면, 스레드의 부모 프로세스가 이미 스레드에 할당된 필요한 자원을 가지고 있기 때문에 준비(*ready*) 상태에 놓인다. 스레드가 디스패치되면 실행(*running*) 상태로 진입한다. 스레드는 자원 요청으로 인해 봉쇄(*blocked*) 상태로 진입하지는 않는다. 왜냐하면 스레드는 어떤 자원 요청도 하지 않기 때문이다. 하지만 스레드는 프로세스 동기화 요청으로 인해 봉쇄 상태로 진입할 수는 있다. 예를 들면, 만약 예제 5.1의 실시간 데이터 기록 애플리케이션에서 스레드를 사용하였을 경우, *buffer_area* 내에 데이터 샘플이 없으면 스레드 *record_sample*은 봉쇄 상태로 진입해야 한다.

프로세스에 대비한 스레드의 장점 표 5.8에 프로세스에 대한 스레드의 장점을 요약하였으며, 이미 스레드 생성과 전환이 더 적은 오버헤드를 가진다는 장점에 대해 논의하였다. 자식 프로세스와 달리, 스레드들은 부모 프로세스의 주소 공간을 공유한다. 그래서 스레드들은 메시지를 통해서라기보다는 공유 데이터를 통해서 통신한다. 그러므로 시스템 호출을 하는 오버헤드가 제거된다.

항공 예약 시스템이나 은행 시스템과 같이 사용자로부터 받은 요청을 서비스하는 애플리케이션은 서버(*servers*)라고 부르고, 사용자는 클라이언트(*clients*)라고 부른다. 서버의 성능은 병행성과 병렬성(5.1.4절 참고)을 통해서 개선될 수 있다. 예를 들어, I/O 연산을 포함하는 요청을 인터리브시키거나 또는 서로 다른 요청을 서비스하기 위해 여러 개의 CPU를 사용함으로써 성능을 개선한다. 스레드의 사용은 설계를 단순화한다.

표 5.8 프로세스에 대한 스레드의 장점

장점	설명
생성과 전환 시 더 적은 오버헤드	스레드 상태는 계산의 상태로만 구성한다. 자원 할당 상태와 통신 상태는 스레드 상태의 일부가 아니다. 그래서 스레드의 생성과 스레드 간의 전환은 더 적은 오버헤드를 초래한다.
더 효율적인 통신	프로세스의 스레드는 공유 데이터를 통해서 서로 통신한다. 그래서 통신을 위한 시스템 호출 오버헤드를 피할 수 있다.
설계의 단순화	스레드의 사용은 병행 처리를 하는 애플리케이션의 설계와 코딩을 단순하게 한다.

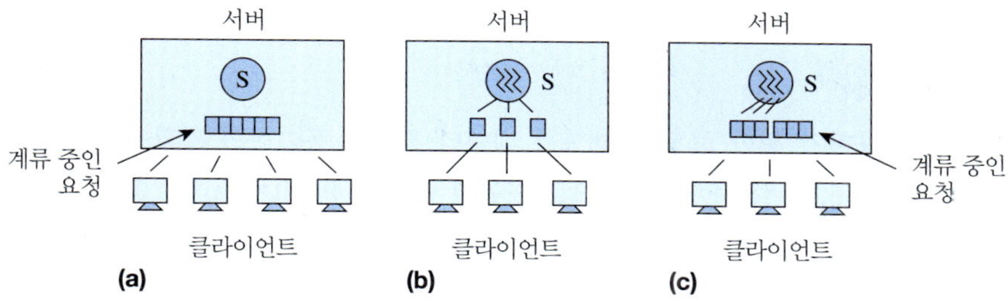

그림 5.12 서버를 구성할 때의 스레드 사용 (a) 순차 코드를 사용하는 서버 (b) 다중 스레드 서버 (c) 스레드 풀을 사용하는 서버

그림 5.12의 도움을 받아 이에 대해 논의한다.

그림 5.12(a)는 항공 예약 시스템의 개관이다. 서버는 클라이언트가 한 요청을 큐에 집어넣고 차례대로 서비스한다. 몇 개의 요청을 동시에 서비스해야 한다면, 서버는 비동기 I/O와 같은 진보된 I/O 기술을 사용해야 하고, 요청을 처리할 때 그들 간에 전환하기(switch) 위해 복잡한 논리를 사용해야 한다. 대조적으로, 다중 스레드 서버(multithreaded server)는 수신한 새로운 요청을 서비스하기 위해 각각 새로운 스레드를 생성하고, 요청을 서비스한 후에 스레드를 종료한다. 이 서버는 스레드를 생성할 때 묵시적으로 병행성이 내포되어 있기 때문에 병행성을 위한 어떤 특별한 기술을 사용하지 않아도 된다. 그림 5.12(b)는 다중 스레드 서버를 보여주고 있으며, 세 개의 요청을 받았기 때문에 3개의 스레드를 생성하였다.

스레드의 생성과 종료는 프로세스의 생성과 종료보다 더 효율적이다. 그렇지만 클라이언트가 매우 높은 비율로 많은 요청을 한다면 오버헤드가 서버의 성능에 영향을 미칠 수 있다. **스레드 풀**(*thread pool*)이라고 부르는 설비는 요청을 서비스한 후에 스레드를 파괴하는 대신 재사용함으로써 이러한 오버헤드를 없애기 위해 사용한다. 스레드 풀은 태스크 관리를 수행하는 하나의 주 스레드와 반복적으로 사용되는 몇 개의 작업 스레드로 구성된다. 주 스레드는 계류 중인 요청 목록(list of pending requests)과 한가한 작업 스레드 목록(list of idle worker thread)을 유지한다. 새로운 요청이 발생하면 주 스레드는 한가한 작업 스레드가 있으면 그에게 요청을 배당하고, 그렇지 않으면 요청을 계류 중인 요청 목록에 집어넣는다. 작업 스레드가 요청을 서비스 완료하면 주 스레드는 새로운 요청을 작업 스레드에게 서비스하도록 배당하거나, 또는 한가한 작업 스레드 목록에 집어넣는다. 그림 5.12(c)는 스레드 풀을 사용하는 서버를 설명한다. 3개의 작업 스레드가 3개의 서비스 요청을 서비스하느라 바쁘고, 3개의 서비스 요청은 계류 중이다. 스레드 풀 설비가 운영체제에 구현되어 있으면 운영체제가 풀에 대한 주 스레드를 제공하며, 이는 병행성을 명시적으로 처리하지 않아도 되기 때문에 서버의 코딩을 단순하게 한다. 운영체제는 또한 애플리케이션에서 충분한 병행성을 제공하기 위해 작업 스레드의 수를 동적으로 변경할 수 있고, 한가한 작업 스레드에 대한 운영체제 자원의 수행을 줄일 수 있다.

스레드를 사용하기 위한 코딩 스레드는 데이터 공유와 동기화의 정확성을 보장한다(5.2.5절 참고). 5.3.1절은 이런 목적으로 사용할 수 있는 POSIX 스레드 표준의 특징을 기술한다. 데이터 공유의 정확성은 역시 또 다른 면을 가진다. 연속적인 활동에 걸쳐 값을 전달하기 위해 정적이거나 전역 데이터(global data)를 사용하는 함수나 서브루틴은 동시에 호출할 때 부정확한 결과를 산출할 수도 있다. 왜냐하면 그러한 호출은 상호 배제를 하지 않고 동시에 전역 혹은 정적 데이터를 실제로 공유하기 때문이다. 그러한 루틴은 스레드 불안전(*thread unsafe*)이 되었다고 한다. 스레드를 사용하는 애플리케이션은 스레드 안전(*thread safe*) 방식으로 코딩해야 하고, 스레드 안전 라이브러리로부터만 루틴을 호출해야 한다.

시그널 처리는 다중 스레드 애플리케이션에서 특별한 주의를 요한다. 커널은 프로세스가 시그널 헨들러를 규정하도록 허용한다는 것을 상기하라(5.2.6절 참고). 몇 개의 스레드를 한 프로세스 내에 생성하면, 어느 스레드가 시그널을 처리해야 하겠는가? 몇 가지 가능성이 있다. 커널이 시그널 처리를 위해 스레드들 중 하나를 선택할 수도 있다. 이 방법은 프로세스 내에 생성한 첫 번째 또는 마지막 스레드와 같이 정적으로 선택할 수도 있고, 또는 가장 높은 우선순위 스레드와 같이 동적으로 선택할 수도 있다. 대안으로, 커널은 애플리케이션으로 하여금 항상 어느 스레드가 시그널을 처리할 것인지를 규정하도록 허용할 수도 있다.

동기 시그널은 스레드의 활동 결과에 따라 발생한다. 그래서 발생시킨 그 스레드가 시그널을 처리하는 것이 가장 좋다. 이상적으로, 각 스레드는 어느 동기 시그널을 처리할 것인지를 규정할 수는 있다. 하지만 이런 특징을 제공하기 위해서, 커널은 각 스레드에 대해 그림 5.6과 같은 시그널 처리 설비를 복제해야 한다. 그래서 이런 설비를 제공하는 운영체제는 거의 없다. 비동기 시그널은 프로세스 내 임의의 스레드에 의해 처리될 수 있다. 시그널을 발생한 상태에 신속하게 대처하기 위해서, 가장 높은 우선순위의 스레드가 그러한 시그널을 처리하도록 한다.

5.3.1 POSIX 스레드(POSIX Threads)

ANSI/IEEE POSIX(Portable Operating System Interface) 표준은 C 언어 프로그램에서 사용하는 pthreads 애플리케이션 인터페이스를 정의한다. 일반적으로 POSIX 스레드라고 부르는데, 이 인터페이스는 다음과 같은 태스크를 수행하는 60개 루틴을 제공한다.

- 스레드 관리: 스레드는 스레드의 생성, 스레드 상태의 질의, 스레드의 정상적 종료

혹은 비정상적 종료, 스레드의 종료를 대기, 스케줄링 속성의 설정, 스레드 스택 크기의 규정 등에 대해 스레드 라이브러리 루틴에 호출을 통해 관리한다.

- **데이터 공유를 위한 보조:** 스레드가 공유한 데이터는 2개 이상의 스레드가 동시에 갱신할 경우 부정확한 값에 이를 수도 있다. *mutex*라고 하는 기능은 공유 데이터에 접근하는 동안 스레드 간에 상호 배제를 보장하기 위해 제공된다. 즉, 언제 어느 때든 단지 하나의 스레드만이 공유 데이터에 접근하도록 보장하기 위한 것이다. 한 스레드에서 공유 데이터의 사용 시작과 사용 종료를 표시하기 위한 루틴이 제공된다. 만약 스레드를 예제 5.5에서 사용한다면, 스레드 *copy_sample*과 *record_sample*은 *no_of_sample_in_buffer*를 동시에 접근해서 갱신하지 않도록 보장하기 위해 *mutex*를 사용해야 한다.
- **동기화를 위한 보조:** 조건 변수(*condition variables*)는 스레드가 원하는 순서대로 행동을 수행하도록 스레드 간의 조정을 쉽게 하기 위해 제공된다. 만약 스레드를 예제 5.5에서 사용한다면, *record_sample*이 샘플을 *buffer_area*로부터 파일에 기록하기 이전에 *copy_sample*이 샘플을 *buffer_area*로 복사하는 것을 보장하기 위해 조건 변수를 사용해야 한다.

그림 5.13은 예제 5.1의 실시간 데이터 기록 애플리케이션에서 pthreads를 사용하는 것에 대해 설명한다. pthread는 다음과 같은 호출을 통해서 생성한다.

`pthred_create`(< *data structure* >,< *attributes* >,
< *start routine* >,< *arguments* >)

여기서 스레드 data structure는 사실상 스레드 id이고, attributes는 스케줄링 우선순위와 동기화 옵션을 나타낸다. 스레드는 `pthread_exit` 호출을 통해서 종료하며, 이때 스레드 상태를 매개변수로 취한다. 부모 스레드와 자식 스레드 간의 동기화는 `pthread_join` 호출을 통해서 수행되며, 이때 스레드 id와 몇 개의 속성을 매개변수로 취한다. 이런 시스템 호출을 유발할 때, 부모 스레드는 호출할 때 지정한 스레드가 종료할 때까지 봉쇄된다. 스레드의 종료 상태가 `pthread_join` 호출에서 지정한 속성에 부합하지 않으면 오류가 발생한다. 몇몇 스레드 구현에서는 스레드가 그러한 동기화에 적합하도록 속성 'joinable'과 함께 생성되도록 요구한다. 그림 5.13에 나타낸 코드는 예제 5.1에 있는 프로세스가 수행한 기능을 수행하도록 3개의 스레드를 생성한다. 위에서 언급하고 또 그림 5.13의 주석문을 통해서 표시한 대로, 스레드는 버퍼에 상호배타적인 접근을 보장하기 위해 `buf_mutex`라는 mutex를 사용하고, 올바른 순서로 샘플을 버퍼에 집어넣고 끄집어내도록 보장하기 위해 `buf_full`과 `buf_empty` 라는 조건 변수를 사용한다. 여기서는 mutex와 조건 변수에 대한 자세한 내용은 설명하지 않고 6장에서 논의한다.

```
#include <pthread.h>
#include <stdio.h>
int size, buffer[100], no_of_samples_in_buffer;
int main()
{
   pthread_t id1, id2, id3;
   pthread_mutex_t buf_mutex, condition_mutex;
   pthread_cond_t buf_full, buf_empty;
   pthread_create(&id1, NULL, move_to_buffer, NULL);
   pthread_create(&id2, NULL, write_into_file, NULL);
   pthread_create(&id3, NULL, analysis, NULL);
   pthread_join(id1, NULL);
   pthread_join(id2, NULL);
   pthread_join(id3, NULL);
   pthread_exit(0);
}
void *move_to_buffer()
{
   /* 모든 샘플을 수신할 때까지 반복한다 */
   /* 버퍼에 빈 공간이 없으면, buf_full에서 대기한다 */
   /* 버퍼에 접근하기 위해 buf_mutex를 사용한다. 샘플의 수를 증가시킨다 */
   /* buf_empty에게 신호한다 */
   pthread_exit(0);
}
void *write_into_file()
{
   /* 모든 샘플이 파일에 기록될 때까지 반복한다 */
   /* 버퍼에 데이터가 없으면, buf_empty에서 대기한다 */
   /* 버퍼에 접근하기 위해 buf_mutex를 사용한다. 샘플의 수를 감소시킨다 */
   /* buf_full에 신호한다 */
   pthread_exit(0);
}
void *analysis()
{
   /* 모든 샘플이 분석될 때까지 반복한다 */
   /* 샘플을 버퍼로부터 읽어들여서 분석한다 */
   pthread_exit(0);
}
```

그림 5.13 POSIX 스레드를 사용한 데이터 기록 애플리케이션의 개요

5.3.2 커널 수준 스레드, 사용자 수준 스레드 및 혼합 스레드 (Kernel-Level, User-Level, and Hybrid Threads)

스레드의 이 세 가지 모델은 스레드의 생성과 관리 면에서 프로세스와 커널의 역할에서 차이가 있다. 이 차이는 스레드 전환과 프로세스 내 병행성 및 병렬성에 미치는 영향이 크다.

5.3.2.1 커널 수준 스레드(*Kernel-Level Threads*)

커널 수준 스레드는 커널에 의해 구현된다. 따라서 커널 수준 스레드의 생성과 종료, 그

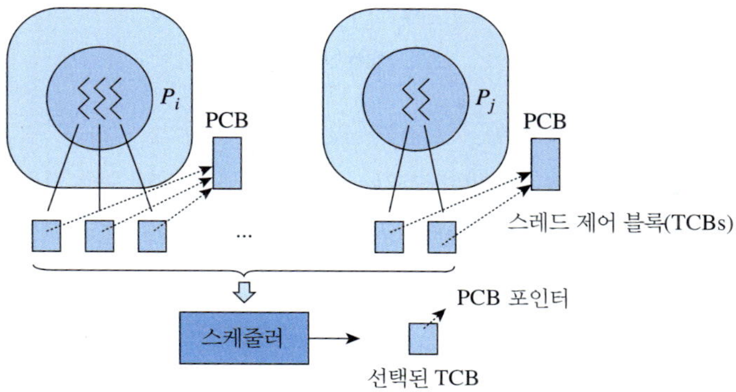

그림 5.14 커널 수준 스레드의 스케줄링

리고 상태 검사는 시스템 호출을 통해서 수행된다. 그림 5.14는 커널이 커널 수준 스레드를 처리하는 방법의 개념도를 보여준다. 프로세스가 *create_thread* 시스템 호출을 하면 커널은 스레드를 생성하고, id를 부여하고, 스레드 제어 블록(TCB)을 할당한다. TCB는 그 스레드의 부모 프로세스 포인터를 가지고 있다.

이벤트가 발생하면 커널은 인터럽트된 스레드의 CPU 상태를 TCB에 보관한다. 이벤트 처리 후에 스케줄러는 모든 스레드의 TCB를 살펴 하나의 준비 스레드를 선택한다. 디스패처는 그 스레드의 TCB 내에 있는 PCB 포인터를 사용해서 선택된 스레드가 인터럽트된 스레드와 다른 프로세스에 속해 있는지 여부를 검사한다. 만약 다른 프로세스에 속해 있으면 인터럽트된 스레드가 속해 있는 프로세스의 문맥을 보관하고, 선택된 스레드가 속해 있는 프로세스의 문맥을 적재한다. 그러면 선택된 스레드가 디스패치된 것이다. 하지만 두 스레드 모두가 동일한 프로세스에 속해 있으면 프로세스 문맥을 보관하고 적재하는 동작은 생략된다. 이 특징으로 인해 전환 오버헤드가 줄어든다. 따라서 프로세스 내 커널 수준 스레드 간 전환은 프로세스 간 전환보다 10배 이상 빨라질 수 있다.

커널 수준 스레드의 장점과 단점 커널 수준 스레드는 더 적은 양의 상태 정보를 가지고 있다는 것을 제외하면 프로세스와 유사하다. 이런 유사성은 프로그래머에게는 편리하다. 즉, 스레드를 사용한 프로그래밍은 프로세스를 사용한 프로그래밍과 다르지 않다. 멀티프로세서 시스템에서, 커널 수준 스레드는 한 프로세스에 속해 있는 여러 스레드가 동시에 스케줄될 수 있으므로 병렬성을 제공한다. 이것은 다음 절에서 기술될 사용자 수준 스레드로는 가능하지 않다. 그래서 사용자 수준 스레드보다 더 나은 계산속도 향상을 제공한다.

하지만 프로세스처럼 스레드를 취급하는 것은 또한 단점을 가진다. 스레드 간 전환은 이벤트 처리의 결과로서 커널에 의해 수행된다. 따라서 인터럽트된 스레드와 선택된 스레드가 동일한 프로세스에 속해 있을지라도 이벤트를 처리하는 데 오버헤드를 초래한다. 이 특징은 스레드 전환 오버헤드에서의 장점을 제한한다.

5.3.2.2 사용자 수준 스레드(*User-Level Threads*)

사용자 수준 스레드는 **스레드 라이브러리**(*thread library*)에 의해 구현되는데, 이는 프로세스의 코드에 연결되어 있다. 라이브러리는 커널은 수반하지 않고 그림 5.11(b)에서 보여준 스레드 구현 설비를 설정하고, 프로세스 내에서 스레드의 연산을 스스로 인터리브한다. 그처럼 커널은 프로세스 내에 있는 사용자 수준 스레드의 존재를 알지 못하고, 단지 프로세스로만 알고 있다. 대부분의 운영체제는 이런 방식으로 IEEE POSIX 표준(5.3.1절 참고)에서 제공하는 pthreads 애플리케이션 인터페이스를 구현한다.

스레드의 생성과 연산에 대한 개요는 다음과 같다. 프로세스는 새로운 스레드를 생성하기 위해 라이브러리 함수인 *create_thread*를 호출한다. 라이브러리 함수는 새로운 스레드를 위한 TCB를 생성하고 '스케줄링' 하기 위해 새로운 스레드를 고려하기 시작한다. 실행 상태에 있는 스레드가 동기화를 수행하기 위해, 즉 특정 이벤트가 발생할 때까지 기다리기 위해 라이브러리 함수를 호출하면, 라이브러리 함수는 '스케줄링' 을 수행하고 프로세스 내 또 다른 스레드로 전환한다. 이처럼 커널은 스레드 간 전환을 알아차리지 못하고, 프로세스가 계속해서 연산 중이라고 믿는다. 스레드 라이브러리는 진행 중인 준비 스레드를 발견하지 못하면 "나를 봉쇄하라(block me)"라는 시스템 호출을 한다. 그러면 커널은 그 프로세스를 봉쇄한다. 어떤 이벤트가 스레드들 중 하나를 작동시키면 봉쇄 해제되고, 스레드 라이브러리 함수의 실행을 재개한다. 이것이 '스케줄링' 을 수행하는 것이고, 새로이 작동된 스레드의 실행으로 전환된 것이다.

사용자 수준 스레드의 스케줄링 그림 5.15는 사용자 수준 스레드의 스케줄링에 대한 개념도이다. 스레드 라이브러리 코드는 각 프로세스의 일부이다. 이것이 스레드를 선택하기 위해 '스케줄링' 을 수행하고 스레드의 실행을 준비한다. 우리는 이러한 연산을 선택된 스레드의 TCB를 프로세스의 PCB로 '매핑(mapping)' 하는 것으로 간주한다.

스레드 라이브러리는 언제든지 필요할 때 작동할 수 있는 스레드를 결정하기 위해 TCB에 있는 정보를 사용한다. 스레드를 '디스패치(dispatch)' 하면 스레드의 CPU 상태는 프로세스의 CPU 상태가 되고, 프로세스의 스택 포인터는 스레드의 스택을 가리키게 된다. 스레드 라이브러리가 프로세스의 일부이기 때문에, CPU는 사용자 모드에 있다. 따라서 스레드는 새로운 정보를 PSW로 적재하는 것만으로는 디스패치될 수 없고, 스레드 라이브러리가 PSW의 내용을 변경하기 위해 비특권 명령어를 사용해야 한다. 따라서 스레드 스택의 주소를 스택 주소 레지스터에 적재하고, TCB에서 찾은 스레드의

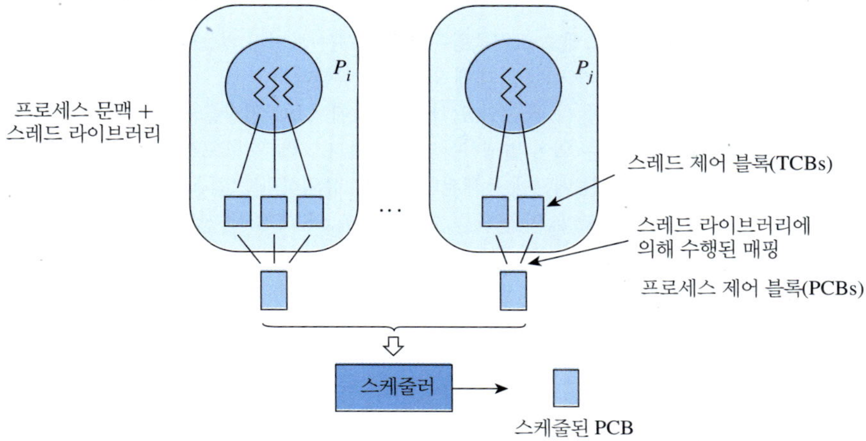

그림 5.15 사용자 수준 스레드의 스케줄링

CPU 상태 내의 **프로그램 카운터**(PC) 항목에 있는 주소를 얻고, 그리고 이 주소에 있는 명령어로 제어를 전달하기 위해 분기 명령을 실행한다. 다음의 예제가 사용자 수준 스레드의 스케줄링 동안에 일어나는 관심 상황을 설명한다.

예제 5.7 사용자 수준 스레드의 스케줄링

그림 5.16은 어떻게 스레드 라이브러리가 프로세스 P_i 내에 있는 3개의 스레드를 관리하는지 설명한다. TCB 내에 있는 부호 N, R 및 B는 각각 **실행**, **준비** 및 **봉쇄** 상태를 나타낸다. 프로세스 P_i는 **실행** 상태에 있고 스레드 라이브러리는 실행 중이다. 스레드 라이브러리는 스레드 h_1을 디스패치한다. 그래서 h_1의 상태는 실행 상태인 N이 된다. 프로세스 P_i는 이후 언젠가 커널에 의해 선점된다. 그림 5.16(a)는 스레드와 프로세스 P_i의 상태를 설명한다. 스레드 h_1은 **실행** 상태에 있고, 프로세스 P_i는 **준비** 상태에 있다. 스레드 h_1은 프로세스 P_i가 다음에 스케줄되면 연산을 재개한다. h_1의 TCB에서 P_i의 PCB로의 연결선은 h_1의 TCB가 현재 P_i의 PCB로 매핑되었다는 것을 나타낸다. 이 사실은 스레드 라이브러리의 디스패칭과 문맥 보관 동작을 위해 중요하다.

그림 5.16(a)에서 스레드 h_2는 **준비** 상태에 있다. 그래서 TCB는 부호 R을 가지고 있다. 스레드 h_3은 h_1의 동기화 동작을 기다리고 있으므로 **봉쇄** 상태에 있다. h_3의 TCB는 부호 B를 가지고 있고, 또 h_1의 동기화 이벤트를 기다리고 있다는 것을 나타내기 위해 h_1을 가지고 있다. 그림 5.16(b)은 커널이 P_i를 디스패치하고 나서 그 상태를 **실행** 상태로 변경하는 상황을 보여준다.

스레드 라이브러리는 타이머를 사용해서 스레드의 연산을 중첩시킨다. h_1을 '스케줄링' 하는 동안, 라이브러리는 짧은 시간 간격 후에 인터럽트를 요청한다. 타이머 인터럽트가 발생하면, 타이머 인터럽트에 대한 커널의 이벤트 처리 루틴을 통해 제어를 얻어 가지고 h_1을 선점할 것인지를 결정한다. 그래서 CPU 상태를 h_1의 TCB 내에 보관하고, h_2를 '스케줄' 한다. 따라서 h_1과 h_2의 TCB 내에 있는 상태 부호는 각각 R과 N으로 변경된다[그림

5.16(c) 참고]. 스레드 라이브러리에 의해 수행된 스레드 스케줄링은 커널에게는 보이지 않는다는 것에 유의하라. 이러한 사건이 일어나는 동안, 커널은 프로세스 P_i가 **실행** 상태에 있다고 인식한다.

사용자 스레드는 봉쇄 시스템 호출을 하지 않는다. 하지만 h_2가 장치 d_2에서 I/O 연산을 시작하기 위해 시스템 호출(이는 봉쇄 시스템 호출이다)을 한다면 무슨 일이 발생하는지 알아보자. 커널은 프로세스 P_i의 상태를 봉쇄 상태로 변경하는데, 이는 장치 d_2에서의 I/O 연산 때문에 봉쇄된다는 것에 유의하라[그림 5.16(d)]. I/O 연산을 완료한 얼마 후에, 커널은 프로세스 P_i를 스케줄하고 h_2의 연산을 재개한다. h_2의 TCB 내 상태 부호는 N으로 남아 있다는 것에 유의하라. 이는 I/O 연산 내내 **실행** 상태임을 의미한다.

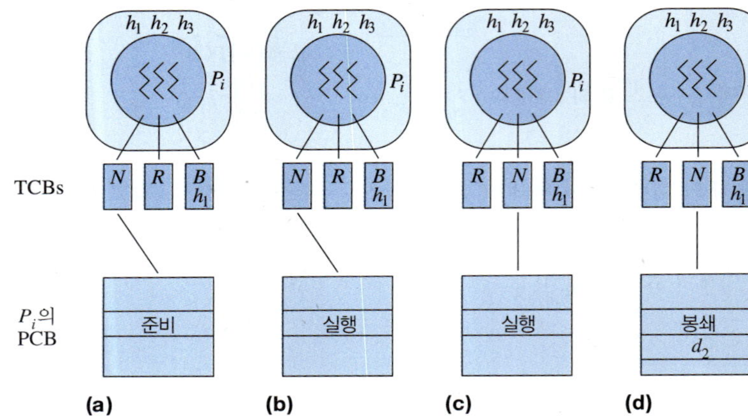

그림 5.16 스레드 라이브러리의 동작(*N*, *R*, *B*는 *실행*, *준비* 및 *봉쇄* 상태를 나타낸다)

사용자 수준 스레드의 장점과 단점 스레드 동기화와 스케줄링은 스레드 라이브러리에 의해 구현된다. 이 방법으로 스레드 간 동기화에 대한 시스템 호출 오버헤드를 줄일 수 있다. 스레드 전환 오버헤드는 커널 수준 스레드에서 10배 정도 적어진다. 이 방법은 각 프로세스가 각자의 특성에 가장 알맞은 스케줄링 정책을 사용할 수 있도록 한다. 실시간 애플리케이션을 구현하는 프로세스는 응답시간 요구에 대처하기 위해 스레드의 우선순위 기반 스케줄링을 사용할 수도 있다. 반면에 다중 스레드 서버를 구현하는 프로세스는 스레드에 대해 라운드 로빈 스케줄링을 수행할 수도 있다. 하지만 애플리케이션의 성능은 스레드 라이브러리에 의해 수행되는 사용자 수준 스레드의 스케줄링이 커널에 의해 수행되는 프로세스의 스케줄링과 호환될 수 있는지에 달려 있다. 예를 들어, 스레드 라이브러리 내 라운드 로빈 스케줄링은 커널 내 라운드 로빈 스케줄링이나 우선순위 기반 스케줄링과 호환될 수 있다. 반면에 우선순위 기반 스케줄링은 단지 커널 내 우선순위 기반 스케줄링과만 호환될 수 있다.

커널의 개입 없이 스레드를 관리하는 것은 약간의 약점을 가진다. 첫째, 커널은 스레드와 프로세스 간의 구분을 알지 못한다. 따라서 스레드가 시스템 호출에 따라 봉쇄되었다면, 커널은 스레드의 부모 프로세스를 봉쇄시킨다. 사실 그 프로세스의 모든 스레드들은 봉쇄의 원인이 제거될 때까지 봉쇄된다. 예제 5.7의 그림 5.16(d)에서, 스레드 h_1은 스레드 h_2가 봉쇄 시스템 호출을 했기 때문에 준비 상태에 있을지라도 스케줄될 수 없다. 그러므로 스레드들은 봉쇄 상태로 이어지는 시스템 호출을 해서는 안 된다. 이 기능을 위해, 운영체제는 각 시스템 호출에 대해 비봉쇄 버전(nonblocking version)을 사용할 수 있도록 해야 한다. 그렇지 않으면 각 시스템 호출은 프로세스를 봉쇄 상태로 만든다. 둘째, 커널은 프로세스를 스케줄하고 스레드 라이브러리는 프로세스 내 스레드를 스케줄하기 때문에, 어느 때든 기껏해야 프로세스 내 한 스레드만이 연산 중에 있을 수 있다. 이와 같이 사용자 수준 스레드는 병렬성을 제공할 수 없고(5.1.4절 참고), 사용자 수준 스레드가 제공하는 병행성은 스레드가 봉쇄 상태에 이르게 하는 시스템 호출을 하면 심하게 훼손된다.

5.3.2.3 혼합 스레드 모델(*Hybrid Thread Model*)

혼합 스레드 모델은 사용자 수준 스레드와 커널 수준 스레드 둘 다 가지고 있으며, 사용자 수준 스레드를 커널 수준 스레드와 연관시키는 방법을 가지고 있다. 사용자 수준 스레드와 커널 수준 스레드를 연관시키는 방법에 따라, 사용자 수준 스레드의 낮은 전환 오버헤드와 커널 수준 스레드의 높은 병행성과 병렬성을 얻는 정도가 달라진다.

그림 5.17은 사용자 수준 스레드를 커널 수준 스레드와 연관시키는 세 가지 방법을 설명한다. 스레드 라이브러리는 프로세스 내에 사용자 수준 스레드를 생성하고, **스레드 제어 블록**(*thread control block*: TCB)을 각 사용자 수준 스레드와 연관시킨다. 커널은 프로세스 내에 커널 수준 스레드를 생성하고 **커널 스레드 제어 블록**(*kernel thread control block*: KTCB)을 각 커널 수준 스레드와 연관시킨다. 다-대-일 연관 방법에서는, 단일 커널 수준 스레드가 커널에 의해 프로세스 내에 생성되고, 스레드 라이브러리에 의해 프로세스 내에 생성된 모든 사용자 수준 스레드는 이 커널 수준 스레드와 연관된다. 이러한 연관 방식은 사용자 수준 스레드와 유사한 효과를 제공한다. 즉, 사용자 수준 스레드는 병렬 처리 대신 병행 처리될 수 있고, 스레드 전환은 낮은 오버헤드를 유발하고, 사용자 수준 스레드의 봉쇄는 진행 중인 모든 스레드의 봉쇄로 이어진다.

일-대-일 연관 방법에서는, 각 사용자 수준 스레드가 영구적으로 커널 수준 스레드에게로 매핑된다. 이 연관은 단지 커널 수준 스레드와 유사한 효과를 제공한다. 즉, 스레드는 멀티프로세서 시스템의 서로 다른 CPU상에서 병렬로 동작할 수 있다. 하지만 스레드 간의 전환은 커널 수준에서 수행되고, 높은 오버헤드를 유발한다. 사용자 수준 스레드의 봉쇄는 프로세스 내 다른 사용자 수준 스레드를 봉쇄시키지 않는다. 왜냐하면 사용자 수준 스레드가 서로 다른 커널 수준 스레드에게로 매핑되어 있기 때문이다.

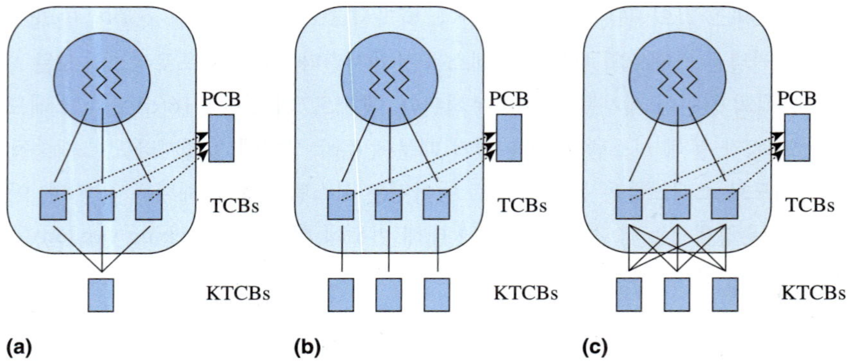

그림 5.17 혼합 스레드에서 (a) 다-대-일 연관 (b) 일-대-일 연관 (c) 다-대-다 연관

다-대-다 연관 방법은 사용자 수준 스레드를 서로 다른 시간에 서로 다른 커널 수준 스레드에게 매핑되도록 허용한다[그림 5.17(c) 참고]. 동시에 서로 다른 커널 수준 스레드에게 매핑된 사용자 수준 스레드 간 병렬성을 제공하고, 스레드 라이브러리에 의해 동일한 커널 수준 스레드에 스케줄된 사용자 수준 스레드 간의 전환 시에 낮은 오버헤드를 제공한다. 하지만 다-대-다 연관 방법은 구현하기가 복잡하다. 이에 대해서는 솔라시스 8 이전까지 Sun 솔라리스 운영체제에서 사용되었던 혼합 스레드 모델을 통해 5.4.3절에서 자세히 논의한다.

5.4 프로세스와 스레드에 대한 사례 연구 (CASE STUDIES OF PROCESSES AND THREADS)

5.4.1 유닉스에서의 프로세스(Processes in Unix)

자료 구조(Data Structures) 유닉스는 프로세스에 대한 제어 데이터를 유지하기 위해 두 개의 자료 구조를 사용한다.

- *proc* 구조: 프로세스 id, 프로세스 상태, 우선순위, 다른 프로세스와의 관계에 대한 정보, 봉쇄된 프로세스가 대기 중인 이벤트에 대한 기술자(descriptor), 시그널 처리 마스크(mask), 메모리 관리 정보 등을 가지고 있다.
- *u area*['사용자 영역(user area)' 을 의미한다]: 봉쇄된 프로세스의 CPU 상태를 저장하고 있는 프로세스 제어 블록을 가지고 있다. 여기에는 *proc* 구조에 대한 포인터, 사용자와 그룹 id 및 다음과 관련된 정보를 포함한다. 시그널 핸들러, 오픈 파일, 현재 디렉터리, 프로세스에 부착된 단말기, 그리고 프로세스에 의한 CPU 사용량.

이들 자료 구조는 5.2절에서 논의한 PCB 자료 구조와 유사한 정보를 모두 가지고 있다. *proc* 구조는 주로 스케줄링과 관련된 정보를 가지고 있는 반면에, *u area*는 자원 할당과 시그널 처리에 관련된 정보를 가지고 있다. 프로세스의 *proc* 구조는 항상 메모리 내에 유지한다. *u area*는 프로세스가 연산 중일 때에만 메모리 내에 있을 필요가 있다.

프로세스 유형(Types of Processes) 유닉스에는 두 가지 유형의 프로세스가 존재한다. 사용자 프로세스와 커널 프로세스이다. **사용자 프로세스**(*user process*)는 사용자 계산을 실행한다. 이는 사용자의 단말기와 연관되어 있다. 사용자가 프로그램을 시작하면, 커널은 그에 대한 주 프로세스(primary process)를 생성한다. 주 프로세스는 자식 프로세스를 생성할 수 있다(5.1.2절 참고). **디먼 프로세스**(*daemon process*)는 사용자의 단말기로부터 떨어져 나온 것이다. 이는 백그라운드로 실행하고, 전형적으로 시스템 전체를 토대로 수행한다. 예를 들어, 프린터 스풀링과 네트워크 관리 같은 것이 있다. 한번 생성되면, 디먼 프로세스는 운영체제의 생명주기 동안 존재한다. **커널 프로세스**(*kernel process*)는 커널의 코드를 실행한다. 이것은 스와핑과 같은 커널의 백그라운드 동작과 관련되어 있다. 이는 시스템이 부팅될 때 자동적으로 생성되고, 시스템 호출 없이 커널의 기능들을 호출하거나 커널 자료 구조를 가리킨다.

프로세스 생성과 종료(Process Creation and Termination) 시스템 호출 *fork*는 자식 프로세스를 생성하고 그의 문맥을 설정한다[유닉스 용어로는 **사용자 수준 문맥**(*user-level context*)이라고 한다]. *fork*는 새로 생성된 프로세스에 대한 *proc* 구조를 할당하고, 그의 상태를 준비 상태로 표시하고, 그 프로세스에 대한 *u area*를 할당한다. 커널은 *proc* 구조를 사용해서 부모-자식 관계를 추적 관리한다. *fork*는 자식 프로세스의 id를 반환한다.

자식 프로세스의 사용자 수준 문맥은 부모 프로세스의 사용자 수준 문맥의 복사본이다. 따라서 자식은 부모와 똑같은 코드를 실행한다. 생성할 때, 자식 프로세스의 프로그램 카운터(PC)는 *fork* 호출이 반환하는 명령어의 주소를 가지도록 설정된다. *fork* 호출은 자식 프로세스에게는 0을 반환하는데, 이것이 부모와 자식 프로세스들 간 유일한 차이점이다. 자식 프로세스는 부모와 동일한 프로그램을 실행할 수 있거나, 또는 실행을 위한 다른 프로그램을 적재하기 위해서 *exec* 계열의 시스템 호출을 사용할 수 있다. 이러한 방법이 귀찮기는 하지만, 자식 프로세스에게 부모의 문맥 내에 있는 부모의 코드를 실행하거나 또는 자기 자신의 프로그램을 선택할 수 있는 선택권을 준다. 전자의 대안은 많은 사용자 요청을 병행으로 서비스할 수 있는 서버를 설정하기 위해 예전의 유닉스에서 사용되었다.

유닉스에서 프로세스의 생성과 종료에 대한 완전한 개념은 다음과 같다. 부팅 후에 시스템은 프로세스 *init*을 생성한다. 이 프로세스는 시스템에 연결되어 있는 모든 단말기에 대해 자식 프로세스를 생성한다. 일련의 *exec* 호출을 한 후에, 각 자식 프로세스는 로그인 셸(login shell)의 실행을 시작한다. 프로그래머가 명령 라인에서 파일의 이름을 지적하면, 셸은 주어진 파일에 대한 *exec* 호출을 실행하는 새로운 프로세스를 생성하며, 사실 이것이 프로그램의 주 프로세스가 된다. 이처럼 주 프로세스는 셸 프로세스의 자식이다. 그리고 셸 프로세스는 이 절의 뒤에서 기술하는 *wait* 시스템 호출을 실행하며, 이 호출은 프로그램의 주 프로세스 종료를 기다리기 위한 것이다. 이처럼 주 프로세스는 프로그램이 완료될 때까지 봉쇄되고, 다음 사용자 명령을 받아들이기 위해 다시 활성화된다. 만약 셸 프로세스가 스스로 종료하기 위해 *exit* 호출을 수행하면, *init*은 로그인 셸을 실행하기 위해 단말기에 대한 새로운 프로세스를 생성한다.

프로세스 P_i는 빠져나가는 시스템 호출인 *exit*(*status_code*)를 통해 스스로 종료할 수 있다. 여기서 **상태 코드**(*status_code*)는 프로세스의 종료 상태를 나타내는 코드이다. *exit* 호출을 받는 즉시 커널은 상태 코드를 P_i의 *proc* 구조에 저장하고, 모든 오픈 파일을 닫고, 프로세스에 할당된 메모리를 해제하고, 프로세스의 *u area*를 파괴한다. 하지만 *proc* 구조는 P_i의 부모가 그를 파괴할 때까지 유지된다. 이런 방법으로 P_i의 부모는 원하면 언제든 그의 종료 상태를 질의할 수 있다. 본질적으로 종료된 프로세스는 존재는 하지만 죽은 상태다. 그래서 **좀비**(*zombie*) 프로세스라고 한다. 또한 *exit* 호출은 P_i의 부모에게 시그널을 보낸다. P_i의 자식 프로세스는 커널 프로세스 *init*의 자식이 된다. 이런 방법으로 *init*은 P_i의 자식, 즉 P_c가 종료할 때 자기의 *proc* 구조를 해제할 수 있도록 시그널을 받는다.

프로세스 종료를 기다림(Waiting for Process Termination) 프로세스 P_i가 시스템 호출 *wait*[*addr*(...)]을 통해 자식 프로세스의 종료를 기다릴 수 있다. 여기서 *addr*(...)은 P_i의 주소 공간 내에 있는 변수의 주소, 말하자면 변수 `xyz`의 주소이다. 프로세스 P_i가 자식 프로세스를 가지고 있고 적어도 그들 중 하나가 이미 종료되었다면, wait 호출은 종료된 자식 프로세스의 종료 상태를 `xyz`에 저장하고 즉시 종료된 자식 프로세스의 id를 반환한다. 만약 더 많은 종료된 자식 프로세스가 존재하면, 그들의 종료 상태는 *wait* 호출을 반복할 때만 P_i에게 알려지게 된다. 프로세스 P_i의 상태는 자식들 중 아무도 종료하지 않았을 때만 봉쇄 상태로 변경된다. 자식 프로세스 중 하나가 종료할 때 봉쇄 해제된다. *wait* 호출은 P_i가 자식을 가지고 있지 않으면 '–1'을 반환한다. 다음 예제는 *wait* 호출의 이러한 의미론의 장점을 설명한다.

예제 5.8 유닉스에서의 자식 프로세스

그림 5.18은 for 루프 내에서 3개의 자식을 생성하고 그들의 종료를 기다리는 프로세스의 C 코드를 보여준다. 이 코드는 예제 5.1의 실시간 데이터 기록 시스템의 프로세스들을 설정하기 위해 사용된다. *fork* 호출은 호출한 프로세스에 새로 생성된 자식 프로세스의 id를 반환하지만, 자식 프로세스에게는 0을 반환한다. 이 특성 때문에, 자식 프로세스는 부모 프로세스가 if 문을 생략하고 wait 문을 실행하는 동안 if 문 내에 있는 코드를 실행한다. 기다림(wait)은 자식 프로세스가 exit 문을 통해 종료할 때마다 만족된다. 하지만 부모 프로세스는 마지막 프로세스가 끝날 때까지 기다리기를 원한다. 그래서 반환된 값이 −1이 아닌 다른 값이면 또 다른 wait를 발생한다. 네 번째 wait 호출은 −1을 반환하는데, 이는 부모 프로세스를 루프 밖으로 끄집어낸다. 부모 프로세스 코드는 명시적인 exit() 호출을 포함하지 않지만, 언어 번역기가 이것을 main()의 끝에 자동적으로 추가한다.

```
main()
{
   int saved_status;
   for (i=0; i<3; i++)
   {
         if (fork()==0)
         { /* 자식 프로세스에 대한 코드 */
               ...
               exit();
         }
   }
   while (wait(&saved_status) !=-1);
           /* 모든 자식 프로세스가 종료할 때까지 루핑 */
}
```

그림 5.18 유닉스에서의 프로세스 생성과 종료

이벤트 발생을 기다림(Waiting for Occurrence of Events) 이벤트상에서 봉쇄된 프로세스는 이벤트상에서 수면(*sleep*)한다고 한다. 예를 들면, I/O 연산을 시작한 프로세스는 그의 완료 이벤트상에서 수면한다. 유닉스는 이벤트상에서 수면 중인 프로세스를 활성화하기 위해 흥미 있는 방법을 사용한다. 앞서 5.2.4절에서 기술한 이벤트 제어 블록(ECBs)을 사용하지 않는 대신, 이벤트 주소(*event address*)를 사용한다. 일련의 주소들을 커널 내에 확보하고, 모든 이벤트는 이들 주소들 중 하나로 매핑된다. 프로세스가 이벤트상에서 수면하기를 원하면 이벤트의 주소가 계산되고, 프로세스의 상태가 봉쇄 상태로 변경되고, 이벤트의 주소는 proc 구조에 저장된다. 이 주소는 프로세스가 기다리는 이벤트의 명세가 된다. 이벤트이 발생하면 커널은 이벤트 주소를 계산하고, 이벤트에서 수면 중인 모든 프로세스를 활성화한다.

이 방법은 어떤 상황에서는 불필요한 오버헤드를 유발한다. 예를 들어, 데이터 접근 동기화의 결과로서 동일한 이벤트에서 수면 중인 몇 개의 프로세스를 고려해 보자.

이벤트가 발생하면 이들 모든 프로세스가 활성화되지만, 하나의 프로세스만이 데이터 접근권을 획득하고 나머지 프로세스들은 다시 수면하러 간다. 이것은 바쁜 대기(*busy wait*) 상황과 유사하며, 이에 대해서는 다음 장에서 논의한다. 이벤트를 주소로 매핑하는 방법이 이 문제에 추가된다. 해싱 기법이 매핑하는 데 사용되고, 그래서 2개 이상의 이벤트가 동일한 이벤트 주소로 매핑된다. 이들 이벤트 중 어느 하나의 발생은 이들 모든 이벤트에서 수면 중인 모든 프로세스를 활성화한다. 활성화된 각 프로세스는 수면 중인 이벤트가 실제로 발생했는지를 조사해야 하고, 그런 경우가 아니라면 다시 수면하러 가야 한다.

인터럽트 서비스하기(Interrupt Servicing) 유닉스는 각 인터럽트에 인터럽트 우선순위 등위(*interrupt priority level*: ipl)를 부여함으로써 중요한 커널 수준 활동 동안에는 인터럽트를 방지한다. CPU가 실행하는 프로그램에 따라, 인터럽트 우선순위 등위가 CPU와 연관된다. 우선순위 등위가 *l*인 인터럽트가 발생하면, *l*이 CPU의 인터럽트 우선순위 등위보다 클 경우에만 처리된다. 그렇지 않으면 CPU의 인터럽트 우선순위 등위가 *l*보다 작게 될 때까지 계류된다. 커널은 커널 자료 구조의 불일치(inconsistency)를 방지하기 위해 이 특징을 사용한다. 즉, 커널 자료 구조 갱신을 시작하기 전에 CPU의 *ipl*을 높은 값으로 끌어올리고, 갱신을 완료한 후에 *ipl*을 낮춤으로써 커널 자료 구조의 불일치를 방지한다.

시스템 호출(System Calls) 시스템 호출이 발생하면, 시스템 호출 핸들러는 어느 시스템 기능이 호출되었는지를 결정하기 위해 시스템 호출 번호를 사용한다. 내부 테이블로부터, 이 시스템 기능에 대한 핸들러의 주소를 알아낸다. 또한 이 호출이 취해야 할 매개변수의 수도 알아낸다. 하지만 이들 매개변수는 사용자 스택에 들어 있으며, 이는 호출을 한 프로세스의 프로세스 문맥 일부이다. 그래서 제어가 특정 호출에 대한 핸들러로 넘어가기 전에 이들 매개변수는 프로세스 스택으로부터 프로세스의 *u area* 내 어떤 표준 장소로 복사된다. 이 행동은 개별적인 이벤트 핸들러의 연산을 단순화한다.

시그널(Signals) 시그널은 프로세스에 보내거나 또는 프로세스 그룹으로 보낼 수 있다. 이 행동은 *kill* 시스템 호출인 *kill*(<*pid*>,<*signum*>)에 의해 수행되며, <*pid*>는 양수, 0, 또는 음수가 될 수 있는 정수 값이다. <*pid*>의 양수 값은 시그널을 받는 프로세스의 id이다. <*pid*>의 0 값은 시그널이 송신자 프로세스와 동일한 프로세스 트리 내의 어떤 프로세스에 보내졌다는 것을 의미한다. 예를 들면, 송신자 프로세스와 조상을 공유하는 어떤 프로세스를 의미한다. 이 기능은 다음과 같이 구현한다. *fork* 시스템 호출에서, 새로이 생성된 프로세스는 부모 프로세스의 프로세스 그룹 번호와 동일한 그룹 id를 부여받는다. 프로세스는 *setpgrp* 시스템 호출을 사용해서 그룹 번호를 변경할 수 있다. <*pid*> = 0이면, 시그널은 송신자와 동일한 그룹 번호를 가진 모든 프로세스에 보내진다. *<pid>*의 음수 값은 송신자의 프로세스 트리 바깥에 있는 프로세스에 도달하기 위해 사용된다. 여기서는 이 기능에 대해 상술하지 않는다.

프로세스는 다음 문장을 실행함으로써 시그널 핸들러를 규정한다.

oldfunction = signal(*<signum>*,*<function>*)

여기서 signal은 *signal* 시스템 호출을 하는 C 라이브러리 내 함수이고, *<signum>*은 정수이고, *<function>*은 프로세스 주소 공간 내에 있는 함수의 이름이다. 이 호출은 함수 *<function>*이 시그널 *<signum>*의 발생에 따라 실행되어야 한다는 것을 규정한다. signal 호출은 시그널 *<signum>*에 대해 사전에 규정된 동작으로 복귀한다. 사용자는 *<function>*에 SIG_DFL을 규정할 수 있는데, 이는 코어 덤프(core dump)나 프로세스 중지하기와 같은 커널에 정의된 디폴트 동작이 시그널이 발생하면 실행되어야 한다는 사실을 지시하기 위한 것이다. 또는 *<function>*에 SIG_IGN을 규정할 수 있는데, 이는 시그널의 발생이 무시되어야 한다는 사실을 지시하기 위한 것이다.

커널은 자기가 규정한 시그널 처리 행동을 기록해 두기 위해 프로세스의 *u area*를 사용하고, 시그널 발생을 등록하기 위해 *proc* 구조 내 일련의 비트들을 사용한다. 시그널을 프로세스에 보낼 때마다, 목적지 프로세스의 *proc* 구조 내 시그널에 상응하는 비트를 1로 설정한다. 그리고 커널은 시그널이 목적지 프로세스에 의해 무시되어야 하는지도 결정한다. 만약 아니라면, 시그널을 프로세스에 전달하기 위해 준비를 한다. 만약 시그널이 무시되면 계류 상태로 유지하다가, 프로세스가 시그널을 받을 권리를 규정하면 전달된다(행동을 규정하거나 또는 디폴트 행동이 사용되어야 한다는 것을 규정함으로써). 시그널은 예정되어 있는 프로세스가 **봉쇄** 상태에 있으면 계류 상태를 유지한다. 시그널은 프로세스가 봉쇄 상태를 벗어날 때 전달된다. 일반적으로 커널은 프로세스가 시스템 호출이나 인터럽트로부터 복귀할 때, 프로세스가 봉쇄 해제된 후, 또는 프로세스가 이벤트상에서 봉쇄되기 전에 계류 중인 시그널을 조사한다.

시그널 처리 행동의 호출은 앞서 5.2.6절에서 기술한 대로 구현된다. 시그널을 처리하는 방법에는 몇 가지 변형이 존재한다. 시그널이 반복적으로 발생하면, 커널은 단순히 시그널이 발생했다는 것만을 기록하고 발생 횟수는 세지 않는다. 그러므로 시그널 핸들러는 한 번 혹은 몇 번 실행될 수도 있는데, 이는 언제 프로세스가 시그널 핸들러를 실행하기 위해 스케줄되는지에 따라 다르다. 또 다른 변형은 시스템 호출 때 봉쇄된 프로세스에게 보낸 시그널에 관심이 있다. 시그널 핸들러를 실행한 후에, 그러한 프로세스는 시스템 호출의 실행을 재개하지 않고 시그널 호출로부터 복귀한다. 필요하다면 시스템 호출을 반복해야 할 수도 있다. 표 5.9에 몇 개의 흥미있는 유닉스 시그널들을 열거한다.

표 5.9 유닉스에서 흥미 있는 시그널

시그널	설명
SIGCHLD	자식 프로세스가 죽거나 중지되었다
SIGFPE	산술 연산 오류
SIGILL	불법적인 명령어
SIGINT	tty 인터럽트(Control-C)
SIGKILL	프로세스를 kill
SIGSEGV	세그먼테이션 오류
SIGSYS	부당한 시스템 호출
SIGXCPU	CPU 시간 제한이 초과되었다
SIGXFSZ	파일 크기 제한이 초과되었다

프로세스 상태와 상태 전이(Process States and State Transitions) 5.2.1절에서 기술한 프로세스 모델과 유닉스에서 사용한 프로세스 모델 간에는 한 가지 개념적인 차이점이 있다. 5.2.1절의 모델에서, **실행** 상태에 있는 프로세스는 실행이 인터럽트되는 순간 준비 상태로 놓인다. 그리고 나서 시스템 프로세스는 인터럽트를 일으킨 이벤트를 처리한다. 만약 실행 중인 프로세스가 <*SI_instrn*>을 실행함으로써 스스로 소프트웨어 인터럽트를 발생시켰을 경우, 요청이 즉시 허용될 수 없으면 그 상태는 봉쇄 상태로 변경될 수도 있다. 이 모델에서 사용자 프로세스는 단지 사용자 코드만 실행한다. 어떤 특별한 특권도 필요하지 않다. 시스템 프로세스는 I/O 시작과 메모리 보호 정보의 설정과 같은 특권 명령어를 사용해야 할 수도 있다. 그래서 시스템 프로세스는 CPU를 커널 모드에서 실행한다.

프로세스는 유닉스 모델에서는 다르게 행동한다. 프로세스가 시스템 호출을 하면, 프로세스 자체는 시스템 호출을 처리하는 커널 코드를 실행하도록 진행한다. 필요한 특권을 가지도록 보장하기 위해, CPU를 커널 모드에서 실행시킬 필요가 있다. 모드 변경은 시스템 호출이 발생할 때마다 필요하다. 반대쪽의 모드 변경은 시스템 호출을 처리한 후에 필요하다. 프로세스가 인터럽트 때문에 커널 내 인터럽트 서비스 코드의 실행을 시작할 때와 인터럽트를 서비스한 후 복귀할 때도 유사한 모드 변경이 필요하다.

유닉스 커널 코드는 많은 프로세스가 병행으로 실행할 수 있도록 재진입 가능(reentrant)하게 만든다. 이 특징은 커널 코드를 실행하는 동안 프로세스가 봉쇄되는 상황에 유용하다. 예를 들면, I/O 연산을 시작하기 위해 시스템 호출을 할 때나, 혹은 즉시 허용될 수 없는 요청을 할 때이다. 코드의 재진입 가능성을 보장하기 위해, 커널 코드를 실행하는 모든 프로세스는 자신의 커널 스택을 사용해야 한다. 이 스택은 프로세스가 커널 코드로 진입한 시간 이후의 함수 호출의 내역을 가지고 있다. 만약 또 다른 프로세스가 커널 코드로 진입하면, 함수 호출 내역은 그 자신의 커널 스택에 유지된다. 이렇게 하여 이들의 연산은 서로 방해하지 않는다. 원칙적으로 프로세스의 커널 스택은 사용자 스택과 별개일 필요가 없다. 하지만 CPU가 커널 모드와 사용자 모드에 있을 때 대부분의 컴퓨터 구조에서 서로 다른 스택을 사용하기 때문에 실제로는 별개의 스택이 사용된다.

유닉스는 2개의 서로 다른 **실행 상태**를 사용한다. 이들 상태는 **사용자 실행** 상태와 **커널 실행** 상태라고 한다. 사용자 프로세스는 **사용자 실행** 상태에 있는 동안에 사용자 코드를 실행하고, **커널 실행** 상태에 있는 동안에는 커널 코드를 실행한다. 시스템 호출을 하거나 또는 인터럽트가 발생할 때, **사용자 실행** 상태에서 **커널 실행** 상태로 전이가 일어난다. I/O 연산이나 또는 자원을 사용할 수 없음으로 인해 **커널 실행** 상태에 있는 동안 봉쇄될 수도 있다. I/O가 완료하거나 자원 요청이 허용되면, 프로세스는 커널 실행 상태로 복귀하고 실행 중인 커널 코드의 실행을 완료한다. 그리고 커널 모드를 떠나서 사용자 모드로 복귀한다. 따라서 상태는 **커널 실행** 상태에서 **사용자 실행** 상태로 변경된다.

이 협약 때문에 프로세스는 봉쇄되지 않거나 **사용자 실행** 상태에서 선점되지 않는다. 즉, 먼저 **커널 실행** 상태로 전이가 일어나고, 그 후에 봉쇄되거나 또는 선점된다. 사실 **사용자 실행 → 커널 실행** 상태는 단지 **사용자 실행** 상태로부터의 전이이다. 그림 5.19는 유닉스에서의 기본적인 프로세스 상태와 상태 전이를 설명한다. 거기에서 보여준 대로, 심지어 프로세스 종료는 프로세스가 **커널 실행** 상태에 있을 때에도 발생한다. 이는 프로세스가 **사용자 실행** 상태에 있을 동안 *exit* 시스템 호출을 실행하기 때문에 일어나는 것이다. 이 호출은 자신의 상태를 **커널 실행** 상태로 변경한다. 프로세스는 이 호출을 처리한 결과에 따라 실제로 종료하고 **좀비**(*zombie*) 프로세스가 된다.

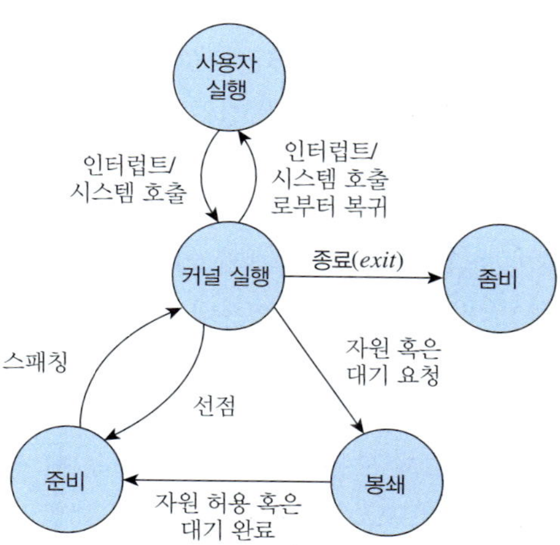

그림 5.19 유닉스에서의 프로세스 상태 전이

5.4.2 리눅스에서의 프로세스와 스레드(Processes and Threads in Linux)

자료 구조(Data Structures) 리눅스 2.6 커널은 1:1 스레드 모델, 즉 커널 수준 스레드를 지원한다. task_struct형의 자료 구조로 된 **프로세스 기술자**(*process descriptor*)를 사용하는데, 이는 프로세스나 스레드와 관련한 모든 정보를 가지고 있다. 프로세스에 대해서 이 자료 구조는 프로세스 상태, 부모와 자식에 관한 정보, 프로세스가 사용하는 단말기, 현재 디렉터리, 오픈 파일, 할당된 메모리, 시그널 및 시그널 핸들러를 포함한다. 커널은 단말기, 디렉터리, 파일, 메모리 및 시그널과 관련된 정보를 유지하고, 이를 가리키는 포인터를 프로세스 기술자에 넣어두기 위해 하부 구조를 생성한다. 이 구조는 스레드가 생성될 때 메모리와 오버헤드 둘 다 절약한다.

프로세스와 스레드의 생성과 종료 프로세스와 스레드 둘 다 *fork*와 *vfork*라는 시스템 호출을 통해 생성되는데, 그 기능은 해당 유닉스 호출과 동일하다. 이들 기능은 실제로 시스템 호출 *clone*에 의해 구현되는데, 프로그램의 관점에서는 보이지 않는다. *clone* 시스템 호출은 4개의 매개변수를 가진다. 즉, 프로세스나 스레드의 시작 주소, 전달할 매개변수, 플래그(flag), 그리고 자식의 스택 명세를 가진다. 몇 가지 중요한 플래그는 다음과 같다.

CLONE_VM	MMU에 의해 사용되는 메모리 관리 정보를 공유한다.
CLONE_FS	루트(root)와 현재의 작업 디렉터리에 관한 정보를 공유한다.
CLONE_FILES	오픈 파일에 관한 정보를 공유한다.
CLONE_SIGHAND	시그널과 시그널 핸들러에 관한 정보를 공유한다.

task_struct 구조는 이 정보의 선택적인 공유를 쉽게 한다. 왜냐하면 단지 실제 정보가 저장되어 있는 하부 구조를 가리키는 포인터만 가지고 있기 때문이다. *clone* 시스템 호출에서 커널은 task_struct의 복사본을 만드는데, 이들 포인터 중 몇 개는 복사되고 나머지는 변경된다. 모든 플래그를 설정한 채 *clone*을 호출하면 새로운 스레드가 생성되어 부모의 주소 공간, 파일 및 시그널 핸들러를 공유한다. 모든 플래그를 해제한 채 *clone*을 호출하면 새로운 프로세스는 이들 요소 중 어느 것도 부모와 공유하지 않는다.

리눅스 2.6 커널은 고유의 POSIX 스레드 라이브러리(Native POSIX Threading Library: NPTL)에 대한 지원을 포함하고 있는데, 이는 대량으로 스레드화된 애플리케이션에 유익한 내용을 많이 보강하였다. 20억 개의 스레드까지 지원하는데, 한편 리눅스2.4 커널은 CPU당 8192개의 스레드까지만 지원할 수 있다. 새로운 시스템 호출 *exit_group*()은 프로세스와 그의 모든 스레드를 종료하는 데 사용한다. 이것은 약 2초 내에 10만 개의 스레드를 가진 프로세스를 종료할 수 있다. 반면에 리눅스 2.4 커널에서는 15분 이상 걸린다. 시그널 처리는 커널 공간에서 수행되고, 시그널은 프로세스 내 가용한 스레드 중 하나에 전달된다. 중지(stop)와 계속(continue) 시그널은 한 프로세스 전체에 영향을 미친다. 반면에 이 치명적인 시그널은 프로세스 전체를 종료한다. 이 기능이 다중 스레드 프로세스의 처리를 단순화한다. 리눅스 2.6 커널은 *futex*라고 불리는 빠른 사용자 공간 mutex를 지원하는데, 이는 시스템 호출의 수를 줄임으로써 스레드 동기화의 오버헤드를 감소시킨다.

부모-자식 관계(Parent-Child Relationships) 부모와 자식 관계에 있는 프로세스나 스레드에 관한 정보는 프로세스 트리를 유지하기 위해 `task_struct`에 저장한다. `task_struct`는 부모와 양부모(deemed parent)에 대한 포인터를 가지고 있다. 양부모는 부모 프로세스가 종료되었을 경우 프로세스의 종료를 보고받을 프로세스이다. `task_struct`는 또한 가장 젊은 자식에 대한 포인터, 프로세스의 더 젊은 자매에 대한 포인터와 더 늙은 형제에 대한 포인터를 가진다. 따라서 그림 5.2의 프로세스 트리는 그림 5.20과 같이 표현된다.

프로세스 상태(Process States) 프로세스 기술자(process descriptor)의 상태(*state*) 항목은 프로세스의 상태를 표시하는 플래그를 가지고 있다. 프로세스는 어느 때든 다섯 가지 상태 중 하나에 속한다.

`TASK_RUNNING`	프로세스는 스케줄되거나 또는 스케줄되기를 기다리고 있다.
`TASK_INTERRUPTIBLE`	프로세스는 이벤트상에서 수면 중이지만, 시그널을 받을 수도 있다.
`TASK_UNINTERRUPTIBLE`	프로세스는 이벤트상에서 수면 중이지만, 시그널을 받을 수는 없다.
`TASK_STOPPED`	프로세스의 연산이 시그널에 의해 중지되었다.
`TASK_ZOMBIE`	프로세스가 완료되었지만, 부모 프로세스가 해당 프로세스가 종료되었는지를 검사하기 위한 *wait* 계열의 시스템 호출을 아직 하지 않았다.

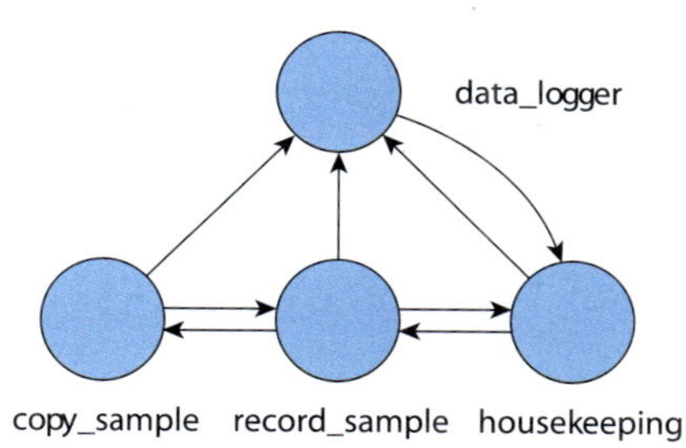

그림 5.20 그림 5.2(a)의 프로세스에 대한 리눅스 프로세스 트리

TASK_RUNNING 상태는 5.2.1절에서 기술한 **실행**이나 **준비** 상태 중 하나에 해당한다. TASK_INTERRUPTIBLE과 TASK_UNINTERRUPTIBLE 상태는 둘 다 **봉쇄** 상태에 해당한다. **봉쇄** 상태를 두 개의 상태로 분리함으로써 **봉쇄** 상태에 있는 프로세스에 보낸 시그널을 처리할 때 운영체제가 직면하는 딜레마를 해결한다(5.2.6절 참고). 즉, 프로세스는 이벤트가 발생하기를 기다리는 동안에 시그널에 의해 활성화되기를 원하는지를 결정하거나, 또는 **봉쇄** 상태에서 빠져나올 때까지 시그널의 전달이 연기되기를 원하는지를 결정한다. 프로세스는 실행이 중지되도록 하는 SIGSTOP이나 SIGTSTP 시그널을 받거나, 또는 백그라운드 프로세스가 입력이나 출력을 요청하는 SIGTTIN이나 SIGTTOU 시그널을 받으면 TASK_STOPPED 상태로 들어간다.

5.4.3 솔라리스에서의 스레드(Threads in Solaris)

유닉스 5.4 기반의 운영체제인 솔라리스는 원래 혼합 스레드 모델을 제공하였다. 이는 5.3.2.3절에서 논의한 혼합 스레드의 세 가지 연관 방법을 모두 지원하였다. 이름하여 다-대-일, 일-대-일, 그리고 다-대-다 연관 방법이다. 이 모델은 Sun 용어에서는 $M \times N$ 모델이라고 불리어 왔다. 솔라리스 8은 계속해서 이 모델을 지원하고, 또한 대안으로 커널 수준 스레드와 동등한 1:1 구현도 준비하였다. $M \times N$ 모델에 대한 지원은 솔라리스 9에서 중단되었다. 이 절에서는 $M \times N$ 모델과 중단된 이유에 대해 논의한다.

$M \times N$ 모델은 프로세스 내 병행성과 병렬성을 관리하기 위해 세 종류의 개체를 사용한다.

- **사용자 스레드**: 사용자 스레드는 5.3.2.2절에서 논의한 사용자 수준 스레드와 유사하다. 즉, 스레드 라이브러리가 생성하고 관리하며, 커널에게는 보이지 않는다.
- **경량 프로세스**: 경량 프로세스(*lightweight process*: LWP)는 사용자 스레드와 커널 스레드의 중간 형태이다. 여러 개의 LWP가 한 프로세스에 대해 생성된다. 각 LWP는 프로세스 내 병렬성의 한 단위이다. 사용자 스레드는 스레드 라이브러리에 의해 LWP로 매핑된다. 이 매핑은 일-대-일, 다-대-일, 다-대-다 또는 세 가지 모두의 적절한 조합이 될 수 있다. 한 프로세스에 대한 LWP의 수와 사용자 스레드와 LWP 간 매핑의 종류는 프로그래머가 결정한다. 프로그래머는 적절한 함수 호출을 통해 스레드 라이브러리가 그것을 알도록 한다.
- **커널 스레드**: 커널 스레드는 커널 수준 스레드이다. 커널은 프로세스 내 각 LWP에 대해 하나의 커널 스레드를 생성한다. 커널은 또한 자신의 필요에 의해 어떤 커널 스레드를 생성하기도 한다. 예를 들면, 시스템에서 디스크 I/O를 처리하기 위한 스레드가 있다.

그림 5.21은 사용자 스레드, LWPs 및 커널 스레드의 배치(arrangement)를 설명한

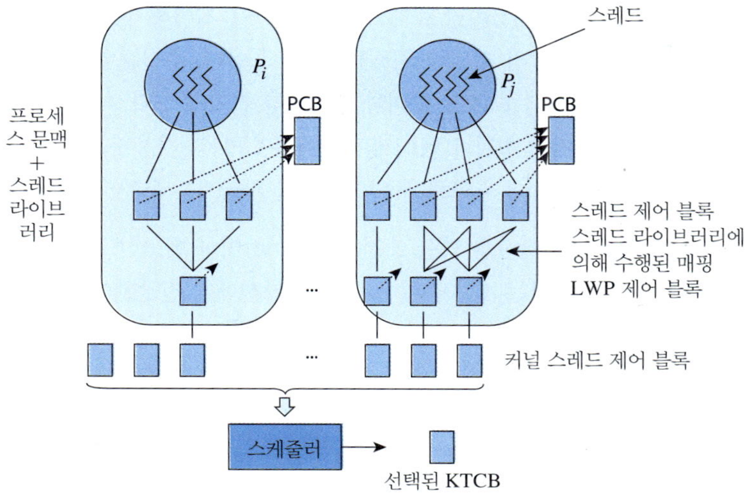

그림 5.21 솔라리스에서의 스레드

다. 프로세스 P_i는 3개의 사용자 스레드와 1개의 LWP를 가지며, 이들 간에는 다-대-일로 매핑되었다. 프로세스 P_j는 4개의 사용자 스레드와 3개의 LWP를 가진다. 사용자 스레드 중 하나는 LWP 중 하나에 배타적으로 매핑된다. 나머지 3개의 사용자 스레드와 2개의 LWP는 다-대-다로 매핑된다. 이 방법으로 세 스레드 각각은 두 LWP 중 어디에서나 연산할 수 있다.

LWP는 각자가 연관된 커널 스레드를 가지고 있기 때문에 병렬로 연산할 수 있다. 커널은 각 LWP에 대한 LWP 제어 블록과 각 커널 스레드에 대한 **커널 스레드 제어 블록**(KTCB)을 생성한다. 또한 스레드 라이브러리는 각 사용자 스레드에 대한 스레드 제어 블록을 유지한다. 이러한 제어 블록에 대한 정보는 5.3.2.2절에서 기술한 것과 유사하다. 스케줄러는 KTCB를 조사해서, 시스템에 있는 각 CPU에 대해 준비 상태에 있는 커널 스레드를 선택해 준다. 디스패처는 이 커널 스레드에 해당하는 LWP를 디스패치한다. 스레드 라이브러리는 사용자 스레드들 간 병행성을 달성하기 위해 LWP로 매핑된 사용자 스레드들 사이를 전환(switch)할 수 있다. 프로세스당 LWP 개수와 사용자 스레드와 LWP의 연관은 프로그래머가 결정하므로, 프로세스 내 병렬성과 병행성은 프로그래머의 제어하에 있다. 프로그래머가 한 프로세스에 대해 n 개의 LWP를 생성했을 경우, n-방향 병렬성이 프로세스 내에서 가능하다. 여기서 n은 $1 \leq n \leq p$ 이고 p는 CPU의 개수이다. 하지만 병행성의 차수(degree of parallelism)는 사용자 스레드가 연산 중 봉쇄 시스템 호출을 하면 줄어든다. 왜냐하면 이 호출이 사용자 스레드가 매핑되어 있는 LWP를 봉쇄하기 때문이다. 솔라리스는 이 문제를 극복하기 위해 **스케줄러 액티베이션**(*scheduler activation*)을 제공한다. 스케줄러 액티베이션에 대해서는 이 절의 뒤쪽에서 기술한다.

제어 블록의 복잡한 배치는 커널 스레드 간의 전환을 제어하기 위해 사용된다. 커널 스레드 제어 블록은 CPU의 커널 레지스터, 스택 포인터, 우선순위, 스케줄링 정보 및 스케줄링 목록에 있는 다음 KTCB에 대한 포인터를 가지고 있다. 게다가 LWP 제어 블록에 대한 포인터도 가지고 있다. LWP 제어 블록은 CPU의 사용자 레지스터를 보관한 값, 시그널 처리 정보 및 소유자 프로세스의 PCB를 가리키는 포인터를 가지고 있다.

시그널 처리(Signal Handling) 산술 연산 조건(condition)이나 메모리 보호 위반과 같이 스레드의 실행에 의해 발생하는 시그널은 그 스레드 자신에게 전달한다. 타이머와 같이 외부 원인에 의해 발생하는 시그널은 처리할 수 있는 스레드가 관리하게 해야 한다. $M \times N$ 모델은 각 프로세스에 시그널 처리를 전담하는 LWP를 제공한다. 시그널이 발생하면 커널은 이를 계류 상태로 유지하고, 이를 전담 LWP에 알린다. LWP는 그 특정 시그널을 처리할 수 있는 어떤 스레드가 그 프로세스의 다른 LWP 중 하나에서 실행 중이라는 것을 발견할 때까지 기다렸다가, 계류 중인 시그널을 그 LWP에 보내도록 커널에 요청한다.

프로세스 상태와 커널 스레드(States Processes and Kernel Threads) 커널은 단지 프로세스와 커널 스레드의 상태만을 알고 있다. 즉, 사용자 스레드의 존재는 알지 못한다. 프로세스는 다음 상태 중 하나에 속해 있다.

SIDL	생성 도중 임시 상태
SRUN	실행 가능한 프로세스
SONPROC	처리기에서 실행 중
SSLEEP	수면 중
SSTOP	중지됨
SZOMB	종료된 프로세스

SRUN과 SSLEEP 상태는 5.2.1절의 준비와 봉쇄 상태에 해당한다. 커널 스레드는 TS_RUN, TS_ONPROC, TS_SLEEP, TS_STOPPED 및 TS_ZOMB 상태를 가지는데, 상응하는 프로세스 상태와 유사하다. 쉬고 있는 커널 스레드는 TS_FREE 상태에 있다.

스케줄러 액티베이션(Scheduler Activation) 스케줄러 액티베이션은 커널 스레드와 같다. 커널은 두 가지 보조 기능을 수행하기 위해 스케줄러 액티베이션을 사용한다. (1) 프로세스의 어떤 LWP가 봉쇄되면, 커널은 프로세스 내 다른 실행 가능한 스레드가 작동할 수 있도록 새로운 LWP를 생성하기 위해 스케줄러 액티베이션을 사용한다. (2) 스레드 라이브러리와 관련된 이벤트가 발생하면, 커널은 스레드 라이브러리에게 이를 알리기 위해 스케줄러 액티베이션을 사용한다.

여러 개의 사용자 스레드와 한 LWP 간의 다-대-일 매핑과 현재 LWP로 매핑된 사용자 스레드를 고려해 보자. 커널 스레드는 LWP와 연관되어 있다. 그래서 사용자 스레드는 커널 스레드가 스케줄될 때 작동한다. 만약 사용자 스레드가 봉쇄 시스템 호출을 하면, 커널 스레드는 봉쇄된다. 실제로 연관되어 있는 LWP는 봉쇄된다. 만약 동일한 LWP에 매핑되어 있는 다른 스레드 중 몇 개가 실행 가능하다면, LWP가 봉쇄되었기 때문에 실행 가능한 사용자 스레드가 스케줄될 수 없는 상황을 맞이한다.

그러한 상황에서 커널은 사용자 스레드가 막 봉쇄되려고 할 때 스케줄러 액티베이션을 생성해서, 그 액티베이션을 스레드 라이브러리에 제공하고 그에게 *upcall*을 한다. upcall은 스레드 라이브러리에게 시그널을 보냄으로써 구현된다. 스레드 라이브러리는 커널이 제공한 액티베이션을 사용해서 시그널 핸들러를 실행한다. 시그널 핸들러는 막 봉쇄되려고 하는 사용자 스레드의 상태를 보관하고, 사용자 스레드가 사용했던 LWP를 해제하고, 재사용하기 위해 커널에게 인계한다. 그리고 커널이 제공한 새로운 액티베이션상에 새로운 사용자 스레드를 스케줄한다. 사실상 막 봉쇄되려고 했던 사용자 스레드는 LWP로부터 제거되고, 새로운 사용자 스레드가 프로세스 내 새로운 LWP에서 스케줄된다. 사용자 스레드가 봉쇄되는 이벤트가 발생하면, 커널은 스케줄러 액티베이션을 가진 스레드 라이브러리에게 또 다른 upcall을 한다. 이는 현재 LWP에 매핑된 사용자 스레드를 선점해서 LWP를 커널에게 반환하고, 커널이 제공한 새로운 액티베이션상에 새로이 활성화된 스레드를 스케줄할 수 있도록 하기 위한 것이다.

1:1 구현으로의 변경(Switchover to the 1:1 Implementation) $M \times N$ 모델은 다음과 같은 기대하에 개발되었다. 스레드 라이브러리에 의한 문맥 전환이 커널에 의한 문맥 전환보다 훨씬 적은 오버헤드를 유발하기 때문에, 스레드 라이브러리에서 스레드의 사용자 수준 스케줄링은 애플리케이션에 성능 향상을 가져다줄 것이라는 기대이다. 하지만 5.3.2.2절에서 언급한 대로, 이것은 스레드 라이브러리에 있는 스케줄러와 커널에 있는 스케줄러가 조화롭게 작업할 때에만 가능한 일이다. 솔라리스 8에서의 1:1 구현은 효율적인 커널 수준 문맥 교환을 해주었다. 1:1 모델의 사용으로 시그널 처리가 더 간단해졌는데, 이는 스레드가 특정 시그널의 처리를 전담할 수 있었기 때문이다. 이는 또한 스케줄러 액티베이션의 필요성을 제거했고, 더 좋은 확장성(scalability)을 제공했다. 그러므로 $M \times N$ 모델은 솔라리스 9에서 중단되었다.

5.4.4 윈도우에서의 프로세스와 스레드(Processes and Threads in Windows)

윈도우에서의 프로세스와 스레드의 묘미는 이 장의 앞에서 표현한 것과는 약간 다르다. 윈도우는 프로세스를 자원 할당의 한 단위로 취급하고, 스레드는 병행성에 대한 한 단위로 사용한다. 따라서 윈도우 프로세스는 스스로 동작하지 않는다. 즉, 프로세스는 내부에 적어도 하나의 스레드를 가지고 있어야 한다. 자원은 자원 핸들(*resource handle*)

을 통해서만 접근될 수 있다. 프로세스는 부모 프로세스로부터 약간의 자원 핸들을 상속받는다. 새로운 자원을 개방함(opening)으로써 더 많은 자원 핸들을 얻을 수 있다. 커널은 이들 모든 핸들을 각 프로세스의 핸들 테이블(handles table)에 저장한다. 이런 방법으로 자원은 핸들 테이블의 오프셋(offset)을 간단하게 규정함으로써 접근할 수 있다.

윈도우는 프로세스를 관리하기 위해 3개의 제어 블록을 사용한다. **실행 프로세스 블록**(*executive process block*)은 프로세스 id, 메모리 관리 정보, 핸들 테이블의 주소, 프로세스에 대한 커널 프로세스 블록 및 프로세스 환경 블록의 주소 등을 저장하는 항목을 가지고 있다. **커널 프로세스 블록**(*kernel process block*)은 프로세스에 대한 처리기 친화성과 같은 프로세스 내 스레드의 스케줄링 정보, 프로세스의 상태 및 자기 스레드의 커널 스레드 블록에 대한 포인터 등을 가지고 있다. 실행 프로세스 블록과 커널 프로세스 블록은 시스템 주소 공간에 위치한다. **프로세스 환경 블록**(*process environment block*)은 실행될 코드를 적재하기 위해 로더가 사용하는 정보와 힙 관리기(heap manager)가 사용하는 정보를 가지고 있으며, 사용자 주소 공간에 위치한다.

스레드를 관리하기 위해 사용되는 제어 블록은 연산에 관한 정보와 그 스레드를 포함하고 있는 프로세스에 관한 정보를 가지고 있다. 스레드의 **실행 스레드 블록**(*executive thread block*)은 **커널 스레드 블록**(*kernel thread block*), 부모 프로세스의 실행 프로세스 블록에 대한 포인터 및 역할 정보(impersonation information)를 가지고 있다. 커널 스레드 블록은 스레드의 커널 스택과 스레드 지역 저장소(thread-local storage)에 관한 정보, 스레드에 대한 스케줄링 정보, **스레드 환경 블록**(*thread environment block*)에 대한 포인터를 가지고 있다. 스레드 환경 블록은 스레드 id와 동기화 요구에 관한 정보를 가지고 있다.

윈도우는 프로세스 그룹을 관리하는 방법으로 **작업**(*job*)이라는 개념을 지원한다. 작업은 작업 객체로 표현한다. 작업 객체는 작업 내 프로세스에 대한 핸들, 작업 전체 CPU 시간 제한, 프로세스당 CPU 시간 제한, 작업의 프로세스에 대한 시간 조각을 설정하는 작업 스케줄링 등급, 작업 내 프로세스에 대한 처리기 친화성 및 우선순위 등급 등에 관한 정보를 가지고 있다. 프로세스는 단지 한 작업만의 일원이 될 수 있다. 즉, 작업이 생성한 모든 프로세스는 자동으로 동일한 그 작업에 속한다.

프로세스 생성(Process Creation) *create* 시스템 호출은 매개변수를 가지는데, 이는 새로운 프로세스나 또는 스레드의 부모에 대한 핸들(handle)이다. 이런 방법으로 *create* 호출은 프로세스나 스레드의 부모에 의해 유발될 필요가 없다. 서버 프로세스는 클라이언트 프로세스 내에 스레드를 생성하기 위해 이 기능을 사용하는데, 이는 서버 프로세스가 자신의 특권보다는 클라이언트의 접근 특권으로 자원에 접근할 수 있도록 하기 위한 것이다.

4.8.4절을 통해 환경 서브시스템(environment subsystem)은 MS-DOS, Win 32 및

OS/2와 같은 다른 운영체제용으로 개발된 프로그램의 실행을 지원한다는 것을 상기하라. 프로세스 생성에 대한 의미론(semantics)은 애플리케이션 프로세스가 사용하는 환경 서브시스템에 좌우된다. Win/32와 OS/2 운영체제에서, 프로세스는 생성될 때 내부에 하나의 스레드를 가진다. 윈도우 운영체제가 지원하는 다른 환경에서는 그렇지 않다. 따라서 프로세스 생성은 실제로 환경 서브시스템 DLL에 의해 처리된다. DLL은 애플리케이션 프로세스에 연결되어 있다. 프로세스를 생성한 후에, 새로운 프로세스나 스레드의 id를 환경 서브시스템 프로세스로 넘기는데, 이는 새로운 프로세스나 스레드를 적절하게 관리할 수 있도록 하기 위한 것이다.

Win/32 환경에서 애플리케이션 프로세스에 의한 자식 프로세스의 생성은 다음과 같이 진행된다. 애플리케이션 프로세스에 연결된 환경 서브시스템 DLL은 새로운 프로세스를 생성하기 위해 시스템 호출을 한다. 이 호출은 실행자(executive)에 의해 처리된다. 실행자는 프로세스 객체를 생성하고 실행될 코드의 이미지(image)를 적재함으로써 시작시키고, 프로세스 객체에 대한 핸들을 반환한다. 환경 서브시스템 DLL은 스레드를 생성하기 위해 두 번째 시스템 호출을 하고, 매개변수로 새로운 프로세스에 대한 핸들을 넘겨준다. 실행자는 새로운 프로세스 내에 스레드를 생성하고 핸들을 그에게 반환한다. 이제 DLL은 환경 서브시스템 프로세스에게 메시지를 보낸다. 이 메시지에는 프로세스와 스레드 핸들과 부모 프로세스의 id를 넘겨준다. 환경 서브시스템 프로세스는 프로세스 핸들을 현재 그 환경에 존재하는 프로세스의 테이블에 집어넣고, 스레드 핸들을 스케줄링 데이터 구조 안에 집어넣는다. 그리고 제어는 애플리케이션 프로세스에게 반환한다.

스레드 상태와 상태 전이(Thread States and State Transitions) 그림 5.22는 스레드에 대한 상태 전이도를 보여준다. 스레드는 다음의 6개 상태 중 하나에 있을 수 있다.

1. 준비(*ready*): 사용 가능한 CPU가 있으면 스레드가 실행될 수 있다.
2. 예비(*standby*): 특정 처리기에서 다음번에 실행하기 위해 선택되었던 스레드이다. 만약 우선순위가 높으면, 그 핸들러에서 실행 중인 스레드가 선점되고 이 스레드가 스케줄될 수 있다.
3. 실행(*running*): CPU가 현재 스레드에 할당되어 있고 스레드가 작동 중이다.
4. 대기(*waiting*): 스레드가 자원이나 이벤트를 기다리고 있거나, 또는 환경 서브시스템에 의해 중지되어 있다.
5. 전이(*transition*): 스레드의 대기가 만족되었지만, 오랫동안 대기하였기 때문에 그 사이에 자신의 커널 스택이 메모리로부터 제거되었다. 커널 스택을 다시 메모리로 가져오면, 스레드는 준비 상태에 들어간다.
6. 종료(*terminated*): 스레드는 작동을 완료하였다.

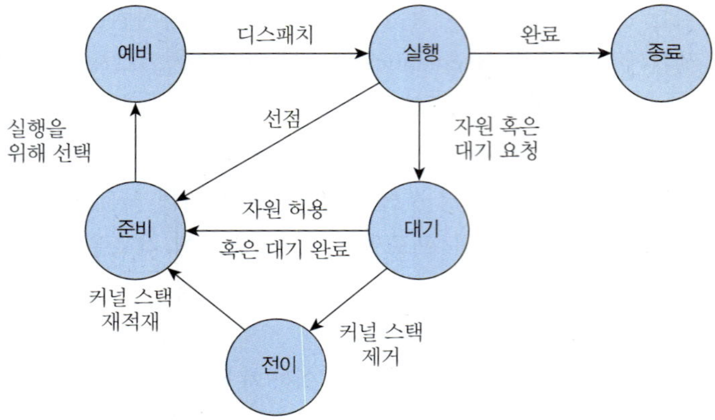

그림 5.22 윈도우에서의 스레드 상태 전이

스레드 풀(Thread Pools) 윈도우는 모든 프로세스 내에 스레드 풀(thread pool)을 제공한다. 5.3절에서 기술한 대로, 풀(pool)은 작업자 스레드(worker thread)의 집합과 계류 중인 서비스와 한가한 작업자 스레드의 목록을 가지고 있다. 풀의 스레드들은 풀에 제출된 작업을 수행하기 위해 사용되거나, 특정 시점이나 주기적으로 또는 특정 커널 객체가 시그널될 때 특정 태스크를 수행하도록 프로그램될 수 있다. 작업자 스레드의 수는 풀의 작업 부하에 따라 동적으로 조정된다. 스레드는 풀에 서비스를 요청하는 비율이 작업자 스레드가 요청한 서비스를 완료하는 비율과 부합(match)하면 생성되거나 파괴되지 않는다. 하지만 요청 비율이 서비스 비율을 초과하면 새로운 스레드가 생성되고, 40초 이상 한가하면 스레드는 파괴된다. 윈도우 Vista는 프로세스 내에 몇 개의 스레드 풀을 지원한다.

5.5 요약

컴퓨터 사용자와 운영체제는 프로그램 실행에 대해 서로 다른 관점을 가진다. 사용자는 원하는 대로 프로그램이 순차적 혹은 병행으로 실행되는 것에 관심이 있는 반면에, 운영체제는 효율적인 사용과 사용자 서비스의 적절한 조합이 되도록 프로그램에 자원을 할당하고 몇 개 프로그램을 동시에 서비스하는 것에 관심이 있다. 이 장에서 프로그램 실행의 두 관점에 대한 다양한 견해에 대해 논의하였다.

프로그램의 실행은 **병렬성**이나 **병행성**을 통해 속도가 향상될 수 있다. 병렬성은 프로그램 내에서 여러 개 활동이 동일한 시간에 진행 중에 있다는 것을 의미한다. 병행성은 병렬성의 환상이다. 즉, 활동들이 병렬로 보이지만 실제로는 그렇지 않다.

프로세스는 프로그램 실행의 모델이다. 사용자가 프로그램을 실행하도록 명령하면, 운영체제는 프로그램에 대한 주 프로세스를 생성한다. 주 프로세스는 시스템 호출을 통해서 운영체제에 요청함으로써 다른 프로세스를 생성한다. 이들 프로세스 각각을 그 프로세스의 **자식 프로세스**라고 한다. 운영체제는 프로세스와 몇 개의 자식 프로세스를 병행으로 실행한다. 이는 같은 CPU가 얼마 동안 그들 각자의 명령어를 실행하게 하거나, 또는 동시에 여러 개 CPU에서 각자의 명령어를 실행함으로써 병렬로 서비스하게 한다는 것을 뜻한다. 프로그램 내 프로세스들은 데이터를 공유하거나 활동을 서로 조정함으로써 공동 목적을 위해 조화롭게 작업해야 한다. 프로세스들은 운영체제에서 제공하는 **프로세스 동기화** 수단을 사용해서 이것을 달성한다.

운영체제는 프로세스에 자원을 할당하고 프로세스의 **프로세스 문맥** 내에 자원에 관한 정보를 보관한다. 프로세스의 동작을 제어하기 위해 **프로세스 상태**라는 개념을 사용한다. 프로세스 상태는 프로세스 내 현재 활동에 대한 명세이다. 프로세스 상태는 프로세스가 동작하는 것에 따라 변한다. 기본적인 상태는 **준비**, **실행**, **봉쇄**, **종료** 및 **중단** 상태이다. 운영체제는 프로세스 제어 블록(PCB) 내에 각 프로세스와 관련된 정보를 유지한다. 프로세스의 PCB는 프로세스 상태를 가지고 있고, CPU가 명령어를 현재 실행하고 있지 않으면 프로세스와 연관된 CPU 상태를 가지고 있다. 커널의 스케줄링 기능은 준비 프로세스 중 하나를 선택하고, 디스패칭 기능은 프로세스 문맥과 PCB에서 찾은 정보를 이용해서 CPU를 선택한 프로세스로 전환한다.

스레드는 프로그램 실행의 대안 모델이다. 스레드는 자원을 할당받지 않는다는 면에서 프로세스와 다르다. 이 차이로 인해 프로세스 간의 전환 오버헤드보다 스레드 간의 전환 오버헤드가 훨씬 적다. 커널 수준 스레드, 사용자 수준 스레드 및 혼합 스레드라고 하는 스레드의 세 가지 모델이 사용된다. 이들은 전환 오버헤드, 병행성 및 병렬성 측면에서 서로 다르다.

여러분의 생각을 평가해 보라.

5.1 애플리케이션은 여러 개의 프로세스로 구성된다. 즉, 프로세스와 몇 개의 자식 프로세스이다. 다음의 경우에 계산속도 향상을 제공하는가?

a. 컴퓨터 시스템이 다수의 CPU를 가지고 있다.

b. 몇몇 프로세스가 I/O 위주이다.

c. 몇몇 프로세스가 CPU 위주이다.

d. a~c 중 해당 사항이 없다.

5.2 다음 각 문장이 참인지 거짓인지 구분하라.

a. 두 사용자가 동일한 프로그램을 실행한다면, 운영체제는 단일 프로세스를 생성한다.

b. 자원 요청에서 봉쇄된 프로세스의 상태는 자원이 허용되면 **실행** 상태로 변한다.

c. 종료된 프로세스와 중단된 프로세스 간에는 구별이 없다.

d. 이벤트를 처리한 후에 프로세스 상태가 변하지 않으면, 커널은 디스패치하기 전에 스케줄링을 수행할 필요가 없다.

e. 프로세스의 사용자 수준 스레드가 봉쇄로 이끄는 시스템 호출을 한다면, 프로세스의 모든 스레드는 봉쇄된다.

f. 커널 수준 스레드는 단일 프로세서와 멀티프로세서 시스템 모두에서 사용자 수준 스레드보다 더 많은 병행성을 제공한다.

g. 프로세스가 종료하면, 종료 코드는 부모 프로세스가 종료할 때까지 기억하고 있어야 한다.

5.3 프로세스에 대한 다음의 상태 전이 중 어느 것이 하나 이상의 프로세스에 대해 **봉쇄** → **준비** 상태로의 전이를 일으키는가?

a. 프로세스가 I/O 연산을 시작하고 **봉쇄**된다.

b. 프로세스가 종료한다.

c. 프로세스가 자원 요청을 하고 봉쇄된다.

d. 프로세스가 메시지를 보낸다.

e. 프로세스가 **봉쇄** → **스왑된 봉쇄** 상태로 전이한다.

연습문제

5.1 프로세스가 다음의 목적으로 시스템 호출을 할 때 커널의 동작을 기술하라.

a. 메시지를 수신하기 위한 요청

b. I/O 연산을 수행하기 위한 요청

c. 프로세스에 관한 상태 정보에 대한 요청

d. 프로세스를 생성하기 위한 요청

e. 자식 프로세스를 종료하기 위한 요청

5.2 커널이 스케줄링을 수행하지 않고 디스패칭을 수행하는 상황을 기술하라.

5.3 표 5.6에서 보여준 PCB 자료 구조를 사용해서 유닉스처럼 *wait* 호출을 구현하는 알고리즘을 작성하라. 프로세스와 자신의 PCB의 상대적인 생명주기에 대해 의견을 말하라.

5.4 표 5.9에 열거한 각 시그널이 유닉스에서 어떻게 발생되고 처리되는지 기술하라.

5.5 어떤 프로세스가 스왑된 봉쇄 상태에 있다.

a. 이 상태에 도달할 수 있는 상태 전이의 순서를 말하라.

b. 준비 상태에 도달할 수 있는 상태 전이의 순서를 말하라.

이들 각 경우에 하나 이상의 상태 전이 순서가 가능한가?

5.6 커널의 설계자는 단일 스왑(*swapped*) 상태를 사용하기로 결정하였다. 프로세스 상태와 상태 전이를 나타낸 그림 5.5와 유사한 그림을 그리라. 커널이 어떻게 스와핑(swapping)을 수행하는지 기술하고 스와핑의 효과에 대해 의견을 말하라.

5.7 다음의 애플리케이션에서 고유의 병렬성을 비교 대조하라.

a. 사용자가 웹 기반 브라우저를 통해 은행 거래를 수행하도록 하는 온라인 은행업무 애플리케이션(online banking application)

b. 웹 기반 항공 예약 시스템

5.8 중앙 집중식 데이터베이스를 사용하는 항공 예약 시스템은 사용자 요청을 병행으로 서비스한다. 이 시스템에서 프로세스보다 사용자 스레드를 사용하는 것이 바람직한가? 이유와 함께 답하라.

5.9 스레드가 사용자 수준에서 구현되었다면, 스레드가 사용하지 않아야 하는 두 시스템 호출의 이름을 말하고, 그 이유를 설명하라.

5.10 예제 5.7에 기술하고 그림 5.16에서 설명한 것처럼, 프로세스가 사용자 수준 스레드를 가지고 있으면, 그 자신의 상태는 자기 스레드 모두의 상태에 의존한다. 그러한 프로세스에 대한 기본적인 상태 전이 각각에 대해 가능한 원인을 열거하라.

5.11. 이 장에서 공부한 내용을 토대로, 당신이 다음 문장에 대해 동의하는지 설명하라. "병행성은 애플리케이션에 아무런 속도 향상도 제공하지 않고 스케줄링 오버헤드를 증가시킨다."

5.12 솔라리스 사례 연구를 토대로, 애플리케이션에서 생성되어야 하는 사용자 스레드와 경량 프로세스(LWP)의 수를 어떻게 결정하는지에 대해 간단히 설명하라.

5.13 운영체제는 사용자 수준 스레드와 커널 수준 스레드 둘 다 지원한다. 사용자 수준 스레드를 사용할 때와 커널 수준 스레드를 사용할 때에 관한 다음의 권고에 동의하는가? 왜 그런가? 혹은 왜 아닌가?

a. 스레드 후보자가 CPU 위주의 계산인 경우, 시스템이 다수의 핸들러를 가지고 있으면 그 스레드를 커널 수준 스레드로 만들라. 그렇지 않으면, 사용자 수준 스레드로 만들라.

b. 스레드 후보자가 I/O 위주의 계산인 경우, 스레드를 포함하고 있는 프로세스가 커널 수준 스레드를 가지고 있지 않으면 그 스레드를 사용자 수준 스레드로 만들라. 그렇지 않으면, 커널 수준 스레드로 만들라.

5.14 (i) 단일 CPU와 (ii) 다수의 CPU를 가지고 있는 컴퓨터 시스템에서 다음과 같은 애플리케이션의 계산속도 향상에 대한 의견을 말하라.

a. 다수의 스레드가 높은 비율로 사용자 요청을 처리하는 서버에 생성된다. 여기서 사용자 요청 서비스는 CPU와 I/O 활동 모두를 포함하고 있다.

b. 수식 $z{:=}a * b + c * d$의 계산은 $a * b$와 $c * d$를 계산하는 2개의 자식 프로세스를 만들어서 수행한다.

c. 서버는 수신한 각각의 사용자 요청을 처리하기 위해 새로운 스레드를 생성하고, 각 사용자 요청을 서비스하는 것은 데이터베이스 접근을 포함한다.

d. 두 행렬이 각각 *m* 행과 *n* 열을 가지며, *m*과 *n*은 둘 다 매우 크다. 애플리케이션은 *m* 개의 스레드를 생성해서 두 행렬을 더한 결과를 얻고, 스레드 각자는 행렬 한 행의 덧셈을 수행한다.

5.15 다음과 같은 조건하에서, 예제 5.1의 실시간 데이터 기록 애플리케이션에서 최상의 속도 향상을 계산하라. 이벤트 처리와 프로세스 전환의 오버헤드는 무시한다. 각 샘플에 대해, *copy_sample* 프로세스는 5 μs의 CPU 시간이 필요하고 어떤 I/O 연산도 포함하지 않는다. *record_sample* 프로세스는 샘플을 기록하기 위해 1.5 ms가 필요하고 CPU 시간은 단지 1 μs를 소비한다. 한편, *housekeeping* 프로세스는 200 μs의 CPU 시간이 필요하고 기록하는 연산에 1.5 ms가 필요하다.

프로젝트: Shell 구현하기

유닉스나 리눅스에서 쉘(shell)로 동작하는 프로그램을 C/C++로 작성하라. 호출되면 사용자에게 자신의 프롬프트(prompt)를 화면에 출력하고, 키보드에서 사용자 명령을 받아들이고, 명령을 분류하고, 이를 구현하는 적절한 루틴을 호출한다. 'system' 이라는 명령은 `ls` 명령 외의 다른 명령을 구현하는 데 사용되어서는 안 된다. 쉘은 다음과 같은 명령들을 지원해야 한다.

명령	설명
`cd`*<directory_name>*	사용자가 적절한 권한을 가졌으면 현재의 디렉터리를 변경한다.
`ls`	현재 디렉터리 내의 파일에 관한 정보를 열거한다.
`rm`	지정된 파일을 삭제한다. 옵션 `-r`, `-f`, `-v`를 지원한다.
`history` *n*	사용자가 했던 최근 *n* 개의 명령을 일련 번호에 따라 프린트한다. *n*이 생략되면, 사용자가 했던 모든 명령들을 프린트한다.
`issue` *n*	history에서 *n* 번째 명령을 다시 한 번 수행한다.
<program_name>	*<program_name>*을 실행하기 위해 자식 프로세스를 생성한다. 프로그램의 입력과 출력을 지정된 파일로 재지정하기(redirect) 위해 재지정(redirection) 연산자 >와 <를 지원한다.
<program_name> &	*<program_name>*에 대한 자식 프로세스가 백그라운드로 실행되어야 한다.
`quit`	쉘을 중지한다.

이들 명령을 지원하는 기본 쉘을 구현한 후에, 이 쉘에 두 가지 고급 기능을 추가해야 한다.

1. 유용한 도구를 제공하는 새로운 명령을 설계하라. 예를 들어, 현재 디렉터리에서 *<list_of_files>*에 있는 것을 제외한 모든 파일을 제거하는 명령 `rmexcept` *<list_of_files>* 를 구현하라.
2. *program_name*을 실행하기 위해 자식 프로세스를 생성하고, m 초 내에 연산을 완료하지 못하면 프로세스를 중지하는 명령 *<program_name> m*을 구현하라. (힌트: 라이브러리에서 적절한 루틴을 사용하여 *m* 초 후에 시그널을 전달하는 SIGALRM을 구성하고, 적절한 행동을 수행하기 위한 시그널 핸들러를 사용하라.)

참고문헌

프로세스개념은 Dijkstra(1968), Brinch Hansen(1973) 및 Bic과 Shaw(1974)에 기술되어 있다. Brinch Hansen (1988)은 RC 4000 시스템에서 프로세스의 구현에 관해 기술하였다.

Marsh 등(1991)은 사용자 수준 스레드와 스레드 라이브러리와 관련한 주제에 관해 기술하였다. Anderson 등(1992)은 커널과 스레드 라이브러리 간의 통신을 위한 스케줄러 액티베이션의 사용에 관해 기술하였다. Angelschall(2000)은 표준 유닉스 설비를 사용해서 사용자 수준 스레드가 유닉스에서 구현될 수 있는 방법에 관해 기술하였고, 또한 다른 다중 스래딩 패키지의 특징들을 요약하였다.

Kleiman(1996), Butenhof(1997), Lewis와 Berg(1997) 및 Nichols 등(1996)은 POSIX 스레드로 프로그래밍하는 것에 관해 기술하였다. Lewis와 Berg(2002)는 Java에서의 다중 스래싱에 관해 기술하였다.

Bach(1986), McKusik(1996) 및 Vahalia(1996)는 유닉스에서의 프로세스에 관해 기술하였다. Beck 등(2002) 및 Bovet과 Cesati(2005)는 리눅스에서의 프로세스와 스레드에 관해 기술하였다. Stevens와 Rago(2005)는 유닉스, 리눅스 및 SD에서의 프로세스와 스레드에 관해 기술하였다. 또한 유닉스에서의 디먼 프로세스에 관해서도 기술하였다. O'Gorman(2003)은 리눅스에서의 시그널의 구현에 관해 기술하였다. Eykholt 등(1992)은 SunOS에서의 스레드에 관해 기술하였고, 한편 Vahalia(1996) 및 Mauro와 McDougall(2006)은 솔라리스에서의 스레드와 LWPs에 관해 기술하였다. Custer(1996), Richter(1999) 및 Russinovich Solomon(2005)은 윈도우에서의 프로세스와 스레드에 관해 기술하였다. Vahalia(1996)와 Tanenbaum (2001)은 Mach에서의 스레드에 관해 기술하였다.

1. Anderson, T. E., B. N. Bershad, E. D. Lazowska, and H. M. Levy (1992): "Scheduler activations: effective kernel support for the user-level management of parallelism," *ACM Transactions on Computer Systems*, **10** (1), 53–79.

2. Bach, M. J. (1986): *The Design of the UnixOperating System*, Prentice Hall, EnglewoodCliffs, N.J.

3. Beck, M., H. Bohme, M. Dziadzka, U. Kunitz, R. Magnus, C. Schroter, and D. Verworner(2002): *Linux Kernel Programming*, 3rd ed., Pearson Education, New York.

4. Bic, L., and A. C. Shaw (1988): *The Logical Design of Operating Systems*, 2nd ed., Prentice Hall, Englewood Cliffs, N.J.

5. Brinch Hansen, P. (1970): "The nucleus of amultiprogramming system," *Communications of the ACM*, 13, 238–241, 250.

6. Brinch Hansen, P. (1973): *Operating System Principles*, Prentice Hall, Englewood Cliffs, N.J.

7. Bovet, D. P., and M. Cesati (2005): *Understanding the Linux Kernel*, 3rd ed., O'Reilly, Sebastopol.

8. Butenhof, D. (1997): *Programming with POSIX threads*, Addison-Wesley, Reading, Mass.

9. Custer, H. (1993): *Inside Windows/NT*, Microsoft Press, Redmond, Wash.

10. Dijkstra, E. W. (1968): "The structure of THE multiprogramming system," *Communications of the ACM*, **11**, 341–346.

11. Engelschall, R. S. (2000): "Portable Multithreading: The signal stack trick for user-space thread creation," *Proceedings of the 2000 USENIX Annual Technical Conference*, San Diego.

12. Eykholt, J. R, S. R. Kleiman, S. Barton, S. Faulkner, A. Shivalingiah, M. Smith, D. Stein, J. Voll, M. Weeks, and D. Williams (1992): "Beyond multiprocessing: multithreading the SunOS kernel," *Proceedings of the Summer 1992 USENIX Conference*, 11–18.

13. Kleiman, S., D. Shah, and B. Smaalders (1996): *Programming with Threads*, Prentice Hall,Englewood Cliffs, N.J.

14. Lewis, B., and D. Berg (1997): Multithreaded *Programming with Pthreads*, Prentice Hall, Englewood Cliffs, N.J.

15. Lewis, B., and D. Berg (2000): *Multithreaded Programming with Java Technology*, Sun Microsystems.

16. Mauro, J., and R. McDougall (2006): *Solaris*

Internals, 2nd ed., Prentice Hall, Englewood Cliffs, N.J.

17. Marsh, B. D., M. L. Scott, T. J. LeBlanc, and E. P. Markatos (1991): "First-class user-level threads," *Proceedings of the Thirteenth ACM Symposium on Operating Systems Principles*, October 1991, 110–121.
18. McKusick, M. K., K. Bostic, M. J. Karels, and J. S. Quarterman (1996): *The Design and Implementation of the 4.4 BSD Operating System*, Addison Wesley, Reading, Mass.
19. Nichols, B., D. Buttlar, and J. P. Farrell (1996): *Pthreads Programming*, O'Reilly, Sebastopol.
20. O'Gorman, J. (2003): *Linux Process Manager: The internals of Scheduling, Interrupts and Signals*, John Wiley, New York.
21. Richter, J. (1999): *Programming Applications for Microsoft Windows*, 4th ed., Microsoft Press, Redmond, Wash.
22. Russinovich, M. E., and D. A. Solomon (2005): *Microsoft Windows Internals*, 4th ed., Microsoft Press, Redmond, Wash.
23. Silberschatz, A., P. B. Galvin, and G. Gagne (2005): *Operating System Principles*, 7th ed., John Wiley, New York.
24. Stevens, W. R., and S. A. Rago (2005): *Advanced Programming in the Unix Environment*, 2nd ed., Addison-Wesley, Reading, Mass.
25. Tanenbaum, A. S. (2001): *Modern Operating Systems*, 2nd ed., Prentice Hall, Englewood Cliffs, N.J.
26. Vahalia, U. (1996): *Unix Internals—The New Frontiers*, Prentice Hall, Englewood Cliffs, N.J.

Chapter 6

프로세스 동기화

Process Synchronization

상호작용 프로세스들은 동시에 수행되면서 프로세스 간 데이터를 공유하거나 자신의 활동을 협의하고 조정한다. **데이터 접근 동기화**는 서로가 공유하는 데이터를 상호작용 프로세스들이 변경하였을 때 일관성을 잃어버리지 않도록 보장하는 것을 말한다. 이 기능은 프로세스들이 공유하는 데이터를 상호 배제적인 방법으로만 접근하도록 해서 구현한다. **제어 동기화**는 상호작용 프로세스들이 원래 의도했던 순서대로 동작하도록 보장하는 것을 말한다. 이 두 가지 종류의 동기화를 하나로 묶어서 프로세스 동기화라고 부르기로 한다. 컴퓨터 시스템은 **프로세스 동기화**를 지원하기 위해 **불가분 명령어**(*indivisible instructions*) [또는 **아토믹**(*atomic*) **명령어**]를 제공한다.

여기서 우리는 공유된 데이터를 상호 배제적인 방법으로 다루어야 하는 코드 구역을 말하는 **임계 구역**(*critical section*)과 제어 동기화를 구현하기 위해 사용하는 개별적인 **시그널 연산**(*signaling operations*)에 대해 논하고, 그리고 이 두 기능들이 불가분 명령어들에 의해 어떻게 구현되는지를 다루게 된다. 이어서 몇 가지 전통적인 프로세스 동기화 문제들을 다루는데, 이들 문제는 다양한 응용 분야에서 동기화 문제를 대표하는 것들이다. 여기서 이 문제들의 동기화 요구조건을 분석하고, 이 조건들을 만족시키기 위해 고려해야 하는 중요한 이슈들을 연구한다.

이 장에서는 **세마포**(*semaphore*)와 **모니터**(*monitor*)도 다룬다. 이들은 프로그래밍 언어와 운영체제에서 동기화를 위해 제공되는 기초 기능들이다. 또한 앞의 전통적인 문제들에 대한 프로세스 동기화 요구조건을 만족시키기 위해 이 기능들이 어떤 식으로 동작하는지를 보도록 하자.

6.1 프로세스 동기화란 무엇인가?(WHAT IS PROCESS SYNCHRONIZATION?)

이 장에서는 **프로세스**(*process*)란 용어를 프로세스와 스레드를 모두 지칭하는 일반적인 용어로 사용하기로 한다. 애플리케이션 프로그램들은 병렬 프로그램들을 이용하여 계산 속도를 높이거나(표 5.2 참고), **다중 스레드 서버**(*multithreaded servers*)에서처럼 보다 쉽게 설계하려고 한다(5.3절 참고). 표 5.7에 요약했듯이 하나의 애플리케이션 내에 있는 여러 프로세스들은 서로 간 데이터를 공유하거나, 동작 순서를 조절하거나, 메시지나 시그널을 교환하면서 상호작용을 한다. 여기서는 **상호작용 프로세스**(*interacting processes*)라는 용어를 정식으로 정의하기 위해서 다음과 같은 용어들을 사용한다.

- $read\_set_i$ 프로세스 P_i가 읽으려는 데이터 개체들과 P_i가 받은 프로세스 간 메시지나 시그널들의 집합
- $write\_set_i$ 프로세스 P_i가 변경하는 데이터 개체들과 P_i가 전송한 프로세스 간 메시지나 시그널들의 집합

여기서는 "데이터 개체의 갱신"이란 용어를 그 개체의 원래 값을 이용하여 다른 값으로 변경하는 의미로 사용한다. 예를 들어 $x := x + 1$과 같은 것은 갱신이지만, $x := 5$는 갱신이 아니다.

> **|정의 6.1| 상호작용 프로세스들:** 프로세스 P_i와 P_j에 대해 한 프로세스의 *write_set*이 다른 프로세스의 *read_set*이나 *write_set*과 겹칠 때, 두 프로세스는 상호작용 프로세스라고 한다.

한 프로세스의 *write_set*이 다른 프로세스의 *read_set*과 겹칠 때 프로세스 간 상호작용에 대한 기본 성질은 명확하다. 두 번째 프로세스가 읽으려는 변수의 값을 첫 번째 프로세스가 바꾸려고 하는 것이다. 두 프로세스의 *write_set*이 서로 겹칠 경우도 정의 6.1에 포함된다. 프로세스들이 서로 쓰기 작업을 수행한 결과는 잘못된 결과를 만들 수 있기 때문에, 프로세스들은 그런 상황을 피하기 위해서 서로 조율해야 한다. 상호작용하지 않는 프로세스들은 **독립적인 프로세스**(*independent process*)라고 불리며, 이들은 별다른 제약 없이 동시에 수행될 수 있다.

상호작용 프로세스들은 두 종류의 요구조건을 만족시켜야 한다.

- 한 프로세스는 공유된 데이터와 관련된 어떤 조건들이 성립할 때만 특정한 명령어 op_i를 수행해야 한다. 그 프로세스가 명령어 op_i를 수행하려 할 때 요구조건들이 만족되지 않으면 수행이 지연되고, 조건들이 만족되면 수행이 재개되어야 한다.
- 한 프로세스가 어떤 명령어 op_i를 수행하기 시작할 때는 다른 프로세스가 다른 특

- 제어 구조 **Parbegin** <명령문 리스트> **Parend**는 병렬로 수행되는 코드들을 둘러싼다(Parbegin은 병렬–시작, Parend는 병렬–종료를 의미함). 만약 <명령문 리스트>가 n 개의 명령문을 포함하고 있다면, **Parbegin-Parend** 제어 구조의 실행은 n 개의 프로세스를 생성하게 된다. 생성된 각 프로세스는 <명령문 리스트>에 있는 한 명령문의 수행으로 이루어진다. 예를 들어, **Parbegin** S_1, S_2, S_3, S_4 **Parend**는 각각 S_1, S_2, S_3, 그리고 S_4를 수행시키는 4개의 프로세스들을 초기화한다.

  만약 한 프로세스가 한 개의 단일 문장 대신 하나의 코드 블록으로 이루어져 있다면 **begin-end**같이 명령문들을 그룹으로 만드는 프로그래밍 언어의 기능을 이용할 수 있다. 시각적인 편리성을 위해서, 우리는 **Parbegin-Parend** 제어 구조상에서 생성된 병렬 프로세스를 다음과 같이 묘사한다.

```
Parbegin
            S11          S21      . . .     Sn1
             ⋮            ⋮                  ⋮
            S1m          S2m      . . .     Snm
Parend
        Process P1   Process P2         Process Pn
```

  여기서 문장 $S_{11} \cdots S_{1m}$은 P_1의 코드를 구성한다. 나머지도 유사한 형태이다.
- 공유 변수의 선언은 **Parbegin** 이전에 위치한다.
- 지역 변수의 선언은 프로세스의 시작 위치에 놓인다.
- 주석은 중괄호 "{}" 안에 위치한다.
- 들여쓰기는 제어 구조의 중첩성을 보여주는 데 사용된다.

그림 6.1 병렬 프로그래밍 유사코드 관례

정 명령어 op_j를 수행한 후라야 한다. 이 요구조건은 몇 개의 공유 데이터를 이용하여 명령어 op_j가 수행되었는지를 확인함으로써 만족될 수 있고, 앞에서 언급한 대로 그 프로세스는 지연되거나 재개된다.

프로세스 동기화는 프로세스 상호작용을 구현하기 위해서 프로세스를 잠시 지연시키거나 재개시킬 때 사용되는 기술을 가리키는 일반적인 용어이다. 프로세스의 실행 속도나 상호작용 프로세스들 간의 상대적 실행 속도는 시분할, 프로세스 우선순위, 그리고 I/O 동작들과 같은 요소들 때문에 미리 알 수 없다. 따라서 프로세스 동기화 기술은 프로세스들의 상대적인 실행 속도와는 상관 없이 정확히 동작하도록 설계되어야 한다.

이 장에서는 그림 6.1에 보인 병렬 프로세스의 유사코드 관례를 계속 사용하기로 한다.

6.2 경쟁 조건(RACE CONDITIONS)

5.2.5절에서 공유된 데이터에 대해 협의 없이 접근하는 것은 데이터의 일관성에 영향을 미칠 수 있음을 다루었다. 이 문제를 다시 고려하여, 프로세스 P_i와 P_j가 공유한 데이터 d_s의 값을 연산 a_i와 a_j를 각각 이용하여 갱신하는 경우를 보자.

$$\text{연산 } a_i: \quad d_s := d_s + 10;$$
$$\text{연산 } a_j: \quad d_s := d_s + 5;$$

$(d_s)_{\text{initial}}$가 d_s의 초기 값이고, 프로세스 P_i가 먼저 위 명령을 수행한다고 하자. 연산 a_i가 수행된 후 d_s 값은 $(d_s)_{\text{initial}} + 10$이 될 것이다. 다음에 프로세스 P_j가 연산 a_j를 수행한다면 d_s의 결과 값은 $(d_s)_{\text{new}} = ((d_s)_{\text{initial}} + 10) + 5$, 즉 $(d_s)_{\text{initial}} + 15$가 될 것이다. 만약 이 프로세스들이 수행되는 순서가 반대였다고 하더라도 *ds*의 결과 값은 동일했을 것이다.

만약 프로세스 P_i와 P_j가 동시에 그 연산들을 수행한다고 해도 그 결과는 $(d_s)_{\text{initial}} + 15$로 예상할 것이다. 하지만 이러한 결과는 보장되지 않는다. 이러한 상황을 **경쟁 조건**이라고 부른다. 이 용어는 전자 공학에서 빌려왔는데, 어떤 값을 검사하려는 시도 또는 파형에 대한 측정이 그 측정 과정에서의 변화로 인해 잘못된 결과를 발생시킬 수 있다는 원리를 의미한다.

경쟁 조건은 다음과 같이 설명될 수 있다. 연산 a_i는 대개 3개의 기계어들로 구현될 수 있다. 첫 번째는 d_s 값을 데이터 레지스터 r_1에 로드하고, 두 번째는 r_1에 10을 더하고, 세 번째는 r_1의 내용을 다시 d_s에 할당된 위치로 저장하는 것이다. 이러한 기계어 순서를 **적재-덧셈-저장** 순서라고 부르기로 한다. 연산 a_j는 비슷하게 **적재-덧셈-저장** 순서로 구현된다. 만약 a_i와 a_j가 둘 다 d_s의 이전 값으로 동작한다면, 연산 a_i와 a_j를 수행한 결과는 잘못될 수 있다. 이런 결과는 한 프로세스가 적재-덧셈-저장 과정을 수행하며 아직 저장 과정을 완료하지 않았을 때, 다른 프로세스가 적재 명령을 수행하면 발생할 수 있다. 이 경우 두 연산이 종료했을 때 d_s는 어떤 연산이 먼저 끝나는지에 따라 $(d_s)_{\text{initial}} + 5$나 $(d_s)_{\text{initial}} + 10$이 될 수 있다.

경쟁 조건을 형식적으로 표현하면 다음과 같다. 함수 $f_i(d_s)$가 연산자 a_i에 d_s를 적용시키는 것이라 하자. 즉, 주어진 값 d_s에 대해 $f_i(d_s)$는 d_s에 대해 연산자 a_i가 실행된 후의 값이라고 볼 수 있다. 함수 $f_j(d_s)$도 비슷하게 d_s에 대한 연산 a_j를 의미한다. 프로세스 P_i가 우선 이러한 연산을 수행한다고 하자. 연산을 수행한 뒤의 d_s 값은 $f_i(d_s)$가 된다. 다음으로 P_j가 연산 a_j를 수행하면 연산 a_j는 $f_i(d_s)$에 대해 적용되므로 d_s의 결과 값은 $f_j(f_i(d_s))$가 된다. 만약 프로세스들의 연산 순서가 반대로 진행된다면 d_s의 변경된 값은 $f_i(f_j(d_s))$가 될 것이다.

|정의 6.2| **경쟁 조건:** 상호작용 프로세스들이 공유 데이터 d_s에 각각 연산 a_i와 a_j를 적용시킨 결과 값인 $f_i(f_j(d_s))$와 $f_j(f_i(d_s))$가 다른 상황

다음 예제는 항공 예약 프로그램에서 발생하는 경쟁 조건과 그로 인한 결과를 설명한다.

예제 6.1 항공 예약 프로그램에서의 경쟁 조건

그림 6.2의 윗부분 왼쪽 칸은 항공 예약 프로그램에서 프로세스들이 사용하는 코드를 보여준다. 프로세스들은 동일한 코드를 사용한다. 따라서 P_i와 P_j가 수행하는 연산 a_i와 a_j는 동일하다. 이들 연산은 각각 *nextseatno* 값을 조사하고, 사용할 수 있는 좌석이 있으면 그 값에 1을 추가하여 갱신한다. 그림 6.2의 오른쪽 칸은 이 코드와 일치하는 기계어를 보여준다. 문장 S_3은 3개의 기계어 S_3.1, S_3.2, 그리고 S_3.3으로 구현되었으며, 적재–덧셈–저장 순서로 *nextseatno* 값을 갱신한다.

그림 6.2의 아래편은 이 애플리케이션의 시간 다이어그램을 보여준다. 이 그림은 두 변수 값이 *nextseatno* = 200이고 *capacity* = 200일 때, 프로세스 P_i와 P_j의 세 가지 가능한 경우를 보여준다. 첫 번째 경우에서는 프로세스 P_i가 **if** 문을 통해 변수 *nextseatno*와 *capacity*를 비교하여 좌석을 할당하고, *nextseatno*를 증가시키기 위해 기계어 S_2.1, S_3.1, S_3.2, 그리고 S_3.3을 수행시킨다. 프로세스 P_j가 **if** 문을 수행시킬 때, 남은 좌석이 하나도 없다는 것을 확인하면 좌석을 할당하지 않는다.

두 번째 경우에서 프로세스 P_i는 **if** 문을 수행시키고 좌석이 남은 것을 발견하지만 기계어 S_2.1을 실행하기 전에 선점된다. 이제 프로세스 P_j가 **if** 문을 수행시키고 좌석이 남은 것을 발견한다. 다음으로 S_2.1, S_3.1, S_3.2, 그리고 S_3.3을 수행시켜 좌석을 할당하고 종료한다. 그 결과로 *nextseatno*가 201이 된다. 프로세스 P_i가 재실행되고 S_2.1을 실행함으로써 좌석을 할당한다. 그 결과로 좌석이 2개의 신청에 중복 할당되었다. 이것이 *nextseatno* = 200일 때 하나의 좌석만 할당할 수 있는 상황에서 발생하는 경쟁 조건이다.

세 번째 경우에서 프로세스 P_i는 기계어 S_3.1을 수행하여 값 200을 reg_j에 로드한 후에 선점된다. 이후에 다시 P_i와 P_j가 한 좌석을 서로 할당받음으로써 경쟁 조건이 발생한다.

	프로세스 코드		일치하는 기계어
S_1	**if** *nextseatno* ≤ *capacity*	S_1.1	nextseatno를 reg_k에 적재
		S_1.2	If reg_k > capacity goto S_4.1
	then		
S_2	*allotedno:=nextseatno;*	S_2.1	nextseatno를 allotedno로 이동
S_3	*nextseatno:=nextseatno+1;*	S_3.1	nextseatno를 reg_j에 적재
		S_3.2	1을 reg_j에 더함
		S_3.3	reg_j를 *nextseatno*에 저장
		S_3.4	Go to S_5.1
	else		
S_4	"죄송합니다, 좌석이 없습니다" 출력	S_4.1	"죄송합니다..." 출력
S_5	. . .	S_5.1	. . .

그림 6.2 예약 프로그램의 프로세스들에 의해 공유된 데이터(계속)

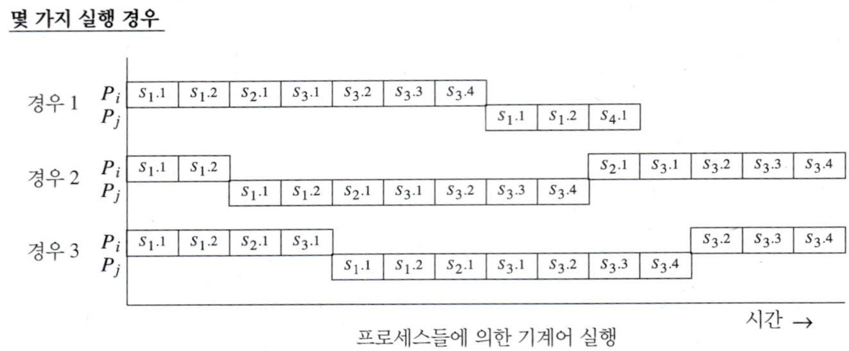

그림 6.2 예약 프로그램의 프로세스들에 의해 공유된 데이터

경쟁 조건을 안고 있는 프로그램은 자신의 프로세스들이 수행하는 명령어의 순서에 따라 올바른 결과를 내기도 하고 잘못된 결과를 내기도 한다. 이러한 현상은 병렬 프로그램의 테스트와 디버깅을 어렵게 만들기 때문에 경쟁 조건이 발생하지 않도록 해야 한다.

데이터 접근 동기화(Data Access Synchronization) 만약 정의 6.2에 있는 연산 a_i와 a_j가 동시에 수행되지 않도록 보장할 수 있다면 경쟁 조건이 발생하는 것을 막을 수 있다. 즉, 어느 시각에서든지 하나의 연산만 공유 데이터 d_s에 접근할 수 있도록 하는 것이다. 이러한 요구조건을 **상호 배제**(*mutual exclusion*)라고 한다. 상호 배제가 보장된다면 연산 a_i와 a_j의 실행 결과는 $f_i(f_j(d_s))$이거나 $f_j(f_i(d_s))$가 된다는 것을 보장할 수 있다. **데이터 접근 동기화**(*data access synchronization*)는 프로세스 간의 조정을 통해 공유 데이터에 대한 상호 배제를 구현하는 것이다. 데이터 접근 동기화 기법은 한 프로세스가 d_s에 접근하고 있으면 d_s에 접근하려는 다른 프로세스는 지연시켰다가, 앞의 프로세스가 d_s 사용을 마치면 뒤의 프로세스가 작업을 재개하도록 하기 위해 사용한다.

경쟁 조건을 막기 위해, 우선 애플리케이션에서 수행되는 프로세스들의 논리가 경쟁 조건을 일으키는지 검사한다. 이를 위해 다음 표기를 사용한다.

$update\_set_i$ 프로세스 P_i가 갱신하는 데이터 개체의 집합, 즉 P_i가 읽고, 바꾸고, 저장하는 데이터 개체들의 집합

프로세스 쌍 P_i와 P_j의 논리가 $update\_set_i \cap update\_set_j \neq \phi$ 인 경우, 즉 몇 개의 변수가 P_i와 P_j 둘 다에 의해서 갱신될 때 경쟁 조건을 발생시킨다. 예제 6.1의 항공 예약 프로그램에서 프로세스 P_i와 P_j의 논리는 $update_set_i = update_set_j = \{nextseatno\}$이기 때문에 경쟁 조건을 발생시킨다. 다음 절에서는 데이터 접근 동기화의 개념적 기초에 대해 다룬다.

6.3 임계 영역(CRITICAL SECTIONS)

동시에 수행되는 프로세스들의 활동 사이의 상호 배제는 코드의 임계 영역(*critical section*)을 이용하여 구현된다. 임계 영역은 영어 단축어인 CS로 많이 알려져 있다.

|정의 6.3| 임계 영역: 데이터 개체 d_s에 대한 임계 영역은 설계된 코드의 한 영역을 의미한다. 이 영역에서는 그 코드나 d_s를 사용하는 다른 임계 영역이 동시에 수행될 수 없다.

만약 어떤 프로세스 P_i가 d_s에 대한 임계 영역을 수행하고 있다면, d_s에 대한 임계 영역을 수행하려는 다른 프로세스는 P_i가 그 임계 영역을 마칠 때까지 기다려야 할 것이다. 따라서 데이터 개체 d_s에 대한 임계 영역은 d_s 접근과 관련된 상호 배제 구역이다.

여기서 코드의 일부분에 있는 임계 영역은 점선으로 된 사각형으로 표시한다. 프로세스들은 한 개의 임계 영역을 포함하는 코드 부분에 대한 동일한 복사본을 공유할 수도 있다. 이 경우 그 애플리케이션에서 d_s에 대해 단지 하나의 임계 영역만이 존재한다. 나머지 경우에는 그 애플리케이션 안에 d_s를 다루는 임계 영역이 많이 존재할 수 있다. 정의 6.3은 두 가지 경우를 모두 포함한다. 임계 영역에서 수행 중인 프로세스는 "임계 영역에 있다"라고 부른다. 프로세스가 임계 영역 실행을 시작하면 "임계 영역에 들어간다"라고 하고, 임계 영역에서의 수행이 종료되면 "임계 영역을 나온다"라고 표기한다.

그림 6.3(a)는 몇 개의 임계 영역을 가지고 있는 프로세스 코드를 보여준다. 그 프로세스는 **repeat forever** 문장에 의해서 반복적인 사이클 동작을 수행한다. 매번 이 프로세스는 공유 데이터 개체에 접근해야 할 때 임계 영역에 들어간다. 다른 시각에 프로세스는 다른 코드 부분을 수행하는데, 이 부분은 "사이클의 나머지 부분"을 구성하게 된다. 간단히 말해서, 가능하면 프로세스를 묘사하기 위해 그림 6.3(b)에 표시된 간단한 프로세스 형태를 사용한다. 다음 예제는 경쟁 조건을 피하기 위해 임계 영역을 사용하는 것을 설명한다.

예제 6.2 임계 영역을 통한 경쟁 조건의 방지

그림 6.4는 그림 6.2의 항공 예약 시스템에서 임계 영역을 사용하는 경우를 보여준다. 각 프로세스는 임계 영역을 포함하고 있으며, 이 임계 영역에서 공유 변수 *nextseatno*에의 접근과 갱신이 수행된다. $f_i(nextseatno)$와 $f_j(nextseatno)$를 각각 프로세스 P_i와 P_j의 임계 영역에서 수행되는 명령어들을 가리킨다고 하자. 만약 P_i와 P_j가 동시에 자신들의 임계 영역을 수행하려고 하면 한 프로세스는 지연된다. 따라서 *nextseatno*의 결과 값은 $f_i(f_j(nextseatno))$이거나 $f_j(f_i(nextseatno))$가 된다. 정의 6.2를 이에 적용시키면 경쟁 조건은 발생하지 않는다.

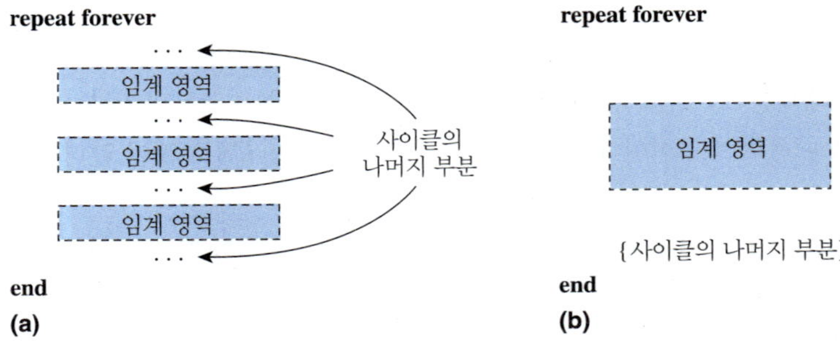

그림 6.3 (a) 여러 개의 임계 영역을 가진 프로세스 (b) 이 프로세스를 간단하게 묘사한 형태

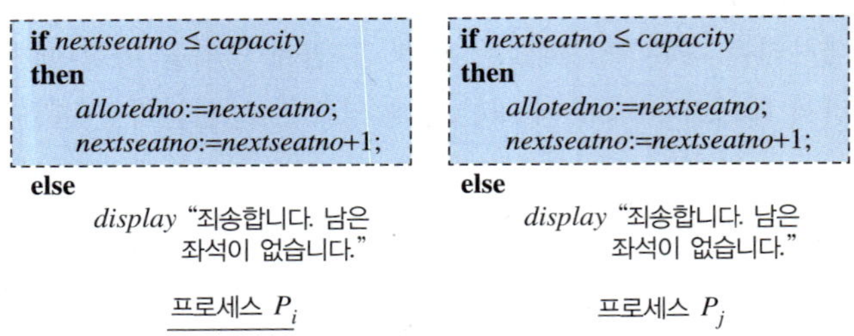

그림 6.4 항공 예약 시스템에서 임계 영역을 사용하는 예

임계 영역의 사용은 프로세스 동작에서 지연을 발생시킨다. 프로세스와 커널은 이러한 지연을 감소시키기 위해 협력해야 한다. 프로세스는 임계 영역 안에서 너무 오랫동안 수행되어서는 안 되며, 블록 상태를 유발할 수 있는 시스템 호출을 불러오지 않아야 한다. 커널은 임계 영역에서 수행되고 있는 프로세스를 선점하지 않아야 한다. 이러한 조건은 커널이 프로세스가 어떤 순간에 임계 영역에 있는지 알 수 있도록 만들어져 있어야 함을 의미하며, 만약 프로세스들이 커널 모르게 임계 영역을 구현하게 되면 이런 조건은 만족될 수 없다. 일단 이 장에서는 프로세스가 짧은 시간만 임계 영역에서 실행된다고 가정한다.

6.3.1 임계 영역 구현의 특성들(Properties of a Critical Section Implementation)

여러 개의 프로세스들이 데이터 개체 d_s에 대한 임계 영역을 사용하고 싶을 때, 임계 영역의 구현은 모든 프로세스에 대해 정확함과 공정성이 보장되어야 한다. 표 6.1은 임계 영역을 구현하는 코드들이 만족시켜야 하는 3개의 핵심적인 특성들을 요약하고 있다. 상호 배제 특성은 2개 이상의 프로세스들이 동시에 d_s에 대한 임계 영역에는 있지 않을 것을 보장하며, 이는 정의 6.3의 요점에 해당한다. 또한 이는 구현의 정확성을 보장한다. 표 6.1의 두 번째와 세 번째 특성은 임계 영역에 들어가고 싶어 하는 어떤 프로세스도 무한히 기다리지는 않을 것을 보장한다. 즉, 기아가 발생하지 않도록 하는 것이다. 이 점

표 6.1 CS 구현의 핵심적 특성들

특성	설명
상호 배제	한 순간에 최대 1개의 프로세스만 한 데이터 개체 d_s에 대한 CS를 수행할 수 있다.
진행	데이터 개체 d_s에 대한 CS를 수행하는 프로세스가 없을 때, 한 프로세스가 d_s에 대한 CS에 들어가고 싶으면 그 프로세스의 CS 입장이 보장된다.
한정 대기	프로세스 P_i가 d_s에 대한 CS에 들어가고 싶다는 것을 표시한 직후에, d_s에 대한 CS에 들어갈 수 있는 다른 프로세스의 입장 횟수는 유한 정수 값 이내로 제한된다.

은 곧 설명하기로 한다.

진행 특성은 데이터 개체 d_s에 대한 임계 영역에 들어가려는 프로세스가 있으면, d_s에 대한 임계 영역 안에 다른 프로세스가 없는 경우에 그 프로세스가 임계 영역에 들어갈 수 있도록 보장하는 것이다. 즉, CS는 당장 임계 영역에 들어가고 싶지 않은 프로세스에게는 예약될 수 없다. 하지만 이러한 특성만으로는 프로세스의 기아를 막을 수 없다. 왜냐하면 임계 영역이 CS에 들어가려고 하는 다른 프로세스에 호의적으로 구현되어 있다면, 그 프로세스는 결코 CS에 들어갈 수 없을 것이기 때문이다. **한정 대기** 특성은 다른 프로세스가 CS를 요청한 프로세스 P_i보다 먼저 임계 영역에 들어갈 수 있는 횟수를 제한시킴으로써 위와 같은 일이 발생하지 않도록 보장한다. 따라서 진행과 한정 대기 특성은 CS를 요청한 모든 프로세스가 한정된 시간 내에 임계 영역에 들어가는 것을 보장한다. 하지만 이 특성들은 CS에 들어가기 전에 발생하는 지연에 대한 한계 값은 보장하지 않는다.

6.4 제어 동기화와 불가분 연산 (CONTROL SYNCHRONIZATION AND INDIVISIBLE OPERATIONS)

상호작용 프로세스들은 서로의 실행에 대한 조정이 필요하다. 그렇게 함으로써 원하는 순서대로 동작이 진행되기를 기대한다. 이러한 요구조건은 **제어 동기화**를 통해 얻을 수 있다.

그림 6.5는 프로세스 P_i와 P_j의 유사코드를 보여준다. 여기서 프로세스 P_j가 연산 a_j를 수행한 후에만 프로세스 P_i는 연산 a_i를 수행한다. **시그널 전송**(*signaling*)은 제어

프로세스 P_i	프로세스 P_j
{P_j가 연산 a_j를 수행한 뒤에만 연산 a_i를 수행함}	연산 a_j를 수행 . . .

그림 6.5 제어 동기화를 요구하는 프로세스들

```
        operation_aj_performed : boolean;
        pi_blocked : boolean;
begin
        operation_aj_performed := false;
        pi_blocked := false;

Parbegin
        . . .                                        . . .
        if operation_aj_performed = false            {연산 a_i 수행}
        then                                         if pi_blocked = true
            pi_blocked := true;                      then
            block (P_i);                                 pi_blocked := false;
            {연산 a_i 수행}                               activate (P_i);
        . . .                                        else
        . . .                                            operation_aj_performed := true;
        . . .                                        . . .
Parend;
end.

              프로세스 P_i                              프로세스 P_j
```

그림 6.6 불 변수를 통한 단순한 시그널 전송 시도

동기화의 일반적인 방법이다. 이 방법은 그림 6.5의 동기화 요구를 만족시키기 위해서 다음과 같이 사용될 수 있다. 프로세스 P_i가 연산 a_i를 수행하려는 위치에 도달했을 때, P_i는 프로세스 P_j가 연산 a_j를 수행했는지 검사한다. 만약 그렇다면 P_i는 곧바로 연산 a_i를 수행한다. 그렇지 않은 경우에는 자신의 동작을 멈추고 프로세스 P_j가 연산 a_j를 수행하기를 기다린다. 연산 a_j의 수행이 끝나면 프로세스 P_j는 P_i가 기다리는지 확인한다. 그런 경우 프로세스 P_i에게 시그널을 전송하여 동작을 재개하도록 한다.

그림 6.6은 시그널 전송을 이용하려는 단순한 시도를 보여준다. 동기화 데이터는 두 개의 불 변수로 구성된다. 변수 *operation_aj_performed*는 프로세스 P_j가 연산 a_j를 수행했는지 가리키는 플래그이다. 변수 *pi_blocked*는 프로세스 P_j가 연산 a_j를 수행하기를 기다면서, 프로세스 P_i가 자신을 블록했는지 가리키는 플래그이다. 이들 플래그들은 *false*로 초기화되어 있다. 이 코드는 원하는 제어 동기화를 이루기 위해서 시스템 호출을 사용하여 프로세스를 블록시키고 또한 활성화시킨다.

연산 a_i를 수행하기 전에 프로세스 P_i는 변수 *operation_aj_performed*에 문의하여 프로세스 P_j가 이미 연산 a_j를 수행했는지 살핀다. 그런 경우 연산 a_i를 수행하기 위해 진행한다. 그렇지 않은 경우 P_i는 *pi_blocked*를 *true*로 만들고 자신을 블록시키기 위해 시스템 호출을 한다. 프로세스 P_j는 연산 a_j를 수행한 뒤, 프로세스 P_i가 블록되어 있고 연산 a_j가 수행되기를 기다리고 있는지 체크한다. 만약 그렇다면 P_j는 P_i를 활성화하기 위해 시스템 호출을 한다. 그렇지 않다면 *operation_aj_performed*를 *true*로 만들어 프로세스 P_i가 연산 a_j가 수행되었음을 알 수 있게 한다.

표 6.2 프로세스 동기화에서의 경쟁 조건

시각	프로세스 P_i의 행동	프로세스 P_j의 행동
t_1	**if** *action_aj_performed* = *false*	
t_2		{연산 a_j를 수행}
t_3		**if** *pi_blocked* = *true*
t_4		*action_aj_performed* :=*true*
.		
.		
.		
t_{20}	*pi_blocked* :=*true*;	
t_{21}	*block* (P_i);	

하지만 이러한 단순한 시그널 전송 구성은 제대로 동작하지 않는다. 왜냐하면 프로세스 P_i는 어떤 경우에는 무한히 블록될 수 있기 때문이다. 표 6.2는 그러한 상황을 보여준다. 프로세스 P_i는 *operation_aj_performed* 값을 체크하고 연산 a_j가 수행되지 않았음을 발견한다. 시각 t_2에 변수 *pi_blocked*를 *true*로 하려 하지만 선점되어 버린다. 프로세스 P_j가 이제 스케줄되어 연산 a_j를 수행하고 프로세스 P_i가 블록되었는지 체크한다. 하지만 *pi_blocked*가 *false*로 되어 있어서 P_j는 단순히 *operation_aj_performed*를 *true*로 만들고 자신의 실행을 계속한다. P_i는 시각 t_{20}에서 스케줄되어 *pi_blocked*를 *true*로 만들고 자신을 블록시키기 위해 시스템 호출을 한다. 프로세스 P_i는 영원히 잠들게 된다!

6.2절의 표기에서, 시스템의 한 상태에서의 연산 f_i와 f_j를 대표하는 프로세스 P_i와 P_j에 있는 **if** 문장을 생각해 보자. 그들이 수행한 결과는 다음 중 하나여야 한다. 프로세스 P_i가 자신을 블록시키고 나중에 P_j에 의해 다시 활성화되어 연산 a_i를 수행하거나, P_j가 이미 a_j를 수행한 것을 프로세스 P_i가 발견하고 연산 a_i를 수행하는 것이다. 하지만 표 6.2에서 보여주는 실행 과정에서 프로세스 P_i는 자신을 블록시키고 결코 활성화되지 않는다. 정의 6.2로부터 이런 상태는 경쟁 조건이 된다.

경쟁 조건에는 두 가지 원인이 있는데, 즉 프로세스 P_i는 *operation_aj_performed* = *false*를 발견하지만 *pi_blocked*를 *true*로 설정하기 전에 선점될 수 있고, 프로세스 P_j는 *pi_bloc-ked* = *false*를 발견하지만 *operation_aj_performed*를 *true*로 설정하기 전에 선점될 수 있다. 만약 프로세스 P_i와 P_j가 각각의 플래그를 *true*로 설정하기 전에 선점되지 않는다는 것이 보장될 수만 있다면 이 경쟁 조건은 방지할 수 있다. **불가분 연산**(**원자적 연산**이라고도 불리는)은 프로세스들이 선점되지 않고서도 일련의 행동을 취할 수 있도록 보장하는 도구이다.

|정의 6.4| **불가분 연산:** 한 데이터 개체들의 집합에 대한 연산이며, 그 집합 자신 또는 그 집합에 포함된 데이터 개체에 대한 다른 연산과는 동시에 수행될 수 없는 연산이다.

```
procedure check_aj
begin
    if operation_aj_performed=false
     then
         pi_blocked:=true;
         block (Pi)
end;

procedure post_aj
begin
    if pi_blocked=true
     then
         pi_blocked:=false;
         activate(Pj)
    else
          operation_aj_performed:=true;
end;
```

그림 6.7 시그널 전송을 위한 불가분 연산 *check_aj*와 *post_aj*

불가분 연산은 동일한 데이터가 포함된 다른 연산과 동시에 수행될 수 없으므로, 다른 프로세스가 그 데이터에 접근하기 전에 완료되어야 한다. 만약 그림 6.6의 **if** 문장이 데이터 개체 *operation_aj_performed*와 *pi_blocked*에 대한 불가분 연산으로 구현되었다면, 표 6.2에 보이는 상황은 발생하지 않을 것이다. 왜냐하면 만약 프로세스 P_i가 *operation_aj_performed* = *false*를 발견했다면 선점되지 않은 채로 *pi_blocked* = *true*로 설정할 수 있으며, 프로세스 P_j가 *pi_blocked*가 *false*인 것을 발견했다면 선점되지 않은 채로 *operation_aj_performed*를 *true*로 설정할 수 있었을 것이기 때문이다. 따라서 프로세스 P_i와 P_j의 **if** 문장을 수행하기 위해서 두 개의 불가분 연산 *check_aj*와 *post_aj*를 각각 정의하고, **if** 문장을 이들 불가분 연산들로 교체한다. 그림 6.7은 불가분 연산들 *check_aj*와 *post_aj*의 구체적인 내용을 보여준다. *operation_aj_performed*가 *false*일 때, 불가분 연산 *check_aj*는 프로세스 P_i가 블록된 뒤 종료된 것으로 간주된다. 이는 프로세스 P_j가 *post_aj*를 수행할 수 있도록 한다.

데이터 개체 집합 $\{d_s\}$에 대한 불가분 연산은 $\{d_s\}$에 대한 임계 영역과 비슷하다. 하지만 임계 영역은 프로그램에서 명시적으로 구현된 반면, 컴퓨터 시스템의 하드웨어나 소프트웨어는 기본적인 연산 중 몇 가지 불가분 연산을 제공할 수도 있기 때문에 여기서는 이 둘을 차별화한다.

6.5 동기화적 접근들(SYNCHRONIZATION APPROACHES)

이 절에서는 프로세스 동기화에 필요한 임계 영역과 불가분 연산이 어떻게 구현될 수 있는지 논의한다.

6.5.1 반복문 대 블로킹(Looping versus Blocking)

$\{d_s\}$에 대한 임계 영역과 $\{d_s\}$에 대한 불가분 시그널 전송 연산은 둘 다 동일한 기본 요구조건을 가지고 있는데, 즉 프로세스들은 명령어 블록이 동시에 또는 병렬적으로 수행될 수 없도록 해야 한다는 것이다. 따라서 두 작업은 다음과 같은 상호 배제(mutual exclusion)를 통해 구현될 수 있다.

> **while** (어떤 프로세스가 $\{d_s\}$에 대한 임계 영역에 있거나 $\{d_s\}$를
> 이용하여 불가분 연산을 수행하고 있으면)
> { 아무것도 하지 않음 }
>
> $\{d_s\}$를 사용하는 임계 영역 또는 불가분 연산

while 반복문에서 이 프로세스는 다른 프로세스가 같은 데이터에 대한 임계 영역을 수행하고 있는지, 또는 같은 데이터를 이용한 불가분 연산을 수행하고 있는지를 체크한다. 만약 그렇다면, 다른 프로세스가 끝날 때까지 반복문을 계속한다. 프로세스가 아무런 일도 하지 않으면서 CPU를 계속 바쁘게 하기 때문에 이러한 상황을 바쁜 대기(*busy waiting*)라고 부른다. 임계 영역에 있거나 불가분 연산을 수행하는 다른 프로세스가 없다는 것을 발견했을 때 바쁜 대기는 종료된다.

프로세스의 바쁜 대기는 몇 가지 나쁜 결과를 발생시킨다. 바쁜 대기를 사용하여 임계 영역을 구현하게 되면 한정 대기 조건을 보장하지 못한다. 왜냐하면 많은 프로세스들이 한 CS를 위한 바쁜 대기 상태에 있으면, 현재 CS에 있는 프로세스가 나갈 때 어떤 프로세스를 CS에 들어가게 할지를 제어할 수 없기 때문이다. 시분할 운영체제에서는 CS에 들어가기 위해 바쁜 대기를 시작한 프로세스는 CS에 들어가지 못하고 자신의 시간 조각(time slice)을 모두 소모해 버릴 것이고, 이는 시스템 성능을 저하시킨다.

우선순위 기반 스케줄링을 사용하는 운영체제에서 바쁜 대기는 프로세스가 상대방을 무한히 기다리는 상황을 만들 수 있다. 다음 경우를 생각해 보자. 높은 우선순위 프로세스 P_i가 I/O 연산에 의해 블록되어 있으며, 낮은 우선순위 프로세스 P_j가 데이터 개체 d_s에 대한 임계 영역에 들어갔다. P_i의 I/O 연산이 끝났을 때, P_j가 선점되고 P_i가 스케줄된다. 만약 P_i가 앞에서 언급한 **while** 반복문을 이용하여 d_s에 대한 임계 영역에 들어가려고 하면, P_i는 바쁜 대기와 마주하게 된다. 이 바쁜 대기는 CPU를 P_j에게 주는 것을 막게 되고, P_j가 임계 영역에서의 실행을 마치고 나갈 수 없게 된다. 또한 이런 상황은 P_i가 임계 영역에 들어가는 것도 방해한다. 결국 프로세스 P_i와 P_j가 무한히 서로를 기다리게 된다. 높은 우선순위 프로세스가 낮은 우선순위 프로세스를 기다리기 때문에

이러한 상황을 **우선순위 역전**(*priority inversion*)이라고 한다. 우선순위 역전 문제는 전형적으로 **우선순위 계승 프로토콜**(*priority inheritance protocol*)에서 많이 강조된다. 이 프로토콜에서 자원을 가지고 있는 낮은 우선순위 프로세스는 임시로 그 자원을 필요로 하는 높은 우선순위 프로세스의 우선순위를 획득한다. 앞의 예제에서 프로세스 P_j는 임시로 프로세스 P_i의 우선순위를 획득할 것이고, P_j가 스케줄되어 임계 영역으로부터 나가게 될 것이다. 하지만 이런 상황에서의 우선순위 계승 프로토콜은 비실용적인데, 그 이유는 커널이 프로세스 동작의 자세한 사항을 알고 있어야 수행할 수 있는 프로토콜이기 때문이다.

임계 영역에 들어가기 위해서 대기 중인 프로세스는 바쁜 대기를 피하기 위해 **블록** 상태로 바뀌는 방법을 적용할 수 있다. CS로 들어가는 것이 허락되면 블록 상태에서 준비 상태로 바뀐다. 이러한 접근법은 다음의 개략적 코드를 통해 실체화할 수 있다.

> **if** (어떤 프로세스가 $\{d_s\}$에 대한 임계 영역에 있거나 $\{d_s\}$를
> 　이용하여 불가분 연산을 수행하고 있으면)
> **then** 자기 자신을 블록시키는 시스템 호출 작동

$\{d_s\}$를 사용하는 임계 영역 또는 불가분 연산

이 접근법에서, $\{d_s\}$에 대한 임계 영역에서 동작 중인 다른 프로세스가 없거나 $\{d_s\}$에 대한 불가분 연산을 수행하는 프로세스가 없는 경우 커널은 블록된 프로세스를 활성화시켜야 한다.

임계 영역이나 불가분 연산이 위에 제시된 방법들 중 어느 하나로 구현되었다면, CS에 들어가려는 프로세스는 다른 프로세스가 이미 CS에 있는지 검사하고 그에 따라서 반복문에 들어갈지(또는 블록될지)를 결정해야 한다. 이러한 행동은 그 자체로 경쟁 조건을 피하기 위한 상호 배제적 작업을 수행하는 몇 개의 명령어들을 포함한다(6.4절 참고). 그렇다면 이러한 것들을 어떻게 해야 하는가? 실제로 두 가지 방법으로 구현할 수 있다. 첫 번째는 **알고리즘 접근법**이라고 불리는 방법으로, 경쟁 조건을 피하기 위해 병렬 프로세스들이 사용하는 복잡하게 구성된 검사 방법이다. 여기서는 이러한 접근법에 대해 다루고, 6.8절에서는 이 방법의 문제점을 다룬다. 두 번째 접근법은 검사를 간단하게 하기 위해 컴퓨터 하드웨어의 특성을 이용한다. 이에 대해서는 다음 절에서 다룬다.

6.5.2 프로세스 동기화를 위한 하드웨어 지원(Hardware Support for Process Synchronization)

프로세스 동기화는 상호 배제적 방법으로 몇 개의 순차 명령어들을 실행하는 경우를 포

함한다. 단일 프로세서 시스템에서는 한 프로세스가 그러한 순차 명령어들을 실행하는 동안 인터럽트를 무력화시켜 선점이 발생하지 않도록 함으로써 구현할 수 있다. 하지만 이 접근법에는 시스템 호출을 이용해서 인터럽트를 무력화시키고 다시 활성화시키는 오버헤드가 있으며, 인터럽트 처리를 지연시킴으로 인해 시스템 성능이나 사용자 서비스에 대해 예상치 않은 결과를 발생시킬 수 있다. 게다가 멀티프로세서 시스템에는 적용할 수 없다. 이러한 이유들 때문에 운영체제는 임계 영역과 불가분 연산을 컴퓨터가 제공하는 **불가분 명령어**(*indivisible instructions*)와 **락 변수**(*lock variable*)라 불리는 공유 변수들을 통해 구현한다. 이 장에서는 프로세스 동기화를 위한 반복 접근법을 설명한다. 하지만 여기서 사용되는 테크닉들은 블록 접근법을 이용한 프로세스 동기화에 동일하게 적용된다. 불가분 명령어는 단순히 임계 영역을 구현하기 위해 지원된다는 점을 주목하기 바란다. 표 6.1에 요약된 CS의 특성들은 프로세스들이 적합한 방식으로 CS에 들어가도록 함으로써 개별적으로 보장되어야 한다(연습문제 6.12 참고).

불가분 명령어(Indivisible Instructions) 1960년대 중반 이래로 컴퓨터 시스템은 공유된 데이터를 담고 있는 메모리 위치에 접근하는 동안 경쟁 조건을 막기 위해 하드웨어에 대한 특별한 형태를 제공해 왔다. 그 기본적인 주제는 하나의 명령어가 메모리 위치에 접근할 동안, 다른 CPU가 동일한 메모리 위치에 접근하는 것을 허용하지 않도록 구현되어야 한다는 것이다. 두 가지 잘 알려진 테크닉들이 이러한 목적을 위해 사용되었는데, 하나는 명령어 수행 중에 메모리 버스를 잠그는 것이고(예를 들어 인텔 80x86 프로세서), 다른 하나는 경쟁이 일어나지 않는 방식으로 메모리 위치에 대한 몇 개의 특별한 연산들을 수행하는 특별한 명령어를 제공하는 것이다(예를 들어 IBM/370과 M68000 프로세서). 여기서는 **불가분 명령어**를 이러한 명령어 전체를 지칭하는 일반적인 용어로 사용할 것이다.

락 변수의 사용(Use of a Lock Variable) 락 변수는 2개의 상태를 가진 변수이며, 임계 영역들이나 불가분 연산들 그룹과 불가분 명령어들 사이의 의미론적 간극(semantic gap) (정의 4.1 참고)을 메꾸기 위해서 사용한다. 데이터 개체 d_s를 위한 임계 영역을 구현하기 위해 애플리케이션은 d_s와 락 변수를 연결시킨다. 락 변수는 단지 2개의 값, 즉 열려 있거나 닫혀 있는 값만을 가질 수 있다. 한 프로세스가 d_s에 대한 임계 영역을 수행하고 싶으면 락 변수 값을 테스트한다. 만약 락이 열려 있으면 프로세스는 락을 닫고 임계 영역을 수행시키며, 임계 영역을 나갈 때 락을 연다. 락 변수 값를 설정함으로써 경쟁 조건을 막기 위해 불가분 명령어가 락을 테스트하고 닫는 데 사용된다. 락 변수는 비슷한 방법으로 불가분 연산을 구현하는 데 지원된다.

그림 6.8은 어떻게 임계 영역이나 불가분 연산이 불가분 명령어와 락 변수를 통해 구현되는지를 설명한다. 불가분 명령어는 점선으로 된 사각형이 가리키는 행동들을 수행한다. 락이 닫혀 있으면 자신으로 돌아가는 반복을 수행하며, 그렇지 않은 경우에는 락

```
entry_test:  if lock = closed
                 then goto entry_test;     불가분 명령어
             lock := closed;               에 의해 수행

             {임계 영역 또는
             불가분 연산}

             lock := open;
```

그림 6.8 락 변수를 이용한 임계 영역이나 불가분 연산의 구현

을 닫는다. 이 장에서는 계속해서 임계 영역과 불가분 연산을 구현하는 데 사용되는 2개의 불가분 명령어들인 *test-and-set*과 *swap*이라고 불리는 명령어를 설명한다.

Test-and-Set(TS) 명령어 이 불가분 명령어는 2개의 작업을 수행한다. 이 명령어는 메모리상의 한 바이트 값을 '테스트' 하고, 그 값이 0인지 아닌지를 가리키기 위해 PSW의 조건 코드 필드(즉, *flags* 필드)를 설정한다. 또한 그 바이트에 있는 모든 비트들의 값을 1로 설정한다. 이 두 가지 작업이 끝나기 전까지 다른 CPU는 해당 메모리 바이트에 접근할 수 없다. 이 명령어는 그림 6.8에 있는 점선 사각형에 둘러싸인 문장들을 구현하기 위해 사용될 수도 있다.

그림 6.9는 임계 영역이나 불가분 연산을 구현한 IBM/370 어셈블리 언어 프로그램의 일부분이다. `LOCK`은 락 변수이며, 0이 아닌 값은 락이 닫혔음을 의미하고 0는 락이 열려 있음을 의미하는 관례를 따른다. 어셈블리 언어의 첫 번째 줄은 `LOCK`을 선언하며 0으로 초기화한다. `TS` 명령어는 `LOCK` 값에 따라 조건 코드를 설정하는데, 여기서 `LOCK` 값을 닫힌 것으로 설정한다. 따라서 그 조건 코드는 `TS` 명령어가 수행되기 전에 닫혀 있는지 여부를 가리킨다. 분기 명령어 `BC 7, ENTRY_TEST`는 조건 코드를 체크하여 락이 닫혀 있으면 `TS` 명령어로 돌아간다. 이러한 방식으로 락이 닫힌 것을 발견한 프로세스는 락이 열릴 때까지 바쁜 대기를 하는 반복문을 수행한다. `MVI` 명령어는 0들을 `LOCK`의 모든 비트에 넣는다. 즉, 락을 연다. 이 행동은 `ENTRY_TEST`에서 반복하고 있는 프로세스들 중 단지 하나만 진행될 수 있도록 한다.

Swap 명령어 swap 명령어는 두 메모리 위치의 내용을 교환한다. 이 명령어는 불가분 명령어이기 때문에 다른 CPU가 교환 중에 그 메모리 위치에 접근할 수 없다. 그림 6.10

```
LOCK          DC    X'00'             락은 열린 것으로 초기화
ENTRY_TEST    TS    LOCK              Test-and-set 락
              BC    7, ENTRY_TEST     락이 닫혀 있으면 반복

              ...                     {임계 영역이나 불가분 연산}

              MVI   LOCK, X'00'       락을 연다 (0의 이동을 통해)
```

그림 6.9 test-and-set을 이용한 임계 영역이나 불가분 연산의 구현

```
TEMP         DS    1              TEMP를 위해 1바이트 예약
LOCK         DC    X'00'          락은 열린 것으로 초기화
             MVI   TEMP, X'FF'    락을 닫기 위해 X'FF' 사용
ENTRY_TEST   SWAP  LOCK, TEMP
             COMP  TEMP, X'00'    락의 이전 값 검사
             BC    7, ENTRY_TEST  락이 닫혀 있으면 반복

             ...                  {임계 영역이나 불가분 연산}

             MVI   LOCK, X'00'    락을 연다
```

그림 6.10 swap 명령어를 이용한 임계 영역이나 불가분 연산의 구현

은 어떻게 swap 명령어를 사용하여 임계 영역이나 불가분 연산을 구현할 수 있는지 보여준다(보통 TS 명령어와 같은 코딩 관례를 사용한다). 임시 위치 TEMP는 0이 아닌 값으로 초기화된다. SWAP 명령어는 그 내용을 LOCK과 교환한다. 이러한 행동이 락을 닫게 한다. LOCK의 이전 값은 이제 TEMP에 저장된다. 한 프로세스가 락이 이미 닫혀 있는지 조사한다고 하자. 락이 닫혀 있다면 그 프로세스는 락이 열릴 때까지 swap 명령어를 반복적으로 수행한다. 임계 영역이나 불가분 연산을 수행하던 프로세스는 연산을 종료하면서 그 락을 연다. 이런 행동은 한 프로세스가 BC 명령어를 통과해서 임계 영역이나 불가분 연산으로 들어가도록 한다.

많은 컴퓨터들은 *Compare-and-swap* 명령어를 제공한다. 이 명령어는 3개의 피연산자를 가지고 있다. 처음 두 피연산자가 동일하다면, 세 번째 피연산자의 값을 두 번째 피연산자의 위치에 복제한다. 두 값이 다른 경우에는, 두 번째 피연산자의 값을 첫 번째 피연산자의 위치에 복제한다. 그림 6.10의 프로그램은 명령어 Compare-and-swap first_opd, LOCK, third_opd를 사용하여 쉽게 고쳐 쓸 수 있다. 여기서 first_opd와 third_opd는 락의 열린 값과 닫힌 값을 각각 의미한다. 사실 이 연산은 락을 닫고 락의 이전 값을 first_opd에 옮긴다.

6.5.3 알고리즘적 접근, 동기화 요소, 그리고 병렬 프로그래밍 구성(Algorithmic Approaches, Synchronization Primitives, and Concurrent Programming Constructs)

역사적으로 프로세스 동기화의 구현은 세 가지 중요한 단계, 즉 알고리즘적 접근, 동기화 요소, 그리고 병렬 프로그래밍 구성을 거쳐 왔다. 역사적 과정에서 각 단계는 이전 단계에서 직면했던 실용적인 어려움을 해결해 왔다.

알고리즘적 접근 방식은 그 범위를 엄격히 제한하여 상호 배제를 구현하는 것만을 고려했다. 이 방식은 상호 배제를 구현함에 있어서 컴퓨터 구조, 프로그래밍 언어 또는 커널의 특별한 기능을 전혀 사용하지 않고, 대신 프로세스들이 상호 배제적인 방법으로 공유 데이터에 접근할 수 있도록 검사 명령어들을 복잡하게 구성하는 방식만 사용했다. 따라서 알고리즘적 접근은 하드웨어나 소프트웨어 플랫폼에 독립적이었다. 하지만 상호 배제

의 정확성은 이런 검사의 정확성에 의존하며, 이 검사 명령어들의 논리적 복잡함 때문에 정확성을 입증하기가 힘들었다. 이러한 문제점으로 인해 큰 규모의 애플리케이션을 개발하는 것이 쉽지 않았다. 알고리즘적 접근은 커널과는 독립적으로 동작하기 때문에 프로세스 동기화를 위한 블록 접근법을 사용할 수가 없었고(6.5.1절 참고), 따라서 반복 접근법을 사용했으며, 이 때문에 반복 접근법이 가지는 모든 단점들을 가지고 있다.

동기화 요소(*synchronization primitive*) 집합은 알고리즘적 접근법의 결함을 극복하기 위해 개발되었다. 각 요소는 프로세스 동기화에 기여하는 간단한 연산이며, 하드웨어가 제공하는 불가분 명령어들과 커널의 프로세스 블록 및 활성화 기능 지원으로 구현되었다. 이 요소들은 상호 배제와 불가분 연산을 구현하기 위한 유용한 특성들을 지니고 있으며, 이러한 특성들은 동시에 수행되는 프로그램의 정확성을 증명하는 데 사용할 수 있을 것이라는 기대를 받았다. 하지만 경험을 통해 이 요소들이 무계획하게 사용될 수 있고, 이로 인해 동시에 수행되는 프로그램들의 정확성 입증이 곤란하다는 사실을 알게 되었다. 대부분의 현대 운영체제들은 **세마포**(*semaphore*)의 *wait*와 *signal* 요소를 제공한다. 하지만 이들 요소는 위에서 언급한 문제들 때문에 시스템 프로그래머들만이 사용하고 있다.

프로세스 동기화 역사에 있어서 다음으로 중요한 단계는 **병렬 프로그래밍 구조**의 개발이었다. 이는 특히 병렬 프로그램의 구성에 적합한 데이터 추상화와 캡슐화 특성을 제공한다. 이 구조들은 언어 컴파일러에 의해 강화된 잘 정의된 의미론을 보유하고 있다. 실제로 병렬 프로그램들은 동기화 요소가 제공하는 것과 유사한 조직화된 함수들을 구성하지만, 계획성 없이 마구잡이로 이 함수들이 사용되지 않도록 보장하는 특성들도 가지고 있다. 이 특성들은 프로그램의 정확성을 보장하며 실용적인 대형 애플리케이션을 구성할 수 있도록 한다. 대부분의 현대 프로그래밍 언어들은 **모니터**(*monitor*)라 불리는 병렬 프로그래밍 구조를 지원한다.

6.8절에서 프로세스 동기화를 위한 알고리즘적 접근법을 다루고, 6.9절에서 상호 배제를 위한 세마포와 동기화 요소를 다루며, 6.10절에서 모니터를 다룬다.

6.6 병렬 시스템의 구조(STRUCTURE OF CONCURRENT SYSTEMS)

병렬 시스템은 다음과 같은 세 가지 주요 요소들로 구성된다.

- 공유 데이터
- 공유 데이터에 대한 연산
- 프로세스 간 상호작용

공유 데이터는 두 종류의 데이터, 즉 애플리케이션의 프로세스들이 사용하는 데이터와 동기화 데이터, 다시 말해 프로세스들 간 동기화를 위해 사용되는 데이터를 포함

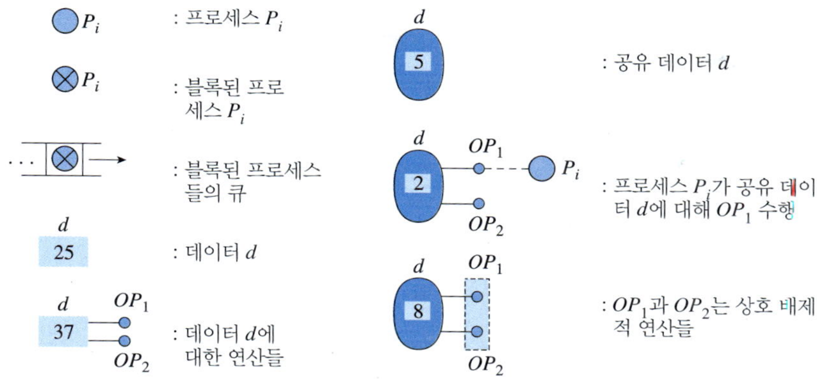

그림 6.11 병렬 시스템의 스냅샷에 대한 그림 형식의 표현

한다. 하나의 연산은 코드를 구성하는 전통적인 단위인데, 프로그래밍 언어에서 함수나 프로시저를 의미하며 공유 데이터에 접근하여 이들을 다룬다. **동기화 연산**은 동기화 데이터에 대한 연산이다.

병렬 시스템의 **스냅샷**(*snapshot*)이란 특정 시각에서 보이는 시스템의 정지된 모양이다. 이 스냅샷은 한 순간의 공유된 데이터, 연산, 그리고 프로세스 간 관계를 보여준다. 여기서는 그림 6.11에서 보여준 그림 표현 방식을 사용한다. 프로세스는 동그라미로 표시한다. 엑스 표가 안에 있는 동그라미는 블록된 프로세스를 가리킨다. 데이터 개체나 데이터 개체의 집합은 사각형으로 표현된다. 데이터의 값은 알려져 있는 경우에 사각형 안에 표시된다.

데이터에 대한 연산은 데이터에 대한 연결자나 소켓으로 표시된다. 데이터 개체를 둘러싸는 타원은 그 데이터 개체가 공유된 것임을 나타낸다. 프로세스와 데이터에 인접한 연산을 연결하는 점선은 그 프로세스가 연산의 수행에 지금 관련되어 있음을 가리킨다. 수행 코드를 포함하는 점선으로 표시된 사각형은 임계 영역을 나타내며, 이러한 표현 방법을 데이터에 대한 연산에도 적용한다. 따라서 데이터에 대한 상호 배제적 연산들은 점선으로 표시된 사각형으로 둘러싸인다. 점선으로 표시된 사각형으로 인해 블록된 프로세스들로 이루어진 큐는 그 연산들 중 하나를 수행하려고 기다리는 프로세스들을 나타낸다.

병렬 시스템의 수행은 일련의 스냅샷들로 표현할 수 있다.

예제 6.3 병렬 시스템의 스냅샷

그림 6.5의 시스템을 고려해 보자. 프로세스 P_i가 활동 a_i를 수행하는 것은 프로세스 P_j가 활동 a_j를 끝낸 뒤라고

하자. 우선 연산 a_i와 a_j는 각각 공유 데이터 개체 X와 Y에 대해서 동작한다고 가정하자. 이 시스템이 그림 6.7의 연산 *check_aj*와 *post_aj*를 사용하여 구현되었다고 하자. 이 시스템은 다음 요소들로 구성된다.

공유 데이터	불 변수 *operation_aj_performed*와 *pi_blocked*, 둘 다 *false*로 초기화되어 있음. 그리고 데이터 개체 X와 Y
애플리케이션의 데이터에 대한 연산	연산 a_i와 a_j
동기화 연산	연산 *check_aj*와 *post_aj*
프로세스들	프로세스 P_i와 P_j

그림 6.12는 이 시스템의 세 스냅샷들을 보여준다. T와 F는 값 *true*와 *false*를 각각 가리킨다. 연산 *check_aj*와 *post_aj*는 둘 다 불 변수 *operation_aj_performed*와 *pi_blocked*를 사용한다. 이들 연산은 불가분 연산이라서 상호 배제적이다. 따라서 이들은 점선 사각형 안에 포함된다. 그림 6.12(a)는 프로세스 P_j가 연산 a_j를 수행하는 중이고, 프로세스 P_i가 연산 a_i를 수행하고 싶어서 연산 *check_aj*를 호출하는 상황을 보여준다. 연산 *check_aj*는 *operation_aj_performed*가 *false*임을 발견하고, *pi_blocked*를 *true*로 설정한 뒤 P_i를 블록시키고 빠져나온다. P_j가 연산 a_j 수행을 마쳤을 때, P_j는 연산 *post_aj*[그림 6.12(b) 참고]를 호출한다. 이 연산은 *pi_blocked*가 *true*인 것을 발견하고, *pi_blocked*를 *false*로 설정한 뒤 프로세스 P_i를 활성화하고 빠져나온다. 프로세스 P_i는 이제 연산 a_i를 수행한다[그림 6.12(c) 참고].

6.7 전통적인 프로세스 동기화 문제들 (CLASSIC PROCESS SYNCHRONIZATION PROBLEMS)

프로세스 동기화 문제에 대한 해결법은 다음 세 가지 중요한 기준들을 만족시켜야 한다.

- **정확성**: 데이터 접근 동기화와 제어 동기화는 주어진 문제의 동기화 조건에 맞추어 수행되어야 한다.

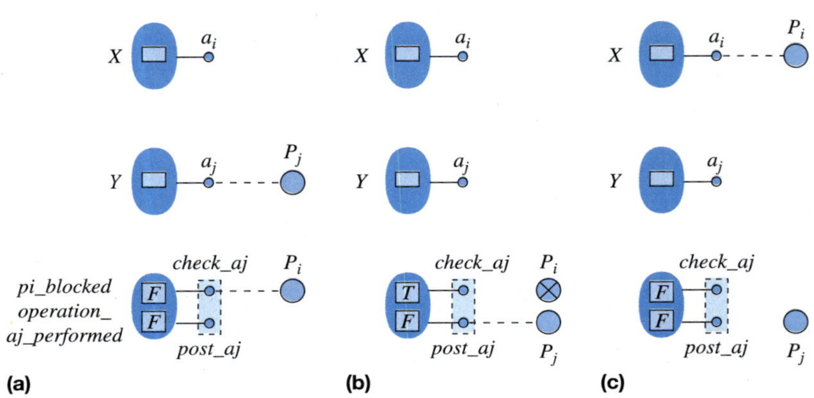

그림 6.12 예제 6.3에 소개된 시스템의 스냅샷들

- **최대 병렬성:** 프로세스는 다른 프로세스가 동기화 행동을 수행하고 있는 것을 기다리는 것 이외에는 자유롭게 동작할 수 있어야 한다.
- **바쁜 대기 없음:** 성능 저하를 피하기 위해 동기화는 바쁜 대기보다는 블록을 통해 수행되어야 한다(6.5.1절 참고).

6.3절과 6.4절에서 논의했듯이, 임계 영역과 시그널 전송은 프로세스 동기화의 핵심 요소이다. 따라서 프로세스 동기화 문제에 대한 해결법은 이 요소들을 적절하게 조합하여 구성되어야 한다. 이 장에서는 여러 애플리케이션 환경에서 발생하는 대표적인 동기화 문제들인 몇 개의 전통적인 프로세스 동기화 문제를 분석하고, 해결법을 설계할 때 발생할 수 있는 (일반적인 실수들과) 쟁점들을 논의한다. 다음 장에서는 프로그래밍 언어에서 제공되는 다양한 동기화 특성들을 사용하여 이들 해결책을 구현한다.

6.7.1 유한 버퍼를 가진 생산자-소비자(Producers—Consumers with Bounded Buffers)

유한 버퍼(*bounded buffer*)를 가진 **생산자-소비자 시스템**(*producer-consumer system*)은 명시하지 않은 수의 **생산자** 및 **소비자** 프로세스들과 하나의 한정된 크기의 버퍼 풀(buffer pool)로 구성된다(그림 6.13 참고). 각 버퍼는 하나의 정보 개체[생산자가 새로운 개체를 버퍼에 써 넣으면 그 버퍼는 **채웠다**(*full*)라고 하고, 소비자가 그 버퍼로부터 한 개체를 꺼내면 **비었다**(*empty*)라고 한다]를 담을 수 있는 용량이다. 생산자-소비자 시스템이 동작을 시작할 때 버퍼는 비어 있게 된다. 생산자 프로세스는 하나의 정보 개체를 만들어 비어 있는 버퍼에 쓴다. 소비자 프로세스는 채워진 버퍼로부터 하나의 정보 개체를 소비한다.

유한 버퍼를 가진 생산자-소비자 시스템은 많은 실질적인 동기화 문제에 대해 유용한 추상화 형태이다. 운영체제 영역에서의 프린트 서비스는 그 좋은 예이다. 프린트 요구들에 대한 고정된 크기의 큐는 바로 유한 버퍼이다. 프린트 요구를 큐에 추가하는 프로세스는 생산자 프로세스이고, 프린트 데몬은 소비자 프로세스이다. 예제 5.1의 데이터 기록 애플리케이션도 *housekeeping* 프로세스가 생략된다면 생산자-소비자 문제의 한 사례가 될 수 있다. *copy_sample* 프로세스는 데이터 샘플을 버퍼에 쓰기 때문에 생산자이다. 그리고 *record_sample* 프로세스는 데이터 샘플을 버퍼에서 제거하고 디스

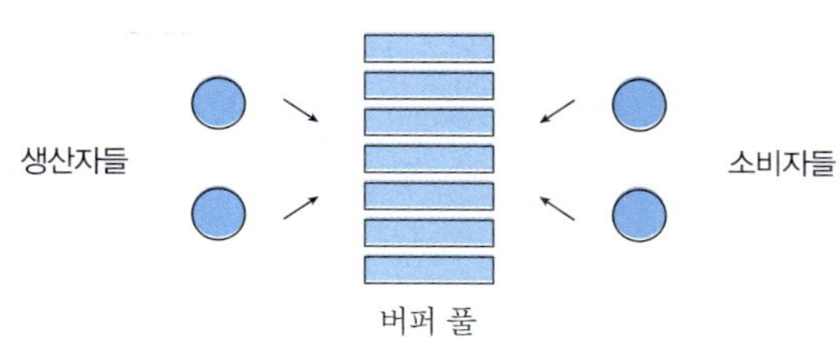

그림 6.13 유한 버퍼를 가진 생산자-소비자 시스템

크 파일에 쓰기 때문에 소비자이다.

생산자–소비자 문제에 대한 해결책은 다음 조건들을 만족시켜야 한다.

1. 생산자는 채워진 버퍼에 덮어쓰기를 해서는 안 된다.
2. 소비자는 비어 있는 버퍼를 소비해서는 안 된다.
3. 생산자와 소비자는 상호 배제적인 방식으로 버퍼에 접근해야 한다.

다음 조건도 가끔씩 요구된다.

4. 정보는 버퍼에 쓰인 순서대로, 즉 FIFO 순서대로 소비되어야 한다.

그림 6.14는 생산자–소비자 문제의 대략적인 구성을 보여준다. 생산자와 소비자 프로세스는 임계 영역 내에 있는 버퍼에 접근한다. 생산자는 자신의 임계 영역에 들어가서 비어 있는 버퍼가 있는지 검사한다. 빈 버퍼가 있으면 버퍼에 만든 것을 넣고, 빈 버퍼가 없으면 그냥 임계 영역에서 나온다. 이러한 순서가 비어 있는 버퍼가 발견될 때까지 반복된다. 불 변수 *produced*는 생산자가 빈 버퍼에 만든 것을 넣은 후에 **while** 반복문에서 빠져나오기 위해 사용된다. 비슷하게 소비자는 소비할 수 있는 채워진 버퍼가 발견될 때까지 반복해서 검사한다.

이런 구성은 두 가지 문제, 즉 병렬성이 약해지고 바쁜 대기가 생기는 문제가 있다. 버퍼 풀은 많은 버퍼들을 가지고 있고, 생산자와 소비자는 동시에 각각 빈 버퍼와 채워진 버퍼에 접근할 수 있어야 한다. 하지만 생산하는 작업이나 소비하는 작업은 둘 다 전체 버퍼 풀을 위한 임계 영역에 놓여 있고, 생산자든 소비자든 단지 한 프로세스만 한 시각에 버퍼에 접근할 수 있다.

바쁜 대기는 소비자와 생산자 양쪽에 존재한다. 생산자는 반복적으로 빈 버퍼를 검

```
begin
Parbegin
  var produced : boolean;              var consumed : boolean;
  repeat                               repeat
     produced := false                    consumed := false;
     while produced = false               while consumed = false
       if 빈 버퍼가 있으면                    if 채워진 버퍼가 있으면
       then                                 then
          { 버퍼에 생산함 }                      { 버퍼를 소비함 }
          produced := true;                    consumed := true;
     { 사이클의 나머지 부분 }                 { 사이클의 나머지 부분 }
  forever;                             forever;
Parend;
end.
          생산자                                소비자
```

그림 6.14 임계 영역을 이용한 생산자–소비자의 대략적인 구성

사하고, 소비자는 반복적으로 채워진 버퍼를 검사한다. 바쁜 대기를 피하려 한다면 빈 버퍼가 없을 때 생산자 프로세스는 블록되어야 한다. 소비자가 버퍼에 있는 내용을 하나 소비하고 나면, 빈 버퍼를 기다리는 생산자를 활성화시켜 주어야 한다. 이와 비슷하게 채워진 버퍼가 없을 때 소비자는 블록되어야 한다. 생산자가 버퍼에 내용을 생산한 뒤에는 블록된 소비자를 활성화시켜 주어야 한다.

여기까지 생산자-소비자 문제를 재분석했으면, 비록 동일한 버퍼를 사용하는 생산자와 소비자 사이에 상호 배제가 포함되어 있다고 하더라도 실제로는 시그널 전송 문제라는 것을 알 수 있다. 버퍼에 정보 개체를 생산한 뒤 생산자는 버퍼에서 개체를 소비하려는 소비자에게 시그널을 보내야 한다. 비슷하게 버퍼의 한 개체를 소비한 뒤 소비자는 버퍼에 있는 정보 개체를 생산하려는 생산자에게 시그널을 보내야 한다. 이러한 요구조건은 6.4절에서 논의한 시그널 구성을 사용함으로써 만족될 수 있다.

이 접근 방식을 사용하여 개선된 구성이 그림 6.15에 나타나 있다. 이 그림에서 하나의 생산자와 하나의 소비자, 그리고 하나의 버퍼로 구성된 간단한 생산자-소비자 시스템이 나온다. 생산자가 수행하는 연산 *check_b_empty*는 버퍼가 채워져 있을 경우 블록되며, 연산 *post_b_full*은 *buffer_full*을 *true*로 설정하고 버퍼가 채워지기를 기다리는 소비자가 있으면 이를 활성화시킨다. 비슷하게 연산 *check_b_full*과 *post_b_empty*는 소비자 프로세스를 위해 정의되어 있다. 불 플래그 *producer_blocked*와 *consumer_blocked*는 생산자나 소비자 프로세스가 주어진 순간에 블록되어 있는지를 확인하기 위해 위의 연산들에 의해 사용된다. 그림 6.16은 불가분 연산들의 세부 사항을 보여준다. 이 대략적인 구조는 여러 개의 버퍼나 여러 생산자/소비자 프로세스들을 다룰 수 있도록 확장될 필요가 있을 것이다. 이 점에 대해서는 6.9.2절에서 다룬다.

```
var
        buffer : . . . ;
        buffer_full : boolean;
        producer_blocked, consumer_blocked : boolean;
begin
        buffer_full := false;
        producer_blocked := false;
        consumer_blocked := false;
Parbegin
  repeat                              repeat
      check_b_empty;                      check_b_full;
      { 버퍼에 생산 }                      { 버퍼로부터 소비 }
      post_b_full;                        post_b_empty;
      { 사이클의 나머지 부분 }              { 사이클의 나머지 부분 }
  forever;                            forever;
Parend;
end.
            생산자                                소비자
```

그림 6.15 시그널 전송을 사용한 단일 버퍼 생산자-소비자 시스템의 개선된 대략적인 구조

```
procedure check_b_empty
begin
    if buffer_full = true
    then
        producer_blocked := true;
        block (producer);
end;

procedure post_b_full
begin
    buffer_full := true;
    if consumer_blocked = true
    then
        consumer_blocked := false;
        activate (consumer);
end;
        생산자 연산들

procedure check_b_full
begin
    if buffer_full = false
    then
        consumer_blocked := true;
        block (consumer);
end;

procedure post_b_empty
begin
    buffer_full := false;
    if producer_blocked = true
    then
        producer_blocked := false;
        activate (producer);
end;
        소비자 연산들
```

그림 6.16 생산자-소비자 문제를 해결하기 위한 불가분 연산들

6.7.2 Readers와 Writers

readers-writers 시스템은 공유된 데이터, 명시되지 않은 수의 데이터를 읽기만 하는 *reader* 프로세스와 명시되지 않은 수의 데이터를 바꾸거나 갱신하는 *writer* 프로세스들로 구성된다. 여기서 읽기(*reading*) 그리고 쓰기(*writing*)란 용어를 각각 reader와 writer가 공유된 데이터에 접근하는 것을 가리키는 용어로 사용한다. readers-writers 문제의 해결책은 다음 조건들을 만족시켜야 한다.

1. 많은 reader들은 동시에 읽기를 수행할 수 있다.
2. writer가 쓰고 있는 중에 읽기는 금지된다.
3. 오직 하나의 writer만 한 시각에 쓰기를 수행할 수 있다.

조건 **1~3**은 reader와 writer 프로세스가 동시에 공유 데이터에 접근하려고 할 때 어느 쪽을 선호하는지를 명시하지 않았다. 몇 가지 사업적인 목표를 달성하기 위해서 reader에게 높은 우선순위를 주는 것이 중요한 경우에는 다음의 추가 조건이 부여된다.

4. reader는 writer에 대해 선점할 수는 없는 우선순위를 가진다. 즉, 기다리는 writer보다 먼저 공유 데이터에 접근할 수는 있지만, 이미 활성화되어 있는 writer를 선점할 수는 없다.

이 시스템은 *reader*가 선호되는 *readers-writers* 시스템 (*readers preferred readers-writers system*)이라 부른다. *writer*가 선호되는 *readers-writers* 시스템 (*writers preferred readers-writers system*)도 이와 유사하게 정의된다.

그림 6.17은 readers-writers 시스템의 한 예를 설명한다. reader들과 writer들은 한

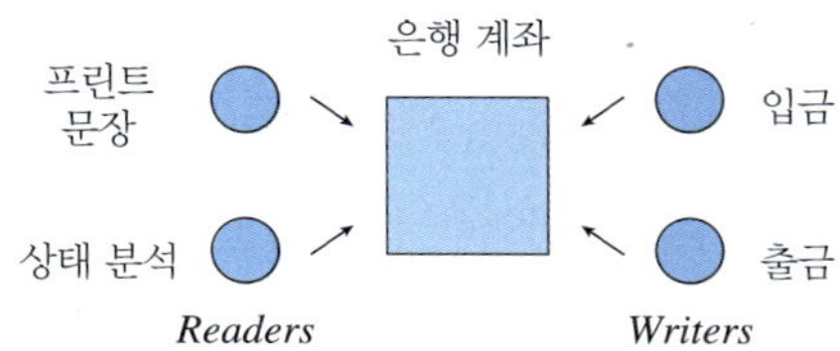

그림 6.17 은행 시스템에서의 reader와 writer

은행 계좌를 공유한다. reader는 **프린트 문장**과 **상태 분석**을 처리하는데, 이들은 단지 은행 계좌로부터 데이터를 읽기만 한다. 따라서 이들은 동시에 수행될 수 있다. **입금**과 **출금**은 계좌의 잔고를 갱신한다. 명백히 그들 중 단 하나만 한 순간에 활성화되고, 어떤 reader도 동시에 수행될 수 없다. 항공 예약 시스템에서 남아 있는 좌석을 조회하기만 하는 프로세스들은 reader 프로세스들이고, 예약을 하는 프로세스들은 예약 데이터베이스의 일부분을 갱신하기 때문에 writer 프로세스들이다.

readers-writers 시스템의 동기화 요구조건을 다음과 같이 결정한다. 조건 **1~3**은 한 writer가 쓰기를 수행하거나 많은 reader가 동시에 읽기를 수행하는 것을 허용한다. 따라서 쓰기는 공유 데이터의 임계 영역에서 수행되어야 한다. writer가 쓰기를 마쳤을 때 또 다른 writer가 임계 영역에 들어오는 것을 가능하게 하거나, 기다리는 reader의 개수와 시그널 관리를 통해 기다리는 모든 reader들을 활성화시켜야 한다. 만약 reader들이 읽고 있으면, 기다리는 writer는 마지막 reader가 읽기를 끝낸 후에 쓰기를 수행하는 것이 가능해야 한다. 이 행동이 가능하려면 동시에 수행되는 reader들의 수가 관리되어야 한다.

그림 6.18은 readers-writers 시스템의 대략적인 개요이다. 쓰기는 임계 영역에서 수행된다. reader들이 동시에 수행될 수 있도록 임계 영역은 reader에게는 사용되지 않는다. 시그널 관리는 reader와 writer의 블록과 활성화를 다루기 위해서 사용된다. 간단하게 표

```
Parbegin
  repeat
      If writer가 쓰고 있으면
      then
          { 대기 };
      { 읽기 }
      If 읽고 있는 reader가 없으면
      then
          if writer가 기다리고 있으면
          then
              기다리는 한 writer를 활성화
  forever;
Parend;
end.

        Reader(s)
```

```
repeat
    If reader가 읽고 있거나,
        writer가 쓰고 있으면
    then
        { 대기 };
    { 쓰기 }
    If writer나 reader가 기다리면
    then
        기다리는 한 writer나 기다리는 모든
        reader들 중 하나를 활성화
forever;

        Writer(s)
```

그림 6.18 readers-writers 시스템의 대략적인 개요

현하기 위해 기다리는 reader들이나 동시에 읽고 있는 reader들의 개수를 관리하고 사용하는 것은 대략적인 구조에는 보이지 않으며, 이것들은 6.9.3절에서 논의하도록 한다. 그림 6.18의 대략적인 개요는 reader들과 writer들의 한정 대기를 지원하지는 않지만 최대 동기화는 제공한다. 또한 이 개요는 reader나 writer에게 딱히 우선순위를 부여하지는 않는다.

6.7.3 식사하는 철학자들(Dining Philosophers)

다섯 명의 철학자들이 테이블에 마주 앉아서 철학적 쟁점들을 곰곰이 생각하고 있다. 스파게티 접시가 각각의 철학자들 앞에 놓여 있다. 인접한 철학자들 사이에는 하나의 포크가 놓여 있다(그림 6.19 참고). 스파게티를 먹으려면 철학자는 자신과 자신의 인접 철학자들 사이에 놓인 두 개의 포크를 한 순간에 하나씩 집어야 한다. 이 문제는 철학자들이 배고플 때 먹을 수 있으며, 아무도 굶어 죽지 않도록 진행되는 프로세스들을 설계하는 것이다.

식사하는 철학자들 시스템에서의 정확성 조건은 배고픈 철학자는 먹기로 결정했으면 무한히 대기하지는 않아야 한다는 것이다. 여기서 해야 할 것은 프로세스들이 서로

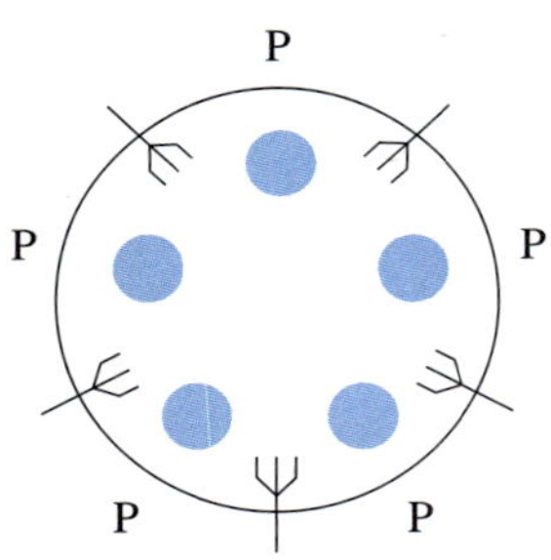

그림 6.19 식사하는 철학자들

```
repeat
    if 왼쪽 포크를 쓸 수 없으면
    then
        block (Pi);
    왼쪽 포크를 집음;
    if 오른쪽 포크를 쓸 수 없으면
    then
        block (Pi);
    오른쪽 포크를 집음;
    { 먹음 }
    포크를 둘 다 내려놓음;
    if 왼쪽 이웃이 그의 오른쪽 포크를 기다리고 있으면
    then
        activate(왼쪽 이웃);
    if 오른쪽 이웃이 그의 왼쪽 포크를 기다리고 있으면
    then
        activate(오른쪽 이웃);
    { 생각함 }
forever
```

그림 6.20 철학자 프로세스 P_i의 개요

를 기다리며 블록되는 **교착상태**(*deadlock*)(1.4.2절 참고)나 프로세스들이 블록되지는 않지만 서로에게 무한히 결정을 맡기는 **라이브락**(*livelock*)을 겪지 않는 해결책을 설계하는 것이다. 그림 6.20이 보여주는 프로세스 동기화가 생략된 철학자 프로세스 P_i의 개요를 생각해 보자. 한 철학자는 한 번에 하나의 포크를 집어 든다. 말하자면 우선 왼쪽 포크를 집고 다음에는 오른쪽 포크를 집는 식이다. 이 해결법은 교착상태에 빠지는 경향이 있는데, 그 이유는 모든 철학자들이 동시에 그들의 왼쪽 포크를 집어 들면 아무도 오른쪽 포크를 집어들 수 없기 때문이다! 이웃들은 공유된 포크를 가지고 서로 다투기 때문에 이런 상황은 경쟁 조건도 포함하고 있다. 철학자 프로세스를 변경함으로써 교착상태를 피할 수 있는데, 그 방법 중 하나는 만약 오른쪽 포크를 집을 수 없는 상황이면 왼쪽 포크를 내려놓음으로써 자신의 왼쪽 이웃에게 결정을 맡기고 나중에 포크를 집으려는 시도를 반복하는 것이다. 하지만 이런 접근은 동일한 상황이 회귀적으로 발생할 수 있기 때문에 라이브락을 겪게 된다.

식사하는 철학자 문제의 개선된 알고리즘이 그림 6.21에 있다. 철학자는 CS에서 포크를 쓸 수 있는지 검사하고, CS에서 포크들을 집어 든다. 따라서 경쟁 조건이 발생하지 않는다. 이러한 배치는 임의의 시각에서 봤을 때 최소한 먹고 싶으면 먹을 수 있는 철학자는 존재하고 교착상태는 발생하지 않는다는 것을 보장한다. 동시에 포크를 집을 수 없는 철학자는 자신을 블록시킨다. 그는 이웃이 공유하는 포크 하나를 내려놓을 때 활성화되고, 다시 한 번 포크를 집을 수 있을지 검사해야 한다. 이것이 **while** 반복문의 목적이다. 하지만 이 반복문은 다시 바쁜 대기 상태를 발생시킨다. 식사하는 철학자 문제에 대한 몇 개의 혁신적인 해결책들은 바쁜 대기가 없어도 교착상태가 생기지 않도록 한다(연습문제 6.14 참고). 교착상태 방지는 8장에서 자세히 다룬다.

```
var      successful : boolean;
repeat
    successful := false;
    while (not successful)
      ┌─────────────────────────────┐
      │ if 양쪽 포크가 사용 가능하면   │
      │   then 한 번에 하나씩 포크를  │
      │   집어 듦;                   │
      └─────────────────────────────┘
        if successful = false
        then
            block (Pi);
    { 먹음 }
  ┌──────────────────────┐
  │ 포크를 둘 다 내려놓음; │
  └──────────────────────┘
    if 왼쪽 이웃이 그의 오른쪽 포크를 기다리고 있으면
    then
         activate(왼쪽 이웃);
    if 오른쪽 이웃이 그의 왼쪽 포크를 기다리고 있으면
    then
         activate(오른쪽 이웃);
    { 생각함 }
forever
```

그림 6.21 철학자 프로세스의 개선된 알고리즘

6.8 임계 영역을 구현하기 위한 알고리즘적 접근법 (ALGORITHMIC APPROACH TO IMPLEMENTING CRITICAL SECTIONS)

임계 영역을 구현하기 위한 알고리즘적 접근법은 프로세스를 지연하기 위한 커널의 프로세스 블록이나, 활성화 서비스나, 경쟁 조건을 피하기 위해 컴퓨터에서 제공하는 불가분 명령어들을 사용하지 않았다. 그 결과 이 접근법을 통해 구현된 프로세스 동기화는 운영체제 컴퓨터 모두에 독립적이었다. 하지만 이런 특성들은 이 접근법이 동기화 지점에서 프로세스를 지연시키기 위해 바쁜 대기를 사용하도록 하고(6.5.1절 참고), 경쟁 조건이 발생하지 않도록 하기 위해 논리 조건들을 복잡하게 배치하였다. 따라서 정확성에 대한 증명이 복잡해졌다. 이러한 약점들 때문에 알고리즘적 접근법은 실제로는 널리 사용되지 않는다.

이번 절에서는 임계 영역을 구현하기 위한 알고리즘적 접근법을 묘사한다. 6.5.2절에서도 이미 보았듯이, 이 접근법은 데이터 접근 동기화와 제어 동기화에 모두 적용될 수 있다. 이를 공부하는 것은 교착상태와 라이브락을 피하는 동시에, 상호 배제를 어떻게 보장할지에 대한 통찰력을 제공한다. 우선 두 프로세스에 의해 사용되는 임계 영역 구현 계획을 알아보는 것부터 시작한다. 그 이후에는 이러한 계획을 확장하여 둘 이상의 프로세스들에 적용하는 방법을 보도록 한다.

6.8.1 프로세스가 2개인 경우의 알고리즘(Two-Process Algorithms)

알고리즘 6.1 첫 번째 시도

```
var     turn : 1 .. 2;
begin
        turn := 1;
Parbegin
    repeat                              repeat
        while turn = 2                      while turn = 1
            do { 아무것도 안함 };                 do { 아무것도 안함 };
        { 임계 영역 }                         { 임계 영역 }
        turn := 2;                          turn := 1;
        { 사이클의 나머지 부분 }               { 사이클의 나머지 부분 }
    forever;                            forever;
Parend;
end.
        프로세스 P1                          프로세스 P2
```

변수 *turn*은 공유 변수이다. 선언부에 있는 표기 1 .. 2는 그 값의 범위가 1~2라는 것, 즉 그 값이 1 또는 2임을 가리킨다. 이 값은 프로세스 P_1과 P_2가 생성되기 전에 1로 초기화된다. 각 프로세스는 몇 개의 공유 데이터 d_s에 대한 임계 영역을 포함한다. 공유 변수 *turn*은 어떤 프로세스가 다음에 임계 영역에 들어갈 수 있는지를 가리킨다. 프로세스 P_1이 자신의 임계 영역에 들어가려고 한다고 하자. 만약 $turn = 1$이면 P_1은 바로 들어갈 수 있다. 임계 영역을 빠져나온 후, P_1은 *turn*을 2로 설정해서 P_2가 임계 영역에 들어갈 수 있게 한다. P_1이 임계 영역에 들어가려고 할 때, $turn = 2$인 것을 발견하면 P_2가 임계 영역을 빠져나가서 $turn := 1$ 문장을 수행할 때까지 **while** $turn = 2$ **do** {아무것도 안함} 반복문에서 기다린다. 따라서 정확성 조건은 만족된다.

알고리즘 6.1은 표 6.1에 명시된 임계 영역 구현에서의 진행 조건을 위반한다. 그 이유는 공유 변수 *turn*을 사용하는 방식 때문이다. 프로세스 P_1이 임계 영역에 있고 프로세스 P_2가 사이클의 나머지 부분에 있다고 하자. P_1이 임계 영역에서 빠져나가면서 *turn*을 2로 설정한다. P_1이 사이클의 나머지 부분을 마치고 다시 임계 영역에 들어오려고 하면, P_2가 임계 영역을 마치고 *turn*을 1로 설정할 때까지 바쁜 대기에서 기다려야 한다. 따라서 임계 영역을 사용에 관심 있는 프로세스가 없는데도 불구하고 P_1은 임계 영역에 들어가는 것을 보장받지 못한다. 알고리즘 6.2는 이런 문제를 제거하려고 한다.

알고리즘 6.2 두 번째 시도

```
var      c1, c2 : 0 .. 1;
begin
         c1 := 1;
         c2 := 1;
Parbegin
    repeat                              repeat
        while c2 = 0                        while c1 = 0
            do { 아무것도 안함 };                do { 아무것도 안함 };
        c1 := 0;                            c2 := 0;
        { 임계 영역 }                        { 임계 영역 }
        c1 := 1;                            c2 := 1;
        { 사이클의 나머지 부분 }              { 사이클의 나머지 부분 }
    forever;                            forever;
Parend;
end.
             프로세스 P1                         프로세스 P2
```

이 알고리즘은 두 개의 공유 변수 c_1과 c_2를 사용한다. 이 값들은 0 또는 1 값만 가지도록 제한되어 있다. 이 변수들을 프로세스 P_1과 P_2가 각각 상태 플래그로서 사용한다. P_1은 임계 영역에 들어갈 때 c_1을 0으로 설정하고, 임계 영역에서 나올 때 1로 복원한다. 따라서 $c_1 = 0$이라는 것은 P_1이 임계 영역에 있다는 것을 가리키고, $c_1 = 1$이라는 것은 P_1이 임계 영역에 있지 않다는 것을 가리킨다. 이와 비슷하게 c_2 값은 P_2가 임계 영역에 있는지를 가리킨다. 임계 영역에 들어가기 전에 각 프로세스는 다른 프로세스가 임계 영역에 있는지를 검사한다. 그렇지 않은 경우라면 바로 자신의 임계 영역에 들어간다. 그런 경우라면 해당 프로세스가 임계 영역에서 나올 때까지 반복문을 수행한 뒤 임계 영역에 들어간다. 프로세스들이 자신의 임계 영역을 사용해서 순서를 바꾸도록 강요하지 않기 때문에, 알고리즘 6.1의 진행 조건 위반은 제거된다.

알고리즘 6.2는 두 프로세스가 동시에 임계 영역에 들어가고 싶을 때 상호 배제 조건을 위반한다. c_1과 c_2는 둘 다 1이고(아무도 임계 영역에 있지 않기 때문에), 그래서 두 프로세스는 자신들의 임계 영역에 들어간다. 이 문제를 피하기 위해 프로세스 P_1의 명령문 "**while** $c_2 = 0$ **do** { 아무것도 안함 };"과 "$c_1 := 0$;"의 위치를 서로 교환하고, 프로세스 P_2의 명령문 "**while** $c_1 = 0$ **do** { 아무것도 안함 };"과 "$c_2 := 0$;"의 위치도 서로 교환해 볼 수 있다. 이러한 방법으로 c_1은 P_1이 c_2 값을 검사하기 전에 0으로 설정되고, 두 프로세스가 동시에 자신의 임계 영역으로 들어갈 수는 없을 것이다. 하지만 두 프로세스가 동시에 자신들의 임계 영역에 들어가려고 하면 c_1과 c_2가 0이 될 테고, 두 프로세스 모두 상대를 영원히 기다리게 된다. 결국 **교착상태**가 된다(1.4.2절 참고).

한 프로세스 입장에서는 상대 프로세스가 임계 영역에 들어가고 싶어 한다는 것을 알았을 때, 상대 프로세스에게 결정을 맡기면 정확성 위반과 교착상태 가능성 둘 다 제거될 수 있다. 다음과 같은 과정을 보자. 만약 P_1이 P_2 역시 임계 영역에 들어가고 싶어 한다는 것을 알았을 때 c_1을 1로 설정한다. 이는 P_2가 임계 영역에 들어갈 수 있도록 허락하는 것과 같다. P_1은 약간 대기하고 c_1을 0으로 바꾼 뒤에 다시 들어가려는 시도를 한다. 비슷하게 P_1이 임계 영역에 들어가려 하는 것을 발견되면 P_2는 c_2를 1로 설정한다. 하지만 이런 접근법은 두 프로세스들이 서로에게 무한히 결정을 맡기는 상황을 가져올 수 있다. 마치 식사하는 철학자에서 다루었던 **라이브락** 상황과 유사해진다(6.7.3절 참고).

Dekker의 알고리즘(Dekker's Algorithm) Dekker의 알고리즘은 라이브락 상황을 피하기 위해서 알고리즘 6.1과 6.2의 유용한 기능들을 결합한다. 만약 두 프로세스가 동시에 자신들의 임계 영역에 들어가려고 한다면, *turn*은 어느 프로세스가 들어가도록 허락받았는지를 가리킨다. 이 변수는 다른 경우에는 아무런 영향을 미치지 않는다.

알고리즘 6.3 Dekker의 알고리즘

```
var     turn : 1 .. 2;
        c1, c2 : 0 .. 1;
begin
        c1 := 1;
        c2 := 1;
        turn := 1;
Parbegin
```

프로세스 P_1

```
    repeat
        c1 := 0;
        while c2 = 0 do
            if turn = 2 then
            begin
              c1 := 1;
              while turn = 2
                  do { 아무것도 안함 };
              c1 := 0;
            end;
        { 임계 영역 }
        turn := 2;
        c1 := 1;
        { 사이클의 나머지 부분 }
    forever;
```

프로세스 P_2

```
    repeat
        c2 := 0;
        while c1 = 0 do
            if turn = 1 then
            begin
              c2 := 1;
              while turn = 1
                  do { 아무것도 안함 };
              c2 := 0;
            end;
        { 임계 영역 }
        turn := 1;
        c2 := 1;
        { 사이클의 나머지 부분 }
    forever;
Parend;
end.
```

변수 c_1과 c_2는 알고리즘 6.2에서와 같이 프로세스들의 상태 플래그로 사용된다. P_1에서의 명령문 **while** $c_2 = 0$ **do**는 P_1이 임계 영역에 들어가도 안전한지를 검사한다. 알고리즘 6.2의 정확성 문제를 피하기 위해, P_1의 명령문 $c_1 := 0$은 **while** 명령문 앞에 놓인다. 만약 P_1이 임계 영역에 들어가려고 할 때, $c_2 = 1$이면 P_1은 **while** 반복문을 뛰어넘고 바로 임계 영역으로 들어간다. 만약 두 프로세스들이 동시에 임계 영역으로 들어가려고 한다면, *turn* 값이 이들 중 하나가 다른 쪽에게 결정을 맡기도록 한다. 예를 들어, 만약 P_1이 $c_2 = 0$인 것을 발견하면, $turn = 2$일 때만 P_2에게 결정을 맡긴다. $turn = 1$이면 임계 영역에 들어가기 전에 단순히 c_1이 1이 되기를 기다린다. 프로세스 P_2도 동시에 임계 영역에 들어가고 싶을 때, $turn = 1$이라면 P_2는 P_1에게 결정을 맡겨야 한다. 이러한 방식으로 이 알고리즘은 상호 배제를 만족시키고 교착상태와 라이브락 조건도 피한다. *turn*의 실제 값은 어느 시각에 있어서도 알고리즘의 정확성에 비해 그다지 중요하지 않은 값이다.

Peterson의 알고리즘(Peterson's Algorithm) Peterson의 알고리즘은 Dekker의 알고리즘보다 단순하다. 이 알고리즘은 불 변수 배열 *flag*를 사용하며, 이는 각 프로세스에 대해 하나의 플래그를 배정하고 있다. 이들 플래그는 Dekker의 알고리즘의 상태 변수 c_1, c_2와 동일하다. 프로세스는 임계 영역에 들어가고 싶을 때 자신의 플래그를 *true*로 설정하고, 임계 영역에서 나올 때 *false*로 되돌린다. 프로세스들은 P_0과 P_1을 id로 각각 가진다고 가정한다. 프로세스의 id는 배열 *flag*에 있는 프로세스의 상태 플래그에 접근하기 위한 아래 첨자로써 사용된다. 변수 *turn*은 라이브락을 피하기 위해 사용되지만, Dekker의 알고리즘에서와는 다른 방식으로 사용된다.

알고리즘 6.4 Peterson의 알고리즘

```
var     flag : array [0 .. 1] of boolean;
        turn : 0 .. 1;
begin
        flag[0] := false;
        flag[1] := false;
Parbegin
    repeat                                      repeat
        flag[0] := true;                            flag[1] := true;
        turn := 1;                                  turn := 0;
        while flag[1] and turn = 1                  while flag[0] and turn = 0
            do { 아무것도 안함 };                        do { 아무것도 안함 };
        { 임계 영역 }                                { 임계 영역 }
        flag[0] := false;                           flag[1] := false;
        { 사이클의 나머지 부분 }                      { 사이클의 나머지 부분 }
    forever;                                    forever;
Parend;
end.
            프로세스 P0                               프로세스 P1
```

임계 영역에 들어가려 하는 프로세스는 *turn*이 다른 프로세스를 가리키게 설정함으로써 다른 프로세스에게 결정을 맡긴다. 하지만 다른 프로세스가 임계 영역을 사용하는 데 관심이 없다는 것을 발견하면 그냥 임계 영역에 들어간다. 만약 두 프로세스가 동시에 임계 영역에 들어가고 싶어 하면 *turn* 값이 들어갈 프로세스를 결정한다. 예를 들어, 프로세스 P_0을 생각해 보자. 이 프로세스는 임계 영역에 들어가고 싶을 때 *flag*[0]을 *true*로 설정하고 *turn*을 1로 설정한다. 프로세스 P_1이 임계 영역에 들어가는 것에 관심이 없으면 *flag*[1]은 *false*일 것이고, 이 경우 P_0은 **while** 반복문에서 빠져나와 임계 영역으로 바로 들어간다. 만약 P_1이 임계 영역에 들어가고 싶어 하면 *flag*[1]은 *true*로 되어 있을 것이다. 이 경우에는 *turn* 값이 어느 프로세스가 임계 영역에 들어가게 될 것인지를 결정한다.

P_0과 P_1의 상대 속도가 다른 경우에 Peterson의 알고리즘이 어떻게 동작하는지를 알아보는 것도 흥미로운 일이다. P_0과 P_1 둘 다 임계 영역에 들어가려 하고, P_0이 P_1보다 약간 앞선 경우를 생각해 보자. 두 프로세스가 같은 속도라면, P_1이 **while** 명령문에 도달했을 시각에 *turn*을 0으로 바꾸었을 것이므로 P_0이 P_1보다 먼저 임계 영역에 들어갈 것이다. 이제 P_0이 임계 영역에서 빠져나올 때까지 P_1은 **while** 반복문에서 기다리게 된다. 하지만 P_0이 P_1보다 느리면 P_1이 *turn*을 0으로 설정한 뒤에 P_0이 *turn*을 1로 바꿀 것이다. 그렇게 되면 P_0이 **while** 반복문에서 기다리고 P_1이 임계 영역에 들어가게 될 것이다.

6.8.2 *n*–프로세스 알고리즘(*n*-Process Algorithms)

임계 영역의 알고리즘적 구현에서는, 그 알고리즘이 동일한 데이터 개체에 대한 임계 영역을 사용하는 프로세스들의 개수를 알고 있어야 한다. 이러한 정보는 그 코드의 많은 특성들, 예를 들어 상태 플래그 배열의 크기, 임계 영역에 들어가려 하는 다른 프로세스들이 있는지 검사하는 것, 그리고 한 프로세스가 다른 프로세스에게 결정을 맡기는 것 등에 반영된다. 임계 영역 구현에 의해 다루어지는 프로세스의 개수가 바뀌면 이러한 특성들도 바뀌어야 한다. 예를 들어 2개의 프로세스가 관여된 임계 영역 구현에서는, 정확성을 보장하고 교착상태와 라이브락을 막기 위해 한 프로세스는 다른 프로세스만의 상태를 검사하고 경우에 따라서 결정을 맡기면 되었다. *n* 개의 프로세스들이 관련된 임계 영역 구현에서는 한 프로세스는 $n - 1$개 프로세스들의 상태를 검사해야 하고, 경쟁 조건을 피하기 위해 필요한 작업을 해야 한다. 결과적으로 *n*-프로세스 알고리즘은 더욱 복잡해진다. 이에 대해서는 Eisenberg와 McGuire[1972]의 알고리즘에 대한 내용을 설명할 때 보기로 한다. 이 알고리즘은 Dekker의 2-프로세스 알고리즘을 *n*-프로세스의 경우로 확장시킨 것이다.

알고리즘 6.5 n–프로세스 알고리즘(Eisenberg와 McGuire[1972])

```
const   n = . . .;
var     flag : array [0 .. n − 1] of (idle, want_in, in_CS);
        turn : 0 .. n − 1;
begin
        for j := 0 to n − 1 do
            flag[j] := idle;
Parbegin
```

```
    process Pi :
        repeat
            repeat
                flag[i] := want_in;
                j := turn;
                while j ≠ i
                    do if flag[j] ≠ idle
                        then j := turn { 여기서 반복 }
                        else j := j + 1 mod n;
                flag[i] := in_CS;
                j := 0;
                while (j < n) and (j = i or flag[j] = in_CS)
                    do j := j + 1;
            until (j ≥ n) and (turn = i or flag[turn] = idle);
            turn := i;
            { 임계 영역 }
            j := turn + 1 mod n;
            while (flag[j] = idle) do j := j + 1 mod n;
            turn := j;
            flag[i] := idle;
            { 사이클의 나머지 부분 }
        forever
    process Pk : . . .
Parend;
end.
```

변수 *turn*은 어느 프로세스가 다음 순서로 임계 영역에 들어갈지를 가리키며, 초기 값은 알고리즘의 정확성을 위해서는 그다지 중요하지 않다. 각 프로세스는 3개의 값을 가지는 상태 플래그를 가지고 있고, 그 상태는 각각 *idle*, *want_in*, 그리고 *in_CS*이며, 초기 값은 *idle*이다. 프로세스가 임계 영역에 들어가고 싶을 때, 그 플래그를 *want_in*으로 설정한다. 다음에는 플래그를 *in_CS*로 바꿀지를 결정해야 한다. 이 결정을 하기 위해 다른 프로세스들의 플래그를 모듈로 *n* 순서라고 부르는 순서대로 검사한다. 모듈로 *n* 순서는 $P_{\text{turn}}, P_{\text{turn}+1}, \ldots, P_{n-1}, P_0, P_1, \ldots, P_{\text{turn}-1}$이다. 첫 번째 **while** 반복문에서 프로세스는 모듈로 *n* 순서로 볼 때 앞에 위치한 프로세스들이 임계 영역에 들어가고 싶어 하는지 검사한다. 그렇지 않은 경우 플래그를 *in_CS*로 바꾼다.

프로세스들이 동시에 이러한 검사를 수행하기 때문에 하나 이상의 프로세스가 동시에 같은 결론에 도달할 수 있다. 따라서 정확성을 보장하기 위해 또 다른 검사가 수행된다. 두 번째 **while** 반복문은 다른 프로세스가 그 프로세스의 플래그를 *in_CS*로 설정했는지를 검사한다. 그런 경우 그 프로세스는 플래그를 다시 *want_in*으로 되돌리고 모든 검사를 되풀이한다. 플래그를 *in_CS*로 바꾼 다른 모든 프로세스들도 플래그를 *want_in*으로 되돌리고 검사를 반복한다. 이들 프로세스는 임계 영역에 들어갈 때 동점이 되는 일이 생기지 않는데, 그 이유는 동점이 되는 프로세스들은 모두 플래그가 *want_in*으로 바뀌고, 따라서 오직 하나만 **while** 반복문을 빠져나갈 수 있기 때문이다. 이러한 특징으로 인해 라이브락 조건을 회피하게 된다. P_{turn}을 기준으로 할 때 도듈로 n의 앞쪽에 위치한 프로세스들은 다른 프로세스들보다 먼저 임계 영역에 들어가게 될 것이다. 이 프로세스는 임계 영역을 나갈 때 플래그를 *idle*로 바꾼다. 그래서 사이클의 나머지 부분에 있는 프로세스는 플래그 값이 *idle*로 유지된다.

이 해결책은 불공정한 부분이 있는데, 그것은 프로세스가 임계 영역에 들어가고 싶다는 의사를 밝힌 순서로 임계 영역에 들어갈 수 없기 때문이다. 이러한 불공정함은 Lamport[1974]의 빵집 알고리즘에서 제거된다.

빵집 알고리즘(Bakery Algorithm) 한 프로세스가 임계 영역에 들어가려 할 때, 이전 프로세스들이 선택한 수보다 더 큰 수를 하나 선택한다. *choosing*은 불 플래그의 배열이다. *choosing*[*i*]는 프로세스 P_i가 현재 수를 선택하는 일에 관여되어 있는지를 나타낸다. *number*[*i*]는 프로세스 P_i가 선택한 수를 담고 있다. 만약 P_i가 마지막으로 임계 영역에 들어갔던 이후 한 번도 수를 선택하지 않았으면 *number*[i] = 0이 된다. 이 알고리즘의 기본 아이디어는, 프로세스는 자신이 선택한 증가하는 수의 순서대로 임계 영역에 들어가야 한다는 것이다. 다음은 이 알고리즘에 대한 설명이다.

알고리즘 6.6 빵집 알고리즘(Lamport[1974])

```
const   n = . . . ;
var     choosing : array [0 .. n − 1] of boolean;
        number : array [0 .. n − 1] of integer;
begin
        for j := 0 to n − 1 do
            choosing[j] := false;
            number[j] := 0;
Parbegin
    process Pi :
        repeat
            choosing[i] := true;
            number[i] := max (number[0], .. ,number[n − 1]) + 1;
            choosing[i] := false;
            for j := 0 to n − 1 do
            begin
                while choosing[j] do { 아무것도 안함 };
```

```
            while number[j] ≠ 0 and (number[j], j) < (number[i],i)
                do { 아무것도 안함 };
         end;
         { 임계 영역 }
         number[i] := 0;
         { 사이클의 나머지 부분 }
      forever;
   process Pj : . . .
Parend;
end.
```

임계 영역에 들어가려는 프로세스는 자신보다 작은 수를 가진 프로세스에게 결정을 맡긴다. 하지만 프로세스들이 동시에 같은 수를 얻을 수 있기 때문에 동점을 깨는 규칙이 필요하다. 이 알고리즘은 (*number*[*i*], *i*) 쌍을 이 목적, 즉 이 쌍이 다른 쌍보다 앞선다면 프로세스가 임계 영역에 들어가도록 하는 목적으로 사용한다. 여기서 앞선 관계 < 는 다음과 같이 정의된다.

> (*number*[*j*],*j*) < (*number*[*i*],*i*)는 다음을 만족할 때 성립한다.
>
> *number*[*j*] < *number*[*i*]이거나,
>
> *number*[*j*] = *number*[*i*]이고 $j < i$

따라서 많은 프로세스들이 같은 수를 얻으면, 가장 작은 프로세스 id를 가진 프로세스가 먼저 임계 영역에 들어간다. 다른 모든 경우에는 임계 영역에 들어가고 싶다는 요청을 나타낸 순서대로 프로세스가 임계 영역에 들어간다.

6.9 세마포(SEMAPHORES)

6.5.3절에서 언급했듯이 **동기화 요소**들은 알고리즘적 구현의 한계를 극복하기 위해서 개발되었다. 이 요소들은 상호 배제와 제어 동기화를 모두 구현하기 위해 사용될 수 있는 간단한 연산들이다. 세마포(*semaphore*)는 특정한 동기화 요소들만을 통해서 접근할 수 있는 특별한 종류의 동기화 데이터이다.

|정의 6.5| **세마포:** 다음 연산들에만 위임받는 음이 아닌 정수 값을 가진 공유 변수

1. 초기화(선언문의 일부분으로 명시됨)

2. 불가분 연산 *wait*와 *signal*

```
procedure wait (S)
begin
    if S > 0
        then S := S−1;
        else S에 그 프로세스를 블록시킴;
end;

procedure signal (S)
begin
    if S에 블록된 프로세스가 있다면
        then 블록된 프로세스 하나를 활성화함;
        else S := S+1;
end;
```

그림 6.22 세마포에서 *wait*와 *signal* 연산의 의미론

세마포의 *wait*와 *signal* 연산은 원래 Dijkstra가 각각 P와 V 연산이라고 불렀다. 이들의 의미는 그림 6.22에서 볼 수 있다. 한 프로세스가 한 세마포에 대해서 *wait* 연산을 수행하면, 이 연산은 세마포의 값이 > 0인지 검사한다. 만약 그렇다면 세마포의 값을 1 감소시키고 프로세스가 실행을 계속하도록 한다. 그렇지 않다면 그 프로세스를 세마포에 블록시킨다. 한 세마포에 대한 *signal* 연산은 그 세마포에 블록되어 있는 프로세스가 있는 경우 그 중 한 프로세스를 활성화시키고, 블록된 프로세스가 없는 경우에는 세마포 값을 1 증가시킨다. 이러한 동작의 의미론 때문에 세마포는 **카운트 세마포**(*counting semaphore*)라고도 불린다. *wait*와 *signal* 연산의 불가분성은 이를 구현하는 프로그래밍 언어나 운영체제에 의해 보장받으며, 세마포를 사용한다면 경쟁 조건이 발생하지 않는다는 것을 보장한다(6.9.4절 참고).

프로세스들은 *wait*와 *signal* 연산을 사용하여 상대와 관련된 실행을 동기화한다. 세마포의 초기 값은 몇 개의 프로세스들이 *wait* 연산을 통과할 수 있는지를 결정한다. *wait* 연산을 통과하지 못한 프로세스는 세마포에 블록된다. 이러한 형태는 바쁜 대기를 피하도록 해준다. 6.9.1절은 세마포를 사용하는 경우들을 묘사한다. 6.9.2절과 6.9.3절에서는 세마포를 이용하여 생산자–소비자와 readers-writers 문제에 대한 구현에 대해 논한다.

6.9.1 병렬 시스템에서 세마포의 사용(Uses of Semaphores in Concurrent Systems)

표 6.3은 병렬 시스템을 구현할 때 세마포를 사용하는 세 가지 경우를 요약한다. **상호 배제**는 임계 영역을 구현할 때 유용한 방법이다. **한정 병렬화**는 $c \geq 1$인 상수 c에 대해, 최대 c 개의 프로세스에게만 한 자원을 공유하고 싶은 경우에 필요하다. **시그널 전송**은 제어 동기화에 유용하다. 이들에 대한 자세한 사용을 이번 절에서 논의한다.

6.9.1.1 상호 배제(*Mutual Exclusion*)

그림 6.23은 *sem_CS*라는 이름의 세마포를 사용하여 프로세스 P_i와 P_j에서 임계 영역을 구현한 것을 보여준다. *sem_CS*는 1로 초기화되어 있다. 각 프로세스는 임계 영역에 들

표 6.3 병렬 시스템을 구현할 때의 세마포 사용

사용	설명
상호 배제	상호 배제는 1로 초기화된 세마포를 사용하여 구현할 수 있다. 프로세스는 CS에 들어가기 전에 그 세마포의 *wait* 연산을 수행하고, 나갈 때 *signal*을 수행한다. 이진 세마포(*binary semaphore*)라고 불리는 특별한 종류의 세마포로는 CS 구현을 더 간단하게 할 수 있다.
한정 병렬화	한정 병렬화(bounded concurrency)는 한 함수가 실행되는 것이나 한 자원이 접근되는 것은 동시에 n 개의 프로세스들에 의해서 수행될 수 있음을 의미한다. 여기서 상수 c에 대해 $1 \le n \le c$이다. 세마포를 c로 초기화함으로써 한정 병렬화 구현에 사용할 수 있다.
시그널 전송	시그널 전송은 프로세스 P_i가 연산 a_i를 수행하는 것은 프로세스 P_j가 연산 a_j를 수행한 후에만 가능하도록 만들고 싶을 때 사용된다. 이는 세마포 값을 0으로 초기화함으로써 구현될 수 있다. P_i는 a_i를 수행하기 전에 그 세마포의 *wait* 연산을 수행한다. P_j는 연산 a_j를 수행한 후에 그 세마포의 *signal* 연산을 수행한다.

```
var sem_CS : semaphore := 1;
Parbegin
    repeat                              repeat
        wait (sem_CS);                      wait (sem_CS);
        { 임계 영역 }                       { 임계 영역 }
        signal (sem_CS);                    signal (sem_CS);
        { 사이클의 나머지 부분 }            { 사이클의 나머지 부분 }
    forever;                            forever;
Parend;
end.
            프로세스 P_i                        프로세스 P_j
```

그림 6.23 세마포를 이용한 CS 구현

어가기 전에 *sem_CS*에 *wait* 연산을 수행하고, 임계 영역을 나간 뒤 *signal* 연산을 수행한다. *wait*(*sem_CS*)를 수행하는 첫 번째 프로세스는 *sem_CS* > 0임을 발견한다. 따라서 *sem_CS*를 1만큼 감소시키고 임계 영역으로 들어간다. 두 번째 프로세스가 *wait*(*sem_CS*)를 수행하면 그 값이 0이므로 *sem_CS*에 블록된다. 블록된 프로세스는 첫 번째 프로세스가 임계 영역을 나가면서 *signal*(*sem_CS*)를 수행할 때 활성화된다. 그리고 두 번째 프로세스가 임계 영역에 들어간다. *signal*(*sem_CS*) 연산이 수행될 때 *sem_CS*에 블록된 프로세스가 없다면 *sem_CS* 값은 1만큼 증가한다. 이 *sem_CS* 값은 나중에 *wait* 연산을 수행하는 프로세스가 바로 임계 영역에 들어갈 수 있게 허락한다. 비슷한 코드를 사용하는 더 많은 프로세스들이 정확성 문제를 야기하는 일 없이 이 시스템에 추가될 수 있다. 다음 예제는 스냅샷을 사용한 시스템 동작을 설명한다.

예제 6.4 세마포를 통한 임계 영역

그림 6.24는 그림 6.23에서 보여준 시스템의 동작 중에 찍은 스냅샷을 보여준다. *sem_CS*에 대한 *wait*와 *signal* 연산은 점선 네모 박스에 포함되어 있는데, 이는 이들이 (그림 6.11의 그림 관습에 따르면) 상호 배제이기 때문이다. 프로세스 P_i가 *wait*(*sem_CS*)를 수행한다고 하자. 그림 6.24(a)는 P_i의 *wait* 연산이 시작됐을 때의 상황을 보여준다. 그림 6.24(b)는 P_i가 *wait* 연산을 끝마치고 P_j가 *wait* 연산을 수행한 후의 상황, 즉 P_i의 *wait*(*sem_CS*) 연산은 *sem_CS* 값을 감소시켜 0으로 만들었고, 이로 인해 P_j는 *wait* 연산에서 블록된 상황을 보여준다. 그림 6.24(c)는 프로세스 P_i가 *signal* 연산을 수행한 후의 상황을 보여준다. *sem_CS* 값은 그대로 0이지만 프로세스 P_j는 활성화된다. 프로세스 P_j는 임계 영역을 빠져나오면서 *signal* 연산을 수행한다. 지금 상태로서는 *sem_CS*에 블록되어 있는 프로세스가 없기 때문에, P_j의 *signal* 연산은 단순히 *sem_CS* 값을 증가시켜 1로 바꾸는 결과만 가져온다[그림 6.24(d) 참고].

표 6.1에 언급된 임계 영역 구현의 특성들 중 어느 것이 그림 6.23의 구현에 의해 만족되었는지를 검사하는 것은 흥미로운 일이다. *sem_CS*를 1로 초기화한 후에는 상호 배제가 만족된다. 이 구현은 진행 조건을 만족시키는데, *wait* 연산을 수행하는 프로세스는 임계 영역에 다른 프로세스가 없으면 자신의 임계 영역으로 들어가기 때문이다. 하지만 한정 대기는 만족시키지 못하는데, 그 이유는 블록된 프로세스가 *signal* 연산에 의해 활성화되는 순서가 세마포의 의미론에는 정의되지 않았기 때문이다. 따라서 다른 프로세스들이 *wait*와 *signal* 연산을 반복적으로 수행하면 블록된 프로세스는 기아 상태가 될 수 있다.

*wait*와 *signal* 연산은 요소들이기 때문에 정확성 문제가 발생할 수 있으며, 프로그램은 이들을 아무렇게나 사용해 버릴 수 있다. 예를 들어, 그림 6.23의 프로세스 P_i는 다음과 같이 잘못 작성될 수 있다.

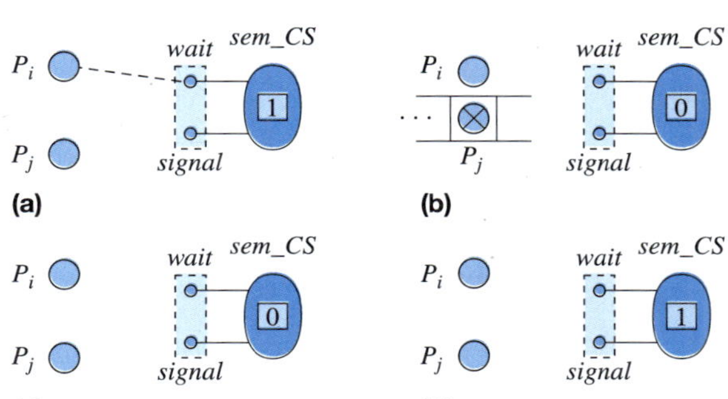

그림 6.24 그림 6.23의 병렬 시스템에서의 스냅샷들

```
repeat
        signal(sem_CS);
        { 임계 영역 }
        signal(sem_CS);
        { 사이클의 나머지 부분 }
forever
```

여기서 *signal*(*sem_CS*)가 *wait*(*sem_CS*) 대신 P_i의 임계 영역으로 들어가는 입구에 사용되었다. 이제 많은 프로세스들이 동시에 자신들의 임계 영역에 들어갈 수 있으므로 임계 영역은 정확하게 구현되지 않는다. 또 다른 예제로서, 프로세스 P_i의 코드가 잘못되어 임계 영역 다음에 오는 *signal*(*sem_CS*) 연산이 있어야 할 자리에 *wait*(*sem_CS*) 연산이 작성되면 어떤 일이 벌어질지 생각해 보자. P_i가 자신의 임계 영역을 실행할 때, 임계 영역에서 나갈 때 실행하는 *wait* 연산에서 *sem_CS* 값이 0이 되어 있을 것이므로 이 연산에서 블록된다. 임계 영역에 들어가려고 하는 다른 프로세스들도 자신의 임계 영역 입구에 위치한 *wait* 연산에 의해 블록된다. *sem_CS*에 대한 *signal* 연산을 수행하는 프로세스가 없으므로, 이들 프로세스는 무한히 블록된 상태, 즉 **교착상태**로 남는다.

이진 세마포(Binary Semaphores) 이진 세마포는 상호 배제를 구현하기 위해 사용되는 세마포의 특별한 종류이다. 따라서 종종 *mutex*라고 불리기도 한다. 이진 세마포는 1로 초기화되어 있으며, 프로그램 실행 중 0 또는 1의 값만 가진다. 이진 세마포에 대한 *wait*와 *signal* 연산은 그림 6.22에서 보여준 것과 조금 다르다. *wait* 연산 내의 명령문 S := S − 1은 명령문 S := 0으로 바뀌며, *signal* 연산 내의 명령문 S := S + 1은 명령문 S := 1로 바뀐다.

6.9.1.2 한정 병렬화(Bounded Concurrency)

여기서 **한정 병렬화**란 ≥ 1인 상수 *c*에 대해 연산 op_i를 동시에 수행할 수 있는 프로세스 개수가 최대 *c* 개인 상황을 나타내는 용어이다. 한정 병렬화는 세마포 *sem_c*를 *c*로 초기화함으로써 구현할 수 있다. op_i를 수행하려는 모든 프로세스는 op_i 직전에 *wait*(*sem_c*)를 수행하고, 직후에 *signal*(*sem_c*)를 수행한다. *wait*와 *signal* 연산의 의미론으로부터 최대 c 개의 프로세스들이 동시에 op_i를 수행할 수 있다는 것을 명백히 알 수 있다.

6.9.1.3 프로세스 간의 시그널 전송(Signaling between Processes)

그림 6.6에 나타난 프로세스 P_i와 P_j의 동기화 요구조건들, 즉 프로세스 P_j가 연산 a_j를 수행한 이후에 프로세스 P_i가 연산 a_i를 수행해야 한다는 조건에 대해 생각해 보자. 그림 6.25에 나타난 것처럼 세마포를 사용하여 이런 동기화를 얻어낼 수 있다. 여기서 프로세스 P_i는 연산 a_i를 실행하기 전에 *wait*(*sync*)를 수행하고, P_j는 연산 a_j를 실행한 후

```
var sync : semaphore := 0;
Parbegin
        . . .                          . . .
        wait (sync);                   { a_j 수행 }
        { a_i 수행 }                   signal (sync);
Parend;
end.
            프로세스 P_i               프로세스 P_j
```

그림 6.25 세마포를 이용한 시그널 전송 구현

에 *signal*(*sync*)를 수행한다. 세마포 *sync*는 0으로 초기화되어 있다. 따라서 P_j가 아직 *signal*(*sync*)를 수행하지 않았으면 P_i는 *wait*(*sync*)에서 블록될 것이다. 프로세스 P_j가 *signal*을 수행한 뒤에야 P_i는 연산 a_i를 수행하기 위해 진행될 것이다. 그림 6.6의 해결법과는 달리 경쟁 조건은 발생하지 않는데, 그 이유는 *wait*와 *signal* 연산들이 불가분이기 때문이다. 시그널 전송 구성은 반복적으로 사용될 수 있는데, 이는 *wait* 연산이 *sync* 값을 다시 0으로 만들기 때문이다.

6.9.2 세마포를 이용한 생산자-소비자(Producers—Consumers Using Semaphores)

6.7.1절에서 논의하였듯이 생산자-소비자 문제는 시그널 전송 문제이다. 생산자가 버퍼에 정보 개체를 생산해 넣은 후에, 같은 버퍼로부터 개체를 소비하기를 기다리는 소비자에게 시그널을 보낸다. 비슷하게 소비자는 기다리는 생산자에게 시그널을 보낸다. 따라서 생산자-소비자를 그림 6.25에 나타난 시그널 전송 구성을 사용해서 구현해야 한다.

문제를 단순화하기 위해 우선 그림 6.26에 나타난 버퍼가 한 개인 경우의 해결책을 논의한다. 버퍼 풀(buffer pool)은 단일 요소로 구성된 버퍼의 배열로 표현된다. 두 개의

```
type    item = . . .;
var
        full   : Semaphore := 0; { 초기화 }
        empty  : Semaphore := 1;
        buffer : array [0] of item;
begin
Parbegin
   repeat                              repeat
        wait (empty);                       wait (full);
        buffer [0] := . . .;                x := buffer [0];
            { 생산 }                            { 소비 }
        signal (full);                      signal (empty);
        { 사이클의 나머지 부분}             { 사이클의 나머지 부분}
   forever;                            forever;
Parend;
end.
            생산자                          소비자
```

그림 6.26 단일 버퍼를 가진 생산자-소비자

세마포 *full*과 *empty*가 선언된다. 이들은 각각 채워진 버퍼와 빈 버퍼의 개수를 가리키는 데 사용된다. 생산자는 생산 작업을 시작하기 전에 *wait*(*empty*)를 실행하고, 소비자는 소비 작업을 시작하기 전에 *wait*(*full*)을 수행한다.

처음에는 세마포 *full*이 값 0을 가진다. 따라서 소비자는 *wait*(*full*)에서 블록될 것이다. *empty*는 값 1을 가진다. 따라서 하나의 생산자는 *wait*(*empty*) 연산을 수행하고 넘어갈 것이다. 생산 작업을 완료한 뒤에는 *signal*(*full*)을 수행한다. 이렇게 함으로써 하나의 소비자가 즉시 또는 이후에 들어올 수 있게 된다. 소비자가 소비 연산을 완료하면 *signal*(*empty*)를 수행함으로써 생산자가 생산 연산을 수행할 수 있도록 한다. 이러한 해결법은 바쁜 대기를 피할 수 있게 한다. 왜냐하면 세마포는 버퍼가 비어 있는지 채워져 있는지를 검사하는 데 사용되어, 필요한 비어 있는 버퍼 또는 채워져 있는 버퍼를 발견할 수 없으면 블록되기 때문이다. 이 시스템에서의 총 동시성은 1이다. 가끔은 생산자가 수행되고 가끔은 소비자가 수행된다. 예제 6.5는 이 해결책의 동작을 설명한다.

예제 6.5 세마포를 사용한 단일 버퍼를 가진 생산자-소비자

그림 6.27(a)의 스냅샷은 그림 6.26에 나타난 생산자-소비자 시스템의 초기 상황을 보여준다. 그림 6.27(b)는 생산자와 소비자 프로세스가 각각 생산하고 소비하려고 하는 상황을 보여준다. *empty*가 1로 초기화되어 있으므로 생산자 프로세스는 *empty*의 *wait* 연산을 지나간다. 세마포 *empty*의 값은 0이 되고 생산자는 버퍼에 생산해 넣는다. *full*이 0이므로 소비자 프로세스는 *wait*(*full*)에서 블록된다. 생산자가 생산 연산을 끝낸 후에 *signal*(*full*)을 수행하면, 소비자 프로세스는 활성화되어 버퍼로부터 소비를 시작한다. 그림 6.27(c)는 이런 상황을 묘사한다.

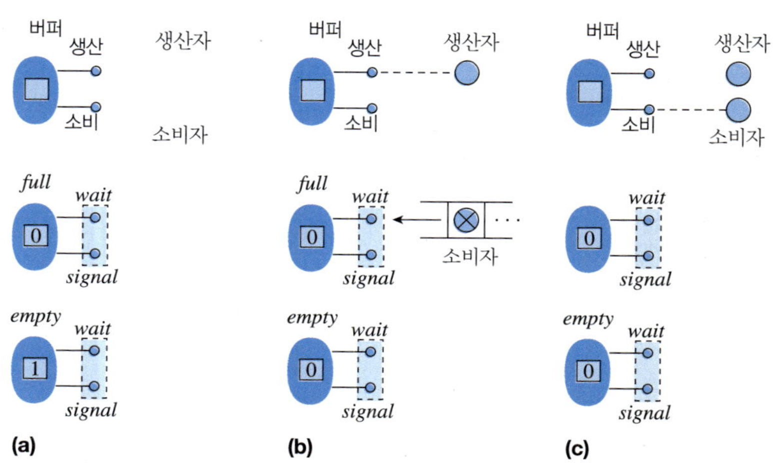

그림 6.27 세마포를 이용한 단일 버퍼 생산자-소비자의 스냅샷

```
const        n = . . .;
type         item = . . .;
var
             buffer : array [0..n – 1] of item;
             full : Semaphore := 0; { 초기화 }
             empty : Semaphore := n;
             prod_ptr, cons_ptr : integer;
begin
             prod_ptr := 0;
             cons_ptr := 0;
Parbegin
  repeat                                  repeat
     wait (empty);                           wait (full);
     buffer [prod_ptr] := . . .;             x := buffer [cons_ptr];
        { 생산 작업 }                            { 소비 작업 }
     prod_ptr := prod_ptr + 1 mod n;         cons_ptr := cons_ptr + 1 mod n;
     signal (full);                          signal (empty);
     { 사이클의 나머지 부분}                   { 사이클의 나머지 부분}
  forever;                                forever;
Parend;
end.
          생산자                                  소비자
```

그림 6.28 세마포를 사용한 한정 버퍼

그림 6.28은 어떻게 세마포들이 $n \geq 1$이고 생산자와 소비자가 각각 1개씩인 n-버퍼 생산자–소비자 문제에 대한 해결책을 구현하는 데 사용되는지를 보여준다. 이 해결책은 그림 6.26에 보인 단일 버퍼 해결책의 간단한 확장이다. 세마포 *empty*와 *full*의 값은 각각 비어 있는 버퍼와 채워진 버퍼의 개수를 가리킨다. *prod_ptr*과 *cons_ptr*은 배열 *buffer*의 첨자로 사용된다. 생산자는 *buffer*[*prod_ptr*]에 생산한 것을 넣고 *prod_ptr*을 증가시킨다. 소비자는 같은 방식으로 *buffer*[*cons_ptr*]에 있는 것을 소비하고 *cons_ptr*을 증가시킨다. 이러한 형태는 버퍼들이 FIFO 순서대로 소비됨을 의미한다. 생산자와 소비자는 몇 개의 채워진 버퍼와 빈 버퍼가 있는 한은 동시에 수행될 수 있다.

이 해결책이 6.7.1절에 묘사한 한정 버퍼 문제의 정확성 조건을 구현한다는 것을 입증하는 것은 쉬운 일이다. 하지만 여러 개의 생산자와 소비자 프로세스들이 그 시스템에 존재한다면, *prod_ptr*에 대한 경쟁 조건을 피하기 위해서 생산자 사이의 상호 배제를 지원할 필요가 있다. 비슷하게 *cons_ptr*에 대한 경쟁 조건을 피하기 위해서 소비자 사이에 상호 배제를 지원해야 한다.

6.9.3 세마포를 이용한 readers–writers(Readers–Writers Using Semaphores)

readers-writers 문제의 핵심 형태는 reader와 writer는 writer가 쓰고 있는 중에는 기다려야 한다는 것과, writer가 빠져나올 때 기다리는 모든 reader가 활성화되거나 하나의 writer만 활성화되어야 한다는 것이다(그림 6.18의 개요 참고). 이 형태를 구현하기 위해 4개의 카운터(counter)를 다음과 같이 사용한다.

runread	현재 읽고 있는 reader들의 개수
totread	현재 읽고 있거나 읽으려고 대기 중인 reader들의 개수
runwrite	현재 쓰고 있는 writer들의 개수
totwrite	현재 쓰고 있거나 쓰려고 대기 중인 writer들의 개수

이 카운터들을 가지고 그림 6.18의 개요가 그림 6.29에서와 같이 좀 더 자세하게 서술된다. 여기서 카운터들이 어떻게 갱신되는지에 대한 자세한 내역은 보여주지 않는다. 하나의 reader는 *runwrite* = 0일 때 읽기를 시작할 수 있고, writer는 *runread* = 0이고 *runwrite* = 0일 때 쓰기를 시작할 수 있다. *totread* 값은 writer가 쓰기를 마쳤을 때 기다리는 모든 reader들을 활성화하는 경우에 사용된다. 이 해결책은 writer들에게는 명시적인 임계 영역을 사용하지 않는다. 대신 writer들은 쓰기를 시작하도록 허락되기 전에는 블록 상태로 있게 된다.

reader들과 writer들의 블록은 생산자–소비자 문제에서 생산자와 소비자의 블록을 닮았다. 따라서 시그널 전송을 위한 세마포를 이용하는 것이 가장 적절한 방법이다. 여기서 *reading*과 *writing*이라는 두 개의 세마포를 소개한다. reader 프로세스는 읽기를 시작하기 전에 *wait*(*reading*)을 수행해야 한다. 이 연산은 읽기 위한 조건이 만족되지 않았을 경우 reader 프로세스를 블록시킨다. 만약 그 조건이 만족되는 경우에는 reader는 wait를 통과하고 읽기를 시작한다. 비슷하게 writer 프로세스는 *wait*(*writing*)을 쓰기 작업 전에 수행시킨다. 그때 적합한 조건이 만족되지 않으면 writer 프로세스는 블록된다. reader와 writer가 블록되는 조건은 어떤 카운터의 값들이 바뀔 때 변경될 수 있다. 즉, reader가 읽기를 끝냈을 때나 writer가 쓰기를 끝냈을 때와 같은 경우이다. 따라서 reader와 writer 프로세스들은 읽기나 쓰기 연산을 완료했을 때 스스로 적합한 *signal* 연산을 수행해야 한다.

이에 대한 해결책은 다음과 같이 구현된다(그림 6.30 참고). 경쟁 조건을 피하기 위해

```
Parbegin
  repeat                                    repeat
    if runwrite ≠ 0                           if runread ≠ 0 or
    then                                         runwrite ≠ 0
       { 대기 };                               then { 대기 };
    { 읽기 }                                   { 쓰기 }
    if runread = 0 and                        if totread ≠ 0 or totwrite ≠ 0
       totwrite ≠ 0                           then
    then                                         기다리는 한 writer나 기다리는 모든
       기다리는 writer 하나를 활성화              reader들 중 하나를 활성화
  forever;                                  forever;
Parend;
          reader(들)                                writer(들)
```

그림 6.29 readers–writers 시스템의 대략적인 개요

```
var
      totread, runread, totwrite, runwrite : integer;
      reading, writing : semaphore := 0;
      sem_CS : semaphore := 1;
begin
      totread := 0;
      runread := 0;
      totwrite := 0;
      runwrite := 0;
Parbegin
  repeat                                   repeat
      wait (sem_CS);                           wait (sem_CS);
      totread := totread + 1;                  totwrite := totwrite + 1;
      if runwrite = 0 then                     if runread = 0 and runwrite = 0 then
          runread := runread + 1;                  runwrite := 1;
          signal (reading);                        signal (writing);
      signal (sem_CS);                         signal (sem_CS);
      wait (reading);                          wait (writing);
      { 읽기 }                                 { 쓰기 }
      wait (sem_CS);                           wait (sem_CS);
      runread := runread–1;                    runwrite := runwrite–1;
      totread := totread–1;                    totwrite := totwrite–1;
      if runread = 0 and                       while (runread < totread) do
          totwrite > runwrite                  begin
          then                                     runread := runread + 1;
              runwrite := 1;                       signal (reading);
              signal (writing);                end;
      signal (sem_CS);                         if runread = 0 and
  forever;                                     totwrite > runwrite then
                                                   runwrite := 1;
                                                   signal (writing);
                                               signal (sem_CS);
                                           forever;
Parend;
end.
              reader(들)                              writer(들)
```

그림 6.30 세마포를 사용한 reader가 우선되는 readers-writers 시스템

서 모든 카운터 값들은 *sem_CS*라는 이름의 이진 세마포로 구현된 임계 영역 내에서 검사되고 다루어진다. reader가 읽기를 시작하고 싶으면 *sem_CS*의 임계 영역에 들어가서 *runwrite* = 0인지 검사한다. 그런 경우 *runread*를 증가시키고 그 임계 영역을 나간 후 읽기를 시작한다. 그렇지 않은 경우에는 *wait*(*reading*)을 수행해야 한다. 하지만 *wait* (*reading*) 연산을 *sem_CS*의 임계 영역 내에서 수행하는 것은 교착상태를 발생시킬 수 있으므로, 그 임계 영역을 나온 후 *wait*(*reading*)을 수행한다. 읽기 연산을 시작하는 것을 허락하는 조건들이 그 임계 영역 내에서 카운터 값을 검사할 때 만족되면, 임계 영역 내에서 스스로 *signal*(*reading*)을 수행했을 것이다. 그렇게 함으로써 reader는 *wait*(*reading*) 연산을 통과한다. writer는 비슷하게 조건들이 만족되면 *sem_CS*의 임계 영역 내에서 *signal*(*writing*)을 수행하고, 임계 영역에서 나온 후에 *wait*(*writing*)을 수행한다.

자신들의 *wait* 연산에서 블록된 reader와 writer들은 다음과 같이 활성화된다. reader가 읽기를 끝내면 활성화된 reader가 없고 writer가 기다리는 경우 *signal* 연산을 수행해서 writer를 활성화시킨다. writer가 쓰기를 끝내면 기다리는 reader들이 있는 경우 *signal* 연산을 수행하여 그 reader들을 활성화시킨다. 기다리는 reader가 없지만 기다리는 writer가 있는 경우 *signal* 연산을 수행해서 기다리는 writer를 하나 활성화시킨다. 그 결과로 reader가 선호되는 readers-writers 시스템이 구성된다.

이 해결책은 굳이 필수적이지 않은 두 가지를 반복하는 형태를 가지고 있다(연습문제 6.10 참고). 첫째, 1개의 자원 또는 공유된 데이터만 제어되는 경우라도 2개의 세마포 *reading*과 *writing*이 사용된다. 둘째, 몇 개의 다른 reader들이 이미 읽기에 관여되어 있을 때 wait 연산이 굳이 필요하지 않다는 것이 명백하더라도 모든 reader는 *wait*(*reading*) 연산을 수행한다. 하지만 두 가지 형태는 writer가 우선되는 readers-writers 시스템을 구현하기 위해 필요하다(연습문제 6.11 참고).

6.9.4 세마포의 구현(Implementation of Semaphores)

그림 6.31은 세마포를 구현하는 개요를 보여준다. 하나의 세마포 타입(type)이 정의되어 있다. 이 타입에는 세마포의 값을 위한 필드들이 있는데, 이들은 그 세마포에 블록된 프로세스들의 id를 담고 있는 리스트와, 세마포의 *wait*와 *signal* 연산에 불가분 성질을 부여하기 위해 사용되는 lock 변수로 구성된다. 세마포의 *wait*와 *signal* 연산은 그 세마포 타입의 변수를 파라미터로 받아들이는 프로시저들로 구현된다. 병렬 프로그램들은 세마포들을 세마포 타입의 변수들로 선언하며, 프로세스는 세마포들을 다루기 위해 *wait*와 *signal* 프로시저들을 호출한다.

세마포 값에 접근하는 동안에 발생할 수 있는 경쟁 조건을 피하기 위해 *wait*와 *signal* 프로시저들은 우선 함수 *Close_lock*을 호출하여 락 변수 *sem.lock*을 설정한다. *Close_lock*은 1개의 불가분 명령어와 하나의 바쁜 대기를 사용한다. 하지만 *wait*와 *signal* 연산 자체가 짧기 때문에 이 바쁜 대기는 짧다. 프로시저들은 *Open_lock* 함수를 호출해서 자신들의 실행이 완료된 뒤 락을 해제한다. 6.5.1절에서 바쁜 대기는 우선순위 기반 스케줄링을 수행하는 운영체제에서 우선순위 역전을 일으킬 수 있다고 했으며, 이를 피하기 위해 우선순위 계승 프로토콜을 사용할 수 있음을 언급했다. 시분할 시스템에서 바쁜 대기는 동기화에 있어서 지연을 발생시킬 수는 있지만 더 심각한 문제점을 야기하지는 않는다.

wait 프로시저는 *sem* 값이 > 0인지를 검사한다. 그런 경우 그 값을 감소시키고 리턴된다. 그 값이 0이라면 *wait* 프로시저는 그 프로세스를 *sem*에 있는 프로세스 리스트에 블록시키고 락 변수를 파라미터로 사용하여 *block_me* 시스템 호출을 한다. 이 호출은 *wait* 프로시저를 호출한 프로세스를 블록시키고 락을 열어 파라미터로서 통과시킨다. *wait* 프

세마포를 위한 타입 선언

```
type
    semaphore =    record
                   value : integer;    { 세마포의 값 }
                   list : . . .         { 블록된 프로세스들의 리스트 }
                   lock : boolean;     { 이 세마포의 연산을 위한 락 변수 }
                   end;
```

wait와 signal 연산을 구현하기 위한 프로시저

```
procedure wait (sem)
begin
    Close_lock (sem.lock);
    if sem.value > 0
        then
            sem.value := sem.value–1;
            Open_lock (sem.lock);
        else
            프로세스의 id를 sem에 블록된 프로세스 리스트에 추가;
            block_me (sem.lock);
end;

procedure signal (sem)
begin
    Close_lock (sem.lock);
    if sem에 블록된 프로세스가 있으면
        then
            proc_id := sem에 블록된 한 프로세스의 id
            activate (proc_id);
        else
            sem.value := sem.value + 1;
    Open_lock (sem.lock);
end;
```

그림 6.31 세마포에서 *wait*와 *signal* 연산을 구현하기 위한 개요

로시저는 이러한 행동을 스스로는 할 수 없음을 알 필요가 있다. 즉, *block_me* 호출을 하기 전에 락을 연다면 경쟁 조건이 발생할 수 있고, 락을 열기 전에 *block_me* 호출을 하면 교착상태가 생길 수도 있다.

signal 프로시저는 *sem*에 블록된 프로세스가 있는지 검사한다. 그런 경우 그런 프로세스 중 하나를 선택하고 *activate* 시스템 호출을 해서 활성화시킨다. *sem*을 기다리는 프로세스가 전혀 없는 경우에는 *sem* 값을 1 증가시킨다. 블록된 프로세스의 리스트는 큐로 관리하고, *signal* 연산에서 첫 번째로 블록되어 있는 프로세스를 활성화시키는 것이 편리하다. 이러한 식으로 세마포 구현은 한정 대기 특성을 소유하는 것이 가능하다. 하지만 *signal* 연산의 의미론은 활성화되어야 하는 프로세스의 순서를 명시하지 않았기 때문에 원하는 어떤 순서로 구현해도 된다.

wait 연산은 세마포를 사용하는 대부분의 시스템에서는 실패할 확률이 매우 낮다. 즉, *wait*를 수행하는 프로세스는 거의 블록되지 않는다. 이러한 성격은 세마포를 구현하

는 몇 가지 방법들에서 오버헤드를 줄이기 위해 활용된다. 다음에는 세마포를 구현하는 세 가지 방법을 설명하고 내제된 오버헤드를 검사한다.

커널 수준 구현(Kernel-Level Implementation) 커널이 그림 6.31의 *wait*와 *signal* 프로시저들을 구현한다. 시스템에 있는 모든 프로세스들은 커널 수준 세마포를 공유할 수 있다. 하지만 모든 *wait*와 *signal* 연산들이 시스템 호출을 유발시키므로 세마포를 사용하는 것은 높은 오버헤드를 발생시킨다. 인터럽트를 걸 수 없도록 설정할 수 있는 커널을 가진 단일 프로세서 운영체제에서는 경쟁 조건을 없애기 위해 락 변수를 사용할 필요가 없다. 따라서 *Close_lock*과 *Open_lock* 연산의 오버헤드는 제거될 수 있다.

사용자 수준 구현(User-Level Implementation) *wait*와 *signal* 연산은 라이브러리 프로시저로 코딩되며, 이들은 애플리케이션과 링크되어 그 프로그램 내의 프로세스들이 사용자 수준 세마포를 공유할 수 있다. *block_me*와 *activate* 호출은 실제로 라이브러리 프로시저에 대한 호출이며, 이들은 프로세스의 블록과 활성화를 가능하면 스스로 해결하려고 하며 꼭 필요한 경우에만 커널의 도움을 요청한다. 이 구현 방법은 스레드 라이브러리가 이미 스레드들의 블록, 활성화, 그리고 스케줄링을 지원하기 때문에 사용자 수준 스레드에 적합하다고 볼 수 있다. 스레드 라이브러리는 한 프로세스의 모든 스레드들이 블록될 때만 호출된다.

혼합 구현(Hybrid Implementation) *wait*와 *signal* 연산은 라이브러리 프로시저로 코딩되며, 애플리케이션의 프로세스들은 혼합 세마포들을 공유할 수 있다. *block_me*와 *activate*는 커널이 제공하는 시스템 호출이며, *wait*와 *signal* 연산은 프로세스들이 블록되고 활성화될 때에만 이들 시스템 호출을 한다. *wait* 연산의 실패율이 낮기 때문에 이들 시스템 호출은 거의 일어나지 않으며, 따라서 혼합 구현 방식은 커널 수준 구현보다 낮은 오버헤드를 일으킨다.

6.10 모니터(MONITORS)

6.5.3절을 통해 병렬 프로그래밍 구성체는 병렬 프로그램의 구성에 특히 적합한 데이터 추상화와 캡슐화를 지원한다는 사실을 알았다. **모니터 타입**은 C++ 또는 Java 같은 언어에서의 클래스와 비슷하다. 이는 공유 데이터의 선언을 포함한다. 또한 **조건 변수**(*condition variable*)라고 불리는 특별한 동기화 데이터의 선언을 포함할 수도 있다. 조건 변수들에 대해서는 **wait**와 **signal**이라는 내장된 연산만 수행될 수 있고, 이 연산들은 프로세스 동기화를 위한 시그널 전송 구성을 설정하는 편리한 도구들로 사용된다. 모니터 타입의 프로시저들은 공유 데이터를 조작하고 조건 변수들을 통해 프로세스 동

기화를 수행하는 연산들을 포함한다. 따라서 모니터 타입은 병렬 시스템을 만드는 세 가지 요소 중 두 가지를 제공한다(6.6절 참고).

병렬 시스템은 다음과 같이 설정된다. 병렬 프로그램은 하나의 모니터 타입을 가지고 있다. 그 프로그램은 수행 과정에서 모니터 타입의 객체를 하나 생성한다. 그 객체를 모니터 변수, 또는 단순히 **모니터**(*monitor*)라고 부른다. 모니터는 모니터 타입에서 지역 데이터로 선언된 공유 및 동기화 데이터의 복제본을 가지고 있다. 모니터 타입에서 정의되는 프로시저는 모니터 연산들이 되며 지역 데이터에 대해 동작한다. 병렬 프로그램은 시스템 호출을 통해 프로세스들을 생성하며, 이들 프로세스는 데이터 공유와 제어 동기화를 수행하기 위해 모니터 연산들을 호출한다. 이들 프로세스는 모니터 연산이 **wait**나 **signal** 연산을 수행할 때 블록되거나 활성화된다.

모니터의 데이터 추상화와 캡슐화 형태는 동기화를 다음과 같이 지원한다. 모니터 연산들만 공유 및 동기화 데이터에 접근할 수 있다. 경쟁 조건을 피하기 위해 프로그래밍 언어의 컴파일러는 한 순간에 최대 하나의 프로세스만 하나의 모니터 연산을 수행하도록 함으로써 상호 배제를 모니터 연산에 대해 구현한다. 한정 대기 특성을 만족시키기 위해 연산의 호출은 FIFO 방식으로 제공된다.

조건 변수(Condition Variables) 조건(*condition*)은 모니터에서의 흥미 있는 어떤 상황이다. 조건 변수는 단순히 **condition**이라는 속성을 가진 변수인데, 모니터에서의 조건과 연관되어 있다. 내장된 연산 **wait**와 **signal**만 조건 변수에 대해서 수행될 수 있다. 모니터는 각 조건 변수에 대해서 프로세스들의 큐(queue) 하나를 연계시킨다. 만약 한 프로세스에 의해 호출된 모니터 연산이 조건 변수에 대한 **wait** 연산을 수행시키면, 모니터는 그 프로세스를 블록시키고 프로세스의 id를 조건 변수와 연계한 프로세스 큐에 넣는다. 그리고 모니터 연산을 시작하거나 재개하려고 기다리는 프로세스들 중 하나를 스케줄한다. 만약 모니터 연산이 한 조건 변수에 대한 **signal** 연산을 수행시키면, 모니터는 그 조건 변수와 연계한 프로세스 큐에 있는 첫 번째 프로세스를 활성화시킨다. 스케줄된 프로세스는 자신이 블록되었던 모니터 연산의 수행을 재개한다. 한 조건에 대한 **signal** 연산이 호출되었을 때, 그 조건 변수와 연계된 프로세스 큐가 비어 있으면 signal 연산은 아무런 영향을 미치지 않는다.

모니터를 구현하기 위해서는 몇 개의 프로세스 큐를 관리해야 하는데, 각 조건 변수들을 위해서 하나씩, 모니터 연산을 수행하려고 기다리는 프로세스들을 위해서 하나가 더 필요하다. 연산을 수행하는 중 프로세스가 멈추어 버리는 것을 막기 위해 모니터는 모니터 연산을 시작하려는 프로세스보다 **signal** 연산에 의해 활성화된 프로세스에 우선권을 주는 경향이 있다.

다음 예제는 이진 세마포를 구현하기 위해 모니터를 사용하는 방법을 보여준다. 이 예제를 다룬 후에 흥미 있는 구현 쟁점 하나를 다뤄 보기로 한다.

예제 6.6 이진 세마포를 모니터로 구현

그림 6.32의 윗부분은 이진 세마포를 구현하는 모니터 타입 *Sem_Mon_type*을 보여주며, 아랫부분은 모니터 변수 *binary_sem*을 사용하는 3개의 프로세스를 보여준다. 6.9.1절에서 이진 세마포는 0과 1 값만 가질 수 있다고 했으며, 임계 영역을 구현하는 데 사용된다고 했다. 불 변수 *busy*는 현재 임계 영역을 사용 중인 프로세스가 있는지를 가리킨다. 따라서 그 값 *true*와 *false*는 이진 세마포의 0과 1 값에 각각 대응된다. 조건 변수 *non_busy*는 임계 영역이 바쁘지 않은 조건과 대응되며, *busy* = *true*인 동안에 임계 영역에 들어오려는 프로세스를 블록시킬 때 사용된다. 프로시저 *sem_wait*와 *sem_signal*은 이진 세마포에서 *wait*와 *signal* 연산을 구현한다. *binary_sem*은 모니터 변수이다. 모니터 타입의 초기화 부분은 *busy* := *false* 명령문을 포함하고 있으며, *binary_sem*이 생성되었을 때 호출된다. 따라서 *binary_sem*의 변수 *busy*는 *false*로 초기화된다.

그림 6.33은 모니터 *Sem_Mon_type*을 묘사한다. 이 모니터는 2개의 프로세스 큐를 유지한다. 큐 1은 모니터의 *sem_wait*나 *sem_signal* 연산의 수행을 기다리는 프로세스들을 담고 있고, 큐 2는 *non_busy*.**signal** 명령문이 실행되기를 기다리는 프로세스들을 담고 있다.

P_1이 *binary_sem.sem_wait*를 수행시키는 첫 프로세스라고 하자. *busy*가 *false*이기 때문에, P_1은 *busy*를 *true*

```
type Sem_Mon_type = monitor
    var
        busy : boolean;
        non_busy : condition;
    procedure sem_wait;
    begin
        if busy = true then non_busy.wait;
        busy := true;
    end;
    procedure sem_signal;
    begin
        busy := false;
        non_busy.signal;
    end;
    begin { 초기화 }
        busy := false;
end;

var binary_sem : Sem_Mon_type;
begin
Parbegin
repeat                        repeat                        repeat
  binary_sem.sem_wait;          binary_sem.sem_wait;          binary_sem.sem_wait;
  { 임계 영역 }                  { 임계 영역 }                  { 임계 영역 }
  binary_sem.sem_signal;        binary_sem.sem_signal;        binary_sem.sem_signal;
  { 사이클의 나머               { 사이클의 나머               { 사이클의 나머
     지 부분 }                     지 부분 }                     지 부분 }
forever;                      forever;                      forever;
Parend;
end.
  프로세스 P1                   프로세스 P2                   프로세스 P3
```

그림 6.32 이진 세마포를 사용한 모니터 구현

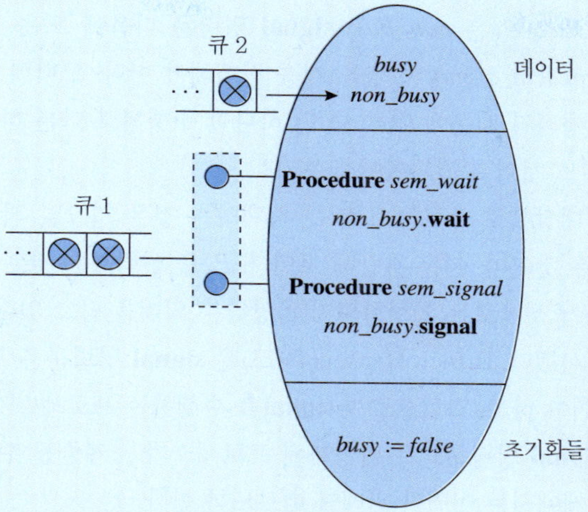

그림 6.33 이진 세마포를 사용한 모니터 구현 과정

로 바꾸고 임계 영역으로 들어간다. 만약 P_1이 임계 영역에 있을 동안에 P_2가 *binary_sem.sem_wait*를 수행하면, P_2는 *non_busy*.**wait** 명령문에서 블록되고 큐 2에서 대기하게 될 것이다. 이제 P_1이 *binary_sem.sem_signal*을 실행하고, P_1이 *binary_sem.sem_signal*의 수행을 마치기 전에 P_3이 *binary_sem.sem_wait*를 수행하려고 한다고 하자. 모니터 연산에 대한 상호 배제 때문에 P_3은 블록되고 모니터의 입구와 연관된 큐, 즉 큐 1에 놓이게 된다. 그림 6.34는 이 상태에서의 시스템 스냅샷을 보여준다. 프로세스 P_1이 *non_busy*.**signal** 명령문을 수행시키고 모니터를 나가면 P_2가 P_3보다 먼저 활성화되는데, 그 이유는 조건 변수와 연관된 큐들은 모니터 입구와 연관된 큐보다 우선순위가 높기 때문이다. 프로세스 P_2가 *binary_sem.sem_wait* 실행을 끝낸 다음에야 프로세스 P_3이 *binary_sem.sem_wait* 실행을 시작하고 모니터를 빠져나와 자신의 임계 영역에 들어간다. P_3은 이제 조건 *non_busy*에서 블록될 것이고, P_2가 *binary_sem.sem_signal* 연산을 수행시켰을 때 다시 활성화될 것이다.

예제 6.6의 프로시저 *sem_signal*이 **signal** 명령문 다음에 몇 개의 명령문을 가지고 있다면, 프로세스 P_1이 *binary_sem.sem_signal*을 호출하고 명령문 *non_busy*.**signal**을 수행할 때 한 가지 흥미로운 동기화 문제가 생길 수 있다. **signal** 명령문은 프로세스 P_2

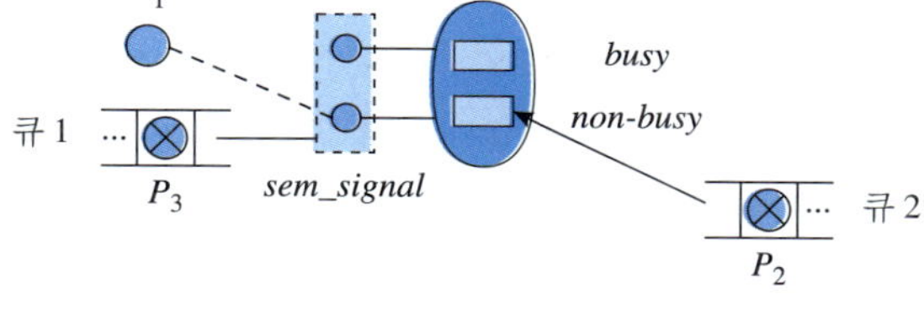

그림 6.34 예제 6.6 시스템의 스냅샷

를 활성화시킬 것을 예상하며 *binary_sem.sem_wait*의 수행을 다시 시작해야 한다. 동시에 프로세스 P_1은 *non_busy*.**signal** 명령문 다음에 오는 명령문들을 수행함으로써 *binary_sem.sem_signal* 수행을 계속 진행해야 한다. 모니터 연산은 상호 배제적인 방식으로 수행되기 때문에 이들 중 단 하나만 수행되고 다른 하나는 기다려야 한다. 그럼 이들 중 어느 것이 수행되어야 하는가?

수행 대상으로 프로세스 P_2를 선택하는 것은 시그널 전송을 보낸 프로세스 P_1을 지연시키는 것이며, 이는 부당해 보인다. P_1을 선택하는 것은 P_1이 모니터를 나가기 전까지는 P_2가 실제로는 활성화되지 않았다는 의미를 담고 있다. Hoare(1974)는 첫 번째 대안을 제시했다. Brinch Hansen(1973)은 **signal** 명령문은 모니터 프로시저의 마지막 명령문이어야 하고, 그럼으로써 **signal**을 수행하는 프로세스가 모니터 프로시저를 나가는 즉시 **signal** 명령문으로 활성화된 프로세스가 스케줄될 수 있다고 제안했다. 여기서 다루는 예제에서는 이러한 관례를 따르도록 한다.

예제 6.7 모니터를 이용한 생산자-소비자

그림 6.35는 모니터를 사용하는 생산자-소비자 문제의 한 해결책을 보여준다. 이는 그림 6.28에서 세마포를 사용하는 해결법과 같은 접근법을 따른다. 그림 6.35의 윗부분은 *Bounded_buffer_type* 모니터 타입을 보여준다. 변수 *full*은 채워진 버퍼의 개수를 가리키는 정수이다. 프로시저 *produce*에서 생산자는 $full = n$일 때 *buff_empty*.**wait**를 실행시킨다. 이 프로시저는 풀에 빈 버퍼가 최소 하나 이상이 되었을 때 활성화된다. 이와 비슷하게, 소비자는 $full = 0$이면 *buff_full*.**wait**를 실행시킨다. 기다리는 소비자와 생산자는 각각 프로시저 *produce*와 *consume*에 있는 *buff_full*.**signal**과 *buff_empty*.**signal** 명령문에 의해 활성화된다.

그림 6.35의 아랫부분은 두 개의 생산자 프로세스 P_1, P_2와 하나의 소비자 프로세스 P_3을 가진 한 시스템을 보여준다. 단일 버퍼 시스템, 즉 그림 6.35에서 $n = 1$인 시스템은 그림 6.36에서와 같이 묘사될 수 있다. 동시에 프로세스 P_1와 P_2가 생산하려 하고 프로세스 P_3이 소비하려 한다고 하자. 프로세스 P_1이 프로시저 *produce*로 들어가고 **wait** 명령문을 통과하여 생산을 시작하고, 그동안 프로세스 P_2와 P_3이 모니터 입구에서 블록되었다고 하자[스냅샷의 (a) 부분 참고]. P_1은 *buff_full*.**signal**을 수행시키고 나간다. 프로세스 P_2가 이제 활성화된다. 하지만 $full = 1$이기 때문에 *buff_empty*.**wait**에서 다시 블록된다. 프로세스 P_3은 P_2가 블록되었을 때 활성화되고 소비를 시작한다[그림 6.36(b) 참고]. 프로세스 P_2는 P_3이 소비 후 빠져나갔을 때 활성화될 것이다.

6.10.1 Java에서의 모니터(Monitors in Java)

Java 클래스 내의 `synchronized` 속성이 하나 이상의 메소드들과 연계되었을 때 그 클래스는 모니터 타입이 된다. 또한 그런 클래스의 객체가 모니터가 된다. Java 가상 머신은 모니터에서의 동기화된 메소드들에 대한 상호 배제를 다음과 같이 보장한다. 한 스레드가 한 객체에 대한 동기화 메소드를 호출했을 때, Java 가상 머신은 그 객체가 현재 락되어 있는지 검사한다. 락되어 있지 않은 경우에는 락을 걸고, 그 스레드는 메소드

```
type Bounded_buffer_type = monitor
    const
        n = . . .;                                  { 버퍼 개수 }
    type
        item = . . .;
    var
        buffer : array [0..n–1] of item;
        full, prod_ptr, cons_ptr : integer;
        buff_full : condition;
        buff_empty : condition;
    procedure produce (produced_info : item);
    begin
        if full = n then buff_empty.wait;
        buffer [prod_ptr] := produced_info;                 { 생산 작업 }
        prod_ptr := prod_ptr + 1 mod n;
        full := full + 1;
        buff_full.signal;
    end;
    procedure consume (for_consumption : item);
    begin
        if full = 0 then buff_full.wait;
        for_consumption := buffer[cons_ptr];                { 소비 작업 }
        cons_ptr := cons_ptr + 1 mod n;
        full := full–1;
        buff_empty.signal;
    end;
    begin { 초기화 }
        full := 0;
        prod_ptr := 0;
        cons_ptr := 0;
end;

begin
var B_buf : Bounded_buffer_type;

Parbegin
  var info : item;            var info : item;            var area : item;
  repeat                      repeat                      repeat
      info := . . .               info := . . .               B_buf.consume (area);
      B_buf.produce (info);       B_buf.produce (info);       { 소비 지역 }
      { 사이클의 나머지           { 사이클의 나머지           { 사이클의 나머지
          부분 }                      부분 }                      부분 }
  forever;                    forever;                    forever;
Parend;
end.
      생산자 P1                   생산자 P2                   소비자 P3
```

그림 6.35 이진 세마포를 사용한 모니터 구현

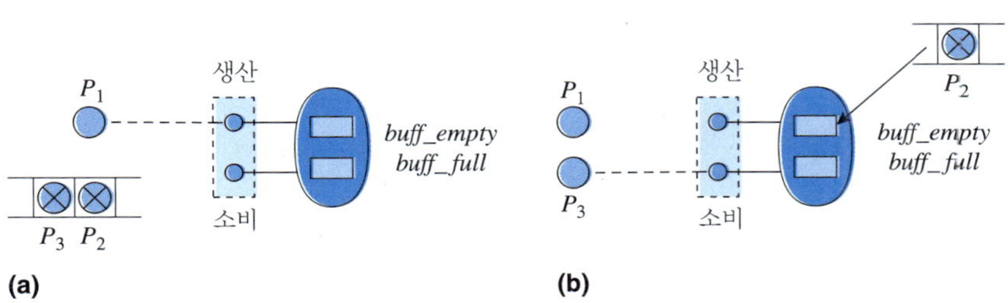

그림 6.36 단일 버퍼를 가진 예제 6.7의 모니터 스냅샷

를 실행할 수 있게 된다. 락이 된 경우 그 객체의 락이 풀릴 때까지 스레드는 기다려야 한다. 한 스레드가 동기화 메소드를 나가면 그 객체의 락이 풀리고 기다리는 스레드가 하나 활성화된다.

각 모니터는 하나의 이름 없는 조건 변수를 담고 있다. 스레드가 조건 변수를 기다려야 할 때는 `wait()` 호출을 수행한다. `notify()` 호출은 6.10절에서 다룬 **signal** 연산과 유사하다. 이 호출은 조건 변수에서 기다리는 스레드를 하나 깨우는 일을 한다. Java 가상 머신은 wait나 notify 호출에서 FIFO 순서를 고려하지 않고 구현된다. 따라서 wait와 notify는 한정 대기 특성을 만족시키지 못한다. `notifyall()` 호출은 그 조건 변수에서 기다리는 모든 스레드를 활성화시킨다.

모니터에서 단일 조건 변수를 준비해 두는 것은 애플리케이션에 바쁜 대기를 유발시킬 수 있다. 한 예로서 readers-writers 시스템을 생각해 보자. writer가 활성화되어 있을 때, 읽기를 기다리는 모든 reader와 쓰기를 기다리는 모든 writer는 조건 변수에서 기다리는 상태가 된다. writer가 쓰기를 끝내면 `notifyall()` 호출을 사용하여 기다리는 모든 스레드를 활성화시킬 것이다. reader가 선호되면 모든 writer 스레드는 다시 `wait()` 호출을 수행해야 할 것이다. writer가 선호되면 모든 reader 스레드와 몇몇 writer 스레드가 다시 `wait()` 호출을 수행해야 한다. 따라서 reader나 writer 스레드가 읽기나 쓰기를 수행할 기회를 얻기 전까지 여러 번 활성화되어야 할 수도 있다. 많은 생산자와 소비자 프로세스를 가진 생산자–소비자 시스템은 이와 비슷하게 바쁜 대기 문제를 안고 있다.

6.11 프로세스 동기화 사례 연구(CASE STUDIES OF PROCESS SYNCHRONIZATION)

6.11.1 POSIX 스레드의 동기화(Synchronization of POSIX Threads)

5.3.1절에서 언급했듯이 POSIX 스레드는 프로세스 간 제어 동기화를 하는 조건 변수와 상호 배제를 위해 뮤텍스(mutex)를 제공한다. 뮤텍스는 이진 세마포이다. 운영체제는 POSIX 스레드를 커널 수준 스레드나 사용자 수준 스레드로 구현할 수 있다. 따라서 뮤텍스는 스레드가 커널 수준 스레드로 구현되었으면 6.9.4절에 언급한 커널 수준 구현이나 혼합 구현을 통해 구현될 것이고, 스레드들이 사용자 수준 스레드들로 구현되었으면 사용자 수준 구현을 통해 구현될 것이다. 이와 비슷하게, 조건 변수들도 커널 수준, 혼합, 또는 사용자 수준 구현 방식으로 구현된다.

6.11.2 유닉스에서의 프로세스 동기화(Process Synchronization in Unix)

유닉스 시스템 V는 세마포의 커널 수준 구현을 제공한다. 세마포의 이름은 키(*key*)라고 불린다. 키는 실제로 세마포들의 배열과 연계되며, 배열 내 각 세마포는 첨자를 통해 구분된다. 프로세스들은 동일한 키를 사용하여 세마포를 공유한다. 세마포를 사용하려는 프로세스는 하나의 키를 파라미터로 하는 *semget* 시스템 호출을 사용함으로써 접근하게 된다. 키와 일치하는 세마포 배열이 이미 존재하면 커널은 *semget* 호출을 부른 프로세스가 그 배열에 접근할 수 있도록 해준다. 그렇지 않은 경우에는 새로운 세마포 배열을 만들고 거기에 키를 할당한 뒤 프로세스가 접근할 수 있도록 해준다.

커널은 *wait*와 *signal* 연산을 위해서 하나의 시스템 호출인 *semop*를 제공한다. 이 시스템 호출은 2개의 파라미터를 가지는데, 세마포 배열의 이름인 키와, (*subscript, op*)의 리스트이다. 여기서 *subscript*는 세마포 배열에서 한 세마포를 구분하는 데 쓰이고, *op*는 실행할 *wait*나 *signal* 연산이다. 리스트에 정의된 연산들의 전체 집합은 원자적 방식으로 수행된다. 즉, 모든 연산이 수행되고 프로세스가 자유롭게 실행을 계속하거나, 연산은 하나도 수행되지 않고 프로세스가 블록되거나 둘 중 하나로만 수행된다. *semop*의 의미론은 교착상태를 막는 데도 사용될 수 있다. 다음 예제를 생각해 보자. 세마포 sem_1과 sem_2가 자원 R_1과 R_2와 각각 연계되어 있다. 프로세스는 자원 R_i를 수행하기 전에 $wait(sem_i)$를 수행하고, 수행한 후에는 $signal(sem_i)$를 수행한다. 만약 각 프로세스 P_1과 P_2가 두 자원을 동시에 요구하면 P_1은 R_1에 대한 접근을 얻지만 $wait(sem_2)$에서 블록되고, P_2는 R_2에 대한 접근은 얻지만 $wait(sem_1)$에서 블록될 수 있을 것이다. 이 상황은 두 프로세스가 상대방을 영원히 기다리기 때문에 데드락 상황이 된다. 이런 교착상태는 프로세스들이 두 *wait* 연산을 하나의 *semop*에서 수행시키면 발생하지 않는데, 이는 프로세스가 두 자원을 모두 가지거나 하나도 가지지 못하기 때문이다. 이런 상황은 8.5.1절에서 다룰 교착상태 방지에서 전체 자원 공동 접근(all resources together approach)과 비슷하다.

유닉스 SVR4는 세마포를 사용하는 프로그램을 보다 신뢰할 수 있도록 만들어주는 흥미로운 특징을 제공한다. 이 운영체제는 각 세마포를 사용하는 프로세스가 수행한 연산들을 모두 추적하고, 그 프로세스가 종료되었을 때 이들 연산들에 대해 **되돌리기**(*undo*)를 수행한다. 이 행동은 몇몇 프로세스의 잘못된 행동이 유발할 수 있는 병렬 애플리케이션에서의 혼란을 막는 데 도움이 된다. 예를 들어, 프로세스 P_i가 세마포 sem_i에 대해 *wait* 연산을 *signal* 연산보다 많이 수행한 뒤 종료되었다고 하자. 이는 그 애플리케이션에서 다른 프로세스들을 무한히 기다리게 만들 수 있다. P_i에 의해 수행된 모든 *wait*와 *signal* 연산들에 되돌리기 연산을 수행하는 것은 이러한 재난을 막을 수도 있게 해준다. 되돌리기 연산을 효율적으로 하기 위해서, 커널은 프로세스 연산들이 유발한 세마포 값에 대한 변화의 축적된 개수를 관리하고, 프로세스 종료되었을 때 세마포 값에서 이 축적된 개수를 뺀다. 만약 프로세스 P_i가 세마포 sem_i에 대한 *wait* 연산을 *signal* 연산보다 많이 수행했다면 sem_i의 축적된 개수는 음수가 될 것이다. 이 개수를 뺌으로써 sem_i에 대한 P_i의 효과를 무효화시킨다. P_i의 축적된 개수는 sem_i에 대한 *wait*와 *signal* 연산이 동일한 횟수로 수행되었으면 0이 될 것이다. 따라서 되돌리기 연산은 세마포를 사용하는 프로세스들의 정상적인 연산은 간섭하지 않는다.

유닉스 4.4BSD는 프로세스 집합에 의해 공유되는 메모리 공간에 세마포를 넣고, 6.9.4절에서 논의한 내용으로 세마포 혼합 구현 방식을 제공한다. 이러한 방식으로 *wait* 연산이 프로세스를 블록하지 않는 경우와 *signal* 연산이 프로세스를 활성화하지 않는 경우에는 시스템 호출을 부르지 않는다. 그럼으로써 빠른 동기화를 제공한다.

6.11.3 리눅스에서의 프로세스 동기화(Process Synchronization in Linux)

리눅스는 사용자 프로세스를 위해 유닉스와 같은 의미론(6.11.2절 참고)을 제공한다. 또한 커널을 위해 두 종류의 세마포를 제공하는데, 전통적인 세마포와 readers-writers 세마포이다. 전통적인 세마포는 커널 수준 구성으로 구현되며, 6.9.4절에서 논의한 커널 수준 구성보다 효율적이다. 이는 세마포 값, 블록된 프로세스가 있는지 가리키는 플래그, 그리고 블록된 프로세스들의 리스트를 저장하는 자료 구조를 사용한다. 6.9.4절의 구성과는 달리, 세마포 값에 대한 경쟁 조건을 피하기 위해서 락을 사용하지 않는다. 대신 *wait*와 *signal* 연산은 세마포 값을 증가시키거나 감소시키는 불가분 명령문을 사용한다. 이들 명령어는 블록된 프로세스들의 리스트에 추가될 프로세스나 제거될 프로세스가 있는 경우에만 그 리스트에 대한 락을 건다. *wait* 연산은 그 연산을 수행하는 프로세스가 블록될 때만 그 리스트를 락으로 건다. 반면 *signal* 연산은 세마포의 플래그가 그 리스트가 비어 있지 않다고 가리킬 때만 락을 건다.

readers-writers 세마포는 커널 안에 6.9.3절에서의 readers-writers 문제를 구현하는 데 사용할 수 있는 기능을 제공한다. 그래서 한 시각에 많은 프로세스들이 커널의 자료 구조를 동시에 읽을 수 있지만, 오직 한 프로세스만이 그 자료 구조를 갱신할 수 있다. 이 구현 방법은 딱히 reader나 writer를 선호하지 않는다. 이는 프로세스들이 FIFO 순서로 임계 영역에 들어가게 한다. 단, 연속된 reader들은 동시에 읽기를 할 수 있다. 이 방식은 단지 읽기와 쓰기 연산을 하려고 기다리는 프로세스들의 리스트를 시간 순서대로 구성하고 관리함으로써 쉽게 구현할 수 있다.

리눅스 2.6 커널보다 오래된 커널들은 시스템 호출을 통한 커널 공간에서 상호 배제를 구현했다. 하지만 6.9.4절에서 언급했듯이 *wait* 연산은 실패할 확률이 적기 때문에, 즉 *wait* 호출에서 블록될 가능성이 적기 때문에 많은 시스템 호출들이 실제로는 불필요하다. 리눅스 2.6 커널은 *futex*라 불리는 빠른 사용자 공간 뮤텍스를 제공한다. *futex*는 공유 메모리에 있는 정수이며 특정 연산들만 수행될 수 있다. *futex*에 대한 *wait* 연산은 프로세스가 *futex*에 블록될 필요가 있을 때만 시스템 호출을 하고, *signal* 연산은 프로세스가 활성화될 필요가 있을 때만 시스템 호출을 한다. *wait* 연산은 파라미터를 하나 제공하는데, 이는 프로세스가 *wait*에서 블록되기 위해 얼마나 오래 준비되어야 하는지를 가리킨다. 이 시간이 지나면 *wait* 연산은 실패하고, 그 호출을 부른 프로세스에게 에러 코드를 돌려준다.

6.11.4 솔라리스에서의 프로세스 동기화(Process Synchronization in Solaris)

Sun 솔라리스 운영체제는 세 가지 흥미로운 특징을 가지고 있다. readers-writers 세마포와 적응적 뮤텍스(adaptive mutex), 튠스타일(turnstile), 그리고 우선순위 역전 프로토콜이다. readers-writers 세마포는 리눅스의 readers-writers 세마포와 비슷하다. 적응적 뮤텍스는 멀티프로세서 운영체제에서 유용하다. 따라서 이에 대해서는 10장에서 논의하고 여기서는 개요만 설명하도록 한다.

5.4.3절에서 솔라리스 커널은 커널 스레드를 통해 병렬성을 제공한다고 했다. 스레드 T_i가 현재 다른 스레드 T_j가 사용 중인 세마포에 대한 *wait* 연산을 수행하면, 커널은 T_i를 블록시키거나 공회전(spin)시킬 수 있다. 블록 접근법은 스레드 T_i를 블록하고 다른 스레드를 스케줄링하고, T_j가 세마포를 놓았을 때 T_i를 활성화하는 오버헤드를 포함한다. 반면에 공회전은 T_j가 세마포를 놓을 때까지 바쁜 대기를 하는 오버헤드를 포함한다. 만약 T_j가 현재 다른 CPU에서 수행되고 있으면 T_i나 T_j가 선점되기 전에 세마포를 놓을 수도 있을 것이다. 그런 경우에는 T_i가 공회전을 하도록 두는 게 더 낫다. 만약 T_j가 현재는 수행되지 않고 있다면 T_i는 오랫동안 공회전을 할 수도 있다. 이런 경우에는 CPU 시간을 절약하기 위해 블록시키는 것이 더 낫다. 적응적 뮤텍스가 이런 방법을 사용한다.

솔라리스 커널은 **튠스타일**이라 불리는 자료 구조를 사용하여 뮤텍스나 readers-writers 세마포에 의해 블록된 스레드들과 관련된 정보를 유지한다. 이 정보는 동기화와 우선순위 계승에 사용된다. 한 순간에 필요한 튠스타일의 개수를 최소화하기 위해 솔라리스 7의 커널은 생성된 모든 새 스레드에게 튠스타일을 붙인다. 커널 스레드가 뮤텍스에 블록되면 다음과 같은 행동이 진행된다. 뮤텍스에 이미 블록된 스레드가 없으면 스레드로부터 튠스타일을 떼어서 뮤텍스와 연계시키고, 스레드의 id를 튠스타일에 넣는다. 만약 튠스타일이 이미 그 뮤텍스와 연계되어 있으면, 즉 어떤 다른 스레드가 이미 거기에 블록되었다면 커널은 그 스레드의 튠스타일을 떼어서 가용 튠스타일의 풀에 돌려주고, 스레드의 id를 뮤텍스와 이미 연계되어 있는 튠스타일에 넣는다. 스레드가 뮤텍스나 readers-writers 세마포를 풀 때, 커널은 뮤텍스나 readers-writers 세마포에 블록된 스레드의 정보를 읽고 어느 스레드를 활성화시킬지 결정한다. 이제 가용 튠스타일의 풀에서 튠스타일을 떼어와 활성화된 스레드에 붙인다. 뮤텍스에 있던 마지막 스레드가 깨어나면 튠스타일은 가용 튠스타일의 풀에 돌려진다.

솔라리스 커널은 우선순위 계승 프로토콜을 사용하여 동기화 지연을 줄인다. 세마포로 구현된 임계 영역에 스레드 T_j가 있기 때문에, 그 세마포에 블록된 스레드 T_i가 있다고 하자. T_j가 T_i보다 우선순위가 낮다면 T_j가 오랜 시간 동안 스케줄되지 않을 수 있다. 그런 경우 스레드 T_i는 긴 동기화 지연 때문에 시달릴 수 있다. T_i의 동기화 지연을 줄이기 위해 커널은 T_j의 우선순위를 T_i의 우선순위로 끌어올려 T_j가 임계 영역을 나갈 때까지 유지시킨다. 만약 많은 프로세스들이 T_j가 사용하고 있는 세마포에 블록된다면 T_j의 우선순위는 그 세마포에 블록된 프로세스 중 가장 높은 우선순위까지 상승한다. 이는 세마포와 연계된 튠스타일로부터 블록된 프로세스의 우선순위를 얻음으로써 구현할 수 있다.

6.11.5 윈도우에서의 프로세스 동기화(Process Synchronization in Windows)

윈도우는 객체 지향 시스템이다. 따라서 프로세스, 파일, 그리고 이벤트는 객체로 표현된다. 커널은 다른 종류의 객체들에 대해서도 스레드 동기화를 위한 균등한 인터페이스를 다음과 같이 제공한다. **디스패처 객체**(*dispatcher object*)는 특별한 종류의 객체로서 *signaled* 상태나 *nonsignaled* 상태에 있게 된다. 디스패처 객체는 동기화가 요구될 수 있는 모든 객체, 예를 들어 프로세스, 파일, 이벤트 또는 뮤텍스를 대표하는 객체에 끼워진다. 한 객체에 끼워진 디스패처 객체가 nonsignaled 상태에 있으면, 그 객체와 동기화를 하려는 모든 스레드는 *waiting* 상태에 놓인다. 표 6.4는 다양한 종류의 객체들에 대한 의미론을 기술하고 있는데, 이는 언제 객체의 상태가 바뀔 것인지와 시그널이 왔을 때 대기 중인 스레드 중 어느 것이 활성화될 것인지와 같은 것들이 포함된다.

스레드가 종료되었을 때 스레드 객체는 signaled 상태가 된다. 반면 프로세스 내의

표 6.4 동기화에 사용되는 윈도우 객체들

객체	nonsignaled 상태	signaled 상태	signal 시 행동
프로세스	종료 안 되었을 때	마지막 스레드가 종료	모든 스레드 활성화
스레드	종료 안 되었을 때	스레드 종료	모든 스레드 활성화
파일	I/O 요구가 지연될 때	I/O 완료	모든 스레드 활성화
콘솔 입력	입력이 없을 때	입력 발생	한 스레드 활성화
파일 변화	변화가 없을 때	변화가 알려짐	한 스레드 활성화
통지 이벤트	아직 설정 안 됐을 때	설정 이벤트 수행	모든 스레드 활성화
동기화 이벤트	reset	설정 이벤트 수행	한 스레드 활성화와 이벤트 reset
세마포	성공적인 대기	사용 종료	한 스레드 활성화
뮤텍스	성공적인 대기	사용 종료	한 스레드 활성화
조건 변수	처음, 또는 `wake`나 `wakeall` 함수 호출 이후	`wake`나 `wakeall` 함수가 수행됨	한 스레드나 모든 스레드 활성화
타이머	재초기화	설정한 시간이 되었거나 구간을 지났을 때	통지나 동기화 이벤트와 동일

모든 스레드들이 종료될 때 프로세스 객체는 signaled 상태에 들어간다. 두 경우에 객체에서 기다리는 모든 스레드가 활성화된다. 파일에 대한 I/O 연산이 종료되면 파일 객체는 signaled 상태에 들어간다. 그것을 기다리는 스레드가 있다면 모두 활성화되고 동기화 상태가 nonsignaled로 돌아간다. 그것을 기다리는 스레드가 하나도 없으면 미래에 그것을 기다릴 스레드는 wait 연산을 통과하고 파일 객체의 동기화 상태는 nonsignaled로 바뀐다. 콘솔 입력 객체는 signaled 상태가 되었을 때 기다리는 스레드 중 1개만 활성화된다는 것을 제외하고는 비슷한 행동을 보인다. 파일 변화 객체는 시스템이 그 파일에 대한 변화를 감지했을 때 signaled 상태가 된다. 이것은 다른 관점에서 파일 객체와 유사하게 행동한다.

스레드는 상호 동기화를 위해 이벤트, 세마포, 뮤텍스, 그리고 조건 변수 객체를 사용한다. 스레드는 적합한 시스템 호출을 이끌어 내는 라이브러리 함수를 불러옴으로써 이 객체들을 signaled로 만든다. 이벤트 객체는 *set event* 시스템 호출에 의해 signaled 상태가 된다. 그것이 통지 이벤트(notification event)인 경우에는 대기 중이던 모든 스레드가 활성화된다. 그것이 동기화 이벤트인 경우에는 한 스레드만 활성화되고 그 이벤트는 초기 상태가 된다. 타이머 객체는 통지와 동기화 모드에서 사용하기 위해 설계되었다. 특정 시각에 도달하거나 특정 시간 간격이 경과한 경우에 커널은 객체의 상태를 *signaled*로 바꾼다. 이 경우의 행동은 통지와 동기화 이벤트의 경우와 유사하다.

세마포 객체는 카운팅 세마포(counting semaphore)를 구현하는데, 이는 자원 집합을 제어하는 데 사용될 수 있다. 자원의 개수가 세마포의 초기 값으로 명시된다. 세마포 객체에서의 카운트(count)는 스레드가 사용할 수 있는 자원이 얼마나 많이 남아 있는지를 가리킨다. 카운트가 0일 때 세마포 객체는 nonsignaled 상태에 있어서, 그 세마포에 wait를 수행하려는 프로세스는 *waiting* 상태에 놓이게 된다. 스레드가 자원을 하나 풀어놓으면 커널은 사용 가능한 자원의 개수를 증가시키며, 이는 세마포의 상태를 signaled로 바꾸게 된다. 결과적으로, 그 세마포를 기다리는 스레드는 활성화된다. 스레드는 wait 호출 시에 시간 간격을 설정할 수 있는데, 이는 얼마나 오랫동안 객체를 기다릴 수 있는지를 가리킨다. 객체가 signaled 상태가 되면 시간 간격이 경과하기 전에 활성화되겠지만, 그렇지 않은 경우에는 시간 간격의 끝에서 wait 요구를 포기하고 활성화된다. 뮤텍스는 이진 세마포로서 구현된다. 프로세스가 release 함수를 수행하면 뮤텍스 객체는 signaled 상태가 된다. 커널은 그것을 기다리는 스레드 중 하나를 활성화시킨다.

윈도우 커널은 다양한 동기화 락을 제공한다. 스핀락(spinlock), 멀티프로세서 구성을 위한 **큐 스핀락**(*queued spinlock*)이라 불리는 특별한 락, 그리고 빠른 뮤텍스(fast mutex)와 푸시락(push lock)을 제공하는데, 이는 리눅스의 *futex*같이 스레드가 동기화 객체에서 기다릴 필요가 없는 경우에 시스템 호출을 회피하는 방법이다. 윈도우 Vista는 readers-writers 락을 제공한다.

6.12 요약

프로세스 동기화는 공유되는 데이터를 상호 배제적인 방식으로 갱신하는 데 사용되는 **데이터 접근 동기화**와, 프로세스들이 자신의 행동을 원하는 순서대로 진행하도록 보장할 때 사용하는 **제어 동기화**를 위한 일반적인 용어이다. 생산자-소비자, readers-writers, 그리고 식사하는 철학자들과 같은 전통적인 프로세스 동기화 문제들은 프로세스 동기화 문제들의 중요한 부류들이다. 이 장에서 프로세스 동기화의 근본적인 이슈들을 다루었고, 컴퓨터, 커널, 그리고 프로그래밍 언어에서 지원하는 프로세스 동기화를 위한 지원을 다루었다. 또한 전통적인 프로세스 동기화 문제들을 분석하고, 이들을 구현할 때 프로그래밍 언어와 운영체제의 다양한 동기화 설비들을 사용하는 것을 시범적으로 보였다.

경쟁 조건은 동시에 수행되는 프로세스들이 예상하지 못한 결과를 가져올 수 있는 상황이며, 이로 인해 공유 데이터의 잘못된 값이 발생하거나 프로세스 간에 잘못된 상호작용이 있을 수 있다. 경쟁 조건은 동시에 수행되는 프로세스들이 공유 데이터를 협조하지 않고 마음대로 갱신할 때 발생한다. 이는 **상호 배제**를 통해 피할 수 있는데, 상호 배제는 한 순간에 하나의 프로세스만 공유 데이터를 갱신할 수 있도록 하는 것이다. 공유 데이터 *d*에 대한 **임계 영역**은 상호 배제적인 방식으로 *d*에 접근하는 코드 부분이다. 경쟁 조건은 제어 동기화에서도 발생할 수 있다. 즉, 프로세스들이 서로의 활동을 기대했던 대로 기다리지 않은 경우에 발생할 수 있다. 따라서 경쟁 조건을 피하는 것은 프로세스 동기화의 기본적인 이슈이다.

컴퓨터는 **불가분 명령어**를 제공하는데, 이는 상호 배제적으로 메모리 위치에 접근한다. 프로세스는 락 변수에 불가분 명령어를 사용하여 임계 영역을 구현할 수 있다. 하지만 이러한 접근법은 **바쁜 대기**에 시달리는데, 그 이유는 임계 영역에 들어갈 수 없는 프로세스는 들어갈 수 있을 때까지 반복문을 수행해야 하기 때문이다. 그래서 커널은 임계 영역에 들어가도록 허락받을 때까지 블록시키는 기능을 제공한다. 프로그래밍 언어의 컴파일러는 이런 기능을 이용하여 프로세스 동기화 요소와 구성체를 구현한다. **세마포**는 경쟁 조건 없이 프로세스의 블록과 활성화를 용이하 게 하는 요소이다. **모니터**는 2개의 기능을 제공하는 구성체인데, 데이터에 대해서는 임계 영역으로서 공유 데이터에 대한 연산을 구현하고 제어 동기화를 위한 명령문을 제공한다.

운영체제는 프로세스 동기화의 효율적인 구현을 위한 특징들을 제공한다. 즉, 리눅스는 readers-writers 세마포를 제공하고, 솔라리스는 바쁜 대기와 관련된 몇 가지 문제들을 피하기 위해 우선순위 계승을 제공하고, 윈도우는 디스패처 객체를 제공한다.

여러분의 생각을 평가해 보라.

6.1 다음 각 문장이 참인지 거짓인지 구분하라.

a. 2개 이상의 CPU를 포함하는 애플리케이션을 서비스하는 컴퓨터 시스템에서만 그 애플리케이션이 경쟁 조건을 발생시킬 수 있다.

b. 제어 동기화가 필요한 경우는 그림 1.6(b)의 프로세스 *generate*와 *analyze*가 변수 *sample*을 공유했을 때이다.

c. 임계 영역 구현이 한정 대기를 만족시키지 않으면, 프로세스가 임계 영역의 입구에서 기아 상태에 빠질 수도 있다.

d. 임계 영역 구현이 진행 조건을 만족시키지 않으면 프로세스가 임계 영역의 입구에서 기아 상태에 빠질 수도 있다.

e. 시스템 호출이 프로세스를 블록시킬 수 있도록 만들어지지 않았으면 바쁜 대기가 발생하는 것을 피할 수 없다.

f. 무한정 바쁜 대기는 우선순위 기반 스케줄링을 사용하는 운영체제에서는 가능하지만, 라운드 로빈 스케줄링을 사용하는 운영체제에서는 가능하지 않다.

g. 알고리즘 6.1에서 프로세스 P_1이 생산자이고 P_2가 소비자라면, 단일 버퍼 생산자-소비자 시스템에서 이 알고리즘은 구현될 수 있다.

h. 락 변수가 사용되었을 때, 임계 영역 구현에 불가분 명령어는 필요하지 않다.

i. 많은 생산자 프로세스, 많은 소비자 프로세스, 그리고 버퍼 풀에 많은 버퍼가 있는 생산자-소비자 시스템에서는 동시에 여러 생산자가 생산하고 여러 소비자가 소비하는 것이 가능하다.

j. writer가 선호되는 readers-writers 시스템에서 공유 데이터를 읽으려는 reader 프로세스들은 몇 개의 다른 reader 프로세스들이 공유 데이터를 읽고 있더라도 블록될 수 있다.

k. 식사하는 철학자들 문제에서, 한 철학자가 하나의 포크만으로 먹을 수 있다면 교착상태는 발생하지 않는다.

l. 세마포를 사용하여 구현된 임계 영역은 *signal* 연산이 프로세스를 FIFO 순서로 활성화시킬 때만 한정 대기 조건을 만족한다.

m. 그림 6.21의 식사하는 철학자들 문제를 변형하여 "한 번에 하나씩 포크를 집어듦"이란 행동을 **while** 반복문 바깥으로 꺼내어 **while** 반복문이 끝난 직후에 놓는다고 하더라도 경쟁 조건은 포크들에 대해서 발생할 수 있다.

6.2 한 세마포가 1로 초기화되어 있다. 12개의 wait 연산과 7개의 signal 연산이 이 세마포에 대해 수행되었다. 세마포에서 대기 중인 프로세스의 개수는 얼마인가?

a. 12 **b.** 7 **c.** 4 **d.** 5

6.3 한 이진 세마포가 1로 초기화되어 있다. 5개의 wait 연산이 그 세마포에 대해 연속적으로 수행되었고, 이어서 8개의 signal 연산이 수행되었다. 추가로 5개의 wait 연산이 수행되었다. 세마포에서 대기 중인 프로세스의 개수는 얼마인가?

a. 1 **b.** 2 **c.** 4 **d.** 5

6.4 10개의 프로세스들이 x란 이름의 카운팅 세마포로 구현된 임계 영역을 공유한다. 이들 중 9개는 코드 *wait*(x); {임계 영역} *signal*(x)를 사용한다. 하지만 한 프로세스는 실수로 코드 *signal*(x); {임계 영역} *signal*(x)를 사용해 버렸다. 동시에 임계 영역에 있을 수 있는 프로세스의 최대 개수는 얼마인가?

a. 1 **b.** 2 **c.** 10 **d.** 3

6.5 한 readers-writers 시스템에서 read 연산은 3시간 단위를 소비하고 write 연산은 5시간 단위를 소비한다. 시각 $t_i - 1$까지는 이 시스템에 reader나 writer가 존재하지 않는다. 한 reader가 시각 t_i에 도착하고 다섯 reader와 한 writer가 시각 $t_i + 1$에 도착했다. 더 이상 reader나 writer가 도착하지 않으면 언제 writer가 writing를 끝내는가?

a. $t_i + 8$

b. $t_i + 20$

c. $t_i + 9$

d. a~c 중 해당 사항이 없다.

6.6 생산자 프로세스는 10초 동안 하나의 새로운 정보 개체를 생산하고, 소비자 프로세스는 20초 동안 하나의 개체를 소비한다. 하나의 생산자 프로세스, 하나의 소비자 프로세스, 그리고 하나의 버퍼로 구성된 생산자-소비자 시스템에서 생산자와 소비자가 시각 0에서 시작되었다. 언제 소비자 프로세스가 3개의 개체를 소비하는 것을 완료하는가?

a. 20 **b.** 60 **c.** 70

d. 90 **e.** a~d 중 해당 사항이 없다.

연습문제

6.1 한 병렬 프로그램이 공유 변수 *x*에 대한 몇 개의 갱신 코드를 임계 영역 안에 두고 있다. 변수 *x*는 임계 영역에 포함되지 않은 다음의 코드 부분에서도 사용된다.

```
if x < c
    then y := x;
else y := x + 10;
print x, y;
```

이 프로그램은 경쟁 조건을 유발할 수 있는가?

6.2 두 개의 병렬 프로그램이 한 데이터 개체 `sum`을 공유하며, 이 개체는 0으로 초기화되어 있다. 하지만 이들은 이 값에 접근할 때 상호 배제를 사용하지 않는다. 각 프로세스는 50회 반복되는 반복문을 가지고 있으며, 반복문 내에는 `sum:=sum+1`이란 단일 명령문이 있다. `sum`을 이용하는 다른 연산이 없다면, 두 프로세스가 종료되었을 때 `sum`의 최대 값과 최소 값을 구하라.

6.3 알고리즘 6.1과 6.2를 분석하고 이들이 위반하는 임계 영역의 특징들을 언급하라. 이 위반들을 설명하는 예제들을 제시하라.

6.4 Dekker의 알고리즘과 관련하여 답하라.

a. 이 알고리즘은 진행 조건을 만족시키는가?

b. 교착상태 조건이 발생할 수 있는가?

c. 라이브락 조건이 발생할 수 있는가?

6.5 Peterson의 알고리즘은 한정 대기 조건을 만족시키는가?

6.6 Peterson의 알고리즘(알고리즘 6.4 참고)을 다음과 같이 변경시켰다. 프로세스 P_0의 문장 *flag*[0] := *true*와 *flag*[0] := *false*가 서로 바뀌었고, 비슷한 변경이 프로세스 P_1에 일어났다. 그 결과로 임계 영역 구현에서 어떤 조건이 위배되었는지 논하라.

6.7 Peterson의 알고리즘에서 명령문 **while** *flag*[1] **and** *turn* = 1이 **while** *flag*[1] **or** *turn* = 1로 바뀌었고, P_1에 대해서도 비슷한 변경이 발생했다. 그 결과로 임계 영역 구현에서 어떤 조건이 위배되었는지 논하라.

6.8 Lamport의 빵집 알고리즘 동작에서 **while** *choosing*[*j*] **do** { 아무것도 안함 }; 문장을 삭제함으로써 발생하는 효과에 대해 의견을 제시하라.

6.9 그림 6.37에 나타난 생산자–소비자 문제의 해결책은 프로세스 동기화를 위해 *block*과 *activate*라는 커널 호출 사용이다. 이는 경쟁 조건을 발생시키는데, 어떻게 이 경쟁 조건이 생기는지 설명하라.

6.10 그림 6.30의 readers-writers 해결책은 공유 데이터가 단일 개체임에도 불구하고 2개의 세마포를 제어해야 한다. 이 해결책을 변경하여 세마포 *readin-g*과 *writing*을 사용하는 대신 하나의 세마포 *rw_p-ermission*을 사용하도록 하라.[힌트: 진행 중인 읽기 작업이 아직 없는 경우에만 reader 프로세스에서 *wait*(*rw_permission*)을 수행한다.]

6.11 그림 6.30의 readers-writers 해결책을 writer가 선호되는 readers-writers 시스템으로 바꾸라.

6.12 6.5.2절의 Test-and-set이나 Swap 명령어를 사용하여 임계 영역을 구현하라. 6.8.2절의 아이디어를 이용하여 한정 대기가 만족되도록 하라.

6.13 자원은 FIFO 방식으로 이를 요구하는 프로세스에 할당된다. 각 프로세스의 코드는 다음과 같다.

```
repeat
    ...
    request-resource(process_id, resource_id);
    { 자원 사용 }
    release-resource(process_id, resource_id);
    { 사이클의 나머지 부분 }
forever
```

세마포를 이용하여 *request-resource*와 *release-resource* 프로시저를 구현하라.

6.14 다음에 언급된 사항 중 이를 적용함으로써 그림 6.20에 나타난 식사하는 철학자들의 문제점을 제거할 수 있는 내용이 하나 이상 있는가?

a. 만약 시스템에 *n* 명의 철학자들이 있다면 저녁 식사 테이블에 최소한 *n* + 1개의 철학자용 좌석을 준비한다.

```
type
        item = . . .;
var
        buffer : item;
        buffer_full : boolean;
        producer_blocked : boolean;
        consumer_blocked : boolean;
begin
        buffer_full := false;
        producer_blocked := false;
        consumer_blocked := false;
Parbegin
    repeat                                         repeat
      if buffer_full = false then                    if buffer_full = true then
         { 버퍼에 생산 }                                 { 버퍼로부터 소비 }
         buffer_full := true;                           buffer_full := false;
         if consumer_blocked = true then                if producer_blocked = true then
            activate(consumer);                            activate(producer);
         { 사이클의 나머지 부분 }                         { 사이클의 나머지 부분 }
      else                                           else
         producer_blocked := true;                      consumer_blocked := true;
         block(producer);                               block(consumer);
         consumer_blocked := false;                     producer_blocked := false;
    forever                                        forever
Parend

              생산자                                         소비자
```

그림 6.37 경쟁 조건으로 인해 동기화 에러가 발생한 생산자-소비자 문제

b. 최소 한 명 이상의 오른손잡이 철학자와 최소 한 명 이상의 왼손잡이 철학자가 한 테이블에 동시이 배치되도록 한다.

6.15 그림 6.35에서 생산자와 소비자는 항상 *buf_full*.**signal**과 *buf_empty*.**signal** 연산을 수행한다. 이 시스템이 운영되는 중에 수행되는 **signal** 명령어의 수를 줄이는 방법을 제안하고 구현하라.

6.16 모니터를 사용하여 식사하는 철학자들 문제를 구현하라. **signal** 명령문이 수행되는 횟수를 최소화하도록 해결책을 만들고, 당신이 만든 해결책의 논리적 복잡도에 대한 영향을 관찰하라.

6.17 한 고객이 다음과 같은 명령을 은행 관리자에게 제시했다. "나의 계좌에서 잔액이 *n*을 넘으면 더 이상 내 계좌로의 입금을 허락하지 마시오. 그리고 인출하기에 충분한 잔액이 남아 있지 않으면 인출하지 마시오." 고객의 은행 계좌를 구현하는 모니터를 설계하라.

6.18 잠자는 이발사라 불리는 동기화 문제는 다음과 같이 묘사된다. 이발소에 한 명의 이발사와 하나의 이발 의자가 작은 방에 놓여 있고, 큰 대기실에는 *n* 개의 의자가 있다. 이발사와 이발 의자는 대기실에서 볼 수 있다. 고객을 한 명 이발한 후에 이발사는 대기실에 기다리는 고객이 있는지 살펴본다. 그 경우 그들 중 한 명을 불러 이발을 시작한다. 대기자가 없으면 이발사는 이발 의자에서 잔다. 고객은 대기실에 빈 의자가 있을 때만 들어올 수 있으며, 이발사가 이발 중이면 이발사가 부를 때까지 기다리고 이발사가 자고 있으면 이발사를 깨운다. 이발사와 고객 사이의 동기화 요구조건을 찾아서 증명하라. 교착상태가 발생하지 않도록 이발사와 고객 프로세스를 코딩하라.

6.19 동시에 수행되는 프로세스들의 실시간 제어에 사용되는 시계 관리자를 시뮬레이트하기 위해 모니터가 작성되었다. 시계 관리자는 변수 *clock*으로 현재 시각을 관리한다. 운영체제는 *elapsed_time*이라는 시그널을 지원하며 2 ms마다 생성된다.

시계 관리자는 *elapsed_time*을 위한 시그널 핸들링 행동을 제공하며(5.4.1절 참고), 이 행동은 매번 시그널이 발생할 때마다 *clock*을 갱신한다. 시계 관리자에 대한 전형적인 요청 사항은 "오전 9시에 깨워달라"는 것이다. 시계 관리자는 이런 요청을 만든 프로세스를 블록시키고 지정된 시각에 활성화시키기 위해서 이들을 재배치한다. 이 모니터를 구현하라.

6.20 모니터 호출을 네스트(nest)한다는 것은 모니터 A에 있는 프로시저가 다른 모니터, 즉 모니터 B의 프로시저를 호출하는 것이다. 네스트된 호출의 수행 중에 모니터 A의 프로시저가 계속해서 상호 배제를 유지하고 있다. 네스트된 모니터 호출은 교착상태를 유발할 수 있음을 보이라.

6.21 모니터의 구현에 대해 간단하게 서술하라. 서술에 다음을 포함시키도록 하라.

a. 모니터 프로시저 간에 상호 배제를 어떻게 이룰 것인가.

b. 모니터 프로시저들은 재진입 코드로 작성되어야 하는가(11.3.3.2절 참고).

6.22 큰 데이터 모음 *D*는 단순히 질의들에 답하기 위해 사용된다. 즉, *D*에 대해서는 갱신이 이루어지지 않으므로, 질의들은 동시에 처리될 수 있다. *D*의 커다란 크기 때문에 이를 $D_1, D_2, \ldots, D_n$과 같이 여러 부분으로 나누고 한 순간에 하나의 부분, 말하자면 D_1만 메모리에 올라와서 이에 관련된 질의를 처리한다. D_1에서 처리할 수 있는 질의가 없고 다른 부분, 말하자면 D_2에 대한 질의가 있으면 D_2가 메모리에 올라오고 이에 대한 질의가 동시에 처리된다. *D*가 두 부분인 D_1과 D_2로 나누어졌을 때, 이 시스템을 readers-readers 시스템이라고 한다. 동기화 요소나 제어 구조체 중에 골라서 이 시스템을 구현하라. 질의가 기아에 빠지는 것을 막기 위해 한 부분에 대해서 최대 10개의 질의만 처리할 것을 권한다. 모니터를 변경하여 이러한 특징이 포함되도록 하라.

6.23 혼잡한 고속도로의 다리가 홍수로 손상을 입었다. 일방통행을 위해 반대편에서 진행하는 자동차들이 다리를 교대로 사용하게 한다. 다음 규칙들이 다리를 사용하는 규칙이 된다.

a. 어느 순간이든지 다리는 한 방향으로 지나가는 자동차들만 쓸 수 있다.

b. 양쪽 끝에서 자동차들이 다리를 지나려고 기다리면 한쪽 끝에 있는 한 차량만이 다리를 가로지르도록 허락되고, 다음에는 반대편의 차량이 다리를 가로지르기 시작한다.

c. 한쪽 끝에 기다리는 차량이 없다면 반대편의 차량은 몇 대가 되든지 상관없이 다리를 건너도록 허락받는다.

이러한 규칙을 구현하는 동시 처리 시스템을 개발하라.

6.24 차량들이 양쪽 끝에서 기다리고 있으면 연습문제 23(a)의 규칙은 다리 이용률을 매우 떨어뜨린다. 따라서 반대편에서 기다리는 차량이 있다고 하더라도 최대 10개의 차량이 한 방향으로 다리를 건너도록 허락된다. 이렇게 변경된 규칙을 구현하라.

프로젝트 1: 프로세스 간 통신

프로세스 간 메시지 통신 시스템은 9.1.1절에서 다룰 비대칭적 명명 관례를 사용하는데, 이는 다음 규칙을 사용한다. 메시지를 보내기 위해서 송신자는 메시지가 전달될 목적지 프로세스의 id를 제공한다. 메시지를 받기 위해서 프로세스는 단지 메시지가 담길 변수의 이름을 제공한다. 이 시스템은 어떤 프로세스가 전달한 메시지를 여기로 보낸다.

이 시스템은 *Communication_Manager*라는 이름의 모니터와 4개의 프로세스들로 구성된다. 모니터는 연산 *send*와 *receive*를 제공하며, 이들은 20개의 매시지 버퍼를 가진 전역 풀을 사용하여 메시지 전달을 구현한다. 이 시스템은 다음과 같이 동작한다.

1. 각 프로세스는 순환되는 행동을 한다. 그 작업은 독점

적으로 사용되는 명령 파일에 대한 명령들로 제어된다. 각 반복 시마다 그 파일로부터 명령을 읽고 적절한 모니터 연산을 호출한다. 3개의 명령이 제공된다.

a. *send* <*process_id*>, <*message_text*>: 그 프로세스는 메시지를 보내야 한다.

b. *receive* <*variable_name*>: 그 프로세스는 메시지를 받아야 한다.

c. *quit*: 그 프로세스는 작업을 종료해야 한다.

2. 한 프로세스가 *send* 연산을 호출했을 때, 모니터는 메시지의 문장을 복제해서 메시지 버퍼의 전역 풀에서 꺼낸 빈 메시지 버퍼에 넣는다. 만약 그 메시지의 목적지 프로세스가 현재 *receive* 연산에 블록되어 있다면, 그 메시지는 3번에 설명될 것처럼 전달되고 프로세스는 활성화된다. 어떤 경우든지 제어는 *send* 연산을 수행하는 프로세스에게 돌아간다. 20개의 메시지 버퍼가 있는 전역 풀에 사용 가능한 메시지 버퍼가 하나도 없으면, *send* 연산을 수행하는 프로세스는 사용 가능한 메시지 버퍼가 생길 때까지 블록된다.

3. 프로세스가 *receive* 연산을 호출했을 때, 메시지는 FIFO 순서로 받아들여진다. 모니터는 그 프로세스로 보내진 배달되지 않은 첫 번째 메시지를 담고 있는 메시지 버퍼를 찾아, 메시지의 문장을 프로세스가 언급한 변수에 복제하고 그 메시지 버퍼를 가용 상태로 바꾼다. *send* 연산을 수행하는 프로세스가 2번에 설명한 것처럼 블록되어 있었다면 이제 활성화된다. *receive* 연산을 수행하는 프로세스는 그 연산을 위한 메시지가 없는 경우 블록된다. 메시지가 그 프로세스에 보내지면 다시 활성화된다.

4. *send*나 *receive* 연산을 수행한 뒤 모니터는 수행한 행동을 로그 파일에 자세하게 기록한다.

5. 모니터는 교착상태 상황을 감지하며, 교착상태는 몇 개의 프로세스들이 무한히 블록된 상황이다. 모니터는 교착상태 상황의 세부 사항을 로그 파일에 기록하고 자신을 종료시킨다.

6. 프로세스 간 메시지 통신 시스템은 모든 프로세스가 작업을 완료했으면 자신을 종료시킨다.

모니터 *Communication_Manager*를 작성하고 몇 개의 표본 명령어 파일의 집합으로 그 수행을 테스트하라. 여기서 명령어 파일은 몇 개의 교착상태 상황을 포함한 다양하고 흥미로운 메시지 전달 상황을 생성하는 프로세스들을 담도록 한다.

프로젝트 2: 디스크 스케줄러

디스크 스케줄러는 운영체제의 일부분으로, 높은 디스크 대역폭을 얻기 위해 디스크에 대해 수행되는 I/O 연산의 순서를 결정한다(14.7절 참고). 디스크에 I/O 연산을 수행하려는 프로세스들은 *Disk_scheduler*라는 이름의 모니터를 사용하며, 이 모니터는 다음 유사코드와 같다.

```
var Disk_scheduler : Disk_Mon_type;
Parbegin
    begin { 사용자 프로세스 Pi }
        var disk_block_address : integer;
        repeat
            { 파일 Fi에서 명령을 읽음 }
            Disk_scheduler.IO_request
                (Pi, IO_operation,
                disk_block_address);
            { I/O 연산 수행 }
            Disk_scheduler.IO_complete(Pi);
            { 사이클의 나머지 부분 }
        forever
    end;
    ...             { 다른 사용자 프로세스 }
Parend;
```

각 프로세스는 순환되는 행동을 한다. 프로세스의 동작은 이 프로그램을 위해 만들어진 명령 파일에 있는 명령문들에 의해 수행된다. 각 명령문은 디스크 블록에 대한 read 또는 write 연산을 수행하는 것이다. 각 반복 시마다 프로세스는 명령 파일로부터 명령을 읽고 모니터 연산 *IO_request*를 호출하며, I/O 연산의 세부 사항은 모니터에게 맡겨진다. *IO_request*는 I/O 연산이 스케줄될 때까지 블록된다. 프로세스가 활성화되었을 때, 이는 *IO_request*로부터 돌아와 I/O 연산을 수행한다. I/O 연산을 수행한 뒤 모니터 연산인 *IO_complete*를 수행하여 모니터가 다음 I/O 연산을 스케줄할 수 있도록 한다. 모니터는 *IO_request*나 *IO_complete* 연산이 호출될 때마다 그 행동에 대한 자세한 사항을 로그 파일에 기입한다.

모니터 타입 *Disk_Mon_type*을 코드로 작성하라. 간단하게 하기 위해서 I/O 연산은 FIFO 순서로 스케줄된다고 가정해도 되며, 프로세스의 수는 10개를 넘지 않도록 하라. (힌트: 모니터에 있는 리스트에 I/O 연산의 세부 내용과 프로세스의 프로세스 id를 기입하라. 프로세스들을 블록시키고 활성화시키는 데 얼마나 많은 조건 변수가 필요한지 결정하라.)

*Disk_Mon_type*을 변경하여 I/O 연산을 사용자 프로세스가 하는 대신 모니터 자신이 수행하도록 하라. (힌트: 연산 *I/O_complete*는 더 이상 필요하지 않게 된다.)

참고문헌

Dijkstra(1965)는 상호 배제 문제를 자세히 논의했고, Dekker의 알고리즘을 묘사했고, *n* 개 프로세스를 위한 상호 배제 알고리즘을 제안했다. Lamport(1974, 1979)는 빵집 알고리즘을 서술하고 증명하였다. Ben Ari(1982)는 상호 배제 알고리즘의 발전을 설명하고 Dekker의 알고리즘을 증명하였다. Ben Ari(2006)는 병렬 및 분산 프로그래밍을 논의하였다. Peterson(1981), Lamport(1986, 1991), 그리고 Raynal(1986)은 다양한 상호 배제 알고리즘들을 제안하였다.

Dijkstra(1965)는 세마포를 제안하였다. Hoare(1972)와 Brinch Hansen(1972)은 임계 지역(critical region)과 조건 임계 지역(conditional critical region)을 논의했으며, 이는 모니터 이전에 제안된 동기화 구성이다. Brinch Hansen(1973)과 Hoare(1974)는 모니터 개념을 논의하였다. Buhr 등(1995)은 다른 형태의 모니터 구현을 논의하였다. Richter(1999)는 윈도우의 C/C++ 프로그램에서 스레드 동기화를 서술하였다. Christopher와 Thiruvathukal(2001)은 Java에서 모니터의 개념을 서술하고, Brinch Hansen과 Hoare의 모니터와 비교하며, Java 동기화가 Brinch Hansen과 Hoare의 모니터만큼 발전하지 못했다고 결론 내렸다. 동기화 요소나 구성은 모든 프로세스 동기화 문제를 구현하는 데 사용할 수 있으면 완전하다. 세마포의 완전함은 Patil(1971), Lipton(1974), 그리고 Kosaraju(1975)에서 논의되었다.

Brinch Hansen(1973, 1977)과 Ben Ari(1982, 2006)는 동시에 수행되는 프로그램을 만드는 방법론을 논의하였다. Owicki와 Gries(1976)와 Francez와 Pneuli(1978)는 동시에 수행되는 프로그램의 정확성을 증명하는 방법론을 다룬다.

Vahalia(1996)와 Stevens과 Rago(2005)는 유닉스에서의 프로세스 동기화를 논의하였고, Beck 등(2002), Bovet와 Cesati(2005), 그리고 Love(2005)는 리눅스에서의 동기화를 논의하였고, Mauro와 McDougall(2006)은 솔라시스에서의 동기화를 논의하였고, Richter(1999)와 Russinovich와 Solomon(2005)은 윈도우에서의 동기화 형태를 논의하였다.

1. Beck, M., H. Bohme, M. Dziadzka, U. Kunitz,R. Magnus, C. Schroter, and D. Verworner (2002): *Linux Kernel Programming*, Pearson Education, New York.
2. Ben Ari, M. (1982): *Principles of Concurrent Programming*, Prentice Hall, Englewood Cliffs, N.J.
3. Ben Ari, M. (2006): *Principles of Concurrent and Distributed Programming*, 2nd ed., Prentice Hall, Englewood Cliffs, N.J.

4. Bovet, D. P., and M. Cesati (2005): *Understanding the Linux Kernel*, 3rd ed., O'Reilly, Sebastopol.
5. Brinch Hansen, P. (1972): "Structured multiprogramming," *Communications of the ACM*, **15** (7), 574–578.
6. Brinch Hansen, P. (1973): *Operating System Principles*, Prentice Hall, Englewood Cliffs, N.J.
7. Brinch Hansen, P. (1975): "The programming language concurrent Pascal," *IEEE Transactions on Software Engineering*, **1** (2), 199–207.
8. Brinch Hansen, P. (1977): *The Architecture of Concurrent Programs*, Prentice Hall, Englewood Cliffs, N.J.
9. Buhr, M., M. Fortier, and M. H. Cof z) (1995): "Monitor classification," *Computing Surveys*, **27** (1), 63–108.
10. Chandy, K. M., and J. Misra (1988): *Parallel Program Design: A Foundation*, Addison-Wesley, Reading, Mass.
11. Christopher, T. W., and G. K. Thiruvathukal (2001): *Multithreaded and Networked Programming*, Sun Microsystems.
12. Courtois, P. J., F. Heymans, and D. L. Parnas (1971): "Concurrent control with readers and writers," *Communications of the ACM*, **14** (10), 667–668.
13. Dijkstra, E. W. (1965): "Cooperating sequential processes," Technical Report EWD-123, Technological University, Eindhoven.
14. Eisenberg, M. A., and M. R. McGuire (1972): "Further comments on Dijkstra's concurrent programming control problem," *Communications of the ACM*, **15**(11), 999.
15. Francez, N., and A. Pneuli (1978): "A proof method for cyclic programs," *Acta Informatica*, **9**, 133–157.
16. Hoare, C. A. R. (1972): "Towards a theory of parallel programming," in *Operating Systems Techniques*, C.A.R. Hoare and R.H. Perrot (eds.), Academic Press, London, 1972.
17. Hoare, C. A. R (1974): "Monitors: an operating system structuring concept," *Communications of the ACM*, **17**(10), 549–557.
18. Kosaraju, S. (1973): "Limitations of Dijkstra's semaphore primitives and petri nets," *Operating Systems Review*, **7**, 4, 122–126.
19. Lamport, L. (1974): "A new solution of Dijkstra's concurrent programming problem," *Communications of the ACM*, **17**, 453–455.
20. Lamport, L. (1979): "A new approach to proving the correctness of multiprocess programs," *ACM Transactions on Programming Languages and Systems*, **1**, 84–97.
21. Lamport, L. (1986): "The mutual exclusion problem," *Communications of the ACM*, **33** (2), 313–348.
22. Lamport, L. (1991): "The mutual exclusion problem has been solved," *ACM Transactions on Programming Languages and Systems*, **1**, 84–97.
23. Lipton, R. (1974): "On synchronization primitive systems," Ph.D. Thesis, Carnegie-Mellon University.
24. Love, R. (2005): *Linux Kernel Development*, 2nd ed., Novell Press.
25. Mauro, J., and R McDougall (2006): *Solaris Internals*, 2nd ed., Prentice Hall, Englewood Cliffs, N.J.
26. Owicki, S., and D. Gries (1976): "Verifying properties of parallel programs: An axiomatic approach," *Communications of the ACM*, **19**, 279–285.
27. Patil, S. (1971): "Limitations and capabilities of Dijkstra's semaphore primitives for co-ordination among processes," Technical Report, MIT.
28. Peterson, G. L. (1981): "Myths about the mutual exclusion problem," *Information Processing Letters*, 12, 3.
29. Raynal, M. (1986): *Algorithms for Mutual Exclusion*, MIT Press, Cambridge, Mass.
30. Richter, J. (1999): *Programming Applications for Microsoft Windows*, 4th ed., Microsoft Press, Redmond, Wash.

31. Russinovich, M. E., and D. A. Solomon (2005): *Microsoft Windows Internals*, 4th ed., Microsoft Press, Redmond, Wash.

32. Stevens, W. R., and S. A. Rago (2005): *Advanced Programming in the Unix Environment*, 2nd ed., Addison Wesley, Reading, Mass,.

33. Vahalia, U. (1996): *Unix Internals—The New Frontiers*, Prentice Hall, Englewood Cliffs, N.J.

Chapter 7

스케줄링
Scheduling

스케줄링 정책(scheduling policy)은 현재 순간에 어느 프로세스에게 CPU를 줄 것인지를 결정한다. 이 결정은 시스템의 성능과 사용자 서비스 둘 다에 영향을 미친다. 3장에서 어떻게 **우선순위 기반 스케줄링**이 좋은 시스템 성능을 제공하고, 어떻게 시간 조각을 가진 **라운드 로빈 스케줄링**이 프로세스들에게 좋은 **응답시간**을 제공하는지를 보았다. 현대 운영체제에서 스케줄링 정책은 컴퓨터 환경에 맞추어 사용자 서비스와 시스템 성능에 대한 최고의 조합을 제공해야 한다.

스케줄링 정책은 원하는 사용자 서비스와 시스템 성능의 조합을 달성하기 위해 3개의 기본적인 테크닉을 채용한다. 프로세스에 **우선순위**를 할당하는 것은 다중 프로그래밍 환경 같은 경우에는 좋은 시스템 성능을 제공할 수 있고, 실시간 시스템의 경우에는 중요한 함수들에게 선호되는 조치를 제공할 수 있다. **시간 조각의 변형**은 스케줄러에게 시간 조각을 프로세스의 성격에 맞추어 그 프로세스에게 적절한 응답시간을 제공할 수 있으며, 자신의 오버헤드를 제어할 수도 있다. **프로세스의 순서**를 바꾸는 것은 처리량(throughput)으로 평가되는 시스템의 성능과 총 처리시간(turnaround time)이나 응답시간(response time)으로 평가되는 사용자 서비스를 모두 향상시킬 수 있다. 여기서는 이들 테크닉의 사용 방법과 현대 운영체제의 스케줄링 휴리스틱(heuristics)의 집합을 논의한다.

스케줄링 정책의 **성능 분석**은 그 성능에 대한 연구이다. 이는 두 스케줄링 정책의 성능을 비교할 때나, 프로세스 큐의 크기와 같이 핵심적인 시스템 파라미터 값을 결정하기 위해 사용될 수 있다. 여기서는 스케줄링 정책들의 성능 분석에 대한 다른 접근법들을 논의한다.

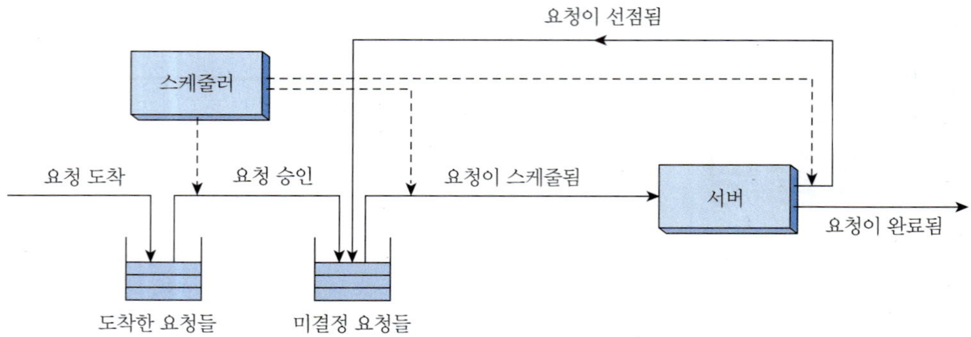

그림 7.1 스케줄링의 의미론

7.1 스케줄링 용어와 개념(SCHEDULING TERMINOLOGY AND CONCEPTS)

아주 일반적으로 말해서, 스케줄링은 서버에 의해 서비스될 다음 요청(request)을 고르는 활동이다. 그림 7.1은 스케줄링의 의미론적 다이어그램이다. 스케줄러는 적극적으로 서비스를 기다리는 미결정 요청(pending request)들에 대한 리스트를 고찰하여 그들 중 하나를 선택한다. 서버는 스케줄러가 선택한 요청을 서비스한다. 이 요청은 서버에게 언제 종료할 것인지 또는 언제 스케줄러가 선점(preempt)할 것인지를 위임하고 미결정 요청들에 대한 리스트로 되돌아간다. 어떤 상황이든 스케줄러는 다음에 서비스해야 할 요청을 선택한다. 때때로 스케줄러는 도착한 요청들을 적극적으로 고려하고 그 중 하나를 승인(admit)하여 이를 미결정 요청들의 리스트에 넣는다. 스케줄러의 행동은 그림 7.1에서 점선 화살표에 해당한다. 한 요청에 대한 이벤트들은 그것의 **도착**, **승인**, **스케줄링**, **선점**, 그리고 **완료**이다.

한 운영체제에서 **요청**이란 것은 작업이나 프로세스의 실행이며 **서버**는 CPU이다. 작업이나 프로세스는 사용자에 의해 제출되었을 때 **도착한다**(*arrive*)라고 하며, 스케줄러가 그것을 스케줄 대상으로 고려하기 시작하는 것을 **승인된다**(*admit*)라고 한다. 승인된 작업이나 프로세스는 미결정 요청들의 리스트에서 대기하거나, CPU를 사용하거나, I/O 연산을 수행한다. 최종적으로는 종료되어 시스템을 떠나게 된다. 스케줄러가 요청을 승인하는 행동은 제한된 자원을 가진 시스템에서만 중요한 요인이다. 간단히 말해서, 대부분의 논의되는 내용에서는 요청이 도착하면 자동적으로 승인된다고 가정한다.

3장에서 스케줄러에서 우선순위를 사용하는 것이 어떻게 좋은 시스템 성능을 제공하고, 라운드 로빈 스케줄링을 사용하는 것이 빠른 응답이라는 형태로 좋은 사용자 서비스를 제공하는지 논의했다. 현대 운영체제는 더 복잡한 스케줄링 정책을 사용하여 시스템 성능과 사용자 서비스의 적절한 조합을 달성하려고 한다.

표 7.1 스케줄링 용어와 개념

용어 또는 개념	정의 또는 설명
요청 관련	
도착시간	사용자가 작업이나 프로세스를 제출한 시간
승인시간	시스템이 작업이나 프로세스를 스케줄의 대상으로 고려하기 시작한 시간
완료시간	작업이나 프로세스가 완료된 시간
마감시간	작업이나 프로세스가 실시간 애플리케이션의 응답 요청을 만족하기 위해서 완료되어야 하는 시간
서비스 시간	작업, 프로세스, 또는 부분 작업이 일을 끝내기 위해 요청한 CPU 시간이나 I/O 시간의 합계
선점	작업이나 프로세스로부터 CPU를 강제로 빼앗음
우선순위	많은 작업이나 프로세스들이 서비스를 기다릴 때 하나를 선택하기 위해 승자를 결정하는 규칙
사용자 서비스 관련: 개별적 요청	
마감 위반	작업이나 프로세스의 완료시간이 마감시간을 넘었을 때 초과한 시간의 양. 마감 위반은 양수나 음수가 될 수 있다.
공정 할당치	프로세스나 프로세스 그룹의 실행을 위해 할당된 CPU 시간의 명시된 할당치
응답률	(도착부터 지금까지의 시간 + 작업이나 프로세스의 서비스 시간)/(작업이나 프로세스의 서비스 시간)을 가리키는 비율
응답시간(rt)	처리를 위한 부분 작업이 제출된 시간에서 결과가 사용 가능하게 된 시간의 간격. 이 개념은 상호작용하는 프로세스에 적용할 수 있다.
총 처리시간(ta)	작업이나 프로세스가 제출된 시간과 그 시스템에 의해 완료된 시간의 간격. 이 개념은 상호작용하지 않는 작업이나 프로세스에만 의미가 있다.
가중치 처리량(w)	작업이나 프로세스의 총 처리시간에 대한 자신의 서비스 시간의 비율
연관된 사용자 서비스: 평균 서비스	
평균 응답시간($\overline{rt}$)	시스템에서 서비스받는 모든 부분 요청들의 응답시간 평균
평균 총 처리시간($\overline{ta}$)	시스템에서 서비스받는 모든 작업이나 프로세스의 총 처리시간 평균
성능 관련	
스케줄 길이	지정된 작업들의 집합이나 프로세스들이 완료되는 데 걸리는 시간
처리량	단위 시간 동안에 시스템에서 완료된 작업, 프로세스, 또는 부분 요청의 평균 개수

표 7.1은 스케줄링과 관련된 핵심적인 용어와 개념을 소개한다. 작업이나 프로세스의 **서비스 시간**(*service time*)은 그 수행을 완료하기 위해 필요한 I/O 시간과 CPU 시간의 합이며, 실시간 시스템에서만 명시되는(3.7절 참고) **마감시간**(*deadline*)은 그때까지는 서비스가 완료되어야 하는 시간이다. 서비스 시간과 마감시간은 작업이나 프로세스의 타고난 성질이다. 작업이나 프로세스의 **완료시간**(*completion time*)은 도착시간과 서비스 시간, 그리고 운영체제로부터 받은 서비스의 종류에 의해 좌우된다.

운영체제가 관계되는 것이 사용자 서비스냐 시스템 성능이냐에 따라, 스케줄링 개념을 사용자 중심 개념과 시스템 중심 개념으로 그룹을 나누기로 한다.

사용자 중심 스케줄링 개념(User-Centric Scheduling Concepts) 상호작용 환경에서는 사용자가 연산을 수행하는 프로세스와 상호작용한다. 사용자는 **부분 요청**(*subrequest*)을 프로세스에 전달하고, 프로세스는 행동을 취하거나 결과를 계산함으로써 응답한다. **응답시간**(*response time*)은 부분 요청이 제출되고 그 처리가 완료될 때까지의 시간이다. 이는 부분 요청에 제공되는 서비스에 대한 절대 측정 값이다. **총 처리시간**(*turna-round time*)은 작업이나 프로세스에 제공되는 서비스의 비슷한 절대 측정치이다. 총 처리시간은 작업이나 프로세스의 서비스 시간과는 다른데, 이 시간에는 작업이나 프로세스가 CPU에서 실행되지 않거나 I/O 연산을 수행하지 않을 동안의 시간도 포함되기 때문이다. 이들은 3장에서 논의한 2개의 측정치와도 비슷하다.

몇 개의 다른 사용자 서비스의 측정치들이 정의되어 있다. **가중치 처리량**(*weighted turnaround*)은 프로세스의 총 처리시간을 서비스 시간과 연관시킨다. 예를 들어, 5의 가중치 처리량은 요청에 의해 받은 총 처리가 서비스 시간의 5배라는 것을 가리킨다. 다른 작업이나 프로세스들의 가중치 처리량을 비교하는 것은 시스템으로부터 받은 상대적인 서비스를 가리킨다. **공정 할당치**(*fair share*)는 한 프로세스나 프로세스들의 그룹에 할당되어야 하는 CPU 시간의 할당받은 몫을 의미한다. 작업이나 프로세스의 **응답률**(*response ratio*)은 비율 "(도착부터 지금까지 시간 + 서비스 시간)/서비스 시간"을 말한다. 이 측정치는 작업이나 프로세스의 서비스 시간에 대한 서비스를 받는 동안 발생한 지연을 연관시키며, 프로세스의 기아를 피하기 위한 스케줄링 정책에서 사용될 수 있다(7.2.3절 참고). **마감시간 위반**(*deadline overrun*)은 실시간 시스템에서 작업이나 프로세스의 마감시간과 종료시간의 차이이다. 마감시간 위반의 음수 값은 마감시간 이전에 작업이나 프로세스가 종료되었음을 가리키고, 양수 값은 마감시간을 맞추지 못했음을 의미한다. **평균 응답시간**(*mean response time*)과 **평균 총 처리시간**(*mean turnaround time*)은 각각 부분 요청과 프로세스나 작업에 제공된 평균적인 서비스 측정치이다.

시스템 중심 스케줄링 개념들(System-Centric Scheduling Concepts) 처리량과 스케줄 길이는 시스템 성능에 대한 측정치이다. **처리량**(*throughput*)은 단위 시간 내 완료된 요청이나 부분 요청의 평균 개수를 가리킨다(3.5절 참고). 이는 2개 이상의 스케줄링 정책의 성능을 비교하거나, 다른 시간 구간에서 같은 스케줄링 정책의 성능을 비교하는 기초 측정치이다. **스케줄 길이**(*schedule length*)는 요청 집합을 한 서버가 처리하기 위해 사용한 전체 시간의 양을 가리킨다.

처리량과 스케줄 길이는 서로 관련이 있다. 5개의 요청 $r_1, \ldots, r_5$를 서비스하는 것을 생각해 보자. min_a와 max_c는 각각 도착시간들 중 가장 작은 값과 종료시간들 중 가장 큰 값이라고 하자. 이들 다섯 요청들의 스케줄 길이는 $(max_c - min_a)$이고, 처리량은 $5/(max_c - min_a)$이다. 하지만 통상적으로는 이러한 방식으로 스케줄 길이와 처리량을 구하는 것이 가능하지 않다. 왜냐하면 운영체제는 좋은 시스템 성능을 얻기 위해 min_a와 max_c 사이의 구간에 다른 요청들도 승인하고 서비스할 것이기 때문이다. 그럼에도 불구하고, 스케줄링 오버헤드를 무시할 수 없다면 스케줄 길이는 스케줄링 정책의 성능을 비교하기 위한 중요한 기초이다. 처리량은 평균 응답시간이나 평균 총 처리시간과 명백하게 연관이 있다.

7.1.1 스케줄링 기본 테크닉(Fundamental Techniques of Scheduling)

스케줄러는 좋은 사용자 서비스나 높은 시스템 성능을 제공하려고 설계할 때 세 가지 기본적인 테크닉을 사용한다.

- **우선순위 기반 스케줄링**: 수행 중인 프로세스는 CPU를 사용하려고 하는 가장 높은 우선순위 프로세스이어야 한다. 언제든지 가장 높은 우선순위를 가진 **준비 완료**(*ready*)된 프로세스를 스케줄하고, 더 높은 우선순위를 가진 프로세스가 **준비 완료**되었을 때 기존 프로세스를 선점함으로써 이를 보장한다. 3.5.1절을 통해 다중 프로그래밍 운영체제는 높은 우선순위를 I/O 지향적(I/O-bound) 프로세스에 부여한다는 사실을 상기하라. 우선순위의 이러한 할당은 시스템에 높은 처리량을 제공한다.
- **요청들에 대한 순서 변경**: 순서 변경(reordering)은 요청들을 도착한 순서 대신 다른 순서로 서비스하는 것을 암시한다. 순서 변경은 사용자 서비스를 향상시키기 위해 사용될 수 있다. 예를 들어, 짧은 요청을 긴 요청 이전에 서비스하는 것은 요청들의 평균 총 처리시간을 단축시킨다. 요청의 순서 변경은 선점에 대한 암시인데, 시분할 시스템 같은 경우에는 사용자 서비스를 강화하는 데 사용할 수 있고, 다중 프로그래밍 시스템 같은 경우에는 시스템 처리량을 향상시키는 데 사용할 수 있다.
- **시간 조각의 변종**: 시간 조각(time-slicing)이 사용되면 3.6절의 식 (3.2)으로부터 $\eta = \delta/(\delta + \sigma)$를 얻는다. 여기서 η은 CPU 효율이고, δ는 시간 조각이고, σ는 스케줄링 결정시 발생하는 운영체제 오버헤드이다. 더 작은 값의 시간 조각이 사용되면 더 나은 응답시간을 얻는다. 하지만 이는 CPU 효율을 떨어뜨리는데, 상당한 프로세스

교환 오버헤드가 발생하기 때문이다. CPU 효율과 응답시간 간의 균형을 위해서 운영체제는 다른 요청에 대해서는 다른 δ 값을 사용할 수 있다. I/O 지향적 요청에는 작은 값, CPU 지향적 요청에는 큰 값, 또는 프로세스의 행동이 CPU 지향에서 I/O 지향으로 바뀌거나 I/O 지향에서 CPU 지향으로 바뀜에 따라 δ 값을 바꿀 수 있다.

7.2절과 7.3절에서 어떻게 우선순위 기반 스케줄링 테크닉과 요청들의 순서 변경이 고전적이고 비선점적인, 또한 선점적인 스케줄링 정책에 사용되는지를 논의한다. 7.4절과 7.5절에서는 어떻게 현대 운영체제에서의 스케줄러들이 이들 3개의 기본적인 테크닉을 사용하여 좋은 성능과 좋은 사용자 서비스 조합을 제공하는지 논의할 것이다.

7.1.2 우선순위의 역할(The Role of Priority)

우선순위는 많은 요청들이 서버의 주목을 기다릴 때, 스케줄러에 의해 채용된 승자를 결정짓는 규칙이다. 요청의 우선순위는 여러 파라미터들의 함수일 수 있고, 각 파라미터는 요청의 고유한 속성이나 그 서비스에 관련된 면을 반영한다. 만약 파라미터 중 몇 개가 요청의 동작 중에 바뀌면 **동적 우선순위**(*dynamic priority*)라고 불리고, 그렇지 않으면 **정적 우선순위**(*static priority*)라고 불린다.

마찬가지로 몇 개의 프로세스 순서 변경은 우선순위를 통해 얻을 수 있다. 예를 들어, 우선순위가 프로세스의 서비스 시간과 반비례한다면 짧은 프로세스는 긴 프로세스 이전에 서비스받을 수 있다. 그리고 우선순위가 프로세스가 소비하는 CPU 시간과 반비례한다면 적은 CPU 시간을 받은 프로세스가 먼저 처리될 것이다. 하지만 어떤 종류의 프로세스 순서 변경, 말하자면 시간 조각을 통해 얻은 것과 같은 복잡한 우선순위 함수가 필요할 수 있다. 여기서 시간 조각의 사용은 스케줄링 오버헤드를 증가시킬 수 있다. 이런 상황에서 스케줄러는 요청이 서비스받아야 하는 순서를 결정하는 알고리즘을 채용해야 한다.

만약 2개 이상의 요청들이 같은 우선순위를 가진다면 어느 것이 먼저 스케줄되어야 할까? 일반적인 방법은 이런 요구들에 대해 라운드 로빈 스케줄링을 사용하는 것이다. 이 방법은 우선순위가 더 높은 프로세스가 준비 완료되지 않았을 때, 동일한 우선순위를 가진 프로세스들이 CPU를 공유하는 것이다. 또한 하나의 요청이 동일한 우선순위를 가진 다른 요청보다 선호되는 경우보다 더 나은 사용자 서비스를 제공한다.

우선순위 기반 스케줄링은 단점을 가지고 있는데, 높은 우선순위 요청들이 계속 도착하면 낮은 우선순위 요청은 결코 서비스를 받을 수가 없다는 것이다. 이런 상황을 **기아**(*starvation*)라고 부른다. 이는 어떤 기간 동안 스케줄되지 않은 요청의 우선순위를 증가시킴으로써 피할 수 있다. 즉, 낮은 우선순위 요청은 기다림에 따라 우선순위가 계속 증가하여 다른 미결정 요청들의 우선순위보다 높아지게 되고, 결국 스케줄되는 것이다. 이런 테크닉을 요청의 **노화**(*aging*)라고 한다.

7.2 비선점 스케줄링 정책들(NONPREEMPTIVE SCHEDULING POLICIES)

비선점 스케줄링에서 서버는 항상 스케줄된 요청이 완료될 때까지 서비스를 한다. 따라서 스케줄링은 이전에 스케줄된 요청이 완료되었을 때 수행되고, 그림 7.1에 나온 요청의 선점은 발생하지 않는다. 비선점 스케줄링은 그 간단함 때문에 인기가 있는데, 스케줄러는 서비스되지 않은 요청과 일부분만 서비스된 요청을 구분할 필요가 없다.

요청은 결코 선점되지 않기 때문에, 사용자 서비스나 시스템 성능을 향상시키기 위해 스케줄러가 할 수 있는 기능은 요청의 순서 변경뿐이다. 이 장에서는 3개의 비선점 스케줄링 정책에 대해 논의한다.

- 선입 선처리(first-come, first-served: FCFS) 스케줄링
- 최단 요청 선택(shortest request next: SRN) 스케줄링
- 고응답률 선택(highest response ratio next: HRN) 스케줄링

표 7.2에 나타낸 5개 프로세스들의 도움을 얻어 다양한 스케줄링 정책의 동작과 성능을 설명한다. 간단히 하기 위해서 프로세스들은 I/O 연산을 하지 않는다고 가정한다.

7.2.1 FCFS 스케줄링(FCFS Scheduing)

요청들은 시스템에 들어온 순서대로 스케줄된다. 미결정 요청들의 리스트는 큐로 구성된다. 스케줄러는 항상 리스트에 있는 첫 번째 요청을 스케줄한다. FCFS 스케줄링의 예는 도착시간에 따라서(또는 정확히 같은 시간에 여러 요청들이 도착했으면 임의로) 작업들의 순서가 매겨지는 배치(batch) 처리 시스템이며, 작업의 결과는 완료되자마자 곧바로 사용자에게 양도된다. 다음 예제가 FCFS 스케줄러의 동작을 설명한다.

예제 7.1로부터 FCFS 스케줄링이 제공하는 가중치 처리량에 상당한 변화가 있다

예제 7.1 FCFS 스케줄링

그림 7.2는 표 7.2의 프로세스들을 위한 FCFS 스케줄링 정책에 의해 만들어진 스케줄링 결정들을 설명한다. 프로세스 P_1은 시간 0에 스케줄된다. 3초에 P_1이 완료되었을 때, 미결정 리스트는 P_2와 P_3을 가지고 있어서 P_2가 스케줄된다. 완료된 행은 완료된 프로세스의 id, 총 처리시간(ta), 그리고 가중치 처리량(w)이다. ta와 w의 평균 값(즉, $\overline{ta}$와 $\overline{w}$)은 표 아래에 나타나 있다. 그림 7.2의 시간별 도표는 프로세스들이 어떻게 동작하는지를 보여준다.

표 7.2 스케줄링을 위한 프로세스들

프로세스	P_1	P_2	P_3	P_4	P_5
승인시간	0	2	3	4	8
서비스 시간	3	3	5	2	3

시간	완료된 프로세스			시스템에 있는 프로세스 (FCFS 순서)	스케줄된 프로세스
	id	*ta*	*w*		
0	–	–	–	P_1	P_1
3	P_1	3	1.00	P_2, P_3	P_2
6	P_2	4	1.33	P_3, P_4	P_3
11	P_3	8	1.60	P_4, P_5	P_4
13	P_4	9	4.50	P_5	P_5
16	P_5	8	2.67	–	–

$\overline{ta} = 6.40$초
$\overline{w} = 2.22$

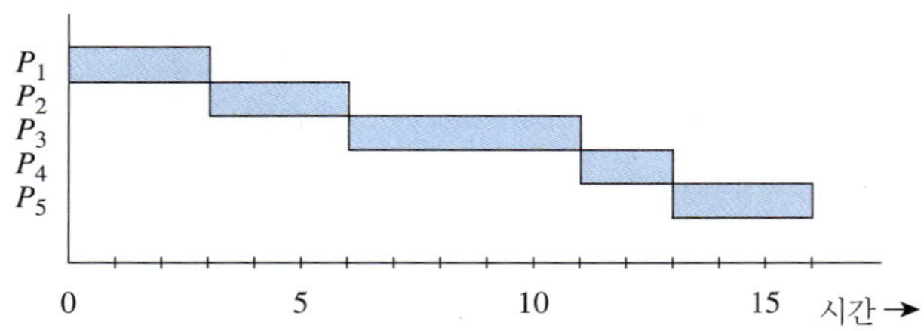

그림 7.2 FCFS 정책을 이용한 스케줄링

는 것을 알 수 있다. 만약 큰 총 처리시간을 가진 프로세스들이 더 짧았다면 이 변화는 더 컸을 것이다. 예를 들어, 만약 P_4의 실행 요구가 1초나 0.5초였다면 가중치 처리량은 더 컸을 것이다.

7.2.2 최단 요청 선택 스케줄링[Shortest Request Next(SRN) Scheduling]

SRN 스케줄러는 항상 가장 작은 서비스 시간을 가진 요청을 스케줄한다. 따라서 요청은 더 짧은 요청들이 모두 서비스될 때까지 미결정으로 남는다.

SRN 정책의 사용은 실용화에 있어서 몇 가지 어려움에 직면한다. 프로세스의 서비

예제 7.2 최단 요청 선택(SRN) 스케줄링

그림 7.3은 표 7.2의 프로세스들을 위한 SRN 스케줄링 정책에 의한 스케줄링 결정과 프로세스들의 동작을 설명한다. 시간 0에 P_1만이 시스템에 있어서 바로 스케줄된다. P_1은 시간 3에 완료된다. 이 시간에 프로세스 P_2와 P_3이 시스템에 있고, P_2가 P_3보다 짧다. 그래서 P_2가 스케줄되고, 이런 식으로 계속 진행된다.

짧은 요청은 FCFS 스케줄링의 경우보다 더 작은 총 처리시간과 가중치 처리량을 가지는 경향이 있기 때문에, 평균 총 처리시간과 평균 가중치 처리량은 FCFS 스케줄링보다 좋다. 이러한 형태는 긴 요청이 받는 서비스 품질을 하락시킨다. 하지만 그들의 서비스 시간이 길기 때문에 그들의 가중치 처리량은 그다지 증가하지 않는다. 짧은 프로세스들이 먼저 서비스를 받기 때문에, 처리량은 처음 10초 동안은 FCFS 스케줄링에서보다 더 높다. 하지만 같은 프로세스들이 서비스되었기 때문에, 스케줄의 끝에는 두 경우의 값이 동일하다.

시간	완료된 프로세스			시스템에 있는 프로세스 (FCFS 순서)	스케줄된 프로세스
	id	*ta*	*w*		
0	–	–	–	$\{P_1\}$	P_1
3	P_1	3	1.00	$\{P_2, P_3\}$	P_2
6	P_2	4	1.33	$\{P_3, P_4\}$	P_4
8	P_4	4	2.00	$\{P_3, P_5\}$	P_5
11	P_5	3	1.00	$\{P_3\}$	P_3
16	P_3	13	2.60	$\{\}$	–

$\overline{ta} = 5.40$ 초
$\overline{w} = 1.59$

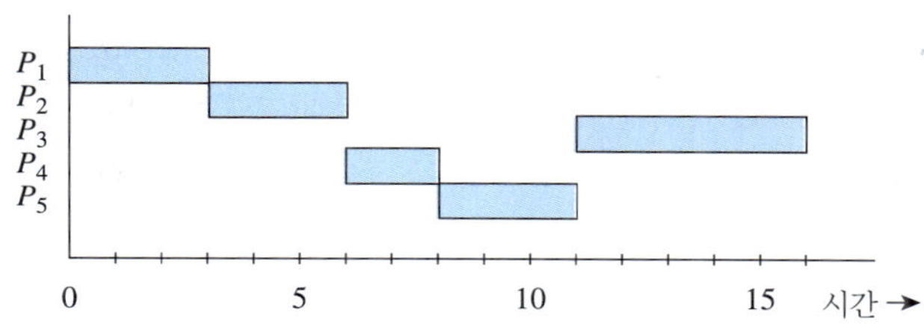

그림 7.3 최단 요청 선택(SRN) 정책을 이용한 스케줄링

스 시간은 운영체제에 미리 알려지지 않으므로, 운영체제는 사용자가 프로세스의 서비스 시간에 대한 추정치를 제공해 주기를 바랄지도 모른다. 하지만 사용자가 서비스 시간을 판단하는 데 충분한 경험을 가지고 있지 않다면, 스케줄링 성능은 규칙적이지 않을 것이다. 혹은 자신들 프로세스에 더 나은 서비스를 얻으려고 낮은 서비스 시간이라고 측정하여 줄 수도 있다. 짧은 프로세스들이 지속적인 스트림으로 시스템에 도착한다면 긴 프로세스는 기아 상태가 될 수 있기 때문에, SRN 정책은 긴 프로세스에게는 나쁜 서비스를 제공한다.

7.2.3 고응답률 선택 스케줄링[Highest Response Ratio Next(HRN) Scheduling]

HRN 정책은 식 (7.1)에 따라 시스템에 있는 모든 프로세스들의 응답률을 계산하고, 가장 응답률이 높은 프로세스를 선택한다.

$$\text{응답률} = \frac{\text{도착부터 지금까지 시간} + \text{프로세스 서비스 시간}}{\text{프로세스 서비스 시간}} \tag{7.1}$$

새로 도착한 프로세스의 응답률은 1이다. 프로세스는 서비스되기를 기다릴 동안 (1/서비스 시간)의 비율로 증가한다. 짧은 프로세스의 응답률은 긴 프로세스보다 더 빨리 증가한다. 그래서 짧은 프로세스가 스케줄되기 쉽다. 하지만 긴 프로세스의 응답률은 결국 스케줄을 받을 수 있을 정도로 커지게 된다. 이러한 모습은 7.1.2절에서 다룬 노화 테크닉과 비슷한 효과를 가지므로, 긴 프로세스라도 기아 상태가 되진 않는다. 다음 예제가 이 성질을 설명한다.

예제 7.3 고응답률선택(HRN) 스케줄링

표 7.2에 나온 5개의 프로세스를 위한 HRN 스케줄링 정책의 동작이 그림 7.4에 요약되었다. 프로세스 P_1이 완료되기 전까지 프로세스 P_2와 P_3이 도착한다. P_2는 P_3보다 응답률이 높아서 다음으로 스케줄된다. P_2가 완료되면 P_3은 이전보다 응답률이 높아진다. 하지만 P_3 다음에 도착한 P_4는 더 짧은 프로세스이기 때문에 더 높은 응답률을 가지게 되고, P_4가 스케줄된다. P_4가 완료되었을 때, P_3은 더 짧은 프로세스인 P_5보다 더 높은 응답률을 가지게 된다. 이는 P_3은 그동안 많은 시간을 기다려 왔고 P_5는 막 도착했기 때문이다. 따라서 P_3이 스케줄된다. 이런 행동은 SRN 스케줄링보다 P_3의 가중치 처리량을 더 작게 하는 결과를 가져온다(그림 7.3 참고). 따라서 오랜 기다림 뒤에 긴 프로세스가 짧은 프로세스보다 먼저 스케줄된다.

7.3 선점형 스케줄링 정책들(PREEMPTIVE SCHEDULING POLICIES)

선점형 스케줄링에서 서버는 현재 요청이 완료되기 전에 새로운 요청의 처리로 바뀔 수 있다. 선점된 요청은 미결정 요청의 리스트로 되돌아간다(그림 7.1 참고). 따라서 하나

시간	완료된 프로세스			프로세스들의 응답률					스케줄된 프로세스
	id	***ta***	***w***	P_1	P_2	P_3	P_4	P_5	
0	–	–	–	1.00					P_1
3	P_1	3	1.00		1.33	1.00			P_2
6	P_2	4	1.33			1.60	2.00		P_4
8	P_4	4	2.00			2.00		1.00	P_3
13	P_3	10	2.00					2.67	P_5
16	P_5	8	2.67						–

$\overline{ta}$ = 5.8 초
$\overline{w}$ = 1.80

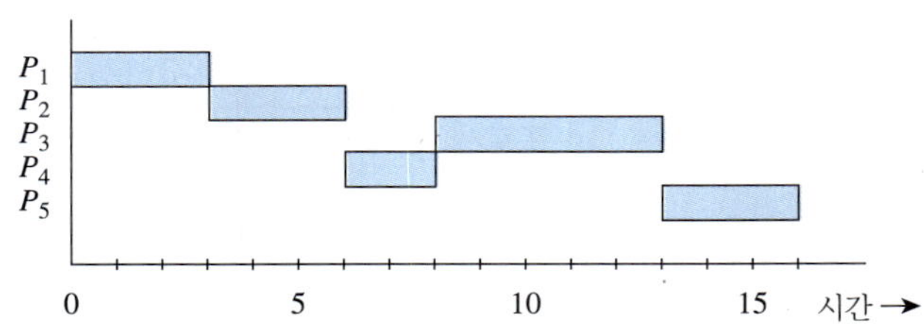

그림 7.4 고응답률 선택(HRN) 정책의 동작

의 요청은 완료되기 전까지 여러 번 스케줄될 수 있다. 이러한 형태는 비선점 스케줄링이 사용되었을 때보다 더 큰 스케줄링 오버헤드를 유발시킨다. 여기서는 3장에서 다룬 다중 프로그래밍과 시분할 운영체제에서의 선점형 스케줄링을 다룬다.

이 절에서는 3개의 선점형 스케줄링 정책들을 논의한다.

- 시간 조각을 가진 라운드 로빈(round-robin: RR) 스케줄링
- 최소 완료 선택(least completed next: LCN) 스케줄링
- 최단 진행(shortest time to go: STG) 스케줄링

RR 스케줄링 정책은 번갈아 가며 승인된 요청들끼리 CPU를 공유한다. 다른 두 정책들은 스케줄링 결정을 할 때 요청이 요구한 CPU 시간이나 소모한 CPU 시간을 고려한다.

7.3.1 시간 조각을 가진 라운드 로빈 스케줄링(Round-Robin Scheduling with Time-Slicing)

RR 정책은 모든 요청들에 대해 좋은 응답시간을 제공하는 것을 목표로 한다. 시간 조각은 δ로 표기되는데, 요청이 스케줄되었을 때 사용할 수 있는 최대 크기의 CPU 시간이다. 요청은 시간 조각의 끝에서 선점된다. 이를 쉽게 구현하기 위해 커널은 시간 조각이 경과했을 때 타이머 인터럽트가 깨어나게 준비한다.

RR 정책은 모든 CPU 지향적 프로세스에 거의 동등한 서비스를 제공한다. 이러한 형태는 프로세스들의 가중치 처리량이 거의 동일한 값을 가지고 있다는 사실에서 드러난다. 프로세스의 가중치 처리량에 대한 실제 값은 시스템에 있는 프로세스들의 개수에 좌우된다. I/O 연산을 수행하는 프로세스들에게 제공되는 가중치 처리량은 그 I/O 연산의 기간에 종속된다. RR 정책은 처리량과 같은 시스템 성능의 측정에는 잘 맞지 않는데, 그 이유는 짧은 프로세스에게 우선권을 주지 않기 때문이다. 다음 예제는 RR 스케줄링의 성능을 설명한다.

예제 7.4 라운드 로빈(RR) 스케줄링

라운드 로빈 스케줄러는 **준비 완료** 상태에 있는 프로세스들의 큐를 유지하고, 단순히 그 큐에서 첫 번째 프로세스를 선택한다. 수행되던 프로세스는 시간 조각이 경과되었을 때 선점되고, 그 큐의 끝에 넣어진다. 한 프로세스가 선점되는 순간, 그 시스템에서 승인된 새로운 프로세스가 선점된 프로세스에 앞서 큐에 들어갔다고 가정한다.

그림 7.5는 표 7.2에 보인 다섯 프로세스들에 대해 $\delta = 1$초인 RR 스케줄러의 동작을 요약한다. 스케줄러는 매 초마다 스케줄링에 대한 결정을 내린다. 결정이 내려졌을 때의 시간은 그림 7.5 윗부분에 있는 표의 첫 번째 행

에 나타나 있다. 다음의 다섯 행은 준비 완료 큐에 있는 다섯 프로세스들의 위치를 보여준다. 빈 칸은 그 프로세스가 그 시간에 시스템에 없다는 것을 가리킨다. 마지막 행은 스케줄러가 선택한 프로세스를 가리키며, 이들 프로세스는 준비 완료 큐의 첫 번째 위치에 있다. 2초일 때의 상황을 보자. 스케줄링 큐는 P_2 다음에 P_1을 담고 있다. 따라서 P_2가 스케줄된다. 프로세스 P_3은 3초에 도착하고 큐에 들어간다. P_2는 3초에 선점되고 큐로 들어간다. 따라서 큐는 P_1 다음에 P_3, 다음에 P_2를 담고 있다. 따라서 P_1이 스케줄된다.

스케줄 시간		0	1	2	3	4	5	6	7	8	9	10	11	12	13	14	15
준비 완료 큐에 있는 프로세스들의 위치(1은 큐의 head를 의미함)	P_1	1	1	2	1												
	P_2			1	3	2	1	3	2	1							
	P_3				2	1	3	2	1	4	3	2	1	2	1	2	1
	P_4					3	2	1	3	2	1						
	P_5									3	2	1	2	1	2	1	
스케줄된 프로세스		P_1	P_1	P_2	P_1	P_3	P_2	P_4	P_3	P_2	P_4	P_5	P_3	P_5	P_3	P_5	P_3

c	t_a	w
4	4	1.33
9	7	2.33
16	13	2.60
10	6	3.00
15	7	2.33

$\overline{ta} = 7.4$ 초 $\overline{w} = 2.32$

c: 프로세스 완료시간

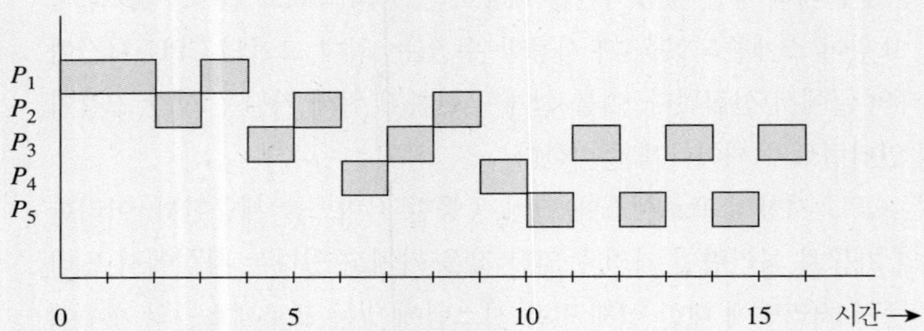

그림 7.5 시간 조각을 가진 라운드 로빈 정책을 사용한 스케줄

총 처리시간과 가중치 처리량은 표의 오른편에 나타나 있다. c 열은 완료시간을 나타낸다. 총 처리시간과 가중치 처리량은 7.2절에서 논의한 비선점 정책의 경우보다 열등한 편인데, 그 이유는 시간 조각으로 인해 CPU 시간이 여러 프로세스들 간에 공유되기 때문이다. 거의 같은 시간에 도착한 프로세스 P_2, P_3, 그리고 P_4는 거의 동일한 가중치 처리량 값을 보여준다. P_4가 가장 나쁜 가중치 처리량을 보이는 이유는 시스템에 존재한 대부분의 시간 동안 다른 두 프로세스들과 같이 시스템에 있었기 때문이다. P_1이 가장 좋은 가중치 처리량 값을 보여주는 이유는 P_1이 실행되는 시스템 초반기에는 다른 프로세스가 없었기 때문이다. 따라서 가중치 처리량은 시스템의 오버헤드에 의해 좌우된다.

3장에서 논의했듯이, 시스템이 n 개의 프로세스를 가지고 있고 한 프로세스의 각 부분 요청은 정확히 δ 초를 소비하고 각 스케줄링 결정에 드는 오버헤드가 σ이면, 부분 요청의 응답시간 (rt)는 $n \times (\sigma + \delta)$가 된다. 하지만 δ와 rt 사이의 관계는 이보다 더 복잡하다. 첫째, 어떤 프로세스들은 I/O 때문에 블록되거나 사용자 응답을 기다리기 때문에 응답시간은 n보다는 활동 중인 프로세스들의 수에 더 영향을 받는다. 둘째, 하나의 요청이 δ 초보다 더 많은 CPU 시간을 필요로 한다면 응답을 만들어낼 때까지 한 번 이상 스케줄되어야 한다. 따라서 δ 값이 작다면, δ 값이 작아질수록 요청의 rt는 증가한다. 다음 예제가 이러한 점을 설명한다.

예제 7.5 RR 스케줄링에서 응답시간의 변동

한 운영체제가 동시에 시작된 10개의 동일한 프로세스를 담고 있다. 각 프로세스는 15개의 동일한 부분 요청을 받고, 각 부분 요청은 20 ms의 CPU 시간을 소비한다. 부분 요청 다음에는 I/O 연산이 10 ms을 소비한다. 이 시스템은 CPU 스케줄링에 2 ms를 소비한다. $\delta \geq 20$ ms이면 첫 번째 프로세스의 첫 번째 부분 요청은 22 ms의 응답시간을 가지고, 마지막 프로세스의 첫 번째 부분 요청은 220 ms의 응답시간을 가진다. 따라서 평균 응답시간은 121 ms이다. 모든 프로세스의 다음 부분 요청은 $10 \times (2 + 20) - 10$ ms $= 210$ ms의 응답시간을 가지는데, 그 이유는 다음 부분 요청을 받기 전에 프로세스는 I/O를 기다리면서 10 ms를 소비하기 때문이다. $\delta = 10$ ms이면 부분 요청들은 10 ms 뒤에 선점된다. 다시 스케줄되면 10 ms를 수행하고 결과를 출력한다. 따라서 첫 번째 프로세스의 응답시간은 $10 \times (2 + 10) + (2 + 10) = 132$ ms이고, 마지막 프로세스의 응답시간은 $10 \times (2 + 10) + 10 \times (2 + 10) = 240$ ms이다. 이어지는 부분 요청의 응답시간은 $10 \times (2 + 10) + 10 \times (2 + 10) - 10 = 230$ ms이다. 그림 7.6은 다른 δ 값에 대한 시스템의 성능들을 요약하였다. 예상한 바와 같이 δ 값이 작을수록 스케줄 길이와 오버헤드가 높아진다. 그림 7.6의 그래프는 δ의 변화에 따른 이어지는 부분 요청의 평균 응답시간 변화를 설명한다. 이 응답시간은 δ가 10 ms일 때보다 5 ms일 때가 더 크다는 것에 주목할 필요가 있다.

시간 조각	5 ms	10 ms	15 ms	20 ms
첫 번째 부분 요청에 대한 평균 rt(ms)	248.5	186	208.5	121
연이은 부분 요청에 대한 평균 rt(ms)	270	230	230	210
스케줄링 결정 횟수	600	300	300	150
스케줄 길이(ms)	4200	3600	3600	3300
오버헤드(%)	29	17	17	9

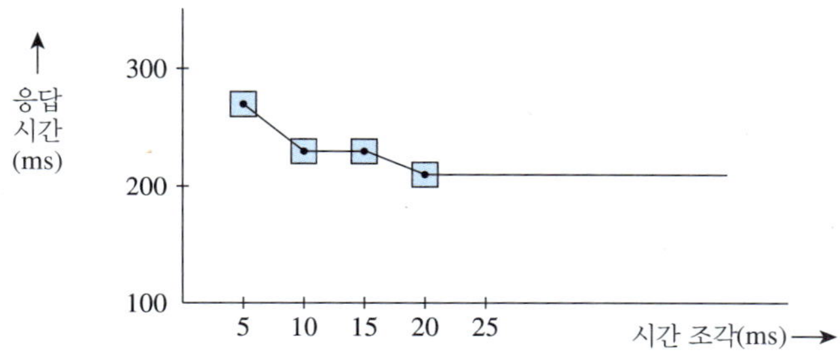

그림 7.6 다른 δ 값에 따른 RR 스케줄링의 성능

7.3.2 최소 완료 선택 스케줄링[Least Completed Next(LCN) Scheduling]

LCN 정책은 지금까지 CPU 시간을 가장 적게 소비한 프로세스를 스케줄한다. 따라서 프로세스의 성격, 즉 CPU 지향적인지 I/O 지향적인지, 또는 CPU 요청시간 등은 시스템에서 그 진행에 영향을 미치지 않게 된다. LCN 정책하에서는 프로세스들이 소비한 CPU 시간 관점에서 볼 때, 모든 프로세스들이 대체적으로 비슷한 진행을 보인다. 따라서 이 정책에서 짧은 프로세스는 긴 프로세스보다 먼저 완료되는 것을 보장한다. 하지만 궁극적으로는 이 정책도 긴 프로세스가 CPU의 관심을 받지 못하는 것 같은 단점을 가지게 된다. 또한 이 정책은 시스템에 새로운 프로세스들이 지속적으로 들어오면 이미 존재하는 프로세스들은 무시하게 된다. 따라서 그리 길지 않은 프로세스조차도 기아에 시달리거나 큰 총 처리시간을 가지는 경향이 있다.

예제 7.6 최소 완료 선택(LCN) 스케줄링

표 7.2에 보여진 5개의 프로세스들을 위한 LCN 스케줄링 정책의 구현이 그림 7.7에 요약되었다. 그림 윗부분 표에 있는 중간 행들은 프로세스에 의해 이미 소모된 CPU 시간의 양을 보여준다. 스케줄러는 이 정보를 분석하고, CPU 시간을 가장 적게 소모한 프로세스를 선택한다. 소모시간이 같은 경우에는 가장 오랜 시간 동안 서비스받지 못한 프로세스를 선택한다. 프로세스들의 총 처리시간과 가중치 처리량은 표의 오른편에 나와 있다.

스케줄 시간		0	1	2	3	4	5	6	7	8	9	10	11	12	13	14	15
프로세스가 소비한 CPU 시간	P_1	0	1	2	2	2	2	2	2	2	2	2					
	P_2			0	1	1	1	2	2	2	2	2	2				
	P_3				0	1	1	1	2	2	2	2	2	2	3	4	5
	P_4					0	1	1	1								
	P_5									0	1	2	2	2	2		
스케줄된 프로세스		P_1	P_1	P_2	P_3	P_4	P_2	P_3	P_4	P_5	P_5	P_1	P_2	P_3	P_5	P_3	P_3

	c	ta	w
P_1	11	11	3.67
P_2	12	10	3.33
P_3	16	13	2.60
P_4	8	4	2.00
P_5	14	6	2.00

$\overline{ta} = 8.8$초 $\overline{w} = 2.72$

c: 프로세스 완료시간

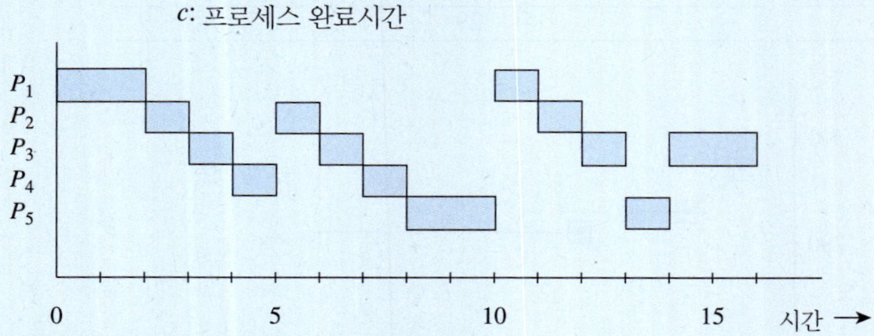

그림 7.7 최소 완료 선택(LCN) 정책을 사용한 스케줄링

P_1, P_2, 그리고 P_3을 서비스하는 것이 지연되었는데, 그 이유는 이들 프로세스가 더 진행되기 전에 새 프로세스가 도착해서 CPU 서비스를 얻었기 때문이라고 볼 수 있다. LCN 정책은 RR 정책(예제 7.4 참고)이나 STG 정책(다음에 언급)보다 더 나쁜 총 처리시간과 가중치 처리량을 제공하는데, 그 이유는 새로 도착한 프로세스가 CPU 이용률 측면에서 추월당하지 않는 이상은 LCN 정책이 시스템에 이미 있는 프로세스보다 새로 도착한 프로세스를 선호하기 때문이다. 즉 P_1, P_2, 또는 P_3보다 P_5가 선호된다.

7.3.3 최단 진행 스케줄링[Shortest Time to Go(STG) Scheduling]

최단 진행 정책은 시스템에서 CPU 시간 요청이 가장 적게 남은 프로세스를 스케줄한다. 이것은 7.2절의 최단 요청 선택(SRN) 선점형 버전이므로, 긴 프로세스보다 짧은 프로세스를 선호하며 좋은 처리량을 제공한다. 게다가 STG도 시스템에 방금 들어온 짧은 프로세스보다 완료가 얼마 남지 않은 프로세스를 선호한다. 이러한 형태는 프로세스의 총 처리시간과 가중치 처리량을 향상시킨다. 이 정책은 SRN 정책과 유사하기 때문에 긴 프로세스는 기아에 빠질 수 있다.

스케줄 시간		0	1	2	3	4	5	6	7	8	9	10	11	12	13	14	15
프로세스가 필요로 하는 남은 CPU 시간	P_1	3	2	1													
	P_2			3	3	2	2	2	1								
	P_3				5	5	5	5	5	5	5	5	5	4	3	2	1
	P_4					2	1										
	P_5									3	2	1					
스케줄된 프로세스		P_1	P_1	P_1	P_2	P_4	P_4	P_2	P_2	P_5	P_5	P_5	P_3	P_3	P_3	P_3	P_3

c	ta	w
3	3	1.00
8	6	2.00
16	13	2.60
6	2	1.00
11	3	1.00

$\overline{ta} = 5.4$초 $\overline{w} = 1.52$

c: 프로세스 완료시간

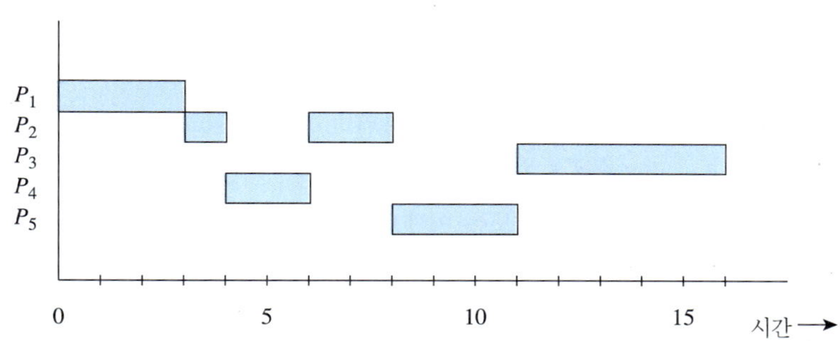

그림 7.8 최단 진행(STG) 정책을 사용한 스케줄링

예제 7.7 최단 진행(STG) 스케줄링

그림 7.8은 표 7.2에 보인 다섯 프로세스에 대한 STG 스케줄링 정책의 성능을 요약한다. 이 정책이 사용하는 스케줄링 정보는 각 프로세스가 완료를 위해 필요로 하는 CPU 시간이다. 값이 같은 경우에 스케줄러는 가장 오랫동안 수행되지 않은 프로세스를 선택한다. P_3과 비교해서 P_2, P_4, 그리고 P_5가 더 작은 CPU 시간을 요구하기 때문에 P_3의 수행은 지연된다.

7.4 스케줄링 사례(SCHEDULING IN PRACTICE)

운영체제가 시스템 성능과 사용자 서비스의 안정적인 조합을 제공하려면, 그 운영을 사용자 요청의 성질과 개수, 그리고 자원의 가용성에 맞추어야 한다. 고전적인 스케줄링 정책을 사용하는 단일 스케줄러는 이런 모든 이슈들을 효율적으로 처리할 수 없다. 따라서 현대 운영체제는 여러 개의 스케줄러를 채용한다. 나중에 보겠지만 3개까지의 스케줄러를 채용하기도 하며, 어떤 스케줄러는 다른 스케줄링 정책들의 조합을 사용하기도 한다.

7.4.1 장기, 중기, 단기 스케줄러(Long-, Medium-, and Short-Term Schedulers)

이들 스케줄러는 다음과 같은 기능을 수행한다.

- **장기 스케줄러:** 스케줄링을 위해 도착한 프로세스를 언제 승인하는지를 결정한다. 결정을 위한 판단 척도는 그 성격(CPU 지향적인지, I/O 지향적인지)과, 커널 자료구조와 스와핑을 위한 디스크 공간과 같은 자원의 가용성이 된다.
- **중기 스케줄러:** 언제 메모리에서 프로세스를 스왑시켜 내보내고, 언제 스왑시켜 들여올지를 결정한다. 그렇게 함으로써 충분한 수의 **준비 완료된** 프로세스가 시스템에 있도록 한다.
- **단기 스케줄러:** 어떤 **준비 완료된** 프로세스에 CPU를 서비스하고, 얼마나 오랫동안 서비스할 것인지를 결정한다.

따라서 단기 스케줄러는 운영을 위해서 실제로 프로세스를 선택한다. 따라서 이는 **프로세스 스케줄러** 또는 단순히 **스케줄러**라고도 불린다. 그림 7.9는 스케줄링과 관련된 동작의 개요를 보여준다. 2.3절과 5.2.2절에서 논의했듯이, 커널의 동작은 인터럽트 구동식이다. 커널의 관심을 필요로 하는 모든 이벤트(event)는 인터럽트를 발생시킨다. 인터럽트 처리 루틴은 문맥 저장 함수(context save function)를 수행하고 이벤트 핸들러(event handler)를 호출한다. 이벤트 핸들러는 이벤트를 분석하고, 그 이벤트의 영향을 받은 프로세스의 상태를 바꾼다. 그리고 장기, 중기, 또는 단기 스케줄러를 적절하게 호출한다. 예를 들어, 새로운 프로세스를 생성한 이벤트 핸들러는 장기 스케줄러를 호출하

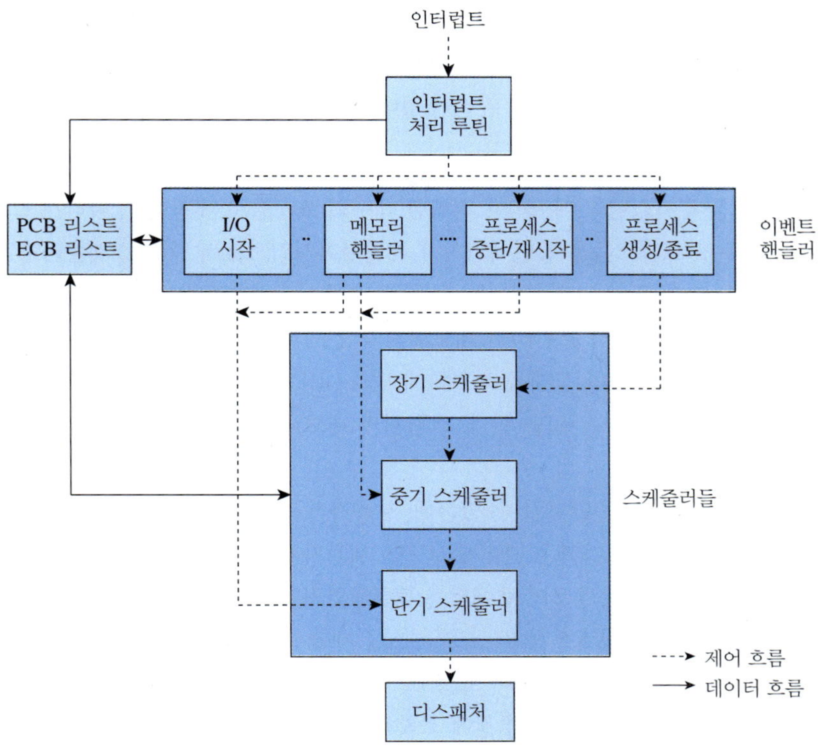

그림 7.9 이벤트 핸들링과 스케줄링

고, 프로세스를 중지하거나 다시 시작하게 하는(5.2.1.1절 참고) 이벤트 핸들러는 중기 스케줄러를 호출하고, 메모리 관리자는 메모리가 부족한 경우 중기 스케줄러를 호출할 수도 있다. 대부분의 다른 이벤트 핸들러는 바로 단기 스케줄러를 호출한다.

장기 스케줄링(Long-Term Scheduling) 장기 스케줄러는 요청의 승인을 두 가지 이유로 연기할 수 있다. 요청이 도착했을 때 필요한 커널 자료 구조나 I/O 디바이스 같은 자원이 충분하지 않을 수 있다. 또는 승인함으로써 시스템 성능이 어떤 방식으로든 영향을 받을 수 있다는 것을 발견했을 수도 있다. 즉, 지금 시스템이 많은 수의 CPU 지향성 요청들을 담고 있다면, 스케줄러는 새로운 CPU 지향적 요청에 대해서는 승인을 보류할 수 있지만 새로운 I/O 지향적 요청은 바로 승인해 줄 수도 있다.

장기 스케줄러는 1960년대와 1970년대에 작업 스케줄링을 위해 사용되었다. 그 당시에는 컴퓨터 시스템이 제한된 자원을 가지고 있어서, 장기 스케줄러는 프로세스가 현재 시간에 시작될 수 있는지 여부를 결정해야 했다. 자원이 제한된 운영체제에는 여전히 중요한 판단이다. 또는 요청에 마감시간이 있거나 한 그룹의 요청들이 이미 알려져 있는 주기(period)로 반복되는 시스템에서도 사용된다. 이 경우 주어진 프로세스가 애플리케이션의 응답 요구조건을 맞추기 위해 언제 시작되어야 할지를 결정한다. 장기 스케줄링은 이 외의 운영체제와는 별 관련이 없다.

중기 스케줄링(Medium-Term Scheduling) 중기 스케줄링은 시스템에 승인되었던 다량의 요청을 한 순간에 시스템의 메모리에 적합한 개수의 요청들로 매핑한다. 따라서 스케줄러의 관심사는 프로세스들을 중단시키거나 재활성화시킴으로써 단기 스케줄러가 이용 가능한 충분한 수의 **준비 완료** 프로세스들을 준비해 두는 데 있다. 중기 스케줄러는 언제 프로세스를 메모리에서 스왑시켜 내보낼지와 언제 다시 메모리로 스왑시켜 들여올지를 결정하며, 프로세스의 상태를 적절하게 변경시키고 프로세스 제어 블록 (PCB)을 적합한 PCB 리스트에 넣는 일을 한다. 스왑시켜 내보내거나 들여오는 실제 동작은 메모리 관리자가 수행한다.

커널은 프로세스를 중단시킬 수 있는데, 사용자가 중단을 요청했을 때나, 커널에게 가용한 메모리가 없거나, 가까운 미래에 그 프로세스가 CPU를 할당받을 가능성이 없을 때가 이에 해당한다. 시분할 시스템에서는 **블록**되었거나 **준비 완료** 상태의 프로세스들이 중단 대상이 된다(그림 5.5 참고). 프로세스를 재활성화하는 결정은 더 복잡하다. 중기 스케줄러는 스케줄링 리스트에서 프로세스가 차지하는 위치를 계산하고, 언제 스케줄할지를 추정하고, 그 시간이 되기 전에 스왑하여 들여온다.

단기 스케줄링(Short-Term Scheduling) 단기 스케줄링은 효율적인 CPU 사용과 관련이 있다. 이는 **준비 완료** 프로세스들의 리스트에서 한 프로세스를 선택하여 디스패치(dispatch) 장치에 전달한다. 또한 얼마나 오랫동안 그 프로세스가 CPU를 사용하도록 할지를 결정하고, 그에 맞추어 타이머 인터럽트를 발생시키도록 커널에게 지시한다.

예제 7.8은 시분할 운영체제에서의 장기, 중기, 그리고 단기 스케줄링을 설명한다.

예제 7.8 시분할 시스템에서의 장기, 중기, 그리고 단기 스케줄링

그림 7.10은 시분할 운영체제에서의 스케줄링을 설명한다. 장기 스케줄러는 제어 블록, 디스크의 스왑 공간, 그리고 I/O 디바이스 같은 다른 자원들이 실제적이든 가상적이든 할당될 수 있을 때 프로세스를 승인한다. 커널은 프로세스의 코드를 스왑 공간에 복사하고, 그 프로세스를 스왑하여 나간 프로세스들의 리스트에 넣는다.

중기 스케줄러는 프로세스들의 스왑을 제어하고 언제 프로세스들을 **준비 완료 스왑된** 리스트와 **준비 완료** 리스트 사이로 이동할지와, **블록 스왑된** 리스트와 **블록된** 리스트 사이로 이동할지를 결정한다. CPU가 사용 가능할 때마다 단기 스케줄러는 **준비 완료된** 리스트에서 실행을 위한 프로세스를 하나 선택한다. 디스패치 장치는 선택된 프로세스를 CPU에 초기화하고 동작을 재시작하도록 한다. 프로세스는 스왑의 결과에 따라 중기와 단기 스케줄러 사이를 여러 번 왕복한다.

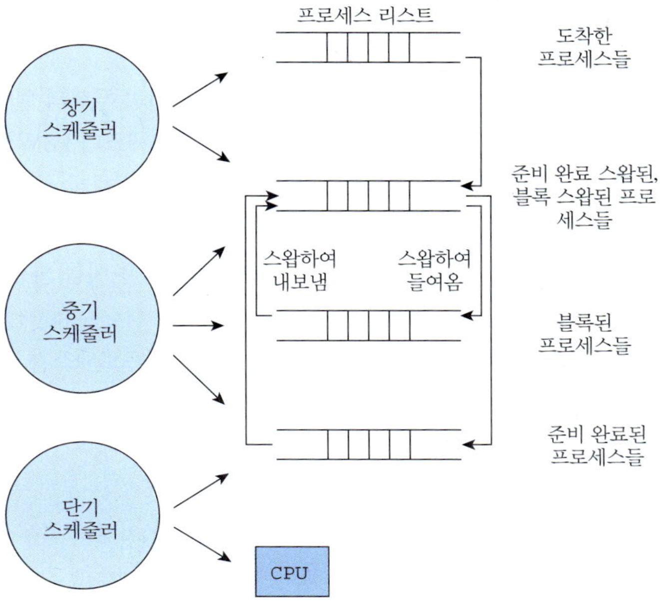

그림 7.10 시분할 시스템에서의 장기, 중기, 그리고 단기 스케줄링

7.4.2 스케줄링 자료 구조와 메커니즘(Scheduling Date Structures and Mechanisms)

그림 7.11은 프로세스 스케줄러의 개요도이다. 이는 몇 개의 PCB 리스트를 사용하는데, 이것들의 구성과 사용은 스케줄링 정책에 따라 결정된다. 프로세스 스케줄러는 하나의 프로세스를 선택하고 그 id를 프로세스 디스패치 장치(process dispatch mechanism)에 전달한다. 프로세스 디스패치 장치는 PCB에서 2개의 필드 내용인 프로그램 상태 워드(program status words: PSW)와 범용 레지스터(general-purpose registers: GPRs)를

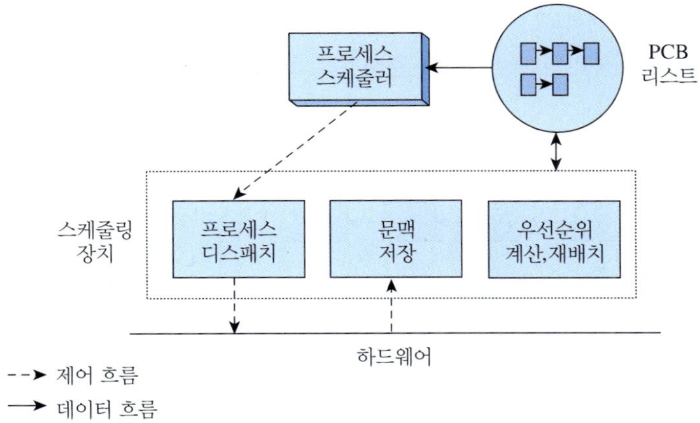

그림 7.11 프로세스 스케줄러의 개요도

CPU로 올려 선택된 프로세스의 동작을 재시작한다. 따라서 디스패치 장치는 한편에서는 스케줄러와, 다른 한편에서는 하드웨어와 접점을 가진다.

문맥 저장 장치(context save mechanism)는 인터럽트 처리 루틴의 일부분이다. 인터럽트가 발생했을 때, 이 장치가 호출되어 인터럽트된 프로세스의 PSW와 GPR들을 저장한다. 우선순위 계산과 재배치 장치는 요청들의 우선순위를 재계산하고, 새로운 우선순위를 반영하여 PCB 리스트를 재배치한다. 이 장치는 스케줄러가 적당할 때 명시적으로 호출하거나 주기적으로 호출된다. 이 장치의 정확한 동작은 이를 사용하는 스케줄링 정책에 좌우된다.

모든 스케줄러가 직면하는 질문 중 하나는 "**준비 완료**된 프로세스가 없는 경우 스케줄러는 무엇을 하는가"라는 것이다. 이 경우 CPU가 수행할 일은 없다. 하지만 CPU는 **블록**된 프로세스 중 하나를 활성화시킬 수 있는 인터럽트를 다루기 위해 경계 상태로 남아 있어야 한다. 커널은 일반적으로 no-op 명령어를 담고 있는 무한 반복문인 **유휴 반복**(idle loop)을 수행시킴으로써 이를 구현한다. 인터럽트가 어떤 프로세스를 블록 상태에서 **준비 완료** 상태로 바꾸면 스케줄러가 동작하고 그 프로세스는 스케줄된다. 하지만 유휴 반복을 수행하면 전력이 소모된다. 7.4.9절에서는 시스템에 **준비 완료** 상태의 프로세스가 없을 때 전력을 보존하는 대안에 대해 논의한다.

7.4.3 우선순위 기반 스케줄링(Priority-Based Scheduling)

그림 7.12는 우선순위 기반 스케줄링을 위한 스케줄링 데이터의 효율적인 배치를 보여준다. 분리된 **준비 완료** 프로세스가 각 우선순위 값을 관리된다. 이 리스트는 PCB들의 큐로 구성되며, 큐에서 한 PCB는 다음 PCB를 가리킨다. 큐의 헤더(header)는 2개의 포인터를 담고 있다. 하나는 큐에 있는 첫 번째 프로세스의 PCB를 가리킨다. 다른 하나는 다음으로 낮은 우선순위 큐의 헤더를 가리킨다. 스케줄러는 우선순위가 낮아지는 순서로 헤더들을 스캔하고, 처음으로 비어 있지 않은 큐의 첫 번째 프로세스를 선택한다. 이런 식으로 스케줄러의 오버헤드는 **준비 완료** 프로세스의 개수보다는 우선순위의 개수에 의존한다.

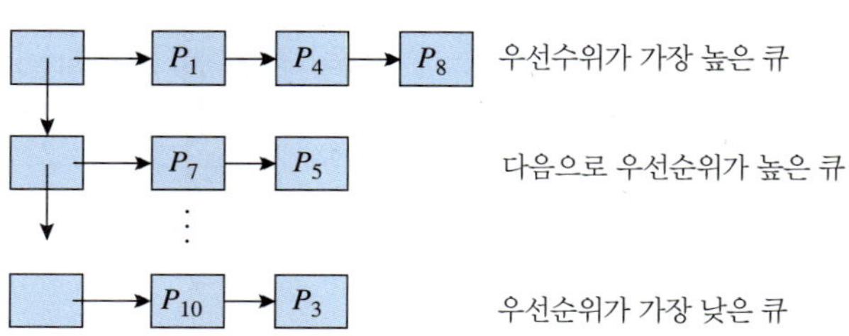

그림 7.12 우선순위 기반 스케줄링에서의 준비 완료 큐들

우선순위 기반 스케줄링은 낮은 우선순위 프로세스의 기아를 유발할 수 있다. 7.1.2 절에서 논의했듯이, 어떤 주기 내로 스케줄되지 못했을 때 **준비 완료** 프로세스의 우선순위를 증가시키는 프로세스의 **노화**(*aging*) 테크닉은 기아 문제를 극복하기 위해 사용될 수 있다. 이렇게 진행되면 프로세스 우선순위에 **유동성**이 생기므로, 프로세스의 PCB는 그림 7.12에서 보인 다른 준비 완료 큐들 사이를 이동할 것이다.

우선순위 기반 스케줄링에서 발생할 수 있는 기아 상황은 **우선순위 역전**(*priority inversion*)이라 불리는 바람직하지 않은 상황을 유발할 수 있다. 낮은 우선순위 프로세스에 지금 할당되어 있는 자원을 필요로 하는 높은 우선순위 프로세스가 있다고 하자. 낮은 우선순위 프로세스가 기아 상황에 놓이게 되면, 그 자원을 사용한 뒤 놓을 수가 없게 된다. 그 결과 높은 우선순위 프로세스가 무한히 블록된 채로 있게 된다. 이런 상황이 언급된 것은 **우선순위 계승 프로토콜**(*priority inheritance protocol*)에서 였는데, 이 프로토콜은 한시적으로 그 자원을 가진 낮은 우선순위 프로세스의 우선순위를 그 자원을 필요로 하는 높은 우선순위 프로세스의 우선순위만큼 높인다. 그 자원을 가진 프로세스는 이제 CPU를 가지게 되며, 자원을 사용하고 놓게 된다. 그 프로세스가 자원을 놓았을 때 커널은 그것의 우선순위를 이전 값으로 되돌린다.

7.4.4 시간 조각을 가진 라운드 로빈 스케줄링(Round-Robin Scheduling with Time-Slicing)

라운드 로빈 스케줄링은 **준비 완료** 프로세스들의 PCB 리스트 하나로 구현될 수 있다. 이 리스트는 큐로 구성된다. 스케줄러는 큐에서 항상 첫 번째 PCB를 제거해서, 거기에 언급된 프로세스를 스케줄한다. 시간 조각이 경과하면, 그 프로세스의 PCB는 큐의 끝에 추가된다. 프로세스가 I/O 연산을 시작하면, I/O 연산이 끝났을 때 그 프로세스의 PCB는 큐의 끝에 추가된다. **준비 완료** 프로세스의 PCB는 그 프로세스가 스케줄될 때까지 큐의 헤드 쪽으로 이동한다.

7.4.5 다단계 스케줄링(Multilevel Scheduling)

다단계(multilevel) 스케줄링 정책은 우선순위 기반 스케줄링과 라운드 로빈 스케줄링을 결합하여 시스템 성능과 응답시간에 대한 우수한 조합을 만들어 낸다. 다단계 스케줄러는 많은 수의 준비 완료 큐를 유지한다. 우선순위와 시간 조각은 각 준비 큐와 연계되며, 시간 조각을 가진 라운드 로빈 스케줄링이 그 안에서 수행된다. 높은 우선순위 단계에 있는 큐는 작은 시간 조각과 연계되어 있어서, 이 큐에서 수행되는 프로세스는 좋은 응답시간을 보장받는다. 반면 낮은 우선순위 단계에 있는 큐는 큰 시간 조각을 가지며, 프로세스 교환 오버헤드가 작다. 큐의 헤드에 있는 프로세스는 자신보다 높은 우선순위 단계의 큐들이 모두 비어 있을 때 스케줄된다. 스케줄링은 선점적이라서 새로운 프로세스가 더 높은 우선순위 단계의 큐에 들어오면 수행 중이던 프로세스는 선점된다. 시간 조각을 가진 라운드 로빈 스케줄링에서와 같이 프로세스가 I/O 요청을 하거나 스왑되어 나가게 되면, 그 PCB는 준비 완료 큐에서 제거된다. I/O 연산이 완료되거나 프로세스가 스왑되어 들어오면, 자신이 이전에 있었던 준비 완료 큐의 끝에 추가된다.

다단계 스케줄링의 형태들로부터 이익을 얻어내기 위해, 커널은 매우 상호작용적인 프로세스를 우선순위가 가장 높은 큐에 넣는다. 이 큐와 연계된 작은 시간 조각은 이런 프로세스에 적합하며, 이로 인해 좋은 응답시간을 얻게 된다[식 (3.1) 참고]. 적당하게 상호작용적인 프로세스는 더 큰 시간 조각을 받는 중간 우선순위 준비 완료 큐에 들어간다. 비상호작용적인 프로세스는 낮은 우선순위 단계 중 하나에 있는 준비 완료 큐에 들어감으로써 스케줄링 오버헤드를 감소시킨다.

예제 7.9 다단계 스케줄링

그림 7.12는 다단계 스케줄러에서의 준비 완료 큐들을 보여준다. 프로세스 P_7과 P_5는 프로세스 P_1, P_4, 그리고 P_8보다 큰 시간 조각을 가지고 있다. 하지만 이들은 P_1, P_4, 그리고 P_8이 블록되었을 때만 실행될 기회를 얻게 된다. 프로세스 P_{10}과 P_3은 시스템에 있는 다른 모든 프로세스들이 블록되었을 때만 실행될 수 있다. 따라서 이런 상황이 거의 일어나지 않는다면 이들 두 프로세스는 기아 상태가 된다.

다단계 스케줄링 정책은 정적 우선순위를 사용한다. 따라서 다중 프로그래밍 시스템에서 사용되는 우선순위 기반 스케줄링의 근본적인 단점을 그대로 가지고 있다. 즉, 프로세스는 우선순위 할당을 위해 미리 CPU 지향적 프로세스나 I/O 지향적 프로세스로 분류된다. 만약 잘못 분류되어 I/O 지향적 프로세스가 낮은 우선순위를 받게 되면 사용자 서비스와 시스템 성능 양쪽에 영향을 미치게 되고, CPU 지향적 프로세스가 높은 우선순위를 받게 되면 시스템 성능에 영향을 미치게 된다. 정적 우선순위라는 성격 때문에 다단계 스케줄링 정책은 프로세스의 계산이나 I/O 행동의 변화를 다루지 못하고, 낮은 우선순위 단계에 있는 프로세스의 기아를 막을 수 없으며(예제 7.9 참고), 우선순위 역전을 극복하기 위한 우선순위 계승 프로토콜을 채용할 수 없다(7.4.3절 참고). 이런 문제들은 모두 다단계 적응 스케줄링 정책에서 언급된다.

다단계 적응 스케줄링(Multilevel Adaptive Schdeduling) 다단계 적응 스케줄링(multilevel *adaptive* scheduling)은 **다단계 피드백 스케줄링**(*multilevel feedback scheduling*)이라고도 불리며, 여기서는 스케줄러가 프로세스의 우선순위를 변경하고 프로세스는 자신의 CPU 시간 요구에 일치하는 시간 조각을 받는다. 스케줄러는 프로세스의 최근 CPU와 I/O 사용을 관측하여 '올바른' 우선순위 단계를 결정하고, 프로세스를 그 단계로 옮긴다. 이런 식으로 하나의 동작 기간 중에는 I/O 지향적 성격을 띠고 다른 동작 기간 중에는 CPU 지향적 성격을 띠는 프로세스는 전체 시간 중에 적합한 우선순위와 시간 조각을 부여받는다. 이러한 형태는 앞서 언급했던 다단계 스케줄링의 문제점을 제거한다.

1960년대에 IBM 7094에서 동작한 시분할 운영체제인 CTSS는 다단계 적응 스케줄링의 예로서 알려져 있다. 이 시스템은 8단계의 우선순위 구조를 사용하며, 단계는 0부터 7까지 번호가 부여되어 있고, 0은 가장 높은 우선순위를 가리키며 7은 가장 낮은 우선순위를 가리킨다. 단계 번호 n은 0.5×2^n CPU 초의 시간 조각을 가진다. 시작할 때 각 사용자 프로세스는 메모리 요구량에 따라 단계 2나 3에 놓인다. 프로세스는 다음 규칙에 따라 우선순위 구조에서 승진되거나 강등된다. 프로세스가 현재 우선순위 단계에서 시간 조각을 모두 사용했다면(예를 들어, I/O 연산을 시작하지 않았다면), 다음으로 높은 번호의 단계로 강등된다. 반면 현재 우선순위 단계에서 어떤 CPU 서비스도 받지 못하고 1분 이상 **준비 완료** 상태로 보내면, 그 프로세스는 다음으로 낮은 번호의 단계로 승진된다. 더욱이 사용자 터미널에서 I/O를 수행하는 모든 프로세스는 단계 2로 승진된다. 그 다음 가능한 강등을 통해 '올바른' 우선순위 단계로 이동한다.

7.4.6 공정 할당 스케줄링(Fair Share Scheduling)

지금까지 언급한 모든 스케줄링 알고리즘에 대한 공통된 비판은 프로세스에만 공평한 서비스를 제공하려 하고, 사용자나 애플리케이션에는 그렇지 않다는 것이다. 만약 애플리케이션이 다른 개수의 프로세스들을 생성한다면, 더 많은 프로세스를 사용하는 애플리케이션은 적은 프로세스를 사용하는 애플리케이션보다 많은 CPU 자원을 사용할 가능성이 있다.

공정 할당(*fair share*)이란 개념은 이러한 점을 강조한다. 공정 할당은 동일한 사용자나 애플리케이션에 속하는 프로세스 그룹에 할당된 CPU 시간의 부분이다. 몇 개의 그룹에서 모든 프로세스가 비활성이면, 하나의 프로세스 그룹이 실제로 받은 CPU 시간의 할당량은 그 그룹의 공정 할당과 다를 수 있다. 예를 들어, 5개의 프로세스 그룹 G_1~G_5에서 각 그룹은 20%의 CPU 시간을 할당받는다. G_1의 모든 프로세스가 **블록**되면, 다른 그룹의 프로세스들은 가능한 CPU 시간에서 25%를 받아야 CPU 시간이 낭비되지 않는다. 시간이 경과해서 G_1의 프로세스들이 활성화되면 스케줄러는 어떤 행동을 취해야 할 것인가? 이들이 활성화되면 CPU 시간의 공정 할당 때문에 20%씩의 CPU 시간이 할당되어야 하는가? 아니면 프로세스가 시작된 이래로 지금까지 20%만큼의 실제 CPU 소비량을 맞출 때까지 사용 가능한 CPU 시간을 모두 할당해 주어야 하는가? 다음에 설명할 로터리(lottery) 스케줄링과 유닉스와 솔라리스 운영체제(7.6절 참고)에서 사용되는 스케줄링 정책은 이러한 상황을 다루는 방법이 서로 다르다.

로터리 스케줄링은 확률론에 근거한 공정한 방법으로 자원을 공유하기 위해 제안된 새로운 테크닉이다. 로터리의 '티켓'은 자원을 공유하는 모든 프로세스들에 나누어지며, 프로세스는 공정 할당이 되는 한도까지는 가능한 많은 티켓을 가진다. 예를 들어, 한 프로세스가 100개의 티켓 중 5개의 티켓을 받았다는 것은 자원에 대한 공정 할당이 5% 라는 의미가 된다. 그 자원이 할당될 때, 그 자원을 필요로 하는 프로세스들이 가진 티켓들에 대해 제비뽑기가 동작한다. 당첨된 티켓을 가진 프로세스에 자원이 할당된다. 프로세스에 할당된 자원의 실제 할당량은 자원에 대한 경쟁에 의해 결정된다. 로터리 스케줄링은 CPU 스케줄링의 공정 할당을 위해서 다음과 같이 사용될 수 있다. 티켓은 CPU 시간의 공정 할당에 기반해서 애플리케이션이나 사용자에게 발급된다. 애플리케이션은 원하는 방법대로 자신의 프로세스들 사이에서 이 티켓을 공유할 수 있다. CPU 시간 조각을 할당하기 위해서 스케줄러는 제비뽑기에서 하나를 집는데, 그 제비뽑기에는 **준비 완료** 프로세스만 가질 수 있는 티켓들이 들어 있다. 시간 조각이 몇 밀리초이면, 이 스케줄링 방법은 모든 프로세스 그룹이 활성화되어 있을 때 아주 짧은 시간일지라도 공정함을 제공한다.

7.4.7 커널 선점 가능성(Kernel Preemptibility)

커널 선점 가능성은 스케줄러의 효율성을 보장하는 데 매우 중요한 역할을 한다. 인터럽트가 허용되지 않는 커널은 더 이상 인터럽트되는 일 없이 이벤트를 처리할 수 있으므로, 이벤트 핸들러는 데이터 접근 동기화를 사용할 필요 없이 커널 자료 구조에 대해 상호 배제적인 접근을 가진다. 하지만 이벤트 핸들러가 오랜 시간 수행되면 인터럽트를 허용하지 않는 성질이 커널의 지연시간을 증가시킬 수 있는데, 그 이유는 커널이 인터럽트에 즉시 응답할 수 없기 때문이다. 이런 지연은 느린 CPU를 가진 컴퓨터에서는 100 ms 정도까지 될 수 있어서, 심각하게 응답시간을 하락시키고 운영체제 동작을 느리게 한다. 커널이 낮은 우선순위 프로세스와 관련된 이벤트를 다루기 때문에, 높은 우선순위 프로세스의 스케줄링이 지연되면 우선순위 역전과도 같은 상황이 발생한다. 커널을 선점할 수 있도록 하는 것이 이런 문제를 해결할 수 있다. 그렇게 함으로써 스케줄링이 보다 자주 수행되고, 인터럽트에 의해 활성화된 높은 우선순위 프로세스는 좀 더 빨리 실행된다.

7.4.8 스케줄링 휴리스틱(Scheduling Heuristics)

현대 운영체제에서 스케줄러는 오버헤드를 줄이고 질 좋은 사용자 서비스를 제공하기 위해 많은 휴리스틱을 사용한다. 이들 휴리스틱은 두 가지 주요 테크닉을 사용한다:

- 시간 할당량의 사용

- 프로세스 우선순위의 변형

시간 할당량(*time quantum*)은 프로세스가 시간 구간 동안 소비하도록 허가받은 CPU 시간의 한계치이다. 이는 다음과 같이 사용된다. 각 프로세스에는 우선순위와 시간 할당량이 배정된다. 프로세스는 시간 할당량이 고갈되지 않은 동안에는 우선순위에 따라 스케줄된다. 프로세스가 동작함에 따라 CPU를 사용한 시간이 시간 할당량에서 차감된다. 프로세스가 자신의 시간 할당량을 모두 소모하면, 커널이 또 다른 시간 할당량을 주지 않는 이상 스케줄 대상이 되지 않는다. 커널이 새로운 시간 할당량을 주는 경우는 모든 활성 상태의 프로세스들이 자신의 할당량을 소진했을 때이다. 이런 식으로 프로세스의 시간 할당량은 사용되는 CPU 시간의 분배를 제어하고, 공정 할당 스케줄링을 구현하는 데 사용될 수 있다.

프로세스의 성질을 보다 정확하게 특징짓기 위해 프로세스 우선순위를 변화시킬 수도 있다. 커널이 하나의 프로세스를 시작했을 때, 그 프로세스가 I/O 지향적인지 CPU 지향적인지 알 방법이 없으므로 기본 우선순위를 할당한다. 프로세스가 동작함에 따라 커널은 다음 종류의 휴리스틱을 사용하여 그 행동과 일치하는 우선순위로 조정한다. 프로세스가 몇 번의 블록 주기 후에 활성화되었다면 그 우선순위는 블록의 원인에 따라 증가한다. 예를 들어, I/O 연산 때문에 블록되었다면 더 나은 응답시간을 제공하기 위해 우선순위가 증가한다. 키보드 입력 때문에 블록되었다면 사용자에게 응답하기 위해 오랜 시간 동안 블록되었을 것이므로 그 우선순위는 더 증가한다. 프로세스가 자신의 시간 조각을 완전히 소모했으면, 이는 추정했던 것보다 더 CPU 지향적이므로 우선순위가 감소한다.

7.4.9 전력 관리(Power Management)

준비 완료 프로세스가 없다면 커널은 CPU를 **유휴 반복문**에 넣는다(7.4.2절 참고). 이 해결책은 쓸모없는 명령어를 수행하느라 전력을 소비한다. 임베디드나 모바일 시스템과 같이 전력이 부족한 시스템은 이런 전력 낭비를 막는 것이 필수적이다.

이 요구사항을 해결하기 위해서, 컴퓨터들은 CPU에 대해 특별한 모드를 제공한다. 이들 모드 중 하나에 들어가면 CPU는 명령어를 수행하지 않는다. 이는 전력을 보존하지만 인터럽트를 받아들여서 필요할 때 일반 동작을 개시할 수 있게 한다. 이러한 모드를 일반적으로 CPU의 **수면 모드**(*sleep mode*)라는 용어로 표현한다. '가벼운' 수면 모드일 때 CPU는 단순히 명령어의 수행을 중단한다. '무거운' 수면 모드일 때 CPU는 명령어의 수행을 중단할 뿐만 아니라 전력 소비를 감소시키는 다른 단계들을 진행한다. 예를 들어, 시계를 느리게 하고 시스템 버스와 CPU의 연결을 끊는다. 이상적으로는 시스템에 준비 완료 상태에 있는 프로세스가 없으면 커널은 CPU를 가장 깊은 수면 모드에 두어야 한다. 하지만 CPU는 가벼운 수면 모드에서보다 무거운 수면 모드에서 '깨어날' 때 더 많은 시간이 걸리므로, 커널은 여기서 타협점을 찾아야 한다. 우선 CPU를 가벼운 수면 모드에 둔다. 어느 정도 시간이 지났을 때 **준비 완료** 상태가 된 프로세스가 전혀 없으면 CPU를 무거운 수면 모드에 둔다. 이러한 방법은 전력 절약의 필요성과 시스템의 응답성 사이에서 타협점을 제공한다.

유닉스와 윈도우 같은 운영체제는 모든 디바이스를 포함하도록 전력 관리를 일반화해 왔다. 전형적으로 현재의 전력 소비가 일정 시간 동면 상태였다면 디바이스를 저전력 소비 상태에 놓는다. 사용자에게는 운영체제가 사용하는 전력 관리 계획을 설정할 수 있는 유틸리티들이 제공된다.

7.5 실시간 스케줄링(REAL-TIME SCHEDULING)

실시간(real-time) 스케줄링은 애플리케이션의 마감시간을 맞추려고 노력하는 동시에 2개의 특별한 스케줄링 제약을 다루어야 한다. 첫째, 실시간 애플리케이션 내 프로세스들은 상호작용하는 프로세스들이므로 애플리케이션의 마감시간은 프로세스들의 적절한 마감시간들로 해석되어야 한다. 둘째, 프로세스는 주기적(periodic)일 수 있으므로 한 프로세스의 다른 인스턴스(instance)들이 고정된 간격으로 도착하고 이들은 모두 자신들의 마감시간을 맞춰야 한다. 예제 7.10은 이러한 제약들을 설명한다. 이 장에서는 이들을 다루는 데 사용되는 테크닉들에 대해 논의한다.

예제 7.10 실시간 애플리케이션에서 의존과 주기

예제 5.1의 실시간 데이터 기록 애플리케이션의 제한된 형태를 생각해 보자. 여기서 *buffer_area*에 하나의 데이터 표본을 저장할 수 있다. 표본들은 초당 500개의 비율로 도착하므로 애플리케이션의 응답시간 요구조건은 1.99 ms이다. 따라서 프로세스 *copy_sample*과 *record_sample*은 하나씩 순서대로 수행되어야 하며, 1.99 ms 이내에 동작들이 완료되어야 한다. 프로세스 *record_sample*이 그 동작에 1.5 ms 소요되면, 프로세스 *copy_sample*은 메시지가 도착한 후 0.49 ms만큼의 마감시간을 가진다. 새로운 표본이 매 2 ms마다 도착하므로 각 프로세스는 2 ms의 주기를 가진다.

7.5.1 프로세스 선행과 실행 가능 스케줄(Process Precedences and Feasible Schedules)

실시간 애플리케이션의 프로세스들은 원하는 순서대로 활동을 수행하기 위해(6.1절 참고) 서로 상호작용을 한다. 이런 상호작용이 프로세스의 시작과 끝에만 있는 것으로 간략하게 가정한다. 이는 프로세스 간 의존 형태를 만들어 내는데, 이 의존 형태는 마감시간을 결정할 때나 스케줄링을 할 때 반드시 고려해야 하는 내용이다. 프로세스 간 이러

한 의존 형태를 묘사하기 위해 **프로세스 선행 그래프**(*process prece-dence graph*: PPG)를 사용한다.

프로세스 P_j가 시작되기 전에 프로세스 P_i가 완료되어야 한다면, 프로세스 P_i는 프로세스 P_j를 **앞선다**(*precede*)라고 한다. $P_i \rightarrow P_j$와 같이 표기하는 것은 프로세스 P_i가 직접 프로세스 P_j를 앞선다는 것을 가리킨다. 선행 관계는 추이적 관계(transitive relation)이다. 즉, $P_i \rightarrow P_j$이고 $P_j \rightarrow P_k$이면 P_i는 P_k를 앞선다. $P_i \overset{*}{\rightarrow} P_k$ 표기는 프로세스 P_i가 직접적이거나 간접적으로 P_k를 앞선다는 것을 가리킨다. **프로세스 선행 그래프는** 방향성(directed) 그래프 $G \equiv (N, E)$이며 $P_i \in N$은 프로세스를 나타내고, 간선 $(P_i, P_j) \in E$는 $P_i \rightarrow P_j$를 의미한다. 따라서 PPG에서 경로 $P_i, \ldots, P_k$는 $P_i \overset{*}{\rightarrow} P_k$를 의미한다. $P_i \overset{*}{\rightarrow} P_k$이면 프로세스 P_k는 P_i의 자손(descendant)이다.

3.7절에서 **경성 실시간 시스템**(*hard real-time system*)을 실시간 애플리케이션의 응답시간을 보장하는 것으로 정의하였으며, 이는 결함 허용 행동이 요구되는 경우에도 만족되어야 했다. 이 조건은 애플리케이션에 있는 모든 프로세스의 동작이 완료되기 위해 운영체제가 요구한 시간이 애플리케이션의 응답시간 요구조건을 초과하지 않아야 함을 의미한다. 반면에 **연성 실시간 시스템**(*soft real-time system*)은 애플리케이션의 응답시간 요구조건을 모든 경우에서가 아닌 확률론적으로만 만족시키면 된다. **실행 가능 스케줄**(*feasible schedule*)이란 용어는 이런 상황을 구분하는 데 사용된다.

|정의 7.1| 실행 가능 스케줄: 한 애플리케이션에 있는 프로세스들이 그들의 선행 관계와 애플리케이션의 응답시간 요구조건을 만족시킬 수 있도록 하는 일련의 스케줄링 결정들

실시간 스케줄링은 애플리케이션이 실행 가능 스케줄을 요구하면 이를 구현하는 데 초점을 둔다. 15초 간격으로 화면에 출력되는 항공 출발 정보를 갱신하는 애플리케이션을 생각해 보라. 이는 다음의 독립적인 프로세스들로 구성되는데, 여기서 프로세스 P_5는 좀처럼 일어나지 않는 예외적인 상황을 다룬다.

프로세스	P_1	P_2	P_3	P_4	P_5
서비스 시간	3	3	2	4	5

실행 가능 스케줄은 5개 프로세스를 15초 안에 모두 완료시키기 위해서 존재하는 것이 아니라서, 마감시간 위반이 발생할 수 있다. 하지만 프로세스 P_5가 활성화되어 있지 않을 때는 몇 개의 스케줄이 가능하다. 연성 실시간 시스템의 스케줄러는 이들 중 어느 것이라도 사용할 수 있다.

표 7.3 실시간 스케줄링에 대한 접근 방법들

접근 방법	설명
정적 스케줄링	실시간 애플리케이션 동작이 시작되기 전에 스케줄이 준비된다. 프로세스 상호작용, 주기성, 자원 제약, 그리고 마감시간들이 스케줄을 준비할 때 고려된다.
우선순위 기반 스케줄링	실시간 애플리케이션이 분석되어 이를 처리하기 위한 적합한 우선순위가 할당된다. 애플리케이션이 수행되는 중에는 전통적인 우선순위 기반 스케줄링이 적용된다.
동적 스케줄링	프로세스를 생성하는 요청이 발생했을 때 스케줄링이 수행된다. 프로세스의 응답시간 요구조건이 보장된다고 판단되는 경우에만 프로세스 생성이 허가된다.

표 7.3은 실시간 스케줄링에 대한 세 가지 주요 접근 방법을 요약한다. 이들 스케줄링 접근법의 형태와 특성들을 살펴보기로 하자.

정적 스케줄링(Static Scheduling) 이름이 알려주듯이 시스템이 동작하기 전에 스케줄링이 준비된다. 이 스케줄은 프로세스 선행, 주기, 자원 제약, 그리고 다른 프로세스가 계산 작업을 하는 중에 I/O 연산을 동시에 수행시킬 수 있는 가능성 등을 고려한다. 이 스케줄은 테이블의 형태로 표현되며, 여기서 테이블의 행은 언제 다른 프로세스들이 도착하는지 가리킨다. 시스템이 동작하는 중에는 스케줄 결정이 일어나지 않는다. 실시간 운영체제는 단순히 그 테이블을 참조해서 그 테이블이 지시하는 프로세스의 동작을 시작한다. 정적 스케줄링은 시스템 동작 중에 발생하는 스케줄링 오버헤드가 무시할 정도로 적다. 하지만 이 스케줄링은 유동성이 없으며 결함 허용 같은 문제를 다룰 수 없다.

스케줄링 테이블의 크기는 프로세스의 주기에 따라 변한다. 모든 프로세스들이 동일한 주기를 가지고 있거나 프로세스가 단순히 비주기적인 경우라면, 스케줄링 테이블은 애플리케이션에 있는 프로세스 수만큼의 행을 가지고 있으면 충분하다. 이 스케줄은 시스템이 동작하는 중에 반복적으로 사용된다. 프로세스들의 주기가 다르면 스케줄 테이블에 저장되어야 할 스케줄의 길이는 애플리케이션에 있는 모든 프로세스 주기의 최소 공배수가 된다.

우선순위 기반 스케줄링(Priority-Based Scheduling) 시스템 분석기는 프로세스에 우선순위를 부여할 때 두 가지를 고려하는데, 프로세스의 위험성과 프로세스의 주기성이다. 더 작은 주기를 가진 프로세스는 긴 주기를 가진 프로세스보다 빨리 완료되어야 하므로 더 높은 우선순위를 부여받아야 한다. 이 접근 방법은 우선순위를 사용하는 것과 일반적으로 연관되어 있는 이점과 단점을 가진다. 이는 실패가 발생하는 경우에도 위급한 기능들은 계속 수행될 것이므로 성능이 떨어지는 시스템에서도 적절하게 동작하게 된다. 하지만 동작 중에 스케줄링 오버헤드를 발생시킨다.

동적 스케줄링(Dynamic Scheduling) 동적 스케줄링 접근 방법을 사용하는 시스템에서는 스케줄링이 시스템의 동작 중에 수행된다. 주문형 비디오(video on demand) 같은 멀티미디어 시스템은 프로세스가 도착했을 때 스케줄링 결정이 수행되는 동적 스케줄링 접근 방법을 사용한다. 프로세스를 시작하라는 요청은 프로세스의 자원 요청, 서비스 시간, 그리고 마감시간 또는 서비스 품질 명세와 같은 정보들을 포함한다. 이런 요청을 받았을 때, 스케줄러는 이 프로세스가 필요로 하는 자원을 할당할 수 있는지와 마감시간을 맞출 수 있는지, 또는 요구하는 서비스 품질을 제공할 수 있는지를 검사한다. 이러한 검사가 성공했을 때만 그 프로세스는 생성될 수 있다.

동적 스케줄링에 대한 또 다른 접근 방법은 낙관적으로 프로세스 실행을 승인하는 것이다. 이런 접근 방법에서는 마감시간이나 서비스 품질이 맞춰질 수 있는지에 대한 보장이 전혀 없다. 연성 실시간 시스템이 이런 접근 방법을 따른다.

7.5.2 마감시간 스케줄링(Deadline Scheduling)

두 종류의 마감시간이 하나의 프로세스에 대해 명시될 수 있다. 아무리 늦어도 프로세스의 동작이 시작되어야 하는 마지막 시간인 **시작 마감**(*starting deadline*)과, 프로세스의 동작이 완료되어야 하는 시간인 **완료 마감**(*completion deadline*)이 이에 해당한다. 여기서는 완료 마감에 대해서만 다루기로 한다.

마감시간 예측(Deadline Estimation) 시스템 분석기는 실시간 애플리케이션과 응답시간 요청에 대해 깊이 있는 분석을 수행한다. 개별적인 프로세스의 마감시간은 프로세스 선행에 대한 고려와 애플리케이션의 응답시간 요구조건에서 역방향으로의 작업에 의해 결정된다. 따라서 프로세스 P_i의 완료 마감인 D_i는 다음과 같이 계산된다.

$$D_i = D_{\text{application}} - \sum_{k \in descendant(i)} x_k \tag{7.2}$$

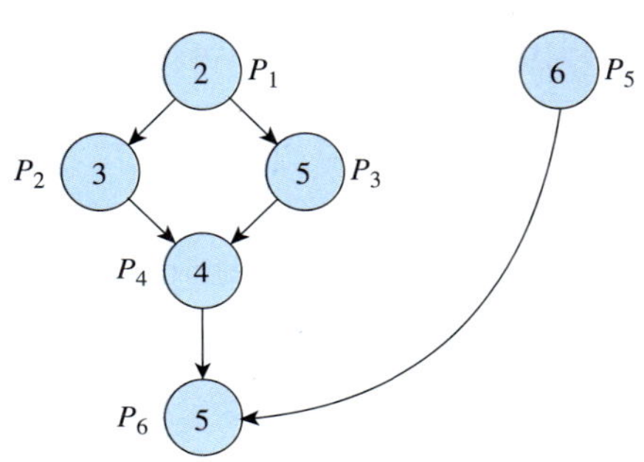

그림 7.13 실시간 시스템을 위한 프로세스 선행 그래프(PPG)

여기서 $D_{\text{application}}$은 애플리케이션의 마감시간이고, x_k는 프로세스 P_k의 서비스 시간이고, *descendant*(i)는 PPG에 있는 P_i 자손들의 집합, 즉 PPG에서 P_i와 종료 노드 사이에 있는 경로상에 놓은 모든 프로세스의 집합이다. 따라서 프로세스 P_i의 마감시간이라는 것은 만약 이 마감시간이 만족되면 P_i에 직접적이나 간접적으로 의존하는 모든 프로세스도 애플리케이션의 모든 마감시간까지 종료될 수 있다는 것을 의미한다. 이 방법은 예제 7.11에서 설명한다.

예제 7.11 프로세스 마감시간의 결정

그림 7.13은 6개의 프로세스를 담고 있는 실시간 애플리케이션의 PPG를 보여준다. 각 원은 그래프의 노드(node)이고 하나의 프로세스를 대표한다. 원 안의 숫자는 프로세스의 서비스 시간을 가리킨다. PPG에서 간선(edge)은 선행 제한을 나타낸다. 따라서 프로세스 P_2는 프로세스 P_1이 완료된 이후에만 시작될 수 있고, 프로세스 P_4는 프로세스 P_2와 P_3이 완료된 이후에만 시작될 수 있다. 프로세스는 I/O 연산을 수행하지 않고 선점되지 않는 방식으로 서비스된다고 가정한다. 프로세스들의 총 서비스 시간은 25초이다. 이 애플리케이션이 25초 이내에 응답을 해야 한다면 프로세스들의 마감시간은 다음과 같아야 한다.

프로세스	P_1	P_2	P_3	P_4	P_5	P_6
마감시간	8	16	16	20	20	25

마감시간을 예측하는 현실적인 방법은 몇 가지 다른 제약들도 포함해야 한다. 예를 들어, 프로세스는 I/O를 수행할 수 있다. 한 프로세스의 I/O 연산은 다른 독립적 프로세스의 실행과 겹칠 수 있어서, PPG에서 선행자(그리고 후계자)의 마감시간은 겹치는 I/O의 양에 의해 완화될 수 있다(독립적 프로세스는 6.1절에서 정식으로 정의되었다). 예를 들어, 그림 7.13에서 프로세스 P_2와 P_3은 서로 독립적이다. P_2의 서비스 시간이 1초의 I/O 시간을 포함한다고 가정하고, 만약 P_2의 I/O 연산이 P_3의 처리와 겹칠 수 있다면 P_1의 마감시간은 8초 대신 9초가 된다. 하지만 프로세스의 겹친 실행은 그 시점에 필요한 자원이 사용 가능한지도 고려해야 한다. 따라서 마감시간을 결정하는 것은 여기서 언급하는 것보다 훨씬 복잡하다.

빠른 마감시간 우선 스케줄링[Earliest Deadline First(EDF) Scheduling] 이름이 암시하듯이, 이 정책은 항상 마감시간이 가장 이른 프로세스를 선택한다. I/O 연산을 수행하지 않는 실시간 프로세스들의 집합이 있다고 하자. *seq*가 마감시간 스케줄링 정책에 의해 서비스되는 프로세스들의 순열이라고 하고, *pos*(P_i)를 *seq*에 있는 프로세스 P_i의 위치라고 하자. P_i 자신에 대한 서비스 시간과 *seq*의 앞에 있는 프로세스들의 서비스 시간의 합이 자신의 마감시간을 초과하지 않는다면, 프로세스 P_i에 대한 마감 위반은 일어나지 않는다. 즉,

표 7.4 빠른 마감시간 우선(EDF) 스케줄링의 동작

시간	완료된 프로세스	마감 위반	시스템에 있는 프로세스	스케줄된 프로세스
0	–	0	$P_1: 8, P_2: 16, P_3: 16, P_4: 20, P_5: 20, P_6: 25$	P_1
2	P_1	0	$P_2: 16, P_3: 16, P_4: 20, P_5: 20, P_6: 25$	P_2
5	P_2	0	$P_3: 16, P_4: 20, P_5: 20, P_6: 25$	P_3
10	P_3	0	$P_4: 20, P_5: 20, P_6: 25$	P_4
14	P_4	0	$P_5: 20, P_6: 25$	P_5
20	P_5	0	$P_6: 25$	P_6
25	P_2	0	–	–

$$\sum_{k:pos(P_k)\leq pos(P_i)} x_k \leq D_i \tag{7.3}$$

여기서 x_k는 프로세스 P_k의 서비스 시간이고, D_i는 프로세스 P_i의 마감시간이다. 이 조건이 만족되지 않으면 프로세스 P_i에 대한 마감 위반이 발생한다.

실행 가능 스케줄이 존재하면 조건 7.3이 모든 프로세스에 대해 만족한다는 것을 보일 수 있다. 즉, 어떤 프로세스에 대해서도 마감 위반은 발생하지 않을 것이다. 표 7.4는 예제 7.11의 마감시간에 대한 EDF 정책의 동작을 보여준다. 프로세스 열에 있는 P_4 : 20이란 표기는 프로세스 P_4의 마감시간이 20이라는 의미이다. 프로세스 P_2, P_3과 P_5, P_6은 같은 마감시간을 가지고 있으며, 표 7.4에 보이는 스케줄을 제외한 3개의 스케줄은 EDF 스케줄링으로 충분히 가능하다. 이 중 어떤 것도 마감 위반을 하지 않는다.

EDF 스케줄링의 기본적인 장점은 단순함과 비선점이며, 이는 스케줄링 오버헤드를 감소시킨다. EDF 스케줄링으로 실행 가능 스케줄을 만들 수 있기 때문에 정적 스케줄링으로서는 좋은 정책이며, 이는 미리 검사할 수 있고 마감 위반이 발생하지 않는다는 것을 보장한다. 이는 연성 실시간 시스템에서 사용하기에 좋은 동적 스케줄링 정책이다. 하지만 이 경우 마감을 위반하는 프로세스의 수를 예측하기는 힘들다. 다음 예제는 EDF 스케줄링의 이런 점을 설명한다.

예제 7.12 EDF 스케줄링의 문제점들

그림 7.13의 PPG에서 간선 (P_5, P_6)이 제거되었다고 가정하자. 바뀐 PPG는 2개의 독립적인 애플리케이션을 포함하며, 하나는 프로세스 P_1~P_4와 P_6을 가지고 있고, 다른 하나는 P_5만 가진다. 모든 프로세스가 19초 내에 종료되어야 한다면 실행 가능 스케줄은 찾을 수 없다. 프로세스들의 마감시간은 식 (7.2)를 통해 다음과 같이 결정된다.

프로세스	P_1	P_2	P_3	P_4	P_5	P_6
마감시간	2	10	10	14	19	19

EDF 스케줄링은 프로세스들을 표 7.4와 같은 순서인 P_1, P_2, P_3, P_4, P_5, P_6의 순서로 하거나, P_1, P_2, P_3, P_4, P_6, P_5의 순서로 스케줄한다. 첫 번째 순서에서는 프로세스 P_5와 P_6이 마감을 위반하는 반면, 두 번째 순서에서는 프로세스 P_5만 마감을 위반한다. EDF 스케줄링을 구현한 코드가 어느 순서를 선택할지 예측할 수 없으므로 마감을 위반하는 프로세스의 개수는 예측할 수가 없다.

7.5.3 비율 단조 스케줄링(Rate Monotonic Scheduling)

한 애플리케이션에 있는 프로세스들이 주기적이면, 실행 가능 스케줄이 있을 수 있는지 한 가지 흥미로운 방식으로 결정할 수 있다. I/O 연산을 수행하지 않는 3개의 독립적인 프로세스가 있다고 하자.

프로세스	P_1	P_2	P_3
주기(ms)	10	15	30
서비스 시간(ms)	3	5	9

프로세스 P_1은 매 10 ms마다 반복되며, 3 ms의 CPU 시간을 필요로 한다. 그래서 이 프로세스가 사용하는 CPU 시간의 사용 비율은 3/10, 즉 0.3이다. P_2와 P_3이 사용하는 CPU 시간의 사용 비율은 5/15와 9/30, 즉 0.33과 0.30이다. 이들을 합하면 0.93이 된다. 따라서 운영체제 연산에 의한 CPU 오버헤드가 무시할 만하다면, 이 3개의 프로세스를 서비스하는 것은 가능하다. 일반적으로 I/O 연산을 수행하지 않는 주기적 프로세스 $P_1, \ldots, P_n$의 집합은 오버헤드가 무시할 만큼 작은 경성 실시간 시스템이 다음 조건을 만족하면 서비스할 수 있다.

$$\Sigma_{i=1 \ldots n} \frac{x_i}{T_i} \leq 1 \tag{7.4}$$

여기서 T_i는 P_i의 주기이며, x_i는 그 서비스 시간이다.

다음은 각 프로세스를 스케줄하여 마감 위반을 하지 않고 수행되도록 해야 한다. **비율 단조**(*rate monotonic*: RM) 스케줄링 정책은 다음과 같이 스케줄을 한다. 우선 프로세스가 반복해야 하는 **비율**(*rate*), 즉 초당 반복 횟수를 알아내고 그 비율을 프로세스의 우선순위로 할당한다. 이제 우선순위 기반 스케줄링 테크닉을 사용하여 스케줄링을 수행한다. 이러한 방식은 이 동작들이 빨리 종료될 수 있도록 한다.

위의 예에서 프로세스 P_1, P_2, 그리고 P_3의 우선순위는 1/0.010, 1/0.015, 그리고

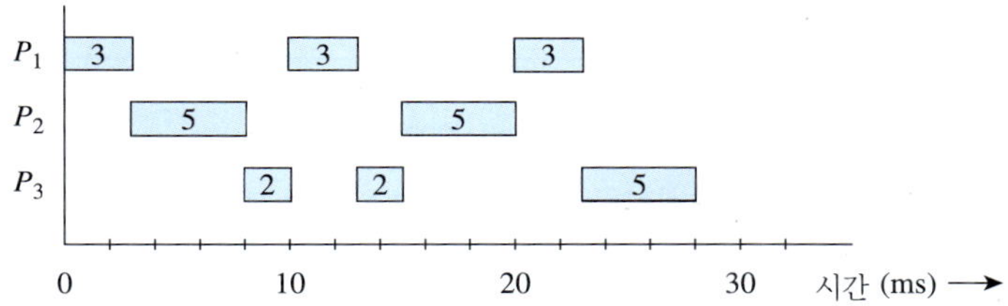

그림 7.14 비율 단조 스케줄링을 이용한 실시간 프로세스의 동작

1/0.025, 즉 각각 100, 67, 그리고 45이다. 그림 7.14는 어떻게 이들 프로세스가 동작하는지를 보여준다. 프로세스 P_1이 먼저 스케줄된다. P_1은 한 번 수행되고, $x_1 = 3$ ms이기 때문에 3 ms 뒤에 잠자게 된다. 이제 P_2가 스케줄되고 5 ms 뒤에 완료된다. P_3이 다음으로 스케줄되지만, 2 ms 뒤에 P_1이 **준비 완료** 상태가 되기 때문에 선점된다. 이와 같은 식으로 스케줄이 진행된다. 그림 7.14에 나온 것과 같이 프로세스 P_3은 28 ms에 완료된다. 그 시간까지 P_1은 3번 수행되고 P_2는 2번 수행된다.

비율 단조 스케줄링은 모든 경우에 실행 가능 스케줄을 찾는 것을 보장하지는 않는다. 예를 들어, 프로세스 P_3의 주기가 27 ms이면 우선순위는 달라질 것이다. 하지만 상대적인 우선순위는 바뀌지 않으므로, P_3은 이전처럼 28 ms에 완료된다. 따라서 1 ms 만큼 마감 위반을 하게 된다. 실행 가능 스케줄은 P_3이 20 ms에서 스케줄되고, P_1이 25 ms에서 스케줄되는 것이다. 하지만 RM 스케줄링에서는 우선순위 기반으로 프로세스들이 스케줄되기 때문에 이렇게 스케줄이 되지는 않는다. Liu와 Layland(1973)는 만약 식 (7.4)에 따른 프로세스들의 CPU 총 사용 비율이 $m(2^{1/m} - 1)$을 초과한다면, RM 스케줄링은 마감 위반을 피할 수 없다는 것을 보여주었다. 여기서 m은 프로세스들의 개수이다. 이 식은 하한선 값이 0.69인데, 이는 한 애플리케이션이 많은 프로세스를 가지고 있다면 프로세스들이 마감시간을 맞추는 한도 내에서는 RM 스케줄링이 69% 이상의 CPU 이용률을 낼 수 없음을 의미한다.

Liu와 Layland는 프로세스의 현재 마감시간에 기반하여 우선순위를 할당하는 **마감시간 구동(deadline-driven) 스케줄링 알고리즘**을 보고하였다. 이 알고리즘에서는 늦은 마감시간을 가진 프로세스보다 이른 마감시간을 가진 프로세스에 더 높은 우선순위가 할당된다. 이 경우 식 (7.4)의 사용 비율 값이 1이더라도 마감 위반을 피할 수 있다. 즉, 100%의 CPU 이용률을 얻을 수 있다. 하지만 동적 우선순위 할당의 오버헤드 때문에 실질적인 성능은 더 낮다. 실행 가능 스케줄이 존재한다면, EDF 스케줄링은 마감 위반을 피할 수 있다고 언급했다. 따라서 이 역시도 100%의 CPU 이용률을 달성할 수 있다. 만약 정적으로 수행된다면 동작 도중 오버헤드는 거의 없을 것이다.

7.6 사례 연구(CASE STUDIES)

7.6.1 유닉스에서의 스케줄링(Scheduling in Unix)

유닉스는 순수한 시분할 운영체제이다. 유닉스는 좋은 시스템 성능을 보장하고 좋은 사용자 서비스를 제공하기 위해서 프로세스 우선순위가 변하는 다단계 적응 스케줄 정책을 사용한다. 프로세스에는 수치적 우선순위가 할당되는데, 높은 수치 값일수록 낮은 유효 우선순위를 의미한다. 유닉스 4.3 BSD에서 우선순위의 범위는 0~127 사이이다. 사용자 모드의 프로세스는 50에서 127 사이의 우선순위를 가지며, 커널 모드에서는 프로세스들이 0에서 49 사이의 우선순위를 가진다. 프로세스가 시스템 호출에서 블록되었다면, 우선순위는 블록된 원인에 따라 0에서 49 사이의 값으로 바뀐다. 프로세스가 다시 활성화되었을 때, 이 우선순위로 시스템 호출의 나머지 부분을 수행한다. 이러한 배치는 프로세스가 가능한 빨리 스케줄되도록 보장하여, 커널 모드에서 수행하던 작업을 마치고 커널 자원을 놓도록 한다. 프로세스가 커널 모드를 빠져나갈 때 우선순위는 이전 값, 즉 50~127 사이로 복귀한다.

유닉스는 프로세스의 우선순위를 바꾸기 위해 다음 공식을 사용한다.

$$\text{프로세스 우선순위} = \text{사용자 프로세스의 기준 우선순위} + f(\text{최근 사용한 CPU 시간}) + \text{nice 값} \quad (7.5)$$

이는 다음과 같이 구현된다. 스케줄러는 프로세스 테이블에 프로세스가 사용한 CPU 시간을 관리한다. 이 필드는 처음에는 0으로 초기화되어 있다. 실시간 클록(real-time clock)은 초당 60번 인터럽트를 발생시키고, 클록 핸들러는 실행 중인 프로세스의 CPU 사용량 필드에 있는 카운터를 증가시킨다. 스케줄러는 반복적으로 매초마다 프로세스의 우선순위를 재계산한다. 각 프로세스에 대해 스케줄러는 CPU 사용량 필드의 값을 2로 나누고, 다시 저장하고, 이를 f의 값으로 사용한다. 높은 수치 값일수록 낮은 유효 우선순위를 의미하므로, 식 (7.5)의 두 번째 인수는 프로세스의 우선순위를 낮춘다. 2로 나누는 것은 프로세스가 사용한 CPU 시간의 효과를 쇠퇴(*decay*)시킨다. 즉, 한 주기 동안 조금씩 없어지게 되며, 그럼으로써 최소 완료 선택(LCN) 정책(7.3.2절 참고)이 직면한 기아 문제를 피할 수 있도록 한다.

프로세스는 식 (7.5)의 마지막 인자를 통해 자신의 우선순위를 바꿀 수 있다. 시스템 호출 "*nice*(<우선순위 값>);"은 사용자 프로세스의 *nice* 값을 설정한다. 이 시스템 호출은 인자로 0이나 양수 값을 받는다. 따라서 프로세스는 다른 프로세스에게 친절하기 위해서 자신의 유효 우선순위를 낮추는 것만 할 수 있다. 일반적으로 CPU 지향적 단계에 들어갔을 때 이를 수행한다.

표 7.5 프로세스가 I/O를 수행할 때 유닉스 계통 스케줄링 정책의 동작

시간	P_1		P_2		P_3		P_4		P_5		스케줄된 프로세스
	P	T	P	T	P	T	P	T	P	T	
0.0	60	0									P_1
1.0		60									
	90	30									P_1
2.0		90		0							
	105	45	60	0							P_2
3.0		45		60		0					
	82	22	90	30	60	0					P_3
3.1	82	22	90	30	60	6					P_1
4.0		76		30		6					
	98	38	75	15	63	3					P_3
4.1	98	38	75	15	63	9					P_2
5.0		38		69		9		0			
	79	19	94	34	64	4	60	0			P_4
6.0		19		34		4		60			
	69	9	77	17	62	2	90	30			P_3

예제 7.13 유닉스에서의 프로세스 스케줄링

표 7.5는 표 7.2에 있는 프로세스들의 유닉스 스케줄링 정책 동작을 요약한다. 프로세스 P_3은 I/O 지향적 프로세스로서 CPU를 0.1초 사용한 뒤 I/O 연산을 0.5초 수행하며, 다른 프로세스는 I/O를 수행하지 않는다고 가정한다. T 필드는 프로세스가 소비한 CPU 시간을 가리키고, P 필드는 우선순위를 담고 있다. 스케줄러는 프로세스의 T 필드를 초당 60회 갱신하고, 프로세스의 우선순위를 매초마다 재계산한다. 시간 조각은 1초이며, 사용자 프로세스의 기준 우선순위는 60이다. 표 7.5의 첫째 줄은 0초일 때 P_1만이 시스템에 있음을 보여준다. P_1의 T 필드는 0을 담고 있고, 이에 따라 우선순위는 60이다. 다음 두 줄은 1초의 경우이다. 첫째 줄은 1초일 때 프로세스 T 필드를 보여주며, 둘째 줄은 1초에서 우선순위 계산 활동 뒤 P와 T 필드를 보여준다. 시간 조각의 끝 부분에서 P_1의 T 필드 내용은 60이다. 2로 CPU 시간을 나누는 쇠퇴 행동은 그 값을 30으로 감소시키고, P_1의 우선순위도 90이 된다. 2초에는 P_1의 유효 우선순위가 P_2의 그것보다 작은데, T 필드가 각각 45와 0을 담고 있기 때문이다. 따라서 P_2가 스케줄된다. 비슷하게 P_3은 2초에 스케줄된다.

P_3은 I/O 연산을 시작하기 전에 0.1초만 CPU를 사용하므로, 스케줄링이 4초에 수행될 때의 P_2보다 더 높은 우선순위를 가진다. 따라서 P_2보다 먼저 스케줄된다. P_3은 다시 6초에 스케줄된다. 이런 형태는 순수한 라운드 로빈 스케줄링이 I/O 지향적 프로세스에 대해 차별하는 것을 어느 정도 바로잡아 준다.

예제 7.14 유닉스에서의 공정 할당 스케줄링

표 7.6은 표 7.2의 프로세스들에 대한 공정 할당 스케줄링을 묘사한다. 필드 P, T, 그리고 G는 각각 프로세스 우선순위, 프로세스가 소모한 CPU 시간, 그리고 프로세스 그룹이 소모한 CPU 시간을 의미한다. 2개의 프로세스 그룹이 존재한다. 첫 번째 그룹은 프로세스 P_1, P_2, P_4, 그리고 P_5를 담고 있으며, 두 번째 그룹은 프로세스 P_3만 담고 있다.

2초에 프로세스 P_2가 도착한다. P_2와 같은 그룹에 있는 프로세스 P_1이 이미 2초를 수행했기 때문에 P_2의 유효 우선순위는 낮다. 하지만 P_3의 그룹이 소모한 CPU 시간은 0이기 때문에 P_3은 도착했을 때 낮은 우선순위를 가지고 있지는 않다. 예상했듯이, 프로세스 P_3은 다른 프로세스와 비교해서 선호된다. 사실 P_3은 항상 번갈아 가며 시간 조각을 받는다. 프로세스 P_2, P_4, 그리고 P_5는 같은 프로세스 그룹에 속해 있기 때문에 손해를 본다. 이 사실은 프로세스들의 총 처리시간과 가중치 처리량에 다음과 같이 그 영향이 반영된다.

프로세스	P_1	P_2	P_3	P_4	P_5
완료시간	7	16	12	13	15
총 처리시간	7	14	9	9	7
가중치 처리량	2.33	4.67	1.80	4.50	2.33

$$\text{평균 총 처리시간}(\overline{ta}) = 9.2\text{초}$$
$$\text{평균 가중치 처리량}(\overline{w}) = 3.15$$

표 7.6 유닉스에서의 공정 할당 스케줄링 동작

시간	P_1			P_2			P_3			P_4			P_5			스케줄된 프로세스
	P	C	G	P	C	G	P	C	G	P	C	G	P	C	G	
0	60	0	0													P_1
1	120	30	30													P_1
2	150	45	45	105	0	45										P_2
3	134	22	52	142	30	52	60	0	0							P_3
4	97	11	26	101	15	26	120	30	30	86	0	26				P_4
5	108	5	43	110	7	43	90	15	15	133	30	43				P_3
6	83	2	21	84	3	21	134	37	37	96	15	21				P_1
7				101	1	40	96	18	18	107	7	40				P_3
8				80	0	20	138	39	39	83	3	20	80	0	20	P_5
9				100	0	40	98	19	19	101	1	40	130	30	40	P_3
10				80	0	20	138	39	39	80	0	20	95	15	20	P_2
11				130	30	40	98	19	19	100	0	40	107	7	40	P_3
12				95	15	20				80	0	20	83	3	20	P_4
13				107	7	40							101	1	40	P_5
14				113	3	50							110	0	50	P_5
15				116	1	55										P_2
16																

공정 할당 스케줄링(Fair Share Scheduling) 프로세스 그룹에 CPU 시간의 공정 할당을 보장하기 위해 유닉스 스케줄러는 *f*(그룹에 있는 프로세스가 사용한 CPU 시간) 항목을 식 (7.5)에 더한다. 따라서 한 그룹 내의 한 프로세스라도 CPU 시간을 소모하면 그 그룹의 모든 프로세스의 우선순위는 감소한다. 이러한 형태는 한 그룹의 어떤 프로세스도 최근에 CPU 시간을 그다지 소모하지 않았으면 그 그룹의 프로세스들은 더 나은 취급을 받는 것을 보장한다. 이러한 새 요소의 효과도 시간이 경과함에 따라 쇠퇴한다.

7.6.2 솔라리스에서의 스케줄링(Scheduling in Solaris)

솔라리스는 4개의 프로세스 부류, 즉 시분할 프로세스, 대화형 프로세스, 시스템 프로세스, 그리고 실시간 프로세스를 제공한다. 시간 조각은 솔라리스 용어로 시간 할당량(*time quantum*)이라 불린다. 시분할과 대화형 프로세스는 0~59 사이의 우선순위를 가지는데, 큰 값일수록 높은 우선순위를 의미한다. 시스템 프로세스는 60~99 사이의 우선순위를 가지며, 이들은 시간 조각으로 나누어지지 않는다. 실시간 프로세스는 100~159 사이의 우선순위를 가지며, 우선순위 단계에 따른 라운드 로빈 정책으로 스케줄된다. 인터럽트 서비스를 위해 사용되는 스레드는 160~169 사이의 우선순위를 가진다.

시분할과 대화형 프로세스의 스케줄링은 디스패치 테이블(dispatch table)에 의해 동작이 운영된다. 각 우선순위 단계마다 이 테이블은 프로세스의 특성, 즉 CPU 지향적인지 아니면 I/O 지향적인지에 따라, 또한 기아 상황을 막기 위해서 프로세스의 우선순위를 어떻게 바꿀 것인지를 명시한다. 테이블을 사용함으로써 유닉스의 우선순위 계산 규칙보다 더 세밀한 조율을 할 수 있는 가능성을 시스템 관리자에게 제공한다. 디스패치 테이블의 각 우선순위 레벨에 해당하는 칸은 다음과 같은 값들을 담고 있다.

- `ts_quantum` 각 우선순위 단계에 있는 프로세스들을 위한 시간 할당량
- `ts_tqexp` 자신의 시간 할당량을 모두 사용한 프로세스의 다음 우선순위
- `ts_slpret` 자신의 시간 할당량을 다 쓰기 전에 블록된 프로세스의 다음 우선순위
- `ts_maxwait` 한 프로세스가 스케줄되지 않고 기다릴 수 있는 최대 시간
- `ts_lwait` `ts_maxwait` 시간 내에 스케줄되지 않은 프로세스의 다음 우선순위

시간 할당량이 지나기 전에 블록된 프로세스는 I/O 지향적 프로세스라고 추정되어 그 우선순위가 `ts_slpret`로 바뀌는데, 이 우선순위는 지금 우선순위보다 높다. 이와 비슷하게, 시간 할당량을 모두 사용한 프로세스는 CPU 지향적 프로세스로 추정되며 `ts_tqexp`는 더 낮은 우선순위이다. `ts_maxwait`는 기아를 막기 위해 사용되며, `ts_lwait`는 더 높은 우선순위이다. 커널에 의해 영향받아 이와 같이 우선순위가 변

경될 뿐만 아니라, 프로세스는 자신의 우선순위를 −19~19 사이의 범위에 있는 파라미터를 가지는 *nice* 시스템 호출을 사용하여 변경할 수 있다.

솔라리스 9도 공정 할당 스케줄링 부류를 제공한다. 프로세스 그룹은 프로젝트라고 불리며 몇 개의 CPU 시간을 할당받는다. 한 프로젝트의 공정 할당은 항상 같은 시간에 활성화되어 있는 다른 프로젝트들의 할당에 달려 있다. 이는 프로젝트에 할당된 몫이고, 최소한 한 프로세스는 활성화되어 있는 프로젝트들의 할당에 대한 합이다. 멀티프로세스 시스템에서 할당은 CPU마다 독립적으로 정의된다. 솔라리스 10은 프로젝트의 윗부분에 **영역**(*zone*)이란 개념을 추가하였다. CPU 할당은 두 단계의 스케줄링을 제공하기 위해 영역과 프로젝트 양쪽에 배당된다.

7.6.3 리눅스에서의 스케줄링(Scheduling in Linux)

리눅스는 실시간과 비실시간(non-real-time) 애플리케이션을 모두 지원한다. 따라서 두 부류의 프로세스가 존재한다. 실시간 프로세스는 0~100 사이의 정적 우선순위를 가진다. 여기서 0이 가장 높은 우선순위이다. 실시간 프로세스는 두 가지 방법, 즉 각 우선순위 단계마다 FIFO 또는 라운드 로빈으로 스케줄된다. 커널은 각 프로세스마다 플래그를 두어 어떻게 스케줄되어야 할지를 가리킨다.

비실시간 프로세스는 어떤 실시간 프로세스보다도 낮은 우선순위를 가진다. 이들의 우선순위는 동적이고 −20~19 사이의 값을 가진다. 여기서 −20이 가장 높은 우선순위이다. 실제로 커널은 (100 + 40)개의 우선순위 단계를 가진다. 우선 각 비실시간 프로세스는 우선순위 0을 가진다. 그 우선순위는 *nice*나 *setpriority* 시스템 호출에 의해 프로세스 스스로가 바꿀 수 있다. 하지만 *nice* 시스템 호출을 통해 우선순위를 높이려면 특정 권한이 필요하므로, 보통은 프로세스가 다른 프로세스에 친절해지고 싶을 때 자신의 우선순위를 낮추는 데 이 호출을 사용한다. 우선순위 변경에 추가로, 커널은 I/O 지향적이거나 CPU 지향적인 성질을 반영하기 위해 프로세스의 우선순위를 바꾼다. 이를 구현하기 위해 커널은 프로세스가 최근에 얼마나 많은 CPU 시간을 사용했는지와 얼마나 오래 **블록**되었는지에 대한 정보를 유지하며, 프로세스에게 5~−5 사이의 nice 값을 보너스로 준다. 따라서 매우 대화형인 프로세스는 nice가 −5인 유효 우선순위를 가지고, CPU 지향적 프로세스는 nice가 +5인 유효 우선순위를 가진다.

다단계 우선순위 구조를 가지고 있기 때문에, 리눅스 커널은 7.4.3절의 그림 7.12에 나타난 것과 같은 스케줄링 데이터를 구성한다. 스케줄링 오버헤드를 제한하기 위해 리눅스는 그림 5.9와 유사한 스케줄러 의미론을 사용한다. 따라서 스케줄링은 이벤트 핸들링이 실행될 때마다 수행되는 것은 아니다. 스케줄링은 현재 수행 중인 프로세스가 시스템 호출 때문에 블록될 때나, 이벤트 핸들링이 실행되면서 `need_resched` 플래그를 설정할 때 실행된다. 이런 경우는 시간 조각의 만료를 핸들링할 때나, 현재 수행되는 프로세스의 우선순위보다 더 높은 우선순위를 가진 프로세스를 활성화시키는 이벤트를 핸들링할 때 발생한다.

비실시간 프로세스는 시간 조각 개념을 이용하여 스케줄된다. 하지만 리눅스에서의 시간 조각 개념은 실제로는 우선순위와 일치하는 주기보다 더 사용할 수 있는 시간 할당량이다(7.4.8절 참고). 시간 조각을 소진한 프로세스는 다른 프로세스들이 모두 자신의 시간 조각을 소진했을 때만 새로운 시간 조각을 받는다. 리눅스는 10~200 ms 사이의 시간 조각을 사용한다. 높은 우선순위 프로세스가 낮은 우선순위 프로세스보다 CPU의 관심을 더 받기 위해서, 리눅스는 더 높은 우선순위 프로세스에게 더 큰 시간 조각을 준다. 시간 조각에 대한 이러한 할당은 응답시간에는 영향을 주지 않는데, 그 이유는 높은 우선순위 프로세스는 그 본성이 대화형이기 때문에 많은 CPU 시간을 쓰기 전에 I/O 연산을 수행할 것이기 때문이다.

리눅스 스케줄러는 2개의 프로세스 리스트, 즉 **활성 리스트**(*active list*)와 **소모된 리스트**(*exhausted list*)를 사용한다. 두 리스트는 프로세스의 우선순위로 정렬되며 앞에서 기술한 자료 구조를 사용한다. 스케줄러는 활성 리스트에서 프로세스를 하나 선택하여 스케줄하며, 시간 조각에 남은 시간을 사용한다. 시간 조각이 소진되면 프로세스는 소모된 리스트에 넣어진다. 리눅스 커널 2.5와 그 이전 커널의 스케줄러는 활성 리스트가 비게 되면 우선순위 재계산 반복문을 수행했다. 그 반복문은 동적 우선순위에 근거해서 각 프로세스의 시간 조각을 재계산했다. 그 반복문의 끝부분에서는 모든 프로세스가 활성 리스트로 옮겨지고 전형적인 스케줄링을 재개했다.

리눅스 2.6 커널은 오버헤드가 더 적고 프로세스와 CPU의 개수에 대한 확장성을 높인 새로운 스케줄러를 사용한다. 이 스케줄러는 우선순위를 재계산하는 오버헤드를 재계산 반복문 안에 한꺼번에 집어넣는 대신, 스케줄러 동작의 여러 부분에 분산시켰다. 이를 구현한 방법은 프로세스가 자신의 시간 조각을 소진하고 소모된 리스트로 옮겨질 때 프로세스의 우선순위를 재계산하도록 한 것이다. 활성 리스트가 비게 되면, 스케줄러는 단순히 활성 리스트와 소모된 리스트를 맞교환한다.

스케줄러의 확장성은 두 가지 방법으로 지원된다. 스케줄러는 1비트 크기의 플래그로 한 우선순위 단계의 프로세스 리스트가 비어 있는지를 가리키도록 한다. 스케줄러가 호출되면 우선순위의 큰 값부터 차례로 프로세스 리스트의 플래그를 테스트하고, 처음으로 발견한 비어 있지 않은 리스트의 첫 번째 프로세스를 선택한다. 이 과정은 스케줄링 오버헤드를 준비 완료된 프로세스의 개수와 그다지 관련이 없도록 만든다. 오버헤드는 스케줄링 단계의 개수에만 의존하므로 상수 값 이하로 묶이게 된다. 이 스케줄링은 $O(1)$, 즉 시간 복잡도가 1인 스케줄링이라 불린다. 더 오래된 리눅스 커널에 있는 스케줄러는 많은 CPU가 제공될 때 경쟁 상태를 피하기 위해 프로세스의 활성 리스트에 동기화 락을 사용했다. 리눅스 2.6 커널은 CPU마다 활성 리스트를 유지함으로써 동기화 락과 그에 연관된 지연을 제거한다. 이러한 구성은 프로세스가 자신이 스케줄되었던 같은 CPU에서 계속 동작할 수 있도록 해준다. 이렇게 됨으로써 캐시 적중률을 더 높일 수 있다.

7.6.4 윈도우에서의 스케줄링(Scheduling in Windows)

윈도우 스케줄링은 실시간과 대화형 스레드의 응답시간을 높이는 것을 목표로 한다. 스케줄링은 우선순위 유도 방식이며 선점형이다. 한 우선순위 단계에서의 스케줄링은 시간 조각을 가진 라운드 로빈 정책을 사용한다. 윈도우 용어로는 시간 조각을 **할당량**(*quantum*)이라 부른다. 비실시간 스레드의 우선순위는 대화형 스레드에게 우선권을 주도록 동적으로 변한다. 이런 점은 다단계 적응 스케줄링과 유사하다(7.4.5절 참고).

실시간 스레드는 다른 스레드보다 높은 우선순위를 부여받는다. 이들의 우선순위는 16~31 사이이고, 다른 스레드의 우선순위는 1~15 사이이다. 비실시간 스레드의 우선순위는 살아 있는 동안 바뀔 수 있으며, 이런 부류의 스레드들은 **가변 우선순위 부류**(*variable priority class*)라고 불린다. 이 부류에 속한 스레드의 유효 우선순위는 3개의 요소, 즉 스레드가 속한 프로세스의 기준 우선순위, −2~2 사이 값을 가지는 스레드의 기준 우선순위, 그리고 대화형 스레드를 선호하는 커널이 할당한 동적 요소의 결합으로 계산된다.

커널은 스레드의 우선순위 동적 요소를 다음과 같이 바꾼다. 만약 스레드가 스케줄된 뒤 자신의 시간 조각을 소진해 버리면 그 우선순위는 1 감소한다. **대기 중인**, 즉 블록된 스레드가 활성화되면 블록을 유발한 이벤트의 성질에 따라 그 우선순위가 증가한다. 키보드 입력 때문에 블록되면 우선순위가 6만큼 증가한다. I/O 지향적 스레드의 불공정한 이점을 막기 위해 현재 할당량의 남은 시간은 I/O 요청 때마다 한 클록 단위만큼 감소한다. 기아를 막기 위해 4초 이상 CPU 시간을 얻지 못한 **준비 완료** 스레드의 우선순위는 15만큼 증가하고, 그 할당량은 보통 값의 2배로 증가한다. 이 할당량이 경과하면 우선순위와 할당량은 이전 값으로 돌아간다.

스케줄러는 그림 7.12에서 보여진 것과 유사한 자료 구조를 사용하지만, 성능 향상을 위해 두 가지 개량이 이루어졌다. 우선순위가 0~31 범위에 있고, 우선순위 0은 시스템 스레드를 위해 예약해 두었으므로 32개의 포인터 배열이 다른 우선순위 단계에 있는 준비 완료 스레드의 큐를 가리키기 위해 사용된다. 32비트 플래그들의 벡터는 준비 완료 스레드가 각 우선순위 단계에 존재하는지를 가리키기 위해 사용된다. 이러한 배치는 스케줄러가 비어 있지 않은 우선순위가 가장 높은 스레드의 위치를 빠르게 찾을 수 있게 해준다. 어떤 시스템이나 사용자 스레드도 **준비 완료** 상태에 있지 않다면, 스케줄러는 특별한 **유휴 스레드**(*idle thread*)를 CPU에 스케줄한다. 이 유휴 스레드는 한 스레드가 스케줄될 때까지 **유휴 반복문**(*idle loop*)을 계속 수행한다. 이 반복문에서 스케줄러는 적당한 시간에 전력 관리를 위해 하드웨어 추상화 계층(hardware abstraction layer: HAL)에 있는 함수를 활성화시킨다. 멀티프로세서 시스템에서는, 하나의 CPU에서 동작하는 스케줄러는 다른 유휴 CPU에 있는 스레드를 스케줄할 수도 있다(10.6.3절 참고). 이런 스케줄링을 쉽게 하기 위해서 유휴 반복문은 스케줄을 위한 자료 구조를 검사해서 유휴 반복문을 수행 중인 CPU에 할당된 스레드가 있는지 확인하고, 유휴 CPU를 스케줄된 스레드에 할당한다.

컴퓨터가 유휴 상태에 있을 때 전력을 절약하기 위해, 윈도우는 많은 시스템 상태를 제공한다. 이러한 상태에서 컴퓨터는 낮은 전력을 소모하는 상태로 동작한다. **동면 상태**(*hibernate state*)에서는 수행 중인 애플리케이션의 상태가 디스크에 저장되고 시스템이 꺼진다. 시스템이 활성화되었을 때, 애플리케이션의 상태가 디스크로부터 복구되고 동작이 재개된다. 애플리케이션의 상태를 디스크에 저장하는 것은 다시 시작하는 시간을 지연시킨다. 하지만 컴퓨터가 동면 상태에 있을 동안은 컴퓨터의 동작이 전력의 손실이나 감소에 면역성을 보이기 때문에 이 방법은 신뢰성을 준다. **대기 상태**(*standby* state)에서는 실행 중인 애플리케이션의 상태가 메모리에 저장되고, 컴퓨터는 저전력 모드로 들어간다. 애플리케이션의 상태를 메모리에 저장했다 재개하는 것은 더 빠른 방식이다. 하지만 시스템이 대기 상태일 때 전력 손실이나 감소가 발생하면 상태 정보를 잃어버릴 수 있으므로, 컴퓨터 동작은 그다지 믿을 만하지 않다. 따라서 윈도우 Vista는 **수면 상태**(*sleep* state)라는 새로운 혼합 상태를 제안했다. 여기서 애플리케이션의 상태는 메모리와 디스크 양쪽에 저장된다. 시스템 동작이 재개될 때, 메모리에 애플리케이션의 상태가 있으면 **대기** 상태로 복원되고, 그렇지 않은 경우에는 디스크에 저장된 애플리케이션의 상태를 이용해서 **동면** 상태로 재개된다.

7.7 스케줄링 정책의 성능 분석(PERFORMANCE ANALYSIS OF SCHEDULING POLICIES)

스케줄링 정책의 성능 분석은 프로세스의 응답시간, CPU 사용의 효율성, 그리고 시스템의 처리량과 같은 측정치를 사용하여 그 성능에 관해 연구하는 것이다. 성능 분석은 양자택일해야 하는 스케줄링 정책의 성능을 비교하고 핵심 시스템 파라미터의 '좋은' 값을 결정할 때 사용할 수 있다. 여기서 시스템 파라미터는 시간 조각, 활성화 상태인 사용자들의 수, 그리고 **준비 완료** 프로세스 리스트의 크기 같은 것들이다.

스케줄링 정책의 성능은 요청된 작업의 성질에 민감하고, 그 때문에 성능 분석은 그 정책이 효과를 낼 수 있는 환경에서 유도되어야 한다. 스케줄링 정책에 사용되는 요청들의 집합을 **워크로드**(*workload*)라고 한다. 정책에 대한 성능 분석의 첫 번째 단계는 전형적인 워크로드의 특성을 정확하게 기술하는 것이다. 지금부터 이 단계에 포함된 몇 가지 쟁점들을 살펴보기로 한다.

SRN 정책에 대한 내용이 있는 7.2절에서 언급했듯이 사용자가 서비스 시간에 대해 측정하는 것은 신뢰할 수가 없는데, 그 이유는 사용자가 서비스 시간에 대해 적절한 측정을 할 만한 경험이 부족하거나, 능숙한 사용자라면 시스템으로부터 좀 더 유리한 대우를 받기 위해 잘못 유도된 측정 결과를 제출할 수 있기 때문이다. 몇몇 사용자들은 더 나은 서비스를 받기 위해 요청 사항을 변경하기까지 한다. 예를 들어, SRN 정책을 알고 있는 사용자는 오랜 시간 수행되어야 하는 프로그램을 짧은 서비스 시간을 가진 여러 개의 프로그램으로 쪼개는 방법으로 사용할 수도 있다. 이런 모든 요소들은 워크로드를 왜곡한다. 따라서 전형적인 워크로드의 특징 부여는 사용자를 포함시키지 않고 개발되어야 한다.

스케줄링 정책의 성능 분석을 위해 세 가지 접근 방법이 사용될 수 있다.

- 운영체제에 스케줄링 정책의 구현
- 시뮬레이션
- 수학적 모델링

시뮬레이션과 수학적 모델링 둘 다 운영체제에서 스케줄링 정책 구현이 필요하지 않도록 한다. 그럼으로써 비용, 복잡성, 정책 구현에 관련된 지연 등을 피할 수 있다. 하지만 이런 접근법들을 사용하여 구현과 동일한 결과를 내기 위해서는 워크로드의 요청들에 대한 매우 자세한 특성 파악이 필요한데, 일반적으로는 자세히 파악할 수가 없다. 따라서 개별적인 요청에 대한 스케줄링 오버헤드나 서비스 같은 성능 형태는 구현을 통해서 가장 잘 연구된다. 반면 시뮬레이션과 수학적 모델링은 스케줄링 정책의 성능을 연구하고 '적합한' 시스템 파라미터 값을 결정하는 데 적합하다. 여기서 시스템 파라미터는 시간 조각, 사용자 수, 준비 완료 프로세스 리스트의 크기 같은 것들을 말한다.

7.7.1 구현을 통한 성능 분석(Performance Analysis through Implementation)

평가해야 할 스케줄링 정책이 목표 운영 환경에서 사용되는 실제 운영체제에서 구현된다. 운영체제는 실제 사용자의 요청을 받고, 그 스케줄링 정책을 사용하여 서비스하고, 정책의 성능을 통계적으로 분석하기 위해 데이터를 모은다. 성능 분석에 대한 이러한 접근법은 파괴적이다. 왜냐하면 실제 운영체제는 분석되어야 하는 모든 스케줄링 정책을 위해 중단되어야 하고, 변경되고, 재수행되어야 하기 때문이다. 이 파괴를 피하는 방법이 가상 머신 소프트웨어를 사용하는 것인데, 이 소프트웨어는 기반 시스템 커널의 작동에 영향을 미치지 않고 임시로 사용하는 커널을 수정할 수 있도록 한다. 하지만 가상 머신을 사용함으로써 발생하는 오버헤드는 성능 측정에 부정확성을 발생시킨다.

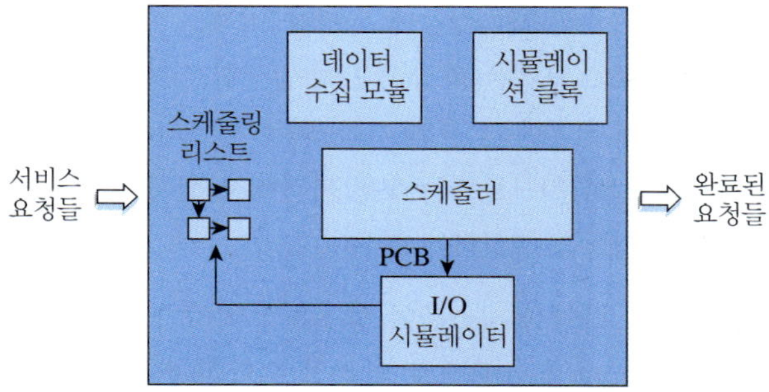

그림 7.15 스케줄링 정책의 시뮬레이션

7.7.2 시뮬레이션(Simulation)

시뮬레이션은 스케줄링 정책과 연관된 운영체제 함수들을 프로그램[**시뮬레이터**(*simulator*) 프로그램]으로서 코딩하고, 전형적인 워크로드를 입력으로 사용함으로써 수행할 수 있다. 이 워크로드는 표본을 뽑는 기간 동안 운영체제에서 발생한 실지 워크로드를 기록한 것이다. 여러 워크로드에 걸쳐 발생하는 다양한 효과를 제거하기 위해 많은 워크로드들을 반복해서 분석하기도 한다.

그림 7.15는 시뮬레이터의 의미론을 보여준다. 시뮬레이터는 다음과 같이 동작한다. 시뮬레이터는 시뮬레이트된 스케줄링 정책이 사용하는 자료 구조를 유지하는데, 시뮬레이터는 사용자 요청이 시스템에 도착하고 승인되고 서비스를 받는 것과 같이 요청과 관련된 정보를 이 자료 구조에 넣는다. 또한 **시뮬레이트된 시간**(*simulated time*)을 계속 추적하기 위해서 클록을 유지한다. 시간이 경과함에 따라 스케줄링 행동을 흉내 내고 처리하기 위한 요청을 하나 선택한다. 이벤트가 발생하기 이전에 그 요청, 예를 들어 I/O 연산의 초기화 요청이나 요청이 완료된 것 등이 CPU를 사용한 시간의 길이를 추정한다. 이벤트가 발생하기 전에 그 요청이 CPU를 사용한 시간만큼 시뮬레이트된 시간을 진행시키고, 그 요청을 스케줄링 큐에서 끄집어낸다. 다음으로 스케줄링을 다시 수행하는 등, 이런 과정을 반복한다. 한 요청에 의해 시작된 I/O 연산이 언제 완료될지를 예측하는 I/O 시뮬레이터 모듈 같은 다른 모듈을 포함할 수 있다. 시뮬레이션 클록이 이 시간을 보여주면, 시뮬레이터는 그 요청을 스케줄링 큐에 넣는다. 데이터 수집 모듈은 성능 분석을 위해 쓸모 있는 데이터를 모은다. 시뮬레이터에서 다루는 세부사항의 단계는 시뮬레이션의 비용과 그 결과의 품질을 좌우한다.

7.7.3 수학적 모델링(Mathematical Modeling)

수학적 모델은 2개의 요소, 즉 서버 모델과 처리된 워크로드 모델로 구성된다. 이 모델은 요청에 대한 서비스 시간과 오버헤드 같은 중요한 성능 특성을 표현한 수학식의 집합을 제공한다. 또한 이들 수식은 시스템 성능에 영향을 미치는 다양한 파라미터들에 대한 통찰력을 제공한다. 워크로드 모델은 특정 기간에 발생한 실제 워크로드의 기록은 아니라는 점에서 시뮬레이션에서 사용되는 워크로드와는 다르다. 이는 워크로드를 표현하는 통계적인 **분포**이다. 즉, 이 워크로드는 **모든** 기간에서 실제 워크로드와 같은 통계적 특성을 가지는 가상의 요청들을 생성하는 함수이다.

큐잉 이론(Queuing Theory) 다양한 시스템의 성능을 분석하기 위한 수학적 모델의 폭넓은 사용은 **큐잉 이론**(*queuing theory*)으로 알려진 수학의 한 분야로 발전하게 되었다. 큐잉 이론을 이용한 성능 분석을 큐잉 분석(queuing analysis)이라고 부른다. 큐잉 분석에서 잘 알려진 가장 초기의 애플리케이션은 Erlang(1909)이 제어용 파라미터로서 중계선의 개수를 설정하고 전화 교환의 성능을 측정한 것이다.

시스템의 근본적인 큐잉 이론 모델은 이 장의 시작 부분에 언급한 간단한 스케줄러 모델(그림 7.1 참고)과 동일하다. 이는 **단일 서버 모델**(*single-server model*)로 알려져 있다. 큐잉 분석은 서버의 효율성, 평균 큐 길이, 그리고 평균 대기시간을 수학식의 표현으로 개발하는 데 사용된다.

시간 a_i에 서비스 시간 x_i를 가지고 도착한 하나의 요청이 시간 c_i에 완료되었다. 경과한 시간 $(c_i - a_i)$는 두 가지 요소, 즉 시간 간격 $(c_i - a_i)$ 동안에 스케줄링 큐에 있거나 실행 중이던 요청의 도착시간과 서비스 시간에 의해 결정된다. 시스템에 들어온 요청의 도착시간과 서비스 시간은 미리 알려져 있지 않다고 보는 것이 합당하다. 즉, 이런 요청들의 특성은 본질적으로 비결정적이다.

비록 개별 요청들의 특성은 모르지만, 이들은 관례상 어떤 통계적인 분포를 따르는 것으로 추정된다. 컴퓨팅 환경은 2개의 파라미터 요청이 도착하는 시간에 대한 통계적 분포와 서비스 시간에 대한 통계적 분포로 그 성격을 묘사한다. 여기서 통계적 분포에 대한 짧은 소개를 하고 다음 표기를 이용하여 수학적 모델을 사용하는 방법을 살펴본다.

α 평균 도착 비율 (초당 요청 개수)
ω 평균 수행 비율 (초당 요청 개수)
ρ α/ω

ρ는 서버의 **이용률 인자**(*utilization factor*)라고 불린다. $\rho > 1$이면 그 시스템에서 발생하는 작업이 수용량을 초과하게 된다. 이 경우 시스템에서 요청들의 개수는 무한히 증가하게 된다. 이런 시스템에서는 총 처리시간이 제멋대로 커지기 때문에 시스템의 성능 평가는 실용적으로 볼 때 할 필요가 거의 없다. $\rho < 1$이면 시스템 수용량이 발생하는 모든 작업들을 초과한다. 하지만 이는 오랜 기간 동안의 평균을 고려했을 때만 맞는 말이고, 임의의 기간에 대해서 모두 성립하는 것은 아니다. 따라서 서버는 유휴 기간이 있을 수도 있고, 몇 개의 요청들은 어떤 기간 동안은 큐에 있을 수도 있다.

대부분의 실용적 시스템들은 $\rho < 1$ 조건을 만족한다. 느린 서버인 경우라도 ρ가 1보다 크지는 않은데, 그 이유는 대부분의 실제 시스템들은 근본적으로 자동 조절되기 때문이다. 즉, 사용자의 수는 유한하고, 큐의 길이가 클 때 대부분의 사용자는 큐에 묶여 있으므로 요청들의 도착 비율이 완화되는 것이다.

$t = 0$일 때 갑자기 시작된 시스템에 있는 모든 단기 체류 작업들이 종료되면 시스템은 **안정적 상태**(*steady state*)에 도달한다. 안정적 상태에서는 평균 큐 길이, 평균 대기시간, 평균 총 처리시간 등이 스케줄링 정책의 성능을 반영하게 된다. 이런 값들을 얻기 위해 서비스에 도착하고 서비스 받은 요청들에 대한 어떤 분포도를 가정한다.

도착시간(Arrival Times) 2개의 요청이 연달아 도착할 때, 도착시간 간의 차이를 **도착간격 시간**(*interarrival time*)이라고 부른다. α는 도착 비율이므로 평균 도착 간 시간은 $1/\alpha$이다. 이 평균 도착 간 시간을 가지며 경험적 데이터와 상당히 일치하는 통계적 분포는 워크로드의 특성을 기술하는 데 사용될 수 있다. 또한 시스템에 대한 요청들의 도착은 서로가 완전히 독립적인 임의의 이벤트로 간주될 수 있다. 다음의 두 가정들로부터 도착 이벤트들의 분포는 포아송 분포(Poisson distribution)로 간주된다. 첫째, 시간 t와 $t + dt$ 사이에 도착한 요청의 수는 dt 값에만 의존하고, 시간 간격 $(0, t)$에 있는 시스템의 과거 이벤트들과는 아무런 연관 관계가 없다. 둘째, 작은 dt 값에 대해서 한 개 이상의 요청이 t와 $(t + dt)$ 사이에 도착할 확률은 무시할 정도로 작다. 첫 번째 가정은 도착시간 분포의 **기억없음 성질**(*memoryless property*)로 알려져 있다. 임의의 값 t에 대해 시간 간격 0에서 t 사이의 도착 확률로 주어지는 지수 분포 함수는 다음과 같은 형태를 가진다.

$$F(t) = 1 - e^{-\alpha.t}$$

$\int_0^\infty t.dF(t) = 1/\alpha$ 이기 때문에 이 분포는 평균 도착시간이 $1/\alpha$이다. 지수 분포는 경험적인 데이터에서 도착 간격시간과 상당히 잘 맞는다. (하지만 같은 평균 $1/\alpha$를 가지는 초 지수 분포가 실험 데이터에 더 근접한 경향을 가지는 것으로 밝혀졌다(Coffman과 Wood[1966]).

서비스 시간(Service Times) 함수 $S(t)$는 요청에 대한 서비스 시간이 t 이하인 확률을 생성한다.

$$S(t) = 1 - e^{-\omega.t}$$

도착시간의 경우처럼, 서비스 시간을 포아송 분포로 만드는 2개의 가정을 둔다. 따라서 이미 t 단위만큼의 서비스 시간을 소모한 요청이 다음 dt 시간에 종료할 확률은 dt 값에만 달려 있고 t와는 아무런 관련이 없다. 선점형 스케줄링에서는 인터럽트 후에 수행되도록 요청이 스케줄될 때마다 이런 가정이 적용된다.

서비스 시간의 기억없음 성질은 스케줄링 알고리즘이 시스템의 이전 요청들에 대한 기록을 바탕으로 예측을 할 수 없음을 의미한다. 따라서 요청의 미래 행동에 대한 지식을 필요로 하는 선점형 스케줄링 정책은 프로그래머가 제공하는 서비스 시간의 예측에만 의존하게 된다. 그 경우 스케줄링 성능은 사용자 입력에 매우 의존하게 되며 사용자에 의해 휘둘릴 수 있다. 실제 상황에서 시스템은 반대 효과, 즉 시스템 성능은 요청의 서비스 시간에 대한 사용자 명세(또는 오류)에 영향받지 않기 위해 힘써야 한다. 이 요구조건은 시간 조각을 가진 라운드 로빈 스케줄링이 실질적인 스케줄링 정책임을 주장하는 효과를 가진다.

성능 분석(Performance Analysis) 평균 큐 길이 L과 서비스가 시작되기 전까지 요청이 기다리는 평균 대기시간 W 간의 관계는 Little의 공식으로 표현하기도 한다.

$$L = \alpha \times \mathrm{W} \tag{7.6}$$

이 관계는 다음 사실, 즉 한 요청이 큐에서 기다리는 동안 $\alpha \times W$ 개의 새 요청들이 큐에 들어온다는 것에서 얻을 수 있다.

새로운 요청이 도착하면 요청 큐에 삽입된다. 비선점 스케줄링에서 이 새로운 요청은 서버가 처리 중인 요청이 완료된 뒤에만 고려 대상이 된다. W_0을 현재 요청이 완료되는 예상시간이라고 하자. 당연히 W_0은 스케줄링 정책과는 독립적이다. $W_0 = \frac{\alpha}{2} \cdot \int_0^\infty t^2 dF(t)$ 이며, 지수 분포 $F(t) = 1 - e^{-\alpha t}$에 대해 α/ω^2 값을 가진다. 특정 스케줄링 정책이 사용되었을 때 평균 대기시간 W는 W_0과 스케줄링 정책의 형태에서 유도된다. 어떻게 FCFS와 SRN 정책의 평균 대기시간이 유도되는지를 간략하게 보기로 하자. HRN과 라운드 로빈의 유도는 더 복잡하며 Brinch Hansen(1973)의 논문에서 볼 수 있다. 표 7.7은 다른 스케줄링 정책들이 사용되었을 때 서비스 시간이 t인 한 요청의 평균 대기시간을 요약한 것이다.

요청 r'의 대기시간 W는 r'가 서비스를 받기 시작하기 전까지 큐에서 기다린 시간이다. 따라서 FCFS 스케줄링에서,

$$W = W_0 + \Sigma_i \, x_i$$

이며, 여기서 요청 i는 스케줄링 큐에서의 요청 r'보다 앞에 있다. 시스템이 안정적인 상태에 있기 때문에 Σ_i 항을 $n \times \frac{1}{\omega}$로 바꿀 수 있다. 여기서 n은 r' 앞에 있는 요청들의 개수이고, $\frac{1}{\omega}$는 평균 서비스 시간이다. n이 평균 큐 길이이므로 Little의 공식으로부터 $n = \alpha \times W$이다. 그러므로

$$\begin{aligned} W &= W_0 + \alpha \times W \times \frac{1}{\omega} \\ &= W_0 + \rho \times W \end{aligned}$$

표 7.7 성능 분석 요약

스케줄링 정책	서비스 시간 = t인 요청에 대한 평균 대기시간
FCFS	$\frac{W_0}{1-\rho}$
SRN	$\frac{W_0}{1-\rho_t}$, 여기서 $\rho_t = \int_o^t \alpha \cdot y \cdot dS(y)$
HRN	작은 t의 경우: $W_0 + \frac{\rho^2}{1-\rho} \times \frac{t}{2}$
	큰 t의 경우: $\frac{W_0}{(1-\rho)(1-\rho+\frac{2.W_0}{t})}$
라운드 로빈	$\frac{n}{\omega(1-P_0)} - \frac{1}{\alpha}$, 여기서 $P_0 = \frac{1}{\Sigma_{j=0}^{n} \frac{n!}{(n-j)!} \times (\alpha)^j}$
	(P_0은 응답을 기다리는 터미널이 없을 확률)

주: $W_0 = \frac{\alpha}{2} \cdot \int_0^\infty t^2 dF(t)$. 지수분포 $F(t) = 1 - e^{-\alpha \cdot t}$에 대해 이 값은 $\frac{\alpha}{\omega^2}$

따라서 $W = \frac{W_0}{1-\rho}$이다. 그러므로 FCFS 스케줄링에서 평균 대기시간은 높은 ρ 값에 대해 빠르게 상승한다.

SRN 스케줄링에서서는 $x_{r'}$가 r'의 서비스 시간이라고 할 때, 서비스 시간이 $< x_{r'}$인 요청들이 요청 r'보다 먼저 서비스를 받는다. 따라서 요청 r'의 대기시간은

$$W = W_0 + \Sigma_i x_i, \text{ 여기서 } x_i < x_{r'}$$
$$= \frac{W_0}{1-\rho_{r'}}, \text{ 여기서 } \rho_{r'} = \int_0^{r'} \alpha \cdot y \cdot dS(y)$$

이다.

수용량 계획(Capacity Planning) 성능 분석은 수용량 계획을 짜기 위해 사용되기도 한다. 일례로, 표 7.7에 나타난 공식은 커널이 사용하는 준비 완료 프로세스의 리스트 크기와 같은 중요한 파라미터 값을 결정하는 데 이용할 수 있다.

예를 들어, 요청의 평균 도착률이 초당 5개의 요청이고, 요청의 평균 응답시간이 3초인 운영체제를 생각해 보자. 평균 큐 길이는 Little의 공식[식. (7.6)]으로 계산하면 $5 \times 3 = 15$가 된다. 이 큐들은 이따금 이 길이보다 길어질 수도 있다. 다음 예제는 준비 완료 큐의 수용량을 결정하는 기준을 제공한다.

예제 7.15 큐잉 분석을 통한 수용량 계획

커널이 준비 완료 요청들의 큐에 최대 n 개가 들어갈 수 있도록 한다. 새 요청이 도착했을 때 이 큐가 가득 차 있으면 요청은 거부되고 운영체제에서 사라지게 된다. P_i를 준비 완료 큐가 i 개의 프로세스를 담고 있을 확률이라고 하면, 이는 다음과 같다.

$$p_i = \frac{\rho^i \times (1-\rho)}{1-\rho^{n+1}} \tag{7.7}$$

$\rho = 0.5$이고 $n = 3$이면 $p_0 = \frac{8}{15}, p_1 = \frac{4}{15}, p_2 = \frac{2}{15}$, 그리고 $p_3 = \frac{1}{15}$가 된다. 따라서 6.7%의 요청들이 사라진다. 사라지는 요청의 개수를 줄이려면 더 큰 n 값이 사용되어야 한다.

7.8 요약

운영체제의 스케줄러는 어떤 프로세스가 다음에 CPU 서비스를 받아야 할지와, 얼마나 오랫동안 서비스를 받아야 할지를 결정한다. 이 결정은 사용자 서비스와 시스템 성능 양쪽에 영향을 미친다. 이 장에서는 세 가지 프로세스 스케줄러 기술인 **우선순위 기반 스케줄링**, **요청의 순서 변경**, 그리고 **시간 조각의 변경**을 논의했다. 그리고 어떻게 스케줄러가 이들을 이용하여 사용자 서비스와 시스템 성능을 잘 결합하는지를 연구했다. 또한 실시간 스케줄링도 연구했다.

비선점 스케줄링 정책은 프로세스가 받는 CPU 서비스가 끝났을 때만 스케줄링을 수행한다. 이 정책은 프로세스의 평균 총 처리시간을 개선하기 위해 요청들의 순서를 단순히 변경하는 데만 촛점을 맞춘다. **최단 요청 선택**(SRN) 정책은 기아에 시달리는데, 몇 개의 프로세스는 무한히 연기될 수도 있다. **고응답률 선택**(HRN) 정책은 이런 문제가 없는데, CPU를 기다림에 따라 프로세스의 응답률이 증가하기 때문이다.

선점형 스케줄링 정책은 새로운 스케줄링 결정을 만드는 것이 바람직하다고 생각될 때 프로세스를 선점한다. **라운드 로빈**(RR) 정책은 모든 프로세스들을 순서대로 서비스하며, 각 프로세스가 사용하는 CPU 시간을 시간 조각 값의 크기로 제한한다. **최소 완료 선택**(LCN) 정책은 서비스를 받은 양이 가장 적은 프로세스를 선택한다. 반면 **최단 진행**(STG) 정책은 완료에 가장 근접한 프로세스를 선택한다.

실제로 운영체제는 3개의 스케줄러를 포함하는 배합을 사용한다. **장기 스케줄러**는 언제 프로세스가 서비스를 승인받아야 하는지를 결정하고, **중기 스케줄러**는 언제 프로세스가 디스크로 스왑되어 나가고 언제 다시 메모리로 적재되어야 하는지를 결정한다. **단기 스케줄러**는 메모리에 있는 프로세스 중 하나를 선택한다. **다단계 적응 스케줄링** 정책은 다른 우선순위를 가진 프로세스에 다른 시간 조각을 할당하고, 응답시간을 단축시키고, 스케줄링 오버헤드를 줄이기 위해 프로세스의 우선순위를 최근 활동에 따라 변경한다. **공정 할당 스케줄링** 정책은 한 애플리케이션의 프로세스들은 사용량의 합이 미리 명시된 CPU 할당 시간을 넘지 않도록 보장한다.

실시간 스케줄링은 애플리케이션의 시간 제약을 맞추는 데 촛점을 둔다. **마감시간 스케줄링**은 스케줄링 결정을 할 때 프로세스의 마감시간을 고려한다. **비율 단조 스케줄링**은 프로세스의 주기에 근거하여 우선순위를 프로세스에 할당하며, 우선순위 기반 스케줄링을 수행한다.

현대 운영체제는 다양한 워크로드와 직면하기 때문에, 스케줄러는 프로세스를 실시간과 비실시간 같이 다른 부류로 나누고 각 부류마다 적합한 스케줄링 정책을 사용한다.

성능 분석은 운영체제에 스케줄러를 구현하지 않고 스케줄링 정책의 연구와 성능 조정을 하는 데 사용된다. 이는 시스템에 있는 전형적인 워크로드에 대한 수학적인 특성을 이용하여 시간 조각과 스케줄링 리스트의 크기 같은 핵심 스케줄러 파라미터의 값이나 시스템 처리량을 결정한다.

여러분의 생각을 평가해 보라.

7.1 다음 각 문장이 참인지 거짓인지 구분하라.

a. 스케줄링 오버헤드가 무시할 정도로 작으면, 스케줄 길이는 일괄 처리나 다중 프로그래밍 시스템에서 동일하다.

b. 최단 요청 선택(SRN) 스케줄링 정책을 사용하는 시스템에서 모든 요청들이 동일한 시간에 도착하고 시스템이 이들 요청을 $r_1, r_2, \ldots, r_n$의 순서로 완료하면 $i > j$일 때, r_i의 가중치 처리량 > r_j의 가중치 처리량이다.

c. 시간 조각을 가진 라운드 로빈 스케줄링 정책은 같은 시간에 도착한 요청들에 대해 거의 같은 응답률을 제공한다.

d. 프로세스들이 I/O를 수행하지 않으면 시간 조각을 가진 라운드 로빈 스케줄링 정책은 최소 완료 선택(LCN) 스케줄링 정책과 흡사하다.

e. CPU 지향적 그리고 I/O 지향적 프로세스가 모두 존재할 때, 최소 완료 선택(LCN) 스케줄링 정책은 시간 조각을 가진 라운드 로빈 스케줄링 정책보다 I/O 지향적 요청에 더 짧은 총 처리시간을 제공한다.

f. 고응답률 선택(HRN) 스케줄링 정책은 기아가 생기지 않는다.

g. 실행 가능 스케줄이 실시간 애플리케이션에 존재하면, 빠른 마감시간 우선(EDF) 스케줄링 정책을 사용하는 것은 마감 위반이 발생하지 않는 것을 보장한다.

h. I/O 지향적 프로세스는 2번 수행된다. 한 번은 RR 스케줄링을 사용하는 시스템에서고, 다른 한 번은 다단계 적응 스케줄링을 사용하는 시스템에서다. RR 스케줄러에게 스케줄되는 횟수와 다단계 스케줄러에게 스케줄되는 횟수가 동일하다.

i. CPU 지향적 프로세스는 다단계 적응 스케줄링이 채용되면 기아 상태가 될 수 없다.

j. 프로세스가 I/O를 수행하지 않으면, 유닉스 스케줄링 정책은 RR 스케줄링 정책으로 변질된다.

7.2 프로세스 A, B, 그리고 C가 각각 0, 1, 그리고 2 시간에 도착했다. 프로세스는 I/O를 수행하지 않으며 각각 5, 3, 그리고 1 초의 CPU 시간을 필요로 한다. 프로세스 교환시간은 무시할 만하다. 만약 스케줄러가 최단 진행(STG) 정책을 쓴다면 언제 프로세스 B가 완료되는가?

a. 8　**b.** 4　**c.** 5　**d.** 9

7.3 다음 스케줄링 정책 중 어느 것이 I/O 지향적 프로세스에 대해서 가장 짧은 총 처리시간을 제공하는가? (I/O 지향적, CPU 지향적 프로세스가 모두 이 시스템에 존재한다.)

a. RR

b. LCN

c. 다단계 적응 스케줄링

d. a~c 중 해당 사항이 없다.

7.4 다음 스케줄링 정책 중 어느 것이 CPU 지향적 프로세스에 대해서 가장 짧은 총 처리시간을 제공하는가? (I/O 지향적, CPU 지향적 프로세스가 모두 이 시스템에 존재한다.)

a. RR

b. LCN

c. 다단계 적응 스케줄링

연습문제

7.1 스케줄링에서 사용자 중심 관점과 시스템 중심 관점 사이의 충돌에 관한 예들을 제시하라.

7.2 표 7.2에 묘사된 프로세스들의 도착시간이 각각 0, 1, 3, 7, 그리고 10초일 때, 비선점과 선점형 스케줄링 정책의 성능을 연구하라. 이들 정책의 동작을 보여주기 위해 7.2절과 7.3절에 보인 것과 유사한 타이밍 차트(timing chart)를 그리라.

7.3 SRN 스케줄링은 같은 시간에 동시에 도착한 요청들에 대해 최소 평균 총 처리시간을 가진다는 것을 보이라. 요청이 서로 다른 시간에 도착하는 경우에도 최소 평균 총 처리시간을 가지는가?

7.4 50번 수행하는 단일 반복문을 포함하는 프로그램이 있다. 이 반복문에는 50 ms의 계산 작업 후에 200 ms의 I/O 연산을 수행하는 부분이 포함되어 있다. 이 프로그램이 독립적으로 10개가 동시에 수행되었다. 커널의 스케줄링 오버헤드는 3 ms이다. 시간 조각이 다음과 같을 때, 첫 번째와 그 다음 반복에서 첫 번째 프로세스의 응답시간을 계산하라.

a. 시간 조각이 50 ms

b. 시간 조각이 20 ms

7.5 한 운영체제의 커널이 선점형 HRN 정책을 다음과 같이 구현하였다. 매 t 초마다 모든 프로세스의 응답률이 계산되고, 가장 응답률이 높은 프로세스가 스케줄된다. 작은 t 값과 큰 t 값을 각각 이 정책에 적용한다고 했을 때, 각 경우에 대해서 논하라. 또한 이 정책을 다음 정책들과 비교하라.

a. 최단 진행(STG) 정책

b. 최소 완료 선택(LCN) 정책

c. 시간 조각을 가진 라운드 로빈(RR) 정책

7.6 한 프로세스가 두 부분으로 구성되어 있고, 각 부분은 기능적으로 서로 독립적이다. 이를 두 부분으로 나눌 것이 제안되었고, 이들을 수행하는 두 개의 프로세스가 생성되었다. 원래 하나의 프로세스인 경우보다 두 프로세스를 사용함으로써 사용자 서비스가 향상될 수 있는 스케줄링 정책을 찾아보라.

7.7 7.2절과 7.3절에서 논의한 스케줄링 정책에 대해, 20개의 요청으로 구성된 한 그룹이 무시할 만한 수준의 오버헤드로 서비스되고 평균 총 처리시간이 결정된다. 이 요청들은 이제 각각 임의의 10개 요청으로 구성된 2개의 그룹으로 나뉜다. 이들 요청 그룹은 앞에서 사용된 각 스케줄링 정책에 의해 번갈아가며 서비스되며, 이에 대한 평균 총 처리시간이 계산된다. 각 스케줄링 정책에 대한 평균 총 처리시간을 비교하고, 두 구성이 다를 수 있는 조건을 언급하라.

7.8 한 다단계 적응 스케줄러가 1~5까지 다섯 우선순위 단계를 사용한다. 단계 1이 가장 높은 우선순위이다. 우선순위 단계 n에 대한 시간 조각은 $0.1 \times n$이다. 처음에는 모든 프로세스의 우선순위가 단계 1이다. 프로세스는 5초의 CPU 시간을 요청하고, 이 스케줄러를 통해 서비스된다. 시스템에 다른 프로세스가 없다고 할 때, 프로세스의 응답시간과 전체 스케줄링 오버헤드를 비교하라. 프로세스가 0.1 CPU 초의 시간 조각을 가진 라운드 로빈으로 서비스된다면, 프로세스의 응답시간과 총 스케줄링 오버헤드는 어떻게 되는가?

7.9 다단계 적응 스케줄링 정책은 프로세스가 지금 우선순위 단계에서 스케줄되지 않은 채로 3초를 보내게 되면 이를 더 높은 우선순위 단계로 승진시킴으로써 기아가 발생하지 않게 한다. 승진을 구현하는 다음 방법들의 장점과 단점에 대해 논하라.

a. 가장 높은 우선순위 단계로 승진

b. 다음으로 높은 우선순위 단계로 승진

7.10 휴스턴 자동 스풀링 시스템(Houston Automatic Spooling System: HASP)은 IBM/360에서 사용된 스케줄링 서브시스템이었다. HASP는 I/O 지향적 프로세스에 높은 우선순위를 할당하고, CPU 지향적 프로세스에 낮은 우선순위를 할당했다. 프로세스는 시간 조각에 관한 최근 행동이 스케줄되었을 때 시간 조각을 소진하면 CPU 지향적으로 판단되고, 그렇지 않은 경우 I/O 지향적으로 판단

되는 것에 근거해서 CPU 지향적이나 I/O 지향적으로 분류되었다. 처리율을 높이기 위해서는 HASP는 스케줄링 큐에 있는 프로세스 중 고정된 비율만큼의 I/O 지향적 프로세스가 있어야 했다. 주기적으로 HASP는 시간 조각을 조정하여 이 요구조건을 만족시킨다. 즉, I/O 지향적이라 생각되는 프로세스가 생각보다 많으면 시간 조각을 줄이고, I/O 지향적 프로세스의 수가 적으면 시간 조각을 늘인다. 시간 조각을 조절하는 목적을 설명하라. 대부분의 프로세스가 다음과 같을 때, HASP의 동작을 묘사하라.

(a) CPU 지향적 **(b)** I/O 지향적

7.11 다음 두 스케줄링의 유사성과 차이점을 논하라.

a. LCN과 유닉스 스케줄링

b. HASP와 다단계 적응 스케줄링(연습문제 7.10 참고)

7.12 예제 7.11에서 프로세스들을 위한 시작 마감을 결정하라.

7.13 선점형 스케줄링 정책을 사용하는 운영체제는 동적으로 바뀌는 우선순위를 할당한다. 프로세스의 우선순위는 다음처럼 그 상태에 따라 다른 비율로 바뀐다.

α 프로세스가 **실행 중**일 때 우선순위가 바뀌는 비율

β 프로세스가 **준비 완료**일 때 우선순위가 바뀌는 비율

γ 프로세스가 I/O를 수행하고 있을 때 우선순위가 바뀌는 비율

프로세스가 바뀌는 비율은 양수이거나, 음수이거나, 0일 수 있다는 것을 알 필요가 있다. 프로세스가 생성되었을 때 그 우선순위는 0이 된다. 더 큰 수치 값의 우선순위를 가진 프로세스는 스케줄링에서 더 높은 우선순위를 가진 것으로 간주된다. 다음의 각 경우에서 이 스케줄링 정책의 특성에 대해 논하라.

a. $\alpha > 0, \beta = 0, \gamma = 0$

b. $\alpha = 0, \beta > 0, \gamma = 0$

c. $\alpha = \beta = 0, \gamma > 0$

d. $\alpha < 0, \beta = 0, \gamma = 0$

프로세스가 스케줄될 때마다 프로세스의 우선순위가 0으로 설정된다면 스케줄링 정책의 행동이 바뀌는가?

7.14 백그라운드(*background*) 프로세스가 동작할 때는 다른 프로세스에게 심각한 성능저하를 유발시키지 않아야 한다. 다음 대안 중 이를 구현하기 위해서 추천할 만한 것은 무엇인가?

a. 백그라운드 프로세스에 가장 낮은 우선순위를 부여한다.

b. 백그라운드 프로세스에 다른 프로세스보다 작은 시간 할당량을 제공한다 (7.4.8절 참고).

7.15 7.5.3절의 주기적 프로세스 P_1~P_3의 동작을 위한 EDF 스케줄을 구성하라.

7.16 그림 7.13에 나온 애플리케이션의 응답 요구조건이 30초이고 프로세스 P_2~P_5의 서비스 시간이 그림 7.13에 보인 대로라면, 실행 가능한 스케줄이 존재하기 위해 P_1이 가져야 할 가장 큰 서비스 시간은 무엇인가? 다음 두 조건하에서 이 질문에 답하라.

a. I/O 연산을 수행하는 프로세스가 없다.

b. 프로세스 P_2는 3초 간 I/O를 수행하고, 그 중 2초 간은 프로세스 P_3의 처리와 겹쳐질 수 있다.

7.17 세 프로세스 P_1, P_2, 그리고 P_3의 서비스 시간은 각각 5 ms, 3 ms, 그리고 10 ms이다. $T_1 = 25$ ms이고 $T_2 = 8$ ms일 경우, 비율 단조 스케줄링 정책이 모든 프로세스의 마감시간을 맞출 수 있는 T_3의 가장 작은 값은 무엇인가?

7.18 한 시스템이 FCFS 스케줄링 정책을 사용한다. 똑같은 계산 요청이 초당 20개의 비율로 시스템에 도착한다. 시스템에서의 평균 대기시간이 2.0초를 넘지 않았으면 한다. 각 요청의 크기를 CPU 초로 계산하라.

7.19 0.05 CPU 초를 필요로 하는 동일한 요청들이 운영체제에 초당 10개의 비율로 도착한다. 커널은 고정된 크기의 준비 완료 큐를 사용한다. 큐가 아직 다 차지 않았으면 새로운 요청은 준비 완료 큐에 들어가고, 그렇지 않은 경우에 그 요청은 버려진다. 버려지는 요청의 비율이 1% 미만이 되도록 하려면 준비 완료 큐의 크기는 얼마가 되어야 하는가?

7.20 FCFS 스케줄링을 사용하는 한 시스템에서 요청들의 평균 도착 비율이 초당 5개이다. 한 요청에 대한 평균 대기시간은 3초이다. 평균 실행 비율을 구하라.

7.21 '작은 요청' 은 서비스 시간이 $\frac{1}{\omega}$보다 5% 미만인 요청이라고 가정한다. $\alpha = 5$이고 $\omega = 8$일 때, HRN 스케줄링 정책을 사용하는 시스템에서 작은 요청의 총 처리시간을 계산하라.

참고문헌

Corbato 등(1962)은 CTSS 운영체제에서 다단계 피드백(feedback) 큐의 사용에 대해 논의하였다. Coffman과 Denning(1973)은 다단계 스케줄링과 관련된 연구들을 발표하였다. 공정 할당 스케줄러는 Kay와 Lauder(1988)가 설명하였고, 로터리 스케줄링은 Waldspurger와 Weihl(1994)가 설명하였다. 실시간 스케줄링은 Liu와 Layland(1973), Zhao(1989), Khanna와 등(1992), 그리고 Liu(2000)에서 논의되었다. 전력 보존은 스케줄링에서 매우 새로운 요소이다. 전력은 CPU를 낮은 속도에서 돌려서 절약할 수 있다. Zhu 등(2004)은 애플리케이션이 자신의 시간 제약을 만족시키도록 보장하면서도 CPU 속도를 바꾸고 속도를 바꾸는 횟수를 줄임으로써 전력을 아끼는 이론적인 스케줄링 알고리즘을 논의하였다.
Bach(1986), McKusick 등(1996), 그리고 Vahalia(1996)는 유닉스에서의 스케줄링을 논의하였다. O' Gorman(2003), Bovet과 Cesati(2005), 그리고 Love(2005)는 리눅스에서의 스케줄링을 논의하였다. Mauro와 McDougall(2006)은 솔라리스에서의 스케줄링을 논의하였다. 반면 Russinovich와 Solomon(2005)는 윈도우에서의 스케줄링을 논의하였다.

Trivedi(1982)는 큐잉 이론에 많은 노력을 기울였다. Hellerman과 Conryo(1975)는 큐잉 이론을 성능 평가에서 사용하는 방법에 대해 설명했다.

1. Bach, M. J. (1986): *The Design of the Unix Operating System*, Prentice Hall, Englewood Cliffs, N.J.
2. Bovet, D. P., and M. Cesati (2005): *Understanding the Linux Kernel*, 3rd ed., O'Reilly, Sebastopol.
3. Brinch Hansen, P. (1972): *Operating System Principles*, Prentice Hall, Englewood Cliffs, N.J.
4. Coffman, E. G., and R. C. Wood (1996): "Interarrival statistics for time sharing systems," *Communications of the ACM*, **9** (7), 500–503.
5. Coffman, E. G., and P. J. Denning (1973): *Operating Systems Theory*, Prentice Hall, Englewood Cliffs, N.J.
6. Corbato, F. J., M. Merwin-Daggett, and R. C. Daley (1962): "An experimental time-sharing system," *Proceedings of the AFIPS Fall Joint Computer Conference*, 335–344.
7. Hellerman, H., and T. F. Conroy (1975): *Computer System Performance*, McGraw-Hill Kogakusha, Tokyo.
8. Kay, J., and P. Lauder (1988): "A fair share scheduler," *Communications of the ACM*, **31** (1), 44–55.
9. Khanna, S., M. Sebree, and J. Zolnowsky (1992): "Real-time scheduling in SunOS 5.0," *Proceedings of the Winter 1992 USENIX Conference*, San Francisco, January 1992, 375–390.
10. Love, R. (2005): *Linux Kernel Development*, 2nd ed., Novell Press.
11. Liu, C. L., and J. W. Layland (1973): "Scheduling algorithms for multiprogramming in a hard real-time environment," *Journal of the ACM*, **20**, 1, 46–61.
12. Liu, J. W. S. (2000): *Real-Time Systems*, Pearson Education, New York.
13. Mauro, J., and R. McDougall (2006): *Solaris Internals*, 2nd ed., Prentice Hall, Englewood Cliffs, N.J.
14. McKusick, M. K., K. Bostic, M. J. Karels, and J. S. Quarterman (1996): *The Design and Implementation*

of the 4.4BSD Operating System, Addison-Wesley, Reading, Mass.

15. O'Gorman, J. (2003): *Linux Process Manager: The Internals of Scheduling, Interrupts and Signals*, John Wiley, New York.

16. Russinovich, M. E., and D. A. Solomon (2005): *Microsoft Windows Internals*, 4th ed., Microsoft Press, Redmond, Wash.

17. Trivedi, K. S. (1982): *Probability and Statistics with Reliability—Queuing and Computer Science Applications*, Prentice Hall, Englewood Cliffs, N.J.

18. Vahalia, U. (1996): *Unix Internals: The New Frontiers*, Prentice Hall, Englewood Cliffs, N.J.

19. Waldspurger, C. A., and W. E. Weihl (1994): "Lottery scheduling," *Proceedings of the First USENIX Symposium on Operating System Design and Implementation (OSDI)*, 1–11.

20. Zhao, W. (1989): Special issue on real-time operating systems, *Operating System Review*, **23**, 7.

21. Zhu, D., D. Mosse, and R. Melhem (2004): "Power-aware scheduling for AND/OR graphs in real-time systems," *IEEE Transactions on Parallel and Distributed Systems*, **15** (9), 849–864.

Chapter 8

교착상태
Deadlocks

실생활에서 두 사람이 서로의 전화를 기다리거나 좁은 계단의 반대 방향에서 서로 마주치게 될 때 교착상태(deadlock)가 발생한다. 교착상태는 상대가 특정 행동을 수행하기를 무한히 기다리는 것으로 특징지을 수 있는데, 이 특정 행동은 일어나지 않을 수도 있다.

운영체제에서의 교착상태도 유사하며, 프로세스들은 서로의 행동을 무한히 기다린다. 교착상태는 프로세스들이 서로의 시그널(signal)을 기다릴 때 프로세스 동기화(synchronization)에서 발생하고, 또는 프로세스들이 자신들이 필요로 하는 자원을 다른 프로세스가 해제하기를 기다릴 때 자원 공유에서 발생한다. 교착상태에 빠진 프로세스는 무한히 블록(block)된 채로 남게 된다. 이렇게 되면 사용자 서비스, 성능, 그리고 자원 효율성에 부정적인 영향을 준다.

교착상태는 자원 요청과 자원 할당에 관계된 어떤 조건들이 성립될 때 자원 공유 과정에서 발생한다. 운영체제는 교착상태를 처리하기 위한 몇 가지 접근 방식을 사용한다. **교착상태 탐지와 해결 방식**(*deadlock detection and resolution approach*)에서는 교착상태를 야기하는 조건들이 동시에 성립하는지 여부를 커널이 검사하고, 몇 개의 프로세스를 신중하게 강제 종료시켜 교착상태를 제거한다. 그러면 남은 프로세스는 더 이상 교착상태에 있지 않게 된다. **교착상태 예방 방식**(*deadlock prevention approach*)에서는 교착상태 조건들이 동시에 성립하지 않도록 보장해 주는 자원 할당 정책을 커널이 채택함으로써 교착상태 발생이 불가능하도록 만든다. **교착상태 회피 방식**(*deadlock avoidance approach*)에서는 교착상태에 도달할지도 모르는 자원 할당은 커널이 수행하지 않아 교착상태가 발생하지 않는다.

이 장에서는 교착상태를 처리하는 방식과 운영체제에서 채택되는 실용적인 자원 할당 정책을 살펴본다.

8.1 교착상태란 무엇인가?(WHAT IS A DEADLOCK?)

어떤 프로세스 집합을 고려해 보자. 이 집합에 속하는 각 프로세스는 그 집합에 속한 다른 프로세스에 의해 발생되어야만 하는 이벤트(event)를 기다리고 있다. 이러한 상황을 교착상태라고 부른다. 이 상황에서 각 프로세스는 결코 발생할 수 없는 이벤트를 기다리게 된다. 예제 8.1은 두 프로세스가 자원을 공유하고자 할 때 어떻게 교착상태가 발생할 수 있는지를 보여준다.

예제 8.1 두 프로세스 교착상태

시스템이 하나의 테이프 드라이브(tape drive)와 하나의 프린터를 가지고 있다. 두 프로세스 P_i와 P_j는 다음의 프로그램을 통하여 그 테이프 드라이브와 프린터를 사용한다.

프로세스 P_i	프로세스 P_j
테이프 드라이브를 요청한다. 프린터를 요청한다. 테이프 드라이브와 프린터를 사용한다. 프린터를 풀어준다. 테이프 드라이버를 풀어준다.	프린터를 요청한다. 테이프 드라이브를 요청한다. 테이프 드라이브와 프린터를 사용한다. 테이프 드라이버를 풀어준다. 프린터를 풀어준다.

두 프로세스가 실행됨에 따라 자원 요청은 다음의 순서로 일어난다.

1. 프로세스 P_i가 테이프 드라이브를 요청한다.
2. 프로세스 P_j가 프린터를 요청한다.
3. 프로세스 P_i가 프린터를 요청한다.
4. 프로세스 P_j가 테이프 드라이브를 요청한다.

처음의 두 자원 요구는 시스템이 테이프 드라이브와 프린터 양쪽을 가지고 있기 때문에 별 문제없이 허용된다. 이제 P_i가 테이프 드라이브를 소유하고 P_j가 프린터를 소유한다. P_i가 프린터를 요청할 때, P_i는 P_j가 프린터를 풀어줄 때까지 기다리게 된다. 비슷하게 P_j는 P_i가 테이프 드라이브를 풀어줄 때까지 기다리게 된다. 이 둘은 서로를 기다리기 때문에 무한히 기다리게 된다.

예제 8.1에서 보여준 교착상태는 **자원 교착상태**(*resource deadlock*)라고 불린다. 운영체제에서는 다른 종류의 교착상태도 발생할 수 있다. 기다리는 사건이 프로세스 간 시그널의 형태일 때 **동기화 교착상태**(*synchronization deadlock*)가 발생한다. 예들 들어, 만일 프로세스 P_i는 프로세스 P_j가 행동 a_j를 수행한 이후에만 행동 a_i를 수행하기로 결정하고 프로세스 P_j는 프로세스 P_i가 행동 a_i를 수행한 이후에만 행동 a_j를 수행하기로 결정했다면, 양쪽 프로세스들은 상대방 프로세스가 자신에게 시그널을 줄 때까지 블록된다(6.4절 참고). 비슷하게, **통신 교착상태**(*communication deadlock*)은 프로세스들의 집합에 있어 각 프로세스가 그 집합 내의 다른 프로세스로부터 메시지를 수신한 이후에만 어떤 메시지를 전송한다면 발생한다(9장 참고). 운영체제는 주로 자원 교착상태에 관계되는데, 자원 할당은 운영체제의 책임이기 때문이다. 다른 두 형태의 교착상태는 좀처럼 운영체제에 의해 처리되지 않는다. 운영체제는 사용자 프로세스들이 그러한 교착상태를 스스로 처리하기를 기대한다.

공식적으로 다음 정의에 있는 조건들이 만족된다면 교착상태가 발생한다고 한다.

|정의 8.1| 교착상태(Deadlock): 프로세스들의 집합 D에서 D 내의 각 프로세스 P_i가 아래 두 조건을 만족하는 상황

1. 프로세스 P_i는 어떤 이벤트 e_j에 대해 블록되었다.
2. 이벤트 e_j는 D 내의 다른 프로세스(들)의 행동에 의해서만 일어날 수 있다.

교착상태에서 프로세스 P_i가 기다리고 있는 이벤트 e_j를 일으킬 수 있는 모든 프로세스는 D에 속한다. 이 특성은 이벤트 e_j가 일어나는 것이 불가능하게 만든다. 그래서 D 내의 모든 프로세스 P_i는 무한히 기다린다.

8.2 자원 할당에서의 교착상태(DEADLOCKS IN RESOURCE ALLOCATION)

프로세스들은 메모리와 I/O 장치와 같은 하드웨어 자원과 파일과, 같은 소프트웨어 자원을 사용한다. 운영체제는 여러 개의 디스크, 테이프 드라이브, 혹은 프린터와 같은 여러 종류의 자원을 포함할 수 있다. 우리는 특정 종류의 자원 하나하나를 일컬어 **자원 단위**(*resource unit*)라는 용어를 사용하고, 한 종류의 모든 자원 단위들을 모은 것을 일컬어 **자원 클래스**(*resource class*)라는 용어를 사용한다. 따라서 하나의 자원 클래스는 하나 이상의 자원 단위들을 포함한다. 예를 들면, 프린터 클래스는 2개의 프린터를 포함할 수 있다. 우리는 한 자원 클래스에 대해 표기법 R_i를 사용하고, 그 클래스 내의 자원 단위에 대해 표기법 r_j를 사용한다. 1.3.2절을 상기하면, 커널은 자원 할당 상태를 추적하기 위해서 자원 테이블을 유지한다.

시스템에서 자원 할당은 세 종류의 이벤트, 즉 자원에 대한 **요청**(*request*), 자원에 대한 실질적인 **할당**(*allocation*), 그리고 자원에 대한 **해제**(*release*)를 수반한다. 표 8.1은 이벤트를 설명한다. 어떤 프로세스 P_i가 하나의 자원 r_l을 요청할 때, 요청 이벤트가 발생한다. 만일 r_l이 어떤 프로세스 P_k에게 현재 할당되어 있다면, 프로세스 P_i의 r_l에 대

표 8.1 자원 할당에 관계된 이벤트

이벤트	설명
요청	프로세스는 시스템 호출을 통하여 자원을 요청한다. 만일 그 자원이 자유롭다면, 즉 어떤 프로세스에도 할당되지 않았다면 커널은 프로세스에 자원을 즉시 할당한다. 그렇지 않다면 프로세스의 상태는 블록(*blocked*) 상태로 바뀐다.
할당	프로세스는 자원의 소유자가 된다. 자원 상태 정보는 갱신되고, 프로세스의 상태는 준비(*ready*)로 바뀐다.
해제	프로세스는 시스템 호출을 통하여 자원을 해제한다. 만일 몇몇 프로세스가 자원에 대한 할당 이벤트에서 블로킹(blocking)되어 있다면, 이들 중 어느 프로세스가 자원을 할당받아야 하는지를 결정하기 위해서 커널은 타이 브레이킹(tie-breaking)[1] 규칙, 예를 들면 FCFS 할당을 사용한다.

한 할당 이벤트는 블록될 것이다. 즉, P_i는 P_k가 r_l을 해제하기를 기다리고 있다. P_k에 의한 해제 이벤트는 자원 r_l을 풀어주고, 커널은 r_l을 P_i에게 할당하는 것을 결정할 수도 있다. 따라서 P_k에 의한 해제 이벤트는 P_i가 기다리고 있는 할당 이벤트를 실현되게 할 수 있다. 이 경우 P_i는 그 자원의 소유자(*holder*)가 되고, 준비(*ready*) 상태에 들어간다. 그러나 예제 8.1에서 본 바와 같이, 만일 P_k의 r_l 해제가 무한히 지연된다면 프로세스 P_i는 무한히 기다리게 될 것이다.

8.2.1 자원 교착상태에 대한 조건들(Conditions for a Resource Deadlock)

정의 8.1의 조건 1과 조건 2를 풀이하면 자원 교착상태가 발생하는 조건을 얻을 수 있다. (1) D에서 각 프로세스 P_i는 발생해야 할 할당 이벤트가 블로킹되고 (2) 그 할당 이벤트는 D 내의 어떤 다른 프로세스 P_j의 행동에 의해서만 발생될 수 있다. P_j는 D 내에 있기 때문에 정의 8.1의 조건 1과 조건 2는 P_j에게도 역시 적용된다. 다시 말하면, 프로세스 P_i가 요청한 자원은 현재 P_j에 할당되어 있고, P_j는 어떤 다른 자원이 할당되기를 기다리고 있다. 각 프로세스의 이 조건은 점유하며 대기(*hold-and-wait*) 조건이라고 불린다.

정의 8.1의 조건 1과 조건 2는 D 내의 프로세스들이 서로를 기다려야만 한다는 것을 의미한다. 이 조건은 순환 대기(*circular wait*) 조건이라고 불린다. 순환 대기는 양방향일 수 있다. 즉, P_i는 P_j를 기다리고, P_j는 P_i를 기다린다. 혹은 D에 포함된 하나 이상의 프로세스들이 관여될 수 있다. 예를 들면, P_i는 P_j를 기다리고, P_j는 P_k를 기다리고, P_k는 P_i를 기다린다.

1) 역주: 타이란 동일한 점수를 갖는 것을 의미하고, 타이 브레이킹은 동일한 점수를 갖는 대상이 여러 개일 때 이들 중 어떤 것을 선택하는지를 결정하는 행위를 뜻한다.

표 8.2 자원 교착상태를 위한 조건들

조건	설명
비공유 자원들	자원들은 공유될 수 없다. 한 프로세스는 자원에 독점적으로 접근해야 한다.
비선점	자원을 한 프로세스로부터 빼앗아 다른 프로세스에 할당할 수 없다.
점유하며 대기	한 프로세스는 다른 자원들을 기다리는 동안 자신에게 할당된 자원을 계속해서 소유한다.
순환 대기	시스템에 점유하며 대기 조건의 순환 사슬이 존재한다. 예들 들면, P_i는 P_j를 기다리고, P_j는 P_k를 기다리고, P_k는 P_i를 기다린다.

교착상태가 발생하기 위해서는 다음 2개의 다른 조건들이 성립해야만 한다. 만일 프로세스 P_i가 현재 P_j에 할당된 자원을 필요로 하면, (1) P_i는 P_j와 자원을 공유할 수 없어야만 하고 (2) P_i가 자신의 사용을 위해서 P_j로부터 그 자원을 선점(preemption)[2] 할 수 없어야 한다.

표 8.2는 자원 교착상태가 존재할 때 만족되어야만 하는 조건들을 요약한 것이다. 이 모든 조건들이 동시에 성립해야만 교착상태가 존재할 수 있다. 순환 대기는 교착상태를 위한 필수이고, 점유하며 대기 조건은 순환 대기를 위한 필수이고, 자원의 비공유와 비선점은 점유하며 대기 조건을 위한 필수이다.

표 8.2에 제시된 조건 외에 교착상태가 발생할 또 다른 조건이 있다.

- 자원 요청에 대한 철회 없기: 자원 요청에 블록된 프로세스는 그 요구를 철회할 수 없다.

만일 블록된 프로세스에게 자원 요청 철회가 허용되고 또한 자신의 작업을 계속할 수 있다면, 기다림은 무한하지 않을 수 있기 때문에 이 조건은 필수이다. 그러나 학계에서 이 조건을 명시적으로 말하지 않는다. 그 이유는 많은 운영체제들이 일반적으로 자원 요청에 대한 철회를 허용하지 않기 때문이다.

8.2.2 자원 할당 상태 모델링(Modeling the Resource Allocation State)

예제 8.1은 프로세스 집합이 교착상태인지 여부를 결정하기 위해 프로세스들에 할당된 자원과 계류(pending) 중인 자원 요청에 대한 정보를 분석해야 한다는 것을 보여준다. 이 모든 정보는 시스템의 **자원 할당 상태**(*resource allocation state*)를 구성하는데, 우리는 간단히 시스템의 **할당 상태**(*allocation state*)라고 부른다.

2) 역주: P_j가 해제 이벤트를 발생시키지도 않았는데 P_i가 결국 그 자원 소유권을 뺏어온다는 의미이다.

다음 2개의 모델이 시스템의 할당 상태를 나타내는 데 사용된다. **그래프 모델**(*graph model*)은 각 프로세스가 각 자원 클래스에 대해 정확히 하나의 자원 단위를 요구하고 사용하는 제한된 시스템 클래스의 할당 상태를 그릴 수 있다. 이 모델은 프로세스들이 순환 대기 조건을 만족하는지 여부를 판단하기 위해서 간단한 그래프 알고리즘을 사용할 수 있다. **배열 모델**(*matrix model*)은 일반성의 이점을 갖는다. 이 모델은 프로세스가 각 자원 클래스에 대해 임의 개수의 자원 단위를 요구하는 것이 허용되는 시스템에서 할당 상태를 모델링할 수 있다.

8.2.2.1 그래프 모델(*Graph Models*)

자원 요청과 할당 그래프(*resource request and allocation graph*: RRAG)는 두 종류의 노드, 즉 프로세스 노드와 자원 노드를 갖고 있다. **프로세스 노드**(*process node*)는 원으로 그려진다. **자원 노드**(*resource node*)는 사각형으로 그려지고 자원들의 종류를 나타낸다. 자원 노드 내 다수의 총알 기호는 시스템 내에 얼마나 많은 자원 단위가 그 자원 클래스에 존재하는지를 나타낸다. RRAG의 프로세스 노드와 자원 노드 사이에 두 종류의 간선(edge)이 존재할 수 있다. **할당 간선**(*allocation edge*)은 자원 노드에서 프로세스 노드로 향한다. 이것은 자원 클래스의 자원 단위가 프로세스에 할당된다는 것을 나타낸다. **요청 간선**(*request edge*)은 프로세스 노드에서 자원 노드로 향한다. 이것은 프로세스가 자원 클래스의 자원 단위를 요구해서 블록되어 있음을 나타낸다. 할당 간선 (R_k, P_j)는 프로세스 P_j가 자신에게 할당된 자원 클래스 R_k의 자원 단위를 해제할 때 지워진다. 프로세스 P_i의 자원 클래스 R_k의 자원 단위에 대해 계류(pending) 중인 요청이 승인될 때, 요청 간선 (P_i, R_k)는 지워지고 할당 간선 (R_k, P_i)는 더해진다.

WFG(*wait-for graph*)는 시스템 내의 모든 자원 클래스가 오직 하나의 자원 단위만 갖고 있을 때 RRAG보다 더 간단히 할당 상태를 표현한다. WFG는 오직 한 종류의 노드, 즉 프로세스 노드만을 갖는다. WFG에서 간선 (P_i, P_j)는 현재 프로세스 P_j에 할당된 자원을 요구하는 프로세스 P_i가 블록되어 있다는 사실을 나타낸다. 즉, 프로세스 P_i는 프로세스 P_j가 자원을 해제하기를 기다리고 있다. 그래서 이름이 WFG이다. RRAG에서는 동일한 정보 표현을 위해 하나의 간선이 아닌 2개의 간선이 요구된다.

다음 예제는 RRAG와 WFG의 사용을 비교한다.

예제 8.2 RRAG와 WFG

그림 8.1(a)는 RRAG를 보여준다. 프린터 클래스는 오직 하나의 자원 단위만 가지고 있고, 프로세스 P_1에 할당되었다. 프로세스 P_2와 P_3에 의한 프린터 요청은 현재 계류 중이다. 테이프 클래스는 2개의 테이프 드라이브를 가지

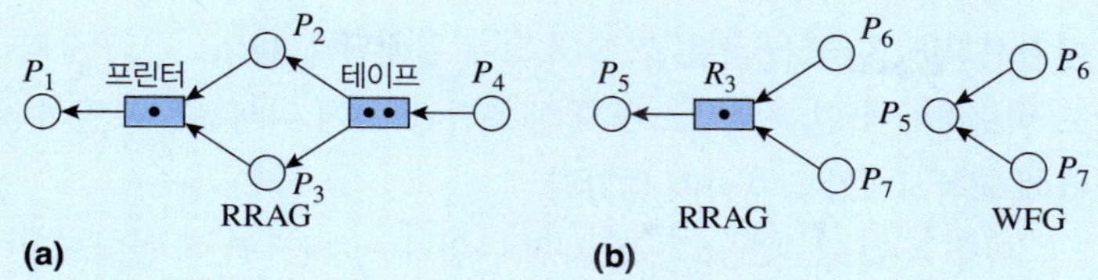

그림 8.1 (a) RRAG (b) 각 자원 클래스가 오직 하나의 자원 단위만을 포함할 때 RRAG와 WFG의 동격

고 있다. 각각은 프로세스 P_2와 P_3에 할당되었다. 프로세스 P_4의 1개 테이프 드라이브 요청은 현재 계류 중이다.

그림 8.1(b)는 오직 하나의 자원 단위를 가지는 자원 클래스 R_3과 3개의 프로세스 P_5, P_6, P_7을 갖는 시스템에 대한 RRAG와 WFG를 보여준다. RRAG의 간선 (P_6, R_3)과 (R_3, P_5)는 프로세스 P_6이 현재 프로세스 P_5에 할당된 자원을 기다리고 있음을 나타낸다. 그래서 WFG에서 간선 (P_6, P_5)로 표현된다. 비슷하게 간선 (P_7, P_5)는 프로세스 P_7이 프로세스 P_5에 할당된 자원을 기다리고 있음을 나타낸다.

RRAG와 WFG에서의 경로(Paths in an RRAG and a WFG) 우리는 RRAG와 WFG 경로들의 특성으로부터 교착상태가 존재하는지를 추론할 수 있다. 이 목적을 위해서 다음의 표기법을 정의하자.

Blocked_P 블록된 프로세스의 집합

WF_i 프로세스 P_i의 기다림 집합, 즉 프로세스 P_i에 의해 요청된 자원을 소유하고 있는 프로세스의 집합

이 표기법으로 정의 8.1의 조건 1과 조건 2는 다음과 같이 다시 정의될 수 있다.

$$D \subseteq Blocked\_P \quad (8.1)$$

$$\text{모든 } P_i \in D\text{에 대해서, } WF_i \subseteq D \quad (8.2)$$

각 자원 클래스가 오직 하나의 자원 단위만을 포함하는 시스템을 고려해 보자. 이 시스템이 RRAG에서 하나의 경로 $P_1 - R_1 - P_2 - R_2 \ldots P_{n-1} - R_{n-1} - P_n$을 포함한다고 하자. 그러면 프로세스 P_n은 어떤 자원에 대해서도 블록되어 있지 않고, 어떤 자원도 현재 P_1에 할당되어 있지 않다. 이 시스템의 WFG는 하나의 경로 $P_1 - P_2 - \ldots - P_n$을 포함하게 된다.

우리는 이 시스템에서 어떤 프로세스들의 집합도 조건 (8.1)과 (8.2)를 만족하지 않는다는 것을 보여줌으로써, 이 시스템에 교착상태가 발생하지 않았음을 입증할 수 있다. *Blocked_P*는 $\{P_1, \ldots, P_{n-1}\}$이다. 먼저 프로세스들의 집합 $\{P_1, \ldots, P_n\}$을 고려해 보자. 이 집합은 *Blocked_P*의 부분 집합이 아니다. 따라서 조건 (8.1)을 위배하게 되고, 이

프로세스들의 집합은 교착상태에 있지 않다. 이제 집합 $\{P_1, \ldots, P_{n-1}\}$을 고려해 보자. 여기서 $WF_{n-1} = \{P_n\}$은 조건 (8.2)에 위배된다. $\{P_1, \ldots, P_n\}$의 모든 다른 부분 집합도 비슷하게 어떤 프로세스에 대해 조건 (8.2)에 위배됨을 보일 수 있다. 따라서 이 시스템에 교착상태가 발생하지 않았다.

만일 자원 클래스 R_{n-1}의 자원 단위가 P_n 대신 P_1에 할당되었다면, RRAG 내의 경로는 $P_1 - R_1 - P_2 - R_2 \ldots P_{n-1} - R_{n-1} - P_1$이 되었을 것이다. 이것은 노드 P_1에서 시작해서 동일한 노드, 즉 노드 P_1에서 끝나기 때문에 순환 경로이고, 또한 **사이클**(*cycle*)이라고 불린다. WFG도 또한 하나의 사이클 $P_1 - P_2 \ \ldots - P_1$을 갖는다. 이전과 같이 $Blocked_P$는 $\{P_1, \ldots, P_{n-1}\}$이다. 집합 $\{P_1, \ldots, P_{n-1}\}$은 조건 (8.1)과 (8.2) 둘 다 만족하기 때문에 교착상태가 존재한다. 즉,

- $\{P_1, \ldots, P_{n-1}\} \subseteq Blocked\_P$
- 모든 $P_i \in \{P_1, \ldots, P_{n-1}\}$에 대해 WF_i는 어떤 프로세스 $P_l \in \{P_1, \ldots, P_{n-1}\}$을 하나 포함한다.

이 분석으로부터 D에 속한 프로세스 간 상호 기다림 관계가 존재함을 의미하는 조건 (8.2)는 오직 순환 경로들에 의해서만 만족될 수 있다고 결론낼 수 있다. 따라서 RRAG 혹은 WFG에서 사이클을 갖지 않으면 교착상태는 존재할 수 없다.

예제 8.3 교착상태를 보여주는 RRAG

그림 8.2는 예제 8.1에 대한 RRAG를 보여준다. RRAG는 순환 경로 P_i–프린터–P_j–테이프–P_i를 갖는다. 여기서 $WF_i = \{P_j\}$이고, $WF_j = \{P_i\}$이다. $D = \{P_1, P_2\}$는 조건 (8.1)과 조건 (8.2)를 둘 다 만족한다. 따라서 프로세스 P_i와 P_j에 교착상태가 발생하였다.

RRAG 혹은 WFG에 사이클이 존재하면 교착상태 발생을 내포하는가? 현재까지 논의된 시스템에서 각 자원 클래스는 하나의 자원 단위를 포함했다. 그래서 RRAG 혹은 WFG에서의 사이클은 교착상태를 내포하였다. 그러나 모든 시스템에서 다 그런 것은 아닐 수 있다. 자원 클래스 R_i가 여러 개의 자원 단위들을 포함하는 시스템에서 경로 $P_1 - R_1 \ldots P_i - R_i - P_{i+1} - \ldots P_n$을 고려해 보자. WFG는 이 시스템의 할당 상태를 그리는 데 사용될 수 없다. 따라서 이 시스템에 대해서 RRAG를 논의하자. 만일 이 경로에 포함되지 않은 어떤 프로세스 P_k가 자원 클래스 R_i의 자원 단위를 소유하고 있다면, 그 자원 단위는 P_k가 해제할 때 P_i에 할당될 수 있다. 간선 (P_i, R_i)는 P_{i+1}이 소유한 자원 클래스 R_i의 자원 단위 해제 없이 사라질 수 있다.

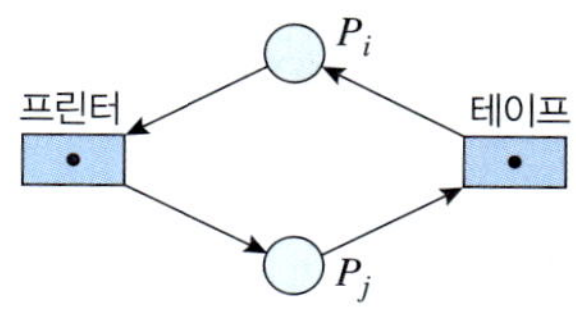

그림 8.2 예제 8.1의 시스템에 대한 RRAG

따라서 RRAG에서 순환 경로는 사이클에 포함되지 않은 어떤 프로세스가 그 자원 클래스의 자원 단위를 해제할 때 끊어질 수 있다. 따라서 만일 자원 클래스가 하나 이상의 자원 단위를 가지고 있을 때 RRAG 내에서 사이클의 존재가 반드시 교착상태의 존재를 의미하는 것은 아니다(8.7절에서 교착상태에 대한 공식적인 특성화를 기술할 때 이 지식을 그림으로 나타낸다).

예제 8.4 RRAG에서 사이클이 교착상태를 의미하는 것은 아니다.

한 시스템이 하나의 프린터와 2개의 테이프 드라이브, 그리고 3개의 프로세스 P_i, P_j, P_k를 갖고 있다. 프로세스 P_i와 P_j의 특성은 예제 8.1에서 표현한 것과 동일하다. 이 둘은 하나의 테이프 드라이브와 하나의 프린터를 요청한다. 프로세스 P_k는 자신의 동작을 위해서 오직 하나의 테이프 드라이브만 요청한다. 예제 8.1에서처럼 프로세스 P_k가 요청 1~4를 요구하기 이전에 테이프 드라이브에 대한 요청를 한다고 하자.

그림 8.3은 모든 요청 이벤트가 수행된 후의 RRAG를 보여준다. 그래프는 P_i와 P_j를 포함하는 사이클을 갖는다. 이 사이클은 프로세스 P_k가 완료될 때 해제되는 프린터 드라이브가 P_j에 할당될 때 끊어진다. 따라서 교착상태는 존재하지 않는다. 정의 8.1에 따라서 프로세스들의 집합 $\{P_i, P_j\}$를 분석할 때 $WF_j = \{P_i, P_j\}$이고, $P_k \notin \{P_i, P_j\}$가 조건 (8.2)를 위반하므로 동일한 결론에 도달한다.

8.2.2.2 배열 모델(*Matrix Model*)

배열 모델에서 시스템의 할당 상태는 주로 두 배열에 의해 표현된다. 배열 *Allocated_resources*는 각 자원 클래스의 얼마나 많은 자원 단위들이 시스템 내의 각 프로세스에 할당되었는지를 나타낸다. 배열 *Requested_resources*는 계류 중인 요청를 나타낸다.

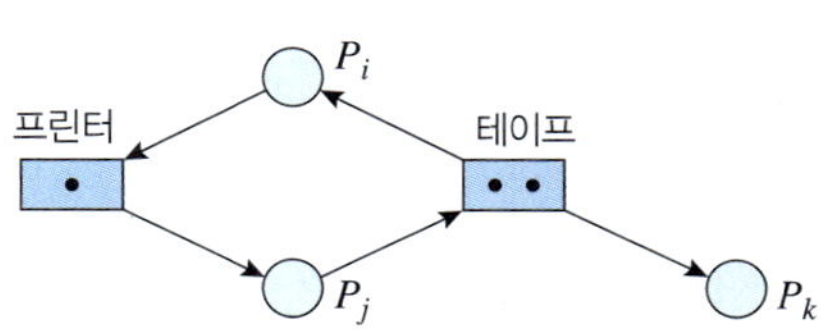

그림 8.3 예제 8.4의 모든 요청이 수행된 후 RRAG

이 배열은 각 자원 클래스의 얼마나 많은 자원 단위들이 시스템 내의 각 프로세스에게 요구받았는지를 나타낸다. 만일 시스템이 n 개의 프로세스와 r 개의 자원 클래스를 가지고 있을 때, 이 배열들 각각은 $n \times r$ 배열이다. 자원 클래스 R_k에 대한 할당 상태는 각 프로세스에 할당된 R_k의 자원 단위 개수와 각 프로세스에게 요구된 R_k의 자원 단위 개수를 나타낸다. 이들은 각각 n-튜플(tuple) ($Allocated\_resources_{1,k}, \ldots, Allocated\_resources_{n,k}$)와 ($Requested\_resources_{1,k}, \ldots, Requested\_resources_{n,k}$)로 나타낸다.

몇 개의 보조 배열이 특정 목적을 위한 부가적인 정보를 표현하기 위해서 사용될 수 있다. 이러한 보조 배열에 *Total_resources*와 *Free_resources*가 있고, 이들 각각은 각 자원 클래스에서 자원 단위의 총 개수와 자유로운(할당되지 않은) 자원 단위 수를 나타낸다. 이 배열의 각각은 r 개의 원소를 갖는 열(column) 배열이다. 예제 8.5는 배열 모델의 한 예이다.

예제 8.5 할당 상태의 배열 모델

배열 모델을 사용할 때, 그림 8.3의 시스템 할당 상태는 다음과 같이 표현된다.

	프린터	테이프
P_i	0	1
P_j	1	0
P_k	0	1

할당된 자원

	프린터	테이프
P_i	1	0
P_j	0	1
P_k	0	0

요청된 자원

	프린터	테이프
총 자원	1	2
할당되지 않은 자원	0	0

시스템 내의 기다림 관계는 배열 모델에서 표현되지 않는다. 이 관계들은 알고리즘으로 유추되어야만 한다. 이 절의 뒷부분에서 논의될 알고리즘 8.1과 8.2는 배열 모델을 사용한다.

8.3 교착상태 처리(HANDLING DEADLOCKS)

표 8.3은 교착상태를 처리하기 위한 세 가지 근본적인 방식을 설명한다. 각 방식은 자원 할당에서 발생할 수 있는 지연시간, 사용자 프로세스들이 요청할 수 있는 자원 요구의 종류, 그리고 운영체제 오버헤드 측면에서 서로 다른 결과를 갖는다.

교착상태 탐지와 해결(*deadlock detection and resolution*) 방식에서 커널은 할당 상태를 분석해서 교착상태를 탐지할 때 몇 개의 프로세스를 종료시킨다. 이 행위는 종료

표 8.3 교착상태 처리 방식들

방식	설명
교착상태 탐지와 해결	커널이 교착상태가 존재하는지를 검사하기 위해 자원 상태를 분석한다. 만일 존재한다면, 몇몇 프로세스를 종료하고 이들이 소유한 자원들을 다른 프로세스에 할당해서 교착상태가 존재하지 않도록 한다.
교착상태 예방	커널이 표 8.2에서 언급한 자원 교착상태에 대한 네 가지 조건들이 동시에 발생하지 않도록 해주는 자원 할당 정책을 사용한다. 이 방식은 교착상태가 불가능하게 만든다.
교착상태 회피	자원 요청을 허용하는 것이 미래에 교착상태를 야기할 수 있는지를 판단하기 위해 커널이 할당 상태를 분석한다. 오직 교착상태가 발생할 수 없는 요청들만 허용되고, 그렇지 않은 것들은 허용될 때까지 계류된다. 따라서 교착상태는 발생하지 않는다.

된 프로세스가 소유한 자원들을 자유롭게 해서, 이들을 요청한 다른 프로세스에 할당될 수 있게 한다. 종료된 프로세스는 재실행되어야만 한다. 따라서 이 방식의 비용은 교착상태 탐지 비용과 종료된 프로세스의 재실행 비용이다. 예제 8.1의 시스템에서 커널은 네 번째 요청을 처리한 이후에 언젠가 교착상태를 탐지하게 될 것이다. 이 교착상태는 P_i 또는 P_j를 종료시키고 다른 프로세스에 자원을 할당함으로써 해결될 수 있다.

교착상태 예방(*deadlock prevention*) 방식에서 커널은 교착상태 발생이 불가능한 자원 할당 정책을 사용하고, 프로세스는 그 정책이 내포할 수 있는 제약을 따라야만 한다. 예를 들어, 간단한 교착상태 예방 정책은 각 프로세스에 요구되는 모든 자원을 동시에 할당하도록 하는 것이다. 이 정책은 프로세스가 자신의 모든 자원 요구를 함께 요청하도록 한다. 예제 8.1에서 두 프로세스는 하나의 프린터와 하나의 테이프 드라이브를 동시에 요청하도록 한다. 두 프로세스 중 하나만 자신이 필요로 하는 자원 둘 다를 얻을 것이기 때문에 교착상태는 발생하지 않는다. 그러나 이 정책은 각 프로세스가 실제로 필요한 시점 훨씬 이전에 자원을 오랫동안 점유하도록 만든다.

교착상태 회피(*deadlock avoidance*) 방식에서 커널은 각 자원 요구에 대해서 교착상태에 이르지 않을 것임을 알게 될 때에만 자원 요청을 허용한다. 그렇지 않으면 그 요청이 허용될 때까지 계류시킨다. 프로세스는 자원을 획득하기 위해서 오랜 지연을 겪을 수도 있다. 예제 8.1에서 커널은 두 번째 요청를 처리할 때, 미래의 교착상태 발생 가능성을 깨닫게 된다. 따라서 프로세스 P_i가 완료될 때까지 프로세스 P_j에게 프린터를 허용하지 않게 된다.

8.4 교착상태 탐지와 해결(DEADLOCK DETECTION AND RESOLUTION)

프린터를 소유한 프로세스 P_i와 프린터에 대한 요구가 블록된 프로세스 P_j를 갖는 어떤 시스템을 고려해 보자. 만일 프로세스 P_i가 **블록된** 상태에 있지 않으면, 더 이상의 자원을 요청하지 않고 자신의 동작을 완료할 가능성을 가진다. 완료되면 자신에게 할당된 프린터를 해제할 것이고, 그러면 프로세스 P_j에 할당될 수 있다. 따라서 만일 프로세스 P_i가 **블록된** 상태에 있지 않다면, 그 프린터에 대한 P_j의 기다림은 다음의 연속된 이벤트들 때문에 무한하지 않다. 프로세스 P_i가 완료한다–프린터를 해제한다–그 프린터가 P_j에 할당된다. 만일 어떤 다른 프로세스 P_l이 P_j에 할당된 어떤 다른 자원을 기다린다면, 그 기다림 또한 무한하지 않다. 따라서 프로세스 P_i, P_j, P_l은 현재 시점에 교착상태에 연관되어 있지 않다.

이 관찰로부터 교착상태 탐지에 대한 다음의 규칙을 만들어 낼 수 있다. **블록된** 상태에 있는 프로세스는 만일 블록된 그 요청이 프로세스 완료, 자원 해제, 그리고 자원 할당 이벤트들의 연속을 통해서 만족될 수 있으면 현재 시점에 교착상태에 연관되지 않는다. 만일 시스템 내의 각 자원 클래스가 단일 자원 단위를 포함한다면 이 검사는 RRAG 혹은 WFG에서 사이클 존재를 검사하는 것으로 수행할 수 있다. 그러나 만일 자원 클래스들이 하나 이상의 자원 단위를 포함할 수 있다면 더 복잡한 그래프 기반 알고리즘이 사용되어야만 한다(8.7절 참고). 그래서 우리는 배열 모델을 사용하는 교착상태 탐지 방식을 논의한다.

블록된 모든 프로세스가 그들이 요청한 자원을 가질 수 있게 되는, 허구이지만 타당한 연속된 이벤트 구성을 실제로 시도해 봄으로써 시스템에서 교착상태의 존재를 검사한다. 이러한 연속 이벤트 구성 성공은 현 순간에 교착상태가 없음을 의미하게 되고, 실패는 교착상태가 존재함을 의미하게 된다. 이 규칙을 예제 8.3과 8.4에 적용할 때, 예제 8.4는 교착상태가 존재하지 않는 반면 예제 8.3의 프로세스 P_i와 P_j는 교착상태에 놓여 있다고 바르게 추론하게 된다.

위의 검사는 현재 상태에서 시작해서 시스템의 동작을 시뮬레이션함으로써 수행된다. 자원 요청에서 블록되지 않은 임의의 프로세스를 **실행 중인**(*running*) 프로세스라고 말한다. 즉, 5장의 **준비 상태**(*ready state*)와 **실행 상태**(*running state*)를 구분하지 않는다. 시뮬레이션에서 오직 두 이벤트, 즉 자원 요청이 블록되지 않은 프로세스의 완료와 자원 요청에 블록된 프로세스에 대한 자원 할당만을 고려한다. **실행 중인** 프로세스는 추가적인 자원 요구 없이 완료될 수 있고, 완료를 통해서 자유롭게 된 몇몇 자원들은 그 자원을 할당해 주면 **실행** 상태에 놓여지는 경우에만 **블록** 상태에 있는 프로세스들에 자원을 할당할 수 있다고 가정한다. 시뮬레이션은 모든 실행 중인 프로세스가 완료될 때 끝난다. 시뮬레이션의 종료 시점에 블록 상태에 있는 프로세스들은 다른 프로세스들이 완료될 때 요청한 자원을 얻을 수 없었던 프로세스들이다. 따라서 이 프로세스들은 현 상태에서 교착상태에 있게 된다. 만일 시뮬레이션이 끝날 때 **블록된** 프로세스들이 존재하지 않으면 현 상태에서 교착상태는 없다. 예제 8.6은 이 방식을 보여준다.

예제 8.6 교착상태 탐지

자원 클래스 R_1의 10개의 자원 단위와 세 프로세스 $P_1 \sim P_3$을 포함하는 시스템의 할당 상태가 다음과 같다.

할당된 자원

	R_1
P_1	4
P_2	4
P_3	2

요청된 자원

	R_1
P_1	6
P_2	2
P_3	0

	R_1
총 자원	10
할당되지 않은 자원	0

프로세스 P_3은 자원 요청에 대해서 블록되어 있지 않기 때문에 **실행** 상태에 있다. 이 시스템에서 모든 프로세스는 다음과 같이 완료될 수 있다. 프로세스 P_3이 완료되고, 자신에게 할당된 자원의 2개 단위를 해제한다. 이 자원 단위들은 P_2에 할당될 수 있다. 프로세스 P_2가 완료되면 자원의 6개 단위가 P_1에 할당될 수 있다. 따라서 시뮬레이션이 종료될 때 **블록된** 프로세스는 존재하지 않는다. 그러므로 이 시스템에 교착상태는 존재하지 않는다.

만일 프로세스 P_1과 P_2에 의해 요청되는 자원이 각각 6개와 3개 단위였다면, 프로세스 P_3이 2개의 자원 단위를 해제한 이후에 이들 중 어떤 프로세스도 완료될 수 없었을 것이다. 이 프로세스들은 시뮬레이션이 끝났을 때 **블록된** 상태에 있었을 것이고, 이들은 시스템의 현 상태에서 교착상태에 놓여 있게 되었을 것이다.

시뮬레이션에서 우리는 실행 중인 프로세스들이 더 이상의 자원 요청 없이 실행을 완료한다고 가정하였다. 이 가정은 두 결과물을 낳는다. 첫째, 교착상태 존재에 대한 우리의 결론은 **블록된** 프로세스들이 **실행** 상태로 된다고 가정하는 순서 혹은 **실행 중인** 프로세스들이 완료된다고 가정하는 순서에 민감하지 않다. 둘째, 만일 시스템이 현 순간에 교착상태에서 자유롭다 할지라도 미래에 교착상태가 발생할 수도 있다. 예제 8.6에서 만일 P_3이 R_1의 자원 단위를 하나 더 요구한다면 이것이 일어날 수 있다. 결과적으로 교착상태 탐지는 운영체제가 동작하는 동안 반복적으로 수행되어야만 한다. 이는 한 시스템 프로세스를 교착상태 탐지에 독점적으로 전담시키고 고정 주기로 실행되게 함으로써 성취할 수 있다. 다른 대안으로 프로세스가 자원 요청 시 블록될 때마다 교착상태 탐지를 수행할 수 있다. 교착상태 탐지에 대한 오버헤드는 시스템 내 프로세스들과 자원 클래스의 수, 그리고 얼마나 자주 교착상태 탐지가 수행되는지와 같은 여러 요소에 의존한다.

8.4.1 교착상태 탐지 알고리즘(A Deadlock Detection Algorithm)

알고리즘 8.1은 교착상태 탐지를 수행한다. 이 알고리즘에 대한 입력은 *Blocked*와 *Running* 두 프로세스 집합과, *Allocated_resources, Requested_resources, Free_resources* 배열로 구성되는 할당 상태 배열 모델이다.

알고리즘은 프로세스 P_i를 *Running* 집합에서 *Finished* 집합으로 이동시킴으로써 실행 중인 프로세스 P_i의 완료를 시뮬레이션한다[단계 1(a), 1(b)]. P_i에 할당된 자원은 *Free_resources*로 추가된다[단계 1(c)]. 이제 알고리즘은 할당되지 않은 자원들로부터 자신의 자원 요청이 만족될 수 있는 한 블록된 프로세스를 선택하고[단계 1(d)], 이 프로세스를 집합 *Blocked*에서 집합 *Running*으로 옮긴다. 알고리즘은 나중에 이 프로세스의 완료를 시뮬레이션하고, 집합 *Running*에서 집합 *Finished*로 옮긴다. 집합 *Running*에 더 이상의 프로세스가 남아 있지 않으면 이 알고리즘은 종료된다. 집합 *Blocked*에 남아 있는 프로세스들은 교착상태에 빠진 것이다.

이 알고리즘의 복잡도는 다음과 같이 분석될 수 있다. 집합 *Running*과 *Blocked*는 n개 프로세스까지 포함할 수 있다. 여기서 n은 시스템에서 프로세스의 총 개수이다. 단계 1의 루프는 n 번 이하 반복하고, 단계 1(d)는 각 반복에서 $n \times r$ 번의 일을 수행한다. 따라서 이 알고리즘은 $n^2 \times r$ 복잡도를 요구한다. 예제 8.7은 이 알고리즘의 동작을 보여준다.

알고리즘 8.1 교착상태 탐지

입력들

n	;	프로세스들의 수
r	:	자원 클래스들의 수
Blocked	:	프로세스들의 집합
Running	:	프로세스들의 집합
Free_resources	:	[1..r] 정수형 배열
Allocated_resources	:	[1..n, 1..r] 정수형 배열
Requested_resources	:	[1..n, 1..r] 정수형 배열

데이터 구조

Finished	:	프로세스들의 집합

1. 집합 *Running*이 비게 될 때까지 다음을 반복한다.

  a. 집합 *Running*으로부터 한 프로세스 P_i를 선택한다.

  b. 집합 *Running*으로부터 P_i를 삭제하고 집합 *Finished*에 추가한다.

  c. $k = 1..r$에 대해

  $Free\_resources[k] := Free\_resources[k] + Allocated\_resources[i,k]$;

  d. 집합 *Blocked*내에 $k = 1..r$에 대해 $Requested_resources[l, k] \le Free_resources[k]$를 만족하는 프로세스 P_l이 존재하는 동안 다음을 반복한다.

    i. for $k = 1, r$에 대해

$Free\_resources[k] := Free\_resources[k] - Requested\_resources[l, k];$

$Allocated\_resources[l, k] := Allocated\_resources[l, k] + Requested\_resources[l, k];$

ii. 집합 *Blocked*로부터 P_l을 삭제하고 집합 *Running*에 추가한다.

2. 만일 집합 *Blocked*가 비어 있지 않다면

집합 *Blocked* 내에 프로세스들을 교착상태에 있다고 선언한다.

예제 8.7 교착상태 탐지 알고리즘의 동작

시스템이 4개의 프로세스 P_1~P_4를 가지고 있고, 자원 클래스 R_1, R_2, R_3 각각에 대해서 5, 7, 5 개의 자원 단위를 갖는다. 프로세스 P_3이 자원 클래스 R_1에 대해 하나의 자원 단위를 요청하기 바로 이전에 다음의 상태에 있다.

할당된 자원

	R_1	R_2	R_3
P_1	2	1	0
P_2	1	3	1
P_3	0	1	1
P_4	1	2	2

요청된 자원

	R_1	R_2	R_3
P_1	2	1	3
P_2	1	4	0
P_3			
P_4	1	0	2

	R_1	R_2	R_3
총 자원	5	7	5
할당되지 않은 자원	1	0	1

자원 클래스 R_1의 하나의 자원 단위는 프로세스 P_3에 할당되고, 알고리즘 8.1은 그 시스템이 교착상태에 놓여 있는지를 검사하기 위해서 호출된다. 그림 8.4는 이 알고리즘의 동작을 단계별로 보여준다. 이 알고리즘의 입력은 각각 $\{P_1, P_2, P_4\}$와 $\{P_3\}$으로 초기화된 집합 *Blocked*와 *Running*과, 그림 8.4(a)에 보인 바와 같이 *Allocated_resources*, *Requested_resources*, *Free_resources* 배열이다. 이 알고리즘은 프로세스 P_3을 집합 *Finished*로 옮기고 자신에게 할당된 자원을 해제한다. 자원 클래스의 할당되지 않은 자원 단위는 이제 각각 1, 1, 2가 된다. 이 알고리즘은 프로세스 P_4의 계류 중인 요청이 이제 만족될 수 있다는 것을 탐지해서, P_4가 요청하는 자원들을 할당하고 P_4를 집합 *Running*으로 옮긴다[그림 8.4(b) 참고]. P_4는 집합 *Running*에 있는 유일한 프로세스이기 때문에 집합 *Finished*로 옮겨진다. P_4의 자원을 해제한 후 알고리즘은 P_1의 자원 요청이 만족될 수 있다는 것을 알게 된다[그림 8.4(c) 참고]. 그리고 P_1이 완료된 후 P_2의 자원 요청이 만족될 수 있다[그림 8.4(d) 참고]. 집합 *Running*은 이제 비게 되고 알고리즘은 종료된다. 집합 *Blocked*가 비어 있으므로 이 시스템에 교착상태는 존재하지 않는다.

8.4.2 교착상태 해결(Deadlock Resolution)

교착상태에 빠진 프로세스들의 집합이 주어질 때 교착상태 해결(*deadlock resolution*)은 집합 D에 속하는 몇몇 프로세스들, 즉 어떤 집합 $D' \subseteq D$에 속한 프로세스들이 진행할 수 있도록 그 교착상태를 끊는 것을 의미한다. 이것은 집합 D에 속하는 하나 이상의 프로세스를 중단시키고, 중단된 프로세스의 자원을 D'에 속한 몇몇 프로세스에 할당함으로써 이루어진다. 중단된 각 프로세스는 교착상태 해결의 희생자(*victim*)라 불린다.

따라서 교착상태 해결은 교착상태에 빠진 프로세스들의 집합 D를 2개의 집합 D', D_v로 분리하는 것으로 볼 수 있다. 여기서 $D = D' \cup D_v$이고,

(a) 초기 상태

	할당된 자원 R_1	R_2	R_3	요청된 자원 R_1	R_2	R_3
P_1	2	1	0	2	1	3
P_2	1	3	1	1	4	0
P_3	1	1	1			
P_4	1	2	2	1	0	2

할당되지 않은 자원 (R_1 R_2 R_3): 0 0 1

(b) 프로세스 P_3이 완료할 때 P_4에게 자원 할당을 시뮬레이션한 이후

	할당된 자원 R_1	R_2	R_3	요청된 자원 R_1	R_2	R_3
P_1	2	1	0	2	1	3
P_2	1	3	1	1	4	0
P_3	0	0	0			
P_4	2	2	4			

할당되지 않은 자원: 0 1 0

(c) 프로세스 P_4가 완료할 때 P_1에게 자원 할당을 시뮬레이션한 이후

	할당된 자원 R_1	R_2	R_3	요청된 자원 R_1	R_2	R_3
P_1	4	2	3			
P_2	1	3	1	1	4	0
P_3	0	0	0			
P_4	0	0	0			

할당되지 않은 자원: 0 2 1

(d) 프로세스 P_1이 완료할 때 P_2에게 자원 할당을 시뮬레이션한 이후

	할당된 자원 R_1	R_2	R_3	요청된 자원 R_1	R_2	R_3
P_1	0	0	0			
P_2	2	7	1			
P_3	0	0	0			
P_4	0	0	0			

할당되지 않은 자원: 3 0 4

그림 8.4 알고리즘 8.1, 교착상태 탐지 알고리즘의 동작

- D_v에 속한 각 프로세스는 교착상태 해결의 희생자이고,
- D'에 속한 프로세스들은 교착상태 해결 행위가 완료된 후 교착상태에서 자유롭다. 즉, D'에 속한 각 프로세스는 프로세스 완료, 자원 해제, 자원 할당 이벤트들의 연속을 통해서 자신의 동작을 완료할 수 있다.

희생자 프로세스의 선택에는 프로세스 우선순위, 이미 소모된 자원 등의 기준이 사용된다. 다음 예제는 교착상태 해결을 보여준다.

예제 8.8 교착상태 해결

그림 8.5(a)의 RRAG는 프로세스 P_1, P_2, P_3, P_4가 포함된 교착상태 상황을 보여준다. 이 교착상태는 프로세스 P_2를 희생자로 선택함으로써 해결된다. 이 그림의 (b)는 프로세스 P_2를 중단하고 P_2가 이전에 소유했던 자원 R_3을 프로세스 P_1에 할당한 뒤의 RRAG를 보여준다. 교착상태 해결 이전에 희생자를 기다렸던 프로세스 P_4는 이제 그 자원의 새로운 소유자인 프로세스 P_1을 기다린다. 이 사실은 미래 교착상태 탐지에 중요하다. 만일 할당 상태가 배열 모델에 의해서 표현되었다면 *Allocated_resources*와 *Requested_resources* 배열 내에 있는 P_2에 대응되는 행들을 없애고, 프로세스 P_1의 열들을 변경하고, *Free_resources*를 적절히 변경하는 것으로 충분하다.

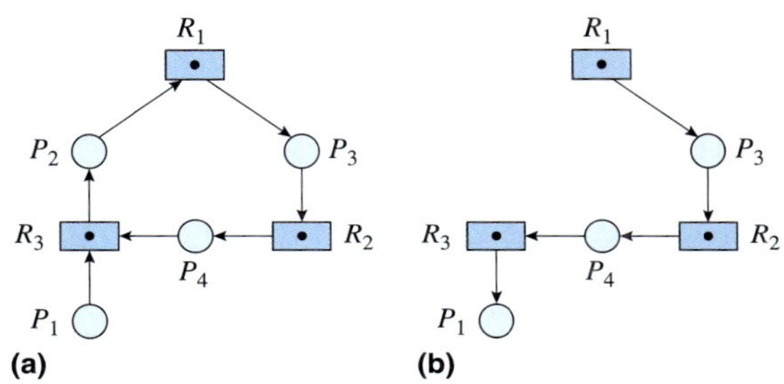

그림 8.5 교착상태 해결 (a) 교착상태 (b) 교착상태 해결 이후 자원 할당 상태

8.5 교착상태 예방(DEADLOCK PREVENTION)

시스템에서 자원 교착상태가 발생하기 위해서는 표 8.2에 설명한 네 가지 조건들이 동시에 만족되어야 한다. 교착상태를 예방하기 위해서는 이 조건들 중 하나가 발생하지 못하도록 만드는 자원 할당 정책을 커널이 사용해야만 한다. 이 절에서는 우선 교착상태 예방을 위한 다른 접근 방법들을 살펴보고, 이들을 채용하는 자원 할당 정책들을 몇 가지 제시한다.

비공유 자원들(Nonshareable Resources) 만일 모든 자원들이 공유될 수 있도록 만들어졌다면, 시스템에서 기다림 관계는 존재하지 않을 것이다. 이 방식에서 RRAG에서의 경로들은 오직 할당 간선만 포함할 것이므로 순환 대기가 발생할 수 없다. 그림 8.6(a)는 이 방식을 채용하는 효과를 보여준다. 클래스 R_l의 자원 단위는 공유할 수 있기 때문에 요청 간선 (P_i, R_l)은 할당 간선 (R_l, P_i)로 교체될 것이다.

그러나 프린터와 같은 몇몇 자원들은 태생적으로 공유가 가능하지 않다. 그렇다면 어떻게 이들을 공유 가능하게 만들 수 있을까? 운영체제들은 이 문제를 해결하기 위한 몇 가지 혁신적인 기술들을 사용한다. 한 예는 1960년대 THE 다중 프로그래밍 시스템

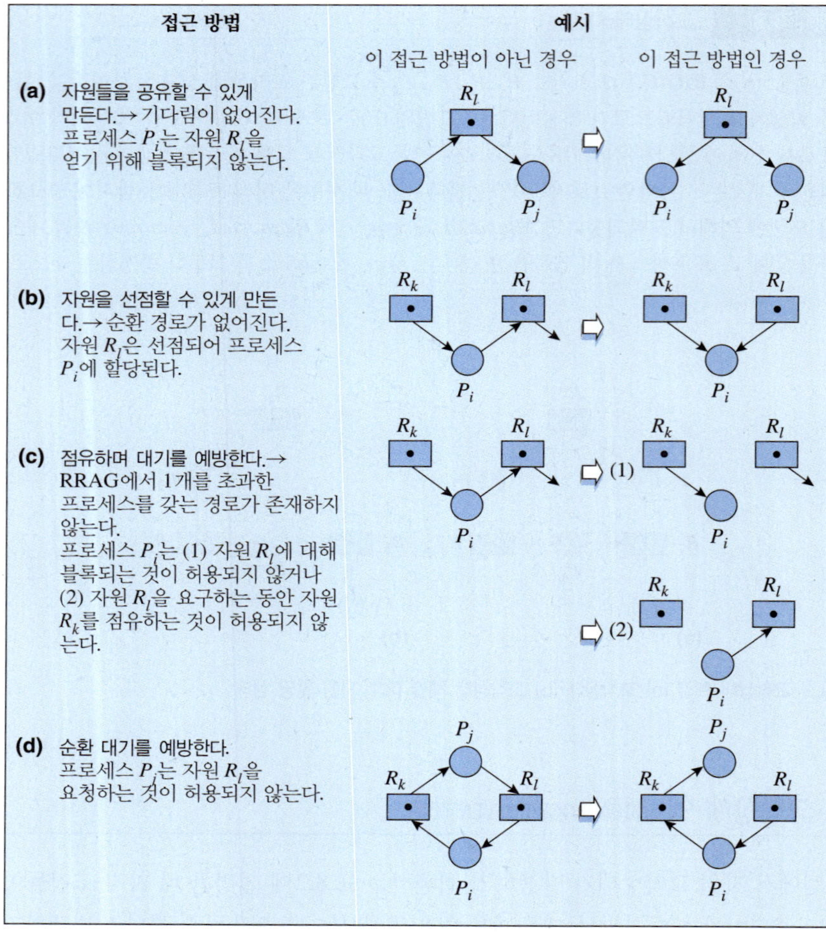

그림 8.6 교착상태 예방을 위한 접근 방법들

에서 찾을 수 있다. 이 시스템은 오직 하나의 프린터만 포함했다. 그래서 서로 다른 프로세스가 생성한 출력은 버퍼링된 후 '페이지 이미지들'을 생성하도록 변환되었고, 프린터는 한 번에 하나의 페이지 이미지를 출력하였다. 이 정렬 방식은 서로 다른 프로세스가 생성한 출력 페이지들이 서로 섞이게 만들었다. 그래서 서로 다른 프로세스의 출력은 손으로 분리해야 했다(흥미롭게도 THE 시스템이 페이지 변환을 수행한 이유는 교착상태를 예방하기 위한 것이 아니라 프린터 활용도를 높이기 위한 것이었다. 사실 THE 시스템은 자원 교착상태를 처리하기 위한 아무것도 하지 않았다). 또한 장치의 비공유성은 가상 장치를 생성함으로써 극복될 수 있다(1.3.2절 참고). 예를 들면, 가상 프린터가 생성되어 프로세스에 할당될 수 있다. 그러나 이 방식은 공유된 파일과 같은 소프트웨어 자원에게는 적용될 수 없다. 공유된 파일들은 경쟁 상황(race condition)을 피하기 위해서 상호 배타적인 방식으로 변경되어야 한다.

자원의 선점(Preemption of Resources) 만일 자원들이 선점될 수 있도록 만들어진다면, 커널은 몇몇 프로세스에 대해서 그들이 필요로 하는 모든 자원을 가질 수 있도록 만들 수 있다. 이 경우 RRAG에서 순환 경로가 방지된다. 예들 들어, 그림 8.6(b)에서 자원 R_l은 현재 소유자로부터 선점되어 프로세스 P_i에 할당될 수 있다. 그러나 자원의 비선점성은 오직 선택적으로 해결될 수 있다. THE 시스템의 페이지 포맷팅은 프린터를 선점적으로 만드는 데 사용될 수 있지만, 일반적으로 직렬적인 I/O 장치들은 선점될 수 없다.[3)]

점유하며 대기(Hold-and-Wait) 점유하며 대기 조건을 예방하기 위해서는 자원을 점유한 프로세스가 자원을 요청하는 것을 허용하지 않거나, 혹은 자원 요청에 블록된 프로세스에 어떤 자원 점유도 허용하지 않아야 한다. 따라서 그림 8.6(c)에서 간선 (P_i, R_l)은 발생할 수 없거나, 혹은 (P_i, R_l)이 발생하는 경우 간선 (R_k, P_l)은 존재하지 않는다. 둘 중 어떤 경우에도 RRAG에서 하나의 프로세스를 초과한 RRAG 경로는 발생하지 않는다. 따라서 순환 경로는 존재할 수 없다. 이 방식을 구현하는 간단한 정책은 프로세스가 살아 있는 동안 오직 한 번의 자원 요청만 하도록 만들고, 이때 자신이 필요한 모든 자원들을 요청하도록 만드는 것이다. 이 정책은 8.5.1절에서 논의한다.

순환 대기(Circular Wait) 순환 대기는 비공유성과 비선점성 조건들의 결과인 점유하며 대기 조건에 기인한다. 따라서 만일 이 두 조건 중 하나가 발생하지 않으면 순환 대기는 발생하지 않는다. 순환 대기는 어떤 프로세스가 어떤 자원을 기다리는 것을 허용하지 않음으로써 별도로 예방될 수 있다. 예들 들어, 그림 8.6(d)에서 프로세스 P_j가 자원 R_l을 기다리는 것을 허용하지 않을 수도 있다. 이것은 각 자원 요청에 **유효성 제약**(*validity constraint*)을 적용함으로써 실현할 수 있다. 유효성 제약은 할당 상태의 불(boolean) 함수이다. 만일 어떤 요청이 시스템 내에서 순환 대기에 이르게 될지도 모른다면 불 함수는 **거짓** 값을 갖는다. 따라서 그러한 요청은 바로 거절된다. 만일 유효성 제약이 **참** 값을 갖는다면 그 자원이 가용한 경우 할당된다. 가용하지 않은 경우 그 프로세스는 그 자원에 대해서 블록된다. 8.5.2절에서 이 방식을 채택하는 교착상태 예방 정책을 논의한다.

---

3) 역주: 직렬적인 장치, 예들 들어 테이프 드라이브를 선점을 통해 빼앗은 후 다른 프로세스에 할당한다면, 해당 프로세스의 I/O를 위해서 재감기(rewinding)를 수행해야 하고, 운영체제는 나중에 테이프 드라이브를 빼앗긴 프로세스가 I/O를 재개할 때 테이프 드라이브의 I/O 위치를 빼앗길 당시의 위치로 복구시켜야 한다. 이러한 방식은 운영체제 구현 복잡도와 I/O 성능 면에서 현실성이 없다.

8.5.1 모든 자원을 한꺼번에(All Resources Together)

이 방식은 모든 교착상태 예방 정책 중 가장 간단하다. 각 프로세스는 단일 요청을 통해 자신이 필요로 하는 모든 자원을 요청한다. 커널은 이들을 모두 함께 할당한다. 이 방식에서 블록된 프로세스는 어떤 자원도 소유하지 않는다. 따라서 점유하며 대기 조건은 결코 만족될 수 없다. 결과적으로 순환 대기와 교착상태는 발생할 수 없다. 이 정책하에서 예제 8.1의 두 프로세스는 하나의 테이프 드라이브와 하나의 프린터를 함께 요청해야만 한다. 각 프로세스는 2개의 자원을 모두 소유하거나 혹은 아무것도 소유하지 않게 되고, 점유하며 대기 조건은 만족되지 않는다.

"모든 자원을 한꺼번에" 할당하는 정책은 구현이 간단하기 때문에 작은 운영체제에 매력적이다. 그러나 이 정책은 하나의 실용적인 단점을 갖는다. 즉, 자원 효율성에 있어서 부정적이다. 예들 들어 만일 프로세스 P_i가 실행을 시작할 때 테이프 드라이브를 필요로 하고 실행 마지막 부분에만 프린터를 필요로 한다면, 시작 시점에 테이프 드라이브와 프린터 둘 모두를 요청하도록 강제될 것이다. 프린터는 P_i 실행의 마지막 시점까지 아무 일도 하지 않은 채 유휴(idle) 상태에 있게 될 것이고, 프린터를 필요로 하는 모든 프로세스는 P_i가 실행을 완료할 때까지 지연될 것이다. 또한 이 상황은 다중 프로그래밍의 유효 정도(effective degree)를 감소시키고, 따라서 CPU 효율성을 감소시킨다.

8.5.2 자원 등급화(Resource Ranking)

이 교착상태 예방 정책은 각 자원 클래스마다 **자원 등급**(*resource rank*)이라 불리는 유일한 수를 연관시킨다. 프로세스 P_i가 하나의 자원을 요청하면, 커널은 그 요청을 고려해야 하는지 여부를 판단하기 위해 유효성 제약을 적용한다. 유효성 제약은 요청된 자원의 등급이 현재 P_i에 할당된 자원들의 등급 중 가장 높은 것보다 큰 경우에만 참 값을 갖는다. 이 경우 만일 그 자원이 가용하면, 자원은 P_i에 할당된다. 만일 유효성 제약이 거짓으로 판명되면, 그 요청은 거절되고 자원을 요청한 프로세스 P_i는 종료된다.

자원 등급화를 사용한 시스템에서 순환 대기 관계가 존재하지 않음을 다음과 같이 설명할 수 있다. $rank_k$가 자원 클래스 R_k에 할당된 등급을 나타낸다고 하고, 프로세스 P_i가 자원 클래스 R_k의 몇몇 자원 단위를 소유하고 있다고 하자. P_i는 $rank_k < rank_l$인 자원 클래스 R_l에 대한 자원 단위 요청을 할 때만 블록될 수 있다. 이제 자원 클래스 R_l의 몇몇 자원 단위를 소유한 프로세스 P_j를 고려해 보자. 프로세스 P_j는 $rank_k \not> rank_l$이기 때문에 자원 클래스 R_k의 자원 단위를 요청할 수 없다. 따라서 만일 P_i가 P_j를 기다린다면, P_j는 P_i를 기다릴 수 없다! 그래서 이 두 프로세스는 순환 대기 조건에 빠질 수 없다. 더 많은 수의 프로세스가 포함되어도 비슷한 방식으로 순환 대기가 발생되지 않는다는 것을 보여줄 수 있다.

예제 8.9는 자원 등급화 정책의 동작을 보여준다.

예제 8.9 자원 등급화

예제 8.1에서 $rank_{printer} > rank_{tape}$라고 하자. 요청 1은 테이프 드라이브가 P_i에 할당되게 만들고, 요청 2는 프린터가 P_j에 할당되는 결과를 낳는다. P_i의 프린터에 대한 요청인 요청 3은 $rank_{printer} > rank_{tape}$이기 때문에 유효성 제약을 만족시킨다. 그러나 이 요청은 프린터가 가용하지 않기 때문에 계류된다. 요청 4는 유효성 제약을 위반하기 때문에 거절될 것이고, 프로세스 P_j는 종료된다. 이 종료는 프린터를 해제할 것이고, 프린터는 P_i에 할당된다.

자원 등급화 정책은 모든 프로세스가 자원 등급의 오름차순으로 자원을 요청할 때 가장 잘 동작한다. 그러나 프로세스가 더 낮은 등급을 갖는 자원을 요청할 때 문제가 발생한다. 이 자원을 얻을 수 있는 유일한 방법은 우선 더 높은 등급을 갖는 자원을 해제하는 것이다. 따라서 예제 8.9에서 프로세스 P_j는 우선 프린터를 해제함으로써 테이프 드라이브를 얻을 수 있고, 할당된 테이프 드라이브를 얻은 후에 다시 한 번 프린터를 요청하는 것이다. 그러나 대부분의 자원들은 비선점적이기 때문에 이런 방식은 현실적으로 어렵다. 프로세스들은 자신들이 실제로 필요로 하는 시점보다 훨씬 이전에 낮은 등급을 갖는 자원들을 획득함으로써 이런 문제점들을 해결하는 경향을 가질 수도 있다. 예들 들면, 예제 8.1의 프로세스 P_j는 프린터를 획득하기 이전에 테이프 드라이브를 획득할 수 있다. 최악의 경우 이 정책은 "모든 자원을 한꺼번에" 정책으로 퇴보할 수 있다.

이러한 단점에도 불구하고 자원 등급화 정책은 간편성 때문에 매력적이다. 커널은 고정된 순서로 자원을 필요로 할 때 자신의 자원 요청을 위해 이 정책을 사용할 수 있다. 이러한 측면은 8.8절에서 논의한다.

8.6 교착상태 회피(DEADLOCK AVOIDANCE)

교착상태 회피 정책은 자원 요청 허용이 당장 혹은 미래에 교착상태를 가져오지 않는다는 것을 확신할 때에만 자원 요청을 허용한다. 그러나 이 정책은 당연한 질문을 하게 만든다. 8.4절에서 설명한 알고리즘 8.1은 요구된 자원 요청을 허용하는 것이 즉시 교착상태에 빠지는지 여부를 검사하는 데 사용할될 수 있지만, 미래에 교착상태에 빠질지 여부를 커널이 어떻게 알 수 있겠는가?

커널은 프로세스의 미래 행위에 대한 자세한 정보가 부족하다. 그래서 커널은 정확히 교착상태를 예측할 수 없다. 이 조건하에서 교착상태 회피를 이용하기 위해 커널은 다음과 같은 보수적인 방식을 사용한다. 각 프로세스는 그 자신이 필요로 할 가능성이 있는 각 클래스 자원 단위들의 최대 수를 선언한다. 커널은 프로세스가 선언한 최대 수를 넘기지 않는 범위 내에서 이 자원 단위들을 단계적으로, 다시 말해 한 번에 몇 개씩 자원 단위 요청을 허용한다. 그리고 미래에 일어날 수 있는 교착상태 가능성을 검사하기 위해서 최악 분석 기법(worst-case analysis technique)을 사용한다. 자원 요청은 교착상태 가능성이 없을 때에만 허용된다. 그렇지 않으면 그 요청은 허용될 수 있을 때까지 계류 상태로 남게 된다. 이 방식은 프로세스 자신이 선언한 자원 단위의 최대 수를 필요로 하지 않고도 자신의 동작을 완료할 수 있기 때문에 보수적이다. 따라서 커널은 프로세스의 미래 행위에 대해 알았더라면 즉시 허용했을 몇몇 자원 요청에 대한 허용을 지연시킬 수도 있다. 이 효과와 모든 자원 요청에 대해 이 검사를 수행하는 오버헤드가 교착상태 회피 비용이다. 이 방식을 사용하는 널리 알려진 은행원 알고리즘(banker' s algorithm)을 살펴보자.

표 8.4는 은행원 알고리즘의 표기법을 설명한다. $Max_need_{j,k}$는 프로세스 P_j가 필요로 할지도 모르는 자원 클래스 R_k의 자원 단위 최대 수를 나타낸다. 커널은 모든 k에 대해서 오직 $Max_need_{j,k} \leq Total_resource_k$일 때만 프로세스 P_j를 허용한다. 커널은 이 승인 기준을 만족하는 임의의 수 프로세스를 허용할 수 있다. 따라서 $\Sigma_j Max_need_{j,k}$는 $Total_resource_k$를 초과할 수도 있다. $Allocated_resource_{j,k}$는 P_j에 할당된 자원 클래스 R_k의 실제 자원 단위 수를 나타낸다. $Total_alloc_k$는 자원 클래스 R_k의 얼마나 많은 자원 단위가 현재 프로세스들에 할당되었는지를 나타낸다. 은행원 알고리즘은 모든 순간 시스템의 할당 상태가 모든 프로세스들이 교착상태 가능성 없이 그들의 동작을 완료할 수 있도록 보장해줌으로써 교착상태를 회피한다. 이 알고리즘은 은행원들이 비슷한 알고리즘을 필요로 하기 때문에 은행원 알고리즘이라고 불린다. 은행원들은 모두 합했을 때 은행의 자금을 초과하는 론(loan)을 허용하고, 분할 납입금 후 빌려간 사람의 론을 해제한다.

은행원 알고리즘은 하나의 자원 요청을 허용하는 것이 곧바로 혹은 미래에 교착상태에 빠질 수 없다는 것을 확신하기 위해 **안전 할당 상태**(*safe allocation state*)라는 개념을 사용한다.

표 8.4 은행원 알고리즘에 사용된 표기법

표기	설명
$Requested\_resources_{j,k}$	프로세스 P_j에 의해 현재 요청된 자원 클래스 R_k의 자원 단위 수
$Max\_need_{j,k}$	프로세스 P_j가 필요로 할지도 모르는 자원 클래스 R_k의 자원 단위 최대 수
$Allocated\_resources_{j,k}$	프로세스 P_j에 할당된 자원 클래스 R_k의 자원 단위 수
$Total\_alloc_k$	자원 클래스 R_k의 할당된 자원 단위의 총 수, 즉 $\Sigma_j Allocated\_resources_{j,k}$
$Total\_resources_k$	시스템에 존재하는 자원 클래스 R_k의 자원 단위 총 수

|정의 8.2| 안전 할당 상태(Safe Allocation State): 프로세스 완료, 자원 해제, 그리고 자원 할당 이벤트들을 연속으로 구성해서 시스템 내 각 프로세스 P_j가 각 자원 클래스 R_k에 대해 $Max\_need_{j,k}$ 자원을 얻을 수 있어 그 자신의 동작을 완료하는 것이 가능한 할당 상태

교착상태 회피는 다음과 같이 시스템을 어떤 안전 할당 상태에서 다른 안전 할당 상태로 옮김으로써 구현된다.

1. 프로세스가 자원 요청을 할 때, 만일 그 요청이 허용된다면 시스템이 머물게 되는 새로운 할당 상태를 계산한다. 이 상태를 **투영된 할당 상태**(*projected allocation state*)라고 부르기로 한다.
2. 만일 투영된 할당 상태가 안전 할당 상태라면, 배열 *Allocated_resources*와 *Total_alloc*을 갱신함으로써 그 요청을 허용한다. 그렇지 않으면 그 요청은 계류 상태를 유지시킨다.
3. 만일 한 프로세스가 자원을 해제하거나 그 자신의 동작을 완료하면, 계류 중인 모든 요청을 살펴보고 시스템을 새로운 안전 할당 상태로 머물게 만드는 계류 중인 요청에 그 자원을 할당한다.

은행원 알고리즘은 모든 프로세스들이 완료될 수 있는 프로세스 완료, 자원 해제, 자원 할당 이벤트들의 연속 구성을 시도함으로써 자원 할당 상태의 안전을 판단한다. 이 알고리즘은 다음의 변경을 적용한 후 8.4절의 시뮬레이션을 통해서 수행될 수 있다. 프로세스 P_l은 완료되기 위해서 **실행 중** 상태 혹은 **블록된** 상태에 관계없이 각 자원 클래스 R_k에 대해 $(Max\_need_{l,k} - Allocated\_resource_{l,k})$ 개 더 많은 자원 단위들이 필요할 수 있다. 그래서 이 알고리즘은 다음을 검사한다.

$$\text{모든 } R_k\text{에 대해 } Total\_resources_k - Total\_alloc_k \geq Max\_need_{l,k} - Allocated\_resource_{l,k} \tag{8.3}$$

이 조건이 만족될 때 프로세스 P_l의 완료를 시뮬레이션하고, 각 R_k에 대한 $Total_alloc_k$를 갱신함으로써 이 프로세스에 할당된 모든 자원을 해제한다. 그리고 난 후 식 (8.3)을 만족하는 어떤 다른 프로세스가 없는지 검사한다. 다음 예제는 단일 클래스 자원을 갖는 시스템에서의 이 방식을 보여준다. 교착상태 탐지에서처럼 할당 상태의 안전에 대한 판단은 프로세스들이 그들의 동작을 완료한다고 가정하는 순서에 민감하지 않다.

	최대 필요 자원	할당된 자원	요청된 자원
P_1	8	3	1
P_2	7	1	0
P_3	5	3	0

총 할당된 자원 7

총 자원 10

그림 8.7 단일 자원 클래스에 대한 은행원 알고리즘에서의 할당 상태

예제 8.10 단일 자원 클래스에 대한 은행원 알고리즘

어떤 시스템이 자원 클래스 R_k에 대해 10자원 단위를 갖는다. 세 프로세스 P_1, P_2, P_3의 최대 자원 요청은 각각 8, 7, 5 자원 단위이고, 이들의 현재 할당은 각각 3, 1, 3 자원 단위이다. 그림 8.7은 이 시스템의 현재 할당 상태를 도식화하고 있다. 이제 프로세스 P_1이 자원 단위 1개에 대한 요청을 한다. 투영된 할당 단위에서 $Total_alloc = 8$이다. 따라서 자원 클래스 R_k에 대한 2개의 할당되지 않은 자원 단위가 있을 것이다.

투영된 상태의 안전은 다음과 같이 판단된다. P_3은 할당받은 자원 단위 수가 자신의 최대 요구량보다 2자원 단위 적기 때문에 조건 (8.3)을 만족한다. 따라서 만일 P_3이 미래에 2개 자원 단위를 더 요청한다면, P_3에 할당해 줄 수 있고 P_3은 완료될 수 있다. 이 완료는 5개 자원 단위를 할당에 사용될 수 있게 만든다. 따라서 P_1의 모자라는 4개 자원 단위는 할당될 수 있고 P_1은 완료될 수 있다.[4] 이제 시스템 내 모든 자원 단위들은 P_2에게 가용하다. 따라서 P_2 역시 완료될 수 있다. 따라서 투영된 할당 상태는 안전하다. 그래서 이 알고리즘은 P_1이 요청한 자원 할당을 승인한다.

새로운 할당의 결과, 위 프로세스들은 각각 4, 1, 3 자원 단위를 갖게 되고 $Total_alloc_k = 8$이다. 이제 다음의 요청들을 고려해 보자.

1. P_1이 2자원 단위를 요청한다.
2. P_2가 2자원 단위를 요청한다.
3. P_3이 2자원 단위를 요청한다.

P_1과 P_2에 의한 요청들은 조건 (8.3)이 만족되기 않기 때문에, 시스템이 안전한 할당 상태에 들어가지 못한다. 따라서 이 요청들은 허용되지 않는다. 그러나 P_3에 의한 요청은 허용된다.

알고리즘 8.2는 은행원 알고리즘이다. 프로세스가 새로운 요청이 만들 때 그 요청은 모든 프로세스의 계류 중인 요청들을 저장하는 *Requested_resources* 배열에 들어가고, 알고리즘은 요청한 프로세스의 id를 가지고 호출된다. 한 프로세스가 할당된 어떤 자원을 해제할 때 혹은 동작을 완료할 때, 자신의 자원 요청이 계류 중인 각 프로세스에 대해서 이 알고리즘은 한 번씩 호출된다. 이 알고리즘은 대략적으로 다음과 같이 설명될 수 있다. 단계 1에서 약간의 초기화 이후 단계 2에서 투영된 할당 상태를 계산함으로써 그

4) 역주: P_1은 투영된 상태에서 현재 4개의 자원 단위가 할당되어 있고 최대 요구량이 8이므로 4개의 자원 단위가 할당되면 자신의 작업을 완료할 수 있다.

요청을 허용할지 시뮬레이션한다. 단계 3은 투영된 할당 상태가 타당한지, 즉 그 요청을 허용하기에 충분한 자원들이 존재하는지를 검사한다.

단계 4는 이 알고리즘의 핵심이다. 오직 투영된 할당 상태가 타당할 때만 이 알고리즘이 실행된다. 투영된 할당 상태가 안전 할당 상태인지를 검사하기 위해서 활동 중인 프로세스의 집합, 즉 집합 *Running* 또는 *Blocked*에 있는 프로세스 중 가용 자원을 할당해서 최대 요청량을 만족시킬 수 있는 프로세스가 존재하는지 검사한다. 만일 그러한 프로세스가 존재한다면 이 단계는 그 집합으로부터 프로세스 지우고 프로세스에 할당된 자원을 해제함으로써 프로세스 완료를 시뮬레이션한다. 이 행위는 집합 *Active*에 더 이상 지워지는 프로세스가 없을 때까지 반복적으로 수행된다. 만일 집합 *Active*가 이 단계의 끝 시점에 비어 있다면 투영된 상태는 안전 할당 상태이다. 그래서 단계 5는 계류 중인 요청들의 목록으로부터 그 요청을 지우고 요청된 자원을 할당한다. 이 행위는 만일 투영된 할당 상태가 타당하지 않거나 혹은 안전하지 않으면 수행되지 않는다. 이 경우 그 요청은 계류 중인 상태로 남게 된다.

단계 4가 교착상태 탐지 알고리즘과 유사함에 주목하자. 그런 이유로 이 알고리즘은 $n^2 \times r$ 번의 작업을 필요로 한다.

알고리즘 8.2 은행원 알고리즘

입력들

n	:	프로세스들의 수
r	:	자원 클래스들의 수
Blocked	:	프로세스들**의 집합**
Running	:	프로세스들**의 집합**
$P_{requesting\_process}$	:	새로운 자원 요청을 하는 프로세스
Max_need	:	[1..*n*, 1..*r*] 정수형 **배열**
Allocated_resources	:	[1..*n*, 1..*r*] 정수형 **배열**
Requested_resources	:	[1..*n*, 1..*r*] 정수형 **배열**
Total_alloc	:	[1..*r*] 정수형 **배열**
Total_resources	:	[1..*r*] 정수형 **배열**

데이터 구조

Active	:	프로세스들**의 집합**
feasible	:	참/거짓 값을 갖는 변수
New_request	:	[1..*r*] 정수형 **배열**
Simulated_allocation	:	[1..*n*, 1..*r*] 정수형 **배열**
Simulated_total_alloc	:	[1..*r*] 정수형 **배열**

1. *Active* := *Running* ∪ *Blocked*;

k = 1..*r*에 **대해**

New_request[*k*] := *Requested_resources*[*requesting_process*, *k*];

2. *Simulated_allocation* := *Allocated_resources*;
  $k = 1..r$에 **대해** /* 투영된 할당 상태를 계산 */
    Simulated_allocation[*requesting_process*, *k*] :=
      Simulated_allocation[*requesting_process*, *k*] + *New_request*[*k*];
    Simulated_total_alloc[*k*] := *Total_alloc*[*k*] + *New_request*[*k*];

3. *feasible* := 참
  $k = 1..r$에 **대해** /* 투영된 할당 상태가 타당한지 검사 */
    만일 *Total_resources*[*k*] < *Simulated_total_alloc*[*k*]**이면** *feasible* := 거짓

4. **만일** *feasible* = 참이면,
  /* 투영된 할당 상태가 안전 할당 상태인지 검사 */
    모든 *k*에 **대해**
      Total_resources[*k*] − *Simulated_total_alloc*[*k*] ≥ *Max_need*[*l*, *k*] −
        Simulated_allocation[*l*, *k*]를 만족하는 어떤 프로세스 P_l이 집합
        *Active*에 존재하는 동안 다음을 반복한다.
        *Active*로부터 P_l을 제거한다.
          $k = 1..r$에 **대해**
            Simulated_total_alloc[*k*] :=
              Simulated_total_alloc[*k*] − *Simulated_allocation*[*l*, *k*];

5. **만일** 집합 *Active*가 비어 있으면,
  /* 투영된 할당 상태가 안전 할당 상태이면 */
    $k = 1..r$에 **대해** /* 계류 중인 요청들 중에서 그 요청을 삭제 */
      Requested_resources[*requesting_process*, *k*]:= 0;
      $k = 1..r$에 **대해** /* 그 요청을 허용 */
        Allocated_resources[*requesting_process*, *k*] :=
          Allocated_resources[*requesting_process*, *k*] + *New_request*[*k*];
        Total_alloc[*k*]:= *Total_alloc*[*k*] + *New_request*[*k*];

예제 8.11 다중 자원 클래스에 대한 은행원 알고리즘

그림 8.8은 4개의 프로세스 $P_1, \ldots, P_4$를 포함하는 시스템에서 은행원 알고리즘의 동작을 보여준다. 4개의 자원 클래스는 6, 4, 8, 5 자원 단위를 갖고 있으며, 현재 5, 3, 5, 4 자원 단위들이 할당되었다. 프로세스 P_2가 곧 진행될 요청 (0, 1, 1, 0)을 요구했다. 이 알고리즘은 단계 2에서 이 요청을 허용하는 것을 시뮬레이션하고, 단계 4에서 투영된 할당 상태의 안전을 검사한다. 그림 8.8(b)는 이 검사 시작 시점에 은행원 알고리즘의 데이터 구조를 보여준다. 이 상태에서 1, 0, 2, 1 자원 단위가 가용하다. 그래서 오직 프로세스 P_1만이 완료될 수 있다. 따라서 이 알고리즘은 P_1의 완료를 시뮬레이션한다. 그림 8.8(c)는 P_1이 완료된 후 데이터 구조를 보여준다. P_1에 할당된 자원들은 해제되어 *Simulated_alloc*으로부터 차감되었고, P_1은 집합 *Active*에서 지워졌다. 프로세스 P_4는 자신의 최대 자원 요청을 달성하기 위해 0, 1, 3, 4 자원 단위가 필요하다. 따라서 P_4는 지금 이 자원들을 할당받을 수 있고 완료될 수 있다. 나머지 프로세스는 P_2, P_3의 순서로 완료될 수 있다. 따라서 P_2가 요청한 자원은 허용된다.

(a) 단계 1 이후 상태

	최대 필요 자원 R_1	R_2	R_3	R_4	할당된 자원 R_1	R_2	R_3	R_4	요청된 자원 R_1	R_2	R_3	R_4
P_1	2	1	2	1	1	1	1	1	0	0	0	0
P_2	2	4	3	2	2	0	1	0	0	1	1	0
P_3	5	4	2	2	2	0	2	2	0	0	0	0
P_4	0	3	4	1	0	2	1	1	0	0	0	0

	R_1	R_2	R_3	R_4
총 할당	5	3	5	4
총 자원	6	4	8	5

Active $\{P_1, P_2, P_3, P_4\}$

(b) 단계 4의 반복 구문 이전 상태

	최대 필요 자원 R_1	R_2	R_3	R_4	시뮬레이션된 할당 R_1	R_2	R_3	R_4	요청된 자원 R_1	R_2	R_3	R_4
P_1	2	1	2	1	1	1	1	1	0	0	0	0
P_2	2	4	3	2	2	1	2	0	0	1	1	0
P_3	5	4	2	2	2	0	2	2	0	0	0	0
P_4	0	3	4	1	0	2	1	1	0	0	0	0

시뮬레이션된 총 할당	5	4	6	4
총 자원	6	4	8	5

Active $\{P_1, P_2, P_3, P_4\}$

(c) 프로세스 P_1의 완료를 시뮬레이션한 이후 상태

	최대 필요 자원 R_1	R_2	R_3	R_4	시뮬레이션된 할당 R_1	R_2	R_3	R_4	요청된 자원 R_1	R_2	R_3	R_4
P_1	2	1	2	1	1	1	1	1	0	0	0	0
P_2	2	4	3	2	2	1	2	0	0	1	1	0
P_3	5	4	2	2	2	0	2	2	0	0	0	0
P_4	0	3	4	1	0	2	1	1	0	0	0	0

시뮬레이션된 총 할당	4	3	5	3
총 자원	6	4	8	5

Active $\{P_2, P_3, P_4\}$

(d) 프로세스 P_4의 완료를 시뮬레이션한 이후 상태

	최대 필요 자원 R_1	R_2	R_3	R_4	시뮬레이션된 할당 R_1	R_2	R_3	R_4	요청된 자원 R_1	R_2	R_3	R_4
P_1	2	1	2	1	1	1	1	1	0	0	0	0
P_2	2	4	3	2	2	1	2	0	0	1	1	0
P_3	5	4	2	2	2	0	2	2	0	0	0	0
P_4	0	3	4	1	0	2	1	1	0	0	0	0

시뮬레이션된 총 할당	4	1	4	2
총 자원	6	4	8	5

Active $\{P_2, P_3\}$

(e) 프로세스 P_2의 완료를 시뮬레이션한 이후 상태

	최대 필요 자원 R_1	R_2	R_3	R_4	시뮬레이션된 할당 R_1	R_2	R_3	R_4	요청된 자원 R_1	R_2	R_3	R_4
P_1	2	1	2	1	1	1	1	1	0	0	0	0
P_2	2	4	3	2	2	1	2	0	0	1	1	0
P_3	5	4	2	2	2	0	2	2	0	0	0	0
P_4	0	3	4	1	0	2	1	1	0	0	0	0

시뮬레이션된 총 할당	2	0	2	2
총 자원	6	4	8	5

Active $\{P_3\}$

그림 8.8 예제 8.11에 대한 은행원 알고리즘의 동작

8.7 그래프 모델에 의한 자원 교착상태 특성화 (CHARACTERIZATION OF RESOURCE DEADLOCKS BY GRAPH MODELS)

교착상태 특성화(*deadlock characterization*)는 자원 교착의 필수적인 특징을 말하는 것이다. 8.4절에서 시스템의 할당 상태 배열 모델을 사용한 교착상태 탐지 알고리즘을 제시하였다. 그 알고리즘에 따르면 교착상태는 시스템 내 모든 프로세스들이 완료될 수 있도록 프로세스 완료, 자원 해제, 자원 할당 이벤트들을 연속으로 구성할 수 없는 상황으로 특성화될 수 있다.

이 절은 할당 상태의 그래프 모델과 그래프 이론의 요소들을 사용하여 교착상태의 특성화를 논의한다. 8.2.1절에 살펴본 바와 같이 프로세스 간 순환 대기 관계는 교착상태에 대한 필요(*necessary*) 조건이다. RRAG 혹은 WFG에서 사이클은 분명히 드러난다. 사이클은 어떤 시스템에서는 교착상태를 위한 충분(*sufficient*) 조건이지만(예제 8.3 참고), 다른 시스템에서는 그렇지 않다(예제 8.4 참고). 이 차이는 시스템에서의 자원 클래스와 자원 요청의 특성에 기인한다. 그래서 먼저 자원 클래스와 자원 요청에 따른 시스템을 먼저 분류하고, 서로 다른 클래스의 시스템에 대해서 별도의 교착상태 특성화를 개발한다. 나중에 모든 시스템에 적용될 수 있는 교착상태 특성화를 지목한다. 이 논의 전체에서 시스템 할당 상태를 도식화하기 위해 RRAG를 사용한다.

자원 클래스와 자원 요청 모델(Resource Class and Resource Request Models) 자원 클래스 R_i는 단일 자원 단위만 가지거나 혹은 여러 개의 자원 단위들을 가질 수 있다. 이들을 각각 *SI*(*single instance*) 자원 클래스와 *MI*(*multiple instance*) 자원 클래스 두 종류로 정의하기로 한다. 또한 두 종류의 자원 요청을 정의한다. *SR*(*single request*)에서 프로세스는 오직 하나의 자원 클래스에 대해 1개의 자원 단위 요청이 허용된다. *MR*(*multiple request*)에서 프로세스는 여러 자원 클래스에 대해 1개의 자원 단위 요청이 허용된다. 커널은 다중 요청에 대해서 결코 부분적으로 할당하지 않는다. 즉, MR에서 요청된 모든 자원들을 할당하거나 이들 중 아무것도 할당하지 않는다. 후자의 경우 그 프로세스는 모든 자원이 자신에게 할당될 수 있을 때까지 요청을 블록한다.

그림 8.9에 보인 것과 같이, 자원 클래스와 자원 요청 모델을 사용하여 네 종류의 시스템을 정의할 수 있다. 이 시스템들은 자원 클래스 모델의 이름과 사용된 자원 요청 모델을 조합하여 이름지어졌다. 그래서 SISR 시스템은 SI 자원 클래스 모델과 SR 요청을 포함하는 시스템이다.

8.7.1 SISR 시스템(Single-Instance, Single-Request Systems)

SISR 시스템에서 각 자원 클래스는 단일 자원 단위를 갖고 있고, 각 자원 요청은 단일 요청(SR)이다. 8.2.2절에서 논의한 바와 같이 RRAG에서 사이클의 존재는 프로세스

자원 요청 모델

자원 인스턴스 모델		SR(단일 요청) 모델	MR(다중 요청) 모델
	MI (다중 인스턴스) 모델	MISR (다중 인스턴스, 단일 요청)	MIMR (다중 인스턴스, 다중 요청)
	SI (단일 인스턴스) 모델	SISR (단일 인스턴스, 단일 요청)	SIMR (단일 인스턴스, 단일 요청)

그림 8.9 자원 클래스와 자원 요청에 따른 시스템의 분류

집합에 대해 상호 기다림 관계를 의미한다. 각 자원이 1개의 자원 단위를 가지므로 사이클 내 블록된 각 프로세스 P_i는 정확히 1개의 다른 프로세스, 가령 P_k가 그 자원을 해제하기를 기다린다. 따라서 프로세스 P_i를 포함하는 사이클은 또한 프로세스 P_k를 포함한다. 이 사실은 사이클 내 모든 프로세스에 대해 조건 (8.2)를 만족시킨다. 따라서 사이클은 이 시스템에서 자원 교착이 존재하기 위한 필요충분조건이 된다.

8.7.2 MISR 시스템(Multiple-Instance, Single-Request Systems)

MISR 시스템에서는 자원 클래스들이 여러 개의 자원 단위를 포함할 수 있기 때문에 사이클이 교착상태에 대한 충분조건이 아니다. 8.2.2.1절의 예제 8.4 시스템은 이 특성을 보여준다. 여기서는 MISR 시스템에서 교착상태를 위해 어떤 조건들이 성립해야 하는지를 분석한다. 예제 시스템의 RRAG는 프로세스 P_i와 프로세스 P_j를 포함하는 사이클을 가졌는데, P_j는 테이프 드라이브 1개를 요구하고 P_i는 테이프 드라이브 1개를 소유하고 있었다(그림 8.3 참고). 그러나 사이클에 포함되지 않은 프로세스 P_k 또한 테이프 드라이브 1개를 가졌다. 그래서 P_i와 P_j 사이의 상호 기다림 관계는 P_k가 테이프 드라이브 1개를 해제할 때 존재하지 않게 된다. 프로세스 P_i는 프로세스 P_j와 P_k 양쪽 모두 무한한 기다림에 직면한 경우에만 교착상태에 빠질 것이다. 따라서 한 프로세스가 교착상태에 있기 위해서는 그 프로세스가 요구한 자원 단위를 소유한 모든 프로세스들 역시 교착상태에 빠져 있는 것이 필수이다. MISR 시스템에 대한 교착상태 특성화에서 이 측면을 통합하기 위해 그래프 이론으로부터 나온 개념을 사용한다.

그래프 G는 N이 **노드**(*node*)들의 집합이고 E가 간선(*edge*)들의 집합일 때 순서화된 짝 $G \equiv (N, E)$이다. 그래프 $G'(N', E')$는 만일 $N' \subseteq N$이고 $E' \subseteq E$이면, 즉 G'에 포함된 모든 노드와 간선이 G에도 포함된다면 그래프 $G\,(N, E)$의 **서브그래프**(*subgraph*)이다. G'은 만일 $E' \neq \phi$, 즉 적어도 하나의 간선을 포함한다면 G의 사소하지 않은 서브그래프이다. MISR 시스템에서 교착상태를 특성화하기 위한 **노트**(*knot*)를 정의하자.

|정의 8.3| **노트(Knot):** RRAG의 사소하지 않은 서브그래프 $G' \equiv (N', E')$에서 모든 노드 $n_i \in N'$는 다음 조건들을 만족한다.

1. E 내의 (n_i, n_j) 형태의 모든 간선에 대해서 (n_i, n_j)는 E'에 포함되고, n_j는 N'에 포함된다.
2. 만일 경로 $n_i - \ldots - n_j$가 G'에 존재한다면, 경로 $n_j - \ldots - n_i$ 역시 G'에 존재한다.

정의 8.3의 첫째 조건은 만일 한 노드가 노트에 포함되었다면, 그 노드로부터 시작하는 모든 바깥쪽 간선들(out-edge) 또한 노트에 포함됨을 보장한다. 정의 8.3의 둘째 조건은 각 노드의 바깥쪽 간선이 사이클에 포함됨을 보장한다. 이 사실은 노트에 속한 각 프로세스가 필연적으로 블록된 상태에 있음을 확실히 해준다. 조건 1과 2가 함께 내포하는 것은 어떤 프로세스가 필요로 하는 자원을 해제하는 모든 프로세스는 조건 (8.2)를 만족하는 노트에 포함되어 있다는 것이다. 따라서 RRAG에서 노트의 존재는 MISR 시스템에서 교착상태 존재에 대한 필요충분조건이라고 결론내릴 수 있다.

예제 8.12 MISR 시스템에서 교착상태

그림 8.3의 RRAG는 예제 8.4에서 자원 요청 1~5가 수행된 후 할당 상태를 도식화한 것이다. 이 RRAG는 경로 $P_i, \ldots, P_k$는 존재하지만 경로 $P_k, \ldots, P_i$가 존재하지 않기 때문에 노트를 포함하지 않는다. 이제 다음 요청이 요구된 후 상황을 고려해 보자.

6. P_k가 프린터를 요청한다.

이제 프로세스 P_k는 여섯 번째 요청에 대해 블록되어 있다. 이 결과로 만들어지는 RRAG는 그림 8.10에 보여진 것과 같다. 이 RRAG는 정의 8.3의 조건 1이 간단히 만족되므로 노트이다. 또 모든 노드의 바깥 간선은 사이클에 포함되어 있고, 이것은 정의 8.3의 조건 2를 만족시킨다. 프로세스 $\{P_i, P_j, P_k\}$가 교착상태에 빠져 있음을 검증하는 것은 간단하다. $Blocked\_P = \{P_i, P_j, P_k\}$, $WF_i = \{P_j\}$, $WF_j = \{P_i, P_k\}$, 그리고 $WF_k = \{P_j\}$는 조건 (8.1)과 (8.2)를 만족하기 때문이다.

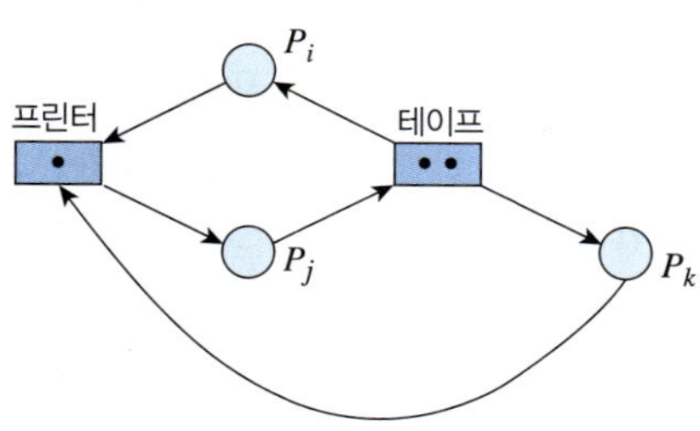

그림 8-10 MISR 시스템에서의 노트는 교착상태를 의미

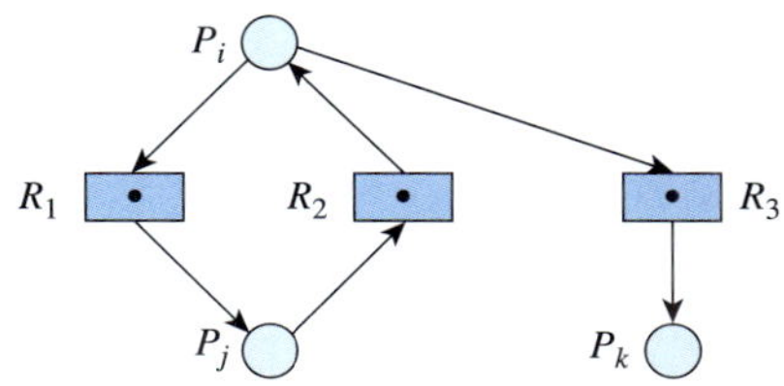

그림 8.11 SIMR 시스템에서 사이클은 교착상태에 대한 필요충분조건이다.

8.7.3 SIMR 시스템(Single-Instance, Multiple-Request Systems)

SIMR 시스템에서 각 자원 클래스는 오직 1개의 자원 단위만을 포함하고, 그래서 RRAG에서 정확히 1개의 바깥 간선을 갖는다. 프로세스는 다중 요청(MR)을 할 수 있다. 이 경우 프로세스는 1개 이상의 바깥 간선을 갖는다. 그러한 프로세스는 만일 요청된 자원 중 1개라도 가용하지 않으면 블록된 상태로 남게 된다. 이 조건은 프로세스가 사이클에 포함될 때 만족되고, 사이클은 SIMR 시스템에서 필요충분조건이다. 이 특성은 그림 8.11의 시스템에 나타난다. 프로세스 노드 P_i는 사이클의 한 부분인 1개의 바깥 간선 (P_i, R_1)을 갖고, 어떤 사이클에도 포함되지 않는 바깥 간선 (P_i, R_3)을 갖는다. 프로세스 P_i는 R_1에 대해 하나의 자원 단위가 할당될 때까지 블록된 상태로 남게 된다. 바깥 간선 (P_i, R_1)이 사이클에 포함되므로 P_i는 무한히 기다리게 된다. P_j 또한 무한히 기다리게 된다. 따라서 $\{P_i, P_j\}$는 교착상태에 있게 된다.

8.7.4 MIMR 시스템(Multiple-Instance, Multiple-Request Systems)

MIMR 모델에서 자원 클래스는 여러 개의 자원 단위를 가진다. 또한 프로세스는 다중 요청(MR)을 할 수 있다. 따라서 RRAG의 프로세스와 자원 노드는 다중 바깥 간선을 가질 수 있다. 만일 RRAG에서 사이클에 포함된 자원 노드가 다중 바깥 간선을 가지고 있지 않다면, SIMR 시스템의 RRAG에서의 사이클과 비슷하다. 따라서 이 조건은 교착상태 존재에 대한 충분조건이다. 그러나 만일 사이클에서 자원 노드가 다중 바깥 간선을 가진다면, 사이클은 필요조건이지만 충분조건은 아니다. 이런 경우에 자원 노드의 모든 바깥 간선은 사이클에 포함되어야만 한다. 이 요구사항은 MISR 시스템과 유사하다. 예제 8.13은 이러한 측면을 보여준다.

예제 8.13 MIMR 시스템에서 교착상태

그림 8.12의 RRAG는 사이클 $R_1 - P_i - R_2 - P_j - R_1$을 갖는다. 자원 노드 R_1은 사이클에 포함되지 않은 바깥 간선 (R_1, P_k)를 가지고 있다. 그래서 프로세스 P_k는 자원 R_3을 얻을 수 있고, 결국 자원 클래스 R_1의 한 자원 단위

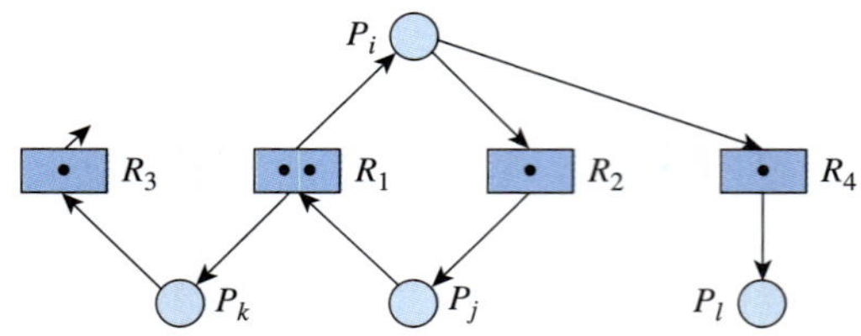

그림 8.12 MIMR 시스템에 대한 RRAG

를 해제한다. 그 자원 단위는 프로세스 P_j에 할당될 수 있다. 이것은 RRAG에서 그 사이클을 끊을 것이고, 그러면 시스템에 교착상태는 없어진다. 만일 R_3의 할당 간선이 (R_3, P_j)였다면, R_1의 바깥 간선이 사이클에 포함되었을 것이다. 프로세스 P_j의 R_1에 대한 요청은 무한정 기다림에 직면했을 것이고, 그러면 교착상태에 빠졌을 것이다. P_i의 바깥 간선 (P_i, R_4)는 사이클에 포함되지 않는다는 점에 주목하자. 그러나 P_i는 다중 요청을 했고, 자원 클래스 R_2에 대한 그 요청이 무한히 대기하게 되므로 교착상태가 존재한다.

위의 논의와 예제 8.13을 통해 MIMR 시스템의 RRAG에서 프로세스와 자원 노드를 구분해야 함이 분명해진다. 교착상태가 발생하기 위해서는 자원 노드의 모든 바깥 간선들이 사이클에 포함되어야 하는 반면, 프로세스 노드는 단지 1개의 바깥 간선만 사이클에 포함되면 된다.

이 요구사항을 포함시키기 위해 **자원 노트**(*resource knot*)를 정의한다. 자원 노트는 정의 8.4의 첫 번째 조건이 자원 노드들에게만 적용된다는 점에서 노트와 다르다.

|정의 8.4| 자원 노트(Resource Knot): RRAG의 사소하지 않은 서브그래프 $G' \equiv (N', E')$에서 모든 노드 $n_i \in N'$는 다음 조건들을 만족한다.

1. 만일 n_i가 자원 노드라면, E 내의 (n_i, n_j) 형태의 모든 간선에 대해서 (n_i, n_j)는 E'에 포함되고, n_j는 N'에 포함된다.

2. 만일 경로 $n_i - \ldots - n_j$가 G'에 존재한다면, 경로 $n_j - \ldots - n_i$ 역시 G'에 존재한다.

예제 8.14 자원 노트

그림 8.12의 노드 P_i, P_j, P_k, R_1, R_2, R_3은 만일 자원 클래스 R_3의 할당 간선이 (R_3, P_j)이면 자원 노트에 포함된다. 프로세스 P_i의 바깥 간선 (P_i, R_4)는 자원 노트에 포함되지 않음에 주목하라.

분명히 자원 노트는 MIMR 시스템에서 교착상태 존재를 위한 필요충분조건이다. 사실 자원 노트는 이 절에서 논의된 모든 시스템 종류에 대해서 필요충분조건이다(연습 문제 8.17 참고).

8.7.5 교착상태에 있는 프로세스들(Processes in Deadlock)

교착상태에 있는 프로세스의 집합 D는 자원 노트에서 프로세스 노드로 표현되는 프로세스를 갖고 있다. 또한 무한히 기다리는 몇몇 다른 프로세스도 포함한다. D에 속한 모든 프로세스를 인식하기 위해서 다음의 표기법을 사용한다.

- RR_i 　프로세스 P_i가 요청한 자원 클래스들의 집합
- HS_k 　자원 클래스 R_k의 **소유자**, 즉 자원 클래스 R_k의 자원 단위들이 할당된 프로세스들의 집합
- KS 　자원 노트(들)에 속한 프로세스 노드들의 집합[RRAG의 **노트 집합**(*knot-set*)으로 부르기로 함]
- AS 　RRAG에 속한 무한히 기다리는 프로세스 노드들의 **보조 집합**(*auxiliary set*). 이 노드들은 자원 노트에 포함되지 않는다.

KS는 자원 노트에 속한 프로세스 노드들의 집합이다. 이제 프로세스 $P_i \notin KS$는 만일 P_i가 요청한 어떤 자원 클래스 R_k의 모든 소유자들이 KS에 속한다면 무한히 기다리게 된다. 자원 클래스 소유자들이 $\{P_i\} \cup KS$에 속할 때, 그 자원 클래스들을 요구하는 프로세스들은 무한히 기다리게 된다. 그러므로 교착상태에 있는 프로세스들의 집합 D는 다음과 같이 인식될 수 있다.

$$AS = \{P_i \mid RR_i\text{는 } HS_k \subseteq (KS \cup AS)\text{인 } R_k\text{를 포함한다}\} \tag{8.4}$$
$$D = KS \cup AS \tag{8.5}$$

예제 8.15 교착상태에 있는 프로세스

그림 8.13은 한 MIMR 시스템의 RRAG를 보여준다. RRAG 내 사이클 $P_1 - R_1 - P_2 - R_2 - P_3 - R_3 - P_1$은 R_1, R_2, R_3 중 어느 것도 사이클을 떠나는 바깥 간선을 갖지 않기 때문에 자원 노트를 형성한다. 따라서 이 시스템에는 교착상태가 존재한다. D에 속한 프로세스들을 다음과 같이 인식한다.

$KS = \{P_1, P_2, P_3\}$
$AS = \{P_4\}$ ($RR_4 = \{R_5\}$, $HS_5 = \{P_1\}$이고 $\{P_1\} \subseteq \{P_1, P_2, P_3\}$이므로)
$D = KS \cup AS = \{P_1, P_2, P_3, P_4\}$

프로세스 P_6은 $RR_6 = \{R_7\}$, $HS_7 = \{P_4, P_8\}$ 그리고 $HS_7 \not\subseteq (KS \cup AS)$이므로 AS에 포함되지 않는다.

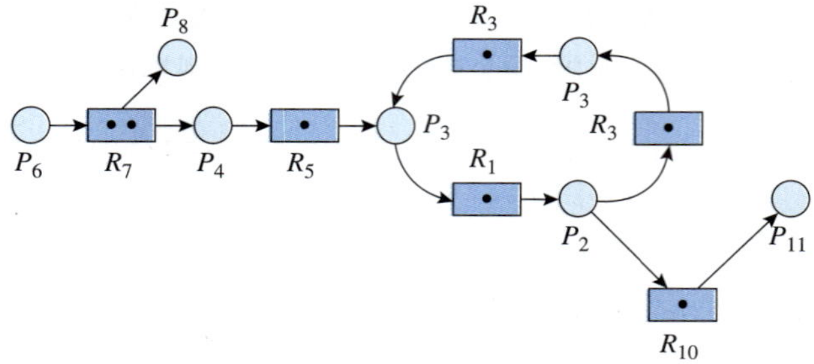

그림 8-13 교착상태에 있는 프로세스들

8.8 실제적인 교착상태 처리(DEADLOCK HANDLING IN PRACTICE)

운영체제는 메모리와 I/O 장치와 같은 하드웨어 자원, 프로그램 또는 데이터를 담고 있는 파일, 프로세스 간 메시지, 데이터 구조와 같은 커널 자원, 커널에 의해 사용되는 데이터 블록과 같은 소프트웨어 자원 등 수많은 다양한 자원을 관리한다. 교착상태 탐지-해결과 교착상태 회피에 대한 오버헤드는 실제적인 교착상태 처리 정책에 있어서 매력적이지 않다. 그래서 운영체제는 교착상태 예방 방식을 사용하여 명시적인 교착상태 처리 행위들이 불필요한 상황을 만들거나, 혹은 교착상태 가능성에 대해 그냥 신경쓰지 않는다. 심지어 교착상태 예방은 프로세스가 자신의 자원을 요청하는 순서를 제한하기 때문에, 운영체제들은 각 자원의 종류, 즉 메모리, I/O 장치, 파일, 그리고 커널 자원에 따라 분리하여 교착상태 문제를 다루는 경향이 있다.

메모리(Memory) 메모리는 선점적(preemptible) 자원이므로 프로세스들의 메모리 사용은 교착상태를 발생시키지 않는다. 따라서 명시적 교착상태 처리는 불필요하다. 프로세스에 할당된 메모리는 그 메모리가 다른 프로세스에 필요할 때마다 메모리가 할당된 프로세스를 스와핑(swapping)시키면 자유롭게 된다.

I/O 장치들(I/O Devices) 교착상태 예방 정책 중에 "모든 자원을 한꺼번에" 정책은 프로세스가 자신의 모든 자원 요청에 대해서 다중 요청을 한 번 하게 만든다. 이 정책은 적은 CPU 오버헤드를 야기한다. 그러나 8.5.1절에서 말한 바와 같이, 이 정책은 단점이 있다. 프로세스가 자원들을 실제로 필요로 하기 훨씬 이전에 자원들이 할당되어 I/O 장치의 유용도가 낮아지는 것이다. 반면에 자원 등급화는 I/O 장치의 사용을 제어하기 위해서는 타당한 정책이 아니다. 자원 등급을 할당하는 것은 어떤 그룹의 사용자에게는 불편을 끼치기 때문이다. 이 문제점은 I/O 장치가 일반적으로 비선점적이라는 사실로 인해 더 복잡해진다. 운영체제들은 이 문제를 가상 장치들을 생성함으로써 해결한다. 예들 들면, 운영 체제는 프린트될 파일이 저장될 어떤 디스크 영역을 사용함으로써 가상 프린터를 생성한다. 실제 출력은 프린터가 가용될 때 일어난다. 가상 장치들은 필요할 때마다 생

성되기 때문에 디스크 공간이 부족하지 않다면 이들을 "모든 자원을 한꺼번에" 정책에서처럼 미리 할당할 필요가 없다.

파일과 프로세스 간 메시지(Files and Interprocess Messages) 파일은 사용자가 생성한 자원이다. 운영체제는 많은 수의 파일을 갖고 있다. 자원 등급화와 같은 교착상태 예방 정책들은 높은 오버헤드를 발생시키고 사용자들한테 불편을 야기할 수 있다. 그래서 운영체제는 파일들에게 교착상태 처리 행위를 적용하지 않는다. 공통 파일 집합에 접근하는 프로세스는 그들 자신의 방식을 통해서 자원 교착을 피한다. 비슷한 이유로 운영체제는 프로세스 간 메시지에 의해 발생되는 교착상태를 처리하지 않는다.

제어 블록(Control Blocks) 커널은 프로세스 제어 블록(PCB)이나 이벤트 제어 블록(ECB)과 같은 제어 블록을 어떤 특정 순서로 프로세스에 할당한다. PCB 블록은 프로세스가 생성될 때 할당되고, ECB는 그 프로세스가 어떤 이벤트에 블록될 때 할당된다. 그래서 자원 등급은 여기서 해결책이 될 수 있다. 만일 더 간단한 정책이 바람직하다면 작업 또는 프로세스에 대한 모든 제어 블록이 초기화될 때 함께 할당될 수 있다.

8.8.1 유닉스에서의 교착상태 처리(Deadlock Handling in Unix)

대부분의 운영체제는 사용자 프로세스를 포함하는 자원 교착 가능성은 간단히 무시하는데, 유닉스도 예외는 아니다. 그러나 유닉스는 사용자 프로세스에 의한 커널 데이터 구조의 공유 때문에 발생하는 교착상태는 다룬다. 5.4.1절을 상기하면, 인트럽트나 시스템 호출이 발생할 때 CPU상에서 동작하고 있던 유닉스 프로세스는 커널 코드를 실행한다. 따라서 사용자 프로세스는 동시에 커널 코드를 실행할 수 있다. 유닉스 커널은 자원 교착 예방을 위해 표준 순서로 커널 자원 구조에 대한 락(lock)을 설정함으로써 자원 등급화 방식을 채용한다(8.5.2절 참고). 그러나 이 규칙에 대한 예외가 존재하고 교착상태가 발생할 수 있다. 자원 교착을 예방하기 위해 사용되는 두 가지 방법을 간단하게 살펴보자.

유닉스 커널은 빈번하게 사용되는 디스크 블록에 대한 접근 속도를 높이기 위해 버퍼 캐시(buffer cache)를 사용한다(14.13.1.2절 참고). 버퍼 캐쉬는 메모리 내에 버퍼들의 풀(pool)과, 특정 디스크 블록이 버퍼 내에 존재하는지를 검사하기 위해 해시된(hashed) 데이터 구조로 이루어진다. 버퍼들을 재사용하기 위해서 LRU(least recently used) 순서로 버퍼들의 목록이 유지된다. 즉, 목록의 첫 번째 버퍼는 가장 오래 전에 사용된 버퍼이고, 마지막 버퍼는 가장 최근에 사용된 버퍼이다. 디스크 블록을 접근하는 일반적인 순서는 다음과 같다. 디스크 블록이 버퍼들의 풀 내에 존재한다면 디스크 블록의 위치를 알기 위해 해시된 데이터 구조를 사용하고, 디스크 블록을 담고 있는 버퍼에 락을 수행한다. 그 뒤 버퍼의 LRU 상태를 갱신하기 위해 버퍼 목록에 대해 락을 수행한다. 그러나 만일 프로세스가 단순히 새로운 디스크 블록을 불러오기 위해 버퍼를 얻고자 한다면, 버퍼 목록에 직접 접근하고 당장 쓰고 있지 않은 첫 번째 버퍼를 취한다. 이 동작을 수행하기 위해서 프로세스는 목록에 대한 락을 설정한다. 그 후 목록의 첫 번째 버퍼에 대한 락 설정을 시도한다. 이 락에 정해 놓은 표준 순서와 목록과 버퍼에 대한 락의 순서가 서로 다르기 때문에 교착상태가 가능하다.

유닉스는 이러한 교착상태를 회피하기 위해 혁신적인 방법을 사용한다. 유닉스는 락 설정을 시도하는 특별한 동작을 제공하지만, 만일 락이 이미 설정되어 있다면 실패 조건 코드와 함께 돌아온다. 빈 버퍼를 찾는 프로세스는 빈 버퍼가 있는지를 검사하기 위해 이 동작을 사용한다. 만일 실패 코드가 돌아오면, 단순히 그 다음 버퍼에 대한 락 설정을 시도해서 사용할 수 있는 버퍼를 찾을 때까지 계속한다. 이 방식은 순환 대기를 회피함으로써 교착상태를 피한다.

표준 순서로 락이 설정될 수 없는 또 다른 상황은 링크(link)를 형성하는 파일 시스템 함수에 있다(13.4.2절 참고). 링크 명령어는 파일에 경로 이름과 파일에 대한 링크를 포함하고자 하는 디렉터리를 제공한다. 이 명령어는 파일을 갖고 있는 디렉터리와 링크에 대한 락으로 구현될 수 있다. 그러나 디렉터리에 락을 설정하는 표준 순서는 정의될 수 없다. 결과적으로 동시에 동일한 디렉터리에 대한 락을 시도하는 두 프로세스는 교착상태에 빠질 수 있다. 이러한 교착상태를 회피하기 위해서 파일 시스템 함수는 동시에 양쪽 락을 획득하고자 시도하지 않는다. 우선 한 디렉터리에 락을 설정하고, 원하는 방식으로 디렉터리를 갱신하고, 락을 해제한다. 그 후 다른 디렉터리에 락을 설정하고 갱신한다. 따라서 임의의 순간에 오직 하나의 락만 필요하게 된다. 이러한 방식은 점유하며 대기가 이 프로세스에 만족되지 않기 때문에 교착상태가 예방된다.

8.8.2 윈도우에서의 교착상태 처리(Deadlock Handling in Windows)

윈도우 Vista는 *WCT*(*wait chain traversal*)라고 불리는 특징을 제공하는데, 애플리케이션과 디버거가 교착상태를 탐지하는 데 도움을 준다. 기다림 체인(wait chain)은 스레드에 대해 시작하고 자원 요청과 할당 그래프, 즉 RRAG에서의 경로와 비슷하다. 그래서 스레드는 자신이 기다리고 있는 객체 또는 락을 가리키고, 그 객체 또는 락은 자신을 소유하고 있는 스레드를 가리킨다. 디버거는 애플리케이션의 hang-up 또는 프리즈(freeze)의 원인을 조사할 수 있는데, 임의의 스레드에서 시작하는 체인을 검색하기 위해서 `getthreadwaitchain` 함수에 스레드 id를 가지고 호출함으로써 가능하다. 이 함수는 지정된 스레드에서 시작하는 기다림 체인에서 발견되는 스레드의 id를 포함하는 배열 하나와, 그 기다림 체인에서 발견되는 스레드의 부분 집합 중에 사이클을 형성하는 것이 있는지 여부를 나타내는 참/거짓 값을 돌려준다.

8.9 요약

교착상태는 프로세스 집합이 이벤트를 무한히 기다리는 상황인데, 이벤트는 각각 집합 내 다른 프로세스에 의해서만 발생될 수 있기 때문이다. 교착상태는 사용자 서비스, 성능, 그리고 자원 효율성에 부정적인 영향을 준다. 이 장에서는 교착상태를 처리하는 운영체제 기술들을 논의하였다.

자원 교착상태는 네 가지 조건들이 동시에 성립할 때 발생한다. 자원은 비공유적이라는 조건, 비선점적이라는 조건, 각 프로세스가 다른 프로세스들이 사용 중인 자원을 기다리는 동안 어떤 자원을 소유하는 **점유하며 대기**라고 부르는 조건, 그리고 프로세스들 사이에 존재하는 순환 대기 조건이 그것이다. 운영체제는 할당된 자원에 관계된 정보와 프로세스의 블록된 자원 요청들로 구성된 시스템 **할당 상태**를 분석함으로써 교착상태를 탐지할 수 있다. 한 프로세스가 각 자원 클래스에 대해 한 개 자원 단위 이상 요청할 수 없는 시스템에서, 할당 상태 **그래프 모델**이 사용될 수 있다. RRAG (*resource request and allocation graph*)는 운영체제에서 자원 할당과 계류 중인 자원 요청을 시각적으로 보여주는 반면, WFG (*wait-for graph*)는 프로세스 간 기다림 관계를 시각적으로 보여준다. 양쪽 모델에서 순환 대기 조건은 그래프에서 사이클로 반영된다. **배열 모델**(*matrix model*)은 할당 상태를 배열의 집합으로 표현한다.

프로세스는 자신의 동작을 완료할 때 자신의 자원들을 해제하고, 커널은 그 자원들을 요청한 다른 프로세스에 할당할 수 있다. 할당 상태의 배열 모델이 사용될 때 교착상태를 탐지할 수 있다. 현재 자원 요청이 블록된 모든 프로세스에게 프로세스 완료, 자원 해제, 자원 할당 이벤트를 연속적으로 활용함으로써 요구된 자원 요청이 할당될 수 있는지를 찾으면 된다. 이 교착상태 검사는 높은 오버헤드를 야기하므로 교착상태가 존재하지 않도록 만드는 연구가 수행되어 왔다. **교착상태 예방** 방식에서 자원 할당 정책은 자원 요청에 몇 가지 제약을 부여해서 교착상태에 빠질 수 있는 네 가지 조건들이 동시에 만족될 수 없도록 한다. **교착상태 회피** 방식에서는 자원 할당기가 각 프로세스의 자원들에 대한 최대 필요량을 알고 있다. 할당기는 모든 자원 요청에 대해 모든 프로세스가 자신의 최대 필요량을 만족시키고 그들의 작업을 완료할 수 있는 연속된 절차, 즉 프로세스 완료, 자원 해제, 그리고 자원 할당 이벤트의 연속을 찾을 수 있는지를 검사한다. 오직 이 검사가 만족될 때에만 자원 요청을 승인한다.

할당 상태의 그래프 모델이 사용될 때 교착상태는 그래프에서 경로의 관점으로 특성화될 수 있다. 그러나 이 특성화는 자원 클래스가 다수의 자원 단위를 포함할 수 있을 때 복잡해진다.

편리성과 효율성을 위하여, 운영체제는 서로 다른 자원 종류에 대해 서로 다른 교착상태 처리 정책을 사용할 수도 있다. 대개 운영체제는 커널 자원에 대해서 교착상태 예방 방식을 사용하고, I/O 장치에 대한 교착상태를 피하기 위해서 가상 자원을 생성한다. 그러나 파일과 프로세스 간 메시지와 같은 사용자 자원이 포함된 교착상태는 처리하지 않는다.

여러분의 생각을 평가해 보라.

8.1 다음 각 문장이 참인지 거짓인지 구분하라.

a. 자원 요청과 할당 그래프(RRAG)에서 사이클은 각 자원 클래스가 오직 1개의 자원 단위를 포함할 때에만 교착상태를 위한 필요충분조건이다.

b. 교착상태 해결이라고 하는 것은 미래에 교착상태가 일어나지 않도록 보장하는 것이다.

c. 교착상태 예방의 "모든 자원을 한꺼번에" 정책은 순환 대기 조건이 시스템에서 결코 성립되지 않도록 해주는 것이다.

d. 교착상태 방지의 자원 등급화 정책은 점유하며 대기 조건이 시스템에서 결코 성립할 수 없도록 해주는 것이다.

e. 만일 프로세스들의 집합 D가 교착상태에 있으면, 알고리즘 8.1의 집합 *Blocked*는 그 알고리즘의 실행이 종료될 때 프로세스 몇 개를 포함할 것이다. 그러나 *Blocked*는 프로세스 모두를 포함하지 않을 수도 있다.

f. 만일 프로세스 P_i가 자원 클래스 R_j에 대해 r 개의 자원 단위를 요청하고 R_j에 r 개 이상의 자원이 남아 있다면, 은행원 알고리즘은 P_i에 r 개 자원 단위를 틀림없이 할당할 것이다.

g. 은행원 알고리즘은 미래에 교착상태가 발생하지 않을 것임을 보장하지는 않는다.

h. 운영체제가 은행원 알고리즘에 의해 제어되는 단일 자원 클래스를 갖고 있다. 그 자원 타입의 12개 자원 단위가 현재 프로세스들에 할당되었고, 프로세스 P_i에 2개의 자원 단위가 할당되었다. 만일 P_i가 최대 5개의 자원 단위를 필요로 한다면, 시스템은 적어도 15개의 자원 단위를 가지고 있다.

i. 다중 자원 은행원 알고리즘을 채용하는 운영체제가 4개의 프로세스를 가지고 동작 중이다. 새로운 프로세스 1개가 시스템에 도착한다. 이 프로세스는 초기에 어떤 자원도 할당되지 않았다. 이 시스템의 새로운 할당 상태는 안전한가?

j. 만일 시스템 내의 모든 자원 클래스가 단일 자원 단위를 가진다면, 시스템의 RRAG에서 모든 사이클은 또한 자원 노트을 갖는다.

8.2 운영체제가 하나의 자원 클래스에 대해 n 개 자원 단위를 갖는다. 세 프로세스들이 이 자원 클래스를 사용하고, 이들 각각이 최대 3개의 자원 단위를 필요로 한다. 프로세스들이 자원 클래스의 자원 단위를 요청하는 방법과 순서는 알려져 있지 않다. 시스템의 동작이 교착상태에서 자유롭기 위한 가장 작은 n의 값은 무엇인가?

a. 3, **b.** 7, **c.** 6, **d.** 9

8.3 운영체제가 7개의 테이프 드라이브 할당을 제어하기 위해서 은행원 알고리즘을 사용한다. 세 프로세스 P_1, P_2, P_3의 최대 필요량은 각각 7, 3, 5개의 테이프 드라이브이다. 만일 현재 할당 상태가 다음과 같다면 얼마나 많은 테이프 드라이브가 안전하게 프로세스 P_1에 할당될 수 있을까?

a. 2, 1, 1개의 테이프 드라이브가 프로세스 P_1, P_2, P_3에 각각 할당되었다.

i. 0 **ii.** 1 **iii.** 2 **iv.** 3

b. 1, 2, 1개의 테이프 드라이브가 프로세스 P_1, P_2, P_3에 각각 할당되었다.

i. 0 **ii.** 1 **iii.** 2 **iv.** 3

연습문제

8.1 왜 유한 버퍼 생산자-소비자 시스템(bounded buffer producers-consumers system)에서 교착상태가 일어날 수 없는지를 알기 쉽게 정당화시켜 보라.

8.2 자원 등급화가 교착상태 예방 정책으로 사용될 때, 각 프로세스는 오직 $rank_k > rank_i$인 자원 클래스 R_k에 대해서만 자원 단위를 요청하는 것이

허용되는데, 여기서 R_i는 그 프로세스 자신에게 할당된 자원 단위들의 클래스 모두를 의미한다. 만일 조건이 $rank_k \geq rank_i$로 변경되면 교착상태가 발생할 수 있는지 여부를 설명하라.

8.3 선점적 자원들을 갖고 있는 시스템이 다음의 자원 할당 정책을 사용한다. 어떤 프로세스 P_i가 요청한 자원이 가용하지 않을 때,

a. 프로세스 P_j가 P_i보다 더 젊다면, P_j가 소유한 자원 중 하나를 선점한 후 P_i에 할당된다. P_i가 완료될 때 그 자원은 P_j에 다시 할당된다(프로세스가 나중에 초기화되었다면 더 젊은 것으로 간주한다).

b. 조건 (a)가 만족되지 않으면, P_i는 그 자원에 대해 블록된다.

해제된 자원은 항상 더 오래된 요구자에게 할당된다. 이 시스템에서 교착상태가 발생할 수 없음을 보이라. 또한 기아(starvation)가 일어나지 않음을 보이라.

8.4 그림 8.13의 시스템 할당 상태에 대한 배열 모델을 개발하라. 교착상태에 포함된 프로세스를 찾기 위해 알고리즘 8.1을 적용하라.

8.5 그림 8.13의 시스템이 변경되어 프로세스 P_6이 자원 R_7과 R_1에 대한 다중 요청을 했다고 하자. 교착상태에 포함된 프로세스는 무엇인가? 프로세스 P_1은 중단되고 프로세스 P_3은 자원 R_5에 대한 요청을 한다. 이 시스템은 이제 교착상태에 있는가?

8.6 시스템이 교착상태 탐지와 해결 정책을 사용한다. 하나의 프로세스를 종료하는 비용을 하나의 단위라고 하자. 다음 시스템 각각이 교착상태 해결 비용을 최소화하기 위해서 희생자 프로세스(들)를 인식하는 방법에 대해 논하라. **(a)** SISR 시스템 **(b)** SIMR 시스템 **(c)** MISR 시스템 **(d)** MIMR 시스템

8.7 예제 8.10의 시스템에서 프로세스 P_1, P_2, P_3에 할당된 자원 단위가 각각 6, 1, 2 개 일 때, 자원 할당은 안전한가? 자원 단위 3, 2, 3 개가 할당되면, 할당 상태가 안전하게 되는가?

8.8 다음 요청들은 현 상태에서 은행원 알고리즘에 의해서 승인되는가?

최대 필요 자원

	R_1	R_2
P_1	2	5
P_2	3	2

할당된 자원

	R_1	R_2
P_1	1	3
P_2	2	1

	R_1	R_2
총 할당 자원	3	4
총 자원	4	5

a. 프로세스 P_2가 (1, 0)을 요청

b. 프로세스 P_2가 (0, 1)을 요청

c. 프로세스 P_2가 (1, 1)을 요청

d. 프로세스 P_1이(1, 0)을 요청

e. 프로세스 P_1이 (0, 1)을 요청

8.9 다음의 시스템에서,

최대 필요 자원

	R_1	R_2	R_3
P_1	3	6	8
P_2	4	3	3
P_3	3	4	4

할당된 자원

	R_1	R_2	R_3
P_1	2	2	3
P_2	2	0	3
P_3	1	2	4

	R_1	R_2	R_3
총 할당 자원	5	4	10
총 자원	7	7	10

a. 현재 할당 상태가 안전한가?

b. 다음 요청들이 은행원 알고리즘에 의해 현 상태에서 승인되는가?

i. 프로세스 P_1이 (1, 1, 0)을 요청

ii. 프로세스 P_3이 (0, 1, 0)을 요청

iii. 프로세스 P_2가 (0, 1, 0)을 요청

8.10 세 프로세스 P_1, P_2, P_3이 은행원 알고리즘을 통해 제어되는 자원을 사용한다. 현재 할당 상태에서 2개의 할당되지 않은 자원 단위들이 존재한다. P_1과 P_2가 각각 한 개씩 자원 단위를 요청할 때, 이들은 자신들의 요청에 대해서 블록된다. 그러나 P_3이 2개의 자원 단위를 요청할 때, 이 요구는 바로 승인된다. 왜 그럴 수 있는지 설명하라.

8.11 자원 할당에 대해 은행원 알고리즘을 사용하는 시스템이 자원 클래스 R_1과 R_2에 대해 n_1 개, n_2 개 자원 단위와 세 프로세스 P_1, P_2, P_3을 갖고 있다. 이 시스템에 할당되지 않은 자원들은 (1, 1)이다. 시스템의 동작에 관해서 다음이 관찰되었다.

a. 프로세스 P_1이 (1, 0) 요청을 한 후 (0, 1) 요청을 하면, (1, 0) 요청은 승인되지만 (0, 1) 요청은 승인되지 않는다.

b. 만일 (a)처럼 자원 요청을 하지 않고 프로세스 P_1이 (0, 1) 요청을 한다면, 그 요청은 승인된다. 은행원 알고리즘을 사용해서 판단했을 때, 위의 관찰과 일치할 수 있는 현재 할당들에 대해 가능한 값들과 최대 자원 요구량에 대한 집합을 찾으라.

8.12 은행원 알고리즘이 유한한 실행시간을 가지는 유한한 프로세스의 집합에 적용되었을 때, 각 자원 요청은 결국 승인될 것임을 보이라.

8.13 어떤 특정 운영체제에서 프로세스가 다중 요청을 한다. 이 운영체제는 교착상태 회피를 구현하기 위하여 단일 요청에 대한 은행원 알고리즘을 다음과 같이 사용한다. 어떤 프로세스가 어떤 n 개 자원 클래스에 대한 자원 단위를 요청할 때, 그 요청은 n 개의 단일 요청 집합으로 볼 수 있다. 예를 들어, 다중 요청 (2, 1, 3)은 (2, 0, 0), (0, 1, 0), 그리고 (0, 0, 3) 단일 요청으로 볼 수 있다. 이 다중 요청은 오직 각 단일 요청이 시스템의 현재 할당 상태에서 승인될 수 있을 때에만 승인된다. 이 방식이 교착상태 회피를 위해 타당한가? 당신의 대답이 옳다는 근거를 보이거나, 혹은 어디서 이 방식이 실패하는지를 보임으로써 당신의 대답을 정당화하라.

8.14 단일 자원 시스템은 자원 클래스 R_s에 대해 $Total\_resources_s$ 자원 단위를 갖는다. 만일 이 시스템이 n 개 프로세스를 포함할 때, 다음 조건 중 하나라도 만족되면 교착상태에 있음을 보이라. 표기법은 알고리즘 8.2를 참고하라.

a. 모든 i에 대해 $Max\_need_{i,s} \le Total\_resources_s/n$

b. $\Sigma_i Max\_need_{i,s} \le Total\_resources_s$

c. $\Sigma_i Max\_need_{i,s} \le Total\_resources_s + n - 1$, 그리고 모든 i에 대해 $1 \le Max\_need_{i,s} \le Total\_resources_s$

8.15 자원 클래스 R_s에 대해 $Total\_resources_s$ 자원 단위를 갖는 단일 자원 시스템에서, 집합 PA는 다음과 같이 정의된다.

$PA = \{P_i \mid P_i$는 몇 개의 자원이 할당되었지만 모든 자원 요구가 만족되지는 않았다.$\}$

다음 문장 중 어느 것이 참인가? 알고리즘 8.2에 사용된 표기법을 참고하라. 대답을 정당화하라.

a. "PA에서 프로세스들은 만일 $\Sigma_i Max_need_{i,s} > Total_resources_s$이면 반드시 교착상태에 있을 것이다."

b. "PA에서 프로세스들은 어떤 정수 k가 존재해서 오직 $num_proc(k) > Total_resources_s/k$인 경우에만 교착상태에 있을 수 있다. 여기서 $num_proc(k)$는 자원 클래스 R_s에 대한 자원 단위의 최대 수가 k를 초과하는 PA에서 프로세스들의 수이다."

8.16 은행원 알고리즘에 따라 자원 요청을 허용한 후 시스템의 새로운 할당 상태가 안전한 할당이 아니라고 가정하자.

a. 이 경우 미래에 반드시 교착상태가 발생할 것을 의미하는가?

b. 이 시스템이 안전 할당 상태로 변환될 수 있는가? 만일 그렇다면 그러한 변환을 보여주는 예를 보이라.

8.17 RRAG에서 자원 노트가 존재함이 SISR, MISR, SIMR, 그리고 MIMR 시스템에서 교착상태에 대한 필요충분조건임을 보이라.

8.18 WFG는 자원 클래스가 다중 자원 단위를 가지고, 프로세스가 다중 자원 요청을 할 수 있는 시스템의 할당 상태를 표현하는 데 사용된다. WFG를 사용해서 교착상태 특성화를 개발해 보라. [힌트: WFG에서 한 노드는 두 조건하에서 1개 이상의 바깥 간선을 갖는다. 프로세스가 MI(multiple instance) 자원 클래스의 자원 단위를 요청할 때와 다중 요청(MR)을 할 때이다. 이들은 각각 OR 바깥 간선과 AND 바깥 간선이라고 불린다. 이 바깥 간선들의 종류를 구분하기 위해서, 그림 8.14(b)에 보인 바와 같이 프로세스의 AND 바깥 간선들은 직선으로 합류시킨다. 그림 8.14(b)가 그림 8.11의 RRAG에 대한 바깥 간선을 보여주는 반면, 그림 8.14(a)는 그림 8.10의 RRAG에 대한 바깥 간선을 보여준다. 이 간선들은 교착상태 탐지에 대한 서로 다른 함축적 의미를 갖는다!]

8.19 어떤 운영체제가 교착상태 상황을 다루기 위해 간단한 정책을 사용한다. 운영체제가 교착상태에 있

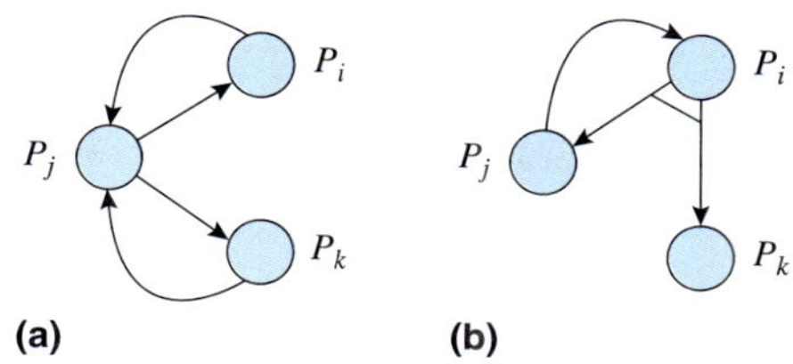

그림 8.14 다중 바깥 간선을 갖는 WFG들 (a) OR 간선 (b) AND 간선

는 프로세스들의 집합을 찾으면 그들 모두를 종료시킨 후 즉시 재시작시킨다. 교착상태가 다시 발생하지 않기 위한 조건은 무엇인가?

8.20 어떤 운영체제가 단일 디스크를 가지고 있다. 운영체제는 그 디스크를 (a) 사용자 파일을 생성하고 (b) 모든 프로세스에 대해 가상 프린터를 생성하기 위해서 사용한다. 요청에 기반하여 디스크 공간이 이 양쪽 모두의 사용에 할당된다. 만일 프로세스의 디스크 공간 요구가 허용될 수 없으면 그 프로세스는 블록된다. 가상 프린터로 향한 프린트 요청들은 프로세스가 (프린트 사용을) 끝낸 후에 실제 프린터로 보내진다. 이 시스템에 교착상태 가능성이 있는가? 만일 그렇다면 어떤 조건하에서 그런가? 교착상태 문제에 대한 해결책을 제시하라.

8.21 유령 교착상태(*phantom deadlock*)는 교착상태 처리 알고리즘이 교착상태를 선언하지만 실제로 교착상태가 존재하지는 않는 상황이다. 만일 프로세스에 그들의 자원 요청 철회가 허용된다면, 알고리즘 8.1은 유령 교착상태를 탐지할 수 있음을 보이라. 유령 교착상태 탐지는 예방될 수 있는가?

8.22 어떤 도로가 철도 레일들의 집합을 가로지른다. 기차가 지나갈 때 도로 교통을 멈추기 위해서 각 교차점에 문을 건설하였다. 철도 트래픽은 만일 차가 철길을 가로막는다면 정지된다. 도로에는 자동차들의 양방향 트래픽이 허용되고, 철길에는 양방향 철도 트래픽이 허용된다.

a. 도로-철길 트래픽에서 교착상태가 발생할 수 있는지 말해 보라. 만일 철도와 기차 트래픽 둘 다 일방통행이 된다면 교착상태가 일어나지 않는가?

b. 도로-철길 트래픽에서 교착상태를 회피하는 간단한 규칙들의 집합을 설계하라.

8.23 6.7.3절에 나온 식사하는 철학자들 문제에 대해 다음과 같이 교착상태 예방 방식이 제안되었다. 식사 테이블의 좌석들은 1에서 n까지 번호를 붙인다. 포크들 또한 1에서 n까지 번호를 붙여서, 좌석 i 번에 대한 왼쪽 포크가 포크 번호 i가 되도록 한다. 철학자들은 다음의 규칙을 따르도록 요구된다. 철학자는 우선 낮은 번호 포크를 먼저 집어야만 한다. 그리고 난 후 높은 번호 포크를 집는다. 이 시스템에서 교착상태가 발생할 수 없음을 보이라.

8.24 프로세스들의 집합 D가 교착상태에 있다. 다음이 관찰되었다.

a. 만일 어떤 프로세스 $P_j \in D$가 종료된다면, 프로세스들의 집합 $D \subset D$는 여전히 교착상태에 있다.

b. 만일 프로세스 $P_i \in D$가 종료된다면, 시스템에 교착상태는 없어진다.

이 차이점이 발생할 수 있는 몇 가지 가능한 이유를 말하고, 예를 들어 설명하라. [힌트: 식 (8.4)와 (8.5)를 참고하라.]

8.25 알고리즘 8.1이 프로세스들의 집합 D가 교착상태에 있음을 판단한 이후에, D에 속한 프로세스 중 하나가 종료되었다. 이 새로운 상태에 교착상태가 존재하는지 여부를 판단하는 가장 효율적인 방법은 무엇인가?

참고문헌

Dijkstra(1965), Havender(1968), 그리고 Habermann (1969)은 교착상태 처리에 대한 초기 연구이다. Dijkstra (1965)와 Habermann(1969)은 은행원 알고리즘를 논의한다. Coffman 등(1971)은 다중 자원 단위들을 포함하는 시스템에 대한 교착상태 탐지 알고리즘을 논의한다. Holt (1972)는 교착상태에 대한 그래프 이론적인 특성화를 제공한다. Isloor와 Marsland(1980)는 이 주제에 대한 좋은 서베이 논문이다. Zobel(1983)은 광범위한 참고문헌이다. Howard(1973)는 8.8절에서 설명한 실용적인 교착상태 처리 방법을 논의한다. Tay와 Loke(1995)와 Levine (2003)은 교착상태의 특성화를 논의한다.

Bach(1986)는 유닉스에서 교착상태 처리를 설명한다.

1. Bach, M. J. (1986): *The Design of the Unix Operating System*, Prentice Hall, Englewood Cliffs, N. J.
2. Coffman, E. G., M. S. Elphick, and A. Shoshani (1971): "System deadlocks," *Computing Surveys*, **3** (2), 67–78.
3. Dijkstra, E. W. (1965) : "Cooperating sequential processes," Technical report EWD–123, Technlogical University, Eindhoven.
4. Habermann, A. N. (1969): "Prevention of System deadlocks," *Communications of the ACM*, **12** (7), 373–377.
5. Habermann, A. N. (1973): "A new approach to avoidance of system deadlocks," in *Lecture notes in Computer Science*, Vol. 16, Springer-Verlag.
6. Havender, J. W. (1968): "Avoiding deadlock in multitasking systems," *IBM Systems Journal*, **7** (2), 74–84.
7. Holt, R. C. (1972): "Some deadlock properties of computer systems," *Computing Surveys*, **4** (3), 179–196.
8. Howard, J. H. (1973): "Mixed solutions to the deadlock problem," *Communications of the ACM*, **6** (3), 427–430.
9. Isloor, S. S., and T. A. Marsland (1980): "The deadlock problem—an overview," *Computer*, **13** (9), 58–70.
10. Levine, G. (2003): "Defining deadlock," *Operating Systems Review*, **37**, 1.
11. Rypka, D. J., and A. P. Lucido (1979): "Deadlock detection and avoidance for shared logical resources," *IEEE Transactions on Software Engineering*, **5** (5), 465–471.
12. Tay, Y. C., andW. T. Loke (1995): "On Deadlocks of exclusive AND-requests for resources," *Distributed Computing*, Springer Verlag, **9**, 2, 77–94.
13. Zobel, D. (1983): "The deadlock problem—a classifying bibliography," *Operating Systems Review*, **17** (4), 6–15.

Chapter 9

메시지 전달
Message Passing

메시지 전달은 프로세스 간 정보 교환이 중요한 역할을 하는 다양한 상황에 적합하다. 중요한 사용법 중 하나는 클라이언트-서버(*clint-server*) 패러다임에 있다. 서버 프로세스는 어떤 서비스를 제공하고, 클라이언트라 불리는 다른 프로세스는 그 서비스를 사용하기 위해서 메시지를 서버 프로세스에게 보낸다. 이 패러다임은 널리 사용된다. 마이크로커널 기반 운영체제는 스케줄링과 같은 기능을 서버 형태로 구조화한다. 전통적인 운영체제는 서버들을 통해서 프린팅과 같은 다양한 서비스를 제공한다. 인터넷에서는 웹 서버들이 다양한 서비스를 제공한다. 또 다른 메시지 전달의 중요한 사용법은 상위 수준 프로토콜에서 이메일의 교환과 병렬로 실행되는 태스크(task) 혹은 분산 프로그램 간의 통신이다. 여기서 프로토콜의 많은 부분이 신뢰성을 보장하기 위한 것인 반면, 메시지 전달은 정보 교환에 사용된다.

메시지 전달에 있어 중요한 이슈는 메시지를 주고받는 프로세스들이 어떻게 서로를 인식하는지와 어떻게 커널이 메시지 전달에 관계된 다양한 행위를 수행하는지, 즉 커널이 어떻게 메시지를 저장하고 전달하는지와 그 메시지가 전달될 때까지 그 메시지를 보내는 프로세스를 블로킹하는지 등이다. 이러한 특징들은 운영체제마다 다르다.

우리는 운영체제에서 채택되는 서로 다른 메시지 전달 방식을 설명하고, 사용자 프로세스와 커널에 대해 메시지 전달 방식의 중요성을 논의한다. 또한 유닉스와 윈도우 운영체제에서의 메시지 전달에 대해 설명한다.

9.1 메시지 전달 개요(OVERVIEW OF MESSAGE PASSING)

5.2.5절에서 프로세스가 상호작용하는 네 가지 방식인 데이터 공유(*data sharing*), 메시

지 전달(*message passing*), **동기화**(*synchronization*), 그리고 **시그널**(*signal*)을 요약하였다(표 5.7 참고). 이들 중 데이터 공유와 동기화는 6장에서 다루었고, 시그널은 5장에서 다루었다. 데이터 공유는 상호 배제 방식으로 공유 데이터의 값에 접근하는 방식을 제공한다. 프로세스 동기화는 다른 프로세스들이 어떤 특정 행위를 수행할 때까지 한 프로세스를 블로킹함으로써 수행된다. 메시지 전달에 필요한 기능들은 데이터 공유와 동기화의 기능들과 다소 겹친다. 그러나 프로세스 상호작용의 각 형태는 그 자신의 틈새 애플리케이션 영역을 갖는다. 우리는 메시지 전달의 개요를 살펴본 뒤 이러한 측면에 대해 논의한다.

그림 9.1은 메시지 전달의 한 예를 보여준다. 프로세스 P_i는 프로세스 P_j에게 명령문 `send`(P_j, <*message*>)를 실행함으로써 메시지를 보낸다. 명령문 `send`의 컴파일된 코드는 라이브러리 모듈 `send`를 호출한다. `send`는 P_j와 그 메시지를 인자(parameters)로 사용하여 시스템 호출 *send*를 만든다. `msg_area`가 P_j의 주소 공간 내 한 영역일 때, 명령문 `receive`(P_i, `msg_area`)의 실행은 시스템 호출 *receive*를 발생시킨다.

메시지 전달의 의미는 다음과 같다. P_i가 호출한 *send*에 대해, 커널은 프로세스 P_j가 프로세스 P_i로부터 메시지 수신을 하기 위해 *receive* 호출을 하고 블록되어 있는지를 검사한다. 만일 그렇다면, 그 메시지를 `msg_area`로 복사하고 P_j를 활성화시킨다. 만일 프로세스 P_j가 아직 *receive* 호출을 하지 않았다면, P_j가 마침내 *receive* 호출을 할 때 그 메시지를 P_j에게 전달하도록 처리한다. 프로세스 P_j는 그 메시지를 받을 때, 그 메시지를 해석하고 적절한 행동을 취한다.

메시지들은 동일한 컴퓨터상에 존재하는 프로세스 간에, 혹은 네트워크로 연결된 서로 다른 컴퓨터들 사이에 전달될 수 있다. 또한 메시지 전달에 참여하는 프로세스들은 특정 메시지가 무엇을 의미하는지와, 수신 프로세스가 그 메시지를 받았을 때 무엇을 수행하는지를 판단할 수 있다. 이러한 유연함 때문에 메시지 전달이 다음의 애플리케이션에 사용된다.

- 메시지 전달은 **클라이언트-서버** 패러다임에서 사용된다. 이 패러다임은 마이크로커널 기반 운영체제의 요소들과 프로세스 간 통신에 사용되는데, 프로세스에 프린트 서비스를 제공하거나 다른 컴퓨터에 위치한 클라이언트 프로세스에 웹 기반 서비스를 제공하기 위한 것이다.

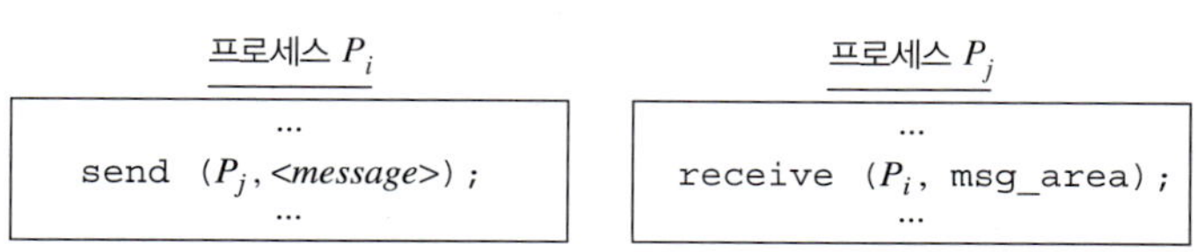

그림 9.1 메시지 전달

```
begin
  Parbegin
    var buffer : . . . ;                var message_area : . . . ;
    repeat                              repeat
        { Produce in buffer }               receive (Pi, message_area);
        send (Pj, buffer);                  { Consume from message_area }
        { Remainder of the cycle }          { Remainder of the cycle }
    forever;                            forever;
  Parend;
  end.
              Process Pi                        Process Pj
```

그림 9.2 메시지 전달을 사용한 생산자-소비자 해결책

- 메시지 전달은 컴퓨터 간 통신 혹은 이메일 기능을 제공하기 위해서 사용되는 상위 수준 프로토콜의 백본(backbone)으로 사용된다.
- 메시지 전달은 병렬 혹은 분산 프로그램에서 태스크(task) 간 통신을 구현하는 데 사용된다.

원리로 볼 때, 메시지 전달은 공유 변수를 사용함으로써 구현될 수 있다. 예를 들면, 그림 9.1에서 `msg_area`는 하나의 공유 변수일 수 있다. P_i는 그 변수에 값 혹은 메시지를 저장할 수 있고, P_j는 그 변수로부터 그것을 모을 수 있다. 그러나 이 방식은 프로세스들이 정확한 크기를 갖는 공유 변수를 생성하고, 그 이름을 공유해야만 하기 때문에 번거롭다. 또한 송신 프로세스가 공유 변수에 저장한 이후에만 수신 프로세스가 그 변수 내의 메시지에 접근하도록 해주어야 하므로 생산자-소비자 문제(6.7.1절 참고)와 유사한 동기화를 사용해야만 한다. 메시지 전달은 이 상황에서 훨씬 더 간단하다. 또한 메시지 전달은 공유 변수 방식이 타당하지 않은 분산 시스템 환경에서 사용될 수 있기 때문에 훨씬 일반적이다.

그림 9.2에 보인 바와 같이 단일 버퍼, 단일 생산자 프로세스, 단일 소비자 프로세스로 구성된 생산자-소비자 문제는 메시지 전달로 구현될 수 있다. 이 해결책은 어떤 공유 변수도 사용하지 않는다. 대신 생산자 프로세스인 P_i는 버퍼라고 불리는 변수를 갖고 있고, 소비자 프로세스인 P_j는 *message_area*라고 불리는 변수를 갖고 있다. 생산자 프로세스는 버퍼에 생성하고, 그 버퍼의 내용을 메시지 안에 넣어 소비자에게 보낸다. 소비자는 *message_area*에 그 메시지를 수신하고, 거기에서 그 메시지를 소모한다. *send* 시스템 호출은 그 메시지가 소비자 프로세스에게 전달될 때까지 생산자 프로세스를 블록시키고, *receive* 시스템 호출은 소비자 프로세스에게 메시지가 도착할 때까지 소비자 프로세스를 블록시킨다.

그림 9.2의 생산자-소비자 해결책은 6장의 해결책보다 훨씬 더 간단하다. 그러나 이것은 단일 생산자와 단일 소비자 프로세스를 허용하기 때문에 더 제한적이다. 일반적

인 경우 생산자와 소비자를 포함하는 시스템을 구현하기 위해서는 6장에서 논의된 프로세스 동기화 수단을 사용하는 것이 효과적이다.

메시지 전달에 있어서의 이슈들 메시지 전달에 있어 중요한 두 가지 이슈는 다음과 같다.

- **프로세스 명명**(*naming*): 수신자와 송신자 프로세스들의 이름이 명시적으로 `send`와 `receive` 명령문에 기술되는지, 혹은 그들의 신원 인식이 어떤 다른 방식으로 커널에서 유추되는지 여부
- **메시지 전달**(*delivery*): 송신자 프로세스가 보낸 메시지가 전달될 때까지 송신자 프로세스가 블록되어야 하는지, 어떤 순서로 메시지가 수신자 프로세스에 전달되어야 하는지, 그리고 예외 상황을 어떻게 처리해야 하는지를 고려

이러한 이슈들은 구현 방법과 메시지 전달의 일반성에 영향을 준다. 예들 들면, 만일 송신자 프로세스가 수신자 프로세스의 신원을 알아야 한다면 메시지 전달의 범위는 같은 애플리케이션 안에 있는 프로세스들로 제한될 것이다. 이 요구에 대한 완화는 서로 다른 애플리케이션에 속한 프로세스들과 서로 다른 컴퓨터에서 동작하는 프로세스들에게 메시지를 전달하도록 해줄 것이다. 이와 비슷하게 FCFS 메시지 전달을 제공하는 것은 다소 제한적일 수도 있다. 프로세스들은 어떤 다른 순서로 메시지를 받기 원할 수도 있다.

9.1.1 직접 명명과 간접 명명(Direct and Indirect Naming)

직접 명명(*direct naming*)에서 송신자와 수신자 프로세스는 서로 상대방의 이름을 말한다. 예들 들면, `send`와 `receive` 명령문은 다음의 문법을 가질 수 있다.

`send`(<*destination_process*>, <*message_length*>, <*message_address*>);
`receive`(<*source_process*>, <*message_area*>);

여기서 <*destination_process*>와 <*source_process*>는 프로세스 이름이다(대개 이들은 커널에 의해 할당되는 프로세스 id이다). <*message_address*>는 송신자 프로세스 주소 공간에 있는 메모리 영역의 주소이며, 그 주소에는 송신될 메시지의 원문이 있다. <*message_area*>는 그 메시지가 전달될 수신자 프로세스 공간 내의 메모리 영역이다. 그림 9.2의 프로세스들은 직접 명명을 사용하였다.

직접 명명은 두 방식으로 사용될 수 있다. **대칭 명명**(*symmetric naming*)에서는 송신자와 수신자 프로세스 양쪽이 서로의 이름을 기술한다. 그래서 각 프로세스는 어느 프로세스가 메시지를 받을지 판단할 수 있다. 그러나 각 프로세스는 메시지를 받을 모든 프로세스의 이름을 알아야만 한다. 이런 방식은 서로 다른 애플리케이션에 속한 프로세스들이 서로 통신하기를 원하거나, 서버가 클라이언트들의 집합 중 하나로부터 요

청 메시지를 받고자 하는 경우 (구현하기) 어렵다. **비대칭 명명**(*asymmetric naming*)에서는 수신자가 어느 프로세스로부터 메시지를 받고자 하는지를 명명하지 않고, 커널은 임의의 프로세스를 통하여 전달된 메시지를 수신자 프로세스에게 전달한다.

간접 명명(*indirect naming*)에서는 프로세스들이 `send`와 `receive` 명령문에 서로의 이름을 언급하지 않는다. 간접 명명은 9.3절에서 논의한다.

9.1.2 블로킹과 비블로킹 send(Blocking and Nonblocking Sends)

블로킹 *send*는 전송될 메시지가 목적지 프로세스에게 전달될 때까지 송신자 프로세스를 블록시킨다. 이 메시지 전달 방식은 **동기적 메시지 전달**(*synchronous message passing*)이라고 불린다. 비블로킹 *send* 호출은 그 메시지가 즉시 전달되는지 여부에 관계없이 *send* 호출을 수행한 이후에 송신자 프로세스 자신의 동작을 계속하는 것이 허용된다. 이러한 메시지 전달을 **비동기적 메시지 전달**(*asynchronous message passing*)이라고 부른다. 두 경우 모두 *receive* 명령은 일반적으로 블로킹된다.

동기적 메시지 전달은 사용자 프로세스에 좋은 특성을 제공하고 커널의 동작을 단순화시킨다. 송신자 프로세스는 전달한 메시지가 자신의 동작을 계속하기 이전에 수신측에 도달되었다는 것을 보장할 수 있다. 이 특성은 병렬(concurrent) 프로세스 설계를 단순화시킨다. 커널은 목적지 프로세스가 메시지를 수신하기 위해 이미 *receive* 호출을 했다면, 그 메시지를 즉시 전달한다. 그렇지 않으면 목적지 프로세스가 *receive* 호출을 할 때까지 송신자 프로세스를 블록시킨다. 커널은 그 메시지가 전달될 때까지 단순히 송신자 메모리 공간에 그 메시지를 남겨둔다. 그러나 *send*를 블로킹하는 것은 한 가지 단점이 있다. 어떤 상황에 있어, 예를 들어 부하가 매우 심한 프린트 서버와 통신할 때 송신자 프로세스를 불필요하게 지연시킬 수도 있다.

비동기적 메시지 전달은 송신자 프로세스가 자신의 동작을 계속할 수 있게 함으로써 송신자와 수신자 프로세스 사이의 병렬성을 증가시켜 준다. 그러나 이 방식은 또한 동기화 문제를 야기한다. 왜냐하면 송신자는 그 메시지가 전달될 때까지 메시지 텍스트를 담고 있는 메모리 공간의 내용을 변경하면 안 되기 때문이다. 이 문제를 해결하기 위해서 커널은 프로세스가 *send* 호출을 할 때 시스템 영역 내에 1개의 버퍼를 할당해서 그 버퍼에 메시지를 복사하는 **메시지 버퍼링**(*message buffering*)을 수행한다. 이 방식에서 송신자 프로세스는 메시지의 텍스트가 담긴 메모리 영역에 접근하는 것이 자유롭다. 그러나 이 방식은 많은 메시지들이 전달되기를 기다릴 때, 버퍼에 대해 상당량의 메모리가 투입되게 만든다. 또한 한 메시지가 두 번, 즉 *send* 호출이 만들어질 때 시스템 버퍼에 한 번과 나중의 메시지 전달 시점에 수신자의 메모리 영역에 또 한 번 복사되어야 하기 때문에 CPU 시간을 소모한다.

9.1.3 메시지 전달에 있어 예외 조건들(Exceptional Conditions in Message Passing)

예외 조건의 처리가 가능하게 하기 위해 *send*와 *receive* 호출은 2개의 추가적인 인자를 가진다. 첫 번째 인자는 프로세스가 예외 조건들이 어떻게 처리되기를 원하는지를 나타내는 지시자(*flag*)의 집합이다. 이 인자를 플래그라고 부르기로 한다. 두 번째 인자는 커널이 *send* 혹은 *receive* 호출의 결과를 설명하는 조건 코드를 제공할 메모리 영역의 주소이다. 이것을 *status_area*라고 부르기로 한다.

프로세스가 *send* 혹은 *receive* 호출을 수행할 때 커널은 *status_area*에 조건 코드를 넣는다. 커널은 어떤 예외 조건을 처리해야 할지 판단하기 위해 플래그를 검사하고 필요한 행동을 취한다. 그 후 제어권을 프로세스에게 돌려준다. 프로세스는 커널이 제공한 조건 코드를 검사하고 자신이 처리하고자 했던 모든 예외 처리 조건들을 처리한다.

몇몇 예외 처리 조건과 그들에 대한 처리는 다음과 같다.

1. *send* 호출에 언급된 목적지 프로세스가 존재하지 않는다.
2. 대칭 명명에서 *receive* 호출에 언급된 소스(source) 프로세스가 존재하지 않는다.
3. 커널이 버퍼 메모리를 모두 소모했기 때문에 *send* 호출이 처리될 수 없다.
4. *receive* 호출을 수행할 때 프로세스에 대한 어떠한 메시지도 존재하지 않는다.
5. 어떤 프로세스가 *receive* 호출에 대해 블록될 때, 어떤 프로세스들의 집합이 교착상태에 빠져 있다.

1과 2의 경우 커널은 *send* 혹은 *receive* 호출을 수행한 프로세스를 종료시키고, 그 종료 코드가 예외 조건을 설명하도록 설정할 수 있다. 3의 경우 임의의 버퍼 공간이 가용할 때까지 송신자 프로세스가 블록될 수 있다. 4의 경우는, 만일 *receive* 호출이 블록되고 있다면(이것이 일반적이다) 실제로는 예외 상황이 아니다. 그러나 이 상황은 예외 상황으로 간주되어, 만일 수신자 프로세스가 원한다면 자신이 그 조건을 처리할 기회를 갖도록 할 수 있다. 각 프로세스는 어떤 메시지가 도착할 때까지 커널이 자신을 블록시키는 표준 행동을 선호할 수도 있다. 혹은 자신의 선택에 의해 (메시지를) 포기하기 이전에 특정 시간 동안 기다리는 것을 선호할 수도 있다.

추가적인 심각한 예외 상황은 운영체제 정책의 영역에 속한다. 5의 경우에 해당하는 교착상태 상황이 한 예이다. 대부분의 운영체제는 이 특정 예외 상황에 대한 교착상태 탐지의 오버헤드 때문이 이 예외 상황을 처리하지 않는다. *receive* 호출에 대해 오랜 시간 기다리는 프로세스와 같은 처리하기 어려운 상황들 또한 운영체제 정책의 영역에 속한다.

9.2 메시지 전달 구현(IMPLEMENTING MESSAGE PASSING)

9.2.1 프로세스 간 메시지 버퍼링(Buffering of Interprocess Messages)

프로세스 P_i가 비블록킹 *send*를 사용하여 어떤 프로세스 P_j에게 메시지를 보낼 때, 커널은 IMCB(*interprocess message control block*)이라 불리는 프로세스 간 메시지 제어 블록을 만들어 그 메시지를 전달하는 데 필요한 모든 정보를 저장한다(그림 9.3 참고). 이 제어 블록은 송신자와 목적지 프로세스의 이름, 메시지 길이, 그리고 메시지 텍스트를 담고 있다. 제어 블록은 커널 영역 내에 있는 버퍼에 할당된다. 프로세스 P_j가 *receive* 호출을 할 때, 커널은 적절한 IMCB로부터 P_j가 제공하는 메시지 영역에 메시지를 복사한다.

IMCB의 포인터 영역은 메시지 전달을 단순화하기 위해 IMCB 목록들을 형성하는 데 사용된다. 그림 9.4는 *send*를 블록하고 FCFS 메시지 전달이 사용될 때 IMCB 목록의 구조를 보여준다. 대칭 명명에서 하나의 별도의 목록이 서로 통신하는 프로세스들의 모든 짝(pair)에게 사용된다. 프로세스 P_i가 프로세스 P_j로부터 메시지를 받는 데 *receive* 호출을 사용할 때, P_i–P_j 짝에 대한 IMCB 목록은 이 메시지를 전달하는 데 사용된다. 비대칭 명명의 경우 하나의 IMCB 목록이 수신자 프로세스당 하나씩 유지된다.

그림 9.3 프로세스 간 메시지 제어 블록(IMCB)

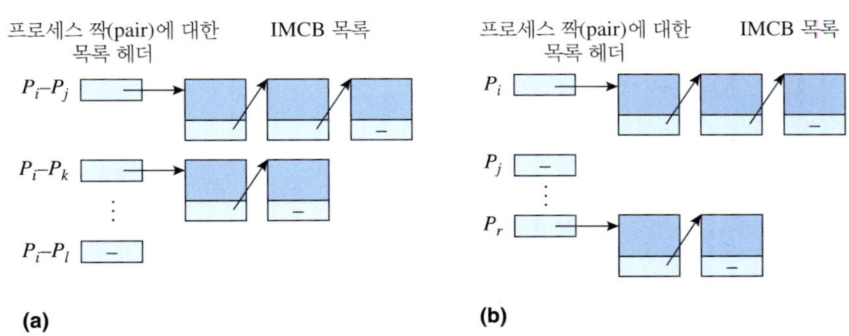

그림 9.4 블로킹 *send*에 대한 IMCB 목록들 (a) 대칭 명명의 경우 (b) 비대칭 명명의 경우

어떤 프로세스가 *receive*를 수행할 때, 그것의 첫 번째 IMCB가 메시지를 수신하게 된다.

만일 블로킹 *send*가 사용된다면, 임의의 시점에 한 프로세스로부터 기껏해야 1개의 메시지가 전달되지 않을 수 있다. 그 프로세스는 메시지가 전달될 때까지 블록된다. 따라서 메시지를 IMCB에 복사하는 것은 불필요하다. 커널은 송신자의 메모리 영역 내 메시지 텍스트 주소를 간단히 알려줄 수 있고, 메시지를 전달하는 동안 이 정보를 사용한다. 이 방식은 메시지에 대해 한 번의 복사 동작을 절약한다. 그러나 메시지가 전달되기 이전에 송신자가 스와핑(swapping)된다면 문제가 된다. 그래서 IMCB 사용이 선호될 수 있다. *send*가 비블로킹일 때는 블로킹일 때보다 적은 수의 IMCB가 필요하게 되는데, 임의의 시점에 각 프로세스에 대해 기껏해야 1개의 메시지가 IMCB에 있을 수 있기 때문이다.

만일 비블로킹 send가 사용된다면 커널은 프로세스 간 메시지를 위해 상당한 양의 메모리를 예약해 놓아야만 할 수도 있다. 이러한 경우에 디스크에 메시지 텍스트들을 저장할 수도 있다. 메시지를 저장하는 경우 IMCB는 메시지 텍스트 자체보다는 디스크 블록의 주소를 저장하게 된다.

9.2.2 프로세스 간 메시지 전달(Delivery of Interprocess Messages)

프로세스 P_i가 P_j에게 메시지를 전송할 때, 만일 P_j가 P_i 또는 임의의 프로세스로부터 메시지 수신을 위해 *receive* 호출로 현재 블록되어 있다면 커널은 메시지를 P_j에게 즉시 전달한다. 메시지를 전달한 이후에 커널은 P_j의 상태를 준비(*ready*) 상태로 변경해야 한다. 만일 프로세스 P_j가 아직 *receive* 호출을 수행하지 않았다면, 커널은 나중에 P_j가 *receive* 호출을 수행할 때 메시지가 전달되도록 주선해야 한다. 따라서 메시지 전달 행위는 *send*와 *receive* 호출 양쪽에서 일어난다.

5.2.4절을 상기하면, 커널은 예견된 이벤트가 일어날 때 수행될 수 있는 행동을 알려주기 위해서 ECB(*event control block*), 즉 이벤트 제어 블록을 사용한다. ECB는 3개의 필드를 갖고 있다.

- 예견된 이벤트의 기술
- 이벤트를 기다리는 프로세스의 id
- ECB 목록들을 구성하는 ECB 포인터

그림 9.5는 대칭 명명과 *send*가 블록될 때 메시지 전달을 구현하는 ECB의 사용을 보여준다. P_i가 *send* 호출을 할 때 커널은 P_i의 *send* 호출에 대한 ECB가 존재하는지, 즉 P_j가 *receive* 호출을 해서 P_i가 메시지를 전송하기를 기다리고 있는지를 검사한다. 만일 이런 경우가 아니라면 커널은 미래에 *receive* 호출이 발생할 것임을 알게 된다. 그래서 "P_j에 의한 P_i로부터로 수신"이라는 이벤트에 대한 1개의 ECB를 생성하고, P_i를

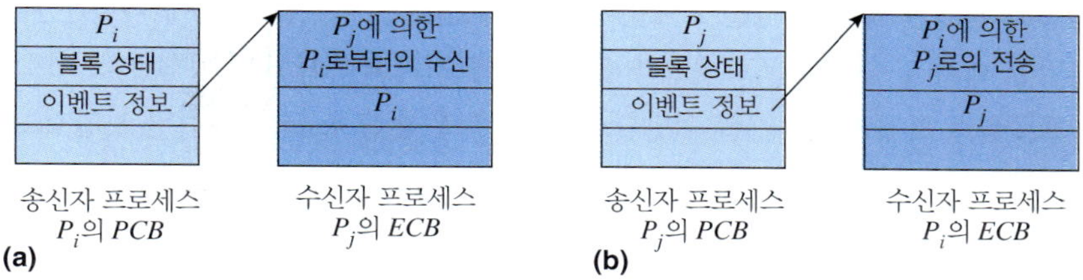

그림 9.5 대칭 명명과 블로킹 *send*를 구현하기 위한 ECB들 (a) *send*의 경우 (b) *receive*의 경우

이 이벤트에 의해 영향받는 프로세스로 기술한다. 프로세스 P_i는 블록(*blocked*) 상태에 놓이고, ECB의 주소는 자신의 PCB 이벤트 정보 필드에 들어간다[그림 9.5(a) 참고]. 그림 9.5(b)는 프로세스 P_i가 *send* 호출을 하기 전에 프로세스 P_j가 *receive* 호출을 하는 경우를 보여준다. "P_i에 의한 P_j로의 전송"인 이벤트에 대해 1개의 ECB가 생성된다. P_j의 id는 P_j의 상태가 *send* 이벤트가 발생할 때 영향받는다는 것을 나타내기 위해서 ECB에 넣는다.

그림 9.6은 대칭 명명과 블로킹 *send*를 사용할 때, 메시지 전달을 구현하기 위한 커

P_i에 의한 P_j로의 전송에 대해

단계	설명
S_1	1개의 *IMCB*를 생성하고 그 필드를 초기화한다.
S_2	**만일** 'P_i에 의한 P_j로의 전송' 이벤트에 대한 *ECB*가 존재다면
S_3	**그러면**
	(*a*) 그 메시지를 P_j로 전달한다.
	(*b*) P_j를 활성화시킨다.
	(*c*) 그 *ECB*와 *IMCB*를 없앤다.
	(*d*) P_i로 리턴한다.
S_4	**그렇지 않으면**
	(*a*) 'P_j에 의한 P_i로부터로 수신' 이벤트에 대한 1개의 *ECB*를 생성하고, 그 이벤트를 기다리는 프로세스로서 P_i의 id를 넣는다.
	(*b*) P_i의 상태를 블록 상태로 변환하고, *ECB* 주소를 P_i의 *PCB*에 넣는다.
	(*c*) *IMCB*를 P_j의 *IMCB* 목록에 추가한다.

P_j에 의한 P_i로부터로 수신에 대해

단계	설명
R_1	**만일** 'P_j에 의한 P_i로부터로 수신' 이벤트에 대해 매칭되는 *ECB*가 존재한다면
R_2	**그러면**
	(*a*) P_j의 목록 내 적절한 *IMCB*로부터 그 메시지를 전달한다.
	(*b*) P_i를 활성화시킨다.
	(*c*) *ECB*와 *IMCB*를 제거한다.
	(*d*) P_j로 리턴한다.
R_3	**그렇지 않으면**
	(*a*) 'P_i에 의한 P_j로의 전송' 이벤트에 대한 1개의 *ECB*를 생성하고, 그 이벤트를 기다리는 프로세스로서 P_i의 id를 넣는다.
	(*b*) P_j의 상태를 블록 상태로 변환하고, P_j의 *PCB*에 *ECB* 주소를 넣는다.

그림 9.6 대칭 명명과 블로킹 *send*를 사용할 때 메시지 전달에 있어서의 커널의 행동

널 행동의 완전한 세부 동작을 보여준다. 이전에 언급한 이유들 때문에 커널은 메시지가 전달될 때까지 송신자 프로세스가 블록된다 할지라도 IMCB를 생성한다. 프로세스 P_i가 프로세스 P_j에게 메시지를 전달할 때 커널은 우선 그 *send*가 예견된 것인지, 즉 그 *send* 이벤트에 대해서 ECB가 생성되었는지를 검사한다. 프로세스 P_j가 이미 P_i로부터의 메시지에 대해 *receive* 호출을 수행했다면 이것이 발생했을 것이다. 만일 이 경우라면 절차 S_3이 즉시 그 메시지를 P_j에게 전달하고, P_j의 상태를 블록에서 준비로 전환한다. 그 ECB와 IMCB는 이제 제거된다. 만일 *send*에 대한 ECB가 존재하지 않는다면, 절차 S_4가 이제는 예견된 프로세스 P_j에 의한 *receive* 호출에 관한 ECB를 생성하고, 송신자 프로세스를 블록시키고, IMCB를 프로세스 P_j의 IMCB 목록에 넣는다. *receive* 호출에 대해서는 반대 행동이 수행된다. 만일 매칭되는 *send*가 이미 일어났다면, 메시지가 프로세스 P_j에게 전달되었고 P_i는 활성화된다. 그렇지 않다면 *send* 호출에 대해 1개의 ECB가 생성되고 P_j는 블록된다.

비블로킹 *send*가 사용될 때 행동은 더 간단하다. 송신자 프로세스를 블록시키고 활성화시키는 것이 필요하지 않다[그림 9.6의 단계 $S_4(b)$와 $R_2(b)$ 참고]. 전송되는 메시지가 즉시 전달될 수 없을 때 ECB를 생성하는 것 또한 불필요한데, 메시지가 전달될 때까지 송신자가 블록되지 않기 때문이다.

9.3 메일박스(MAILBOXES)

메일박스는 프로세스 간 메시지 저장소이다. 각 메일박스는 유일한(unique) 이름을 갖는다. 메일박스의 소유자는 대개 그것을 생성한 프로세스이다. 오직 소유자 프로세스가 메일박스로부터 메시지를 수신할 수 있다. 메일박스의 이름을 알고 있는 임의의 프로세스는 그 메일박스로 메시지를 전송할 수 있다. 따라서 송신자와 수신자 프로세스들은 `send`와 `receive` 문장에 서로의 이름보다는 메일박스의 이름을 사용한다. 이것이 간접 명명의 한 예이다(9.1.1절 참고).

그림 9.7은 `sample`이라 명명한 메일박스를 사용한 메시지 전달을 보여준다. 프로세스 P_i는 `create_mailbox` 명령문을 사용하여 메일박스를 생성한다. 프로세스 P_j는 `send` 명령문에 그 메일박스 이름을 사용하여 메시지를 그 메일박스로 전송한다. 만일 P_i가 아직 `receive` 명령문을 실행하지 않았다면 커널은 그 메시지를 버퍼에 저장한다. 커널은 정해진 버퍼들의 집합을 각 메일박스와 연관할 수도 있고, 혹은 메시지가 전달될 때 버퍼들의 공통 풀(pool)에서 버퍼들을 할당할 수도 있다. `create_mailbox`와 `send` 명령문 둘 다 조건 코드를 가지고 리턴한다.

커널은 정해진 메일박스 이름들의 집합을 제공할 수도 있고, 혹은 사용자 프로세스가 선택한 메일박스 이름을 할당할 수도 있다. 전자의 경우 임의의 프로세스가 메일박

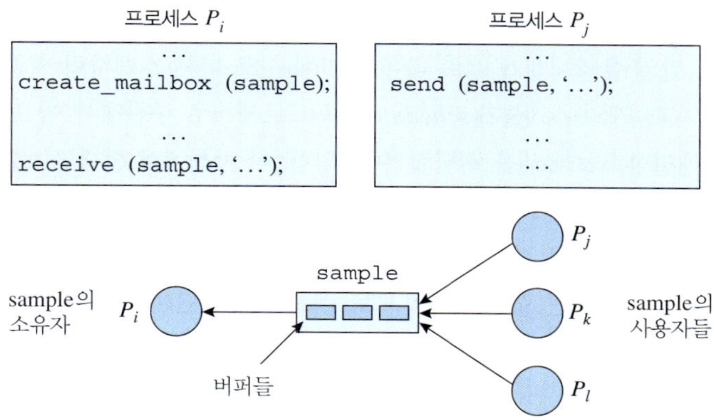

그림 9.7 메일박스 sample의 생성과 사용

스를 사용할 수 있기 때문에 프로세스 간 비밀스런 통신은 보장될 수 없다. 프로세스가 자신의 선택에 따라 메일박스 이름을 할당할 수 있을 때 비밀성은 크게 보장된다.

메일박스의 생성과 소멸을 제어하기 위해서 커널은 각 프로세스가 메일박스 사용을 시작하기 전에 메일박스를 명시적으로 '연결' 하거나, 메일박스 사용을 끝낼 때 '끊기'를 수행하도록 요구할 수도 있다. 이 방식에서 만일 연결된 프로세스가 하나도 없다면 메일박스는 소멸될 수 있다. 아니면 커널은 메일박스의 소유자가 메일박스를 소멸하도록 허용할 수도 있다. 이 경우 커널은 그 메일박스에 '연결'된 모든 프로세스들에게 (그 메일박스의 소멸을) 알려줄 책임을 갖는다. 커널은 메일박스의 소유자가 소유권을 다른 프로세스에게 양도하는 것을 허용할 수도 있다.

메일박스의 사용은 다음의 장점들을 갖는다.

- **수신자의 익명성**: 서비스를 요청하기 위해 메시지를 전송하는 프로세스는 수신자 프로세스가 요구된 기능을 수행할 수 있기만 하다면 수신자 프로세스의 신원에 관심이 없을 수도 있다. 메일박스는 송신자 프로세스가 수신자의 신원을 알아야 할 필요가 없게 만든다. 더불어 만일 운영체제가 메일박스의 소유권을 동적으로 변환할 수 있도록 허용한다면, 프로세스는 다른 프로세스의 서비스를 기꺼이 양도받을 수 있다.
- **메시지 분류**: 프로세스는 여러 개의 메일박스를 생성하고, 각 메일박스를 특정 종류의 메시지를 수신하는 데 사용할 수 있다. 이 방식은 메시지 분류를 허용한다(아래 예제 9.1 참고).

수신자 프로세스의 익명성은 앞서 살펴보았듯이 한 프로세스에서 다른 프로세스로 기능을 양도하는 기회를 제공할 수 있다. 메시지를 사용하여 통신하는 다중 프로세스 형태로 구성된 커널을 갖는 운영체제를 고려해 보자. 프로세스 스케줄링 함수에 연관된 인터럽트들은 **스케줄링**(*scheduling*)이라고 명명된 메일박스에 전달되는 메시지들로 모델링될 수 있다. 만일 운영체제가 서로 다른 시기에 서로 다른 스케줄링 기준을 사용하기를 원한다면, 여러 개의 **스케줄러**(*scheduler*)를 프로세스로 구현해서 이 프로세스들 간에 스케줄링 메일박스 소유권을 전달할 수도 있다. 이 방식에서 현재 **스케줄링**을 소유한 프로세스 스케줄러가 모든 스케줄링에 연관된 메시지를 받을 수 있다. 운영체제 서버들의 기능도 비슷하게 양도될 수 있다. 예를 들면, 모든 프린트 요청은 **프린트**(*print*) 메일박스의 소유권을 단순히 변경함으로써 도트 메트릭스 프린터(dot matrix printer) 대신 레이저 프린터(lazer printer)로 유도할 수 있다.

메시지를 메일박스로 전송할 때 각 프로세스 또한 익명으로 남을 수 있지만 송신자의 신원은 종종 알려져야만 한다. 예를 들면, 서버는 각 요청에 대한 상태 정보를 리턴하도록 프로그램되어 있을 수도 있다. 이것은 송신자의 id를 메시지 텍스트와 함께 전달함으로써 가능하다. 반면 메시지의 송신자는 서버의 신원을 알지 못할 수 있다. 그러면 메시지 송신자는 비대칭 *receive*를 통해 서버의 응답을 받아야만 한다. 다른 방법으로 컴파일러가 *send* 호출을 구현할 때, 상태 정보를 담고 있는 응답을 요구하는 블로킹 호출로 구현할 수 있다. 그러면 상태 정보의 리턴은 커널의 책임이 된다.

예제 9.1 메일박스의 사용

어떤 비행기 예약 시스템이 중앙화된 데이터베이스 1개와 예약 프로세스들의 집합으로 이루어져 있다. 각 프로세스는 예약 에이전트를 나타낸다. 그림 9.8은 예약 서버에 대한 의사 코드(pseudo code)를 보여준다. 이 서버는 질의(*enquire*), 예약(*book*), 그리고 취소(*cancel*)라고 명명한 3개의 메일박스를 사용하고, 각 예약 프로세스가 메일박스에 각각 질의, 예약, 그리고 취소 메시지를 보낼 수 있다. *receive* 호출에 있어 플래그의 값은 만일 메시지가 존재하지 않으면 오류 코드와 함께 리턴하도록 선택되었다. 유효성을 증대시키기 위해 서버는 예약 요청 또는 질의 요청을 처리하기 전에 계류 중인 모든 취소 메시지들을 처리하고, 질의 전에 예약을 수행한다.

```
repeat
    while receive (book, flags1, msg_area1) returns a message
        while receive (cancel, flags2, msg_area2) returns a message
            process the cancellation;
        process the booking;
    if receive (enquire, flags3, msg_area3) returns a message then
        while receive (cancel, flags2, msg_area2) returns a message
            process the cancellation;
        process the enquiry;
forever
```

그림 9.8 질의, 예약, 그리고 취소 메일박스를 사용하는 비행기 예약 서버

9.4 메시지 전달을 이용한 상위 수준 프로토콜 (HIGHER-LEVEL PROTOCOLS USING MESSAGE PASSING)

이 절에서는 다양한 서비스를 제공하기 위해 메시지 전달 방식을 사용하는 3개의 프로토콜에 대해 논의한다. SMTP(*simple mail transfer protocol*)은 이메일을 전달한다. RPC(*remote procedure call*)는 분산 컴퓨팅(*distributed computing*)을 위한 프로그래밍 언어 기능이다. 이것은 다른 컴퓨터에 위치한 프로그램의 일부를 호출하는 데 사용된다. PVM(*parallel virtual machine*)과 MPI(*message passing interface*)는 병렬 컴퓨팅(parallel computing)을 위한 메시지 전달 표준이다.

9.4.1 SMTP(The Simple Mail Transfer Protocol)

SMTP는 이메일을 한 명 혹은 그 이상의 사용자들에게 신뢰성 있고 효율적으로 전달하는 데 사용된다. 이것은 비대칭 명명을 사용한다(9.1.1절 참고). 이메일은 만일 사용자가 현재 활동 중이라면 그 사용자의 터미널에 전달된다. 그렇지 않으면 그 사용자의 메일박스에 저장된다. SMTP 프로토콜은 다수의 IPCE(interprocess communication environment)라고 불리는 프로세스 간 통신 환경에서 메일을 전달할 수 있는데, 하나의 IPCE는 네트워크의 일부분, 완전한 네트워크, 혹은 몇 개의 네트워크를 담당할 수도 있다. SMTP는 애플리케이션 계층 프로토콜이다. 이것은 TCP를 전송 프로토콜로 사용하고, IP를 라우팅 프로토콜로 사용한다. 그러나 이 네트워킹 계층들의 내용과 신뢰성 있는 전달의 세세한 부분은 이 장의 범위를 벗어난다.

SMTP는 몇 개의 간단한 명령문으로 구성된다. 우리의 목적과 관계 있는 명령문은 다음과 같다. MAIL 명령문은 누가 메일을 보내고 있는지를 나타낸다. 이 명령문은 네트워크 내의 역방향 경로(reverse path)를 갖고 있다. 이 경로는 선택적 호스트들의 목록과 송신자 메일박스 이름이다. RCPT 명령문은 누가 그 메일을 수신하는지를 나타낸다. 이것은 선택적 호스트들의 목록과 목적지 메일박스인 순방향 경로를 갖고 있다. 하나 이상의 RCPT 명령문이 하나의 MAIL 명령문 뒤에 따른다. DATA 명령문은 목적지에 보내질 실제 데이터를 담고 있다. 송신자 호스트는 DATA 명령문을 처리한 뒤, 목적지로 데이터를 전송하기 위해서 MAIL 명령문 처리를 시작한다. 한 호스트가 중계(relaying) 혹은 목적지 메일박스에 전달하기 위해 데이터를 받아들일 때, 프로토콜은 호스트에게 언제 데이터가 전달되었는지를 나타내는 타임스탬프(timestamp)를 생성하여 데이터의 시작 부분에 삽입한다. 데이터가 목적지 메일박스를 포함하는 호스트에 도착할 때, MAIL 명령문에서 언급된 역방향 경로를 포함하는 한 줄이 그 데이터의 시작 부분에 삽입된다. 이 프로토콜은 메일을 사용자 터미널에 전달하거나, 사용자 터미널과 사용자의 메일박스 둘 다에 전달하거나, 혹은 사용자 터미널 혹은 사용자 메일박스 중 하나에 전달하기 위한 다른 명령문을 제공한다. SMTP는 수신자에게 메일박스 기능을 제공하지 않는다. 그래서 이 프로토콜은 일반적으로 IMAP(Internet Message Access Protocol) 혹은 POP(Post Office Protocol) 중 하나와 함께 사용된다. 이러한 프로토콜은 사용자에게 메시지를 메일박스에 저장하도록 허용한다.

9.4.2 원격 프로시저 호출(Remote Procedure Calls)

분산 프로그램(*distributed program*)의 부분들은 서로 다른 컴퓨터에서 실행된다. RPC(*remote procedure call*), 즉 원격 프로시저 호출은 그러한 부분들을 호출하는 데 사용되는 프로그래밍 언어 특징이다. 이것의 의미는 평범한 프로시저 호출을 닮았다. 일반적인 문법은 다음과 같다.

call *<proc_id>* (*<message>*);

여기서 *<proc_id>*는 원격 프로시저 id이고, *<message>*는 인자들의 목록이다. 호출은 *<message>*를 원격 프로시저 *<proc_id>*에게 보내게 된다. 이 호출의 결과는 프로시저 *<proc_id>*에 의한 응답으로 모델링된다. RPC는 블로킹 프로시저를 사용하여 구현된다. 이 호출자–피호출자(caller-callee) 관계는 클라이언트–서버 관계로 볼 수 있다. 따라서 원격 프로시저는 서버이고, 이 프로시저를 호출하는 프로세스는 클라이언트이다. 클라이언트 프로세스와 서버 프로세스가 동작하는 컴퓨터를 각각 **클라이언트 노드**(*client node*)와 **서버 노드**(*server node*)라고 부른다.

인자들은 값으로 전달되거나 레퍼런스(reference)로 전달될 수 있다. 만일 서버 노드의 아키텍처가 클라이언트의 아키텍처와 다르다면, RPC 메커니즘은 값 인자들의 적절한 변환을 수행한다. 레퍼런스 인자들에 대해서 호출자는 그 인자들에 대한 시스템 전체에 걸친 능력치(capabilities)를 구성해야만 한다(15장 참고). 이 능력치는 메시지로 원격 프로시저에 전달된다. 인자에 대한 타입 검사는 만일 호출자와 피호출자가 컴파일하는 동안 통합된다면 컴파일 시점에 수행된다. 그렇지 않으면 타입 검사는 원격 프로시저 호출이 발생할 때 동적으로 수행되어야만 한다.

그림 9.9의 대략적인 다이어그램은 원격 프로시저 호출을 구현하는 데 사용된 방식을 보여준다. 서버 프로시저는 호출될 원격 프로시저이다. 클라이언트 프로세스는 동일한 노드에 존재하는 **클라이언트 스텁**(*client stub*) 프로시저를 호출한다. 클라이언트 스텁은 인자들을 정돈한다. 즉, 인자들을 모으고, 그것들을 기계 독립적인 형태로 변환하고, 인자들의 변환된 표현을 포함하는 메시지를 준비한다. 스텁은 이제 원격 프로시저를 갖고 있는 노드에 존재하는 **서버 스텁**(*server stub*)을 호출한다. 그 서버 스텁은 인자들을 기계 종속적인 형태로 바꾸고 원격 프로시저를 호출한다. 프로시저 호출의 결과는 서버 스텁과 클라이언트 스텁을 통하여 클라이언트 프로세스에게 전달된다.

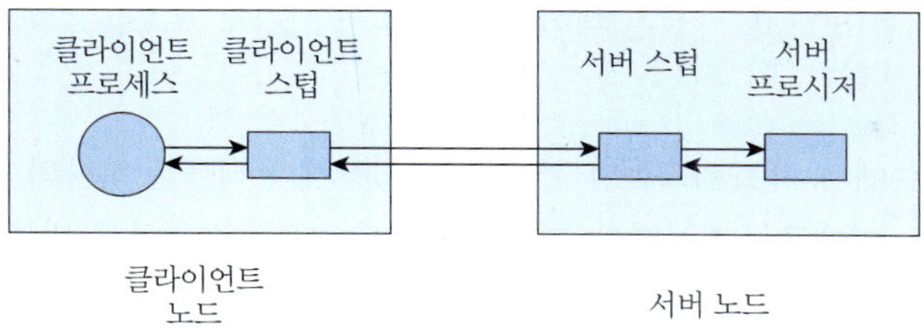

그림 9.9 원격 프로시저 호출(RPC)의 개요

원격 프로시저 호출에 대한 두 가지 표준, 즉 SunRPC와 OSF/DCE가 탄생했고 널리 사용되고 있다. 이들의 사용은 RPC 호출을 단순화시키고, RPC를 사용하는 프로그램들이 컴퓨터와 운영체제에 있어 이식성을 갖도록 만든다. 이 표준들은 클라이언트와 서버 간 인자와 결과 전달을 위해 데이터의 **외부 표현**(*external representation*)을 기술하고, 인자를 정돈하는 단조로운 일을 처리하는 인터페이스 컴파일러도 기술한다.

Java의 RMI(*remote method invocation*)라 불리는 원격 메소드 호출은 Java 언어와 통합된 원격 프로시저 호출의 한 구현이다. 호출될 원격 메소드는 어떤 객체의 메소드이다. 인자로 전달될 때 비지역적(nonlocal) 객체들은 레퍼런스로 전달되는 반면, 지역 객체들은 값으로 전달된다. Java 언어와의 통합은 원격 메소드 명명을 단순화시키고, 클라이언트와 서버 사이 인자와 결과 전달을 신뢰할 수 있게 만든다.

9.4.3 병렬 프로그래밍을 위한 메시지 전달 표준 (Message Passing Standards for Parallel Programming)

병렬 프로그램은 병렬로 수행될 수 있는 태스크(task)들의 집합으로 이루어진다. 이러한 프로그램들은 이종 컴퓨터 혹은 MPP(*massively parallel processor*)에서 실행될 수 있다. 병렬 프로그램들은 메시지를 사용하여 병렬 동작들이 가능하도록 만드는 메시지 전달 라이브러리를 사용한다. PVM(*parallel virtual machine*)이라 불리는 병렬 가상 기계와 MPI(*message passing interface*)라 불리는 메시지 전달 인터페이스는 메시지 전달 라이브러리를 코딩하는 데 사용된 두 표준들이다. 두 표준들은 다음의 기능을 제공한다.

- 대칭적 명명과 비대칭적 명명 모두를 사용하는 두 프로세스 간 점-대-점(point-to-point) 통신과, 한 무리의 프로세스들에게 메시지를 방송하는 기능을 포함한 프로세스 간 통신
- 한 무리의 프로세스들 사이의 **배리어 동기화**(*barrier synchronization*)로 배리어 동기화 함수를 호출하는 프로세스는 그 프로세스 무리에 속한 **모든** 프로세스가 배리어 동기화 함수를 호출할 때까지 블록됨
- 공통 부분이 없도록 메시지 데이터를 서로 다른 프로세스에 분산시키고, 이들로부

터 데이터를 모으고, 수신된 데이터에 대해 전역 감소 동작을 수행하기 위한 전역 동작들

PVM 표준에서, 네트워크화된 한 무리의 이종 컴퓨터들은 하나의 거대 병렬 컴퓨터인 병렬 가상 기계로서 작동한다. 개개의 시스템은 워크스테이션, 멀티프로세서, 혹은 벡터 슈퍼컴퓨터일 수 있다. 그래서 메시지 전달은 그 병렬 가상 기계를 형성하는 서로 다른 컴퓨터들을 위한 데이터의 이종 표현 이슈에 직면하게 된다. 메시지가 수신된 이후, 그 데이터를 수신자 프로세스가 소모하도록 적절한 형태로 풀고 변환하는 라이브러리 루틴들에 대한 연속 호출이 수행될 수 있다. 또한 PVM은 태스크들에게 특정 이벤트를 알려주는 데 사용될 수 있는 시그널을 제공한다.

MPI는 대규모 병렬 프로세서에 대한 표준이다. 이것은 다음과 같이 구현되는 비블로킹 send를 제공한다. 전송될 메시지는 버퍼로 복사되고, send를 요청하는 프로세스는 자신의 동작을 계속할 수 있다. 그러나 프로세스는 버퍼에 대해 이전 send가 완료될 때까지 버퍼를 재사용하지 말아야 한다. 이것이 가능하도록 만들기 위해서 모든 비블로킹 send는 **요청 핸들**(*request handle*)과 연관된다. 또한 요청 핸들을 테스트함으로써 send 동작의 완료를 검사하고, 특정 send 동작 혹은 여러 send 동작 중 하나가 완료될 때까지 블로킹하기 위한 라이브러리 호출이 제공된다.

9.5 메시지 전달에 있어서의 사례 연구들(CASE STUDIES IN MESSAGE PASSING)

9.5.1 유닉스에 있어서의 메시지 전달(Message Passing in Unix)

유닉스는 **파이프**(*pipe*), **메시지 큐**(*message queue*), 그리고 **소켓**(*socket*)이라 불리는 세 가지 프로세스 간 통신 기능을 지원한다. 메시지 큐와 소켓은 메시지 전달에 사용되는 반면, 파이프는 데이터 전달 기능이다. 이 기능들은 하나의 공통 특징을 갖는다. 바로 프로세스들이 서로의 id를 알지 못해도 통신할 수 있다는 점이다. 이 세 기능은 범위에 있어서 서로 다르다. 명명되지 않은 파이프는 동일한 프로세스 트리에 속한 프로세스에 의해서만 사용될 수 있다. 반면 명명된 파이프는 다른 프로세스에 의해서도 사용될 수 있다. 메시지 큐는 하나의 컴퓨터 시스템에서 동작하는 유닉스 도메인인 "유닉스 시스템 도메인" 내에 존재하는 프로세스들에 의해서만 사용될 수 있다. 소켓은 유닉스 시스템 도메인 내와 특정 인터넷 도메인 내 프로세스들에 의해 사용될 수 있다. 그림 9.10은 파이프, 메시지 큐, 그리고 소켓의 개념을 보여준다.

파이프 파이프는 독자(reader) 프로세스와 필자(writer) 프로세스라고 불리는 프로세스 사이의 데이터 전달을 위한 FIFO(first-in, first-out) 메커니즘이다. 많은 유닉스 버전에서 파이프는 파일 시스템에서 구현된다. 그러나 파이프는 한 가지 중요한 측면에서

파일과 다르다. 파이프에 넣어진 데이터는 오직 한 번만 읽혀질 수 있다는 점이다. 그 데이터는 프로세스가 읽으면 없어진다. 유닉스는 두 종류의 파이프, 즉 명명된 파이프와 명명되지 않은 파이프를 제공한다. 이 두 종류의 파이프는 *pipe*라 불리는 시스템 호출로 생성된다. 이들의 의미는 다음의 차이점을 제외하면 동일하다. 명명된 파이프는 디렉터리에 하나의 항목을 갖고, 따라서 *open* 시스템 호출을 통하여 파일 권한(file permission)에 따라 임의의 프로세스에 의해 사용될 수 있다. 이 파이프는 *unlink* 시스템 호출에 의해 제거될 때까지 시스템 내에 유지된다. 명명되지 않은 파이프는 디렉터리 내에 항목을 갖지 않는다. 이것은 그 생성자와 프로세스 트리상에서 그 생성자의 후손들만이 사용할 수 있다. 커널은 명명되지 않은 파이프에 대한 읽기와 쓰기 프로세스들이 더 이상 존재하지 않을 때 그 파이프를 제거한다.

파이프는 두 가지 차이점을 제외하면 파일과 비슷하게 구현된다(유닉스에서 파일 구현에 대한 논의는 13.14.1절 참고). 파이프의 크기는 제한되므로, 파이프 내 데이터는 아이노드(inode)의 직접(direct) 블록에 위치한다. 커널은 2개의 오프셋(offset)을 유지함으로써 파이프를 큐로 간주한다. 하나의 오프셋은 그 파이프에 데이터를 쓰기 위해 사용되고, 나머지 하나는 파이프로부터 데이터를 읽기 위해 사용된다[그림 9.10(a) 참고]. 읽기와 쓰기 오프셋은 파일 구조 내에 유지되지 않고 아이노드에 유지된다. 이 방식은 데이터의 읽기나 쓰기가 아닌 어떤 다른 수단에 의해서도 파이프의 오프셋을 바꾸지 못하도록 프로세스를 막는다. 데이터가 쓰여지면 쓰기 오프셋을 사용하여 파이프에 들어가고, 쓰기 오프셋은 쓰여진 데이터의 바이트 수만큼 증가한다. 여러 쓰기 프로세스들에 의해 쓰여진 데이터는 그들이 번갈아 쓰여진다면 섞이게 된다. 만일 파이프가 가득 차면, 파이프에 데이터를 쓰고자 하는 프로세스는 수면 상태에 놓이게 된다. 읽기 연산은 읽기 오프셋을 사용하여 수행되고, 읽기 오프셋은 읽혀진 바이트의 수만큼 증가한다. 파이프로부터 데이터를 읽는 프로세스는 만일 그 파이프가 비게 되면 수면 상태에 놓인다.

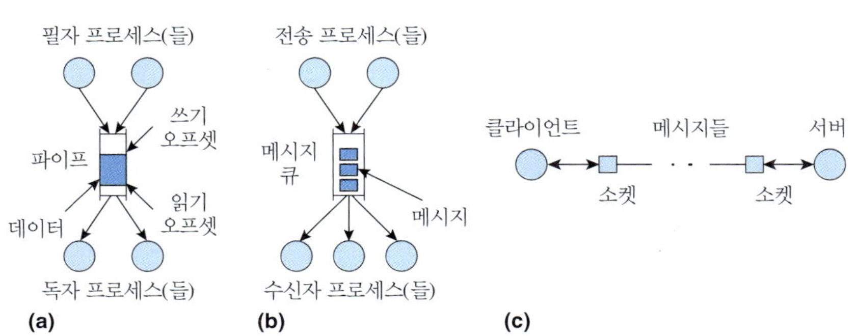

그림 9.10 유닉스에서의 프로세스 간 통신 (a) 파이프 (b) 메시지 큐 (c) 소켓

메시지 큐 유닉스에서의 메시지 큐는 메일박스와 유사하다. 메시지 큐는 하나의 프로세스에 의해 생성되고 소유된다. 다른 프로세스는 메시지 큐 생성자에 의해 기술된 접근 권한(access permission)에 부합되도록 메시지를 큐에 전송하거나, 혹은 큐로부터 메시지를 수신할 수 있다[그림 9.10(b) 참고]. 이 권한은 유닉스에서 파일 권한과 동일한 방식으로 기술된다(15.6.3절 참고). 메시지 큐의 크기는 그 생성 시점에 버퍼링할 수 있는 바이트의 수로 기술된다.

메시지 큐는 *msgget* (*key*, *flag*) 시스템 호출로 생성되는데, *key*는 메시지 큐의 이름을 나타내고 *flag*는 어떤 선택 사항을 기술한다. 커널은 메시지 큐와 그들 *key*들의 배열을 유지한다. 배열에서 각 메시지 큐의 위치는 메시지 큐 id로 사용되는데, 이 id는 *msgget* 호출의 결과로 돌아오며 이 호출을 수행한 프로세스는 메시지를 보내고 받는 데 그 id를 사용한다. 명명 이슈는 다음과 같다. 만일 프로세스가 현존하는 메시지 큐의 이름과 매칭되는 *key*를 가지고 *msgget*을 호출하면, 커널은 단순히 그 메시지 큐 id를 돌려준다. 이 방식에서는 메시지 큐가 시스템에서 임의의 프로세스에 의해 사용될 수 있다. 만일 *msgget* 호출에서 *key*가 현존하는 메시지 큐의 이름과 매칭되지 않으면 커널은 새로운 메시지 큐를 생성하고, 그 이름으로 *key*를 설정하고, 그 메시지 큐 id를 돌려준다. 이 호출을 수행하는 프로세스는 메시지 큐의 소유자가 된다.

각 메시지는 정수의 형태로 저장된 메시지 타입과 메시지 텍스트로 구성된다. 커널은 각 메시지를 버퍼로 복사하고 메시지의 크기, 타입, 그리고 메시지 텍스트가 저장되는 메모리 영역에 대한 포인터를 나타내는 메시지 헤더(header)를 만든다. 또한 커널은 각 메시지 큐에 대해서 메시지 큐에 보내졌지만 아직 수신되지 않은 메시지를 나타내기 위해 메시지 헤더 목록을 유지한다.

메시지들은 다음의 시스템 호출을 통하여 송신되고 수신된다.

msgsnd (*msgqid*, *msg_struct_ptr*, *count*, *flag*)
msgrcv (*msgqid*, *msg_struct_ptr*, *maxcount*, *type*, *flag*)

msgsnd 호출의 *count*와 *flag* 인자는 메시지 바이트 수와 메시지 큐에서 충분한 공간이 가용하지 않다면 취해져야 할 행동들, 예를 들어 송신자를 블록해야 하는지 혹은 오류 코드와 함께 리턴해야 하는지 등을 기술한다. *msg_struct_ptr*은 정수형인 메시지 타입과 메시지 텍스트를 담고 있는 구조체의 주소이다. *maxcount*는 메시지의 최대 크기이고, *type*은 수신될 메시지의 타입을 나타낸다.

프로세스가 *msgrcv* 호출을 할 때, 정수형인 타입 인자는 그 프로세스가 수신하고자 하는 메시지의 타입을 나타낸다. 그 타입 인자가 양의 값을 가질 때, 그 호출은 매칭되는 타입의 큐 안에 있는 첫 번째 메시지를 돌려준다. 만일 그 타입 값이 음수라면, 그 타입의 절대값보다 작은 타입의 가장 낮은 번호가 부여된 메시지를 돌려준다. 만일 그 타입 값이 0이라면, 타입에 관계없이 그 메시지 큐에 있는 첫 번째 메시지를 돌려준다. 그 프로세스는 만일 메시지 큐가 전달할 수 있는 메시지가 하나도 없다면 블록된다.

프로세스가 *msgsnd* 호출을 수행할 때, 만일 메시지 큐가 메시지를 수용할 수 있는 충분한 빈 공간을 갖고 있지 않다면 블록된다. 커널은 어떤 프로세스가 메시지 큐로부터 메시지를 받아갈 때(공간이 비었으므로), 블록된 프로세스를 활성화한다. 활성화된 프로세스는 자신의 메시지가 메시지 큐에 수용될 수 있는지에 대한 검사를 반복한다. 만일 검사가 실패한다면 프로세스는 다시 한 번 블록된다. 마침내 그 프로세스가 자신의 메시지를 메시지 큐에 삽입시킬 때, 커널은 메시지 큐에 대한 수신으로 인해 블록된 모든 프로세스들을 활성화시킨다. 이 프로세스들 각각은 스케줄될 때 자신이 원하는 타입의 메시지가 메시지 큐에 가용한지 여부를 검사한다. 만일 그 검사가 실패하면 다시 한 번 더 블록된다.

예제 9.2는 이 특징들이 예제 9.1의 예약을 코딩하는 데 어떻게 사용될 수 있는지를 보여준다.

예제 9.2 유닉스 메시지 큐

그림 9.11은 유닉스 5.4의 시스템 호출을 사용하여 코딩된 예약 서버를 보여준다. 취소, 예약, 그리고 질의 메시지는 각각 타입 1, 2, 3에 할당된다. *type* = −4와 *flag* = "*no wait*"를 가지고 수행한 *msgrcv* 호출은 만일 취소 메시지가 하나라도 존재한다면 취소 메시지를 돌려준다. 만일 취소 메시지가 하나도 존재하지 않는다면, 예약 메시지가 하나라도 존재하는 경우 예약 메시지 혹은 질의 메시지를 돌려준다. 이 방식은 원하는 바대로 예약 이전에 취소의 처리, 질의 이전에 예약의 결과를 낳는다. 또한 그림 9.8에 사용된 3개 메일박스에 대한 필요성을 없앤다.

```
reservation_server()
{
   msgqid = msgget (reservation_data, flags);
    ...
   repeat
      msgrcv (msgqid, &msg_struct, 200, -4, "no wait");
      if ...     /* a message exists */
      then ...       /* process it */
   while(true);
}
```

그림 9.11 유닉스 5.4에서의 예약 서버

소켓 소켓은 단순히 통신 경로의 한쪽 끝이다. 소켓은 유닉스 시스템 도메인과 인터넷 도메인에서 프로세스 간 통신에 사용될 수 있다. 여기서는 유닉스 시스템 도메인으로 제한한다. 클라이언트와 서버 사이의 통신 경로는 다음과 같이 설정된다. 클라이언트와 서버 프로세스들은 각자 소켓을 생성한다. 이 두 소켓은 서로 연결되어 메시지 송신과 수신을 위한 통신 경로를 설정한다[그림 9.10(c) 참고]. 서버는 많은 클라이언트와 동시에 통신 경로를 설정할 수 있다.

명명(naming) 이슈는 다음과 같다. 서버는 자신의 소켓이 사용될 도메인에서 유효한 주소와 소켓을 묶는다. 주소는 이제 도메인 내에서 널리 알려진다. 클라이언트 프로세스는 자신의 소켓과 서버의 소켓을 **연결**시키기 위해서 주소를 사용한다. 이 방법은 통신에 있어 프로세스 id 사용을 회피한다. 이것이 간접 명명의 한 예이다(9.1.1절 참고).

서버는 다음의 시스템 호출을 사용하여 소켓 *s*를 생성한다.

$$s = socket\ (domain,\ type,\ protocol)$$

여기서 *type*과 *protocol*은 유닉스 시스템 도메인에서는 관계없다. *socket* 호출은 그 프로세스에 대한 소켓 식별자(identifier)를 돌려준다. 서버 프로세스는 이제 *bind* (*s*, *addr*, . . .) 호출을 수행하는데, *s*는 *socket* 호출에 의해 리턴되는 소켓 식별자이고 *addr*은 소켓에 대한 주소이다. 이 호출은 소켓을 주소 *addr*로 묶는 것이다. *addr*은 이제 소켓의 '이름'이 되고, 이름은 도메인 내에서 클라이언트들이 사용할 수 있도록 널리 알려진다. 서버는 시스템 호출 *listen* (*s*, . . .)를 수행해서 이 소켓 *s*에 대해 (클라이언트들로부터) 연결(connect) 호출에 흥미가 있음을 나타낸다.

클라이언트는 *cs* = *socket*(. . .)과 같은 *socket* 호출 수단을 사용하여 소켓을 생성하고, 다음의 시스템 호출을 사용하여 서버의 소켓에 연결을 시도한다.

connect (*cs, server_socket_addr, server_socket_addrlen*)

서버는 임의의 클라이언트가 자신의 소켓에 연결을 시도할 때 활성화된다. 이때 서버는 호출 *new_soc* = *accept* (*s, client_addr, client_addrlen*)을 수행한다. 커널은 새로운 소켓을 생성하고, 생성된 소켓을 클라이언트의 *connect* 호출에서 언급된 소켓과 연결하고, 새로운 소켓의 id를 돌려준다. 서버는 새로운 소켓을 클라이언트-서버 통신을 구현하는 데 사용한다. 서버의 *listen* 호출에서 언급된 소켓은 단지 연결이 만들어질 수 있도록 하기 위해서 사용된다. 일반적으로 *connect* 호출 이후에 서버는 새로운 연결을 처리하기 위해서 새로운 프로세스를 포크(fork)한다. 이 방법은 서버 프로세스가 생성한 원본 소켓, 즉 위의 소켓 *s*를 *listen*과 *connect* 호출을 통하여 더 많은 연결을 승인할 수 있도록 자유롭게 만든다. 클라이언트와 서버 사이의 통신은 *read*와 *write* 혹은 *send*와 *receive* 호출을 통하여 구현된다. *send* 호출은 다음의 형태를 갖는다.

count = *send* (*s*, *message*, *message_length*, *flags*)

이 함수는 실제로 전송된 바이트의 수를 돌려준다. 소켓 연결은 *close*(*s*) 혹은 *shutdown* (*s*, *mode*) 호출을 사용하여 닫힌다.

9.5.2 윈도우에서의 메시지 전달(Message Passing in Windows)

윈도우는 호스트 내에서 그리고 호스트들의 그룹으로 이루어진 윈도우 도메인 내에서 안전한 메시지 전달을 위해 여러 가지 기능을 제공한다. **명명된 파이프**(*named pipe*)는 서버와 클라이언트 사이에 신뢰성 있는 양방향 바이트 혹은 메시지 모드 통신을 위해 사용된다. 이것은 파일 시스템 인터페이스를 통해 구현되고, 동기적(synchronous) 및 비동기적(asynchronous) 메시지 전달 모두 지원한다. 명명된 파이프는 윈도우 네트워크 내에서 유일한 이름을 갖도록 보장해 주는 윈도우 전역 명명 관습(Windows universal naming convention)을 따른다. 명명된 파이프를 위한 첫 번째 *createnamedpipe* 호출은 서버가 수행하는데, 이 호출은 파이프의 이름, 보안 기술자(security descriptor), 그리고 동시에 지원하는 연결의 수를 기술한다. 커널은 이 정보를 인지하고 파이프에 대한 1개의 연결을 생성한다. 이제 서버는 클라이언트가 파이프에 연결할 때까지 자신을 블록시키는 *connectnamedpipe* 호출을 수행한다. 클라이언트는 파이프 이름을 *createfile* 혹은 *callnamedpipe* 함수의 인자로 호출함으로써 그 파이프에 연결한다. 이 호출은 파이프의 보안 기술자와 클라이언트가 요청한 접근의 종류가 매칭된다면 성공한다. 이제 클라이언트는 파이프에 접근하기 위해서 *readfile*과 *writefile* 함수를 사용할 수 있다. 서버는 파이프에 추가적인 연결을 생성하기 위해서 추가적인 *createnamedpipe* 호출들을 수행할 수 있다. 윈도우는 신뢰할 수 없는 단방향 통신을 위해서 **메일슬롯**(*mailslot*)을 제공한다. 이것은 점-대-점 메시지 전달과 윈도우 도메인을 가로지르는 짧은 메시지 방송 양쪽 모두에 사용될 수 있다.

지역 프로시저 호출(Local Procedure Call: LPC) LPC 기능은 동일 호스트에 위치한 프로세스 사이의 메시지 전달을 수행한다. 이 기능은 보안 인증 서버 호출과 같은 목적을 위하여 윈도우 운영체제의 구성 요소들에 의해 사용되고, 환경 서브시스템(subsystem) 프로세스들과 통신하기 위해 사용자 연산을 수행하는 프로세스들에 의해 사용된다. 또한 송신자와 수신자 프로세스가 동일 호스트 내에 위치했을 때 원격 프로시저 호출 기능에 의해 호출된다.

LPC는 Win32 GUI가 사용하는 작은 메시지, 큰 메시지, 그리고 특별 메시지 전달을 위한 세 가지 메시지 전달 방법을 선택할 수 있게 한다. 처음 두 타입의 LPC는 메시지 전달을 구현하기 위하여 **포트**(*port*) 객체를 사용한다. 각 포트 객체는 메일박스와 비슷하다. 이 객체는 **메시지 큐**(*message queue*)라고 불리는 데이터 구조 안에 메시지들의 집합을 담고 있다. 클라이언트와 통신을 설정하기 위하여 서버는 포트를 생성하고, 호스트 내에 자신의 이름을 공표하고, 클라이언트로부터 연결 요청을 기다린다. 클라이언트가 포트에 연결 요청을 보낼 때, 객체는 활성화되고 포트 핸들을 클라이언트에게 준다. 클라이언트는 핸들을 메시지를 보낼 때 사용한다. 서버는 동일한 포트로 많은 클라이언트와 통신할 수 있다. 작은 메시지에 대해서 메시지 큐는 각 메시지 텍스트를 갖고 있다. 9.1.2절에서 논의한 바와 같이, 이러한 메시지들은 메시지 전달 과정에서 두 번 복사된다. 프로세스가 메시지를 전송할 때 그 메시지는 포트의 메시지 큐에 복사된다. 그 큐로부터 메시지는 수신자의 주소 공간으로 복사된다. 메시지 전달의 오버헤드를 제어하기 위해서 한 메시지의 길이는 256바이트로 제한된다.

메시지 전달의 두 번째 방법은 큰 메시지들에게 적용된다. 클라이언트와 서버 프로세스는 섹션(section) 객체를 자신들의 주소 공간으로 매핑한다. 클라이언트가 어떤 메시지를 보내고자 할 때, 메시지 텍스트를 섹션 객체 내에 쓴 후 그 주소와 크기를 갖는 짧은 메시지를 그 포트로 보낸다. 짧은 메시지를 서버가 받으면 섹션 객체 내의 메시지 텍스트를 살펴본다. 이런 방식으로 메시지는 오직 한 번만 복사된다.

LPC의 세 번째 방법은 **퀵**(*quick*)이라고 불린다. 이 방식은 메시지를 전달하기 위해 섹션 객체를 사용하고, 또한 클라이언트와 서버 프로세스 사이에 동기화를 수행하기 위해서 **이벤트 짝**(*event pair*) 객체를 사용한다. 서버는 각 클라이언트에 대해서 2개의 이벤트로 구성된 하나의 이벤트 짝 객체를 생성한다. 또한 모든 클라이언트에 대해서 각 클라이언트 요청을 전담해서 처리할 스레드(thread)를 하나씩 생성한다. 메시지 전달은 다음과 같이 일어난다. 클라이언트 프로세스는 섹션 객체에 메시지를 넣고, 해당 서버 스레드가 기다리고 있는 (이벤트 쌍 객체 내의) 이벤트 객체에 시그널을 보내고, 자신은 그 쌍 객체의 다른 이벤트 객체에 대해서 시그널을 기다린다. 서버 스레드는 그 메시지를 처리하고, 클라이언트가 기다리고 있는 이벤트에 시그널을 보내고, 자신은 그 쌍 객체의 다른 이벤트 객체에 대해서 시그널을 기다린다. 메시지 전달이 가능하도록 하기 위해서 커널은 그 쌍 이벤트에 원자적으로(atomically) 시그널을 보내고, 또 다른 이벤트 객체를 기다릴 수 있도록 만드는 함수를 제공한다.

소켓과 원격 프로시저 호출 윈도우 소켓(Winsock)은 처음에 유닉스 BSD 소켓을 모델로 하였으나, 나중에 몇 가지 확장을 포함하였다. 그 특징과 구현은 9.5절에 기술한 유닉스 소켓의 경우와 유사하다. 윈도우 소켓은 윈도우 메시지 전달과 통합되었다. 따라서 프로그램은 윈도우 콜백(callback) 메시지를 통하여 비동기(asynchronous) 소켓 동작과 그 동작의 완료 알림을 수신할 수 있다.

윈도우의 RPC(*remote procedure call*) 기능들은 OSF/DCE 표준과 호환된다. RPC는 만일 호출되는 프로시저가 동일한 호스트 내에 존재한다면 클라이언트로서 LPC를 사용하여 구현된다. 그렇지 않으면 9.4.2절에서 논의한 코드 라인을 따라서 구현된다. 비동기 *RPC*도 지원되는데, 원격 프로시저는 자신의 클라이언트와 병렬로 동작하고 그 클라이언트의 동작 완료는 호출에 기술된 방식으로 인식된다. 그 방식은 이벤트 동기화 객체를 통하거나, 비동기 프로시저 호출을 통하거나, 혹은 클라이언트가 폴링(polling)하는 상태 정보를 통하는 것 중 하나이다.

9.6 요약

메시지 전달 패러다임은 공유 메모리를 사용하지 않고 프로세스 간 정보 교환을 실현한다. 이 특징은 마이크로커널 기반 운영체제에서 운영체제 기능들 간의 통신, 클라이언트-서버 컴퓨팅, 통신을 위한 상위 수준 프로토콜, 병렬 혹은 분산 프로그램에서 태스크(task) 간 통신과 같이 다양한 상황에서 유용하다. 이 장에서 프로그래밍 언어와 운영체제에서의 메시지 전달 기능들을 논의했다.

메시지 전달에 있어 주요 이슈들은 *send*와 *receive* 호출과 메시지 전달에 있어 송신자와 수신자 프로세스의 명명이다. **대칭 명명**(*symmetric naming*)에서는 송신자와 수신자 프로세스가 *send*와 *receive* 호출에서 서로의 이름을 부른다. 이것은 한 프로세스가 여러 개의 독립된 대화를 동시에 하는 것을 허용한다. **비대칭 명명**(*asymmetric naming*)에서는 수신자 프로세스가 *receive* 호출에서 송신자의 이름을 부르지 않는다. 커널은 어떤 프로세스가 보낸 메시지라도 그 수신자 프로세스에게 보내질 수 있다고 간주한다. **간접 명명**(*indirect naming*)에서 송신자와 수신자 프로세스는 자신들의 이름을 부르기보다는 **메일박스**(*mailbox*) 이름을 사용한다. 이 방식은 동일한 송신자 및 수신자 프로세스가 서로 다른 메일박스를 통하여 여러 개의 독립된 대화가 가능하도록 한다. 메일박스는 메시지 전달이 계류될 때 메시지들이 저장되는 버퍼를 갖고 있다. 메일박스가 사용되지 않을 때 커널은 전달되지 않은 메시지를 저장하는 자신 소유의 버퍼들을 사용한다.

메시지 전달은 SMTP(*simple mail transfer protocol*), RPC(*remote procedure call*), 그리고 병렬 프로그래밍을 위한 PVM(*parallel virtual machine*) 및 MPI(*message passing interface*)와 같은 상위 수준 프로토콜에서 사용된다. 운영체제들은 다양한 상황에서 사용하기 위해 많은 메시지 전달 기능들을 제공한다.

여러분의 생각을 평가해 보라.

9.1 다음 각 문장이 참인지 거짓인지 구분하라.

a. 프로세스가 블로킹 *send* 호출을 사용하여 메시지를 전송할 때, 커널은 버퍼 영역에 그 메시지를 복사해야만 한다.

b. 비블로킹 *send* 호출이 사용될 때, 수신자 프로세스가 메시지를 살펴보는 것이 허용되기 이전에 그 메시지는 두 번 복사되어야만 한다.

c. 대칭 명명에서 *receive* 호출에 대해 블록된 프로세스는 임의의 프로세스가 자신에게 메시지를 보낼 때 활성화될 것이다.

d. 간접 명명이 사용될 때, 메시지를 전송하는 프로세스는 그 메시지가 전달될 프로세스의 신원을 알 필요가 없다.

9.2 다음 각 질문에 대한 답을 구하라.

a. 만일 운영체제가 *n* 개의 프로세스를 갖고 있고, 블로킹 *send* 호출과 비대칭 *receive* 호출을 사용

한다면,

i. 그 운영체제는 임의의 시점에 n 개 프로세스 각각을 위해서 $n-1$ 개 버퍼까지 요구할 수 있다.

ii. 그 운영체제는 임의의 시점에 버퍼를 $n/2 \times n/2$ 개까지 요구할 수 있다.

iii. 그 운영체제는 임의의 시점에 n 개의 버퍼들까지 요구할 수 있다.

iv. (i)~(iii) 중 해당 사항이 없다.

b. 만일 프로세스가 블로킹 *send* 호출과 대칭 *receive* 호출을 사용하는 경우 9.2(a)의 답을 구하라.

연습문제

9.1 그림 9.6에서 프로세스는 IMCB 혹은 ECB를 생성하는 데 필요한 메모리가 부족하기 때문에 블록될 수도 있다. 이 조건들이 어떻게 처리되어야만 하는지를 설명하라.

9.2 비대칭 명명과 블로킹 *send*를 갖는 메시지 전달을 구현하도록 그림 9.6의 방안을 수정하라.

9.3 예제 9.1의 예약 시스템은 계류 중인 메시지들의 존재를 검사하기 위하여 *receive* 호출에서 플래그를 사용한다. 가상 메일박스 기능은 플래그를 지원하지 않는다. 그래서 프로세스는 동일한 효과를 얻기 위하여 다음의 방식을 사용한다. 프로세스가 메시지들이 메일박스에 존재하는지 검사하기를 원할 때, 메일박스에 "메시지들에 대한 검사" 텍스트를 갖는 특별 메시지를 보낸 후 메일박스로부터 *receive*를 수행한다. 만일 자신의 특별 메시지가 메일박스에 전달되었다면, 메일박스에 다른 메시지들은 없다고 결론내린다. 이 방식을 사용하는 예약 시스템을 새로 작성하라.(힌트: 구식 특별 메시지들에 주의하라!)

9.4 유닉스 메시지 큐를 구현하도록 그림 9.6의 방법을 수정하라.

9.5 *receive*를 수행하는 프로세스가 메시지를 기다리도록 준비된 시간의 양을 기술하는 메시지 전달에 있어 타임아웃(time-out) 기능을 제안한다. 만일 이 기간이 경과하면 타임아웃이 발생하고, 그 프로세스는 활성화된다. 이벤트 처리 메커니즘을 사용하여 이 기능을 구현하는 설계를 해보라.

9.6 어떤 운영체제에서 프로세스들이 비대칭 및 비동기 메시지 전달을 사용한다. 커널은 메시지 버퍼로 사용하기 위해 제한된 양의 메모리를 예약하고, 이 목적으로 하드 디스크를 사용하지 않는다. 이 시스템을 교착상태 관점에서 분석하라(8장 참고). 커널이 그러한 교착상태를 어떻게 탐지해야 하는가?

9.7 9.4.3절에 기술된 MPI(*message passing interface*)의 비동기 전송을 구현하는 설계를 해보라.

참고문헌

RC4000 시스템에서의 프로세스 간 통신은 Brinch Hansen(1970)에 기술되어 있다. Accetta 등(1986)은 Mach에 사용된 기술을 논의한다. Bach(1986), McKusick 등(1996), Vahalia(1996), 그리고 Stevens와 Rago(2005)는 유닉스에서의 메시지 전달을 논의한다. Russinovich와 Solomon(2005)은 윈도우에서의 메시지 전달을 논의하고, Bovet과 Cesati(2005)는 리눅스에서의 메시지 전달을 논의한다.

Geist 등(1996)은 병렬 프로그래밍에 대한 PVM과 MPI 메시지 전달 표준을 설명하고 비교한다.

1. Accetta, M., R. Baron, W. Bolosky, D. B. Golub, R. Rashid, A. Tevanian, and M. Young (1986): "Mach:

A new kernel foundation for Unix development," *Proceedings of the Summer 1986 USENIX Conference*, June 1986, 93–112.

2. Bach, M. J. (1986): *The Design of the Unix Operating System*, Prentice Hall, Englewood Cliffs, N. J.

3. Bovet, D. P., and M. Cesati (2005): *Understanding the Linux Kernel*, 3rd ed., O'Reilly, Sebastopol, Calif.

4. Brinch Hansen, P. (1970): "The nucleus of a multiprogramming system," *Communications of the ACM*, **13** (4), 238–241, 250.

5. Geist, G., J. A. Kohl, and P. M. Papadopoulos (1996): "PVM and MPI: a comparison of features," *Calculateurs Paralleles*, **8** (2).

6. McKusick, M. K., K. Bostic, M. J. Karels, and J. S. Quarterman (1996): *The Design and Implementation of the 4.4 BSD Operating System*, Addison Wesley, Reading, Mass.

7. Russinovich, M. E., and D. A. Solomon (2005): *Microsoft Windows Internals*, 4th ed., Microsoft Press, Redmond, Wash.

8. Stevens, W. R., and S. A. Rago (2005): *Advanced Programming in the Unix Environment*, 2nd ed., Addison Wesley Professional, Reading, Mass.

9. Tanenbaum, A. S. (2001): *Modern Operating Systems*, 2nd ed., Prentice Hall, Englewood Cliffs, N. J.

10. Vahalia, U. (1996): *Unix Internals—The New frontiers*, Prentice Hall, Englewood Cliffs, N. J.

Chapter 10

멀티프로세서 운영체제에서의 동기화와 스케줄링

Synchronization and Scheduling in Multiprocessor Operating Systems

멀티프로세서(multiprocessor) 시스템은 세 가지 이점, 즉 고성능(*high throughput*), 계산속도 향상(*computation speedup*), 그리고 점진적인 성능저하(*graceful degradation*)를 제공할 잠재력을 가지고 있다. 고성능은 많은 프로세스들을 동시에 서비스하는 CPU를 사용함으로써 얻어진다. 애플리케이션에 대한 계산속도 향상은 만일 많은 프로세스들이 동시에 CPU로부터 서비스 받는다면 얻어질 수 있다. 점진적인 성능저하는 CPU들의 일부가 동작하지 않더라도 시스템이 동작을 계속할 수 있는 특징이다. 이런 방식으로 시스템은 능력이 감소되어도 동작의 연속성을 제공할 수 있다.

멀티프로세서 시스템의 이점들을 실현하기 위하여 운영체제는 세 가지 특별한 특징들을 통해 다중 CPU들의 존재를 활용한다. 첫째, *SMP*(*symmetric multiprocessor*) 커널은 많은 CPU들이 커널 코드를 병렬로 실행하는 것을 허용하여 커널의 제어 기능에 성능 병목 현상이 일어나지 않도록 한다. 둘째, 스핀락(*spin lock*)이라 불리는 특별한 동기화 락(lock)과 슬립락(*sleep lock*)이 서로 다른 CPU에서 병렬로 동작하는 프로세스 간 동기화 지연을 줄여준다. 셋째, 친밀성 스케줄링(*affinity scheduling*)과 공동 스케줄링(*coscheduling*)이라고 불리는 스케줄링 정책들은 한 애플리케이션의 프로세스들이 많은 CPU상에서 효율적으로 동작할 수 있도록 보장한다.

위에 기술된 세 가지 운영체제 특징들에 대한 배경 지식을 제공하는 멀티프로세서 시스템 아키텍처에 관한 개론으로 이 장을 시작한다.

10.1 멀티프로세서 시스템의 아키텍처 (ARCHITECTURE OF MULTIPROCESSOR SYSTEMS)

단일 프로세서 시스템의 성능은 더 빠른 칩(chip)과, 여러 단계의 캐시(cache)를 통하여 개선될 수 있는 CPU와, 메모리의 성능에 의존한다. 그러나 칩의 속도는 기술적인 한계를 넘어서 증가할 수는 없다. 시스템 성능의 추가 개선은 다중 CPU를 사용함으로써만 얻을 수 있다.

다중 CPU 존재의 결과로써 멀티프로세서 아키텍처들은 표 10.1에 요약한 세 가지 이점을 제공할 잠재력을 갖는다. **고성능**은 운영체제가 여러 개의 프로세스를 병렬로 스케줄하고, 또한 여러 애플리케이션이 동시에 진행될 수 있기 때문에 가능하다. 단일 프로세서 시스템과 비교한 성능상의 실제 증가는 여러 개의 CPU가 동시에 메모리 접근을 시도하는 **메모리 경쟁**(*memory contention*)에 의해 제한될 수 있다. 메모리 경쟁은 프로세스들이 경험하게 되는 유효 메모리 접근시간을 증가시킨다. **계산속도 향상**은 애플리케이션의 프로세스들이 병렬로 스케줄될 때 얻어진다. 향상의 범위는 각 애플리케이션에 내재된 병렬성(parallelism)의 양, 다시 말해 애플리케이션의 프로세스들이 빈번한 동기화를 요구하지 않고 얼마나 동작할 수 있는지에 의해 제한된다. **점진적인 성능저하**는 CPU 실패에도 불구하고 동작의 연속성을 제공한다. 이 특징은 온라인 서비스와 실시간 애플리케이션과 같이 임무가 중요한 애플리케이션을 지원할 때 중요하다.

시스템 모델(A System Model) 그림 10.1은 멀티프로세서 시스템의 한 모델을 보여준다. CPU들, 메모리, 그리고 I/O 서브시스템이 상호 연결(interconnection) 네트워크에 연결되어 있다. 각 CPU 칩은 레벨 1과 레벨 2 캐시들, 즉 CPU에 최근 접근된 명령어(instruction)와 데이터들의 블록을 담고 있는 L1 및 L2 캐시들을 가질 수 있다. 그러나 문제를 단순화하기 위해서 CPU는 오직 L1 캐시만을 가지고 있다고 가정한다. 메모리는 여러 메모리 단위들로 구성된다. L3 캐시는 각 메모리 단위와 연계되어 있고, 최근 그 메모리 단위로부터 접근된 명령어와 데이터들의 블록을 담고 있다고 가정한다. CPU나

표 10.1 멀티프로세서의 장점

장점	설명
고성능	여러 프로세스들이 동시에 CPU에게서 서비스받을 수 있다. 따라서 더 많은 일이 성취될 수 있다.
계산속도 향상	애플리케이션의 여러 프로세스들이 동시에 서비스받을 수 있어, 애플리케이션의 실행시간이 단축될 수 있다. 더 나은 반응속도를 제공하게 된다.
점진적인 성능저하	CPU의 동작 불능이 시스템 동작을 정지시키지 않는다. 시스템은 다소 감소된 능력을 가지고 동작을 계속할 수 있다.

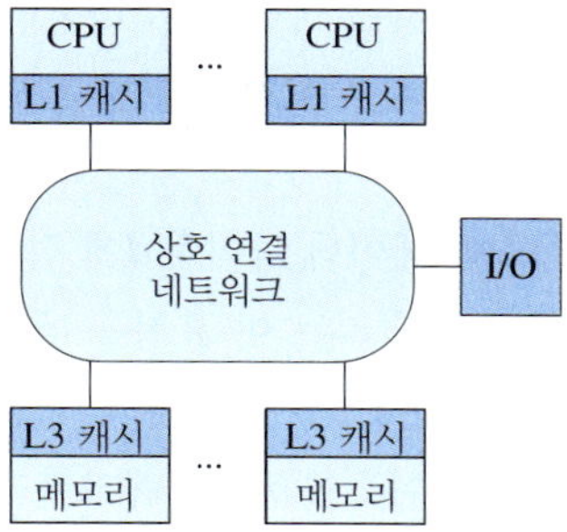

그림 10.1 멀티프로세서 시스템 모델

I/O 장치가 메모리 접근을 원할 때마다 상호 연결 네트워크는 그것과 요구된 바이트를 담고 있는 메모리 단위 사이에 하나의 경로를 설정하는데, 접근은 이 경로 위에서 일어난다. 상호 연결 네트워크의 지연을 무시하면 유효 메모리 접근시간은 L1, L2, 그리고 L3 캐시들에 대한 적중률(hit ratio)과 메모리 접근시간에 의존한다(2.2.3절 참고).

캐시와 TLB 일관성(Cache and TLB Coherence) 프로세스들이 공유 데이터를 사용할 때, 데이터 아이템 *d*의 여러 복사본이 시스템에 동시에 존재할 수 있다. 이 복사본 중 하나는 메모리 단위 내에 있고 다른 하나는 메모리 단위와 연계된 L3 캐시에 존재하는 반면, 나머지들은 프로세스들이 스케줄되는 CPU의 L1 캐시에 존재할 수도 있다. 한 CPU에서 동작하는 어떤 프로세스가 *d*의 복사본을 갱신할 때, *d*의 나머지 복사본들은 낡은 것이 된다. 프로세스들이 이 낡은 것들을 사용하게 되면 정확성과 데이터 일관성에 문제가 발생하므로, 시스템은 **캐시 일관성 프로토콜**(*cache coherence protocol*)을 사용해서 낡은 복사본이 결코 계산에 사용되지 않도록 보장해야 한다.

캐시 일관성 프로토콜은 두 가지 근본적인 방식에 기반하고, 이들의 여러 변종이 실제적으로 적용된다. 만일 상호 연결 네트워크가 버스(bus)라면 **염탐**(*snooping*) **기반** 방식이 사용될 수 있다. CPU는 캐시에 관계된 메시지들을 탐지하기 위하여 버스를 염탐하고, L1 캐시로부터 낡은 복사본을 제거한다. 이 방식의 **쓰기 무효화** (*write-invalidate*) 변형의 경우, 공유된 데이터 아이템 *d*의 복사본을 갱신하는 프로세스는 메모리에 존재하는 *d*의 복사본을 갱신하도록 요구받는다. 그래서 메모리는 결코 낡은 복사본을 갖지 않는다. *d*를 갱신하는 CPU는 버스에 *d*에 대한 "캐시 무효화" 메시지를 보낸다. 모든 염탐하는 CPU가 이 메시지를 보게 되면, 만일 *d*의 복사본이 자신의 L1 캐시에 존재한다면 그 복사본을 버린다. 복사본을 버린 CPU가 다음 번에 *d*에 접근할 때, 그 값이 CPU의 L1 캐시로 새롭게 복사된다.

디렉터리 기반(*directory-based*) 캐시 일관성 방식은 데이터 아이템들의 캐시된 복사본들에 대한 디렉터리 정보 유지를 필요로 한다. 디렉터리는 어느 CPU가 데이터 아이템의 캐시된 복사본을 담고 있는지를 나타낸다. 데이터 아이템 d를 갱신하는 동안, CPU는 그 CPU들에게 점-대-점 캐시 무효화 시그널을 보낸다. 다른 방식으로, 디렉터리가 나타내는 것이 공유된 각 데이터 아이템의 가장 최근 갱신된 복사본의 위치가 되도록 만들 수도 있다. 한 CPU C_1이 데이터 아이템 d에 접근하기를 원할 때, 디렉터리에 "d를 읽어라"는 요청을 보낸다. 디렉터리는 이 요청을 메모리에 보내거나, 혹은 d의 가장 최근 복사본을 캐시에 가지고 있는 CPU에 보낸다. 최신 복사본을 가지고 있는 CPU는 d의 값을 C_1에게 전달한다. 갱신 이후에 d의 디렉터리 항목은 C_1을 가리키도록 설정된다.

TLB 일관성(*coherence*)은 다른 CPU가 페이지를 교체하거나 공유된 페이지에 대한 프로세스들의 접근 권한(access privilege)을 변경할 때, CPU의 TLB에 있는 몇몇 항목들의 정보가 낡게 되는 유사한 문제이다. 한 프로세스의 공유 페이지 p_i는 많은 CPU들의 TLB 안에 항목으로 들어가 있다. 만일 그 CPU 중 하나, 가령 CPU C_1에서 동작하는 어떤 프로세스에서 페이지 결함(fault)이 발생하여 페이지 p_i가 새로운 페이지로 교체되었다면, C_1 안의 p_i 항목은 지워진다(12.2.2.2절 참고). 다른 CPU 안의 p_i에 대한 TLB 항목들은 이제 낡은 것이 되어, 이들도 역시 지워질 필요가 있다. 이것은 CPU C_1이 p_i id의 세밀한 정보와 함께 프로세서 간 인트럽트(interprocessor interrupt)를 CPU들에게 보내는 *TLB* 슛다운(*shootdown*) 행동을 통하여 이루어진다. 공유된 페이지들의 접근 권한이 변경될 때 비슷한 조치가 취해진다. TLB 슛다운의 오버헤드는 두 가지 방법으로 줄인다. p_i의 페이지 테이블 항목은 어느 CPU들이 p_i에 대한 TLB 항목을 가지고 있는지를 나타내고, C_1은 인트럽트를 이 CPU들에게만 보낸다. 슛다운이 대한 알림을 받는 각 CPU는 레이지(*lazy*), 즉 필요 기반 방식으로 구현할 수 있다. 만일 슛다운이 현재 동작하는 프로세스에 관계되면, TLB 항목을 즉시 지운다. 그렇지 않으면 그 알림을 큐에 넣고 프로세스가 다음에 스케줄될 때 처리한다.

멀티프로세서 시스템의 분류(Classification of Multiprocessor Systems) 멀티프로세서 시스템은 CPU와 메모리 단위들이 서로 연계된 방식에 따라 세 종류의 시스템으로 구분된다.

- *UMA*(*uniform memory access*) 아키텍처: 이 시스템에서 모든 CPU들은 동일한 방식, 즉 같은 접근속도를 가지고 전체 메모리에 접근할 수 있다. UMA 아키텍처의 몇 가지 예는 시퀀트의 밸런스 시스템(Balance System)과 디지털의 VAX 8800이다. 학계에서는 UMA 아키텍처를 밀접하게 연결된 멀티프로세서 아키텍처(*tightly coupled multiprocessor architecture*)라고 불렀다. 또한 *SMP*(*symmetrical multiprocessor*) 아키텍처라고도 불린다.
- *NUMA*(*nonuniform memory access*) 아키텍처: 시스템은 여러 노드로 구성되며,

각 노드는 하나 이상의 CPU, 하나의 메모리 단위, 그리고 하나의 I/O 서브시스템으로 구성된다. 한 노드의 메모리 단위는 그 노드에 있는 CPU들에게 **지역적**(*local*)이라고 말해진다. 다른 메모리 단위들은 **비지역적**(*nonlocal*)이라고 말해진다. 모든 메모리 단위들은 다함께 단일 주소 공간을 구성한다. 각 CPU는 전체 주소 공간에 접근할 수 있다. 그러나 각 CPU는 비지역적 메모리 단위들에 접근하는 것보다 더 빠르게 지역적 메모리 단위들에 접근할 수 있다. NUMA 아키텍처의 몇 가지 예로는 HP AlphaServer와 IBM NUMA-Q가 있다.

- *NORMA*(*no-remote-memory-access*) 아키텍처: 각 CPU는 자신의 지역 메모리를 갖는다. CPU들은 원격 메모리 단위들에 접근할 수 있지만, 이 접근은 네트워크를 통하여 이루어지므로 지역 메모리에 접근하는 것과 비교하면 매우 느리다. 인텔의 Hypercube 시스템이 NORMA 아키텍처의 예이다. NORMA 시스템은 정의 3.8에 의하면 분산 시스템이다. 따라서 이 장에서는 NORMA 시스템들의 아키텍처를 논의하지 않는다.

상호 연결 네트워크(Interconnection Networks) 멀티프로세서 시스템에서 CPU들은 상호 연결 네트워크를 통하여 메모리 단위에 접근한다. 상호 연결 네트워크의 두 가지 중요한 특성은 비용과 유효 접근속도이다. 표 10.2는 세 가지 인기 있는 상호 연결 네트워크의 특성과 상대적 장점들을 나열한 것이다. 그림 10.2는 이 네트워크들의 대략적인 다이어그램을 담고 있다.

멀티프로세서 시스템에서 **버스**(*bus*)는 단일 프로세서 시스템 버스의 단순한 확장이다. 모든 메모리 단위들과 모든 CPU들은 버스에 연결되어 있다. 따라서 버스는 임의의 CPU와 임의의 메모리 단위 사이의 데이터 트래픽을 지원한다. 그러나 오직 하나의 CPU–메모리 대화만이 임의의 시점에 진행될 수 있다. 버스는 간단하고 비용이 저렴하

표 10.2 상호 연결 네트워크의 특징

상호 연결 네트워크	특징
버스(bus)	저비용. 낮은 트래픽 밀도에 대해 합리적인 접근속도. 임의의 시점에 오직 하나의 CPU-메모리 대화만이 진행될 수 있다.
크로스바 스위치 (crossbar switch)	고비용. 낮은 확장성. CPU들과 메모리 단위들이 그 스위치에 연결되어 있다. 하나의 CPU-메모리 대화는 하나의 CPU와 하나의 메모리 단위 사이의 경로를 선택함으로써 구현된다. 많은 CPU-메모리 대화들을 병렬로 허용한다.
다단계 상호 연결 네트워크 (MIN)	버스와 크로스바 스위치의 절충. 많은 단계의 2 × 2 크로스바 스위치들로 구성된다. 하나의 CPU-메모리 대화는 각 단계를 통하여 하나의 경로를 선택함으로써 설정된다. 몇 개의 병렬 대화들을 허용한다.

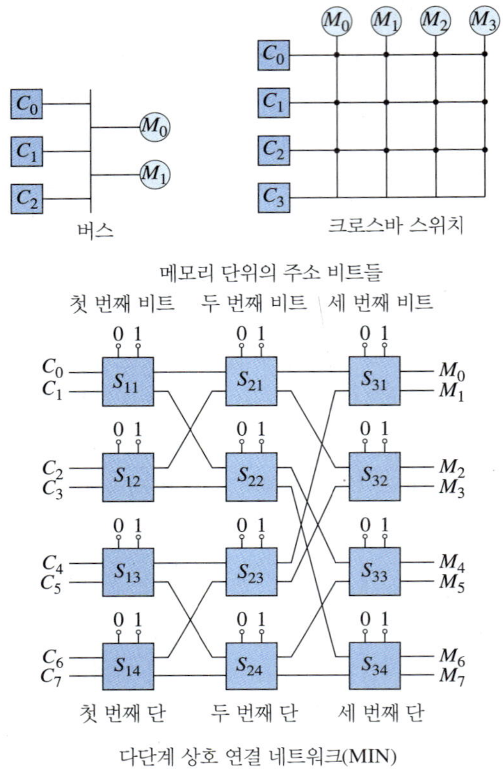

그림 10.2 버스, 크로스바, 그리고 다단계 상호 연결 네트워크(MIN)

지만 느리다. 하나 이상의 CPU가 동시에 메모리 접근을 원할 수 있기 때문에, 버스 경쟁은 트래픽 밀도가 중간 또는 높은 수준이 되면 심해지기 때문이다. 버스는 CPU 수가 증가할 때 병목이 될 수도 있다.

크로스바 스위치(*crossbar switch*)는 CPU–메모리 대화를 위하여 많은 경로들을 제공함으로써 경쟁 문제를 감소시킨다. 이 방법은 CPU들이 한쪽 축을 따라 정렬되고, 다른 축을 따라 모든 메모리 단위들이 정렬되는 배열 구성을 사용한다(그림 10.2 참고). 모든 CPU와 모든 메모리 단위는 자신 소유의 독립 버스를 갖는다. 어떤 CPU, 가령 CPU C_1이 어떤 메모리 단위, 가령 M_3에 위치한 하나의 바이트에 접근하고자 할 때, 이 스위치는 C_1의 버스와 M_3의 버스를 연결하고 CPU–메모리 대화는 이 경로 위에서 일어난다. 이 대화는 다른 CPU들과 다른 메모리 단위들 사이의 대화로 인한 경쟁을 겪지 않는다. 이러한 대화들은 그 스위치를 통해서 서로 다른 경로들을 사용하기 때문이다. 따라서 스위치는 크고 효과적인 메모리 대역폭을 제공할 수 있다. 경쟁은 2개 혹은 그 이상의 CPU가 동일한 메모리 단위와 대화하기를 원하는 경우에만 발생한다. 이런 경우는 CPU들과 메모리 단위들 사이의 낮은 전체 트래픽 밀도에서 일어날 확률이 낮다. 그러나 크로스바 스위치는 비싸다. 또한 확장성(expandability)도 좋지 않다.

MIN(*multistage interconnection network*)은 비용과 병렬도 측면에서 버스와 크로스바 스위치 사이의 절충점이다. 이것은 NUMA 아키텍처인 BBN Butterfly에서 사용되었다. 그림 10.2는 이진 주소 범위가 000에서 111에 이르는 8개의 CPU가 8개의 메모리 단위들에 접근할 수 있도록 허용하는 8 × 8 오메가 상호 연결 네트워크를 보여준다. 이 스위치는 메모리 단위들이 자신들의 이진 주소에 3개 비트를 갖기 때문에 3단계를 갖는다. 각 스위치에 대해 1개의 행(row)은 1개의 CPU를 나타내고, 1개의 열(column)은 접근할 메모리 단위의 이진 주소에 있어 1개 비트 값을 나타낸다. 만일 주소 비트가 0이면, 크로스바 스위치의 위쪽 출력이 선택된다. 비트가 1이면, 스위치의 아래쪽 출력이 선택된다. 이들 출력은 다음 단계에 있는 스위치들에 도달한다.

만일 CPU C_1이 메모리 단위 M_4에 접근하고자 할 때, 상호 연결은 다음과 같이 일어난다. 메모리 단위 M_4의 주소는 100이다. 첫 번째 비트가 1이기 때문에 스위치 S_{11}의 아래쪽 출력이 선택된다. 이것은 S_{22}에 도달하고, 그 다음 주소 비트가 0이기 때문에 위쪽 출력이 선택된다. 이것은 원하는 대로 M_4에 도달한다. 만일 CPU C_4가 메모리 단위 M_7에 접근하고자 했다면, 스위치 S_{13}, S_{24}, S_{34}가 선택되었을 것이다. 이 연결 네트워크는 12개의 2 × 2 스위치를 사용한다. 이 스위치들의 비용이 8 × 8 크로스바 스위치 비용보다 훨씬 저렴하다. 일반적으로 $N \times N$ 다단계 네트워크는 $\log_2 N$ 단계들을 사용하고, 각 단계는 $(N/2)$ 2 × 2 스위치들을 포함한다.

다른 상호 연결 네트워크는 이 세 가지 근본적인 연결 네트워크의 조합을 사용한다. 예들 들면, IEEE SCI(scalable coherent interface)는 고성능을 제공하기 위하여 버스와 유사한 서비스지만 빠른 점-대-점 단방향 링크(link)들을 제공하는 링(ring) 기반 네트워크를 사용한다. 크로스바 스위치는 CPU에 연결될 정확한 단방향 링크를 선택하는 데 사용된다.

10.1.1 SMP 아키텍처(SMP Architecture)

SMP 아키텍처는 대개 상호 연결 네트워크로서 버스나 크로스바 스위치를 사용한다. 이전에 논의한 바와 같이 임의의 시점에 버스 위에서 오직 하나의 대화만이 진행될 수 있다. 다른 대화들은 지연된다. 따라서 CPU들이 메모리에 접근하는 동안 예측 불가능한 지연을 겪게 된다. 버스는 병목될 수 있고 시스템의 성능을 제한한다. 크로스바 스위치가 사용될 때, CPU들과 I/O 서브시스템은 메모리에 접근할 때 작은 지연을 겪게 되므로 버스를 사용할 때보다 시스템 성능이 좋다. 스위치 지연 또한 버스 지연보다 훨씬 예측 가능하다. 캐시 일관성 프로토콜은 SMP 아키텍처에 대해 버스나 크로스바 스위치를 사용할 때 모두 메모리 접근에 대한 지연을 추가시킨다. 따라서 SMP 시스템들은

CPU의 수가 적지 않다면 확장 가능하지 않다.

10.1.2 NUMA 아키텍처(NUMA Architecture)

그림 10.3은 NUMA 시스템의 아키텍처를 보여준다. 각 대시(dashed) 박스는 시스템의 노드를 감싸고 있다. 노드는 단일 CPU 시스템으로 구성될 수 있다. 그러나 노드로서 SMP 시스템을 사용하는 것이 일반적이다. 그래서 하나의 노드는 CPU들, 지역 메모리 단위들, 그리고 지역 상호 연결 네트워크로 연결된 I/O 서브시스템으로 구성된다. 또한 각 지역 상호 연결 네트워크는 1개의 전역 포트와 고속 전역 상호 연결 네트워크에 연결된 모든 노드들의 포트를 갖고 있다. 고속 전역 연결 네트워크는 1 GB/s, 즉 초당 10^9 바이트까지 전송할 수 있는 능력을 갖는다. 전역 포트들은 CPU들과 비지역적 메모리 단위들 간 트래픽에 사용된다. 또한 노드의 전역 포트는 그 노드의 CPU들에 의해 접근되는 비지역적 메모리들로부터 명령어와 데이터를 잡기 위해 캐시를 가질 수도 있다. 그림 10.3에 보인 전역 상호 연결 네트워크는 IEEE SCI(scalable coherent interface)와 유사하다. 이것은 노드들 사이에 빠른 점-대-점 단방향 링크들을 제공하는 링(ring) 기반 네트워크를 사용한다.

SMP 시스템에서처럼, NUMA 시스템 하드웨어는 노드의 CPU 속에 있는 캐시 간 일관성(coherence)을 보장해야 한다. 또한 비지역 캐시 사이에 일관성도 보장해야 한다. 이 요구사항은 메모리 접근을 느리게 할 수 있고, 상호 연결 네트워크 대역폭의 일정 부분을 소모할 수 있다. 지역 및 비지역 상호 연결 네트워크에서의 지연을 무시할 때, 지역 메모리에 대한 유효 메모리 접근시간은 L1과 L3 캐시의 적중률과 메모리 접근시간에 달려 있다. 비지역 메모리에 대한 접근시간은 L1 캐시와 전역 포트에 있는 원격 캐시

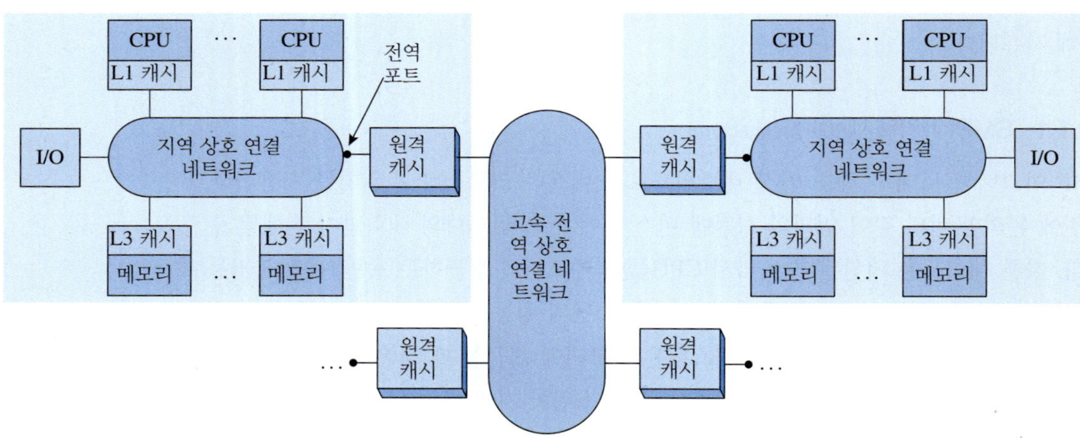

그림 10.3 NUMA 아키텍처

의 적중률과 메모리 접근시간에 달려 있다.

NUMA 시스템에서 노드들은 일반적으로 4개 혹은 8개 CPU를 포함하는 고성능 SMP 시스템이다. 고성능 비지역 연결 네트워크 때문에, 이러한 NUMA 아키텍처의 성능은 노드들이 추가됨에 따라서 확장 가능하다. NUMA 시스템의 실제 성능은 실행하는 동안 프로세스들이 생성하는 비지역 메모리 접근에 달려 있다. 이것은 다음 절에서 논의할 운영체제의 한 이슈이다.

10.2 멀티프로세서 운영체제에서의 이슈들 (ISSUES IN MULTIPROCESSOR OPERATING SYSTEMS)

멀티프로세서 시스템이 제공하는 고성능과 계산속도 향상이라는 이점을 실현하기 위해서는, CPU들이 효과적으로 사용되고 애플리케이션 프로세스들이 조화롭게 상호작용할 수 있어야 한다. 물론 이 두 가지 고려사항은 프로세스 스케줄링과 프로세스 동기화에 영향을 줄 것이다. 또한 이 둘은 인트럽트와 시스템 호출에 대한 응답으로 동작하는 운영체제 자신의 방법에도 영향을 준다. 표 10.3은 이 고려사항들에 의해 발생하는 세 가지 근본적인 이슈를 조명한다.

초기 멀티프로세서 운영체제들은 마스터-슬레이브(*master-slave*) 모드로 동작하였다. 이 모드에서는 하나의 CPU가 마스터로 지정되고, 다른 모든 CPU들은 그 슬레이브들로 동작한다. 오직 마스터 CPU만이 커널 코드를 실행할 수 있다. 마스터 CPU는 인트럽트와 시스템 호출을 처리하고, 스케줄링을 수행한다. 마스터 CPU는 다른 CPU에게 IPI(*interprocessor interrupt*)를 통하여 자신의 스케줄링 결정을 전달한다. 마스터-슬레이브 커널 구조의 주요 장점은 단순성이다. 어떤 프로세스가 시스템 호출을 수행할 때, 그 프로세스가 동작하고 있는 CPU는 그 프로세스가 자신의 동작을 재개하거나 혹은 마스터 CPU가 새로운 일을 그 CPU에게 할당할 때까지 유휴(idle) 상태가 된다. 마스터 CPU가 시스템 호출을 처리하거나 혹은 스케줄링을 수행할 때까지 이들 중 어떤

표 10.3 멀티프로세서 운영체제에서의 동기화와 스케줄링 이슈들

이슈	설명
커널 구조	많은 CPU가 커널 코드를 병렬로 실행하여 커널 함수의 실행이 병목되지 않도록 해야 한다.
프로세스 동기화	다중 CPU의 존재가 프로세스들 사이의 전환 오버헤드와 동기화 지연을 감소시키는 데 활용되어야 한다.
프로세스 스케줄링	스케줄링 정책은 애플리케이션의 계산속도 향상을 제공하기 위하여 다중 CPU가 있다는 점을 활용해야 한다.

것도 일어날 수 없다. 따라서 마스터에 의한 커널 함수 실행이 시스템 성능에 영향을 주는 병목이 된다. 이 문제는 많은 CPU들이 커널 코드를 병렬로 실행할 수 있도록 커널을 구성함으로써 해결될 수 있다.

다중 CPU가 존재한다는 점은 동기화 지연을 줄이는 데 활용될 수 있다. 단일 프로세서 시스템에서 어떤 프로세스가 동기화 조건을 만족할 때까지 루프를 돌도록 하는 것은 다른 프로세스들의 CPU 사용을 막고 우선순위 역전(priority inversion)을 야기할 수도 있다(6.5.1절 참고). 따라서 프로세스 동기화 조건이 만족될 때까지 프로세스 블록을 통하여 동기화가 수행된다. 그러나 멀티프로세서 시스템에서 루프를 통한 동기화는 락(lock)을 잡고 있는 프로세스가 그 루프를 돌고 있는 프로세스와 함께 병렬로 또 다른 CPU에서 실행될 수 있기 때문에 우선순위 역전에 이르지 않는다. 만일 프로세스를 블록시키고 다른 프로세스를 스케줄링하고 미래 언젠가 그 프로세스를 활성화시키고 다시 스케줄링하는 총 CPU 오버헤드보다 루프를 도는 시간이 더 짧다면, 루프를 돌도록 하는 것이 낫다. 만일 임계 영역(critical section) 진입을 위해 루프를 돌고 있는 프로세스와 그 임계 영역을 잡고 있는 프로세스가 병렬로 스케줄된다면, 이 조건은 만족된다. 멀티프로세서 운영체제는 이 특징을 이용하기 위해 특별한 동기화 기술들을 제공한다.

프로세스를 스케줄링하는 것은 두 가지 요소, 즉 프로세스가 동작하는 동안의 캐시 성능과 애플리케이션에 속한 프로세스들의 동기화 요구사항들에 영향을 받는다. 매번 동일한 CPU에 프로세스를 스케줄링하는 것은 높은 캐시 적중률을 가져오고, 프로세스 성능 향상과 더 나은 시스템 성능에 기여한다. 만일 하나의 애플리케이션에 속한 프로세스들이 빈번하게 상호작용할 때 서로 다른 CPU들에게 동시에 이 프로세스들을 스케줄링한다면, 이들에게 실시간으로 상호작용할 기회를 제공하고 애플리케이션의 속도 향상을 낳게 된다. 예를 들면, 단일 버퍼 생산자-소비자 시스템에서 한 생산자와 소비자가 병렬로 작동하도록 스케줄된다면 하나의 시간 조각(time slice) 동안에 여러 사이클의 레코드(record) 생산과 소비를 수행할 수 있을지도 모른다.

따라서 커널 구조와 커널이 스케줄링과 동기화를 위하여 사용하는 알고리즘이 멀티프로세서 운영체제가 고성능을 발휘할 것인지 여부를 함께 결정하게 된다. 그러나 컴퓨터 시스템은 기술의 진보와 사용자들의 요구에 따라 규모가 커지게 된다. 그래서 **확장성**(*scalability*)이라고 불리는 또 다른 측면의 성능이 똑같이 중요하다. 시스템의 확장성은 그 시스템의 규모가 증가함에 따라 얼마나 잘 동작할 것인지를 나타낸다. 멀티프로세서 운영체제의 크기는 추가적인 CPU들, 메모리 단위들, 그리고 시스템에 대한 다른 자원들에 의해서, 혹은 애플리케이션들 내에 더 많은 프로세스들을 생성함으로써 커진다. 시스템의 규모가 커지면 두 종류의 성능을 기대하게 된다. 즉, 시스템의 성능은 CPU의 수가 늘어남에 따라 선형적으로 증가해야 하고, 각 프로세스가 겪게 되는 지연은 시스템이 커지더라도 동기화 혹은 스케줄링 때문에 증가하지 말아야 한다.

확장성은 하드웨어와 소프트웨어 양쪽의 설계에 있어 중요하다. 시스템이 적은 수의 CPU와 메모리 단위들을 가지고 있을 때 잘 적용되는 상호 연결 기술들은 그들의 수가 증가하면 잘 동작하지 않을 수도 있다. 확장 가능하려면 상호 연결 네트워크의 유효 대역폭이 CPU 증가에 따라 선형적으로 증가해야 한다. 10.1절에서 논의한 바와 같이, 크로스바 스위치는 연결 네트워크로서 버스보다 확장성이 우수하다. 소프트웨어 영역에서 알고리즘의 확장성을 보장하기 위해 특별한 기술들을 채용한다. 이 측면은10.4절과 10.5절에서 논의한다.

10.3 커널 구조(KERNEL STRUCTURE)

SMP 아키텍처에 대한 멀티프로세서 운영체제 커널을 *SMP* 커널이라 부른다. 이 커널은 어떤 CPU도 커널에 있는 코드를 실행할 수 있고, 많은 CPU들이 병렬로 실행할 수 있도록 구조화되었다. 이러한 능력은 두 가지 근본적인 기능에 기반한다. SMP 커널 코드는 **재진입 가능**(*reentrant*)하며(재진입 가능 코드의 논의는 11.3.3절 참고), 병렬로 코드를 실행하는 CPU들은 동기화와 프로세서 간 인트럽트를 통하여 자신들의 행동을 조율한다.

동기화(Synchronization) 커널은 이진(binary) 세마포를 사용하여 커널 데이터 구조에 대한 상호 배제(mutual exclusion)를 보장한다(6.9절 참고). 이 이진 세마포를 **뮤텍스 락**(*mutex lock*) 또는 잠금이라고 말한다. 만일 뮤텍스 락이 데이터 구조들의 그룹에 대한 접근을 제어한다면 잠금이 **큼직한 단위**(*coarse-grained*)라고 말하고, 단일 데이터 아이템 혹은 단일 데이터 구조에 대한 접근을 제어한다면 잠금이 **세세한 단위**(*fine-grained*)라고 말한다. 큼직한 단위 잠금은 간단하다. 그러나 잠금에 의해서 제어되는 2개 이상의 데이터 구조들은 병렬로 접근될 수 없어서 커널의 기능 실행에 있어 병목될 수 있다. 세세한 단위 잠금은 커널 코드를 실행하는 CPU가 많은 수의 잠금을 설정하고 해제해야만 하기 때문에 잠금 오버헤드를 증가시킬 수 있다. 또한 만일 모든 CPU들이 동일한 순서로 잠금을 설정하지 않는다면 교착상태를 낳을 수도 있다. 따라서 자원 순위 정책(8.8절 참고)과 같은 교착상태 예방 정책들을 사용하여, 수치적 등급이 잠금과 연관되고 각 CPU는 잠금 등급의 오름차순으로 설정할 수 있다.

SMP 커널들의 우수한 성능은 상당한 잠금 오버헤드를 유발하지 않고 병렬성을 보장하면 얻을 수 있다. 이것을 성취하기 위한 두 가지 수단은 다음과 같다.

- **커널 기능을 위한 분리된 잠금의 사용:** CPU들은 높은 잠금 오버헤드를 야기하지 않고 서로 다른 커널 기능들을 병렬로 수행할 수 있다.
- **커널 기능에 대한 데이터 구조의 분할:** CPU들은 커널 데이터 구조에 대한 서로 다른

분할들을 잠금으로써 병렬로 동일한 커널 기능을 수행할 수 있다. 서로 다른 분할을 각 CPU에게 영원히 연관시킴으로써 잠금도 없앨 수 있다.

힙 관리(Heap Management) 힙 관리에 있어 병렬성은 몇 가지 **프리**(*free*) **목록들**, 즉 힙 안에 있는 프리 메모리 영역들의 목록을 유지함으로써 제공될 수 있다(11.5.1절 참고). 잠금은 만일 각 CPU가 자신의 프리 목록을 가지고 있다면 불필요하다. 그러나 이 방식은 할당 결정이 최적이 아니기 때문에 성능을 떨어뜨릴 수 있다. 서로 다른 크기의 프리 메모리 영역들을 보유한 분리된 프리 목록들을 구성하고 CPU가 적절한 프리 목록을 잠그도록 하는 것은, 서로 다른 크기의 메모리 영역을 찾는 CPU 사이에 병렬성을 제공한다. 또한 이것은 각 프리 목록을 영원히 한 CPU와 연관시킴으로써 야기된 부최적화(suboptimal) 성능 문제를 회피할 수 있다.

스케줄링(Scheduling) 그림 10.4는 SMP 커널이 사용하는 단순한 스케줄링 데이터 구조를 보여준다. CPU C_1과 C_2는 각각 프로세스 P_i와 P_j를 실행하느라 바쁘다. 프로세스의 준비 큐들은 7.4.3절에 논의한 것처럼 구성되어 있다. 각 준비 큐는 특정 우선순위를 갖는 준비된 프로세스들의 PCB를 갖고 있다. 커널은 여러 CPU에 할당된 워크로드(workload)를 기록한 AWT(*assigned workload table*)라고 이름 지어진 추가적인 데이터 구조를 유지한다. L_{rq}와 L_{awt}라 불리는 뮤텍스 락이 각각 준비 큐 데이터 구조와 AWT를 보호한다. CPU들이 L_{rq}, L_{awt} 순서로 이 락들을 설정한다고 가정하자.

그러나 그림 10.4에 보인 스케줄링 데이터 구조들을 사용하게 되면, 모든 CPU가 스케줄링하는 동안 L_{rq}와 L_{awt} 락의 설정 및 해제를 필요로 하기 때문에 이 뮤텍스 락들에 대한 경쟁이 심해진다. 오버헤드를 감소시키기 위해 어떤 운영체제들은 프로세스들의 집합을 몇 개의 부분 집합으로 분할하고, 각 부분 집합을 스케줄링에 대해 서로 다른 CPU에게 위임한다. 이 방식에서 준비 큐들과 AWT는 per-CPU, 즉 CPU 단위 기반으로 분할된다. 이 경우 각 CPU는 자신이 책임진 준비 상태 프로세스들만을 갖는 준비 큐 데이터 구조에 접근한다. 선점형 커널에서 뮤텍스 락은 CPU가 인트럽트 때문에 전환될 수도 있으므로 CPU당 데이터 구조 각각에 대한 경쟁 조건을 회피하는 것이 여전히 필

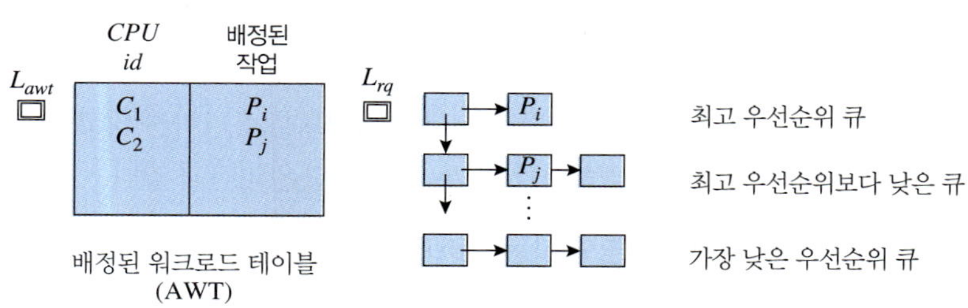

그림 10.4 SMP 커널에서 스케줄링 데이터 구조들

요하다. 그러나 이 락들은 거의 경쟁에 직면하지 않으므로 동기화 오버헤드는 낮다. 감소된 동기화 오버헤드 때문에 발생하는 비용은 몇몇 CPU가 유휴 상태일 때 다른 CPU는 과부하일 수 있기 때문에 시스템 성능이 매우 나쁘게 되거나, 혹은 과부하된 CPU로부터 부하가 적은 CPU로 프로세스들을 주기적으로 이동시킴으로써 CPU 간 부하에 대한 균형을 맞추는 오버헤드이다.

SMP 커널은 비록 효율적인 면에서는 영향을 받지만, 고장에도 불구하고 동작을 계속할 수 있기 때문에 **점진적인 성능저하**(*graceful degradation*)를 제공한다. 예를 들면, 커널 코드를 실행하지 않는 CPU의 고장은 시스템의 다른 CPU들 동작을 방해하지 않는다. 그래서 다른 CPU들은 정상적으로 동작할 수 있다. 실패가 일어난 곳에서 코드가 실행되고 있었던 프로세스는 고장난 CPU를 사용할 수 없는 것에 영향을 받는다. 또한 더 적은 수의 프로세스가 병렬로 스케줄될 수 있기 때문에 어느 정도까지 시스템에서 성능과 응답시간에 영향을 준다.

NUMA 커널 NUMA 시스템에서 CPU들은 지역과 비지역 메모리에 대해 서로 다른 메모리 접근시간을 경험한다. 프로세스는 자신이 접근하는 명령어와 피연산자(operand)가 대부분 지역 메모리에서 발견될 때 더 효율적으로 동작하게 된다. 이 원리에 부합되도록 NUMA 시스템에서 각 노드는 그 자신의 **별도 커널**(*separate kernel*)을 갖고 있고, 주소 공간이 그 노드의 지역 메모리에 존재하는 프로세스들이 독점적으로 이 커널에 스케줄된다. 이 방식은 SMP 시스템의 CPU들을 가로질러 프로세스들을 분할하는 것과 유사하다. 그래서 그러한 방식의 결점도 이어받는다.

대부분의 NUMA 아키텍처를 위한 운영체제들은 각 노드를 별도로 관리한다는 이러한 개념을 일반화한다. 이들은 각 애플리케이션에 좋은 성능을 보장하기 위해 **애플리케이션 영역** (*application region*)이라는 개념을 사용한다. 애플리케이션 영역은 하나의 자원 분할과 커널의 인스턴스(instance)로 구성된다. 각 자원 분할은 하나 이상의 CPU, 몇몇 지역 메모리 단위들, 그리고 소수의 I/O 장치들을 포함한다. 애플리케이션 영역의 커널은 오직 하나의 애플리케이션에 대한 프로세스들을 관리한다. 이 방식의 장점은 커널이 영리한 스케줄링을 통하여 애플리케이션의 성능을 최적화할 수 있다는 점이다. 또한 대부분 동일한 CPU에 각 프로세스를 스케줄링함으로써 L1 캐시에 높은 적중률을 보장할 수 있다. L3 캐시도 좋은 적중률을 갖게 되는데, 애플리케이션 영역에 있는 메모리 단위들이 오직 하나의 애플리케이션에 대한 메모리 공간을 포함하기 때문이다.

물론 NUMA 시스템의 노드 혹은 애플리케이션 영역에 대해 별도의 커널을 사용하는 것은 몇 가지 단점을 갖는다. 비지역 메모리 단위에 대한 접근은 더 복잡하게 되는데, 하나의 커널 이상 도메인들로 확장되기 때문이다. 별도 커널 방식은 분할과 연관된 태생적인 문제점을 갖는다. 한 분할에서 사용되지 않는 자원들을 다른 분할에 있는 프로세스들이 사용할 수 없기 때문에 자원의 유용도(utilization)가 떨어지게 된다. 또한 만일 한 분할에 있는 (CPU를 포함한) 몇몇 자원이 고장나면 연산이 중단되거나 지연되어야 하기 때문에 신뢰도(reliability)도 떨어진다.

10.4 프로세스 동기화(PROCESS SYNCHRONIZATION)

프로세스 동기화는 임계 영역(critical section) 혹은 나눌 수 없는 시그널링 동작의 사용을 포함한다. 6.5.2절에서 논의한 바와 같이, 이들 각각은 오직 2개의 가능한 값인 **열림**(*open*)과 **닫힘**(*closed*)만을 갖는 **잠금 변수**(*lock variable*)를 사용함으로써 구현된다. 프로세스는 만일 임계 영역 혹은 나눌 수 없는 동작에 연관된 잠금 변수가 **닫힘** 값을 갖는다면, 임계 영역 혹은 나눌 수 없는 동작을 시작할 수 없다. 만일 그 잠금 변수의 값이 **열림**이라는 것을 프로세스가 발견하면, 그 값을 **닫힘**으로 변경하고 임계 영역 혹은 나눌 수 없는 동작을 실행한 후 그 값을 다시 **열림**으로 변경한다. 잠금 변수의 값이 **닫힘**임을 발견한 프로세스는 그 값이 **열림**으로 변경될 때까지 기다려야만 한다. 잠금 변수 사용을 포함하는 이 방식을 **동기화 잠금**(*synchronization lock*), 동기화 락, 혹은 간단히 **락**(*lock*)이라고 말하기로 하고, 그 락을 닫고 여는 행위들을 **설정**(*setting*)과 **해제**(*resetting*)라고 말하기로 한다.

동기화 락에 있어 두 가지 품질이 멀티프로세서 시스템의 성능에 있어 중요하다. 첫 번째 품질은 동기화 락의 **확장성**(*scalability*)으로서, 그 락을 사용하는 애플리케이션의 성능은 애플리케이션에 속한 프로세스들의 수와 시스템에 있는 CPU들의 수에 독립적이어야함을 나타낸다. 두 번째 품질은 어떤 CPU에서 동작하는 프로세스가 동기화 락을 설정하려고 노력하는 동안 CPU의 인트럽트들을 처리할 수 있는 능력에 관계된다. 이 능력은 시스템에서 발생하는 이벤트에 대한 빠른 응답을 제공할 수 있도록 커널을 도와준다.

표 10.4는 세 종류의 동기화 락인 **큐드**(*queued*) 락, **스핀**(*spin*) 락, 그리고 **슬립**(*sleep*) 락에 대한 특징을 요약한다. 큐드 락을 기다리는 프로세스들은 블록된다. 이들은 그 락이 해제될 때 FCFS 순서로 활성화된다. 스핀 락은 그림 6.9와 6.10에서 보인 동기화 락이다. 이 락을 설정하고자 하는 프로세스는 블록되지 않기 때문에, 그 프로세스는 바쁜 대기(busy wait)를 하게 된다. 흥미롭게도 바쁜 대기 때문에 스핀 락을 버렸지만, 멀티프로세서에서 이 스핀 락은 유용하다! 슬립 락은 새로운 종류의 락이다. 이 세 가지 락 모두의 특징에 대해서 아래에서 논의한다.

표 10.4 동기화 락의 종류들

락	설명
큐드 락(queued lock)	큐드 락을 기다리는 프로세스는 블록되고, 큐드 락의 id가 그 락을 기다리는 프로세스들의 큐에 들어간다. 그 락이 해제될 때 큐의 첫 번째에 있는 프로세스가 활성화된다.
스핀 락(spin lock)	만일 어떤 프로세스가 스핀 락을 설정하고자 할 때 그 스핀 락이 이미 설정되어 있다면, 프로세스는 그 락에 대한 바쁜 대기로 들어간다. 프로세스가 동작하고 있는 CPU는 바쁜 대기 동안 인트럽트들을 처리할 수 있다.
슬립 락(sleep lock)	프로세스가 스핀 락을 기다릴 때 그 프로세스가 실행되고 있는 CPU는 특별한 휴면(*sleep*) 상태에 놓여진다. 휴면 상태에서는 CPU가 명령어나 프로세스 인트럽트들을 실행하지 않는다. 휴면 락을 해제하는 어떤 CPU가 (프로세스가 실행되고 있는) CPU에게 프로세서 인트럽트를 보낼 때 (휴면 상태) CPU는 활성화된다.

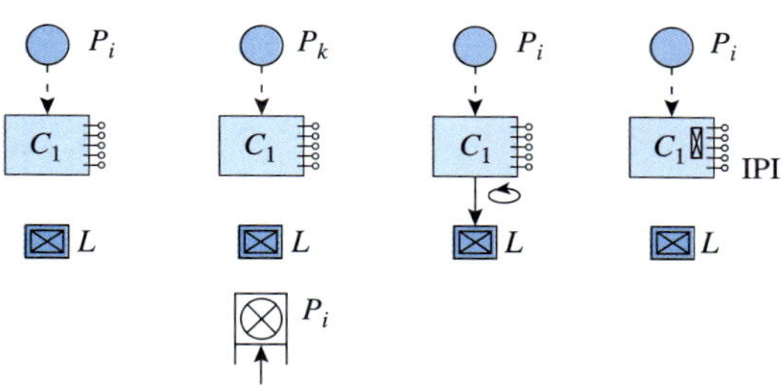

그림 10.5 멀티프로세서 운영체제에서의 동기화 락들 (a) 상호 배제 영역을 보호하는 락의 대략적이고 일반적인 다이어그램 (b) 큐드 락 (c) 스핀 락 (d) 슬립 락

그림 10.5는 세 종류 동기화 락들의 사용을 보여준다. 그림 10.5(a)는 CPU C_1 에서 실행 중인 프로세스 P_i와, 상호 배제 영역을 보호하는 데 사용되는 락 L을 보여준다. 락을 나타내는 상자 안 × 표시는 그 락이 설정되었음을 나타낸다. 프로세스를 나타내는 원 안에 비슷한 기호는 그 프로세스가 블록 상태에 있음을 나타낸다. 동기화 락들의 특징을 논의하면 다음과 같다.

큐드 락(Queued Lock) 큐드 락은 프로세스 동기화에 사용되는 전통적인 락이다. 커널은 CPU C_1에서 실행하는 프로세스 P_i가 락 L을 요청할 때 다음의 행동을 수행한다. 락 L이 검사를 받는다. 만일 이 락이 이미 설정되지 않았다면, 커널은 P_i를 위해 락을 설정하고 P_i의 실행을 재개한다. 만일 락이 이미 다른 프로세스에 의해 설정되었다면, P_i는 블록되고 그 락에 대한 요구는 큐에 기록된다. 그림 10.5(b)는 P_i를 블록시킨 이후 상황을 보여준다. P_i의 id가 락 L의 큐에 들어가고, CPU C_1은 어떤 다른 프로세스 P_k의 실행을 위해 전환된다. 락 L을 설정했던 프로세스가 임계 영역의 사용을 완료할 때, L의 큐 제일 앞에 있는 프로세스가 활성화되고 그 락이 주어진다.

큐드 락을 설정할 수 없는 프로세스는 자신이 실행하는 CPU를 포기한다. 그러한 프로세스는 락 설정을 기다리는 동안 CPU를 사용하지 못하고, 메모리에 접근하지 못하게 된다. 락에 대한 큐의 평균 길이는 그 해결책이 확장성이 있는지 여부를 결정하게 된다. 만일 프로세스들이 락 L을 빈번하게 요구하지 않으면 그 큐의 길이는 어떤 상수 c를 넘지 못하게 된다(즉, 그 길이는 c보다 크지 않다). 그래서 시스템의 CPU 혹은 프로세스 수를 증가시키는 것이 그 락 획득의 평균 지연을 증가시키지 않는다면, 이 조건하에서 이 해결책은 확장성이 있다. 만일 프로세스들이 락 L을 자주 요구한다면, 그 큐의 길이는 프로세스들의 수에 비례할 수도 있다. 이 경우 이 해결책은 확장성이 없다.

스핀 락(Spin Lock) 락 설정 시도를 성공시키지 못한 프로세스가 CPU를 포기하지 않는다는 점에서 스핀 락은 큐드 락과 다르다. 프로세스는 성공할 때까지 루프에 들어가서 락 설정을 위한 반복적인 시도에 들어간다[그림 10.5(c) 참고]. 그래서 그 이름이 스핀 락이다. CPU C_1이 락 L에 스핀하는 상황을 C_1에서 L로 화살표를 그림으로써 표현했다. CPU C_1은 그 락 값을 설정하기 위해 반복적으로 접근하고, 테스트-앤-세트(test-and-set) 명령어와 같이 나눌 수 없는 명령어를 사용하여 검사한다(6.9.4절 참고). 이 행위는 메모리 버스 혹은 네트워크에 트래픽을 생성한다.

스핀 락의 사용은 시스템 성능을 두 가지 측면에서 떨어뜨릴 수도 있다. 첫째, CPU가 스핀 락에 루프를 돌고 있는 프로세스에 남겨져 있어서 다른 프로세스들이 CPU를 사용할 수 없게 된다. 둘째, CPU가 락을 스핀할 때 메모리 트래픽이 발생한다. 후자의 결점은 만일 메모리 버스 혹은 네트워크가 적은 부하에 걸린다면 중요하지 않을 수도 있지만, 다른 상황에서는 성능저하를 일으킨다. 그러나 스핀 락의 사용은 두 가지 상황에서 정당성을 가질 수 있다. (1) 프로세스들의 수가 시스템 내 CPU 수를 넘지 않는 경우 프로세스를 선점(preemption)하는 것이 이득이 없기 때문이다. (2) 한 락이 어떤 임계 영역을 제어하는 데 사용되고, 그 임계 영역을 실행하는 데 필요한 CPU 시간이 프로세스를 블록하고 다른 프로세스를 스케줄하고 원래의 프로세스를 활성화시키고 재스케줄하는 데 필요한 총 CPU 시간보다 작은 경우이다. 첫 번째 경우 블로킹은 불필요하다. 두 번째 경우는 역효과를 낳는다.

스핀 락은 큐드 락에 비해 흥미로운 이점을 가진다. 한 락에 스핀하는 CPU는 인터럽트를 처리할 수 있고, CPU상에서 동작하는 프로세스들은 시그널을 처리할 수 있다. 이 특징은 인트럽트와 시그널을 서비스하는 데 걸리는 지연이 반응시간을 떨어뜨릴 수 있기 때문에 특히 실시간 애플리케이션에 중요하다. 그럼에도 불구하고 스핀 락은 자신이 생성하는 메모리 혹은 네트워크 트래픽 때문에 확장성이 없다.

NUMA 시스템에서 스핀 락을 사용하는 프로세스는 락 기아(*lock starvation*)라고 불리는 상황을 맞을 수 있다. 이 상황이 발생하면 긴 시간 동안, 어쩌면 무한히 락 사용을 거부당하는 프로세스가 있을 수도 있다. 자신의 비지역 메모리에 스핀 락 설정을 시도하는 프로세스 P_i를 고려해 보자. 그 락과 동일한 노드에 존재하는 프로세스 P_j와 P_k가 락 설정을 시도한다고 가정하자. 지역 메모리에 대한 접근이 비지역 메모리에 대한 접근보다 빠르기 때문에, 프로세스 P_j와 P_k가 프로세스 P_i보다 빨리 그 락에 스핀을 할 수 있다. 그래서 이들이 P_i 이전에 그 락을 설정할 기회를 얻을 확률이 높다. 만일 이들이 그 락을 반복적으로 설정하고 사용한다면, P_i는 오랜 시간 동안 그 락을 설정하지 못할 수도 있다. 10.4.2절에 살펴볼 방안은 락 기아를 회피한다.

슬립 락(Sleep Lock) 슬립 락을 설정하기 위한 프로세스의 시도가 성공적이지 못할 때, 프로세스가 동작하는 CPU는 **휴면**(*sleep*) 상태라고 불리는 특별한 상태에 놓인다. 이 상태에서 CPU는 IPI, 즉 프로세서 간 인트럽트를 제외한 어떤 인트럽트에도 반응하지 않고 명령어도 수행하지 않는다. 그림 10.5(d)는 IPI를 제외한 모든 인트럽트에 대해 × 표시를 한 이 상황을 보여준다. 그 락을 기다리고 있는 CPU는 그 락에 스핀하지 않고 메모리나 네트워크 트래픽을 유발하지 않는다.

락을 해제한 CPU는 락에 대해 휴면하고 있는 CPU들에게 프로세서 간 인트럽트를 보낼 책임을 갖고 있다. 이 특징은 문맥 전환과 커널 코드 실행을 포함하는 프로세서 간 인트럽드들의 생성 및 서비스에 관한 오버헤드를 낳게 된다. 슬립 락은 만일 락에 대한 경쟁이 심하다면 확정성이 크게 떨어진다. 그러나 이런 경우가 아니라면 잘 동작한다. 또한 실시간 애플리케이션에서의 슬립 락 사용은 애플리케이션의 응답시간에 영향을 줄 수 있다. 그럼에도 불구하고 메모리 혹은 네트워크 트래픽 밀도가 높다면 슬립 락이 스핀 락보다 선호될 수도 있다.

스케줄링을 인지한 동기화(Scheduling Aware Synchronization) 이전에 논의한 바와 같이 어떤 종류의 동기화는 동기화에 포함된 프로세스들이 동시에 실행되도록 스케줄될 때에만 효과적이다. Sun 시스템의 솔라리스 운영체제는 **적응적 락**(*adaptive lock*)이라고 불리는 동기화 락을 제공한다. 이 락을 기다리고 있는 프로세스는 만일 락의 소유자가 병렬로 실행되도록 스케줄된다면 그 락에 대해 스핀한다. 그렇지 않으면 프로세스는 선점되어 큐드 락에 들어간다. 따라서 동기화 락에 대한 구현은 시스템에서의 스케줄링 결정에 달려 있다.

10.4.1 프로세스 동기화를 위한 특별한 하드웨어 (Special Hardware for Process Synchronization)

어떤 시스템은 큐드 락, 스핀 락, 그리고 슬립 락에서 야기되는 성능 문제들을 회피하기 위해 특별한 하드웨어를 사용한다. 시퀀트 밸런스 시스템은 SLIC(*system link and interface controller*)라고 불리는 특별한 버스를 동기화에 사용한다. SLIC는 시스템의 각 CPU에 특별한 64-비트 레지스터로 구성된다. 서로 다른 CPU의 레지스터들은 SLIC 버스를 통하여 연결된다(그림 10.6 참고). 각 비트는 한 스핀 락을 나타낸다. 따라서 SLIC는 64개 스핀 락을 지원할 수 있다. CPU C_1이 락 L_k 설정을 원할 때 그 특별한 레지스터 안에 대응되는 비트, 가령 b_k를 설정하고자 시도한다. 만일 그 비트가 아직 설정되어 있지 않다면, 설정에 대한 시도는 SLIC 버스에 대한 통신을 낳게 된다. 만일 다른 어떤 CPU도 동시에 동일한 비트를 설정하고자 시도하고 있지 않다면, 그 락은 C_1에게 주어지고 모든 CPU의 특별 레지스터에 있는 비트 b_k는 설정된다. C_1은 이제 자신의 실행을 진행할 수 있다. C_1이 그 락을 해제할 때, 모든 CPU의 특별 레지스터에 있는 비트 b_k는 해제된다. 만일 2개 이상의 CPU들이 동시에 동일한 락 설정을 시도한다면, 하드웨어 중계자가 그 락을 한 CPU에게 준다. 락 L_k 설정 시도는, 만일 비트 b_k가 어떤 다른 CPU를 위해서 이미 설정되었다면 실패한다. 이 경우 그 CPU는 이 락, 즉 자신의 특별한 레지스터에 있는 비트 b_k에 스핀을 계속한다.

SLIC 방식의 이점은 CPU 내에 위치한 락에 대해 스핀한다는 점이다. 그러므로 스핀이 메모리 혹은 네트워크 트래픽을 생성하지 않는다. 또한 슬립 대신 스핀을 사용하는 것은 동기화를 위해 프로세서 간 인트럽트 사용을 피하게 해준다. 특별한 동기화 버스 사용은 메모리 버스에 대한 부담을 경감시킨다. 이것은 메모리 트래픽 밀도가 높을 때 주목할 만한 이점이다.

10.4.2 프로세스 동기화를 위한 확장성 있는 소프트웨어 방안 (A Scalable Software Scheme for Process Synchronization)

NUMA 아키텍처에서 비지역 메모리 단위들에 대한 동기화 트래픽을 최소화하고

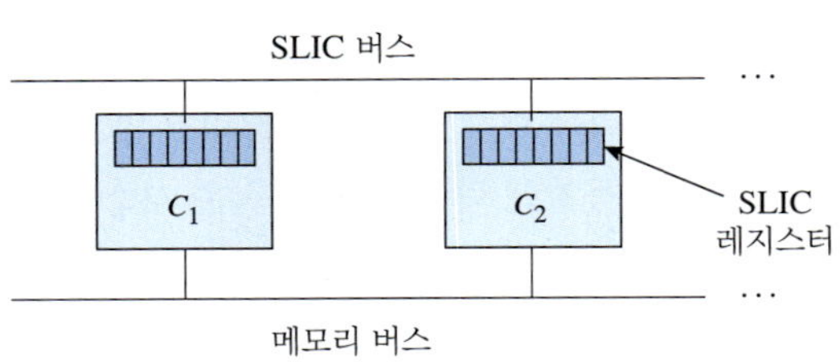

그림 10.6 SLIC 버스

NORMA 아키텍처에서 네트워크에 걸리는 동기화 트래픽을 최소화함으로써, 프로세스 동기화가 확장성 있는 성능을 갖추도록 하는 방안을 설명한다. 이 방안은 어떤 특별한 하드웨어도 요구하지 않으며 SLIC 칩과 유사한 효과를 발휘한다. 또한 이 방안은 스핀 락의 락 기아 문제를 회피한다.

이 방안은 두 가지 타입의 락을 사용한다. **주요 락**(*primary lock*)은 동기화에 사용되는 전통적인 락과 비슷하다. 프로세스가 주요 락을 설정할 수 없을 때 프로세스는 자신이 거주하는 노드의 지역 메모리에 **그림자 락**(*shadow lock*)을 생성하고, 그림자 락을 주요 락과 연계시키고, 그림자 락을 스핀한다. 이 방식에서 스핀은 비지역 메모리에 대한 트래픽 혹은 네트워크 트래픽을 생성하지 않는다. 어떤 프로세스가 자신이 설정한 주요 락을 해제하기를 원할 때, 주요 락과 연계된 그림자 락이 있는지 여부를 검사한다. 만일 그렇다면 그림자 락 중 하나를 해제한다. 그 결과 주요 락을 기다리고 있는 프로세스 중 하나가 진행을 계속하도록 만든다. 그렇지 않으면 주요 락을 해제한다.

그림 10.7은 이 방식의 구현을 보여주며, 그림 10.5에서와 동일한 표기법을 사용하였다. 그림자 락들에 대한 큐가 각 주요 락에 대해서 유지된다. 큐의 각 항목은 그림자 락의 주소와 큐에 있어 다음 그림자 락에 대한 포인터를 포함한다. 만일 어떤 프로세스가 주요 락을 설정하는 데 실패한다면, 그 프로세스는 지역 메모리에 그림자 락을 할당하고, 자신의 주소를 주요 락의 큐에 넣고, 그림자 락에 대한 스핀을 시작한다. 큐는 시스템 내의 서로 다른 메모리 단위에 걸칠 수 있다. 그래서 큐 내의 그림자 락에 들어가는 행위는 비지역 메모리 트래픽 혹은 네트워크 트래픽을 발생시킨다. 그림자 락을 해제하는 것 또한 비지역 메모리 트래픽 혹은 네트워크 트래픽을 생성한다. 그러나 스핀은 그러한 트래픽을 생성하지 않는다. 말할 필요도 없이, 이 큐 자체를 유지하는 것은 어떤 락하에서 이루어진다.

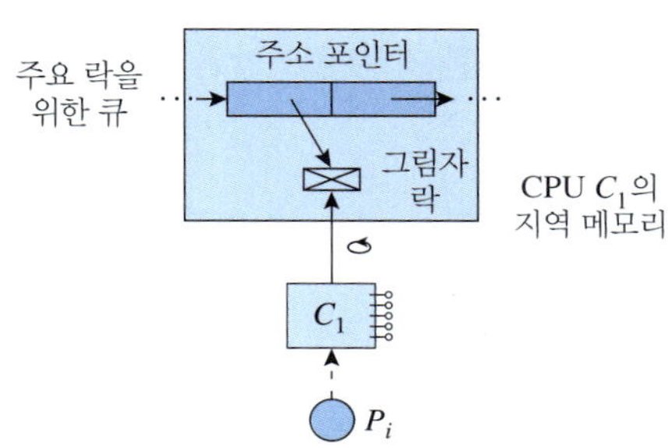

그림 10.7 프로세스 동기화를 위한 효율적인 소프트웨어 해결책

10.5 프로세스 스케줄링(PROCESS SCHEDULING)

멀티프로세서 시스템에서 프로세스는 어떤 CPU에도 스케줄될 수 있다. 그러나 성능은 CPU의 현명한 선택, 즉 어디에 그 프로세스를 스케줄할지의 판단에 따라서 개선될 수 있다. 서로 동기화하고 통신하는 한 무리 프로세스들의 성능은 이들을 어떻게 그리고 언제 스케줄할지를 결정함으로써 개선될 수 있는 것이다. 이 절에서 이러한 결정을 하는데 포함된 이슈들에 대해 논의한다.

CPU의 선택(Choice of the CPU) 어떤 프로세스 P_i가 하나의 CPU, 가령 CPU C_1에서 동작할 때 자신의 주소 공간의 몇몇 부분이 그 CPU의 L_1 캐시에 로딩되어 있다. CPU가 다른 프로세스로 전환될 때 이 부분의 일부가 새로운 프로세스의 주소 공간 일부에 의해서 덮어쓰여진다. 그러나 P_i 주소 공간의 몇몇 다른 부분은 한동안 C_1의 캐시 메모리에서 살아남을 수도 있다. 이 부분들이 프로세스의 **잔류 주소 공간**(*residual address space*)이라고 불린다. 임의의 프로세스가 어떤 CPU의 캐시에 잔류 주소 공간을 가지고 있으면, 그 CPU에 **친밀감**(*affinity*)을 갖는다고 말한다. 그 프로세스는 친밀감을 갖지 않은 CPU보다 그 CPU에 더 높은 캐시 적중률을 가지게 된다.

친밀감 스케줄링(*affinity scheduling*)은 CPU가 갖는 친밀감에 따라 프로세스를 스케줄한다. 이 기술은 좋은 캐시 적중률을 제공하므로 프로세스의 동작을 빠르게 하고 메모리 버스 트래픽을 감소시킨다. 친밀감을 이용하는 또 다른 방법은, 짧은 시간 내에 연속으로 스케줄이 요구되면 프로세스의 스레드들을 동일한 CPU에 스케줄하는 것이다. 그러나 친밀감 스케줄링은 프로세스와 스레드가 특정 CPU에 묶이기 때문에 CPU 간 부하 균형에 방해가 된다. 10.6.3절은 윈도우 시스템에서 이 방식이 어떻게 스케줄링 이상을 가져오는지 설명한다.

10.3절에서 SMP 커널이 어떻게 각 CPU가 자신의 스케줄링을 수행하도록 허용하는지 논의하였다. 이 방식은 커널이 성능 병목이 되는 것을 예방한다. 그러나 이 방식은 하위 우선순위 프로세스가 스케줄된 경우에도 상위 우선순위 프로세스가 준비 상태에

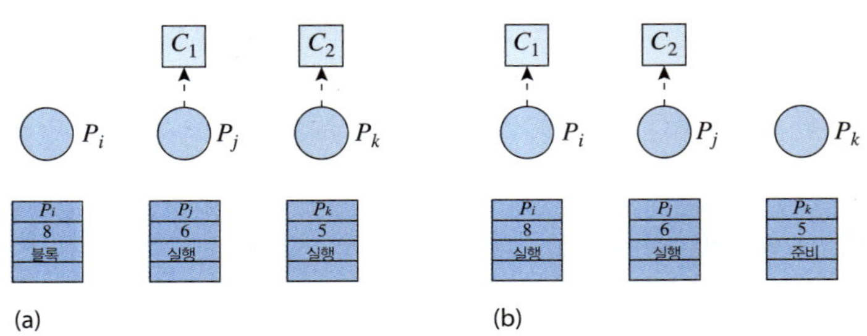

그림 10.8 프로세스 P_i가 *준비* 상태가 될 때, 프로세스 P_j는 CPU C_1에서 CPU C_2로 뒤바뀐다.

있게 되는 스케줄링 이상 현상을 낳는다. 이 이상 현상을 바로잡기 위해서는 다음 예제에서 보인 바와 같이 CPU 간 프로세스를 뒤바꾸는 것이 필요하다.

예제 10.1 SMP 커널에서 프로세스 뒤바꾸기

한 SMP 시스템이 2개의 CPU, 즉 C_1과 C_2, 그리고 각각 우선순위 8, 6, 5를 갖는 프로세스 P_i, P_j, P_k를 포함한다. 그림 10.8(a)는 프로세스 P_i가 I/O 동작 때문에 블록 상태에 있고(P_i의 PCB 내용 참고), 프로세스 P_j와 P_k는 각각 CPU C_1과 C_2를 사용해서 실행되고 있는 상황을 보여준다. P_i의 I/O 동작이 완료될 대 I/O 인트럽트는 CPU C_1에 의해서 처리된다. CPU는 P_i의 상태를 준비로 바꾸고, 자신이 프로세스 P_i를 서비스하도록 전환한다. 그러면 그 다음 높은 우선순위를 갖는 프로세스인 프로세스 P_j는 준비 상태에 있게 되고, 가장 낮은 우선순위를 갖는 프로세스 P_k는 실행 중이 된다. 이 상황을 바르게 고치려면, 프로세스 P_k가 선점되어서 프로세스 P_j가 CPU C_2에 스케줄되어야만 한다. 그림 10.8(b)는 이러한 행동들이 수행된 후 상황을 보여준다.

프로세스 뒤바꾸기는 10.3절에서 논의한 바와 같이 AWT(assigned workload table)와 IPI(interprocessor interrupt)를 사용함으로써 구현된다. 그러나 프로세스 뒤바꾸기는 높은 스케줄링 오버헤드를 야기한다. 이 효과는 많은 수의 CPU를 포함하는 시스템에서 더 잘 알려져 있다. 그래서 어떤 운영체제는 스케줄링 이상 현상을 프로세스 뒤바꾸기를 사용하여 바로잡지 않는다.

동기화를 고려한 스케줄링(Synchronization-Conscious Scheduling) 계산속도를 향상시키기 위하여 계산의 일부분을 서로 다른 CPU에게 실행시킬 수도 있다. 그러나 한 애플리케이션에 속한 프로세스 간의 동기화와 통신은 이 프로세스들 사이 병렬성의 본질에 영향을 준다. 그래서 스케줄링 정책은 이러한 점을 또한 잘 고려해야 한다. 10.2절에서 언급한 바와 같이, 한 애플리케이션에 속한 프로세스들이 그들의 동기화를 위하여 스핀락을 사용한다면 동시에 서로 다른 CPU들에게 스케줄되어야만 한다. 이것을 **공동 스케줄링**(*coscheduling*) 혹은 **갱**(*gang*) **스케줄링**이라고 부른다. 프로세스들이 블로킹 프로토콜을 사용하여 메시지를 교환할 때 다른 방식이 요구된다. P_i가 P_j에게 메시지를 보낼 때, P_i는 자신의 메시지가 전달된 이후에 연산을 계속할 수 있다. 이러한 기다림은 상당히 길 수가 있어 P_i를 블로킹하는 것이 최선이다. 이 경우 동일한 시간 조각 내에서 이런 프로세스들을 스케줄하지 **않도록** 특별히 노력한다. 이런 방식은 공동 스케줄링과 충돌하기 때문에 커널은 어려운 결정을 해야만 한다. 이 결정은 애플리케이션에 속한 프로세스들의 과거 행동에 기반하거나, 혹은 스케줄링의 특별한 방법에 대한 사용자 선호도에 기반할 수 있다. Mach 운영체제는 후자의 방식을 사용한다.

10.6 사례 연구(CASE STUDIES)

10.6.1 Mach

카네기 멜론 대학에서 개발된 Mach 운영체제는 멀티프로세서와 분산 시스템을 위한 운영체제이다. 멀티프로세서 Mach는 SMP 커널 구조를 사용한다. 그림 10.9는 Mach에서 사용된 스케줄링 방식을 대략적으로 보여준다. 멀티프로세서 시스템의 프로세서들은 **프로세서 집합들**(*processor sets*)로 나누어진다. 각 프로세서 집합에게 실행 스레드들의 부분 집합이 할당된다. 0이 가장 높은 우선순위일 때, 스레드들은 0~31 사이의 우선순위를 갖는다. 각 프로세서 집합은 스레드와 각각의 우선순위에 대한 정보를 담고 있는 32개의 준비 큐를 갖는다. 이들은 이 프로세서에서만 실행되어야 하는 스레드들이다. 이 스레드들은 스레드 큐 안에 있는 모든 스레드보다 높은 우선순위를 갖는다. 이 특징은 친밀감 스케줄링을 위해 제공된다. 각 시간 조각(time slice)의 끝 시점에 어떤 다른 준비 상태의 스레드가 스레드 큐 내에 존재할 때만 (실행 중인) 스레드가 선점된다. 그렇지 않으면 그 스레드에게 또 다른 시간 조각이 주어진다. 시간 조각은 준비 상태의 스레드 수에 따라서 다양하다. 만일 많은 준비 상태의 스레드들이 존재하면 시간 조각이 작아지고, 적은 준비 상태의 스레드들이 존재하면 시간 조각은 커진다.

Mach 운영체제에 있어 흥미로운 특징은 **스케줄링 힌트**(*scheduling hint*)라는 기술이다. 각 스레드는 프로세서 스케줄링 결정에 영향을 주는 힌트를 제공한다. 힌트는 애플리케이션의 어떤 실행 특성에 대한 스레드의 지식에 기반한 것으로 간주하면 된다. 애플리케이션의 스레드들이 동기화나 통신을 필요로 할 때, 각 스레드는 더 나은 스케줄링을 보장받기 위하여 힌트를 줄 수 있다. 실망 힌트(discouragement hint)는 스레드의 우선순위를 감소시킨다. 이 타입의 힌트는 어떤 다른 프로세스가 설정한 락에 스핀해야만 하는 스레드가 줄 수 있다. 밀어주기 힌트(hand-off hint)는 스레드가 다른 스레

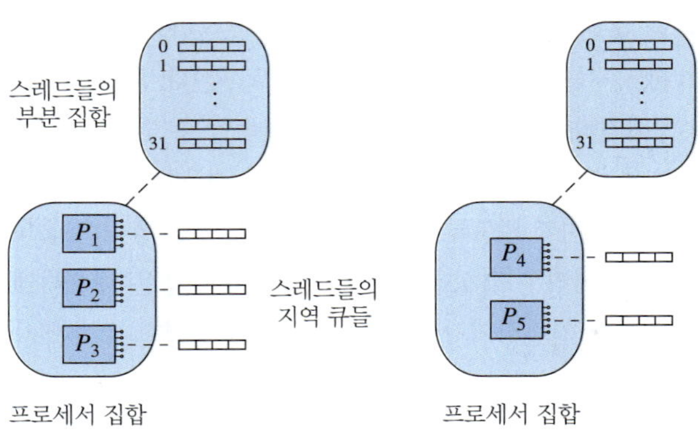

그림 10.9 Mach에서의 스케줄링

드에게 프로세서를 양보하기를 원함을 나타내기 위하여 사용한다. 스레드는 어느 프로세서를 양도하기 원하는지 그 스레드의 신원을 나타낼 수도 있다. 이러한 힌트를 수신하면, 스케줄러는 명명된 스레드에게 우선순위에 관계없이 프로세서를 전환해 준다. 이 특징은 어떤 스레드가 락에 스핀하고 그 락의 소유자가 선점되었을 때 효과적으로 사용될 수 있다. 스핀하는 스레드는 자신의 프로세서를 선점된 스레드에게 양도할 수 있다. 이러한 행동은 락에 대한 해제를 빨리 할 수 있게 해준다. 또한 7장에서 논의한 우선순위 상속 프로토콜을 구현하는 데도 사용될 수 있다.

10.6.2 리눅스(Linux)

리눅스에서의 멀티프로세싱 지원은 리눅스 2.0 커널에서 소개되었다. 큼직한 단위 잠금은 커널 데이터 구조에 대한 경쟁 조건들을 예방하기 위해서 사용되었다. 락에 대한 단위(granularity)는 나중 릴리스(release)에서 더 세밀하게 되었다. 그러나 커널은 여전히 비선점적이었다. 리눅스 2.6 커널부터 리눅스 커널은 선점적이 되었다(4.8.2절 참고). 또한 리눅스 2.6 커널은 매우 세밀한 단위의 잠금을 사용한다.

리눅스 커널은 데이터 구조에 대한 잠금을 위해 스핀 락을 제공한다. 또한 특별한 **독자-필자 스핀 락**(*reader-writer spin lock*)을 제공한다. 이 락은 임의의 수의 독자 프로세스들을 허용한다. 즉, 커널 데이터를 수정하지 않는 프로세스들은 동시에 보호된 데이터에 접근할 수 있다. 그러나 임의의 시점에 그 데이터를 갱신하는 필자 프로세스는 오직 하나만을 허용한다.

리눅스 커널은 **시퀀스 락**(*sequence lock*)이라고 불리는 낮은 오버헤드와 확장성을 가진 또 다른 락을 사용한다. 시퀀스 락은 원자적, 즉 나눌 수 없는 증가 명령어를 통하여 시퀀스 카운터로서 사용되는 **실제 정수**이다. 프로세스가 어떤 커널 데이터를 사용하기 원할 때마다 프로세스는 단순히 데이터 구조와 연관된 시퀀스 락에 있는 정수를 증가하고, 그 새로운 값을 기록하고, 동작을 수행한다. 동작이 완료된 이후 시퀀스 락에 증가 명령어를 실행하고, 시퀀스 락에 있는 값이 변경되었는지를 검사한다. 만일 값이 변경되었다면 그 동작은 실패할 운명이므로, 방금 수행한 동작을 취소하고 전체를 다시 시도해서 그 동작이 성공할 때까지 계속한다.

리눅스는 커널 데이터 구조에서의 락에 대한 경쟁을 감소시키기 위하여 per-CPU, 즉 CPU 단위로 데이터 구조를 사용한다. 10.3절에 말한 바와 같이, CPU 단위로 된 데이터 구조는 CPU에 의해서 커널 코드가 실행될 때에만 접근될 수 있다. 그러나 이 데이터 구조조차도 잠금이 필요하다. 왜냐하면 인트럽트가 발생할 때 커널 코드가 시스템 호출을 서비스하기 위해 실행되고 있고 커널 내의 인트럽트 서비스 루틴이 활성화되는 동안 데이터 구조에 대한 병렬 접근이 이루어질 수 있기 때문이다. 리눅스는 커널 코드를 실행하는 동안 인트럽트에 기인해서 CPU를 선점하지 못하게 함으로써 이 락을 제거한다. 즉, CPU가 CPU 단위로 된 데이터 구조에 접근하고자 할 때 선점을 못하도록 하기 위해 CPU에 의해 실행되는 코드가 시스템 호출을 수행하고, CPU 단위로 된 데이터 구조에 대한 접근을 끝낼 때 선점이 가능하도록 하기 위해서 또 다른 시스템 호출을 수행한다.

7.6.3절에서 기술한 바와 같이, 리눅스 스케줄링은 그림 7.12의 준비 큐 데이터 구조를 사용한다. 멀티프로세서에 대한 스케줄링은 친밀감에 대한 고려를 포함한다. 사용자는 어떤 프로세스가 동작해야만 하는 CPU들의 집합을 나타냄으로써 그 프로세스에 대한 **엄격한 친밀감**(*hard affinity*)을 기술할 수 있다. 프로세스는 자신이 동작해야 하는 마지막 CPU에 대한 **엄격하지 않은**(*soft*) 친밀감을 가진다. 스케줄링은 CPU 단위 기반으로 수행되기 때문에, 커널은 서로 다른 CPU에 대한 계산 부하가 분산될 수 있도록 하기 위해 **부하 균형잡기**(*load balancing*)을 수행한다. 이 작업은 준비 큐가 비어 있음을 알게 되는 CPU에 의해서 수행된다. 또한 주기적으로 커널에 의해서 시스템이 유휴 상태일 때 1 ms마다, 그렇지 않으면 200 ms마다 이 작업이 수행된다.

함수 `load_balance`는 저부하가 걸리는 CPU id로 부하 균형잡기를 수행할 때 호출된다. `load_balance`는 저부하가 걸리는 CPU의 준비 큐들보다 적어도 25% 더 많은 프로세스들이 준비 큐들에 있는 "바쁜 CPU"를 찾는다. 이 함수는 이제 바쁜 CPU에 엄격한 친밀감을 갖고 있지 않은 준비 큐들 안에 있는 몇몇 프로세스의 위치를 찾아내고, 그 프로세스들을 저부하가 걸리는 CPU의 준비 큐들로 옮긴다. 이 일은 다음과 같이 진행한다. 먼저 바쁜 CPU의 **탈진한 목록**(*exhausted list*) 내에 있는 가장 높은 우선순위 프로세스들을 옮긴다. 왜냐하면 이 프로세스들이 **활동 목록**(*active list*)에 있는 프로세스들보다 바쁜 CPU의 캐시에 있는 잔여 주소 공간을 훨씬 덜 가질 것이기 때문이다. 만일 더 많은 프로세스들을 옮기는 것이 필요하게 되면 바쁜 CPU의 활동 목록에 있는 가장 우선순위가 높은 프로세스들을 옮기고, 그 결과 이들의 응답시간이 개선된다.

10.6.3 윈도우에서의 SMP 지원(SMP Support in Windows)

윈도우 커널은 멀티프로세서와 NUMA 시스템, 그리고 하이퍼스레딩(hyperthreading)을 제공하는 CPU들에 대해 포괄적인 지원을 한다. 하이퍼스레드 CPU는 여러 논리적 프로세서들을 갖는 단일 물리적 프로세서로 간주된다. 스핀 락은 커널 데이터 구조에 대한 상호 배제를 구현하는 데 사용된다. 커널 데이터 구조에 대해 스레드들이 오래 기다리지 않도록 보장하기 위해, 윈도우 커널은 만일 어떤 다른 스레드가 스핀 락을 획득하고자 노력하고 있다면 동일한 스핀 락을 잡고 있는 스레드를 결코 선점하지 않는다.

윈도우 서버 2003과 윈도우 Vista는 11.5.4절에 기술된 메모리 영역의 여러 프리(free) 목록을 사용한다. 이 목록은 CPU들이 메모리 할당을 병렬로 수행하는 것이 가능하게 한다. 또한 이 커널들은 10.3절에 기술한 것처럼 프로세서 단위로된 스케줄링 데이터 구조를 사용한다. 이 동작에서 동기화 오버헤드를 감소시키기 위해서, 커널은 10.4.2절의 대략적인 방법을 따르는 **큐드**(*queued*) **스핀 락**을 제공한다. 프로세서는 자신의 지역 메모리 내의 락에 대해서 스핀하는데, 이것이 NUMA 시스템에서 네트워크상의 트래픽을 피하게 만들고 그 락을 확장 가능하게 만든다.

윈도우 프로세스와 스레드 객체들은 여러 가지 스케줄링에 연관된 속성을 갖는다. 프로세스의 **디폴트 프로세서 친밀감**(*default processor affinity*)과 스레드의 **스레드 프로세서 친밀감**(*thread processor affinity*)은 각 스레드에 대한 프로세서들의 집합인 친밀감 집합을 정의한다. NUMA 아키텍처를 갖는 시스템에서 프로세스는 자신의 친밀감 집합을 한 노드 내 프로세서들의 부분 집합으로 설정함으로써 그 시스템 내의 단일 노드로 한정할 수 있다. 커널은 각 스레드에 대해 **이상적인 프로세서**(*ideal processor*)를 할당하여 프로세스의 서로 다른 스레드들은 서로 다른 이상적인 프로세서들을 갖도록 만든다. 이런 방식으로 한 프로세스의 많은 스레드들은 병렬로 동작할 수 있어 공동 스케줄링이 이득을 볼 수 있도록 만든다. 친밀감 집합과 이상적인 프로세서는 함께 각 스레드에 대한 **엄격한 친밀감**(*hard affinity*)을 정의한다. 프로세서는 스레드가 동작을 종료한 이후에 20 ms 동안 스레드 주소 공간의 일부를 포함하는 것으로 가정된다. 스레드는 이 기간 동안 프로세서에 대해 **엄격하지 않은 친밀감**(*soft affinity*)를 갖는다. 그래서 신원이 스레드의 **마지막 프로세서**(*last processor*) 속성에 저장된다.

스케줄링이 가령 CPU C_1에 수행될 것이라면 커널은 **준비**(ready) 상태의 스레드들을 우선순위가 높은 것부터 낮은 순서로 살펴보고, 다음의 조건 중 하나를 만족하는 첫 번째 **준비** 상태 스레드를 선택한다.

- 그 스레드는 C_1을 자신의 마지막 프로세서로 갖고 있다.
- 그 스레드는 C_1을 자신의 이상적인 프로세서로 갖고 있다.
- 그 스레드는 C_1을 자신의 친밀감 집합에 갖고 있고, 3개의 클록 틱(tick) 동안 **준비** 상태였다.

첫 번째 기준은 엄격하지 않은 친밀감 스케줄링을 실현하는 반면, 나머지 두 기준은 엄격한 친밀함 스케줄링을 실현한다. 만일 커널이 이들 기준 중 하나를 만족하는 스레드를 찾을 수 없다면, 찾을 수 있는 첫 번째 **준비** 상태 스레드를 단순히 스케줄한다. 만일 그러한 스레드가 존재하지 않으면, **유휴**(*idle*) **상태 스레드**를 스케줄한다(7.6.4절 참고).

어떤 스레드가 인트럽트 때문에 **준비** 상태가 되었을 때, 인트럽트를 처리하는 CPU는 새로 준비된 스레드를 실행하기 위해 다음과 같은 방법으로 CPU를 선택한다. 시스템 내에 유휴 상태 CPU가 있는지, 그리고 이상적인 프로세서 혹은 새롭게 준비 상태가 된 스레드의 마지막 프로세서가 유휴 상태에 있는 CPU들 중 하나인지 여부를 검사한다. 만일 그렇다면 선택된 CPU의 스케줄링 데이터 구조 안에 스레드 id를 넣음으로써 새롭게 준비 상태가 된 스레드를 CPU에 스케줄한다. 선택된 유휴 상태 CPU는 유휴 상태 스레드를 실행하고 있었을 것이고, 다음 번 유휴 루프에서 스케줄된 스레드의 신원을 알게 된 후 그 스레드로 전환될 것이다. 만일 이상적인 프로세서 혹은 새롭게 준비 상태가 된 스레드의 마지막 프로세서가 유휴 상태가 아니라면 인트럽트를 처리하는 CPU 자신이 유휴 상태이고, 자신이 새롭게 준비 상태가 된 스레드의 친밀감 집합에 포함되어 있어 그 스레드 실행을 맡는다. 만일 이 검사가 실패하고 스레드의 친밀감 집합에 있는 몇몇 CPU들이 유휴 상태라면, 그러한 CPU들 중 가장 낮은 번호를 갖는 CPU에게 그 스레드를 스케줄한다. 그렇지 않으면, 그 스레드의 친밀감 집합에 포함되지 않은 가장 낮은 번호를 갖는 CPU에게 그 스레드를 스케줄한다.

만일 어떤 CPU도 유휴 상태가 아니라면, 인트럽트를 처리하는 CPU는 새롭게 준비 상태가 된 스레드와 새롭게 준비 상태가 된 스레드의 이상적인 프로세서와의 우선순위를 비교한다. 만일 새롭게 준비 상태가 된 스레드가 더 높은 우선순위를 갖는다면, 새롭게 준비 상태가 된 스레드로 전환할 것을 요구하는 프로세서 간 인트럽트가 이상적인 프로세서에게 보내진다. 만일 이 경우가 아니라면, 비슷한 검사가 새롭게 준비 상태가 된 스레드의 마지막 프로세서에게 수행된다. 만일 이 검사 또한 실패한다면, 인트럽트를 처리하는 CPU는 단순히 준비 큐 구조에 새롭게 준비 상태가 된 스레드를 넣는다. 이 스레드는 어떤 유휴 상태 CPU에 의해서 미래 언제인가 스케줄될 것이다. 이 경우 새롭게 준비 상태가 된 스레드의 우선순위가 어떤 다른 CPU에서 실행되고 있는 어떤 스레드의 우선순위을 초과할 수도 있기 때문에 비정상적인 상황이 시스템에 존재할 수 있다. 그러나 이상 현상을 수정하는 것은 CPU들 사이에 너무 많은 스레드 뒤바꾸기를 일으킬 수도 있기 때문에 스케줄링 정책에 의해서 시도되지 않는다.

10.7 요약

멀티프로세서 운영체제는 시스템의 고성능(*high throughput*), 애플리케이션의 계산속도 향상(*computational speedup*), 그리고 시스템에 오류가 발생할 때 운영체제의 점진적인 성능저하(*graceful degradation*) 기능을 제공하기 위해서 컴퓨터 내에 여러 개의 CPU가 존재하는 것을 활용한다. 이 장에서 멀티프로세서 시스템의 아키텍처와 좋은 성능을 보장하는 데 포함된 운영체제 이슈들을 공부하였다.

멀티프로세서 시스템들은 서로 다른 CPU들이 메모리에 접근할 수 있는 방식에 기반하여 세 종류로 분류된다. UMA(*uniform memory architecture*)에서 메모리는 모든 CPU들 사이에 공유된다. 이 아키텍처는 또한 SMP(*symmetrical multiprocessor*) 아키텍처라고 불린다. NUMA(*nonuniform memory architecture*)에서 각 CPU는 지역 메모리에 접근하는 것이 연결 네트워크를 통하여 접근하는 것보다 빠르다.

멀티프로세서 운영체제는 다중 CPU가 존재한다는 점을 사용자 프로세스들을 병렬로 스케줄하고 자신의 기능 효율성을 보장하는 데 활용해야만 한다. 이 문맥에서 두 가지 이슈가 중요하다. 동기화와 스케줄링으로 인한 커널 구조와 지연이다. 많은 CPU들은 커널의 코드를 병렬로 실행할 수 있어야 커널이 이벤트에 대해서 기꺼이 응답할 수 있고 성능 병목이 되지 않는다. 사용자 프로세스들의 동기화와 스케줄링은 이러한 방식으로 수행되어서 프로세스들이 많은 지연을 겪지 않도록 해야만 한다. 또한 운영체제는 자신의 알고리즘들을 **확장 가능**(*scalable*)하도록 보장해야만 한다. 다시 말해 시스템의 크기가 증가할 때 CPU의 수, 메모리 단위의 수, 혹은 사용자 프로세스들의 수가 증가하기 때문에 알고리즘들이 잘 동작해야 한다.

멀티프로세서 운영체제는 프로세스 동기화 오버헤드를 제어하기 위해 **스핀 락**(*spin lock*)과 **슬립 락**(*sleep lock*)이라고 불리는 특별한 종류의 락을 사용한다. **친밀감 스케줄링**(*affinity scheduling*)은 동일한 CPU에 프로세스를 스케줄하여 그 실행 동안 높은 캐시 적중률을 얻기 위해 사용된다. **공동 스케줄링**(*coscheduling*)은 한 애플리케이션의 프로세스들을 서로 다른 CPU상에서 동시에 스케줄하여, 이들이 서로 효율적으로 통신할 수 있도록 하기 위해 사용된다. 운영체제들은 **프로세스 뒤바꾸기**(*process shuffling*)를 사용하여 가장 높은 우선순위인 준비 상태 프로세스들이 항상 자신의 CPU상에서 동작하도록 보장하는 것이다. 이러한 문맥으로 리눅스, 마흐, 그리고 윈도우 운영체제에서 특징을 논의하였다.

여러분의 생각을 평가해 보라.

10.1 다음 각 문장이 참인지 거짓인지 구분하라.

a. 대칭 멀티프로세서 시스템에서, 한 CPU에 의해 수행된 스케줄링은 시스템 내의 많은 CPU상에서 동작하는 프로세스들의 뒤바꾸기가 일어나게 할 수도 있다.

b. IPI(interprocessor interrupt)는 대칭 멀티프로세서 시스템에서 프로세스 동기화에 사용되지 않는다.

c. 한 프로세스가 한 락에 대해서 스핀할 때, 다른 CPU들이 서비스하고 있는 프로세스들의 성능에 영향을 준다.

d. 친밀감 스케줄링이 사용될 때, 프로세스는 자신의 동작을 완료하기 위해 더 적은 CPU 시간을 요구할 수도 있다.

10.2 멀티프로세서 시스템에서 캐시 일관성을 구현하지 않은 결과는 무엇인가?

a. 어떤 다른 프로세스와도 상호작용을 하지 않는 프로세스에 의해 생성된 결과는 틀릴 수 있다.

b. 동일한 CPU를 사용하는 상호작용하는 프로세스들의 그룹에 의해서 생성된 결과는 틀릴 수 있다.

c. 동일한 CPU를 사용하지 않는 상호작용하는 프로세스들의 그룹에 의해서 생성된 결과는 틀릴 수 있다.

d. (a)~(c) 중 해당 사항이 없다.

연습문제

10.1 SMP 커널이 IPI(interprocessor interrupt) 사용을 필요로 하는 두 가지 상황을 설명하라.

10.2 어떤 운영체제가 한 애플리케이션의 모든 프로세스들(혹은 스레드들)에 동일한 우선순위를 할당하지만, 서로 다른 애플리케이션들에게는 서로 다른 우선순위를 사용한다.

a. 단일 프로세서 시스템에서 이 우선순위 할당이 친밀감 스케줄링이 제공하는 것과 유사한 장점을 제공하는가?

b. 멀티프로세서 시스템에서 이 우선순위 할당이 공동 스케줄링이 제공하는 것과 유사한 장점을 제공하는가?

10.3 Mach의 이양(hand-off) 특징이 10.4.2절에 논의한 프로세스 동기화를 위한 소프트웨어 해결책을 구현하는 데 이점을 갖도록 사용될 수 있는가?

10.4 스핀 락 혹은 슬립 락이 사용될 때 우선순위 역전이 발생할 수 있는가? (우선순위 역전에 대한 정의는 6.5.1절을 참고하라.)

10.5 SMP 커널에서 병렬 행동들에 대한 동기화를 위한 여러 종류의 락들의 적합성을 논하라.

10.6 한 애플리케이션의 프로세스들이 자신들 사이에서 매우 빈번하게 상호작용을 한다. 큐드 락, 스핀 락, 그리고 스립 락들 중 멀티프로세서 시스템하에서 이 애플리케이션을 구현하는 데 적합하다고 여겨지는 락은 어떤 것이고, 그 이유는 무엇인가?

참고문헌

컴퓨터 구조에 관한 대부분의 책들은 멀티프로세서와 상호연결 네트워크의 아키텍처, 예를 들면 Hennessy와 Patterson(2002), Hamacher 등(2002), 그리고 Stallings(2003)에서 논의한다.

Mellor-Crummey와 Scott(1991), Menasse 등(1991), 그리고 Wisniewski 등(1997)은 멀티프로세서 환경에서 프로세스들의 동기화를 논의한다. 그림 10.7에 기술된 프로세스 동기화에 대한 효율적인 소프트웨어 해결책은 Mellor-Crummey와 Scott(1991)로부터 변형된 것이다. Ousterhout(1982), Tucker와 Gupta(1989), 그리고 Squillante(1990)는 멀티프로세서 운영체제에서 스케줄링 이슈들을 논의한다.

Eykholt 등(1992)은 SMP 구조의 효과를 향상시키기 위하여 SunOS 커널의 다중 스레딩을 논의한다. Accetta 등(1986)은 Mach 멀티프로세서 운영체제를 설명한다. Love(2005)는 리눅스 2.6에서 동기화와 스케줄링을 논의한다. 반면 Russinovich와 Solomon(2005)은 윈도우에서의 동기화와 스케줄링을 설명한다.

1. Accetta, M., R. Baron, W. Bolosky, D. B. Golub, R. Rashid, A. Tevanian, and M. Young (1986): "Mach: A new kernel foundation for Unix development," *Proceedings of the Summer 1986 USENIX Conference*, June 1986, 93–112.
2. Eykholt, J. R., S. R. Kleiman, S. Barton, S. Faulkner, A. Shivalingiah, M. Smith, D. Stein, J. Voll, M. Weeks, and D. William (1992): "Beyond multiprocessing: multithreading the SunOS kernel," *Proceedings of the Summer 1992 USENIX Conference*, 11–18.
3. Hamacher, C., Z. Vranesic, and S. Zaky (2002): *Computer Organization*, 5th ed., McGraw-Hill, New York.
4. Hennessy, J., and D. Patterson (2002): *Computer Architecture: A Quantitative Approach*, 3rd ed., Morgan Kaufmann, San Mateo, Calif.
5. Mellor-Crummey, and M. L. Scott (1991): "Algorithms for scalable synchronization on shared memory multiprocessor," *ACM Transactions on Computer Systems*, **9** (1), 21–65.
6. Karlin, A. R., K. Li, M. S. Menasse, and S. Owicki

(1991): "Empirical studies of competitive spinning for shared memory multiprocessor," *Proceedings of 13th ACM Symposium on Operating System Principles*, 41–55.

7. Kontothanassis L. I., R. W. Wisniewski, and M. L. Scott (1997): "Scheduler conscious synchronization," *ACM Transactions on Computer Systems*, **15** (1), 3–40.
8. Love, R. (2005): *Linux Kernel Development*, 2nd ed., Novell Press.
9. Ousterhout, J. K. (1982): "Scheduling techniques for concurrent systems," *Proceedings of the 3rd International Conference on Distributed Computing Systems*, 22–30.(1991):
10. Russinovich, M. E., and D. A. Solomon (2005): *Microsoft Windows Internals*, 4th ed., Microsoft Press, Redmond, Wash.
11. Squillante, M. (1990): "Issues in shared-memory multiprocessor scheduling: A performance evaluation," Ph.D. dissertation, Dept. of Computer Science & Engineering, University of Washington.
12. Stallings, W. (2003): *Computer Organization and Architecture*, 6th ed., Prentice Hall, Upper Saddle River, N.J.
13. Tanenbaum, A. S. (2001): *Modern Operating Systems*, 2nd ed., Prentice Hall, Englewood Cliffs, N.J.
14. Tucker, A., and A. Gupta (1989): "Process control and scheduling issues for multiprogrammed shared memory multiprocessors," *Proceedings of 12th ACM Symposium on Operating System Principles*, 159–166.

part 3

메모리 관리

Memory Management

컴퓨터 시스템의 메모리는 많은 프로세스가 공유하기 때문에, 전통적으로 메모리 관리는 운영체제의 중요한 기능 중 하나이다. 메모리는 매년 가격은 낮아지고 용량은 커지고 있다. 그러나 운영체제가 서비스해야 하는 프로세스의 크기와 수도 계속 증가하고 있기 때문에 메모리에 대한 압박은 지속되고 있다. 메모리 관리에서 다루어야 하는 기본 사항으로는 메모리의 효율적인 사용, 프로세스에 할당된 메모리의 보호(다른 프로세스의 위법 접근으로부터 보호), 각 프로세스 성능 및 전체 시스템의 성능 등이다.

메모리의 효율적인 사용은 메모리에 수용될 수 있는 프로세스 수를 결정하기 때문에 매우 중요하다. 메모리에 있는 프로세스의 수가 너무 적으면 CPU를 유휴 상태로 만들 수 있어서 시스템의 성능에 영향을 준다. 메모리의 한 영역이 어떤 프로세스를 수용하기에는 너무 작아서 사용되지 않고 남아 있다면(이것을 **메모리 단편화**라고 함) 메모리 효율성과 시스템 성능은 좋지 않게 된다.

비연속적 메모리 할당 기법은 메모리 단편화를 방지하여 메모리의 효율적인 사용을 가능하게 한다. 운영체제는 어떤 프로세스가 사용하기에 충분한 메모리 영역을 찾지 못할 때 이웃하지 않은 여러 개의 메모리 영역을 할당해 준다. 이런 방법을 지원하기 위해 특별한 하드웨어 기능이 이용된다. 운영체제는 프로세스의 전체 내용을 메모리에 적재하지 않고 일부분만 적재하기 위해 비연속적인 메모리 할당 기법을 이용한다. 이 기법은 한 프로세스의 크기가 메모리의 크기보다 클 수 있게 하며, 컴퓨터의 메모리가 실제 크기보다 크다고 착각하게 한다. 이러한 메모리 관리 기법을 **가상 메모리**(*virtual memory*)라고 부른다.

3부의 로드 맵

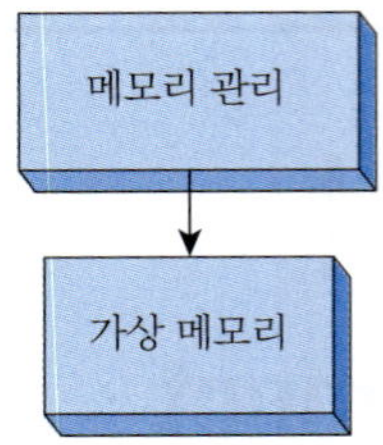

3부 장들의 교육과정에서 학습 순서를 보여주는 개략도

11장: 메모리 관리

이 장에서는 메모리 관리의 기본 내용을 다룬다. 먼저 메모리 보호를 위해 CPU의 특별한 레지스터 사용법을 설명한다. 다음으로 메모리 요청을 처리할 때 프로세스가 반환한 메모리를 재사용함으로써 메모리를 효율적으로 사용하는 방법을 설명하고, 빠른 메모리 할당과 반환을 위한 기법이 어떻게 **메모리 단편화**를 야기하는지를 설명한다. 그리고 **페이징**와 **세그먼테이션**으로 불리는 비연속적 메모리 할당 방법을 설명한다. 또한 커널 자신의 메모리 요구사항을 효율적으로 관리하기 위해 사용하는 특별한 기법들도 다룬다.

12장: 가상 메모리

이 장에서는 **페이징**을 사용하는 가상 메모리 구현을 자세히 다룬다. 커널이 디스크상의 프로세스 코드와 데이터를 어떻게 관리하고, 그것들이 필요할 때 메모리에 어떻게 적재하는지를 설명한다. 또한 프로세스 중에서 디스크로부터 적재해야 하는 부분의 비율에 의해 프로세스의 성능이 어떻게 결정되는지를 설명한다. 더불어 이 비율이 프로세스의 할당된 메모리 양과 페이지 교체 알고리즘에 의해 어떻게 달라지는지를 설명한다. **페이지 교체 알고리즘**은 새로운 페이지를 적재하기 위해 메모리에 있는 어떤 페이지를 제거할지 결정한다. **참조 지역성**(*locality of reference*)이라는 경험 법칙을 사용하는 페이지 교체 알고리즘에 대해 설명한다. 또한 세그먼테이션을 사용하는 가상 메모리의 구현도 설명한다.

Chapter 11

메모리 관리
Memory Management

2장에서 살펴본 메모리 계층은 캐시, MMU(memory management unit), RAM과 디스크로 구성되어 있다. 이 중에서 캐시, MMU, RAM을 메모리라고 부르겠다. 운영체제에 의해 수행되는 메모리 관리는 두 부분으로 나눌 수 있다. 이 장에서는 메모리의 효율적인 사용 기법을 다루고, 다음 장에서는 메모리와 디스크로 이루어진 메모리 계층의 일부인 **가상 메모리**의 관리를 다룬다.

메모리 바인딩(*memory binding*)은 메모리 주소를 프로그램 명령어 및 데이터와 연관시키는 것이다. 편리성과 융통성을 제공하기 위해 메모리 바인딩은 여러 번에 걸쳐 수행된다. 컴파일러와 링커는 프로그램 실행이 시작되기 전에 **정적으로** 바인딩을 수행한다. 반면에 운영체제는 프로그램 실행 중에 **동적으로** 바인딩을 수행한다. 커널은 프로세스에게 정적 및 동적 메모리 바인딩을 모두 제공하는 메모리 할당 모델을 사용한다.

메모리 할당자를 설계할 때 고려할 두 가지 중요한 사항은 메모리 할당 속도와 메모리의 효율적인 사용이다. 메모리의 효율적인 사용을 위해서 커널은 한 프로세스가 반환한 메모리를 다른 프로세스가 사용할 수 있게 관리한다. 메모리를 재사용할 때 발생하는 문제인 **메모리 단편화**(*memory fragmentation*)는 메모리의 비효율적 사용을 야기한다. 이와 같은 메모리 단편화를 줄일 수 있는 실제적인 기법을 살펴볼 것이다. 특히 **페이징**과 **세그먼테이션**을 사용하는 **비연속적 메모리 할당**에 대해 알아볼 것이다.

커널은 제어 데이터(예를 들면, PCB와 같은 제어 블록)를 저장하기 위한 데이터 구조를 빠른 속도로 생성하고 삭제한다. 이러한 데이터 구조의 크기는 미리 알 수 있기 때문에, 커널은 빠른 메모리 할당/소거 및 효율적 메모리 사용을 위한 기법들을 채용할 수 있다.

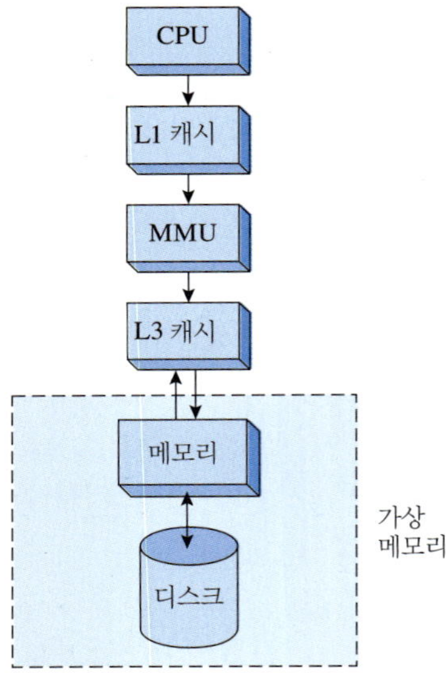

수준	관리 방법	성능 이슈
캐시	할당과 사용은 하드웨어에 의해 관리된다.	높은 적중률 보장
메모리	할당은 커널에 의해 관리되고, 할당된 메모리의 사용은 실행시간 라이브러리에 의해 관리된다.	(1) 메모리에 많은 프로세스를 적재 (2) 높은 적중률 보장
디스크	할당과 사용은 커널에 의해 관리된다.	프로세스 주소 공간의 일부를 빠르게 적재하고 저장

그림 11.1 메모리 계층의 관리

11.1 메모리 계층의 관리(MANAGING THE MEMORY HIERARCHY)

앞서 2장에서 보았듯이, 메모리 계층은 L1과 L3 캐시 같은 캐시 메모리, MMU, 메모리, 디스크로 구성된다. 메모리 계층의 목적은 적은 비용으로 빠르고 큰 메모리를 가진 듯한 환상을 제공하는 것이다. 그림 11.1의 윗부분은 메모리 계층을 보여주고 있다. CPU는 명령어와 데이터에 접근할 때 가장 빠른 메모리인 **캐시**를 참조한다. 요구된 명령어나 데이터가 캐시에 없을 때 메모리 계층의 다음 아래 수준인 저속 캐시 또는 RAM에서 가져온다. 여기에서는 이것들을 간단히 **메모리**라고 부르겠다. 만약 요구된 명령어나 데이터가 여기에도 없다면 다시 다음 아래 수준에서 가져온다. 프로세스의 성능은 메모리 계층의 다양한 수준에서의 **적중률**(*hit ratio*)에 좌우된다. 메모리 계층의 어떤 수준에서의 적중률이란 그 수준에서 찾은 명령어나 데이터가 실제로 그 수준에서 존재하는 비율이다. 2장의 식 (2.1)은 효율적인 메모리 접근시간이 적중률에 의해 어떻게 좌우되는지를 보여준다.

캐시는 전적으로 하드웨어로 관리된다. 커널은 프로세스에게 높은 캐시 적중률을 제공하기 위해 특별한 기법들을 사용한다. 예를 들어, 커널은 프로세스 주소 공간의 일부가 캐시에 존재함을 활용할 수 있을 때 프로세스의 스레드 간에 스위치한다. 또한 멀티프로세서 시스템에서 높은 캐시 적중률을 위해 한 프로세스를 항상 같은 CPU에서 실행시키는 친밀감(affinity) 스케줄링을 사용한다(10.5절 참고).

메모리는 프로그램 작성 시에 사용된 프로그래밍 언어의 **실행시간 라이브러리**와 커널의 공동 작업으로 관리된다. 커널은 사용자 프로세스에 메모리를 할당한다. 이때 중요한 성능 문제는 시스템 성능과 사용자 서비스를 모두 향상시킬 수 있도록 메모리에 좀 더 많은 프로세스를 적재하는 것이다. 커널은 한 프로세스가 종료할 때 메모리의 효율적인 재사용을 수행하여 이 문제를 해결한다. 프로세스는 실행 중에 커널에 의해 이미 할당된 메모리 안에 데이터 구조를 생성한다. 이 작업은 실행시간 라이브러리에 의해 수행된다. 실행시간 라이브러리는 프로세스가 데이터 구조를 생성하고 삭제할 때 메모리를 효율적으로 재사용하는 기법들을 사용한다. 따라서 커널과 실행시간 라이브러리에 의해 사용되는 기법들은 서로 비슷하다.

메모리에 많은 프로세스를 적재하기 위해 커널은 각 프로세스의 일부분만 데모리에 적재할 수도 있다. 이것은 메모리와 디스크로 구성된 **가상 메모리**라 부르는 메모리 계층의 일부를 사용하여 수행한다(그림 11.1의 점선 상자 참고). 메모리에 없는 프로세스의 부분은 프로세스 실행 중 필요할 때 디스크로부터 메모리로 적재된다. 이때 메모리에서 프로세스의 적중률은 성능을 좌우한다. 따라서 커널은 프로세스의 높은 적중률을 위해 다양한 기법들을 사용한다. 가상 메모리에서 디스크는 전적으로 커널이 관리한다. 예를 들어, 커널은 각 프로세스 주소 공간의 다른 부분들을 디스크에 저장할 대 효율적으로 접근할 수 있도록 저장한다. 이 방법은 가상 메모리에서 프로세스들의 실행 성능을 좋게 해준다.

운영체제가 수행하는 메모리 계층의 관리를 두 부분으로 나누어 설명하겠다. 이 장에서는 메모리 관리에 초점을 두어 메모리의 효율적인 사용과, 메모리의 빠른 할당과 삭제를 위한 기법들을 설명한다. 또한 MMU가 어떻게 이러한 기법들을 용이하게 해주는지를 설명한다. 12장에서는 가상 메모리 기법을 설명한다. 특히 메모리 내에서 적중률을 높이기 위한 기법과 각 프로세스의 메모리를 제한하는 기법들을 살펴본다.

11.2 정적, 동적 메모리 할당(STATIC AND DYNAMIC MEMORY ALLOCATION)

메모리 할당은 **바인딩**(*binding*)이라 알려진 소프트웨어 연산의 보편적인 행위이다. 프로그램과 관련된 다른 두 행위인 링킹(linking)과 적재(loading)도 바인딩의 일면이다.

프로그램에서 모든 개체(예를 들어, 함수나 변수)는 속성(attribute)을 가지고 있으며, 각 속성은 하나의 값을 가지고 있다. 바인딩은 속성의 값을 명시하는 행위이다. 예를 들어, 프로그램의 한 변수는 이름, 유형(type), 차원(dimensionality), 범위(scope), 메모리 주소와 같은 속성을 가진다. 이름 바인딩은 변수의 이름을 명시하고, 유형 바인딩은 변수의 유형을 명시한다. 메모리 바인딩은 변수의 메모리 주소를 명시한다. 이것은 변수를 위한 메모리 할당으로 성립된다. 프로세스의 메모리 할당은 프로세스의 명령어와 데이터의 메모리 주소를 명시하는 행위이다.

함수나 변수와 같은 개체의 속성을 위한 바인딩은 그 속성이 사용되기 전에 아무 때나 수행될 수 있다. 여러 다른 시점에 각기 다른 바인딩 방법들이 수행된다. 바인딩이 수행되는 정확한 시간은 개체 사용의 효율성과 유연성을 좌우할 수 있다. 넓게 구분해 보면, 이른 바인딩(early binding)과 늦은 바인딩(late binding)이 존재한다. 운영체제 또는 실행시간 라이브러리가 늦은 시점에 개체에 대한 더 많은 정보를 가져 좀 더 좋은 바인딩을 수행할 수 있다면 늦은 바인딩이 좋다. 예를 들어, 늦은 바인딩은 메모리와 같은 자원을 좀 더 효율적으로 사용할 수 있게 해준다. 이른 바인딩과 늦은 바인딩은 **정적 바인딩**과 **동적 바인딩**이라는 2개의 기본적인 바인딩 방법으로 표현된다.

|정의 11.1| 정적 바인딩(Static Binding): 프로그램(또는 소프트웨어 시스템의 연산)의 실행 이전에 수행되는 바인딩

|정의 11.2| 동적 바인딩(Dynamic Binding): 프로그램(또는 소프트웨어 시스템의 연산)의 실행 동안에 수행되는 바인딩

정적 메모리 할당은 컴파일러, 링커 또는 프로그램의 실행을 준비하면서 로더에 의해 수행될 수 있다. **동적 메모리 할당**은 프로그램의 실행 동안에 수행된다. 함수 또는 변수가 처음으로 사용되기 바로 직전에 메모리가 할당된다.

프로세스의 정적 메모리 할당은 데이터 구조의 크기를 프로세스 수행 이전에 알 수 있는 경우에만 가능하다. 크기를 모른다면 추정해야 하는데, 잘못된 추정은 메모리를 낭비하고 유연성을 떨어뜨릴 수 있다. 예를 들어, 컴파일 동안에 크기를 알 수 없는 배열이 있다고 가정해 보자. 만약 배열의 크기를 너무 크게 추정하면 메모리를 낭비할 수 있고, 너무 작게 추정하면 프로세스가 올바르게 수행될 수 없다. 동적 메모리 할당은 메모리를 할당할 때 그 크기를 알고 정확한 메모리 영역을 할당한다. 심지어 프로세스의 수행 도중에 배열의 크기가 변하는 것도 가능하게 한다. 그러나 동적 메모리 할당은 프로세스 수행 도중에 메모리 할당을 수행하는 오버헤드가 있다.

운영체제는 실행 효율성과 메모리 효율성의 좋은 조합을 달성하기 위해 상황에 따라 정적 또는 동적 메모리 할당을 선택한다. 메모리 요구사항에 대해 충분한 정보를 미리 아는 경우, 커널이나 실행시간 라이브러리는 실행 효율성을 위해 정적으로 메모리를

할당한다. 그러나 충분한 정보가 없는 경우에는 동적 메모리 할당을 선택한다. 이것은 효율적인 메모리 사용을 가능하게 하지만, 프로세스에는 오버헤드를 야기한다. 11.11절에서 커널이 자신의 데이터 구조에 대한 정보를 활용하여 효율적으로 메모리를 할당하는 예를 살펴볼 것이다.

11.3 프로그램의 실행(EXECUTION OF PROGRAMS)

어떤 프로그래밍 언어 *L*로 작성된 프로그램 P는 실행되기 전에 변환되어야 한다. 몇 번의 변환을 수행하면서 메모리 바인딩이 수행된다. 각 변환은 프로그램의 명령어와 데이터를 주소에 연결한다. 그림 11.2는 프로그램 P가 실행되기 위해 메모리에 적재되기 전에 수행되는 3개의 변환을 도식화하여 보여주고 있다.

- **컴파일**(*compilation*) 또는 **어셈블리**(*assembly*): 컴파일러와 어셈블러는 일반적으로 번역기라고 불린다. 번역기는 프로그램 P를 **오브젝트 모듈** 형태의 동등한 프로그램으로 번역한다. 번역된 프로그램은 컴퓨터의 기계어 명령어를 포함하고 있다. 번역기가 수행될 때 사용자는 프로그램의 시작 **위치**(*origin*), 즉 첫 번째 명령어의 주소를 명시한다. 그렇지 않은 경우에 번역기는 기본 주소를 0으로 가정한다. 번역기는 프로그램의 명령어와 데이터 주소를 적절하게 배정하고, 이 주소를 사용하여 명령어의 피연산자(operand) 주소들을 배정한다. 프로그램의 실행 **시작 주소**(*start address*)는 실행이 시작되는 첫 번째 명령어의 주소이다. 이것은 프로그램의 시작 위치와 같을 수도 있고 다를 수도 있다. 번역기에 의해 배정된 주소를 **번역된 주소**(*translated address*)라고 부른다. 즉, 번역기는 프로그램 P의 명령어와 데이터를 번역된 주소로 바인딩한다. 오브젝트 모듈은 프로그램의 번역된 시작 위치, 번역된 시작 주소와 크기를 명시한다.
- **링킹**(*linking*): 프로그램은 수행 중에 다른 프로그램을 호출할 수 있다. 예를 들어, 수학 라이브러리의 함수를 호출할 수 있다. 이 함수들은 프로그램 안에 포함되어야

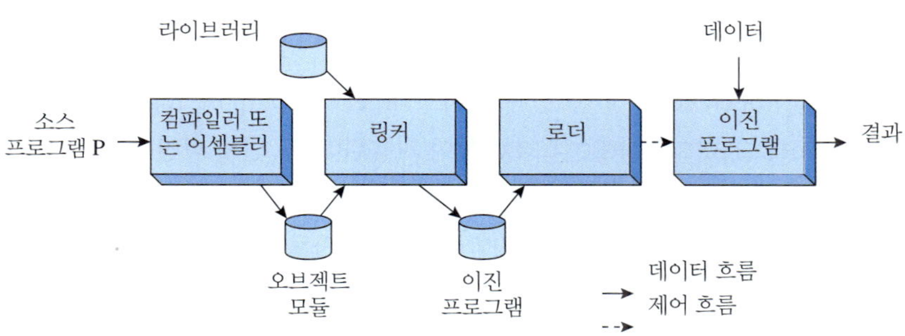

그림 11.2 프로그램의 변환과 실행의 도식적 다이어그램

하고, 이들의 시작 주소는 프로그램 P의 함수 호출 명령어에서 사용된다. 이 과정을 **링킹**이라 부른다. 링킹은 호출되는 함수를 위한 오브젝트 모듈을 하나 이상의 라이브러리로부터 선택하고, 이를 프로그램 P와 결합함으로써 이루어진다.

- 재배치(*relocation*): 프로그램 P와 결합된 어떤 오브젝트 모듈은 번역시간 주소와 충돌할 수 있다. 이 충돌은 오브젝트 모듈의 메모리 바인딩을 변경하여 해결한다. 이를 오브젝트 모듈의 **재배치**라고 부른다. 재배치는 명령어에서 사용되는 피연산자의 주소를 변경하는 것도 포함한다.

재배치와 링킹은 **링커**라고 부르는 프로그램에 의해 수행된다. 링커가 배정하는 주소를 **연결된 주소**(*linked address*)라고 한다. 사용자가 프로그램의 연결된 시작 위치(linked origin)를 지정할 수 있다. 사용자가 지정하지 않았다면 링커는 연결된 시작 위치로서 번역된 시작 위치 값을 사용한다. 주소의 충돌 없이 연결된 시작 위치와 재배치가 조화를 이루도록 링커는 프로그램 명령어와 데이터를 연결된 주소에 바인딩한다. **이진 프로그램**(*binary program*)이라 불리는 실행 가능 프로그램이 라이브러리에 저장된다. 라이브러리 디렉터리는 라이브러리의 이름, 연결된 시작 위치, 크기, 연결된 시작 주소를 가지고 있다.

이진 프로그램은 실행을 할 때 메모리에 적재되어야 한다. 이 기능은 **로더**에 의해 수행된다. 프로그램에 적재되는 메모리 영역의 시작 주소를 **적재 시작 위치**(*load origin*)라 부른다. 이 주소가 연결된 시작 위치와 다르다면 로더는 다시 메모리 바인딩을 변경해야 한다. 이 기능을 가진 로더를 **재배치 로더**(*relocating loader*)라고 하고, 이 기능이 없는 로더를 **절대 로더**(*absolute loader*)라고 한다. 번역기, 링커, 로더는 운영체제의 일부가 아님에 주의하자.

이 절에서는 다른 형태의 프로그램을 메모리 바인딩, 링커의 처리, 수행 시의 메모리 요구사항 등을 고려하여 살펴보고자 한다. 링커에 의해 수행되는 재배치와 링킹 과정을 설명하기 위해 간단한 가상 어셈블리 언어로 작성된 프로그램을 예로 들어 보자.

간단한 어셈블리언어 어셈블리언어 문장은 다음과 같은 형식을 가진다.

[라벨] <*Opcode*> <피연산자>, <피연산자>

첫 번째 피연산자(operand)는 항상 범용 레지스터(general purpose register: GPR)로서, 예를 들어 `AREG`, `BREG`, `CREG`, `DREG` 등이 사용된다. 두 번째 피연산자는 범용 레지스터이거나 메모리 바이트에 해당하는 심볼 이름이다. opcode는 `ADD`, `MULT`와 같이 수학 연산를 지시한다. `MOVER` 명령어는 메모리 피연산자로부터 레지스터 피연산자로 값을 이동하는 명령어이다. `MOVEM` 명령어는 반대의 동작을 수행하는 명령어이다. 모든 수학 연산은 레지스터에서 수행하고 **조건 코드**(*condition code*) 값을 설정한다. 조건 코드는 `BC`(branch-on-condition) 명령어에 의해 시험된다. BC 명령어의 어셈블리 언어는 다음과 같은 형식으로 되어 있다.

BC <조건 코드>, <명령어 주소>

여기서 <조건 코드>는 조건을 기술하는 문자 열로서, 예를 들어 GT는 >를 뜻하고 EQ는 =를 뜻하는 조건을 기술하기 위해 사용된다. BC 명령어는 현재 조건 코드 값이 <조건 코드>와 부합되면 <명령어 주소>에 기술된 주소에 있는 명령어로 제어를 넘긴다. 간단하게 설명하기 위해, 모든 주소와 상수는 십진수이고 모든 명령어는 4바이트 크기라고 가정한다. 부호는 명령어의 부분이 아니다. 명령어의 opcode와 두 피연산자는 각각 2, 1, 3개의 숫자이고, GPR인 AREG, BREG, CREG, DREG는 각각 1, 2, 3, 4로 기술한다.

11.3.1 재배치(Relocation)

그림 11.3은 어셈블리 프로그램 P와 기계어 코드를 보여주고 있다. ENTRY와 ENTRN 문장은 링킹에서 사용되며 11.3.2절에서 설명하겠다. DS 문은 피연산자로 명시된 개수의 바이트를 예약한다. "START 500" 문은 프로그램의 번역된 시작 위치가 500임을 명시하고 있다. 이에 따라 LOOP의 번역된 주소 값은 504가 되고, A의 주소 값은 540이다. 기계어 코드를 보면, 주소 532와 500 번지의 명령어가 LOOP와 A를 나타내기 위해 이 주소 값을 사용하고 있다. 이 주소들은 프로그램의 시작 위치 값에 따라 달라진다. 이러한 주소를 사용하는 명령어를 **주소 의존**(*address-sensitive*) **명령어**라고 한다. 주소 의존 명령어를 포함하는 프로그램은 메모리에 적재될 때 메모리의 시작 주소가 프로그램의 시작 위치와 일치할 경우 올바르게 수행된다. 만일 일치하지 않는 다른 메모리에서 수행된다면 주소 의존 명령어 내의 주소 값들은 적절하게 변경되어야 한다. 이 행위를 **재배치**라고 한다. 재배치는 번역된 시작 위치, 연결된 시작 위치, 주소 의존 명령어에 대한 정보를 알아야 한다. 다음 예제 11.1은 프로그램 P의 재배치 과정을 보여준다.

```
                어셈블리 문장                 생성된 코드
                                           주소      코드

         START   500
         ENTRY   TOTAL
         EXTRN   MAX, ALPHA
         READ    A                         500)   + 09 0 540
LOOP                                       504)
           :
         MOVER   AREG, ALPHA               516)   + 04 1 000
         BC      ANY, MAX                  520)   + 06 6 000
           :
         BC      LT, LOOP                  532)   + 06 1 504
         STOP                              536)   + 00 0 000
A        DS      1                         540)
TOTAL    DS      3                         541)
         END
```

그림 11.3 어셈블리 프로그램 P와 생성된 코드

예제 11.1 프로그램의 재배치

그림 11.3에서 프로그램 P의 번역된 시작 위치는 500이다. 심볼 A의 번역된 주소는 540이다. "READ A" 문에 해당하는 명령어는 주소 의존 명령어이다. 프로그램 P의 연결된 시작 위치가 900이 되면, A의 연결된 주소는 940이 된다. 이 주소 값은 번역된 시작 위치 값과 연결된 시작 위치 값의 차이(즉, 900 − 500)를 번역된 주소 값에 더해서 구한다. 즉, 각 주소 의존 명령어에서 사용되는 주소 값에 400을 더해서 재배치를 수행한다. 그 결과 READ 명령어 내의 주소가 940으로 변경되는 것이다. 비슷한 방법으로, 번역된 메모리 주소 532의 명령어가 사용하는 주소 504(LOOP의 주소)는 904로 변경된다. (516번지와 520번지에 있는 명령어 내의 피연산자 주소도 올바르게 변경되어야 한다. 그런데 이것은 링킹과 관련되며 다음 절에서 설명하겠다.)

프로그램의 정적 및 동적 재배치 프로그램이 수행될 때, 커널은 프로그램을 수용할 수 있는 크기의 메모리 영역을 할당하고, 프로그램 이름과 적재 시작 위치를 매개변수로 사용하여 로더를 호출한다. 로더는 할당된 메모리 영역에 프로그램을 적재하고, 연결된 시작 위치와 적재 시작 위치가 다르다면 예제 11.1에서 설명한 방법으로 재배치한 후 프로그램에게 제어를 넘겨 프로그램을 수행한다. 이 재배치는 프로그램 수행이 시작되기 전에 수행되므로 정적 재배치이다. 프로그램 수행이 시작된 후, 커널은 다른 프로그램의 수행을 위해 프로그램에 할당된 메모리 영역을 변경할 수 있다. 이때 재배치는 프로그램 수행 중에 수행되므로 동적 재배치이다.

동적 재배치는 프로그램 수행을 일시 정지시킨 후, 앞서 설명한 재배치 과정을 수행하고 다시 수행을 재개하는 작업으로 이루어진다. 그런데 동적 재배치는 프로그램 수행 중에 번역된 시작 위치와 주소 의존 명령어에 대한 정보를 알아야 한다. 이것은 메모리 비용 및 수행 비용을 초래할 수 있다. 어떤 컴퓨터 구조들은 동적 재배치를 간단하게 하기 위해 **재배치 레지스터**(*relocation register*)를 제공한다. 재배치 레지스터는 CPU 안에 있는 특수 레지스터로서, 그 값은 프로그램 수행 중에 사용하는 모든 주소에 더해진다. 그 결과 메모리 주소가 실제로 메모리에 접근할 때 사용하는 주소가 된다. 즉,

실제 메모리 주소 = 현재 명령어에서 사용하는 주소 + 재배치 레지스터 값

다음 예제는 재배치 레지스터를 사용하여 프로그램의 동적 재배치를 수행하는 예이다.

예제 11.2 재배치 레지스터를 사용하는 동적 재배치

프로그램의 연결된 시작 위치는 50000이고 메모리 영역 50000번지에 적재되어 있다. 프로그램 수행 중에 메모리 영역 70000번지로 옮겨져서 수행될 필요가 생겼다. 이 재배치는 재배치 레지스터에 다음과 같이 계산된 값을 저장함으로써 수행된다.

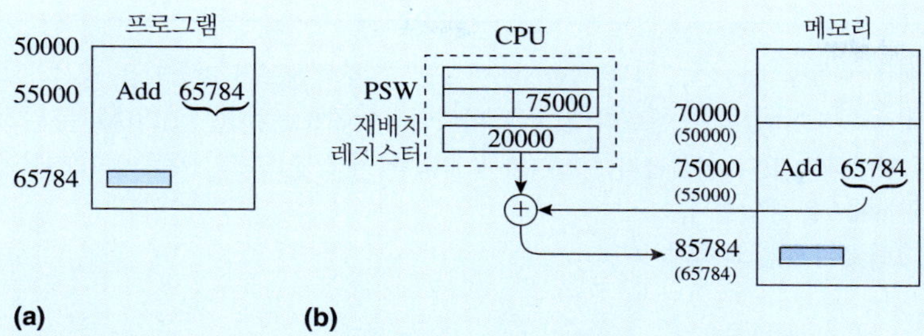

그림 11.4 재배치 레지스터를 사용하는 프로그램 재배치 (a) 프로그램 (b) 그것의 실행

$$\text{재배치 레지스터의 값} = \text{할당된 메모리 영역의 시작 주소} - \text{프로그램의 연결 시작 위치} = 70000 - 50000 = 20000$$

그림 11.4(a)의 프로그램에서 Add 명령어를 보자. 이 명령어는 프로그램에서 연결된 주소 55000에 있으며, 피연산자는 연결된 주소가 65784이다. 재배치 결과 프로그램은 주소 70000번지에서 시작하는 메모리 영역에 있게 된다. 그림 11.4(b)는 프로그램의 명령어와 데이터의 적재 주소를 보여준다. 참고를 위해서 대응되는 연결 주소 값을 괄호 안에 보여준다. 이제 Add 명령어는 75000번지의 위치에 있다. 피연산자의 주소가 65784이고 재배치 레지스터 값은 20000이므로, 이 명령어 실행 중에 피연산자의 실제 메모리 주소는 65784 + 20000 = 85784가 된다. 따라서 실제 메모리 접근은 85784번지에 대해 수행된다.

11.3.2 링킹(Linking)

어셈블리 프로그램에서 ENTRY 문은 프로그램에서 정의하는 심볼들을 명시하고, 이 심볼들은 다른 어셈블리 프로그램에서도 참조할 수 있다. 이러한 심볼들을 **엔트리 지점**(*entry point*)이라고 한다. EXTRN 문은 다른 어셈블리 프로그램에서 정의된 심볼들을 참조하기 위하여 사용된다. 이 심볼들을 외부 심볼(external symbol)이라 하고, 어셈블리 프로그램에서 이 심볼들을 참조하는 것을 **외부 참조**(*external reference*)라고 한다. 어셈블러는 ENTRY와 EXTRN 문의 정보들을 링커가 사용하도록 오브젝트 모듈 안에 저장한다.

링킹은 외부 참조를 올바른 연결 주소와 바인딩하는 작업이다. 먼저 링커는 모든 엔트리 지점의 이름과 그것들의 연결 주소를 수집하기 위해 링크되는 모든 오브젝트 모듈을 스캔한다. 그리고 이 정보를 테이블에 저장한다. 또한 링커는 각 외부 참조에 대해서 참조되는 외부 심볼들의 연결 주소 값을 테이블에서 구하고, 외부 참조를 포함하고 있는 명령어에 올바른 주소 값을 대입한다. 이 행위를 외부 참조의 해결(resolution)이라 부른다. 다음 예제는 링킹 과정을 설명하고 있다.

예제 11.3 링킹

그림 11.3에서 프로그램 P의 "ENTRY TOTAL" 문은 TOTAL이 프로그램의 엔트리 지점임을 명시하고 있다. LOOP와 A는 프로그램에서 정의되어 있지만 엔트리 지점은 아니다. "EXTRN MAX, ALPHA" 문은 MAX와 ALPHA에 대한 외부 참조를 명시하고 있다. 어셈블러는 MAX와 ALPHA의 주소를 모르기 때문에 이 심볼을 참조하는 명령어에서 피연산자 위치에 0을 대입한다.

이제 다음과 같은 프로그램 Q가 있다고 하자.

```
        어셈블리 문장               생성된 코드
                                주소      코드
        START  200
        ENTRY  ALPHA
        - -
ALPHA   DC     25          232)    + 00 0 025
        END
```

DC 문은 상수 25를 선언하고 있다. 심볼 ALPHA는 엔트리 지점이며 번역된 주소 값은 232이다. 그림 11.3에서 프로그램 P의 연결된 시작 위치는 900이라고 하자. 프로그램 P의 크기는 44바이트이므로 링커는 프로그램 Q의 연결된 시작 위치를 944로 배정한다. 이제 ALPHA의 연결된 주소는 232 − 200 + 944 = 976이 된다. 링커는 프로그램 P에서 ALPHA를 사용하는 명령어(예를 들어 프로그램 P에서 516번지의 명령어)의 피연산자 위치에 974를 대입하여 ALPHA의 외부 참조를 해결한다.

정적 링킹/로딩과 동적 링킹/로딩 현대 운영체제에서 링킹과 로딩의 구분은 명확하지 않다. 그러나 이 책에서는 다음과 같이 구분하였다. **링커**는 모듈들을 함께 연결하여 실행 가능한 프로그램으로 만든다. **로더**는 프로그램 또는 프로그램의 일부분을 수행하기 위해 메모리에 적재한다.

정적 링킹에서는 프로그램이 실행되기 전에 링커가 모든 모듈을 연결한다. 링커는 외부 참조가 모두 해결된 이진 프로그램을 생성한다. 만약 여러 프로그램이 하나의 라이브러리에 있는 모듈을 사용한다면 각 프로그램은 모듈의 복사본을 각자 가져야 한다. 이 프로그램들이 동시에 수행된다면 같은 모듈의 복사본 여러 개가 메모리에 적재될 것이다.

동적 링킹은 이진 프로그램의 실행 도중에 수행된다. 링커는 프로그램 실행 중에 해결되지 않은 외부 참조가 있을 때 호출된다. 링커는 외부 참조를 해결하고 프로그램을 다시 실행시킨다. 이 방식은 라이브러리 모듈의 사용, 공유, 변경을 고려할 때 여러 장점을 가져다준다. 프로그램 실행 중에 호출되지 않은 모듈은 연결될 필요가 없다. 프로그램에서 참조하는 모듈이 이미 실행 중인 다른 프로그램에 연결되어 있다면, 모듈의 복사본을 이 프로그램에 연결하여 메모리를 절약할 수 있다. 동적 링킹은 라이브러리 모듈이 변경될 때 흥미로운 장점을 가진다. 예를 들어, 라이브러리 모듈을 참조하는 프로그램은 모듈의 새 버전을 자동으로 사용할 수 있다. DLL(dynamically linked library)은 이러한 특징을 이용한다.

동적 링킹을 이용하기 위해서 프로그램은 먼저 정적 링커에 의해 처리된다. 정적 링커는 프로그램의 각 외부 참조를 모조(dummy) 모듈로 연결한다. 모조 모듈은 나중에 동적 링커를 호출하며, 이때 외부 심볼의 이름을 매개변수로 전달한다. 따라서 동적 링커는 프로그램 실행 중에 외부 참조가 생길 때마다 호출된다. 동적 링커는 엔트리 지점과 그것의 적재 주소 값 테이블을 관리한다. 외부 심볼이 테이블에 존재한다면 동적 링커는 외부 참조를 해결하기 위해 심볼의 적재 주소를 사용한다. 외부 심볼이 테이블에 없다면 심볼을 엔트리 지점으로 가지고 있는 모듈을 찾기 위해 오브젝트 모듈의 라이브러리를 탐색한다. 찾은 오브젝트 모듈은 예제 11.3에서 설명한 방법으로 이진 프로그램과 연결되고 엔트리 지점에 대한 정보는 링커의 테이블에 추가된다.

11.3.3 운영체제에서 사용하는 프로그램 형식 (Program Forms Employed in Operating Systems)

프로그램의 다음 두 특징은 운영체제의 서비스에 영향을 준다.

- 프로그램이 아무 메모리 영역에서 실행 가능한가, 아니면 특정 메모리 영역에서 실행되어야 하는가?
- 프로그램의 코드를 여러 사용자가 동시에 공유할 수 있는가?

프로그램의 적재 시작 위치가 메모리 영역의 시작 주소와 다르다면 프로그램은 실행하기 전에 재배치되어야 하는데, 이것은 비용이 든다. 이러한 관점에서 프로그램이 아무 메모리 영역에서 실행될 수 있다면 이로울 것이다. 프로그램이 동시에 여러 사용자에 의해 사용되어야 한다면 프로그램의 공유 가능성은 중요한 문제이다. 프로그램이 공유될 수 없다면 각 사용자는 프로그램의 각 복사본을 가져야 하고, 프로그램의 여러 복사본이 동시에 메모리에 적재되어야 한다.

표 11.1은 운영체제에서 사용하는 중요한 프로그램을 요약 설명하고 있다. 오브젝트 모듈은 링커에 의해 재배치될 수 있는 프로그램 형식이고, 이진 프로그램은 링커에 의해 재배치될 수 없다. 동적 연결 프로그램 형식은 실행 중에 참조하는 오브젝트 모듈만 연결함으로써 메모리를 절약한다. 이 세 가지 프로그램 형식은 앞 절에서 설명하였다. **자가 재배치(*self-relocating*) 프로그램**은 아무 메모리 영역에서 실행될 수 있다. 이 프로그램 형식은 컴퓨터가 재배치 레지스터 또는 가상 메모리를 제공할 때는 중요하지 않다. **재진입(*reentrant*) 프로그램** 형식은 프로그램의 여러 복사본을 메모리에 적재할 필요가 없게 해준다. 이 두 프로그램 형식은 다음 절에서 설명하겠다.

표 11.1 운영체제에서 사용하는 프로그램 형식

프로그램 형식	특징
오브젝트 모듈	프로그램의 명령어와 데이터를 포함하고, 그것들의 재배치 및 링킹에 필요한 정보를 포함한다.
이진 프로그램	프로그램의 실행 준비된 형태
동적 연결 프로그램	링킹이 늦게 수행된다. 즉, 프로그램 실행 중에 어떤 심볼을 참조하면 그 심볼을 정의하는 오브젝트 모듈이 프로그램에 연결된다.
자가 재배치 프로그램	프로그램이 임의의 메모리 영역에 자신을 재배치할 수 있다.
재진입 프로그램	프로그램이 여러 데이터 집합에 대해 동시에 실행될 수 있다.

11.3.3.1 자가 재배치 프로그램(Self-Relocating Programs)

11.3.1절에서 설명했듯이, 프로그램의 재배치는 프로그램이 올바르게 실행될 수 있도록 주소 의존 명령어들의 내용을 변경해야 한다. 링커가 수행하는 프로그램의 재배치는 프로그램의 오브젝트 모듈 형식이 존재해야 하는데, 이것은 상당한 오버헤드를 야기한다. 자가 재배치 프로그램은 이러한 단점을 해결하기 위해 개발되었다. 이 프로그램은 할당된 메모리 영역에 부합되도록 스스로 재배치를 수행한다.

자가 재배치 프로그램은 자신의 번역된 시작 위치와 주소 의존 명령어들의 번역된 주소를 알고 있다. 또한 스스로 재배치를 할 수 있는 코드인 **재배치 로직**(*relocating logic*)을 가지고 있다. 재배치 로직의 시작 주소는 프로그램 실행 시 시작 주소이고, 따라서 프로그램이 실행을 위해 메모리에 적재될 때 재배치 로직이 제어를 갖게 된다. 재배치 로직은 모조 함수를 호출함으로써 시작된다. 이 함수의 반환 주소는 다음 수행할 명령어의 주소이다. 이 주소를 이용하여 프로그램이 적재될 메모리 영역의 주소, 즉 적재 시작 위치를 구한다. 이제 11.3.1절에서 설명한 재배치 기법을 위해 필요한 정보를 모두 가지게 된다. 자신의 재배치를 수행한 후, 프로그램의 실행을 위해 첫 번째 명령어로 제어를 넘긴다.

11.3.3.2 재진입 프로그램(Reentrant Programs)

프로그램의 공유는 정적 또는 동적으로 가능하다. 예를 들어, 프로그램 C를 사용하는 두 프로그램 A와 B가 있다고 하자. A와 B를 **공유** 프로그램이라 하고, C를 **공유된** 프로그램이라 하자. C의 정적 공유는 정적 링킹에 의해 수행된다. 따라서 C의 코드와 데이터는 A와 B에 모두 포함된다. C의 정체성은 링커에 의해 생성되는 이진 프로그램 속으로 사라진다. 프로그램 A와 B가 동시에 실행된다면 C의 두 복사본이 메모리에 존재할 것이다 [그림 11.5(a) 참고]. 프로그램의 정적 공유는 구현이 간단하지만 메모리를 낭비할 수 있다.

동적 공유를 사용한다면, 공유된 프로그램의 한 복사본만 메모리에 적재되고 실행

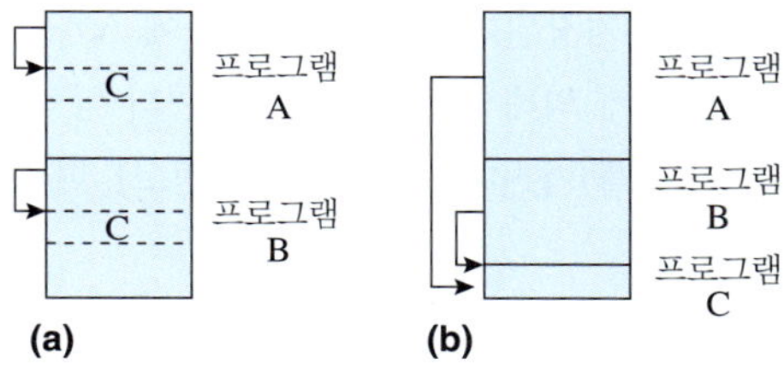

그림 11.5 프로그램 A와 B가 프로그램 C를 공유 (a) 정적 공유 (b) 동적 공유

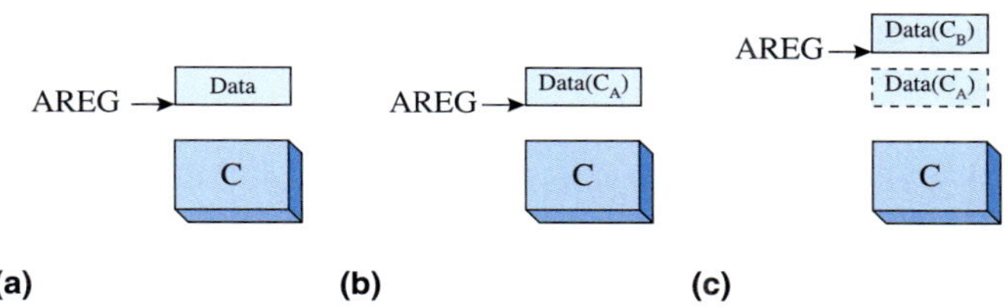

그림 11.6 (a) 재진입 코드의 구조 (b)~(c) 프로그램의 병행 호출

중인 공유 프로그램에 의해 사용된다. 동적 공유는 동적 링킹에 의해 구현된다. 커널은 메모리에 있는 공유된 프로그램을 관리한다. 어떤 프로그램이 공유된 프로그램을 사용하기 원하면, 커널은 그 프로그램과 메모리에 있는 공유된 프로그램의 복사본을 동적으로 연결한다. 그림 11.5(b)가 동적 공유를 보여주고 있다. 프로그램 A가 프로그램 C를 공유 방식으로 사용하려고 할 때, 커널은 C가 메모리에 있는지 찾는다. 메모리에 없다면 C의 복사본을 메모리에 적재하고 그것을 A와 동적으로 연결한다. 그림 11.5(b)에서 이 링킹을 A에서 C로의 화살표로 보여주고 있다. 프로그램 B가 프로그램 C를 사용하려고 할 때, 커널은 C의 복사본이 메모리에 있음을 발견하고 간단하게 C를 B에 연결해준다. 이 방법은 프로그램의 여러 복사본을 메모리에 적재할 필요가 없게 해준다. 그러나 프로그램의 병행 실행이 서로 간섭하지 않도록 보장해 주어야 한다.

재진입 프로그램은 많은 사용자가 상호 간섭 없이 병행 실행할 수 있는 프로그램이다. 재진입 프로그램이 호출되면 자신의 데이터 구조의 새 복사본을 할당하고, 이 복사본의 메모리 주소를 범용 레지스터(GPR)에 적재한다. 이 데이터 구조는 GPR을 사용하여 접근한다. 이런 방법으로 재진입 프로그램이 많은 프로그램에 의해 병행 호출될 때마다 데이터 구조의 다른 복사본을 사용하게 된다.

그림 11.6은 재진입 프로그램으로 작성된 프로그램 C의 실행을 보여준다. 프로그램 C는 AREG가 자신의 데이터 영역의 시작 주소를 가지도록 작성되었다[그림 11.6(a) 참고]. 이 데이터 영역의 각 데이터는 AREG에 적재된 주소와 오프셋(offset) 값을 사용하여 접근된다. 프로그램 A가 C를 호출하면, C는 이 호출 동안에 사용할 데이터 영역을 할당한다. 이 영역은 그림 11.6(b)의 Data(C_A)로 나타나 있다. A의 수행이 선점되면

AREG의 내용은 A의 PCB에 저장된다. 이것들은 나중에 A가 다시 실행될 때 AREG에 적재된다. C가 프로그램 B에 의해 호출되면, 새 데이터 영역 Data(C_B)가 할당되고 AREG가 이 영역의 시작 주소를 가진다[그림 11.6(c) 참고]. 따라서 프로그램 A와 B의 실행은 서로 간섭하지 않는다.

11.4 프로세스의 메모리 할당(MEMORY ALLOCATION TO A PROCESS)

11.4.1 스택과 힙(Stacks and Heaps)

컴파일러는 프로그램의 코드를 생성하고 정적 데이터를 할당한다. 컴파일러는 또한 프로그램을 위한 오브젝트 모듈을 생성한다(11.3절 참고). 링커는 프로그램을 라이브러리 함수 및 프로그래밍 언어의 실행시간 지원(run-time support)과 연결하고, 프로그램의 실행 가능 형식을 만들어 파일에 저장한다. 프로그램 크기 정보는 파일의 디렉터리 엔트리에 기록된다.

실행시간 지원은 프로그램 실행 중에 두 종류의 데이터를 할당한다. 첫 번째 데이터는 그 범위(scope)가 프로그램 내의 함수, 프로시저 또는 블록과 관련되는 변수와 함수, 프로시저의 매개변수 들이다. 이 데이터는 함수, 프로시저 또는 블록에 진입할 때 할당되고 빠져나갈 때 없어진다. 후입 선출(last-in, first-out) 특징 때문에 데이터는 스택에 할당된다. 두 번째 데이터는 Pascal, C++, Java의 new 문과 같은 언어 기능 또는 C의 `malloc`, `calloc` 문에 의해 동적으로 생성된다. 이러한 데이터를 PCD(*program-controlled dynamic*) 데이터라고 부른다. PCD 데이터는 힙이라 불리는 데이터 구조를 사용하여 할당된다.

스택 스택에서 데이터 할당과 반환은 각각 *push*와 *pop* 연산에 의해 후입 선출 방식으로 수행된다. 스택의 각 엔트리 크기가 l 바이트라고 가정하자. 오직 스택의 마지막 엔트리만 접근할 수 있다. 스택을 위해 연속된 메모리 영역을 예약한다. **스택 기저**(*stack base*: SB) 포인터는 스택의 첫 번째 엔트리를 가리키고, **스택 탑**(*top of stack*: TOS) 포인터는 스택의 마지막 엔트리를 가리킨다. 관례상 스택은 메모리의 낮은 주소 방향으로 커진다고 가정하고, 이를 그림에서는 윗방향으로 커지는 것으로 표현하겠다.

프로그램 실행 중에 스택은 함수 호출을 지원하기 위해 사용된다. 하나의 함수 호출과 연관되는 스택 엔트리 그룹을 **스택 프레임**(*stack frame*)이라 부른다. 컴파일러 용어로는 **활성 레코드**(*activation record*)라고 부르기도 한다. 함수가 호출되면 한 스택 프레임이 스택에 푸시된다. 처음에 스택 프레임은 함수의 매개변수들의 주소 또는 값, 함수가 끝난 후 되돌아갈 명령어 주소인 **반환 주소**(*return address*)를 포함하고 있다. 함수의 실행 중에 프로그래밍 언어의 실행시간 지원 기능은 스택 프레임 안에 함수의 지역

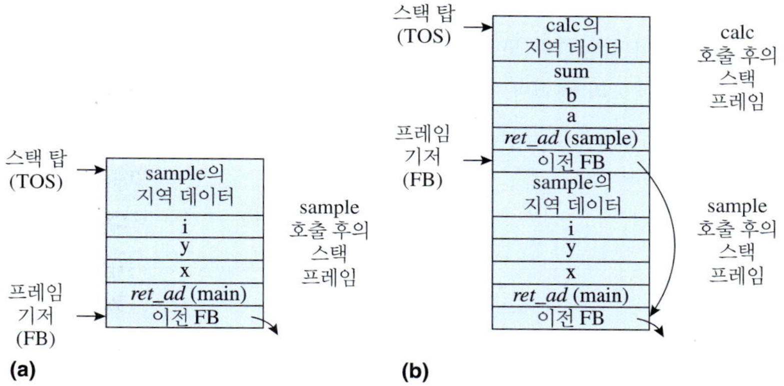

그림 11.7 (a) `main`이 `sample`을 호출한 후의 스택 (b) `sample`이 `calc`를 호출한 후의 스택

변수를 생성한다. 함수의 실행이 끝날 때 전체 스택 프레임은 함수에서 팝되고, 그 안에 있던 반환 주소를 사용하여 제어를 넘긴다.

스택 프레임의 사용을 쉽게 해주는 두 가지 조건이 있다. 스택의 첫 번째 엔트리는 이전 스택 프레임에 대한 포인터이다. 이 엔트리는 스택 프레임을 팝할 때 사용된다. 프레임 기저(*frame base*: FB) 포인터는 스택의 가장 꼭대기에 있는 스택 프레임의 시작 주소를 가진다. 이것은 스택 프레임 내부의 여러 스택 엔트리의 접근을 도와준다. 예제 11.4는 함수 호출 시 스택이 어떻게 사용되는지를 설명하고 있다.

예제 11.4 스택의 사용

그림 11.7은 중첩된(nested) 함수 호출을 가진 프로그램 실행 시의 스택을 보여주고 있다. 그림 11.7(a)는 프로그램의 `main` 함수가 `sample(x, y, i)` 함수를 호출한 후의 스택이다. 호출이 실행되면 스택에 스택 프레임이 푸시된다. 스택 프레임의 첫 번째 엔트리는 스택의 프레임 기저 포인터의 이전 값을 가진다. 두 번째 엔트리는 *ret_ad*(`main`)인데, 이는 `main` 함수로의 반환 주소이다. 다음 3개의 엔트리는 매개변수 `x`, `y`, `i`에 해당된다. 그 다음에 있는 엔트리들은 `sample` 함수의 지역 데이터에 해당된다. 이제 프레임 기저 포인터는 이 스택 프레임의 첫 번째 엔트리를 가리키고, 스택 탑 포인터는 스택 프레임에 있는 마지막 지역 데이터를 가리킨다. 함수 `sample`의 코드는 프레임 기저 값과 오프셋 값을 사용하여 반환 주소, 매개변수 정보, 자신의 지역 데이터들에 접근한다. 각 스택 엔트리가 4바이트라고 한다면 반환 주소는 프레임 기저 값에서 오프셋 4의 위치에 있고, 첫 번째 매개변수는 오프셋 8의 위치에 있다.

그림 11.7(b)는 함수 `sample`이 함수 `calc(a, b, sum)`을 호출한 후의 스택이다. 새 스택 프레임이 스택에 푸시되었고, 프레임 기저 값이 이 스택 프레임의 첫 번째 엔트리에 저장되었다. 그리고 프레임 기저 값은 새 스택 프레임의 시작을 가리키고, 스택 탑은 새 스택 프레임의 마지막 엔트리를 가리킨다. 함수가 끝나면 스탭 탑 포인터는 프레임 기저가 가리키는 엔트리의 바로 이전 엔트리를 가리키게 된다. 또한 프레임 기저 포인터는 이전에 가리키던 스택 엔트리를 다시 가리키게 된다. 즉, `calc` 스택 프레임은 팝되고 프레임 기저는 `sample`의 스택 프레임의 시작을 가리킨다. 스택의 모습은 함수 `sample`이 `calc`를 호출하기 전의 스택과 같아진다.

힙 힙은 메모리를 임의 순서로 할당 및 반환할 수 있게 해준다. 프로세스가 할당을 요청하면 힙 내부에서 할당한 메모리 영역의 포인터를 반환한다. 프로세스는 이 포인터를 사용하여 할당된 메모리 영역에 접근한다. 반환 요청은 반환할 메모리 영역의 포인터를 명시해야 한다. 다음 예제는 프로세스의 PCD 데이터를 관리하기 위하여 힙을 사용하는 예이다.

예제 11.5 힙의 사용

그림 11.8은 다음 C 프로그램을 수행한 후의 힙의 모습이다.

```
float *floatptr1, *floatptr2;
int *intptr;
floatptr1 = (float *) calloc(5, sizeof(float));
floatptr2 = (float *) calloc(4, sizeof(float));
intptr = (int *) calloc(10, sizeof(int));
free(floatptr2);
```

calloc 루틴은 메모리를 요청하기 위해 사용된다. 첫 번째 호출은 5개의 부동 소수점 숫자를 수용할 수 있는 메모리를 요청하고 있다. 힙 할당자는 하나의 메모리 영역을 할당하고 영역에 대한 포인터를 반환한다. 이 포인터는 floatptr1에 저장된다. 각 할당된 메모리 영역의 처음 몇 바이트는 *length* 필드를 포함한다고 가정한다. 이 필드는 free 루틴을 호출하여 메모리 영역을 반환할 때 사용된다. 그림 11.8(a)는 모든 calloc 호출이 처리된 후의 힙을 보여주고 있다. 그림 11.8(b)는 free 호출이 끝난 후의 힙을 보여주고 있다. free는 floatptr2가 가리키는 메모리 영역을 가용 영역으로 만든다. 이때 할당된 곳에 '구멍(hole)'이 생겼다.

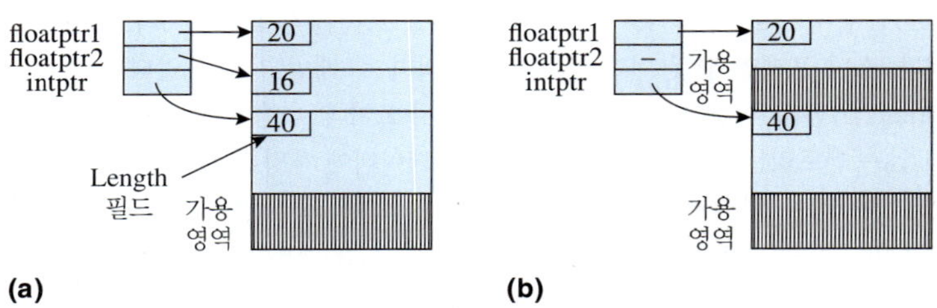

그림 11.8 (a) 힙 (b) 메모리가 반환될 때 할당된 영역 사이의 구멍(hole)

11.4.2 메모리 할당 모델(The Memory Allocation Model)

사용자가 프로그램을 수행하기 위해 명령어를 입력하면 커널은 새 프로세스를 생성한다. 이때 커널은 다음 구성 요소들에 메모리를 얼마만큼 할당할지를 결정해야 한다.

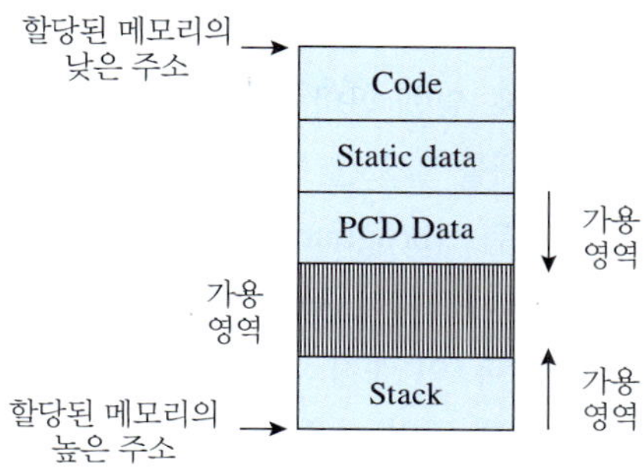

그림 11.9 프로세스의 메모리 할당 모델

- 프로그램의 코드와 정적 데이터
- 스택
- PCD 데이터

프로그램의 크기는 디렉터리 엔트리에서 구할 수 있다. 스택과 PCD 데이터의 크기는 프로그램 실행 중에 달라지므로 커널은 이들에게 할당할 메모리 크기를 알 수 없다. 커널은 스택과 힙이 커질 수 있는 최대 크기를 추정하고 적절한 크기의 메모리를 할당한다. 그러나 이와 같은 정적 할당은 유연성을 떨어뜨린다. 11.2절에서 보았듯이, 할당된 메모리가 낭비되거나 프로세스가 실행 중에 메모리를 다 사용하여 모자랄 수도 있다.

이러한 두 구성 요소에 대한 문제를 해결하기 위해 운영체제는 그림 11.9에서 보여주는 메모리 할당 모델을 사용한다. 프로그램의 코드와 정적 데이터는 그 크기만큼 메모리를 할당해 준다. PCD 데이터와 스택은 메모리의 같은 공간을 공유하지만, 새 데이터를 위한 메모리를 할당할 때 각자 서로 반대 방향으로 영역이 커진다. PCD 데이터는 메모리 영역의 낮은 주소 쪽에서 메모리를 할당해 나가고, 스택은 메모리 영역의 높은 주소 쪽에서 메모리를 할당해 간다. 이 두 구성 요소 사이의 메모리는 자유 공간으로서 두 구성 요소의 데이터를 생성할 때 사용된다. 이 모델에서 스택과 PCD 데이터는 크기 제약이 없다.

프로그램은 실행시간 라이브러리의 루틴을 호출하여 PCD 데이터를 생성하거나 제거한다. 라이브러리 루틴은 프로세스에 할당된 PCD 데이터 영역에서 메모리를 할당하거나 반환한다. 따라서 커널은 이 메모리 관리에는 관여하지도 않고 알지도 못한다.

11.4.3 메모리 보호(Memory Protection)

2.2.3절에서 설명했듯이, 메모리 보호는 기저 레지스터와 크기 레지스터라고 하는 CPU 내의 두 제어 레지스터를 이용하여 구현된다. 이 두 레지스터는 각각 프로세스에 할당된 메모리 영역의 시작 주소와 크기 값을 가진다. 프로세스의 현재 명령어에서 사용하

는 메모리 주소가 기저 레지스터와 크기 레지스터에 의해 정의된 주소 범위 밖이면 메모리 보호 하드웨어는 메모리 보호 위반 인터럽트를 발생시킨다(그림 2.5 참고). 이 인터럽트를 처리할 때, 커널은 문제를 일으킨 프로세스를 종료시킨다. 기저 레지스터와 크기 레지스터는 프로그램 상태 워드(program status word: PSW)의 메모리 보호 정보(memory protection information: MPI)를 구성한다. 프로세스가 실행될 때 커널은 적절한 값을 이 레지스터에 적재한다. 이 레지스터들에 값을 적재하는 명령어는 특권 명령어이므로, 사용자 모드에서 실행 중인 사용자 프로세스는 이 레지스터들의 값에 접근할 수 없다.

재배치 레지스터가 사용되고(11.3.1절 참고), 모든 프로그램의 연결 시작 위치가 0이라면 메모리 보호 검사는 더 간단해진다. 그림 2.5에서 기저 레지스터에 있는 주소 값과의 비교가 생략되는데, 그 이유는 명령어에서 사용되는 주소가 0보다 작을 수 없기 때문이다. 메모리 보호 하드웨어는 주소가 크기 레지스터의 값보다 작은지만 검사하면 된다. 이 경우에는 재배치 레지스터와 크기 레지스터가 PSW의 MPI 필드를 구성한다.

11.5 힙 관리(HEAP MANAGEMENT)

11.5.1 메모리의 재사용(Reuse of Memory)

메모리 할당자의 설계에서 두 가지 중요한 이슈는 메모리 할당의 속도와 효율적인 메모리 사용이다. 스택 기반 할당은 메모리 할당과 반환이 매우 빠르기 때문에 이 두 가지 사항을 효율적으로 처리한다. 스택 기반 할당은 가용 메모리와 할당된 메모리를 관리하기 위해 SB, FB, TOS 포인터만 바꿔 주면 되고, 반환된 메모리는 새 할당을 처리할 때 자동적으로 재사용된다. 그러나 스택 기반 할당은 순서 없이 할당되고 반환되는 데이터의 경우에는 사용될 수 없다. 따라서 힙 할당자는 프로그래밍 언어의 실행시간 지원에서 PCD 데이터의 관리와, 커널에서 자신의 메모리 관리를 위해 사용된다.

힙의 메모리 재사용은 자동으로 되지 않는다. 힙 할당자는 새 할당을 처리할 때 가용 메모리 영역을 재사용하기 위해 노력한다. 그러나 요청된 메모리의 크기가 이전에 사용된 메모리 영역의 크기와 일치하는 경우가 드물기 때문에 메모리 영역의 일부가 남게 된다. 남은 메모리 영역이 다른 메모리 요청의 크기보다 작다면 메모리 영역이 낭비되기 때문에, 힙 할당자는 할당할 메모리 영역을 선택할 때 신중해야 한다. 이것은 할당자의 수행 속도를 떨어뜨리게 된다. 사용되지 않는 작은 메모리 영역과 할당자 자신의 데이터를 위해 사용되는 메모리로 인해 힙 할당자는 높은 메모리 이용률을 보장하지 못할 수 있다.

커널은 메모리의 효율적인 재사용을 위하여 표 11.2에 보인 세 가지 기능을 사용한

표 11.2 메모리 재사용을 위한 커널 기능

기능	설명
가용 리스트의 관리	**가용 리스트**는 각 가용 메모리 영역의 정보를 관리한다. 프로세스가 메모리를 반환하면, 반환된 가용 메모리의 정보를 가용 리스트에 추가한다. 프로세스가 종료하면 프로세스에 할당된 모든 메모리 영역은 가용 메모리가 되고, 이들의 정보는 가용 리스트에 추가된다.
할당을 위한 메모리 영역의 선택	새 메모리 요청이 생기면, 커널은 그 요청을 만족시킬 수 있는 가장 적당한 메모리 영역을 선택한다.
가용 메모리 영역의 병합	2개 이상의 이웃 가용 메모리 영역은 하나의 큰 가용 영역을 만들기 위해 병합될 수 있다. 병합된 각 영역은 가용 리스트에서 제거되고 새로운 큰 가용 영역이 가용 리스트에 추가된다.

다. 커널은 시스템의 가용 메모리 영역 관리를 위해 **가용 리스트**(*free list*)를 사용한다. 메모리 요청을 처리할 때 가장 적합한 가용 메모리 영역을 사용하고, 이 메모리 영역에서 남은 메모리는 다시 가용 리스트에 추가된다. 커널은 가용 메모리 영역을 큰 가용 영역으로 합쳐서 큰 메모리 요청을 수용할 수 있게 한다.

11.5.1.1 가용 리스트의 관리(*Maintaining a Free List*)

커널은 가용 리스트에 있는 각 메모리 영역에 대해 2개의 제어 정보를 관리해야 한다. 이 제어 정보는 메모리 영역의 크기와 리스트를 만들기 위해 사용되는 포인터이다. 이 제어 정보로 인한 메모리 오버헤드를 최소화하기 위해 커널은 가용 메모리 영역에서 처음 몇 바이트에 제어 정보를 저장한다. 그림 11.10(a)는 힙의 **단일 연결**(*single linked*) **가용 리스트**를 보여주고 있다. 이 리스트는 사용 중인 5개의 메모리 영역 a~e와 3개의 가용 영역 x~z를 가지고 있다. 가용 리스트에 있는 각 메모리 영역은 자신의 크기와 리스트의 다음 메모리 영역을 가리키는 포인터를 가진다. 이 구조는 매우 간단하다. 그러나 한 메모리 영역을 리스트에 추가할 때, 또는 제거할 때 많은 작업이 필요하다. 예를 들어, 리스트에서 메모리 영역을 제거하려면 이전 메모리 영역에 저장되어 있는 포인터를 변경해야 한다. 리스트의 특정 위치에 메모리 영역을 추가하려면 비슷한 작업을 해야 한다. 이 작업을 하려면 리스트를 시작부터 스캔해야 한다. 가용 리스트에 메모리 영역의 개수가 m이라면 이 작업은 o(m)이 요구된다.

이중 연결(*doubly linked*) **가용 리스트**는 메모리 영역의 빠른 추가와 삭제를 용이하게 해준다. 이 리스트의 각 메모리 영역은 이전 메모리 영역에 대한 포인터와 다음 메모리 영역에 대한 포인터를 가지고 있다[그림 11.10(b) 참고]. 특정 주소의 메모리 영역을 리스트에서 제거하려면, 커널은 이전 메모리 영역과 다음 메모리 영역의 포인터를 구해

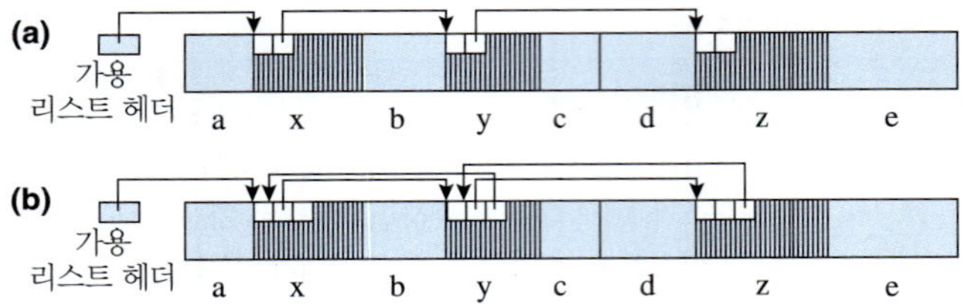

그림 11.10 가용 영역의 관리 (a) 단일 연결 가용 리스트 (b) 이중 연결 가용 리스트

서 이 영역들의 포인터를 바꾸어 주면 된다. 리스트의 특정 위치에 새 메모리 영역을 추가하는 일도 비슷하다. 따라서 메모리 영역을 추가하거나 삭제하는 작업량은 가용 리스트의 메모리 영역 개수와 상관없이 일정하다.

11.5.1.2 가용 리스트를 사용하여 메모리 할당하기 *(Performing Fresh Allocations by Using a Free List)*

가용 리스트를 사용하여 메모리를 할당하는 방법은 세 가지가 있다.

- 최초 적합(first-fit)기법
- 최적 적합(best-fit) 기법
- 다음 적합(next-fit) 기법

n 바이트의 메모리 요청을 서비스하기 위하여 **최초 적합** 기법은 메모리 영역이 *n* 바이트보다 큰 첫 번째 메모리 영역을 찾는다. 그리고 이 메모리 영역을 두 부분으로 분할하는데, *n* 바이트는 메모리 요청에 할당하고 나머지는 가용 리스트에 다시 추가한다. 이 기법은 가용 리스트의 시작 위치부터 반복적으로 메모리 영역을 분할하기 때문에 가용 메모리 영역들은 시간이 지날수록 점점 작아진다. 결과적으로 큰 메모리 요청을 만족시킬 수 있는 큰 가용 메모리 영역이 남아 있지 않게 된다. 또한 여러 가용 메모리 영역들은 사용할 수 없을 정도로 작아질 수 있다.

최적 적합 기법은 크기가 *n*보다 크면서 가장 작은 가용 메모리 영역을 찾는다. 이 기법은 메모리 영역을 불필요하게 분할하는 것을 방지하지만, 분할을 하게 되면 작은 가용 메모리 영역을 만드는 경향이 있다. 따라서 오랜 시간이 지나면 작은 가용 메모리 영역이 많아지는 문제를 갖는다. 또한 최적 적합 기법은 할당할 때마다 전체 가용 리스트를 탐색하거나 가용 리스트를 메모리 영역의 크기 순서로 정렬해야 하는 오버헤드가 있다.

다음 적합 기법은 가용 리스트에서 바로 직전에 할당된 메모리 영역을 기억한다. 새 할당을 서비스할 때 그 다음 메모리 영역부터 탐색하여 크기가 *n*보다 큰 첫 번째 가용 메모리 영역을 찾는다. 이런 방법은 최초 적합 기법에서 발생하는 메모리 영역을 반복적으로 분할하는 문제를 해결해 주고, 최적 적합 기법에서의 오버헤드를 해결해 준다.

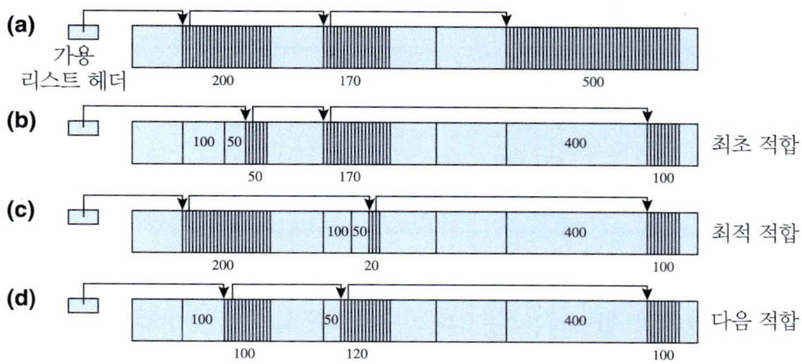

그림 11.11 (a) 가용 리스트 (b)~(d) 최초 적합, 최적 적합, 다음 적합을 사용한 할당

예제 11.6 최초, 최적, 다음 적합 할당

그림 11.11(a)에서 가용 리스트는 3개의 가용 메모리 영역을 가지고 있다. 가용 메모리 영역의 크기는 각각 200, 170, 500 바이트이다. 프로세스는 크기가 100, 50, 400 바이트인 메모리 할당 요청을 하였다. 최초 적합 기법은 첫 번째 가용 메모리 영역에서 100과 50 바이트를 할당한다. 따라서 첫 번째 가용 메므리 영역의 크기는 50이 된다. 400바이트는 세 번째 가용 메모리 영역에서 할당한다. 최적 적합 기법은 두 번째 가용 메모리 영역에서 100과 50 바이트를 할당한다. 두 번째 가용 메모리 영역의 크기는 20바이트가 된다. 다음 적합 기법은 3개의 가용 메모리 영역에서 100, 50, 400 바이트를 할당한다.

Knuth(1973)는 메모리 재사용에 대한 실험을 수행하고 최초 적합과 다음 적합이 최적 적합보다 좋다는 것을 보였다. 그러나 다음 적합은 시스템이 오래 수행되면 모든 가용 영역을 분할하는 반면 최초 적합은 그렇지 않다. 이런 성질 때문에 최초 적합 기법은 큰 메모리 할당을 용이하게 해준다.

11.5.1.3 메모리 단편화(*Memory Fragmentation*)

|정의 11.3| **메모리 단편화:** 컴퓨터 시스템의 메모리에 사용할 수 없는 영역이 존재함

표 11.3은 메모리 단편화의 두 유형을 설명하고 있다. 외부 단편화(*external fragmentation*)는 메모리 영역이 할당되기에 너무 작아서 사용되지 않고 남아 있을 때 발생한다. 그림 11.11(c)에서 최적 적합 할당은 20바이트의 가용 메모리 영역을 만드는데, 이것은 할당되기에 너무 작은 크기가 된다. 이때 외부 단편화가 발생한다. 내부 단편화(*internal fragmentation*)는 프로세스가 50바이트만 요청했는데 메모리 할당자가

표 11.3 메모리 단편화의 유형

단편화 유형	설명
외부 단편화	메모리 영역이 할당되기에는 너무 작음
내부 단편화	프로세스가 요청한 크기보다 메모리를 더 할당함. 따라서 할당된 메모리의 일부가 사용되지 않음

100바이트의 메모리를 할당하는 경우에 발생한다. 이것은 오버헤드를 줄이기 위해서 할당자가 몇 개의 표준 크기를 가진 메모리 블록만 다루는 경우에 발생할 수 있다.

메모리 단편화는 메모리의 낮은 사용률을 야기한다. 이 절과 이 장의 남은 부분에서 메모리 단편화를 피하거나 최소화하는 몇 가지 기법을 설명할 것이다.

11.5.1.4 가용 메모리 영역의 병합(Merging of Free Memory Areas)

외부 단편화는 큰 가용 메모리 영역을 만들기 위해 가용 메모리 영역들을 병합하여 해결할 수 있다. 병합은 새 메모리 영역이 가용 리스트에 추가될 때마다 시도된다. 간단한 병합 방법은 이웃하는 메모리 영역이 가용 리스트에 있는지를 검사하기 위해 가용 리스트를 탐색하는 것이다. 만약 있다면 가용 리스트에서 빼고 새로 추가되는 영역과 합쳐 새로운 큰 가용 메모리 영역을 만든다. 이 작업은 병합이 더 이상 불가능할 때까지 반복할 수 있다. 그러나 이 방법은 새 메모리 영역이 반환될 때마다 가용 리스트를 탐색해야 하므로 비용이 든다. 이제 더 효율적인 병합을 위한 두 가지 기법을 설명하겠다. 11.5.2절에서는 버디 시스템 할당자에서 사용하는 특별한 병합 기법을 설명할 것이다.

경계 태그(Boundary Tag) 태그는 하나의 메모리 영역을 위한 상태 디스크립터(descriptor)이다. 태그는 메모리 영역의 할당 상태와 크기의 쌍으로 구성되어 있다. 할당 상태는 가용이면 F, 할당 중이면 A 값을 가진다. 경계 태그는 메모리 영역의 시작과 마지막에 동일한 태그로 저장된다. 메모리 영역이 가용이면 시작 경계에 있는 태그 다음에 가용 리스트 포인터가 위치할 수 있다. 그림 11.12는 이러한 내용을 보여준다.

메모리 영역이 가용 상태가 되면, 커널은 이웃하는 영역의 경계 태그를 검사한다. 이 태그들은 가용이 된 메모리 영역 경계의 바로 앞과 뒤에 있기 때문에 쉽게 찾을 수 있다. 이웃 영역이 가용이면 새 가용 영역과 병합한다. 그림 11.13은 경계 태그를 사용하는 시스템에서 메모리 영역 X, Y, Z가 반환될 때 수행되는 작업을 보여준다. 그림 11.13(b)에서 메모리 영역 X가 반환되었다. 왼쪽에 이웃하는 영역만이 가용 상태이므로 X는 이 영역과 병합된다. 경계 태그는 병합된 영역에 적절하게 변경된다. 왼쪽에 이웃한 영역의 크기 값만 변경하면 된다. 메모리 영역 Y가 반환될 때 오른쪽에 이웃한 영역만이 가용 영역이므로 이것과 병합하고, 병합된 영역의 경계 태그 값을 변경해 준다. 또한 가용 리스트에서 오른쪽 이웃 영역을 삭제하고 새로 병합된 영역을 추가해야 한다

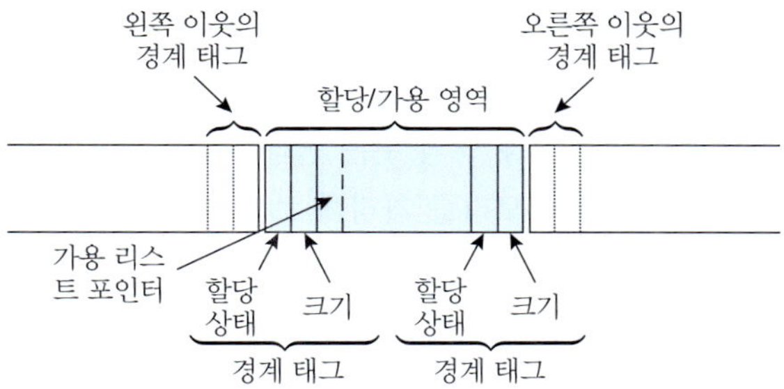

그림 11.12 경계 태그와 가용 리스트 포인터

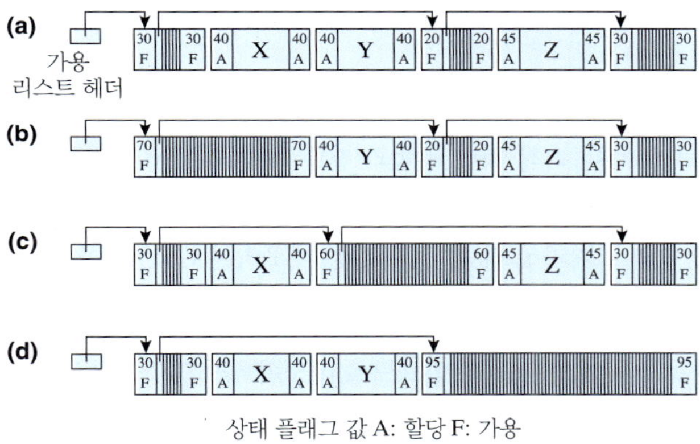

그림 11.13 경계 태그를 사용한 병합 (a) 가용 리스트 (b)~(d) 영역 X, Y, Z의 반환

[그림 11.13(c) 참고]. 메모리 영역 Z가 반환될 때 양쪽에 이웃한 영역 모두 가용 영역이다. 따라서 이들을 모두 병합하여 하나의 가용 영역을 만든다. 왼쪽 이웃의 크기 값을 변경해야 한다. 오른쪽 이웃이 가용 리스트에 있었으므로 이를 가용 리스트에서 삭제해야 한다[그림 11.13(d) 참고]. 오른쪽 이웃과 병합을 수행할 때마다 가용 리스트의 관리는 o(m)의 작업이 필요하다. 이때 m은 가용 리스트에 있는 영역의 개수이다. 11.5.1.1절에서 설명했듯이, 가용 리스트를 이중 연결 리스트로 하는 것이 더 효율적이다.

이런 방법의 병합은 *50퍼센트 규칙*이라는 관계가 성립한다. 하나의 메모리 영역이 반환될 때 시스템에 있는 가용 영역의 개수는 이웃 가용 영역의 수가 0, 2, 1 개일 때 각각 1 증가, 1 감소, 변화 없음이 된다. 다음 그림에서 이러한 메모리 영역을 각각 유형 C, A, B의 영역으로 나타낸다.

메모리 할당이 수행될 때, 요청된 크기가 어떤 가용 영역과 일치한다면 시스템의 가용 영역의 수는 1개 감소한다. 일치하지 않는 경우에는 가용 영역의 일부가 다시 가용 리스트에 남게 되므로 시스템의 가용 영역 수는 변화가 없다. 메모리의 양쪽 끝 상태를 무시할 수 있을 정도로 매우 큰 메모리를 가정해 보자. 또한 각 메모리 영역이 반환될 가능성은 같다고 가정하자. 이때,

할당된 영역의 수 $n = \#A + \#B + \#C$

가용 영역의 수 $m = \frac{1}{2}(2 \times \#A + \#B)$

여기에서 #A는 A 유형의 가용 영역 수이다. 안정 상태(steady state)에서 #A = #C가 된다. 따라서 $m = n/2$이다. 즉, 가용 영역의 수는 할당된 영역의 반이며 이 관계를 50퍼센트 규칙이라 한다.

50퍼센트 규칙은 가용 리스트의 크기를 추정하는 데 도움이 된다. 특히 전체 가용 리스트를 분석해야 하는 최적 적합 방법과 같은 할당 기법에서 작업량을 추정할 수 있다. 또한 이 규칙은 언제든지 메모리의 가용 영역을 추정하는 데 사용할 수 있다. 메모리의 평균 가용 영역의 크기가 s_f 라면, 전체 가용 메모리는 $s_f \times n/2$이다.

메모리 압축 (Memory Compaction) 이 방법에서 모든 가용 메모리 영역은 하나의 가용 메모리 영역을 만들기 위해 병합될 수 있으므로 메모리 바인딩이 변경될 수 있다. 이름에서 알 수 있듯이, 이것은 모든 할당된 영역을 메모리의 한쪽 끝으로 이동시키는 것이다. 그림 11.14는 가용 영역들을 병합하기 위하여 압축하는 예를 보여주고 있다.

압축은 프로그램의 코드와 데이터를 메모리에서 이동하므로 간단하지 않다. 그림 11.14에서 영역 b가 프로세스를 포함하고 있다면 새 메모리 영역에서 올바르게 수행되도록 재배치되어야 한다. 재배치는 프로세스에서 사용하는 모든 주소의 변경을 수반한다. 이것은 힙에 할당된 메모리 주소, 범용 레지스터에 적재된 주소 등을 포함한다. 이러한 작업은 컴퓨터가 재배치 레지스터(11.3.1절 참고)를 제공하는 경우에만 구현이 가능하다. 즉, 재배치는 재배치 레지스터에 있는 주소 값만 간단히 변경하여 수행될 수 있다.

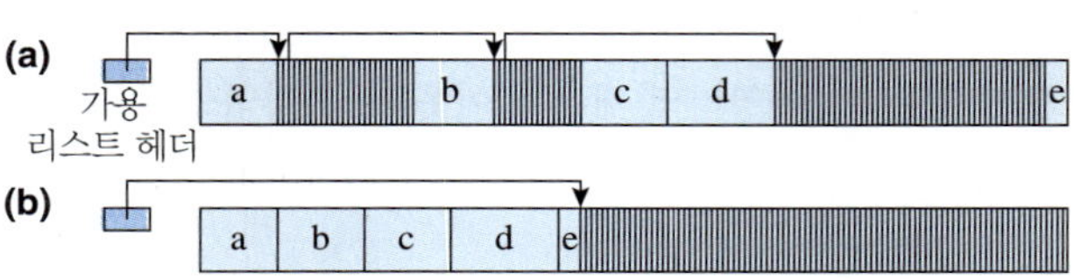

그림 11.14 메모리 압축

11.5.2 버디 시스템(Buddy System)과 2의 멱승 할당자(Power-of-2 Allocator)

버디 시스템과 2의 멱승 할당자는 몇 개의 표준 크기를 가진 블록 단위로 메모리를 할당한다. 이런 방법은 할당된 메모리 블록의 일부가 낭비될 수 있어서 내부 단편화를 야기한다. 그러나 다른 크기의 블록들에 대한 별도의 가용 리스트를 관리할 수 있어서 가용 리스트의 검색을 피하고 빠른 할당과 반환을 가능하게 한다.

버디 시스템 할당자 버디 시스템은 메모리 할당과 반환 시 미리 정해진 방식으로 메모리 블록을 분할하고 재결합한다. 한 블록을 분할하여 생성된 블록을 버디 블록(*buddy block*)이라 한다. 가용 버디 블록들은 이를 만들기 위해 분리되었던 원래 블록을 만들기 위해 통합된다. 이 연산을 병합(*coalescing*)이라 한다. 버디가 아닌 이웃하는 가용 블록은 병합되지 않는다. 여기에는 이진 버디 시스템을 설명하고자 한다. 이진 버디 시스템은 하나의 블록을 2개의 동일한 크기의 버디로 분리한다. 따라서 각 블록 b는 메모리에서 b에 선행하거나 b에 후행하는 하나의 버디 블록을 갖는다. 메모리 블록의 크기는 다른 n 값에 대해 2^n이다. 여기에서 $n \geq t$이고 t는 임계값이다. 이런 제약으로 인해 메모리 블록을 의미 없이 작아지지 않는다.

버디 시스템 할당자는 각 블록에 대해 할당 중인지 가용인지를 표시하는 1비트 태그를 둔다. 블록의 태그는 블록 자체에 둘 수도 있고 별도로 저장할 수도 있다. 할당자는 가용 블록의 많은 리스트를 관리한다. 각 가용 리스트는 이중 연결 리스트로 관리되며 동일한 크기의 가용 블록들로 이루어져 있다. 할당자의 연산은 처음에 크기가 2^z $(z > t)$인 하나의 가용 메모리 블록에 대해서 시작한다. 이 블록은 크기가 2^z인 블록들의 가용 리스트에 추가된다. 어떤 프로세스가 크기가 m인 메모리 블록을 요청하면 할당자는 다음 연산을 수행한다. 할당자는 2의 멱승이 m보다 크거나 같으면서 최소인 값을 찾는다. 이 값이 2^i라고 하자. 크기가 2^i인 블록의 리스트가 비어 있지 않다면, 리스트의 첫 번째 블록을 프로세스에 할당해 주고 블록의 태그를 가용에서 할당 중으로 변경한다. 만약 리스트가 비어 있다면 크기가 2^{i+1}인 블록의 리스트를 검사한다. 그리고 이 리스트에서 한 블록을 취해서 크기가 2^i인 2개의 블록으로 분리한다. 이 블록들은 버디가 된다. 이 블록 중 하나는 크기가 2^i인 가용 블록 리스트에 추가하고 나머지 블록 하나는 프로세스에 할당한다. 만약 크기가 2^{i+1}인 블록이 없다면, 할당자는 크기가 2^{i+2}인 블록의 리스트에서 블록을 취한다. 그리고 이 블록을 크기가 2^{i+1}인 블록들로 분리하고, 다시 이 블록들 중에서 한 블록을 분리하여 블록 크기가 2^i인 블록을 구하여 프로세스에 할당한다. 이와 같은 분리 작업을 프로세스의 요청이 만족될 때까지 수행한다.

프로세스가 크기가 2^i인 메모리 블록을 반환하면, 버디 시스템은 블록의 태그를 가용으로 변경하고 이 블록의 버디 블록 태그를 검사하여 가용인지 확인한다. 만약 가용이라면 이 두 블록을 병합하여 크기가 2^{i+1}인 하나의 블록으로 만든다. 이제 이런 병합을 계속 반복한다. 즉, 이 새 블록의 버디 블록이 가용인지 확인하여 가용이라면 병합을 수행한다. 병합되어 만들어진 블록의 버디 블록이 더 이상 가용이 아니라면 가용 리스트에 추가한다.

예제 11.7 버디 시스템의 연산

그림 11.15는 이진 버디 시스템의 연산을 보여주고 있다. 그림의 (a)와 (b)는 각각 ⇩심볼로 표시된 블록이 반환되기 이전과 이후의 시스템 상태이다. 그림의 윗부분은 가용 리스트를 보여주고, 아랫부분은 메모리 배치와 버디 블록들을 보여주고 있다. 쉽게 살펴볼 수 있도록 반으로 분리된 두 블록은 같은 번호를 붙였다. 반환 중인 블록의 크기는 16바이트이다. 이 블록의 버디는 그림 11.15(a)에서 번호가 1번인 가용 블록이다. 따라서 버디 시스템 할당자는 이 두 블록을 합쳐서 크기가 32바이트인 새 블록을 만든다. 새 블록의 버디는 번호가 2번인 블록이고 가용 상태이다. 따라서 블록 2를 32바이트 블록의 가용 리스트에서 제거하여 새 블록과 합쳐 크기가 64바이트인 새 블록을 만든다. 새 블록은 그림 11.15(b)에서 번호가 4인 블록이다. 이제 이 블록은 적절한 가용 리스트에 추가된다.

블록의 크기가 2의 멱승이므로 버디의 태그 검사는 효과적으로 수행될 수 있다. 반환되는 블록의 크기가 16바이트라고 하자. 16은 2^4이므로 블록의 주소는 . . . y0000의 형태를 갖는다. 여기에서 4개의 0이 y 다음에 나오고, y는 0 또는 1이다. 이 블록의 버디 주소는 . . . z0000이고 $z = 1 - y$이다. 이 주소는 2^4, 즉 . . . 10000과 배타 논리합

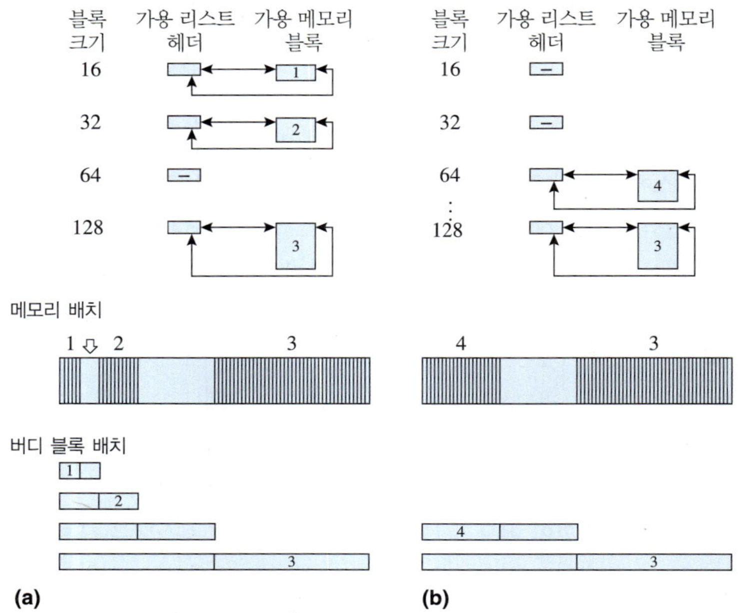

그림 11.15 블록이 반환될 때 버디 시스템의 연산

(exclusive or) 연산을 수행하여 간단하게 구할 수 있다. 예를 들어, 블록의 주소가 101010000이면 버디의 주소는 101000000이다. 일반적으로 크기가 2^n 바이트인 블록의 주소는 2^n으로 배타 논리합을 수행하면 구할 수 있다. 이런 장점은 태그가 비트맵(bitmap)에 별도로 저장되어도 유효하다(연습문제 11.8 참고).

2의 멱승 할당자 이진 버디 시스템처럼 메모리 블록의 크기는 2의 멱승이고, 다른 크기의 블록들은 별도의 가용 리스트로 관리한다. 그러나 버디 시스템과의 유사점은 여기까지이다. 각 블록은 헤더를 가지고 있는데, 헤더는 블록이 반환될 때 추가되어야 할 가용 리스트의 주소를 가지고 있다. m 바이트 크기의 메모리 요청이 있을 때, 할당자는 $2^i \geq m$인 가장 작은 i에 대해 크기가 2^i인 블록들을 가진 가용 리스트를 검사한다. 이 가용 리스트가 비어 있다면 크기가 2^{i+1}인 블록들을 가진 가용 리스트를 검사한다. 이런 과정을 반복하여 블록을 구하게 되면 블록을 분리하지 않고 전체 블록을 할당해 준다. 또한 블록이 반환되면 이웃 블록들과 병합하지 않으며 간단하게 가용 리스트에 추가해 준다.이 방법은 필요한 크기의 블록들을 구성하고 이들을 적절한 가용 리스트로 관리하면서 시작한다. 할당자는 어떤 크기의 블록들을 다 할당했거나 어떤 요청을 서비스해 주지 못할 때 새 블록을 동적으로 생성할 수 있다.

11.5.3 메모리 할당자의 비교(Comparing Memory Allocators)

메모리 할당자는 메모리 할당의 속도와 효율적인 메모리 사용을 기준으로 비교할 수 있다. 버디 할당자와 2의 멱승 할당자는 가용 리스트 검색을 하지 않기 때문에 최초, 최적, 다음 적합 할당자보다 빠르다. 2의 멱승 할당자는 분리 및 병합을 수행하지 않기 때문에 버디 할당자보다 빠르다.

여러 메모리 할당자들의 메모리 사용 효율성을 비교하기 위해 메모리 사용률 인수(memory utilization factor)를 다음과 같이 정의한다.

$$\text{메모리 사용률 인수} = \frac{\text{사용 중인 메모리}}{\text{전체 메모리}}$$

여기에서 **사용 중인 메모리**는 프로세스들에 의해 사용 중인 메모리의 양이고, **전체 메모리**는 프로세스에 할당된 메모리, 메모리 할당자에 있는 가용 메모리, 할당자 자신의 데이터 구조를 위해 쓰이는 메모리를 포함한다. 사용 중인 메모리는 내부 단편화 때문에 프로세스에 할당된 메모리보다 적을 수 있고, 외부 단편화 때문에 전체 메모리보다 적을 수 있다. 메모리 사용률 인수가 가장 큰 값을 가질 때 할당자의 성능이 제일 좋은 것이고, 가장 작은 값을 가질 때 성능이 제일 좋지 않은 것이다.

최초 적합, 최적 적합 및 다음 적합 기법을 사용하는 할당자는 내부 단편화를 일으키지 않는다. 그러나 가용 블록이 너무 작아서 요청을 서비스할 수 없는 경우가 있기 때문에 외부 단편화는 성능을 좋지 않게 한다. 버디 및 2의 멱승 할당자는 2의 멱승 크기의 블록을 할당하기 때문에 메모리 요청이 블록의 크기와 일치하지 않을 때 내부 단편화가 발생한다. 또한 이 할당자들은 블록들의 태그나 헤더를 저장할 추가 메모리를 사용한다. 2의 멱승 할당자에서 블록의 헤더는 프로세스에 의해 사용될 수 없다. 만약 메모리 요청의 크기가 정확히 2의 멱승이라면 할당자는 2배 크기의 메모리를 할당해야 한다. 2의 멱승 할당자는 충분히 큰 가용 블록이 없다면 요청을 서비스할 수 없는 문제가 있다. 가용 블록들을 큰 블록으로 병합하지 않기 때문에 심지어는 여러 개의 작은 블록들의 총 크기가 요청된 크기보다 크더라도 이런 문제가 생길 수 있다. 버디 시스템에서는 이웃 가용 블록이 버디가 아닌 경우에만 이런 문제가 생길 수 있다. 사실 실제 시스템에서 이런 문제는 잘 발생하지 않는다. Knuth(1973)는 모의 실험 연구를 수행하여 버디 할당자의 메모리 사용률이 가장 좋을 때 95%라고 보고하였다.

11.5.4 윈도우의 힙 관리(Heap Management in Windows)

윈도우 운영체제는 적은 할당 오버헤드와 낮은 단편화를 위한 힙 관리 기법을 사용한다. 기본적으로 윈도우는 하나의 가용 리스트와 최적 적합 할당 정책을 사용한다. 그러나 이 방법은 두 경우에 적합하지 않다. 프로세스가 힙을 빈번하게 사용하면서 몇 개의 특정 크기 메모리 영역을 할당하고 반환하는 일을 반복한다면, 최적 적합 정책에서 생기는 오버헤드와 가용 영역의 병합은 불필요하다. 또한 멀티프로세서 환경에서 가용 리스트는 병목이 될 수도 있다(10.3절 참고). 따라서 윈도우는 LFH(*low-fragmentation heap*)라는 방법을 사용한다.

LFH는 많은 가용 리스트를 관리하며, 각 가용 리스트는 특정 크기의 메모리 영역을 관리한다. 메모리 영역의 크기는 8바이트의 배수로서 256바이트까지, 16바이트의 배수로서 512바이트까지, 32바이트의 배수로서 1 KB까지, 이런 방식으로 1 KB의 배수로서 16 KB까지가 된다. 프로세스가 16 KB보다 작은 메모리 영역을 요청하면, 적절한 가용 리스트에서 메모리 영역을 구해서 할당해 준다. 그 메모리 영역에 대해 분리나 병합을 수행하지 않는다. 이 기법은 2의 멱승 할당자 기법과 유사하다. 단, 블록의 크기가 2의 멱승이 아니다. 따라서 2의 멱승 할당자의 특징처럼 메모리 할당이 빠르지만 내부 단편화 문제가 있다. 16 KB보다 큰 메모리 요청을 위해 힙 관리자는 하나의 큰 가용 리스트를 관리하면서 요청된 크기와 정확한 크기의 메모리 영역을 할당해 준다.

힙 관리자가 16 KB보다 작은 요청에 대해 적절한 메모리 영역을 가용 리스트에서 찾지 못한다면 그 요청을 코어 힙 관리자에게 넘긴다. 힙 관리자는 요청들과 처리 결과에 대한 통계를 관리한다. 즉, 특정 크기의 메모리가 요청된 비율과 메모리 영역을 찾지 못한 횟수를 관리하고, 요청에 앞서 적절한 가용 메모리 영역들을 미리 만드는 방식으로 성능을 향상시킨다.

11.6 연속 메모리 할당(CONTIGUOUS MEMORY ALLOCATION)

연속 메모리 할당은 각 프로세스에 메모리의 하나의 연속된 영역을 할당하는 방식으로, 고전적인 메모리 할당 방법이다. 그림 11.9에서 보는 것과 같이, 커널은 프로세스의 코드, 데이터, 스택, PCD 데이터를 모두 적재할 수 있는 하나의 큰 메모리 영역을 할당한다. 연속 메모리 할당은 메모리 단편화 문제를 발생시킨다. 이 절에서는 이 문제를 해결하기 위한 기법들을 살펴보겠다. 연속 메모리 할당에서 프로그램의 재배치와 메모리 보호는 11.3.1절과 11.4.3절에서 설명하였다.

메모리 단편화의 해결 내부 단편화와 외부 단편화의 발생 이유에 대해서 11.5.1.3절에서 설명하였다. 커널은 프로세스의 메모리 요구사항을 정확하게 예측할 수 없기 때문에 내부 단편화는 해결 방안이 없다. 외부 단편화 문제는 11.5절에서 설명한 메모리 압축과 메모리 재사용 방법으로 해결할 수 있다. 예제 11.8은 메모리 압축에 대해 설명한다.

예제 11.8 연속 메모리 할당

그림 11.16(a)에서 프로세스 A, B, C, D가 메모리에 적재되어 있다. B가 종료하면 2개의 가용 메모리 영역이 있게 되는데[그림 11.16(b) 참고], 이 둘은 다른 프로세스를 적재할 만큼 크지 않다. 커널은 하나의 가용 메모리 영역을 만들기 위해 압축을 수행하고, 이 영역에 프로세스 E를 적재한다[그림 11.16(c) 참고]. 이 작업을 하면서 프로세스 C와 D가 실행 중에 이동하게 된다.

메모리 압축은 **동적 재배치**가 가능해야 하는데, 이것은 재배치 레지스터가 없다면 수행이 어렵다(11.3.1절 참고). 재배치 레지스터가 없는 컴퓨터에서 커널은 가용 메모리 영역을 재사용해야만 한다. 그러나 예제 11.8에서 보는 것처럼, 프로세스 E의 크기가 시스템의 전체 가용 메모리 크기보다 작아도 프로세스 E의 실행이 지연되는 문제가 발생할 수 있다.

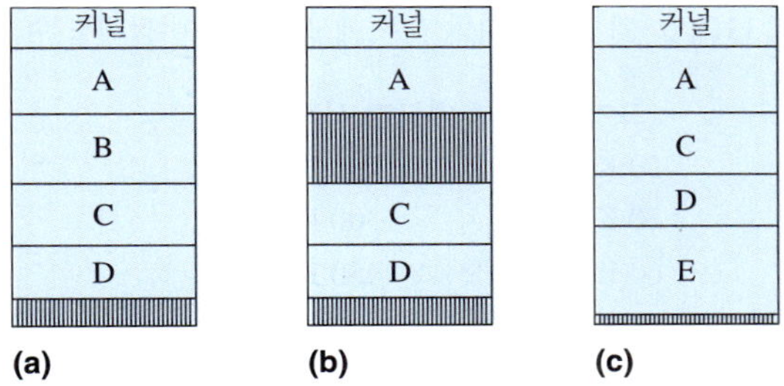

그림 11.16 메모리 압축

스와핑(Swapping) 스와핑의 기본 메커니즘에 대해서는 3.6.1절에서 살펴보았다. 커널은 실행(*running*) 상태가 아닌 프로세스의 코드와 데이터를 디스크의 **스와핑 영역**(*swapping area*)에 기록하여 프로세스를 스왑-아웃한다. 스왑-아웃된 프로세스는 CPU를 사용할 차례가 되기 전에 다시 메모리로 적재된다.

스와핑의 문제는 스왑-인되는 프로세스가 스왑-아웃되기 전에 있었던 메모리 영역으로 다시 적재되어야 하는지의 여부이다. 만약 그래야 한다면, 프로세스의 스왑-인은 프로세스가 스왑-아웃된 동안에 자신이 사용하던 메모리 영역을 할당받은 다른 프로세스가 스왑-아웃이 되어야 가능하다. 스왑-인된 프로세스가 다른 메모리 위치에 적재될 수 있다면 좋을 것이다. 그러나 이것은 프로세스를 새로운 메모리 영역에 동적으로 재배치해야 한다. 앞에서 설명했듯이 동적 재배치는 재배치 레지스터가 있는 컴퓨터에서만 가능하다.

11.7 비연속 메모리 할당(NONCONTIGUOUS MEMORY ALLOCATION)

현대 컴퓨터 구조는 **비연속 메모리 할당** 모델을 지원하며, 프로세스는 많은 메모리 영역에 분산되어 실행할 수 있다. 이 메모리 할당 모델은 프로세스의 크기보다 작은 가용 메모리 영역을 재사용할 수 있어서 외부 단편화 문제를 줄여준다. 페이징(paging)을 사용하는 비연속 메모리 할당은 외부 단편화 문제를 완전히 해결할 수 있다.

예제 11.9는 비연속 메모리 할당을 설명한다. 프로세스의 요소(*component*)를 하나의 메모리 영역에 적재된 프로세스 주소 공간의 부분이라 정의하자.

예제 11.9 비연속 메모리 할당

그림 11.17(a)에서 메모리는 4개의 가용 메모리 영역을 가지고 있다. 첫 번째 가용 메모리 영역은 100 K 번지에서 시작하고 50 KB의 크기, 두 번째는 300 K 번지에서 시작하고 30 KB의 크기, 세 번째는 450 K 번지에서 시작하고 80 KB의 크기, 네 번째는 600 K 번지에서 시작하고 40 KB의 크기이다. 크기가 140 KB인 프로세스 P가 실행되려고 한다[그림 11.17(b) 참고]. 프로세스 P는 크기가 50 KB인 요소 P-1, 30 KB인 요소 P-2, 60 KB인 요소 P-3으로 이루어져 있다. 이 요소들은 그림 11.17(c)와 같이 3개의 가용 메모리 영역에 적재될 수 있다.

프로세스 요소	크기	메모리 시작 주소
P-1	50 KB	100 K
P-2	30 KB	300 K
P-3	60 KB	450 K

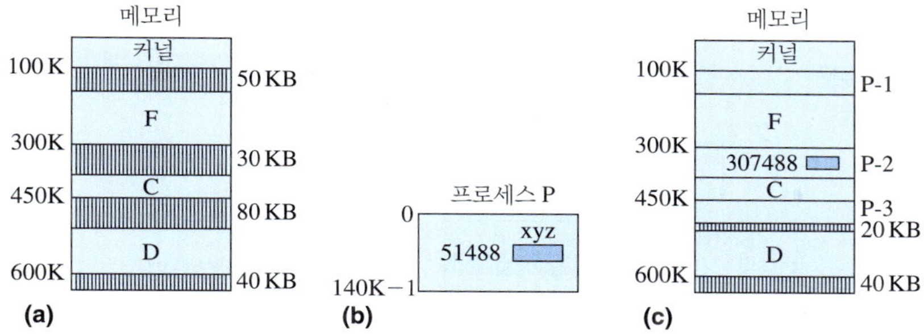

그림 11.17 프로세스 P를 위한 비연속 메모리 할당

11.7.1 논리 주소, 물리 주소, 주소 변환 (Logical Addresses, Physical Addresses, and Address Translation)

1.1절에서 시스템의 **논리적 뷰**(*logical view*)라 불리는 추상적인 관점과 **논리 조직**(*logical organization*)이라 불리는 각 구성 요소 간의 관계에 대해 설명하였다. 이와 대비하여 시스템의 실제 관점을 **물리적 뷰**(*physical view*)라 하고, 그 안에 묘사되어 있는 것들을 **물리 조직**(*physical organization*)이라 한다. 그림 11.17(b)에 보이는 프로세스의 관점은 프로세스 P의 논리적 뷰를 나타내고, 그림 11.17(c)에 보이는 것은 프로세스 P의 물리적 뷰를 나타낸다.

논리 주소는 프로세스 내부에서 사용하는 명령어 또는 데이터 바이트의 주소이다. 이 주소는 인덱스, 기저 또는 세그먼트 레지스터를 사용하여 구할 수 있다. 프로세스의 논리 주소들은 프로세스의 **논리 주소 공간**(*logical address space*)을 구성한다. **물리 주소**는 명령어 또는 데이터 바이트가 메모리에 적재된 주소이다. 시스템에서 물리 주소의 집합은 시스템의 **물리 주소 공간**을 구성한다.

예제 11.10 논리 주소 공간과 물리 주소 공간

예제 11.9에서 프로세스 P의 논리 주소 공간은 0부터 (140K-1)이고, 물리 주소 공간은 0부터 (640K-1)이다. 프로세스 P의 프로그램에서 데이터 영역 xyz는 주소가 51488이다[그림 11.17(b) 참고]. 이 주소는 xyz의 논리 주소이다. 그림 11.17에서 프로세스 요소 P-1은 크기가 50 KB(51200바이트)이다. 따라서 xyz는 요소 P-2 내에 위치하고 바이트 번호는 288이다. P-2가 시작 주소가 300 KB(307200바이트)인 메모리 영역에 적재되면 xyz의 물리 주소는 307488이 된다[그림 11.17(c) 참고].

그림 11.18은 CPU가 논리 주소에 대응하는 물리 주소를 어떻게 구하는지를 보여주고 있다. 커널은 프로세스 P에 할당된 메모리 영역에 대한 정보를 테이블에 관리하고 MMU가 사용하도록 해준다. 예제 11.9에서 이 정보는 P-1, P-2, P-3의 크기와 메모리

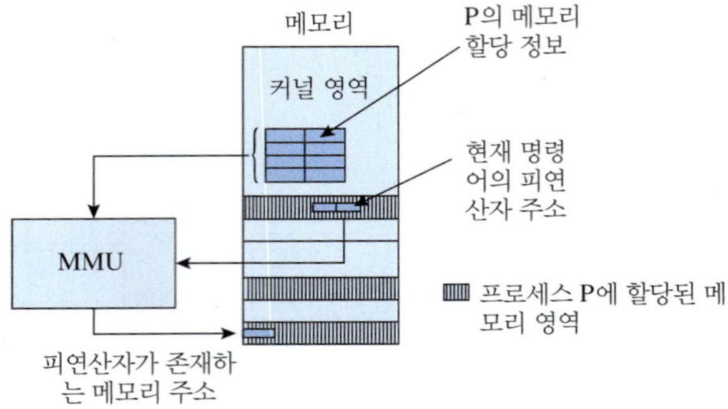

그림 11.18 비연속 메모리 할당의 주소 변환

시작 주소로 구성되어 있다. CPU는 프로세스에서 사용하는 각 데이터 또는 명령어의 논리 주소를 MMU에 보낸다. MMU는 대응하는 물리 주소를 계산하기 위해 테이블에 저장되어 있는 메모리 할당 정보를 사용한다. 이 물리 주소를 데이터 또는 명령어의 **유효 메모리 주소**(*effective memory address*)라고 한다. 논리 주소에서 유효 메모리 주소를 계산하는 과정을 **주소 변환**(*address translation*)이라고 한다.

명령어에서 사용하는 논리 주소는 두 부분으로 구성되어 있다. 하나는 주소를 포함하는 프로세스 요소의 id이고, 다른 하나는 요소 내의 바이트 id이다. 각 논리 주소를 다음과 같은 형태의 쌍으로 나타낸다.

$$(comp_i, byte_i)$$

메모리 관리 장치는 다음 식을 사용하여 유효 메모리 주소를 계산한다.

$$\begin{aligned}(comp_i, byte_i)\text{의 유효 메모리 주소} \\ &= comp_i\text{에 할당된 메모리 영역의 시작 주소} \\ &\quad + comp_i \text{ 내의 } byte_i \text{ 값}\end{aligned} \tag{11.1}$$

예제 11.9와 11.10에서 P의 명령어들은 논리 주소 (P-2, 288)을 사용하여 데이터 영역 xyz를 참조한다. MMU는 이것의 물리 주소를 307,200 + 288 = 307,488로 계산한다.

11.7.2 비연속 메모리 할당 기법들(Approaches to Noncontiguous Memory Allocation)

비연속 메모리 할당을 구현하기 위한 두 가지 기본적인 방법이 있다.

- 페이징
- 세그먼테이션

페이징에서 각 프로세스는 고정 크기의 **페이지**로 구성된다. 페이지의 크기는 컴퓨터 하드웨어에 의해 정의되고, 페이지의 구분은 프로세스에게는 명시적이지 않다. 메모리는 페이지를 저장할 수 있다. 메모리는 페이지와 같은 크기인 메모리 영역들로 나누어지고, 각 메모리 영역은 한 페이지에 할당된다. 각 메모리 영역은 페이지 크기와 같기 때문에 외부 단편화는 발생하지 않는다. 프로세스의 마지막 페이지는 페이지의 크기보다 작을 수 있기 때문에 내부 단편화가 발생할 수 있다.

세그먼테이션에서 프로그래머는 프로세스 내에 **세그먼트**라는 구성 요소를 명시한다. 세그먼트는 프로그램 내의 논리적 개체로서, 예를 들어 함수, 데이터 구조체 또는 객체 등이다. 세그먼테이션은 프로세스 간에 코드, 데이터, 프로그램 모듈을 공유할 수 있게 해준다. 그러나 세그먼트들의 크기가 다르기 때문에 커널은 최초 적합이나 최적 적합 할당 기법을 사용해야 한다. 따라서 외부 단편화가 발생할 수 있다.

페이징을 사용하는 세그먼테이션 같은 혼성 기법은 세그먼테이션과 페이징의 특징을 결합하였다. 이 방법은 외부 단편화를 일으키지 않으면서 프로세스 간에 코드, 데이터, 프로그램 모듈을 공유할 수 있게 해준다. 그러나 페이징 기법처럼 내부 단편화가 발생할 수 있다. 이 세 가지 기법의 특징에 대해 뒤에서 살펴본다.

표 11.4는 연속 메모리 할당과 비교하여 비연속 메모리 할당 기법의 장점을 요약해서 보여주고 있다. 스와핑은 비연속 메모리 할당 기법에서 더 효율적이다. 그 이유는 스왑-인되는 프로세스를 메모리의 임의 부분에 적재할 수 있기 때문이다.

표 11.4 연속과 비연속 메모리 할당의 비교

기능	연속 할당	비연속 할당
메모리 할당	커널은 하나의 메모리 영역을 프로세스에 할당한다.	커널은 여러 개의 메모리 영역을 프로세스에 할당한다. 각 메모리 영역은 프로세스의 하나의 구성 요소를 저장한다.
주소 변환	주소 변환이 필요하지 않다.	프로그램 실행 중에 주소 변환이 MMU에 의해 수행된다.
메모리 단편화	최초 적합, 최적 적합 또는 다음 적합 할당을 사용하면 외부 단편화가 발생한다. 만약 메모리 할당이 몇 개의 표준 크기와 블록 단위로 수행되면 내부 단편화가 발생한다.	페이징에서 외부 단편화는 발생하지 않고, 내부 단편화는 발생할 수 있다. 세그먼테이션에서 외부 단편화는 발생하고, 내부 단편화는 발생하지 않는다.
스와핑	컴퓨터 시스템이 재배치 레지스터를 제공하지 않는다면 스왑-인되는 프로세스는 원래 위치로 적재되어야 한다.	스왑-인되는 프로세스는 메모리의 어떤 영역에도 적재될 수 있다.

11.7.3 메모리 보호(Memory Protection)

프로그램에 할당되는 각 메모리 영역은 다른 프로그램으로부터 간섭받지 않도록 보호되어야 한다. MMU는 경계 검사를 수행하여 이 기능을 구현한다. 논리 주소 ($comp_i$, $byte_i$)의 주소 변환 도중에 MMU는 $comp_i$가 프로그램 내에 실제로 존재하는지와 $byte_i$가 $comp_i$ 내에 존재하는지를 검사한다. 만약 이 검사가 실패하면 보호 위반 인터럽트를 발생시킨다. 경계 검사는 페이징에서 더 간단해진다. 다음 절에서 보겠지만, 논리 주소에서 $byte_i$에게 일정 개수의 비트를 할당하여 $byte_i$의 값이 페이지 크기보다 크지 않도록 보장하기 때문에 $byte_i$가 $comp_i$ 내에 있는지를 검사할 필요가 없다.

11.8 페이징(PAGING)

논리적 뷰로 보면, 프로세스의 주소 공간은 페이지의 일차 배열로 구성된다. 각 페이지는 s 바이트를 갖고 s는 2의 멱승이다. s의 값은 컴퓨터 시스템의 아키텍처에 의해 규정된다. MMU는 논리 주소를 (p_i, b_i)의 쌍으로 분할한다. p_i는 페이지 번호이고, b_i는 페이지 p_i 내의 바이트 번호이다. 프로그램의 페이지들과 페이지의 바이트는 0부터 시작하는 번호가 매겨진다. 따라서 논리 주소 (p_i, b_i)에서 $p_i \geq 0$이고 $0 \leq b_i < s$이다. 물리적 뷰로 보면, 프로세스의 페이지들은 메모리의 비연속적 영역에 존재한다.

페이지 크기가 1 KB인 시스템에 두 프로세스 P와 R이 있다고 하자. 페이지 내의 바이트는 0부터 1023까지 번호가 매겨진다. 프로세스 P는 시작 주소가 0이고 크기는 5500바이트라고 하자. 프로세스 P는 페이지 번호가 0부터 5까지인 6개의 페이지로 구성된다. 이때 마지막 페이지는 380바이트만 있다. 만약 데이터 `sample`이 주소 5248 ($5 \times 1024 + 128$)에 있다면, MMU는 이 주소를 (5, 128)의 쌍으로 본다. 프로세스 R은 크기가 2500바이트라고 하자. R은 페이지 번호가 0부터 2까지인 3개의 페이지로 구성된다. 그림 11.19는 프로세스 P와 R의 논리적 뷰를 보여주고 있다.

메모리는 **페이지 프레임**(*page frame*)이라 불리는 영역으로 분할된다. 메모리의 페이지 프레임은 0부터 번호가 매겨진다. 각 페이지 프레임의 크기는 한 페이지의 크기와 같다. 어떤 순간에 몇 개의 페이지 프레임은 프로세스의 페이지들에 할당되어 있고, 나

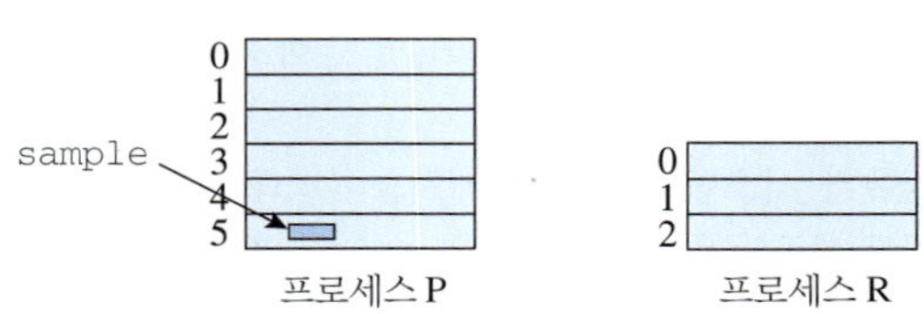

그림 11.19 페이징에서의 프로세스 논리적 뷰

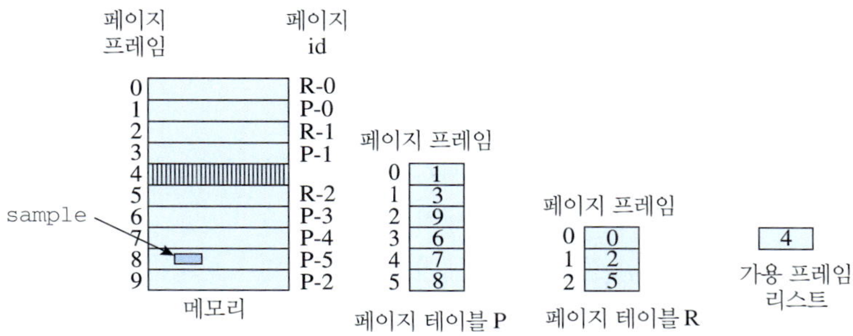

그림 11.20 페이징에서의 물리 조직

머지 페이지 프레임들은 가용 상태이다. 커널은 가용 **페이지 프레임**의 프레임 번호를 알기 위해 가용 프레임 리스트를 관리한다. 프로세스의 실행을 위해 적재할 때 커널은 가용 프레임 리스트를 검사하여 프로세스의 각 페이지에 하나의 가용 페이지 프레임을 할당한다.

주소 변환을 위해 커널은 각 프로세스마다 하나의 **페이지 테이블**(*page table*: PT)을 만든다. 페이지 테이블은 프로세스의 각 페이지마다 하나의 엔트리를 가지며, 이 엔트리는 페이지에 할당된 페이지 프레임 정보를 갖는다. 논리 주소 (p_i, b_i)의 주소 변환을 할 때 MMU는 페이지 번호 p_i를 사용하여 프로세스의 페이지 테이블에서 엔트리를 찾아 p_i에 할당된 페이지 프레임의 번호를 구하고, 식 (11.1)에 의해 유효 메모리 주소를 계산한다.

그림 11.20은 프로세스 P와 R 실행 시의 물리적 뷰를 보여주고 있다. 각 페이지 프레임의 크기는 1 KB이다. 컴퓨터는 10 KB의 메모리를 가지고 있으며 페이지 프레임은 0부터 9까지 번호가 매겨져 있다. 6개의 페이지 프레임은 프로세스 P에 할당되어 있고, 3개의 페이지 프레임은 프로세스 R에 할당되어 있다. 페이지 프레임에 저장된 페이지들을 P-0, . . . , P-5와 R-0, . . . , R-2로 보이고 있다. 페이지 프레임 4는 가용 프레임이다. 따라서 가용 프레임 리스트는 하나의 항목만 가지고 있다. P의 페이지 테이블은 프로세스 P의 각 페이지에 할당된 페이지 프레임을 관리한다. 앞에서 예로 든 프로세스 P의 변수 `sample`은 논리 주소 (5, 128)을 갖는다. 프로세스 P가 실행 중에 이 논리 주소에 접근하면 식 (11.1)을 사용하여 다음과 같이 유효 메모리 주소로 변환된다.

$$\begin{aligned}(5, 128)\text{의 유효 메모리 주소} &= \text{페이지 프레임 \#8의 시작 주소} + 128 \\ &= 8 \times 1024 + 128 \\ &= 8320\end{aligned}$$

주소 변환의 실제 수행 과정을 설명하기 위해 다음과 같은 표기를 사용하겠다.

s 페이지의 크기

l_l 논리 주소의 길이(논리 주소의 비트 수)

l_p 물리 주소의 길이

n_b 논리 주소에서 바이트 번호를 나타내기 위한 비트 수

n_p 논리 주소에서 페이지 번호를 나타내기 위한 비트 수

n_f 물리 주소에서 프레임 번호를 나타내기 위한 비트 수

페이지의 크기 s는 2의 멱승이다. n_b는 $s = 2^{n_b}$가 되도록 정한다. 따라서 논리 주소의 하위 n_b 비트는 페이지 내의 바이트 번호 b_i를 위해 사용된다. 논리 주소의 나머지 비트는 p_i를 위해 사용된다. MMU는 논리 주소의 비트를 다음과 같이 묶어 간단하게 p_i와 b_i의 값을 구한다.

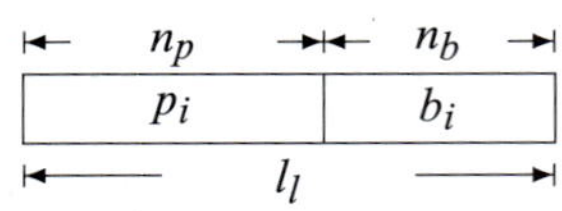

여기서 $n_p = l_l - n_b$이다. 페이지 크기로서 2의 멱승을 사용하면 유효 메모리 주소의 구성을 간단하게 할 수 있다. 페이지 p_i에 페이지 프레임 q_i가 할당되어 있다고 하자. 페이지와 페이지 프레임의 크기가 같기 때문에 페이지 프레임 내의 바이트를 참조하려면 n_b 비트가 필요하다. 페이지 프레임 q_i의 바이트 0의 물리 주소는 다음과 같다.

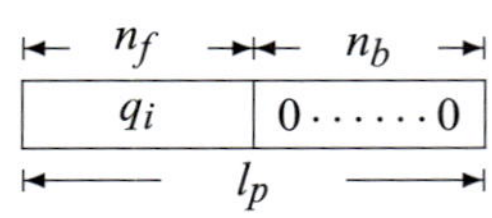

여기서 n_f는 프레임 번호를 위해 사용되는 비트 수이다. 따라서 $n_f = l_p - n_b$이다. 이제 페이지 프레임 q_i의 바이트 b_i의 물리 주소는 다음과 같다.

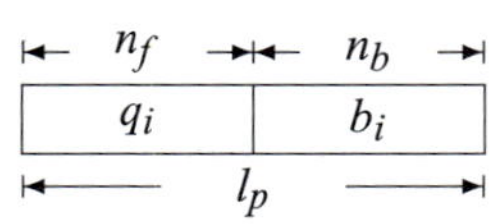

MMU는 q_i와 b_i를 결합하여 물리 주소를 구한다. 다음 예제는 페이징을 사용하는 시스템에서의 주소 변환을 설명한다.

예제 11.11 페이징에서의 주소 변환

컴퓨터가 32비트 논리 주소를 사용하고 페이지 크기는 4 KB라고 가정하자. 페이지 내의 바이트를 참조하기 위해 12비트가 적당하다. 따라서 논리 주소의 상위 20비트는 p_i를 나타내기 위해 사용하고, 하위 12비트는 b_i를 나타내기 위해 사용한다. 메모리 크기가 256 MB인 경우, $l_p = 28$이다. 따라서 물리 주소의 상위 16비트를 q_i를 나타내기 위해 사용한다. 만약 페이지 130이 페이지 프레임 48에 있다면 $p_i = 130$이고 $q_i = 48$이다. 만약 $b_i = 600$이면 논리 주소와 물리 주소는 다음과 같다

논리 주소

20	12
0 ··· 010000010	001001011000

물리 주소

16	12
0 ... 00110000	001001011000

주소 변환 도중에 MMU는 논리 주소의 비트를 2개로 묶어 p_i와 b_i를 구한다. 이제 q_i를 구하기 위해 페이지 테이블의 130번째 엔트리를 참조한다. 구한 q_i는 b_i와 결합되어 물리 주소를 만든다.

11.9 세그먼테이션(SEGMENTATION)

세그먼트는 프로그램 내에 있는 논리 개체이다. 예를 들어 함수, 데이터 구조, 객체 등이다. 세그먼트는 한 단위로서 관리하기 위해 의미가 있다. 즉, 실행을 위해 메모리에 적재하거나 다른 프로그램과 공유하기 위하여 하나의 단위로서 관리될 수 있다. 논리 관점에서 프로세스는 여러 세그먼트들의 집합으로 구성되어 있다. 물리적 뷰에서 프로세스의 세그먼트는 메모리의 비연속적인 영역들에 존재한다.

프로세스 Q는 심볼 이름이 `main`, `database`, `search`, `update`, `stack`인 5개의 논리 개체로 구성되어 있다고 하자. 프로그램을 작성하는 도중에 프로그래머는 Q 안에 이 5개를 세그먼트로 선언한다. 이 정보는 컴파일러나 어셈블러가 프로그램을 번역하는 중에 논리 주소를 생성하기 위해 사용된다. Q에서 사용되는 각 논리 주소는 (s_i, b_i)의 형식을 갖는다. 이때 s_i는 세그먼트의 id이고, b_i는 세그먼트 내의 바이트 번호이다. 예를 들어, `get_sample`이 세그먼트 `update` 내의 프로시저일 때, `call get_sample`에 해당되는 명령어는 피연산자의 주소로서 (`update`, `get_sample`)을 사용할 수 있다.

그림 11.21은 커널이 프로세스 Q를 어떻게 처리하는지를 보여주고 있다. 그림에서 왼쪽 부분은 프로세스 Q의 논리적 뷰를 보여준다. 주소 변환을 위하여 커널은 프로세스 Q의 세그먼트 테이블을 만든다. 이 테이블의 각 엔트리는 세그먼트의 크기와 할당된 메모리 영역의 주소를 갖는다. 세그먼트의 크기는 메모리 보호를 위해 경계 검사를 수행할 때 사용된다. MMU는 주소 변환을 수행할 때 세그먼트 테이블을 사용한다 (그림

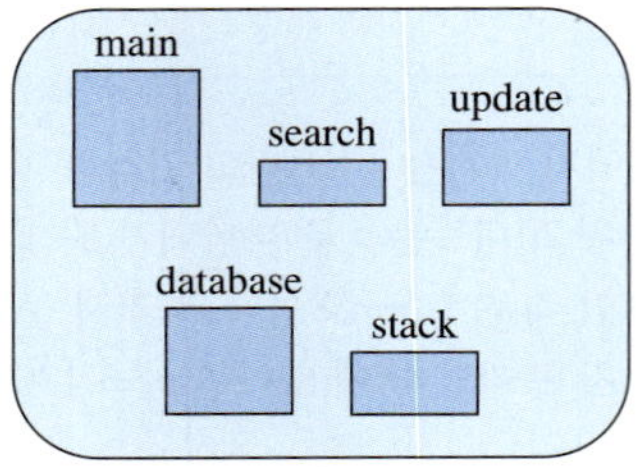

프로세스 Q

이름	크기	주소
main	476	23500
database	20240	32012
search	378	76248
update	642	91376
stack	500	54500

Q의 세그먼트 테이블

그림 11.21 세그먼테이션에서의 프로세스 Q

11.18 참고). 세그먼트는 표준 크기가 없기 때문에, 주소 변환은 페이징 기법처럼 비트의 결합 방식으로 수행될 수 없다. 대신에 논리 주소 (s_i, b_i)의 유효 메모리 주소의 계산은 식 (11.1)에 의하여 세그먼트 s_i의 시작 주소에 b_i를 더해서 구한다. 그림 11.21에서 `get_sample`은 세그먼트 `update`의 232바이트 번호를 가진다고 할 때, (`update`, `get_sample`)의 주소 변환은 91376 + 232 = 91608 주소 값을 만든다.

각 세그먼트의 메모리 할당은 연속 메모리 할당 모델의 메모리 할당처럼 수행된다. 커널은 메모리 영역의 가용 리스트를 관리한다. 프로세스를 적재할 때 커널은 프로세스의 각 세그먼트에 최초 적합 또는 최적 적합 할당을 수행하기 위해 가용 리스트를 탐색한다. 프로세스가 종료하면, 세그먼트에 할당된 메모리 영역은 반환되고 가용 리스트에 추가된다. 세그먼트들의 크기가 다르기 때문에 외부 단편화가 발생할 수 있다.

11.10 페이징을 사용하는 세그먼테이션(SEGMENTATION WITH PAGING)

이 기법은 프로그램의 각 세그먼트별로 페이징하는 방법이다. 각 세그먼트의 페이지에 정수 값이 할당된다. 이 기법은 메모리 할당을 간단하고 빠르게 해주고 외부 단편화를 없애 준다. 각 세그먼트에 하나의 페이지 테이블을 만들고, 페이지 테이블의 주소는 세그먼트 테이블의 세그먼트 엔트리에 저장한다. 논리 주소 (s_i, b_i)의 주소 변환은 이제 두 단계로 수행된다. 첫 번째 단계에서, s_i의 엔트리를 세그먼트 테이블에서 찾고 페이지 테이블의 주소를 구한다. 이제 바이트 번호 b_i를 (ps_i, bp_i)의 쌍으로 분리한다. 여기서 ps_i는 세그먼트 s_i 내의 페이지 번호이고, bp_i는 페이지 p_i 내의 바이트 번호이다. 이제 유효 주소의 계산은 페이징처럼 수행한다. 즉, ps_i의 프레임 번호를 구하고, 여기에 bp_i를 결합하여 유효 주소를 만든다.

그림 11.22는 페이징을 사용하는 세그먼테이션 기법의 시스템에서 그림 11.21의 프로세스 Q를 보여준다. 각 세그먼트는 독립적 페이지로 나뉜다. 따라서 각 세그먼트의 마지막 페이지는 내부 단편화가 생긴다. 각 세그먼트 테이블은 세그먼트 페이지 테이

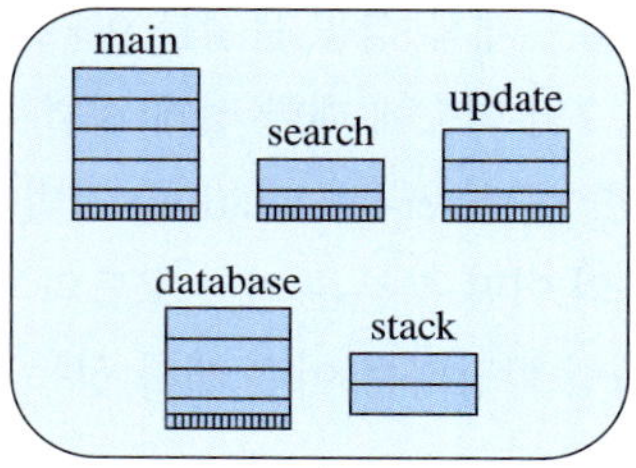

프로세스 Q

이름	크기	페이지 테이블 주소
main	476	
database	20240	
search	378	
update	642	
stack	500	

Q의 세그먼트 테이블

그림 11.22 페이징을 사용하는 세그먼테이션에서의 프로세스 Q

블의 주소를 갖고 있다. 세그먼트 엔트리의 크기 필드는 메모리 보호를 위해 경계 검사를 할 때 사용된다.

11.11 커널 메모리 할당(KERNEL MEMORY ALLOCATION)

커널은 수행 중에 매우 빈번하게 데이터 구조체를 생성하고 삭제한다. 대개 이 구조체들은 시스템 자원들의 할당과 사용을 제어하기 위한 제어 블록(*control block*)들이다. 앞에서 나왔던 제어 블록으로는 프로세스마다 생성되는 PCB(process control block)와 사건의 발생을 기다릴 때마다 생성되는 ECB(event control block)가 있다. 13장과 14장에서 I/O 연산을 위해 생성되는 IOCB(I/O control block)와 파일을 개방할 때마다 생성되는 FCB(file control block)를 설명할 것이다. 제어 블록의 크기는 운영체제의 설계 단계에서 알 수 있다. 이 정보는 커널 메모리 할당을 간단하고 효율적으로 수행하는 데 도움이 된다. 예를 들어, 한 제어 블록이 제거되어 반환되는 메모리는 동일한 제어 블록이 생성될 때 재사용할 수 있다. 이 장점을 이용하기 위해 각 제어 블록 유형별로 독립적인 가용 리스트를 관리할 수 있다.

현대 운영체제의 커널들은 자신의 메모리 요구조건을 만족시키기 위해 페이징 기법을 사용하며, 각 페이지를 효과적으로 사용하기 위해 특별한 노력을 한다. 다음과 같은 세 가지 대표적인 메모리 할당자가 있다.

- McKusick-Karels 할당자
- 게으른 버디 할당자
- 슬랩 할당자

McKusick-Karels와 게으른 버디 할당자는 페이지 내부에 크기가 2의 멱승인 메모리 영역을 할당한다. 각 페이지의 시작 주소는 2의 큰 멱승 값이므로, 크기가 2^n인 할당된 각 메모리 영역의 시작 주소는 2^n의 배수이다. 2의 멱승에 대한 경계 정렬(boundary alignment)이라 불리는 이 특징은 다음과 같은 캐시 성능 문제를 야기한다. 객체의 어떤 부분은 다른 부분보다 더 자주 접근된다. 2의 멱승에 대한 경계 정렬 특징 때문에 객체의 자주 접근되는 부분은 캐시 검색의 집합 연관(set-associative) 기법에 의해 캐시의 동일 영역으로 매핑될 수 있다. 따라서 캐시의 어떤 부분은 커널 코드의 캐시 성능을 좋지 않게 만드는 과도한 집중을 야기한다. 슬랩 할당자는 이런 캐시 성능 문제를 해결하기 위해 흥미로운 기법을 사용한다.

일관성을 위해서 앞 절에서 사용한 용어를 이용해 이 세 할당자에 대해 설명하겠다. 이 장의 참고문헌에서 이 할당자들을 사용하는 현대 운영체제들을 예시하였다.

McKusick-Karels 할당자 이 할당자는 변형된 2의 멱승 할당자로서, 유닉스 4.4 BSD에서 사용된다. 할당자는 언제든지 필요한 개수의 페이지들을 가지고 있다가 할당할 메모리가 떨어지면 페이징 시스템에 페이지를 요청한다. 할당자는 각 페이지를 같은 크기의 블록들로 나누고, 블록 크기와 가용 리스트 포인터의 두 정보를 페이지의 논리 주소와 함께 기록한다. 이런 방식은 블록이 위치하는 페이지의 주소를 이용하여 블록의 크기를 쉽게 찾도록 하고, 블록이 반환될 때 블록을 추가할 가용 리스트를 용이하게 찾도록 해준다. 따라서 2의 멱승 할당자 방식처럼 할당되는 각 블록마다 이 정보를 포함하는 헤더를 가질 필요가 없게 된다.

블록에 헤더가 없으므로 블록 전체 메모리를 다 사용할 수 있게 해준다. 결과적으로 정확하게 2의 멱승 크기인 메모리 영역에 대한 메모리 요청에 대해서 McKusick-Karels 할당자가 2의 멱승 할당자보다 우수하다. 전통적인 2의 멱승 할당자는 요청된 크기보다 2배 큰 블록을 할당해야 한다.

할당자는 찾는 크기의 블록이 없을 때 소유하고 있는 가용 페이지를 구한다. 그리고 이 페이지를 원하는 크기의 블록들로 분할한다. 이 블록 중 하나를 현재 요청에게 할당하고, 남은 블록들은 적절한 가용 리스트에 추가한다. 만약 가진 가용 페이지가 없다면 새 페이지의 할당을 페이징 시스템에게 요청한다. 필요 이상으로 많은 페이지를 소비하지 않기 위해서 할당자는 페이지 내의 모든 블록이 가용 상태가 되면 페이지를 가용 상태로 표시한다. 그러나 할당자는 가용 페이지를 페이징 시스템으로 반환하는 기능은 없다. 따라서 어느 순간에 할당자에 할당된 총 페이지 개수는 할당자가 가진 가장 많은 페이지의 개수가 된다. 이 특징은 메모리 사용률 인수를 떨어뜨릴 수 있다.

게으른 버디 할당자 기본적인 버디 시스템은 메모리를 할당할 때마다 하나 이상의 분할을 수행하고, 반환할 때마다 하나 이상의 병합을 수행한다. 병합된 블록이 나중에 다시 분할될 수도 있기 때문에 이런 작업은 불필요할 수도 있다. 게으른 버디 할당자의 기본 원리는 반환되는 메모리와 같은 크기의 데이터 구조가 다시 생성될 가능성이 있다면 병합 작업을 지연시키는 것이다. 이 조건이 올바르다면 이 원리는 병합과 분할 오버헤드를 줄일 수 있다.

게으른 버디 할당자는 유닉스 5.4에서 사용된다. 여기에는 같은 크기의 블록들로 블록의 **클래스**를 구성한다. 한 클래스에 대한 병합 결정은 이 클래스의 데이터 구조체가 생성되고 제거되는 비율에 따라 정해진다. 할당자는 블록들의 클래스에 대한 운영체제의 동작을 *lazy*, *reclaiming*, *accelerated*라는 3개의 상태로 특성화한다. 간단하게 이것들을 블록 클래스의 **상태**라고 부르자.

lazy 상태인 경우, 블록의 할당과 반환은 비슷한 비율로 발생한다. 따라서 소모적인 분할과 병합의 순환이 꾸준히 일어난다. 과도한 병합과 분할은 병합을 지연시킴으로써 줄일 수 있다. reclaiming 상태인 경우, 반환이 할당보다 빠르게 발생하여 매 반환 때마다 병합을 하는 것이 좋다. accelerated 상태인 경우, 반환이 할당보다 매우 빠르게 발생하여 좀 더 빠르게 병합하는 것이 좋다. 따라서 할당자는 반환되는 블록의 병합을 시도할 뿐만 아니라 과거에 반환되었지만 병합되지 못한 다른 블록들의 병합도 시도한다.

게으른 버디 할당자는 가용 리스트를 이중 연결 리스트로 관리한다. 이 방법은 리스트의 앞과 뒤를 똑같이 쉽게 접근할 수 있게 해준다. 블록의 할당 상태를 관리하기 위해서 비트맵을 사용한다. lazy 상태인 경우, 반환되는 블록은 가용 리스트의 헤드에 추가된다. 블록의 버디와 병합을 할 필요가 없고 비트맵에 가용 상태를 표시할 필요가 없다. 나중에 이 블록의 버디가 반환될 때도 병합되지 않을 것이다. 이런 블록을 **지역적 가용**(*locally free*) 상태에 있다고 한다. 이 블록은 리스트의 헤드에 있기 때문에 리스트의 다른 블록들보다 먼저 할당될 것이다. 비트맵은 아직도 블록이 할당 상태라고 표시되어 있다. 비트맵이 변경될 필요가 없기 때문에 이 할당은 효율적이고 빠르다.

reclaiming과 accelerated 상태인 경우, 블록은 가용 리스트에 추가되고 비트맵은 가용 상태로 표시된다. 이런 블록을 **전역적 가용**(*globally free*) 상태에 있다고 한다. 전역적 가용 상태의 블록은 가용 리스트의 마지막에 추가된다. reclaiming 상태의 경우, 할당자는 새 전역적 가용 블록과 그 버디와의 병합을 시도한다. 결과적으로 블록이 원래 속했던 가용 리스트 또는 크기가 더 큰 블록의 가용 리스트에 하나의 블록이 추가된다. 가용 리스트에 추가된 블록은 블록 클래스의 상태에 따라 지역적 가용 블록 또는 전역적 가용 블록이 될 수 있다. accelerated 상태의 경우, 할당자는 reclaiming 상태처럼 반환되는 블록의 병합을 시도한다. 추가적으로 가용 리스트 앞에 있는 지역적 가용 블록과 그 버디와의 병합을 시도한다.

블록의 클래스 상태는 다음과 같이 특성화된다. A, L, G를 각각 한 클래스의 할당된 블록 수, 지역적 가용 상태의 블록 수, 전역적 가용 상태의 블록 수라고 하자. 한 클래스의 총 블록 수 $N = A + L + G$가 된다. **슬랙**(*slack*)이라 부르는 인자를 다음과 같이 계산한다.

$$\text{슬랙} = N - 2 \times L - G$$

클래스의 슬랙 값이 2보다 크면 lazy 상태, 1보다 크면 reclaiming 상태, 0보다 크면 accelerated 상태로 정의한다. 할당자는 슬랙이 음수가 되지 않도록 보장한다. 병합 오버헤드는 이 세 상태에 대해 다르다. lazy 상태인 경우 오버헤드가 없다. 따라서 블록의 반환과 할당이 빠르다. reclaiming 상태인 경우 오버헤드는 버디 시스템과 비슷하고, accelerated 상태인 경우 버디 시스템보다 많다. 게으른 버디 할당자의 평균 지연은 전통적인 버디 할당자의 것보다 10~32% 적은 것으로 알려져 있다.

유닉스 5.4의 게으른 버디 할당자는 두 종류의 블록을 사용한다. 작은 블록은 크기가 8~256 바이트이고, 큰 블록은 크기가 512에서 16 KB이다. 할당자는 페이징 시스템으로부터 4 KB 메모리 영역을 할당받는다. 각 메모리 영역에서 블록들을 만들고 블록의 할당 상태를 알기 위한 비트맵을 만든다. 모든 블록이 가용 상태이면 메모리 영역을 페이징 시스템에 반환한다. 이 작업은 McKusick-Karels 할당자에서 갖고 있는 반환되지 않는 블록 문제를 해결해 준다.

슬랩 할당자 슬랩 할당자는 솔라리스 2.4 운영체제에서 처음으로 사용되었고 리눅스에서는 버전 2.2부터 사용되고 있다. 슬랩은 많은 슬롯(*slot*)으로 구성되고, 각 슬롯은 커널 데이터 구조체인 활성 객체를 저장할 수 있다. 할당자는 페이징 시스템으로부터 표준 크기의 메모리 영역을 할당받고 각 메모리 영역에 슬랩을 구성한다. 할당할 메모리를 다 사용하면 페이징 시스템으로부터 추가 메모리 영역을 할당받아 슬랩을 구성한다. 메모리 영역의 슬랩에 있는 모든 슬롯이 사용되지 않는다면 메모리 영역을 페이징 시스템에 반환한다.

같은 클래스의 모든 커널 객체는 풀(pool)을 구성한다. 작은 객체인 경우 하나의 풀은 많은 슬랩으로 구성되고, 각 슬랩은 많은 슬롯을 포함한다. (큰 객체는 여기에서 생략한다.) 풀의 슬랩들은 이중 연결 리스트로 관리하여 슬랩의 추가와 삭제를 간단하게 수행한다. 슬랩은 그 내부에 존재하는 활성 객체의 수에 따라 풀(full), 부분 엠프티(partially empty), 엠프티(empty) 상태가 된다. 엠프티 슬랩을 쉽게 찾기 위해서 이중 연결 리스트는 슬랩의 상태로 정렬한다. 풀 슬랩을 리스트의 앞에 두고, 부분 엠프티 슬랩을 가운데에, 엠프티 슬랩을 마지막에 둔다. 각 슬랩은 가용 슬롯의 리스트를 관리한다. 각 풀은 가용 슬롯을 포함하는 첫 번째 슬랩에 대한 포인터를 갖는다. 이 방법은 효율적인 할당을 가능하게 해준다.

그림 11.23은 슬랩의 구조를 보여주고 있다. 할당자가 페이징 시스템으로부터 메모리 영역을 할당받으면 메모리 영역을 슬랩으로 만든다. 이때 메모리 영역에 슬롯들과 모든 슬롯을 포함하는 가용 리스트를 만들고, 슬랩의 끝에 활성 객체 수와 가용 리스트 헤더를 포함하는 디스크립터 필드를 만든다. 그리고 슬랩의 모든 슬롯을 초기화한다. 초기화하는 동안에 슬랩 내 다양한 필드를 상수 값의 문자열과 같은 객체 정보로 채우는 작업을 수행한다. 슬롯을 할당할 때 곧바로 객체로서 사용될 수 있다. 반환될 때 객체는

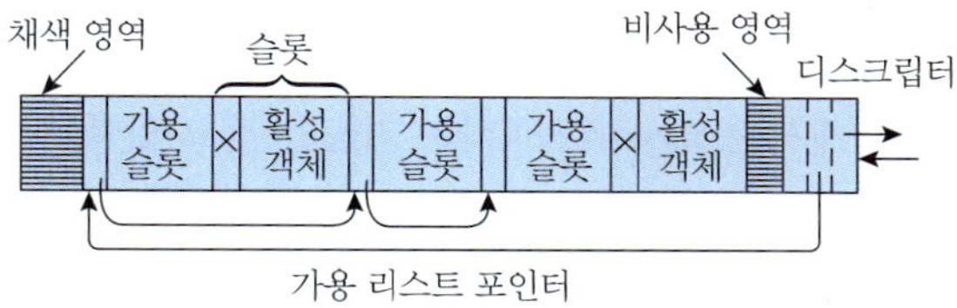

그림 11.23 슬랩의 구조

할당 시의 상태로 돌아가고 슬롯은 가용 리스트에 추가된다. 객체의 어떤 필드들은 변경되지 않거나 할당 시의 값으로 변경되기 때문에 다른 할당자처럼 객체의 반복적인 초기화 오버헤드가 없다. 그러나 초기화된 객체의 사용은 메모리 사용률 인수를 떨어뜨린다. 만약 가용 슬롯이 단순한 가용 메모리라면 메모리의 일부가 가용 리스트 포인터로 사용되어야 한다. 그러나 슬롯은 초기화된 객체이므로 포인터 필드가 객체의 외부에 있어야 한다(그림 11.23 참고).

이 절의 앞에서 설명한 2의 멱승 할당자가 갖는 캐시 성능 문제를 해결하기 위해 슬랩 할당자는 향상된 캐시 방법을 제공한다. 각 슬랩은 자신의 앞에 **채색 영역**(*coloring area*)을 가진다(그림 11.23 참고). 할당자는 풀의 슬랩들에 대해 다른 크기의 채색 영역을 사용한다. 결과적으로 풀의 다른 슬랩에 있는 객체들은 2의 멱승 배수 중에서 가장 가까운 값에 각각 다르게 정렬되어 집합 연관(set-associative) 캐시의 다른 영역에 매핑된다. 이런 특징은 특정 영역에 대한 캐시의 과도한 집중을 줄여 캐시 성능을 향상시킨다.

슬랩 할당자는 각 객체에 오직 필요한 메모리만을 할당하기 때문에 좋은 메모리 사용률 인수를 보여 준다. McKusick-Karels와 게으른 버디 할당자와는 다르게 내부 단편화가 발생하지 않는다. 각 슬랩의 사용되지 않는 영역에 외부 단편화만 발생한다. Bonwick(1994)는 McKusick-Karels와 게으른 버디 할당자에서는 단편화가 45~46%이지만, 슬랩 할당자에서는 단편화가 오직 14%임을 보였다. 또한 할당에 걸리는 평균 시간이 다른 할당자보다 좋다.

11.12 유휴 RAM의 효율적 사용(USING IDLE RAM EFFECTIVELY)

워크스테이션이나 랩탑은 특정 애플리케이션을 실행하기 위하여 많은 메모리를 갖고 있다. 그러나 애플리케이션이 수행되지 않을 때 메모리는 유휴 상태가 된다. 운영체제 설계자들은 유휴 메모리를 어떻게 잘 활용할 수 있을지에 대한 문제를 오랫동안 연구해왔다. 전형적인 해결책은 안티바이러스 소프트웨어 같은 유틸리티를 컴퓨터의 유휴 시간에 실행시키는 것이다. 이 방법은 컴퓨터가 생산적인 목적으로 사용되는 동안에는 유틸리티가 메모리와 CPU 시간을 소비하지 않게 한다. 그러나 유틸리티의 이런 실행 방법도 성능에 좋지 않은 영향을 준다. 왜냐하면 유틸리티가 중요한 애플리케이션을 메모리로부터 교체시켜 나중에 다시 메모리로 적재시켜야 할 수도 있기 때문이다.

윈도우 Vista 운영체제는 *SuperFetch*라는 기능을 갖고 있다. 이 기능은 자주 사용되는 애플리케이션과 문서에 대해 높은 우선순위 정보를 유지하고, 메모리의 유휴 공간에 높은 우선순위의 애플리케이션과 문서를 미리 적재시킨다. 또한 안티바이러스와 다른 유틸리티들을 실행시키기 위해 우선순위가 낮은 유휴 애플리케이션들을 메모리에서 제거한다. 더불어 Vista는 시스템 성능을 향상시키기 위해서 USB 드라이브에 플래시 메모리를 사용하는 *Readyboost*라는 기능을 갖고 있다. 이 기능은 애플리케이션을 USB 드라이브에 복사해 놓고 실행할 때, 디스크 대신 USB 드라이브에서 빠르게 적재할 수 있게 해준다. Readyboost가 SuperFetch와 함께 사용되면 USB 드라이브를 메모리와 디스크 사이에 캐시처럼 만들 수 있어서 애플리케이션을 빠르게 적재하여 시스템 성능을 향상시킬 수 있다.

11.13 요약

이 장에서는 프로세스를 위한 메모리의 빠른 할당과 반환을 수행하는 효율적인 메모리 관리 기법과, 동시에 많은 프로세스들을 메모리에 적재할 수 있는 효율적인 메모리 사용 기법을 살펴보았다.

프로그램이 작성될 때 또는 컴파일될 때는, 프로그램이 실행 중 메모리의 어느 영역에 할당될지 모른다. 그러나 프로그램의 명령어들은 피연산자의 메모리 주소를 사용할 필요가 있다. 이 딜레마를 다음과 같이 해결한다. 컴파일러는 특정 메모리 영역을 프로그램이 사용할 수 있다고 가정하고 **오브젝트 모듈**이라 불리는 프로그램 형식을 생성한다. 시스템 프로그램인 **링커**는 **재배치**라는 작업을 수행한다. 재배치는 프로그램이 할당받은 메모리에서 올바르게 수행할 수 있도록 프로그램 명령어의 피연산자 주소들을 변경한다. 또한 링커는 프로그램과 라이브러리 함수를 연결하여 실행 준비가 된 프로그램을 만든다. **자가 재배치** 프로그램은 스스로 재배치를 수행할 수 있다. 컴퓨터 하드웨어는 **재배치 레지스터**라는 CPU 내의 특별한 레지스터를 통해 프로그램의 동적 재배치를 도와준다. 재배치 레지스터를 사용하면 커널이 프로그램 수행 중에 프로그램에 할당된 메모리 영역을 변경할 수 있다.

메모리 할당은 두 방식으로 수행될 수 있다. **정적 메모리 할당**은 프로그램의 실행이 시작되기 전에 수행된다. 그러나 이 방법은 필요한 메모리의 정확한 크기를 요구하며 메모리의 과다 할당과 낭비를 초래할 수 있다. **동적 메모리 할당**은 프로그램의 실행 중에 이루어진다. 이 방법은 프로그램 실행 중에 메모리 관리 오버헤드를 야기하지만, 필요한 메모리만 할당하므로 효율적인 메모리 사용을 가능하게 한다. 커널은 프로그램의 코드와 데이터는 정적 메모리 할당을 하고, **스택**과 동적으로 메모리 할당을 하는 **힙**은 동적 메모리 할당을 하는 메모리 할당 모델을 사용한다.

프로세스가 실행을 마치거나 할당받은 메모리를 반환하면 커널은 다른 프로세스의 요구사항을 만족시키기 위해 메모리를 재사용한다. 정적 메모리 할당을 사용하면 프로세스에 할당된 메모리의 일부가 사용되지 않고 남을 수 있는데, 이를 **내부 단편화**라고 한다. 동적 메모리 할당을 사용하면, 새 요청의 크기가 반환된 메모리의 크기와 일치하지 않을 경우 어떤 메모리는 남을 수 있다. 이 메모리가 어떤 요청을 만족시키기에 크기가 너무 작다면 사용되지 않고 남을 수 있는데, 이를 **외부 단편화**라고 한다.

단편화 문제를 해결하기 위해 두 가지 방법이 사용될 수 있다. 첫 번째 방법은 메모리를 재사용하는 동안에 단편화를 최소화하는 것이다. 외부 단편화를 최소화하기 위해서 **최초 적합** 할당, **최적 적합** 할당 같은 다양한 기법이 사용된다. 외부 단편화를 없애기 위해서 **버디 시스템** 할당과 **2의 멱승** 할당 기법이 사용된다. 두 번째 방법은 비연속 메모리 할당 방법인데, 프로세스가 많은 작은 메모리 영역에 할당되어 실행될 수 있다. 이 방법은 외부 단편화를 없앤다. 이러한 기법에는 **페이징**과 **세그먼테이션**이 있다. 비연속 메모리 할당은 하드웨어의 **메모리 관리 장치**의 사용을 필요로 한다.

커널은 PCB와 같은 제어 블록을 매우 빠르게 생성하고 제거한다. 제어 블록의 크기는 미리 알려져 있기 때문에, 커널은 필요한 크기의 메모리 블록을 많이 가지고 있다가 새 제어 블록이 생성될 때 메모리 블록을 할당함으로써 메모리 관리 오버헤드를 줄이고 단편화 문제를 줄인다. 이를 위해 커널이 사용하는 기법으로는 **게으른 버디 할당자**와 **슬랩 할당자** 등이 있다.

여러분의 생각을 평가해 보라.

11.1 다음 각 문장이 참인지 거짓인지 구분하라.

a. 스택이 사용될 때, 반환되는 메모리 영역은 자동으로 다시 사용된다.

b. PCD 데이터는 스택에 할당될 수 있다.

c. 재배치 레지스터는 커널이 외부 단편화를 해결하기 위해 프로그램의 압축을 수행하는 데 도움을 준다.

d. 버디 시스템 할당자를 사용하여 수행되는 메모리 할당은 내부 단편화 문제가 없다.

e. 버디 시스템 할당자를 사용하는 시스템에서 메모리 영역이 반환되면 가용 메모리 영역의 수는 1 증가하거나, 1 감소하거나, 변화가 없다.

f. 버디 시스템 할당자 또는 2의 멱승 할당자를 사용할 때 외부 단편화가 발생할 수 있다.

g. 동적 링킹과 동적 적재가 사용되는 경우, 프로그램 수행 중에 사용되지 않는 루틴은 메모리에 적재되지 않는다.

h. 페이징 시스템의 경우, 스왑-아웃될 때 사용한 비연속 메모리 영역과는 다른 비연속 메모리 영역에 스왑-인되는 것은 불가능하다.

i. 페이징 시스템의 경우, 프로그래머가 프로그램의 코드와 데이터에 페이지들의 경계를 만들어야 한다.

j. 모든 프로그램이 자가 재배치 프로그램으로 작성된다면 링커는 필요 없다.

11.2 다음 각 질문에 대해 올바른 답을 선택하라.

a. 최악 적합(*worst-fit*) 할당자는 메모리를 할당할 때 가장 큰 가용 메모리 영역을 분할하여 할당한다. 가용 리스트에 크기가 6 KB, 15 KB, 12 KB인 3개의 메모리 영역이 있다고 하자. 이제 10 KB, 2 KB, 5 KB, 14 KB에 대한 4개의 메모리 요청이 있다고 하자. 이 4개의 요청을 모두 서비스할 수 있는 정책은,

i. 최초 적합
ii. 최적 적합
iii. 최악 적합
iv. 다음 적합

b. 페이지 크기가 2 KB인 페이징 시스템에서 세 프로세스가 150 KB, 100 KB, 300 KB의 메모리를 요청하고 있다. 이 세 프로세스를 위한 메모리 할당의 결과로 만들어지는 가장 큰 내부 단편은,

i. 약 2 KB
ii. 약 6 KB
iii. 275 KB
iv. i~iii 중 해당 사항이 없다.

c. 재진입 프로그램은,

i. 자신을 재귀적으로(recursively) 호출한다.

ii. 다른 사용자들이 사용할 수 있는 복사본 여러 개를 메모리에 가질 수 있다.

iii. 많은 사용자들이 동시에 수행할 수 있는 하나의 복사본을 메모리에 가질 수 있다.

연습문제

11.1 가상의 프로그래밍 언어가 다음 세 가지의 속성 중 하나를 프로그램의 변수와 연관시킬 수 있다.

a. 정적(*static*): 이 속성의 변수는 컴파일 시간에 메모리가 할당된다.

b. 자동적(*automatic*): 프로그램 수행이 시작될 때 또는 함수/서브루틴이 호출될 때, 프로그램, 함수 또는 서브루틴에서 자동 속성으로 선언된 변수의 메모리가 할당된다. 프로그램이 종료할 때 또는 함수/서브루틴의 호출이 종료될 때 메모리가 반환된다.

c. 제어적(*controlled*): 제어적 속성의 변수 x는 프로그램이 **new** x 문장을 수행할 때 메모리가 할당된다. 프로그램이 **release** x 문장을 수행할 때 메모리가 반환된다.

각 속성에 대해 변수에 메모리를 할당하기 위해 사용되는 방법을 논하라. 각 방법에 대해 메모리 사용 효율과 수행 효율을 설명하라.

11.2 최적 적합 할당자 정책을 사용하는 메모리 할당자는 가용 영역의 크기를 기준으로 오름차순으로 정렬된 가용 리스트를 구성하고 있다. 이 방법은 메모리를 할당할 때 가용 리스트의 전부를 탐색할 필요가 없게 해준다. 그러나 n 바이트의 요청을 처리할 때 할당자는 크기가 n 바이트보다 작은 메모리 영역을 건너뛰어야만 한다. 이러한 검사와 건너뛰기 오버헤드를 줄이기 위한 가용 리스트의 구조에 대해 제안하라.

11.3 운영체제의 커널은 자신의 메모리 요구사항을 처리하기 위해 별도의 메모리 할당자를 사용한다. 메모리 할당자는 오직 2개의 크기, 즉 100바이트와 150바이트의 메모리 영역을 빠르게 할당하고 반환 처리해야 한다. 다음과 같은 메모리 할당자를 사용할 때 메모리 사용 효율과 할당의 속도에 대해 논하라.

a. 최초 적합 할당자

b. 최적 적합 할당자

c. 슬랩 할당자

11.4 메모리 할당자가 1 KB와 2 KB의 요청에 대해 연속 영역을 할당하려고 한다. 할당자는 이러한 요청들을 처리하기 위해 n KB의 하나의 연속 메모리 영역을 구하여 크기가 각 1 KB인 n 개의 영역으로 분할한다. 2 KB의 요청은 크기가 각 1 KB인 이웃 가용 영역 2개를 병합하여 할당해 준다. 2 KB의 영역이 반환되면 크기가 각 1 KB인 2개의 가용 영역으로 처리한다. 할당자가 22 KB의 가용 메모리를 가지고 있고 요청들의 총 합이 16 KB일 때, 이 요청들을 모두 처리할 수 없는 예를 보이라.

11.5 버디 시스템 할당자가 64 KB의 메모리 영역을 가지고 있다. 크기가 2 KB, 11 KB, 120바이트인 블록이 이 순서대로 할당되었다.

a. 할당자의 할당 상태와 가용 리스트를 보이라. 몇 번의 분할이 수행되었는가?

b. 120바이트의 블록이 반환된 후 할당자의 할당 상태와 가용 리스트를 보이라. 몇 번의 병합이 수행되었는가?

11.6 2의 멱승 할당자가 최소 16바이트의 블록과 최대 32 KB의 블록을 사용한다. 할당자는 크기가 각 512바이트, 2 KB, 16 KB, 32 KB인 가용 블록을 갖고 있다. 연습문제 11.5와 같은 요청을 처리할 때 내부 단편화를 계산하라.

11.7 메모리 블록이 반환될 때, 메모리 할당자는 반환되는 블록과 하나의 이웃 블록 또는 양쪽 이웃 블록과의 병합을 시도한다. 이때 다음 문장에 동의

하는가? "이웃 블록의 크기를 미리 안다면 각 블록의 한쪽 경계에만 태그를 두는 것이 적절하다. 그러나 이웃 블록의 크기를 모른다면 각 블록의 양쪽 경계에 모두 태그를 두어야만 한다."

11.8 버디 시스템은 태그의 일차원 배열의 형태인 비트맵으로 블록의 태그들을 만든다. 비트맵을 어떻게 만들고 사용하는 것이 가장 좋은지 설명하라. (힌트: 버디 시스템의 수행 도중 블록들은 분할 또는 병합될 수 있다.)

11.9 어떤 이진 버디 시스템이 크기가 2^z 바이트인 하나의 가용 블록을 가지고 시작한다.

a. 다음 문장을 증명하라. "한 블록이 반환될 때, 가용 블록의 수는 1 증가하거나, 변화가 없거나, 또는 1과 n ($n < z$) 사이의 개수로 감소할 수 있다."

b. 버디 시스템의 최소 블록 크기가 16바이트일 때 n의 값을 계산하라.

11.10 피보나치(Fibonacci) 버디 시스템은 블록의 크기가 피보나치 순열(예를 들어 16, 32, 48, 80, 128,...)의 배수인 블록들을 사용한다. 따라서 한 블록의 크기는 이보다 작은 두 블록 크기의 합이다. 이 공식은 블록의 분할과 병합에 적용된다. 피보나치 버디 시스템과 이진 버디 시스템의 수행 효율성과 메모리 효율성을 비교하라.

11.11 어떤 메모리 할당자가 다음과 같이 수행한다. 작은 메모리 영역은 버디 시스템을 사용하여 할당하고, 큰 메모리 영역은 가용 리스트를 두고 최초 적합 할당자를 사용하여 할당한다. 이 할당자의 효율성과 메모리 사용률에 대해 설명하라.

11.12 운영체제가 사용자 프로세스를 위해 110 MB 메모리를 갖고 있다. 어떤 프로세스가 자신의 코드와 데이터 최대 메모리 요구사항은 20 MB이고 평균 메모리 요구사항은 10 MB이다. 운영체제가 연속 메모리 할당을 사용하고 각 프로세스들의 크기를 모른다고 할 때, 평균 내부 단편화와 외부 단편화를 구하라.

11.13 다음 할당자에 50퍼센트 규칙이 적용되는가?

a. 버디 시스템

b. 2의 멱승 할당자

c. 슬랩 할당자

11.14 운영체제에 메모리 할당 요청이 매우 빠르게 들어오고 있다. 상당수 요청이 크기가 100, 300, 400 바이트인 메모리 영역들에 대한 것이다. 이 크기들을 표준 크기라고 하자. 다른 요청들은 다양한 다른 크기의 영역들에 대한 것이다. 표준 크기의 영역을 할당할 때 단편화가 발생하지 않도록 메모리 할당 기법을 설계하라. 또한 다른 크기의 영역을 할당할 때 내부 단편화가 발생하지 않도록 메모리 할당 기법을 설계하라.

11.15 연습문제 11.5에서 버디 할당자 대신에 게으른 버디 할당자를 사용할 때, 버퍼의 각 클래스에서 슬랙을 계산하라.

11.16 연습문제 11.2에서 운영체제가 페이지 크기가 2 KB인 페이징을 사용할 때, 시스템의 평균 내부 단편화 계산이 가능한가?

참고문헌

링커와 로더는 Dhamdhere(1999)에서 설명하고 있다.

Knuth(1973)는 연속 메모리 관리의 연구를 위한 고전적인 시작 포인트이다. 여기에서 메모리 할당의 다양한 기법과 가용 메모리를 관리하기 위한 효율적인 데이터 구조들을 다루었다. Hoare와 Mckeag(1971)는 다양한 메모리 관리 기법을 탐구하였다. Randell(1969)은 가상 메모리 시스템의 동기가 된 최초의 논문 중 하나이다. Denning(1970)은 가상 메모리 시스템의 기초를 다루었다.

Vahalia(1996)는 유닉스 시스템에서 사용되는 다양한 커널 메모리 할당자를 설명하였다. McKusick과 Karels(1988)는 McKusick-Karels 메모리 할당자를 다루었다. Lee와 Barkley(1989)는 게으른 버디 할당자를 다루었다. 이 두 할당자는 유닉스에서 사용되고 있다. Bonwick(1994)과 Bonwick/Adams(2001)은 슬랩 할당자를 설명하였다. Mauro와 McDougall(2006)은 솔라리스에서 슬랩 할당자의 사용을 설명하고 있고, Beck 등(2002)과 Bovet/Cesati(2005)는 리눅스에서의 구현을 설명하고 있다. 윈도우 커널은 자신의 메모리 요구사항을 위해 여러 메모리 할당 정책을 사용한다. 윈도우 커널은 중간 크기의 블록들에 대해서는 버디 시스템과 유사한 할당을 하고, 작은 블록 크기의 블록들에 대해서는 힙 기반의 할당을 한다. Russinovich와 Solomon(2005)은 윈도우의 힙 할당과 커널 메모리 할당을 설명하였다.

1. Beck, M., H. Bohme, M. Dziadzka, U. Kunitz, R. Magnus, C. Schroter, and D. Verworner (2002): *Linux Kernel Programming*, 3rd ed., Pearson Education, New York.
2. Bonwick, J. (1994): "The slab allocator: An object-caching kernel memory allocator," *Proceedings of the Summer 1994 Usenix Technical Conference*, 87–98.
3. Bonwick, J., and J. Adams (2001): "Extending the slab allocator to many CPUs and arbitrary resources," *Proceedings of the 2001 USENIX Annual Technical Conference*, 15–34.
4. Bovet, D. P., and M. Cesati (2005): *Understanding the Linux Kernel*, 3rd ed., O'Reilly, Sebastopol, Calif.
5. Denning, P. J. (1970): "Virtual Memory," *Computing Surveys*, 2 (3), 153–189.
6. Dhamdhere, D. M. (1999): *Systems Programming and Operating Systems*, 2nd revised ed., Tata McGraw-Hill, New Delhi.
7. Hoare, C. A. R., and R. M. Mckeag (1971): "A survey of store management techniques," in *Operating Systems Techniques*, by C.A.R. Hoare and R.H. Perrott (eds.) Academic Press, London.
8. Knuth, D. E. (1973): *The Art of Computer Programming*, 2nd ed., Vol. I : Fundamental Algorithms, Addison-Wesley, Reading, Mass.
9. Kuck, D. J., and D. H. Lowrie (1970): "The use and performance of memory hierarchies," in *Software Engineering*, 1, J.T. Tou (ed.), Academic Press, New York.
10. Lee, T. P., and R. E. Barkley (1989): "A watermark-based lazy buddy system for kernel memory allocation," *Proceedings of the Summer 1989 USENIX Technical Conference*, 1–13.
11. Mauro, J., and R. McDougall (2006): *Solaris Internals*, 2nd ed., Prentice Hall, Englewood Cliffs, N. J.
12. McKusick, M. K., and M. J. Karels (1988): "Design of a general-purpose memory allocator for the 4.3 BSD Unix kernel," *Proceedings of the Summer 1988 USENIX Technical Conference*, 295–303.
13. Peterson, J. L., and T. A. Norman (1977): "Buddy systems,"*Communications of the ACM*, 20 (6), 421–431.
14. Randell, B.(1969): "A note on storage fragmentation and program segmentation," *Communications of the ACM*, 12 (7), 365–369.
15. Russinovich, M. E., and D. A. Solomon (2005): *Microsoft Windows Internals*, 4th ed., Microsoft Press, Redmond, Wash.
16. Vahalia, U. (1996): *Unix Internals—The New Frontiers*, Prentice Hall, Englewood Cliffs, N. J.

Chapter 12

가상 메모리
Virtual Memory

가상 메모리는 디스크와 메모리로 이루어진 메모리 계층의 한 부분이다. 2장에서 설명한 메모리 계층의 원리에 따라 프로세스의 주소 공간(프로세스의 코드와 데이터) 일부만 메모리에 존재한다. 주소 공간의 다른 부분은 디스크에 있고, 프로세스 실행 동안 필요하면 메모리로 적재된다. 커널은 동시에 많은 수의 프로세스를 서비스할 수 있도록 프로세스에 할당된 메모리를 줄이고, 주소 공간이 메모리 크기보다 큰 프로세스들을 처리하기 위해 가상 메모리를 사용한다.

가상 메모리는 11장에서 설명한 **비연속 메모리 할당 모델**(*noncontiguous memory allocation model*)을 통해 구현되고, 하드웨어 구성 요소와 **가상 메모리 관리자**로 불리는 소프트웨어 구성 요소로 이루어진다. 하드웨어 구성 요소는 **주소 변환**(*address translation*)을 빠르게 하고, 가상 메모리 관리자가 자신의 임무를 더 효과적으로 수행하도록 돕는다. 가상 메모리 관리자는 프로세스 주소 공간의 어떤 부분이 메모리에 있어야 하는지를 결정한다.

가상 메모리의 성능은 프로세스 주소 공간의 부분이 디스크에서 메모리로 적재되어야 하는 비율과, 새로운 부분의 메모리 공간을 위해 메모리에 있는 부분을 제거해야 하는 비율에 달려 있다. **참조의 지역성**(*locality of reference*)이라는 경험적 법칙에 따르면, 프로세스는 최근에 참조한 주소 공간의 부분을 다시 참조할 가능성이 높다. 가상 메모리 관리자는 프로세스에 적당한 메모리 양을 할당하고 최근에 참조되지 않은 부분을 제거하기 위해 **교체 알고리즘**(*replacement algorithm*)을 사용함으로써 가상 메모리의 좋은 성능을 보장한다.

먼저 가상 메모리 성능에 있어서 참조의 지역성의 중요성에 대해 설명한다. 그리고 좋은 성능을 보장하기 위해 가상 메모리 관리자가 사용하는 기법들에 대해 설명한다.

12.1 가상 메모리 기초(VIRTUAL MEMORY BASICS)

사용자들은 항상 컴퓨터 시스템에서 더 많은 서비스와 자원을 받기 원한다. 더 많은 자원에 대한 요구는 현존하는 자원을 효율적으로 사용하거나, 시스템에 더 많은 자원이 존재하는 것 같은 환상을 만들어 줌으로써 충족시킬 수 있다. **가상 메모리**는 그 이름에서도 나타나듯이 컴퓨터 시스템의 실제 메모리(real memory)보다 더 큰 메모리가 있는 것 같은 환상을 만든다. 1.1절에서 지적했듯이 이 환상은 메모리에 대한 사용자의 추상적 관점의 한 부분이다. 사용자 또는 애플리케이션은 오직 가상 메모리만 본다. 커널은 하드웨어와 소프트웨어 도구를 조합하여 환상을 구현한다. 앞으로 실제 메모리(real memory)를 간단히 메모리라 부르겠다. 가상 메모리의 소프트웨어 구성 요소를 **가상 메모리 관리자**로 부른다.

시스템 메모리보다 큰 메모리의 환상은 메모리 크기보다 큰 프로세스가 초기화될 때 발생한다. 프로세스는 전체 내용이 디스크에 보관되어 있고, 필요한 부분은 메모리에 언제든지 적재할 수 있기 때문에 실행이 가능하다. 가상 메모리는 11.7절에서 설명한 **비연속 메모리 할당 모델**(*noncontiguous memory allocation model*)에 기초한다. 각 프로세스의 주소 공간은 **구성 요소**(*component*)라고 부르는 부분들로 구성된다고 가정한다. 구성 요소들은 메모리의 인접하지 않은 지역으로 적재될 수 있다. 프로세스의 코드에서 명령어 또는 각 피연산자의 주소는 ($comp_i$, $byte_i$) 형태의 **논리 주소**이다. **메모리 관리 장치**(*memory management unit*: MMU)는 이것을 피연산자 또는 명령어가 실제로 존재하는 메모리의 주소로 바꿔준다.

비연속 메모리 할당 모델을 사용하면 메모리 단편을 줄일 수 있다. 왜냐하면 메모리의 가용 영역이 한 프로세스의 전체 주소 공간을 수용할 만큼 크지 않아도 재사용이 가능하기 때문이다. 이런 방법으로 더 많은 사용자 프로세스가 메모리에 수용될 수 있다. 이것은 사용자와 운영체제 모두에게 이득이 된다. 커널은 이 아이디어를 확장하여 프로세스가 메모리에 맞을지라도 전체를 메모리에 적재하지 않는다. 이 전략은 각 프로세스에 할당할 메모리 양을 줄여 주고 동시에 실행될 수 있는 프로세스의 수를 증가시킨다.

그림 12.1은 가상 메모리의 구조 다이어그램을 보여준다. 그림에서 프로세스의 논리 주소 공간은 5개의 구성 요소로 되어 있다. 이 구성 요소 중 3개는 현재 메모리에 있다. 이 구성 요소들이 존재하는 메모리 영역에 대한 정보는 가상 메모리 관리자의 데이터 구조체에서 관리된다. 이 정보는 MMU가 주소 변환을 하는 동안에 사용된다. 프로세스의 명령어가 메모리에 있지 않은 데이터 또는 명령어를 참조하면, 이를 포함하는 구성 요소를 디스크로부터 적재한다. 때때로 가상 메모리 관리자는 다른 구성 요소들의 공간을 만들기 위해 메모리에서 약간의 구성 요소들을 제거한다.

그림 12.1에 보이는 구조는 2.2.3절과 그림 2.4에서 설명했던 하나의 메모리 계층

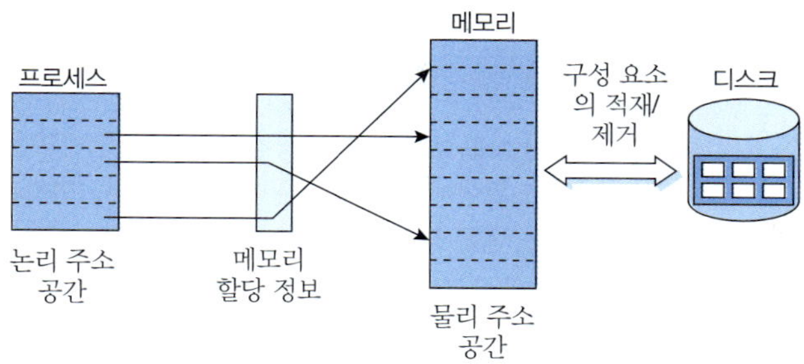

그림 12.1 가상 메모리의 개요도

이다. 이 계층 구조는 시스템의 메모리와 디스크로 이루어져 있다. 메모리는 빠르지만 크기가 작다. 디스크는 느리지만 훨씬 큰 용량을 가지고 있다. MMU와 가상 메모리 관리자는 메모리 계층을 함께 관리하여 프로세스의 현재 명령어가 자신의 피연산자를 메모리에서 찾을 수 있게 해준다.

이제 가상 메모리를 정의할 준비가 되었다.

|정의 12.1| **가상 메모리:** 컴퓨터 시스템의 메모리와 디스크로 구성되며, 프로세스가 주소 공간의 일부분만 메모리에 적재되어도 실행될 수 있는 하나의 메모리 계층

프로세스 구성 요소의 요구 적재 가상 메모리 관리자는 프로세스를 시작하기 위해 주소 공간의 한 구성 요소만 메모리에 적재한다. 이 구성 요소는 프로세스의 **시작 주소**, 즉 프로세스의 실행이 시작되는 명령어의 주소를 포함하고 있다. 프로세스의 다른 구성 요소는 필요할 때 적재한다. 이 기법을 **요구 적재**(*demand loading*)라고 부른다. 프로세스의 할당된 메모리 양을 적게 유지하기 위해 가상 메모리 관리자는 틈틈이 프로세스 구성 요소를 메모리에서 제거한다. 이 구성 요소들은 필요할 때 다시 메모리로 적재될 것이다.

가상 메모리에서 프로세스의 성능은 프로세스의 구성 요소가 메모리에 적재되어야 하는 비율에 따라 달라진다. 가상 메모리 관리자는 프로세스 구성 요소의 낮은 적재율을 달성하기 위해 **참조의 지역성** 법칙을 활용한다. 12.2.1.1절에서 이 법칙을 설명한다.

페이징과 세그먼테이션 가상 메모리를 구현하는 이 두 방법이 주소 공간 구성 요소의 경계와 크기를 결정하는 방식에서 어떻게 다른지 11장에서 설명하였다. 표 12.1은 이 두 방법의 비교를 보여준다. 페이징에서는 한 주소 공간의 각 구성 요소를 **페이지**(*page*)라고 부른다. 모든 페이지는 동일한 크기를 가지며, 크기는 2의 멱승(power of 2)이다. 페이지 크기는 컴퓨터 하드웨어에 의해 정의되고 프로세스 주소 공간 내의 페이지 경계는 암시적으로 이루어진다. 세그먼테이션에서는 주소 공간의 각 구성 요소를 **세그먼트**

표 12.1 페이징과 세그먼테이션의 비교

이슈	비교
개념	하나의 페이지는 프로세스 주소 공간의 고정된 크기의 부분으로서 가상 메모리 하드웨어에 의해 구별된다. 하나의 세그먼트는 프로그램의 논리 개체이다. 예를 들어 함수, 데이터 구조체, 또는 객체(object)이다. 세그먼트들은 프로그래머에 의해 구별된다.
구성 요소 크기	모든 페이지는 같은 크기이다. 세그먼트들은 다른 크기일 수 있다.
외부 단편화	페이징에서는 메모리가 페이지의 크기와 같은 페이지 프레임으로 나눠지기 때문에 외부 단편화가 없다. 세그먼테이션에서는 메모리의 가용 영역이 한 세그먼트를 수용하기에 작을 수 있기 때문에 외부 단편화가 발생한다.
내부 단편화	페이징에서는 프로세스의 마지막 페이지에서 내부 단편화가 일어난다. 세그먼테이션에서 하나의 세그먼트는 세그먼트와 같은 크기의 메모리 영역에 할당되기 때문에 내부 단편화가 없다.
공유	페이지의 공유는 12.6절에서 설명하게 될 코드 페이지 공유에 대한 제약 사항이 있을 때 가능하다. 세그먼트들의 공유는 자유로이 가능하다.

(*segment*)라고 부른다. 프로그래머는 프로세스의 논리 개체(예를 들어 데이터 구조체 또는 객체)를 세그먼트로 선언한다. 따라서 구성 요소의 구분은 프로그래머에 의해 수행되고 세그먼트들은 다른 크기를 가질 수 있다. 이 근본적인 차이로 인해 메모리의 효율적 사용과 프로그램 및 데이터의 공유 방법이 달라진다. 어떤 시스템은 두 방법의 장점을 취하기 위해서 페이지화된 세그먼테이션(segmentation with paging)이라는 혼합 방식을 사용한다.

12.2 요구 페이징(DEMAND PAGING)

11.8절에서 설명했듯이, 프로세스는 0부터 번호가 매겨진 페이지들로 구성된다. 각 페이지의 크기는 s 바이트이고 s는 2의 멱승이다. 컴퓨터 시스템의 메모리는 페이지 프레임으로 구성된다. 페이지 프레임은 크기가 페이지의 크기와 같은 메모리 영역이다. 메모리의 페이지 프레임 개수를 $\#frames$라고 할 때, 페이지 프레임은 0부터 $\#frames - 1$까지 번호가 매겨진다. 따라서 물리 주소 공간의 주소는 0부터 $\#frames \times s - 1$의 주소를 갖는다. 어떤 시점에서 한 페이지 프레임은 가용 상태이거나 어떤 프로세스의 페이지를 포함할 것이다. 프로세스의 각 논리 주소는 쌍 (p_i, b_i)로 간주한다. 이때 p_i는 페이지 번호이고, b_i는 p_i 내의 바이트 번호 $(0 \le b_i < s)$이다. 논리 주소 (p_i, b_i)의 유효 메모리 주소는 다음과 같이 계산된다.

$$\text{논리 주소 } (p_i, b_i)\text{의 유효 메모리 주소} \\ = \text{페이지 } p_i + b_i\text{를 포함하는 페이지 프레임의 시작 주소} \quad (12.1)$$

페이지의 크기는 2의 멱승이므로 덧셈보다 훨씬 빠른 비트 결합을 수행하여 유효 주소를 계산할 수 있다(11.8절 참고).

그림 12.2는 페이지 크기가 1 KB(1 KB = 1024바이트)인 페이징을 사용하는 가상 메모리의 구조 다이어그램이다. 세 프로세스 P_1, P_2, P_3의 페이지 일부가 메모리에 있다. 메모리는 0부터 7까지 번호가 매겨진 8개의 페이지 프레임을 갖고 있다. 프로세스의 메모리 할당 정보는 **페이지 테이블**(*page table*)에 저장되어 있다. 페이지 테이블의 각 항목(entry)은 프로세스의 한 페이지에 대한 메모리 할당 정보를 갖는다. 페이지 테이블 항목은 페이지가 적재되어 있는 페이지 프레임 번호를 포함한다. 프로세스 P_2는 메모리에 페이지 1과 2를 갖고 있다. 이 페이지는 각각 페이지 프레임 5와 7에 적재되어 있다. 프로세스 P_1의 경우에는 페이지 0, 2가 페이지 프레임 4, 1에 적재되어 있다. 프로세스 P_3의 경우에는 페이지 1, 3, 4가 페이지 프레임 0, 2, 3에 적재되어 있다. 가용(free) 프레임 리스트는 가용 페이지 프레임들을 갖는 리스트이다. 현재 페이지 프레임 6만 가용 상태이다.

지금 프로세스 P_2가 명령어 'Add · · 2528'을 실행 중이다. 따라서 MMU는 주소 변환을 위해 P_2의 페이지 테이블을 사용한다. MMU는 피연산자 주소 2528을 쌍 (2, 480)으로 간주한다. 왜냐하면 2528 = 2 × 1024 + 480이기 때문이다. 이제 P_2의 페이지 테이블에서 페이지 2의 항목을 참조한다. 이 항목은 프레임 번호 7을 가지고 있으므로, MMU는 식 (12.1)에 따라 유효 주소 7 × 1024 + 480을 계산하고 이 주소를 사용하여 메모리에 접근한다. 결국 페이지 프레임 7에 있는 바이트 480에 접근한다.

12.2.1 요구 페이징 기초(Demand Paging Preliminaries)

그림 12.2에서 프로세스 P_2의 한 명령어가 페이지 3의 한 바이트를 참조하면, 가상 메모리 관리자는 메모리에 페이지 3을 적재하고 그 프레임 번호를 P_2의 페이지 테이블 항목 3에 기록한다. 이 작업을 페이지의 요구 적재(demand loading) 또는 간단히 **요구 페이징**(*demand paging*)이라고 한다.

요구 페이징을 구현하기 위해 프로세스의 전체 논리 주소 공간 사본을 디스크에 유지한다. 이 사본을 저장하기 위해 사용되는 디스크 영역을 프로세스의 **스왑 공간**(*swap space*)이라고 부른다. 프로세스를 초기화하는 동안에 가상 메모리 관리자는 프로세스를 위한 스왑 공간을 할당하고 프로세스의 코드와 데이터를 스왑 공간에 복사한다. 프로세스 실행 중에 메모리에 적재되지 않은 페이지에 있는 데이터나 명령어를 참조하면 가상 메모리 관리자가 수행된다. 가상 메모리 관리자는 스왑 공간에 있는 그 페이지를 메모리에 적재한다. 이 연산을 **페이지-인**(*page-in*) 연산이라고 한다. 가상 메모리 관리자가 어떤 페이지를 메모리에서 제거할 때, 그 페이지가 메모리에 적재된 이후에 변경

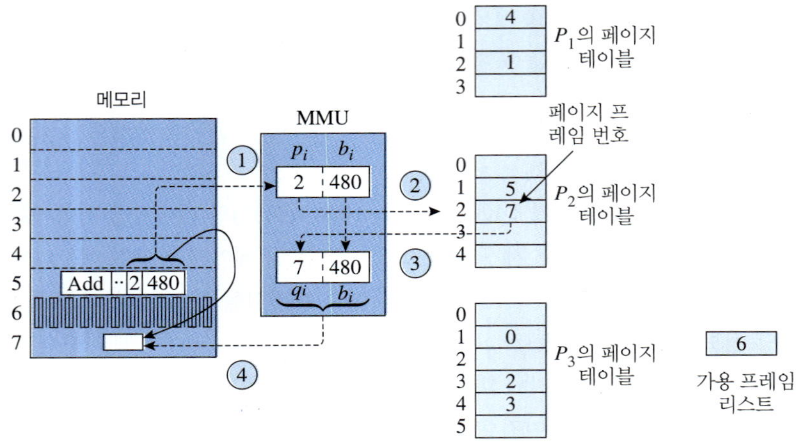

그림 12.2 페이징을 사용하는 가상 메모리에서의 주소 변환

되었다면 프로세스의 스왑 공간으로 다시 저장한다. 이 연산을 **페이지-아웃**(*page-out*) 연산이라고 한다. 프로세스의 스왑 공간은 메모리에 없는 모든 페이지의 최신 사본을 가지고 있다. **페이지 교체**(*page replacement*) 연산은 이미 다른 페이지를 갖고 있는 페이지 프레임으로 어떤 페이지를 적재하는 연산이다. 만약 이전 페이지가 페이지 프레임에 있는 동안 변경되었다면 페이지-아웃 연산을 수행하고, 새 페이지를 적재하기 위해 페이지-인 연산을 수행한다.

이 절에서는 가상 메모리 관리자가 사용하는 데이터 구조체를 설명하고 페이지-인, 페이지-아웃, 페이지 교체 연산을 어떻게 수행하는지를 설명한다. 그리고 프로세스의 유효 메모리 접근시간이 가상 메모리 관리자의 오버헤드 및 페이지-인, 페이지-아웃, 페이지 교체 연산에 걸리는 시간에 좌우됨을 설명한다.

페이지 테이블 프로세스의 페이지 테이블은 주소 변환, 요구 적재, 페이지 교체 연산을 구현하기 위해 사용된다. 그림 12.3은 한 페이지 테이블 항목의 형식을 보여준다. *valid* 비트 필드는 페이지가 메모리에 존재하는지를 나타내는 불(boolean) 값이다. 1은 메모리에 존재함을 나타내고 0은 메모리에 존재하지 않음을 나타내는 관례를 사용하겠다. *page frame #* 필드는 주소 변환에 사용된다. *misc info* 필드는 4개의 하위 필드로 분리된다. *prot info* 필드의 정보는 페이지에 대한 간섭으로부터 보호를 하기 위해 사용된다. 이 정보는 프로세스가 페이지의 데이터를 읽거나 쓸 수 있는지, 또는 페이지에 있는 명령어를 실행할 수 있는지를 나타낸다. *ref info* 필드는 페이지가 메모리에 있는 동안 페이지에 수행된 참조 정보를 나타낸다. 뒤에서 설명하겠지만 이 정보는 페이지 교체 결정을 위해 사용된다. *modified* 비트는 페이지가 수정되었는지, 즉 페이지가 더티(*dirty*)인지를 나타낸다. 이 비트는 페이지를 교체하는 동안 페이지-아웃 연산이 필요한지를

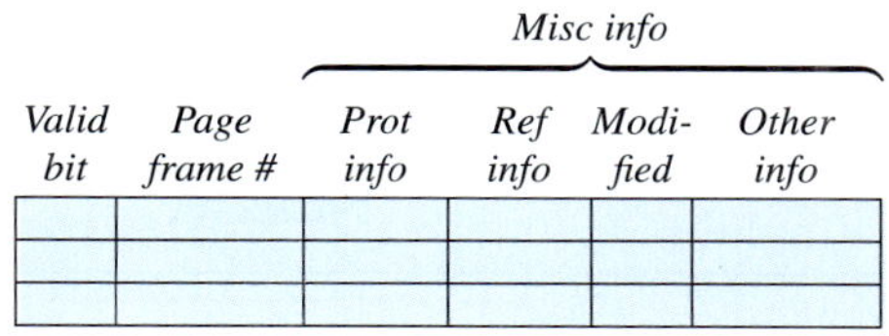

필드	설명
Valid bit	페이지가 현재 메모리에 존재하는지를 나타낸다. 이 비트는 '*presence* bit' 라고도 불린다.
Page frame #	페이지가 어떤 페이지 프레임을 차지하고 있는지를 나타낸다.
Prot info	프로세스가 페이지의 내용을 어떻게 사용할지(읽기, 쓰기 또는 실행하기)를 나타낸다.
Ref info	페이지가 메모리에 있는 동안 참조된 정보
Modified	페이지가 메모리에 있는 동안 수정되었는지, 즉 더티(dirty)인지를 나타낸다. 이 필드는 'dirty bit' 라고 불리는 한 비트이다.
Other info	페이지와 관련된 기타 유용한 정보. 예를 들면, 스왑 공간에서 페이지의 위치

그림 12.3 페이지 테이블 항목의 필드

결정하기 위해 사용된다. *other info* 필드는 페이지의 사본이 유지되고 있는 스왑 공간 내 디스크 블록의 주소 같은 정보를 포함한다.

페이지 부재와 페이지의 요구 적재 표 12.2는 MMU가 수행하는 주소 변환의 단계를 요약하고 있다. MMU는 논리 주소 (p_i, b_i)의 주소 변환을 수행하는 동안 p_i의 페이지 테이블 항목에서 valid 비트를 검사한다(표 12.2의 단계 2 참고). 이 비트가 p_i는 메모리에 존재하지 않는다고 나타내면 MMU는 **페이지 부재**(*page fault* 또는 *missing page*)라는 인터럽트를 일으킨다. 이 인터럽트는 프로그램 인터럽트이다(2.2.5절 참고). 프로그램 인터럽트를 위한 인터럽트 서비스 루틴은 인터럽트가 페이지 부재에 의해 발생했음을 알고

표 12.2 MMU에 의한 주소 변환의 단계

단계	설명
1. 페이지 번호와 페이지 내의 바이트 번호를 구한다.	논리 주소는 쌍 (p_i, b_i)로 볼 수 있다. 이때 b_i는 주소의 하위 n_b 비트로 구성되고, p_i는 상위 n_p 비트로 구성된다(11.8절 참고).
2. 페이지 테이블을 탐색한다.	p_i를 페이지 테이블의 인덱스로 사용한다. 페이지 테이블 항목의 *valid* 비트가 0이면, 즉 페이지가 메모리에 존재하지 않으면페이지 부재를 일으킨다.
3. 유효 메모리 주소를 인 만든다	페이지 테이블 항목의 *page frame #* 필드는 n_f 비트의 숫자 프레임 번호를 포함하고 있다. 이 값을 b_i와 결합하여 유효 메모리 주소를 구한다.

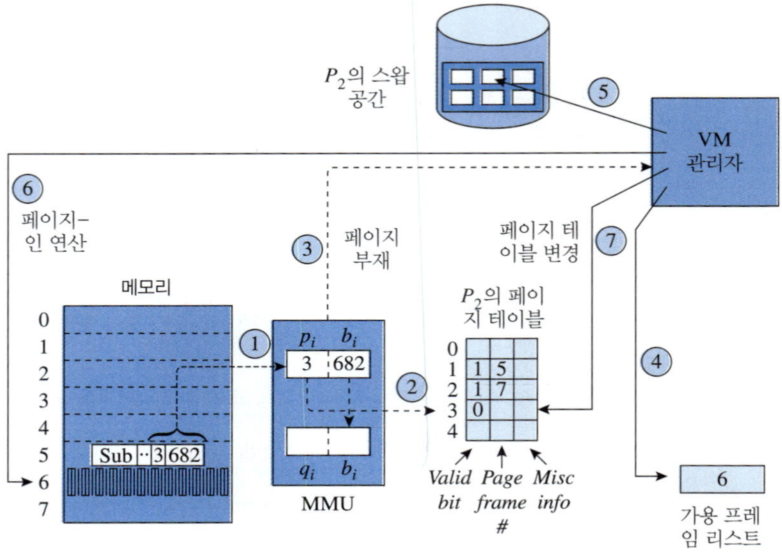

그림 12.4 페이지의 요구 적재

가상 메모리 관리자를 호출한다. 이때 인자로서 페이지 부재를 일으킨 페이지 번호(즉, p_i)를 전달한다. 이제 가상 메모리 관리자는 메모리에 페이지 p_i를 적재하고 이 페이지의 페이지 테이블 항목을 수정한다. 따라서 프로세스의 한 페이지를 메모리에 적재해야 할 때 MMU와 가상 메모리 관리자는 상호 협력한다.

그림 12.4는 페이지의 요구 적재 시에 가상 메모리 관리자의 작업을 보여준다. 점선 화살표는 MMU의 작업을 나타내고, 실선 화살표는 가상 메모리 관리자에 의한 데이터 구조체, 메모리, 디스크로의 접근을 나타낸다. 원 안의 숫자는 표 12.2의 단계 1~3에서 설명한 주소 변환, 페이지 부재의 발생 및 처리의 단계를 나타낸다. 그림 12.2의 프로세스 P_2가 실행 중이다. MMU가 논리 주소 (3, 682)를 변환할 때 페이지 3의 항목에서 valid 비트가 0이므로 페이지 부재를 일으킨다. 가상 메모리 관리자가 제어를 갖게 되고 페이지 3의 참조가 페이지 부재를 일으켰음을 알게 된다. 페이지 3의 페이지 테이블 항목의 *misc info* 필드는 P_2의 스왑 공간에 페이지 3을 저장하고 있는 디스크 블록 주소를 갖고 있다. 가상 메모리 관리자는 이 주소를 구한다. 이제 가상 메모리 관리자는 가용 프레임 리스트를 검사하고 현재 페이지 프레임 6이 가용 상태이므로 이 페이지 프레임을 페이지 3에 할당한다. 그리고 페이지 3을 페이지 프레임 6으로 적재하기 위한 I/O 연산을 시작시킨다. I/O 연산이 끝나면 가상 메모리 관리자는 페이지 테이블의 페이지 3 항목에서 *valid* 비트를 1로 설정하고 *page frame #* 필드에 6을 저장한다. 이제 페이지 부재를 일으켰던 명령어 "Sub · · (3, 682)"를 다시 시작시킨다. 논리 주소 (3, 682)는 페이지 프레임 6의 바이트 번호 682의 유효 주소인 $6 \times 1024 + 682$로 변환된다.

페이지-인, 페이지-아웃, 페이지 교체 연산 그림 12.4는 페이지 부재가 발생하고 가용 페이지 프레임이 메모리에 있을 때 요구된 페이지에 대해 수행된 페이지-인 연산을 보여준다. 만약 가용 페이지 프레임이 없다면 가상 메모리 관리자는 메모리에 존재하는 페이지 중 하나와 요구된 페이지를 교체하는 **페이지 교체 연산**을 수행한다. 페이지 교체 연산은 다음과 같이 수행된다. 가상 메모리 관리자는 **페이지 교체 알고리즘**을 사용하여 메모리에 있는 페이지 중에서 교체할 페이지를 선택하고, 선택된 페이지의 페이지 테이블 항목에서 메모리에 없음('not present')을 나타내는 비트를 설정한다. 선택된 페이지의 페이지 테이블 항목에서 *modified* 비트가 설정되어 있다면(더티 페이지), 페이지-아웃 연산을 시작시킨다. 다음 단계로서 가상 메모리 관리자는 선택된 페이지가 차지하고 있던 페이지 프레임으로 요구된 페이지를 적재하기 위해 페이지-인 연산을 시작시킨다. 페이지-인 연산이 끝나면 가상 메모리 관리자는 페이지 프레임의 번호를 페이지 테이블 항목에 저장하고, 페이지가 메모리에 존재함('present')을 나타내는 비트를 설정한다. 그리고 프로세스의 재시작을 준비하고 현재 명령어를 다시 시작시킨다. 이때 현재 명령어의 논리 주소에 대한 주소 변환은 페이지 부재 없이 완료될 것이다.

요구 페이징을 구현하기 위해 필요한 페이지-인과 페이지-아웃 연산은 **페이지 *I/O***(*page I/O*)를 하게 된다. 메모리로 페이지의 이동 또는 메모리 밖으로 페이지의 이동을 나타내기 위해 **페이지 트래픽**(*page traffic*)이란 용어를 사용하겠다. 페이지 I/O는 프로세스에 의해 수행되는 I/O 연산인 **프로그램 *I/O***와 다르다. 페이지 부재를 일으킨 프로세스는 요구된 페이지가 메모리에 적재될 때까지 **지연**(*block*) 상태가 된다. 따라서 페이지 부재는 성능을 저하시킨다. 커널은 시스템 성능을 위해서 CPU를 다른 프로세스에 할당할 수 있다.

유효 메모리 접근시간(Effective Memory Access Time) 요구 페이징에서 한 프로세스의 유효 메모리 접근시간은 그 프로세스가 경험하는 평균 메모리 접근시간이다. 이 시간은 두 요소에 의해 좌우된다. 첫 번째는 주소 변환을 수행할 때 MMU에 의해 소요되는 시간이고, 두 번째는 페이지 부재를 처리할 때 가상 메모리 관리자에 의해 소요되는 평균 시간이다. 유효 메모리 접근시간을 계산하기 위해 다음 용어를 사용하겠다.

pr_1	페이지가 메모리에 존재할 확률
t_{mem}	메모리 접근시간
t_{pfh}	페이지 부재 처리를 위한 시간 오버헤드

pr_1은 **메모리 적중률**(*memory hit ratio*)이라고 불린다. t_{pfh}는 t_{mem}보다 수배 큰데, 이것이 디스크 I/O를 수행하기 때문이다. 즉, 페이지-인 연산만 필요할 때는 한 번의 디스크 I/O 연산을 수행하고, 페이지 교체가 필요할 때는 두 번의 디스크 I/O 연산을 수행한다.

프로세스 페이지 테이블은 메모리에 존재한다. 따라서 논리 주소가 (p_i, b_i)인 피연산자에 접근할 때 페이지 p_i가 메모리에 존재한다면 두 번의 메모리 사이클이 소요된다. 한 번은 주소 변환을 위해 p_i의 페이지 테이블 항목에 접근할 때이고, 다른 한 번은 (p_i, b_i)의 유효 메모리 주소를 사용하여 메모리에 있는 피연산자에 접근할 때이다. 만약 페이지 p_i가 메모리에 존재하지 않는다면 p_i의 페이지 테이블 항목을 참조한 후 페이지 부재가 발생된다. 페이지 테이블 항목을 참조할 때 한 번의 메모리 사이클이 소요된다. 이제 요구된 페이지가 메모리에 적재되고 적재된 프레임의 번호를 기록하기 위해 페이지 테이블 항목을 수정한다. 프로세스가 다시 시작될 때 두 번 이상의 메모리 참조가 필요하다. 한 번은 페이지 테이블의 참조이고, 다른 하나는 피연산자의 실제 접근이다. 따라서 유효 메모리 접근시간은 다음과 같다.

$$\text{유효 메모리 접근시간} = pr_1 \times 2 \times t_{\text{mem}} + (1 - pr_1) \times (t_{\text{mem}} + t_{\text{pfh}} + 2 \times t_{\text{mem}}) \qquad (12.2)$$

유효 메모리 접근시간은 페이지 부재 수를 줄임으로써 향상시킬 수 있다. 이를 달성하는 한 방법은 페이지가 필요하기 전에 미리 적재하는 것이다. 윈도우 운영체제는 이런 적재 기능을 제공한다. 즉, 페이지 부재가 발생하면 운영체제는 요구된 페이지를 적재하고 이웃하는 약간의 페이지들을 같이 적재한다. 만약 미리 적재된 페이지가 프로세스에 의해 참조된다면 평균 메모리 접근시간이 향상된다. 리눅스 운영체제는 어떤 페이지가 미리 적재되어야 할지를 프로세스가 명시할 수 있게 했다. 프로그래머가 유효 메모리 접근시간을 향상시키기 위해 이 기능을 사용할 수도 있다.

12.2.1.1 페이지 교체(*Page Replacement*)

페이지 부재가 발생했을 때 메모리에 가용 페이지 프레임이 없다면 페이지 교체가 필요하다. 그러나 교체된 페이지가 다시 참조된다면, 다시 페이지 부재가 발생할 것이다. 따라서 가까운 미래에 참조되지 않을 페이지를 교체하는 것이 중요하다. 하지만 가상 메모리 관리자가 어떤 페이지가 가까운 미래에 참조되지 않을지를 어떻게 알 수 있을까?

참조의 지역성(*locality of reference*)이라는 경험 법칙에 의하면, 어떤 짧은 시간 동안에 한 프로세스에 의해 사용되는 논리 주소는 논리 주소 공간의 특정 부분에 집중되는 경향이 있다. 프로세스가 이런 성질을 보이는 이유는 두 가지가 있다. 프로세스의 명령어 실행은 대부분 순차적이고 명령어의 10~20%만이 점프 명령어이다. 또한 프로세스는 배열처럼 데이터의 여러 요소들에 대해 비슷한 연산을 수행하는 경향이 있다. 이 두 이유의 결합된 효과에 의해 프로세스가 수행하는 명령어와 데이터의 참조는 이전 명령어와 데이터의 참조와 매우 근접한 경향이 있다.

한 프로세스의 **현재 지역**(*current locality*)을 프로세스의 이전 몇 개의 명령어에 의해 참조된 페이지의 집합으로 정의한다. 지역성 법칙에 의하면 한 명령어에서 사용된 논리 주소는 프로세스의 현재 지역성에 있는 페이지를 참조할 가능성이 높다. 2.2.3절에서 설명했듯이, 컴퓨터는 캐시의 높은 적중률을 보장하기 위해서 지역성 법칙을 활용한다. 가상 메모리 관리자도 비슷한 효과를 달성하기 위해서 지역성 법칙을 활용할 수 있다. 프로세스의 현재 지역에 있는 페이지들이 메모리에 존재한다면 적은 페이지 부재가 발생할 것이다.

참조의 지역성은 페이지 부재가 발생하지 않음을 의미하지 않는다. 논리 주소 a_i의 **근접 지역**(*proximity region*)은 a_i에 매우 근접한 모든 논리 주소를 포함한다고 가정하자. 페이지 부재는 두 원인에 의해 발생할 수 있다. 첫째, 논리 주소의 근접 지역이 한 페이지에 맞지 않을 수 있다. 이 경우 다음 주소가 프로세스의 현재 지역에 있지 않은 이웃 페이지에 놓일 수 있다. 둘째, 프로세스가 참조하는 명령어나 데이터가 이전 참조의 근접 지역에 없을 수 있다. 이 상황을 프로세스의 **지역 이동**(*shift in locality*)이라 부른다. 이 상황은 프로세스가 논리적인 한 동작에서 다른 동작으로 이전할 때 전형적으로 발생한다. 다음 예제는 한 프로세스의 지역성을 설명하고 있다.

예제 12.1 프로세스의 현재 지역

그림 12.5에서 점은 프로세스 P_i의 실행 중에 사용된 마지막 논리 주소들을 나타낸다. 점선 박스는 논리 주소들의 근접 지역을 보여준다. 한 논리 주소의 근접 지역은 페이지 경계를 넘어갈 수 있음에 주의하자. 논리 주소들의 근접 지역들은 중첩될 수도 있다. 그림 12.5에서 누적된(cumulative) 근접 지역들을 보여주고 있다. 예를 들어, 페이지 4에서 참조된 논리 주소의 근접 지역은 페이지 4 전체와 페이지 3과 5의 일부를 누적되어 포함하고 있다. 따라서 근접 지역들은 페이지 0, 1, 3, 4, 5, 6, 7에 위치하고 있다. 그러나 P_i의 현재 지역은 그림 12.5에서 *로 표시된 페이지의 집합, 즉 {0, 1, 4, 6}이다.

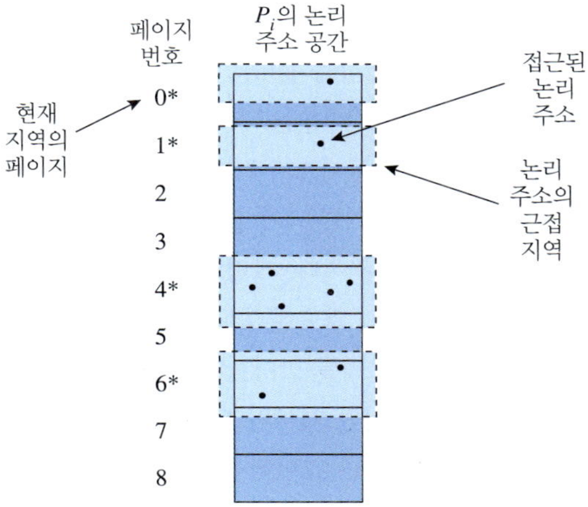

그림 12.5 프로세스의 이전 참조의 근접 지역과 현재 지역

지역성 법칙은 페이지 부재가 발생했을 경우 어떤 페이지를 교체할 것인지 결정할 때 도움을 준다. 프로세스 P_i에 할당된 페이지 프레임의 수가 상수(constant)라고 가정하자. 이 가정 때문에 P_i의 실행 중에 페이지 부재가 발생할 때마다 메모리에 존재하는 P_i의 페이지 중 하나를 교체해야만 한다. P_i의 실행 중에 페이지 p_1이 참조되지 않은 시간 기간을 t_1이라 하고, 페이지 p_2가 참조되지 않은 시간 기간을 t_2라고 하자. 만약 $t_1 > t_2$라고 하면, 페이지 p_2의 바이트가 페이지 p_1의 바이트보다 더 최근에 참조되었음을 의미한다. 따라서 프로세스의 현재 지역의 일부에 있을 가능성이 페이지 p_2가 페이지 p_1보다 높다. 즉, 페이지 p_2의 바이트가 참조되거나 실행될 가능성이 페이지 p_1의 바이트보다 높다. 이 성질을 이용하여 페이지 부재가 발생하면 페이지 p_1을 교체를 위해 선택한다. 메모리에 P_i의 페이지가 많다면 페이지들의 마지막 참조시간을 기준으로 정렬하고 가장 최근에 참조되지 않은 페이지를 교체한다. 이 페이지 교체 정책을 *LRU* 페이지 교체라고 부른다.

12.2.1.2 프로세스의 메모리 할당(*Memory Allocation to a Process*)

그림 12.6은 프로세스의 페이지 부재율(page fault rate)이 프로세스에 할당된 메모리 양에 따라 어떻게 변하는지를 보여준다. 프로세스에 할당된 메모리 양이 적을 때 페이지 부재율이 높다. 그러나 프로세스에 메모리를 더 할당하면 페이지 부재율은 떨어진다. 이러한 페이지 부재율의 특성은 어떤 프로세스가 높은 페이지 부재율을 보일 때 가상 메모리 관리자가 올바른 작업을 취할 수 있게 해준다. 즉, 가상 메모리 관리자는 프로세스에 할당된 메모리를 늘려줌으로써 페이지 부재율을 줄일 수 있다. 12.4절에서 설명했듯이, LRU 페이지 교체 정책은 그림 12.6의 커브와 비슷한 페이지 부재 성질을 갖는다. 왜냐하면 LRU는 메모리에 있는 프로세스의 다른 페이지들보다 프로세스의 현재 지역에 속할 것 같지 않은 페이지를 교체하기 때문이다.

가상 메모리 관리자는 한 프로세스에 얼마나 많은 메모리를 할당해야 하는가? 두 개의 서로 반대적인 요소가 이 결정에 영향을 준다. 그림 12.6을 보면 프로세스에 과도한 메모리 할당은 프로세스의 낮은 페이지 부재율을 가져온다. 따라서 좋은 프로세스 성능을 보장한다. 그러나 메모리에 적은 수의 프로세스가 적재되므로 CPU를 놀리고 낮은 시스템 성능을 야기할 수 있다. 프로세스에 메모리를 적게 할당하면 높은 페이지 부재율을 발생시키고, 프로세스의 낮은 성능을 야기할 것이다. 그림 12.6에서 보이는 바람직한 운영 구역(desirable operating zone)은 메모리의 과도한 할당 영역 및 부족한 할당 영역을 피한다.

한 프로세스에 얼마나 많은 메모리를 할당할지를 결정할 때 중요한 문제는 페이지 부재 특성(그림 12.6에서 커브의 경사와 페이지 부재율)이 프로세스마다 다르다는 점이다. 심지어 같은 프로세스일지라도 다른 데이터를 사용하여 동작하면 페이지 부재 특성이 달라질 수 있다. 결과적으로 프로세스에 할당할 메모리 양은 프로세스의 실제 페이지 부재 특성을 고려하여 동적으로 결정되어야 한다. 이 문제는 12.5절에서 설명하였다.

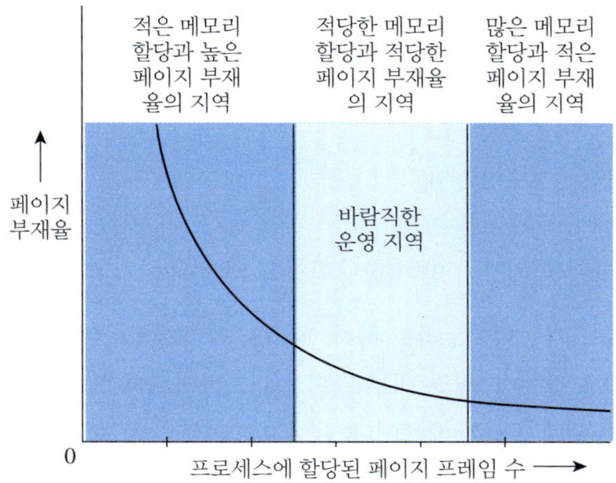

그림 12.6 메모리 할당에 따른 페이지 부재율의 바람직한 변화

스래싱(Thrashing) 그림 12.6에서 보이는 낮은 메모리 할당과 높은 페이지 부재율 영역에서 실행되는 한 프로세스가 있다고 하자. 높은 페이지 부재율 때문에 이 프로세스는 많은 시간을 지연 상태(*blocked* state)로 보낸다. 이러한 프로세스는 CPU를 효율적으로 사용할 수 없다. 또한 높은 페이지 부재율과 페이지 부재로 인한 프로세스 교환 때문에 높은 오버헤드를 갖는다. 시스템의 모든 프로세스가 높은 페이지 부재율의 영역에 있다면, CPU는 대부분 시간 동안 페이지 트래픽과 프로세스 교환을 수행하게 될 것이다. CPU 효율은 떨어지게 되고, 평균 응답시간 또는 처리율로 측정하는 시스템 성능은 좋지 않게 된다. 이 상황을 스래싱이라 부른다.

|정의 12.2| 스래싱(Thrashing): 높은 페이지 트래픽과 낮은 CPU 효율성을 동시에 갖는 상태

낮은 CPU 효율성은 다른 원인에 의해서도 초래될 수 있다. 예를 들면, 메모리에 있는 프로세스 수가 너무 적거나 메모리에 있는 모든 프로세스가 자주 I/O 연산을 수행하는 경우이다. 스래싱은 높은 페이지 부재율로 인해 모든 프로세스의 실행이 느려지는 것이므로 차이가 있다.

그림 12.6을 통해 각 프로세스에 부족한 메모리를 할당하면 스래싱이 발생한다는 것을 추론할 수 있다. 해결 방안은 각 프로세스의 메모리 할당을 늘려주는 것이다. 이것은 메모리에 있는 프로세스들을 제거하여, 즉 다중 프로그래밍 정도를 줄여서 달성해야만 한다. 어떤 프로세스의 경우, 시스템 스래싱은 없는데 개별적으로 높은 페이지 부재율을 경험할 수 있다. 같은 분석이 이 프로세스에도 적용된다. 이 프로세스는 부족한 메모리 할당으로 문제가 된 것이며, 할당되는 메모리 양을 늘려서 해결할 수 있다.

12.2.1.3 최적 페이지 크기 (Optimal Page Size)

페이지의 크기는 컴퓨터 하드웨어에 의해 정해진다. 이것은 한 페이지 내의 바이트 번호를 나타내기 위한 비트 수를 결정한다. 또한 페이지 크기는 다음 내용을 결정한다.

1. 내부 단편화로 인한 메모리 낭비
2. 한 프로세스의 페이지 테이블 크기
3. 한 프로세스에 고정된 메모리 양이 할당되었을 때의 페이지 부재율

프로세스 P_i의 크기가 z 바이트라고 하자. 페이지 크기가 s 바이트이면 프로세스는 $n = \lceil z/s \rceil$ 개의 페이지를 갖는다. 평균 내부 단편은 $s/2$ 바이트이다. 왜냐하면 평균적으로 마지막 페이지는 절반이 비어 있기 때문이다. 페이지 테이블의 항목 수는 n이다. 따라서 내부 단편화는 페이지 크기에 비례하고, 페이지 테이블 크기는 페이지 크기에 반비례한다.

흥미롭게도 P_i에 고정된 메모리 양을 할당하면 페이지 부재율은 페이지 크기에 비례한다. 이유는 다음과 같이 설명될 수 있다. 메모리에 있는 P_i의 페이지 수는 페이지 크기와 반비례한다. 따라서 만약 페이지 크기가 $s/2$가 되면 메모리에 있는 P_i의 페이지 수는 2배가 된다. 이제 12.2절에서 정의한 명령어 또는 데이터 바이트의 근접 영역이 $s/2$보다 작다고 하자. 따라서 근접 영역은 바이트를 포함하는 페이지 내에 위치한다고 가정할 수 있다. 페이지 크기가 $s/2$라면 메모리는 크기가 s일 때보다 최근 논리 주소들의 근접 영역의 2배를 포함할 수 있다. 그림 12.6의 페이지 부재 성질에 의해 페이지 크기가 작아지면 페이지 부재율도 낮아질 것이다.

내부 단편화와 페이지 테이블의 메모리 사용으로 인한 메모리 오버헤드를 최소화하는 페이지 크기를 계산할 수 있다. 만약 $s \ll z$이고 각 페이지 테이블 항목이 1바이트 메모리를 차지한다면, s의 최적 값은 $\sqrt{2z}$ 이다. 따라서 크기가 80 KB인 한 프로세스에 대해 최적의 페이지 크기는 400바이트이고, 크기가 320 KB인 프로세스에 대해서는 최적의 페이지 크기는 800바이트이다. 그러나 컴퓨터는 다음과 같은 이유 때문에 큰 페이지 크기를 사용하는 경향이 있다(예를 들어, Pentium과 MIPS의 페이지 크기는 4 KB 이상이고, Sun Ultrasparc는 8 KB 이상, PowerPC는 4 KB이다).

1. 페이지 테이블 항목의 크기가 1바이트 이상인 경향이 있다.
2. 작은 페이지 크기에서는 하드웨어 비용이 높다. 예를 들어, 만약 페이지 번호를 나타내기 위해 많은 비트 수를 사용한다면 주소 변환 비용이 증가한다.
3. 페이징 장치로 사용되는 디스크는 디스크 블록 크기가 작으면 효율성이 낮은 경향이 있다.

최적 크기보다 큰 페이지 크기를 사용한다는 것은 프로세스의 높은 페이지 부재율을 의미한다. 이 사실은 하드웨어 비용과 프로세스의 효율적인 수행 간의 절충이 필요함을 의미한다.

12.2.2 페이징 하드웨어(Paging Hardware)

그림 12.7은 다중 프로그램 시스템에서의 주소 변환을 보여준다. 많은 프로세스들을 위한 페이지 테이블이 메모리에 존재한다. MMU는 페이지 테이블의 시작을 가리키는 페이지 테이블 주소 레지스터(*page-table address register*: PTAR)라는 특별한 레지스터를 갖고 있다. 논리 주소 (p_i, b_i)에 대하여 MMU는 페이지 p_i의 페이지 테이블 항목의 주소를 구하기 위해 <PTAR> + $p_i \times l_{PT_entry}$를 계산한다. 이때 <PTAR>은 PTAR의 내용이고, l_{PT_entry}는 페이지 테이블 항목의 길이이다. 프로세스가 스케줄될 때 PTAR에는 올바른 주소가 적재되어야 한다. 이를 위해서 커널은 프로세스의 PCB(process control block)에 프로세스의 페이지 테이블 주소를 저장할 수 있다.

표 12.3은 페이징 하드웨어에 의해 수행되는 기능들을 요약하고 있다. 이 기능들을 구현하기 위해 사용되는 기법들을 설명하고, 이 기법들을 사용하는 현대 컴퓨터 시스템의 예를 들어본다.

12.2.2.1 메모리 보호(Memory Protection)

프로세스가 존재하지 않는 페이지에 접근하려 하거나, 페이지에 접근할 때 접근 권한을

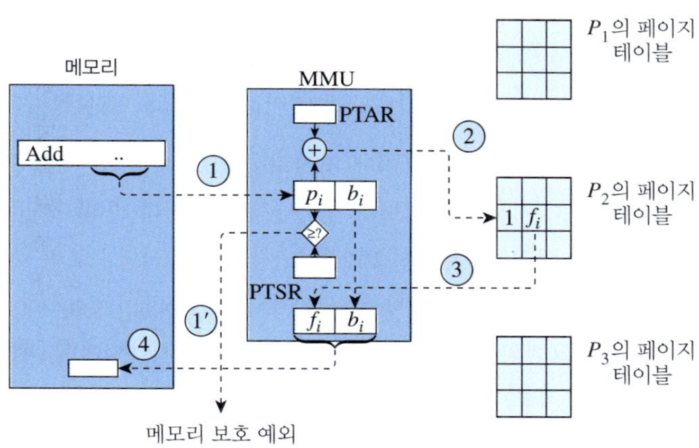

그림 12.7 다중 프로그램 시스템에서의 주소 변환

표 12.3 페이징 하드웨어의 기능

기능	설명
메모리 보호	프로세스가 자신에게 할당된 메모리 영역만 접근할 수 있도록 보장한다.
효율적인 주소 변환	주소 변환을 효율적으로 수행할 수 있게 한다.
페이지 교체 지원	페이지에 수행된 참조 정보를 모은다. 가상 메모리 관리자는 페이지 부재가 발생했을 때 어떤 페이지를 교체할지 결정하기 위해 이 정보를 사용한다.

넘는다면 **메모리 보호 위반**(*memory protection violation*) 인터럽트가 발생한다. MMU는 첫 번째 유형의 위반을 탐지하기 위해서 **페이지 테이블 크기 레지스터**(*page-table size register*: PTSR)라는 특별한 레지스터를 제공한다. 커널은 프로세스의 PCB에 프로세스의 페이지 수를 기록하고, 프로세스가 스케줄되었을 때 이 숫자를 PTSR에 적재한다. 만약 논리 주소의 페이지 번호가 PTSR의 값보다 작다면 메모리 보호 위반을 일으킨다. 이 검사는 2장에서 설명한 메모리 보호 기법에서 **크기**(*size*) 레지스터를 사용하는 방법과 비슷하다.

페이지에 대한 프로세스의 접근 권한은 페이지 테이블에서 페이지 항목의 *prot info* 필드에 저장되어 있다. 주소 변환 도중에 MMU는 페이지에 대해 수행되는 접근의 유형과 정보를 검사하여, 이 둘이 맞지 않는다면 메모리 보호 위반을 일으킨다. *prot info* 필드의 정보는 효율적인 접근을 위해 비트로 인코딩될 수 있다. 필드의 각 비트는 페이지에 대한 접근의 한 종류(예를 들어 읽기, 쓰기 등)와 대응된다. 프로세스가 이 페이지에 대해 대응하는 접근 권한을 가진 경우에만 이 비트가 설정된다.

12.2.2.2 주소 변환과 페이지 부재 발생(*Address Translation and Page Fault Generation*)

MMU는 표 12.2의 단계에 따라 주소 변환을 수행한다. 논리 주소 (p_i, b_i)에 대해 MMU는 페이지 테이블 오프셋으로서 $p_i \times l_{PT_entry}$를 사용하여 p_i의 페이지 테이블 항목에 접근한다. 이때 l_{PT_entry}는 페이지 테이블 항목의 길이다. l_{PT_entry}는 보통 2의 멱승이므로 $p_i \times l_{PT_entry}$는 p_i의 값을 몇 비트만 쉬프트하여 효율적으로 계산할 수 있다.

주소 변환 버퍼 페이지 테이블이 메모리에 저장되어 있기 때문에, 주소 변환 도중에 페이지 테이블에 대한 참조는 하나의 메모리 사이클을 소비한다. **변환 색인 버퍼**(*translation look-aside buffer*: TLB)는 페이지 테이블의 참조를 제거함으로써 주소 변환의 속도를 빠르게 하기 위해 사용하는 작고 빠른 연관 메모리(associative memory)이다. TLB는 메모리에 있는 프로그램의 최근에 접근된 몇 개의 페이지들에 대해 (페이지 번호, 페이지 프레임 번호, 보호 정보)의 형태를 가진 항목들을 갖는다. 논리 주소 (p_i, b_i)의 주소 변환 도중에 TLB 하드웨어는 페이지 p_i에 대한 항목을 찾는다. 만약 항목이 발견되면 항목의 페이지 프레임 번호를 사용하여 논리 주소 (p_i, b_i)의 주소 변환을 완수한다. 그림 12.8은 TLB의 연산을 설명하고 있다. 2′과 3′으로 표시된 화살표는 TLB 검색을 나타낸다. TLB는 프로세스 P_2의 페이지 1과 2의 항목을 가지고 있다. 만약 p_i가 1 또는 2라면 TLB 검색은 성공하고 TLB로부터 페이지 프레임 번호를 구해 주소 변환을 완수한다. p_i가 다른 페이지라면 TLB 부적중(miss)이 발생한다. 따라서 MMU는 페이지 테이블에 접근하고 페이지 p_i가 메모리에 존재한다면 주소 변환을 끝낸다. 그러나 페이지 p_i가 메모리에 없다면 페이지 부재를 발생하여 p_i를 메모리에 적재하도록 가상 메모리 관리자를 호출한다.

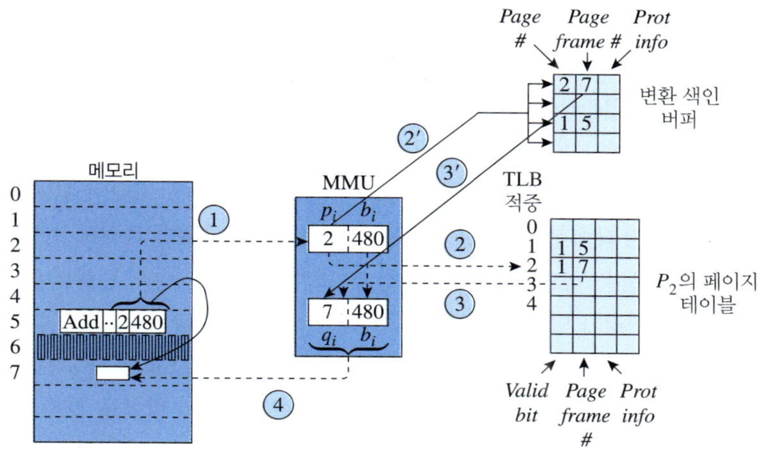

그림 12.8 변환 색인 버퍼와 페이지 테이블을 사용하는 주소 변환

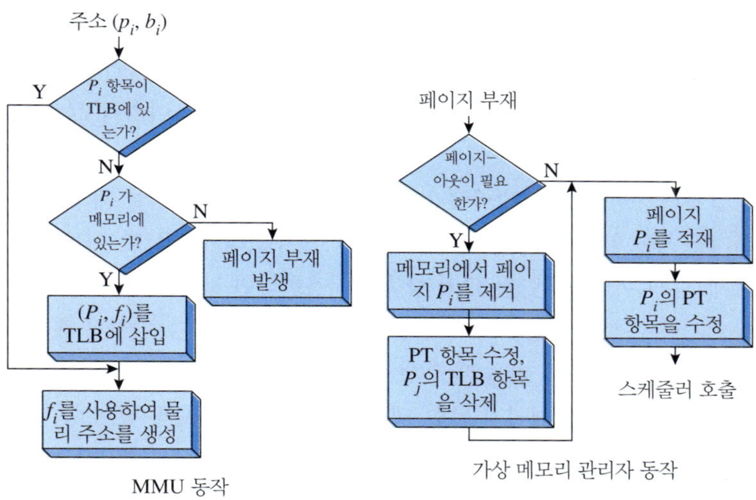

그림 12.9 (p_i, b_i)의 주소 변환 요약(PT는 페이지 테이블)

그림 12.9는 논리 주소 (p_i, b_i)에 대한 주소 변환과 페이지 부재 처리 시의 MMU와 소프트웨어 동작을 요약하고 있다. TLB와 페이지 테이블의 사용을 고려하는 MMU 동작은 앞에서 설명하였다. 가상 메모리 관리자는 페이지 부재에 의해 활성화된다. 페이지 p_i를 적재할 가용 페이지 프레임이 없다면, 가상 메모리 관리자는 어떤 페이지 프레임 f_j를 가용 상태로 만들기 위해 그 프레임에 있는 페이지 p_j에 대해 페이지-아웃 연산을 시작시킨다. p_j가 메모리에 더 이상 존재하지 않는다는 것을 나타내기 위해 p_j의 페이지 테이블 항목을 수정한다. 만약 p_j가 TLB 항목에 있다면 가상 메모리 관리자는

"erase TLB entry" 명령을 수행하여 그 항목을 삭제한다. p_j의 다음 참조 시에 틀린 주소 변환을 방지하기 위해서 이 작업은 필수적이다. 이제 페이지 프레임 f_j에 p_i를 적재하기 위해 페이지-인 연산을 수행한다. 페이지-인 연산이 끝나면 p_i의 페이지 테이블 항목을 수정한다. 프로세스가 다시 스케줄되면 페이지 부재를 일으켰던 명령어가 다시 실행된다. 이때 p_i가 메모리에 존재하지만 TLB에는 항목이 없다. 따라서 MMU는 주소 변환을 할 때 페이지 테이블의 정보를 사용하고, p_i를 위한 항목이 TLB에 만들어진다.

TLB의 새 항목은 하드웨어 또는 가상 메모리 관리자에 의해 만들어질 수 있다. TLB의 하드웨어 처리가 더 효율적이다. 하드웨어는 페이지 테이블의 참조를 통한 주소 변환을 완수해야 할 때마다 TLB에 새 항목을 만들 수 있다. TLB가 가상 메모리 관리자에 의해 관리되는 경우, MMU가 TLB에서 요구된 페이지의 항목을 찾지 못할 때마다 "missing TLB entry" 인터럽트를 일으킨다. 그리고 가상 메모리 관리자는 TLB 항목을 만들기 위한 명령어들을 수행한다. 이 방법에서 MMU는 TLB를 통해 독점적으로 주소 변환을 수행하고, 페이지 테이블은 오직 가상 메모리 관리자만 사용한다. 이 방법은 가상 메모리 관리자가 메모리를 절약하기 위해 페이지 테이블을 다르게 구조화할 수 있어서 유연성이 있다(12.2.3절 참고). PowerPC와 인텔 80x86 아키텍처는 하드웨어 관리 방식의 TLB를 사용하고, MIPS, Sparc, Alpha, PA-RISC 아키텍처는 소프트웨어 관리 방식의 TLB를 사용한다.

두 방법에 공통적인 몇 가지 이슈가 있다. TLB에 새 항목을 만들 때 어떤 TLB 항목에 덮어쓰기를 해야 할지를 결정하는 교체 알고리즘이 있다. MMU가 주소 변환을 할 때 다른 프로세스가 수행 중에 만든 TLB 항목을 사용한다면 보호 기능이 약화될 수 있다. 이 문제는 2.2.3절에서 설명한 캐시에서의 보호 문제와 비슷하다. 따라서 해결법도 비슷하다. 각 TLB 항목에 그것을 만들 때 수행 중인 프로세스의 id를 갖게 할 수 있다. 즉, 각 TLB 항목은 (프로세스 id, 페이지 번호, 페이지 프레임 번호, 보호 정보)의 형식을 가질 수 있다. 따라서 MMU는 다른 프로세스가 수행 중일 때 이 항목의 사용을 피할 수 있다. 다른 방법으로 커널이 프로세스 교환을 수행할 때마다 TLB를 플러시한다.

TLB가 사용될 때 유효 메모리 접근시간을 계산하기 위해 다음과 같은 표기를 사용한다.

pr_1	페이지가 메모리에 존재할 확률
pr_2	페이지 항목이 TLB에 존재할 확률
t_{mem}	메모리 접근시간
t_{TLB}	TLB 접근시간
t_{pfh}	페이지 부재 처리를 위한 시간 오버헤드

12.2.1절에서 설명했듯이, pr_1은 메모리 적중률이고 t_{mem}은 t_{pfh}보다 몇 배 작다. 보통

t_{TLB}는 t_{mem}보다 적어도 2배 이상 작다. pr_2는 *TLB* **적중률**이라고 부른다.

TLB가 사용되지 않는다면, 유효 메모리 접근시간은 식 (12.2)와 같다. 참조 중인 페이지가 TLB에 항목이 없을 때만 페이지 테이블이 참조된다. 따라서 한 페이지 참조는 그 페이지가 TLB에 항목이 있을 때는 ($t_{TLB} + t_{mem}$) 시간을 소비하고, 그 페이지가 메모리에 있지만 TLB 항목이 없을 때는 ($t_{TLB} + 2 \times t_{mem}$) 시간을 소비한다. 후자의 확률은 ($pr_1 - pr_2$)이다. TLB가 사용될 때 pr_2는 요구 페이지의 항목이 TLB에 존재할 확률이다. 페이지 테이블 참조가 주소 변환을 위한 필요충분조건일 확률은 ($pr_1 - pr_2$)이다. 이러한 참조는 TLB 탐색의 실패와 페이지 테이블 탐색이 필요하여 ($t_{TLB} + 2 \times t_{mem}$)의 시간을 소비한다. 페이지 부재의 확률은 ($1 - pr_1$)이다. 페이지 부재는 TLB 검색과 페이지 테이블 검색이 끝난 후에 발생한다. 유효 메모리 주소를 계산하면서 TLB 항목을 만든다고 가정하면, 페이지 부재는 ($t_{pfh} + t_{TLB} + 2 \times t_{mem}$)의 시간을 소비한다. 따라서 유효 메모리 접근시간은 다음과 같다.

$$\begin{aligned} \text{유효 메모리 접근시간} = \\ & pr_2 \times (t_{TLB} + t_{mem}) + (pr_1 - pr_2) \times (t_{TLB} + 2 \times t_{mem}) \\ & + (1 - pr_1) \times (t_{TLB} + t_{mem} + t_{pfh} + t_{TLB} + 2 \times t_{mem}) \end{aligned} \quad (12.3)$$

커널의 수행 도중에 효율적인 메모리 접근을 제공하기 위해서 대부분의 컴퓨터는 커널 페이지에 대해 *wired TLB* **항목**을 제공한다. 이 항목들은 교체 알고리즘에 의해 교체되지 않는다.

슈퍼페이지(Superpages) 1990년대 이후 컴퓨터 메모리와 프로세스의 크기는 빠르게 증가해 왔다. TLB는 이러한 증가를 따라가지 못했는데, 그 이유는 TLB의 연관 성질로 인해 가격이 비싸기 때문이었다. TLB의 크기는 1960년대에 약 8이었고 2005년에 겨우 약 천 개로 커졌다. 따라서 TLB의 항목 수와 페이지 크기의 곱인 'TLB reach'는 미미하게 증가했고, 메모리 크기와의 비율은 1000배 이상으로 줄어들었다. 결과적으로 TLB 적중률은 나빠졌고 평균 메모리 접근시간은 높아졌다[식 (12.3) 참고]. 또한 프로세서의 캐시도 TLB reach보다 커져 왔는데, 이것은 물리 주소로 탐색하는 캐시의 성능에 영향을 준다. 왜냐하면 캐시 내용에 대한 접근이 TLB 부적중과 페이지 테이블의 검색으로 인해 느려질 수 있기 때문이다. 이 문제를 해결하는 일반적인 방법은 큰 페이지 크기를 사용하는 것이다. 이 방법은 TLB reach를 크게 만든다. 그러나 이 방법은 내부 단편이 커지고 페이지 I/O를 증가시킨다. 일반적인 해결 방법을 사용하지 않을 때, 작은 TLB reach로 인해 생기는 문제들을 해결하는 기법들이 개발되었다. 논리 주소로 캐시를 탐색하는 방법은 CPU로부터 캐시로의 경로에서 TLB를 빼내어 캐시 검색의 속도저하를 피할 수 있다. 그러나 여전히 낮은 TLB 적중률은 가상 메모리 성능을 저하시킨다.

슈퍼페이지는 작은 TLB reach로 인한 문제를 해결하기 위한 방법으로 개발되었다.

슈퍼페이지는 프로세스의 페이지와 비슷하다. 다만 그 크기가 페이지 크기의 배수이고 2의 멱승인 점과, 논리 주소 공간과 물리 주소 공간에서 그 시작 주소가 자신의 크기의 배수에 정렬되어야 하는 점이 다르다. 이 기능은 TLB의 크기를 증가시키지 않으면서 TLB reach를 증가시킨다. 또한 높은 TLB 적중률을 가능하게 한다. 대부분의 현대 아키텍처들은 몇 개의 표준 슈퍼페이지 크기를 허용하고, 슈퍼페이지 크기를 나타내는 필드를 TLB 항목에 제공한다.

가상 메모리 관리자는 슈퍼페이지 기법을 활용하여 프로세스의 슈퍼페이지 크기와 개수를 프로세스의 실행 특성에 맞춘다. 프로세스에서 어떤 페이지들이 자주 접근되고 논리 주소 공간에서 연속성과 주소 정렬 요구사항을 만족한다면, 그 페이지들을 적절한 크기의 슈퍼페이지로 묶을 수 있다. 이 작업을 **승격**(*promotion*)이라 부른다. 가상 메모리 관리자는 승격 동안에 메모리의 연속성과 주소 정렬을 보장하기 위해서 메모리의 각 페이지들을 이동시켜야 한다. 승격은 TLB reach를 증가시키고 새 슈퍼페이지의 개별 페이지에 할당된 TLB 항목들을 반환한다.

만약 가상 메모리 관리자가 슈퍼페이지의 어떤 페이지들이 자주 접근되지 않는다는 것을 알게 되면, 슈퍼페이지에 대해 개별 페이지로의 분리를 결정할 수 있다. 이 작업을 **강등**(*demotion*)이라 부른다. 강등은 다른 페이지를 적재할 수 있도록 메모리를 반환한다. 따라서 페이지 부재 빈도를 감소시킬 가능성이 있다.

12.2.2.3 페이지 교체의 지원(*Support for Page Replacement*)

가상 메모리 관리자는 페이지 교체 동안에 페이지 부재를 최소화하고, 페이지-인 및 페이지-아웃 연산 수를 최소화하기 위해 다음과 같은 두 가지 정보를 필요로 한다.

1. 페이지가 마지막에 사용된 시간
2. 페이지가 **더티**인지 여부, 즉 페이지에 쓰기 연산이 수행되었는지의 여부[페이지가 더티가 아니면 **클린**(*clean*) 페이지라고 한다.]

마지막 사용 시간은 페이지가 프로세스에 의해 얼마나 최근에 사용되었는지를 나타낸다. 이 정보는 페이지 교체를 위한 후보를 선택할 때 유용하다. 그러나 이 목적을 위해 페이지 테이블 항목에 많은 비트를 두는 것은 비용이 많이 들기 때문에 대부분의 컴퓨터는 **참조** 비트(*reference* bit)라는 하나의 비트를 제공한다. 페이지 테이블 항목의 **수정** 비트(*modified* bit)는 페이지가 클린인지 더티인지를 나타내기 위해 사용된다. 만약 페이지가 클린이면 프로세스의 스왑 공간에 있는 사본이 최신본이기 때문에 페이지-아웃 연산이 불필요하다. 메모리에 있는 이 페이지에 적재하려는 페이지를 간단히 겹쳐 쓸 수 있다. 더티 페이지인 경우에는 스왑 공간에 있는 페이지가 이전 내용을 가지고 있기 때문에 페이지-아웃 연산을 수행해야 한다. 페이지-아웃 연산이 끝난 후에야 적재할 페이지에 대한 페이지-인 연산을 시작할 수 있다.

12.2.3 실제적인 페이지 테이블 구조들(Practical Page Table Organizations)

큰 주소 공간을 가진 프로세스는 큰 페이지 테이블을 요구한다. 따라서 가상 메모리 관리자는 각 페이지 테이블에 많은 메모리를 할당해야만 한다. 예를 들어, 32비트 논리 주소와 4 KB의 페이지 크기를 사용하는 컴퓨터 시스템에서 프로세스는 백만 개의 페이지를 가질 수 있다. 만약 페이지 테이블 항목의 크기가 4바이트라면 페이지 테이블의 크기는 4 MB가 된다. 따라서 가상 메모리 관리자는 프로세스들의 페이지 테이블을 저장하기 위해 수백 MB의 메모리를 사용해야 할지도 모른다. 64비트 논리 주소를 사용하면 메모리 요구사항은 더 커질 것이다. 페이지 테이블에 할당할 메모리 크기를 줄이기 위해 두 가지 방법이 사용되고 있다.

- 역 페이지 테이블(*inverted page table*: IPT): 역 페이지 테이블은 메모리의 각 페이지 프레임마다 한 항목을 가지며, 페이지 프레임을 어떤 페이지가 사용하고 있는지의 정보를 갖는다. 이 테이블의 정보가 페이지 테이블의 정보와 반대이기 때문에 '역(inverted)' 이라는 이름이 지어졌다. 역 페이지 테이블의 크기는 메모리의 크기에 의존하고, 프로세스의 개수나 크기와는 무관하다. 그러나 페이지에 대한 정보를 페이지 테이블에서처럼 직접 접근할 수 없고 IPT를 탐색해야만 한다.
- 다단계 페이지 테이블(*multilevel page table*): 프로세스의 페이지 테이블 자체를 페이지로 나눈다. 페이지 테이블 전체가 메모리에 존재할 필요가 없다. 상위 단계(higher-level) 페이지 테이블은 페이지 테이블의 페이지에 접근하기 위해 사용된다. 만약 상위 단계 페이지 테이블이 크다면 이것도 페이지로 나눌 수 있다. 이 구조에서는 페이지의 페이지 테이블 항목은 상위 단계 페이지 테이블의 관련 항목들을 통해 접근되어야 한다.

두 방법 모두 주소 변환에 필요한 메모리 참조 수를 줄이기 위해 TLB가 사용된다.

12.2.3.1 역 페이지 테이블(Inverted Page Tables)

그림 12.10(a)는 역 페이지 테이블(IPT)을 사용하고 있는 주소 변환을 설명한다. 역 페이지 테이블의 각 항목은 프로세스 id와 페이지 번호로 이루어진 쌍이다. f_i 번째 항목의 쌍 (R, p_i)는 페이지 프레임 f_i가 프로세스 R의 페이지 p_i에 할당되어 있음을 나타낸다. 스케줄러가 프로세스를 실행시키려고 준비할 때, 프로세스의 PCB로부터 프로세스의 id를 구해 MMU의 레지스터로 복사한다. P를 이 프로세스의 id라고 하자. MMU는 프로세스 P의 논리 주소 (p_i, b_i)의 주소 변환을 위해 다음의 단계들을 수행한다.

1. 논리 주소의 구성 요소 p_i 와 b_i를 분리한다.
2. 프로세스 id P를 사용하여 한 쌍의 (P, p_i)를 구성한다.
3. IPT에서 쌍 (P, p_i)를 찾는다. 만일 이것이 IPT에 존재하지 않으면 페이지 부재를 일으킨다.

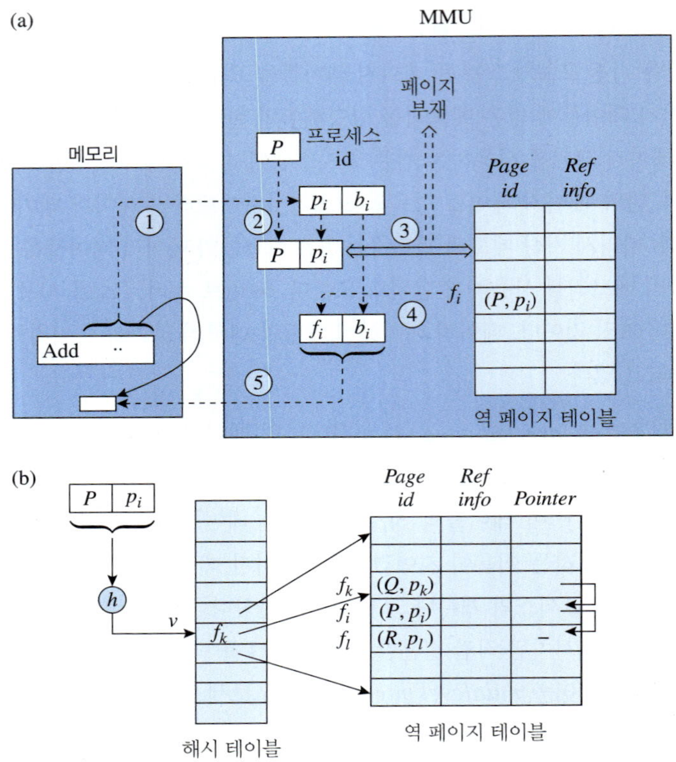

그림 12.10 역 페이지 테이블 (a) 개념 (b) 해시 테이블을 사용한 구현

4. IPT의 항목 f_i에 쌍 (P, p_i)가 존재한다면, 주소 변환에서 사용할 페이지 프레임 번호 f_i를 복사한다.

5. f_i와 b_i를 사용하여 유효 메모리 주소를 계산한다.

이 단계들은 그림 12.10(a)에서 1에서 5까지의 숫자로 나타나 있다.

단계 3의 (P, p_i)의 검색이 효율적으로 수행되지 않으면 주소 변환의 속도를 떨어뜨릴 것이다. 따라서 역 페이지 테이블은 검색의 속도를 빠르게 하기 위해 해시 테이블을 사용한다. 그림 12.10(b)는 다음과 같이 수행되는 체인을 가진 해시(*hash-with-chaining*) 방식을 보여준다. 역 페이지 테이블의 각 항목은 같은 테이블의 다른 항목을 가리키는 포인터 필드를 포함한다. 한 쌍 (P, p_i)를 해시하기 위해, 우선 P와 p_i를 나타내는 비트 열을 결합하여 더 큰 비트 열을 만든다. 이제 이 비트 열을 정수 x로 해석하여 다음 해시 함수 h에 적용한다.

$$h(x) = \text{remainder}\ (\tfrac{x}{a})$$

여기에서 a는 해시 테이블의 크기로서, 일반적으로 소수(prime number)를 사용한다.

$h(x)$는 0부터 $a - 1$까지의 값으로서, 해시 테이블의 항목 번호이다. v를 이 함수의 값이라고 하자. 프로세스 id와 페이지 id의 많은 쌍을 해시하면 같은 v 값으로 계산될 수 있다. 이것은 메모리에 있는 모든 프로세스의 총 페이지 개수가 해시 테이블의 크기보다 훨씬 크기 때문이다. 이런 모든 쌍들은 역 페이지 테이블에서 *pointer* 필드를 사용하여 체인으로 연결된다.

역 페이지 테이블은 다음과 같이 가상 메모리 관리자에 의해 만들어지고 관리된다. 프로세스 P의 페이지 p_i가 메모리에서 페이지 프레임 f_i에 적재될 때, 가상 메모리 관리자는 역 페이지 테이블의 f_i 번째 항목에 쌍 (P, p_i)를 저장한다. 이제 이 쌍을 해시하여 항목 번호 v를 구한다. 그리고 해시 테이블의 v 번째 항목에서 시작하는 체인에 역 페이지 테이블의 f_i 번째 항목을 추가한다. 이때 해시 테이블의 v 번째 항목에 있는 값을 역 페이지 테이블의 f_i 번째 항목의 *pointer* 필드에 복사하고, 해시 테이블의 v 번째 항목에 f_i를 저장한다. 이 페이지가 메모리에서 제거되면, 가상 메모리 관리자는 해시 테이블의 v 번째 항목에서 시작하는 체인에서 이 페이지의 항목을 제거한다. 그림 12.10(b)에서 페이지 (R, p_l), (P, p_i), (Q, p_k)가 각각 페이지 프레임 f_l, f_i, f_k에 적재되어 있다. 이들은 모두 해시 테이블에서 v 번째 항목으로 해시되어 있다. 예제 12.2는 MMU가 주소 변환을 하는 동안에 역 페이지 테이블을 어떻게 사용하는지를 설명한다.

예제 12.2 역 페이지 테이블에서의 탐색

그림 12.10(b)의 역 페이지 테이블을 사용해 논리 주소 (p_i, b_i)를 주소 변환하려고 한다. 쌍 (P, p_i)를 해시하여 해쉬 테이블의 항목 번호 v를 구한다. 이 항목에서 시작하는 체인을 탐색한다. 체인의 첫 번째 항목의 *page id* 필드에서 발견한 쌍 (Q, p_k)와 쌍 (P, p_i)가 일치하지 않는다. 따라서 MMU는 이 항목의 *pointer* 필드를 사용하여 체인의 다음 항목을 구한다. 구한 항목의 쌍이 (P, p_i)와 일치하므로 MMU는 이 항목의 번호 f_i를 프레임 번호로 사용하여 물리 주소 (f_i, b_i)를 만든다.

역 페이지 테이블에서 쌍 (P, p_i)의 항목을 찾기 위해 필요한 평균 비교 횟수는 해시 테이블의 항목에서 시작하는 체인의 평균 길이에 달려 있다. 해시 테이블의 크기를 크게 하면 체인의 평균 길이가 줄어든다. $a > 2 \times \#frames$인 값 a는 연결 리스트의 평균 항목 수가 2보다 작도록 보장한다. 역 페이지 테이블은 정확하게 *#frames* 엔트리를 포함한다. 역 페이지 테이블은 메모리에 있지 않은 페이지에 대해서는 어떤 정보도 가지고 있지 않다. 전통적인 페이지 테이블에서 이 정보를 가지려면 디스크에 유지되어야 한다. 역 페이지 테이블은 IBM RS 6000 및 AS 400 시스템, PowerPC, PA-RISC 아키텍처에서 사용된다. 또한 Sparc 아키텍처를 위한 솔라리스 운영체제에서도 사용된다.

12.2.3.2 다단계 페이지 테이블(*Multilevel Page Tables*)

페이지 테이블 자체를 페이징하고 프로세스의 페이지처럼 요구가 생길 때 페이지들을 적재함으로써 페이지 테이블의 메모리 요구사항을 줄일 수 있다. 이 방식에서는 상위 단계가 페이지 테이블의 페이지에 대한 정보를 담은 항목을 가지고, 페이지 테이블은 프로세스의 페이지에 대한 정보를 가지는 두 계층의 주소 방식이 필요하다. 이 테이블들의 정보는 전통적인 페이지 테이블의 정보와 비슷하다. 그림 12.11은 2단계 페이지 테이블의 개념을 보여주고 있다. 이제 메모리는 두 종류의 페이지를 가지고 있다. 즉, 프로세스 페이지와 *PT* **페이지**라고 부르는 프로세스 페이지 테이블의 페이지이다. 현재 프로세스 *P*의 PT 페이지는 오직 3개만 메모리에 존재한다. 프로세스 *P* 내의 논리 주소 (p_i, b_i)의 주소 변환을 위해 프로세스 *P*의 페이지 p_i가 메모리에 존재해야 하고, 페이지 p_i의 항목을 포함하는 PT 페이지도 메모리에 존재해야 한다.

12.2절에서 설명한 것처럼 논리 주소 (p_i, b_i)의 페이지 번호와 바이트 번호는 n_p 개의 비트와 n_b 개의 비트로 표현된다. 각 페이지 테이블 항목의 크기는 2의 멱승이기 때문에, 한 PT 페이지에 들어맞는 페이지 테이블 항목의 개수도 2의 멱승이다. 만약 테이

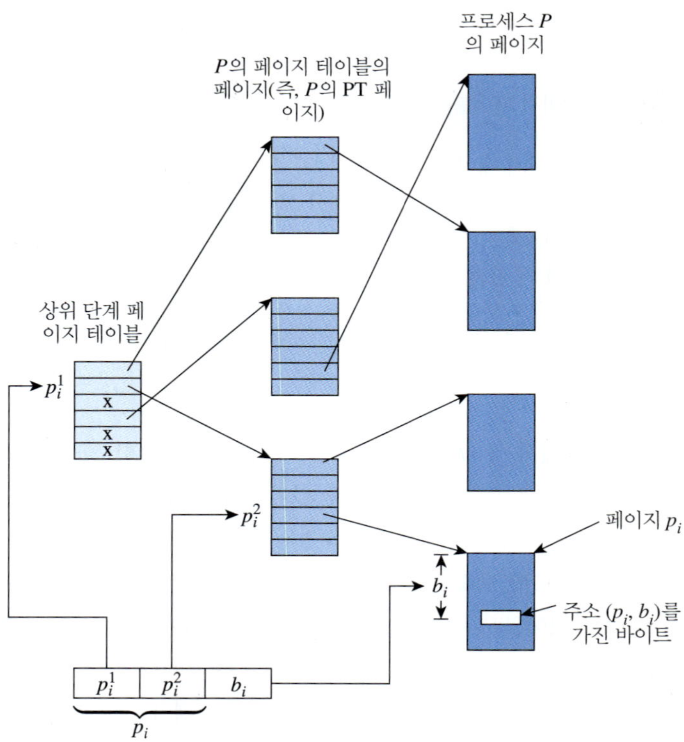

그림 12.11 2단계 페이지 테이블 구조

블 항목의 크기가 2^e 바이트라면, 한 PT 페이지에 있는 페이지 테이블 항목의 수는 $2^{n_b}/2^e$, 즉 2^{n_b-e}이다. 따라서 논리 주소 자신에 있는 페이지 번호 p_i는 두 부분으로 구성된다. 하나는 p_i의 페이지 테이블 항목을 포함하는 PT 페이지의 id이고, 다른 하나는 PT 페이지 내의 항목 번호이다. 그림 12.11에서 보는 것처럼, 이 두 부분을 p_i^1과 p_i^2로 나타내겠다. p_i의 이진 표현은 n_p 비트를 포함하므로 p_i^1은 $n_p - (n_b - e)$ 상위 비트에 포함된다.

그림 12.11은 논리 주소 (p_i, b_i)의 주소 변환을 설명한다. 주소 변환은 다음 단계로 수행된다.

1. 주소 (p_i, b_i)를 세 필드로 재구성한다.

$n_p - (n_b - e)$	$n_b - e$	n_b
p_i^1	p_i^2	b_i

   이 필드들의 내용은 각각 p_i^1, p_i^2, b_i이다.

2. 번호 p_i^1을 가진 PT 페이지는 p_i를 위한 페이지 테이블 항목을 가지고 있다. MMU는 이 페이지가 메모리에 있는지를 검사하고, 메모리에 없다면 페이지 부재를 일으킨다. 페이지 부재에 의해 가상 메모리는 PT 페이지를 메모리에 적재한다.
3. p_i^2는 PT 페이지에서 p_i를 위한 항목의 번호이다. MMU는 페이지 p_i가 메모리에 있는지를 검사하기 위해 이 항목에 있는 정보를 사용한다. 만약 메모리에 없다면 페이지 부재를 일으키고, 가상 메모리 관리자가 페이지 p_i를 메모리에 적재한다.
4. 주소 변환을 수행하기 위해 p_i의 페이지 테이블 항목의 내용을 사용한다.

따라서 주소 변환은 상위 단계의 페이지 테이블로의 접근과 프로세스 P의 페이지 테이블로의 접근이라는 2번의 메모리 접근을 필요로 한다. 주소 변환을 빠르게 하기 위해 두 종류의 항목을 만들고 TLB를 사용한다. 한 항목은 프로세스 P의 상위 단계 페이지 테이블의 접근을 없애기 위한 것으로 $(P, p_i^1$, 프레임 번호, 보호 정보)의 형식을 갖고, 다른 항목은 P의 페이지 테이블의 접근을 없애기 위한 것으로 $(P, p_i^1, p_i^2$, 프레임 번호, 보호 정보)의 형식을 갖는다.

2단계 페이지 테이블 구조에서, 상위 단계 페이지 테이블의 크기가 매우 크다면 상위 단계 페이지 테이블 자체도 페이지로 나눌 수 있다. 이 경우 3단계 페이지 테이블 구조가 된다. 3단계 페이지 테이블을 사용하는 주소 변환은 2단계 페이지 테이블의 주소 변환을 확장하여 수행한다. 논리 주소 (p_i, b_i)는 4개의 구성 요소인 p_i^1, p_i^2, p_i^3, b_i로 나뉜다. 그리고 처음 3개의 구성 요소는 페이지 테이블의 3단계를 찾아가기 위해 사용된다. 따라서 주소 변환 시에 3번의 메모리 접근이 필요하다. 64비트 주소를 사용하는 컴퓨터 시스템의 경우, 3단계 페이지 테이블 구조의 최상위 페이지 테이블조차도 매우 클 수 있다. 이 문제를 해결하려면 4단계 페이지 테이블을 사용하면 된다.

인텔 80386 아키텍처는 2단계 페이지 테이블을 사용한다. 3단계와 4단계 페이지 테이블은 각각 Sun Sparc와 Motorola 68030 아키텍처에서 사용되고 있다.

12.2.4 페이지화된 환경에서의 I/O 연산(I/O Operations in a Paged Environment)

프로세스가 I/O 연산을 하려면 시스템 호출을 수행한다. 이 호출은 2개의 인자를 갖는데, 하나는 전송해야 할 바이트 수이고 다른 하나는 데이터 전송을 할 메모리 영역인 데이터 영역(*data area*)의 논리 주소이다. 시스템 호출의 결과로 커널의 *I/O* **핸들러**가 수행된다. I/O 서브시스템은 MMU가 없으며 메모리로의 데이터 전송을 할 때 물리 주소를 사용한다. 따라서 I/O 핸들러는 I/O 연산을 개시하기 전에 몇 가지 준비 작업을 수행해야 한다. 첫 번째 작업은 프로세스의 페이지 테이블 정보를 사용하여 데이터 영역의 논리 주소를 물리 주소로 바꾸는 것이다. 또한 다음에 설명하는 두 가지 문제를 해결하기 위한 작업을 수행해야만 한다.

I/O 연산의 데이터 영역은 프로세스의 여러 페이지에 흩어져 있을 수 있다. 데이터 영역의 페이지에 접근하는 동안의 페이지 부재는 I/O 연산을 방해하기 때문에 I/O가 수행되는 동안 필요한 모든 페이지는 메모리에 있어야 한다. I/O 핸들러는 데이터 영역의 모든 페이지를 메모리에 적재하고 각 페이지에 *I/O fix*를 설정하여, 이 페이지들이 I/O 연산이 끝날 때까지 교체되지 않도록 가상 메모리 관리자에게 알린다. 이제 I/O 연산을 시작한다. 페이지의 I/O fix를 구현하는 간단한 방법은 각 페이지 테이블 항목의 *misc info* 필드에 I/O fix 비트를 추가하는 것이다.

I/O 서브시스템은 MMU가 없이 동작하기 때문에 데이터 영역이 메모리의 연속된 영역에 있기를 기대한다. 그러나 프로세스는 페이지로 나뉘어 있고, 데이터 영역의 페이지들은 연속된 물리 주소를 가질 필요가 없다. 이 상황은 두 가지 방법으로 해결할 수 있다. 대부분의 I/O 서브시스템은 *scatter/gather* 기능을 제공하는데, 이 기능은 한 I/O 연산의 데이터 부분들을 연속되지 않은 메모리 영역에 저장할 수 있다. 예를 들어, 한 I/O 레코드의 처음 몇 바이트는 메모리의 한 부분에 위치하고 있는 한 페이지 프레임으로 읽어들이고, 나머지 바이트는 메모리의 다른 부분에 위치하고 있는 다른 페이지 프레임으로 읽어들일 수 있다. 이와 비슷하게 "gather write"는 연속되지 않은 메모리 영역에서 I/O 연산의 데이터를 모아서 I/O 장치에 한 레코드로 쓸 수 있다. 예제 12.3은 "scatter read" 연산에서 프로세스의 두 페이지에 흩어진 한 I/O 연산을 어떻게 구현하는지를 설명한다. I/O 서브시스템이 scatter/gather 기능을 제공하지 않는다면, I/O 핸들러는 두 방식으로 해결할 수 있다. I/O 서브시스템은 데이터 영역을 포함하는 페이지들이 메모리에 연속되도록 가상 메모리 관리자에게 지시하거나, 연속 물리 주소를 갖는 커널 영역에 먼저 데이터를 읽고 이를 프로세스의 데이터 영역에 복사할 수 있다.

예제 12.3 가상 메모리에서의 I/O 연산

프로세스 P_i의 페이지 i_2에 시스템 호출 "*perf_io*(`alpha`, read, 828, (i_1, 520))"이 포함되어 있다. 이때 `alpha`는 파일, 828은 읽어야 할 데이터 바이트 수, (i_1, 520)은 데이터 영역 시작 위치의 논리 주소이다. 그림 12.12는 I/O 연산이 어떻게 구현되는지를 보여준다. 페이지 크기는 1 KB이고, 데이터 영역은 프로세스의 페이지 i_1과 $i_1 + 1$에 걸쳐 있다. I/O 연산을 시작하기 전에 I/O 핸들러는 가상 메모리 관리자에게 페이지 i_1과 $i_1 + 1$을 메모리에 적재하도록 지시한다. 이 페이지들은 메모리의 페이지 프레임 14와 10에 적재되었다. I/O 핸들러는 이들의 페이지 테이블 항목에 있는 *misc info* 필드의 I/O fix 비트를 설정하여 이 페이지들을 I/O fix시킨다. I/O 연산이 끝나고 I/O fix가 제거될 때까지 이 페이지들은 교체되지 않는다. 이제 I/O 핸들러는 페이지 프레임 14의 바이트 번호 520에 처음 504바이트를 읽고, 페이지 프레임 10의 바이트 번호 0에 나머지 324바이트를 읽도록 scatter-read 연산을 수행한다. I/O 연산이 종료하면 I/O 핸들러는 페이지 14와 10의 I/O fix를 제거한다.

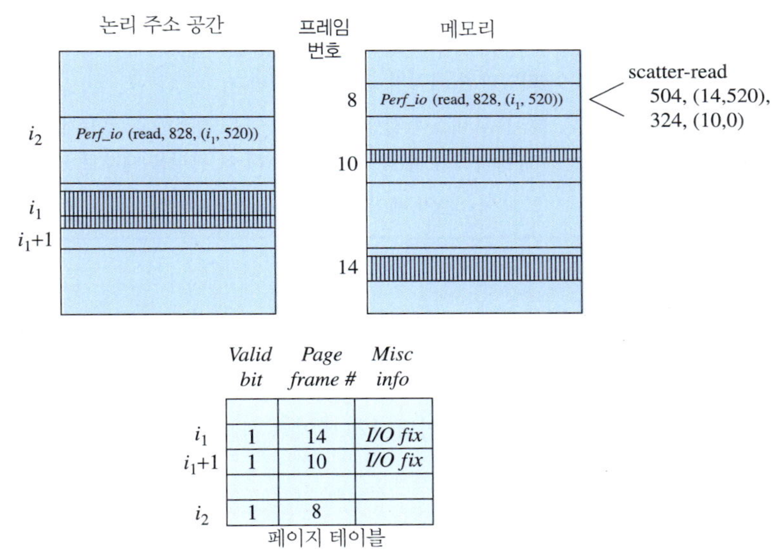

그림 12.12 가상 메모리에서의 I/O 연산

12.3 가상 메모리 관리자(THE VIRTUAL MEMORY MANAGER)

가상 메모리 관리자는 2개의 데이터 구조체를 사용한다. 하나는 그림 12.3에 보이는 항목 형식을 가진 페이지 테이블이고, 다른 하나는 가용 프레임 리스트이다. 페이지 테이블 항목의 *ref info*와 *modified* 필드는 일반적으로 페이징 하드웨어가 설정한다. 나머지 필드는 가상 메모리 관리자가 설정한다. 표 12.4는 가상 메모리 관리자의 기능을 요약하고 있다. 이 절에서는 처음 네 가지 기능들에 대해 설명하고, 다른 기능들은(페이지 교체, 프로세스를 위한 메모리 할당, 페이지 공유의 구현) 다음에 나오는 몇 개의 절에서 설명한다.

표 12.4 가상 메모리 관리자의 기능들

기능	설명
논리 주소 공간의 관리	프로세스의 스왑 공간을 설정한다. 페이지-인과 페이지-아웃 연산을 사용하여 메모리에 프로세스의 논리 주소 공간을 구성하고 프로세스의 페이지 테이블을 관리한다.
메모리 관리	메모리에서 사용 중인 페이지 프레임들과 가용 페이지 프레임들을 관리한다.
메모리 보호의 구현	메모리 보호를 위해 필요한 정보를 유지한다.
페이지 참조 정보의 수집	페이징 하드웨어는 페이지 참조에 관한 정보를 제공한다. 이 정보는 페이지 교체 알고리즘이 사용하도록 적절한 데이터 구조체에 관리한다.
페이지 교체 수행	페이지 부재가 발생했을 때 메모리의 모든 페이지 프레임이 사용되었거나 프로세스에 할당된 모든 페이지 프레임이 사용되었다면 페이지 교체를 수행한다.
물리 메모리의 할당	한 프로세스에 할당할 메모리 양을 결정하고, 프로세스와 운영체제의 요구를 충족시키기 위해 이 결정을 때때로 교정한다.
페이지 공유의 구현	프로세스들이 페이지를 공유하도록 한다.

프로세스의 논리 주소 공간의 관리 가상 메모리 관리자는 아래의 기능들을 사용하여 프로세스의 논리 주소 공간을 관리한다.

1. 프로세스의 스왑 공간에 프로세스 명령어와 데이터 사본 구성하기
2. 페이지 테이블 관리하기
3 페이지-인과 페이지-아웃 연산 수행하기
4. 프로세스 시작하기

12.2절에서 설명한 것처럼, 프로세스의 전체 논리 주소 공간의 사본은 프로세스의 스왑 공간에 유지된다. 페이지의 참조가 페이지 부재를 일으키면, 페이지는 페이지-인 연산을 사용하여 스왑 공간으로부터 적재된다. 더티 페이지가 메모리에서 제거되어야 할 때, 이 페이지를 메모리에서 스왑 공간의 디스크 블록으로 복사하는 페이지-아웃 연산을 수행한다. 따라서 페이지가 메모리에 없거나 혹은 메모리에 있지만 적재된 이후에 수정되지 않았다면 스왑 공간에 있는 페이지 사본은 최신 것이다. 다른 페이지들은 스왑 공간에 있는 사본이 이전 것이고 메모리에 있는 사본이 최신 것이다.

스왑 공간 관리에서의 한 가지 문제는 한 프로세스의 스왑 공간 크기이다. 대부분 가상 메모리의 구현에서는 프로세스 실행 동안에 논리 주소 공간이 동적으로 커지는 것을 허용한다. 이것은 여러 가지 이유에 의해 발생한다. 스택 또는 PCD 데이터 영역의 크

기가 커지거나(11.4.2절 참고), 프로세스가 추가의 모듈을 동적으로 링크하거나, 파일의 메모리 매핑을 수행할 수 있다. 주소 공간이 동적으로 커지는 것을 다루기 위한 한가지 방법은 스왑 공간을 동적이고 비연속적으로 할당하는 것이다. 그러나 이 방법은 프로세스의 실행 중에 가상 메모리 관리자가 스왑 공간을 다 써버리는 문제가 발생할 수 있다.

프로세스를 시작시키기 위해서 프로세스의 첫 번째 명령어 주소인 **시작 주소**(*start address*)를 가진 페이지만 메모리에 적재하면 된다. 다른 페이지들은 필요할 때 적재하면 된다. 페이지 테이블과 페이지-인, 페이지-아웃 연산은 12.2절에서 자세히 설명하였다.

메모리의 관리 항상 가용 프레임 리스트를 유지한다. 새 페이지를 적재할 때 한 페이지 프레임이 가용 리스트에서 빠지고, 페이지-아웃 연산이 수행되었을 때 한 프레임이 리스트에 더해진다. 한 프로세스에 할당된 모든 페이지 프레임은 그 프로세스가 종료되었을 때 가용 리스트에 더해진다.

보호 프로세스가 만들어지는 동안 가상 메모리 관리자는 프로세스의 페이지 테이블을 구성하고, 페이지 테이블의 시작 주소와 크기 정보를 프로세스의 PCB에 기록한다. 가상 메모리 관리자는 페이지에 대해 그 페이지 테이블 항목의 *prot info* 필드에 프로세스의 접근 권한을 기록한다. 프로세스를 실행시키려고 할 때 커널은 프로세스의 페이지 테이블 시작 주소와 크기를 MMU의 레지스터에 적재한다. 논리 주소 (p_i, b_i)의 변환 도중에 MMU는 페이지 p_i의 항목이 페이지 테이블에 있고 *prot info* 필드에 적절한 접근 권한이 기록되어 있는지를 확인한다.

페이지 교체를 위한 정보 수집 어떤 페이지의 페이지 테이블 항목의 *ref info* 필드는 그 페이지가 마지막으로 참조된 때가 언제인지를 나타내고, *modified* 필드는 그 페이지가 메모리에 적재된 이후에 수정이 되었는지를 나타낸다. 페이지 참조 정보는 페이지가 메모리에 있을 때만 유용하다. 이 정보는 페이지에 대해 다음 번 페이지-인 연산이 수행될 때 초기화된다. 대부분의 컴퓨터는 페이지 참조 정보를 수집하기 위해 *ref info* 필드에 하나의 비트를 제공한다. 페이지 교체를 위한 가장 좋은 후보를 선택하기에 이 정보가 충분하지는 않다. 따라서 가상 메모리 관리자는 이 정보를 저장하기 위해 사용되는 비트를 주기적으로 리셋할 수 있다. 이 내용은 12.4.1절에서 설명하겠다.

예제 12.4 페이지 교체

컴퓨터의 메모리는 8개의 페이지 프레임으로 구성된다. 프로세스 P_1은 번호가 0부터 4까지인 5개의 페이지로 구성된다. 현재 페이지 1, 2, 3만 메모리에 있다. 이들은 각각 페이지 프레임 2, 7, 4에 적재되어 있다. 남은 페이지 프레임은 다른 프로세스들에 할당되어 있고, 시스템의 가용 페이지 프레임은 없다.

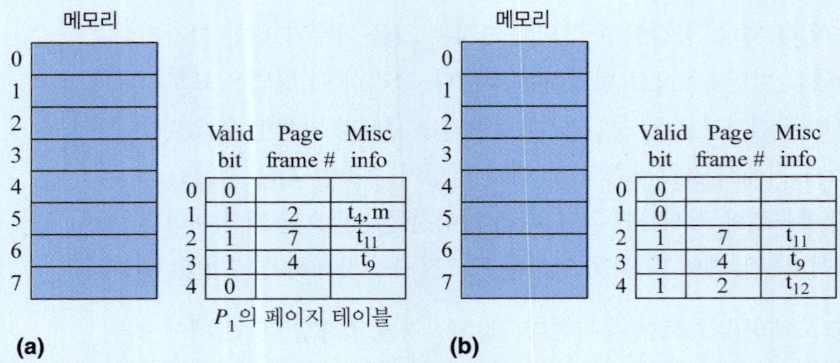

그림 12.13 가상 메모리 관리자의 데이터 구조 (a) 페이지 교체 이전 (b) 페이지 교체 이후

그림 12.13(a)는 시간 t_{11}에서 조금 지난 t_{11}^{+}일 때의 시스템 상황을 보여주고 있다. 프로세스 P_1이 실행되어 왔기 때문에 그림에서 P_1의 페이지 테이블만 보여주고 있다. *misc info* 필드에 *ref info*와 *modified* 필드의 내용이 보인다. 페이지 1, 2, 3은 각각 시간 t_4, t_{11}, t_9에 마지막으로 참조되었다. 페이지 1은 적재된 이후에 수정되었다. 따라서 이 페이지 테이블 항목의 *misc info* 필드는 t_4, m을 포함하고 있다.

시간 t_{12}일 때, 프로세스 P_1은 페이지 4에 대해 페이지 부재를 일으켰다. 메모리의 모든 페이지 프레임이 사용 중이므로 가상 메모리 관리자는 프로세스의 페이지 1을 교체하기로 결정하였다. 페이지 1의 페이지 테이블 항목의 *misc info* 필드에 있는 m 표시는 이 페이지가 적재된 후 수정되었음을 나타낸다. 따라서 페이지-아웃 연산이 필요하다. 페이지 1의 페이지 테이블 항목의 *page frame #* 필드는 페이지가 페이지 프레임 2에 존재함을 나타낸다. 가상 메모리 관리자는 페이지 프레임 2의 내용을 P_1의 페이지 1을 위해 예약된 스왑 영역에 쓰기 위해 페이지-아웃 연산을 수행한다. 그리고 페이지 1이 메모리에 없음을 나타내기 위해 페이지 1의 페이지 테이블 항목의 *valid* 비트를 수정한다. 이제 P_1의 페이지 4를 위해 페이지-인 연산을 시작한다. 이 연산이 끝났을 때, 페이지 4가 페이지 프레임 2에 있음을 나타내기 위해 페이지 4의 페이지 테이블 항목을 수정한다. P_1의 실행을 다시 시작한다. 이제 P_1은 페이지 4를 참조하게 된다. 따라서 페이지 4의 페이지 참조 정보는 페이지가 t_{12}에 마지막으로 참조되었음을 나타낸다. 그림 12.13(b)는 시간 t_{12}^{+}일 때 P_1의 페이지 테이블을 보여준다.

12.3.1 가상 메모리 관리자의 연산에 대한 개요 (Overview of Operation of the Virtual Memory Manager)

가상 메모리 관리자는 실행 도중 두 가지 중요한 결정을 한다.

- 프로세스 $proc_i$의 실행 도중 페이지 부재가 발생하면 어떤 페이지를 교체할지를 결정한다.
- 각 프로세스에 할당할 메모리 양(즉, 페이지 프레임의 개수)을 주기적으로 결정한다.

다음 절에서 설명하겠지만, 이 결정들은 서로 독립적으로 수행된다. 페이지 부재가 발생했을 때 프로세스에 할당된 모든 페이지 프레임이 사용 중이라면 가상 메모리 관리자는 단순히 같은 프로세스의 한 페이지를 교체한다. 어떤 프로세스에 할당되는 메모리

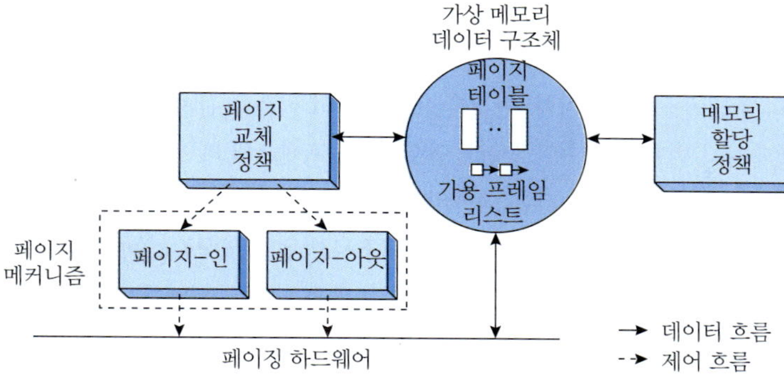

그림 12.14 가상 메모리 관리자의 모듈

를 늘리거나 줄이기로 결정했을 때, 가상 메모리 관리자는 단순히 각 프로세스에 할당되어야 할 페이지 프레임 수를 새로 명시하면 된다.

그림 12.14는 가상 메모리 관리자의 정책과 메커니즘 모듈을 보여주고 있다. 페이지 교체 정책은 가상 메모리 관리자의 데이터 구조체에 있는 페이지 참조 정보를 사용하고, 자신의 결정을 반영하기 위해 페이지 테이블을 수정한다. 메커니즘은 페이지-인과 페이지-아웃 연산을 사용하여 구현된다. 페이지-인과 페이지-아웃 메커니즘은 이 기능들을 구현하기 위해 페이징 하드웨어와 상호작용한다. 페이징 하드웨어는 가상 메모리 관리자의 테이블에 있는 페이지 참조 정보를 변경한다. 메모리 할당 정책은 각 프로세스에 할당된 메모리를 변경할지와 어떻게 변경할지를 주기적으로 결정하기 위해서 페이지 테이블의 정보와 가용 프레임 리스트를 사용한다. 각 프로세스에 할당된 메모리를 나타내기 위해서 다음 표기를 사용하겠다.

$alloc_i$ 프로세스 $proc_i$에 할당된 페이지 프레임의 수

오직 한 프로세스만 있을 때에는 $alloc_i$에서 아래 첨자를 생략한다.

12.4 페이지 교체 정책(PAGE REPLACEMENT POLICIES)

12.2.1.1절에서 설명한 것처럼, 페이지 교체 정책은 가까운 미래에 참조될 것 같지 않은 페이지를 교체해야만 한다. 다음 세 가지 페이지 교체 정책이 이 요구사항을 얼마나 만족시키는지를 평가해 본다.

- 최적(optimal) 페이지 교체 정책
- 선입 선출(first-in, first-out: FIFO) 페이지 교체 정책
- 가장 최근에 참조되지 않은(least recently used: LRU) 페이지 교체 정책

페이지 교체 정책을 분석하기 위해 **페이지 참조 열**(*page reference string*) 개념을 사용한다. 한 프로세스의 페이지 참조 열은 프로세스 실행 동안에 프로세스에 의해 접근된 페이지들의 트레이스(trace)이다. 이것은 프로세스의 실행을 감시하여 발생되는 논리 주소에 나타난 페이지 번호들의 순열을 만들면 된다. 프로세스의 페이지 참조 열은 프로세스에 입력된 데이터에 좌우되므로, 다른 데이터를 사용하면 다른 페이지 참조 열이 만들어진다.

편리성을 위해서 각 페이지 참조 열을 **참조시간 열**(*reference time string*) $t_1, t_2, t_3, \ldots$와 연관시킨다. 즉, 페이지 참조 열의 k 번째 페이지 참조는 시간 t_k에 발생된 것으로 가정한다. (사실상 프로세스가 실행 상태일 때에만 나아가는 논리 시계를 가정하는 것으로, 프로세스가 논리 주소를 참조할 때만 나아간다.) 예제 12.5는 프로세스의 페이지 참조 열과 연관된 참조시간 열을 보여주고 있다.

예제 12.5 페이지 참조 열

어떤 컴퓨터가 길이가 4바이트인 명령어를 지원하고 크기가 4 KB인 페이지를 사용한다. 이 컴퓨터가 다음과 같은 프로그램을 실행하는데, 심볼 A와 B가 각각 페이지 2와 5에 있다.

```
        START  2040
        READ   B
LOOP    MOVER  AREG, A
        SUB    AREG, B
        BC     LT, LOOP
        ...
        STOP
A       DS     2500
B       DS     1
        END
```

프로세스의 페이지 참조 열과 참조시간 열은 다음과 같다.

페이지 참조 열	1, 5, 1, 2, 2, 5, 2, 1, . . .
참조시간 열	$t_1, t_2, t_3, t_4, t_5, t_6, t_7, t_8, \ldots$

첫 번째 명령어의 논리 주소는 2040이므로, 이것은 페이지 1에 있다. 따라서 페이지 참조 열의 첫 번째 페이지 참조는 1이다. 이 참조는 시간 t_1에 발생하였다. 명령어의 피연산자인 B는 페이지 5에 있으므로 참조 열의 두 번째 페이지 참조는 5, 연관 시간은 t_2이다. 다음 명령어는 페이지 1에 있고 페이지 2에 있는 A를 참조한다. 따라서 다음 2개의 페이지 참조는 페이지 1과 2이다. 다음 두 명령어는 페이지 2에 있고 라벨 LOOP에 있는 명령어는 페이지 1에 있다. 그러므로 만약 READ 문에 입력된 B의 값이 A의 값보다 크다면 다음 4개의 페이지 참조는 페이지 2, 5, 2, 1이 된다. 그렇지 않다면 다음 4개의 페이지 참조는 페이지 2, 5, 2, 2가 된다.

최적 페이지 교체 최적(*optimal*)의 의미는 한 프로세스의 실행 동안에 발생하는 페이지 부재의 총 수가 가능한 최소가 되도록 페이지 교체를 결정한다는 것이다. 즉, 다른 어떤 페이지 교체 정책도 더 적은 수의 페이지 부재를 발생할 수 없다. 최적 페이지 교체를 달성하려면, 페이지 교체 정책은 모든 페이지 부재마다 모든 가능한 페이지 교체 결정을 검토하고 미래의 페이지 부재를 분석하여 가장 좋은 결정을 선택해야 한다. 물론 현실에서 그런 정책은 실현이 어렵다. 왜냐하면 가상 메모리 관리자는 프로세스의 미래 동작에 대한 지식을 갖고 있지 않기 때문이다. 그러나 이 정책은 다른 페이지 교체 정책의 성능을 비교하는 데 유용한 분석 도구를 제공한다.

최적 페이지 교체가 과도한 분석을 요구하는 것 같지만, Belady(1966)는 이 교체 방법이 다음과 같은 간단한 규칙과 동일함을 보였다. 즉, 페이지 부재가 발생할 때 페이지 참조 열에서 다음 참조가 가장 멀리 떨어진 페이지를 교체한다는 것이다.

FIFO 페이지 교체 FIFO 페이지 교체 정책은 페이지 부재가 발생하면 가장 먼저 메모리에 적재된 페이지를 교체한다. FIFO 페이지 교체의 구현을 위해서 가상 메모리 관리자는 페이지가 적재된 시간을 그 페이지의 페이지 테이블 항목의 *ref info* 필드에 기록한다. 페이지 부재가 발생하면 이 정보를 사용하여 프로세스의 페이지 중 가장 먼저 적재된 페이지인 $p_{earliest}$를 결정한다. 이 페이지는 페이지 부재를 일으킨 페이지와 교체될 것이다.

LRU 페이지 교체 LRU 정책은 교체 결정의 토대로서 참조의 지역성 법칙을 사용한다. LRU 정책은 페이지 부재가 발생하면 가장 최근에 사용되지 않은 페이지를 요구된 페이지와 교체한다. 페이지의 페이지 테이블 항목은 페이지가 마지막에 참조된 시간을 기록한다. 이 정보는 페이지가 적재될 때 초기화되고 페이지가 참조될 때마다 변경된다. 페이지 부재가 발생하면 이 정보를 사용하여 마지막 참조가 다른 모든 페이지보다 빠른 페이지인 P_{LRU}를 결정한다. 이 페이지는 페이지 부재를 일으킨 페이지와 교체될 것이다.

페이지 교체 정책의 분석 예제 12.6은 최적, FIFO, LRU 페이지 교체 정책의 동작을 설명한다.

예제 12.6 페이지 교체 정책의 동작

어떤 프로세스 P의 페이지 참조 열과 참조시간 열이 다음과 같다.

페이지 참조 열	0, 1, 0, 2, 0, 1, 2, . . .	(12.4)
참조시간 열	$t_1, t_2, t_3, t_4, t_5, t_6, t_7, \ldots$	(12.5)

그림 12.15는 $alloc = 2$일 때 이 페이지 참조 열에 대한 최적, FIFO, LRU 페이지 교체 정책의 동작을 보여준다. 편의를 위해, 페이지 테이블의 *valid bit*와 *ref info* 두 필드만 보여주고 있다. 시간 t_0에서 t_3까지 기간에 페이지 0

시간	페이지 참조	최적 Valid bit	최적 Ref info	최적 교체	FIFO Valid bit	FIFO Ref info	FIFO 교체	LRU Valid bit	LRU Ref info	LRU 교체
t_1	0	0: 1 1: 0 2: 0		–	0: 1 1: 0 2: 0	t_1 	–	0: 1 1: 0 2: 0	t_1 	–
t_2	1	0: 1 1: 1 2: 0		–	0: 1 1: 1 2: 0	t_1 t_2 	–	0: 1 1: 1 2: 0	t_1 t_2 	–
t_3	0	0: 1 1: 1 2: 0		–	0: 1 1: 1 2: 0	t_1 t_2 	–	0: 1 1: 1 2: 0	t_1 t_2 	–
t_4	2	0: 1 1: 0 2: 1		1을 2로 교체	0: 0 1: 1 2: 1	 t_2 t_4	0을 2로 교체	0: 1 1: 0 2: 1	t_3 t_4	1을 2로 교체
t_5	0	0: 1 1: 0 2: 1		–	0: 1 1: 0 2: 1	t_5 t_4	1을 0으로 교체	0: 1 1: 0 2: 1	t_5 t_4	–
t_6	1	0: 0 1: 1 2: 1		0을 1로 교체	0: 1 1: 1 2: 0	t_5 t_6 	2를 1로 교체	0: 1 1: 1 2: 0	t_5 t_6 	2를 1로 교체
t_7	2	0: 0 1: 1 2: 1		–	0: 0 1: 1 2: 1	 t_6 t_7	0을 2로 교체	0: 0 1: 1 2: 1	 t_6 t_7	0을 2로 교체

그림 12.15 *alloc* = 2일 때 페이지 교체 정책들의 비교

과 1, 오직 두 페이지만 참조되었다. *alloc* = 2이기 때문에 이 두 페이지 모두 동시에 메모리에 적재될 수 있다. 시간 t_4는 처음으로 페이지 부재로 인해 페이지 교체가 발생된 시간이다.

왼쪽 행은 최적 페이지 교체를 보여준다. 페이지 참조 정보가 필요하지 않기 때문에 페이지 테이블에서 페이지 참조 정보는 보이지 않는다. 페이지 부재가 시간 t_4에서 발생했을 때 페이지 1이 교체된다. 왜냐하면 페이지 참조 열에서 페이지 1의 다음 참조가 페이지 0의 다음 참조보다 멀리 떨어져 있기 때문이다. 시간 t_6에서 페이지 1은 페이지 0을 교체한다. 왜냐하면 페이지 0의 다음 참조가 페이지 2의 다음 참조보다 멀리 떨어져 있기 때문이다.

그림 12.15의 중간 행은 FIFO 교체 정책을 보여준다. 시간 t_4에서 페이지 부재가 발생했을 때 페이지 0이 페이지 2에 의해 교체된다. 왜냐하면 *ref info* 필드를 보면 페이지 0이 페이지 1보다 먼저 적재되었기 때문이다.

그림 12.15의 마지막 행은 LRU 교체 정책을 보여준다. 페이지 테이블의 *ref info* 필드는 페이지가 마지막으로 참조된 시간을 나타낸다. 시간 t_4에서 페이지 1이 페이지 2에 의해 교체된다. 왜냐하면 페이지 1의 마지막 참조가 페이지 0의 마지막 참조보다 빠르기 때문이다.

최적, FIFO, LRU 정책에서 발생하는 총 페이지 부재 횟수는 각각 4, 6, 5이다. 정의에 의해 최적 페이지 교체 정책보다 적은 페이지 부재를 일으키는 정책은 없다.

예제 12.6의 시간 t_4에서 FIFO 정책은 페이지 0을 제거하지만 LRU는 그렇게 하지 않는다. 왜냐하면 페이지 0이 페이지 1보다 늦게 참조되었기 때문이다. 결국 LRU 교체 정책이 FIFO보다 결과가 좋다. 페이지 0이 페이지 1보다 더 최근에 참조되었기 때문에, 페이지 0이 페이지 1보다 다시 참조될 확률이 높음을 의미하는 참조의 지역성 법칙에서는 이러한 결정이 좋다. 실제로 페이지 0이 시간 t_4 이후에 페이지 1보다 일찍 참조되고 있어서 LRU 정책의 성능이 더 좋다. 그러나 페이지 참조 열의 참조들이 참조의 지역성 법칙을 따르지 않는다면 LRU 정책이 FIFO 정책보다 좋지 않을 수 있다. 예를 들어, $alloc = 3$의 경우 페이지 참조 열이 0, 1, 2, 3, 0, 1, 2, 3이라면 LRU와 FIFO 정책의 성능은 같다. 페이지 참조 열이 0, 1, 2, 0, 3, 1이라면 LRU 정책이 FIFO 정책보다 좋지 않다. 그러나 이런 상황은 자주 발생하지 않는다.

그림 12.6의 바람직한 페이지 부재 특성을 달성하려면 페이지 교체 정책이 스택 속성(*stack property*) (또는 *inclusion property*)을 가져야 한다. 스택 속성은 다음 표기를 사용하여 정의된다.

$\{p_i\}_n^k$	$alloc_i = n$일 때 시간 t_k^+에서 프로세스 $proc_i$의 실행으로 인해 메모리에 적재되어 있는 페이지들의 집합(t_k^+는 시간 t_k와 t_{k+1} 사이의 시간을 의미함)

|정의 12.3| 스택 속성(Stack Property): 페이지 교체 정책이 다음 조건을 만족하면 스택 속성을 갖는다.

$$\{p_i\}_n^k \subseteq \{p_i\}_m^k \quad n < m\text{인 모든 } n\text{과 } m\text{에 대해서}$$

그림 12.16은 한 페이지 교체 정책에서 n의 여러 가지 값에 대해 $\{p_i\}_n^k$를 보여준다. $n = 1, \ldots, 4$일 때 $\{p_i\}_n^k \subseteq \{p_i\}_{n+1}^k$이므로 이 알고리즘은 스택 속성을 갖는다.

스택 속성이 그림 12.6의 바람직한 페이지 부재 특성을 어떻게 만족시키는지를 이해하기 위해서, $alloc_i = n$일 때와 $alloc_i = m$ $(n < m)$일 때 프로세스 $proc_i$의 실행을 살펴본다. 만약 페이지 교체 정책이 스택 속성을 갖는다면, $proc_i$가 실행되는 어떤 시점에서 $alloc_i = n$일 때 메모리에 있는 모든 페이지는 $alloc_i = m$일 때도 메모리에 있어야

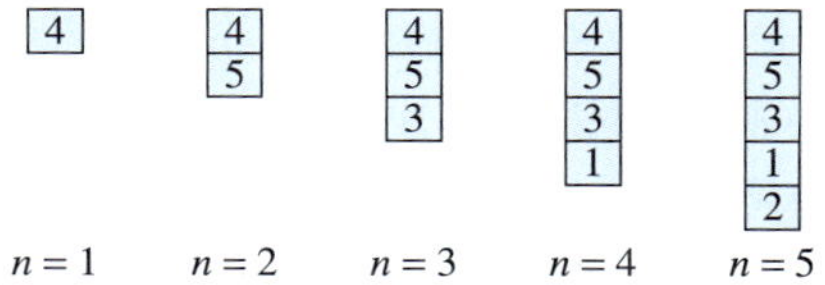

그림 12.16 스택 속성을 갖는 페이지 교체 정책에서 n에 따른 $\{p_i\}_n^k$

한다. 또한 프로세스의 $m - n$ 개의 다른 페이지가 메모리에 있어야 한다. 이 페이지들이 $proc_i$의 다음 몇 개 페이지 참조에 의해 접근된다면 $alloc_i = n$일 때 페이지 부재가 발생하지만, $alloc_i = m$일 때는 발생하지 않는다. 따라서 $alloc_i = n$일 때가 $alloc_i = m$일 때보다 페이지 부재율이 높다. 이는 그림 12.6의 페이지 부재 특성을 만족한다. 만약 $m - n$ 개의 페이지가 다음 몇 개의 페이지 참조에 의해 접근되지 않는다면 두 경우의 페이지 부재율은 동일할 것이다. 그러나 프로세스의 메모리 할당을 늘렸을 때 어떤 경우도 페이지 부재율은 증가하지 않는다. 페이지 교체 정책이 스택 속성을 갖지 않는다면 $\{p_i\}_m^k$은 $\{p_i\}_n^k$에 포함되어 있는 어떤 페이지들을 포함하지 않을 수 있다. 이 페이지들에 대한 참조는 페이지 부재를 일으킬 것이다. 따라서 프로세스의 메모리 할당을 늘렸을 때 페이지 부재율이 증가할 수 있다.

예제 12.7은 FIFO 페이지 교체 정책이 스택 속성을 갖지 않음을 보여준다. LRU 교체 정책이 스택 속성을 갖고 있음을 증명해 보기 바란다(연습문제 12.9 참고).

예제 12.7 FIFO 페이지 교체의 문제점

다음은 어떤 프로세스의 페이지 참조 열과 참조시간 열이다.

페이지 참조 열 5, 4, 3, 2, 1, 4, 3, 5, 4, 3, 2, 1, 5, . . . (12.6)

참조시간 열 $t_1, t_2, t_3, t_4, t_5, t_6, t_7, t_8, t_9, t_{10}, t_{11}, t_{12}, t_{13}, . . .$ (12.7)

그림 12.17은 이 페이지 참조 열에 대한 FIFO와 LRU 페이지 교체 정책의 동작을 보여준다. 페이지 부재를 일으키고 페이지 교체가 수행된 페이지 참조는 *로 표시하였다. 사각형의 행은 시간과 연관되어 있다. 각 사각형은 하나의 페이지 프레임이다. 그 안의 숫자는 행 아래에 표시된 메모리 참조의 실행 후에 적재된 페이지를 나타낸다.

FIFO 페이지 교체의 경우, $\{p_i\}_4^{12} = \{2, 1, 4, 3\}$이고 $\{p_i\}_3^{12} = \{1, 5, 2\}$이다. 따라서 FIFO 페이지 교체는 스택 속성을 갖지 않는다. 그 결과 $alloc_i = 4$일 때 시간 t_{13}에서 페이지 부재가 발생하지만, $alloc_i = 3$일 때는 발생하지 않는다. $alloc_i = 4$일 때 시간 13에서 10번의 페이지 부재가 발생하였지만, $alloc_i = 3$일 때는 9번이 발생하였다. LRU의 경우, 모든 시간에서 $\{p_i\}_3 \subseteq \{p_i\}_4$가 성립한다.

그림 12.18은 페이지 참조 열 (12.6)에 대해서 FIFO와 LRU 페이지 교체의 페이지 부재 특성을 보여준다. 간단함을 위하여, 수직 축은 페이지 부재율이 아니라 페이지 부재 수를 보여준다. 그림 12.18(a)는 FIFO 페이지 교체의 변칙 현상을 보여준다. 즉, 프로세스의 메모리 할당이 늘어났을 때 페이지 부재 수가 증가한다. 이러한 변칙 현상을 Belady가 처음 발견했기 때문에 Belady의 모순(anomaly)이라고 불린다.

프로세스의 메모리 할당을 증가시켰을 때 프로세스의 페이지 부재율이 증가할 수 있기 때문에 가상 메모리 관리자는 FIFO 페이지 교체를 사용할 수 없다. 이 성질은 스래싱 문제의 해결을 어렵게 만든다. 그러나 LRU 교체 정책을 사용한다면 페이지 부재

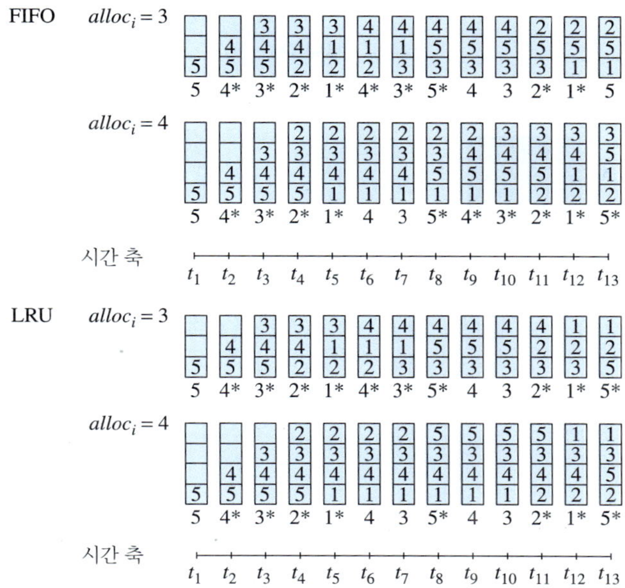

그림 12.17 FIFO와 LRU 페이지 교체의 성능

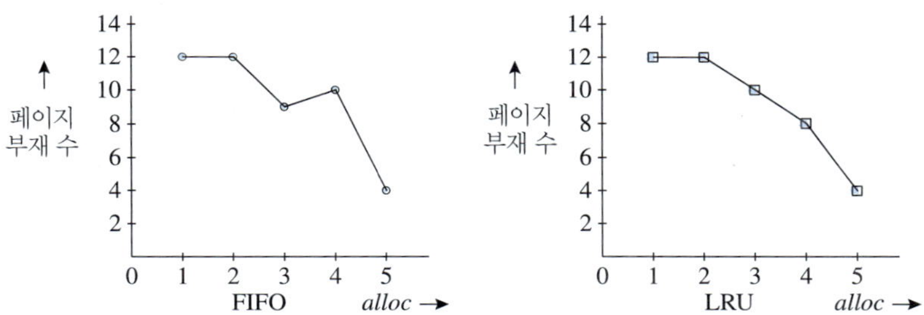

그림 12.18 (a) FIFO 페이지 교체에서 Belady의 모순 (b) LRU 페이지 교체에서 페이지 부재 특성

수는 *alloc*의 감소 함수이다. 따라서 각 프로세스의 *alloc* 값을 증가시켜 스래싱을 해결할 수 있다.

12.4.1 실제 페이지 교체 정책들(Practical Page Replacement Policies)

그림 12.19는 실제 가상 메모리 관리자의 구조적 다이어그램을 보여준다. 가상 기억 관리자는 가용 프레임 리스트를 유지하고 항상 이 리스트에 약간의 페이지 프레임을 유지하려고 노력한다. 가상 메모리 관리자는 2개의 데몬 스레드로 구성된다. 가용 프레임 관리자(*free frame manager*)라는 스레드는 가용 페이지 프레임의 수가 가상 메모리 관리자가 정의한 임계값보다 적어지면 실행된다. 가용 프레임 관리자는 가용으로 될 수 있

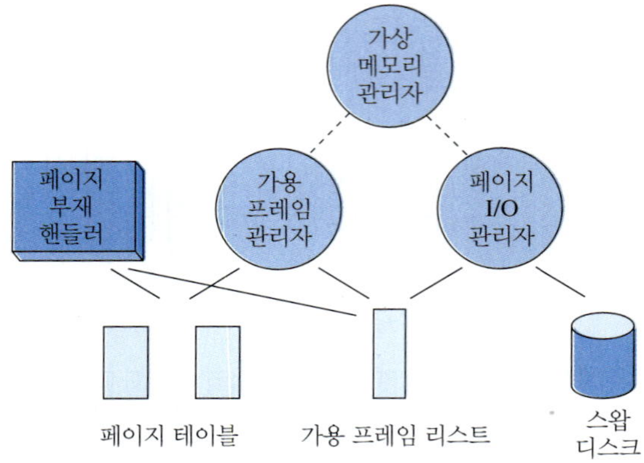

그림 12.19 페이지 교체의 실제

는 약간의 페이지를 찾기 위해 메모리의 페이지들을 스캔하고, 이 페이지들이 있는 페이지 프레임을 가용 프레임 리스트에 추가한다. 만약 새로 추가된 페이지 프레임의 페이지가 더티라면, 이 페이지 프레임을 *dirty*로 표시한다. 또한 이 페이지가 속한 프로세스의 페이지 테이블에서 이 페이지의 *valid* 비트를 리셋한다. 가용 페이지 프레임의 수가 가상 메모리 관리자에 의해 정의된 다른 임계값보다 많아지면 가용 프레임 관리자는 스스로 잠든다. **페이지 *I/O* 관리자**(*page I/O manager*)라는 스레드는 가용 프레임 리스트에 있는 더티 페이지 프레임에 대해 페이지-아웃 연산을 수행한다. 페이지-아웃 연산이 끝나면 페이지 프레임의 *dirty* 비트를 리셋한다.

페이지 부재 핸들러는 커널의 이벤트 핸들러로서 수행된다. 이 핸들러는 페이지 부재가 발생하면 수행된다. 먼저 가용 프레임 리스트의 페이지 프레임 중에서 요구된 페이지가 있는지를 검사한다. 만약 있다면, 이 페이지를 간단히 가용 프레임 리스트에서 제거하여 재활용한다. 이때 프로세스의 페이지 테이블에서 페이지의 *valid* 비트를 설정하고 페이지 프레임의 *dirty* 비트 값을 페이지의 *modified* 비트로 복사한다. 이 경우에는 요구된 페이지를 사용하기 위해 페이지-인 연산을 수행할 필요가 없다. 만약 요구된 페이지가 어떤 페이지 프레임에도 없다면, 핸들러는 가용 프레임 리스트에서 깨끗한 페이지 프레임을 구하고 여기에 페이지-인 연산을 시작시킨다.

페이지 교체 정책은 가상 메모리 관리자의 가용 프레임 관리자로 효과적으로 구현된다. 그러나 페이지 교체가 마치 가상 메모리 관리자가 직접 수행하는 것처럼 수행되는 방식은 뒤에서 설명할 것이다. LRU 페이지 교체 정책이 스택 속성을 갖기 때문에 가상 메모리 관리자의 구현 시에 이 정책을 선택해야 한다. 그러나 *ref info* 필드에 마지막 참조시간을 저장할 만큼 충분한 비트를 컴퓨터가 제공하지 않기 때문에 LRU 페이지 교체는 구현이 어렵다. 대부분 컴퓨터들은 페이지에 대한 참조 정보를 모으기 위한 하나의 참조 비트를 제공한다. 따라서 페이지 교체 정책은 참조 비트만 사용해서 구현되어야 한다. 이런 요구사항 때문에 최근에 **참조되지 않은**(*not recently used*: NRU) 정책이라 불리는 종류의 정책이 만들어졌다. 이 정책은 페이지가 최근에 참조되었는지를 결정하기 위해 참조 비트를 사용하고, 최근에 참조되지 않은 페이지를 교체한다.

간단한 NRU 정책은 다음과 같이 동작한다. 페이지가 처음 적재될 때 페이지의 참조 비트를 0으로 설정하고, 페이지가 참조될 때 1로 설정한다. 페이지 교체가 필요해졌을 때 모든 페이지의 참조 비트가 1이라면, 모든 페이지의 비트를 0으로 리셋하고 페이지 중 하나를 교체하기 위해 임의로 선택한다. 만약 참조 비트가 0인 페이지가 있다면 이 페이지를 교체한다. 미래의 페이지 교체는 참조 비트가 리셋된 이후에 참조된 페이지에 달려 있다. **시계 알고리즘**(*clock algorithm*)으로 불리는 페이지 교체 알고리즘은 모든 페이지의 참조 비트가 1이 되었을 때 이들을 리셋하는 대신에 주기적으로 참조 비트를 리셋하여 페이지의 구별을 보다 더 잘할 수 있다. 예를 들어 "과거 100개 명령어 이내"의 가까운 과거에 페이지가 참조되었는지를 알 수 있게 된다.

시계 알고리즘(Clock Algorithms) 시계 알고리즘에서는 메모리에 있는 모든 프로세스의 페이지들이 원형 리스트(circular list)로 구성되고, 포인터들이 페이지들 사이를 반복하여 이동한다. 알고리즘의 이름은 포인터의 이동이 시계 바늘의 이동과 비슷하다는 점에서 유래되었다. 시계 알고리즘은 프로세스의 메모리 할당을 줄여야 할 때 한 프로세스 수준에 적용할 수도 있다. 이 경우 가상 메모리 관리자는 각 프로세스를 위해 별도의 페이지 리스트를 유지해야 하고, 시계 알고리즘은 메모리 할당이 줄어야 하는 프로세스의 리스트만 스캔하면 된다.

한 바늘 시계 알고리즘(*one-handed clock algorithm*)의 경우, 하나의 스캔 작업은 모든 페이지에 대해 2번의 패스로 수행된다. 첫 번째 패스에서 가상 메모리 관리자는 포인터가 가리키는 페이지의 참조 비트를 리셋한다. 두 번째 패스에서 관리자는 참조 비트가 여전히 리셋 상태인 모든 페이지를 찾아 이들을 가용 리스트에 추가한다. **두 바늘 시계 알고리즘**(*two-handed clock algorithm*)은 2개의 포인터를 둔다. *resetting pointer*(RP)라고 불리는 포인터는 참조 비트들을 리셋하는 데 사용된다. *examining pointer*(EP)라고 불리는 포인터는 참조 비트를 검사하는 데 사용된다. 두 포인터는 동시에 증가한다. EP가 가리키는 페이지 프레임의 참조 비트가 0이라면, 이 프레임은 가용 프레임 리스트에 추가된다. 예제 12.8은 두 바늘 시계 알고리즘의 동작을 설명한다.

예제 12.8 두 바늘 시계 알고리즘

그림 12.20은 두 바늘 시계 알고리즘의 동작을 설명하고 있다. 이 알고리즘은 그림 12.19의 가용 프레임 관리자에 의해 사용된다. 페이지에 ^{ref}가 표시된 것은 페이지의 참조 비트가 1로 설정된 것을 의미한다. 이 표시가 없는 것은 참조 비트가 0이다. 가용 프레임 관리자가 실행되면 EP가 가리키는 페이지 7을 검사한다[그림 12.20(a) 참고]. 이 페이지의 참조 비트가 1이므로 RP와 EP 모두 증가한다. 이때 RP가 가리키는 페이지 6의 참조 비트를 0으로 리셋한다. EP는 페이지 18의 참조 비트가 1이므로 이 페이지는 건너간다(RP도 페이지 2를 건너간다). 이제 페이지 9에 도착한다. 페이지 9의 참조 비트는 0이므로 메모리의 페이지 리스트에서 페이지 9를 제거하고 가용 프레임 리스트에 추가한다. RP와 EP는 이제 각각 페이지 6과 페이지 11을 가리킨다[그림 12.20(b) 참고].

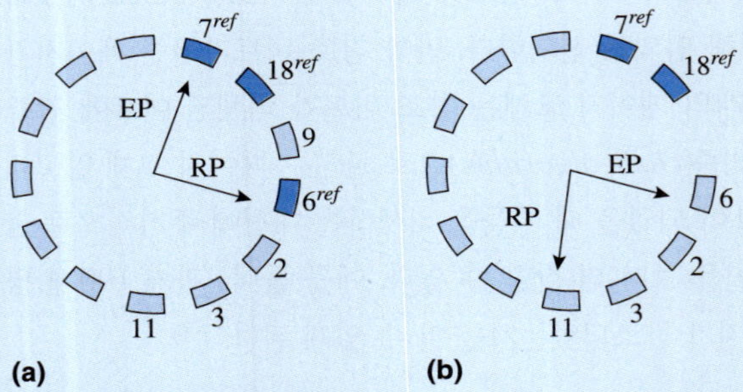

그림 12.20 두 바늘 시계 알고리즘의 연산

RP와 EP 포인터 간의 간격에 따라서 페이지 교체 알고리즘은 다른 성질이 된다. 만약 포인터들이 가깝다면 페이지의 참조 비트가 리셋되자마자 그 페이지는 바로 검사될 것이다. 따라서 최근에 사용된 페이지만 메모리에 남게 된다. 포인터들이 멀리 떨어져 있다면 오랫동안 사용되지 않은 페이지만 제거될 것이다.

12.5 프로세스의 메모리 할당 제어 (CONTROLLING MEMORY ALLOCATION TO A PROCESS)

프로세스에 과도한 메모리 할당을 했을 때 다중 프로그래밍 정도가 낮아져 시스템 성능에 어떻게 영향을 주는지를 12.2절에서 설명하였다. 또한 프로세스에 메모리를 부족하게 할당하면 높은 페이지 I/O, 낮은 CPU 효율, 프로세스 및 시스템의 낮은 성능이라는 특징을 갖는 스래싱이 발생한다는 사실에 대해서도 설명하였다. 그림 12.6에서 보았듯이 바람직한 운영 구역 내로 프로세스의 메모리 할당을 유지한다면, 프로세스에 대한 과도한 메모리 할당과 부족한 메모리 할당을 모두 피할 수 있다. 그러나 가상 메모리 관리자가 각 프로세스에 할당할 페이지 프레임의 정확한 개수, 즉 각 프로세스 *alloc*의 정확한 값을 어떻게 결정할지가 분명하지 않다.

한 프로세스의 메모리 할당을 제어하기 위해 두 기법이 사용되어 왔다.

- **고정 메모리 할당**(*fixed memory allocation*): 프로세스의 메모리 할당은 고정된다. 따라서 한 프로세스의 성능은 다른 프로세스와 독립적이다. 프로세스에 페이지 부재가 발생하면 프로세스의 페이지 중 하나가 교체된다. 이 방법을 **지역**(*local*) **페이지 교체**라고 한다.
- **가변 메모리 할당**(*variable memory allocation*): 프로세스의 메모리 할당은 두 가지 방법에 의해 달라질 수 있다. 페이지 부재가 발생하면 메모리에 있는 모든 프로세스의 모든 페이지가 교체 대상이 될 수 있다. 이 방법을 **전역**(*global*) **페이지 교체**라고 한다. 또 다른 방법으로, 가상 메모리 관리자는 프로세스의 지역성과 페이지 부재 성질에 근거하여 주기적으로 프로세스의 메모리 할당을 교정할 수 있다. 그러나 페이지 부재가 발생했을 때 지역 페이지 교체를 수행하지 않는다.

고정 메모리 할당의 경우, 메모리 할당의 결정은 정적으로 수행된다. 프로세스에 할당되는 메모리는 프로세스가 초기화될 때 어떤 기준에 의해 결정된다. 간단한 예를 들자면, 프로세스에 할당되는 메모리 양은 프로세스의 크기에 비례한 일부로서 결정될 수 있다. 페이지 교체는 항상 지역적으로 수행된다. 이 방법은 구현이 간단하고 페이지 교체 오버헤드가 크지 않다. 실행 중인 프로세스의 페이지만 페이지 교체 결정을 위해 검토된다. 그러나 이 방식은 정적 결정과 관련된 모든 문제점을 갖는다. 메모리의 과도한 할당 또는 부족한 할당으로 인해 프로세스 자신의 성능과 시스템 성능에 영향을 준다. 또한 시스템에 스래싱이 발생할 수 있다.

전역 페이지 교체를 사용하는 가변 메모리 할당의 경우, 현재 실행 중인 프로세스에 할당되는 메모리가 너무 커질 수 있다. 예를 들면, LRU 또는 NRU 페이지 교체 정책이 사용된다면 대부분 현재 실행 중인 프로세스가 아닌 다른 프로세스의 페이지를 교체할 것이다. 왜냐하면 교체되는 페이지의 마지막 참조가 현재 실행 중인 프로세스 페이지의 참조보다 앞서 있기 때문이다. 중지 상태인 프로세스의 메모리 할당은 줄어들고, 이 프로세스가 다시 스케줄되었을 때 높은 페이지 부재율을 초래할 것이다.

지역 페이지 교체를 사용하는 가변 메모리 할당의 경우, 프로세스의 정확한 *alloc* 값을 자주 결정한다. 이 방식이 실제로 어떻게 구현되는지 다음에 설명한다.

작업 집합 모델(Working Set Model) 작업 집합(*working set*) 개념은 프로세스의 좋은 성능을 위해 메모리에 프로세스의 페이지가 얼마나 많이 있어야 하며 어떤 페이지가 있어야 하는지를 결정하는 데 도움을 준다. 작업 집합 모델을 따르는 가상 메모리 관리자는 작업 집합 메모리 할당자를 사용한다고 말한다.

|정의 12.4| 작업 집합: 프로세스의 이전 Δ개 명령어에서 참조된 페이지 집합 (Δ는 시스템 파라미터)

이전 Δ개 명령어는 작업 집합 윈도우를 구성한다. 설명을 위해 다음 표기를 사용한다.

$WS_i(t, \Delta)$	윈도우 크기가 Δ일 때 시간 t에서 프로세스 $proc_i$의 작업 집합
$WSS_i(t, \Delta)$	작업 집합 $WS_i(t, \Delta)$의 크기. 즉, $WS_i(t, \Delta)$에 있는 페이지 수

한 페이지가 작업 집합 윈도우에서 한 번 이상 참조될 수 있으므로 $WSS_i(t, \Delta) \leq \Delta$가 성립한다. t와 Δ가 중요하지 않거나 문맥상 분명할 때는 (t, Δ)를 생략하겠다.

메모리에 프로세스의 완전한 작업 집합을 가질 수 없다면 작업 집합 메모리 할당자는 프로세스를 일시 중지한다. 따라서 어느 시점 t에서 프로세스 $proc_i$는 메모리에 WS_i를 가져서 $alloc_i = WSS_i$이거나 또는 $alloc_i = 0$이다. 이 전략은 참조의 지역성 법칙에 의해 메모리의 높은 적중률을 보장하는 데 도움을 준다. 이것은 또한 프로세스에 부족한 메모리를 할당하는 것을 방지하여 스래싱을 예방한다.

작업 집합 메모리 할당자는 프로세스들의 작업 집합 크기 변화에 따라 다중 프로그래밍의 정도(degree)를 변경해야 한다. 예를 들어, $\{proc_k\}$가 메모리에서 프로세스의 집합이고 다음 조건이 만족되면 다중 프로그래밍의 정도는 감소되어야 한다.

$$\Sigma_k WSS_k > \#frames$$

여기에서 $\#frames$는 메모리에 있는 페이지 프레임의 개수이다. 작업 집합 메모리 할당자는 $\Sigma_k WSS_k \leq \#frames$가 될 때까지 메모리에서 약간의 프로세스를 제거한다. 만약 $\Sigma_k WSS_k < \#frames$이고 어떤 프로세스 $proc_g$가 존재하여,

$$WSS_g \leq (\#frames - \Sigma_k WSS_k)$$

의 조건을 만족한다면 다중 프로그래밍의 정도는 증가되어야 한다. $proc_g$는 이제 WSS_g 페이지 프레임을 할당받았고 다시 실행되어야 한다.

다중 프로그래밍 정도의 변화는 다음과 같이 구현된다. 가상 메모리 관리자는 각 프로세스마다 $alloc_i$와 WSS_i의 두 정보를 관리한다. 다중 프로그래밍의 정도가 감소되어야만 할 때, 가상 메모리 관리자는 일시 중지할 프로세스를 선택한다. 선택된 프로세스를 $proc_i$라 하자. 이제 관리자는 $proc_i$의 각 수정된 페이지를 페이지-아웃하고, 페이지에 할당된 모든 페이지 프레임의 상태를 가용으로 변경한다. $alloc_i$는 0으로 설정된다. 그러나 WSS_i의 값은 여전히 변화되지 않는다. 다중 프로그래밍의 정도가 증가되어야만 하고 가상 메모리 관리자는 $proc_i$의 재시작을 결정했다면, $alloc_i = WSS_i$로 설정

프로세스	t_{100}		t_{200}		t_{300}		t_{400}	
	WSS	*alloc*	*WSS*	*alloc*	*WSS*	*alloc*	*WSS*	*alloc*
P_1	14	14	12	12	14	14	13	13
P_2	20	20	24	24	11	11	25	25
P_3	18	18	19	19	20	20	18	18
P_4	10	0	10	0	10	10	12	0

그림 12.21 작업 집합 메모리 할당자의 연산

되고 $alloc_i$의 값만큼 페이지 프레임을 할당한다. 이제 관리자는 실행될 다음 명령을 포함하고 있는 $proc_i$의 페이지를 적재한다. 다른 페이지들은 페이지 부재가 발생될 재 적재될 것이다. 다른 방안으로 가상 메모리 관리자는 $proc_i$의 실행이 다시 시작될 때 WS_i의 모든 페이지를 적재한다. 그러나 이러한 방법은 불필요한 페이지를 적재할 수 있다. 왜냐하면 WS_i의 몇몇 페이지는 다시 참조되지 않을 수 있기 때문이다.

작업 집합 메모리 할당자의 성능은 Δ 값에 민감하다. 만약 Δ가 너무 크면, 메모리는 다시 참조되지 않을 것 같은 몇몇 페이지를 포함할 것이다. 이는 프로세스에게 필요 이상의 메모리를 할당하는 것이다. 또한 너무 큰 Δ 값은 가상 메모리 관리자의 다중 프로그래밍 정도의 감소를 야기하고 시스템 성능에 영향을 미친다. 만약 Δ가 너무 작으면 프로세스들에게 필요한 것보다 적은 메모리를 할당할 위험이 있고, 이는 페이지 부재 횟수와 스래싱의 가능성을 증가시킨다.

작업 집합 메모리 할당자의 구현 실제로는 작업 집합 메모리 할당자의 사용은 어렵다. 매 시간 t 마다 $WS_i(t, \Delta)$와 $alloc_i$를 결정하는 일은 비용이 많이 든다. 이를 해결하기 위해 작업 집합 메모리 할당자를 사용하는 가상 메모리 관리자는 프로세스의 작업 집합을 매 시간마다 결정하기보다는 주기적으로 결정할 수 있다. 주기의 마지막에 정해진 작업 집합은 다음 주기 동안 사용될 *alloc* 값을 정하는 데 사용된다. 다음 예제는 이러한 방법을 설명한다.

예제 12.9 작업 집합 메모리 할당자

가상 메모리 관리자는 사용자 프로세스에 할당 가능한 60개의 페이지 프레임을 가지고 있다. 관리자는 $t^+_{j\times100}$ (j = 1, 2 . . . .)마다 모든 프로세스의 작업 집합을 다시 계산한다. 작업 집합을 계산한 후에 관리자는 각 프로세스 P_i를 다음과 같이 다룬다. 만약 WSS_i 페이지 프레임을 P_i에 할당할 수 있다면 $alloc_i = WSS_i$로 설정한다. 그렇지 않으면 $alloc_i = 0$으로 설정하고 P_i의 모든 페이지를 메모리에서 제거한다. $t^+_{j\times100}$에 할당된 *alloc* 값은 $t_{(j+1)\times100}$이 될 때까지 유지된다.

그림 12.21은 작업 집합 메모리 할당자의 연산을 설명한다. 그림은 시간 t^+_{100}, t^+_{200}, t^+_{300}, t^+_{400}일 때 모든 프로세스의 *alloc*과 *WSS* 값을 보여준다. t^+_{100}인 경우 $WSS_4 = 10$, $alloc_4 = 0$, $\Sigma_{i=1,\ldots,3} WSS_i = 52$이다. 이는 P_4의 작업 집합 크기가 10개의 페이지 프레임이지만 오직 60-52, 즉 8개의 페이지 프레임만 가용이기 때문에 실행이 일시 중지 되고 있음을 보여준다. t^+_{200}일 때, WSS_i $(i = 1, \ldots, 3)$ 값은 다시 계산된다. WSS_4의 값은 t^+_{100}의 값을 그대로 갖게 되는데, 이것은 P_4가 간격 $t_{100} \sim t_{200}$에서 실행되지 않기 때문이다. $alloc_i$, $i = 1, \ldots, 3$은 이제 새로운 값으로 할당되었다. P_4는 여전히 메모리의 부족으로 스왑-인될 수 없다. 왜냐하면 $\Sigma_{i=1,\ldots,3} WSS_i = 55$이므로 가용 페이지 프레임은 5개뿐인데 $WSS_4 = 10$이기 때문이다. t_{300}일 때, P_4는 스왑-인된다. 그러나 t_{400}일 때 다시 스왑-아웃된다. $t_{100} \sim t_{400}$ 동안에 P_2에 가장 적게 할당된 페이지 프레임은 11개이고, 가장 많이 할당된 개수는 25개임에 주목하자. 이러한 차이는 프로세스의 메모리 할당이 최근의 실행에 맞추어 변화되었기 때문에 비롯되었다.

*alloc*의 확장과 수축은 다음과 같이 수행된다. t_{200}일 때, 가상 메모리 관리자는 $alloc_1$을 14페이지 프레임에서 12페이지 프레임으로 줄이기로 결정한다. 따라서 관리자는 P_1의 2개 페이지를 제거하는 데 NRU 같은 정책을 사용한다. t_{300}일 때 가상 메모리 관리자는 $alloc_1$을 14개의 페이지 프레임으로 증가시킨다. 따라서 $alloc_1$에 2개의 페이지 프레임을 더 할당한다. 이 페이지 프레임들은 P_1의 실행 중 발생하게 되는 페이지 부재 시에 사용하게 된다.

가상 메모리 관리자는 작업 집합을 결정하기 위해 페이징 하드웨어에 의해 제공되는 참조 비트들을 사용할 수 있다. 작업 집합을 결정할 때 메모리 내 모든 페이지의 참조 비트를 0으로 설정할 수 있다. 이 비트들은 다음 주기 동안에 페이지들이 참조되면 다시 세트된다. 페이지 교체가 수행되는 동안 가상 메모리 관리자는 교체된 페이지 중에서 어떤 것들의 참조 비트가 세트되어 있는지를 기록할 수 있다. 다음 주기의 마지막에서 작업 집합은 이러한 페이지들과 참조 비트가 세트되어 있는 메모리의 모든 페이지들로 구성될 것이다.

이러한 방식으로 작업 집합을 구현할 때 하나의 문제점이 있다. 주기의 마지막에 참조 비트들을 재설정하는 일은 페이지 교체의 결정에 간섭을 일으킨다. 만약 작업 집합이 결정되자마자 어떤 프로세스에서 페이지 부재가 발생한다면, 메모리에 있는 대부분의 프로세스 페이지들의 참조 비트들은 0으로 리셋될 것이다. 따라서 가상 메모리 관리자는 페이지 교체를 위해 이 페이지들을 구분할 수 없게 된다. 만약 어떤 프로세스가 한 주기 동안에 지연 상태이었거나 실행될 기회를 얻지 못했다면 그들에게 할당된 것은 불필요하게 줄어들게 된다. 이러한 점은 작업 집합 윈도우 Δ의 정확한 크기를 결정하기 어렵게 만든다.

하나의 대안은 작업 집합 윈도우를 각 프로세스별로 개별적으로 사용하는 것이다. 그러나 이것은 가상 메모리 관리자를 복잡하게 하고 오버헤드를 만든다. 또한 페이지 교체 결정에 대한 간섭 문제를 해결하지 못한다. 이러한 이유로 인해 운영체제들은 정의 12.4에 따라서 프로세스의 작업 집합을 결정하지 않는다. 12.8.4절에서 윈도우 운영체제가 프로세스의 작업 집합 개념을 어떻게 사용하는지 설명할 것이다.

12.6 페이지 공유(SHARED PAGES)

프로그램의 공유는 11.3.3절에서 설명하였다. **정적 공유**(*static sharing*)는 프로그램 실행이 시작되기 전에 링커 또는 로더에 의해 수행되는 정적 바인딩으로 가능하다(11.3.3.2절 참고). 그림 12.22(a)는 프로그램 C의 논리 주소 공간을 보여준다. 페이지 1에 있는 `Add`(4,12) 명령어는 페이지 4에 있는 피연산자를 가지고 있다. 정적 바인딩의 경우, 만약 두 프로세스 *A*와 *B*가 정적으로 프로그램 C를 공유한다면 C는 *A*와 *B* 모두의 코드에 포함된다. 프로그램 C의 0번 페이지가 프로세스 *A*의 페이지 *i*가 되었다고 하자[그림 12.22(a) 참고]. 프로그램 C에서 페이지 1의 `Add`(4,12) 명령어는 주소 $(i + 4, 12)$를 사용하기 위해서 재배치될 것이다. 만약 C의 0번 페이지가 프로세스 *B*에서 페이지 *j*가 된다면 Add 명령어는 `Add` $(j + 4, 12)$가 되기 위해 재배치될 것이다. 따라서 프로그램 *C*의 각 페이지는 *A*와 *B*의 주소 공간에 2개의 사본을 갖는다. 만약 *A*와 *B*가 메모리에서 동시에 실행 중이면 이 사본들도 메모리에 동시에 존재할 것이다.

동적 바인딩은 프로그램의 동일한 사본이나 데이터를 여러 프로세스에 바인딩함으로써 메모리를 절약할 수 있다(11.2절 참고). 이 경우에 공유되는 프로그램이나 데이터는 다음 설명과 같이 자신의 정체성을 유지한다[그림 12.22(c) 참고]. 가상 메모리 관리자는 메모리에서 공유된 페이지의 정보를 보관하기 위해 **공유 페이지 테이블**(*shared page table*)을 관리한다. 프로세스 *A*는 자신의 논리 주소 공간에 특정 페이지(페이지 *i*)에서 시작하는 공유 프로그램으로서 프로그램 C를 바인딩하기 위해 시스템 호출을 실행한다. 커널은 가상 메모리 관리자를 호출하는데, 관리자는 프로그램 C의 페이지를 위한 항목들을 *A*의 페이지 테이블에 만들고 각 항목이 공유 페이지에 속한다는 것을 나타내기 위해 플래그 *s*를 설정한다. 이제 커널은 프로그램 C의 페이지가 **공유 페이지 테이블**에서 항목을 가지고 있는지 검사한다. 만약 가지고 있지 않다면 항목을 만들고 프로그램 C의 스왑 공간을 설정한다. 그리고 프로세스 *A*의 코드에 프로그램 C를 동적으로 바인딩하기 위해 동적 링커를 호출한다. 이 바인딩 동안에 커널은 프로그램 C의 주소 의존(address-sensitive) 명령어들을 재배치한다. 따라서 프로그램 C에서 페이지 1의 `Add` 명령은 `Add` $(i + 4, 12)$를 읽도록 수정된다[그림 12.22(c) 참고]. 프로그램 C의 주소 참조가 페이지 부재를 일으키면 가상 메모리 관리자는 이것이 공유 페이지라는 것을 발견하게 된다. 따라서 가상 메모리 관리자는 요청된 페이지가 메모리에 이미 존재하는지 확인하기 위해 공유 페이지 테이블을 검사한다. 요청된 페이지를 다른 프로세스가 최근에 사용하였다면 메모리에 존재한다. 만약 존재한다면, 가상 메모리 관리자는 공유 페이지 테이블로부터 페이지 프레임의 번호를 *A*의 페이지 테이블 페이지 항목으로 복사한다. 만약 요청된 페이지가 메모리에 존재하지 않는다면, 관리자는 페이지를 메모리에 적재하고 *A*의 페이지 테이블과 **공유 페이지 테이블**의 항목을 수정한다. 프로세스 *B*가 페이지 *i*의 시작 주소에 프로그램 C를 동적으로 바인딩하고 프로세스 *B*의 명령

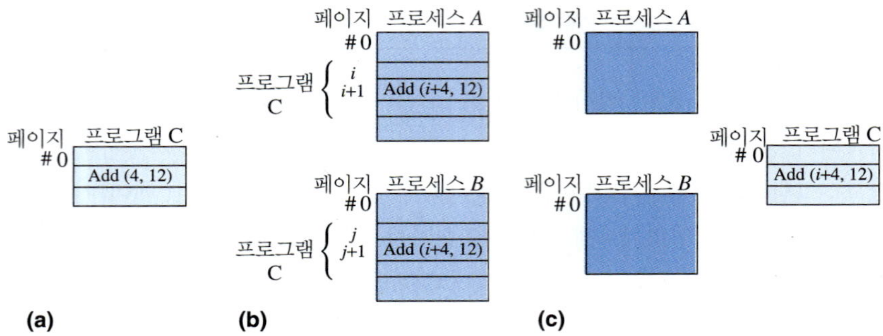

그림 12.22 프로세스 A와 B에 의한 프로그램 C의 공유 (a) 프로그램 C (b) 프로세스 A와 B 코드로의 C의 정적 바인딩 (c) C의 동적 바인딩

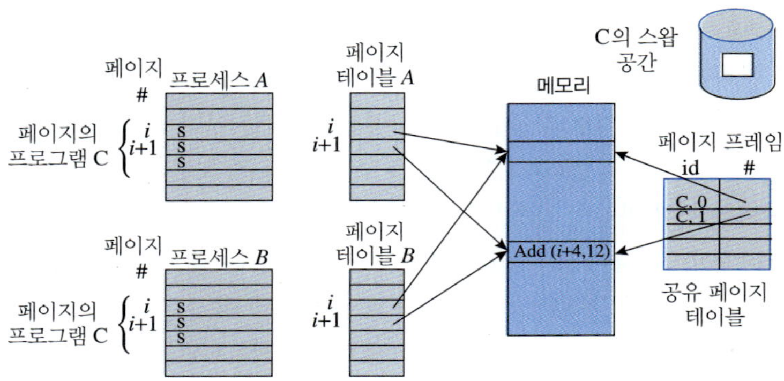

그림 12.23 프로세스 A와 B에 의한 프로그램 C의 동적 공유

어에서 C의 페이지 참조가 페이지 부재를 발생한다면, 비슷한 작업이 수행된다. 그림 12.23은 수행 결과를 보여주고 있다.

프로그램의 동적 바인딩이 작동하려면 두 조건이 만족되어야 한다. 공유될 프로그램은 동시에 많은 프로세스들로부터 호출될 수 있도록 재진입 프로그램으로 작성되어야 한다(11.3.3.2절 참고). 또한 공유될 프로그램은 이를 공유하는 모든 프로세스의 동일한 논리 주소에 바인딩되어야 한다. 이는 그림 12.23의 페이지 $i + 1$의 `Add` ($i + 4$, 12) 같은 명령어가 각 프로세스에서 올바르게 실행되는 것을 보장할 것이다. 이러한 조건들은 데이터가 동적으로 몇몇 프로세스에 바인딩될 때는 필요하지 않다. 그러나 데이터를 공유하는 프로세스들은 경쟁 상태(race condition)를 예방하기 위해서 공유 데이터의 접근을 동기화해야 한다.

공유하는 프로세스들의 페이지 테이블에서 동일한 페이지 프레임을 가리키는 방법으로 페이지 공유를 구현한다면, 공유 페이지에 대한 페이지 참조 정보는 많은 페이지 테이블에 분산될 것이다. 페이지 교체 알고리즘은 공유 페이지의 참조에 대한 정확한 상황을 얻기 위해 이러한 정보를 한데 모아야 할 것이다. 이것은 다소 번거로운 작업이다. 더 나은 방법은 **공유 페이지 테이블**에서 공유 페이지와 관련된 정보를 유지하고, 이 테이블의 항목 중 공유된 페이지의 페이지 참조 정보를 수집하는 것이다. 이 방법은 공유 페이지 관리를 위해 다른 페이지 교체 기준을 사용할 수 있게 해준다. 12.8.4절에서, 윈도우 운영체제에서 사용하는 관련 기법에 대해 설명하고 있다.

12.6.1 기록 시 복사(Copy on Write)

기록 시 복사 기능은 공유 페이지의 데이터가 수정되어야 하지만, 수정된 값이 한 프로세스에만 전용되고 있을 때 메모리를 절약하기 위해 사용된다. 프로세스 A와 B가 이런 데이터를 동적으로 바인딩한다면, 가상 메모리 관리자는 그림 12.24(a)에서 보여주는 방식을 수행한다. 이는 각 페이지 테이블 항목에서 **기록 시 복사** 플래그가 있는 것만 제외하면 그림 12.23과 유사하다. 기록 시 복사 플래그는 해당 페이지에 기록 시 복사 기능이 사용되고 있는지를 나타낸다. 그림 12.23의 페이지 테이블 항목에서 표시 c는 **기록 시 복사** 플래그를 나타낸다. 프로세스 A가 페이지 k를 수정하려고 할 때 MMU는 페이지 k가 기록 시 복사 페이지임을 알고 페이지 부재를 일으킨다. 이제 가상 메모리 관리자는 프로세스 A를 위해 페이지 k의 전용 사본을 만든다. 또한 A의 페이지 테이블에서 페이지 k의 항목에 저장된 페이지 프레임 번호를 적절하게 변경하고 이 항목에 있는 **기록 시 복사** 플래그를 리셋한다[그림 12.24(b) 참고]. 페이지 k를 공유하는 다른 프로세스들은 메모리에 있는 페이지 k의 본래 사본을 계속해서 사용할 것이다. 만약 그들이 사본을 수정한다면 각각 페이지의 전용 사본을 갖게 될 것이다.

유닉스 시스템에서 자식 프로세스는 부모 프로세스의 코드와 데이터를 물려받아 시작한다. 그러나 자식 프로세스는 데이터를 수정할 수 있고, 수정된 값들은 자식 프로세스의 전용 데이터가 된다. 기록 시 복사 기능은 부모와 자식 프로세스의 전체 주소 공

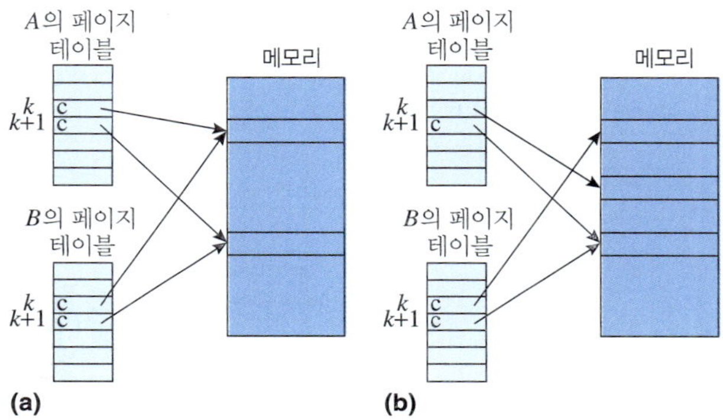

그림 12.24 기록 시 복사의 구현 (a) 프로세스 A가 페이지 k를 수정하기 전 (b) 수정한 후

간에 대해서 사용된다. 이것은 프로세스 생성의 속도를 빠르게 해준다. 또한 코드는 수정이 안 되기 때문에 코드 페이지의 복사를 막아준다. 오직 데이터 페이지가 수정되었을 때만 복사될 것이다.

12.7 메모리 맵 파일(MEMORY-MAPPED FILES)

프로세스에 의한 파일의 **메모리 매핑**은 프로세스의 논리 주소 공간의 한 부분에 파일을 바인딩한다. 이러한 바인딩은 프로세스가 *memory map* 시스템 호출을 하여 수행된다. 이것은 12.6절에서 설명했던 프로그램과 데이터의 동적 바인딩과 유사하다. 파일의 메모리 매핑 후에 프로세스는 자신의 주소 공간 페이지에 데이터가 있는 것처럼 파일의 데이터를 참조할 수 있다. 가상 메모리 관리자는 파일 시스템과 협력하여 필요할 때마다 파일을 페이지 크기만큼 메모리에 적재한다. 프로세스가 그런 페이지에 있는 데이터를 변경하면 페이지의 **수정** 비트(*modified* bit)는 세트되지만 데이터는 파일에 바로 쓰여지지 않는다. 데이터의 더티(dirty) 페이지는 이를 포함하는 페이지 프레임이 반환될 때 파일에 쓰여진다. 프로세스가 *memory unmap* 시스템 호출을 하면, 가상 메모리 관리자는 아직 파일의 데이터를 포함하고 있는 더티 페이지를 파일에 쓰고 프로세스의 논리 주소 공간에서 파일을 제거한다.

그림 12.25는 프로세스 *A*가 수행한 파일 `info`의 메모리 매핑 내용을 보여주고 있다. 프로세스 *A*의 페이지 중에서 파일 `info`에 속하지 않은 페이지들에 대한 페이지-인과 페이지-아웃은 가상 메모리 관리자에 의해 수행되고 프로세스의 스왑 공간과 관련됨을 기억하자. 반면에 파일 `info`의 데이터를 읽고 쓰는 것은 가상 메모리 관리자와의 결합에 의한 파일 시스템에 의해 수행된다. 만약 여러 프로세스가 같은 파일을 메모리 매핑하면 그림 12.23에서 보여주는 것과 비슷한 모양이 된다. 이러한 프로세스들은 메모리 맵 파일을 효과적으로 공유할 것이다.

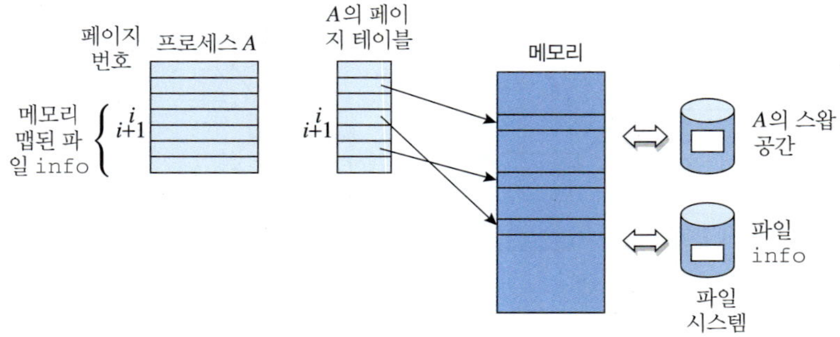

그림 12.25 프로세스 *A*에 의한 파일 `info`의 메모리 매핑

표 12.5 메모리 맵 파일의 장점

장점	설명
페이지로서의 파일 데이터	파일 데이터의 접근을 페이지의 접근으로 볼 수 있으며, 가상 메모리 하드웨어 덕분에 보다 효율적이다.
메모리-메모리 간의 복사 회피	파일 데이터는 프로세스 공간의 일부이다. 따라서 프로세스는 데이터 처리를 위해 이를 변수로 복사할 필요가 없다.
적은 읽기/쓰기 연산	파일 데이터의 읽기와 쓰기가 매 파일 연산마다 수행되지 않고 페이지 단위로 수행된다. 한 번의 읽기/쓰기 연산이 여러 번의 파일 연산을 수행하는 효과를 가질 수 있다.
데이터의 선반입 (prefetching)	순차적 읽기인 경우 데이터가 이미 메모리에 적재되어 있을 수 있다. 왜냐하면 이전의 파일 연산으로 읽어들인 페이지가 데이터를 포함하고 있을 수 있기 때문이다.
효율적인 데이터 접근	파일의 구조와 상관없이 파일 데이터에 효율적으로 접근할 수 있다.

표 12.5는 파일을 메모리 매핑할 때의 장점에 대해 요약하고 있다. 메모리 매핑은 가상 메모리 하드웨어를 통해서 파일 레코드에 접근하게 해준다. 이것은 좀 더 효율적이다. 메모리-메모리 간의 복사 연산을 다음과 같이 피할 수 있다. 어떤 프로세스가 메모리 매핑이 안 된 입력 파일의 어떤 데이터에 접근할 때, 파일 시스템은 파일 버퍼나 디스크 캐시(14장 참고)로서 사용되는 메모리 영역에 레코드를 복사한다. 이제 프로세스는 버퍼나 디스크 캐시로부터 자신의 주소 공간(예를 들어 어떤 변수들)으로 데이터를 복사한다. 따라서 한 번의 디스크-메모리 간의 복사 연산과 한 번의 메모리-메모리 간의 복사 연산이 수행된다. 파일이 메모리 매핑되어 있다면 버퍼로부터 프로세스 주소 공간으로 메모리-메모리 간 복사 연산이 필요하지 않다. 왜냐하면 데이터가 이미 프로세스 주소 공간의 한 부분이기 때문이다. 이와 비슷하게 파일 데이터가 수정될 때 더 적은 수의 복사 연산이 수행된다. 데이터가 이전 파일 연산 동안에 읽거나 쓰여진 페이지에 있다면 디스크 I/O 없이 접근할 수 있다. 따라서 메모리 매핑은 파일을 처리하는 동안에 수행되는 I/O 연산의 수를 감소시킨다.

마지막 장점은 파일의 구조와 상관없이 파일의 데이터에 효율적으로 접근할 수 있다는 것이다. 왜냐하면 메모리 맵 파일의 데이터가 가상 메모리 하드웨어를 통해 접근되기 때문이다. 따라서 데이터의 어느 부분이든 동등하고 효율적인 접근이 가능할 수 있다. 반면에 파일 시스템 연산을 통해 같은 데이터에 접근할 때 효율성은 데이터가 파일에 어떻게 조직화되었는지에 달려 있다.

파일의 메모리 매핑은 약간의 성능 문제를 야기하기도 한다. 메모리 매핑 파일에서의 *open*, *close* 연산은 일반 파일에서의 *open*, *close* 연산보다 오버헤드가 크다. 이는 파일이 매핑될 프로세스 주소 공간의 부분을 설정하고 해제하는 동안에 페이지 테이블과 TLB 항목의 변경이 필요하기 때문이다. 또한 가상 메모리 관리자는 메모리 매핑된 페이지와 주소 공간의 다른 페이지를 구별해야 한다. 주소 공간의 더티 페이지는 메모리 부족 사태가 발생할 때에만 디스크에 쓰여지는 반면, 메모리 매핑된 파일의 더티 페이지는 파일의 신뢰성을 위해 주기적으로 디스크에 쓰여져야 한다. 따라서 가상 메모리 관리자는 메모리 매핑된 파일의 더티 페이지를 쓰는 특별한 스레드를 만들어야 한다.

12.8 페이징을 사용하는 가상 메모리의 사례 연구 (CASE STUDIES OF VIRTUAL MEMORY USING PAGING)

12.8.1 유닉스의 가상 메모리(Unix Virtual Memory)

유닉스는 다양한 하드웨어 기반의 컴퓨터 시스템들에 이식되어 왔다. 다양한 호스트 컴퓨터의 페이징 하드웨어 특징을 활용하기 위해 다양한 기법들이 고안되었다. 이 절에서는 모든 유닉스 가상 메모리 구현에 공통적인 특징과 유닉스의 다양한 버전에서 사용된 몇몇 흥미로운 기술을 설명한다. 이 절의 목적은 특정 유닉스 버전을 자세하게 공부하기보다는 가상 메모리 구현의 실제적인 이슈를 살펴보는 것이다. 가능하다면 유닉스 전문 용어를 이 장의 앞 부분에서 사용한 전문 용어로 대체하여 사용한다.

논리 주소 공간과 스왑 공간 프로세스의 페이지 테이블은 다음 세 종류의 페이지를 구분하는데 resident 페이지, unaccessed 페이지, swapped-out 페이지이다. resident 페이지는 현재 메모리에 존재하는 페이지이다. unaccessed 페이지는 프로세스의 실행 중에 한 번도 접근되지 않은 페이지로서 메모리에 적재된 적이 없다. 이 페이지는 페이지 부재로 인해 참조될 때 메모리에 적재될 것이다. 뒤에서 설명하겠지만 페이지는 이것이 텍스트(text) 페이지인지 데이터 페이지인지에 따라 파일에 존재하거나 스왑 공간에 존재한다. 텍스트 페이지는 명령어들을 가진 페이지이다. swapped-out 페이지는 현재 스왑 공간에 있는 페이지이다. 이 페이지에 대해 페이지 부재가 발생하면, 스왑 공간에서 메모리로 다시 적재된다.

unaccessed 페이지는 텍스트 페이지 또는 데이터 페이지일 수 있다. 텍스트 페이지는 파일 시스템에 존재하는 실행 가능 파일(executable file)로부터 적재된다. 파일 시스템에서 이러한 페이지를 찾는 일은 아이노드(inode)와 파일 할당 테이블(file allocation table)의 여러 개 디스크 블록을 읽어야 할 수 있다(13.14.1절 참고). 이러한 오버헤드를 피하기 위해서 가상 메모리 관리자는 별도의 테이블에 텍스트 페이지 정보를 관리하고 페이지가 적재될 필요가 있을 때 테이블을 참조한다. 뒤에서 설명하겠지만 4.3BSD 가상 메모리 관리자는 이 정보를 페이지 테이블 항목 자체에 관리한다. 페이지가 메모리에 적재될 때 이 정보는 페이지 프레임 번호로 겹쳐 쓰여지기 때문에, 페이지가 메모리로부터 제거되고 다시 적재되어야 할 때 이 정보는 없다. 이러한 어려움을 극복하기 위해서 가상 메모리 관리자는 맨 처음 메모리로부터 텍스트 페이지가 제거될 때 이 페이지를 스왑 공간에 저장한다. 그 후 요구에 따라 텍스트 페이지를 스왑 공간으로부터 적재한다. 데이터 페이지는 0으로 채워진(zero-fill) 페이지라 불린다. 이 페이지의 최초 사용 시에 페이지 부재가 발생하면 0으로 채워진다. 그 후 이 페이지는 resident 페이지 또는 swapped-out 페이지가 된다.

텍스트 페이지는 비록 페이지 테이블 항목에 resident 페이지가 아닌 것으로 표시되어 있더라도 메모리에 남아 있을 수 있다. 이 상황은 다른 프로세스가 이 페이지를 사용 중일 때(또는 과거에 사용했을 때) 발생한다. 페이지 부재가 텍스트 페이지에 발생하면 가상 메모리 관리자는 페이지가 이미 메모리에 존재하는지를 확인해 본다. 만약 페이지가 메모리에 존재한다면, 가상 메모리 관리자는 이 페이지의 페이지 테이블 항목에 간단히 페이지 프레임 정보를 기록하고 resident 페이지로 표시한다. 이 작업은 페이지-인 연산을 피해 주고 메모리를 절약할 수 있게 한다.

디스크 공간을 절약하기 위해서 가능한 적은 스왑 공간을 할당하기 위해 노력한다. 시스템이 시작할 때는, 사용자 스택과 데이터 영역을 수용하기에 충분한 스왑 공간을 할당한다. 그 후 필요할 때마다 큰 영역들을 스왑 공간에 할당한다. 이러한 방법은 프로세스의 데이터 영역이 커지면 시스템의 스왑 공간이 다 소모될 수 있다는 문제점이 있다. 이 경우 프로세스는 일시 중지되거나 중단되어야 한다.

기록 시 복사(Copy on Write) *fork*는 자식 프로세스가 부모 주소 공간의 사본을 갖도록 한다. 이것은 별도의 메모리 영역과 자식 프로세스를 위한 스왑 공간을 할당함으로써 구현될 수 있다. 그러나 자식 프로세스는 흔히 *exec* 호출을 통해 실행하는 다른 프로그램을 적재함으로써 부모의 주소 공간 사본을 버린다. 어느 경우든 자식 프로세스는 부모 프로세스의 데이터를 변경하지 않을 수 있다. 그러므로 메모리와 스왑 공간은 기록 시 복사 기능을 통해 최적화될 수 있다(12.6.1절 참고).

기록 시 복사는 다음과 같이 구현된다. 프로세스가 fork되었을 때, 부모 주소 공간에 있는 모든 데이터 페이지의 참조 횟수를 1 증가시키고, 모든 데이터 페이지의 페이지 테이블 항목의 접근 권한 필드의 비트를 조작하여 읽기 전용(read-only)으로 만든다. 데이터 페이지를 수정하는 어떤 시도도 보호 부재(protection fault)를 일으킨다. 가상 메모리 관리자는 페이지의 참조 횟수가 1보다 크다는 것을 알고, 이는 보호 부재가 아니라 기록 시 복사 페이지에 대한 참조라는 것을 인식한다. 이제 관리자는 참조 횟수를 감소시키고 자식 프로세스를 위해 페이지의 사본을 만든다. 이 페이지의 페이지 테이블 항목에서 적절한 비트를 세트하여 사본의 읽기 및 쓰기 권한을 설정한다. 만약 새 참조 횟수가 1이 되었다면, 더 이상 공유 페이지가 아니기 때문에 페이지 부재가 가능하도록 페이지 테이블 항목에서 읽기 및 쓰기 권한을 활성화한다.

페이지 테이블의 효율적 사용과 페이징 하드웨어 만약 페이지가 메모리에 존재하지 않는다면, 이 페이지 테이블 항목의 유효 비트는 'off'이다. 이 경우 *ref info* 필드나 *page frame #* 필드 같은 다른 필드의 비트들은 어떤 유용한 정보도 포함하고 있지 않다. 따라서 이러한 비트들을 다른 목적으로 사용할 수 있다. 유닉스 4.3BSD는 텍스트 페이지를 가지고 있는 파일 시스템의 디스크 블록 주소를 저장하는 데 이러한 비트들을 사용한다.

VAX 11 아키텍처는 페이지의 참조 정보를 수집하기 위한 참조 비트를 제공하지 않는다. 대신에 유효 비트를 새로운 방식으로 사용하여 해결한다. 페이지가 메모리에 있더라도 주기적으로 페이지의 유효 비트를 리셋시킨다. 이제 페이지의 참조는 페이지 부재를 일으킨다. 그러나 가상 메모리 관리자는 이것이 적합한 페이지 부재가 아니라는 것을 알고 유효 비트를 세트하며 프로세스를 다시 시작시킨다. 사실상 유효 비트가 참조 비트처럼 사용된다.

페이지 교체 프로세스는 자신의 페이지 부재율을 감소시켜 성능을 향상시키기 위해서 자신의 페이지들을 메모리에 상주시킬 수 있다. 이러한 페이지는 프로세스에 의해 상주가 해제될 때까지 메모리로부터 제거될 수 없다. 흥미롭게도 유닉스에서는 I/O 페이지의 상주 기능이 없다. 왜냐하면 I/O 연산이 디스크 블록과 프로세스의 주소 공간 사이에 일어나는 것이 아니라, 디스크 블록과 버퍼 캐시의 블록 사이에 일어나기 때문이다.

유닉스의 페이지 교체는 그림 12.19의 구조와 비슷하며 시계 알고리즘을 사용한다. 빠른 페이지-인 연산을 위해서 유닉스 가상 메모리 관리자는 가용 페이지 프레임 리스트를 관리하고, 항상 이 리스트에 총 페이지 프레임의 5% 페이지 프레임이 유지되도록 노력한다. 이런 목적을 위해서 *pageout daemon*(시스템의 2번 프로세스)이라는 데몬을 만든다. 이 데몬은 가용 페이지 프레임의 총 개수가 5% 이하로 떨어지면 실행된다. 그리고 가용 리스트에 페이지를 추가하고 가용 리스트가 5%의 가용 페이지 프레임을 갖게 되면 데몬은 스스로 잠든다. 어떤 유닉스 버전들은 높은 임계값(high threshold)과 낮은 임계값(low threshold)의 두 임계값을 사용한다. 이 경우 데몬은 가용 리스트의 페이지 수가 높은 임계값을 초과하면 잠들고, 낮은 임계값 이하가 되면 실행된다. 이 방법은 데몬의 빈번한 실행을 줄여준다.

가상 메모리 관리자는 메모리에 고정되어 있지 않은 페이지를 활성(active) 페이지와 비활성(inactive) 페이지로 나눈다. 활성 페이지는 현재 프로세스에 의해 활발하게 사용 중인 페이지이고, 비활성 페이지는 최근에 참조되지 않은 페이지이다. 가상 메모리 관리자는 활성 리스트와 비활성 리스트라는 두 리스트를 관리한다. 이 2개의 리스트는 큐(queue)처럼 취급된다. 페이지는 활성화될 때 활성 리스트에 추가되고, 비활성화가 될 운명이 되면 비활성 리스트에 추가된다. 따라서 가장 오래 전에 활성화가 된 페이지는 활성 리스트의 헤드에 위치하고, 가장 오래된 비활성 페이지는 비활성 리스트의 헤드에 위치하게 된다. 페이지가 참조되면 비활성 리스트로부터 활성 리스트로 이동된다. 페이지-아웃 데몬은 총 상주 페이지에 대한 비율로서, 계산되어진 특정 개수의 페이지를 비활성 리스트에 유지하려고 노력한다. 만약 가용 리스트에 페이지 프레임들을 추가하는 동안에 비활성 리스트의 맨 끝에 도달하면 비활성 리스트의 전체 페이지 수가 기대치보다 작은지를 검사한다. 만약 그렇다면 페이지-아웃 데몬은 활성 리스트로부터 비활성 리스트로 충분한 개수의 페이지를 이동시킨다.

페이지-아웃 데몬은 시스템이 페이지 부재를 처리하는 동안에 가용 페이지 프레임의 수가 낮은 임계값보다 적어지면 실행된다. 페이지 프레임은 다음과 같은 순서로 가용 프레임이 되는데, 즉 비활성 프로세스의 페이지를 갖고 있는 페이지 프레임, 활성 프로세스의 비활성 페이지를 갖고 있는 페이지 프레임, 활성 프로세스의 활성 페이지를 갖고 있는 페이지 프레임의 순서이다. 만약 데몬이 비활성 프로세스를 발견하면 이를 스왑-아웃시키기 위해서 스왑퍼(swapper)를 실행시킨다. 가용 페이지 프레임의 수가 높은 임계값을 넘게 되면 데몬은 잠든다.

만약 비활성 프로세스를 스왑-아웃한 후에도 가용 페이지 프레임의 수가 여전히 높은 임계값보다 작다면, 페이지-아웃 데몬은 비활성 리스트를 스캔하고 비활성 페이지를 갖고 있는 페이지 프레임을 가용 리스트에 추가할지와 언제 추가할지를 결정한다. 비활성 페이지를 갖고 있는 페이지 프레임이 참조되지 않았고 수정도 안 되었다면 즉시 가용 리스트로 추가시킨다. 만약 페이지가 수정되었고 아직 스왑-아웃되지 않았다면 페이지-아웃 데몬은 그 페이지에 대해 페이지-아웃 연산을 시작하고 다음 비활성 페이지를 검사한다. 만약 페이지가 스왑-아웃된 상태라면 데몬은 이 페이지는 생략한다. 페이지-아웃 연산이 끝나면 페이지의 **수정** 비트(*modified* bit)는 리셋된다. 이 페이지를 갖고 있는 페이지 프레임이 다음 번 실행에서 여전히 비활성이고, 데몬이 이것의 페이지-아웃 연산이 끝났음을 발견하면 이를 가용 리스트에 추가시킨다. 데몬이 가용 리스트에서 충분한 개수의 페이지 프레임을 추가할 수 없다면 스왑퍼를 실행시킨다. 스왑퍼는 충분한 가용 페이지 프레임을 확보하기 위해 하나 이상의 활성 프로세스를 스왑-아웃시킨다.

페이지 트래픽을 최적화하기 위해 가상 메모리 관리자는 더티 페이지들을 클러스터로 묶어 스왑 공간에 저장한다. 페이지 데몬은 스캔 작업을 하는 동안에 더티 페이지를 발견하면 이웃 페이지들도 더티인지를 검사한다. 만약 그렇다면 더티 페이지의 그룹을 한 번의 I/O 연산으로 디스크에 저장한다. 중복된 페이지-인 연산에 대해 최적화를 수행한다. 수정이 안 된 페이지 p_i를 갖고 있는 페이지 프레임 f_i가 가용 리스트에 추가될 때, p_i의 페이지 테이블 항목에서 유효 비트는 0으로 설정된다. 그러나 페이지 프레임에 다른 페이지를 적재함으로써 페이지는 곧바로 겹쳐 쓰이지 않는다. 이것은 가끔 페이지 항목이 가용 리스트의 헤드에서 찾아져 어떤 프로세스에 할당되었을 때 발생한다. p_i의 이후 참조는 페이지 부재를 발생하는데, 이것은 페이지 테이블 항목에서 유효 비트가 0으로 설정되어 있기 때문이다. 만약 p_i가 여전히 f_i에 존재한다면, 즉 f_i가 여전히 가용 리스트에 존재한다면 f_i는 간단히 가용 리스트에서 제거되고 p_i는 프로세스의 논리 주소 공간으로 다시 연결될 수 있다. 이것은 페이지-인 연산을 줄여주고 결과적으로 페이지 부재 처리를 지연시킨다.

스와핑(Swapping) 유닉스 가상 메모리 관리자는 작업 집합 메모리 할당자를 사용하지 않는데, 이는 할당자의 오버헤드가 크기 때문이다. 대신에 가상 메모리 관리자는 필요한 페이지를 메모리에 유지하는 데 초점을 둔다. 프로세스는 필요한 모든 페이지가 메모리에 없고 스래싱과 비슷한 조건이 시스템에 존재하면 스왑-아웃된다. 오랫동안 실행되지 않았던 비활성 프로세스는 가용 페이지 프레임의 적절한 개수를 유지하기 위해서 스왑-아웃될 수 있다. 이런 상황이 발생하고 스왑-아웃이 필요하게 될 때 페이지-아웃 데몬은 시스템의 0번 프로세스인 스왑퍼를 실행한다. 스왑퍼는 비활성 프로세스를 찾아 이를 스왑-아웃한다. 만약 스왑퍼가 가용 메모리를 충분히 확보하지 못하면 페이지-아웃 데몬에 의해서 또다시 실행될 것이다. 이번에는 가장 오랫동안 상주하고 있던 프로세스가 스왑-아웃된다. 시스템에 스왑-아웃된 프로세스가 존재한다면 스왑퍼는 그들을 다시 스왑-인할만큼 충분한 가용 메모리가 있는지를 주기적으로 검사한다. 스왑-인 우선순위는 이런 목적으로 사용되는데, 이것은 프로세스의 스왑-아웃 시간, 활성이었던 마지막 시간, 크기, *nice* 값을 사용하여 계산된다(*nice* 값의 자세한 설명은 7.6.1절 참고). 이 기능은 어떤 프로세스도 스왑-아웃된 상태로 무기한 남아 있지 않도록 보장한다. 유닉스 4.3BSD에서 프로세스는 스왑-아웃되었을 때 가졌던 만큼의 메모리를 다시 할당받을 수 있을 때 스왑-인 된다. 유닉스 4.4BSD에서 이 조건은 완화되었다. 즉, 프로세스는 자신의 user 구조체와 커널 스택을 수용할 충분한 메모리가 할당되면 스왑-인 된다.

12.8.2 리눅스의 가상 메모리(Linux Virtual Memory)

리눅스는 4 KB의 페이지 크기를 사용한다. 64비트 아키텍처의 경우 리눅스는 3단계 페이지 테이블을 사용한다(12.2.3.2절 참고). 3단계는 페이지 전역 디렉터리(page global directory), 페이지 중간 디렉터리(page middle directory)와 페이지 테이블을 말한다. 따라서 논리 주소는 네 부분으로 구성된다. 이들 중 세 부분은 3단계를 위한 것이고, 네 번째 것은 페이지 내부의 바이트 번호이다.

이전에 메모리에 적재되었지만 제거된 것으로 표시된 페이지에 대해 페이지-인 연산을 수행하지 않기 위해 리눅스는 흥미로운 기법을 사용한다. 이는 페이지 프레임에 대해 다음과 같은 상태들을 사용함으로써 달성된다. 가용 페이지 프레임은 프로세스에 할당되지 않은 상태이고, **활성**(*active*) 페이지 프레임은 할당된 프로세스에 의해 사용 중인 상태이다. **비활성 더티**(*inactive dirty*) 페이지 프레임은 할당된 프로세스에 의해 수정되었지만 더 이상 사용되지 않는 상태이다. **비활성 청소 중**(*inactive laundered*) 페이지는 **비활성 더티** 페이지로서 디스크에 기록 중인 상태이다. **비활성 청소 중** 페이지는 그 내용이 디스크에 저장되면 **비활성 클린**(*inactive clean*) 상태가 된다. 만약 프로세스가 **비활성 클린** 상태의 페이지 프레임에 있는 페이지에 대해 페이지 부재를 일으키면, 페이지 프레임은 다시 프로세스에 할당되고 페이지는 메모리에 **존재**(*present*)하는 것으로 표시된다. 만약 페이지가 **비활성 청소 중** 상태의 페이지 프레임에 있다면 이 작업은 디스크 연산이 끝난 후에 수행된다. 이 방법은 디스크 연산을 줄여주는 한편 페이지의 이전(stale) 버전에 대한 참조를 막아준다. **비활성 클린** 페이지는 다른 프로세스에 할당될 수도 있다.

리눅스에서의 페이지 교체는 시계 알고리즘에 기반하고 있다. 커널은 항상 가용 페이지 프레임의 적절한 수를 유지하려고 노력하는데, 이는 페이지 부재가 발생했을 때 가용 페이지 프레임을 빠르게 제공하기 위함이다. 커널은 **활성 리스트**, **비활성 리스트**라 불리는 2개의 리스트를 사용하고, 활성 리스트는 비활성 리스트의 2/3 크기로 유지한다. 가용 페이지 프레임의 수가 낮은 임계값 이하로 떨어지면 몇 개의 페이지 프레임을 가용 프레임으로 만들 때까지 반복한다. 이 과정에서 커널은 비활성 리스트의 끝에서 페이지 프레임을 검사한다. 만약 페이지 프레임의 참조 비트가 설정되어 있다면 비트를 리셋하고 리스트의 앞 부분으로 페이지 프레임을 이동시킨다. 그러나 참조 비트가 설정되어 있지 않다면 페이지 프레임을 가용 프레임으로 만든다. 활성 리스트와 비활성 리스트 사이의 균형을 유지하기 위해 유사한 방식으로 활성 리스트의 끝에서 몇 개의 페이지 프레임을 처리한다. 페이지 프레임들을 활성 리스트의 앞 부분으로 이동시키거나 참조 비트가 설정된 채로 비활성 리스트의 앞 부분으로 이동시킨다. 만약 페이지 프레임이 프로세스에 의해 참조되면 비활성 리스트로부터 활성 리스트로 이동된다.

리눅스는 프로세스에 페이지 프레임을 할당하기 위해 버디 시스템 할당자를 사용한다(11.5.2절 참고). 이 방법은 물리 주소를 사용하는 구식 DMA 버스를 통한 I/O 연산을 쉽게 수행하게 해주는데, 이러한 I/O 연산은 연속 할당된 메모리를 필요로 하기 때문이다(12.2.4절 참고).

프로세스의 논리 주소 공간은 여러 개의 가상 메모리 지역(region)으로 구성될 수 있다. 각 지역은 다른 특성을 가지며 페이지의 적재와 교체를 위해 다른 정책을 사용한다. *0*으로 **채워진**(*zero-filled*) 메모리 지역의 페이지는 처음 사용될 때 0으로 채워진다. **파일 연관**(*file-backed*) 지역은 파일의 메모리 매핑을 용이하게 해준다. 이 페이지의 페이지 테이블 항목은 파일 시스템에 의해 사용된 디스크 버퍼를 가리킨다. 이러한 방식으로 이 지역의 페이지 수정은 즉시 파일에 반영되고 파일 사용자들이 볼 수 있다. **전용**

(*private*) **메모리 지역**은 다른 방식으로 다루어진다. 새로운 프로세스가 생성될 때 자식 프로세스에게는 부모의 페이지 테이블 사본이 주어진다. 이 시기에 전용 메모리 지역은 기록 시 복사 상태로 주어진다. 프로세스가 이런 페이지를 수정하게 되면 페이지의 전용 사본이 만들어진다.

12.8.3 솔라리스의 가상 메모리(Virtual Memory in Solaris)

솔라리스는 다중 페이지 크기를 지원하는데, 일반 페이지와 슈퍼페이지(superpage) 둘 다 사용할 수 있다. 큰 주소 공간을 가지는 프로세스에게는 슈퍼페이지가 자동적으로 사용된다. 다른 프로세스는 *memcntl* 시스템 호출을 통해 슈퍼페이지의 사용을 요청할 수 있다. 슈퍼페이지는 메모리 맵 파일에는 사용하지 않는다. 이는 슈퍼페이지의 작은 변경에도 완전한 슈퍼페이지가 파일에 쓰여져야 하는데, 파일의 신뢰성을 보장하기 위해 빈번하게 디스크에 쓰게 되면 성능에 악영향을 주기 때문이다(12.7절 참고).

페이지 스캐너(*page scanner*)라고 불리는 가상 메모리 관리자의 한 구성 요소는 **순환 페이지 캐시**(*cyclic page cache*)에 적절한 개수의 페이지 프레임을 유지하려고 노력한다. 이 캐시는 리눅스의 **비활성 클린** 리스트와 비슷한데, 페이지 부재가 발생했을 때 가상 메모리 관리자는 순환 페이지 캐시로부터 직접 페이지 프레임을 할당할 수 있다. 페이지 스캐너는 전역 기반 두 바늘 시계 알고리즘을 사용하여 메모리로부터 제거할 페이지를 선택한다. 페이지가 더티이면 디스크에 기록하고, 그 페이지 프레임을 순환 페이지 캐시에 추가한다. 페이지 스캐너는 그림 12.19와 유사하게 2개의 커널 스레드로서 수행된다. 한 스레드는 순환 페이지 캐시에 추가할 페이지 프레임을 찾고, 다른 스레드는 이러한 페이지 프레임에서 더티 페이지를 디스크로 기록한다. 프로세스가 페이지 부재를 일으킨 페이지가 순환 페이지 캐시에 있는 페이지 프레임에 존재한다면, 가상 메모리 관리자는 순환 페이지 캐시에서 페이지 프레임을 제거하여 프로세스의 페이지 테이블에 연결한다. 이 방법은 페이지-인 연산을 줄여준다. 만일 충분히 많은 프로세스들이 페이지를 공유하고 있다면, 페이지 트래픽을 줄이기 위해서 페이지 스캐너는 공유 페이지를 순환 페이지 캐시에 배치하지 않는다.

*lotsfree*는 페이지 스캐너의 인자로서 유지되어야 하는 가용 페이지 프레임의 수를 나타낸다. 페이지 스캐너는 가용 페이지 프레임의 수가 *lotsfree* 이하로 떨어질 때 두 바늘 시계 알고리즘을 사용하여 페이지들을 스캔하기 시작한다. **스캔 비율**(*scan rate*)은 초당 스캔될 페이지의 수인데, 이는 실제 가용 페이지 프레임의 수에 따라 달라진다. 스캔 비율은 가용 페이지 프레임의 수가 *lotsfree*에 가까워질 때 작아지고, *lotsfree* 이하로 떨어질 때 증가한다. 시계 알고리즘의 두 바늘 간격은 시스템 메모리 용량에 기초하여 부팅 시간에 계산된다. 이 간격과 스캔 비율은 두 바늘 시계 알고리즘에서 한 바늘에 의한 비트의 리셋과 다른 바늘에 의한 이 비트의 검사 간에 경과한 시간을 결정한다. 경과

시간이 작다는 것은 가장 최근에 접근된 페이지만 메모리에 생존함을 암시하고, 큰 경과시간은 오랫동안 접근이 안 된 페이지만 메모리에서 제거됨을 뜻한다. 시스템 성능을 위해 가상 메모리 관리자는 페이지 스캐너가 야기할 수 있는 CPU 오버헤드 크기를 제한한다. 페이지 스캐너가 시계 알고리즘을 사용하여 가용 페이지의 요구를 못 따라간다면, 가상 메모리 관리자는 비활성 프로세스들을 스왑-아웃하고 그들에 속한 모든 페이지 프레임을 가용 프레임으로 만든다.

솔라리스의 가상 메모리 관리자는 여러 차례의 설계 변경을 통해서 현재의 모양으로 진화되어 왔다. 솔라리스 6 이전에는 페이지 스캐너의 가용 리스트가 사용자 프로세스와 파일 모두에 할당되어 있는 클린 페이지 프레임들을 포함하였다. 파일 시스템은 파일로부터 읽은 데이터를 저장하기 위해 가용 리스트로부터 페이지를 취했고, 파일 작업이 많을 때 파일 시스템은 사용자 프로세스들의 주소 공간에서 페이지를 효과적으로 가져다 사용할 수 있었다. 물론 이것은 프로세스의 성능에 영향을 준다. 솔라리스 6은 **우선순위 페이징**(*priority paging*)이라는 기능을 도입했다. 이는 가용 리스트에서 파일 페이지에 할당된 페이지 프레임들만 파일에서 읽은 데이터를 위해 할당할 수 있도록 보장한다. 이런 방식으로, 파일 처리 작업은 프로세스의 연산에 영향을 주지 않는다. 그러나 페이지 프레임들이 여전히 가용 리스트로부터 할당되는데, 이는 페이지 스캐너의 높은 스캔 비율과 높은 오버헤드를 야기할 수 있다. 솔라리스 8은 이전에 설명했던 순환 페이지 캐시를 도입하였으며, 파일 시스템이 자신의 페이지를 직접 가져다 쓸 수 있도록 만들었다. 따라서 파일 처리 작업이 페이지 스캐너의 스캔 비율과 오버헤드에 영향을 미치지 않는다.

12.8.4 윈도우의 가상 메모리(Virtual Memory in Windows)

윈도우는 여러 아키텍쳐에서 동작하며 32비트와 64비트의 논리 주소 모두를 지원한다. 페이지의 크기는 4 KB이다. 프로세스의 주소 공간은 2 GB이거나 3 GB이다. 논리 주소 공간의 나머지는 운영체제 사용을 위해 예약된다. 커널은 모든 프로세스 주소 공간의 이 부분으로 매핑된다. 아키텍처에 따라 윈도우는 2단계, 3단계 혹은 4단계의 페이지 테이블을 사용하며, 다양한 페이지 테이블 항목 형식을 사용한다. 프로세스의 페이지 테이블은 자신의 논리 주소 공간 내의 예약된 영역에 저장된다.

인텔 80x86 아키텍처의 경우, 윈도우는 그림 12.11과 유사한 2단계 페이지 테이블 구조를 사용한다. 상위 단계 페이지 테이블은 **페이지 디렉터리**(*page directory*: PD)라 불린다. PD는 각각 4바이트 크기인 1024개의 항목을 포함한다. PD에서 각 항목은 **페이지 테이블**(*page table*: PT)을 가리킨다. 각 페이지 테이블은 각각 4바이트 크기인 1024개의 페이지 테이블 항목을 포함한다. 32비트 논리 주소는 다음과 같이 세 가지 구성 요소로 분할된다.

← 10 bits →	← 10 bits →	← 12 bits →
PD 인덱스	PT 인덱스	바이트 인덱스

주소 변환을 수행하는 중에 *PD* 인덱스 필드는 페이지 테이블을 찾기 위해 사용된다. *PT* 인덱스 필드는 페이지 테이블의 32비트 크기의 페이지 테이블 항목(PTE)을 선택하기 위해 사용되는데, 이는 페이지를 포함하는 페이지 프레임의 20비트 주소를 포함한다. 바이트 인덱스는 유효 물리 주소를 얻기 위해서 이 주소와 결합된다. 가상 메모리 관리자는 "프로세스가 페이지에 어떻게 접근할 수 있는지(읽기 전용인지, 읽기/쓰기가 가능한지)"와 "그 페이지에 할당된 페이지 프레임이 더티 혹은 접근된(읽기 또는 변경) 것인지"를 나타내기 위해 페이지 테이블 항목의 남은 12비트를 사용한다. 만약 페이지가 메모리에 존재하지 않는다면, 페이지 프레임의 20비트 주소는 페이징 파일(즉, 스왑 공간) 내의 오프셋을 명시한다. 만약 페이지가 코드를 포함한다면 페이지의 사본은 코드 파일에 존재할 것이므로 페이지 테이블 항목의 28비트는 코드 파일 내의 위치를 나타내고 있는 시스템 데이터 구조체를 가리킬 것이다. 이런 페이지는 코드 파일로부터 직접 적재되고 페이징 파일로는 복사되지 않는다.

한 페이지 프레임의 상태는 8개 중 하나가 된다. 그 중 다음과 같은 상태들이 있다.

- *valid*: 페이지는 사용 상태이다.
- *free*: 페이지는 사용 상태가 아니다.
- *zeroed*: 깨끗해진 상태로 즉시 사용이 가능하다.
- *standby*: 할당된 프로세스의 작업 집합으로부터 제거되었지만 다시 참조된다면 프로세스로 '재연결'이 가능한 상태이다.
- *modified*: 페이지는 변경되었고 아직 디스크에 쓰여지지 않은 상태이다.
- *bad*: 하드웨어 문제로 접근이 불가능한 상태이다.

프로세스는 이용 가능한 가상 주소 공간을 곧바로 사용할 수 없다. 가상 주소 공간을 사용하려면 먼저 예약을 해야 하며, 그리고 나서 파일이나 객체 같은 특정 개체를 저장하기 위해 실질적으로 할당해야 한다. 따라서 어느 한 순간에 프로세스의 논리 주소 공간의 일부만이 예약되어 있고, 예약된 논리 주소 공간 중 일부만이 실질적으로 사용 중이다. 예약되지 않았고 할당되지 않은 페이지에 대한 접근은 접근 위반을 야기한다. 프로세스의 한 스레드가 가상 메모리를 한 지역(region)으로 할당하기 위한 시스템 호출을 하면, 가상 메모리 관리자는 영역에 할당된 논리 주소의 범위 값을 가진 **가상 주소 디스크립터**(*virtual address descriptor*: VAD)를 구성한다. 프로세스의 페이지 테이블 크기를 최소화하기 위해서 가상 메모리 관리자는 조금씩 증가시키는 방식으로 페이지 테이블을 만든다. 즉, 페이지에 대한 접근이 페이지 부재를 일으킬 때야 비로소 할당되는 페이지를 위한 페이지 테이블 항목을 생성한다. 이 연산을 용이하게 하기 위해 논리 주소 공간의 할당된 부분을 위한 VAD들은 AVL 트리에 저장된다. 이 AVL 트리는 균형 잡힌 이진 트리(balanced binary tree)이다.

섹션(*section*) 객체는 공유할 수 있는 메모리의 부분을 나타낸다. 이것이 파일로 연결될 경우 메모리 맵 파일을 제공하며, 메모리로 연결될 경우 공유 메모리를 제공한다. 프로세스는 시스템 호출을 하여 섹션의 **뷰**(*view*)를 자신의 주소 공간에 매핑할 수 있다. 이때 시스템 호출의 인자는 섹션 객체 내의 오프셋, 매핑될 바이트 수, 프로세스 주소 공간 내의 객체가 매핑될 논리 주소이다. 프로세스가 처음으로 뷰 내의 어떤 페이지에 접근하게 되면, 다른 프로세스의 접근 결과로서 이미 페이지가 메모리에 존재하지 않는다면 페이지 프레임을 할당하고 페이지를 적재한다. 만약 메모리 섹션이 '*based*' 라는 속성을 가지고 있다면, 공유된 메모리는 공유하고 있는 각 프로세스의 논리 주소 공간에서 동일한 가상 주소를 가진다. 이는 프로세스들 사이에서 코드의 공유를 용이하게 해준다(12.6절 참고).

기록 시 복사 기능은 페이지를 공유하기 위해 사용된다(12.6.1절 참고). 이것은 페이지의 보호 필드를 **읽기 전용**으로 설정함으로써 구현된다. 프로세스가 페이지를 수정하려고 시도하면 보호 예외가 발생한다. 이제 가상 메모리 매니저는 프로세스가 사용하도록 페이지의 전용(private) 사본을 만든다.

공유 페이지의 적재, 접근, 제거는 다음과 같이 수행된다. **원형**(*prototype*) *PTE*들을 위해 예약된 메모리 영역에 각 공유 페이지마다 하나의 원형 PTE를 만든다. 공유 페이지를 사용하는 각 프로세스는 자신의 페이지 테이블에서 공유 페이지를 위한 PTE를 갖는다. 공유 페이지가 메모리에 존재하지 않을 때, 즉 메모리에 아직 적재되지 않았거나 메모리에서 제거되었을 때 원형 PTE와 모든 공유 프로세스 페이지 테이블의 PTE에 무효(invalid)로 표시된다. 또한 프로세스들의 페이지 테이블의 PTE는 원형 PTE를 가리키도록 설정된다. 공유 페이지가 공유 프로세스 중 하나에 의해 참조되면, 이 페이지를 메모리에 적재하고 할당된 페이지 프레임 번호를 원형 PTE와 프로세스의 PTE에 저장한다. 다른 프로세스가 이 페이지를 참조하면, 이것의 PTE에 원형 PTE에 있는 페이지 프레임 번호를 복사한다.

빠른 주소 변환을 위하여 TLB 버퍼가 사용된다. 32비트 아키텍처의 경우 버퍼는 전적으로 MMU 하드웨어에 의해 관리되고, 64비트 아키텍처의 경우 가상 메도리 관리자에 의해 관리된다. 어떤 스레드에 의한 메모리 접근이 페이지 부재를 일으키면, 페이지에 대한 페이지-인 연산이 끝날 때까지 스레드는 지연된다. 여러 스레드가 동시에 하나의 공유 페이지에 대해 페이지 부재를 일으킬 수 있다. 이러한 페이지 부재를 **충돌된**(*collided*) **페이지 부재**라고 부른다. 가상 메모리 관리자는 충돌된 페이지 부재를 일으킨 스레드들이 페이지-인 연산이 완료되면 깨어날 수 있도록 보장한다.

페이지 참조 지역성을 이용하여 페이지 부재의 수를 감소시키기 위해 가상 메모리 관리자는 부재가 발생한 페이지의 앞과 뒤에 있는 약간의 페이지들을 같이 메모리에 적재한다. 시스템을 부팅하거나 애플리케이션을 시작하는 동안 논리적 선반입기(logical prefetcher)는 메모리에 몇 개의 페이지를 적재하고 발생하는 페이지 부재를 감시한다. 이 방법은 다음 번 시스템 부팅 또는 애플리케이션의 시작 시에 좀 더 효율적으로 페이지들을 메모리에 미리 적재시킬 수 있다.

윈도우 커널은 프로세스에 할당된 메모리의 양을 제어하기 위해서 작업 집합 개념을 사용한다. 커널은 각 프로세스에 대해 작업 집합의 최소 크기와 최대 크기를 정의한다. 이 크기들은 프로세스의 크기나 성질에 의해 정해지는 것이 아니라 시스템의 메모리 설정에 의해 정해진다. 큰 메모리 설정의 경우 작업 집합의 최소 크기는 50페이지이고, 작업 집합의 최대 크기는 345페이지이다. 페이지 부재 시에 커널은 시스템의 가용 메모리 양, 프로세스의 현재 작업 집합 크기, 작업 집합의 최소와 최대 크기를 고려한다. 만약 현재 할당이 작업 집합의 최대 크기보다 작고 가용 메모리가 존재한다면, 페이지 프레임 1개를 추가로 프로세스에 할당한다. 그렇지 않다면 페이지 테이블의 **접근** 비트를 사용하여 수행되는 시계 알고리즘을 통해 프로세스의 페이지 중 하나를 교체한다. **작업 집합 관리자**는 주기적으로 수행되며 프로세스의 작업 집합이 조정될 필요가 있을 때에도 수행된다. 만약 페이지 프레임의 할당으로 인해 가용 메모리의 양이 임계값 아래로 떨어지면, 작업 집합의 크기가 최소 크기를 초과하는 작업 집합을 검사하여 오랫동안 사용되지 않은 페이지들을 메모리에서 제거한다. 이때 시계 알고리즘을 사용한다.

가상 메모리 관리자는 여러 개의 페이지 리스트를 관리한다. 관리하는 페이지 리스트에는 가용 리스트, 0으로 초기화된 페이지 리스트, 수정된(modified) 리스트, 그리고 대기(standby) 리스트가 있다. 어떤 페이지가 메모리로부터 제거되거나 페이지의 프로세스가 종료될 때, 이 페이지가 클린 페이지라면 이 페이지는 대기 리스트로 이동된다. 그렇지 않으면 페이지는 수정된 리스트로 이동된다. (대기 페이지는 그것의 사용을 원하는 프로세스에 간단히 '재연결'될 수 있다는 것을 상기하기 바란다.) 관리자는 수정된 페이지들을 기록하고 그들의 상태를 대기 상태로 변환한다. 관리자는 페이지를 언제 기록해야 하는지를 결정하기 위해 두 임계값을 사용한다. 하나는 시스템의 수정된 페이지 수에 대한 높은 임계값이고, 다른 하나는 가용 페이지 수에 대한 낮은 임계값이다.

12.9 세그먼테이션을 사용하는 가상 메모리 (VIRTUAL MEMORY USING SEGMENTATION)

세그먼트(segment)는 함수, 데이터 구조, 객체 같은 프로그램의 논리 개체이다. 세그먼트는 이런 개체들의 일부 또는 전부로 구성된 모듈일 수 있다. 한 프로그램은 세그먼트로 구성된다. 프로그램의 실행 동안 커널은 세그먼트를 메모리 할당의 단위로서 취급한다. 그 결과 프로세스의 비연속적인 메모리 할당을 가능하게 하고 메모리 단편을 감소시킴으로써 메모리의 효율적인 사용을 제공한다. 또한 논리 개체인 세그먼트는 공유와 보호를 위한 편리한 단위이다. 이 기능은 모듈이나 객체의 집합으로 이루어진 커다란 소프트웨어 시스템을 만드는 데 편리하다.

세그먼트화된 프로세스의 논리 주소는 (s_i, b_i) 쌍으로서 보여진다. 여기에서 s_i와 b_i는 각각 세그먼트와 바이트의 id이다. 논리 주소에서 s_i와 b_i를 표현하는 여러 가지 방법이 있다. 하나의 방법은 숫자로 표현하는 것이다. 이 경우에 논리 주소는 세그먼트 번호와 바이트 번호로 구성된다. 이 절의 뒤에서 두 번째 방법을 따로 설명하겠다. 프로세스의 논리 주소 공간은 본질적으로 이차원이다. 하나의 차원은 프로세스 세그먼트의 집합에 의해서 정의된다. 세그먼트의 개수는 컴퓨터 아키텍처 또는 가상 메모리 관리자에 의해 명시되는 최대 수에 따라 달라질 수 있다. 또 다른 하나의 차원은 한 세그먼트 내의 바이트 집합에 의해 정의된다. 세그먼트 내의 바이트 개수는 논리 주소 내에서 b_i를 표현하기 위해 사용되는 비트 수로 계산되는 최대 값에 따라 달라진다. 주소 공간의 이차원 속성에 의해 한 세그먼트의 마지막 바이트와 다른 세그먼트의 첫 번째 바이트는 논리적으로 인접한 바이트가 아니다. 만약 세그먼트의 마지막 바이트 주소에 1을 더하면 다음 세그먼트로 넘어가는 것이 아니라, 이것은 단지 유효하지 않은 주소일 뿐이다. 이는 페이징과 큰 차이이다. 또한 중요한 유사점도 있는데, 주소 변환 문맥에서 이를 설명하겠다.

그림 12.26은 세그먼테이션을 사용하는 가상 메모리의 주소 변환 방법을 보여주고 있다. 페이징과 유사하게 프로세스마다 **세그먼트 테이블**(ST)이 있고, 프로세스의 세그먼트 테이블을 가리키는 **세그먼트 테이블 주소 레지스터**(*segment table address register*: STAR)라고 불리는 특별한 하드웨어 레지스터가 있다. 논리 주소 (s_i, b_i)의 주소 변환은 세그먼트 테이블에서 s_i의 항목에 저장되어 있는 메모리 주소와 세그먼트에서의 바이트

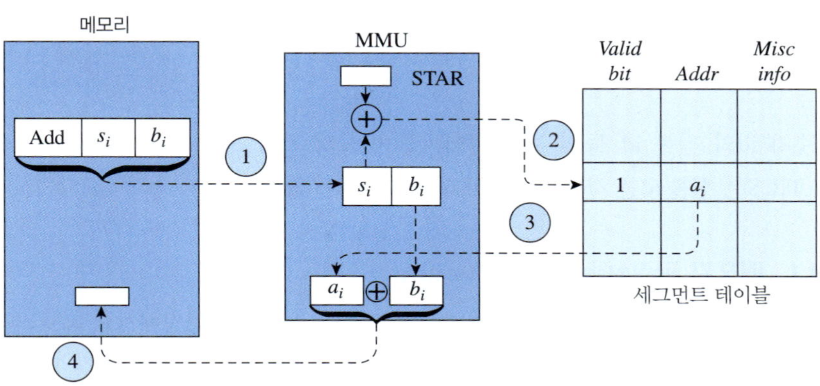

그림 12.26 세그먼테이션을 사용하는 가상 메모리의 구현

번호인 b_i를 사용함으로써 수행된다. 세그멘트 s_i가 메모리에 존재하지 않는다면 세그먼트 부재가 발생한다. 페이징과의 차이점은 세그먼트는 표준 길이가 없다는 것이다. 따라서 주소 변환은 페이징처럼 비트의 결합을 사용하여 수행할 수 없고, s_i의 시작 주소에 바이트 번호 b_i를 더하여 수행된다. 주소 변환 버퍼를 사용하면 주소 변환의 속도를 향상시킬 수 있다. 주소 변환 버퍼의 항목은 세그먼트 번호와 세그먼트 테이블 항목에서 복사된 세그먼트의 메모리 내 주소이다.

논리 주소 (s_i, b_i)에서 s_i와 b_i는 심볼 형태로 명시될 수 있다. 이 경우에 논리 주소는 (alpha, beta)의 형식을 갖는다. 이때 alpha는 세그먼트의 이름이고, beta는 세그먼트 alpha 내의 바이트와 연관된 id이다. 이런 논리 주소의 주소 변환은 다음과 같이 수행된다. 컴파일러가 세그먼트를 컴파일하는 동안 세그먼트에 정의된 바이트 id와 세그먼트 내에서 논리 주소에 대응하는 바이트의 바이트 번호로 구성되는 테이블을 생성한다. 가상 메모리 관리자는 주소 변환을 위해 이 테이블을 사용하게 된다. 이 테이블을 **세그먼트 연결 테이블**(*segment linking table*: SLT)이라고 하고, alpha를 위한 세그먼트 연결 테이블을 SLT_{alpha}라 부르겠다. MMU는 주소 변환을 수행하는 동안 세그먼트 테이블로부터 alpha의 시작 주소를 구하고, alpha 항목의 *misc info* 필드로부터 SLT_{alpha}의 주소를 가져온다. 또한 SLT_{alpha}로부터 beta의 바이트 번호를 구한다. 이 2개를 합쳐서 유효 메모리 주소를 계산한다.

예제 12.10 세그먼테이션의 유효 주소 계산

그림 12.27은 논리 주소 (alpha, beta)의 유효 주소 계산을 보여주고 있다. 그림의 (a)는 세그먼트 alpha를 보여준다. beta와 gamma는 alpha 내의 특정 명령이나 데이터와 관련된 2개의 id이다. 이 id들은 각각 세그먼트 내의 바이트 번호 232와 478과 연관되어 있다. SLT_{alpha}는 beta와 gamma 항목을 포함하는데, 이들의 바이트 번호는 각각 232와 476이다. alpha의 세그먼트 테이블에서 alpha의 항목을 보면, alpha는 시작 주소가 23480인 메모리 영역에 존재한다. beta와 연관된 바이트 번호는 232이다. 그러므로 (alpha, beta)의 유효 주소는 23480 + 232 = 23712로 계산된다.

숫자 id와 심볼 id 둘 다 세그먼테이션 방식의 가상 메모리에서 사용되어 왔다. MULTICS는 심볼 id를 사용하는 대표적인 시스템이다.

12.9.1 메모리 관리(Management of Memory)

세그먼테이션을 사용하는 가상 메모리에서의 메모리 관리는 페이징에서의 메모리 관리와 비슷하다. 세그먼트의 부재는 요구된 세그먼트가 메모리에 존재하지 않는다는 것을 나타낸다. 세그먼트-인(segment-in) 연산은 세그먼트를 적재하기 위해서 수행된다. 만

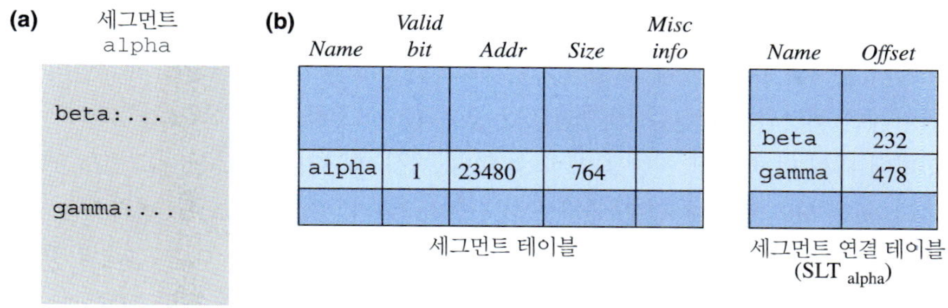

그림 12.27 심볼형 세그먼트 id와 word id의 사용

약 충분한 가용 메모리가 없다면, 요구된 세그먼트의 적재를 하기 전에 세그먼트-아웃(segment-out) 연산이 수행될 수 있다. 가상 메모리 관리자는 프로세스의 메모리 할당을 제어하기 위해서 세그먼트의 작업 집합을 사용할 수 있다. 각 세그먼트 항목어 세그먼트 참조 정보를 두고 NRU 방식으로 세그먼트를 교체한다.

페이징을 사용하는 가상 메모리와 다른 점은 세그먼트의 크기가 고정되지 않았다는 점이다. 메모리에서 하나의 세그먼트를 제거하여 만들어진 가용 메모리는 다른 세그먼트를 적재하기에 충분하지 않을 수 있다. 그러므로 새 세그먼트가 적재되기 전에 많은 세그먼트를 제거할 필요가 있을 수 있다. 세그먼트들의 다른 크기로 인해 외부 단편화가 발생할 수 있는데, 이는 압축(compaction) 또는 최초 적합 또는 최적 적합 같은 메모리 재사용 기법으로 해결할 수 있다. 압축은 MMU가 있다면 도움이 된다. 세그먼트가 메모리에서 이동될 때 세그먼트 테이블 항목의 주소 필드만 변경하면 된다. 그러나 가상 메모리 관리자는 이동 중인 세그먼트가 I/O 연산에 관련되지 않도록 보장해야 한다.

논리 주소 공간의 이차원 속성에 의해 세그먼트 크기가 동적으로 커지거나 작아질 수 있다. 동적으로 커지는 것은 이전에 할당된 메모리 영역은 반환하고 더 큰 메모리 영역을 세그먼트에 할당함으로써 가능하다. 세그먼트에 인접한 가용 공간이 존재한다면 메모리의 현재 위치에서 커지는 것도 가능하다.

12.9.2 공유와 보호(Sharing and Protection)

세그먼트의 공유와 보호에서 다음과 같은 두 가지 중요한 이슈가 있다.

- 세그먼트의 정적 공유와 동적 공유
- 유효하지 않은(invalid) 주소 사용의 탐지

세그먼트는 프로세스 내의 논리 개체이기 때문에 공유하기에 편리한 단위이다. 세그먼트는 12.6절에서 설명한 기법을 사용하여 정적으로 혹은 동적으로 공유될 수 있다. 만약 세그먼트 id가 숫자라면, 세그먼트는 공유하는 프로세스들의 논리 주소 공간에서 동일한 부분을 차지해야 한다. 이 요구사항은 페이징을 사용하는 가상 메모리에서 공유 페이지의 문제와 유사하다(12.6절과 그림 12.23을 참고). 이 요구사항은 세그먼트 id가 심볼이라면 해당되지 않는다. 세그먼트를 공유하는 프로세스들은 프로그램과 그 안의 데이터에 대해 다른 접근 권한을 가질 수 있다. 가상 메모리 관리자는 세그먼트 테이블 항목의 *misc info* 필드에 접근 권한을 저장한다. 논리 주소 (s_i, b_i)를 변환하는 동안, MMU는 두 종류의 보호 검사를 수행한다. MMU는 논리 주소에 대한 접근의 종류가 세그먼트에 대한 프로세스의 접근 권한과 일치하는지를 검사한다. 또한 MMU는 b_i가 s_i의 크기보다 작은지를 확인하여 (s_i, b_i)가 유효 주소인지를 검사한다. 이 검사 중 하나가 실패하면 MMU는 메모리 보호 위반 인터럽트를 일으킨다.

12.9.3 페이지화된 세그먼테이션(Segmentation with Paging)

세그먼테이션을 사용하는 가상 메모리는 세그먼트 크기가 다르기 때문에 외부 단편화가 발생한다. 이 문제는 세그먼트 기반 주소 기법에 페이징을 적용하여 해결할 수 있다. 이런 접근을 사용하는 시스템은 세그먼테이션의 근본적인 장점인 세그먼트 크기의 동적 변경이 가능하면서 외부 단편화를 피할 수 있다. 각 세그먼트는 페이지들로 구성되고 메모리 관리는 요구 페이징을 통해 수행된다. 이 방법은 언제든지 세그먼트의 필요한 페이지들만 메모리에 존재하기 때문에 보다 효율적인 메모리 사용을 가능하게 한다. 그러나 페이징은 세그먼트의 마지막 페이지에 내부 단편화를 만들 수 있다.

이러한 시스템에서의 논리 주소는 (s_i, p_i, b_i) 형식을 가진다. 각 세그먼트는 여러 개의 페이지로 구성되기 때문에 각 세그먼트마다 하나의 페이지 테이블을 만든다. 한 세그먼트의 세그먼트 테이블 항목은 자신의 페이지 테이블을 가리킨다. 그림 12.28은 이

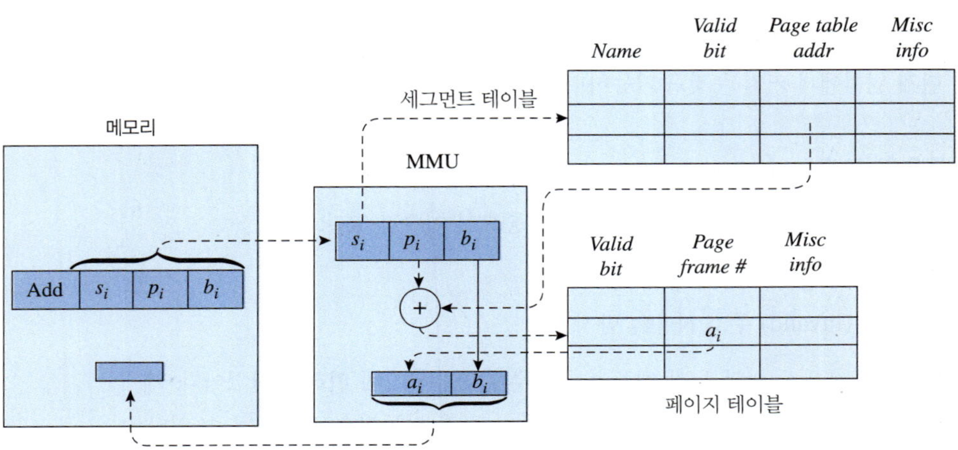

그림 12.28 페이지화된 세그먼테이션의 주소 변환

러한 방법을 보여준다. 세그먼트 테이블의 *name* 필드는 심볼형 세그먼트 id가 사용되었을 때만 필요하다. 주소 변환은 이제 세그먼트 테이블에 접근하고, 이어서 세그먼트의 페이지 테이블에 접근한다. 세그먼트 테이블과 페이지 테이블이 메모리에 있다면 주소 변환은 2번의 메모리 참조가 필요하다. 빠른 주소 변환을 위해서는 세그먼트 테이블과 페이지 테이블의 참조 모두를 위해 주소 변환 버퍼가 사용되어야 한다. 이런 목적을 위해 12.2.2절에서 설명한 기법을 간단히 확장하여 사용할 수 있다. 다른 방법으로 하나의 주소 변환 버퍼를 사용할 수 있는데, 이때 버퍼의 각 항목은 (s_i, p_i) 쌍과 대응하는 페이지 프레임 번호를 갖는다.

메모리 보호는 12.9.2절에서 설명한 방법을 사용하여 세그먼트의 수준에서 수행될 수 있다. 세그먼트의 보호 정보는 세그먼트 테이블의 항목에 저장될 수 있고 주소 변환 버퍼의 항목으로 복사될 수 있다. 페이지 수준의 접근 검사는 필요하지 않다.

12.10 요약

가상 메모리는 메모리와 디스크를 구성하고 있는 메모리 계층의 한 부분이다. 프로세스의 실행 동안에 프로세스의 주소 공간 중 일부 구성 요소는 메모리에 존재하는 반면, 나머지 구성 요소는 디스크에 존재한다. 이런 방식은 프로세스의 전체 메모리 요구사항이 시스템의 메모리 크기를 초과할 수 있게 한다. 또한 각 프로세스가 자신의 크기보다 적은 메모리를 사용하므로 동시에 많은 프로세스가 메모리에 존재할 수 있도록 해준다. 프로세스의 성능은 자신의 부분이 디스크로부터 메모리로 적재되어야 하는 비율에 의존한다. 이 장에서는 프로세스의 효율적인 실행과 시스템의 좋은 성능을 보장하기 위해 커널에서 사용하는 기법들을 설명하였다.

페이징을 사용하는 가상 메모리의 연산에서 기본적인 2개의 작업은 **주소 변환**과 **페이지의 요구**에 의한 적재이다. 하드웨어 장치인 메모리 관리 장치(MMU)와 커널의 일부인 **가상 메모리 관리자**는 이 두 작업을 공동으로 수행한다. 메모리는 페이지와 크기가 같은 **페이지 프레임**이라는 부분들로 나뉜다. 가상 메모리 관리자는 각 프로세스마다 하나의 **페이지 테이블**을 유지하는데, 페이지 테이블에는 프로세스의 페이지들이 메모리의 어떤 페이지 프레임에 있는지의 정보가 들어 있다. 프로세스의 현재 명령어의 피연산자가 메모리에 적재된 페이지 중 하나에 존재할 때, MMU는 페이지 테이블로부터 페이지가 존재하는 페이지 프레임 번호를 구하고, 이를 사용하여 피연산자의 유효 메모리 주소를 계산한다. 만약 페이지가 메모리에 존재하지 않는다면, MMU는 **페이지 부재**라고 불리는 인터럽트를 발생시키고 가상 데모리 관리자는 페이지를 메모리에 적재한다. 빠른 주소 변환을 위해서 속도가 빠른 TLB가 사용된다. 이것은 프로세스들의 페이지 테이블 항목들을 캐싱한다. **역 페이지 테이블**과 **다단계 페이지 테이블**은 일반적인 페이지 테이블보다 적은 메모리를 요구하기 때문에 실제 시스템에서 사용되고 있다.

가상 메모리 관리자는 2개의 중요한 결정을 해야 한다. 이는 프로세스의 성능에 영향을 미친다. 하나는 프로세스에 의해 요구된 새로운 페이지를 위한 공간을 만들기 위해서 어떤 페이지를 메모리에서 제거해야 하는지이고, 다른 하나는 한 프로세스에 얼마나 많은 메모리를 할당해야 하는지이다. 가상 메모리 관리자는 어떤 페이지를 메모리에서 제거해야 하는지 결정하기 위해서 페이지 교체 알고리즘을 사용한다. 참조의 지역성이라는 경험적 원리는 최근에 접근된 페이지가 최근에 접근되지 않은 페이지보다 앞으로 접근될 가능성이 높음을 나타낸다. 이에 따라서 LRU 페이지 교체 알고리즘은 가장 오랫동안 사용되지 않은 페이지를 제거한다. 이 알고리즘은 스택 속성을 갖고 있다. 스택 속성은 프로세스로의 메모리 할당이 증가하면 페이지 부재율이 증가하지 않음을 보장한다. 그러나 페이지가 마지막으로 참조된 시간에 대한 정보를 모으는 것은 많은 비용이 든다. 이러한 이유로 MMU는 페이지 참조에 대한 정보를 수집하도록 하나의 비트를 제공하고, *NRU* **알고리즘**이라고 불리는 페이지 교체 알고리즘의 유형을 실제 시스템에서 사용한다. **시계 알고리즘**은 NRU 알고리즘의 한 종류로서 널리 사용되고 있다.

프로세스의 **작업 집합**은 프로세스가 최근에 참조한 페이지들의 모임이다. 작업 집합의 크기는 프로세스의 좋은 성능을 보장하기 위해 얼마나 많은 페이지가 메모리에 있어야 하는지를 알려준다. 가상 메모리 관리자는 **스래싱**이라고 불리는 상황을 피하기 위해서 작업 집합의 개념을 사용할 수 있다. 스래싱 상황에서는 시스템의 대부분 프로세스들이 불충분한 메모리를 가지고 있어서 페이지 부재율이 높고 실제 작업은 거의 못한다.

운영체제는 프로세스의 빠른 실행을 위해 가상 메모리를 활용하는 특별한 기법들을 사용한다. **기록 시 복사 기법**은 메모리에 공유 페이지의 동일한 사본들을 유지하는 것을 피할 수 있게 하고, 파일의 **메모리 매핑**은 파일이 프로세스 주소 공간의 한 부분으로 취급되게 하여 파일의 데이터에 빠르게 접근할 수 있게 한다.

여러분의 생각을 평가해 보라.

12.1 다음 각 문장이 참인지 거짓인지 구분하라.

a. 가상 메모리를 제공하는 컴퓨터에서 논리 주소의 비트 수는 물리 주소의 비트 수보다 클 수 있다.

b. 페이지 교체 연산에서 페이지-아웃 연산은 교체되는 페이지의 변경 여부와 상관없이 항상 필요하다.

c. 어떤 프로세스의 연산 중에 만들어진 TLB 항목이 다른 프로세스 연산 중에 사용된다면 보호가 안 될 수 있다.

d. 역 페이지 테이블 구조는 주소 변환 시에 전통적인 페이지 테이블 구조보다 더 많은 메모리 접근이 필요하다.

e. FIFO 페이지 교체 정책에서 프로그램에 더 많은 페이지 프레임을 할당하면 페이지 부재율을 감소시킬 수 있음을 보장한다.

f. 가상 메모리 하드웨어가 하나의 참조 비트를 제공하고 모든 메모리 거주 페이지의 페이지 테이블 항목에 있는 참조 비트가 세트된다면, LRU 페이지 교체 알고리즘은 FIFO 교체 알고리즘과 같아진다.

g. 프로세스의 작업 집합에 속한 모든 페이지가 항상 메모리에 적재되어 있다면, 프로세스의 실행 중에 페이지 부재가 발생하지 않는다.

h. 과도한 페이지 트래픽은 스래싱의 발생을 의미한다.

i. 프로그램 C의 한 사본이 두 프로세스 *A*와 *B*에 의해 공유된다면, C의 페이지는 프로세스 *A*와 *B*의 페이지 테이블에서 같은 위치에 있어야 한다.

12.2 다음 각 질문에 대해 올바른 답을 선택하라.

a. 가상 메모리 하드웨어가 페이지 테이블의 항목에 하나의 참조 비트를 제공한다면, 프로세스 P_k의 페이지 p_i 항목에 있는 참조 비트가 의미하는 것은,

i. 페이지 p_i가 미래에 참조될 것인지를 의미한다.

ii. 페이지 p_i가 P_k의 실행 중 참조할 다음 페이지가 될 것인지를 의미한다.

iii. 페이지 p_i가 메모리에 적재된 후에 참조가 되었는지를 의미한다.

iv. 페이지 p_i가 P_k의 의해 가장 최근에 참조된 페이지인지를 의미한다.

b. 프로세스 P_k의 실행 중에 TLB 버퍼가 포함하는 것은,

i. P_k의 페이지 테이블의 임의의 항목들

ii. P_k의 페이지 테이블의 가장 최근에 참조된 항목들

iii. P_k의 페이지 테이블의 마지막 몇 개의 항목들

iv. P_k의 페이지 테이블의 가장 오랫동안 참조되지 않은 항목들

c. 페이지 교체 알고리즘의 스택 속성이 어떤 프로세스에 더 많은 메모리를 할당하는 것을 의미한다면,

i. 더 적은 페이지 부재가 발생한다.

ii. 더 많은 페이지 부재가 발생한다.

iii. 페이지 부재 수가 적어지거나 같다.

iv. i~iii 중 해당 사항이 없다.

d. 프로세스 P_i는 자신의 페이지 중 5%가 메모리에 적재되어 있고 프로세스 P_j는 자신의 페이지 중 10%가 메모리에 적재되어 있을 때, pfr_i와 pfr_j는 프로세스 P_i와 P_j의 페이지 부재율이다. 만약 페이지 교체 정책이 스택 속성을 갖는다면,

i. $pfr_i < pfr_j$

ii. $pfr_i \leq pfr_j$

iii. $pfr_i > pfrj$

iv. pfr_i와 pfr_j의 관계에 대해 성립하는 것이 없다.

e. 프로세스 P_i는 자신의 페이지 중 5%가 메모리에 적재되어 있을 때 페이지 부재율이 pfr_i, 10%가 메모리에 적재되어 있을 때 페이지 부재율이 pfr_i'라고 하자. 페이지 교체 정책이 스택 속성을 갖는다면,

i. $pfr_i < pfr_i'$

ii. $pfr_i \geq pfr_i'$

iii. $pfr_i > pfr_i'$

iv. pfr_i와 pfr_i'은 관계에 대해 성립하는 것이 없다.

f. 스래싱을 해결하려면,

i. 다중 프로그래밍 정도를 증가시킨다.

ii. I/O 속도를 증가시킨다.

iii. 프로세스의 메모리 할당을 작업 집합 크기에 맞게 한다.

iv. i~iii 중 해당 사항이 없다.

연습문제

12.1 접근시간이 100 나노 초인 메모리에 페이지 테이블이 저장되어 있다. TLB 버퍼는 64개의 페이지 테이블 항목을 저장할 수 있으며, 접근시간은 10 나노 초이다. 프로세스의 실행 중에, 요구되는 페이지 테이블 항목의 85%가 TLB에 존재하였고 참조의 2%만이 페이지 부재를 발생하였다. 페이지 교체의 평균 수행시간은 2 ms이다. 유효 메모리 접근시간을 계산하라.

12.2 연습문제 12.1의 접근시간과 적중률을 사용해서 2단계, 3단계, 4단계 페이지 테이블 구조의 유효 메모리 접근시간을 계산하라.

12.3 가상 메모리에서 커널을 페이징하는 다음 세 가지 방법 중 어떤 것을 추천하겠는가? 그 이유는 무엇인가?

a. 커널을 영구적으로 메모리에 상주시킨다.

b. 사용자 프로세스의 페이징 방법처럼 커널을 페이징한다.

c. 커널을 모든 프로세스의 논리 주소 공간 내 필수 부분으로 만들고 공유 페이지처럼 관리한다.

12.4 프로세스의 실행 성능은 그 실행 중에 갖는 참조의 지역성에 달려 있다. 프로세스의 좋은 성능을 위해 프로그래머가 따를 수 있는 지침들을 만들어 보라. 각 지침에 대해 이유를 설명하라. (힌트: 중첩된 루프 내에서 발생하는 배열 참조들을 고려하라.)

12.5 *alloc* = 5일 때, LRU 페이지 교체 정책이 최적 페이지 교체 정책보다 페이지 부재를 더 많이 일으키는 프로세스 페이지 참조 열의 예를 들어보라.

12.6 어떤 프로세스가 실행 중에 *r* 번의 페이지 참조를 수행한다. 프로세스의 페이지 참조 열에 *d* 개의 페이지 번호가 포함되어 있다. 프로세스의 크기는 *p* 개의 페이지이고 실행 동안에 *f* 개의 페이지 프레임이 할당된다.

a. 프로세스 실행 중에 발생할 수 있는 페이지 부재의 최소 개수는 무엇인가?

b. 프로세스 실행 중에 발생할 수 있는 페이지 부재의 최대 개수는 무엇인가?

12.7 페이지 교체 정책이 고정된 메모리 할당과 지역 페이지 교체를 사용할 때 다음 문장이 정당함을 증명하라. "어떤 프로세스가 자신의 페이지를 변경하지 않는다면, 페이지 참조 열에서 다음 참조가 가장 먼 페이지를 교체하는 것이 최적이다." 만약 프로세스가 어떤 페이지를 변경한다면, 페이지-인과 페이지-아웃 연산의 수가 최소가 아닐 수 있음을 보이라.

12.8 Belady의 모순 현상은 무엇인가? 스택 속성을 갖는 페이지 교체 알고리즘은 Belady의 모순 현상이 없음을 보이라.

12.9 LRU 페이지 교체 정책은 스택 속성을 가짐을 증명하라.

12.10 최적 페이지 교체는 페이지 참조 열에서 다음 참조가 가장 멀리 떨어진 페이지를 교체하는 방법으로 구현할 수 있다. 이 정책은 스택 속성을 갖는가? 시계 알고리즘은 스택 속성을 갖는가?

12.11 페이지 참조 열 (12.6)에 대해서,

a. 작업 집합 창이 세 명령어 또는 네 명령어일 때 매 시간에서의 작업 집합을 보이라.

b. FIFO를 사용하는 작업 집합 할당자와 LRU 할당자의 연산과 성능을 비교하라.

12.12 작업 집합 할당자가 두 개의 Δ 값 ($\Delta_1 < \Delta_2$)를 가지는 페이지 참조 열을 위해 사용되고 있다. 이때 pfr_1과 pfr_2는 각각 Δ_1과 Δ_2가 사용될 때의 페이지 부재율이다. (a) 작업 집합을 각 명령어마다 다시 계산하는 경우 $pfr_1 \geq prf_2$인가? (b) 작업 집합을 *n* 개의 명령어마다 다시 계산하는 경우 $pfr_1 \geq prf_2$인가?

12.13 작업 집합 메모리 할당자를 사용하는 가상 메모리 관리자가 다중 프로그래밍 정도를 줄이기 위해 수행하는 작업을 설명하라. 이때 사용하는 데이터 구조를 어떻게 사용하는지를 설명하라.

12.14 프로세스의 실행 중에 작업 집합 크기가 왜 줄어들고 늘어나는지를 예를 들어 설명하라.

12.15 다음 문장이 정당함을 증명하라. "작업 집합 메모리 할당자를 사용할 때 스래싱이 발생할 수 있다. 그러나 그 기간은 길 수 없다."

12.16 가상 메모리 관리자가 다음과 같은 페이지 교체 정책을 사용할 때, 이 정책의 효율성을 논하라. 시스템의 페이지 부재율이 높고 CPU 효율이 낮을 때, 각 프로세스의 할당량을 줄이고 새 프로세스를 적재한다.

12.17 페이지 교체를 위한 시계 알고리즘에서 바늘이 2개 있는 경우가 바늘이 1개 있는 경우보다 우수한 이유를 설명하라(12.8.1절 참고).

12.18 가상 메모리 관리자가 작업 집합 메모리 할당자를 사용하고 페이지의 동적 공유를 사용한다. 다음 상황에서 가상 메모리 관리자가 수행하는 작업들을 설명하라.

a. 페이지 부재가 발생하였을 때

b. 어떤 공유 페이지를 공유 중인 한 프로세스의 작업 집합에서 이 페이지가 탈락되었을 때

12.19 가상 메모리를 사용하는 시스템에서 하나의 프로세스에 할당하는 메모리 양은 고정시키고 페이지 크기는 변한다. (따라서 메모리에 있는 프로세스들의 페이지 수는 변한다.) 페이지 크기에 대해 예상 페이지 부재율의 그래프를 그리라.

12.20 가상 메모리를 사용하는 시스템에서 다중 프로그래밍의 정도는 프로세스에 할당된 메모리 양을 변화시키면 달라진다. 다중 프로그래밍 정도와 CPU 효율성 간의 관계를 그래프로 그리라. 그래프에서 다중 프로그래밍 정도가 높은 부분의 성질을 설명하라.

12.21 프로세스 실행 중에 "과거의 명령어(instructions in the past)"를 다음과 같이 정의한다. 가장 최근에 수행된 명령어를 프로세스의 "과거의 1개 명령어(1 instruction in the past)"라고 하고, 그 이전 명령어를 "과거의 2개 명령어(2 instructions in the past)"라 하고, 그 이전 명령어들도 유사한 방법으로 정의한다. 메모리 할당자는 과거의 i 개 명령어에서 수행한 페이지 참조를 "$-i$ 페이지 참조"라고 부른다. 메모리 할당자는 인자 w를 사용하며 메모리 할당과 페이지 교체를 위해 다음과 같은 규칙을 사용한다.

a. 다음 페이지 참조가 $-w$ 페이지 참조와 일치한다면, 아무 작업도 수행하지 않는다.

b. a의 조건이 성립하지 않을 때, 다음 페이지 참조가 i 페이지 참조($i < w$)와 일치한다면 다음 작업을 수행한다. $-w$ 페이지 참조가 $-j$ 페이지 참조($j < w$)와 일치하지 않는다면, 프로세스에 할당된 하나의 페이지 프레임을 줄이고 가장 오랫동안 사용되지 않은 페이지를 제거한다. 만약 일치한다면 아무 작업도 수행하지 않는다.

c. b의 조건이 성립하지 않을 때, 다음 페이지 참조가 페이지 부재를 일으키고 $-w$ 페이지 참조가 $-j$ 명령어의 페이지 참조와 일치하지 않는다면($j < w$), LRU 페이지 교체 정책을 사용하여 페이지 교체를 수행한다.

d. c의 조건이 성립하지 않을 때, 프로세스에 하나의 페이지 프레임을 더 할당하고 다음 페이지 참조에 포함된 페이지를 적재한다.

메모리 할당자의 작업과 $\Delta = w$인 작업 집합 메모리 할당자의 작업이 동등함을 보이라.

12.22 페이지화된 세그먼테이션을 사용하는 가상 메모리에서 다음 메모리 관리 방법을 비교하라.

a. 한 프로세스 내에서 LRU 정책을 사용한다.

b. 한 세그먼트 내에서 LRU 정책을 사용한다.

12.23 다음 문장의 정당성을 설명하라. "페이지화된 세그먼테이션에서 세그먼테이션의 역할은 공유에 제한되고, 메모리 관리에 대해서는 아무런 역할을 하지 않는다."

12.24 한 I/O 연산은 복수 개의 I/O 명령어 열의 실행으로 이루어진다. 자가 서술식(*self-describing*) I/O 연산은 같은 I/O 연산 내에 어떤 I/O 명령어들이 이전 I/O 명령어에 의해 읽혀지는 I/O 연산이다. 예를 들어 다음 I/O 연산을 보자.

1. Read d, 6, *aaa*
2. Read d, *count*, *bbb*

여기에서 d는 I/O 장치의 번호이다. 첫 번째 I/O 명령어는 주소가 *aaa*인 메모리 영역으로 6바이트를 읽는다. 이 메모리 영역은 두 번째 I/O 명령어의 *count*(2바이트)와 *bbb*(4바이트) 필드가 저장되는 곳이다. 따라서 첫 번째 I/O 명령어는 두 번째 명령어를 변경하게 된다. 첫 번째 I/O 명령어에 의해 *count* 필드에는 n이 읽혔고 *bbb* 필드에는 *ccc*가 읽혔다. 첫 번째 I/O 명령어가 끝난 후 두 번째 명령어는 주소가 *ccc*인 메모리 영역에 n 바이트를 읽는다. 이 I/O 연산을 위한 데이터는 다음과 같다.

$$n,\ ccc,\ \underbrace{\qquad\qquad\qquad}_{n\text{ 바이트의 데이터}}$$

12.2.4절에서 설명한 가상 메모리의 I/O 수행 방법은 자가 서술식 I/O 연산을 올바르게 처리할 수 있는가? 자가 서술식 I/O 단축 형식의 경우 첫 번째 I/O 명령어는 오직 2바이트를 읽어 *count* 필드에 저장한다. 12.2.4절에서 설명한 방법이 이런 연산을 올바르게 처리할 수 있는가?

12.25 프로세스를 초기화하는 동안에 가상 메모리 관리자는 파일 내에 있는 프로세스의 코드를 프로세스에 예약된 스왑 공간으로 복사한다. 코드 페이지는 요구될 때 스왑 공간에서 메모리로 적재된다. 이 방법의 장점을 설명하라. 왜 코드 페이지가 요구될 때 파일에서 직접 적재하지 않는가? 어떤 코드 페이지들은 실행 중에 사용되지 않을 수도 있기 때문에 코드 페이지들을 스왑 공간에 복사하는 것은 낭비이다. 이런 문제를 해결하기 위해서 어떤 가상 메모리 관리자는 코드 페이지가 처음으로 사용될 때 스왑 공간에 복사한다. 이런 최적 방법

의 장점과 단점을 설명하라.

12.26 가상 메모리의 성능은 CPU 속도, 메모리 크기, 페이징 장치의 최대 처리율이라는 세 요소에 의해 결정된다. 다음은 CPU와 페이징 장치의 낮은 사용률과 높은 사용률의 원인을 요약하고 있다.

	높은 사용률	낮은 사용률
CPU	프로세스들이 CPU 중심 프로세스이거나 CPU가 느리다.	소수의 프로세스만 CPU 중심 프로세스이거나 스래싱이 발생한다.
페이징 디스크	스래싱이 발생하거나 디스크가 느리다.	메모리가 각 프로세스에게 필요 이상으로 할당되었다.

다음 변경 중 하나 이상을 수행하면 가상 메모리 성능은 향상될 수 있다- CPU를 빠른 CPU로 교체, 페이징 디스크를 빠른 디스크로 교체, 메모리를 증설, 다중 프로그래밍 정도를 늘림. 다음 각 상황에서 시스템 성능을 향상시키기 위해 위 변경들 중 어떤 것을 추천하겠는가?

a. 낮은 CPU 효율성, 낮은 디스크 효율성
b. 낮은 CPU 효율성, 높은 디스크 효율성
c. 높은 CPU 효율성, 낮은 디스크 효율성
d. 높은 CPU 효율성, 높은 디스크 효율성

프로젝트: 가상 메모리 관리자의 모의실험(simulation)

가상 메모리 관리자는 그림 12.19와 같은 2개의 스레드를 사용한다. 가용 프레임 관리자라는 스레드는 항상 충분한 가용 페이지 프레임을 유지하려고 노력하고, 페이지 *I/O* 관리자라는 스레드는 더티 페이지 프레임에 대해 페이지-아웃 연산을 수행한다. 가상 메모리 관리자는 연습문제 12.8과 그림 12.20에서 보여준 두 바늘을 가진 시계 알고리즘을 사용한다. 또한 전역 기반의 페이지 교체를 수행한다.

이 가상 메모리 관리자를 모의실험하려고 한다. 모의실험은 입력 파일의 명령어들에 의해 제어된다. 각 명령어는 *<action><parameters>*의 형식으로 되어 있다. action은 다음과 같다

action 이름	parameter와 그 의미
Memory_size	페이지 프레임의 개수(정수)
Lower_threshold	가용 페이지 프레임의 최소 개수(정수)
Upper_threshold	가용 페이지 프레임의 최대 개수(정수)
Distance	시계 바늘 간 간격으로서 페이지 프레임의 수로 표현됨(정수)
#processes	프로세스의 개수(정수). 프로세스의 번호는 $P_0, P_1, \ldots$
Process_size	프로세스 번호, 페이지의 개수(둘 다 정수)
Read	프로세스 번호, 페이지 번호. 명시된 프로세스는 명시된 페이지를 읽음(둘 다 정수)
Modify	프로세스 번호, 페이지 번호. 명시된 프로세스는 명시된 페이지를 변경함(둘 다 정수)
Page_table	없음. 시뮬레이터는 페이지 프레임 리스트를 출력함
IO_list	없음. 시뮬레이터는 페이지-아웃 연산이 필요한 페이지 프레임 리스트를 출력함
Hit_ratio	시뮬레이터는 프로세스의 적중률을 출력함
Reset_counters	시뮬레이터는 적중률을 계산하기 위해 사용하는 카운터를 리셋함

이 가상 메모리 관리자의 시뮬레이터를 구현하라. 시뮬레이터는 프로세스의 페이지 테이블과 스왑 공간을 관리해야 한다. 또한 페이지-아웃 연산이 수행되어야 할 페이지 프레임의 리스트를 관리해야 한다. 가용 프레임 관리자는 이 리스트에 페이지 프레임 번호를 추가한다. 페이지 I/O 관리자는 적절한 순서로 페이지 프레임에 대한 페이지-아웃 연산을 수행한다. 또한 페이지 프레임의 페이지-아웃 연산이 끝나면 가용 프레임 관리자에게 통지한다.

참고문헌

Randell(1969)은 가상 메모리 시스템의 동기가 된 최초의 논문 중 하나이다. Ghanem(1975)은 다중 프로그래밍을 위한 가상 메모리 시스템에서 메모리 분할(partitioning)을 다루었다. Denning(1970)은 가상 메모리 시스템에 대해 전반적으로 조망한 논문이다. Hatfield(1971)는 가상 메모리 시스템에서 프로그램 성능을 다루었다.

Belady(1966)는 자신의 이름을 딴 모순을 다루었다. Mattson 등(1970)은 페이지 교체 알고리즘의 스택 속성을 다루었다. Denning(1968a, 1968b)은 스래싱과 기본적인 작업 집합 모델을 다루었다. Denning(1980)은 작업 집합에 대해 심도 있게 다루었다. Smith(1978)는 페이징 및 관련 주제에 대한 참고문헌이다. Wilson 등(1995)은 가상 메모리 환경에서 메모리 할당을 다루었다. Johnstone과 Wilson(1998)은 메모리 단편화 문제를 다루었다.

Chang과 Mergen(1988)은 역 페이지 테이블을 다루었고, Tanenbaum(2001)은 인텔 80386에서 사용하는 2단계 페이지 테이블을 설명하였다. Jacob과 Mudge(1998)는 MIPS, Pentium, PowerPC 아키텍처에서의 가상 메모리 특징을 비교하였다. Swanson 등(1998)과 Navarro 등(2002)은 슈퍼페이지를 설명하였다.

Car와 Hennessy(1981)는 시계 알고리즘을 다루었다. Bach(1986)와 Vahalia(1996)는 유닉스 가상 메모리를 다루었다. Beck 등(2002), Gorman(2004), Bovet과 Cesati(2005), Love(2005)는 리눅스 가상 메모리를 다루었다. Mauro와 McDougall(2006)은 솔라리스의 가상 메모리를 다루었다. Russinovich와 Solomon(2005)은 윈도우의 가상 메모리를 다루었다.

Organick(1972)는 MULTICS의 가상 메모리를 다루었다.

1. Aho, A. V., P. J. Denning, and J. D. Ullman (1971): "Principles of optimal page replacement," *Journal of ACM*, **18** (1), 80–93.
2. Bach, M. J. (1986): *The Design of the Unix Operating System*, Prentice Hall, Englewood Cliffs, N.J.
3. Beck, M., H. Bohme, M. Dziadzka, U. Kunitz, R. Magnus, C. Schroter, and D. Verworner (2002): *Linux Kernel Programming*, 3rd ed., Pearson Education, New York.
4. Belady, L. A. (1966): "A study of replacement algorithms for virtual storage computers," *IBM Systems Journal*, **5** (2), 78–101.
5. Bensoussen, A., C. T. Clingen, and R. C. Daley (1972): "The MULTICS virtual memory—concepts and design," *Communications of the ACM*, **15** (5), 308–318.
6. Bryant, P. (1975): "Predicting working set sizes," *IBM Journal of R and D*, **19** (5), 221–229.
7. Bovet, D. P., and M. Cesati (2005): *Understanding the Linux Kernel*, 3rd ed., O'Reilly, Sebastopol, Calif.
8. Carr, W. R., and J. L. Hennessy (1981): "WSClock—a simple and effective algorithm for virtual memory management," *Proceedings of the ACM Symposium on Operating Systems Principles*, 87–95.
9. Chang, A., and M. Mergen (1988): "801 storage: architecture and programming," *ACM Transactions on Computer Systems*, **6**, 28–50.
10. Daley, R. C., and J. B. Dennis (1968): "Virtual memory, processes and sharing in MULTICS," *Communications of the ACM*, **11** (5), 305–322.
11. Denning, P. J. (1968a): "The working set model for program behavior." *Communications of the ACM*,

11 (5), 323–333.

12. Denning, P. J. (1968b): "Thrashing: Its causes and prevention," *Proceedings of AFIPS FJCC*, **33**, 915–922.
13. Denning, P. J. (1970): "Virtual Memory," *Computing Surveys*, **2** (3), 153–189.
14. Denning, P. J. (1980): "Working sets past and present," *IEEE Transactions on Software Engineering*, **6** (1), 64–84.
15. Ghanem, M. Z. (1975): "Study of memory partitioning for multiprogramming systems with virtual memory," *IBM Journal of R and* D, **19**, 451–457.
16. Gorman, M. (2004): *Understanding the Linux Virtual Memory Manager*, Prentice Hall, Englewood Cliffs, N.J.
17. Guertin, R.L.(1972): "Programming in a paging environment," *Datamation*, **18** (2), 48–55.
18. Hatfield, D. J., and J. Gerald (1971): "Program restructuring for virtual memory," *IBM Systems Journal*, **10** (3), 169–192.
19. Jacob, B., and T. Mudge (1998): "Virtual memory in contemporary microprocessors," *IEEE Micro Magazine*, 18, 60–75.
20. Johnstone, M. S., and P. R. Wilson (1998): "The memory fragmentation problem: solved?," *Proceedings of the First International Symposium on Memory Management*, 26–36.
21. Love, R. (2005): *Linux Kernel Development*, 2nd ed. Novell Press.
22. Mauro, J., and R. McDougall (2006): *Solaris Internals*, 2nd ed., Prentice-Hall, Englewood Cliffs, N.J.
23. Mattson, R. L., J. Gecsei, D. R. Slutz, and I. L. Traiger (1970): "Evaluation techniques for storage hierarchies," *IBM Systems Journal*, **9** (2), 78–117.
24. Navarro, J., S. Iyer, P. Druschel, and A. Cox (2002): "Practical, transparent operating system support for superpages," *ACM SIGOPS Operating Systems Review*, **36**, issue SI, 89–104.
25. Organick, E. I. (1972): *The MULTICS System*, MIT Press, Cambridge, Mass.
26. Randell, B. (1969): "A note on storage fragmentation and program segmentation," *Communications of the ACM*, **12** (7), 365–369.
27. Rosell, J. R., and J. P. Dupuy (1973): "The design, implementation and evaluation of a working set dispatcher," *Communications of the ACM*, **16**, 247–253.
28. Russinovich, M. E., and D. A. Solomon (2005): *Microsoft Windows Internals*, 4th ed., Microsoft Press, Redmond, Wash.
29. Smith, A. J. (1978): "Bibliography on paging and related topics," *Operating Systems Review*, **12** (4), 39–56.
30. Swanson, M., L. Stoller, and J. Carter (1998): "Increasing TLB reach using superpages backed by shadow memory," *Proceedings of the 25th International Symposium on Computer Architecture*, 204–213.
31. Tanenbaum, A. S. (2001): *Modern Operating Systems*, 2nd ed., Prentice Hall, Englewood Cliffs, N.J.
32. Vahalia, U. (1996): *Unix Internals—The New Frontiers*, Prentice Hall, Englewood Cliffs, N.J.
33. Wilson, P. R., M. S. Johnstone, M. Neely and D. Boles (1995): "Dynamic storage allocation: a survey and critical review," *Proceedings of the International Workshop on Memory Management*, 1–116.

part 4

파일 시스템과 I/O 관리
File Systems and I/O Management

컴퓨터 사용자들은 파일을 생성, 처리, 그리고 해당 시스템의 다른 사용자와 파일을 공유할 때 편리성과 효율성을 기대한다. 또한 자신이 소유한 파일을 다른 사용자가 불법적으로 접근하거나 변형하지 않도록, 또한 시스템의 오작동으로 인한 피해를 받지 않도록 보호, 보안, 그리고 신뢰성을 지원하는 파일 시스템을 기대한다. 시스템 관리자는 파일 시스템이 I/O 장치의 효율적 사용을 보장하고, 해당 시스템의 성능을 높이는 데 기여하기를 기대한다.

파일 시스템은 이러한 다양한 요구사항들을 충족시키기 위해 계층적인 뷰 및 구조를 사용한다. **논리적 뷰**(*logical-view*)는 사용자가 요구하는 특징들을 규정하는 데 사용된다. 이러한 관점에서 파일은 사용자에 의해 소유되고, 다른 사용자 또는 사용자 그룹에 의해 공유되며, 일정 기간 동안 신뢰성 있게 저장되는 엔트리(entry)로 간주될 수 있다. 논리적 구조는 논리적 뷰를 구현한다. 논리적 구조는 여러 종류의 파일과 파일 연산, 파일 공유와 보호를 위해 사용되는 **디렉터리 구조**(*directory structures*) 및 파일 배치(arrangement), 그리고 파일 시스템의 신뢰성 있는 연산(operation) 등으로 구성된다.

물리적 뷰(*physical view*)는 빠른 데이터 접근, 프로세스 내에서 좋은 성능의 파일 연산, 그리고 I/O 장치의 성능을 보장하기 위해 사용된다. 이러한 관점에서, 파일은 효율적으로 사용될 필요가 있는 I/O 장치에 저장된, 빠르게 접근될 필요가 있는 데이터의 모음이다. 물리적 구조는 물리적 뷰를 구현하기 위해 **버퍼**(*buffer*)와 **캐시**(*cache*)를 사용하는 방식으로 구성된다.

우리는 파일 시스템의 논리적 뷰와 물리적 뷰를 서로 다른 장에서 다루는데, 4부의 세 번째 장에서 운영체제에서 사용되는 보호와 보안 방법에 대해 논의한다.

4부의 로드 맵

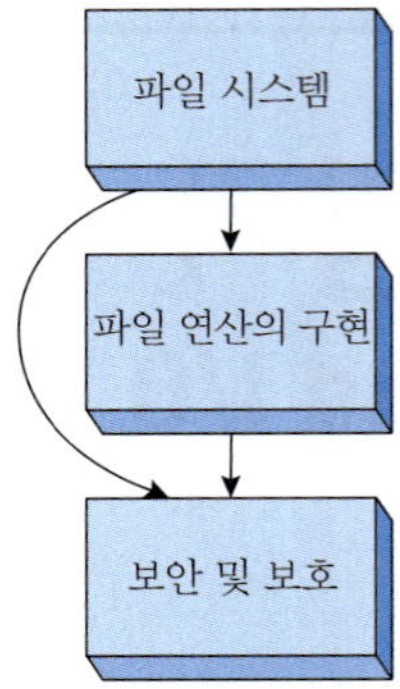

4부 장들의 교육과정에서 학습 순서를 보여주는 개략도

13장: 파일 시스템

이 장은 프로그래머의 관점에서 파일과 파일 시스템을 다룬다. 이 장은 기본적인 **파일 구조**(*file organization*), **디렉터리 구조**(*directory structure*), 파일과 디렉터리 연산(operations on files and directories), 그리고 병행 프로세스들에 의해서 수행된 파일 조작 결과가 다른 프로세스들에게 보이도록 하는 방법을 명세하는 **파일 공유 의미론**(*file sharing semantics*)에 대해서 설명한다. 또한 파일 시스템의 신뢰성, **원자적 액션**(*atomic actions*)과 **백업**을 사용한 복구를 지원하는 결함 허용(fault tolerance)에 대해 설명한다.

마지막으로 이 장은 파일 시스템에서 사용되는 논리적 구조와 물리적 구조 간의 인터페이스로서 **파일 제어 블록**(*file control block*)의 역할과 파일 연산의 구현 및 파일 공유 의미론에서 파일 제어 블록이 어떻게 사용되는지 기술한다.

14장: 파일 연산의 구현

이 장은 파일 시스템에 사용되는 물리적 구조에 대해 논의한다. 이 장에서는 I/O 장치와 그들의 특성을 설명한 다음 높은 신뢰성, 빠른 접근, 그리고 높은 데이터 전송률을 제공하는 여러 *RAID* **구조**를 논의한다. 그 다음 I/O 연산의 속도를 높이기 위한 **버퍼** 및 **캐시** 사용과, **디스크 장치**의 처리량(throughput)을 개선하기 위한 디스크 스케줄링 정책들의 사용을 포함한 장치 수준의 I/O를 구현하는 데 사용되는 방법이 논의된다.

15장: 보안 및 보호

보안과 보호 모두 오직 인가된 사용자(authorized users)들만이 파일에 접근할 수 있음을 보장한다. 이 장은 운영체제에서 각기 다른 종류의 보안과 보호 위협, 이런 위협들을 차단하기 위해 사용되는 조치, 그리고 이런 조치들의 구현에 필요한 암호화 기법의 역할에 대해서 논의한다.

Chapter 13

파일 시스템

File Systems

컴퓨터 사용자들은 프로그램들과 데이터가 컴퓨팅 세션(computing sessions)을 통해 편리하게 사용되고 보존되도록 파일에 저장한다. 사용자는 파일로 작업할 때 다음 사항을 기대한다.

- 파일에 대한 편리하고 빠른 접근
- 파일의 신뢰성 있는 저장
- 동료들 간의 파일 공유

파일 저장과 접근을 위해서 사용되는 자원들이 I/O 장치이다. 그렇기 때문에 운영체제는 프로세스 내 파일 처리 행위의 효율성과 I/O 장치의 효율적인 사용을 둘 다 보장해야 한다.

운영체제는 파일 관리를 데이터의 효율적인 저장 및 접근과 관련된 사항과 파일 수준에서 처리될 사항을 분리하기 위해 **파일 시스템**(*file system*)과 **입/출력 제어 시스템**(*Input-Output Control System*: IOCS)이라고 불리는 2개의 요소로 파일 시스템을 구성한다. 이러한 방법을 통해 파일 시스템은 파일을 생성 및 조작하기 위한 기능, 정전이나 I/O 장치의 오작동과 같은 장애 발생 시 파일의 신뢰성을 보장하기 위한 기능, 그리고 파일이 어떻게 사용자들 사이에 공유되는지 명시하기 위한 기능을 제공한다. IOCS는 I/O 장치에 저장된 데이터 접근과 I/O 장치의 좋은 성능을 제공한다.

이 장에서는 파일 시스템의 설계를 다룬다. 파일 구성, 디렉터리 구조, 그리고 디스크 공간 관리의 기초를 논의한 다음, **파일 시스템의 신뢰성**(*file system reliability*)과 파일의 동시 공유를 관리하는 **파일 공유의 의미**를 설명한다. IOCS를 이용한 파일 연산 구현은 14장에서 논의된다.

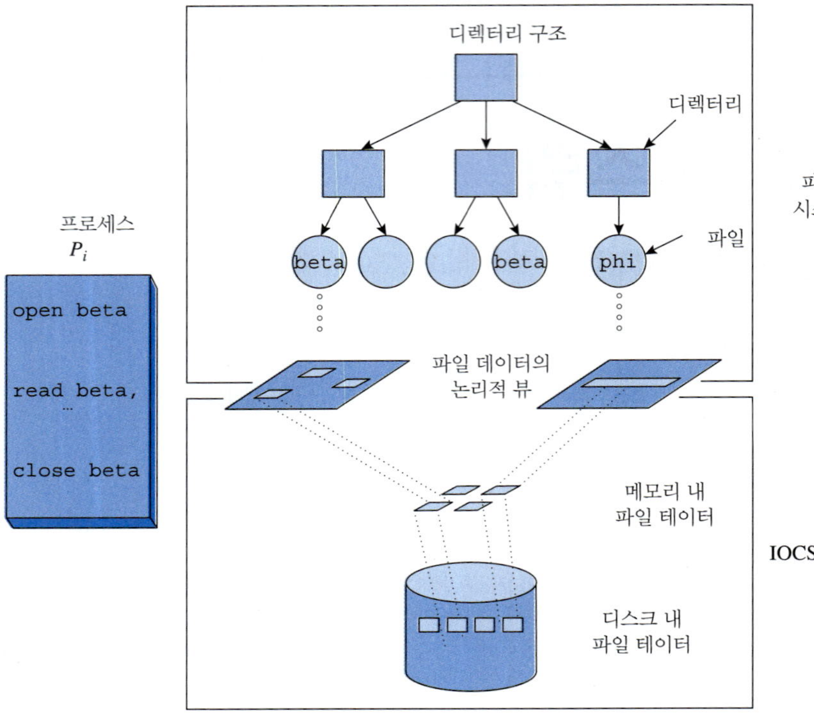

그림 13.1 파일 시스템과 IOCS

13.1 파일 처리의 개요(OVERVIEW OF FILE PROCESSING)

우리는 파일 열기, 파일로부터 데이터 읽기, 데이터를 파일에 쓰기, 그리고 파일 닫기 연산의 일반적인 순서를 설명하기 위해서 **파일 처리**(*file processing*)라는 용어를 사용한다. 그림 13.1은 운영체제가 프로세스의 파일 처리를 수행하는 방식을 보여준다. 각 **디렉터리**는 몇몇 파일을 기술하는 엔트리들을 가지고 있다. 파일의 디렉터리 엔트리는 파일 소유자의 이름, 디스크상의 위치, 파일이 구성된 방식, 그리고 사용자가 어떤 방법으로 해당 파일에 접근할 수 있는지를 보여준다.

프로세스 P_i의 코드가 그림 13.1의 왼쪽에 보인다. 프로세스 P_i가 하나의 파일을 열 때, 파일 시스템은 다수 디렉터리의 배열인 **디렉터리 구조**를 통해 해당 파일을 찾는다. 그림 13.1에는 서로 다른 디렉터리에 위치한 `beta`라는 이름의 2개 파일이 있다. 프로세스 P_i가 `beta`를 열 때, `beta`를 지정하는 방법, 디렉터리 구조, 그리고 프로세스 P_i를 실행하는 사용자의 신원(identities)으로 두 파일들 가운데 어느 쪽에 접근될 수 있을지를 결정할 것이다.

파일 시스템은 여러 가지 **파일 타입**(*file types*)을 제공한다(13.2절 참고). 각각의 파일 타입은 파일 내 데이터에 대한 해당 파일 고유의 **추상화 뷰**(*abstract view*)를 제공하는데, 우리는 그것을 데이터의 **논리적 뷰**(*logical view*)라고 부른다. 그림 13.1은 프로세스 P_i에 의해 열린 파일 `beta`가 **레코드**(*record*) 중심의 논리적 뷰를 가지는 반면, 파일 `phi`는 별개의 레코드가 존재하지 않는 **바이트 스트림**(*byte stream*) 중심의 논리적 뷰를 가지고 있음을 보여준다.

IOCS는 파일 타입에 따라서 I/O 장치에 파일의 데이터를 구성하는데, 그것이 파일 데이터의 **물리적 뷰**이다. 파일 데이터의 논리적 뷰와 그것의 물리적 뷰 사이의 매핑(mapping)은 IOCS에 의해서 수행된다. 또한 IOCS는 파일 처리속도를 향상시키는 방식을 제공한다. 이것은 **버퍼**(*buffer*), **파일 캐시**(*file cache*), **디스크 캐시**(*disk cache*)로서 메모리 영역에 구성된 파일로부터의 데이터를 유지한다. 프로세스가 파일로부터 데이터를 얻기 위해 `read` 연산을 수행할 때, IOCS는 버퍼나 캐시에 해당 데이터가 존재한다면 버퍼나 캐시로부터 데이터를 가져온다. 이러한 방법으로 인해, 그 프로세스는 파일을 가지고 있는 I/O 장치에서 데이터를 읽어낼 때까지 기다릴 필요가 없다. 비슷하게 프로세스가 파일에 `write` 연산을 수행할 때, IOCS는 파일이 버퍼나 캐시에 작성되도록 데이터를 복사한다. I/O 장치로부터 데이터를 버퍼나 캐시로 읽거나 데이터를 버퍼나 캐시로부터 I/O 장치에 쓰기 위한 실제 I/O 연산은 IOCS에 의해 백그라운드(background)로 수행된다.

13.1.1 파일 시스템과 IOCS(File System and the IOCS)

파일 시스템은 파일을 사용자에 의해 **소유된**(*owned*), 인가된 사용자에 의해 **공유될**(*shared*) 수 있는, 그리고 오랜 시간 **신뢰성**(*reliably*) 있게 저장되어야만 하는 어떤 데이터의 모음으로 본다. 파일 시스템은 사용자가 다른 사용자의 파일 이름과 충돌이 있는지 없는지 걱정할 필요 없이 자신이 원하는 이름을 파일에 부여할 수 있도록, 소유권 관점에서 사용자에게 파일 명명의 자유를 준다. 반면 IOCS는 파일을 **신속하게 접근되고**(*accessed speedily*), **효율적으로 사용될**(*used efficiently*) 필요가 있는 I/O 장치에 저장되는 데이터의 보관소로 여긴다.

표 13.1은 파일 시스템과 IOCS에 의해 제공되는 기능을 요약한다. 파일 시스템은 사용자가 그들의 데이터를 파일의 논리 그룹에 정리할 수 있는 디렉터리 구조를 제공한다. 예를 들어, 각각의 전문적인 활동을 위한 파일들의 그룹이 있다. 파일 시스템은 프로세스들이 동시에 하나의 파일에 접근하고 갱신했을 때, 불법적인 파일 접근에 대한 보호와 올바른 수행을 제공한다. 또한 파일 시스템은 데이터의 신뢰성 있는 저장을 보장한다. 예를 들어, 시스템 고장이 발생할 때 데이터는 손실되지 않는다. IOCS의 이러한 기능들은 이전에 설명되었다.

표 13.1 파일 시스템과 IOCS에 의해 제공되는 기능

파일 시스템
- 파일의 편리한 그룹핑을 위한 디렉터리 구조
- 불법적인 접근을 막기 위한 파일 보호
- 파일의 동시 접근을 위한 파일 공유
- 파일의 신뢰성 있는 보관

입/출력 제어 시스템(IOCS)
- 효율적인 I/O 장치들의 연산
- 효율적인 파일 내 데이터 접근

파일 시스템과 IOCS는 계층을 형성한다. 각 파일 시스템과 IOCS는 정책들을 가지고 있고, 이 정책들을 수행하기 위한 메커니즘을 제공한다. 1.1절에서 언급한 것처럼, IOCS와 파일 시스템은 아래 기능을 분할하여 각기 다른 추상화를 제공한다.

- 파일 시스템은 프로세스가 파일 열기, 읽기/쓰기, 그리고 닫기 연산을 수행하는 인터페이스를 제공한다. 파일 시스템의 정책 모듈들은 파일의 열기, 그리고 읽기/쓰기 연산을 수행하는 동안 파일의 보호와 공유를 다룬다. 파일 시스템의 메커니즘 모듈들은 디렉터리 접근에 의한 파일의 열기와 닫기 연산의 수행을 돕고, 파일 데이터에 대한 읽기/쓰기 요청을 IOCS에 전달한다.
- IOCS 정책 모듈은 IOCS 메커니즘 모듈을 통해 I/O 장치의 효율적인 연산과 각 프로세스의 효율적인 파일 처리를 보장한다. IOCS에 있는 메커니즘 모듈은 결국 I/O 연산을 수행하는 시스템 호출을 통해 커널을 불러낸다.

데이터와 메타데이터 파일 시스템은 파일에 포함된 데이터와 파일에 접근하는 데 사용되는 데이터 등 두 종류의 데이터를 관리한다. 우리는 파일에 속한 데이터를 **파일 데이터**(*file data*) 혹은 단순하게 **데이터**(*data*)라 부르고, 파일에 접근하는 데 사용되는 데이터는 **제어 데이터**(*control data*) 혹은 **메타데이터**(*metadata*)라 부른다. 그림 13.1에 표시된 논리적 뷰에서, 디렉터리 구조를 가지고 있는 데이터는 메타데이터이다. 이후 이 장과 14장에서 언급하는 것처럼, 다른 메타데이터는 파일 연산을 수행하는 데 어떤 역할을 한다.

13.1.2 프로그램 내 파일 처리(File Processing in a Program)

프로그래밍 언어 수준에서, 파일은 자신의 데이터 구조와 데이터에 접근하는 방식을 설명하는 **속성**(*attributes*)을 소유하는 객체이다. 프로그램은 파일을 위한 선언문을 가지고 있다. 이는 파일 속성의 값, 파일 열기, 파일에 대한 읽기/쓰기 연산을 수행하고 파일을 닫는 구문(우리는 이를 파일 처리 구문이라 부른다)을 구체적으로 명시한다. 프로그램 수

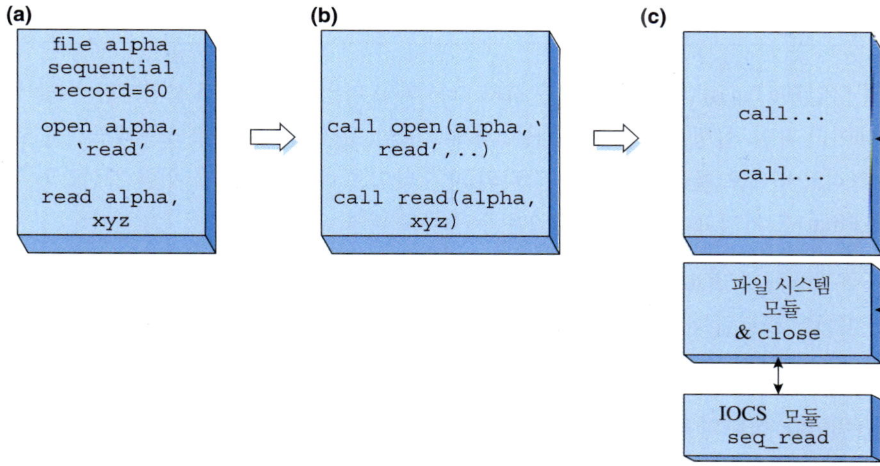

그림 13.2 파일 처리의 실제적 구현 (a) 파일 선언문을 가진 프로그램 (b) 파일 시스템 모듈에서 호출을 보여주는 컴파일 프로그램 (c) 연산 중 파일 시스템과 IOCS 모듈을 호출한 프로세스

행 중 파일 처리는 파일 시스템과 IOCS의 라이브러리 모듈(library modules)에 의해서 실제로 수행된다.

그림 13.2(a)의 프로그램은 60바이트 크기의 레코드를 포함하는 순차 접근 파일(sequential-access file)로서 `alpha`를 선언한다(13.2절 파일상의 레코드에 대한 논의 참고). 또한 그것은 `alpha`를 여는 구문과 `alpha`로부터 레코드를 읽는 구문을 가지고 있다. 프로그래밍 언어의 컴파일러는 프로그램 내에서 파일 선언문을 처리하고 해당 파일의 속성을 결정한다. 이 컴파일러는 `open`, `close`, `read`, 그리고 `write` 구문을 각 구문에 대한 파일 시스템 라이브러리 모듈(file system library modules) 호출로 대체하고, 파일 속성을 `open` 호출에 전달 인자로 전달한다[그림 13.2(b) 참고]. 파일 시스템 모듈들은 I/O 연산을 실제로 수행하기 위해서 IOCS의 모듈들을 불러온다. 링커는 그림 13.2(c)의 프로그램을 만들기 위해, 파일 시스템 라이브러리 모듈과 호출되는 IOCS 모듈들을 연결(links)한다(11.3.2절 링킹 기능의 명세 참고). 이 프로그램의 수행을 위해 어떤 프로세스가 생성될 때, 프로세스는 파일에 대한 `open`과 `read` 연산을 수행하는 동안 파일 시스템 라이브러리 모듈을 호출한다. 그리고 이러한 모듈들은 적합한 IOCS 라이브러리 모듈의 도움을 받아 수행된다

13.2 파일과 파일 연산(FILES AND FILE OPERATIONS)

파일 타입(File Types) 파일 시스템은 각기 다른 파일 타입을 제공하고 보관한다. 예를 들어 데이터 파일, 실행 가능 프로그램들, 객체 모듈들, 문자 정보, 문서, 스프레드시트, 사진, 그리고 비디오 클립 등이 있다. 각각의 파일 타입은 데이터 기록을 위한 자신만의 형식(format)을 가지고 있다. 파일 타입은 두 종류로 나눌 수 있다.

- 구조화된 파일(structured file)
- 바이트 스트림 파일(byte stream file)

구조화된 파일은 레코드들의 집합이며, 하나의 레코드는 데이터 처리를 위한 하나의 단위이다. 하나의 **레코드**(*record*)는 여러 필드들의 모음이고, 하나의 **필드**(*field*)는 하나의 데이터 항목(data item)을 갖는다. 파일의 각 레코드는 키 필드(*key* field)를 포함하고 있다. 한 레코드의 키 필드 값은 하나의 파일 내에서 유일하다. 다시 말하면, 어떠한 2개의 레코드도 동일한 키를 갖지 않는다. 앞서 언급한 많은 파일 타입들은 구조화된 파일이다. 컴파일러 및 링커와 같은 표준 시스템 소프트웨어에서 사용되는 파일 타입은 운영체제 설계자에 의해 구조가 결정되는 반면, 사용자 파일(user files)의 파일 타입은 해당 파일을 만드는 애플리케이션이나 프로그램에 의해 결정된다.

바이트 스트림 파일은 'flat(단층)' 이다. 바이트 스트림 파일에는 레코드나 필드가 존재하지 않는다. 이러한 파일은 해당 파일을 사용하는 프로세스들에게 바이트들의 연속인 것처럼 보인다. 다음 예제는 구조적 파일과 바이트 스트림 파일을 설명한다.

예제 13.1 구조적 파일과 바이트 스트림 파일

그림 13.3(a)은 `employee_info` 이름의 구조적 파일을 보여준다. 파일의 각 레코드는 1명의 사원에 대한 정보를 갖는다. 하나의 레코드는 4개의 필드, 즉 사원 id, 이름, 직함, 그리고 나이 필드를 가진다. 사원 id는 키 필드이다. 그림 13.3(b)은 바이트 스트림 파일 `report`를 보여준다.

파일 속성 파일 속성은 파일 사용자와 파일 시스템 모두에게 중요한 파일의 특징이다. 일반적으로 사용되는 파일 속성에는 타입, 구조, 크기, 디스크상의 위치, 각기 다른 사용자들이 해당 파일에 접근할 수 있는 방법을 명시하는 접근 제어 정보(access control information), 소유자 이름(owner name), 생성 시간, 그리고 마지막 사용된 시간 등이 들어 있다. 파일 시스템은 파일의 속성을 해당 파일의 디렉터리 엔트리에 저장한다. 파일 처리 중 파일 시스템은 파일을 찾기 위해 파일 속성을 사용하며, 파일의 속성에 따라 각 연산이 수행되어야 한다. 만일 파일 처리 활동의 마지막에서 파일의 속성이 변경되었다면,

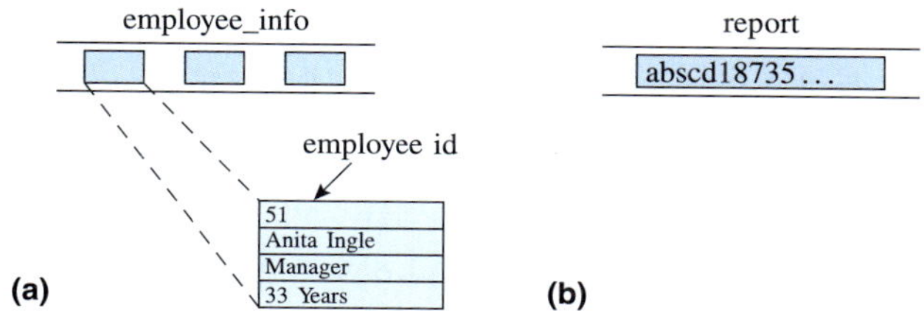

그림 13.3 논리적 뷰 (a) 구조화된 파일 employee_info (b) 바이트 스트림 파일 report

표 13.2 파일 연산

연산	설명
파일 열기	파일 시스템이 해당 파일의 디렉터리 엔트리를 찾고 그 파일을 열고자 하는 프로세스를 소유한 사용자가 해당 파일 사용을 위해 필요한 접근 권한을 가지고 있는지 체크한다. 이후에 해당 파일을 처리하기 위한 관리 행위(housekeeping actions)가 수행된다.
레코드 읽기/쓰기	파일 시스템은 해당 파일의 구성을 고려하여 적절한 방법으로 읽기/쓰기 연산을 수행한다.
파일 닫기	해당 파일의 디렉터리 엔트리 내의 파일 크기 정보가 갱신된다.
파일의 복사본 만들기	파일의 복사본이 만들어진다. 복사본을 위한 새로운 디렉터리 엔트리가 생성되고, 복사본의 이름, 크기, 위치, 그리고 보호 정보는 새로운 엔트리에 기록된다.
파일 삭제	해당 파일의 디렉터리 엔트리는 삭제되고 디렉터리 엔트리에 할당되었던 디스크 영역이 회수된다.
파일 재명명	새로운 이름이 해당 파일의 디렉터리 엔트리에 기록된다.
접근 권한 분류	파일의 디렉터리 엔트리 접근 권한이 갱신된다.

파일 시스템은 변경된 속성 값을 해당 파일의 디렉터리 엔트리에 저장한다.

파일 연산 표 13.2는 파일에서 수행되는 연산을 설명한다. 앞에서 언급된 것처럼 열기, 닫기, 이름 변경, 그리고 삭제와 같은 연산들은 파일 시스템 모듈에 의해 수행된다. 파일의 실제 접근, 즉 레코드에 대한 읽기나 쓰기는 IOCS 모듈에 의해서 수행된다.

13.3 기본적인 파일 구조와 접근 방법 (FUNDAMENTAL FILE ORGANIZATIONS AND ACCESS METHODS)

우리는 프로세스에 의해 접근되는 파일 레코드들의 순서를 설명하기 위해 "레코드 접근 패턴(record access pattern)"이라는 용어를 사용한다. 2개의 기본적인 레코드 접근 패턴은 레코드들이 파일에 정렬된 순서(혹은 반대의 순서)로 접근되는 **순차 접근**(*sequential access*)과 레코드들이 임의의 순서로 접근될 수 있는 **임의 접근**(*random access*)이다. 프로세스의 레코드 접근 패턴이 파일 시스템 내에서 효율적으로 수행될 때만 프로세스의 파일 처리 행위가 효율적으로 수행될 수 있다. 예를 들어, 테이프 드라이브(tape drive)는 읽기/쓰기 헤드의 현재 위치 바로 옆의 이전이나 이후에 위치된 레코드에만 접근할 수 있다. 따라서 레코드들에 대한 순차 접근에 적합하다. 디스크 드라이브(disk drive)는 주소를 가진 레코드들 어디든 직접 접근할 수 있다. 따라서 연속적이거나 임의적인 레코드 접근 패턴 둘 다 효율적으로 수행할 수 있다.

파일 구조에는 두 가지 특징이 조합되는데, 파일에 레코드들을 배열하는 방법과 이들에 접근하기 위한 절차가 그것이다. 파일 구조는 특정 레코드 접근 패턴에 대한 효율적인 접근을 제공하기 위해 I/O 장치의 특징을 활용하도록 설계된다. 파일 시스템은 프로세스가 자신이 사용 중인 파일 처리 요구와 I/O 장치에 가장 적합한 방식 중 하나를 이용할 수 있도록 몇몇 파일 구조를 지원한다. 이 절에서는 순차 파일 구성, 직접 파일 구성, 인덱스 순차 파일 구성 등 세 가지 기본적인 파일 구조를 설명한다. 실제로 사용되는 다른 파일 구조들은 이러한 기본적인 파일 구성의 변종이거나 일반적으로 많이 사용되지 않는 I/O 장치를 활용하기 위한 특수 목적의 구조이다.

특정 파일 구조에 의해 통제되는 파일 접근은 **접근 방법**이라 불리는 IOCS 모듈에 의해 구현된다. 접근 방법은 IOCS의 정책 모듈(policy module)이다. 프로그램을 컴파일하는 동안, 컴파일러는 파일의 선언문을 통해(만일 프로그램이 파일 선언문을 가지고 있지 않다면 기본 규칙을 통해) 파일을 제어하는 파일 구조를 추론하고, 파일 연산을 위해 올바른 접근 방법을 파악한다. 우리는 기본적인 파일 구조를 논의한 다음, 접근 방법들의 기능에 대해서 설명한다.

13.3.1 순차 파일 구조(Sequential File Organization)

순차 파일 구조에서는 레코드들이 키 필드에 따라 내림차순 혹은 오름차순으로 저장되며, 레코드 접근 패턴은 이 특징을 따를 것으로 기대된다. 따라서 순차 파일 구조는 [다음(혹은 이전) 레코드 읽기와 다음(혹은 이전) 레코드 생략(skip) 등] 두 종류의 연산을 지원한다. 순차 접근 파일은 해당 파일의 데이터가 내림차순 혹은 오름차순으로 쉽게 정렬(presorted)될 수 있는 애플리케이션에서 사용된다. 또한 순차 파일 구조는 바이트 스트림 파일을 위해 사용된다.

13.3.2 직접 파일 구조(Direct File Organization)

직접 파일 구조는 레코드들이 임의의 순서로 접근될 때 편리하고 효율적인 파일 처리를 제공한다. 레코드에 접근하기 위해, 읽기/쓰기 명령은 레코드의 키 필드에 그러한 값을 확실하게 지정할 필요가 있다. 우리는 그러한 파일들을 직접 접근 파일(*direct-access file*)이라고 부른다. 직접 접근 파일은 아래와 같이 처리된다. 어떤 프로세스가 접근할 레코드의 키 값이 제공되면, 직접 접근 파일 구조를 위한 접근 방법 모듈은 키 값을 저장 장치에 있는 레코드의 주소로 변환한다. 만일 파일이 디스크에 구성된다면, 상기 변환은 (*track_no, record_no*) 주소를 생성한다. 그 다음 레코드 *record_no*에 대해 읽기나 쓰기 명령이 전달되기 전에, 디스크 헤드는 트랙 *tack_no*에 위치된다.

p를 디스크의 하나의 트랙에 저장된 레코드라고 하자. 사원 수, 파일의 트랙과 레코드 개수가 1부터 시작한다고 가정하면, 사원 수 n에 대한 레코드의 주소는 (*track number*(t_n), *record number*(r_n))이다. 여기서,

$$t_n = \left\lceil \frac{n}{p} \right\rceil \tag{13.1}$$

$$r_n = n - (t_n - 1) \times p \tag{13.2}$$

그리고 $\lceil \ldots \rceil$은 올림 정수를 나타낸다.

직접 파일 구조는 레코드들이 임의로 처리될 때 효율적인 접근을 제공한다. 그러나 순차 파일 구조에 비해 세 가지 단점을 가지고 있다.

- 레코드 주소 계산은 CPU 시간을 소비한다.
- 디스크는 중심부 트랙보다 바깥쪽 트랙에 보다 많은 데이터를 저장할 수 있다. 그러나 직접 파일 구조는 각 트랙에 동일한 양의 데이터를 저장한다. 따라서 약간의 저장 용량이 낭비된다.
- 오직 키의 모든 가능한 값에 대한 레코드가 존재할 때만, 주소 계산 식 (13.1)과 (13.2)가 올바르게 수행된다. 그래서 사용되지 않은 키들을 위해 더미 레코드(dummy records)가 존재해야 한다. 이로 인해 I/O 매체의 이용률(utilization)이 낮아질 수 있다.

따라서 직접 접근 파일에서의 레코드들의 순차 처리는 순차 접근 파일 레코드들의 처리보다 덜 효율적이다. 다른 실질적인 문제는 장치에 의존적인 파일 구조를 만들 수밖에 없도록 I/O 장치의 특성이 주소 계산 식 (13.1)과 (13.2)에 의해서 명시적으로 가정되고 사용되며, 이는 파일 구조가 장치에 의존적이 되도록 만든다. 예를 들어, 트랙 용량과 같이 특이한 속성을 지닌 다른 장치에 파일을 다시쓰기 하는 것은 해당 주소 계산 식을 변경해야 함을 의미한다. 이러한 요구는 프로그램의 이식성(portability)에 영향을 준다.

예제 13.2 순차 및 직접 접근 파일

그림 13.4는 순차 파일 구성과 직접 파일 구성에서의 사원 레코드의 배열을 보여준다. 사원 숫자 3, 5~9, 그리고 11을 가진 employee들은 구조에서 사라졌다. 그러나 직접 접근 파일은 (13.1)과 (13.2)의 주소 계산 식을 만족시키기 위해 각각의 사원들을 위한 레코드를 가질 필요가 있다. 이러한 사실은 직접 접근 파일에서 더미 레코드의 필요성을 보여준다.

13.3.3 인덱스 순차 파일 구조(Index Sequential File Organization)

인덱스는 레코드의 키 값을 이용해 레코드의 위치를 결정하는 데 도움을 준다. 순수 인덱스 파일 구조에는 파일의 인덱스가 그 파일에 존재하는 각 키 값에 대해 (key value, disk address) 형식을 갖는 인덱스 엔트리를 가지고 있다. 키 *k*를 이용해 어떤 레코드에 접근할 때 *k*를 갖는 인덱스 엔트리가 인덱스 검색에 의해서 발견되고, 그 엔트리에서 지정된 디스크 주소가 해당 레코드에 접근하기 위해서 사용된다. 만일 어떤 인덱스가 파일보다 작다면, 인덱스를 통한 검색이 파일을 통한 검색보다 더 효과적이기 때문에 이 방식은 높은 접근 효율성을 제공한다.

인덱스 순차 파일 구조는 인덱스 파일 구조와 순차 파일 구조의 특징이 결합된 혼합형 구조(hybrid organization)이다. 원하는 레코드를 찾기 위해 이 구조의 방법 모듈은 해당 레코드를 포함하고 있을지도 모르는 디스크의 섹션(section)을 식별하기 위해 인덱스를 검색하고, 이러한 섹션에서 해당 레코드를 찾기 위해 연속적으로 디스크를 검색한다. 만일 그 레코드가 그 파일에 존재하면 검색이 성공하는 반면, 존재하지 않으면 실패한다. 인덱스가 키 값의 일부에 대한 엔트리를 포함하고 있기 때문에, 이 방식은 순수 인덱스 파일을 요구하는 것보다 더 작은 인덱스를 요구한다. 또한 I/O 매체의 비교적 효율적인 사용을 보장하면서, 순차 파일 구조보다 더 효율적인 접근을 제공한다.

대용량 파일에 대한 인덱스는 여전히 다수의 엔트리를 가지고 있고, 그래서 인덱스를 통해 검색하는 시간이 길어질 수 있다. 고수준(higher-level)의 인덱스는 검색시간을 줄이기 위해서 사용될 수 있으며, 고수준 인덱스에서 엔트리는 인덱스의 섹션을 가리킨다. 이러한 인덱스의 섹션은 원하는 레코드를 포함하고 있을 만한 디스크의 섹션을 찾기 위해서 검색되고, 디스크의 섹션이 원하는 레코드를 찾기 위해 연속적으로 검색된다. 다음의 예제는 이 방식을 설명한다.

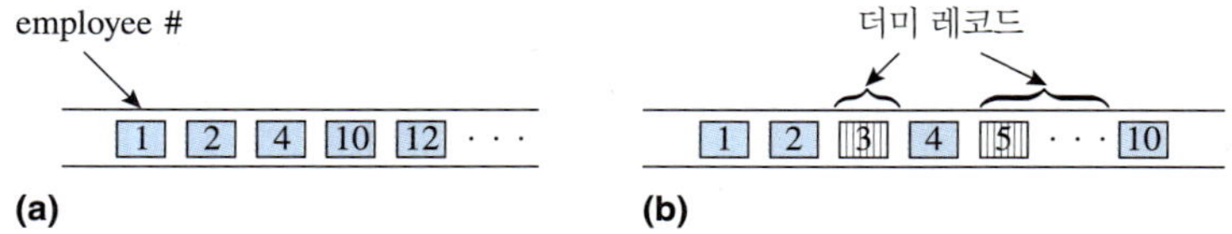

그림 13.4 (a) 순차 파일 (b) 직접 접근 파일에서의 레코드

예제 13.3 인덱스 순차 파일 구조

그림 13.5는 인덱스 순차 파일로 구성된 사원 정보 파일을 나타낸다. 레코드들은 키 필드에 의해 오름차순으로 저장된다. 두 인덱스들이 빠른 검색을 용이하게 하기 위해 내장된다. 트랙 인덱스는 각 트랙에 위치한 가장 작은 키 값과 가장 큰 키 값을 나타낸다(그림 13.5에서 *low*와 *high*로 명명된 파일들 참고). 고수준 인덱스는 3개의 트랙 각각을 포함하는 트랙 그룹을 위한 엔트리를 가진다. 키 *k*를 갖는 레코드를 발견할 때, 우선 찾고자 하는 레코드를 가지고 있을 법한 트랙의 그룹을 발견하기 위해 고수준 인덱스가 검색된다. 그 다음 그룹 트랙을 위한 트랙 인덱스가 찾고자 하는 레코드를 가지고 있을 법한 트랙을 발견하기 위해서 검색되고, 선택된 트랙이 키 *k*를 갖는 레코드를 연속적으로 탐색한다. 만일 해당 트랙에서 레코드를 찾지 못한다면, 검색은 성공하지 못한 채 끝난다.

트랙 그룹	*Low*	*High*
1	1	43
2	45	96

고수준 인덱스

트랙	*Low*	*High*
1	1	13
2	16	31
3	32	43
⋮		

트랙 인덱스

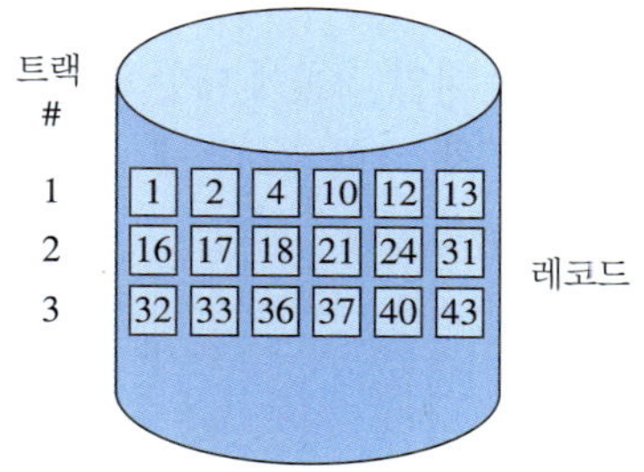

그림 13.5 인덱스 순차 파일에서 트랙 인덱스와 고수준 인덱스

13.3.4 접근 방법(Access Methods)

접근 방법은 특정 파일 구조를 사용하는 어떤 파일들의 부류(class)에 대한 접근을 수행하는 IOCS의 모듈이다. 파일 내 레코드에 접근하기 위해서 사용되는 절차가 주소 계산에 의한 것인지, 연속적인 검색에 의한 것인지는 파일 구조에 의해 결정된다. 접근 방법 모듈은 레코드에 접근하기 위해 이 절차를 사용하며, 좀 더 효율적인 파일 처리를 만드는 I/O 프로그래밍에서 몇몇 발전된 기법들을 사용한다. 이러한 두 기법은 레코드의 버퍼링과 블록킹이다.

레코드 버퍼링(Buffering of Records) 접근 방법은 프로세스에 의해 요구되기 전에 입력 파일의 레코드를 읽어, 프로세스에 의해 실제로 사용되기 전까지 버퍼(*buffer*)라고 불리는 메모리 영역에 임시로 레코드를 보관한다. 버퍼링의 목적은 I/O 연산이 완료되기 위해 필요한 대기시간을 줄이거나 아예 제거하는 것이다. 오직 요구하는 레코드가 버퍼에 미리 존재하지 않을 때만 프로세스는 대기하게 된다. 출력 파일에 대해서는 이와 반대의 동작이 수행된다. 프로세스가 쓰기 연산을 수행하면 파일에 작성된 데이터는 버퍼로 복사되고, 그 프로세스는 자신의 연산을 계속한다. 데이터는 이후 언젠가 I/O 장치에 작성되며, 버퍼는 재사용을 위해서 회수된다. 프로세스가 쓰기 연산을 수행할 때, 버퍼가 이용 가능하지 않을 때만 프로세스는 대기에 직면한다.

레코드 블로킹(Blocking of Records) 접근 방법은 I/O 매체로부터 다수의 파일 레코드를 가지고 있는 큰 데이터 블록을 항상 읽거나 출력한다. 이러한 특징은 파일 처리에 요구되는 I/O 연산의 전체 횟수를 줄이며, 이를 통해 프로세스의 파일 처리 효율성을 향상시킨다. 또한 블로킹은 I/O 매체의 활용도와 장치의 처리량을 개선한다. 우리는 14장에서 레코드들에 대한 버퍼링과 블로킹 기법에 대해서 논의한다.

13.4 디렉터리(DIRECTORIES)

디렉터리는 파일 그룹에 대한 정보를 가지고 있다. 디렉터리 내의 각 엔트리는 타입, 구조, 크기, 위치, 그리고 시스템상의 다양한 사용자들에 의해 접근될 수 있는 방법과 같은 파일의 속성들로 구성된다.

그림 13.6은 전형적인 디렉터리 엔트리의 필드를 보여준다. 열림 횟수(*open count*)

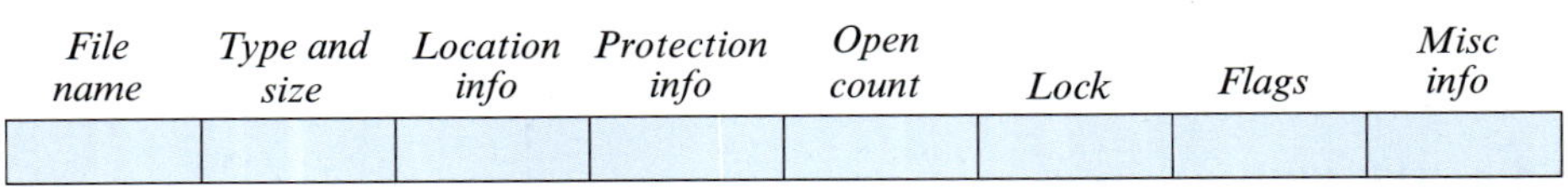

필드	설명
File name	파일의 이름. 만약 이 필드가 고정된 크기라면, 일정한 길이 이상의 길이를 가진 파일 이름은 생략될 것이다.
Type and size	파일의 타입과 크기. 많은 파일 시스템에서 파일 타입은 파일 확장자에 함축된다. 예를 들어 확장자 .c를 가진 파일은 C 프로그램을 담고 있는 바이트 스트림 파일이고, 확장자 .obj를 가진 파일은 일반적으로 구조적 파일인 목적 프로그램(object program) 파일이다.
Location info	디스크상의 파일 위치에 대한 정보. 이 정보는 일반적으로 테이블의 형태거나 파일을 할당한 디스크 블록의 주소를 담고 있는 연결 리스트 안에 있다.
Protection info	파일에 접근하기 위해 허용된 사용자에 대한 정보
Open count	현재 파일에 접근한 프로세스들의 수
Lock	프로세스가 현재 파일에 배타적으로 접근하고 있는지 그렇지 않은지를 나타냄
Flags	해당 파일이 디렉터리, 링크, 혹은 마운트된 파일 시스템인지 여부 등 파일의 특징에 대한 정보
Misc info	사용자 id, 날짜, 파일의 생성, 마지막 사용, 그리고 마지막 변경시간과 같은 잡다한 정보

그림 13.6 전형적인 디렉터리 엔트리 내의 필드들

와 **잠금 필드**(*lock* fields)는 다수의 프로세스가 한 파일을 동시에 열 때 사용된다. **열림 횟수**는 그러한 프로세스들의 개수를 나타낸다. 횟수가 0이 아닌 동안, 파일 시스템은 해당 파일 내의 데이터에 접근하는 속도를 증가시키기 위해 메모리상의 파일과 관련된 메타데이터의 일부분을 유지한다. **잠금 필드**는 프로세스가 파일에 독점적(배타적)으로 접근하기 원할 때 사용된다. **플래그**(*flag*) 필드는 각기 다른 종류의 디렉터리 엔트리를 구분하기 위해서 사용된다. 우리는 파일이 디렉터리라는 것을 지정하기 위해서 이 플래그에 'D' 값을, 해당 파일이 링크임을 나타내기 위해서 'L'을, 그리고 마운트된 파일 시스템임을 나타내기 위해서 'M'을 넣는데, 다음 절에서 이러한 사용에 대해 설명할 것이다. *misc info* 필드는 파일의 소유자, 파일의 생성 시기, 그리고 마지막으로 수정된 시간과 같은 정보를 갖는다.

파일 시스템은 여러 사용자들에 의해 소유된 파일들을 보관한다. 그리고 파일 시스템은 사용자들에게 두 가지의 중요한 특권을 보장할 필요가 있다.

- **파일 명명의 자유**(*File naming freedom*): 다른 사용자에 의해서 지정된 파일 이름에 의한 제약 없이 사용자가 원하는 어떤 이름일지라도 파일에 지정할 수 있는 사용자의 권한
- **파일 공유**(*File sharing*): 다른 사용자의 사용에 의해서 생성된 파일에 접근할 수 있고, 자신의 파일에 대해 다른 사용자들의 접근을 허용할 수 있는 사용자의 권한

파일 시스템은 다수의 디렉터리를 만들고, 파일 공유 및 파일 명명 자유를 제공하기 위해 디렉터리들을 구성하는 **디렉터리 구조**를 제공한다. 우리는 디렉터리는 사각형으로 파일은 원으로 표시하는 관례에 따라 의미론적 다이어그램을 이용하여 디렉터리 구조를 설명한다. **사용자 디렉터리**(*User Directory*: UD)는 하나의 사용자에 의해 소유된 파일들을 명세하는 엔트리를 가진다. **마스터 디렉터리**(*master directory*)는 해당 시스템에 등록된 모든 사용자의 UD에 대한 정보를 가지고 있다. 마스터 디렉터리의 각 엔트리는 사용자 id와 UD를 가리키는 포인터로 구성되는 순서 쌍(ordered pair)이다. 파일 시스템에서 보이는 것처럼, 사용자 A와 B는 그들 자신만의 `beta`라는 이름의 파일을 생성하였다. 이 파일들은 해당 사용자 각각의 UD 엔트리를 갖는다. 그림 13.7의 디렉터리 구조는 2단계 디렉터리 구조(*two-level* directory structure)이다.

구분된 UD의 사용은 명명 자유를 제공한다. 사용자 A에 의해 생성된 프로세스가 구문 `open (beta, ...)`를 수행했을 때, 파일 시스템은 A의 UD가 위치한 마스터 디렉터리를 검색한 다음 그 안에서 `beta`를 검색한다. 그 대신 만일 호출 `open (beta, ...)`가 사용자 B에 의해서 생성된 어떤 프로세스에 의해 실행되었다면, 파일 시스템은 `beta`를 B의 UD에서 검색한다. 이 방식은 시스템 내에 동일한 이름의 파일들이 존재함에도 불구하고 올바른 파일에 접근하는 것을 보장한다.

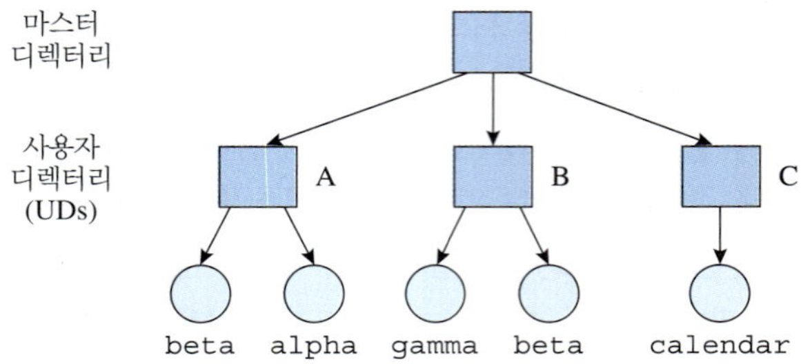

그림 13.7 두 종류의 디렉터리를 가진 단순한 디렉터리 구조

그러나 UD의 사용은 하나의 결점을 가지고 있다. UD의 사용은 사용자로 하여금 다른 사용자와 파일을 공유하는 것을 막는다. 사용자가 다른 사용자의 파일을 참조할 수 있도록, 어떤 특수한 구문이 제공되어야 할지도 모른다. 예를 들면, 사용자 C에 의해 생성된 프로세스는 A의 파일 `beta`를 열기 위해 구문 `open (A → beta, ...)`를 수행해야 할 것이다. 파일 시스템은 파일 `beta`를 검색하고 위치를 찾기 위해 C의 UD가 아닌 A의 UD를 사용하여 단순하게 이를 수행할 수 있다. 파일 보호를 수행하기 위해서 파일 시스템은 사용자 C가 A의 파일 `beta`를 열도록 허가받았는지 그렇지 않은지를 판단해야만 한다. 파일 시스템은 이러한 목적을 위해 `beta`의 디렉터리 엔트리의 **보호 정보 필드**(*protection info field*)를 확인한다. 파일 보호의 자세한 내용은 13.6절에서 논의한다.

13.4.1 디렉터리 트리(Directory Trees)

1960년대의 MULTICS 파일 시스템은 사용자가 새로운 디렉터리를 만들고 이름을 선택할 수 있으며, 파일과 디렉터리를 원하는 단계(level)까지 만들 수 있는 디렉터리 구조로서 **트리**(*tree*)를 제시하였다. 우리는 그것을 디렉터리 트리라 부른다. MULITCS 이후, 대부분의 파일 시스템은 **디렉터리 트리**를 제공한다.

사용자는 데이터를 보관하거나, 디렉터리 역할을 수행하는 파일을 생성할 수 있다. 이 둘의 구분이 중요할 때, 우리는 이 파일들을 각각 **데이터 파일**(*data file*)과 **디렉터리 파일**(*directory file*), 혹은 간단히 **디렉터리**(*directory*)라 부를 수 있을 것이다. 파일 시스템은 일반적으로 사용자의 이름을 가지고 있는 각 사용자의 **홈 디렉터리**(*home directory*)가 들어 있는 `root`라고 불리는 디렉터리를 제공한다. 사용자는 디렉터리 파일과 데이터 파일을 홈 디렉터리에 생성하고, 파일과 다른 디렉터리들을 다른 디렉터리 내에 지속적으로 생성함으로써 그가 가지고 있는 정보를 구조화한다. 만일 파일이 디렉터리 파일이라면, 파일 시스템은 파일 엔트리의 **플래그**(*flag*) 필드를 'D'로 설정한다. 그림 13.8은 파일 시스템의 디렉터리 트리를 보여준다. 이러한 세 가지 디렉터리 루트

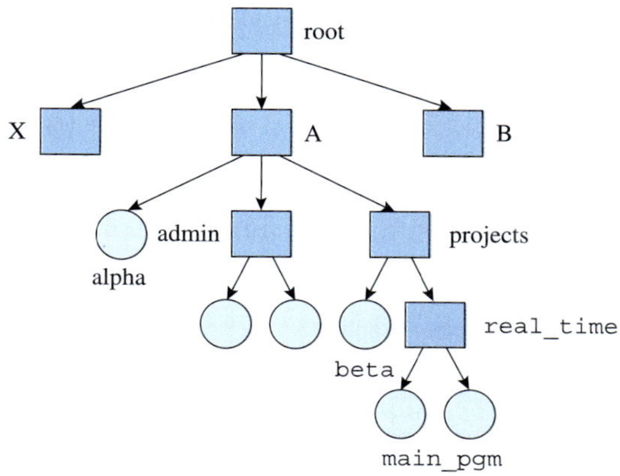

그림 13.8 파일 시스템과 사용자 A의 디렉터리 트리

는 사용자 이름의 홈 디렉터리를 포함하는 `root` 디렉터리이다. 사용자 A가 `alpha`라는 이름의 파일과, `admin`과 `projects`라는 디렉터리를 생성하였다. `projects` 디렉터리는 파일 `main_pgm`을 가지고 있는 디렉터리 `real_time`을 가지고 있다. 결국 사용자 A는 3개의 자신만의 디렉터리를 가지고 있고, 디렉터리의 루트는 A의 홈 디렉터리이다.

사용자는 언제나 그의 현재 디렉터리라 불리는 어떤 특정 디렉터리를 가지고 있다. 사용자가 파일을 열고 싶을 때, 해당 파일 이름은 이 디렉터리 내에서 검색된다. 사용자가 로그인할 때마다, 운영체제는 사용자를 자신의 홈 디렉터리에 위치시킨다. 즉, 로그인 직후 사용자의 현재 디렉터리는 홈 디렉터리이다. 사용자는 "디렉터리 변경" 명령을 통해 자신의 현재 디렉터리를 변경할 수 있다.

파일 이름은 시스템상에서 고유하지 않을 수 있으므로, 사용자 혹은 프로세스는 모호하지 않은 방법으로 이를 식별하기 위해 **경로명**(*path name*)을 사용한다. 경로명은 슬래시(/)에 의해 구분되는 하나 이상의 연속된 경로 요소들로 구성되는데, 각 경로 요소는 디렉터리를 통해 참조되며 가장 마지막 요소는 파일의 이름이다.

현재 디렉터리로부터 파일의 위치를 찾기 위한 경로명은 **상대 경로명**(*relative path name*)이다. 상대 경로명은 보통 짧고 사용하기 편리하다. 그러나 다른 현재 디렉터리로부터 접근될 때, 파일이 다른 상대 경로명을 가질 수 있으므로 상대 경로명이 혼동될 수 있다. 예를 들면, 그림 13.8에서 현재 디렉터리 A에서 접근될 때 파일 `alpha`는 간단한 상대 경로명 `alpha`를 갖지만, 디렉터리 `projects`와 `real_time`에서 접근될 때는 각각 `../alpha`와 `../../alpha`와 같은 형태의 상대 경로명을 갖는다. 상대 경로명의 편리한 사용을 위해 각 디렉터리는 자신의 부모 디렉터리에 관한 정보를 디렉터리 구조에 저장한다.

파일의 **절대 경로명**(*absolute path name*)은 파일 시스템 디렉터리 트리의 루트 디렉터리에서 시작된다. 동등한 이름을 갖는 파일들은 절대 경로명에 차이가 있는 다른 디렉터리에 생성된다. 우리는 절대 경로의 처음 경로 요소는 슬래시(/)로, 사용자 A의 홈 디렉터리는 ~A로 기술하는 관례를 따를 것이다. 그림 13.8에서 파일 alpha의 절대 경로명은 /A/alpha이다. 그것을 위한 대체 경로명은 ~A/alpha이다.

13.4.2 디렉터리 그래프(Directory Graphs)

디렉터리 트리에서 root 디렉터리를 제외한 각 파일은 정확히 하나의 부모 디렉터리를 갖는다. 이러한 디렉터리 구조는 다른 사용자 파일들과의 완전한 구분과 완벽한 파일 명명 자유를 제공한다. 그러나 이는 파일 공유를 다소 성가시게 만든다. 다른 사용자의 파일에 접근하고 싶은 어떤 사용자는 2개 이상의 디렉터리를 포함하는 경로명을 사용해야 한다. 예를 들면, 그림 13.8에서 사용자 B는 파일 beta에 경로명 ../A/projects/beta 혹은 ~A/projects/beta를 사용하여 접근할 수 있다.

트리 구조의 사용은 다른 사용자가 공유 파일에 접근하는 방법에 근본적인 비대칭을 야기한다. 파일은 다른 사용자에 비해 짧은 경로명으로 파일에 접근할 수 있는 누군가의 디렉터리에 위치할 수 있다. 이 문제는 **비순환 그래프 구조**(*acyclic graph structure*)에 디렉터리를 구성하여 해결할 수 있다. 이 구조에서 파일은 많은 부모 디렉터리를 가질 수 있고, 그래서 공유 파일은 파일에 접근한 적이 있는 모든 사용자들의 디렉터리에 의해 지정될 수 있다. 나선형 그래프 구조는 링크를 통해 구현된다.

링크(Link) 링크는 디렉터리 구조상에 존재하는 두 파일들 간의 직접적인 연결이다. 이는 세 쌍(*<from_file_name>*, *<to_file_name>*, *<link_name>*)으로 구성된다. *<from_file_name>*은 디렉터리이고, *<to_file_name>*은 디렉터리나 파일일 수 있다. 일단 연결이 수립되면, *<to_file_name>*이 마치 파일 이름이 *<link_name>*인 것처럼 디렉터리 *<from_file_name>*에서 접근된다. 사실 *<link_name>*은 그것의 **플래그**(*flag*) 필드에 'L'을 넣음으로써 디렉터리 내에서 *<from_file_name>*을 지칭하는 어떤 링크이다. 예제 13.4는 어떻게 링크가 설정되는지 설명한다.

예제 13.4 디렉터리 구조에서의 링크

그림 13.9는 사용자 C가 명령을 사용하여 링크를 만든 후의 디렉터리 구조를 보여준다(~C, ~C/software/web_server, quest). 링크의 이름은 quest이다. 링크는 ~C에서 만들어졌고, ~C/software/web_server를 가리킨다. 이 링크는 ~C/software/web_server가 ~C/quest라는 이름에 의해 접근되는 것을 허용한다.

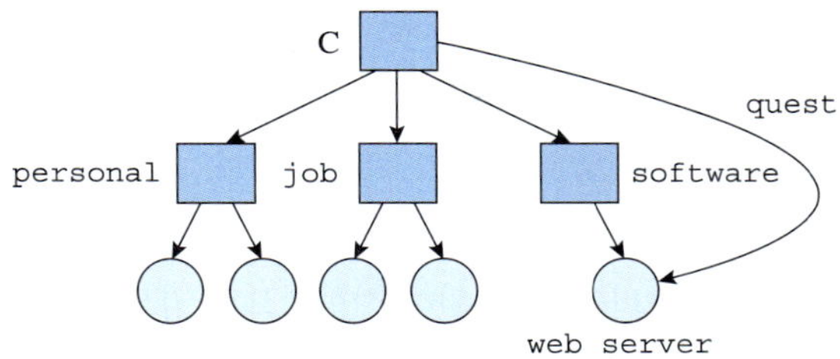

그림 13.9 디렉터리 구조의 링크

연결 해제 명령은 연결을 무효화한다. 연결과 연결 해제 명령의 실행은 파일<*from_file_name*>과 <*to_file_name*>의 디렉터리 조작을 통해 이루어진다. 여러 프로세스가 동시에 이러한 명령을 실행하는 경우, 연결과 연결 해제 명령을 실행하는 동안 교착상태가 발생할 수 있다. 파일 시스템은 교착상태의 방지를 보장하기 위해 몇 가지 간단한 정책을 사용할 수 있다(8.8.1절 참고).

13.4.3 디렉터리 연산(Operation on Directories)

검색은 디렉터리에서 가장 자주 일어나는 명령이다. 디렉터리상의 다른 명령은 파일을 만들거나 지우는 것과 같은 유지나 보수 명령이며, 프로세스가 닫기 연산을 수행할 때 디렉터리를 열거(list)하고, 디렉터리 삭제 작업을 할 때 파일 엔트리를 갱신한다.

삭제 작업은 삭제되어야 하는 파일의 경로명을 명시한다. 파일은 여러 부모 디렉터리를 가질 수 있기 때문에 디렉터리 구조가 그래프라면 삭제 작업이 복잡해진다. 파일은 오직 하나의 부모를 가질 경우에만 삭제된다. 그렇지 않으면 삭제 명령으로 명시된 경로명에 있는 파일의 부모 디렉터리에 접근이 불가능하다. 삭제 작업을 단순화하기 위해 파일 시스템은 각 파일마다 연결 횟수를 관리한다. 연결 횟수는 파일이 만들어질 때 1로 설정되고, 링크가 그것을 가리키도록 설정될 때마다 1씩 증가하고, 삭제 명령에 의해 1씩 감소한다. 파일은 오직 그 링크 횟수가 0이 될 수 있을 때 삭제 가능하다.

디렉터리 구조가 순환(cycle)을 가지고 있다면 이 간단한 전략은 적합하지 않다. 링크가 디렉터리로부터 조상 디렉터리 중 한 디렉터리로 설정될 때 순환이 생성된다. 예를 들면, 그림 13.8의 `real_time` 디렉터리로부터 `projects` 디렉터리로 링크가 설정될 경우이다. 이제 `projects`의 링크 카운터는 2이다. 그래서 경로명 `~A/projects`를 이용한 삭제는 `A` 안의 프로젝트 엔트리의 삭제로만 이어질 것이다. 그러나 `project`는 어느 사용자의 홈 디렉터리로부터도 접근되지 않기 때문에, 그것으로부터 도달할 수 있는 디렉터리 프로젝트와 파일들을 유지할 이유가 없다. 이 문제는 어떤 홈 디렉터리로부터 도달할 수 없는 순환을 검출하지만 비용이 클 수 있는 기법을 사용하거나, 혹은 비용은 별 차이가 없지만 디렉터리 구조에서 발생하는 순환을 방지하는 기술 중 하나를 사용하여 해결할 수 있다.

13.4.4 디렉터리의 구조(Organization of Directories)

디렉터리는 원하는 파일 엔트리를 찾기 위해 선형적으로 검색되는 플랫 파일(flat file)일 수 있다. 그러나 이 구조는 디렉터리 엔트리가 다수 포함되어 있는 경우 비효율적이다. 검색 효율을 위해 해시와 B^+ 트리가 사용된다.

해시 테이블 디렉터리 체인 구조 해시(*hash with chaining*)를 사용하는 해시 테이블은 12.2.3절의 역 페이지 테이블(inverted page tables) 간 연결에서 논의하였다. 디렉터리는 단일 테이블을 요구하는 열린 주소 해시(*hash with open address*)라 불리는 간단한 해시 테이블 구조를 사용해 유지될 수 있다. 새로운 파일이 디렉터리 안에서 생성될 때, 해시 함수 h가 파일 이름에 포함된 비트 문자열에 적용되고, 엔트리 수 e를 산출한다. 만일 디렉터리 안의 e 번째 엔트리가 이미 다른 파일에 의해 점유되었다면, 해시 테이블의 크기를 n이라 할 때 $(e + 1)mod(n)$에 의해 얻은 엔트리를 확인하고, 이는 사용되지 않은 엔트리를 찾을 때까지 지속된다. 그 다음 새 파일의 세부사항들이 해당 엔트리에 입력된다. 파일이 열릴 때, 비슷한 검색이 디렉터리에서 파일의 엔트리를 찾기 위해 수행된다. 원하는 파일을 찾기 위해 2번 이상의 비교가 요구되지 않는 해시 테이블 구조는 실용적이어서, 해시 테이블 디렉터리가 효과적으로 검색될 수 있다. 그러나 해시 테이블 디렉터리 구조의 사용은 디렉터리 크기를 변경하거나 엔트리를 삭제하는 것이 쉽지 않은 등 몇 가지 단점이 있다.

B^+ 트리 디렉터리 B^+ 트리는 $m \leq 2 \times d$인 m 방향 탐색 트리(m-way search tree)이며, 정수 d는 트리의 차수(*order*)라 불린다. B^+ 트리는 균형 트리이다. 즉, 모든 말단 노드(leaf node)에서부터 루트까지 경로 길이는 같다. 이 속성으로 인해 디렉터리에 존재하는 모든 파일 이름에 관한 정보를 찾는 시간이 같다.

B^+ 트리는 다음과 같이 구성된다. 파일에 대한 정보는 트리의 말단 노드(leaf node)에만 기록된다. 중간 노드(nonleaf node)들은 단지 적합한 노드를 찾기 위한 검색에만 사용된다. 트리의 중간 노드는 인덱스(*index*) 엔트리를 포함하며, 각 색인 엔트리는 트리와 파일에 있는 다른 노드의 포인터로 구성된 순서 쌍(ordered pair)이다. 노드의 마지막 색인 엔트리는 파일 이름을 갖지 않는다. 이것은 트리에 있는 다른 노드의 포인터만 포함한다. 트리의 말단 노드는 오직 파일을 위한 정보 엔트리(*information entry*)들을 가지고 있고, 각 엔트리는 파일 이름에 관련된 정보의 포인터와 파일 이름으로 이루어진 순서 쌍이다.

루트 노드는 트리의 차수를 d라 할 때 2와 $2 \times d$ 사이에 해당하는 개수의 엔트리를 가지며, 2와 $2 \times d$ 모두 범위에 포함된다. 루트가 아닌 노드는 d와 $2 \times d$ 사이의 엔트리를 가지며, 역시 둘 다 포함된다. 파일 이름에 의한 검색을 용이하게 하기 위해서, 노드 안에 있는 엔트리들(색인 엔트리들 혹은 정보 엔트리들)은 파일 이름을 기준으로 사전 순으로 정렬된다. 이로 인해 엔트리의 파일 이름은 노드의 이전 엔트리 파일 이름보다 '크고', 노드의 다음 엔트리 파일 이름보다 '작다'. 말단 노드는 2개의 추가적인 포인터를 가지고 있다. 이들 포인터는 노드의 왼쪽과 오른쪽에 다른 노드가 있다면, 이를 각각 가리킨다. 이들 포인터는 엔트리의 삽입과 삭제를 용이하게 하는 데 사용된다. 이제 그들이 어떻게 사용되는지 논의해 보자.

디렉터리에 있는 파일의 위치를 찾기 위해 루트 노드에서부터 B^+ 트리 디렉터리가 탐색된다. 파일의 이름은 노드의 첫 색인 엔트리의 파일 이름과 비교된다. 만일 그것이 엔트리 안의 파일 이름보다 사전 순으로 '작은' 경우, 색인 엔트리 안의 포인터가 다른 트리 노드를 찾기 위해 사용된다. 그렇지 않으면 그러한 경우를 찾을 때까지 노드 안의 다음 색인 엔트리 검색이 계속된다. 다음 색인이 노드 안의 마지막 색인일 경우, 색인 엔트리 안의 포인터가 가리키는 트리 노드에서 검색이 계속된다(참고로, 노드 안의 마지막 색인 엔트리는 파일 이름을 포함하지 않는다). 이 절차는 트리의 말단 노드를 만날 때까지 계속된다. 이제 선형 또는 이진 검색과 같은 편리한 검색 기법을 사용해 말단 노드 안의 정보 엔트리들이 검색된다. 만일 우리가 찾고 있는 파일 이름에 대한 정보 엔트리가 발견되면, 우리는 파일 이름과 관련된 정보를 찾기 위해 정보 엔트리의 포인터를 사용한다. 그렇지 않으면 파일 이름은 디렉터리에 존재하지 않는다.

예제 13.5 B^+ 트리로서의 디렉터리

그림 13.10은 차수 2의 B^+ 트리로서의 디렉터리가 조직화된 것을 보여준다. 말단 노드의 아래쪽 화살표는 파일 이름과 관련된 정보에 대한 포인터이다. 파일 c를 검색하기 위해, 우리는 루트 안의 첫 번째 색인의 파일 이름 k를 c와 비교한다. 파일 이름 c가 k보다 '작기' 때문에, 우리는 검색이 계속되는 한 트리 노드들을 찾기 위해 색인 엔트리의 포인터를 사용한다. 이 노드는 파일 이름 c와 f를 위한 색인 엔트리를 포함하는 노드이다. c는 첫 번째 색인 엔트리 안의 파일 이름보다 더 작지 않기 때문에, 우리는 f와 함께 노드 안의 다음 색인 엔트리의 파일 이름과 이것을 비교한다. 그것은 더 작고, 따라서 우리는 이 색인 엔트리의 포인터를 사용한다. 이 포인터는 말단 노드를 가리킨다. 따라서 우리는 이 노드의 정보 엔트리들에서 c를 검색한다. 우리는 처음 엔트리에서 똑같은 것을 찾았고, 파일 C에 대한 디렉터리 정보의 위치를 가리키는 이 엔트리의 포인터를 사용한다.

B^+ 트리의 장점은 삽입과 삭제가 이루어질 때 빠른 검색과 트리를 재조정하는 방법의 효율성이다. 윈도우 NTFS는 디렉터리들을 위해 B^+ 트리를 사용한다.

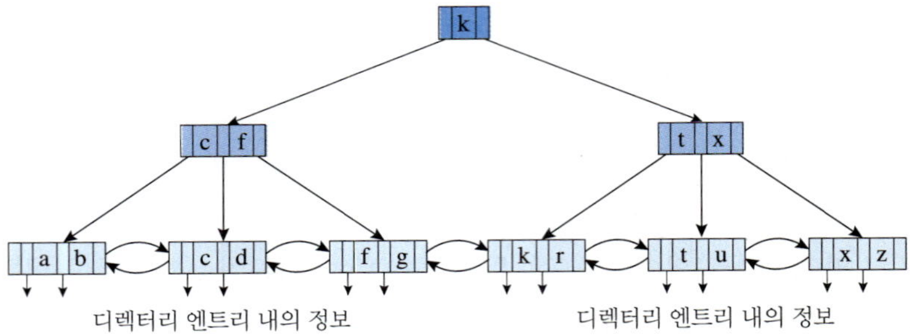

그림 13.10 B^+ 트리로 구성된 디렉터리

13.5 파일 시스템의 마운팅(MOUNTING OF FILE SYSTEMS)

여러 파일 시스템이 하나의 운영체제에 존재할 수 있다. 각 파일 시스템은 **논리 디스크**(*logical disk*), 즉 디스크 파티션상에 구성된다. 파일 시스템에 속한 파일들은 파일 시스템이 오직 **마운트**(*mount*)된 경우에만 접근할 수 있다. 마운트 명령은 파일 시스템을 시스템의 디렉터리 구조에 "연결하는 것"이다. 마운트 해제 명령은 파일 시스템 연결을 끊는다. 마운트와 언마운트 명령은 시스템 관리자에 의해 수행된다.

마운트는 링크에 의해 제공되는 것과 비슷한 효과를 가져다준다. 차이점은, 마운트는 디렉터리 구조를 영구적으로 변경하지 않고 오직 파일 시스템이 언마운트 혹은 재부팅될 때까지만 지속된다는 것이다. 파일 시스템의 마운트는 운영체제에 다수의 파일 시스템이 있을 때(13.14.1절 참고), 또는 분산 시스템의 사용자가 원격 시스템에 접근하려 할 때 유용하다.

마운트 지점은 파일 시스템이 마운트될 수 있는 디렉터리이다. 마운트 연산은 명령 `mount`(<*FS_name*>, <*mount_point_name*>)에 의해 수행되는데, 여기서 <*FS_name*>과 <*mount_point_name*>은 둘 다 경로명으로, 각각 마운트될 파일 시스템의 루트와 마운트 지점을 지정한다. 마운트 연산이 수행될 때, 마운트되는 파일 시스템 루트의 이름은 <*mount_point_name*>이 된다. 따라서 디렉터리 <*FS_name*>에서의 상대 경로명 ap_i인 어떠한 파일도 경로명 <*mount_point_name*>/ap_i에 의해 접근될 수 있다. 만일 이미 파일들을 가지고 있는 디렉터리에 파일 시스템이 마운트된다면, 그 파일들은 파일 시스템이 언마운트될 때까지 사용자에게 보이지 않게 된다. 다음 예제는 마운트 명령의 실행 결과를 보여준다.

예제 13.6 파일 시스템의 마운팅

그림 13.11(a)의 ~A/admin은 디렉터리 구조에서 마운트 지점이며, meeting은 다른 파일 시스템의 루트 디렉터리이다. 그림 13.11(b)는 명령 mount(meeting, ~A/admin)의 결과를 보여준다. 이제 파일 아이템들은 ~A/admin/agenda/items로 접근될 수 있다.

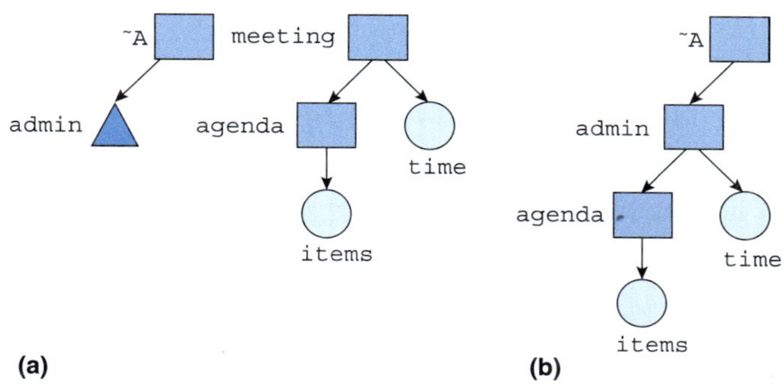

그림 13.11 디렉터리 구조 (a) 마운트 명령 이전 (b) 마운트 명령 이후

마운트 작업의 결과는 해당 명령 unmount(<*FS_name*>,<*mount_point_name*>)에 의해 무효화된다. unmount 명령은 마운트된 파일 시스템상에 열려 있는 파일들이 없을 때만 성공한다. 이 조건을 쉽게 확인기 위해서, 파일 시스템은 마운트된 파일 시스템의 루트에 얼마나 많은 파일들이 열려 있는지 지정하는 개수를 유지한다.

13.6 파일 보호(FILE PROTECTION)

사용자는 자신의 동료와 파일을 공유하고 싶지만, 다른 사람과는 그렇지 않다. 우리는 이 요구사항을 파일에 대한 **제어된 공유**(*controlled sharing*)라 부른다. 이를 이행하기 위해 파일 소유자는 어떤 사용자가 어떤 방식으로 파일에 접근할 수 있는지를 명시한다. 파일 시스템은 이러한 정보를 파일의 디렉터리 엔트리(13.6절 참고)의 **보호 정보**(*protection info*) 필드에 저장하고, 파일에 대한 접근 제어를 위해 사용한다.

파일에 대한 보호 정보를 구조화하는 다른 방법은 15장에서 논의한다. 이 절에서는 파일의 보호 정보가 접근 제어 리스트의 형태로 저장되어 있다고 가정한다. **접근 제어 리스트**(*access control list*)의 각 구성 요소는 (<*user_name*>,<*list_of_access_ privileges*>) 형식의 접근 제어 쌍이다. 어떤 사용자 X에 의해 실행된 프로세스가 파일 alpha에 연산 <*opn*>을 수행하려 할 때, 파일 시스템은 alpha의 접근 제어 리스트에서

<*user_name*>=X 쌍을 검색하고, <*opn*>이 <*list_of_access_privileges*>와 일치하는지 검사한다. 만일 그렇지 않으면 `alpha`의 접근에 대한 시도는 실패한다. 예를 들어, 만일 접근 제어 리스트의 사용자 X에 대한 엔트리가 (*X*, *read*)이거나 목록이 X에 대한 엔트리를 포함하지 않는다면, X가 시도하려는 쓰기가 실패한다.

파일의 접근 제어 리스트 크기는 사용자의 수와 시스템에서 정의된 접근 권한의 수에 의해 결정된다. 보호 정보의 크기를 줄이기 위해서 사용자들이 몇 가지 편리한 방식으로 분류될 수 있으며, 접근 제어 쌍은 각 개별 사용자 대신 각 사용자 클래스에 의해 지정될 수 있다. 이제 접근 제어 리스트는 단지 사용자 클래스 수만큼만 가지고 있다. 예를 들어, 유닉스는 사용자들에 대해 파일 소유자, 소유자와 같은 그룹에 있는 사용자, 그리고 시스템의 모든 다른 사용자 세 클래스에 대한 접근 권한을 지정한다.

대부분의 파일 시스템에서 접근 권한은 **읽기**, **쓰기**, 그리고 **실행** 세 가지이다. **쓰기** 권한은 파일에 존재하는 데이터가 수정되거나 새로운 데이터가 추가되는 것을 허용한다. **첨부**(*append*)라고 불리는 새 접근 권한을 정의함으로써 이 두 권한을 구분할 수 있지만, 보호 정보의 크기가 늘어난다. **실행** 권한은 파일에 포함된 프로그램을 실행하는 것을 사용자에게 허용한다. 접근 권한은 디렉터리 파일들에 대해 다른 의미를 가지고 있다. 디렉터리 파일에 대한 **읽기** 권한은 누군가 디렉터리의 목록을 얻을 수 있다는 것을 의미하는 반면, 디렉터리에 대한 **쓰기** 권한은 누군가 디렉터리 안에 새로운 파일을 만들 수 있다는 것을 의미한다. 디렉터리에 대한 **실행** 권한은 이들을 통해 접근이 만들어지는 것을 허용한다. 즉, 이 권한을 통해 디렉터리에 존재하는 파일에 대한 접근을 허용/비허용 하는 것이다. 사용자는 자신의 디렉터리 구조 일부가 다른 사용자에게 보이도록 하기 위해 디렉터리의 실행 권한을 사용할 수 있다.

13.7 디스크 공간 할당(ALLOCATION OF DISK SPACE)

13.5절에서 언급한 것처럼, 디스크는 각각 자신의 디스크 파티션에 존재하는 여러 파일 시스템을 가질 수 있다. 파일 시스템은 파일이 속한 파티션이 어떤 것인지 알고 있지만, IOCS는 그렇지 않다. 따라서 디스크 공간 할당은 파일 시스템에 의해 수행된다.

초기의 파일 시스템들은 파일이 생성될 때 하나의 연속된 공간을 파일에 할당하는 연속 메모리 할당 모델(11.6절 참고)을 채택하였다. 이 모델은 수행하기 간편했으며, 파일 데이터에 순차적으로 접근하는 동안 디스크 헤드의 움직임을 줄임으로써 데이터 접근 효율성을 제공하였다. 그러나 디스크 공간의 연속 할당은 외부 단편화(external fragmentation)를 야기한다. 흥미롭게도 그것은 내부 단편화도 발생시킨다. 왜냐하면 파일 시스템은 파일이 확장할 수 있도록 얼마간의 추가 공간을 할당하는 것이 효과적이기 때문이다. 또한 불량 디스크 블록(bad disk block)의 사용을 피하기 위해, 디스크 공간을 연속적으로 확보하기가 매우 복잡하다. 파일 시스템은 디스크를 포맷하는 동안 불량 디스크 블록을 식별하고 그들의 주소를 기록한다. 그 다음 불량이 발생한 것에 대한 대체 디스크 블록을 할당하고, 불량 블록과 그 대체 주소를 지정하는 테이블을 구축한다. 읽기/쓰기 작업을 하는 동안, IOCS는 접근되는 디스크 블록이 불량 블록인지 아닌지 검사한다. 만일 불량 블록이면, IOCS는 대체된 디스크 블록의 주소를 획득하고 그곳에 접근한다.

현대의 파일 시스템들은 디스크 공간 할당에 있어 비연속 메모리 할당 모델(11.7절 참고)을 따른다. 이러한 접근법에서는 요구만 있으면, 즉 파일이 생성되거나 갱신 연산 때문에 파일의 크기가 커질 때 언제든지 일정 크기의 디스크 공간이 할당된다. 이러한 접근법의 구현을 위해서는 파일 시스템이 세 가지 문제를 해결해야 한다.

- **디스크 여유 공간 관리**: 디스크 여유 공간을 계속 추적하고, 파일이 새 디스크 블록을 요구할 때 여유 공간을 할당
- **과도한 디스크 헤드의 움직임을 방지**: 파일의 데이터가 디스크의 다른 부분들로 분산되면 파일을 처리하는 동안 디스크 헤드의 과도한 움직임을 야기하기 때문에, 파일의 데이터가 디스크의 다른 부분들로 분산되지 않도록 보장
- **파일 데이터에 접근**: 파일에 할당된 디스크 공간에 관한 정보를 유지하고, 필요한 데이터를 가지고 있는 디스크 블록을 찾는 데 이를 사용

파일 시스템은 디스크 공간에 대한 **자유 리스트**를 유지할 수 있으며, 파일이 새로운 디스크 블록을 요구할 때 그것으로부터 할당할 수 있다. 아니면 디스크 블록의 상태를 나타내는 **디스크 상태 지도**(*disk status map*: DSM)라 불리는 테이블을 사용할 수 있다. DSM은 각 디스크 블록에 대해 디스크 블록이 비었는지 또는 파일에 할당되었는지를 지정하는 하나의 엔트리를 가지고 있다. 이 정보는 단일 비트에서 유지될 수 있어서, DSM은 **비트맵**이라고도 불린다. 그림 13.12는 DSM을 설명한다. 엔트리 1은 대응되는 디스크 블록이 할당되었음을 나타낸다. DSM은 새로운 디스크 블록이 파일에 할당되어야 할 때마다 참조된다.

디스크의 다른 부분에 파일 데이터가 분산되는 것을 방지하기 위해, 파일 시스템은 파일에 대한 디스크 공간의 할당을 연속된 디스크 블록과 연속된 실린더 둘 중 하나에 한정한다. 디스크 블록은 **익스텐트**(extent) 혹은 **클러스터**(cluster)라 불리는 형식이고, 실린더는 **실린더 그룹**의 형식이다(14.3.2절 참고). 자유 리스트 대신 디스크 상태 지도를 사용하는 것은 파일 시스템이 범위 또는 실린더 그룹에서 빠르게 디스크 블록들을 선택할 수 있다는 장점을 가진다.

이제 비연속 디스크 공간 할당에 관한 두 가지 기본적인 접근 방법에 대하여 알아보

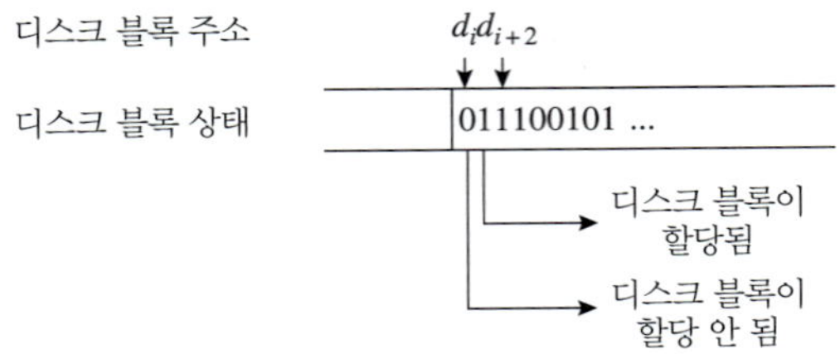

그림 13.12 디스크 상태 지도(DSM)

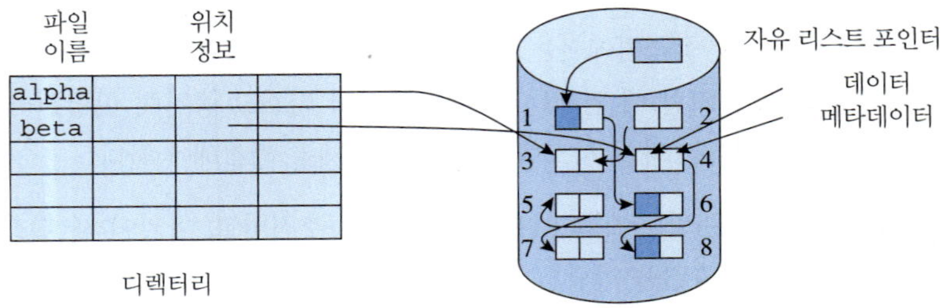

그림 13.13 디스크 공간의 연결 할당

자. 그러한 접근 방법은 파일에 할당된 디스크 공간에 관한 정보를 유지하는 방식에 있어서 차이가 있다.

13.7.1 연결 할당(Linked Allocation)

파일은 디스크 블록들의 연결 리스트로 표현된다. 각 디스크 블록은 데이터(*data*)와 메타데이터(*metadata*) 2개의 필드를 가지고 있다. 메타데이터 필드는 파일에 할당된 다음 디스크 공간의 주소를 가지고 있는 링크 필드인 반면, 데이터 필드는 파일에 쓰인 데이터를 가지고 있다. 그림 13.13은 연결 할당을 묘사한다. 파일 `alpha`의 디렉터리 엔트리의 위치 정보(*location info*) 필드는 파일의 첫 번째 디스크 블록을 가리킨다. 다른 블록들은 디스크 블록 리스트의 포인터를 따라감으로써 접근된다. 마지막 디스크 필드는 메타데이터 필드에 빈 정보를 가지고 있다. 이렇게 하여 파일 `alpah`는 디스크 블록 3과 2로 구성되는 반면, 파일 `beta`는 블록 4, 5, 그리고 7로 구성된다. 디스크상의 여유 공간은 각 여유 디스크 블록이 다음 여유 디스크 블록에 대한 포인터를 가지고 있는 자유 리스트(*free list*)에 의해 표현된다. 새로운 데이터를 파일에 저장하는 데 디스크 블록이 요구될 때, 디스크 블록은 디스크 블록의 파일을 목록에 추가하고 자유 리스트에서 필요한 디스크 블록을 분리시킨다. 파일을 삭제하면, 파일의 디스크 블록에 대한 리스트가 단순히 자유 리스트에 추가된다.

연결 할당은 구현이 쉽고 낮은 할당/해제 오버헤드를 초래하며, 상당히 효율적으로 순차파일을 지원한다. 그러나 비순차적 구조를 가진 파일은 효과적으로 접근되지 못한다. 디스크 블록에 속한 메타데이터의 손상은 전체 파일에 있는 데이터의 손실을 야기하기 때문에 신뢰성 역시 나쁘다. 유사하게 자유 리스트의 포인터가 손상되면 파일 시스템의 연산이 지장받을 수 있다. 이러한 신뢰성은 13.11절에서 논의한다.

파일 할당 테이블(File Allocation Table: FAT) MS-DOS는 파일 데이터와 분리하여 메타데이터를 저장하는 연결 할당의 변종을 사용한다. 디스크의 파일 할당 테이블(FAT)은 디스크의 모든 디스크 블록에 대응하는 원소들을 가지고 있는 배열이다. 파일에 할당되는 디스크 블록에 대해 해당 블록에 대응하는 FAT 원소는 다음 디스크 블록의 주소를 가지고 있다. 따라서 디스크 블록과 FAT 원소가 전통적인 연결 할당 기법에서와 같은 정보를 가지고 있는 한 쌍을 구성한다.

파일의 디렉터리 엔트리는 디렉터리의 첫 번째 디스크 블록의 주소를 가지고 있다. 이 디스크 블록에 대응하는 FAT 요소는 두 번째 디스크 블록의 주소를 가지고 있는 등, 이 방식이 계속된다. 마지막 디스크 블록에 대응하는 FAT 요소는 파일의 끝임을 지정하기 위해 특별한 코드를 가지고 있다. 그림 13.14는 그림 13.13의 디스크 FAT를 보여준다. 파일 `alpha`는 디스크 블록 3과 2로 구성된다. 따라서 이런 이유로 `alpha`의 디렉터리 엔트리는 3을 가지고 있다. 디스크 블록 3의 FAT 엔트리는 2를 가지며, 디스크 블록 2의 FAT 엔트리는 디스크 블록의 파일 끝을 지정한다. 파일 `beta`는 블록 4, 5, 그리고 7로 구성된다. 또한 FAT는 여유 공간 정보를 저장하는 데 사용될 수 있다. 여유 디스크 블록에 대한 리스트가 파일과 흡사하게 저장될 수 있으며, 처음 자유 디스크 블록의 주소가 자유 리스트 포인터에 유지될 수 있다. 그 대신 몇몇 특별한 코드가 자유 디스크 블록에 대응 가능한 FAT 요소에서 저장될 수 있다. 예를 들면, 그림 13.14의 코드 'free'와 같은 경우이다.

다음 디스크 블록의 주소를 획득하기 위해서는 반드시 FAT에 접근해야 하기 때문에, 전통적인 연결 할당 대신 FAT를 사용하는 것은 성능을 저하시킨다. 이 문제를 해결하기 위해 파일 처리 중 FAT가 메모리에 유지된다. FAT의 사용은 전통적인 연결 할당

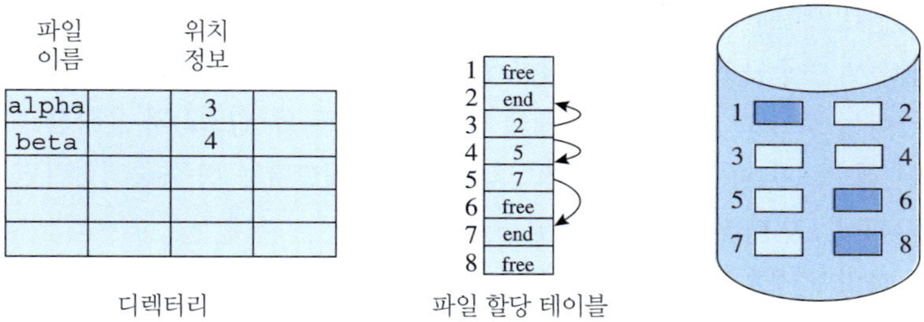

그림 13.14 파일 할당 테이블(FAT)

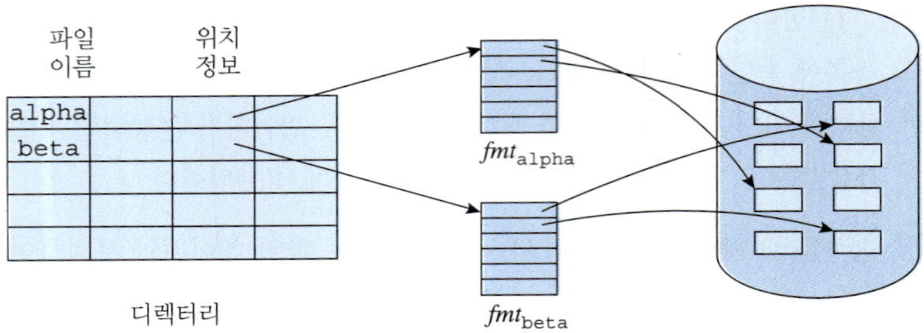

그림 13.15 디스크 공간의 색인 할당

보다 높은 신뢰성을 제공한다. 왜냐하면 파일 데이터를 가지고 있는 디스크 블록의 손상으로 피해가 제한되기 때문이다. 그러나 FAT를 저장하는 디스크 블록의 손상은 치명적이다.

13.7.2 색인 할당(indexed allocation)

색인 할당에서는 **파일 맵 테이블**(FMT)이라 불리는 색인이 파일에 할당된 디스크 블록들의 주소를 기록하기 위해 관리된다. 가장 간단한 형태로 FMT는 디스크 블록의 주소들을 가지고 있는 배열일 수 있다. 각 디스크 블록은 단 하나의 필드인 데이터 필드를 갖는다. 파일 디렉터리 엔트리의 위치 정보 필드는 파일에 대한 FMT를 가리키고 있다(13.15절 참고). 다음 설명에서 파일 `alpha`의 FMT에 대한 표기법으로서 $fmt_{\texttt{alpha}}$가 사용된다. 만일 파일 `alpha`의 크기가 커지면 여유 블록의 위치를 찾기 위해 DSM이 탐색되고, 블록의 주소 $fmt_{\texttt{alpha}}$에 추가된다. 회수(deallocation)는 `alpha`가 삭제될 때 수행된다. $fmt_{\texttt{alpha}}$가 가리키는 모든 디스크 블록은 $fmt_{\texttt{alpha}}$와 `alpha`의 디렉터리 엔트리가 삭제되기 전에 빈 영역으로 표시된다.

FMT에서는 어떤 엔트리가 손상되었을때 그 피해를 해당 엔트리로만 제한하기 때문에, 신뢰성 문제는 연결 할당보다 색인 할당이 보다 덜 심각하다. 연결 할당과 비교하면, 다음 디스크 블록의 주소를 획득하기 위해 파일의 FMT에 접근해야만 하기 때문에 순차 접근 파일에 대한 접근은 효과적이지 못하다. 그러나 특정 레코드를 가지고 있는 디스크 블록의 주소는 FMT로부터 직접 얻을 수 있기 때문에, 직접 접근 파일상의 레코드에 접근하는 것이 더 효과적이다. 예를 들면, 만일 (13.1)~(13.2)과 유사한 주소 계산이 요청된 레코드가 파일의 i 번째 디스크 블록에 존재한다는 것을 증명한다면, 그것의 주소는 FMT의 i 번째 엔트리로부터 얻을 수 있다.

작은 파일의 경우 FMT는 파일의 디렉터리 엔트리에 저장될 수 있는데, 이것은 편리하고 효율적이다. 중형 또는 대형 파일의 경우에는, FMT가 디렉터리 엔트리에 저장

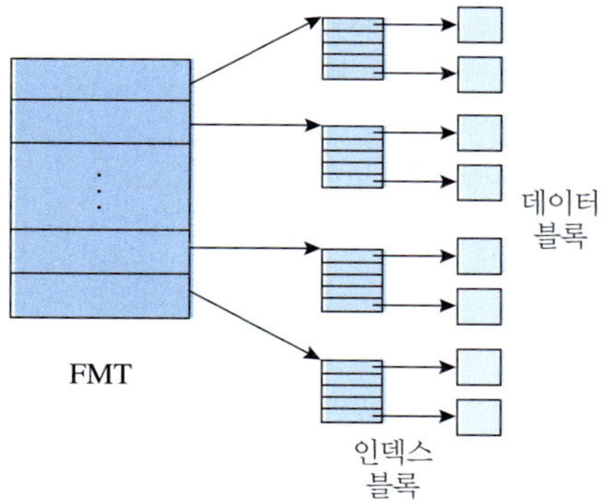

그림 13.16 2단계 FMT 구조

되는 것은 적합하지 않을 것이다. 그림 13.16에 묘사된 2단계의 인덱스 할당이 그러한 FMT에 사용될 수 있다. 이러한 구조에서는 FMT의 각 엔트리가 색인 블록의 주소를 가지고 있다. 인덱스 블록은 데이터를 갖고 있지 않으며, 데이터 블록의 주소가 포함된 엔트리들을 갖고 있다. 데이터 블록에 접근하기 위해 우리는 먼저 FMT의 엔트리에 접근하고 색인 블록의 주소를 획득한 다음, 인덱스 블록의 주소를 얻기 위해 인덱스 블록의 엔트리에 접근한다. 이 방식은 다단계 페이지 테이블과 비슷하다(12.2.3절 참고). 인덱스 블록은 파일에 대한 페이지 테이블의 페이지와 비슷하고, FMT는 상위 단계 페이지 테이블과 비슷하다. 그러한 FMT는 간결하므로 큰 파일들의 FMT도 디렉터리 엔트리에 적합할 수 있다. 그러나 데이터 블록의 접근을 위해 2단계가 필요하기 때문에 접근속도가 느리다.

일부 파일 시스템은 전통적 인덱스 할당과 다단계 인덱스 할당의 몇몇 특징들을 포함하는 혼합형 FMT 구조를 사용한다. 그림 13.17은 이와 같은 구조를 보여준다. 먼저 FMT에서 첫 번째 몇 엔트리들, 말하자면 n 개의 엔트리는 이 전통적인 색인 할당에서처럼 데이터 블록을 가리키며, 다른 엔트리들은 인덱스 블록을 가리킨다. 이러한 방식의 장점은 FMT가 인덱스 블록을 사용하지 않는 것과 마찬가지로, n 개 혹은 그보다 적은 수의 데이터 블록을 가지고 있는 작은 파일에 대한 효과적이고 지속적인 접근이 가능하다는 것이다. 다단계 간접 지정 때문에, 중간 및 큰 크기의 파일들은 접근 성능이 약간 저하된다. 유닉스 파일 시스템은 혼합형 FMT 구성의 변종을 사용한다.

13.7.3 성능 문제(Performance Issues)

메타데이터의 크기(즉, 파일 시스템의 제어 데이터)와 파일 데이터의 접근 효율성이라는 두 가지 성능 문제로 인해 디스크 공간 할당의 단위로서 디스크 블록이 사용된다. 이 문제들은 모두 큰 단위의 디스크 공간 할당을 사용해 해결될 수 있다. 따라서 현대 파일

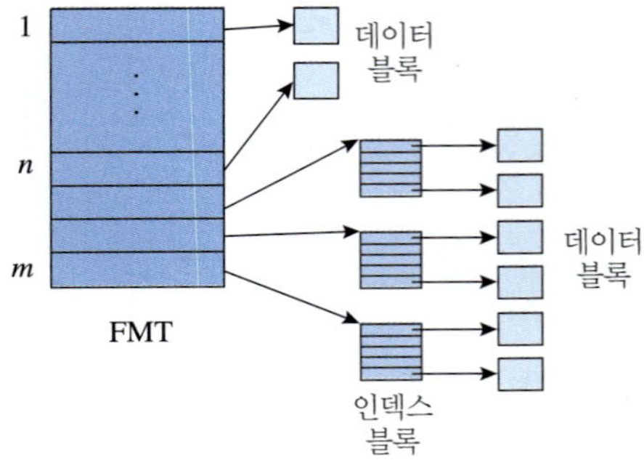

그림 13.17 FMT의 혼합형 구조

시스템들은 디스크 공간 할당의 단위로서 **클러스터**라고도 불리는 **익스텐트**(*extent*)를 사용하는 경향이 있다. 익스텐트는 연속적인 디스크 블록의 집합으로서, 크기가 큰 익스텐트는 보다 나은 접근성을 제공한다. 그러나 이는 더 많은 내부 단편화를 야기한다. 최상의 결과를 얻기 위해 파일 시스템들은 가변적인 익스텐트 크기를 사용하고 있으며, 그들의 메타데이터는 익스텐트 주소와 함께 익스텐트의 크기를 가지고 있다.

13.8 파일 시스템과 IOCS 사이의 인터페이스 (INTERFACE BETWEEN FILE SYSTEM AND IOCS)

파일 시스템은 I/O 연산을 수행하기 위해 IOCS를 사용하고, IOCS는 커널 호출을 통해 그것들을 실행한다. 파일 시스템과 IOCS 간의 인터페이스는 세 가지 데이터 구조들[**파일 맵 테이블**(FMT), **파일 제어 블록**(FCB), 그리고 **열린 파일 테이블**(OFT)]과 I/O 연산을 수행하는 함수로 구성된다. 이러한 자료 구조의 사용은 파일 시스템에 의한 파일 속성들의 반복적인 처리를 피하고, 파일 처리 활동 진행 상태를 추적하는 편리한 방법을 제공한다.

13.7.2절에서 논의했듯이, 파일 시스템은 디스크 공간을 파일에 할당하고, 할당된 디스크 공간에 대한 정보를 **파일 맵 테이블**(FMT)에 저장한다. FMT는 보통 파일에 관한 처리가 진행되는 동안 메모리에 보관된다.

파일 제어 블록(*file control block*: FCB)은 파일 처리 활동 진행에 관한 모든 정보를 가지고 있다. 이 정보는 표 13.3과 같이 세 가지 범주(category)로 분류된다. 파일 구조 범주에 있는 정보는 애플리케이션 프로그램상의 파일 선언문으로부터 추출되거나 컴파일러로부터 추론된다. 예를 들어 레코드의 크기 및 버퍼 수와 같은 정보들은 파일 선언으로부터 추출되는 반면, 접근 방법의 이름은 파일의 타입과 구조로부터 추론된다. 컴파일러는 이 정보를 열기 호출의 파라미터로 넘긴다. 프로그램이 실행되는 동안에 호

표 13.3 파일 제어 블록(FCB)의 필드들

범주	필드
파일 구성	파일 이름
	파일 타입, 구성, 접근 함수
	장치 타입과 주소
	레코드 크기
	블록 크기
	버퍼 개수
	접근 함수 이름
디렉터리 정보	파일 디렉터리 엔트리의 정보
	부모 디렉터리 FCB의 주소
	파일 맵 테이블(FMT)의 주소(또는 파일 맵 테이블 자체)
	보호 정보
현재 처리 상태	처리되어야 할 다음 레코드의 주소
	버퍼들의 주소

출이 일어나면, 파일 시스템은 이 정보를 FCB에 저장한다. 새로운 파일이 생성될 때, 파일 시스템과 IOCS의 연결 동작을 통해 디렉터리 정보는 FCB에 복사된다. 현재 처리 상태에 관한 정보는 IOCS에 의해 FCB에 기록된다. 이 정보는 파일 처리 동안 지속적으로 업데이트된다.

열린 파일 테이블(*open file table*: OFT)은 모든 열린 파일들의 FCB를 보관한다. OFT는 사용자 프로세스가 그것을 훼손할 수 없도록 커널 주소 공간에 상주한다. 파일이 열리면 파일 시스템은 FCB를 OFT의 새로운 엔트리에 저장한다. OFT 안의 이 엔트리의 오프셋은 파일의 내부 *id*라 불린다. 내부 id는 앞으로 모든 파일 시스템 호출을 위한 파라미터로 내부 id를 사용하는 프로세스에게 전달된다.

그림 13.18은 파일 `alpha`가 열렸을 때, 그 방식을 설정하는 것을 보여준다. 파일 시스템은 $fmt_{\texttt{alpha}}$를 메모리로 복사하고, OFT에 있는 `alpha`를 위한 FCB인 $fcb_{\texttt{alpha}}$를 생성한 다음, 필드를 적절히 초기화하고 $internal_id_{\texttt{alpha}}$로서 OFT의 오프셋(이 경우 6)을 프로세스에게 전달한다.

파일 시스템은 다음 연산을 지원한다.

- `open`(<*file_name*>, <*processing_mode*>, <*file_atributes*>)
- `close`(<*internal_id_of_file*>)
- `read/write`(<*internal_id_of_file*>, <*record_info*>, <*I/O_area_addr*>)

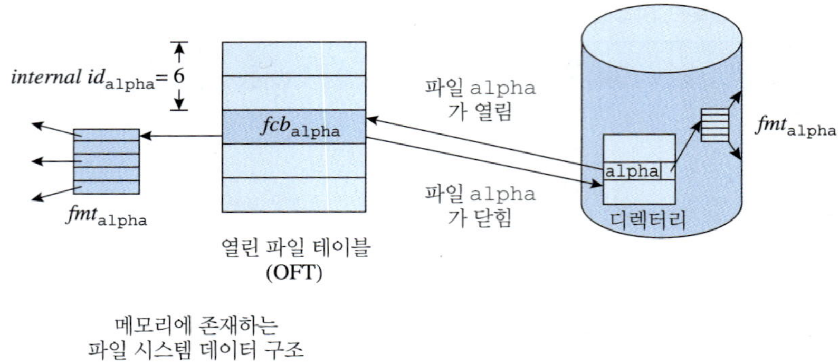

그림 13.18 OFT, FCB, 그리고 FMT를 통한 파일 시스템과 IOCS 간 인터페이스

<*file_name*>은 열린 파일의 절대 또는 상대 경로명이다. <*processing_mode*>는 파일에서 어떤 연산이 수행되는지를 지정한다. '입력,' '생성,' '추가' 값은 명백한 뜻을 가지고 있으며, 'update'는 프로세스가 현재 데이터를 업데이트하려고 함을 지정한다. <*file_attributes*>는 파일의 구조, 레코드 크기, 보호 정보와 같은 파일 속성들의 리스트이다. 이는 새로운 파일이 생성될 때에만 관련이 있다. 이때, 리스트의 속성들은 파일의 디렉터리 엔트리로 복사된다. 만일 파일이 비순차적 모드로 처리된다면 <*record_info*>는 읽히거나 쓰일(written) 레코드의 식별자를 지정한다. <*I/O_area addr*>은 읽혀야 되는 레코드의 데이터 메모리 공간이나 레코드에 작성될 데이터를 가지고 있는 메모리 공간의 주소를 지정한다.

IOCS 인터페이스는 다음과 같은 연산을 지원한다.

- `iocs-open`(<*internal_id_of_file*>, <*directory_entry_address*>)
- `iocs-close`(<*internal_id_of_file*>, <*directory_entry_address*>)
- `iocs-read/write`(<*internal_id_of_file*>, <*record_info*>, <*I/O_area_addr*>)

각 연산들은 파일 시스템에 의해 지원되는 다양한 파일 구조를 위한 일반적인 연산이다. 이들은 모든 파일 구조에서 공통적인 몇몇 동작을 수행하고, 특정 파일 구조에 요구되는 특수한 동작을 수행하기 위해 파일의 FCB에 있는 앞서 언급한 접근 방법 모듈을 호출하는 등 2단계로 동작한다.

`iocs-open`과 `iocs-close` 연산은 디렉터리 엔트리로부터 FCB로, 또는 FCB로부터 디렉터리 엔트리로 정보를 복사하는 특화된 읽기와 쓰기 연산이다. `iocs-read/write` 연산은 다음 처리될 레코드의 주소와 같은 파일 처리 활동의 현재 상태에 관한 정보를 얻기 위해 FCB에 접근한다. 쓰기 연산이 더 많은 디스크 공간을 요구할 때, `iocs-write`는 디스크 할당을 위해 파일 시스템 함수를 호출한다(13.7절 참고).

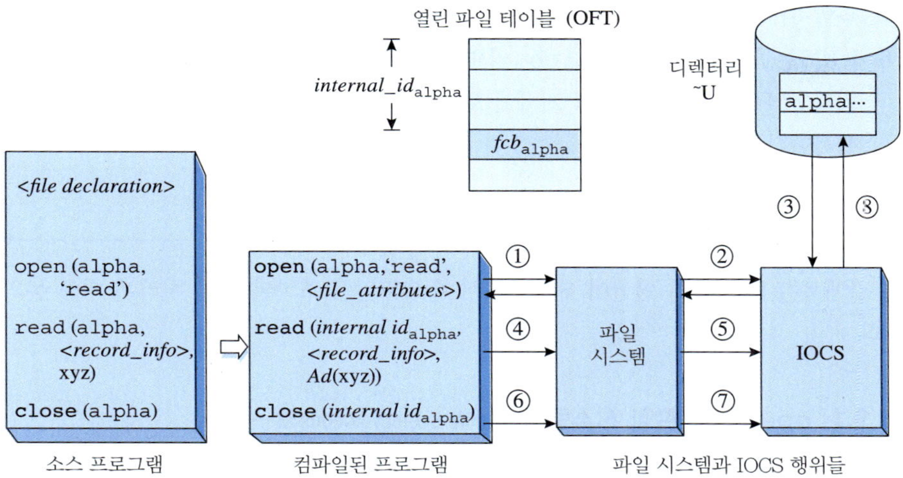

그림 13.19 파일 처리 개요도

그림 13.19는 특정 사용자 U에 의해 실행된 프로세스에 존재하는 alpha 파일의 처리 개요도이다. 컴파일러는 소스 프로그램의 open, read, close 호출을 파일 시스템 연산 open, read, close로 각각 대체한다. 다음은 파일 시스템과 IOCS가 관여하는 파일 처리의 중요 단계이며, 그림 13.19에서 숫자가 붙여진 화살표로 나타내었다.

1. 프로세스는 open(alpha, 'read,' <*file_attributes*>) 호출을 실행한다. 만일 처리 모드 '읽기'가 파일의 보호 정보와 일치하면, 호출은 $internal_id_{alpha}$를 리턴한다. 프로세스는 파일 alpha에서 연산이 수행되는 동안 사용자를 위해 $internal_id_{alpha}$를 저장한다.
2. 파일 시스템은 열린 파일 테이블에 새로운 FCB를 만든다. 이후 13.9.1절에서 설명한 것처럼 경로명 alpha를 분석하며, alpha의 디렉터리 엔트리를 찾고, 그것에 대한 정보를 파일을 닫을 때 새로운 FCB에 저장한다. 이와 같이 새로운 FCB는 fcb_{alpha}가 된다. 파일 시스템은 이제 $internal_id_{alpha}$와 파라미터인 alpha의 디렉터리 엔트리 주소로 iocs-open을 호출한다.
3. IOCS는 alpha의 디렉터리 엔트리에 접근하고, 파일 크기와 FMT 주소, 또는 FMT 자체를 디렉터리 엔트리에서 fcb_{alpha}로 복사한다.
4. 프로세스가 xyz 영역 내 alpha의 레코드를 읽기 원할 때, $internal\_id_{alpha}$, <*record_info*>, *Ad*(xyz)를 파라미터로 파일 시스템의 읽기 연산을 호출한다.
5. Alpha의 위치 정보는 이제 fcb_{alpha}에서 구할 수 있다. 따라서 읽기/쓰기 연산들은 iocs-read/write 연산을 호출하면 된다.
6. 프로세스는 $internal_id_{alpha}$를 파라미터로 닫기 연산을 호출한다.

7. 파일 시스템은 $internal_id_{\texttt{alpha}}$를 파라미터로 `iocs-close` 함수를 호출한다.
8. IOCS는 $fcb_{\texttt{alpha}}$로부터 `alpha`의 디렉터리 엔트리에 대한 정보를 얻고 파일 크기와 FMT 주소, 또는 FMT 자체를 $fcb_{\texttt{alpha}}$로부터 `alpha`의 디렉터리 엔트리로 복사한다.

13.9 파일 처리(FILE PROCESSING)

이 절에서는 읽기/쓰기 연산이 레코드에서 수행되는 구조화된 파일 처리에 대해 논의한다.

13.9.1 `open`에서 파일 시스템 동작(File System Actions at `open`)

`open` (*<path_name>*, *<processing_mode>*, *<file_attributes>*) 호출의 목적은 파일의 처리를 준비하는 것이며, *<path_name>*은 파일 *<file_name>*의 절대 또는 상대 경로명이다. 13.8절에서 설명한 것과 같이, `open`은 다음과 같은 동작을 수행한다.

1. *<processing_mode>*가 파일을 위한 보호 정보와 일치하지 않으면 프로세스를 중단시킨다. 만약 그렇지 않으면 OFT에 있는 파일 *<file_name>*을 위해 FCB를 생성하고, 관련된 정보를 FCB의 필드에 저장한다. 만일 *<file_name>*이 새로운 파일이면, *<file_attributes>*를 파일의 디렉터리 엔트리에 쓴다.
2. 파일 *<file_name>*의 내부 id를 파일 처리 동작에서 사용하기 위해 프로세스로 전달한다.
3. 만일 파일 *<file_name>*이 생성되거나 추가되었다면, 프로세스에 의해 닫기 함수가 호출될 때 파일의 디렉터리 엔트리 업데이트를 준비한다.

경로명 분석(*path name resolution*)이라고 불리는 프로시저는 경로명에 있는 모든 경로 구성 요소들을 탐색하고 각 구성 요소들의 유효성을 검증한다. 그 프로시저는 탐색하는 동안 **파일 *FCB* 포인터**와 **디렉터리 *FCB* 포인터**라 불리는 두 가지 포인터를 사용한다. 파일 *FCB* 포인터는 경로명에 있는 현재 구성 요소에 해당하는 파일의 FCB를 가리키고, 디렉터리 *FCB* 포인터는 부모 디렉터리의 FCB를 가리킨다. 경로명 분석의 마지막에서는 파일 *FCB* 포인터가 파일의 내부 *id*를 결정하는 데 사용된다. 경로명 분석은 다음과 같은 단계로 구성된다.

1. 만일 절대 경로명이 사용된다면, OFT에 있는 파일 시스템 루트 디렉터리의 FCB 위치를 찾는다. 그렇지 않으면 현재 디렉터리에서 FCB를 찾는다(이 단계는 디렉터리들이 OFT에 이미 생성되어 있음을 가정한다. 만약 그렇지 않으면, 이 단계에서 반드시 생성되어야 한다). 그 다음 디렉터리 *FCB* 포인터가 이 FCB를 가리키도록

설정한다.

2. a. 디렉터리 FCB 포인터에 의해 해당하는 디렉터리에서 경로명의 다음 경로 구성 요소를 검색한다. 만일 구성 요소가 존재하지 않거나 프로세스 소유자가 접근 권한이 없다면 error를 지정한다.

b. 경로 구성 요소에 의해 기술되는 파일을 위한 FCB를 생성해 OFT의 비어 있는 엔트리에 저장한 다음, 디렉터리 *FCB* 포인터를 해당 FCB에 복사한다.

c. 파일 *FCB* 포인터가 이 FCB를 가리키도록 설정한다.

d. 만일 이것이 경로명에서 마지막 경로 구성 요소가 아니면, 파일의 디렉터리 엔트리로부터 정보를 사용하여 새롭게 생성된 FCB를 초기화한 다음, 디렉터리 *FCB* 포인터에 파일 *FCB* 포인터를 배정하고 단계 2를 반복한다.

3. a. 만일 파일이 이미 존재한다면, 파일 크기와 파일의 디렉터리 엔트리로부터 FMT를 가리키는 포인터를 파일 *FCB* 포인터가 가리키는 FCB로 복사한다.

b. 만일 파일이 이미 존재하지 않는다면, 파일의 FMT를 생성하고 FCB에 있는 이것의 주소에 저장한다.(이 동작은 FMT를 위한 디스크 블록의 할당에 관여할 수 있다.)

4. 파일의 내부 *id*를 OFT에 있는 파일 *FCB* 포인터의 오프셋으로 설정하고, 디렉터리 *FCB* 포인터를 파일의 FCB로 복사한 다음, 내부 *id*를 프로세스에게 반환한다.

위에서 언급한 동작과는 별개로, 파일 시스템은 효율성 측면에서 아마도 어떤 다른 동작을 수행할 수 있다. 예를 들면, 존재하는 파일을 여는 동안 파일의 FMT 부분 혹은 전체가 메모리로 복사될 것이다[단계 3(a) 참고]. 이 동작은 파일에 있는 데이터에 효율적으로 접근하는 것을 보장한다. 또한 파일 처리 동안 오직 디렉터리 *FCB* 포인터와 파일 *FCB* 포인터가 가리키는 FCB들만이 필요하며, 그에 따라 경로명 분석 동안 생성된 다른 FCB들이 훼손될 수도 있다. 다음 예제는 파일이 열릴 때, 파일 시스템에 의해 구축되는 자료 구조들을 보여준다.

예제 13.7 `open` 연산의 구현

그림 13.20은 다음 호출이 실행된 후의 파일 시스템 동작의 결과를 보여준다.

```
open(/info/alpha,..);
```

`open` 호출에 사용되는 경로명은 절대 경로명이다. 파일 시스템은 루트 디렉터리에서 이름 `info`를 찾고, OFT에 `info`에 대한 FCB를 생성한다. 이제 `info`에 있는 이름 `alpha`를 찾고, `alpha`에 대한 FCB를 OFT에 생성

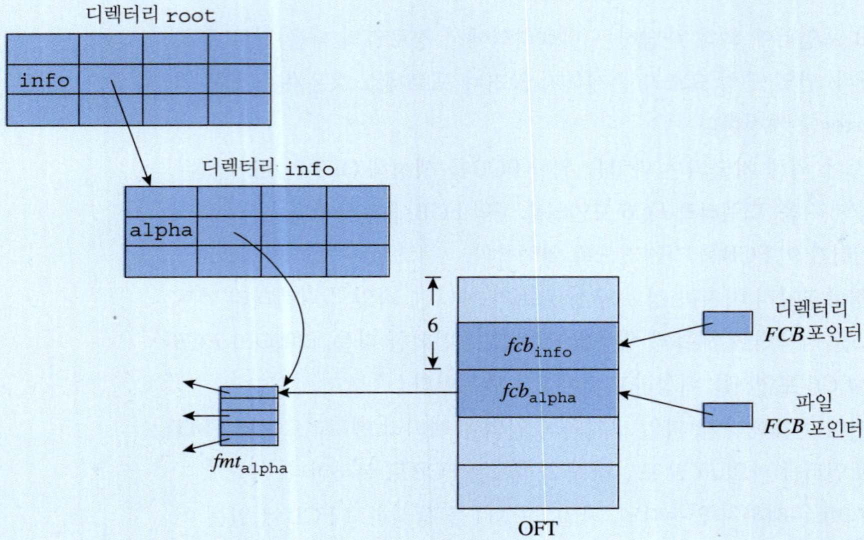

그림 13.20 open 시 파일 시스템 동작

한다. 디렉터리 *FCB* 포인터는 $fcb_{\texttt{info}}$를 가리키고, 파일 *FCB* 포인터는 $fcb_{\texttt{alpha}}$를 가리킨다. `alpha`는 존재하는 파일이므로, 이것의 FMT 포인터는 `alpha` 디렉터리 엔트리로부터 $fcb_{\texttt{alpha}}$로 복사된다. 호출은 `alpha`의 내부 id인 6을 반환한다.

마운트 명령인 `mount`(*<FS_name>*, *<mount_point_name>*)은 *<FS_name>*을 마운트 지점에 마운트한다(13.4절 참고). 마운팅을 구현하는 단순한 방식은 일시적으로 부모 디렉터리에 있는 *<mount_point_name>*의 디렉터리 엔트리를 *<FS_name>*의 디렉터리 엔트리를 가리키도록 바꾸는 것이다.

경로명을 분석하는 동안 마운트 포인트가 겹칠 때, 파일 시스템은 마운트 지점의 디렉터리 구조를 마운트된 파일 시스템의 디렉터리 구조로 변경하거나 또는 그 반대로 변경해야 한다. 이것을 용이하게 하기 위해서는, 마운트 명령어가 처리되는 동안 파일 시스템은 값 'M'을 *<FS_name>*의 디렉터리 엔트리 **플래그**(*flag*) 필드에, 그리고 (*<FS_name>*, *<mount_point_name>*) 쌍은 **마운트 테이블**에 저장한다. 예를 들어, 13.4절의 `mount (meeting, ~A/admin)`이 호출되었을 때, 파일 시스템은 `(meeting, ~A/admin)` 쌍을 마운트 테이블에 추가한다. 경로명이 분석되는 동안, 부모에서 자식[경로명의 슬러시 (/) 연산] 또는 자식에서 부모("..'' 연산)로의 디렉터리 구조를 순회하는 중 마운트 지점과 만날 때, 마운트 테이블을 참조한다. 또한 파일 시스템은 마운트된 파일 처리 중 수행된 디스크 공간 할당이 호스트 파일 시스템이 아니라 마운트된 파일 시스템에서 수행된다는 것을 보장해야 한다.

13.9.2 파일 연산 중 파일 시스템 동작(File System Actions during a File Operation)

파일 *<file_name>*을 연 후, 사용자 U에 의해 실행된 프로세스는 몇몇 읽기 또는 쓰기 파일 연산을 수행한다. 그러한 각 연산은 다음과 같은 호출로 변환된다.

<opn> (*internal id, record id, <IO_area addr>*);

여기서 내부 *id*(*internal id*)는 `open` 호출에 의해 리턴되는 *<file_name>*의 내부 id이다. 만일 연산이 순차적인 접근 파일에서 수행되었다면, 연산은 반드시 파일의 다음 레코드에 접근해야 하므로 레코드 *id*(*record id*)는 필요 없다. 파일 시스템은 이 호출을 진행하기 위해 다음과 같은 동작을 수행한다.

1. 내부 id를 사용하여 OFT에 있는 *<file_name>*의 FCB를 찾는다.
2. `(U, ...)` 쌍을 위해 *<file_name>*의 접근 제어 리스트를 찾는다. 만일 파일의 FCB에서 찾아낸 보호 정보가 사용자 U가 파일의 *<opn>*을 수행하도록 허락되지 않았다면 에러를 반환한다.
3. 내부 *id, record id, <IO_area addr>*를 파라미터로 `iocs-read` 또는 `iocs-write`를 호출한다. 비순차적 접근 파일에서 연산은 지정된 레코드에서 수행된다. 순차적 접근 파일에서 연산은 "처리되어야 할 다음 레코드의 주소"라는 FCB 필드에서 지정된 주소의 레코드에 대해 수행되고, 이 필드는 파일의 다음 레코드를 가리키도록 갱신된다.

단계 3에서 IOCS와 IOCS에 의해 호출된 접근 함수는 FCB로부터 파일의 FMT를 획득하고, *record id*를 (*disk block id, byte offset*) 형식 쌍으로 변환하기 위해 이를 사용한다. 만일 쓰기 연산을 하는 동안 디스크 공간이 부족해지면, 새로운 디스크 블록을 파일에 할당하고 그 주소를 FMT에 추가하는 파일 시스템 모듈을 호출한다.

예제 13.8 읽기/쓰기 연산의 구현

예제 13.7의 `open` 호출에 이어, *record_id*가 25인 프로세스의 `read(alpha, 25, ...)` 호출은 다시 `iocs-read(6, 25, ...)`를 호출한다. 만일 디스크 블록이 각각 1000바이트의 크기를 가지고 레코드는 100바이트의 길이를 갖는다면, IOCS는 레코드 *id*를 디스크 블록 넘버 3과 바이트 오프셋이 400인 디스코 블록에 있는 레코드 넘버 5로 변환시킬 것이다. 이제 `alpha`에 할당된 세 번째 디스크 블록의 주소는 FMT로부터 획득되며, 이 블록은 원하는 레코드를 획득하기 위해 읽힌다.

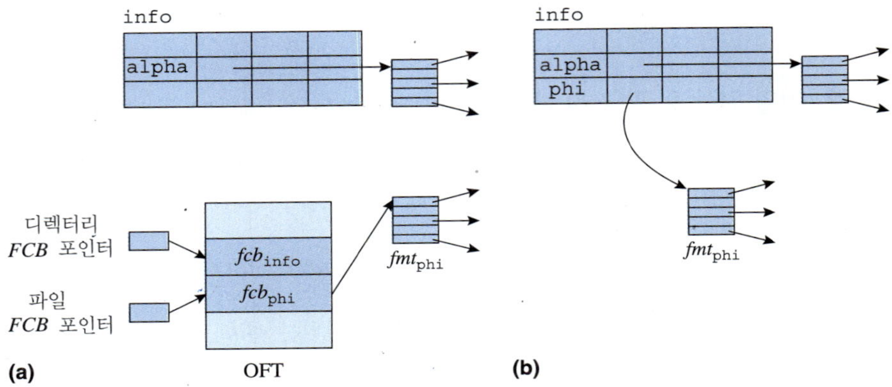

그림 13.21 파일 시스템 자료 구조 (a) `close` 이전 (b) `close` 이후

13.9.3 close 에서 파일 시스템 동작(File System Actions at `close`)

파일 시스템은 프로세스가 `close` (*internal id*, . . .)를 호출할 때 다음과 같은 동작을 수행한다.

1. 만일 파일이 새로 생성되었거나 추가(append)되었다면,

a. 만일 파일이 새로 생성되었다면, 디렉터리 *FCB* 포인터에 의해 지정된 디렉터리 안의 파일에 대한 엔트리를 생성한다. 만일 디렉터리 엔트리 형식이 완전한 FMT가 저장될 수 있는 필드를 가지고 있으면 FMT를 이 필드로 복사한다. 만약 그렇지 않으면, 먼저 FMT를 디스크 블록에 쓰고 이 디스크 블록의 주소를 디렉터리 엔트리로 복사한다.

b. 만일 파일이 추가되었다면, 파일의 디렉터리 엔트리는 디렉터리 *FCB* 포인터를 사용하여 업데이트된다.

c. 만일 필요하다면, 파일 *FCB* 포인터에 디렉터리 *FCB* 포인터 그리고 디렉터리 *FCB* 포인터에 파일의 FCB에서 발견된 부모 디렉터리의 FCB 주소로 설정한 후,

예제 13.9 파일 `close` 연산의 구현

그림 13.21은 경로명 `/info/phi`를 사용하여 열린 새로운 `phi` 파일의 `close phi` 명령을 실행하기 전과 후의 파일 시스템 동작을 보여준다. 디렉터리 `info`에 있는 `phi`를 위한 엔트리가 생성되고, $fmt_{\texttt{phi}}$를 가리키는 포인터는 이 엔트리의 *location info* 필드에 넣어진다. `info`에 이 엔트리 추가는 `info`의 크기를 증가시킨다. 따라서 추가적인 디스크 블록이 `info`에 할당된다. `info`의 FMT와 루트 디렉터리[닫기 행위에서 단계 1(b)와 1(c) 참고] 엔트리의 `info` 크기를 업데이트한다.

파일의 경로명에 있는 다른 디렉터리를 업데이트하기 위해 단계 1b와 1c를 반복한다. 만일 그 FCB들이 열기 후 삭제되었으면, 디렉터리 파일들은 반드시 열리고 업데이트되어야 한다.

2. 파일의 FCB와 그것의 부모 FCB들과 조상 디렉터리들은 OFT에서 삭제된다.

13.10 파일 공유 의미론(FILE SHARING SEMANTICS)

13.6절에서 논의한 것처럼, 파일 소유자는 다른 사용자들에게 파일 접근을 위한 권한을 부여할 수 있다. 인가된 사용자들이 생성한 프로세스는 그들에게 승인된 접근 권한에 따라 파일을 읽고, 쓰고, 또는 실행할 수 있다. 본질적으로 그들은 접근할 수 있는 파일을 공유(*share*)한다. 파일 시스템은 파일 공유의 두 가지 방법을 제공하여 프로세스들이 상호 협력할 수 있도록 하며, 서로에게 효과적인 작업이 되는 하나를 선택할 수 있다.

- **순차적 공유**(*sequential sharing*): 프로세스들은 차례로 공유된 파일에 접근한다. 이로 인해, 만약 누구든 파일에 접근할 프로세스들이 있다면 파일 수정은 이들 프로세스에 의해 순차적으로 일어난다.
- **동시 공유**(*concurrent sharing*): 2개 이상의 프로세스들이 동시에 파일에 접근한다.

파일 공유 의미론(*file sharing semantics*)은 병행 프로세스들에 의해 수행된 파일 처리 결과가 서로에게 보이는 방법을 결정하는 규칙들의 집합이다.

파일의 순차적 공유는 파일의 디렉터리 엔트리(그림 13.6 참고)에 있는 *lock* 필드를 통해 구현될 수 있다. 만일 파일 디렉터리 엔트리의 *lock* 필드가 'reset' 이면, 열기 연산이 성공할 것이고 'set' 으로 바뀔 것이다. 만일 그렇지 않으면, 열기 연산은 실패했을 것이고 다시 시도되어야 한다. 닫기 연산은 *lock* 값을 'reset' 으로 바꿀 것이다.

파일의 동시 공유를 용이하게 하기 위해서는 파일 시스템이 프로세스들의 파일 처리 행동을 방해하지 않도록 보장해야 한다. 따라서 파일 시스템은 13.9.1절의 과정에 따라 파일이 열릴 때마다 각 프로세스를 위한 분리된 FCB를 생성한다. 즉, 파일 `alpha`의 동시 공유를 위한 몇 개의 FCB들이 생성될 수 있다. 우리는 프로세스 P_1을 위해 생성된 `alpha`의 FCB에 대해 $fcb^{P_1}_{\texttt{alpha}}$란 표기를 사용한다. 표 13.4는 파일 시스템이 제공하는 동시 파일 공유의 세 가지 모드를 요약한 것이다.

변경 불가능한 파일 공유(Sharing Immutable Files) 파일 `alpha`가 변경 불가능한 파일로서 공유될 때, 공유하는 프로세스들 중 누구도 그 파일을 변경할 수 없다. 따라서 `alpha` 파일을 공유하는 프로세스들은 상호 독립적이다. 각 공유 프로세스를 위한 $fcb_{\texttt{alpha}}$의 생성은 이 파일 공유 형식을 구현하기에 적절하다.

표 13.4 동시 파일 공유의 모드

모드	설명
변경 불가능한 파일	공유되는 파일이 어떤 프로세스에 의해서도 수정되지 않는다.
변경 가능한 단일 이미지 파일	파일을 동시에 공유하는 모든 프로세스들은 같은 파일 이미지를 본다. 예를 들면, 그들은 파일 데이터의 동일한 이미지를 가지고 있다. 그러므로 한 프로세스에 의한 수정은 즉시 그 파일을 사용하는 다른 프로세스에게 보여진다.
변경 가능한 복수 이미지 파일	파일을 공유하는 프로세스들은 다른 파일 이미지를 본다. 그러므로 프로세스에 의한 업데이트들은 어떤 동시 프로세스들에게 보이지 않는다. 파일 시스템은 많은 수의 파일 이미지를 유지하거나 프로세스가 파일을 닫을 때, 어떤 방법으로 그 이미지들을 하나의 이미지로 생성하기 위해 조정할 것이다.

변경 가능한 단일 이미지 파일 공유(Sharing Single-Image Mutable Files) 파일의 하나의 복사본이 파일에 접근하는 프로세스들에게 공유된다. 따라서 프로세스에 의한 수정은 즉각 다른 프로세스에게 보인다. 이 공유 형태를 구현하기 위해 FMT의 단일 사본이 모든 공유 프로세스들에게 사용되는 것이 필수적이다. 따라서 FCB에서 FMT 자체보다 FMT의 포인터를 유지하는 것이 필요하다.

그림 13.22는 이러한 방식을 통한 파일 alpha의 동시 공유를 보여준다. alpha가 프로세스 P_1과 P_2에 의해 열릴 때, FCB $fcb^{P_1}_{\texttt{alpha}}$와 $fcb^{P_2}_{\texttt{alpha}}$가 생성된다. 두 FCB들은 같은 $fmt_{\texttt{alpha}}$의 복사본을 가리키고 있다. 각 FCB는 프로세스에 의해 접근되는 다음 레코드의 주소를 가지고 있다. 만일 P_1과 P_2에 의해 처리되는 레코드들의 집합이 겹치면, 그것들의 수정은 서로 보일 것이다. 또한 경쟁 조건(race condition)이 이러한 상황에서 발생할 수 있고, 프로세스들에 의한 업데이트는 무효화될 수 있다. 유닉

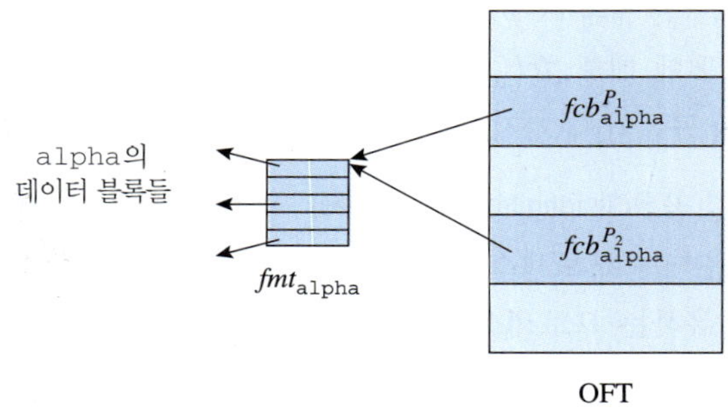

그림 13.22 프로세스 P_1과 P_2에 의한 변경 가능한 단일 이미지 파일의 동시 공유

스 파일 시스템은 변경 가능한 단일 이미지 파일을 지원하며, 13.14.1절에서 유닉스 파일 공유 의미론에 대해 논의한다.

변경 가능한 복수 이미지 파일 공유(Sharing Multiple-Image Mutable Files) 변경 가능한 복수 이미지 파일 alpha가 다수의 프로세스들에 의해 공유될 때 파일을 수정하는 각 프로세스별로 alpha의 새로운 버전을 생성하는데, 이 버전은 다른 프로세스들에 의해 생성된 버전과 별개이다. 이러한 기법에서는 각 FCB를 위한 $fmt_{\mathtt{alpha}}$의 차이가 있어야 하고, 각 FMT는 반드시 alpha의 서로 다른 복사본을 가리켜야 한다. 이 요구사항은 각 프로세스가 alpha에 동시에 접근하기 위해 alpha의 복사본(그리고 그것의 FMT)을 만듦으로써 가장 잘 구현될 수 있다.

그림 13.23은 변경 가능한 복수 이미지 파일들을 구현하기 위한 방식을 보여준다. 프로세스 P_1과 P_2는 alpha 업데이트를 시작하고 있다. $\mathtt{alpha}^{P_1}$은 프로세스 P_1을 위해 만들어진 alpha의 사본을 나타낸다. P_1에 의한 처리는 $fcb^{P_1}_{\mathtt{alpha}}$와 $fmt^{P_1}_{\mathtt{alpha}}$를 사용해 $\mathtt{alpha}^{P_1}$에 접근하는 반면, P_2에 의한 처리는 $fcb^{\mathrm{P2}}_{\mathtt{alpha}}$와 $fmt^{P_2}_{\mathtt{alpha}}$를 사용해 $\mathtt{alpha}^{P_2}$에 접근한다. 이와 같이 $\mathtt{alpha}^{P_1}$과 $\mathtt{alpha}^{P_2}$는 alpha의 두 가지 버전이다. 항상 안정된 구현을 위해서, 파일 공유 의미는 반드시 alpha의 읽기만을 원하는 프로세스들에 의해 alpha의 어떤 버전에 접근해야 하는지를 명시해야 한다.

변경 가능한 복수 이미지 파일의 공유는 많은 애플리케이션에 유효하나 적용할 수 없다는 특수한 특징을 가지고 있다. 그러므로 동시 업데이트로 인해 복수의 버전 존재가 의미 있는 애플리케이션에서만 사용될 수 있다.

13.11 파일 시스템 신뢰성(FILE SYSTEM RELIABILITY)

파일 시스템의 신뢰성은 디스크 블록의 데이터 불량과 전력 공급 중단에 의한 시스템 충돌이 발생할 때에도 파일 시스템이 얼마나 정확하게 동작하는냐에 달려 있다. 파일

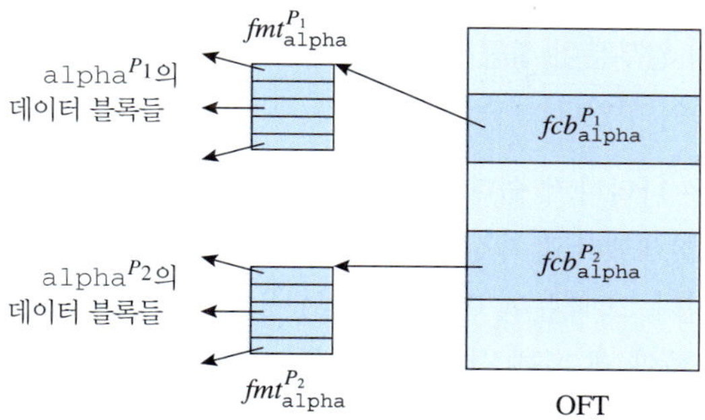

그림 13.23 프로세스 P_1과 P_2에 의한 변경 가능한 복수 이미지 파일의 동시 공유

시스템 신뢰성의 두 가지 주요 측면은 다음과 같다.

- 파일의 생성, 삭제 및 업데이트의 정확성 보장
- 파일 데이터의 손실 방지

전자는 파일 시스템의 제어 데이터와 같은 메타데이터의 일관성이나 정확성과 관련 있는 반면, 후자는 파일에 저장된 데이터의 일관성이나 정확성과 관련 있다.

신뢰성에 관한 문헌은 **결함**(*fault*)과 **실패**(*failure*)라는 단어 사이에 구분을 둔다. 결함은 시스템의 어떤 부분의 결점을 말한다. 실패는 잘못되거나 기대했던 행동과 다른 시스템 행동을 말한다. 결함의 발생이 실패를 야기한다. 디스크 헤더의 손상이나 전력 공급 중단으로 인한 디스크 블록의 불량은 결함인 반면, 파일 시스템이 불량 블록을 읽지 못하는 것은 실패이다.

13.11.1 파일 시스템 일관성의 결여(Loss of File System Consistency)

파일 시스템 일관성은 메타데이터의 정확성과 파일 시스템의 올바른 동작을 위해 필요하다. 파일 시스템의 메타데이터가 손실되거나 손상되면 일관성이 결여된다. 어떻게 이것이 일어나는지 알아보는 것은 흥미롭다. 파일 `alpha`를 업데이트하는 프로세스의 연산을 고려해 보자. 효율적인 연산을 보장하기 위해 파일 시스템이 메모리에 파일 시스템의 메타데이터 일부를 유지한다. 이로 인해 $fcb_{\texttt{alpha}}$(열린 파일 테이블에 존재하는), $fmt_{\texttt{alpha}}$의 일부분, 디스크 상태 맵의 일부분 또는 빈 리스트가 메모리에 있을 것이다. $fmt_{\texttt{alpha}}$ 같은 이러한 메타데이터 중 일부는 `alpha`가 닫힐 때 디스크에 쓰인다. 게다가 파일 시스템은 디스크 상태 테이블과 빈 리스트를 디스크로부터 주기적으로 복사한다. 그러나 메타데이터는 끊임없이 수정되고, 그래서 시스템 연산 동안 메타데이터의 디스크 복사본들이 일반적으로 최신 정보를 포함하지 못한다. 전력이 중단됐을 때메모리에 있던 메타데이터는 없어지고, 디스크 결함 시 디스크에 저장되어 있던 메타데이터는 없어진다. 이런 상황은 하나 이상의 다음과 같은 실패들에 의해 일어날 수 있다.

1. 파일 `alpha`로부터 몇몇 데이터가 손실된다.
2. 파일 `alpha`의 일부분이 접근하기 어려워진다.
3. 두 파일의 내용이 섞인다.

첫 번째 상황은 나타나기 쉽다. 예를 들어, 새로운 디스크 블록이 파일 `alpha`에 추가된 후 결함이 발생했다고 가정하자. $fmt_{\texttt{alpha}}$의 디스크 복사본은 이 블록의 id를 포함하지 않을 것이며, 그 때문에 결함이 발생했을 때 새로 추가된 블록의 데이터는 손실될 것이다. 두 번째와 세 번째 상황은 어떠한 신뢰성 기술도 채용하지 않은 파일 시스템에서 발생한다. 우리는 연결된 디스크 공간 할당을 사용하고, 알고리즘 13.1을 사용해 새로운 디스크 블록을 파일에 추가하는 파일 시스템에서 이러한 상황을 설명한다. 세 번째 상황은 인덱스 디스크 공간 할당을 사용하는 파일 시스템에서도 발생할 수 있다.

알고리즘 13.1 블록 d_1과 d_2 사이에 블록 d_j 추가

입력:

d_1, d_2, d_j : **record**

next : . . .; {다음 블록의 id}

data : . . .;

end

1. $d_j.next := d_1.next$;
2. $d_1.next :=$ address(d_j);
3. 디스크에 d_1 쓰기
4. 디스크에 d_j 쓰기

알고리즘 13.1은 파일의 블록 d_1과 d_2 사이에 새로운 디스크 블록 d_j를 추가한다. 그림 13.24는 파일 `alpha`가 결함에 의해 어떻게 접근 불가능하게 되는지 보여준다. 그림 13.24(a), (b)는 알고리즘의 실행 전후를 보여준다. 그림 13.24(c)는 알고리즘 13.1의 단계 3과 4 사이에서 실패가 일어날 경우이다. 새로운 내용들이 디스크 블록 d_1에 쓰이지만, 디스크 블록 d_j에는 쓰이지 않는다. 따라서 $d_1.next$는 다음 필드의 정확한 메타데이터를 포함하지 않는 d_j를 가리킨다. 디스크 블록 $d_2, d_3, \ldots$은 파일의 일부분으로서 더 이상 접근할 수 없을 것이다.

만일 파일 시스템이 파일을 닫을 동안에만 메타데이터를 디스크에 쓰고 각 파일 연산 이후에는 쓰지 않는다면, 두 파일의 내용들이 섞일 수 있다. 다음 상황을 고려해 보자. 프로세스 P_1이 어떤 파일 `beta`로부터 디스크 블록 d_k를 삭제한다. d_k는 빈 리스트로 리턴될 것이다(또는 디스크 상태 맵에 빈 상태로 표시될 것이다). 이제 프로세스 P_2가 파일 `alpha`에 새로운 레코드를 추가한다. 파일 시스템은 이러한 목적을 위해 새로운 디스크 블록 d_j를 할당하고, 파일 `alpha`의 디스크 블록 d_m의 앞쪽에 추가한다 [그림 13.25(a) 참고]. 이제 $d_j = d_k$가 될 때와 다음과 같은 이벤트가 파일 시스템에 발생하는 상황을 고려해 보자.

1. 파일 `alpha`가 닫힌다.
2. 파일 시스템은 파일 `alpha`의 디스크 사본을 업데이트한다. 즉, 디스크 블록 d_j를 `alpha`에 추가한다.
3. 전력 공급이 중단된다.

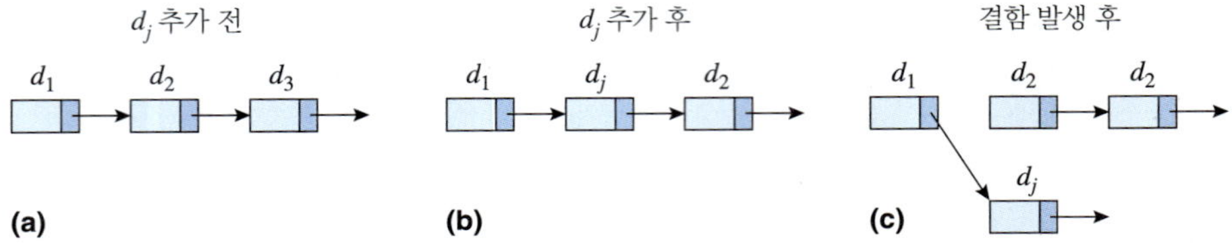

그림 13.24 결함으로 인한 메타데이터의 불일치 (a)~(b) 정상 동작 중 d_j 추가 전과 후 (c) 결함 발생 후

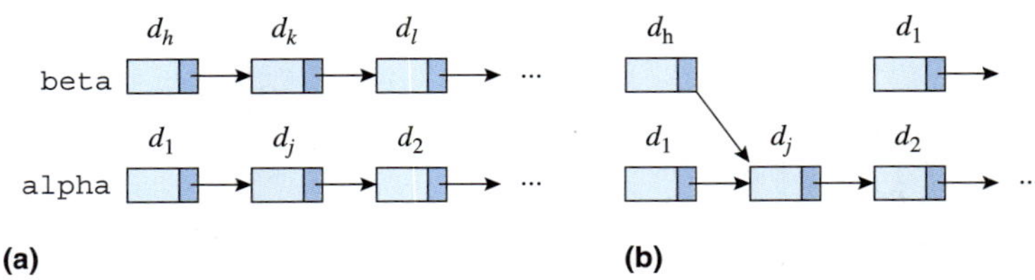

그림 13.25 파일 alpha와 beta (a) 정상 동작 중 d_j 추가 후 (b) 만일 $d_j = d_k$라면, `alpha`가 닫히고 전원이 나감

파일 `beta`는 전력 공급이 중단되기 전에 닫히지 않았음에 주목하자. 그래서 디스크는 블록 d_k를 가지고 있는 `beta`의 예전 복사본과 블록 d_j를 가지고 있는 `alpha`의 새로운 복사본을 가지고 있다. $d_j = d_k$이기 때문에, 이제 `alpha`와 `beta`는 디스크 블록 d_j와 이것을 통해 접근 가능한 모든 다른 블록들을 공유한다[그림 13.25(b) 참고]. d_k를 통해 이전에 접근 가능했던 파일 `beta`의 모든 디스크 블록들, 즉 블록 d_l과 이것을 통해 접근 가능한 다른 블록들은 이제 접근할 수 없다. 사실상 `beta`의 몇몇 데이터는 없어진 반면, 몇몇 데이터는 파일 `alpha`와 `beta`에 공통적으로 있다.

13.11.2 파일 시스템 신뢰성에 대한 접근법(Approaches to File System Reliability)

표 13.5의 두 가지 접근 방법을 통해 운영체제는 사용자 파일들이 장기간 신뢰성 있게 저장되는 것을 보장할 수 있다. **복원**(*recovery*)은 **실패**(*failure*)가 발견됐을 때 작동되는 고전적인 처리 방법이다. 이는 파일 시스템의 데이터와 메타데이터 몇몇을 이전과 같은 상태로 회복시킨다. 그 다음 파일 시스템은 그 상태에서 연산을 다시 시작한다. 따라서 정상적인 행동으로부터 이탈이 발생하지만, 이를 알게 되면 운영체제는 정상화된다. 반면 **결함 허용**(*fault tolerance*)은 항상 파일의 올바른 연산을 제공한다. 즉, 결함이 실패로 이어지지 않도록 보장하는데, 특수한 몇 가지 기술을 통해 이러한 기능을 달성한다.

두 가지 접근법의 차이를 알아보기 위해, 읽을 수 없게 된 디스크 블록의 예를 생각해 보자. 파일 시스템이 블록을 읽을 수 없는 것은 실패이다. 복원 접근법에 따르면, 실

표 13.5 파일 시스템의 신뢰성에 대한 접근법들

접근법	설명
복원	파일 시스템의 데이터와 메타데이터를 이전 일관된 상태로 복원한다.
결함 허용	시스템 연산이 항상 올바르게 동작하도록 결함으로 인한 데이터와 메타데이터의 일관성 결여를 방지하며, 실패가 발생하지 않도록 한다.

패를 인지하기 전의 값으로 블록 안의 데이터가 복원되어야 한다. 결함 허용에서 각 데이터 단위는 두 블록들(주 블록과 대체 블록) 안에 기록될 수 있다. 만일 주 블록을 읽는 동안 실패가 발생한다면, 파일 시스템은 자동적으로 대체 블록을 읽는다. 물론 결함 허용이 절대적이지는 않다. 시스템은 결함을 허용할 수 있도록 설계된 것들만 받아들일 수 있다. 예를 들면, 두 블록에 데이터 단위가 기록되었을 때, 시스템은 주 블록의 결함만 허용할 수 있고, 주 블록과 대체 블록에서 발생한 결함은 허용할 수 없다.

13.11.2.1 복원 기법(*Recovery Techniques*)

어떤 시점 t_i에서의 **파일 시스템 상태**는 파일 시스템상의 모든 데이터와 메타데이터의 집합이며, 파일 시스템의 **백업**(*backup*)은 파일 시스템 상태의 기록이다. 복원을 위해서 파일 시스템은 동작하는 동안 백업을 주기적으로 만들어낸다. t_{lb}가 마지막 백업이 만들어진 시간이라 하자. t_f에 실패 이벤트가 발생했을 때 파일 시스템은 마지막 백업 기록 상태로 복원되며, t_{lb}와 t_f 사이에 수행되었던 파일 업데이트는 잃어버리기 때문에 이 업데이트들은 복원된 후 재수행이 필요하다. 이로 인해 백업을 이용한 복원은 백업 생성과 재처리(reprocess)에 대한 오버헤드가 있다.

복원 과정에서 재처리에 대한 오버헤드는 백업의 결합과 파일 시스템의 **증분 백업**(*incremental backup*)을 통해 줄일 수 있다. 증분 백업은 단지 마지막 백업이나 증분 백업이 만들어질 때, 수정된 파일이나 디스크 블록의 사본을 가지고 있다. 파일 시스템은 하루, 며칠, 일주일 등의 긴 주기로 백업이 만들어진다. 증분 백업은 짧은 주기로 생산되고 다음 백업이 만들어질 때 폐기된다. 예를 들면, 증분 백업은 업데이트 후 프로세스가 종료될 때 생성될 수 있다. 증분 백업은 단지 그 파일의 사본을 가지고 있다. 증분 백업의 사용은 백업 활동의 오버헤드를 증가시킨다. 백업과 증분 백업이 공존하고, 어떤 파일들은 하나 이상의 증분 백업에 존재할 수 있기 때문에 공간 오버헤드가 크다. 그러나 재수행 오버헤드는 다음과 같은 이유에서 적다. 시스템 고장 후 마지막 백업으로부터 복원될 수 있으며, 그 다음 증분 백업들이 그들이 생성될 때의 순서와 같은 순서로 처리될 것이다. 이 동작은 모든 파일을 마지막으로 생성된 증분 백업 직전까지 복원할 것이다. 오직 실패 시점에 진행 중이던 파일 처리 활동들만 다시 반복되어야 한다.

복원 오버헤드를 줄이기 위해 파일 시스템은 이미 증분 백업으로부터 복원된 파일을 복원하지 않도록 마지막 백업을 먼저 복원하고, 역순으로 모든 증분 백업에 의해 복원될 것이다. 이 접근법은 각 파일들을 정확히 한 번만 복원하여 오버헤드를 줄일 것이다. 그러나 그것은 파일 시스템 메타데이터 실패 시점에서 메타데이터가 일관성 있을 때만 효과적일 것이다.

예제 13.10 파일 시스템에서의 복원

그림 13.26은 시스템에서 t_1과 t_4에서의 백업과 t_2와 t_3에서의 증분 백업을 보여준다. 증분 백업은 각각 3개와 2개의 디스크 블록이 가지고 있다. 3개의 디스크 블록은 t_1과 t_2 사이에 업데이트된 디스크 블록이고, 2개의 디스크 블록은 t_2와 t_3 사이에 업데이트된 디스크 블록이다. 만일 시점 t_4 이후에 실패가 발생한다면, 파일 시스템은 t_4에 얻은 백업에 기록된 상태로 복원될 것이다. 그러나 파일 시스템에서 만약 t_3과 t_4 사이에 실패가 발생한다면, t_1에 얻은 백업과 t_2와 t_3에 얻은 증분 백업을 이용하여 복원할 것이다.

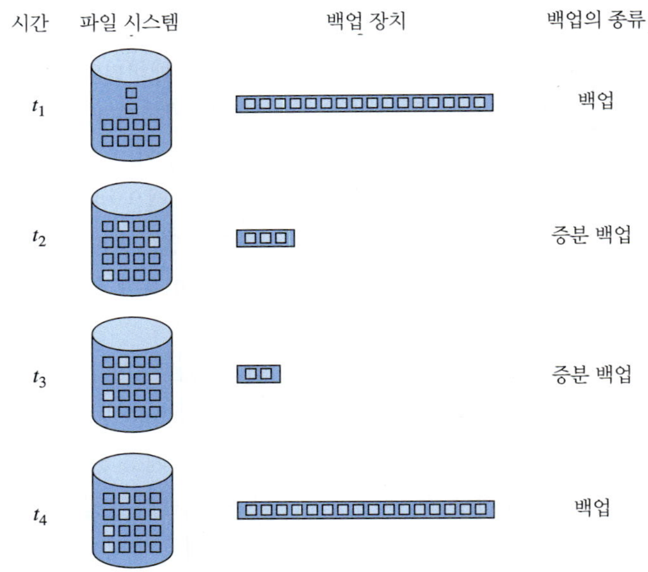

그림 13.26 파일 시스템에서 백업과 증분 백업

백업의 생성(Creating Backups) 백업의 생성에서 가장 중요한 주제는 백업에 기록된 메타데이터의 일관성이다. 파일 시스템이 연산하는 동안 다음과 같은 시나리오를 생각해 보자.

1. 자유 리스트 자료 구조가 백업에 작성된다.

2. 기록이 파일 자유 리스트로부터 phi에 할당될 새로운 디스크 블록을 요구하는 phi에 추가된다.
3. 파일 phi는 지금 백업에 작성된다.

여기서 백업에 자유 리스트와 파일 phi의 기록은 서로 내용이 다를 것이며, 13.11.1절에서 논의된 것처럼 파일에서 자료의 혼동을 야기할 수 있다. 이러한 세 가지 행동들이 역순으로 수행됨에도 불구하고 유사한 문제가 나타날 것이다. 메타데이터의 불일치는 백업이 만들어지는 동안 파일 시스템에서의 모든 활동을 중단함으로써 방지될 수 있다. 그러나 이 방법은 너무 간섭이 심한 측면이 있으며, 실행에 있어서 지연을 야기한다. 대안은 시스템의 일반적인 연산 중에 백업을 만들지만, 백업에 자유 리스트를 작성하지 않는 등 간소화하는 것이다. 파일 시스템의 상태가 그러한 백업들로부터 복원될 때, 파일 시스템은 전체 디스크를 스캔하고 새롭게 자유 리스트를 구축할 수 있다. 그러나 이 기법에서는 파일들이 다른 시점에서 백업에 기록되었을 수 있다. 만일 파일 시스템이 이러한 백업을 이용해 복원되었다면, 그들은 다른 크기에 대한 자료의 손실을 겪을 것이다. 또 다른 문제는 백업이 시작될 때 처리되고 있는 파일을 백업하는 것이다. 그것의 처리가 끝날 때까지 백업은 지연되어야 한다. 만일 그 백업을 사용해 파일 시스템이 복원된다면, 얼마나 많은 파일이 손실되었는지 사용자가 정확하게 알 수 없을 것이다. 파일이 닫힐 때 생성되는 증분 백업은 이러한 일관성 문제에 직면하지 않는다. 왜냐하면 오직 수정된 파일들만 백업에 작성되어, 자유 리스트 같은 파일 시스템 메타데이터는 작성되지 않기 때문이다.

백업 생성에 대한 오버헤드는 어떠한가? 디스크 공간이 값비쌀 때, 백업은 일반적으로 테이프 같은 느린 I/O 장치에 생성되었다. 그러나 현대의 컴퓨터 시스템에서의 디스크 공간은 저렴한 편이어서, 디스크에 백업을 생성하는 것이 가능하다. 디스크 공간에 대해 색인 할당이 사용되면, 가상 메모리의 **기록 시 복사**(*copy-on-write*) 기술과 유사한 기술로 파일의 백업을 디스크에 저렴하게 생성하는 것이 가능하다. 그림 13.27은 이러한 기술을 보여준다.

파일 phi가 백업될 때, 파일 시스템은 파일 phi의 디렉터리 엔트리의 사본을 생성하고 b_phi같이 적절하게 명명한다. 이제 phi와 b_phi의 FMT 포인터는 동일하며[그림 13.27(a) 참고], 파일 b_phi는 phi의 사본이다. 만일 파일 업데이트 때문에 phi에 할당된 두 번째 디스크 블록의 내용이 23에서 78로 변경된다면, 파일 시스템은 다음과 같은 작업을 수행할 것이다[그림 13.27(b) 참고].

1. 만일 phi와 b_phi의 FMT 포인터가 동일하다면, FMT의 사본을 만들고 b_phi 디렉터리 엔트리에 그 사본을 지정하도록 한다.
2. 파일 phi에 새로운 블록을 할당한다.

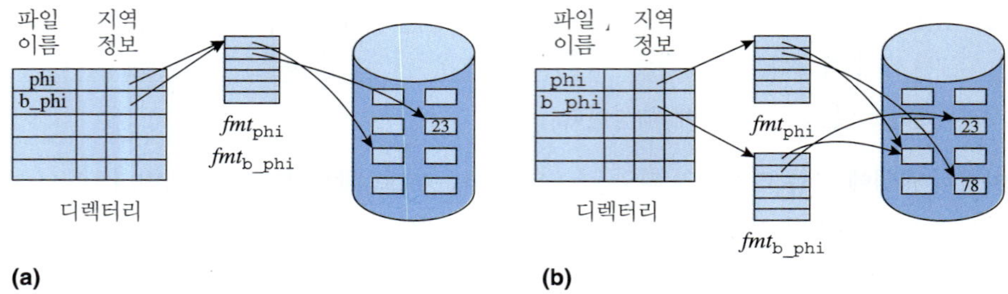

그림 13.27 백업의 생성 (a) 파일 phi의 백업 후 (b) phi가 수정될 때

3. 적절한 fmt_{phi}의 포인터를 새 디스크 블록을 가리키도록 변경한다.
4. 새로운 디스크 블록에 새 내용을 작성한다.

따라서 백업이 생성된 후, 업데이트된 내용이 변경된 FMT와 디스크 블록에만 복사될 것이다. 이 방식은 두 디스크 공간과 시간을 절약한다.

13.11.2.2 결함 허용 기술(Fault Tolerance Techniques)

파일 시스템의 신뢰성은 I/O 장치의 오작동에 의한 데이터나 메타데이터의 손실 방지와 결함에 의한 메타데이터의 불일치 방지 등 두 가지 예방 조치에 의해 개선될 수 있다. 이러한 예방은 안정적인 저장소와 원자적 액션에 대한 결함 허용 기술을 사용하여 각각 구현된다.

안정적인 저장소(Stable Storage) Lampson(1981)은 신뢰성 보장을 위해서 자료의 중복 기록 기술을 제안하였는데, 데이터 엔트리의 기록에서 어떤 결함을 감내할 수 있기 때문에 안정적인 저장소라 불린다. 주 사본(*primary copy*)과 이차 사본(*secondary copy*)이라 불리는 레코드의 두 사본이 디스크에 유지된다. 쓰기 연산은 두 사본을 업데이트한다. 먼저 주 사본이 업데이트되고, 이어서 이차 사본이 업데이트된다. 읽기 작업은 주 사본을 가지고 있는 디스크 블록에 접근한다. 만약 읽을 수 없다면, 이차 사본을 가지고 있는 블록이 접근된다. 오직 하나의 결함이 발생될 것으로 추정할 때, 블록 중 하나는 반드시 읽을 수 있는 데이터를 가지고 있어야 한다.

그림 13.28은 프로세스 P_i가 어떤 데이터 D에 대한 업데이트 연산을 실행하는 동안, 시점 t_1, t_2, t_3, 혹은 t_4에 각각 결함이 발생했을 때 안정적인 저장소 기법의 연산을 보여준다. (a)~(d)는 결함 발생 시 타이밍 차트와, D의 주 사본과 이차 사본의 값을 보여준다. (a)에서 t_1 시점, 즉 주 사본이 업데이트되기 전에 결함이 발생한다. 따라서 데이터의 오래된 값을 가지고 있는 주 사본은 결함 이후 접근 가능하다. (b)에서는 주 사본이 업데이트되고 있을 때 결함이 발생해서, 주 사본은 읽을 수 없게 된다. 데이터의 오래

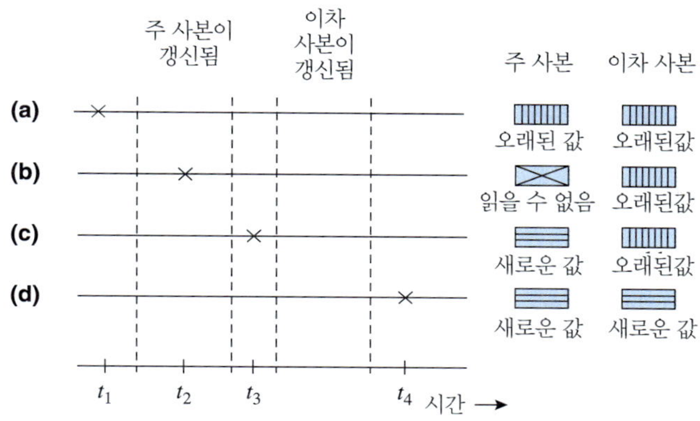

그림 13.28 안정적인 저장소 기법을 이용한 결함 허용

된 값은 이차 사본으로부터 접근할 수 있다. (c)에서는 주 사본이 업데이트된 다음 이차 사본이 업데이트되기 전 결함이 발생한다. 새로운 데이터는 결함 발생 후 주 사본에서 접근 가능하다. (d)에서는 모든 사본들이 업데이트된 다음 결함이 발생한다. 따라서 두 복사본 모두 접근 가능하다.

안정적인 저장소 기법은 전체 파일에 적용될 수 있다. (Lampson은 이 기술을 디스크 미러링이라 불렀다. 하지만 우리가 앞으로 다루게 될 14.3절의 디스크 미러링과는 다르다.) 그러나 안정적인 저장소는 공간 및 시간에 대한 오버헤드를 초래하며, 이러한 오버헤드로 파일 시스템에서 안정적인 저장소가 일반적으로 사용되기에는 부적합하다. 하지만프로세스가 선택적으로 자신의 데이터 일부의 보호를 위해 사용할 수 있다. 또한 안정적인 저장소는 하나의 데이터 사본이 단일 결함에서 살아남는다는 것을 보장하는 반면, 그것의 값이 새 값인지 이전 값인지는 알 수 없다[그림 13.28의 (a), (d) 참고]. 따라서 시스템 동작이 복원될 때 사용자는 P_i에 업데이트 연산을 재실행할지 여부를 알지 못한다. 원자적 액션이 이러한 문제를 극복한다.

원자적 액션(Atomic Actions) 13.11.1절의 알고리즘 13.1과 같이 액션은 많은 자료 구조의 조작에 연관될 수 있다. 만약 결함이 액션의 실행을 방해한다면 이러한 자료 구조들은 아마도 일관성이 없게 될 것이다. **원자적 액션**은 결함의 악영향을 피하는 방법이다.

> **|정의 13.1| 원자적 액션:** 하위 액션의 집합으로 구성되고, 그것들을 실행하는 액션들은 아래 중 하나의 속성을 가지고 있다.
>
> **1.** 모든 하위 액션의 효과가 달성되거나,
>
> **2.** 어떤 하위 액션의 효과도 달성되지 않는다.

따라서 원자적 액션은 **전부–혹은–전무**(*all-or-nothing*)의 속성을 가지고 있다. 이 속성은 결함이 발생했을 경우 데이터 불일치를 방지한다. 파일 시스템 메타데이터의 일관성은 원자적 액션의 사용에 의해 모든 파일 시스템 자료 구조를 업데이트함으로써 보존될 수 있다. 데이터베이스 시스템은 직렬성(serializability)과 같은 속성을 추가로 보장해 주는 원자적 트랜잭션이나 데이터베이스 트랜잭션이라 불리는 개념을 사용한다.

원자적 액션의 하위 액션은 **시작 원자적 액션(begin atomic action)**과 **종료 원자적 액션(end atomic action)** 문장 사이에 둘러싸인다. 원자적 액션의 실행은 원자적 액션 구문이 실행될 때 시작한다. 액션은 실패나 성공 중 하나로 종료할 수 있다. 만일 그것이 지속성을 잃고 **중단** 구문이 실행되거나, **종료 원자적 액션** 구문이 실행되기 전에 결함이 발생한다면 이것은 실패한 것이다. 만일 실패한다면, 그것에 의해 사용되는 각 파일이나 메타데이터의 상태는 **시작 원자적 액션** 구문 실행 이전에 남겨진 것으로 사용된다. 또한 각 파일이나 메타데이터의 상태는 **시작 원자적 액션** 문장 실행의 이전으로 남아 있어야 한다. 원자적 액션은 **종료 원자적 액션** 문장이 실행될 때 성공한다. 이 순간을 커미트(commit)라고 말한다. 그것에 의해 만들어진 모든 업데이트들은 **커미트**(*commit*) 이후 어떠한 결함도 견디도록(survive) 보장된다.

그림 13.29는 *add_a_block*이라는 원자적 액션으로서, 13.11.1절의 알고리즘 13.1의 코드를 보여준다. 알고리즘 13.1과 단지 **시작 원자적 액션**과 **종료 원자적 액션** 구문을 사용한다는 것만 다르다. 만약 원자적 액션 *add_a_block*이 커미트된다면, 디스크 블록 d_j는 파일 `alpha`에 추가되고 현재 알파는 $\ldots d_1, d_j, d_2, \ldots$의 디스크 블록으로 구성된다. 만일 실패하면, 디스크 블록 d_j는 파일 `alpha`에 추가되지 않는다. 즉, `alpha`는 여전히 $\ldots d_1, d_2, \ldots$ 디스크 블록으로 구성된다. 따라서 13.11.1절에 설명한 문제와 그림 13.24에 묘사된 문제를 방지한다.

원자적 액션은 다양한 방법으로 구현된다. 하나의 구현 방법은, 원자적 액션을 실행하는 동안에는 파일이나 메타데이터가 업데이트되지 않고, 액션의 커미트 이후에만 업데이트되도록 하는 것이다. 파일에서 아무것도 업데이트되지 않기 때문에, 이 방식은 자동으로 원자적 액션 이후 발생하는 결함을 허용한다. 그러므로 이것은 전부–혹은–전

```
시작 원자적 액션 add_a_block;
  dj.next := d1.next;
  d1.next := address(dj);
  write d1;
  write dj;
종료 원자적 액션 add_a_block;
```

그림 13.29 원자적 액션 *add_a_block*

무(all-or-nothing) 특성 중 '전무(nothing)'를 구현한 것이다. 전부-혹은-전무(all-or-nothing) 특성 중 '전부(all)'를 구현하기 위해, 결함이 발생하더라도 모두 업데이트가 되는 것을 보장할 필요가 있다. **의사 리스트**(*intentions list*)와 **커미트 플래그**(*commit flag*)라 불리는 두 자료 구조가 이것이 보장되도록 유지된다. 두 자료 구조는 안정적인 저장소에서 결함으로 인한 데이터 손상 및 손실로부터 그들의 보호를 위해 유지된다.

매 시간 원자적 액션은 파일이나 메타데이터를 변경한다. 파일 시스템은 의사 리스트상에 형식 (*<disk block id>*, *<new contents>*)에 대한 엔트리를 만들어 *<new contents>*가 id가 *<disk block id>*인 디스크 블록에 작성되어야함을 지시한다. 파일 시스템은 원자적 액션의 커미트가 발생할 때, 파일을 업데이트하기 위해 의사 리스트의 정보를 사용한다. 이 액션은 **커미트 처리**(*commit processing*)라 불린다. 커미트 플래그는 **트랜잭션 id**(*transaction id*)와 **값**(*value*) 2개의 필드를 가지고 있다. 이 플래그는 원자적 액션 A_i의 **시작 원자적 액션** 구문이 실행될 때 생성되고, 이것의 필드는 각각 A_i와 "커미트되지 않음(not committed)"으로 초기화된다. 커미트 플래그의 값은 **종료 원자적 액션**이 실행될 때 "커미트됨(committed)"으로 변경된다. 플래그는 의사 리스트에 기술된 모든 업데이트가 수행된 후 파괴된다.

만일 실패하면, 파일 시스템은 작동이 재시작될 때 커미트 플래그가 존재하는지 검사한다. 만일 A_i에 대한 커미트 플래그가 존재하고 "커미트되지 않음"의 값을 갖고 있다면, 파일 시스템은 간단히 커미트 플래그와 의사 리스트를 파괴할 것이고 원자적 액션 A_i를 **시작 원자적 액션** 문장부터 다시 실행할 것이다. "커미트됨"의 값을 포함한 A_i를 위한 커미트 플래그의 존재는 결함 발생에 의해 실패할 때 A_i의 커미트 처리가 진행 중임을 의미한다. 결함 이전에 의사 리스트 중 어떤 엔트리가 처리되었는지 모르기 때문에, 전체 커미트 처리가 반복된다.

만일 커미트 처리 중 결함이 발생하면, 의사 리스트의 어떤 엔트리가 여러 번 처리되었을 것이다. 그러나 *<disk block id>*에 *<new contents>*를 작성하는 작업은 여러 번 실행하는 것이 한 번 실행하는 효과와 같은 속성을 갖는 **멱등원 동작**(*idempotent*

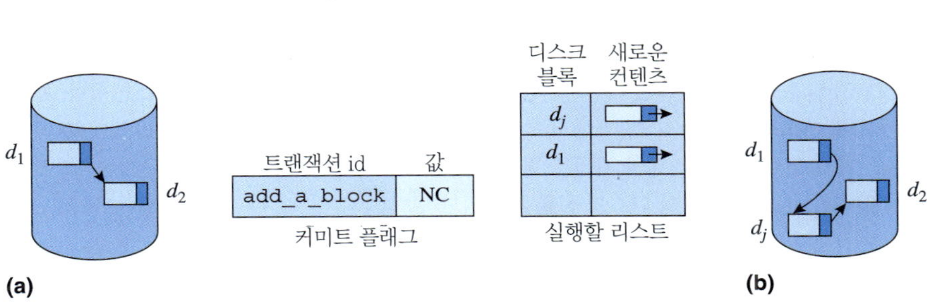

그림 13.30 커미트 처리의 (a) 이전과 (b) 이후 (NC: 커미트되지 않음을 의미)

operation)이기 때문에 어떠한 데이터의 일관성 문제도 제기되지 않는다. 다음 알고리즘은 원자적 액션의 이행에 관한 모든 액션을 요약한다.

알고리즘 13.2 원자적 액션의 이행

1. 원자적 액션 A_i의 실행

a. **시작 원자적 액션** 구문이 실행될 때, 커미트 플래그와 의사 리스트를 안정적인 저장소에 생성하고, 그들을 아래와 같이 초기화한다.

커미트 플래그 :=(A_i, "커미트되지 않음");

의사 리스트 :="비어 있음"

b. 모든 파일과 하위 액션에 의해 만들어진 모든 파일 업데이트에 대해 어떤 쌍 (d, v)를 의사 리스트에 추가하는데, d는 디스크 블록 id이고 v는 그것의 새로운 내용을 의미한다.

c. **종료 원자적 액션**이 실행될 때, A_i의 커미트 플래그는 "커미트됨"으로 설정되고 2단계를 수행한다.

2. 커미트 처리

a. 의사 리스트의 모든 쌍 (d, v)에 대해, 디스크 블록의 v를 id d에 작성한다.

b. 커미트 플래그와 의사 리스트를 삭제한다.

3. 실패 후 복원 시

만일 원자적 액션 A_i에 대한 커미트 플래그가 존재하면,

a. 만일 커미트 플래그의 값이 "커미트되지 않음"이면, 커미트 플래그와 의사 리스트를 삭제하고 원자적 액션 A_i를 재실행 한다.

b. 만일 커미트 플래그 값이 "커미트됨"이면, 2단계를 수행한다.

예제 13.11 원자적 액션의 이행

그림 13.30(a)는 알고리즘 13.2가 그림 13.29의 원자적 액션 *add_a_block*에 적용될 때의 파일 `alpha`, 커미트 플래그, 그리고 의사 리스트를 보여준다. 디스크 블록 d_j와 d_1의 새로운 내용이 커미트 처리 시까지 의사 리스트에 보존된다. 액션의 원자성은 다음과 같이 보장된다. 만일 알고리즘 13.2의 단계 중 결함이 발생하면, 파일의 업데이트는 아무것도 디스크에 반영되지 않을 것이다. 따라서 파일은 원래 순서의 디스크 블록 $d_1, d_2, \ldots$를 가지고 있다. 자료 구조들이 안정적인 저장소에 기록되기 때문에, 2단계에서 발생하는 결함은 커미트 플래그나 의사 리스트 중 어느 것도 손상시키지 않는다. 그러므로 의사 리스트의 처리는 결국 완전하다. 파일은 그림 13.30(b)에 보이는 것처럼, 커미트 처리의 종료 시점에 $d_1, d_2, \ldots$ 순서의 디스크 블록을 가지고 있다.

13.12 저널링 파일 시스템(JOURNALING FILE SYSTEM)

13.11.1절에서 논의한 것처럼, 파일 시스템은 작동하는 동안 파일 데이터뿐만 아니라 파일 제어 블록이나 파일 맵 테이블, 그리고 메모리상의 여유 디스크 블록 같은 메타데이터를 유지한다. 파일 시스템의 동작이 관리자에 의해 멈추었을 때, 디스크상의 사본이 완전하고 일관성 있도록 파일 시스템은 메모리상에 있는 모든 데이터와 메타데이터를 디스크로 복사한다. 그러나 정전이 일어나거나 갑자기 시스템의 전원이 꺼질 때, 파일 시스템은 메모리에서 디스크로 파일 데이터나 메타데이터를 복사할 기회를 갖지 못한다. 그러한 종료를 **부정**(*unclean*) 종료라고 한다. 부정 종료는 메모리상에 보관되는 파일 데이터와 메타데이터의 손실을 야기한다.

전통적으로 파일 시스템은 복원 기법 구현이 쉬웠기 때문에 데이터와 메타데이터의 손실로부터 보호하기 위해 복원 기법에 의존하였다. 따라서 백업을 정기적으로 생성했고, 오류가 발견되면 백업으로부터 파일을 복원시켰다. 복원 기술의 사용은 시스템의 정상 동작 동안에는 작은 오버헤드를 발생시킨다. 그러나 오류가 발생하면 메타데이터의 일관성 검사에서 CPU 오버헤드가 초래되었으며, 게다가 복원하는 동안에는 시스템을 이용할 수 없었다. 예를 들면, ext2 파일 시스템을 사용하는 유닉스 시스템이 부정하게 종료되었을 때 무슨 일이 발생하는지 생각해 보라. 재부팅 중 파일 시스템이 부정 종료를 인식할 것이고, 따라서 그것의 메타데이터가 일관성 없어 보이며, 메타데이터 복구를 위해 `fsck` 프로그램을 호출할 것이다. `fsck`는 디스크에 있는 모든 파일 시스템 자료 구조를 빠르게 살펴볼 수 있으며, 찾아낸 불일치의 수정을 시도한다. 운영체제의 작동은 `fsck`가 실행되는 동안 지연된다.

현대의 파일 시스템은 부정 종료 후 빠르게 다시 작동하도록 결함 허용 기술을 사용한다. **저널링 파일 시스템**은 원자적 액션(13.11.2절 참고)의 구현을 위해 사용한 의사 리스트와 유사한 **저널**을 유지함으로써 결함 허용을 구현한다. 파일 시스템은 실제 수행 전 저널에 수행할 때의 동작들을 기록한다. 부정 종료 후 파일 시스템의 작동이 복원될 때, 종료에 의해 수행되지 못했거나 수행된 액션들을 식별하기 위해 저널을 찾아본다. 따라서 파일 데이터와 메타데이터들의 정확성을 보장한다. 리눅스의 ext3 파일 시스템, 실리콘 그래픽스의 XFS, IBM의 JFS, Veritas의 VxFS는 저널링 파일 시스템의 몇몇 예이다.

표 13.6 저널링 방식

방식	설명
Write behind	메타데이터만 보호한다. 파일 데이터를 위한 어떤 보호도 제공하지 않는다.
Ordered data	메타데이터를 보호한다. 파일 데이터에도 제한된 보호가 제공된다. 파일 데이터는 관련된 메타데이터가 작성되기 전에 먼저 작성된다.
Full data	저널은 파일 데이터와 메타데이터 둘 다에 대해 작성된다.

메타데이터와 파일 데이터 모두의 일관성 보호를 위한 결함 허용 기술의 사용은 모든 파일의 업데이트를 원자적 액션으로 수행하기 때문에 높은 오버헤드를 야기한다. 따라서 저널링 파일 시스템은 저널링 모드에 대한 메뉴를 제공하고, 각 모드는 메타데이터와 파일 데이터에 대해 다른 종류의 보호를 제공한다. 시스템 관리자는 컴퓨터 환경에 필요한 신뢰성의 종류에 알맞은 저널링 모드를 선택할 수 있다. 표 13.6은 세 가지의 저널링 모드를 기술한다.

write behind 모드에서는 메타데이터는 보호되지만 파일 데이터가 보호되지 않는다. 새로운 데이터가 파일에 추가될 때, 이 모드는 새로운 데이터 보관에 할당된 디스크 블록이 파일의 FMT에 대한 디스크 사본에 추가되는 것을 보장한다. 그러나 결함이 발생하기 전에 새로운 데이터가 이러한 블록에 기록되는 것을 보장하지 못한다. 결과적으로, 파일이 처리되는 동안 결함이 발행하면 파일의 디스크 사본은 쓸모없는 데이터를 가지게 될 것이다. *Ordered data* 모드는 메타데이터가 작성되기 전에 파일 데이터가 디스크에 작성되는 것을 보장함으로써 이러한 문제를 방지한다. 그러나 이 모드가 사용될 때, 우리는 새로운 파일 데이터가 작성된 디스크 블록이 파일 맵 테이블에 추가되지 않는 상황에 놓일 수 있다. *Full data* 모드는 메타데이터와 파일 데이터 모두 보호한다.

13.13 가상 파일 시스템(VIRTUAL FILE SYSTEM)

사용자는 편리성, 고신뢰성, 빠른 응답, 그리고 다른 컴퓨터 시스템에서의 파일 접근과 같은 다양한 파일 시스템에 대한 요구사항을 가지고 있다. 단일 파일 시스템은 이러한 모든 특성들을 제공할 수 없다. 그래서 운영체제는 여러 개의 파일 시스템에 대해 동시 작업을 가능하게 하는 **가상 파일 시스템**(*virtual file system*: VFS)을 제공함으로써 각 사용자들이 선호하는 파일 시스템을 사용할 수 있도록 한다.

가상 파일 시스템은 일반적인 파일 모델을 지원하는 추상화이다. 추상화는 프로세스와 파일 시스템 사이에 위치하고 있는 VFS 계층에 의해 구현된다(그림 13.31 참고). VFS 계층은 파일 시스템과의 인터페이스, 그리고 프로세스와의 인터페이스 등 2개의

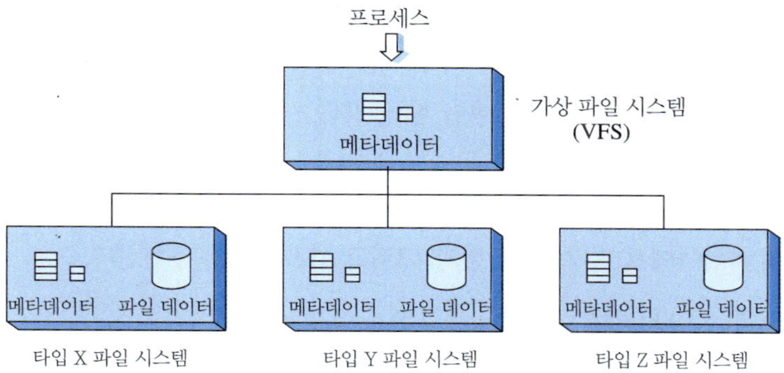

그림 13.31 가상 파일 시스템

인터페이스를 가지고 있다. VFS 파일 시스템 인터페이스의 사양을 준수하는 어떠한 파일 시스템도 VFS하에서 작동하도록 설치될 수 있다. 이러한 특성은 새로운 파일 시스템을 쉽게 추가할 수 있게 한다. VFS 프로세스 인터페이스는 파일상의 일반적인 열기, 닫기, 읽기, 그리고 쓰기 연산과, 파일 시스템상의 마운트 및 마운트 해제 연산에 대한 기능들을 제공한다. 이러한 기능들은 시스템 호출을 통해 요구된다. VFS는 어떤 파일 시스템에 파일이 실제로 속해 있는지, 어떤 특정 파일 시스템의 열기, 닫기, 읽기, 그리고 쓰기 기능을 VFS 파일 시스템 인터페이스를 통해 호출할지를 결정한다. 또한 마운트와 마운트 해제 동작을 실행하기 위한 특정 파일 시스템의 함수도 호출한다.

VFS에서 운용되는 모든 파일 시스템들은 동시에 사용이 가능하다. 그림 13.31에서, 하나의 프로세스가 Y 타입의 파일 시스템을 사용하는 동안 다른 프로세스는 동시에 X 타입의 파일 시스템을 사용할 수 있다. 또한 가상 파일 시스템은 이질적인 파일 시스템을 구성하는 데 사용될 수 있다. 예를 들면, 사용자는 Y 타입 파일 시스템의 디렉터리에 X 타입 파일 시스템을 마운트할 수 있다. 이 특성은 CD같이 제거할 수 있는 매체에 유용하며, 사용자에게 CD에 존재하는 파일 시스템을 자신의 디렉터리에 마운트하고, 파일 데이터가 다르게 기록되었다는 사실을 의식할 필요 없이 파일에 접근하는 것을 허용한다. 이 특성은 또한 컴퓨터의 파일 시스템에 원격 파일 시스템을 마운팅하기 위한 분산 환경에서 유용하다.

그림 13.31의 도표와 같이 가상 파일 시스템은 어떠한 파일 데이터도 가지고 있지 않고, 단지 VFS 메타데이터를 구성하는 자료 구조를 가지고 있을 뿐이다. 각 파일 시스템은 자신의 메타데이터와 파일 데이터를 가지고 있다. 가상 파일 시스템에 의해 사용된 핵심 자료 구조는[흔히 *vnode*라 불리는 가상 노드(*virtual node*)로서] 파일에 수행하기 위해 필요한 정보들을 가지고 있다. vnode는 다음 세 부류의 파일 객체로 여겨질 수 있다.

- 개인적인 컴퓨터 시스템이나 네트워크가 될 수 있는 VFS 영역 내에서 유일한 file id와 같은 파일 시스템에 독립적인 데이터. 파일 타입(예를 들어 디렉터리, 데이터 파일, 혹은 특수 파일), 그리고 열림 횟수, 잠금, 그리고 플래그 같은 다른 필드
- 파일 맵 테이블 같은 파일 시스템 명시 데이터
- 이 파일을 가지고 있는 파일 시스템상의 함수들의 주소. 이러한 함수들은 이 파일 타입의 파일들에서 열기, 닫기, 읽기, 그리고 쓰기 작업을 구현한다.

운영체제는 1990년대 이후 Sun사의 Sun 운영체제와 솔라리스, 유닉스 시스템 V 버전 4, 유닉스 4.2 BSD, 그리고 리눅스에서 가상 파일 시스템을 제공하고 있다.

13.14 파일 시스템 사례 연구(CASE STUDIES OF FILE SYSTEMS)

13.14.1 유닉스 파일 시스템(Unix File System)

유닉스 파일 시스템의 디자인은 MULTICS 파일 시스템에 의해 큰 영향을 받았다. 이 절에서 우리는 13.4절 및 13.8절에서의 파일 처리에 대한 일반적인 설명과 같은 맥락에서 대부분 버전의 유닉스에 대해 공통된 중요한 특징을 설명한다.

Inode, 파일 디스크립터, 파일 구조 그림 13.6에서 파일의 디렉터리 엔트리를 구성한 정보들은 유닉스에서 디렉터리 엔트리와 파일의 *inode*로 나뉜다. 디렉터리 엔트리는 단지 파일 이름과 inode 번호만 포함한다. 나머지 파일에 대한 모든 정보는 inode에 포함된다. 파일은 문자들의 스트림으로 여겨지며 순차적으로 접근된다. 시스템 관리자는 각 사용자에게 디스크 할당량을 지정할 수 있다. 이는 사용자에 의한 너무 많은 디스크 공간 점유를 방지할 수 있다.

inode 자료 구조는 디스크에서 유지된다. inode의 몇몇 필드는 다음 정보를 가지고 있다.

- 디렉터리인지, 링크인지, 혹은 특별한 파일인지 등 파일의 타입
- 파일에 대한 링크의 수
- 파일의 크기
- 파일이 저장된 장치의 id
- inode 일련 번호
- 소유자의 사용자 id와 그룹 id
- 접근 권한
- 할당 정보

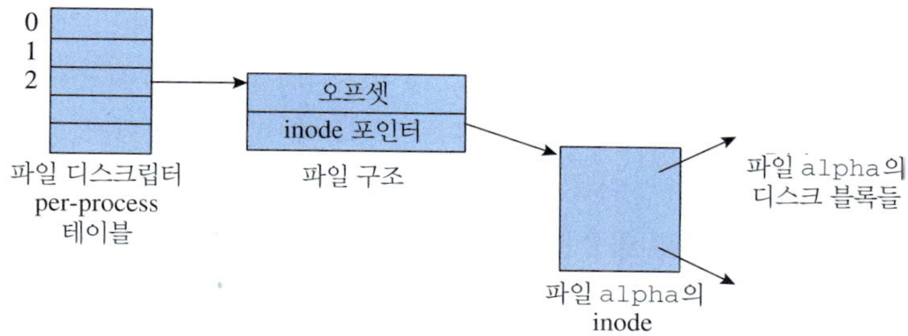

그림 13.32 유닉스 파일 시스템 자료 구조

관습적인 디렉터리 엔트리에 대한 디렉터리 엔트리와 inode로의 분할은 링크의 생성과 삭제를 용이하게 한다. 파일은 링크의 수가 0이 될 때 삭제될 수 있다. inode의 필드와 FCB 필드 사이의 유사성에 주목하자(표 13.3 참고).

그림 13.32는 파일이 처리되는 동안의 메모리 배치를 보여주며 inode, **파일 구조**(*file structure*), 그리고 **파일 디스크립터**(*file descriptor*)로 구성된다. 파일 구조는 파일 시작 지점으로부터의 오프셋 형식의 열린 파일에 대한 현재 위치와 파일의 inode 포인터 등 두 필드를 가지고 있다. 따라서 inode와 파일 구조가 함께 파일에 접근하는 데 필요한 모든 정보를 가지고 있다. 파일 디스크립터는 파일 구조를 가리킨다. 파일 디스크립터는 per-process 테이블에 저장된다. 이 테이블은 13.8절에 설명된 **열린 파일 테이블**(*Open File Table*: OFT)과 유사하다.

프로세스가 파일 alpha를 열 때, alpha에 대한 디렉터리 엔트리의 위치가 검색된다. 디렉터리 조회 캐시는 이 작업을 빠르게 하기 위해 사용된다. 한번 alpha에 대한 엔트리의 위치가 검색되면, 이미 inode의 사본이 존재하는 경우를 제외하고 alpha의 inode가 메모리에 복사된다. 그림 13.32에서 보여준 대로 관련 자료 구조의 설정이 완료되었고, 정수인 파일 디스크립터 테이블의 파일 디스크립터 색인은 해당 파일을 연 프로세스에게 전달된다. 프로세스는 이 색인을 13.4절과 13.8절에서 설명한 일반적인 방식의 내부 id와 유사한 방식으로 사용할 수 있다.

프로세스가 자식 프로세스를 생성할 때 자식 프로세스에 대한 디스크립터 테이블이 생성되고, 부모 프로세스의 파일 디스크립터가 그 곳에 복사된다. 따라서 하나 이상의 파일 디스크립터는 같은 파일 구조를 가리킬 수 있다. 이런 파일 디스크립터를 가지고 있는 프로세스들은 파일의 오프셋을 공유한다. 하나의 프로세스에 의한 읽기 혹은 쓰기는 다른 프로세스들에 대한 오프셋도 변경할 것이다.

파일 공유 의미론(File Sharing Semantics) 여러 프로세스들은 같은 파일을 독립적으로 열 수도 있다. 이러한 경우, 그림 13.32에서 보여준 자료 구조가 각 프로세스를 위해 설정된다. 따라서 2개 혹은 그 이상의 파일 구조는 같은 inode를 가리킨다. 이러한 파일 구조를 사용하는 프로세스는 파일에 그들 자신만의 오프셋을 갖는다. 따라서 어떤 프로세스에 의한 읽기 혹은 쓰기가 다른 프로세스에 의해 사용되는 오프셋을 변경하지 않는다.

유닉스는 병행 파일 공유를 위해 변경 가능한 단일 이미지의 파일 의미론을 제공한다. 그림 13.32에서처럼, 파일을 연 모든 프로세스는 파일 디스크립터와 파일 구조를 통해 파일의 inode 사본을 가리킨다. 따라서 파일을 공유하는 모든 프로세스는 해당 파일에 대한 같은 사본을 사용한다. 즉, 파일이 하나의 프로세스에 의해 변경되면, 즉시 파일을 공유하고 있는 다른 프로세스에게 이러한 변경이 보인다. 이와 같은 의미론의 구현은 유닉스가 개인적인 파일 처리 활동을 위해 사용되는 버퍼 대신 **버퍼 캐시**라 부르는 디스크 캐시를 사용한다는 것에 도움을 받는다(14.13.1.2절 참고). 공유된 파일의 inode가 접근되는 동안, 경쟁 상태를 회피하기 위해 inode의 메모리 사본에 잠금 필드가 제공된다. 만일 다른 프로세스에 의해 잠김이 설정되면, inode에 접근하려는 프로세스는 반드시 대기한다. 병행적으로 파일을 사용하는 프로세스들은 파일 데이터에 대한 경쟁 상태를 피하기 위해 반드시 그들 고유의 방식을 만들어야 한다.

디스크 공간 할당(Disk Space Allocation) 유닉스는 4 KB의 디스크 블록 크기로 인덱스 디스크 공간을 할당한다. 각 파일은 FMT와 유사하며, inode에 유지되는 **파일 할당 테이블**을 가지고 있다. 할당 테이블은 15개의 엔트리를 가지고 있다(그림 13.33 참고). 이들 중 12개가 파일에 대한 데이터 블록의 주소를 직접 지정한다. 할당 테이블에서 다음 엔트리에는 블록의 주소를 저장하고 있는 블록을 간접 지정한다. 즉, 자신의 블록에 데이터 블록의 포인터들이 포함된다. 다음 두 엔트리는 각각 블록을 이중 간접 지정 및 삼중 간접 지정한다. 이 방식에서는 총 파일 크기가 2^{42}바이트이다. 그러나 파일 크기 정보는 inode의 32비트 워드에 저장된다. 따라서 할당 테이블의 직접 지정, 단일, 이중, 삼중 간접 지정에 적절하게 파일의 크기는 $2^{32}-1$바이트로 제한된다.

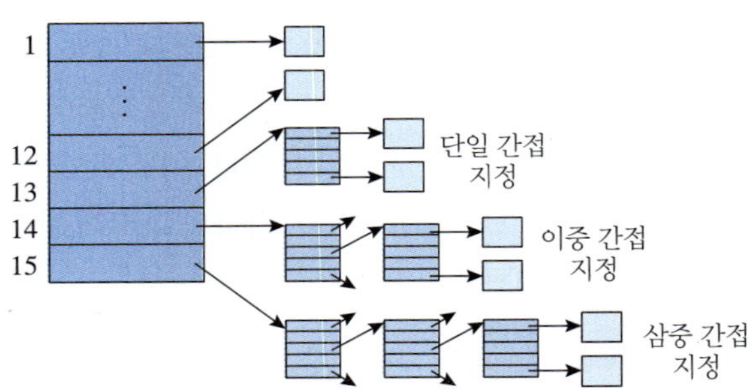

그림 13.33 유닉스 파일 할당 테이블

파일의 크기가 48 KB보다 작으면, 이 방법은 13.7절에 논의된 평탄한 FMT 방식만큼 효과적이다. 또한 그러한 파일은 inode에 맞는 작은 할당 테이블을 가지고 있다. 간접 지정 블록들은 그들의 접근이 파일 할당 테이블의 간접 참조를 순회해야 함에도 불구하고, 파일의 크기가 커지는 것을 허용한다. 1996년에 실시한 유닉스의 파일 크기 조사에 따르면, 평균 파일 크기는 22 KB였으며 93% 이상의 파일이 32 KB보다 작았다. 따라서 유닉스 파일 할당 테이블은 대부분의 파일에 대해 평탄한 FMT보다 효율적이다.

유닉스는 디스크 블록에 대한 **자유 리스트**(*free list*)를 유지한다. 리스트의 각 엔트리는 FMT의 간접 블록과 유사하다. FMT의 간접 블록은 자유 디스크 블록의 주소, 자유 리스트의 다음 디스크 블록의 id를 가지고 있다. 이러한 방식은 파일이 삭제될 때 자유 리스트에 추가되는 디스크 블록의 오버헤드를 최소화한다. 단지 직접 그리고 단일 간접 블록을 갖는 파일에 대한 한계 처리가 요구된다. 디스크 블록이 자유 리스트로부터 추가되고 삭제될 때, 경쟁 상태를 회피하기 위해 잠금 필드가 자유 리스트에 연관된다. 파일 시스템 프로그램 `mkfs`가 새로운 파일 시스템이 생성될 때 자유 리스트를 형성하기 위해 사용되며, 자유 리스트가 형성되는 동안 블록 번호에 의한 오름차순 정렬로 자유 리스트를 목록화한다. 그러나 파일 시스템 동작 중 자유 리스트로부터 디스크 블록이 추가되거나 삭제되기 때문에 이러한 순서는 손실되며, 파일 시스템은 순서대로 복원되지 않는다. 따라서 파일에 할당된 블록은 디스크에 분산되어 저장되기 때문에 파일의 접근 효율을 떨어뜨린다. BSD 유닉스는 이 문제를 해결하기 위해 **실린더 그룹**(*cylinder group*)을 사용한다(13.7절 참고).

다중 파일 시스템(Multiple File Systems) 파일 시스템의 루트는 **슈퍼블록**(*superblock*)이라고 불리며, 파일 시스템의 크기, 자유 리스트, 그리고 inode 리스트의 크기를 가지고 있다. 효율성 관점에서 유닉스는 메모리상의 슈퍼블록을 유지하지만, 주기적으로 디스크에 복사한다. 이 방식은 시스템 고장에 의해 파일 시스템 상태의 일부가 손실되었을 때 파일 시스템 정보의 일부를 재구축할 수 있게 해준다. 예를 들어 디스크 상태를 분석해 자유 리스트를 재구축할 수 있으며, 이것은 시스템 부팅 절차의 일부로서 수행된다.

유닉스 시스템에는 많은 파일 시스템이 있을 수 있는데, 각 파일 시스템은 하나의 논리적 디스크 장치에 유지되어야 한다. 따라서 파일은 다른 논리 디스크에 퍼져 있을 수 없다. 하나의 물리 디스크는 여러 개의 논리 디스크로 분할될 수 있으며, 파일 시스템이 각 논리 디스크상에 구축될 수 있다. 그러한 분할은 파일 시스템에 몇몇 보호를 제공하며, 특정 파일이 너무 많은 디스크 공간을 점유하는 것을 방지한다. 파일 시스템은 접근되기 전에 마운트되어야 하는데, 오직 루트 패스워드를 가진 사용자, 일반적으로 시스템 관리자만이 파일 시스템을 마운트할 수 있다.

파일 시스템의 마운트와 마운트 해제 작업은 다음과 같다. 파일 시스템을 가지고 있는 논리 디스크에 특별한 파일 이름을 가진 장치가 주어진다. 이 이름은 *mount* 명령에서 *FS_name*으로 지정된다(13.5절 참고). 파일 시스템이 마운트될 때, 마운트된 파일 시스템의 슈퍼블록은 메모리에 적재된다. 마운트된 파일 시스템상의 파일에 대한 디스크 블록 할당은 마운트된 파일 시스템의 논리 디스크 장치 내에서 수행된다. 마운트된 파일 시스템의 파일은 13.9.1절에서 설명한 것처럼 접근된다.

유닉스에서 파일 열기 호출은 경로명, 플래그, 그리고 모드 매개변수를 명시한다. 플래그는 *read*, *write*, 또는 *read/write* 중 어떤 종류의 동작이 파일에서 수행될 것인지 지정한다. 모드 파라미터는 파일이 생성될 때만 제공되며, 파일과 연관된 접근 권한을 명시한다. 이 정보는 보통 사용자의 파일 생성 마스크로부터 복사된다. 파일의 소유자는 `chmod` 명령을 통해 파일의 보호 정보를 언제든지 변경할 수 있다.

13.14.1.1 버클리 빠른 파일 시스템(*Berkeley Fast File System*)

유닉스를 위한 버클리 빠른 파일 시스템(FFS)은 s5fs 파일 시스템의 한계를 해결하기 위해 개발되었다. FFS는 단순히 다른 파일을 참조하는 파일인 **심볼릭 링크**(*symbolic link*)를 지원한다. 만일 경로명을 해석하는 동안 심볼릭 링크와 접하면, 경로명 해석은 단순히 참조된 파일에서 계속된다. 또한 다음에 기술할 디스크 블록 할당과 디스크 접근에 대한 여러 가지 신기술을 가지고 있다.

FFS는 8 KB 크기의 디스크 블록 사용을 허용한다. 다른 파일 시스템은 다른 블록 크기를 사용하지만, 같은 파일 시스템에서 블록 크기를 변경할 수는 없다. 큰 블록 크기는 파일 할당 테이블에서 직접 블록을 통해 큰 파일들이 접근 가능하게 만든다. 또한 큰 블록 크기는 I/O 연산을 보다 효과적으로 이루어지게 하며, 디스크가 보다 효율적으로 사용되게 만든다. 그러나 큰 블록 크기는 파일의 마지막 디스크 블록에서 큰 내부 단편화를 야기한다. FFS는 파일의 마지막 부분에 디스크 블록의 일부를 할당함으로써 이러한 문제를 어느 정도 해소한다. 따라서 어떤 디스크 블록은 많은 파일들에 의해 공유된다. 이러한 할당을 가능하게 하기 위해서 디스크 블록이 *fragments*라 불리는 같은 크기의 조각들로 나뉜다. 디스크 블록에서 fragment의 수는 파일 시스템의 매개변수(parameter)이고, 1, 2, 4, 혹은 8 중 하나이다. FFS는 블록에서 사용 중이 아닌(free) fragments의 기록을 유지하는 비트맵을 사용한다. 파일이 같은 디스크 블록에서 이용할 수 없는 fragments를 더 많이 필요로 할 수 있으므로, 이 방법에서는 특별한 주의가 요구된다. 그런 경우 이러한 flagments 전부가 다른 디스크 블록으로 옮겨지고, 이전에 할당된 fragments는 해제(free)된다.

FFS는 디스크 헤드의 움직임을 줄이기 위해 **실린더 그룹**(*cylinder grouop*)이라는 개념을 사용한다(13.7절 참고). 디스크 헤드의 움직임을 더 많이 줄이기 위해 모든

inode들을 같은 실린더 그룹에 넣고, 파일의 inode와 파일 자체를 같은 실린더 그룹에 넣기도 한다. 이는 파일이 실린더 그룹에 가득 차는 것을 방지한다. 만일 파일이 이러한 제약을 위반하는 크기만큼 증가하면, 더 큰 실린더 그룹으로 전체 파일이 이동한다. 이 기술은 동시에 접근된 파일이 같은 실린더 그룹에서 찾아질 가능성을 증가시켜 디스크 헤드의 움직임을 줄일 수 있다.

FFS는 순차 파일을 읽는 동안 회전 지연시간을 최소화하고자 한다. 14.3.2절에서 설명하겠지만, 디스크 읽기 연산의 마지막과 다음 디스크 읽기 연산의 시작점 사이에 일정 시간이 경과한다. 이 시간 동안, 다음 일부 디스크 블록들이 필연적으로 디스크 헤드 아래를 통과한다. 다음 디스크 블록을 읽기 위한 명령어가 즉시 전달된다 하더라도, 블록은 결국 디스크의 다음 회전 동안에 읽힌다. 트랙상의 연속된 번호가 매겨진 블록이 같은 디스크 회전 중 읽히는 것을 보장하기 위해 FFS는 그들 사이에 몇몇 다른 디스크 블록을 넣음으로써 그들을 나눈다. 이러한 특징은 14.3.2절에서 설명한 트랙에서의 섹터에 대한 인터리빙 기술과 유사하다. 거기에 설명한 것처럼, 이러한 기술은 단위 시간당 디스크 처리량에 상당한 영향을 준다.

13.14.2 리눅스 파일 시스템(Linux File System)

리눅스는 유닉스 파일 모델과 유사한 공통된 파일 모델을 지원하는 가상 파일 시스템(VFS)을 제공한다. 이 파일 모델은 유닉스와 유사한 슈퍼블록과 inode 같은 자료 구조를 이용하여 구현된다. 파일이 열릴 때, VFS는 그들의 디렉터리 엔트리를 *dentry* 객체로 변환한다. 파일이 연산 세션(computing session) 동안 반복적으로 열리면, 디렉터리 엔트리로부터 dentry 객체 구축 오버헤드가 방지되도록 dentry 객체는 캐시에 저장된다. 리눅스 표준 파일 시스템인 ext2는 부적절한 종료 후 파일 데이터와 메타데이터의 균일성(uniformity) 그리고 빠른 부팅을 제공하는 저널링을 지원한다(13.12절 참고).

ext2는 프로세스 동기화를 위해 다양한 파일 잠금을 제공한다. **권고**(*advisory*) 잠금은 프로세스들에게 상호 배제를 지원하나 이를 보장하지는 않는다. 유닉스 파일 잠금은 이 잠금의 범주에 속한다. **의무**(*mandatory*) 잠금은 파일 시스템에 의해 점검된다. 만약 프로세스가 의무 잠금에 의해 보호되는 데이터에 접근하려고 하면, 프로세스는 소유 프로세스에 의해 잠금이 풀릴 때까지 블록된다. **임대**(*lease*)는 다른 프로세스가 임대에 의해 보호된 데이터에 접근한 후 특정 시간 동안 유효한 파일 잠금의 특별한 종류이다. 이는 다음과 같이 구현된다. 즉, 만일 프로세스가 임대에 의해 보호된 어떤 데이터에 접근하면, 그 임대의 소유 프로세스는 파일 시스템에 이를 알린다. 그 다음 임대는 파일의 접근을 종료하고, 임대를 해제하기 위한 시간의 규정된 간격을 갖는다. 그렇게 하지 않으면 그 파일의 임대는 끝나고, 보호된 데이터에 접근을 시도한 프로세스에 할당된다.

ext2의 설계는 BSD의 버클리 빠른 파일 시스템에 영향을 받았다(13.14.1절 참고). ext2는 파일이 열리고 데이터가 접근될 때, 디스크 헤드의 움직임을 줄이기 위해 연속적인 디스크 블록의 집합인 **블록 그룹**(*block group*)의 개념이 사용된다. 그것은 블록 그룹의 자유 디스크 블록의 기록을 유지하기 위해 비트맵을 사용한다. 파일이 생성될 때 같은 부모 디렉터리를 제공하고, 또한 파일 데이터를 저장할 공간을 충분히 공급하는 동일 블록 그룹 내 파일의 inode를 위한 디스크 공간 할당을 시도한다. 새로운 데이터의 추가를 통해 파일이 확장될 때마다, ext2는 대상 디스크 블록에 가까운 가용 디스크 블록을 찾기 위해 블록 그룹의 비트맵을 조회한다. 만일 그러한 디스크 블록이 발견되면, ext2는 몇몇 인접한 디스크 블록들 역시 사용 가능한지 검사하고 디스크 블록들을 파일에 미리 할당한다. 만약 사용 가능한 공간이 발견되지 않는다면, 블록 그룹 내의 다른 곳에 위치한 연속적인 디스크 블록들을 미리 할당한다. 이 방법은 디스크 헤드의 움직임 없이 데이터의 큰 섹션 읽기를 가능하게 한다. 파일이 닫힐 때, 선 할당되었지만 사용되지 않는 디스크 블록은 해제된다. 이러한 디스크 공간 할당 전략은 파일이 높은 비율로 생성되고 삭제될 때 상호 인접한 파일 데이터의 섹션을 위해 인접한 디스크 블록의 사용을 보장하는데, 이로 인해 파일 접근 성능이 좋아진다.

13.14.3 솔라리스 파일 시스템(Solaris File System)

솔라리스 파일 시스템은 각 접근 제어 리스트를 통해 파일의 소유자, 소유 그룹 파일에서 다른 사용자, 그리고 시스템의 다른 모든 사용자를 위한(13.6절 참고) 3개의 접근 제어 쌍이 존재하는 유닉스 같은 파일 접근 권한을 제공한다. 기본적인 기법에서 부족한 유연성 제공을 위해, 그것은 파일의 접근 제어 리스트에 추가되는 <*list_ofuser_ids*>와 <*list_of_access_privileges*>를 포함하는 새로운 쌍을 허용한다. 시스템 관리자는 특수한 명령 `setfacl`을 통해 새로운 쌍을 명세한다.

솔라리스는 13.13절에 기술한 가상 파일 시스템과 파일 처리 방식들의 다양성을 통해 파일 처리에 편리함과 유연함을 제공한다. 이미 파일이 존재하는 경우, 어떤 파일에 대한 **독점 열기**(*exclusive open*) 연산은 실패한다. 그렇지 않으면, 파일을 생성하고 그것의 디스크립터를 분리 안 된 단일 행위를 통해 반환한다. 이러한 연산은 새로운 파일이 만들어지는 동안 경쟁 상태를 피하게 한다. 그것은 그들의 활동을 동기화하기 위해 잠긴 파일을 만든 프로세스에 의해 사용된다. 기록-수준 잠그기는 동시에 파일에 접근하는 프로세스들 사이의 세밀한 동기화를 구현하는 데 제공된다. 프로세스가 다른 프로세스에 의해 잠금 설정이 된 기록에 접근을 시도하면, 그 프로세스는 잠금이 풀릴 때까지 블록된다. **논블록 *I/O***(*noneblock I/O*) 모드가 이들의 특성 때문에 무한정 기다림을 피하기 위해 제공된다. 이 모드에서, 다른 프로세스에 의해 잠긴 레코드에 접근을 시도하는 I/O 연산은 간단히 실패한다. 연산을 전달하는 프로세스는 이미 몇몇 다른 액션을 수행할 기회를 가지며, I/O 연산은 이후 다시 시도된다. **비동기** ***I/O*(*asynchronous I/O*)** 모드는 프로세스가 I/O 연산의 완료를 위해 블록이 되지 않는다. 이 모드는 실시간 애플리케이션에 유용하다. **직접** ***I/O*(*direct I/O*)** 모드에서 파일 시스템은 파일 데이터를 버퍼나 캐시에 저장하지 않는다. 이 모드는 자신의 버퍼링이나 캐싱 수행을 바라는 데이터베이스 시스템 같은 애플리케이션을 가능하게 한다.

데이터 동기화와 파일 무결성 플래그는 신뢰할 수 있는 연산을 위해 파일의 디렉터리 엔트리에 설정될 수 있다. 이러한 플래그의 일부가 파일을 위해 설정되면, 파일의 I/O 연산은 표 13.6에 요약된 저널링 모드와 비슷한 방식으로 메타데이터와 파일 데이터의 무결성을 보장한다.

13.14.4 윈도우 파일 시스템(Windows File System)

윈도우의 NTFS 파일 시스템은 서버와 워크스테이션의 요구사항을 충족시키기 위해서 설계되었다. NTFS 파일 시스템은 파일과 데이터베이스 서버를 위한 클라이언트–서버 애플리케이션을 지원한다. NTFS의 중요한 특징은 파일 시스템의 복원성(recoverability)이다.

파티션(*partition*)은 디스크상의 연속적 섹터의 큰 모임이다. **볼륨**(*volume*)은 디스크상의 논리 분할로 가상 디스크이다. 단순 볼륨은 하나의 파티션을 가지고 있는 반면에, **스팬 볼륨**(*spanned volume*)으로 불리는 다중 파티션(multipartition) 볼륨은 하나 혹은 그 이상의 디스크에 놓여진 32개 이상의 파티션을 포함한다. NTFS는 **클러스터**(*cluster*)라고 불리는 단위로 디스크 공간을 할당한다. 각 클러스터는 연속적인 섹터의 모임이며, 클러스터 내 섹터의 수는 2의 멱승(power of 2)이다. 볼륨 내 클러스터에는 **논리 클러스터 번호**(*logical cluster number*: LCN)가 할당되는 반면, 파일에는 **가상 클러스터 번호**(*virtual cluster number*: VCN)가 할당된다.

NTFS 볼륨은 부트 섹터(boot sector), **마스터 파일 테이블**(*mater file table*: MFT), 시스템 파일, 그리고 사용자 파일을 갖는다. 부트 섹터의 존재는 모든 볼륨들이 부팅 가능하도록 한다. MFT는 일반적으로 볼륨 내 각각의 파일과 디렉터리를 위해 1 KB의 레코드를 가지고 있긴 하지만, 대용량의 파일은 다수의 MFT 레코드를 필요로 한다. 또한 MFT는 볼륨 내 사용되지 않은 영역에 대한 정보 역시 가지고 있다. 볼륨 내 각각의 파일은 2개의 요소로 구성된 고유의 **파일 참조**(*file reference*)를 갖는다. 즉, 파일 참조는 파일에 의해 차지된 MFT 레코드 수인 48-비트 **파일 번호**(*file number*), 그리고 데이터에 사용된 MFT 레코드의 횟수인 16-비트 순서 번호이다. **순서 번호**(*sequence number*)는 다른 시간에 같은 MFT 레코드를 사용한 두 파일 사이의 혼동을 막기 위해서 사용된다. 각 파일은 속성의 집합을 가지고 있으며, 각 속성은 수정될 수 있는 독립적인 바이트 스트림이다. 몇몇 표준 속성은 모든 파일에 대해 공통이며, 파일은 또한 애플리케이션에서 요구되는 특수한 속성을 가질 수 있다.

각 파일은 해당 파일의 파일 참조, 파일의 마지막 갱신시간, 그리고 파일의 속성을 가지고 있는 파일의 **기본 파일 레코드**(*base file record*)라 불리는 MFT 레코드를 갖는다. 파일의 이름이 없는 데이터 속성은 파일 데이터를 직접 포함한다. 이러한 방식은 작은 파일 혹은 디렉터리상의 데이터에게 빠른 파일 접근 효율성을 제공한다. 만일 어떤 속성이 해당 파일의 기초 파일 레코드에 적합하지 않다면, 이 속성은 **비상주**(*nonresident*) 속성으로서 저장된다. 만일 비상주 속성 자체가 MFT 레코드에 적합하지 않다면 디스크의 클러스터에 저장되고, 파일의 기준 파일 레코드(base file record)에 의해 지정되는 MFT 레코드는 그것의 클러스터를 위한 가상 클러스터 번호와 논리 클러스터 번호 간의(VCN-to-LCN) 매핑을 가지게 된다. 어떤 프로세스가 파일을 열면, NTFS는 각 파일의 속성을 위한 **스트림 제어 블록**(*stream control block*: SCB)을 설정한다. SCB는 파일을 위한 **파일 참조**와 속성으로의 오프셋을 가진 **파일 컨트롤 블록**(*file control block*)을 가리키는 포인터를 가지고 있다. 프로세스가 파일의 어떤 속성에 접근하기 원할 때, NTFS는 해당 파일의 기준 파일 레코드 위치를 찾고, 그 속성의 위치에 대한 정보를 찾기 위해 SCB를 사용한 다음, 찾고자 하는 속성의 위치에 접근하기 위해 오프셋을 적용한다.

디렉터리는 파일들이 트리의 단말 노드가 되는 B^+ 트리로 구성되며, 이는 인덱스 파일을 사용하여 구현된다. B^+ 트리 자료 구조는 트리 내 각 경로의 길이가 같다는 성질을 가지고 있다. 이 특징은 디렉터리 내의 파일에 대한 효율적인 검색을 가능하게 한다(13.4.4절 참고). NTFS는 어떤 파일에 대해 여러 경로를 지정하는 하드 링크(hard links)를 제공한다. 또한 NTFS는 어떤 디렉터리에서 대체 디렉터리로 경로명을 변환하는 **접합점**(*junction*)이라고 불리는 심볼릭 링크(symbolic link)를 지원한다. 이 특징은 파일 시스템의 마운팅과 유사한 효과를 제공한다.

NTFS는 디스크 공간을 절약하기 위해서 두 가지 기법을 사용한다. 만일 어떤 파일이 거의 채워지지 않은 상태로 있다면, NTFS는 데이터가 채워지지 않은 파일의 일부 혹은 0으로 채워진 하나 이상의 완전한 섹터 같은 데이터에 디스크 공간을 할당하지 않는다. NTFS는 하나의 단위로서 파일 내 16개의 연속된 가상의 클러스터를 사용하여, 비희소(nonsparse) 파일에 대해 데이터 압축(data compression)을 수행한다. 이러한 압축을 통해 적어도 하나의 클러스터에 저장될 수 있는 경우에 한해, NTFS는 그것들을 압축된 파일로 대체하고, 파일이 접근될 때 자동적으로 압축 해제를 수행할 수 있도록 이 사실을 기록한다.

NTFS는 또한 NTFS의 메타데이터를 파일에 기록하는데, 이러한 파일 일부는 아래와 같다.

- *MFT* 파일은 MFT 레코드를 가지고 있다.
- 로그 파일은 복원에 사용되는 정보를 가지고 있다. 로그 파일의 사용은 이 절의 후반에 설명된다.
- 속성 정의 테이블(*attribute definition table*)은 속성들에 대한 정보를 갖는다.
- 볼륨상의 비트맵 파일(*bit map file*)은 볼륨에 클러스터가 할당되어 있는지 비어 있는지를 표시한다.
- 부트 파일은 부트 섹터를 갖는다.
- 불량 클러스터(*bad clusters*) 파일은 하드웨어 문제 때문에 사용될 수 없는 클러스터의 트랙을 관리한다.

고장이 발생했을 때, NTFS는 메타데이터의 일관성을 보장함으로써 강건성(robustness)을 제공한다. 이는 메타데이터의 모든 변경을 원자적 트랜잭션(atomic transaction)으로 처리함으로써 달성된다. 13.11.2절에서의 원자적 액션에 대한 논의에서, 원자적 트랜잭션은 write-ahead 로그 파일상의 트랜잭션에 대한 '의사(intentions)' 리스트를 작성함으로써 단순하게 수행될 수 있으며, 트랜잭션 커미트(commits) 시점에의사 리스트를 이용하여 실제로 수행할 수 있다. 그러나 MFT 내의 새로운 파일 레코드의 생성과 같은 특정 액션은 트랜잭션 커미트까지 지체될 수 없다. 그래서 NTFS는 두 종류의 레코드를 결합한 다시하기/되돌리기(redo/undo) 로그를 사용한다. 로그에 있는 **다시하기** 레코드의 컬렉션은 13.11.2절의 의사 리스트와 유사한 반면, **되돌리기** 레코드는 이제 커미트될 트랜잭션에 의해서 이미 수행된 액션에 관련된다. 정상 연산 동안에는 오직 다시하기 레코드만 사용된다. 다시하기 레코드는 트랜잭션 커미트 시 NTFS의 메타데이터를 실제로 변경하기 위해서 사용된다. 되돌리기 레코드들은 아래에 설명된 것처럼, 단지 고장으로부터 복구하는 동안에만 사용된다.

NTFS는 다음과 같이 복구 작업을 수행한다. 먼저 NTFS는 고장 이전에 커미트되었던 트랜잭션에 존재하는 로그에서의 '다시하기' 엔트리에 따라 메타데이터를 변경한다. 그리고 나서, NTFS는 고장 이전에 커미트되지 않았던 트랜잭션에 의해 수행된 변경을 원상태로 돌리기 위해서 엔트리 '되돌리기'를 처리한다. 이러한 처리가 완료되면, 메타데이터는 일관된 상태에 있게 된다. 이후부터 NTFS는 일반적인 연산을 다시 시작한다. 이 특징은 13.12절에서 논의된 저널링 파일 시스템의 **쓰기 숨김**(*write behind*) 기능을 제공한다.

이론상으로는, 어떤 트랜잭션에 관련되는 로그 엔트리는 평범한 연산이나 복구 동안에 트랜잭션의 모든 액션이 수행된 다음, 혹은 복구 동안에 트랜잭션의 모든 액션이 원상태로 돌려진 다음에 버려질 수 있다. 그러나 NTFS는 두 가지 이유 때문에 이 방식상의 로그 엔트리들을 버릴 수 없다. 로그 엔트리는 메타데이터를 파일에 저장하고, 파일 처리의 속도를 향상시키는 **파일 캐시**(*file cache*)(14.13.3절 참고)를 사용한다. 그러므로 로그의 다시하기 혹은 되돌리기 엔트리들을 처리하는 동안 메타데이터를 가지고 있는 파일에서의 변화는 오랜 시간 동안 파일 캐시에 남아 있을 것이고, 만일 이 변화가 디스크에 작성되기 전에 고장이 발생한다면 잃어버리게 될지도 모른다. 로그의 계속적인 증가를 막기 위해서 NTFS가 매 5초마다 **체크 포인트**(*check point*)를 둔다. NTFS가 파일 캐시에 존재하는 변경된 블록(dirty block)의 컨텐츠를 작성할 때, NTFS는 체크 포인트 레코드를 로그에 저장한다. 고장이 발생하면, NTFS는 가장 최근의 체크 포인트 레코드의 위치를 로그에서 검색하고 파일 캐시 내에서 발견된 디스크 블록의 값을 복구한 후, 충돌이 일어난 시각에서 진행된 트랜잭션의 다시하기/되돌리기(redo/undo) 엔트리를 수행한다. 이 복구 절차는 체크 포인트가 수행되기 전에 커미트되거나 중지된 트랜잭션의 로그 앤트리를 요구하지 않는다. 따라서 NTFS는 체크 포인트를 수행하는 동안 이 로그 엔트리를 삭제한다.

만일 고장이 일부 디스크 블록에 피해를 준다면, 파일 데이터를 잃어버릴 수 있다. NTFS상에 구동되는 볼륨 매니저 드라이버(volume manager driver)는 이러한 결함을 허용하기 위해 RAID 기술을 이용한다. **디스크 미러링**(*disk mirroring*)은 두 디스크 블록 중 어느 한 디스크 블록이 오류에 의해 피해를 받았다 하더라도 다른 디스크 블록에 접근할 수 있도록 2개 디스크의 디스크 블록에 동일한 데이터를 기록한다.

윈도우 Vista는 복구를 위한 많은 새로운 특징들을 가지고 있다. **커널 트랜잭션 관리자**(*kernel transaction manager*)는 몇몇 컴퓨터 시스템에 걸쳐 저장된 파일들과 객체들에 대해 트랜잭션 의미론(transaction semantics)을 수행한다. **백업 및 복구 센터**는 사용자에게 언제 그리고 얼마나 자주 각각의 파일들이 백업되어야 하는지 명시하는 것과, 해당 파일의 특정한 이전 버전의 복구를 요청하는 것을 허용한다. 디스크 공간을 절약하기 위해, 백업과 복구 센터는 백업에서 파일의 변경만을 저장한다.

13.15 파일 시스템 성능(PERFORMANCE OF FILE SYSTEMS)

파일 시스템은 좋은 파일 접근 성능을 제공하기 위해 다섯 가지 기술을 이용한다.

- **효율적인 자료 구조의 사용**: 빠른 검색을 용이하게 하는 자료 구조를 사용해 디렉터리를 구성한다.
- **효율적인 디스크 공간 할당**: 순차적 파일 처리에서 적은 디스크 헤드의 움직임과 회전 지연을 가지도록 디스크 공간을 파일에 할당한다.

- **캐싱**: 메모리가 I/O 장치에 저장된 데이터에 대한 캐시로서 사용된다. 2.2.3절에서 논의한 것처럼, 캐싱은 **시간 지역성**(*temporal locality*)과 **공간 지역성**(*spatial locality*)을 보이는 정보들(반복적으로 접근되거나 이전에 접근했던 데이터와 근접한 데이터)에 빠른 속도록 접근한다.
- **버퍼링**: 버퍼는 데이터를 일시적으로 저장하는 메모리 공간이다. 파일 시스템은 데이터를 I/O 장치로부터 프로세스가 처리하기 전에 버퍼에 미리 저장함으로써, 프로세스는 I/O 연산이 끝나기를 기다릴 필요 없이 다음 데이터에 접근할 수 있다. 프로세스가 파일에 데이터를 쓰기 원하면, 반대의 액션이 수행된다.
- **디스크 스케줄링**: 디스크에서 I/O 연산은 디스크 헤드의 움직임을 줄이기 위한 순서로 수행되어야 하며, 이는 디스크의 높은 처리량을 보장한다.

그림 13.34는 파일 시스템이 빠른 속도로 파일 처리를 하기 위해 어떻게 이러한 기술들을 사용하는지 요약한다. 해시 테이블과 B^+ 트리들은 디렉터리에서 빠른 검색을 가능하게 한다(13.4.3절 참고). 파일의 디스크 공간 할당은 디스크 헤드의 움직임과 회전 지연을 줄이기 위해 **익스텐트**(*extent*)와 **실린더**(*cylinder*)에 한정되어 있다(13.7절 참고). 다른 기술들은 디렉터리 엔트리들과 파일 맵 테이블들과 같은 파일 시스템의 파일 데이터와 메타데이터에 빠른 접근을 제공한다.

디렉터리들은 처음 접근될 때 메모리에 캐시로서 저장된다. 이로 인해 경로명 분해에 사용되는 디렉터리는 향후 해당 경로에 위치한 파일에 빨리 접근하도록 캐시에 유지된다. 이 캐시는 **디렉터리명 캐시**라 불린다. 파일에 접근할 것이라는 예상에 의해 파일이 열리면, 파일 맵 테이블이 메모리상의 버퍼에 저장되며, 첫 번째 접근 후에 캐시에 저장될 것이다. 만일 파일 맵 테이블이 크다면, 버퍼링은 실현 가능하지 못할 것이다. 이러한 경우 처음 참조된 파일의 일부만 메모리상의 캐시에 저장될 것이다.

디스크 캐시는 파일 처리 활동에서 처음 사용된 다음, 디스크 블록을 메모리에 저장한다. 0.9보다 좋은 적중률(hit ratio)은 디스크 캐시에 있을 가능성이 높다. 따라서 그것의 사용은 디스크에서 I/O 연산 횟수를 상당히 줄일 수 있다. I/O 연산에 관련된 대기시간을 줄이기 위해, 접근 메서드가 파일 데이터의 **버퍼링**과 **블로킹**을 사용하거나 파일 데이터를 **파일 캐시**에 저장한다. **디스크 스케줄링**이 I/O 연산을 위한 디스크 헤드의 움직임과 평균 대기시간을 줄이기 위해 사용된다. 이 기술들은 IOCS에 의해 이용되며, 이들에 대해서는 14장에서 논의한다.

과학 기술이 발전함에 따라, 소프트웨어에서 사용하기 위해 개발된 기술들이 점점 하드웨어에 구현되고 있다. 현대 I/O 장치 기술은 그림 13.34에서 언급한 몇몇 기술들을 통합시킨다. 이렇게 하여, SCSI 디스크들은 디바이스 자체에서 디스크 스케줄링을 제공한다. RAID 단위들은 버퍼와 캐시 디스크 블록에 사용될 수 있는 디스크 블록 버퍼를 가지고 있다. 이러한 기술들은 14장에서 논의한다.

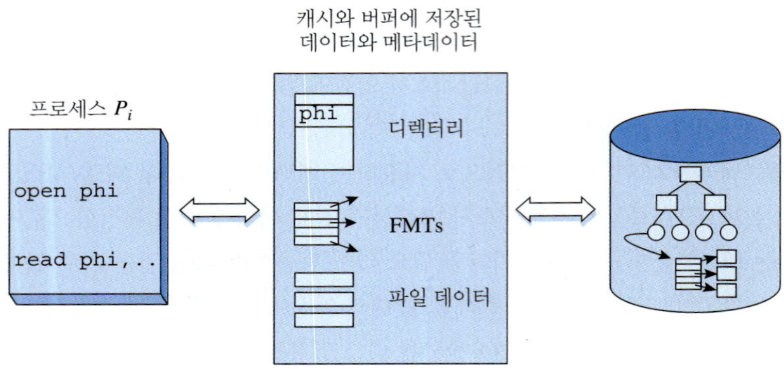

연산	속도 향상을 위해 채택된 기술들
디렉터리 접근	디렉터리 캐시
디렉터리 탐색	해시 테이블 B^+ 트리
파일 맵 테이블 접근	메모리 파일 맵 테이블 캐시
디스크 블록 접근	익스텐트와 실린더에 디스크 블록 할당, 메모리 디스크 블록 캐시, 디스크 스케줄링, I/O 장치 블록 캐시
데이터 접근	데이터의 버퍼링과 블록킹

그림 13.34 높은 파일 접근 성능을 제공하기 위해 채택된 기술들

13.15.1 로그 구조 파일 시스템(Log-Structured File System)

디스크 캐싱은 디스크에 직접 읽기 연산 횟수를 줄인다. 따라서 디스크 사용은 디스크 헤드 움직임과 쓰기 연산에 지배된다. 디스크 헤드의 움직임은 파일에 대한 디스크 공간 할당에 있어 **실린더 그룹**(*cylinder group*)을 사용한 디스크 스케줄링을 통해 줄일 수 있다. 하지만 공유 컴퓨터 시스템에서 디스크의 다른 부분들에 위치한 파일들이 동시에 처리될 때 이러한 기술들은 덜 효과적이다. 예를 들면, 유닉스 시스템에서 디스크에 쓰기 연산은 디스크 시간의 10%만 소비하고, 나머지 시간은 디스크 헤드 움직임에 쓰인다.

로그 구조 파일 시스템은 근본적으로 다른 파일 구조를 통해 디스크 헤드의 움직임을 줄인다. 이것은 모든 파일들의 파일 데이터를 저널과 닮은 단일 순차 구조에 쓴다. 우리는 이것을 **로그 파일**(*log file*)이라고 부른다. 어떤 파일상에서 업데이트 또는 쓰기 연산이 수행되면, 새로운 데이터는 단순히 로그 파일에 추가된다. 그러므로 이러한 연산에 관련된 디스크 헤드의 움직임이 적다. 파일 시스템은 로그 파일에 있는 각 파일들의 데이터 위치에 관한 메타데이터를 포함하도록 특수한 **인덱스 블록**(*index block*)들을 로그 파일에 쓴다. 이러한 인덱스 블록들은 파일 데이터가 읽혀져야 할 때 사용된다. 이로 인해 작은 디스크 헤드 움직임이 최근에 파일에 쓰인 데이터를 읽기 위해 요구된다. 하지만 오래된 데이터에는 더 많은 디스크 헤드 움직임이 포함된다. 스프라이트(sprite) 로그 구조 파일 시스템에서 파일 처리 동안 소비한 디스크 시간 중 디스크 헤드의 움직임은 30% 정도였고, 이로 인해 빈번한 작은 쓰기에서 기존 파일 시스템보다 뛰어난 성능을 보였다. 예제 13.12는 로그 구조 파일 시스템의 연산을 보여준다.

예제 13.12 로그 구조 파일 시스템

그림 13.35(a)는 로그 구조 파일 시스템에서 사용하는 방식의 개요도이며, 로그 파일에 있는 단일 파일의 메타데이터와 파일 데이터를 간단하게 보여준다. 로그 파일에 있는 데이터 블록들은 편의를 위해 번호가 매겨져 있다. 파일의 디렉터리 엔트리는 로그 파일에 있는 인덱스 블록을 가리킨다. 우리는 인덱스 블록이 파일의 FMT를 가지고 있다고 가정한다. 블록 1에 있는 파일 데이터가 업데이트될 때, 새로운 값들은 새로운 디스크 블록, 즉 블록 4에 쓰인다. 유사하게, 몇몇 파일 데이터는 블록 3에 있는 데이터가 업데이트될 때 디스크 블록 5에 쓰인다. 이제 파일 시스템은 파일의 업데이트된 FMT를 가지고 있는 새로운 인덱스 블록을 쓰고, 파일의 디렉터리 엔트리에 있는 FMT 포인터를 새로운 인덱스 블록을 가리키도록 설정한다. 새로운 FMT는 2개의 새로운 데이터 블록과 수정되지 않은 데이터 블록 2를 위해 포인터를 포함한다[그림 13.35(b) 참고]. 예전의 인덱스 블록과 디스크 블록 1과 3은 이제 해제된다. 로그 파일은 순차적 접근 파일처럼 작성되기 때문에, 파일 시스템은 로그 파일을 작성하기 위해 충분히 큰 디스크 공간이 항상 사용 가능하도록 보장해야 한다. 로그 파일을 위해 디스크 주변의 데이터 블록들을 옮겨 큰 빈 공간을 만듦으로써 이를 달성한다. 이 연산은 메모리 압축(compaction)과 유사하다(11.5.1.4절 참고). 이것은 이제 디스크 사용에서 가장 큰 디스크 헤드 움직임을 야기한다. 하지만 압축은 백그라운드 작업으로 수행되어서, 프로세스들에서 파일 처리 활동을 지연시키지 않는다.

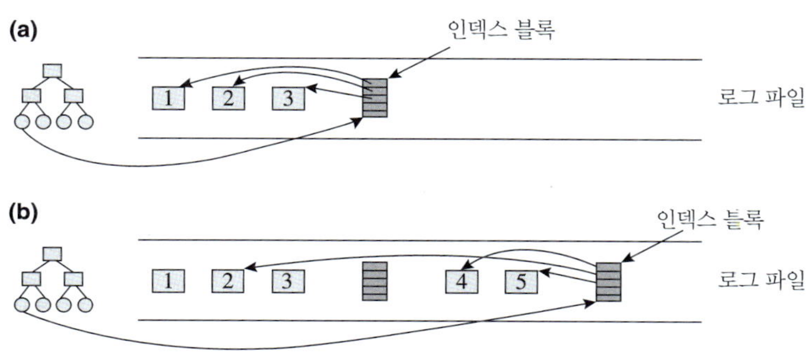

그림 13.35 로그 구조 파일 시스템에서의 파일 업데이트

13.16 요약

컴퓨터 사용자들은 편리성, 파일 처리 활동의 좋은 성능, 그리고 I/O 장치들의 효율적인 사용 등 파일 시스템에 큰 기대를 가지고 있다. 이러한 관심을 효과적으로 다루기 위해 파일 시스템은 두 가지 계층으로 구조화된다. 즉, 파일 시스템 계층은 공유와 파일 보호 및 신뢰성과 같은 편리성 문제를 다룬다. **입력/출력 제어 시스템**(*input-output control system*: IOCS) 계층은 파일 연산을 구현하고 효율성 문제를 다룬다. 이 장에서 우리는 파일 시스템의 기술들에 대해 논의하였다.

파일은 구조화된 파일, 즉 데이터의 레코드들을 포함하는 파일이거나 구조화되지 않은[또는 **바이트 스트림**(*byte stream*)] 파일일 수 있다. 파일 시스템은 세 가지 방법을 통해 사용자들에게 편리성을 제공한다. 첫째, 파일 시스템은 다른 **파일 구조**(*file organization*)를 제공하며 각 파일 구조는 파일의 접근 레코드의 특정 패턴에 적합하고, I/O 장치에 파일의 레코드 처리와 효율적인 접근에 대한 방법을 제공한다. **순차**(*sequential*) 혹은 **직접**(*direct*) 파일 구조는 각각 파일에 있는 레코드에 순차적이거나 임의로 접근하는 데 적합하다. **인덱스 순차**(*index sequential*) 구조와 같은 다수의 복합 구성들도 널리 쓰인다. 둘째, 파일 시스템은 어떠한 원하는 단계에서도 파일 및 디렉터리를 생성함으로써 사용자에 관련된 파일을 논리적이고 편리하게 분류하는 것을 허용한다. 셋째, 파일 시스템은 사용자에게 어떤 방법으로 다른 사용자들이 자신의 파일에 접근하는지, 파일의 **공유**(*sharing*) 및 **보호**(*protect*)를 가능하게 하는지를 명시할 수 있도록 허용한다.

파일 시스템은 디스크 공간의 단편화를 피하고 파일 데이터가 효율적으로 접근될 수 있도록 파일에 디스크 공간을 할당한다. 파일에 대한 디스크 공간의 **인덱스 할당**(*indexed allocation*)은 할당을 위한 디스크 공간 단위로서 디스크 블록, 혹은 **익스텐트**(*extent*)를 사용한다. 파일에 할당된 디스크 블록이나 크기는 효율적인 파일 데이터 접근을 보장하기 위해 **실린더 그룹**(*cylinder group*)들에 한정된다. 파일에 할당된 디스크 공간에 대한 정보는 **파일 맵 테이블**(*file map table*: FMT)에 저장되어 있다.

프로세스는 디렉터리 구조상 파일의 경로명을 명시해 파일을 연 다음 파일을 읽거나 써야 한다. 파일 시스템은 파일 타입과 구조, 파일의 FMT 주소, 그리고 파일의 다음 레코드 주소와 같은 정보를 포함하기 위해 **경로명** 순회, 어떤 파일이 열렸는지 판단, 그리고 **파일 제어 블록**(*file control block*: FCB)을 설정한다. 프로세스가 읽기나 쓰기 연산을 수행하기 원할 때, 파일 시스템은 FCB를 IOCS에게 전달하고, IOCS는 FCB를 통해 접근 가능한 정보를 사용해 연산을 이행한다. 파일 시스템은 프로세스에 의한 파일 업데이트의 결과가 어떻게 동시에 파일을 사용하는 다른 프로세스들에게 보여야 하는지 결정하는 **파일 공유 의미론**(*file sharing semantic*)을 명시한다.

파일 시스템은 파일 데이터나 FMT들과 FCB들과 같은 메타데이터가 손실되거나 전원 차단과 같은 고장에 의해 일관성이 없어지지 않음을 보장함으로써 연산의 신뢰성을 보장한다. 이는 고장이 발생하여도 관련된 액션들의 집합에서 모든 액션들이 완료될 수 있도록 보장하는 **원자적 액션**(*atomic action*)을 통해 달성된다. 원자적 액션은 상당한 오버헤드를 초래하므로, **저널링 파일 시스템**(*journaling file system*)은 시스템 관리자가 컴퓨팅 환경에 대해 비용-효율적인 모드를 선택할 수 있도록, 다른 범위들의 데이터와 메타데이터를 보호하는 신뢰성 모드에서 다양한 메뉴를 제공한다.

가상 파일 시스템(*virtual file system*: VFS)은 사용자가 자신의 애플리케이션을 위한 가장 적합한 파일 시스템을 선택할 수 있도록, 다수의 파일 시스템을 동시에 컴퓨터 시스템상에서 운용하는 소프트웨어 계층이다. VFS는 다른 파일 시스템에 접근하는 통일된 방법을 제공한다. 프로세스는 일반적인 파일 접근 명령을 사용하여 VFS 계층을 작동시키며, VFS 계층은 적합한 파일 시스템에게 명령을 지시한다.

여러분의 생각을 평가해 보라.

13.1 다음 각 문장이 참인지 거짓인지 구분하라.

a. 순차적 접근을 위한 연속된 디스크 공간 할당은 비연속적 공간 할당보다 더 효율적인 파일 처리 방식이다.

b. 디렉터리 구조에서 순환은 파일 삭제 작업을 어렵게 한다.

c. 2개의 다른 파일에 대해 절대 경로명이 동일할 수 없는 반면, 그것들의 상대 경로명은 동일할 수 있다.

d. 파일 제어 블록(FCB)의 목적은 파일 열기 작업을 용이하게 하는 것이다. 파일이 열린 후 FCB는 즉시 삭제될 수 있다.

e. 파일이 갱신 후에 닫혔을 때, 파일을 가지고 있는 디렉터리도 역시 갱신되어야 한다.

f. 파일 시스템이 파일을 처리되는 동안 파일의 파일 맵 테이블(FMT)이 메모리에 유지되는 것은 파일 처리 중 디스크 접근 횟수를 줄인다.

g. 마운트된 파일 시스템에서 새 파일이 생성되는 동안, 마운트된 파일 시스템에 의해 사용되는 논리 디스크상의 디스크 공간에 파일이 할당된다.

h. 파일 시스템을 마운팅하는 것의 효과는 파일 시스템이 언마운트될 때 효과가 없어진다는 것을 제외하고, 디렉터리 구조에서 링크를 설정하는 것과 유사하다.

i. 사용자가 변경 가능한 단일 파일의 데이터를 갱신할 때, 파일에 대한 변경은 동시에 해당 파일을 사용하는 사용자에게 즉시 보이지 않는다

j. 오류가 발생하면, 증분 백업이 전체 파일 시스템을 이전 일관성 있는 상태로 복구하는 데 적합하다.

k. 파일 시스템의 동작 중, 저널링은 오버헤드를 초래한다.

l. 가상 파일 시스템은 컴퓨터상에서 많은 파일 시스템의 사용을 허용하지만, 이러한 파일 시스템들은 동시에 사용될 수 없다.

13.2 다음 각 질문에서 적합한 것을 선택하라.

a. 파일 `alpha`의 파일 제어 블록(FCB)은,

i. 단지 `alpha`의 디렉터리 엔트리로부터 복사된 정보만을 가지고 있다.

ii. `alpha`의 디렉터리 엔트리에 대한 빈번한 접근을 방지하는 데 사용된다.

iii. 유효하지 않은 접근에 대해 파일 `alpha`를 보호하는 데만 사용된다.

b. 안정적인 저장 기술은,

i. 디스크에서 2개의 결함 블록으로부터 복구하는 데 사용되는 결함 허용 기술이다.

ii. 정전 후 파일 시스템을 복구하는 데 사용되는 복원 기술이다.

iii. 디스크에서 1개의 결함 블록으로부터 복구하는 데 사용되는 결함 허용 기술이다.

iv. i~iii 중 해당 사항이 없다.

연습문제

13.1 파일 이름이 부여된 데이터가 시스템에서 사용자에 의해 자주 접근된다. 이때 다음과 같은 대안이 데이터에 대한 접근을 단순화하기 위해 제안된다.

a. 모든 사용자의 홈 디렉터리에서 데이터를 가리키는 링크를 설정하라.

b. 모든 사용자의 홈 디렉터리 안에 데이터를 복사하는 방법의 장점과 단점을 비교하라.

13.2 어떤 인덱스 순차 파일이 10,000개의 레코드를 가지고 있고, 인덱스는 100개의 엔트리를 가지고 있다. 각 인덱스 엔트리는 100개의 레코드를 가지고 있는 파일의 영역을 기술한다. 만일 파일에 있는 모든 레코드에 접근될 확률이 같은 경우, 레코드에 접근하는 데 관여하는 디스크 연산들의 평균 횟수를 계산하라. 만일 같은 레코드가 순차 파일에 저장되었을 때, 이들의 수와 요구되는 디스크 연산 횟수를 비교하라.

13.3 그림 13.5의 인덱스 순차 파일을 고려하자. 새로운 레코드, 사원 번호 8에 대한 레코드(우리는 이를 레코드 8이라 할 것이다)가 추가되었을 때, 트랙상에 새로운 레코드를 저장할 공간이 없을 수 있다. 따라서 접근 방법은 레코드 13을 트랙에서 제거하고, 새로운 레코드를 위한 공간을 만들기 위해 레코드 10과 12를 이동한다. 이제 레코드 13은 **오버플로우 영역**(*overflow area*)에 놓이고, **오버플로우 영역 포인터**(*overflow area pointer*)라고 불리는 새 필드가 트랙 인덱스상의 각 엔트리에 추가된다. 트랙 인덱스의 첫 엔트리에 속한 이 필드는 오버플로우 영역의 레코드 13에 대한 지점으로 설정된다. 만일 더 많은 수의 레코드가 처음 트랙의 바깥으로 넘쳐흐르면 그들은 연결 리스트에 넣어지고, 트랙 인덱스의 오버플로우 영역 포인터가 해당 리스트의 헤드를 가리킨다. 유사한 연결 리스트가 다수 트랙에 대해 일정 기간 동안 형성될 수 있다.

만일 인덱스 순차 파일의 모든 레코드가 같은 확률로 접근될 때, 파일에 대한 접근 효율성이 오버플로우 영역에 있는 레코드의 존재에 의해 영향받는다는 것을 보이라. 파일을 오버플로우 레코드들을 갖지 않는 새로운 파일로 재작성함으로써 접근 효율성이 회복될 수 있는가?

13.4 Amoeba 분산 운영체제는 디스크 공간의 연속된 할당을 지원한다. 파일이 갱신될 때, Amoeba는 갱신된 파일을 새로운 파일로 쓰고 오래된 사본을 삭제한다. 이 접근법의 장점과 단점에 대한 견해를 밝혀라.

13.5 비연속적인 디스크 공간의 할당이 실행 가능성과 13.3절에 논의된 기본적인 파일 구조의 효율성에 어떤 영향을 주는가?

13.6 파일 시스템은 인덱스 디스크 공간 할당을 사용한다. 각 디스크 블록의 크기는 4 KB이며, 각 디스크 블록 주소의 길이는 4바이트이다. FMT의 크기는 하나의 디스크 블록이고, 12개의 포인터를 갖는다. 모든 다른 포인터는 인덱스 블록을 가리킨다. 순차 파일 정보는 각각의 크기가 4 KB인 5000개의 레코드로 구성된다. 디스크와 파일 *info*의 모든 레코드들을 읽고 처리하는 프로세스의 특성은 다음과 같다.

디스크 블록을 읽는 데 드는 평균 시간 = 3 ms
레코드를 처리하는 데 드는 평균 시간 = 5 ms
다음 조건에서 프로세스의 경과시간을 계산하라.

a. 파일 시스템은 FMT를 메모리에 관리하나, `info`를 처리하는 동안 어떠한 인덱스 블록도 메모리에 관리하지 않는다.

b. 파일 시스템은 FMT와 `info`에 대한 하나의 인덱스 블록을 메모리에 관리한다.

13.7 문제 13.15.1의 파일 `info`에 새로운 레코드가 추가된다. 디스크상의 `info`에서 이러한 변화를 반영하기 위해 요구되는 디스크 연산의 최소 횟수와 최대 횟수는 각각 얼마인가?

13.8 파일 시스템은 디스크 공간에 대해 색인된 할당을 사용하는데, 이는 순차 파일이 부분적으로 모든 디스크 블록들을 갖는 것을 허용한다. 이러한 기법의 장점과 단점은 무엇인가?

13.9 파일 시스템은 디스크 공간에 대해 연속된 할당을

사용한다. 순차 접근 방법은 디스크상의 불량 블록을 다음과 같이 다룬다. 만일 파일을 읽거나 쓰는 동안 에러가 발생한다면 스스로 디스크에 저장되고, 불량 블록에 대해 할당된 대체 디스크 블록에 접근하는 불량 블록 테이블을 참고한다. 모든 디스크 접근이 동일한 접근시간을 요구한다고 가정하고, 만일 파일에 할당된 디스크 블록 중 2%가 불량 블록이라 할 때, 파일 접근 성능저하를 계산하고, 접근 성능을 개선하기 위한 방법을 제안하라.

13.10 파일 접근 유효화의 오버헤드를 줄이기 위해 (13.9.2절의 단계 2 참고), 운영체제 설계자는 단지 파일 '열기' 시점에 유효성 검사를 수행한다. 13.9.1절에서 언급한 것처럼, 열기 구문은 `open(abc, 'read', . . .)` 파일에 만들어질 접근의 종류를 기술한다. 파일 열기 시점에 단일 접근 유효성 검사는 적합한가? 그렇지 않다면 이유를 설명하라. 두 경우 모두 구현 개요를 제안하라.

13.11 13.9.1절의 단계 2는 경로명에 나타나는 모든 디렉터리에 대해 FCB를 생성한다.

a. 상대 경로명이 사용될 때, 이 방법이 적합한가?

b. 만일 읽기 위해 파일이 열리고 있다면, 이러한 엔트리들이 필요한가?

c. 파일당 생성되는 FCB의 숫자는 줄어들 수 있는가?

13.12 어떻게 다음의 특징들이 파일 시스템에 통합될 수 있는지 설명하라.

a. 단계적 마운트(*cascaded mount*): 디렉터리 C는 파일 D를 포함한다. C에서 시작되는 디렉터리 구조는 마운트 지점 X/B에 마운트된다. 이후, X에서 시작하는 디렉터리 구조가 디렉터리 Y/A에 마운트된다. 따라서 Y/A/B/D로 파일 D에 접근하는 것이 가능해야 한다.

b. 다중 마운트(*multiple mount*): 몇몇 디렉터리에서 시작되는 디렉터리 구조, 말하자면 W가 다수의 마운트 지점에 동시에 마운트된다.

13.13 파일에 대해 색인된 할당이 사용되는 경우, 만일 오류가 발생하면 어떻게 디스크 블록이 하나 이상의 파일에서 존재하는지 설명하라.

13.14 알고리즘 13.1이 다음과 같이 작성된다고 하자.

1. d_j.next := d_1.next;

2. d_1.next := address(d_j);

3. *Write* d_j *to disk.*

4. *Write* d_1 *to disk.*

이 변경된 알고리즘이 결함 발생 시 파일들 간의 혼동을 방지하는가?

13.15 어떻게 유닉스 파일의 바이트 오프셋이 순서 쌍 (<*disk block id*>, <*byte offset*>)으로 변환되는지 설명하라.

13.16 기본적으로, 유닉스는 파일 *stdin*과 *stdout*을 각각 키보드와 터미널에 할당한다. 사용자는 기본 할당을 무시하고, 다른 입력과 출력에 대한 파일을 사용하기 위해 리디렉션 연산자인 "< '와' >"를 사용할 수 있다. 리디렉션과 첨부 연산자 '>>'는 어떤 프로세스의 출력을 이미 존재하는 파일의 끝에 덧붙인다. 파일에 대한 기본 할당은 명령이 끝나면 회복된다. 이러한 특징은 *stdin*과 *stdout*에 대한 FCB들을 각 프로세스에 연관지음으로써 구현될 수 있다.

a. *stdin*과 *stdout*에 대한 기본 할당과 리디렉션 연산자 "< '와' >"를 구현하는 데 관련된 파일 시스템의 동작을 설명하라.

b. '>>' 연산자의 구현에 관련된 파일 시스템의 동작을 설명하라.

13.17 파일이 삭제되면, 파일에 할당된 디스크 블록들이 자유 리스트에 추가된다. 유닉스에서 이러한 연산을 수행하는 알고리즘을 작성하라.

13.18 유닉스 파일 시스템은 잠금 필드를 자유 리스트와 연관짓는다(13.14.1절 참고). 다음 문장이 참인지 거짓인지 구분하라.

"자유 리스트의 잠금은 유닉스 프로세스의 본질 때문에 필요하나, 그러한 잠금은 전통적인 프로세스 모델을 사용하는 운영체제에서는 불필요하다."

참고문헌

MULTICS 디렉터리 구조가 유닉스, 리눅스, 솔라리스, 그리고 윈도우 같은 현대의 시스템에 가장 큰 영향을 주었기 때문에, Organick(1972)은 역사적으로 디렉터리 구조에 대한 가장 중요한 논문이다. Grosshans(1986), Weiderhold (1987), 그리고 Livadas(1990)는 파일 구조와 파일 시스템에 관해 논의한다.

McKusick 등(1990)은 메모리 맵 파일과 페이지 단위 메모리에 구현된 디렉터리 구조를 제공하는 메모리 기반 파일 시스템을 설명한다. Levy와 Silberschatz(1990)는 파일 공유 의미론에 대해 논의한다. Lampson(1981)은 디스크 데이터의 신뢰성을 위한 안정적인 저장 기술을 설명한 반면, Svobodova(1984)는 원자적 액션이 어떻게 다양한 파일 서버에서 수행되는지 살펴본다. Florido(2000)는 저널링 파일 시스템의 설계에 대해 논의한다. Kleiman(1986)은 가상 파일 시스템 설계를 설명한다. Vahalia(1996)은 유닉스 가상 파일 시스템 인터페이스를 설명한다. Rosenblum과 Ousterhout(1992)는 Sprite 로그 구조 파일 시스템의 설계를 논의한다. McKusick 등(1996)은 유닉스 4.4 BSD의 로그 구조 파일 시스템을 논의한다.

Bach(1986)와 Vahalia(1996)는 유닉스 파일 시스템을 설명한다. Kowalski(1978)는 파일 시스템의 무결성을 검사하는 데 사용되는 유닉스 프로그램을 설명한다. 이 프로그램은 디스크상의 모든 파일 시스템 자료 구조를 살펴본다. Bina와 Emrath(1989)는 유닉스 파일 시스템에서 어떻게 하면 파일 시스템 무결성 검사들의 속도가 향상될 수 있는지 논의한다. Beck(2002), 그리고 Bovet과 Cesati(2005)는 리눅스의 ext2 파일 시스템을 논의한다. Mauro와 McDougall(2006)은 솔라리스 파일 시스템을 논의한다. Nagar(1997), 그리고 Russinovich와 Solmon(2005)은 윈도우의 NTFS 파일 시스템을 설명한다.

1. Bach, M. J.(1986): *The Design of the Unix Operating System,* Prentice Hall, Englewood Cliffs, N. J.
2. Beck, M., H. Bohme, M. Dziadzka, U. Kunitz, R. Magnus, C. Schroter, and D. Verworner(2002): *Linux Kernel Programming*, Pearson Education, New York.
3. Bina, E. J., and P. A. Emrath(1989): "A faster fsck for BSD Unix," *Proceedings of the winter 1989 USENIX Technical Conference*, 173-185.
4. Bovet, D. P., and M. Cesati(2005): *Understanding the Linux Kernel*, 3rd ed., O' Reilly, Sebastopol, Calif.
5. Burrows, M., C. Jerian, B. Lampson, and T. Mann(1992): "On-line data compression in a log-structured file system," *ACM Sigplan Notices*, **27**, 9, 2-9.
6. Florido, J. I. S.(2000): "Journal file systems," *Linux Gazette*, issue 55.
7. Grosshans, D.(1986): *File Systems: Design and Implementation*, Prentice Hall, Englewood Cliffs, N. J.
8. Kleiman, S. R.(1986): "Vnodes: an architecture for multiple file system type in sun Unix," *Proceedings of the Summer 1986 USENIX Technical Conference*, 238-247.
9. Kowalski, T.(1978): "Fsck-the Unix system check program," Bell Laboratories, Murray Hill, N. J.
10. Lampson, B. W.(1981): "Atomic transactions," in *Distributed systems-Architecture and Implementation: An Advanced Course,* Goos, G., and J. Hartmanis(eds), Springer Verlag, Berlin, 246-265.
11. Levy, H. M., and A. Silberschartz(1990): "Distributed file system: concepts and examples," *ACM Computing Surveys*, **22**, 4, 321-374.
12. Livadas, P.(1990): *File Structures: Theory and Practice*, Prentice Hall, Englewood Cliffs, N. J.
13. Love, R.(2005): *Linux Kernel Development*, 2nd ed., Novell Press.
14. Matthews, J. N., D. Roselli, A. M. Costello, R. Y. Wang, and T. E. Anderson(1997): "Improving the perfomance of log-structured file systems with adaptive methods," *Proceedings of Sixteenth Symposium on Operating systems Principles*, 238-251.
15. Mauro, J. , and R. McDougall(2006): *Solaris Internals*, 2nd ed., Prentice-Hall, Englewood Cliffs, N. J.
16. McKusick, M. K., K. Bostic, M. Karels, and J. S. Quarterman(1996): *The Design and Implementation*

of the 4.4 BSD Operating System, Addison Wesley, Reading, Mass.

17. McKusick, M. K., M. Karels, and K. Bostic(1990): "A pageable memory based filesystem," *Proceedings of the Summer 1990 USENIX Technical Conference*, 137-144.
18. Nagar, R.(1997): *Windows NT File System Internals*, O' Reilly, Sebastopol, Calif.
19. Organic, E. I. (1972): *The MULTICS System*, MIT Precess, Cambridge, Mass.
20. Rosenblum, M., and J. K. Ousterhout(1992): "The design and implementation of a log-structured file system," *ACM Transactions on Compter systems*, **10**, 2, 26-52.
21. Russinovich, M. E., and D. A. Solomon(2005): *Microsoft Windows Internals*, 4th ed., Microsoft Press, Redmond, Wash.
22. Svobodova, L.(1984): "File servers for network-based distributed systems," *ACM Computing Surveys*, **16**, 4, 353-398.
23. USENIX(1992): *Proceedings of the File Systems Workshops*, Ann Arbor, Mich., May 1992.
24. Vahalia, U.(1996): *Unix Internals*: *The New Frontiers*, Prentice Hall, Englewood Cliffs, N. J.
25. Weiderhold, G.(1987): *File Organization for Database Design*, McGraw-Hill, New York.

Chapter 14

파일 연산의 구현
Implementation of File Operations

13장에서 설명했듯이 파일 처리 작업은 파일 시스템의 모듈과 I/O 제어 시스템(IOCS)을 통해 수행된다. 파일 시스템 모듈은 파일 명명(file-naming)의 자유, 파일의 공유 및 보호, 그리고 신뢰성을 제공한다. 파일에 대한 연산은 IOCS를 통해 구현된다.

IOCS는 두 가지 중요한 고려사항이 있다. 하나는 프로세스에서의 효율적인 파일 처리 작업의 구현이며, 다른 하나는 I/O 장치의 높은 처리율이다. 이를 위해 IOCS는 **접근 방법**(*access method*)과 **물리** *IOCS*(*physical IOCS*)라는 2개의 계층으로 구성되어 있다. 접근 방법 모듈은 프로세스에서 파일 처리 작업을 효율적으로 구현하기 위해 파일 자료의 읽기와 쓰기를 체계화하고, 실제 데이터의 읽기와 쓰기를 구현하기 위해 물리 IOCS를 호출한다. 물리 IOCS는 I/O 장치 수준에서 I/O를 수행하고, I/O 장치의 처리율을 향상시키기 위해 스케줄링 정책을 수행한다.

먼저 I/O 장치의 특성과, 높은 신뢰성을 제공하고 디스크의 빠른 접근과 빠른 자료 전송률을 제공하는 방식에 대해서 설명하겠다. 그리고 I/O 장치 수준에서 어떻게 I/O 연산이 이루어지고 I/O 연산을 단순화하기 위해 물리 IOCS가 어떤 편의를 제공하는지, 그리고 **디스크 스케줄링**이 어떻게 높은 처리율을 제공하는지에 대해 알아볼 것이다. 마지막으로 자료의 **버퍼링**, **블록킹** 그리고 **캐싱** 기법이 파일 처리 작업의 속도를 어떻게 높이는지에 대해 알아본다.

14.1 I/O 제어 시스템의 계층(LAYERS OF THE INPUT-OUTPUT CONTROL SYSTEM)

그림 14.1은 I/O 제어 시스템(IOCS)이 어떻게 파일 연산을 수행하는지 보여준다. 프로

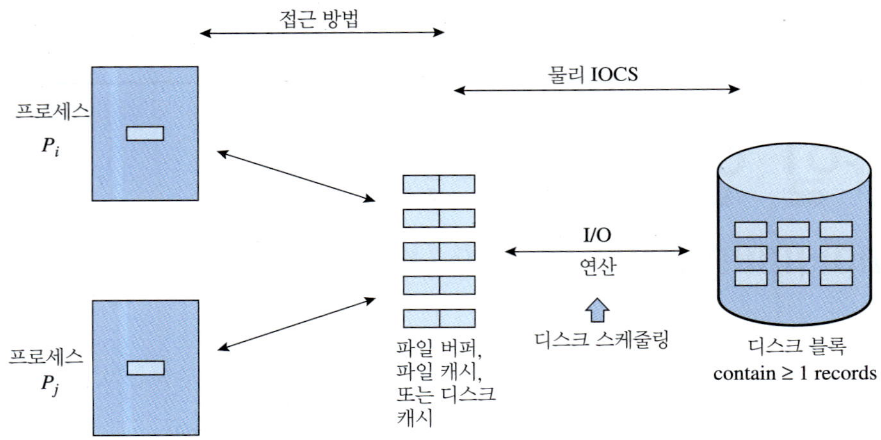

그림 14.1 IOCS에 의한 파일 연산의 구현

세스 P_i와 P_j는 파일 처리 작업에 관여하고, 이미 몇 개의 파일을 연 상태이다. 이들 중 하나의 프로세스가 파일로부터 자료의 읽기나 쓰기를 요청하면 파일 시스템은 이 요청을 IOCS에 전달한다. 13.1절에서 I/O 제어 시스템이 파일 처리 작업의 속도를 높이기 위해 일부 파일 자료를 **버퍼**, **파일 캐시** 혹은 **디스크 캐시**라고 불리는 메모리에 저장한다는 것을 학습하였다. 읽기 연산에 대해서, IOCS는 프로세스가 요구하는 자료가 메모리 상에 존재하는지 여부를 검사한다. 만약 존재한다면 프로세스는 자료에 바로 접근할 수 있다. 그렇지 않다면 IOCS는 하나 혹은 그 이상의 I/O 연산을 수행하여 자료를 파일 버퍼 혹은 디스크 캐시에 옮겨 놓고, 프로세스는 해당 I/O 연산이 종료될 때까지 대기해야 한다. 많은 프로세스가 I/O 연산을 동시에 수행하기 때문에, I/O 연산들은 디스크 처리율을 높이기 위해 **디스크 스케줄링** 알고리즘에 의해 스케줄링된다. 그래서 IOCS는 프로세스에서 파일 처리 작업의 효율성과 I/O 장치의 높은 처리율을 제공하는 방법으로 I/O 연산을 수행한다.

I/O 제어 시스템은 **접근 방법**(*access method*)과 **물리** *IOCS*로 불리는 2개의 계층으로 구성되어 있다. 접근 방법 계층은 효율적인 파일 처리를 제공하고, 물리 IOCS 계층은 높은 장치 처리율을 제공한다. IOCS의 이러한 구조는 효율적인 파일 연산을 위해 프로세스 수준의 고려사항과 장치 수준의 고려사항을 분리한다.

그림 14.2는 파일 시스템과 IOCS의 계층 구조를 보여준다. IOCS 계층의 수와 인터페이스는 운영체제에 따라 다르다. 오래된 운영체제에서는 일반적으로 물리 IOCS가 커널의 일부분이었다. 하지만 현대의 운영체제는 물리 IOCS를 커널의 바깥에 두어 운영체제의 확장성과 신뢰성을 향상시킨다. 우리는 시스템 호출을 통해 물리 IOCS를 불러오고, 커널의 다른 기능들 또한 시스템 호출을 통해 불러온다고 가정한다.

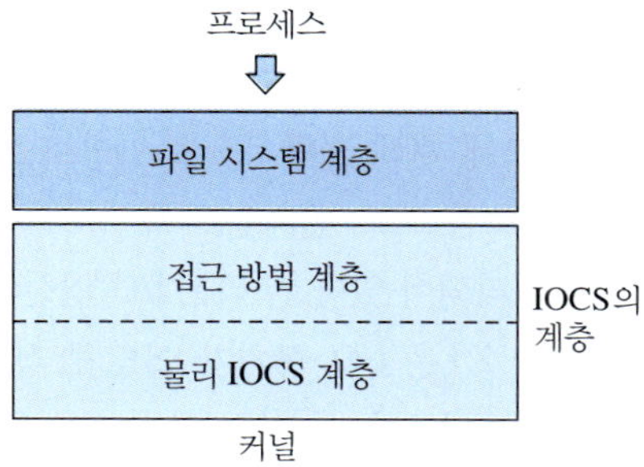

그림 14.2 파일 시스템과 IOCS의 계층

표 14.1 파일 시스템과 IOCS 계층에 있어서의 메커니즘과 정책

물리 IOCS

- 메커니즘: I/O 초기화, I/O 동작 상태 규정, I/O 완료 처리, 오류 복구
- 정책: 디스크 스케줄러와 디스크 캐시를 통한 I/O 장치 성능 최적화

접근 방법

- 메커니즘: 파일의 열기, 닫기, 읽기, 쓰기
- 정책: 파일 캐시의 사용과 파일 데이터의 버퍼링과 블록화를 통한 파일 접근 성능 최적화

파일 시스템

- 메커니즘: 디스크 블록 할당, 디렉터리 관리, 파일 보호 정보에 관련된 설정 및 검사
- 정책: 파일 접근 효율성, 공유 및 보호를 위한 디스크 공간 할당

표 14.1은 기존의 2계층(two-layer) IOCS 설계에서 IOCS 계층에 구현된 중요한 메커니즘과 정책을 요약한 것이다. 물리 IOCS 계층은 장치 수준의 I/O를 수행한다. 물리 IOCS의 정책 모듈은 I/O 연산이 높은 장치 처리율을 보이도록 작동 순서를 결정하며, I/O 연산을 수행하기 위한 물리 IOCS 메커니즘을 호출한다. 접근 방법 계층은 효율적인 파일 처리를 보장하고 파일 수준의 I/O 메커니즘을 제공하는 정책 모듈을 가진다. 파일 시스템 계층은 접근 방법 모듈을 이용하여 파일을 공유하고 보호한다.

표 14.1에 있는 메커니즘들은 오직 상위 계층에서 접근하여 사용될 수 있는 것만을 나열했다는 점에 주의하라. 파일 자료의 **버퍼링**과 **블록킹**, 접근 방법 계층에 있는 파일 캐시 관리 등과 같이 각 계층에서 지역적으로 사용하는 메커니즘들은 이 표에 나타내지 않았다. 하지만 표에 있는 메커니즘들은 오직 접근 방법 정책 모듈에 의해서만 접근 가능하며, 파일 시스템 계층은 직접적으로 접근할 수 없다. 비슷하게 물리 IOCS는 외부에서는 접근할 수 없는 디스크 캐시를 관리하는 메커니즘을 가진다.

14.2 I/O 구조의 개요(OVERVIEW OF I/O ORGANIZATION)

2.2.4절에서 우리는 I/O 구조에 대해 개략적으로 알아보았다. I/O 연산을 수행하는 데 있어서 세 가지 모드인 프로그램 모드, 인터럽트 모드, 그리고 직접 메모리 접근(DMA) 모드에 관해서는 표 2.1에 정리되어 있다. 우리는 I/O 연산의 DMA 모드에 대해서 집중적으로 살펴볼 것이다. 그림 2.1은 I/O 장치가 어떻게 장치 제어기에 연결되고, 또한 DMA 제어기에 연결되는지 보여준다. 각 장치 제어기는 숫자로 된 식별 코드를 가지며, 마찬가지로 여기에 연결된 장치들 또한 식별 코드를 가진다. 장치의 주소는 (제어기 식별 코드, 장치 식별 코드) 쌍으로 되어 있다.

I/O 연산은 다음과 같은 세부사항을 포함한다.

- 읽기, 쓰기 등 수행되어야 할 연산
- I/O 장치의 주소
- 전송되는 자료의 바이트 크기
- 자료 전송에 관여하는 메모리 영역의 주소와 I/O 장치 내의 주소

I/O 연산이 DMA 모드에서 수행될 때, CPU는 I/O 연산을 시작시키지만 I/O 장치와 메모리 사이의 자료 전송에는 관여하지 않는다. DMA 모드에서의 I/O 연산은 *I/O 명령어(I/O instructions)*를 실행시켜 시작한다. CPU, DMA 제어기, 장치 제어기, 그리고 I/O 장치는 이 I/O 명령어 수행에 사용된다. I/O 명령어는 자료 전송과 관련된 개별적인 작업을 명시하는 일련의 *I/O 명령(I/O commands)*을 가르킨다. 이 I/O 명령을 수행하기 위해서는 DMA 제어기, 장치 제어기, 그리고 I/O 장치의 역할이 필요하지만 CPU는 필요하지 않다. 따라서 CPU는 I/O 연산 중 다른 명령어들을 자유롭게 실행할 수 있게 된다.

일반적으로 I/O 명령은 메모리에 저장되어 있고, 이곳의 주소가 I/O 명령어의 연산자로 사용된다[일부 컴퓨터에서는 I/O 명령어가 실행될 때 이 주소를 표준 기억 장소(standard memory location)에서 가져와 사용한다]. I/O 명령어가 실행되면 CPU는 이 주소를 DMA 제어기에 넘기고, DMA 제어기는 I/O 명령을 인식한다. 다음은 이 방식의 세부사항에 관한 예제이다.

예제 14.1 I/O 연산

id(*track_id, block_id*)의 디스크 블록에 기록되어 있는 자료를 읽기 위한 I/O 연산은 다음과 같은 I/O 명령어를 실행시켜 수행된다.

I/O-init (*controller_id, device_id*), *I/O_command_addr*

이때 *I/O_command_addr*은 다음 2개의 I/O 명령을 포함하는 메모리 공간의 시작 주소를 의미한다.

1. 디스크 헤드를 *track_id* 트랙 위로 옮겨라.
2. 레코드 *record_id*를 *memory_addr*인 메모리 공간으로 읽어라.

서드파티 *DMA*(*third party DMA*)라고 불리는 방식은 다음과 같이 작동한다. 먼저 그림 2.1과 같이 장치 제어기가 DMA 제어기에 연결된다. I/O 명령어가 실행되면 DMA 제어기는 I/O 명령들의 세부사항을 I/O 장치 제어기에 넘겨주며, 이 장치는 장치 제어기에 자료를 전달한다. 장치 제어기와 메모리 간의 자료 전송은 다음과 같이 이루어진다. 먼저 장치 제어기는 자료 전송 준비가 완료되면 DMA 요청 신호를 전송한다. DMA 제어기는 이 신호를 받으면 버스의 제어 능력을 가지게 되고, 장치 제어기에 DMA 확인 응답 신호를 보낸다. 장치 제어기는 비로소 메모리와 자료를 주고받을 수 있게 되고, 자료 전송이 끝나면 DMA 제어기는 장치의 주소를 인터럽트 코드로 하여 I/O 완료 인터럽트를 발생시킨다. 그 다음 인터럽트 서비스 루틴이 인터럽트를 분석하여 어떤 장치가 연산을 마쳤는지 알아내고, 이에 대해 적절한 동작을 수행한다.

I/O 연산이 진행 중일 때 CPU가 여러 명령어를 실행하므로, CPU와 DMA 제어기는 버스의 사용을 두고 경쟁적인 관계가 된다. 사이클 스틸링(*cycle stealing*)은 CPU와 DMA 제어기 모두 큰 지연 없이 버스를 사용할 수 있도록 하는 기법이다. 일반적으로 CPU는 명령어 사이클 중 메모리에 있는 명령어나 자료를 읽고 있을 때는 특정 시점까지 DMA 제어기가 버스를 사용하지 못한다. DMA와 메모리 사이에 자료 전송이 필요하면, DMA는 CPU 명령어 사이클의 특정 시점까지 기다린다. 그 다음 CPU로부터 메모리 사이클을 가져와서 자료 전송을 수행한다.

퍼스트파티 *DMA*(*first party DMA*)는 서드파티 DMA보다 더 좋은 효율을 보인다. 이 방법에서는 장치 제어기와 DMA 제어기가 하나로 합쳐져 사용된다. 하나로 합쳐진 제어기는 자료 전송 준비가 완료되면 버스를 제어할 수 있게 되며, 이를 버스 마스터링(*bus mastering*) 기법이라고 한다. 이 기법은 서드파티 DMA보다 더 높은 자료 전송률을 보인다.

14.3 I/O 장치(I/O DEVICES)

I/O 장치는 전기 기계식 신호 발생 기술이나 전자기학 및 광학 등의 다양한 원리로 작동한다. I/O 장치는 I/O 매체, 목적, 구조와 접근 자료에 따라 다음과 같이 분류될 수 있다.

- 목적에 따른 분류: 입력 장치, 프린트 장치, 저장 장치
- 접근 유형에 따른 분류: 순차 접근 장치, 임의 접근 장치

- **자료 전송 모드에 따른 분류**: 문자 모드 장치, 블록 모드 장치

하나의 I/O 명령으로 기록된 정보를 **레코드**(*record*)라고 한다. 순차 접근 장치는 I/O 매체를 순차적으로 이용한다. I/O 연산은 항상 직전에 일어난 연산에서 사용된 레코드 바로 다음에 존재하는 레코드에 순차적으로 접근하여 수행된다. 직전의 연산에 사용된 레코드와 인접하지 않은 레코드에 접근하기 위해서는 인접한 다른 레코드들을 차례로 뛰어넘는 명령이 있어야 한다. 반면에 임의 접근 장치는 I/O 매체에서 어떤 레코드라도 바로 접근하여 읽고 쓸 수 있다. 키보드, 마우스, 테이프 드라이브 등이 순차 접근 장치이며, 디스크는 순차적으로 접근할 수도 있고 임의로 접근할 수도 있는 장치이다.

일반적으로 I/O 매체 하나의 단위를 *I/O* **볼륨**이라고 한다. 따라서 테이프 카트리지를 테이프 볼륨, 디스크를 디스크 볼륨이라고도 부른다. 플로피 디스크, 콤팩트 디스크, 혹은 디지털 오디오테이프(DAT) 카트리지 등 일부 I/O 장치의 I/O 볼륨은 I/O 장치에 영구적으로 고정된 하드 디스크 등과는 달리 필요에 따라 장착과 분리가 가능하다.

자료 전송 모드(Data Transfer Modes) I/O 장치의 자료 전송 모드는 자료 전송 속도에 따라 결정된다. 일반적으로 느린 I/O 장치는 **문자 모드**로 작동한다. 다시 말해 이 모드에서는 한 번에 하나의 문자를 메모리와 장치 사이에서 주고받는다. 따라서 장치는 하나의 문자를 저장할 수 있는 버퍼 레지스터를 가지고 있다. 장치 제어기는 입력 장치가 문자를 버퍼에서 읽거나 출력 장치가 문자를 버퍼에 쓰게 되면 인터럽트를 발생시킨다. 이런 장치의 장치 제어기는 직접 버스에 연결하는 것이 가능하다. 키보드, 마우스, 그리고 프린터가 문자 모드 장치이다.

높은 자료 전송률을 가지는 장치는 **블록 모드**로 작동하며, 이 장치는 DMA 제어기에 연결되어 있다. 테이프나 디스크 드라이브 등이 블록 모드 장치이다. 블록 모드 장치는 특정 속도에서 일정하게 자료의 읽고 쓰기가 가능해야 한다. 데이터 전송률이 일정하지 않으면 버스에서 회선 쟁탈이 일어나 다음과 같은 두 가지 문제가 발생한다. 먼저 메모리로 자료를 전송할 때 버스가 I/O 장치로부터 일정 속도로 자료를 받지 못하면 읽기 연산에서 자료는 손실된다. 또한 버스가 자료를 일정 속도로 I/O 장치에 전달하지 못하면 쓰기 연산은 실패하게 된다.

버스의 회선 쟁탈로 인해 발생하는 문제를 예방하기 위해서, 연산 중 자료는 버스를 통해 전송되지 않고 대신 I/O 장치와 버퍼 사이에서 이동한다. 입력 연산 중에 I/O 장치에 의해 전달된 자료는 DMA 장치 제어기의 버퍼에 저장된다. 이것을 *DMA* **버퍼**라고 한다. I/O 연산이 마무리되면 DMA 버퍼에서 메모리로 자료가 이동한다. 출력 연산을 수행할 때는 I/O 장치에 저장되어야 할 자료는 먼저 메모리에서 DMA 버퍼로 이동한 후, I/O 연산으로 DMA 버퍼에서 I/O 장치로 이동하게 된다.

CPU와 I/O 장치 간의 자료 전송 또한 **메모리 맵** *I/O*(*memory-mapped I/O*)를 이용

하여 이루어진다. 이 방법에서 일련의 메모리 주소가 I/O 장치를 위해 사용된다. 이 주소들은 I/O 장치의 레지스터에 배정되어 CPU가 그 메모리 주소에 자료를 저장하면 실제로 이 자료는 그 주소에 대응하는 I/O 장치의 레지스터에 저장된다. 비슷하게 CPU가 메모리에서 자료를 읽어오는 명령어를 실행한다면, 이 자료는 실제로 이 메모리 주소에 대응하는 I/O 장치의 레지스터로부터 자료를 읽어온다. 이 방법으로 DMA 없이도 자료 전송이 일어나며, 이때 CPU는 많이 사용되지 않는다. 메모리 맵 I/O는 다음과 같이 수행된다. 먼저 I/O 장치가 메모리와 연결된 버스를 감시한다. 만약 버스에 I/O 장치에 배정된 메모리 주소가 나타나면 이에 대응되는 레지스터와 버스 사이에 자료 전송이 일어나도록 한다. 메모리 맵 I/O는 일반적으로 개인 컴퓨터(PC)에서 주로 사용된다. PC에서는 특수한 I/O 버스가 필요하지 않고, I/O 연산을 시작하거나 I/O 장치의 상태를 검사하는 데 필요한 특수한 명령어를 필요로 하지 않기 때문에 비용을 줄일 수 있다. 하지만 I/O 장치에 배정된 주소를 해독하기 위해 메모리 버스상에 더 많은 하드웨어가 필요하다는 단점이 있다.

접근시간과 전송시간(Access Time and Transfer Time) I/O 연산에 대해 설명할 때 다음과 같은 기호를 사용한다.

- t_{io} I/O 시간, 즉 I/O 연산을 시작하고 종료하는 데까지 걸리는 시간을 의미한다.
- t_a 접근시간, 즉 읽기나 쓰기 명령을 내리고 자료 전송을 시작하는 데까지 걸리는 시간을 의미한다.
- t_x 전송시간, 즉 읽기 혹은 쓰기 연산 중에 I/O 장치가 자료를 전송하거나 받는 데 걸리는 시간을 의미한다. 첫 번째 바이트가 전송될 때부터 마지막 바이트가 전송될 때까지 걸리는 시간이다.

한 레코드의 I/O 시간은 접근시간과 전송시간의 합을 나타낸다.

$$t_{io} = t_a + t_x \tag{14.1}$$

그림 14.3은 t_{io}에 영향을 주는 요소들에 대해서 나타낸 것이다. 순차 접근 장치에서의 접근시간은 일정하며, 그 이유는 이 장치가 오직 현재 위치에서 다음 레코드를 읽거나

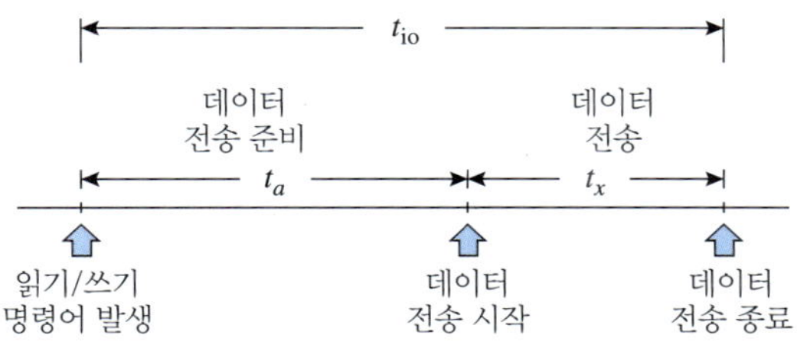

그림 14.3 IO 연산에서 접근시간과 전송시간

다음 레코드를 건너뛰는 작업만 할 수 있기 때문이다. 반면에 임의 접근 장치의 접근시간은 다양한데, 그 이유는 I/O 볼륨에서 어떤 레코드를 읽고 쓸 수 있도록 읽기 혹은 쓰기 연산이 시작되기 전에 헤드나 I/O 매체의 위치 선정을 해야 하기 때문이다.

오류 탐지와 수정(Error Detection and Correction) I/O 매체와 메모리 사이에서 데이터를 기록하거나 읽거나 주고받을 때 오류가 발생할 수 있다. 이렇게 발생하는 오류를 탐지하고 수정 가능하게 하기 위해서 1과 0, 그리고 특수 코드로 이루어진 **비트 스트림** 형태로 자료를 기록하고 전송한다. 이러한 코드들에 대해서는 뒤에 언급할 것이다.

오류 탐지는 데이터와 함께 부가적인 정보를 사용해서 가능하게 한다. 오류 탐지 정보라고 불리는 이 정보는 표준 기법을 이용하여 데이터로부터 계산해 낸 것이다. I/O 매체로부터 데이터를 읽을 때, 이 정보 또한 매체로부터 가져온다. 그 다음 앞에서 사용한 표준 기법을 사용해서 읽은 데이터로 오류 탐지 정보를 계산하고, 이것을 매체로부터 가져온 오류 탐지 정보와 비교한다. 이 두 정보가 동일하지 않으면 기록상에 오류가 발생했음을 알 수 있다. 오류의 수정은 오류 수정 정보를 계산하는 특수한 알고리즘을 사용한다는 것을 제외하면 오류 탐지와 유사한 방법으로 수행된다. 이 정보는 오류를 탐지하는 동시에 어떻게 수정되어야 하는지를 알려준다. 부가 정보를 기록하고 읽는 데는 오버헤드가 발생하며, 오류 수정 작업이 오류 탐지 작업보다 더 많은 오버헤드를 발생시킨다.

그림 14.4는 오류를 탐지하고 수정하는 두 가지 처리 방법을 보여준다. **패리티 비트**(*parity bits*) 방법에서는 n_p 개의 패리티 비트는 n_d 개의 비트 데이터를 이용해서 만든다. 패리티 비트는 레코드상에서 위치가 고정되어 있으며, 오류 탐지/수정 알고리즘을 사용하는 방법 외에는 데이터와 구분할 수 없다. **순환 중복 검사**(*CRC*) 방법에서는 CRC라고 불리는 n_c 개의 비트가 레코드의 CRC 필드에 저장된다. 이 두 방법의 핵심적인 차이점은 n_p는 n_d에 의존적인 반면, n_c는 n_d에 독립적이라는 것이다.

이 두 가지 방법은 모두 모듈로-2(modulo-2) 연산을 사용한다. 이 연산은 이진 연산과 유사하지만, 덧셈을 하여 더 큰 자리로 넘어가는 수는 버리는 것이 차이점이다. 모듈로-2 연산은 배타적 논리합(XOR) 연산인 ⊕로 표현될 수 있으며 $0 \oplus 0 = 0$, $1 \oplus 0 = 1$, $0 \oplus 1 = 1$, $1 \oplus 1 = 0$의 연산 방법을 따른다.

RAM이나 예전의 자기 테이프에서 널리 사용되던 패리티 비트 방법은 한 바이트의 데이터에 하나의 패리티 비트를 생성하는 것이다. 그림 14.4에서 설명하듯이 패리티 비트는 바이트의 모든 비트에 대해서 ⊕ 연산을 이용하여 생성된다. 이 방법은 한 바이트 내에서 하나의 오류는 검사할 수 있지만 오류가 2개 이상이면 찾아낼 수 없다. 또한 이 방법은 오류를 수정할 수 없다. 오류 탐지 오버헤드는 8비트의 자료마다 1개의 패리티 비트로 12.5%이다. **해밍 코드**(*Hamming code*) 방법은 2개의 오류를 찾아낼 수 있고 하나의 오류를 수정할 수 있다. 이 코드의 정확한 기술적 이름은 $(n_d + n_p, n_d)$ 해밍 코드

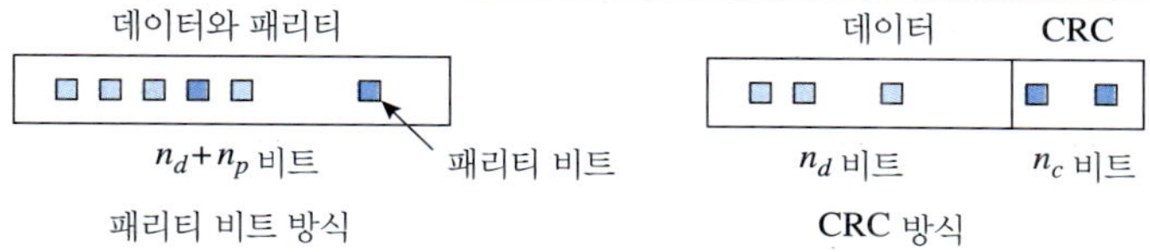

패리티 비트 계산

패리티 비트는 자료 비트들과 배타적 논리합 연산자 ⊕를 이용하는 모듈로-2 연산을 통해 계산된다. 예를 들면, 4개의 자료 비트 b_i, b_j, b_k, b_l의 패리티 비트는 $p = b_i \oplus b_j \oplus b_k \oplus b_l \oplus c_1$로 계산된다. c_1은 짝수 패리티일 경우 1, 홀수 패리티일 경우 0인 상수이다.

해밍 코드

단계 1: $nd + np + 1 \leq 12^{np}$를 만족하는 가장 작은 n_p 값으로 패리티 비트의 수를 결정한다. 2^n 자리를 패리티 비트로 사용한다. 예를 들면, 레코드의 시작부터 b_1,b_2...로 번호가 매겨졌다면 b_1, b_2, b_4, b_8,..., 비트를 패리티 비트로 둔다.

단계 2: 자신을 제외한 다음의 비트들에서 2^n 번째 위치의 패리티 비트를 계산한다. 각 c_2 값에 대해 $2^n + c_2 \times 2^{n+1}$을 시작으로 2^n 개의 연속된 비트를 취한다. 여기서 c_2는 1,2,3,...,등의 값을 가진다. 따라서 패리티 비트 b_1은 b_3, b_5,...에서 계산되고, b_2는 b_3, b_6, b_7, b_{10}, b_{11},... 그리고 b_4는 b_5, b_6, b_7, b_{12}, b_{13}, b_{14}, b_{15},...에서 계산된다.

단계 3: 레코드를 수신하거나 읽을 때, 패리티 비트를 계산하고 레코드 내의 패리티 비트 값과 비교한다. 이진수 e_1, e_2, e_4...를 다음과 같이 구성하라. 수신되어 계산된 패리티 비트 b_i의 값이 다를 경우 e_i는 1이며, 같다면 0이다. 이 숫자가 0이라면 오류가 발생하지 않은 것이다.

예: 5-비트 자료 10110이 전송되거나 레코딩되어야 할 경우, 4개의 패리티 비트가 사용된다. 패리티 비트들은 b_1, b_2, b_4, b_8 위치를 사용한다. 레코드는 011001100을 가지며, 밑줄은 패리티 비트를 나타낸다. 레코드가 011001101로 읽혀졌다면, 오류 값은 9번째 비트 위치에서 오류가 발생한 것을 나타내는 1001이다.

순환 중복 검사(CRC)

단계 1: 비트 스트림은 계수가 0 혹은 1인 이진 계수 다항식처럼 볼 수 있다. 예를 들어, 비트 스트림 1101은 이진 계수 다항식 $1 \times x^3 + 1 \times x^2 + 0 \times x^1 + 1 \times x^0$, 즉 $x^3 + x^2 + 1$로 볼 수 있다. 여기서 + 연산은 모듈로-2의 더하기인 배타적 논리합 연산 ⊕로 변경된다.

단계 2: 수신된 레코드 내의 자료는 마지막에 n_c 개의 0을 더함으로써 증가된다. 증가된 자료로부터 얻어진 다항식은 미리 정의된 다항식 차수 $n_c + 1$로 나눠진다. 이 나눗셈의 나머지는 다항식의 차수 n_c이다. 이 다항식에서 계수는 CRC를 구성한다. 예를 들어, 미리 정의된 5-비트 다항식 11011을 이용하여 자료 11100101의 CRC를 구하면 0100이다.

단계 3: 레코드가 수신될 때, 수신자는 CRC를 레코드의 자료 부분으로부터 계산하고 그 결과를 레코드의 CRC 부분과 비교한다. 동일하지 않다는 것은 오류를 나타낸다. 동일하다면 수신자는 전체 레코드로부터 CRC를 계산한다. 계산된 CRC가 0이 아니라면 오류가 존재하는 것이다.

그림 14.4 오류 탐색과 수정 방법

이다. 매체로부터 읽어온 레코드의 패리티 비트 값과 읽어온 레코드를 이용해 계산해 낸 패리티 값을 비교하면 해밍 코드 규칙에 따라 어떤 비트에서 오류가 발생했는지 알아낼 수 있으며, 이를 이용해 오류가 발생한 비트를 수정할 수 있다. 그림 14.4는 패리티 비트 수를 결정하고, 그 값을 결정하는 규칙을 보여준다. (12, 8) 해밍 코드는 1바이트의 기록에 대해 오류 탐지와 수정을 할 수 있다. 이는 4개의 패리티 비트를 사용하고 오버헤드는 50%이다. 오버헤드는 자료의 비트 수가 커지면 이에 따라 그 수치가 감소한다. 예를 들어 8패리티 비트로 30바이트의 자료를 처리할 수 있다.

전송되거나 기록될 자료로부터 계산된 CRC는 레코드의 CRC 필드에 저장된다. 이는 자료의 어떤 바이트에 하나 혹은 그 이상의 오류 발생 여부나 바이트 간 교환이나 재배열이 일어났는지 나타낼 수 있다. 레코드를 읽을 때 데이터 필드로부터 CRC를 계산하고, 이를 CRC 필드에 저장된 내용과 비교한다. 만약 오류가 발생했다면 이 둘은 서로 다른 값을 가진다. n_c의 적절한 값은 보통 16이나 32비트이며, 이것은 n_d 값에 영향을 받지 않는다. $n_c < n_d$인 경우는 두 가지 비트 스트림이 같은 CRC를 만들 수 있기 때문에, 둘 중 하나에 오류가 발생한다면 CRC를 이용한 오류 탐지를 완전히 신뢰할 수 없다. 이 경우가 발생할 확률은 $\frac{1}{2^{nc}}$이다. 따라서 CRC의 신뢰도는 $1 - \frac{1}{2^{nc}}$이다. 16비트의 CRC 경우 신뢰도는 99.9985%이며, 32비트 CRC의 경우 신뢰도는 99.9999%이다.

14.3.1 자기 테이프(Magnetic Tapes)

테이프나 카트리지의 I/O 매체는 자기 물질로 된 길고 가는 조각으로, 여기에 전자기적 원리를 이용해 0과 1로 이루어진 정보를 기록할 수 있다. 테이프는 다중 트랙 기록 방식을 가진다. 각 트랙은 패리티 비트나 바이트 비트들을 기록하며, 이를 위해 읽기-쓰기 헤드가 각 트랙 위에 위치한다. 테이프 드라이브는 순차 접근 장치이다. 이 장치에서 처리할 수 있는 작업은 지정된 숫자의 바이트를 `read/write`, `skip`, 그리고 `rewind`이다. 이러한 순차적 접근의 특성 때문에 테이프와 DAT 카트리지는 일반적으로 레코드를 보관하는 용도로 널리 쓰인다.

예전의 테이프 기술에서는 서로 인접한 레코드들은 **레코드 간 간격**(*interrecord gap*)에 의해 구별된다. 이 간격은 연속적인 읽기 혹은 쓰기 작업 사이에서 매체의 시작과 중지를 가능하게 한다. 읽기 혹은 쓰기 작업 동안의 **접근시간**(t_a)은 두 가지에 의해서 결정된다. 하나는 자료 전송이 일어나기 전에 I/O 매체의 작동이 균일한 속도가 되도록 하기 위해서 필요한 시간이고, 다른 하나는 읽기-쓰기 헤드를 다음 레코드 위에 놓기 위해서 필요한 시간이다. 크기가 s 바이트인 레코드의 총 I/O 시간은 다음과 같은 식을 따른다.

$$t_{io} = t_a + \frac{s}{d \times v}$$

여기서 d는 기록 밀도

v는 I/O 매체의 속도

레코드 간 간격은 기록 매체의 사용 효율을 낮추고 파일 처리 작업을 느리게 하는 단점을 지닌다. 이러한 단점에도 불구하고 1990년대의 테이프는 단위 메모리 크기당 가격이 디스크의 10분의 1정도밖에 되지 않아서 널리 사용되었다. 하지만 이후에 디스크 제조 기술이 발달하면서 작업 처리속도가 빠르고 용량이 큰 디스크가 실용화되어 가격이 하락하였고, 테이프는 비용 면에서 장점을 잃게 되었다. 이후 비용 면에서의 장점을 되찾기 위해서 스트리밍 테이프(streaming tape) 기술이 개발되었다.

스트리밍 테이프는 크기에 관계없이 하나의 기록을 끊지 않고 저장한다. 그래서 방대한 양의 자료가 테이프에 기록되더라도 레코드 간 간격은 존재하지 않는다. 대신 스트리밍 테이프는 자체에 버퍼를 가지며, 쓰기 작업은 버퍼에 일부 자료를 넣은 후 시작되고, 버퍼에 들어 있는 자료를 테이프에 쓴다. 스트리밍 테이프 작업을 최고 속도로 유지하기 위해 자료를 테이프에 쓰는 속도에 맞춰 새로운 자료를 버퍼에 이동시키는 것이 중요하다. 버퍼가 비어 있으면 테이프 드라이브는 쓰기 작업을 중지하며, 다시 버퍼에 새로운 자료가 들어오면 쓰기 작업을 재개한다. 레코드 간 간격이 생기는 것을 막기 위해 테이프를 뒤로 감았다가 다시 앞으로 작동하여 마지막으로 헤드가 쓰기 작업을 했던 비트에서의 기록 속도를 유지한다. 이렇게 작동하는 재개 작업은 불과 수밀리 초밖에 소요되지 않아서 효율적이다.

스트리밍 테이프는 만약 버퍼가 비어 있는 시간이 없다면 높은 자료 전송률을 제공한다. 하지만 만약 주기적으로 테이프가 멈추게 되면 쓰기 속도는 하락하게 된다. 따라서 물리 IOCS는 이런 일이 발생하지 않도록 해야 한다. 또한 스트리밍 테이프의 중지-시작-재개 작업에서 정확한 헤드 위치 선정과 정렬이 요구되기 때문에 가격이 비싸다.

14.3.2 자기 디스크(Magnetic Disks)

자기 디스크 저장 기능의 중요한 요소는 회전축을 중심으로 회전하는 납작한 **원판**(*platter*)이다. 원판의 표면은 자기 물질로 덮여 있다. 하나의 읽기-쓰기 헤드가 표면에 기록을 하거나 표면의 자료를 읽기 때문에 표면의 둥근 **트랙**을 따라 순차적으로 자료가 기록된다. 헤드는 원판 위에서 방사상으로 움직일 수 있으며, 헤드의 각 위치에 따라 기록된 정보는 서로 다른 원형 트랙을 이룬다. 디스크에서 패리티 정보는 사용되지 않으며, CRC가 각각의 레코드에 사용되어 오류 탐지를 돕는다.

트랙의 시작점은 각각의 트랙에 표시되고, 레코드들은 트랙마다 시작점을 기준으로 일련 번호를 가진다. 따라서 디스크에서 어떤 기록에 접근하기 위해서는 (**트랙 번호, 레코드 번호**) 쌍으로 이루어진 주소가 필요하다. 하나의 디스크 레코드 접근시간은 다음과 같이 나타낼 수 있다.

$$t_a = t_s + t_r \tag{14.2}$$

여기서 t_s는 **탐색시간**, 즉 헤드를 요구된 트랙 위치로 옮기는 데 걸리는 시간
t_r은 **회전 지연시간**, 즉 트랙 위 특정 레코드에 접근할 때까지 걸리는 시간

탐색시간은 헤드의 기계적 작동을 위해 소요되는 시간이며, 회전 지연시간은 I/O 연산이 원하는 레코드 위로 헤드가 지나갈 때까지의 시간이다. 평균적인 회전 지연은 디스크가 반 바퀴 회전할 때 걸리는 시간이다. 회전 지연시간의 평균 값은 3~4 밀리 초이며, 탐색시간은 5~15 밀리 초, 그리고 자료 전송속도는 초당 수십 메가바이트 정도이다.

디스크의 구조는 짧은 접근시간, 큰 용량, 높은 자료 전송률, 그리고 낮은 가격을 위해 다양하게 변화하였다. 가장 낮은 가격의 디스크는 플로피 디스크로, 속도가 느리고 용량이 작다. 하드 디스크는 큰 용량을 가지지만, 이것은 단지 여러 장의 원판을 하나의 회전축에 쌓은 것일 뿐이다. 각각의 원판마다 읽기-쓰기 헤드가 하나씩 있고, 이 헤드는 하나의 액세스 암[*actuator*]에 연결되어 있다. 따라서 항상 각 디스크상의 동일한 트랙 위에 헤드들이 존재한다. 이때 같은 위치의 일련의 트랙은 **실린더**(*cylinder*)의 형태를 가지며(그림 14.5 참고), 이는 자료를 구성하는 데 사용될 수 있다. 실린더상의 모든 트랙은 액세스 암으로부터 같은 위치에 있기 때문에 헤드의 움직임 없이 여러 트랙에 접근이 가능하며, 이로 인해서 같은 실린더상의 기록에 대한 I/O 연산은 탐색시간 없이 작동이 가능하다.

하드 디스크는 가장 안쪽부터 바깥쪽까지 중심이 같은 일련의 실린더들로 이루어져 있다. 따라서 레코드의 주소는 (실린더 번호, 원판 면 번호, 레코드 번호)로 이루어진다. 디스크 장치의 작동을 위해 필요한 명령은 seek (실린더 번호, 원판 면 번호)와 `read/write` 이다.

원판의 개수를 증가시켜 디스크의 용량을 증가시킬 수 있다. 그러나 원판 수를 증가시키면 더 많은 디스크 헤드가 요구되고, 그렇게 되면 액세스 암이 더 무거워지고 더 많은 기계적 부하를 받게 된다. 따라서 디스크를 소수의 원판만으로 만드는 경향이 있

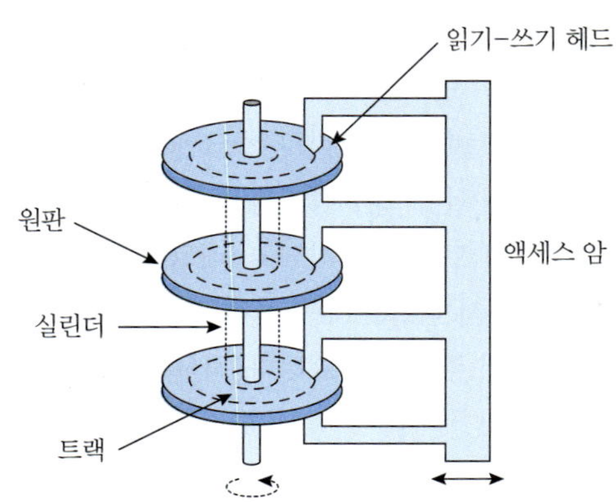

그림 14.5 디스크 묶음

다. 그래서 큰 용량이 요구되는 애플리케이션은 여러 개의 디스크 드라이브를 사용한다. (14.3.5절에서 여러 개의 디스크 드라이브가 어떻게 높은 전송률과 신뢰도를 가지는지 설명할 것이다.) 탐색시간은 회전속도를 높여 감소시킬 수 있지만, 높은 속도를 내기 위해서는 기계적인 구성 요소에 더 많은 비용이 든다. 그래서 일반적으로 작은 원판을 사용한다. PC나 데스크톱 컴퓨터는 주로 가격이 저렴한 디스크를 사용한다. 이러한 디스크는 큰 용량을 제공하는 큰 원판을 가지고, 이에 반비례해서 낮은 회전속도를 가진다. 반면에 서버 컴퓨터는 크기가 작고 회전속도가 빠른 비싼 디스크를 사용한다.

디스크 면을 최대한 효과적으로 사용하기 위해 트랙은 **섹터**(*sector*)들로 구성된다. 섹터는 트랙상의 디스크 기록을 위한 표준 크기의 '슬롯'이다. 섹터의 크기는 레코드 간 간격으로 인해 낭비하는 용량을 최소화하도록 보장하기 위해 선택된다. 디스크를 섹터로 나누는 것은 하드웨어상으로도 가능하고, 소프트웨어를 이용하여 나누는 방법도 있다.

14.3.3 자료 지연 기술(Data Staggering Techniques)

14.3절에서 언급했듯이 읽기 작업이 진행되는 동안 I/O 장치로부터 읽어온 자료는 DMA 버퍼에 저장되고, DMA는 이 자료를 단일 블록으로 메모리에 전송한다. 하지만 이 전송 작업이 진행되는 동안 디스크는 여전히 회전을 하게 되고, 자료의 전송이 끝난 시점에 헤더 아래에는 하나 혹은 그 이상의 섹터가 지난 레코드가 있을 것이다. 따라서 다음에 읽을 부분이 이전 작업을 마친 섹터의 바로 다음 섹터라면, 이 섹터는 DMA가 읽기 작업을 시작할 때 벌써 헤드가 지나갔을 것이다. 따라서 이 읽기 작업은 디스크가 한 바퀴 회전한 뒤에야 이루어질 것이다. 비슷하게 쓰기 작업에서 자료의 기록은 자료가 메모리에서 DMA 버퍼로 전송된 후에 시작된다. 따라서 자료의 전송이 이루어지기 전에 헤드가 다음 섹터를 지나치면 현재 회전에서 자료를 기록하는 것은 불가능하다. 이러한 문제는 헤드가 현재 원판에서 다른 원판으로 옮겨가는 시간인 **헤드 전환시간** 동안에도 발생하며, 옮겨간 원판의 헤드 아래에는 이미 몇 섹터가 지나 있는 레코드가 있을 것이다. 현재 실린더에서 다음 실린더로 액세스 암을 옮길 때 걸리는 시간인 탐색시간 동안에도 비슷한 문제가 발생한다. 이러한 문제들은 디스크의 처리량에 부정적인 영향을 미친다.

섹터 인터리빙, 헤드 스큐잉, 그리고 실린더 스큐잉은 각각 자료 전송시간, 헤드 전환시간, 그리고 탐색시간 동안 발생하는 문제점들을 다루는 기술이다. **자료 지연 기술**이라 불리는 기술들은 읽기/쓰기 작업을 수행하기 위한 준비가 되기 전에 연이은 섹터가 헤드를 지나치는 일을 방지하여 현재의 회전 안에서 읽기 혹은 쓰기 작업이 수행될 수 있도록 한다. **섹터 인터리빙** 기술은 트랙을 따라 연이은 주소의 섹터들을 몇 섹터 간격으로 분리한다. 이 구조는 한 섹터의 I/O 연산을 마치고 다음 작업을 시작할 때 헤드 아래에 다음 주소의 섹터가 올 수 있도록 한다. **헤드 스큐잉**은 같은 실린더상에 있는 트랙의 시작점을 원판마다 다르게 하여, 트랙의 마지막 섹터와 다음 트랙의 첫 번째 섹터가 헤드 전환시간만큼의 시차를 두어 헤드 위치가 전환된 후 바로 읽기 혹은 쓰기 작업이 가능하도록 한다. **실린더 스큐잉**도 마찬가지로 이웃하는 실린더에서의 트랙 시작점을 탐색시간만큼 시간차를 가지게 한다.

그림 14.6은 섹터 인터리빙, 헤드 스큐잉, 그리고 실린더 스큐잉 기술이 어떻게 회전 지연을 감소시키는지 보여준다. 디스크가 10개의 원판을 가지고 한 트랙에 5개의 섹터를 가지게 하여, 총 50개의 섹터를 가진다고 가정한다. 각각의 자료 지연 기술에 대해서 그림의 왼쪽은 자료 지연 기술을 사용하지 않은 것, 그리고 오른쪽은 사용한 것을 나타낸다. 각 그림의 첫 줄은 시간마다 헤드 아래를 통과하는 섹터를 나타낸다. 그 아래에는 디스크가 회전하면서 진행되는 I/O 연산과 관련된 동작을 보여준다.

그림 14.6(a)는 섹터 인터리빙 기술을 보여준다. 디스크 헤드가 첫 번째 실린더의 섹터 1 직전에 위치한다고 가정하면, 섹터 1을 읽는 데는 아무런 탐색이나 회전 지연이 일어나지 않는다. 섹터로부터 읽어낸 자료를 DMA 버퍼로 이동시키는 작업은 시간 t_1 보다 조금 일찍 마치고, 이 자료를 DMA 제어기를 이용하여 메모리로 옮기는 작업은 t_1보다 조금 뒤에 마친다. 다음 섹터를 읽도록 하는 명령은 그 전 섹터의 읽기 작업이 완료되는 즉시 발생하며, 이 시간은 t_1보다 조금 뒤이다. 이 시간이 되면 헤드 아래의 기록은 섹터 2를 조금 넘게 되며, 이 때문에 섹터 2에서의 작업을 수행할 수 없다. 이렇게 되면 디스크가 한 번 회전하여 다시 섹터 2에 도달할 때까지, 그림상으로는 t_6이 될 때까지 회전 지연이 일어나게 된다. 섹터 인터리빙 기술이 적용된 오른쪽 그림을 보면, 섹터 1과 섹터 2 사이에 섹터 4가 위치한다. 섹터 2를 읽으라는 명령이 발생하면 헤드 아래에는 섹터 4의 마지막 부분이 위치하게 된다. 따라서 회전 지연은 t_2가 될 때까지의 시간밖에 되지 않고 곧바로 섹터 2에 대한 작업을 수행할 수 있다.

그림 14.6(b)는 헤드 스큐잉 기술에 관한 내용이다. 여기서는 처음 2개의 트랙에 할당된 파일에서 섹터의 배치를 볼 수 있다. 섹터 5를 읽으라는 명령은 시간 t_{10}에 발생한다. 이 섹터의 읽기 작업과 자료의 전송은 t_{11}이 되기 전에 완료되고, 곧바로 섹터 6에 대한 읽기 명령이 발생한다. 그러나 섹터 6이 다음 트랙에 있기 때문에 헤드 전환 작업이 일어나야 하는데, 이 작업은 섹터 6이 지나가는 시간 t_{11} 이전에 끝나지 않는다. 따라서 섹터 6을 즉시 읽을 수는 없으며, 디스크가 현재 회전을 마치고 다시 섹터 6이 헤드에 도달할 때까지의 시간 t_{16}까지 회전 지연이 발생한다. 여기서 두 번째 트랙의 시작 지점을 한 섹터만큼 차이를 두어 회전 지연을 줄일 수 있다. 그렇게 되면 섹터 6의 읽기 작업을 곧바로 시간 t_{12}에 수행하여 회전 지연을 큰 폭으로 감소시킬 수 있다. 그림 14.6(c)는 실린더 스큐잉 기술에 대한 내용이다. 그림을 보면 두 실린더 첫 트랙의 섹터들이 파일에 할당된 것을 볼 수 있다. 섹터 51을 찾는 작업으로 인해 읽기-쓰기 헤드가 다음 실린더로 이동하게 된다. 탐색은 t_{23}보다 조금 일찍 마치지만 섹터 51은 이미 헤드

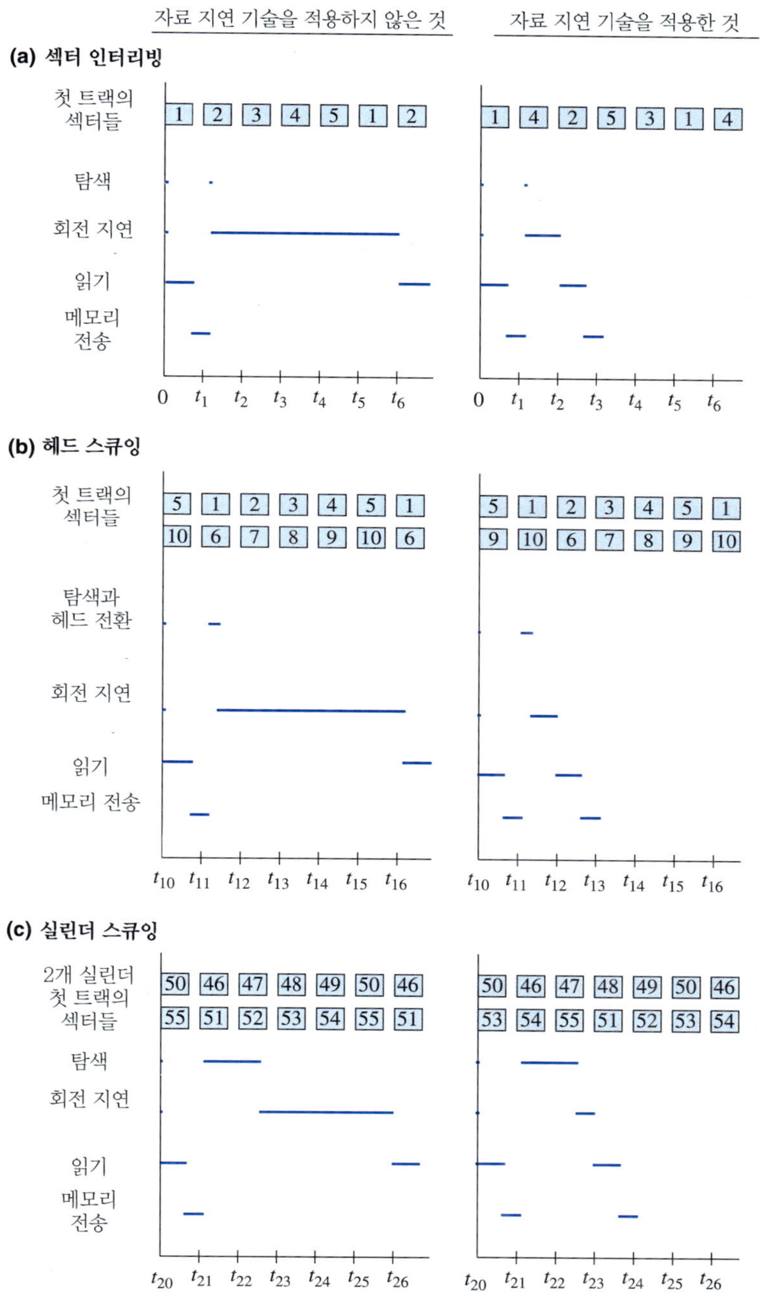

그림 14.6 자료 지연 기술의 효과 (a) 섹터 인터리빙 (b) 헤드 스큐잉 (c) 실린더 스큐잉

아래를 지나쳤고, 이 때문에 t_{26}까지 회전 지연이 발생한다. 반면 자료 지연 기술을 적용한 오른쪽 그림에서는, 섹터 51에서의 연산이 헤드가 전환된 즉시 수행될 수 있다.

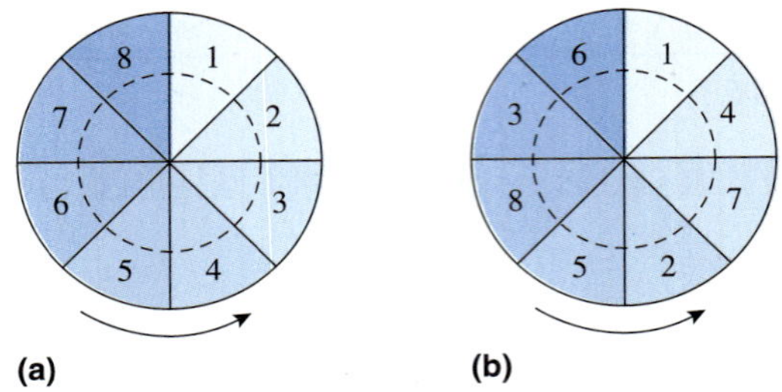

그림 14.7 디스크 트랙의 섹터 (a) 인터리빙이 적용되지 않았을 때 (b) 인터리빙 인수 2가 적용되었을 때

섹터 인터리빙 기술은 예전의 디스크에 비해서 처리량을 현저하게 높인다. 현대의 디스크는 자료 전송을 높은 속도로 가능하게 해주는 제어기가 있어서 섹터 인터리빙이 필요하지 않다. 그러나 섹터 인터리빙에 대해 설명한 이유는 자료 지연을 통해 높은 디스크 처리량을 구현할 수 있다는 것을 이해시키기 위해서다. 헤드 스큐잉 기술과 실린더 스큐잉 기술은 높은 디스크 처리율을 구현하기 위해 아직도 사용된다.

그림 14.7은 섹터 인터리빙을 설명한다. 인터리빙 인수 (F_{int})는 한 트랙에서 연속적으로 구성된 섹터를 분리하는 섹터의 개수를 의미한다. 그림 14.7의 (b)는 $F_{int} = 2$이며, 연속하는 섹터는 그 사이에 2개의 다른 섹터를 가진다. n을 트랙의 섹터 개수라고 하고 $n - 1$과 $n + 1$이 모두 $F_{int} + 1$의 배수라고 하면, 모든 연속하는 섹터는 같은 수의 섹터에 의해 균일하게 분리된다. 그림에서 볼 수 있듯이 섹터의 총 개수는 8개이며, 균일하게 분리되어 있다. 만약 F_{int}가 1 혹은 3의 값을 가진다면 균일하게 분리하는 것은 불가능할 것이다(표 14.2를 보면 일부 연속하는 섹터는 F_{int}보다 더 많은 개수의 섹터로 분리되어 있다). 예제 14.2에서 볼 수 있듯이 균일하게 분리되지 않으면 성능에서 불이익이 발생할 수 있다.

t_{st}를 한 섹터의 자료가 DMA와 제어기 사이에서 전송되는 시간이라고 하고, t_{sect}를 한 섹터가 디스크 헤드를 통과하는 데 걸리는 시간이라고 하자. 최적화된 수행의 경우 $t_{st} = F_{int} \times t_{sect}$이며, 이는 DMA가 이전 섹터의 자료 전송을 끝내자마자 다음 섹터에서 I/O 연산을 실행할 수 있다는 것을 의미한다. 만약 $t_{st} > F_{int} \times t_{sect}$이면 DMA가 자료 전송을 마치기 전에 이미 다음 섹터가 디스크 헤드 아래를 지나간 것을 의미하며, 다음 회전이 될 때까지 회전 지연이 생긴다. $t_{st} < F_{int} \times t_{sect}$의 경우에는 다음 섹터에서 작업이 일어나기 전까지 디스크는 쓸모없이 일정 시간을 보내게 되는 것을 의미한다. 최적화되지 않은 두 가지 경우 모두 디스크 처리량에 불이익을 가지게 된다. 다른 자료 지연 기술의 경우에도 최적화되지 않는다면 디스크 처리량 면에서 효율이 떨어질 수 있다. 다음은 섹터 인터리빙 인수에 따른 디스크 처리량의 한계점 변화에 대한 예제이다.

예제 14.2 섹터 인터리빙

디스크는 하나의 회전을 8밀리 초 만에 끝내고, 한 트랙에는 각각 1000바이트 크기의 섹터가 8개 있고, t_{st}와 t_{sect} 값은 $t_{sect} < t_{st} < 2 \times t_{sect}$의 관계를 만족한다. F_{int} 값에 대한 최대 디스크 처리율을 얻기 위해 1, . . . ,8의 섹터를 반복해서 읽고, 1초 동안 전송된 자료의 바이트 수를 측정한다. 그림 14.8은 F_{int} 값에 따른 최대 디스크 처리 변화를 보여준다.

표 14.2는 서로 다른 F_{int} 값에 따른 섹터의 배열을 보여주고, 이에 따른 디스크 처리율을 kB/s의 단위로 나타낸 것이다. F_{int}의 값이 1 혹은 3일 때는 섹터가 균일하게 분리될 수 없다. $F_{int} = 1$이면 트랙의 섹터 배열은 1, 5, 2, 6, 3, 7, 4, 8이 된다. 따라서 섹터 1을 읽은 후 같은 회전상에서 섹터 2를 읽을 수 없다. 따라서 디스크는 섹터 2를 읽기 위해 10밀리 초의 시간이 소요된다. 비슷하게 섹터 3과 섹터 4를 읽을 때도 10밀리 초의 시간이 소요된다. 반면 섹터 4와 섹터 5는 2개의 섹터로 분리되어 있다. 따라서 둘은 동일 회전상에서 읽는 것이 가능하다. 이렇게 되면 섹터 4를 읽은 후 3밀리 초 만에 섹터 5를 읽을 수 있다. 섹터 6, 7, 그리고 8을 읽는 데 또한 10밀리 초가 소요되고, 섹터 1을 읽는 데는 9밀리 초가 소요된다.

그림 14.8을 보면 $F_{int} = 2$일 때 $t_{st} \le F_{int} \times t_{sect}$를 만족하며, 이때 처리율이 크게 증가한다는 것을 알 수 있다. $F_{int} > 2$인 경우에는 다음 섹터에 접근하기까지 동작 없이 일정한 시간을 흘려보내야 하기 때문에 처리율이 더 낮아지게 된다.

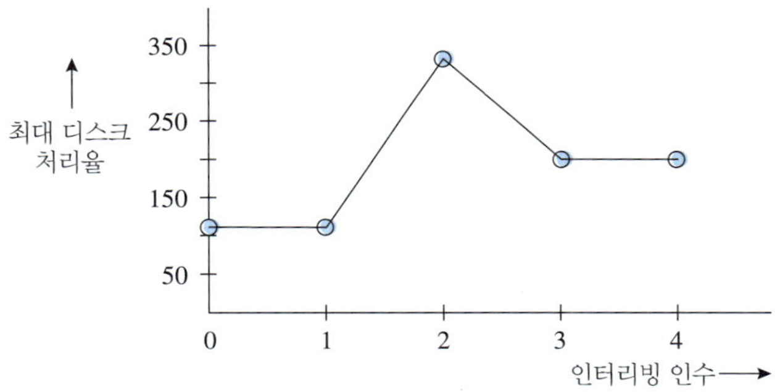

그림 14.8 섹터 인터리빙 인수에 따른 처리율의 변화

표 14.2 섹터 인터리빙에서의 섹터 배열과 성능

Fint	섹터 배열	섹터를 위한 t_{io}(ms)	평균 t_{io} (ms)	최대 처리율 (kB/s)
0	1, 2, 3, 4, 5, 6, 7, 8	9, 9, 9, 9, 9, 9, 9, 9	9	111.1
1	1, 5, 2, 6, 3, 7, 4, 8	9, 3, 10, 10, 10, 10, 10, 10	9	111.1
2	1, 4, 7, 2, 5, 8, 3, 6	3, 3, 3, 3, 3, 3, 3, 3	3	333.3
3	1, 3, 5, 7, 2, 4, 6, 8	9, 5, 5, 5, 4, 4, 4, 4	5	200.0
4	1, 6, 3, 8, 5, 2, 7, 4	5, 5, 5, 5, 5, 5, 5, 5	5	200.0

14.3.4 디스크 장착 기술(Disk Attachment Technologies)

EIDE와 SCSI 인터페이스(EIDE and SCSI Interfaces) *EIDE(enhanced integrated device electronics)*와 *SCSI(small computer system interconnect)*는 컴퓨터에 디스크를 장착하기 위한 중요한 디스크 인터페이스이다. 이러한 방법으로 장착된 디스크는 **호스트 장착 저장 장치**라고 한다. *IDE(intergrated device eletronics)* 혹은 *ATA(advanced technology attachment)*는 EIDE 이전에 사용되던 인터페이스이다. EIDE가 개발되기 전에, IDE와 SCSI는 서로 다른 특징들로 인해 각각 특정한 애플리케이션에만 사용되었다. 예를 들어 IDE는 순차적인 I/O에 중점을 두었고, SCSI는 더 나은 임의 I/O(random I/O)에 중점을 두었다. 따라서 IDE 디스크는 저렴한 PC와 데스크톱 환경에서 사용되었고, SCSI 디스크는 서버 환경에서 사용되었다. EIDE는 SCSI와 임의 접근 성능의 차이가 많이 좁혀졌다. 두 가지 방식 모두 예전의 특수한 영역을 유지하고 있지만, EIDE와 SCSI는 현재 백업용 저장 매체 같은 몇몇 애플리케이션 분야에서는 경쟁하고 있다. 양쪽 모두 몇 메가바이트 수준의 큰 버퍼를 제공한다.

IDE 디스크는 주로 프로그램 I/O 모드로 동작하지만 DMA 모드도 지원한다. EIDE는 퍼스트파티(first party, 즉 bus mastering) DMA 모드를 비롯하여 새로운 DMA 모드들을 지원한다. EIDE의 ultra ATA 모드는 EIDE보다 8배 빠른 초당 33.3 MB의 전송속도를 지원한다. EIDE 디스크는 더 큰 원판을 사용하고, 상대적으로 느리게 회전하며 값이 싸다. EIDE에는 디스크를 2개까지 연결할 수 있다. 하지만 2개 모두 동시에 동작하지는 않으며, 특정 시간에 하나만 동작한다.

SCSI는 몇 가지 DMA 모드를 지원한다. 이들 중 가장 빠른 것은 초당 80 MB의 데이터 전송률을 제공한다. SCSI는 최대 7개의 디스크를 연결할 수 있다. SCSI는 인터페이스로 불리지만, 연결된 많은 디스크에서 동시에 발생하는 연산을 허용하기 때문에 기술적으로는 I/O 버스이기도 하다. SCSI 디스크는 더 작고 빠르게 회전하고 더 비싸다. 따라서 SCSI는 더 빠른 탐색시간과 더 높은 데이터 전송률을 제공한다. SCSI 디스크는 디스크 블록에서 메모리의 연속되지 않은 영역으로 전송하거나 연속되지 않은 영역에서 데이터를 수집한 후 디스크 블록(12.2.4절 참고)에 기록하는 *scatter/gather* I/O를 지원한다. 또한 IOCS에 의해 일반적으로 수행되던 다음과 같은 몇 가지 기능들을 제공한다.

- 디스크 스케줄링: SCSI 디스크는 몇 가지 I/O 요청들을 동시에 수락하고, 그 요청들을 요청 큐에 저장한다. 탐색시간과 회전 지연시간 때문에 디스크 스케줄링은 최소 지연시간을 필요로 하는 I/O 연산을 선택하기 위해 현재 디스크 헤드의 위치 정보와 원판의 회전 위치를 사용한다. 이 특징은 14.7절에 설명되어 있다.
- 손상된 블록(*bad block*) 복구: SCSI 디스크는 손상된 디스크 블록을 찾아내고, 대체 디스크 블록을 할당한다. 이 기능을 위해 손상된 블록의 주소와 손상된 블록의 대

체 블록을 나타내는 테이블을 관리한다. 만약 I/O 명령이 손상된 디스크 블록으로 지정되면, 디스크는 자동적으로 대체 블록으로 방향을 변경한다. 이 기능은 IOCS의 접근 방법 계층 대신 장치 내에서 손상된 블록 관리를 수행하여 I/O 연산의 속도를 높인다.

- 데이터 선반입: SCSI 디스크는 버퍼를 가진다. I/O 연산 시, 다음 몇 개의 디스크 블록들을 버퍼로 미리 읽어들인다. 이 기능은 순차 파일을 처리하는 동안 연속적 읽기 연산의 속도를 높인다.

네트워크 연결 저장 장치와 저장 장치 영역 네트워크(Network-Attached Storage and Storage Area Networks) 디스크를 호스트에 장착하면 디스크의 크기가 제한되고 호스트에 장착할 수 있는 디스크의 수가 제한되기 때문에 확장성 부족이란 문제가 발생한다. 따라서 디스크를 계속 교환하거나 더 많은 저장 장치의 요구를 충족시키기 위해 좀 더 많은 서버들을 추가해야 한다. 이 문제는 네트워크를 통한 원격 디스크의 사용으로 해결된다. 이러한 방법으로 저장 장치의 용량이 점진적으로 그리고 매끄럽게 증가되고, 많은 서버에서 구동되는 애플리케이션들이 공유할 수 있게 된다.

*NAS(network-attached storage)*는 LAN에 직접적으로 장착된 디스크 혹은 RAID(redundant array of inexpensive disks)이다[그림 14.9(a) 참고]. NAS는 LAN 환경에 있는 하드웨어와 소프트웨어를 사용하기 때문에 큰 디스크 용량을 저렴하게 제공한다. 파일 서버나 분산 파일 시스템 같은 기능들은 NAS를 사용하여 제공할 수 있다. 하지만 NAS의 사용은 현실적으로 몇 가지 어려운 점이 있다. LAN은 애플리케이션 간 데이터 통신에 최적화된 프로토콜을 사용하는 반면, 파일 서버나 분산 파일 시스템은 Sun사의 NFS 프로토콜 같은 파일 기반 프로토콜이나 마이크로소프트의 CIFS(common

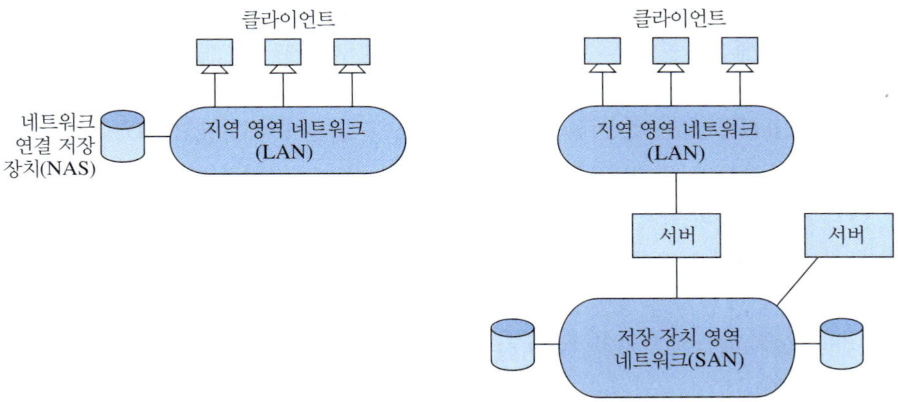

(a) (b)

그림 14.9 (a) 네트워크 연결 저장 장치 (b) 저장 장치 영역 네트워크

interface file system) 프로토콜을 사용해야 한다. 파일 기반 프로토콜에 의한 부하량은 네트워크 애플리케이션의 속도를 떨어뜨린다.

네트워크 애플리케이션의 속도를 떨어뜨리는 것을 피하기 위한 대안으로 *SAN(storage area network)*이 있다. SAN은 높은 대역폭을 제공하는 디스크로 구성되는 네트워크이다[그림 14.9(b) 참고]. 네트워크는 SCSI 프로토콜이 사용하는 전용 광채널 혹은 iSCSI 프로토콜이 사용하는 IP(internet protocol) 네트워크가 될 수 있다. 여러 대의 서버를 SAN에 연결할 수 있고, 각 서버는 전체 저장 장치에 접근할 수 있다. 이런 특징은 컴퓨터 시스템들을 고성능 **클러스터**(*clusters*)로 용이하게 구성할 수 있게 한다. 데이터 무결성과 가용성은 SAN에 여분의 디스크들과 서버들을 연결하여 높일 수 있다.

NAS와 SAN의 특징을 결합하기 위해 iSCSI 프로토콜을 IP 네트워크를 통해 사용하는 새로운 기술들이 나타나고 있다. 이 기술들은 광채널의 비용 부담 없이 블록 기반 접근 방식(block-accessed)의 SAN 장치와 파일 기반 접근 방식(file-accessed)의 NAS 장치를 모두 지원한다.

14.3.5 RAID

컴퓨터 사용자들은 늘 용량이 크고, 빠르며, 데이터 전송률과 신뢰성이 높은 디스크를 원한다. 이러한 요구들은 다중 디스크 배열을 통해 해결이 가능하다. 원래 *RAID(redundant array of inexpensive disks)* 기술은 몇 개의 값 싼 디스크들을 통해 큰 용량의 디스크를 저렴하게 제공하기 위해 사용되었다. 하지만 최근 추세는 NAS와 SAN을 통해 디스크의 용량을 증가시킨다. 따라서 오늘날의 RAID 기술은 빠른 접근, 높은 데이터 전송률, 그리고 높은 신뢰성을 제공하기 위해 사용된다. 그렇기 때문에 RAID를 *redundant array of independent disks*의 약어로 사용하기도 한다.

RAID 기술은 I/O 연산 시 사용되는 데이터를 몇 개의 디스크로 나누어 놓고, 이들 디스크에서 병렬적으로 I/O 연산을 수행한다. 이 기능은 디스크 배열을 어떻게 하는지에 따라서 빠른 접근이나 높은 데이터 전송률을 얻을 수 있다. RAID에서는 중복 정보(redundant information)를 기록하여 높은 신뢰성을 얻는다. 하지만 RAID에서 사용하는 중복 정보의 양은 기존의 디스크에서 사용하던 것과는 차이가 있다. 기존의 디스크는 단지 모든 기록의 마지막에서 CRC를 기록함으로써 신뢰성을 제공하지만, RAID 기법에서는 디스크에서 오류가 발생하더라도 복구할 수 있도록 하는 중복 정보를 별도의 디스크에 저장한다. 중복 정보에 접근하는 것은 데이터와 중복 정보 모두에 병렬적으로 접근할 수 있기 때문에 부가적인 I/O 시간을 필요로 하지 않는다.

RAID에 기록하는 과정은 다음과 같다. **디스크 스트립**(*disk strip*)은 디스크에서의 데이터 단위로 섹터, 디스크 블록, 디스크 트랙 등이 될 수 있다. 다른 디스크의 동일한 위치에 있는 디스크 스트립들은 **디스크 스트라이프**(*disk stripe*)가 된다. 파일은 정수 개의 디스크 스트라이프에 할당된다. 같은 스트라이프의 스트립에 있는 데이터는 스트립들이 서로 다른 디스크에 존재하기 때문에 동시에 읽혀지거나 쓰여질 수 있다. 디스크 배열이 n 개의 디스크를 가지면, 이론적으로 데이터 전송률은 1개의 디스크보다 n 배 정도 빨라질 수 있다. 데이터 전송률의 실제 값은 파일을 처리하는 동안 오버헤드와 I/O 연산의 병렬 처리를 제한하는 요소에 달려 있다.

다른 중복 기술과 디스크 스트라이핑을 사용하는 몇 가지 RAID 구성이 제안되었다. 이 구성들은 RAID 레벨(*level*)로 불린다. 표 14.3 에 다양한 RAID 레벨에 대한 특성을 요약하였다. 가장 대중적인 RAID 구성은 RAID 레벨 0과 1, 그리고 5를 기반으로 하는 복합적인 구성인 0 + 1과 1 + 0이다.

RAID 레벨 0 레벨 0은 단지 디스크 스트라이핑(disk striping)만을 사용한다. 이 구성은 데이터를 중복 기록하지 않기 때문에 RAID 구성이라고는 할 수 없다. Level 레벨 0은 각 디스크가 분리된 디스크 제어기에 장착되어 있을 때 높은 데이터 전송률을 제공한다. 하지만 이것은 낮은 신뢰성을 가진다. 하나의 디스크가 작동하지 않는다면 데이터는 접근 불가능하게 된다. 마찬가지로 중복 정보가 없다는 것은 디스크에 결함이 있을 경우 데이터를 잃게 되는 것을 뜻하므로, 신뢰성은 다른 방법으로 해결해야 한다.

RAID 레벨 1 레벨 1 RAID 구성은 동일한 정보를 2개의 디스크에 기록한다[디스크 미러링(*disk mirroring*)이라고 부른다]. 프로세스가 파일을 쓰거나 업데이트할 때, 각 디스크에 레코드를 기록한다. 그래서 RAID 레벨 1은 100%의 오버헤드를 가지지만, 하나의 디스크 파일에 손상으로 인해 접근이 불가능하더라도 다른 디스크를 통해 접근할 수 있도록 보장한다. 이 레벨에서 데이터를 읽을 때는 빨리 접근할 수 있는 디스크의 데이터를 읽는다. 양쪽 디스크 모두 병렬로 동작하기 때문에 에러가 발생하지 않는다면 고속 데이터 전송이 가능하다. RAID 레벨 0과 1의 특징을 사용하는 복합적인 구성은 RAID 레벨 0의 고속 데이터 전송률과 RAID 레벨 1의 높은 신뢰성 모두 얻기 위해 실제로 자주 사용된다. RAID 0 + 1은 먼저 RAID 0의 디스크 스트라이핑을 수행하고, RAID 1을 통해 각 스트라이프를 미러링한다. RAID 1 + 0은 먼저 각 디스크의 미러를 두고 난 후 스트라이핑을 수행한다. 이 구성들은 서로 다른 종류의 결함 허용(fault-tolerance)을 제공한다. RAID 0 + 1에서는 스트라이프 내에서 에러가 발생하면 그 스트라이프 전체에 접근할 수 없게 된다. 따라서 양쪽 스트라이프에 에러가 발생하면 그 스트라이프에 접근할 수 없게 될 것이다. RAID 1 + 0에서는 에러 혹은 하나의 디스크에 문제가 생겨 접근할 수 없을 경우는 미러 디스크를 통해서 접근할 수 있다. 디스크와 미러 디스크 모두 에러가 발생했을 때만 스트라이프 접근이 불가능하게 된다.

RAID 레벨 2 이 RAID 구성은 비트 스트라이핑(*bit striping*)을 사용한다. 데이터의 각 비트와 중복 정보를 서로 다른 디스크에 저장한다. 데이터가 기록될 때, i 번째 데이터

표 14.3 RAID 레벨

레벨	기술	설명
레벨 0	디스크 스트라이핑 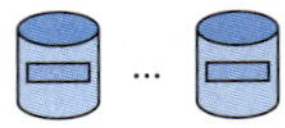	데이터는 몇 개의 교차 디스크에 기록된다. I/O 연산 동안 디스크는 병렬로 접근된다. 이 구성은 n 개의 디스크가 사용될 때 데이터 전송률을 최대 n 배까지 제공할 수 있다.
레벨 1	디스크 미러링 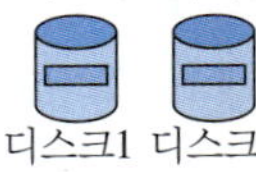	동일한 데이터가 2개의 디스크에 기록된다. 디스크에서 데이터 읽기는 접근이 빠른 디스크의 데이터 읽기이다. 하나의 디스크에 손실이 발생하더라도 데이터에 접근이 가능하다. 읽기 연산은 에러가 발생하지 않는다면 병렬로 수행될 수 있다.
레벨 2	오류 수정 코드 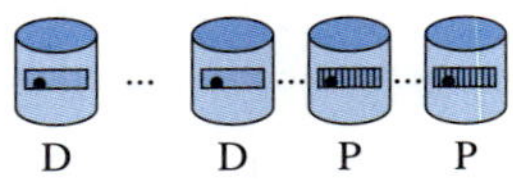	오류를 찾고 수정하기 위한 중복 정보가 기록된다. 데이터의 각 비트와 중복 정보는 별개의 디스크에 저장되고, 병렬로 읽거나 기록되어질 수 있다. 높은 데이터 전송률을 제공한다.
레벨 3	비트 교차 패리티 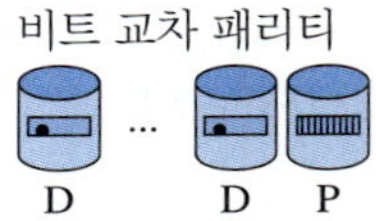	오류 수정을 위해 하나의 패리티 디스크를 사용한다는 점을 제외하면 레벨 2와 비슷하다. 디스크에서 데이터를 읽는 중에 발생한 오류는 장치 제어기가 찾아낸다. 패리티 비트는 손실된 데이터를 복구하기 위해 사용된다.
레벨 4	블록 교차 패리티 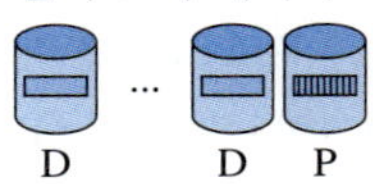	스트립에 데이터의 연속된 바이트인 데이터의 블록을 저장하고, 스트라이프의 스트립을 위해 하나의 패리티 스트립을 계산한다. 큰 읽기 연산을 수행할 때 높은 데이터 전송률을 제공한다. 작은 읽기 연산은 낮은 데이터 전송률을 제공하지만, 그러한 연산에 대해 병렬적으로 수행 가능하다.
레벨 5	블록 교차 분산 패리티 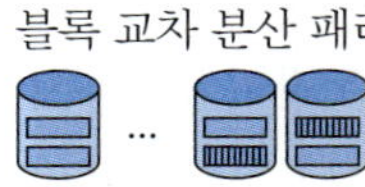	패리티 정보가 모든 디스크에 걸쳐 분산되어 있다는 점을 제외하면 레벨 4와 비슷하다. 레벨 4에서 패리티 디스크의 병목 현상을 예방한다. 또한 레벨 4보다 더 나은 읽기 성능을 제공한다.
레벨 6	P + Q 중복 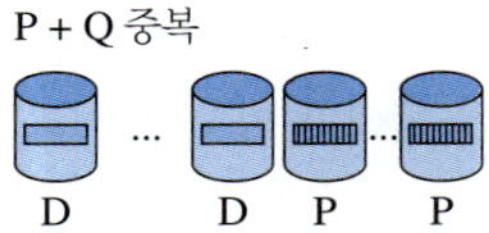	2개의 독립적인 분산된 패리티를 사용한다는 점을 제외하면 레벨 5와 비슷하다. 2개의 디스크를 사용해 손실된 데이터 복구를 지원한다.

주: D와 P는 각각 데이터와 패리티 정보만 가지는 디스크를 나타낸다. ▭는 스트립을 나타낸다. •는 별개의 디스크에 저장된 바이트의 비트들과 그 비트들의 패리티 비트를 나타낸다. ▥는 패리티 정보만 가지고 있는 스트립을 나타낸다.

스트립은 각 바이트의 i 번째 비트를 가지고, 패리티 스트립은 해당 스트라이프의 모든 스트립의 해당하는 비트들로부터 계산된 패리티 비트 중 하나를 가진다. 오류 수정 코드

(*error correcting code*: ECC)는 각 바이트를 위한 중복 정보를 계산하고 저장하기 위해 사용된다. 따라서 8개의 디스크가 한 바이트의 비트를 기록하기 위해 사용되고, 중복 정보를 기록하기 위해 추가적인 디스크가 사용된다. 예를 들어, 단일 결함으로부터 복구를 하기에 적당한 (12,8) 해밍 코드는 4개의 부가적인 비트를 필요로 할 것이다. 이 코드를 사용하는 RAID 2는 8개의 데이터 디스크와 4개의 중복 정보를 위한 디스크로 구성될 것이다. 하지만 중복 정보를 저장하기 위해 여러 개의 디스크를 추가하는 것은 비용 측면에서 현실적이지 않다.

RAID 레벨 3 레벨 3은 **비트 교차 패리티**(*bit-interleaved parity*) 방식의 디스크 스트라이핑을 사용한다. 즉, **비트 교차**(*bit interleaving*)를 사용하고 바이트당 하나의 패리티 비트를 사용한다. 스트라이프의 데이터 스트립들은 8개의 데이터 디스크에 저장되고, 패리티 스트립은 패리티 디스크에 저장된다. 따라서 RAID 레벨 3은 RAID 레벨 2에 비해 적은 양의 중복 정보를 사용한다. 읽기 연산은 다음과 같이 수행된다. 디스크 제어기는 스트립 내에 에러가 존재하는지 검사한다. 만약 에러가 존재하면 전체 스트립을 무시하고 패리티 스트립을 사용해 스트립 내의 데이터를 복구한다. 스트라이프 내 다른 스트립들에 해당하는 비트를 모듈로-2 연산의 합계를 이용하여 계산하고, 패리티 비트와 모듈로-2 연산을 통한 차이가 데이터 비트의 값이다.

모든 데이터 디스크는 I/O 연산에 참여한다. 이 특징은 높은 데이터 전송률을 제공한다. 하지만 단 하나의 I/O 연산이 언제든 진행 중일 수 있다는 것을 의미한다. RAID 레벨 3의 다른 문제점은 패리티 계산을 위해 CPU 사용이 많아질 수 있다는 것이다. 그래서 패리티 계산은 RAID 자체에서 처리한다.

RAID 레벨 4 레벨 4는 **블록 교차 패리티**(*block-interleaved parity*)를 사용하는 점을 제외하고는 레벨 3과 유사하다. 각 스트립은 데이터의 **블록**(*block*)으로 구성된다. 블록은 연속된 소수의 몇 바이트이다. 많은 양의 데이터를 처리하는 I/O 연산이면, RAID 레벨 3처럼 모든 데이터 디스크를 이용해 작업한다. 따라서 RAID 레벨 4는 대용량 I/O 연산에서 높은 데이터 전송률을 제공한다. 한 블록 안에 있는 데이터의 결함 없는(fault-free) 읽기 연산은 하나의 데이터 디스크에서만 이루어진다. 그래서 규모가 작은 I/O 연산에서는 낮은 데이터 전송률을 가진다. 하지만 대부분의 I/O 연산은 병렬로 수행될 수 있다.

쓰기 연산은 스트라이프의 모든 스트립에 기록된 데이터를 기반으로 패리티 정보를 계산한다. 이것은 먼저 스트라이프의 모든 스트립이 가지는 데이터를 읽고, 새로운 패리티 정보를 계산하고, 새로운 데이터와 패리티 정보를 모든 디스크에 기록함으로써 이루어진다. 하지만 이 절차는 새로운 데이터가 스트라이프 $stripe_i$의 블록 $block_i$로 기록되어지기 위한 것일 때도 쓰기 연산에서 모든 디스크가 관여하기 때문에 병렬 처리의 제한이 있다. 따라서 패리티 정보는 패리티 블록의 이전 정보, 블록 $block_i$의 예전 데이터, 블록 $block_i$에 쓰여질 새로운 데이터를 exclusive OR 연산으로 간단하게 계산해낸다. 이 방법으로 쓰기 연산에서는 쓰여질 블록과 패리티 블록을 가진 디스크만 작업에 사용하게 된다. 그래서 다른 디스크들에 있는 블록들의 결함 없는 읽기 연산은 쓰기 연산과 병렬로 수행할 수 있다.

RAID 레벨 5 레벨 5는 레벨 4처럼 블록 수준의 패리티를 사용하지만, RAID 안의 모든 디스크에 패리티 정보를 분산한다. 이 기법은 데이터 블록의 패리티 정보가 다른 디스크에 있다면, 데이터 블록의 작은 쓰기 연산을 병렬로 처리 가능하게 한다. 결함 없는 읽기 연산은 RAID 레벨 4와 같이 병렬로 수행될 수 있다. 따라서 이 구성은 작은 I/O 연산이 높은 비율로 수행되는 환경에 적합하다. 상대적으로 큰 I/O 연산은 병렬로 수행될 수 없지만, 높은 데이터 전송률을 제공한다. 또한 읽기 연산 시 디스크가 하나 더 참여하기 때문에 레벨 4보다 읽기 연산에서 더 높은 최대 디스크 처리율을 제공한다.

RAID 레벨 6 이 구성은 2개의 독립적인 분산된 패리티를 사용한다. 이 방식은 2개의 디스크가 동시에 결함이 발생하더라도 복구할 수 있게 한다. 최대 디스크 처리율은 레벨 5보다 디스크가 하나 더 많기 때문에 조금 더 높다.

14.3.6 광디스크(Optical Disks)

광디스크는 디스크의 반사율을 변화시켜 데이터를 기록하고, 레이저와 디스크 헤드 아래 표면의 반사율 변화를 찾는 감광성 부품으로 데이터를 읽는다. 컴팩트 디스크(compact disc: CD)는 광디스크이다. 디스크 기록은 이전 위치 데이터 비트의 반사율이 바뀌면 1을 기록하고, 같은 반사율이면 0을 저장한다.

CD는 다양한 수단을 이용하여 기록된다. 음악이 미리 기록되어 대량 생산되는 CD는 기계적으로 제조된다. 이것을 **스탬프** *CD(stamped CDs)*라고 부른다. 스탬프 CD도 레이저 빔으로 기록한다. 레이저로 기록된 CD는 폴리카보네이트층, 폴리머 염료층, 반사 금속층 등 3개의 층을 가진다. 강한 레이저 빔이 CD의 한 지점으로 향하면, 염료를 가열시키고 디스크상에 낮은 반사율을 가지는 **피트**(*pit*)라고 불리는 영구적인 자국을 만든다. 레코딩 처리가 CD를 "굽는다"로 불리는 이유가 바로 이것 때문이다. 데이터는 안쪽에서 바깥쪽으로 확장하는 얇은 나선 형태의 자국으로 CD에 기록된다. CD는 각 1.6미크론 간격으로 22,188개의 나선 형태의 원을 가진다. 각 나선은 **트랙**(*track*)이라 불린다. 속도 제어와 절대 시간 정보는 CD에 미리 기록되어 있다.

CD는 CD 레코더(recorder)가 사용하는 몇 개의 예약된 영역을 가진다. 전력 교정 영역은 기록할 때 사용하는 레이저의 세기를 교정하기 위해 사용된다. 프로그램 메모리 영역은 CD 안의 모든 세션을 위한 트랙 정보를 저장한다. 각 세션은 리드인(lead-in), 프로그램, 리드아웃(lead-out) 영역으로 구성된다. 리드인 영역은 세션의 컨텐츠 테이블이다. 이 영역은 트랙의 수, 트랙의 시작과 끝, 세션의 길이를 나타낸다. 프로그램 영역은 세션의 데이터 트랙을 가진다. 리드아웃 영역은 세션의 끝을 나타낸다.

운영체제 관점에서 데이터의 기록과 파일 시스템의 생성이라는 CD의 두 가지 특징은 중요하다. 데이터는 트랙에서 섹터 형태로 기록된다. 컴퓨터에 사용되는 CD-ROM은 2 KB의 섹터를 가진다. CD-ROM은 650 MB 정도의 용량을 가진다. 반면 DVD(digital versatile disk)는 5 GB 정도의 용량을 가진다. CIRC(cross-interleaved reed-solomon code)로 불리는 부호화 기법을 사용하면 어떠한 종류의 디스크든 데이터를 기록할 수 있다. CIRC는 24바이트(192비트)의 데이터 단위를 부호화(encode)하여 588비트의 부호화된 단위를 생성한다. 이 단위는 상대적인 타이밍과 절대적인 타이밍, 그리고 트랙과 인덱스의 배치 정보, 동기화 데이터, 오류 방지와 수정 정보를 가진다. 신뢰할 수 있는 오류 수정을 위해서, 부호화할 때 데이터를 재배열한다. 이러한 방법으로 연속적으로 기록된 데이터의 몇 바이트가 손실되면, 많은 수의 바이트는 단지 각각 1비트만 잃을 것이다. 이 데이터는 오류 수정 정보를 사용해 복구할 수 있다.

ISO 9660은 CD의 파일과 디렉터리를 위한 공통 논리 포맷을 정의한다. 이 포맷은 데이터 교환(data interchange)을 위해 기본적인 요구사항을 정의하며, 윈도우, 유닉스, 매킨도시 환경을 위해 선택적인 확장들도 제공한다. Rockridge 확장은 유닉스의 긴 파일 이름과 다중 수준의 디렉터리, 접근 권한과 파일 유형들을 허용한다. 또한 UDF(universal disk format)는 공통적인 논리적 형태를 제공한다. UDF는 ISO 9660과 동시에 지원 가능하며, 대부분의 CD 장치는 어느 형태든 정보를 쓸 수 있다.

그림 14.10은 파일 시스템이 어떻게 CD 볼륨에서 구현되는지 보여준다. 주 블륨 디스크립터(primary volume descriptor: PVD)가 논리적 섹터 16번에 기록된다. PVD는 루트 디렉터리의 위치와 경로 테이블의 위치를 나타낸다. 경로 테이블의 각 엔트리는 디렉터리의 위치에 관한 정보를 가진다. 요구한 디렉터리를 경로 이름의 중간 디렉터리를 검색하지 않고 경로 테이블을 사용함으로써 찾아낼 수 있다. 예를 들면, 유닉스 시스템에서 경로 ~A/D/z에 접근할 때 디렉터리 root와 A를 통한 검색은 하지 않는 것과 같다.

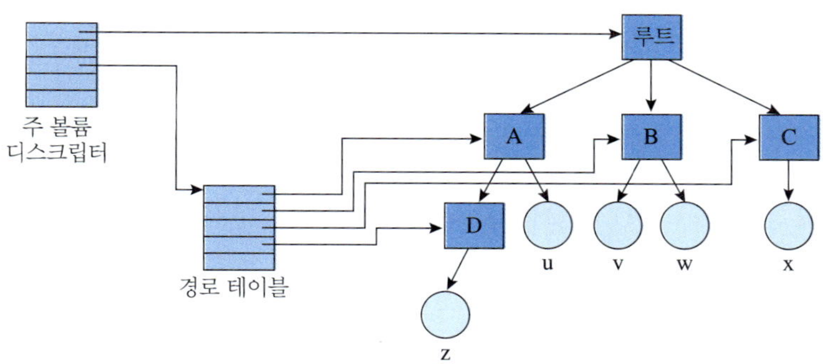

그림 14.10 CD의 주 볼륨 디스크립터

14.4 장치 수준 I/O(DEVICE-LEVEL I/O)

I/O 장치 수준에서 I/O를 구현하기 위해서는 네 가지 함수가 필요한데, I/O 연산 시작, 읽기/쓰기 연산, I/O 장치의 상태 검사, 장치에 의한 인터럽트 처리가 그것이다. 먼저 이들 중 3개는 14.2절에서 설명한 *I/O* 명령어(*I/O instruction*)와 *I/O* 명령(*I/O command*)을 통해 수행된다. 표 14.4는 이 기능들을 지원하는 컴퓨터 시스템의 특징을 설명한 것이다. I/O 연산은 DMA 모드에서 수행된다고 가정한다(2.2.4절 참고). 14.4.1절에서 장치 수준의 I/O에 대해 세부사항을 알아보고, 14.5절에서는 장치 수준의 I/O를 간단하게 하기 위한 물리 IOCS가 제공하는 기능들을 알아볼 것이다.

14.4.1 I/O 프로그래밍(I/O Programming)

I/O 연산을 수행하는 데 필요한 모든 동작을 설명하기 위해 *I/O* 프로그래밍(*I/O programming*)이라는 용어를 사용한다. I/O 프로그래밍에서 I/O 시작과 I/O 종료 등 두 가지 핵심적인 부분을 이해하기 위해서 다음 프로그램의 어셈블리 언어 버전인 그림 14.11의 프로그램을 살펴보자.

```
read a, b;
...
result := a + b;
```

이 프로그램은 프로그램과 하드웨어 사이에 어떠한 소프트웨어층도 가지지 않는 컴퓨터 시스템을 사용한다. 프로그램은 I/O 연산이 현재 진행 중인지를 나타내기 위해 `IO_FLAG` 플래그를 사용한다. 프로그램은 `IO_FLAG`를 1로 설정하고, I/O 연산을 시

표 14.4 장치 수준의 I/O 기능을 제공하는 컴퓨터 시스템의 특징

기능	I/O를 지원하는 컴퓨터 시스템의 특성
I/O 연산의 시작	I/O 명령어 *I/O-init* (*cu*, *d*), *command_address*는 I/O 연산을 시작한다(예제 14.1 참고). *I/O-init* 명령어는 I/O 연산이 성공적으로 시작되었는지 나타내는 조건 코드를 설정한다.
읽기/쓰기 구현	디바이스에 한정된 I/O 명령어는 읽기-쓰기 헤드를 위치시키고 기록을 읽는 것과 같은 작업을 구현한다.
장치 상태 검사	I/O 명령어 *I/O-status*(*cu*, *d*)는 I/O 상태의 상태 정보를 획득한다. 그 정보는 디바이스가 busy 상태인지, free 상태인지, error 상태인지를, 그리고 error의 원인들을 나타낸다.
인터럽트 처리	인터럽트 하드웨어는 2.2절에 설명된 인터럽트 동작을 구현한다. CPU는 I/O 완료 인터럽트가 발생할 때 물리 IOCS로 전환된다.

```
                SET       IO_FLAG, '1'        To indicate that I/O is in progress
RETRY:          IO_init   (cu, d), COMMANDS   Read a, b
                BC        cc1, IN_PROGRESS    Branch if I/O initiation is successful
                BC        cc2, RETRY          Loop if the device is busy
                BC        cc3, ERROR          Error. Inform system administrator

IN_PROGRESS:    COMP      IO_FLAG, '1'        Check whether I/O is still in progress
                BC        EQ, IN_PROGRESS     Loop if I/O is in progress

                { Perform result := a+b;}

COMMANDS:       {I/O commands}
                . . .

IO_INTRPT:      SET       IO_FLAG, '0'        Interrupt processing: I/O is complete
                . . .
```

그림 14.11 I/O 프로그래밍

작한 후 I/O 연산이 완료될 때까지 I/O가 완료되었는지 확인하는 작업을 반복한다.

I/O 출력 시작(I/O Initiation) 그림 14.11의 *I/O-init* 명령어가 실행될 때, CPU는 장치 주소를 DMA 제어기로 보낸다. DMA 제어기는 그 장치가 I/O 연산이 가능한지 CPU에게 알린다. CPU는 PSW의 조건 코드(*contidion code*) 필드에 적합한 조건 코드를 설정한다. 장치가 사용 가능하다면, DMA는 첫 번째 I/O 명령어를 가지고 와서 해석하여 I/O 연산을 시작한다. 이렇게 *I/O-init* 명령이 완료된다. I/O 연산이 시작되었다면, I/O 연산은 CPU의 명령어 실행과 병렬로 처리된다.

그 다음 몇몇 명령어에서, *I/O-init* 명령어 처리 중 발생할 수 있는 예외적인 상황을 처리하기 위해 *I/O-init* 명령어에 의해 기록된 조건 코드를 검사한다. 명령어 `BC` cc_1, `IN_PROGRESS`는 조건 분기 명령어이다. 조건 코드 cc_1은 I/O 시작이 성공적으로 수행되면 1로 기록된다. 그 이벤트에서 I/O 연산은 이미 시작되었을 것이고, 따라서 프로그램의 실행은 `IN_PROGRESS`로 분기한다. 조건 코드 cc_2는 장치가 사용 중임을 의미한다. 따라서 프로그램은 그 I/O 명령어를 I/O 시작이 성공할 때까지 반복한다. 조건 코드 cc_3은 I/O 오류가 발생했다는 것을 나타낸다. 따라서 프로그램은 시스템 관리자에게 오류를 보고한다. 이러한 세부적인 내용은 그림 14.11에는 없다.

I/O 완료 처리(I/O Completion Processing) 프로그램은 I/O 연산을 완료할 때까지 `result := a+b;`을 수행할 수 없다. 하지만 CPU는 프로그램 수행을 멈출 수가 없다. 이러한 문제는 I/O가 완료되었는지 나타내기 위한 `IO_FLAG` 플래그를 사용하여 해결한다. 우선 I/O가 진행 중이라는 것을 나타내기 위해 `IO_FLAG`의 값을 1로 설정한다. I/O 연산을 시작하면 반복적으로 이 플래그를 검사하는 `IN_PROGRESS` 반복문에 진입한다. 이것이 바쁜 대기(busy wait)이다(6.5.1절 참고).

I/O 연산의 끝을 나타내는 I/O 인터럽트가 발생했을 때, 제어는 IO_INTRPT 명령어로 이동된다(2.2절 참고). 이것은 IO_FLAG를 0으로 바꾸는 I/O 인터럽트 서비스 루틴의 시작이다. 인터럽트 서비스 루틴에서 돌아오면, IN_PROGRESS에서의 바쁜 대기는 끝난다.

14.5 물리 IOCS(THE PHYSICAL IOCS)

물리 IOCS의 목적은 I/O 연산의 복잡성을 숨김으로써 사용자 프로세스의 코드를 간단하게 하고 높은 시스템 성능을 보장하는 것이다. 이러한 목적은 아래 세 가지 기능을 통해 이루어진다.

- 장치 수준의 *I/O* 처리: 물리 IOCS는 14.4.1절에서 언급한 I/O 프로그래밍의 복잡성을 없애기 위해 장치 수준의 I/O를 위한 인터페이스를 제공한다.
- *I/O* 연산의 완료와 프로세스 동기화: 동기화는 그림 14.11의 I/O 시작 후 발생하는 바쁜 대기를 피하고, 다른 프로세스가 CPU를 사용할 수 있게 한다.
- *I/O* 스케줄링: 물리 IOCS는 장치 처리율을 높이기 위해 장치를 사용하는 I/O 연산의 순서를 조정한다.

장치 수준의 I/O출력 처리(Handling Device-Level I/O) I/O 연산의 초기화 요청 동안, 프로세스는 장치 주소와 상세한 I/O 연산의 내용을 명시한다. I/O 장치가 이용 가능하다면 물리 IOCS는 I/O 연산을 즉시 시작한다. 그렇지 않다면, I/O 시작 요청을 기록하고 나중에 시작한다. 제어는 어느 경우에나 I/O 요청을 한 프로세스로 돌아간다. 인터럽트가 발생하면 물리 IOCS는 어떤 I/O 연산이 완료되었는지 기록하고, 다른 I/O 연산이 기다리고 있다면 그 작업을 시작한다.

I/O 연산의 완료와 프로세스 동기화(Synchronizing a Process with Completion of an I/O Operation) 물리 IOCS는 I/O 연산이 완료될 때까지 프로세스를 중지시키기(block) 위해 "I/O 완료 대기" 기능을 제공한다. I/O 완료 대기의 파라미터들은 I/O 장치의 주소와 상세한 I/O 연산의 내용이다. 프로세스가 이 기능을 작동시킬 때, 물리 IOCS는 I/O 연산이 이미 완료되었는지 검사한다. 완료되지 않았다면 커널에게 프로세스를 중지하도록 요청한다. 이 동작은 그림 14.11의 바쁜 대기를 하지 않도록 한다. I/O 연산이 완료될 때 프로세스의 상태는 준비 상태(*ready*)로 바뀐다.

I/O 스케줄링(I/O Scheduling) I/O 장치의 처리율은 단위 시간당 전송된 데이터의 바이트 수나, 단위 시간당 수행한 I/O 연산의 수로 계산될 수 있다. 처리율은 I/O 연산을 수행하는 동안의 접근시간을 최소화하여 최적화된다. 디스크 장치에서는 적절한 순서대로

I/O 연산을 수행하여 회전 지연시간과 디스크 헤드의 기계적 이동을 감소시켜서 최적화를 이룬다. 이 기능을 *I/O* **스케줄링**(*I/O scheduling*)이라고 부른다. I/O 스케줄링은 물리 IOCS에 의해 자동으로 수행된다.

14.5.1 논리 장치(Logical Devices)

논리 장치(*logical devices*)는 많은 유용한 목적들을 위해 사용되는 추상적 개념이다. 가장 단순한 경우는 논리 장치가 단지 물리 I/O 장치의 이름으로 사용되는 경우이다. 프로세스의 코드에서 논리 장치의 사용은 프로세스가 사용할 물리 장치의 주소를 그 코드를 작성할 때 알 수 없기 때문에 발생하는 문제점을 해결한다. 논리 장치를 사용하는 프로세스를 생성하는 동안, 커널은 물리 장치에 논리 장치를 배정한다. 프로세스가 논리 장치에서 작업을 시작하면, 물리 IOCS는 논리 장치로 배정된 물리 장치에서 작업을 구현한다.

논리 장치는 또한 1.3.2절에서 설명한 것처럼 가상 장치(virtual device)가 될 수 있다. 이 경우 커널은 논리 장치를 물리 장치의 일부분으로 매핑해야만 한다. 많은 논리 디스크들이 이러한 방법으로 물리 디스크로 매핑될 것이다. 같은 논리 디스크에서 수행되는 I/O 연산들은 모두 같은 물리 디스크에서 수행될 것이다.

14.5.2 물리 IOCS 자료 구조(Physical IOCS Data Structures)

물리 IOCS는 아래의 자료 구조를 사용한다(그림 14.12 참고).

- 물리 장치 테이블(PDT)
- 논리 장치 테이블(LDT)
- I/O 제어 블록(IOCB)
- I/O 큐(IOQ)

물리 장치 테이블(*physical device table*: PDT)은 시스템 차원의 자료 구조이다. PDT의 각 엔트리는 하나의 I/O 장치에 대한 정보를 가진다. 엔트리의 *IOQ* **포인터** 필드는 장치에서 수행되어야 하는 I/O 연산의 큐를 가리킨다. 큐 안에 있는 각 엔트리는 하나의 I/O 연산의 정보를 가지는 *I/O* **제어 블록**(*I/O control block*: IOCB)을 가리킨다. **현재 작업**(*current operation*) 필드는 장치에서 시작된 I/O 연산의 정보를 가지는 I/O 제어 블록을 가리킨다. 이 정보는 I/O 연산의 완료 처리에 사용된다.

논리 장치 테이블(*logical device table*: LDT)은 각 프로세스에 사용하는 자료 구조로, 시스템의 모든 프로세스는 하나의 LDT를 가진다. LDT는 프로세스의 PCB(process control block)를 통해 접근이 가능하다. LDT는 프로세스에 의해 사용되는 각 논리 장치를 위한 하나의 엔트리를 가진다. 엔트리의 **물리 장치 주소**(*physical device address*)

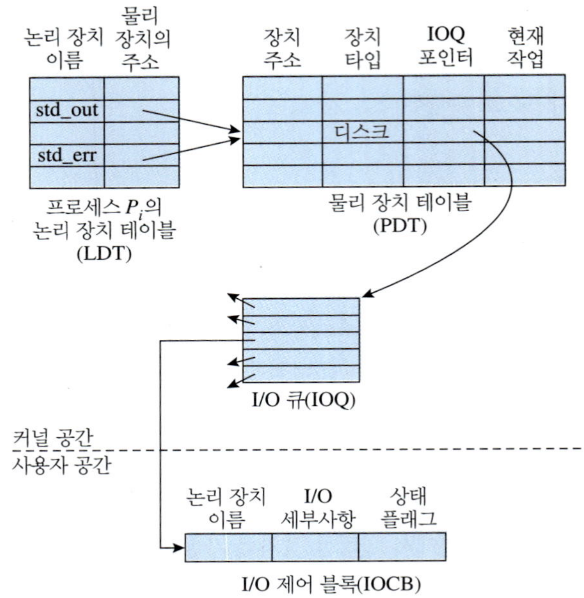

그림 14.12 물리 IOCS의 자료 구조

필드는 현재 논리 장치의 할당과 관련된 정보를 가진다. 다른 사용자 프로세스에 속할 수도 있는 많은 논리 장치들은 디스크와 마찬가지로 같은 물리 장치에 배정될 수도 있다.

I/O 제어 블록(*IOCB*)은 I/O 연산과 관련된 모든 정보를 가진다. IOCB에서 중요한 필드는 **논리 장치 이름**(*logical device name*), *I/O* **세부사항**, **상태 플래그**(*status flag*)이다. I/O 세부사항 필드는 첫 번째 I/O 명령어의 주소를 가진다. 상태 플래그는 I/O 연산이 진행 중인지 완료되었는지를 나타낸다. 이것은 그림 14.11의 `IO_FLAG`와 같다.

I/O 큐(*I/O queue*: IOQ)는 물리 장치에서 대기 중인 모든 I/O 연산의 목록이다. IOQ의 각 엔트리는 I/O 제어 블록을 지정하는 포인터를 가진다. IOQ의 정보는 I/O 스케줄링에 사용된다.

PDT는 시스템 부팅 시에 시스템에 연결된 모든 장치의 세부사항을 가지고 와서 생성된다. LDT의 크기는 부팅 시 정해지고, 프로세스가 생성될 때 만들어진다. I/O 제어 블록은 I/O 연산이 시작될 때 할당된다. 그림 14.12에서 IOQ는 포인터의 배열로 되어 있다. 하지만 IOQ를 IOCB의 연결 리스트(linked list)처럼 구성하는 것이 좀 더 실용적이다.

PDT, LDT와 IOQ 자료 구조는 커널 내부에 있지만, IOCB는 프로세스 주소 영역에 존재한다. 프로세스는 자신의 주소 영역에 IOCB를 생성하고, IOCB의 필드를 초기화하고, 물리 IOCS 모듈에서 호출 시 IOCB를 파라미터로 사용한다. IOCB가 프로세스의 주소 공간에 존재해서 커널 코드의 수행 없이 I/O 연산 상태 검사가 가능하다.

14.5.3 물리 IOCS 구성(Organization of Physical IOCS)

그림 14.13은 물리 IOCS의 구성을 보여준다. 점선 위의 모듈들은 사용자 모드에서 실행되고, 점선 아래의 모듈들은 커널 모드에서 실행된다. 물리 IOCS는 아래 두 가지 방법 중 하나로 작동된다.

- I/O 제어 블록을 파라미터로 물리 IOCS의 라이브러리 모듈인 `start-io` 또는 `await-io`를 호출
- I/O 완료 인터럽트의 발생

프로세스가 `start-io`를 호출할 때, `start-io`는 시스템 호출을 통해 I/O initiator를 호출한다. I/O initiator는 I/O 연산이 수행될 물리 장치의 주소를 얻고, 물리 장치의 IOQ에서 I/O 연산을 시작한 후 I/O 스케줄러에게 제어를 넘겨준다. I/O 스케줄러는 다른 I/O 연산이 IOQ에 없다면 I/O 연산을 즉시 시작하기 위해 I/O initiator를 호출한다. 이후 I/O 연산을 요청했던 프로세스에게 제어를 돌려주는 프로세스 스케줄러로 제어가 넘어간다.

물리 IOCS의 `await-io` 모듈이 호출되면, I/O 제어 블록의 상태 플래그에서 I/O 연산의 상태를 결정한다. I/O 연산이 완료되었다면, 제어는 즉시 프로세스에게 돌아간다. 그렇지 않다면, `await-io` 모듈은 시스템 호출로 프로세스를 중지 상태에 둔다. 장치로부터 I/O 완료 인터럽트가 들어왔을 때, I/O 에러가 발생했었다면 오류 복구 루틴이 실행된다. I/O 오류가 발생하지 않았다면 장치의 현재 작업을 설명하는 I/O 제어 블록의 상태 플래그를 완료로 설정하고, I/O 연산을 마치기를 기다리는 프로세스를 활성화하기 위해 예제 5.4의 ECB-PCB 정렬이 사용되며, I/O 스케줄러가 호출된다. 장치

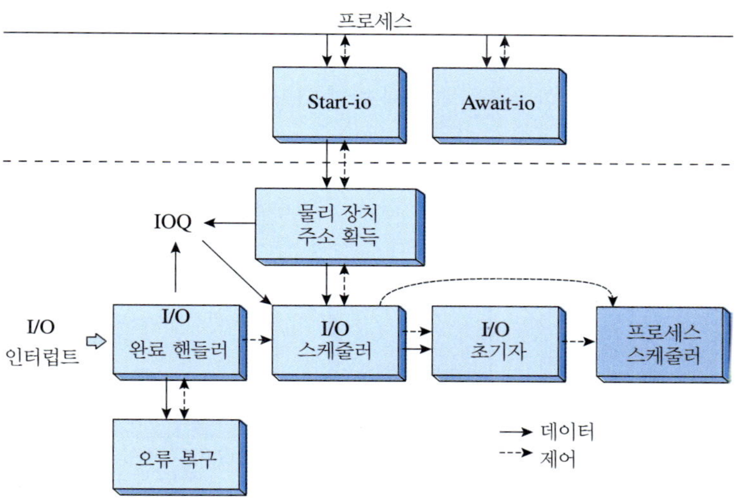

그림 14.13 물리 IOCS의 구성

에서 대기 중인 I/O 연산 중 하나를 선택해서 I/O initiator에게 넘겨준다. I/O initiator는 I/O 연산을 시작하고 프로세스 스케줄러에게 제어를 넘긴다.

14.5.4 물리 IOCS 구현(Implementation of Physical IOCS)

컴파일러가 프로그램의 파일 처리문들을 파일 시스템 연산 `open`, `read`, `close` 호출문으로 대체하는 것을 13.1절에서 보았다. 13.8절에서 본 것처럼 파일 시스템의 `read` 연산은 IOCS 라이브러리의 `seq-read` 모듈을 호출한다. `seq-read`는 효율적인 파일 처리를 위한 코드를 포함한다. 이 코드는 장치 수준의 I/O를 수행하기 위해 물리 IOCS 라이브러리 모듈인 `start-io`를 호출한다. 링커(linker)는 파일 시스템의 모듈과 IOCS, 물리 IOCS를 컴파일된 프로그램과 연결한다.

연결된 프로그램의 실행인 프로세스는 `alpha` 파일을 열기 위해 파일 시스템의 `open` 연산을 호출한다. `open`은 오픈 파일 테이블(OFT)에 `alpha`의 파일 제어 블록(FCB)을 만들고(fcb_{alpha}), OFT(13.9.1절 참고) 내의 FCB 오프셋인 $internal\ id_{alpha}$를 되돌려준다. 아래 동작들은 프로세스가 `alpha`의 레코드를 읽을 때 일어난다(그림 14.14 참고).

1. 프로세스는 $internal\ id_{alpha}$를 파라미터로 IOCS의 `seq-read` 모듈을 호출하는 파일 시스템의 `read` 모듈을 호출한다.
2. `seq-read`가 `alpha`의 레코드를 읽을 때, fcb_{alpha}에 접근하기 위해 $internal\ id_{alpha}$를 사용하여 fmt_{alpha}의 주소를 얻고, 요구된 레코드를 가지는 디스크 블록의 주소를 찾는다. I/O 연산을 위한 I/O 제어 블록을 만들고, I/O 제어 블록의 주소를 파라미터로 `start-io`를 호출한다. 그림 14.14에서 I/O 제어 블록은 `OPN`이다.
3. `start-io`는 범용 레지스터에 있는 I/O 제어 블록의 주소를 가져오고, 물리 IOCS를 호출하기 위한 적절한 코드와 함께 SI 명령어를 실행한다.

I/O 초기화(I/O Initiation) 물리 IOCS가 시스템 호출을 통해 호출될 때 범용 레지스터로

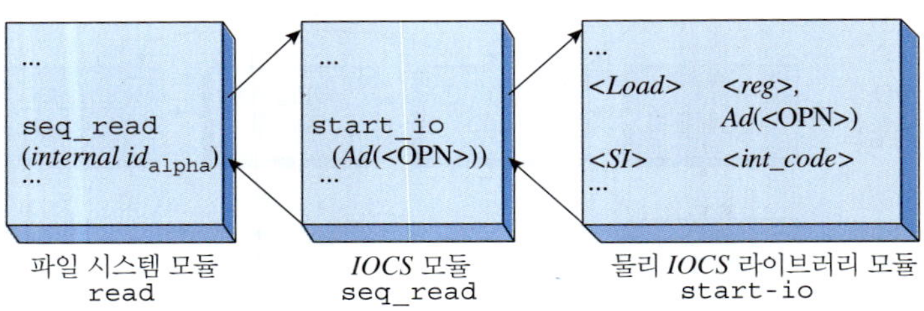

그림 14.14 프로세스에서 물리 IOCS 라이브러리 모듈 `start-io` 호출

부터 IOCB의 주소를 얻고 아래 동작을 수행한다.

1. IOCB의 상태 플래그 필드에 '처리 중' 이라고 설정한다.
2. 물리 장치 IOQ 내의 I/O 제어 블록의 주소에 진입한다.
3. I/O 장치가 바쁜 상태가 아니라면 I/O 연산을 시작한다.
4. 프로세스로 제어를 돌려준다.

정확한 IOQ의 I/O 제어 블록 주소에 진입하기 위해서 물리 IOCS는 IOCB로부터 논리 장치의 id를 추출하고, 논리 장치로 할당된 물리 장치의 주소를 얻기 위해 프로세스의 논리 장치 테이블(LDT)에 접근한다. 그 다음 물리 장치 테이블 내의 엔트리로부터 물리 장치의 IOQ 주소를 얻고, IOQ 끝에 IOCB 주소를 추가한다. I/O 연산은 IOQ에 다른 엔트리가 없다면 바로 시작될 수 있다. 다른 엔트리가 존재한다면, 이전 I/O가 진행 중 이므로 I/O 연산은 바로 시작될 수 없다.

I/O 초기화는 14.4.1절에 설명된 것처럼 수행된다. I/O 제어 블록의 **상태 플래그** 필드는 그림 14.11의 IO_FLAG와 비슷한 방법으로 사용된다. I/O 제어 블록의 주소는 물리 장치 테이블 내 장치 엔트리의 **현재 작업**(*current operation*) 필드에 저장된다.

I/O 완료 처리(I/O Completion Handling) I/O 완료 핸들러는 I/O 완료 인터럽트가 발생할 때 호출된다. 인터럽트 하드웨어는 I/O 인터럽트를 일으킨 물리 장치의 주소를 제공한다. I/O 완료 핸들러는 인터럽트의 원인을 나타내는 I/O 상태 코드를 얻기 위해 장치에 질의한다. 이러한 과정에서 다음 작업을 수행한다. I/O 연산이 실패하면, PDT 엔트리의 **장치 타입**(*device type*) 필드를 조사하고 I/O 제어 블록의 주소를 파라미터로 적절한 I/O 오류 복구 루틴을 실행한다. I/O 연산이 성공했다면 I/O 제어 블록의 **상태 플래그**에 '완료' 되었다고 설정하고, 장치의 IOQ에서 I/O 제어 블록의 주소를 삭제한다. 장치에서 어떤 I/O 연산이 기다리고 있다면 I/O 스케줄러를 통해 하나를 선택하여 시작하고, PDT 엔트리의 **현재 작업** 필드에 선택된 작업의 I/O 제어 블록 주소를 넣는다. 방금 완료된 I/O 연산을 발생시킨 프로세스가 I/O 연산의 완료를 기다리는 대기 상태(blocked)이면, 그 프로세스는 **준비 상태**(*ready*)로 변경된다. 이 목적을 위해 사용되는 방식은 다음에 설명한다.

I/O 연산 완료 대기(Awaiting Completion of an I/O Operation) 프로세스는 I/O 제어 블록이 대기 중인 I/O 연산을 나타내는 물리 IOCS의 라이브러리 호출인 `await-io(`<*IOCB_address*>)를 통해 호출한다. 물리 IOCS는 단순히 I/O 제어 블록의 상태 플래그를 확인하고, 플래그의 값이 '완료' 되어 있으면 제어를 프로세스에 돌려준다. 만약 완료되지 않았다면 물리 IOCS 라이브러리 루틴은 "성공적인 I/O 완료" 이벤트에서 자신을 차단하기 위해 'block me' 시스템 호출을 불러온다. 커널은 I/O 완료 이벤트를 위해

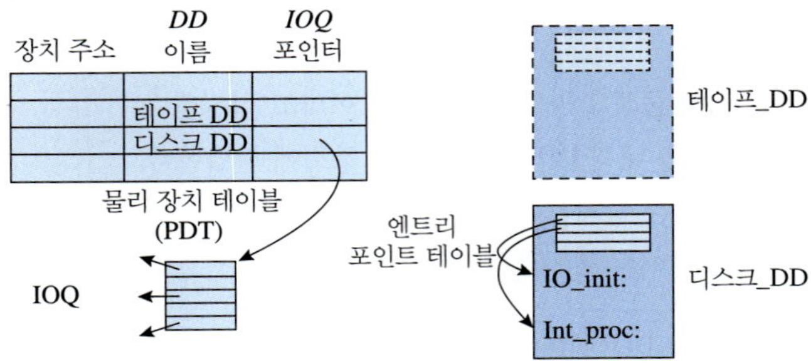

그림 14.15 장치 드라이버의 사용

이벤트 제어 블록(ECB)을 생성하고, 이벤트 제어 블록 리스트에 삽입한다. 이 이벤트 제어 블록은 I/O 연산의 완료를 기다리는 프로세스의 id를 가진다. I/O 완료 이벤트가 발생할 때, I/O 완료 핸들러는 그 이벤트의 이벤트 제어 블록 위치를 찾아서, 프로세스의 id를 추출하고 변경된 상태를 기록한다. 이러한 방식은 프로세스가 I/O 연산이 완료되었을 때 활성화되고, 물리 IOCS 라이브러리 루틴으로부터 복귀하는 것을 보장한다(예제 5.4 참고).

14.6 장치 드라이버(DEVICE DRIVERS)

앞 절에서 설명한 것처럼, 물리 IOCS는 시스템의 모든 종류의 I/O 장치를 위해 I/O 초기화, I/O 완료와 에러 복구를 다룬다. 그래서 새로운 종류의 I/O 장치가 추가되면 물리 IOCS의 변경이 필요하다. 물리 IOCS가 커널의 일부이기 때문에 수정하기가 복잡하고 어렵다. 현대의 운영체제는 이 문제를 다른 방식을 통해 해결하고 있다. 물리 IOCS는 I/O 연산만을 위한 일반적인 지원을 하고, 특정 장치를 위한 장치 수준의 세부사항을 다루기 위해서는 전문적인 **장치 드라이버**(*device driver*: DD) 모듈을 호출해서 처리한다. 따라서 장치 드라이버는 물리 IOCS의 일부가 아니다. 이 방식은 새로운 종류의 I/O 장치를 물리 IOCS의 수정 없이 시스템에 추가하는 작업을 가능하게 한다. 장치 드라이버는 컴퓨터에 연결된 I/O 장치의 종류에 따라 시스템 부팅 과정에서 적재된다. 다른 방법으로 운영체제가 운용 중 필요할 때 장치 드라이버를 바로 적재할 수도 있다. 이 기능은 특히 **플러그-앤드-플레이**(*plug-and-play*) 능력을 제공하는 데 유용한다.

그림 14.15는 물리 IOCS에 의해 얼마나 많은 드라이버가 사용되는지 설명한 것이다. 물리 장치 테이블(PDT) 내 장치의 엔트리는 자신의 장치 드라이버 이름을 *DD* 이름 필드를 통해 보여준다. 시스템 디스크를 위한 장치 드라이버 디스크_DD는 시스템 부팅 시 적재된다. 테이프_DD는 요구가 있을 때 적재된다. 그래서 점선으로 된 사각형으로 보여진

다. 장치 드라이버는 그림 14.13처럼 I/O 스케줄러, I/O 초기자(initiator), I/O 완료 핸들러, 오류 복구 등 4개의 물리 IOCS 모듈들의 기능을 가진다. 코드의 시작에 위치한 엔트리 포인트 테이블은 이 기능들의 시작 주소를 가진다.

물리 IOCS가 I/O 연산을 시작하기 위해 호출될 때, 장치의 PDT 엔트리를 찾고 장치의 IOQ로 I/O 연산의 세부적인 처리에 접근하는 일반적인 함수(generic function)를 수행한다. PDT 엔트리의 *DD* 이름 필드를 참고하고, 해당 장치 드라이버를 찾아서 그 장치 드라이버가 아직 메모리에 없다면 메모리에 적재한다. 표준 규약에 따라 장치 드라이버에서 I/O 시작을 위한 엔트리 포인트의 주소를 얻고 제어를 전달한다. 장치 드라이버는 I/O 초기화를 수행하고, 제어를 물리 IOCS로 돌려준다. 이것은 다시 프로세스 스케줄러에게 제어를 넘긴다. I/O 인터럽트 시 자동적으로 물리 IOCS가 실행될 때, 인터럽트를 처리하기 위해 장치 드라이버 엔트리 포인트를 확인하는 것과 비슷한 작업을 수행하고 제어를 전달한다. 인터럽트 서비스 이후 장치 드라이버는 물리 IOCS로 제어를 돌려준다.

장치 수준의 최적화(Device-Level Optimization) 한 가지 중요한 최적화는 좋은 처리율을 보장하기 위한 **디스크 스케줄링**(*disk scheduling*)이다. 다른 최적화는 디스크에서 탐색 연산의 횟수를 줄이는 것이다. 이 최적화는 다양한 방법으로 수행될 수 있다. 간단한 한 가지 방법은 읽기 연산이 수행될 때 몇 개의 인접한 디스크 블록들을 읽는 것이다. 이것은 결국 순차 파일에서 유용한 데이터 버퍼링이다. RAID를 위한 장치 드라이버는 몇 개의 I/O 연산을 하나로 결합하여 탐색 연산의 횟수를 줄인다.

장치 드라이버는 표준이 아닌 I/O 장치도 지원할 수 있다. 이러한 형태의 좋은 예는 컴퓨터 시스템의 RAM에서 유지되는 단순한 가상 디스크인 *RAM* **디스크**이다. RAM의 특정 영역을 디스크처럼 사용하기 위해 확보해 둔다. 디스크에 대한 모든 읽기, 쓰기 연산들은 실제로는 RAM의 가상 디스크 부분에서 수행된다. RAM 디스크의 구동은 매우 빠르다. 하지만 RAM에 저장된 데이터는 시스템에 문제가 생기거나 RAM 디스크를 제거할 때 모두 잃게 된다. 이러한 이유 때문에 컴파일러나 프로세스의 스크래치 파일들을 RAM 디스크에 기록한다. 장시간 보존하는 파일들은 기존의 디스크 장치에 저장해야 된다.

14.7 디스크 스케줄링(DISK SCHEDULING)

디스크 블록의 탐색시간(seek time)은 디스크 헤드의 현재 위치에 영향을 받는다. 따라서 I/O 연산들을 수행하는 데 걸리는 총 탐색시간은 수행하는 I/O 연산의 수행 순서에 따라서 결정된다. 디스크 I/O 처리량은 초당 수행되는 I/O 연산의 수에 따라 정의되며,

또한 수행하는 I/O 연산의 순서에 영향을 받는다. 그래서 디스크를 위한 물리 IOCS와 장치 드라이버는 적절한 순서로 디스크 I/O 연산을 수행하기 위해 **디스크 스케줄링** 정책이 필요하다. 우선 최신 컴퓨터 시스템에서의 디스크 스케줄링 정책에 대해서 알아보기로 하자.

- **선입 선처리**(*first-come, first-served*: FCFS) **스케줄링**: 가장 먼저 요청된 I/O 연산을 먼저 처리한다.
- **최소 탐색시간 우선**(*shortest seek time first*: SSTF) **스케줄링**: 현재 디스크 헤드 위치에서 탐색시간이 가장 짧은 I/O 연산을 먼저 처리한다.
- *SCAN* **스케줄링**: 이 정책은 디스크 헤드를 한쪽 끝에서 다른 쪽 끝까지 순차적으로 이동시키면서, 각 트랙이나 실린더에 요구되는 I/O 연산을 수행한다. 디스크 헤드가 원판의 다른 한쪽 끝에 도달했을 때, 디스크 헤드는 역방향으로 이동하며 새롭게 요청된 연산을 처리해 나간다. 이와 유사하게 *LOOK* 스케줄링은 디스크 헤드의 현재 진행 방향에 I/O 연산이 더 이상 없으면 디스크 헤드 방향을 역으로 바꾼다. 이것을 **엘리베이터 알고리즘**(*elevator algorithm*)이라고도 부른다.
- *C-SCAN*(*circular-SCAN*) **스케줄링**: C-SCAN 스케줄링은 SCAN 스케줄링과 동일한 방법으로 SCAN을 수행한다. 그러나 C-SCAN 스케줄링은 역방향 SCAN을 수행하지 않고, 디스크 헤드가 원판의 한쪽 끝에 다다르면 다시 처음부터 처리한다. C-LOOK(*circular look*)은 다른 SCAN을 수행하기 전에 마지막 I/O 연산 요청에 따르는 거리만큼만 디스크 헤드를 움직인다.

예제 14.3 디스크 스케줄링 정책

그림 14.16은 가상적으로 200개의 트랙을 가지는 디스크에서 5개의 I/O 연산에 대해 선입 선처리, 최소 탐색시간 우선, LOOK, C-LOOK 디스크 스케줄링 정책의 성능을 요약한 것이다. I/O 요청은 아주 짧은 시간 간격으로 만들어진다. 시스템 클록이 160 ms를 나타낼 때 이전의 I/O 연산이 완료된 것으로 가정한다. 디스크 헤드가 $track_1$에서 $track_2$까지 움직이는 데 소요되는 시간은 둘 사이의 거리에 비례한다고 가정한다.

$$t_{hm} = t_{const} + |\, track_1 - track_2 \,| \times t_{pt}$$

t_{const}는 정수이며, t_{pt}는 트랙당 디스크 헤드의 움직이는 시간, 그리고 t_{hm}은 총 디스크 헤드의 움직이는 시간이다. 여기서 회전 지연시간과 전송시간은 무시하고, $t_{const} = 0$ ms, $t_{pt} = 1$ ms라 가정한다. 실제 t_{const}의 값은 2 ms이다. 물론 실제 t_{hm}을 구하기 위한 수식은 $track_1$과 $track_2$의 거리에 비례하지 않는다.

그림 14.16은 스케줄링이 결정된 시간, 이때 기다리는 요청과 헤드 위치, 스케줄된 I/O 연산, 탐색시간을 자세하게 보여준다. 가장 아래 행은 각 디스크 스케줄링 정책의 총 탐색시간을 나타낸다. 가장 아래 그림은 각 디스크 스케줄링 정책에서 디스크 헤드가 어떻게 이동하는지를 보여준다. 어떤 디스크 스케줄링 정책을 선택하느냐에 따라 총 탐색시간은 크게 달라진다. 최소 탐색시간 우선 정책은 선입 선처리 정책에 비해 우수하다. 하지만 이 예제에서는 LOOK 스케줄링이 총 탐색시간이 가장 적다. *LOOK* 스케줄링은 C-LOOK 스케줄링에 비해 우수하다.

왜냐하면 *C-LOOK* 스케줄링은 트랙 100에서 I/O 연산을 마친 후 새로운 SCAN을 하기 위해 트랙 12로 이동하는 반면, LOOK 스케줄링은 트랙 100에서 I/O 연산을 마친 후 디스크 헤드가 이동하는 방향이 반대로 바뀌면서 트랙 75, 40, 12에서 차례로 연산을 처리하기 때문이다.

선입 선처리(FCFS) 디스크 스케줄링 방법은 구현하기는 쉬우나 우수한 디스크 I/O 처리율을 보장하지는 못한다. 최소 탐색시간 우선(SSTF) 방법을 구현하기 위해, 물리 IOCS는 디스크 헤드의 현재 위치로부터 I/O 연산이 이루어지는 디스크 블록까지의 탐색시간 계산에 디스크 모델을 사용한다. 그러나 최소 탐색시간 우선 방법은 **최소 요청 우선**(*shortest request next*: SRN) 스케줄링 방법과 유사하다. 그래서 디스크 I/O 처리율이 뛰어난 반면, 몇몇 I/O 요청은 기아 상태가 될 수 있다. 만약 IOQ 트랙 번호 순으로 정렬되어 있다면, 최소 탐색시간 우선 방법과 다양한 SCAN 방법은 더 효율적으로 구현될 수 있다.

예제 14.3은 5개의 I/O 연산에 대해 다양한 디스크 스케줄링 방법의 동작을 브여준다. LOOK 방법은 보기의 모든 I/O 연산을 최소 시간에 완료한다. 하지만 디스크 접근 패턴을 예상할 수 없기 때문에 실제 이러한 방법 중 어떤 것이 더 우수하다고 할 수 없다.

디스크 자체에서 스케줄링은 디스크 블록의 탐색시간과 회전 지연시간을 보다 정확히 고려할 수 있기 때문에 물리 IOCS에서의 스케줄링보다 우수하다. 따라서 디스크에서의 스케줄링은 물리 IOCS에서의 스케줄링에 비해 동일한 I/O 명령에 대해 더 뛰어난 결정을 내릴 수 있다. 예를 들면, 디스크 헤드의 현재 위치로부터 $\pm n$ 트랙 떨어져 있는 데이터 블록과 관련된 I/O 연산들이 주어졌다고 생각해 보자. 2개의 I/O 명령은 동일한 탐색시간을 가지며, 물리 IOCS에서는 2개의 I/O 명령 중 임의로 하나를 결정한다. 그러나 디스크 원판의 현재 회전 위치와 디스크 블록 또는 섹터의 현재 위치가 주어지면, 디스크에서의 스케줄링은 트랙에서 헤드가 지나갔던 시간을 알고 있기 때문에 헤드가 $+n$ 트랙 떨어진 블록을 이미 지나갔다는 것을 알 수 있다. 이것은 디스크의 다음 회전 때 디스크 블록을 읽을 수 있다는 걸 의미한다. 반면에 $-n$ 트랙 떨어져 있는 디스크 블록은 헤드가 그 트랙에 위치된 후 헤드가 지나갔을 수도 있고 그렇지 않을 수도 있다. 따라서 $-n$ 트랙 떨어진 디스크 블록의 회전 지연시간은 $+n$ 트랙 떨어진 디스크 블록의 회전 지연 시간에 비해 더 적다. 이와 같이 디스크에서의 스케줄링은 디스크 처리율을 높이는 데 기여한다.

SCSI 디스크에서의 스케줄링(Scheduling in SCSI Disks) SCSI 디스크는 물리 IOCS로부터 동시에 32개의 I/O 명령을 수용할 수 있다. 물리 IOCS는 각각의 I/O 명령을 어떠한 디스크에서 어떻게 처리할 것인지를 나타내는 태그를 가지고 있다. 디스크는 명령을 명령 테이블에 저장하고 스케줄링을 결정할 때 태그를 이용한다. 이러한 특징을 **태그 커맨**

t_{const} 및 t_{pt} = 0 ms와 1 ms
현재 헤드 위치 = 트랙 65
마지막 움직임 방향 = 트랙 번호가 높은 쪽 방향
현재 시간 = 160 ms

요청된 I/O 연산

순번	1	2	3	4	5
트랙 번호	12	85	40	100	75
도착시간	65	80	110	120	175

스케줄링의 세부사항

정책	내용	스케줄링 결정					탐색 Σ 시간
		1	2	3	4	5	
FCFS	결정 시간	160	213	286	331	391	
	보류된 요청	1, 2, 3, 4	2, 3, 4, 5	3, 4, 5	4, 5	5	
	헤드 위치	65	12	85	40	100	
	선택된 요청	1	2	3	4	5	
	탐색시간	53	73	45	60	25	256
SSTF	결정 시간	160	180	190	215	275	
	보류된 요청	1, 2, 3, 4	1, 3, 4, 5	1, 3, 4	1, 3	1	
	헤드 위치	65	85	75	100	40	
	선택된 요청	2	5	4	3	1	
	탐색시간	20	10	25	60	28	143
LOOK	결정 시간	160	180	195	220	255	
	보류된 요청	1, 2, 3, 4	1, 3, 4, 5	1, 3, 5	1, 3	1	
	헤드 위치	65	85	100	75	40	
	선택된 요청	2	4	5	3	1	
	탐색시간	20	15	25	35	28	123
C-LOOK	결정 시간	160	180	195	283	311	
	보류된 요청	1, 2, 3, 4	1, 3, 4, 5	1, 3, 5	3, 5	5	
	헤드 위치	65	85	100	12	40	
	선택된 요청	2	4	1	3	5	
	탐색시간	20	15	88	28	35	186

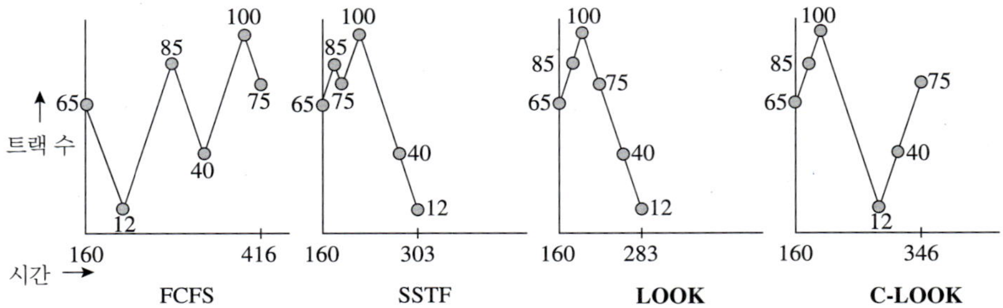

그림 14.16 FCFS, SSTF, LOOK,그리고 C-LOOK 정책을 이용한 디스크 스케줄링의 요약

드 큐잉(*tagged command queuing*)이라 부른다.

명령에서 태그는 단순 큐 태그(simple queue tag), 순서 큐 태그(ordered queue tag), 큐 헤드 태그(head-of-queue tag) 세 가지 종류가 있다. I/O 명령에서 **단순 큐 태그**는 디스크 처리율을 최적화하기 위해 I/O 명령의 순서를 바꿀 수 있다. **순서 큐 태그**를 가진 명령은 이미 큐에 들어 있는 모든 명령을 처리한 다음에 스케줄해야 한다. 이와 같은 명령은 특정 I/O 연산이 기아 상태에 머물러 있는 것, 즉 명령 테이블에 무한정 남아 있는 것을 막기 위해 주기적으로 발생되어야만 한다. **큐 헤드 태그**가 부착된 명령은 즉시 디스크에서 수행되어야 한다. 즉, 이 명령은 다른 어떤 명령보다 앞서 수행되어야만 한다. 이와 같은 특성은 메타데이터(13.12절 저널링 파일 시스템 참고)가 쓰여지기 전 파일 데이터가 쓰여지는 것을 보장한다.

디스크에서 스케줄링은 몇몇 단점을 가지고 있다. 디스크는 모든 I/O 연산을 균등하게 처리하기 때문에 접근 방법 모듈에서 수행되는 파일 수준 최적화는 어렵다. 14.8절에서 논의하겠지만, 버퍼를 통한 순차 파일의 처리를 고려해 보자. 파일을 열 때, 접근 방법 계층은 버퍼에서 파일의 처음 몇 개 레코드를 읽어오라는 명령을 발생한다. 버퍼링의 장점을 이용하기 위해서, 이들 읽기 명령은 발생된 순서로 수행되어야만 한다. 그러나 디스크는 탐색시간과 회전 지연시간을 고려하여 명령을 재정리한다. 그래서 프로세스가 앞선 레코드에 접근하기 위해 기다리는 동안 파일의 나중 레코드를 읽어오는 경우가 발생한다. 디스크가 페이징과 사용자 파일을 위해 사용될 때, 운영체제는 페이징 연산이 더 높은 우선순위로 수행되길 원한다. 하지만 디스크에서 스케줄링은 이러한 요구를 만족시킬 수 없다.

이러한 디스크 스케줄링의 단점은 다음과 같은 명백한 질문을 도출한다. 디스크 스케줄링은 디스크에서 수행되어야 하는가, 물리 IOCS에서 수행되어야 하는가, 아니면 양쪽 모두에서 수행되어야만 하는가? 보다 정확한 모델을 이용하여 탐색시간과 회전 지연시간을 계산하기 위해서는 스케줄링은 디스크에서 수행되어야 한다. 파일 수준 접근의 최적화를 지원하기 위한 명령 순서 재정렬 요구는 스케줄링이 물리 IOCS에서 수행되어야만 한다는 것이다. 운영체제 설계자는 이와 같은 스케줄러들이 조화롭게 동작하기 위해 태그 커맨드 큐잉 특성을 이용해야만 한다.

14.8 레코드 버퍼링(BUFFERING OF RECORDS)

물리 IOCS를 이용하는 순차 파일에서 레코드를 처리하기 위해 프로세스는 `start-io` 모듈을 호출함으로써 읽기 연산을 초기화하고, 읽기 연산의 완료 여부를 확인하기 위해 `await-io` 모듈을 호출한다. `await-io` 모듈은 I/O 연산이 완료될 때까지 프로세스의 수행을 막는다(14.5.4절 참고). 그러므로 프로세스의 각 레코드에 접근 대기시간이 길어지고, 성능에 영향을 미친다. 순차 파일을 위한 접근 방법인 **레코드 버퍼링**(*buffering of record*)은 프로세스의 기다리는 시간을 줄일 수 있고, 프로세스에서 I/O와 CPU 활동을 동시에 할 수 있도록 한다. 이것을 통해 두 가지 효과를 얻을 수 있다:

- 입력 레코드를 I/O 버퍼에 **선반입**(*prefetching*)
- I/O 버퍼에서 출력 레코드 **후쓰기**(*postwriting*)

I/O **버퍼**(혹은 **버퍼**)는 I/O 연산에 포함된 데이터를 임시로 보관하는 데 사용되는 메모리 영역이다.

선반입에서 다음 레코드를 읽어오기 위한 I/O 연산은 가끔 프로세스가 실제로 레코드를 필요로 하기 전에 시작된다. 프로세스가 이전 레코드를 처리하는 동안 시작될 수도 있다. 이와 같은 방법은 이전 레코드를 처리하는 동안 다음 레코드를 읽어오기 때문에, 다음 레코드를 기다리는 시간을 줄일 수 있다. 후쓰기에서는 프로세스가 쓰기 연산을 발생시켰을 때, 쓸 레코드를 버퍼에 간단하게 복사한다. 실제 디스크에 쓰기는 나중에 수행된다. 실제 쓰기는 다음 레코드를 처리하는 시간에 수행 가능하다.

버퍼링 기법을 논의하는 데 있어 다음의 표기법이 이용된다.

t_{io}	**레코드당 *I/O* 시간**[식 (14.1) 참고]
t_c	**레코드당 복사시간**(하나의 메모리 영역에서 다른 영역으로 레코드를 복사하는 데 소요되는 CPU 시간)
t_p	**레코드당 처리시간**(프로세스가 레코드를 처리하는 데 소요하는 CPU 시간)
t_w	**레코드당 대기시간**(프로세스가 다음 레코드를 처리하기 전 대기해야만 하는 시간)
t_{ee}	**레코드당 효과적인 경과시간**(프로세스가 레코드를 처리하기 위해 시작한 시간으로부터 처리를 완료한 시간의 차)

t_w와 t_{ee}는 출력 파일에서도 유사하게 정의된다.

순차 파일 F에서 100개의 레코드를 읽고 처리하는 프로그램을 생각해 보자. $n > 1$일 때, 0, 1, n 개의 버퍼를 가지는 *Unbuf_P*, *Single_buf_P*, *Multi_buf_P*라는 세 가지 종류의 프로그램을 고려해 보자. $t_{io} = 75$ ms, $t_p = 50$ ms, $t_c = 5$ ms라 가정한다.

그림 14.17은 *Unbuf_P*, *Single_buf_P*, *Multi_buf_P*를 실행하는 프로세스들의 연산과 성능을 나타낸다. 편의를 위해 프로세스는 같은 이름을 가지는 프로그램과 같이 동작한다고 가정한다. 각각의 그림은 프로그램 코드, 레코드를 읽고 처리하는 과정, 프로세스 실행 시 성능 타이밍 차트를 나타낸다. 프로그램에서 "start I/O operation"과

"await I/O completion"은 물리 IOCS에서 `start-io`와 `await-io` 모듈을 호출하는 것으로 변환된다. start I/O는 파일 F의 다음 레코드가 존재한다면 그것을 메모리 영역으로 읽어들인다. 만약 파일 F에 다음 레코드가 존재하지 않는다면, await I/O가 실행될 때 *end_of_file* 상태가 설정된다. *Unbuf_P*는 파일 F의 레코드를 처리하고 읽기 위해 *Rec_area*라는 메모리 영역을 사용한다[그림 14.17(a) 참고]. *Unbuf_P*는 *Rec_area*에서 레코드를 처리하기 전에 읽기 연산과 그것의 완료를 기다리라는 명령을 발생시킨다. 타이밍 다이어그램은 *Rec_area*에서 0~75 ms 사이에 수행되는 I/O와, *Rec_area*에 있는 레코드의 CPU 처리가 75~125 ms 사이에 일어나는 것을 보여준다. 그래서 $t_w = t_{io}$이고, $t_{ee} = t_{io} + t_p$이다. 이러한 순서로 연산은 100번 반복되며, 처리 경과시간은 100 × (75 + 50) ms = 12.5초이다.

그림 14.17(b)는 *Single_buf_P*의 동작 과정을 나타내며, *Buffer*라 불리는 하나의 버퍼 영역을 사용한다. 프로세스는 첫 번째 레코드를 *Buffer*로 읽어 오기 위해 읽기 연산을 발생시키고 그것이 완료되길 기다린다. 그리고 프로그램의 메인 루프로 진입하여 다음과 같은 네 가지 과정을 99번 반복한다.

1. *Buffer*에서 *Rec_area*로 레코드를 복사한다.
2. *Buffer*에서 I/O 연산을 초기화시킨다.
3. *Rec_area*에 있는 레코드를 처리한다.
4. *Buffer*에서 I/O 연산이 종료되길 기다린다.

그림 14.17(b)의 타이밍 다이어그램에서 볼 수 있듯이, 프로세스는 *Buffer*에 읽기 연산이 완료될 때까지 첫 번째 단계에서 I/O 대기(I/O wait)를 수행한다. 그리고 바로 2~4 단계를 수행한다. 따라서 *Rec_area*에 레코드를 복사한 후, 두 번째 레코드의 읽기 연산을 수행하고 첫 번째 레코드의 처리를 시작한다. 이와 같이 첫 번째 레코드의 처리와 두 번째 레코드의 I/O를 병렬로 동시에 수행한다. 그림 14.17(b)의 동작 부분에서 이러한 두 가지 동작을 네모 상자로 묶어 병렬성을 묘사하고 있다. *Buffer*에서 *Rec_area*로 다음 레코드를 복사하는 단계 1은 다음 레코드를 버퍼로 읽어오고, 현재 레코드를 처리하는 두 가지 동작을 완료한 후 수행된다. 또다시 병렬로 레코드를 처리하고 다음 레코드를 읽어오기를 반복한다. 그러므로 2~99의 레코드 각각이 수행되기 전 기다리는 시간은,

$$\begin{aligned} t_w &= (t_{io} - t_p) + t_c, \text{ if } t_{io} > t_p \\ &= t_c, \qquad\qquad\quad \text{if } t_{io} \le t_p \end{aligned} \tag{14.3}$$

$t_{io} \le t_p$일 때 버퍼링이 더 효율적이다.

레코드 2~99에 대해, 레코드당 유효 경과시간(t_{ee})은 다음과 같다.

프로그램

프로그램 *Unbuf_P*

```
start an I/O operation for
    read (F, Rec_area);
await I/O completion;
while (not end_of_file(F))
begin
    process Rec_area;
    start an I/O operation for
        read (F, Rec_area);
    await I/O completion;
end
```

프로그램 *Single_buf_P*

```
start an I/O operation for
        read (F, Buffer);
await I/O completion;
while (not end_of_file(F))
begin
    copy Buffer into Rec_area;
    start an I/O operation for
        read (F, Buffer);
    process Rec_area;
    await I/O completion;
end
```

프로그램 *Multi_buf_P*

```
for i := 1 to n
    start an I/O operation
        for read (F, Buf_i);
await I/O completion on
        Buf_1;
k := 1;
while (not end_of_file(F))
    copy Buf_k into Rec_area;
    start an I/O operation for
        read (F, Buf_k);
    process Rec_area;
    k := (k mod n) +1;
    await I/O completion on
        Buf_k;
end
```

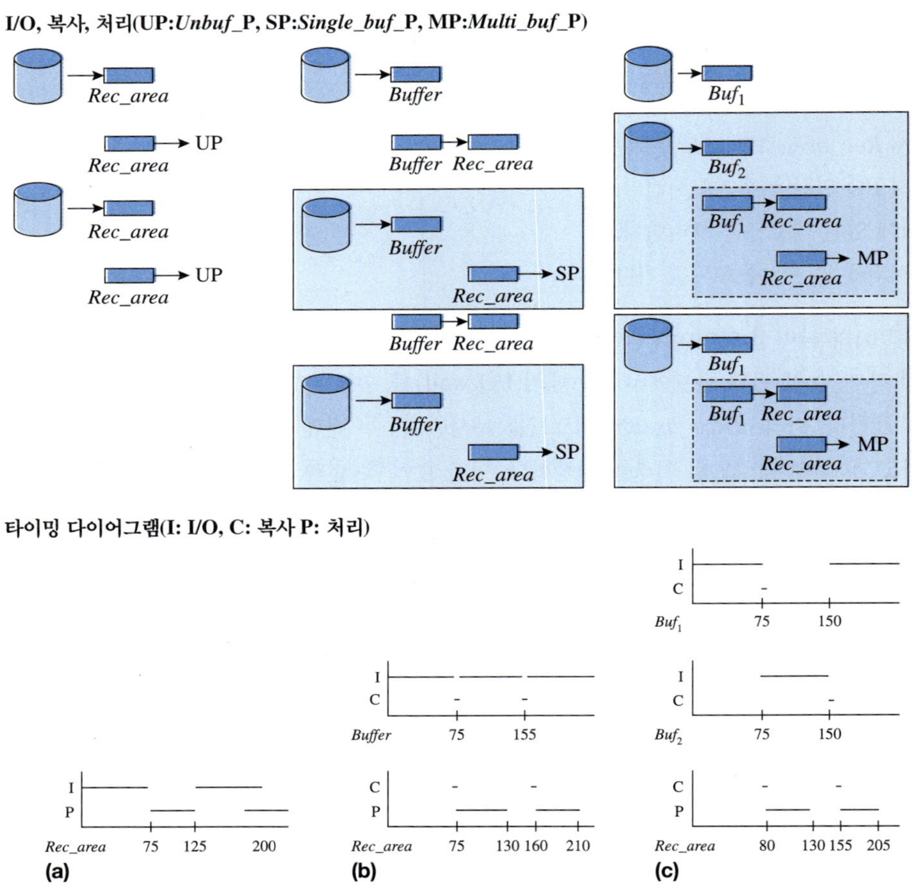

그림 14.17 무버퍼와 버터 파일 처리(주: 파일 끝을 지나서 읽기를 시도하는 동작 동안 "*await I/O completion*" 문이 수행되면 "end of file" 조건이 설정된다.)

$$t_{ee} = t_w + t_p \\ = t_c + \max(t_{io}, t_p) \quad (14.4)$$

그러므로 처리 과정은 3개의 다른 단계를 거친다. 첫 번째 단계는 첫 번째 레코드를 버퍼로 읽어오는 것이고, 두 번째 단계인 안정 상태는 다음 레코드를 버퍼로 읽어오는 동안 현재 레코드를 버퍼에서 메모리로 복사하고 처리하는 것이고, 마지막 단계는 마지막 레코드를 버퍼에서 메모리로 복사하고 처리하는 것이다. 따라서 처리의 총 경과시간은 다음과 같이 주어진다.

$$\text{총 경과시간} = t_{io} + (\text{레코드 수} - 1) \times t_{ee} + (t_c + t_p) \quad (14.5)$$

식 (14.4)와 (14.5)에서, t_{ee}는 80 ms이고 처리의 총 경과시간은 75 + 99 × 80 + 55 ms = 8.05초다. 만약 t_{io}가 50 ms이면, 처리의 총 경과시간은 5.55초이다.

그림 14.17(c)는 *Multi_buf_P* 프로세스의 동작 과정을 나타내며, 버퍼 Buf_1, Buf_2, . . . , Buf_n을 사용한다. 파일 처리가 시작되면 *Multi_buf_P*는 n 개의 버퍼 모두를 사용하여 I/O 연산을 수행한다. 반복되는 파일 처리 과정에서 프로세스는 이들 버퍼를 차례로 사용하며, 버퍼에서 레코드를 처리하기 위해 프로그램은 앞서 설명한 4단계를 반복적으로 나타낸다. $k := (k \bmod n) + 1$ 표현은 버퍼가 순환적으로 사용되는 것을 의미한다. 프로세스는 다음 버퍼에 I/O가 완료될 때까지 기다리고, 레코드를 버퍼에서 *Rec_area*로 복사한 후 버퍼에 있는 다음 레코드를 읽기 위해 `start-io`를 호출하고, 끝으로 *Rec_area*에서 레코드를 처리한다.

다중 버퍼를 사용하는 것은 *Multi_buf_P*와 *Single_buf_P*의 동작 과정에 있어 한 가지 중요한 차이점이 생긴다. *Multi_buf_P*에서 첫 번째 2개의 레코드 처리 과정을 고려해 보자[그림 14.17(c) 참고]. Buf_1에 I/O가 완료되었을 때, *Multi_buf_P*는 Buf_1에서 *Rec-area*로 첫 번째 레코드를 복사하고 그것을 처리하기 시작한다. Buf_2에서 읽기 연산은 좀 더 일찍 요청되고, Buf_1에서 I/O가 완료될 때 물리 IOCS가 읽기 연산을 시작한다. 그래서 이 연산은 Buf_1에서 첫 번째 레코드를 메모리로 복사하는 것과 동시에 이루어진다. 그림 14.17(c)에서 다음과 같이 병렬성을 나타내고 있다. Buf_1 에서 레코드의 복

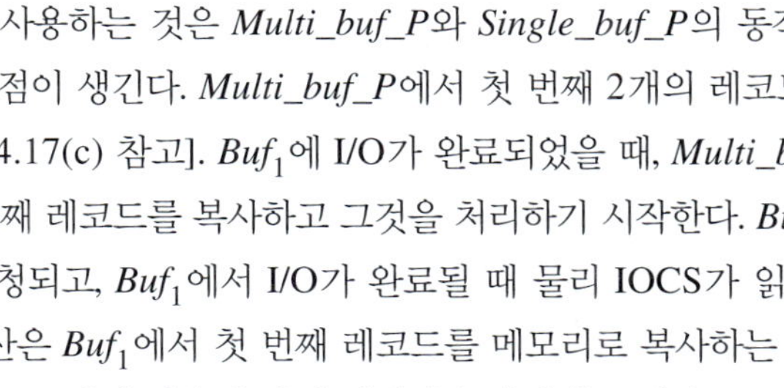

그림 14.18 *Buf_P*에서의 버퍼의 사용

사와 처리를 나타내는 점선으로 표시된 사각형은 이와 같은 동작들이 순차적으로 수행된다는 것을 의미한다. 점선으로 표시된 사각형을 포함하고 있는 사각형과 Buf_2에서의 I/O 연산은 두 가지 동작이 병렬적으로 수행됨을 의미한다. 따라서 레코드당 유효 경과 시간은 다음과 같이 주어진다.

$$\begin{aligned} t_w &= t_{io} - t_p \qquad \text{if } t_{io} > t_c + t_p \qquad (14.6)\\ &= t_c, \qquad\qquad \text{if } t_{io} \le t_c + t_p \\ t_{ee} &= \max(t_{io}, t_c + t_p) \qquad (14.7) \end{aligned}$$

식 (14.7)에서, $t_{ee} = 75$ ms이다. 식 (14.5)에 t_{ee}를 대입하면 총 경과시간은 $75 + 99 \times 75 + 55$ ms = 7.555초이고, 이것은 *Single_Buf_P*의 총 경과시간인 8.05초보다 더 우수함을 보여준다.

*Unbuf_P*와 *Multi_buf_P*의 경과시간 비율은 다중 버퍼를 사용함에 따른 속도 향상 값이다. 안정 상태(steady state)에서 속도 향상 값은 개략적으로 다음과 같이 구할 수 있다.

$$\frac{t_{io} + t_p}{\max\,(t_{io}, t_c + t_p)}$$

식 (14.7)에서 $t_{io} = t_c + t_p$일 때 가장 좋은 값을 얻을 수 있음을 볼 수 있다. 이 값은 2를 상한값으로 가진다.

Multi_Buf_P 연산에서 1개 이상의 버퍼를 사용할 때를 고려해 보자. 그림 14.18은 *Multi_Buf_P*의 실행 동안 일반적인 상황을 나타낸다. CPU는 Buf_{i-1}에서 *Rec_area*로 레코드를 최근에 복사했고, Buf_{i-1}에서 I/O 연산을 시작한다. 그러므로 I/O 연산은 모든 n 개의 버퍼에서 시작된다. 특히 I/O 연산 중 일부 $Buf_i, \ldots, Buf_{j-1}$에서의 연산은 이미 완료된 상태이다. $Buf_{j+1}, \ldots, Buf_n, Buf_1, \ldots, Buf_{i-1}$이 I/O 시작을 위해 현재 큐에 있는 동안 I/O는 Buf_j를 위해 진행된다. 그러므로 $(j - i)$ 버퍼들은 그 순간 가득 차 있고, 하나의 버퍼에서 I/O가 진행되며 $(n - j + i - 1)$ 버퍼들은 I/O를 위한 큐에 있다.

$(j - i)$ 값은 t_{io}와 t_p 값에 의해 결정된다. 만약 $t_{io} < t_p$, 즉 레코드를 위한 I/O 연산이 그것의 처리시간보다 더 적은 시간이 걸린다면, CPU가 Buf_{i-1}에서 메모리로 복사한 레코드를 처리할 때 버퍼 $Buf_{i+1}, \ldots, Buf_n, Buf_1, \ldots, Buf_{i-2}$는 꽉 차 있고 Buf_{i-1}은 I/O 상태이거나 가득 차 있다는 것을 알 수 있다. 만약 $t_{io} > t_p$일 때, 안정 상태에서의 상황은 CPU가 Buf_{i-1}의 레코드를 메모리로 복사하고 $Buf_{i+1}, \ldots, Buf_n, Buf_1, \ldots, Buf_{i-1}$은 빈 상태일 때 Buf_i는 I/O 중일 것이다.

프로세스가 각각의 레코드를 개별적으로 처리한다면 다중 버퍼 사용은 효과가 없다. 하지만 프로세스가 여러 개의 레코드를 함께 처리한다면 큰 차이점이 생긴다. 프로세스가 많은 레코드를 필요로 할 때, 다중 버퍼는 레코드로 가득 차게 된다. 이러한 경우에는 n 개의 버퍼를 사용하는 것이 도움이 된다. 다음 예제는 이러한 점을 잘 보여준다.

예제 14.4 다중 버퍼 이용

언어 L로 쓰여진 프로그램에서 각각의 라인을 파일 F의 레코드에 저장한다. 이 프로그램을 컴파일하기 위한 컴파일러는 프로그램을 컴파일하기에 앞서 모든 프로그램 내용을 메모리로 읽어와야 한다. 프로그램은 l 개의 라인으로 구성되어 있다. 컴파일을 위한 I/O 대기는 다음 조건이라면 무시할 수 있다.

1. $t_{io} \leq t_{pl}$
2. $l \leq n$

t_{pl}은 문장 각 라인의 평균 처리시간이다. 조건 1은 안정 상태에서 컴파일러가 하나의 문장 처리를 끝마쳤을 때, 모든 버퍼가 가득 차리라는 걸 보장한다. 조건 2는 컴파일러가 하나의 문장 처리를 끝마쳤을 때, 적어도 l 개의 버퍼는 가득 차리라는 걸 보장한다. 이러한 이유로 컴파일러는 I/O 대기 상태에 직면하지 않을 것이다. 만약 $l > n$, 예를 들어 $l = 3$이고 2개의 버퍼를 이용할 경우 I/O 대기 상태에 있게 된다.

14.9 레코드의 블록화(BLOCKING OF RECORDS)

프로세스가 버퍼 없이 파일 처리를 할 경우는, I/O 연산을 수행하는 데 걸리는 시간이 프로세스 경과시간의 대부분을 차지한다. 비록 버퍼가 있는 경우에도 $t_{io} > t_p$, 또는 $t_{io} > t_c + t_p$이면 $t_w > 0$이다[식 (14.3)과 (14.6) 참고]. 그러므로 버퍼가 있든 없든 양쪽 모두 파일 처리를 하는 데 있어 t_{io}를 감소시킴으로써 이득을 얻을 수 있다. **레코드의 블록화**(*blocking of records*) 기법은 하나의 I/O 연산을 통해 다수의 레코드를 읽고 씀으로써 레코드당 유효 I/O 시간을 감소시킨다. 식 (14.1)에서, $t_{io} = t_a + t_x$이다. 그래서 블록화를 제공하지 않는 파일에서 2개의 레코드를 처리하는 프로그램은 $2 \times (t_a + t_x)$의 총 I/O 시간을 가진다. 만약 블록화가 제공되고 프로세스가 2개의 레코드를 하나의 I/O 연산을 통해 읽고 쓴다면, 총 I/O 시간은 $t_a + 2 \times t_x$로 감소할 것이다.

논리 레코드와 물리 레코드(Logical and Physical records) 다수의 레코드가 함께 읽히고 쓰여질 때, 어떻게 파일 데이터에 접근하고 프로세스에서 처리하는지와, 어떻게 I/O 장치에 쓸 것인지는 다르게 취급되어야 한다. **논리 레코드**(*logical record*)는 프로세스에서 파일 데이터에 접근하고 처리하기 위한 단위이다. **물리 레코드**(*physical record*) 혹은 **블록**(*block*)은 I/O 장치에 혹은 I/O 장치로부터 데이터를 전달하기 위한 단위이다. **블록화 지수**(*blocking factor*)는 하나의 물리 레코드에 대입되는 논리 레코드의 수이다. 블록화 지수가 1보다 크다면 파일은 레코드의 **블록화**를 제공한다고 할 수 있다. 그림 14.19는 블록화 지수 3을 사용하는 파일을 보여준다. 블록화를 제공할 때 I/O 매체에서 레코드 간 간격은 물리 레코드를 나눈다.

블록화 해제(Deblocking Actions) 블록화된 레코드를 가진 파일의 읽기 연산은 한 번에 m개의 논리 레코드 묶음을 메모리로 보낸다. 여기서 m은 블록화 지수이다. 프로세스에서의 이용을 위해 블록으로부터 논리 레코드를 추출하는 일련의 동작을 **블록화 해제**(*deblocking action*)라 부른다.

그림 14.20은 버퍼를 가지지 않는 방식으로 블록화된 레코드를 가지는 파일을 처리하는 프로그램을 보여준다. 프로그램의 메인 루프는 반복 시마다 하나의 물리 레코드를 읽어온다. 메인 루프는 물리 레코드로부터 논리 레코드를 뽑아내고, 그것을 처리하는 내부 반복 구간을 포함하고 있다. 그러므로 I/O 연산은 m 개의 레코드가 처리된 다음 시작된다. 블록화된 레코드를 가진 파일을 버퍼를 사용하여 처리하기 위해 그림 14.17 (b), (c)의 프로그램에 비슷한 방식으로 적용할 수 있다.

블록화 지수의 선택(Choice of Blocking Factor) 앞에서 설명한 부분을 일반화하면, s_{lr}과 s_{pr}이 논리 레코드와 물리 레코드를 나타내면 $s_{pr} = m \times s_{lr}$이다. 물리 레코드당 I/O 시간과 논리 레코드당 I/O 시간이 각각 $(t_{io})_{pr}$, $(t_{io})_{lr}$이면,

$$(t_{io})_{pr} = t_a + m \times t_x \tag{14.8}$$

$$(t_{io})_{lr} = \frac{t_a}{m} + t_x \tag{14.9}$$

이다.

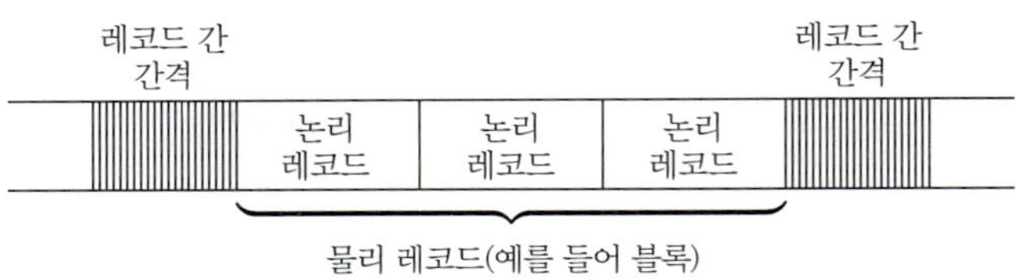

그림 14.19 블록화 지수 3을 가진 파일

```
start an I/O operation for read (F, Rec_area);
await I/O completion;
while (not end_of_file(F))
    for i := 1 to m
        { extract i th record in Rec_area and process it }
    start an I/O operation for read (F, Rec_area);
    await I/O completion;
end
```

그림 14.20 버퍼 없이 블록화 레코드를 가지는 파일의 처리

그러므로 블록화는 논리 레코드당 I/O 시간을 감소시키며, 파일을 처리하는 데 있어 버퍼 사용 여부와 관계없이 이득을 가져온다. 만약 $t_x < t_p$이면, 적절한 m 값을 선택함에 따라 $(t_{io})_{lr} \le t_p$와 같이 $(t_{io})_{lr}$을 감소시킬 수 있다. 이 결과와 식 (14.3)과 (14.6)을 이용하면, 버퍼링으로 레코드당 대기시간을 t_c까지 줄일 수 있음을 알 수 있다. 다음 예제는 $(t_{io})_{lr}$이 블록화 지수에 따라 달라지는 것을 보여준다.

예제 14.5 레코드의 블록화

표 14.5는 $t_a = 10$ ms이고 전송률이 800 kB/s, 1 kB/s는 초당 1000바이트를 전송, $s_{lr} = 200$바이트인 디스크 장치에서 m 값에 따라 $(t_{io})_{lr}$의 변화를 보여준다. 논리 블록당 전송시간을 나타내는 t_x는 $\frac{200}{800}$ ms, 즉 0.25 ms이다. $(t_{io})_{pr}$과 $(t_{io})_{lr}$은 식 (14.8)과 (14.9)에 따라 계산된다. 만약 $t_p = 3$ ms이면 $m \ge 4$일 때 $(t_{io})_{lr} < t_p$가 된다.

표 14.5 블록화 지수에 따른 $(t_{io})_{lr}$의 변화

블록화 지수(m)	블록 크기	ta ms	$m \times t_x$ ms	$(t_{io})_{pr}$ ms	$(t_{io})_{lr}$ ms
1	200	10	0.25	10.25	10.25
2	400	10	0.50	10.50	5.25
3	600	10	0.75	10.75	3.58
4	800	10	1.00	11.00	2.75

m 값이 $(t_{io})_{lr} \le t_p$로 되면 낮은 쪽의 경계에 가까워진다. 높은 쪽에서 m 값은 파일 버퍼를 위한 메모리 사용량과, 디스크 트랙 또는 섹터의 크기에 의해 경계에 가까워진다. 블록화 지수의 실제 값은 $(t_{io})_{lr} \le t_p$를 만드는 m의 최소값이다. 다음 예제는 레코드의 블록화와 버퍼링 모두를 이용하는 파일의 처리를 보여준다.

예제 14.6 블록화된 레코드를 가진 파일의 버퍼를 이용한 처리

그림 14.21은 2개의 버퍼 Buf_1과 Buf_2를 이용하고 블록화 지수 4인 예제 14.5의 블록화된 파일 처리 타이밍 차트를 보여준다. 우리는 t_c 값은 무시할 정도로 작다고 가정한다. 파일이 0초에서 열릴 때, 읽기 연산은 Buf_1과 Buf_2에서 시작된다. Buf_1에서의 연산은 $t = 11$ ms에 완료한다. 프로세스는 Buf_1에서 한 번에 하나의 논리 레코드를 메모리로 복사하고 그것을 처리한다. $t_p = 3$ ms이고, Buf_1의 4개의 레코드를 처리하는 데 12 ms 걸린다. 이러한 처리 과정은 Buf_2에서 읽기 연산과 동시에 일어나며, 11 ms 걸린다. 그래서 Buf_1에서 레코드의 처리가 끝나기 전에 Buf_2는 파일의 물리 레코드를 읽어온다. 프로세스는 Buf_2로부터 $t = 23$ ms에 복사된 논리 레코드의 처리를 시작한다. 그러므로 프로세스는 시작 단계 후 어떤 대기시간도 가지지 않는다.

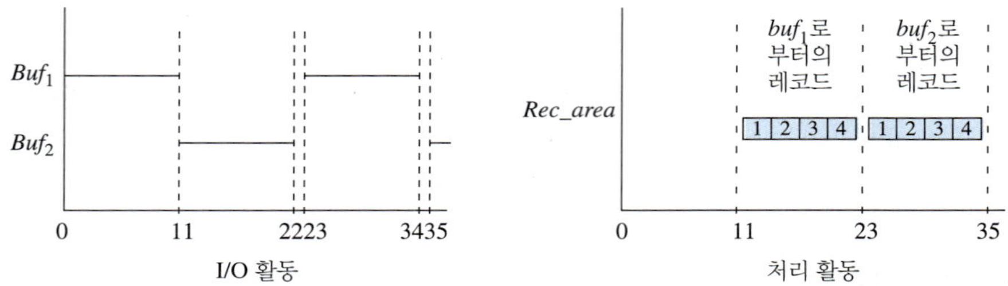

그림 14.21 블록화 지수 4와 2개의 버퍼를 가진 블록화 레코드의 버퍼 처리

14.10 접근 방법(ACCESS METHODS)

13.3.4절에서 언급한 것과 같이, 접근 방법은 특정 파일 체계를 사용하는 파일들의 등급에 따라 효율적인 처리를 지원한다. 13.3절에서 논의한 근본적인 파일 체계를 위해서 IOCS는 아래와 같은 다양한 처리를 위해서 접근 방법을 제공한다.

- 순차 접근 파일에 대해 버퍼를 사용하지 않는 처리
- 순차 접근 파일에 대해 버퍼를 사용한 처리
- 직접 접근 파일의 처리
- 인덱스 순차 접근 파일에 대한 버퍼를 사용하지 않는 처리
- 인덱스 순차 접근 파일에 대한 버퍼를 사용한 처리

순차 접근과 인덱스 순차 접근 파일의 버퍼 사용 처리를 위한 접근 방법은 그림 14.17(c)에 나타나 있는 버퍼링 기법을 사용한다. 이러한 접근 방법은 또한 부가적으로 그림 14.20에 나타난 기법을 사용하여 레코드의 블록화를 수행한다.

각 접근 방법 모듈은 아래의 매개변수를 가진 세 가지 엔트리 포인트를 제공한다고 가정하자.

1. `AM-open`(<*internal_id*>)
2. `AM-close`(<*internal_id*>)
3. `AM-read/write`(<*internal_id*>, <*record_info*>, <*I/O_area addr*>)

파일 시스템과 IOCS의 모듈은 파일 처리를 구현하기 위해 이들 기능을 호출한다. `AM-open`은 파일 제어 블록이 파일을 위해 생성된 후 호출되고, 파일의 디렉터리 엔트리의 정보를 사용한다. 유사하게 `AM-close`는 `iocs-close`에 의해 호출된다. `AM-read/write`는 파일 시스템 모듈로부터 호출된다. `AM-read`의 시작점은 실제로 그림 14.14의 `seq-read` IOCS 라이브러리 모듈의 시작점이다.

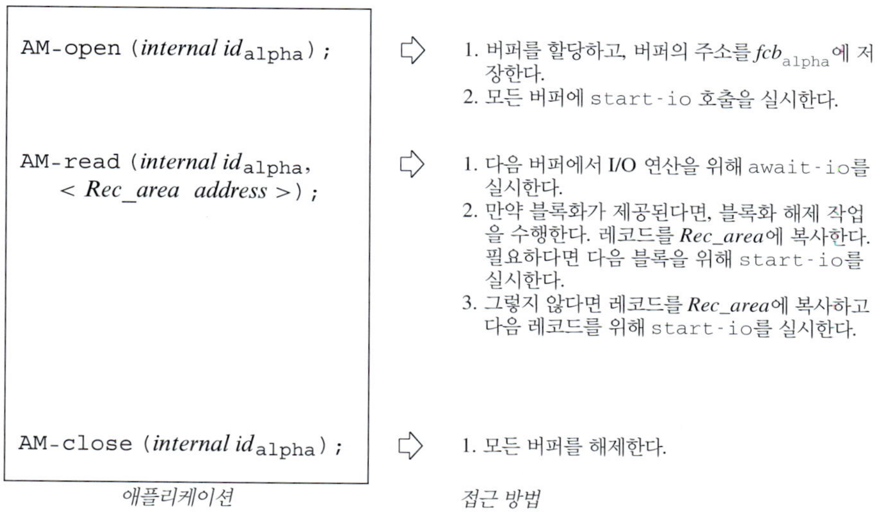

그림 14.22 버퍼를 사용해서 파일을 읽는 접근 방법

그림 14.22는 순차적인 접근 파일 alpha가 버퍼를 사용해서 처리하는 접근 방법을 보여준다. AM-open은 모든 버퍼에 읽기 연산을 발생시킨다. AM-read는 단계 2와 3에서 (*record id*, *byte id*) 쌍을 만들어 내기 위해 fmt_{alpha}와 fcb_{alpha}에 있는 정보를 이용하는데, 이는 파일에서 다음 물리 레코드를 위한 것이다. 만약 alpha가 출력 파일이라면 접근 방법 작업 중 일부가 달라질 수 있다. 단계 2, 3에서 alpha에 더 많은 디스크 공간을 할당하기 위해 파일 시스템의 모듈을 호출하고 fmt_{alpha}에 주소를 적어 넣는다.

14.11 디스크와 파일 캐시(DISK AND FILE CACHE)

파일 데이터에 빠르게 접근하기 위한 일반적인 방법은 디스크에 저장된 파일과 메모리 일부로 구성되어 있는 메모리 계층을 사용하는 것이다. 2.2.3절의 메모리 계층 원리에서, 메모리는 디스크에 저장된 파일 데이터의 일부를 저장한다고 했다. 필요로 하는 부분이 메모리에 없다면 디스크로부터 읽어 메모리에 저장한다. 즉, 메모리는 디스크의 파일과 프로세스 간 캐시(*cache*)의 기능을 가진다. 물리 IOCS와 접근 방법 모두 이와 같은 원리를 이용한다. 물리 IOCS는 **디스크 캐시**(*disk cache*)를 사용한다. 디스크 캐시는 디스크에 저장된 모든 파일을 균등하게 처리하고, 메모리에 일부 파일의 일부 데이터를 가지고 있다. 반면에 접근 방법은 메모리에 있는 특정 파일에서 데이터 일부의 보관을 전담하는 **파일 캐시**(*file cache*)를 사용한다. 접근 방법에서는 각 파일을 위한 분리된 파일 캐시를 유지한다.

디스크 또는 파일 캐시에서 보관하는 데이터 단위는 일반적으로 몇 개의 연속된 디스크 블록이다. 간단하게 1개의 디스크 블록이라고 가정하자. 데이터 단위를 저장하기 위해 사용하는 메모리 공간을 **버퍼**(*buffer*)라 부른다. 그러므로 캐시는 소프트웨어로 다뤄지는 버퍼의 집합이다. 버퍼는 그곳에 어떤 데이터가 포함되어 있는지를 나타내는 **헤더**(*header*) 부분과, 실제 데이터를 포함하는 데이터 부분으로 구성된다. 헤더에는 다음과 같은 정보가 저장된다.

- 데이터가 버퍼에 적재되기 시작한 디스크 블록의 주소
- 더티(dirty) 플래그
- 마지막 참조 시간 등과 같이 버퍼에서 데이터 교환(replacement)을 수행하기 위해 필요한 정보

헤더는 프로세스가 읽기 명령을 발생시켰을 때, 파일에서 필요로 하는 데이터의 위치를 지정한다. IOCS는 필요로 하는 데이터가 속한 디스크 블록의 주소를 결정하고, 해당 디스크 블록이 버퍼에 있는지 확인하기 위해 캐시를 검색한다. 만약 캐시에 필요로 하는 데이터가 있다면, 데이터를 버퍼에서 프로세스의 주소 공간으로 복사한다. 만약 캐시에 필요로 하는 데이터가 없다면, 디스크 블록을 캐시의 버퍼로 읽어오기 위해 I/O 연산이 시작되고, I/O 연산이 끝나면 프로세스의 주소 공간에 복사한다. 프로세스가 쓰기 연산을 수행할 때, IOCS는 버퍼에 이미 해당 블록이 있는지 확인한다. 만약 가지고 있다면, 프로세스의 주소 공간으로부터 버퍼에 갱신된 내용을 적고 버퍼의 더티 플래그를 참(*true*)으로 설정한다. 만약 버퍼에 블록이 없다면, 디스크 블록 주소와 데이터 값을 새로운 버퍼에 쓰고 더티 플래그를 참(*true*)으로 설정한다. 두 경우 모두 버퍼의 내용은 디스크에 다음과 같은 절차로 쓰여질 것이다.

캐시에서의 빠른 검색을 위해, 버퍼 해더는 해시 테이블(hash table)과 같은 효과적인 자료 구조에 저장된다. 예를 들면, 가상 메모리 핸들러의 역 페이지 테이블(inverted page table)에서 사용되는 **체인으로 연결된 해시** 구조는 캐시에서 사용할 수 있다(12.2.3.1절 그림 12.10 참고). 이 구조에서 버퍼에 있는 데이터의 디스크 블록 주소는 해시 테이블에서 엔트리 번호를 얻기 위해 해시된다. 해시 테이블의 같은 엔트리를 해시하는 디스크 블록 주소를 포함하는 모든 버퍼는 **체인**(*chain*)이라 불리는 연결 리스트(linked list)에 연결되고, 해시 테이블 엔트리는 체인을 가리키게 한다. 디스크 블록의 데이터가 현재 캐시에 있는지 확인하기 위해 디스크 블록 주소는 해시 테이블에서 엔트리 번호를 받기 위해 해시되고, 받아온 엔트리 번호가 가리키는 체인은 디스크 블록의 복사본이 버퍼에 있는지 확인하기 위해 검색한다. 만약 디스크 블록의 데이터가 현재 캐시에 없다면, 캐시의 빈 버퍼에 데이터를 불러오고 버퍼는 체인에 연결된다. 만약 캐시가 가득 차면, 요구한 데

이터를 불러오기 위해 어떤 버퍼를 이용할지를 결정하기 위해 LRU와 같은 정책을 사용한다. 만약 버퍼의 더티 플래그가 참(*true*)이라면, 버퍼에 있는 내용은 버퍼에 새로운 데이터가 들어오기 전에 헤더에 기록된 주소의 디스크 블록에 쓰여진다. 유닉스 버퍼 캐시(*buffer cache*)에서 사용되는 이러한 방식은 14.13.1.2절에서 설명하도록 한다.

수킬로바이트(KB) 크기의 모든 디스크 블록을 캐시에 불러오는 것은 이전에 접근했던 인접한 데이터가 캐시에 존재하기 때문에 공간 지역성(*spatial locality*)을 높일 수 있다. 공간 지역성의 효과는 14.9절에서 논의한 레코드의 블록화와 유사하다. 14.13.1.2절에서 언급할 연구는 디스크 캐시에 소량의 메모리만을 사용하여 0.9 이상의 디스크 캐시 적중률을 얻을 수 있다는 것은 보여준다. 파일 캐시는 캐시에서 순차 접근 파일의 연속되는 몇 개의 디스크 블록을 미리 불러옴으로써 더 높은 시간 지역성을 이용할 수 있다. 이것은 14.8절에서 논의한 레코드의 버퍼링(*buffering*)과 유사하다.

캐시의 사용은 몇 가지 단점도 가지고 있다. I/O 연산은 2번의 복사 연산을 하게 된다. 하나는 캐시와 디스크 사이에서 일어나며, 다른 하나는 I/O 연산이 시작되는 프로세스의 주소 공간과 캐시 사이에서 일어난다. 또한 캐시의 사용은 수정된 데이터가 디스크에 쓰여질 때까지 캐시의 버퍼에 존재하기 때문에 파일 시스템의 신뢰성을 떨어뜨린다. 시스템에 오류가 발생해서 멈추게 되면 캐시에 존재하는 데이터는 사라지게 된다.

파일 캐시(File Cache) 파일 캐시는 접근 방법(access method)에서 활용되며, 파일에 저장된 데이터에 효율적으로 접근하기 위해 사용된다. 그림 14.23(a)와 같이, 접근 방법은 요구한 데이터가 파일 캐시에 있는지 확인하는 캐시 관리자를 호출한다. 파일 캐시에 요구한 데이터가 없다면 캐시 관리자는 물리 IOCS를 호출한다. 디스크 캐시와 비교하여 파일 캐시가 가지는 주요 장점은, 캐시 관리자가 파일 데이터에 더 빠르게 접근하기 위해 파일 수준의 기법을 적용할 수 있다는 것이다. 이러한 기법은 데이터 접근을 빠르게 하기 위해 파일의 구조적 특성을 이용한다. 예를 들면, 순차 접근 파일을 위해 데이터의

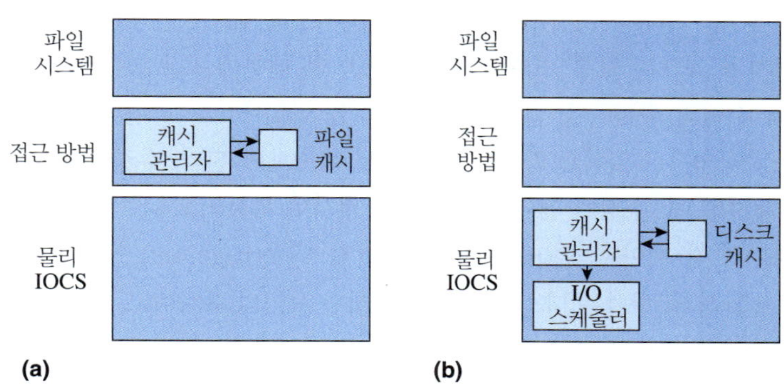

그림 14.23 (a) 파일 캐시 (b) 디스크 캐시

선반입(prefetching)을 가능하게 하는 것이다. 그러나 주요 단점은 각 파일을 위해 독립된 파일 캐시가 구현되어야 한다는 것이다. 그래서 IOCS는 각 파일 캐시를 위한 메모리 양을 결정해야 한다.

디스크 캐시(Disk Cache) 디스크 캐시는 디스크의 장치 드라이버 또는 물리 IOCS에 구현된다. 디스크 캐시의 목적은 디스크에 저장된 데이터 접근을 빠르게 하는 것이다. 그림 14.23(b)와 같이, 요구한 데이터가 디스크 캐시에 현재 없다면 I/O 연산 요청이 I/O 스캐줄러에 전달된다. 파일 캐시에 비해 디스크 캐시가 가지는 주요 장점은 디스크에 저장된 파일들을 구별하지 않는다는 것이다. 그래서 디스크 캐시의 이용은 시스템에서 모든 파일 처리 작업에 도움이 된다. 또한 디스크 캐시는 각 파일에 대해 각각의 캐시 크기를 결정할 필요가 없다. 그러나 디스크 캐시에서의 적중률은 프로세스들의 파일 접근 형태에 민감하다. 예를 들어 프로세스가 매우 빠르게 큰 순차 파일을 읽는다면 데이터는 캐시에서 버퍼의 대부분을 차지할 것이고, 따라서 다른 파일의 데이터 접근이 느려진다. 현대 운영체제에서의 디스크 캐시는 적중률을 높이기 위해 파일 캐시의 여러 가지 기능을 가진다. 그래서 디스크 캐시는 프로세스에서의 대기시간을 줄이기 위해 순차 접근 파일의 디스크 블록을 선반입하기도 한다.

14.12 통합 디스크 캐시(UNIFIED DISK CACHE)

디스크와 파일 캐시를 제외하고, 운영체제는 직접 또는 간접적으로 가상 메모리 핸들러에 있는 페이지 캐시(*page cache*)를 사용한다. 디스크에 저장된 데이터에 접근하기 위해서 여러 단계의 캐시를 사용함으로써 복사 작업의 수가 증가한다. 다중 복사 작업으로 발생하는 시간과 메모리 오버헤드를 줄이기 위해서 통합 디스크 캐시를 사용한다.

그림 14.24(a)는 디스크 캐시와 페이지 캐시의 사용을 보여준다. 페이지 캐시는 모든 코드와 현재 메모리 맵 파일의 페이지들을 포함한 메모리 내 프로세스의 데이터 페이지를 가지고 있다. 페이지 오류가 발생하면 새로운 페이지는 페이지 캐시로 불려온다. 페이지의 크기는 보통 수개의 블록 크기이기 때문에 프로그램 파일 또는 스왑 파일로부터 수개의 블록들을 읽어들이며, 이것을 파일 I/O라 말한다. 그래서 디스크 블록을 디스크 캐시로 읽어오고, 페이지 캐시로 복사해야 된다. 수정된 페이지가 메모리로부터 제거될 때, 수정된 페이지는 디스크 캐시로 복사되고 나중에 디스크에 기록된다. 그러므로 각 페이지-인(page-in)과 페이지-아웃(page-out) 연산을 위해서 2번의 복사가 필요하다. 하나는 디스크와 디스크 캐시 사이의 복사이고, 다른 하나는 디스크 캐시와 페이지 캐시 사이의 복사이다. 페이지의 2개 복사본은 페이지-인 연산 이후 2개 모두가 메모리에 덮여쓰여질 때까지 메모리 안에 존재한다.

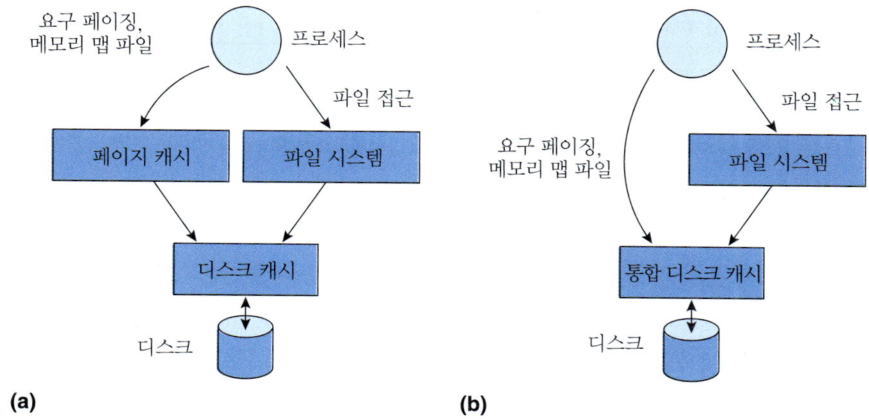

그림 14.24 디스크 캐싱 (a) 개별 디스크와 페이지 캐시 (b) 통합 디스크 캐시

페이지의 다중 복사 연산과 중복된 페이지 복사본은 성능 문제를 초래한다. 각각의 캐시에 할당되는 메모리 양 또한 결정하기 어렵다. 이는 시스템 동작에 영향을 줄 수도 있다. 왜냐하면 페이지 캐시를 위한 적은 양의 메모리 할당은 다중 프로그래밍 수준의 감소와 스래싱(thrashing)의 원인이 되기 때문이다. 반면에 디스크 캐시를 위한 적은 양의 메모리 할당은 잦은 디스크 접근 때문에 파일 처리 작업이 늦어지게 된다. 이러한 문제는 2개의 캐시를 결합함으로써 해결할 수 있다. 중복된 복사본과 다중 복사 작업이 제거되고, 2개의 캐시는 시스템 내 작업량의 변화에 맞추어 조정할 수 있다.

통합 디스크 캐시(*unified disk cache*)는 페이징과 파일 I/O 모두 사용하는 단일 캐시이다. 그림 14.24(b)는 통합 디스크 캐시를 보여준다. 파일 시스템은 파일을 디스크에서 호출되는 객체로 간주한다. 읽기 또는 쓰기 명령에서 제공되는 바이트 오프셋은 페이지 번호와 페이지 내에서의 오프셋으로 변환된다. 페이지가 메모리로 불려오는 것을 보장하기 위해 통합 디스크 캐시에 페이지 번호를 전달하고, 통합 디스크 캐시와 프로세스 주소 공간 사이의 데이터 복사를 위해 페이지 내에서 오프셋을 사용한다. 페이지 I/O는 기존의 시스템에서 계속 사용된다. 왜냐하면 통합 디스크 캐시는 실제로 페이지 캐시이기 때문이다.

통합 디스크 캐시는 Sun OS 4.0에서 처음 사용되었다. 그 후 유닉스 시스템 5 버전 4에 구현되었다. 리눅스 2.4 커널과 이것의 추후 버전 또한 통합 디스크 캐시를 사용한다.

14.13 사례 연구(CASE STUDIES)

14.13.1 유닉스(Unix)

유닉스는 **블록 장치**(*block device*)와 **문자 장치**(*character device*) 등 두 가지 종류의 장치를 지원한다. 블록 장치는 디스크와 같이 블록 단위 데이터를 읽거나 쓸 수 있는 임의 접근 장치이다. 반면에 문자 장치는 키보드, 프린터, 마우스와 같은 순차 접근 장치이다. 블록 장치 또한 순차 접근 장치로 사용될 수 있다. 유닉스 파일들은 문자들의 간단한 배열이다. I/O 장치들 또한 마찬가지며, 유닉스는 I/O 장치들을 파일로 취급한다. 그러므로 장치는 파일 이름과 디렉터리 계층에서 엔트리를 가지며, 장치들은 파일 접근과 동일한 호출을 사용하여(즉, *open*, *close*, *read*, *write*) 접근된다.

유닉스 IOCS는 장치 드라이버와 버퍼 캐시라는 2개의 주요 요소로 이루어진다. 이에 대해서는 다음 절에서 설명하겠다.

14.13.1.1 장치 드라이버(*Device Drivers*)

유닉스 장치 드라이버는 **상반부**(*top half*)와 **하반부**(*bottom half*) 두 부분으로 구성된다. 상반부는 프로세스에서 발생하는 *open*, *close*, *read* ,*write* 호출에 따른 장치들의 I/O 연산을 시작하는 루틴들로 구성된다. 반면 하반부는 드라이버에 의해 서비스되는 장치들을 위한 인터럽트 핸들러로 구성된다. 그러므로 상반부는 그림 14.13의 I/O 스케줄러와 I/O 시작 모듈에 해당한다. 그에 반해 하반부는 I/O 완료 핸들러와 오류 복구 모듈에 해당한다.

장치 드라이버는 장치 드라이버 루틴 내에 미리 정해진 엔트리 포인트들로 구성된 인터페이스를 가진다. 그 중 몇몇은 다음과 같다.

1. *<ddname>_init*: 장치 드라이버 초기화 루틴
2. *<ddname>_read/wrtie*: 문자 읽기 혹은 쓰기 루틴
3. *<ddname>_int*: 인터럽트 핸들러 루틴

<ddname>_init 루틴은 시스템 부트 시 호출된다. *<ddname>_init* 루틴은 장치 드라이버가 사용하는 다양한 플래그들을 초기화한다. 또한 다양한 장치들의 연결 유무를 확인해서 해당 플래그를 설정하며, 장치들에 버퍼를 할당한다. 문자 I/O는 *<ddname>_read*와 *<ddname>_write* 루틴을 호출함으로써 실행된다. 장치 드라이버는 블록 데이터 전송을 위해 그림 14.13과 같은 I/O 스케줄러와 거의 동일한 전략적 루틴을 제공해야 한다. 전략적 루틴에서의 호출은 매개변수로 I/O 제어 블록의 주소를 갖는다. 전략적 루틴은 IOQ에 이 I/O 제어 블록을 추가하고, 가능하다면 I/O 연산을 시작한다. 만약 즉시 시작할 수 없다면 I/O 연산은 I/O 완료 인터럽트가 발생할 때 시작된다.

14.13.1.2 버퍼 캐시(*Buffer Cache*)

버퍼 캐시는 14.12절에서 설명한 **디스크 캐시**이다. 버퍼 캐시는 각 버퍼들의 풀로 구성되며, 각 버퍼는 디스크 블록 사이즈와 같다. 각 버퍼는 세 가지의 정보를 가진 헤더를 가진다. (**장치 주소, 디스크 블록 주소**) 쌍은 현재 버퍼에 있는 디스크 블록의 주소 값을 제공하며, **상태 플래그**(*status flag*)는 버퍼에서 I/O가 진행 중인지를 표시한다. 그리고 **비지**(*busy*) 플래그는 프로세스가 현재 버퍼 안의 내용에 접근하는지 여부를 표시한다.

해시 테이블은 요구한 디스크 블록의 검색 속도를 빠르게 하는 데 사용된다(그림 14.25 참고). 해시 테이블은 많은 버킷(bucket)으로 이루어지며, 각 버킷은 버퍼의 리스트를 가리킨다. 주소가 *aaa*인 디스크 블록이 주소가 *bbb*인 버퍼로 로드될 때, *aaa*는 함수 *h*를 사용하여 해시 테이블에서 버킷 번호 $e = h(aaa)$로 계산되어 해시된다. 버퍼는 이제 *e* 번째 버킷에서 버퍼 리스트로 접근한다. 그러므로 이 버퍼 리스트는 *e* 번째 버킷으로 해시되는 주소를 가지는 디스크 블록의 모든 버퍼를 가진다.

다음 절차는 프로세스 P_i가 어떤 파일 `alpha`에서 읽기 연산을 수행할 때 사용된다.

1. P_i가 요구하는 바이트를 위한 (**장치 주소, 디스크 블록 주소**) 쌍을 구성한다.
2. 버킷 번호를 얻기 위해 **디스크 블록 주소**를 해시한다. 버퍼가 헤더에서 일치하는 쌍을 가지는지를 확인하기 위해 버킷에 있는 버퍼를 찾는다.
3. 만약 일치하는 헤더를 가진 버퍼가 존재하지 않는다면 빈 버퍼를 할당하고, 헤더에 (**장치 주소, 디스크 블록 주소**) 정보를 적고, 적절한 버킷의 리스트에 버퍼를 넣고, **상태 플래그**에 "I/O 진행 중"으로 설정한다. 그리고 I/O를 위한 버퍼를 대기 큐에 넣고 I/O가 끝나면 P_i는 수면 상태로 만든다.
4. 만약 일치하는 헤더를 가진 버퍼가 있다면, 버퍼에 있는 I/O 연산이 완료되고 버퍼가 "not busy"일 때 플래그가 P_i의 주소 값을 가지고 P_i로 복귀한다. 반면에 버퍼에서 읽기 연산이 완료되었거나 버퍼가 "not busy" 상태일 때 P_i를 수면 상태로 둔다.

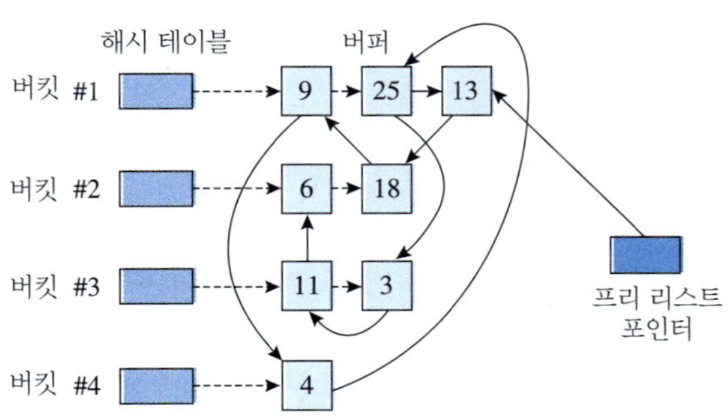

그림 14.25 유닉스 버퍼 캐시

5. 만약 빈 버퍼가 존재한다면 `alpha`에 할당된 다음 디스크 블록이 이미 버퍼 안에 있는지 확인하고, 존재하지 않는다면 빈 버퍼를 할당하고 읽기 연산을 위해 대기 행렬에 집어넣는다.

위 절차는 각 프로세스 단위로 버퍼를 할당하는 것이 아니고, 동시에 파일에 접근하는 프로세스들이 현재 버퍼 안에 있는 파일 데이터를 공유할 수 있도록 한다. 이 방식은 유닉스의 파일 공유 기법(13.14.1절 참고)을 가능하게 한다. 동시에 데이터의 선반입은 파일의 다음 디스크 블록의 I/O를 초기화함으로써(단계 5 참고) 프로세스 단위로 수행하고, 프로세스 단위로 버퍼링을 제공한다. 레코드 블록화의 장점은 바이트 단위로 접근할 때 버퍼링을 완료한 디스크 블록에 읽고 쓸 수 있다는 것이다.

버퍼 풀(pool)에 있는 버퍼들은 다음과 같은 LRU 기법을 이용하여 재사용된다. 모든 버퍼는 프리 리스트(free list)로 들어간다. 버퍼는 자신의 내용이 참조되면 리스트의 끝으로 이동한다. 그러므로 최근에 가장 적게 사용된 버퍼는 프리 리스트의 앞쪽으로 이동하게 된다. 만약 위 프로세스 파일 읽기 연산의 3번째 단계에서 아직 디스크 블록에 쓰이지 않은 수정된 데이터가 버퍼에 없다면, 프리 리스트의 제일 앞에 있는 버퍼가 할당된다. 이 경우에 버퍼의 쓰기 연산은 큐에 저장되고 리스트 안의 다음 버퍼가 할당된다.

예제 14.7 유닉스 버퍼 캐시

그림 14.25는 유닉스 버퍼 캐시를 나타낸다. 디스크 블록 9, 25, 13을 해시 테이블의 첫 번째 엔트리로 해시한다. 이 디스크 블록들의 첫 번째 엔트리에서 연결되는 연결 리스트에 시작 주소가 들어 있다. 마찬가지로 디스크 블록 6, 18과 11, 3은 해시 테이블의 두 번째, 세 번째 엔트리의 연결 리스트에 연결된다. 만약 프로세스가 디스크 블록 18에 있는 데이터에 접근한다면, 디스크 블록 18을 가지고 있는 버퍼는 프리 리스트의 끝으로 이동된다. 만약 프로세스가 현재 디스크 블록 21의 데이터에 접근하려 한다면, 프리 리스트의 첫 번째 버퍼(즉, 디스크 블록 13을 포함하는 버퍼)가 로드된 이후로 수정되지 않았다는 조건하에 할당된다. 디스크 블록 21이 로드된 이후, 버퍼는 적절한 해시 테이블에 있는 리스트에 추가된다. 이것 또한 프리 리스트의 끝으로 이동된다.

유닉스 버퍼 캐시의 효율성은 현재까지 광범위하게 연구되어 왔다. 1989년에 0.99의 캐시 적중률을 제공하는 HP 시스템의 60 MB 캐시와 0.9의 캐시 적중률을 제공하는 다른 시스템의 16 MB 캐시 연구가 발표되었다. 이와 같이 버퍼로서 비교적 적은 메모리 사용일지라도 높은 캐시 적중률을 제공할 수 있다.

14.13.2 리눅스(Linux)

리눅스 IOCS의 구성은 유닉스 IOCS와 유사하다. 그러므로 블록과 문자형 I/O 장치들은 개별적인 장치 드라이버들로 지원된다. 장치들은 파일과 같이 다루어지고 버퍼 캐시는 파일 처리속도를 높이기 위해서 사용된다. 그러나 많은 IOCS의 세부사항들은 차이가 있다. 리눅스 2.6 디스크 스케줄링의 세부사항을 논의하기 전에 그 중 몇 가지를 나열해 본다.

1. 장치 드라이버를 포함하는 리눅스 커널 모듈은 동적으로 메모리에 로드할 수 있다. 따라서 장치 드라이브는 로드될 때 커널에 등록되어야 하고, 메모리에서 제거되기 전에 등록 해제되어야 한다.
2. 장치들을 위해 가상 파일 시스템(VFS)(13.13절 참고)의 *vnode* 자료 구조는 파일 연산인 *open*, *close*, *read*, *write*를 위해 장치에 특화된 함수들로의 포인터를 가진다.
3. 디스크 캐시 내의 각각의 버퍼는 슬랩 할당자(slab allocator)의 슬랩에 할당된 버퍼 헤더를 가진다(11.11절 참고).
4. 캐시가 가득 차거나 버퍼가 오랫동안 캐시에 있을 때, 혹은 신뢰성을 목적으로 디스크 내 파일에 버퍼의 내용을 기록할 때, 디스크 캐시 내의 더티(Dirty) 버퍼는 캐시에 기록된다.

리눅스 2.6에서 I/O 스케줄링은 성능을 향상시키기 위해 몇 가지 혁신적인 방법들을 사용한다. 읽기 연산은 프로세스가 *read* 연산을 호출하고 요청한 데이터가 버퍼 캐시에 존재하지 않을 때 디스크로부터 읽어온다. 이 프로세스는 읽기 연산이 완료될 때까지 수행이 중지된다(block). 반면 프로세스가 *write* 연산을 호출할 때는 기록될 데이터가 버퍼로 복사되고 실제 쓰기 연산은 나중에 이루어진다. 그래서 *write* 연산 호출을 발생시킨 프로세스는 수행을 계속할 수 있다. 이는 더 많은 *write* 연산 호출을 발생시킬 수 있다. 그러므로 프로세스의 더 나은 반응시간을 제공하기 위해서 IOCS는 읽기 연산을 쓰기 연산보다 더 높은 우선순위에 놓고 수행한다.

I/O 스케줄러는 대기 중인 I/O 연산들의 리스트를 가지고 있으며, 그 리스트로부터 스케줄한다. 프로세스가 *read* 또는 *write* 연산을 호출할 때, IOCS는 같은 연산이 서로 인접한 데이터를 기다리는지를 확인한다. 만약 서로 인접한 데이터를 기다리는 것이 확인되면, 디스크 연산의 수와 디스크 헤드의 움직임을 줄여 디스크 처리량을 높이기 위해 기다리는 연산들을 새로운 하나의 I/O 연산으로 결합한다.

리눅스 2.6은 4개의 I/O 스케줄러를 제공한다. 시스템 관리자는 설치 시 업무 특성에 적합한 것을 선택할 수 있다. *no-op* 스케줄러는 간단한 FCFS 스케줄러이다. 마감시간(*deadline*) 스케줄러는 LOOK 스케줄링을 사용할 뿐만 아니라 큰 지연을 피하는 특징을 가진다. 이것은 트랙 번호로 정렬된 요청들의 스케줄링 리스트를 유지하고 디스크 헤드의 현재 위치를 기반으로 요청을 선택함으로써 LOOK 스케줄링을 구현한다. 그러나 LOOK 스케줄링은 프로세스가 디스크의 한 부분에서 많은 수의 쓰기 연산을 수행할 때, 디스크 다른 부분의 I/O 연산을 지연시키는 문제가 있다. 만약 지연된 연산이 읽기 연산이라면, 요청한 프로세스에 상당한 지연을 야기하게 될 것이다. 이러한 지연을 방지하기 위해 스케줄러는 읽기 연산에 0.5초, 그리고 쓰기 연산에 5초의 마감시간을 할당한다. 그리고 마감시간에 따라 읽기 요청 큐와 쓰기 요청 큐, 2개의 큐를 가진다. 이것은 일반적으로는 스케줄링 리스트로부터의 요청을 스케줄한다. 그러나 만약 읽기 또는 쓰기 큐의 헤드에 있는 요청의 마감시간이 만료되면, 일반적인 스케줄링이 시작되기 전에 이 요청을 스케줄하고, 그 큐의 여러 개 요청들을 스케줄한다. *CFQ(completely fair queuing)* 스케줄러는 각 프로세스를 위한 I/O 요청의 분리된 큐를 유지하고, 이러한 큐들을 순차 순환 대기 방식(round robin)으로 수행한다. 이 방식은 프로세스의 큰 지연을 막는다.

동기 I/O(synchronous I/O)를 실행하는 프로세스는 I/O 연산이 완료될 때까지 수행이 차단된다. 이러한 프로세스는 깨어난 후 즉시 다음 I/O 연산을 발생시킨다. LOOK 스케줄링이 사용될 때, 디스크 헤드는 다음 I/O 연산이 들어 있는 데이터를 가지는 트랙을 지나치고, 프로세스의 다음 I/O 연산은 디스크의 다음 스캔에서 서비스받을 것이다. 이는 프로세스의 지연과 많은 디스크 헤드의 움직임을 발생시킨다. *anticipatory* 스케줄러는 이러한 문제를 다룬다. I/O 연산이 끝난 후, 이것은 다음 I/O 연산을 처리하기 전에 수밀리 초를 기다린다. 이 방법을 사용하면 I/O 연산이 완료되고, 이 연산을 요청한 프로세스가 이전 I/O 연산과 근접한 또 다른 I/O 연산을 요청하고, 이 연산은 디스크의 같은 스캔에서 처리가 가능하다.

14.13.3 윈도우에서의 파일 처리(File Processing in Windows)

그림 14.26은 윈도우에서 사용되는 파일 처리 방법을 보여준다. **캐시 관리자**는 파일 캐싱을 수행한다. ***I/O* 관리자**는 장치 드라이버들을 통해 하부 시스템에 특화된 I/O 연산들을 구현하는 데 사용될 수 있는 포괄적인 서비스를 제공한다. 그리고 I/O 버퍼의 관리를 수행한다. 4.8.4절에서 설명한 내용과 같이, 사용자 애플리케이션과 연결된 하부 시스템 DLL들은 하부 시스템에 특화된 I/O 동작을 얻어내는 I/O 관리자 함수를 호출한다. ***VM* 관리자**는 12.8.4절에서 설명하였다.

파일 캐시는 캐시 블록들로 구성되는데, 각각의 크기는 256 KB이다. 캐시 블록이 가지고 있는 파일의 부분을 **뷰**(*view*)라고 하며, **가상 주소 제어 블록**(*virtual address control block*)은 각각의 뷰를 설명한다. 이것은 뷰와 관련된 가상 주소와 파일 오프셋, 그리고 현재 뷰에 접근한 읽기 또는 쓰기 연산의 수에 대한 정보를 가진다. 가상 주소 제어 블록 안의 가상 주소와 파일 오프셋 정보는 파일 공유 방법을 구현하는 데 도움을 준다. 이 정보는 프로세스가 파일에 동시 접속했을 때, 파일이 메모리 매핑 방식이든 직접 접근 방식이든 관계없이 프로세스가 마지막으로 업데이트된 연산의 결과를 볼 수 있도록 한다. 캐시 관리자는 파일이 열릴 때 가상 주소 제어 블록의 인덱스 배열을 만든다. 순차 파일에서 이 인덱스 배열은 파일로의 현재 오프셋을 다루는 가상 주소 제어 블록을 가리키는 오직 하나의 포인터를 가진다. 임의 접근 파일에서 가상 주소 제어 블록의 인덱스 배열은 파일의 최근 접근들을 다루는 가상 주소 제어 블록 포인터를 가진다.

I/O 연산은 **계층으로 된 장치 드라이버**(*layered device driver*)에 의해 수행된다. 이는 **드라이버 스택**(*driver stack*)이라 불리는 장치 드라이버의 연결 리스트로 나타낸다. 스레드가 I/O 연산을 요청할 때 I/O 관리자는 그것의 ***I/O* 요청 패킷**(*I/O request packet*)을 만들고, 그것을 적절한 드라이버 스택의 첫 번째 장치 드라이버로 넘겨준다. 장치 드라이버는 자체적으로 I/O 연산 전체를 수행하고, I/O 요청 패킷에 상태 코드를 쓰고, 이를 I/O 관리자에 돌려보낸다. 아니면 I/O 연산을 완료하기 위해 필요한 추가적인 조치를 정하고, I/O 연산이 실제적으로 구현될 때까지 I/O 요청 패킷에 그들의 정보를 쓰고, 스택 안 다음 장치 드라이버로 I/O 요청 패킷을 보내는 등의 처리를 한다. 이 모델은 I/O 하부 시스템의 추가 기능을 제공하기 위해 장치 드라이버가 추가되는 것을 허용한다. 예를 들어, 장치 드라이버는 우리가 앞으로 논의할 파일 시스템 드라이버와 디스크 미러링을 수행하는 디스크 드라이버 사이에 추가될 수 있다. 이러한 드라이버는 **필터 드라이버**(*filter driver*)라 부른다. 디스크 드라이버와 같은 드라이버는 **기능 드라이버**(*function driver*)라 부른다. 기능 드라이버는 인터럽트 서비스와 플러그-앤드-플레이를 가능하게 하는 새로운 장치들의 동적 추가와 같은 초기값 설정, 스케줄링, I/O 연산의 시작 기능 등을 가진다.

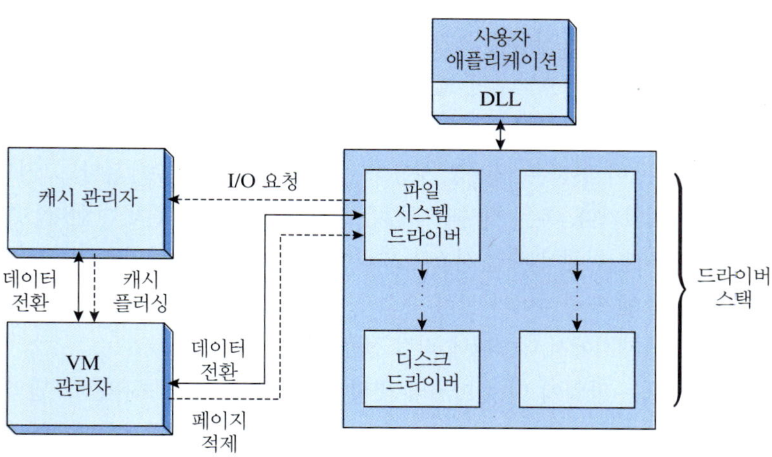

그림 14.26 윈도우에서의 파일 처리

파일 시스템은 **파일 시스템 드라이버**(FSD)로도 구현된다. 이것은 접근 방법을 제공하며, 장치 드라이버들의 기능을 구현하는 다른 드라이버들을 불러온다. 이 방법은 여러 가지 파일 시스템이 호스트에 함께 존재하는 것을 가능하게 한다. 그러므로 I/O 관리자는 가상 파일 시스템의 기능을 제공한다(13.13절 참고). 스레드와 연결된 하부 시스템 DLL이 파일 연산을 요구할 때, I/O 관리자는 요청을 처리하기 위해 적절한 파일 시스템 드라이버를 불러온다. 이 요청은 보통 I/O 연산에 포함된 파일 데이터의 바이트 오프셋을 포함한다. 파일 시스템 드라이버는 파일과 관련된 파일 맵 테이블을 참고하며, 파일 맵 테이블은 마스터 파일 테이블(MFT) 내 파일의 베이스 파일 레코드로부터 접근할 수 있다. 파일 시스템 드라이버는 파일 내에서 바이트 오프셋을 장치의 데이터 블록 내 바이트 오프셋으로 변환하고 장치 드라이버를 호출한다. 만약 관련된 장치가 RAID라면 장치 드라이버는 사실상 RAID를 다루는 **볼륨 관리자**(*volume manager*)이다. 이것은 데이터 블록 안의 바이트 오프셋을 1개, 또는 그 이상의 디스크 번호와 섹터 번호, 그리고 바이트 오프셋을 포함하는 형태로 바꾸어 디스크 드라이버로 넘겨준다. 윈도우는 레벨 0 RAID 시스템인 **스트라이프 볼륨**(*striped volume*)을 지원하며, 레벨 1 RAID 시스템인 **미러 볼륨**(*mirrored volumes*), 레벨 5 RAID 시스템을 지원한다. 이것은 13.14.4 절에서 설명한 것과 유사하게 **확장 볼륨**(*spanned volume*)을 지원한다.

스레드가 파일을 읽기 위해서 요청을 만들 때, I/O 관리자는 이 요청을 파일 시스템 드라이버로 보내고, 파일 시스템 드라이버는 이것을 다시 캐시 관리자로 보낸다. 캐시 관리자는 파일의 가상 주소 제어 블록(VACB)의 인덱스 배열을 찾아, 요구된 파일의 바이트가 캐시 안에 있는 뷰의 부분인지 여부를 결정한다. 만약 그렇지 않다면 캐시 블록을 할당하고, 캐시 블록 내의 파일로부터 요구된 바이트를 다루는 뷰를 생성하고, 그것에 대해 가상 주소 제어 블록을 만든다. 이 연산은 캐시 블록에서 파일과 관련된 부분을 읽는 것을 포함한다. 캐시 관리자는 캐시 블록에서 호출자의 주소 공간으로 요청한 데이터를 복사한다. 반대의 동작들은 쓰기 요청에서 수행된다. 만약 데이터를 호출자의 주소 공간으로 또는 주소 공간으로부터 복사하는 동안 페이지 부재가 발생하면, 가상 메모리 관리자는 파일 시스템을 통하여 메모리로 요청한 페이지를 읽어오기 위해 디스크 드라이버를 호출한다. 이 연산은 캐시를 사용하지 않는 방식으로 수행된다. 그러므로 파일 시스템은 캐시되었거나, 혹은 캐시되지 않은 파일 I/O 모두 지원해야 한다. 메타데이터의 효율적인 조작을 위해서 파일 시스템 드라이버는 커널 수준 읽기/쓰기 연산을 사용한다. 즉, 파일 시스템 드라이버의 논리 주소 공간으로 또는 주소 공간으로부터 데이터를 복사하는 대신에 캐시에서 데이터에 직접 접근한다.

캐시 관리자는 파일에 대한 마지막 몇몇 I/O 요청 정보를 보유한다. 만약 파일 순차 접근과 같은 패턴을 알아낼 수 있다면, 다음 데이터 블록들은 이 패턴에 따라 선반입된다. 또한 사용자 애플리케이션으로부터 파일 처리 작업과 관련된 **힌트**를 받아들이고, 같은 목적으로 그들을 사용한다. 파일 업데이트는 비동기식으로 발생한다. 파일에 기록된 데이터는 캐시 관리자에 있는 파일의 뷰로 반영된다. 매 초마다 캐시 관리자에 의해 생성된 시스템 스레드인 **지연 기록기**(*lazy writer*)가 디스크에 쓰기 위하여 캐시에 있는 더티 페이지의 1/4을 큐에 저장하고, 가상 메모리 관리자에게 데이터를 쓰도록 신호를 준다.

운영체제는 일반적으로 부트 시 연결된 장치들을 알아내고, 운영체제의 장치 데이터 구조를 그에 맞춰 만들어낸다. 장치가 운영체제에 연결되거나 제거될 때 시스템의 재부팅을 필요로 하듯이, 이 방법은 제한적이다. 윈도우는 시스템에 장치의 연결과 제거를 허용하는 플러그-앤-플레이를 동적으로 지원한다. 이는 I/O 하드웨어의 연산과 운영체제, 관련된 장치 드라이버를 통합 조정함으로써 가능하다. 하드웨어는 시스템에 연결된 장치들의 초기 리스트를 만들기 위해 부트 소프트웨어와 통합 조정되고, 또한 장치가 연결 또는 제거될 때 PnP 관리자와 통합 조정된다. PnP 관리자는 새로운 장치가 필요하다면 장치 드라이버를 적재하고, 작동에 필요한 구체적인 인터럽트 번호와 같은 자원을 결정한다. 그리고 요구된 자원을 할당하거나 재할당하는 데 충돌이 없게 한다. 이것은 새로운 장치를 위한 장치 드라이버를 초기화하고, 재편성으로 인해 영향을 받는 다른 장치들을 재초기화한다.

윈도우 Vista는 디스크 스케줄링 문제를 다루는 새로운 기능을 가진다. 디스크 스케줄링은 디스크의 처리량을 향상시키기 위해 모든 I/O 연산들을 균등하게 처리한다. 그래서 때때로 우선순위가 낮은 프로세스가 다른 I/O 연산보다 먼저 서비스를 받는 경우가 생길 수 있다. 즉, I/O 연산 시 우선순위가 높은 프로세스에 지연이 발생하거나, 프로세스에서 만들어진 프로세스의 반응을 저하시킬 수 있다. **우선순위** ***I/O***라 불리는 기능은 처리량과 반응속도 사이의 적절한 균형을 제공하는 뛰어난 방법이다. 이러한 방식을 사용하면 애플리케이션이 그들의 I/O 연산 우선순위를 지정할 수 있다. 이것은 시스템 호출이 I/O 우선순위를 **백그라운드**로 낮출 수 있게 한다. 그래서 I/O 연산은 백그라운드가 아닌 프로세스보다 높은 우선순위를 가질 수 없다. 그리고 필요할 때 다른 시스템 호출을 통해서 원래 우선순위로 되돌릴 수 있다. 장치 드라이버는 I/O 연산을 생성하고 I/O 연산이 낮은 우선순위로 다루어져야 하는지 여부를 나타내는 IRP의 플래그 값을 설정함으로써 프로세스의 우선순위를 확인한다.

14.14 요약

파일 처리 활동에서 파일 시스템은 파일의 공유와 보호를 담당하고, *I/O* 제어 시스템(IOCS)은 실제로 이러한 파일 연산을 처리한다. IOCS는 **접근 방법**(*access methods*)과 **물리** *IOCS*(*physical IOCS*)라 불리는 2개의 계층으로 구성되며, 파일 처리 활동의 높은 성능과 I/O 장치의 뛰어난 처리량을 각각 보장한다 . 이 장에서는 접근 방법과 물리 IOCS가 제공하는 기법들에 대해 살펴보았다.

I/O 장치의 뛰어난 처리량은 I/O 장치와 IOCS의 결합을 통해서 이루어진다. I/O 장치는 신뢰성 있게, I/O 연산은 짧은 **접근시간**(데이터 전송 이전에 I/O 매체 또는 읽고 쓰기가 가능한 헤드를 적당한 장소에 두는 데 소요되는 시간)과 높은 데이터 전송률이 보장되게 설계된다. 자료 지연 기술, **디스크 접속 기술**, *RAID*가 이러한 맥락과 관련이 있다.

I/O 장치의 빠른 접근과 높은 데이터 전송률에도 불구하고, I/O 연산을 수행하는 프로세스는 이것이 완료될 때까지 상당한 **대기시간**(*wait time*)을 야기한다. 물리 IOCS는 시스템 성능을 향상시키는 두 가지 기본적인 방법을 제공한다. 물리 IOCS는 I/O 연산이 완료될 때까지 프로세스를 멈추게 하고, 커널이 다른 프로세스에게 CPU를 사용하게 한다. 물리 IOCS는 디스크 헤드의 움직임을 줄이는 순서로 디스크로 들어오는 I/O 연산을 수행하기 위해 **디스크 스케줄링**을 사용한다. 이는 디스크의 처리량을 증가시키고 I/O 연산의 평균 대기시간을 감소시킨다.

접근 방법(*access method*)은 **버퍼링**(*buffering*)과 레코드의 **블록화**(*blocking*) 기술을 통해 프로세스의 파일 처리 능력을 향상시킨다. **버퍼**는 장치에서 읽혔거나 장치에 사용될 데이터를 임시로 저장하기 위한 메모리 영역이다. 입력 파일에 대해, 버퍼링 기술은 I/O 연산 없이 프로세스가 사용할 수 있도록 데이터를 선반입한다. 이는 대기시간을 감소시키거나 완전히 없앤다. 출력 파일에 대해, 이 기술은 데이터를 버퍼로 복사하고 프로세스가 처리를 계속하도록 한다. 실제 쓰기 작업은 나중에 수행된다. 블록화 기술은 프로세스가 요구할 때마다 데이터를 읽어오는 것이 아니라, 한 번의 I/O 연산으로 장치에서 더 많은 데이터를 읽어들이도록 한다. 이는 수행되어야 할 I/O 연산의 횟수를 감소시킨다.

캐싱(*caching*)은 메모리에 파일 데이터 일부를 저장하거나 유지시키는 기술이며, I/O 연산 수행 없이 데이터에 접근할 수 있게 한다. 캐싱은 파일 내 저장된 데이터에 접근할 때의 I/O 연산 횟수를 감소시키고, 프로세스들의 파일 처리 성능을 개선시키며, 또한 시스템의 성능을 향상시킨다. 물리 IOCS는 디스크에 저장된 파일에 접근하는 데 수행되는 I/O 연산의 횟수를 줄이기 위해 **디스크 캐시**(*disk cache*)를 사용한다. 접근 방법은 프로세스의 각 파일 처리 작업 동안 수행되는 I/O 연산의 횟수를 줄이기 위해 **파일 캐시**를 사용한다.

가상 메모리 핸들러 역시 가상 메모리 성능을 향상시키기 위해 프로세스의 페이지들을 가지는 **페이지 캐시**(*page cache*)라 불리는 캐시를 사용한다. 하지만 프로세스의 스왑 영역이 디스크에 있기 때문에 페이지 캐시와 디스크 캐시의 사용은 두 캐시 간 페이지 복사 과정을 필요로 하게 되고, 이는 페이지에 대한 다중 복사로 인해 CPU 시간을 소비하고 메모리를 많이 쓰게 만든다. 그러므로 운영체제는 복사 과정을 감소시키고 페이지에 대한 다중 복사를 방지하기 위해 **통합된 디스크 캐시**를 사용한다.

여러분의 생각을 평가해 보라.

14.1 다음 각 문장이 참인지 거짓인지 구분하라.

a. 패리티 비트들이 데이터의 신뢰성 있는 읽기/쓰기를 위해 사용될 때, 에러 수정 코드는 에러 검출 코드보다 많은 패리티 비트들을 필요로 한다.

b. 파일에 대한 디스크 공간 할당을 **실린더 그룹**(디스크상의 연속적인 실린더들의 집합)으로 제한하는 것은 파일이 처리되는 동안 디스크의 헤드 움직임을 감소시킨다.

c. 블록 교차 패리티를 사용하는 RAID 레벨 4는 작은 규모의 I/O 연산들 간에 병렬성을 제공한다.

d. 레코드들의 블록화는 연속적인 파일들의 처리 속도를 높여준다.

e. 레코드들의 버퍼링은 연속적인 파일들의 처리 속도를 높여준다.

f. SCAN 디스크 스케줄링 정책은 기아 상태의 피해를 받는다.

g. 물리 IOCS는 처리 작업이 I/O 연산의 완료를 기다리는 동안 바쁜 대기 상태를 피하기 위한 방법을 제공한다.

h. $t_x < t_p$이면, 적절한 버퍼링과 블록화을 통해 t_w를 t_c로 감소시키는 것이 가능하다.

i. m의 블록화 지수를 사용하는 것은 m의 지수에 의한 논리 레코드마다 유효 I/O 시간을 감소시킨다.

14.2 다음 각 질문에 대해 올바른 답을 선택하라.

a. 디스크 캐시는,

i. 디스크상에 I/O 연산의 횟수를 감소시키기 위해 사용된다.

ii. 디스크의 용량을 증가시키기 위해 사용된다.

iii. (i)~(ii) 중 해당 사항이 없다.

b. 자료 지연 기술은,

i. 파일이 처리되는 동안 디스크 연산의 횟수를 감소시키기 위해 사용된다.

ii. 인접하는 주소들을 가지는 디스크 블록 간 디스크 헤드의 움직임을 감소시키기 위해 사용된다.

iii. 인접하는 주소들을 가지는 디스크 블록들이 접근될 때 반복적인 지연을 감소시키기 위해 사용된다.

iv. 파일 레코드의 버퍼링과 블록화의 효율성을 향상시키기 위해 사용된다.

c. 디스크 스케줄링은,

i. 디스크상에 수행되는 I/O 연산의 횟수를 감소시키기 위해 사용된다.

ii. I/O 연산당 평균 디스크 헤드의 움직임을 감소시키기 위해 사용된다.

iii. 파일의 처리속도를 증가시키기 위해 사용된다.

d. 프로그램은 파일 `alpha`에 대해 실행시간 동안 100번 읽는 명령문을 실행한다. 하지만 파일 `alpha`로부터 데이터를 읽는 데 50번의 I/O 연산만 수행된다. 이것은,

i. 파일 `alpha`에 대해 사용되는 접근 방법이 블록화 없이 버퍼링만 사용하는 경우에 가능하다.

ii. 접근 방법이 블록화를 사용하지 않고 물리 IOCS가 디스크 캐시를 사용하지 않는 경우에 가능하다.

iii. 접근 방법이 블록화를 사용하지 않거나 물리 IOCS가 디스크 캐시를 사용하지 않는 경우에 가능하다.

연습문제

14.1 레코드의 버퍼링과 블록화가 다음 파일 종류에 대해 어떻게 유익한지, 혹은 유익하지 않은지에 대해 설명하라.

a. 순차 접근 파일

b. 인덱스 순차 접근 파일

c. 직접 접근 파일

14.2 업데이트 파일은 처리 작업 중에 읽히고 수정되는 것이다. 프로그램은 레코드를 읽고, 그것을 메모리에서 수정하고, 그것을 다시 파일에 쓴다.

a. 어떤 I/O 장치가 업데이트 파일을 레코딩하기에 가장 적합한가?

b. 레코드의 버퍼링과 블록화는 업데이트 파일에 대해 유용한가?

당신의 답이 정당함을 보이라.

14.3 디스크 장치의 처리량이 파일에 대한 디스크 블록의 불연속적인 할당 작업을 수행하는 파일 시스템 내에서 어떻게 최적화될 수 있는지 검토하라. (힌트: 가용 리스트, 자료 지연, 실린더 그룹들에서 블록들의 구성에 대해 생각해 보라.)

14.4 섹터로 나누어진 디스크가 다음과 같은 특성을 가진다.

1 회전시간 = 8 ms

t_{sect} = 1 ms

t_{st} = 3 ms

섹터 크기 = 1024바이트

지수 (F_{int})를 교차(interleave)하는 섹터에 대한 최고 디스크 처리량의 그래프를 그리라.

14.5 순차 접근과 직접 접근 파일의 처리속도를 높이기 위한 (a) 디스크 캐시와 (b) RAM 디스크의 효율성에 대해 기술하라.

14.6 다음 트랙들에 대한 I/O 연산 요청이 160 ms 동안 미결 상태이다.

7, 45, 98, 70, 68, 180

요청이 위 순서로 이루어진다면, 예제 14.3의 디스크에 대해 표 14.16과 유사한 표를 작성하라.

14.7 *biased* 디스크는 트랙 n에 대한 탐색시간이 n에 대한 선형 함수인(예를 들어, 탐색시간 = $0.1 \times n$) 가상적인 디스크 장치이다. $\{seq_i\}$는 어떤 주기 동안 요청되는 I/O 연산의 집합이다. I/O 연산들이 SSTF 알고리즘에 의해 biased 디스크상에 예정된 순서가, 동일한 I/O 연산들이 예제 14.3에서 보여진 일반적인 디스크상에 SCAN 알고리즘에 의해 예정된 순서와 같은가?

14.8 프로세스는 순차 접근 파일을 다룬다. I/O와 파일에서 각 레코드에 대한 처리시간은 다음과 같다.

장치의 접근시간	= 10 ms
레코드당 전송시간	= 6 ms
함께 요구되는 가장 많은 레코드 수	= 5레코드
레코드당 처리시간	= 10 ms

a. 2개의 버퍼가 사용된다면, 레코드당 대기시간을 최소화할 수 있는 가장 작은 블록화 지수를 구하라.

b. 2개의 버퍼와 블록화 지수 5가 사용된다면, 항상 메모리에 존재하는 레코드의 최소 개수는 얼마인가?(프로세스는 마지막 레코드를 처리한 후에 버퍼에 대해 I/O 연산을 시작한다고 가정하라—그림 14.20 참고)

14.9 순차 파일은 블록화를 사용해서 기록된다. 프로세스는 2개의 버퍼를 사용해서 이를 다룬다. I/O 처리시간은 다음과 같다.

접근시간(평균)	= 20 ms
레코드당 전송시간	= 5 ms
함께 요구되는 가장 많은 레코드 수	= 5레코드
레코드당 처리시간	= 10 ms

최적의 블록화 지수와 버퍼 개수를 구하라. 만약 프로세스가 함께 처리를 요구할 가능성이 있는 최대 레코드 수가 (i) 3레코드 (ii) 8레코드라면, 당신의 답안에 무슨 변화가 있는가?(힌트: 예제 14.4 참고)

14.10 한 버퍼가 연습문제 13.6의 `info` 파일을 처리하

는 데 사용된다. 레코드당 복사시간이 0.5 ms라면, 프로세스의 경과시간을 계산하라. 계산 결과에 대해 설명하라.

14.11 다음 문장이 참인지 거짓인지 구분하라. "블록화 지수와 버퍼 개수의 현명한 선택에 의해 대기시간을 t_c까지 줄이는 것이 항상 가능하다."

14.12 프로세스는 파일에 접근하기 전에 파일을 연다(open). 만약 파일을 열지 않고 접근하려고 시도한다면, 파일 시스템은 접근을 실행하기 전에 열기 작업을 수행한다. 시스템 프로그램의 안내서는 모든 프로그래머가 파일에 접근하기 전에 먼저 열도록 하거나, 성능저하에 대한 경고를 한다. 성능저하의 특징과 원인에 대해 설명하라.

14.13 다른 종류의 디스크 스케줄링 알고리즘이 I/O 블록화의 유효성에 어떤 영향을 미치는가?

14.14 프로세스는 많은 수의 버퍼를 사용하여 입력 파일을 다룬다. 다음 문장 중 어느 것이 정확한가? 그 이유를 설명하라.

a. "모든 디스크 스케줄링 알고리즘 중에서, FCFS 디스크 스케줄링이 프로세스에 대해 가장 좋은 경과시간 성능을 제공할 것이다."

b. "자료 지연은 파일에서 처음 몇몇 레코드를 읽는 동안에만 효율적이다. 즉, 다른 레코드를 읽을 때는 효율적이지 않다."

14.15 자기 테이프는 트랙을 따라 80 비트/cm의 레코딩 밀도를 가진다. 테이프는 데이터를 읽고 쓰는 데 초당 2미터의 속도로 움직인다. 레코드 간 간격은 0.5 cm이고, 테이프의 접근시간은 5 ms이다. 각각 400바이트인 5000개의 레코드를 가지는 순차 파일이 이 자기 테이프에 저장된다. 파일이 (a) 블록화 없이 (b) 블록화 지수 4로 기록된다면, 이 파일이 차지하는 자기 테이프의 길이와 이를 읽는 데 요구되는 총 I/O 시간을 계산하라.

14.16 프로세스는 블록화된 레코드를 가지는 파일을 다루는 동안 많은 버퍼들을 사용한다. 실행 중 시스템 오류가 발생한다. 오류가 발생한 지점으로부터 프로세스의 실행을 다시 시작할 수 있는가?

14.17 특별한 I/O 기술을 사용해서 얻어지는 **속도 향상 지수**(speedup factor)는 특별한 I/O 기술로 행해지는 프로세스의 경과시간에 대한 레코드의 블록화 또는 버퍼링 없이 처리되는 같은 프로세스의 경과시간의 비율이다. 14.8절에서, 블록화로 인한 속도 향상 지수는 최대 2가 됨을 보여주었다. 처리 작업이 블록화 레코드를 가지는 파일을 처리하는 동안 버퍼를 사용하지 않을 때, 속도 향상 지수에 대한 공식을 도출하라. 이 속도 향상 지수가 2를 넘을 수 있는가? 그렇다면 그 예를 보이라.

14.18 블록화 레코드를 가지고 $t_p \geq t_x$인 파일을 처리하는 동안, 프로세스가 2개의 버퍼를 사용할 때 **속도 향상 지수**에 대한 식을 도출하라.

14.19 파일 시스템 신뢰성을 위해 파일 또는 디스크 캐시의 관련성을 기술하라. 유닉스 커널이 버퍼링된 출력을 디스크에 강제로 쓰도록 하는 *flush*() 시스템 호출을 지원한다. 한 프로그래머가 그의 파일 신뢰성을 개선시키기 위해 *flush*()를 사용할 수 있는가?

14.20 유닉스의 `lseek` 명령어는 읽히거나 기록될 순차 접근 파일에서 다음 바이트의 오프셋을 가리킨다. 프로세스가 읽기 또는 쓰기 작업을 수행할 때, `lseek` 명령어를 사용한다. 이 명령어는 실제 읽기 또는 쓰기 명령에 우선한다.

a. `lseek` 명령어를 쓰는 장점이 무엇인가?

b. 프로세스가 `lseek` 명령어를 사용할 때 파일 시스템과 IOCS가 실행해야 하는 작동 순서는 어떻게 되는가?

14.21 n_d가 데이터 비트 수이고 n_c가 CRC 비트 수라면, CRC 다항식의 나머지가 0일 것이라는 사실에서, 레코드에서 $n_d + n_c$ 비트로부터 만들어지는 이진 다항식을 보이라. [힌트: n_d 비트 자료에 대한 다항식 중 x^i 항($i = 1, \ldots, n_d - 1$)은 레코드의 $n_d + n_c$ 비트에 대한 다항식 중 x^{i+n_c}이다. 또한 모듈로-2 덧셈과 뺄셈으로 동일한 결과를 얻을 수 있다.]

참고문헌

Tanenbaum(1990)은 I/O 하드웨어에 대해서 기술하였다. Ruemmler와 Wilkes(1994)는 성능 분석과 튜닝을 하기 위해 사용할 수 있는 디스크 드라이브 모델을 소개하였다. Worthington 등(1994)은 현대 디스크 드라이브들을 위한 디스크 스케줄링에 대해서 논한 반면, Teorey와 Pinkerton(1972)과 Hofri(1980)는 다양한 디스크 스케줄링 알고리즘을 비교했다. Lumb 등(2000)은 어떻게 포그라운드 작업을 지원하기 위해서 디스크 헤드의 기계적인 위치 이동 동안 디스크 재구성 같은 백그라운드 작업이 이루어질 수 있는지와, 이 방법의 효율성 측면에서 디스크 스케줄링 알고리즘에 대해서 논의하였다.

Chen과 Patterson(1990)과 Chen 등(1994)은 RAID 구성에 대해서 기술하였고, Wilkes 등(1996)과 Yu 등(2000)은 RAID 시스템의 개선에 대해서 정리하였다. Alvarez 등(1996)은 어떻게 RAID 아키텍처에서 복합 오류에 대응할 수 있는지 논하였고, Chau와 Fu(2000)는 디클러스트 RAID를 위해서 패리티 정보를 분산시키는 새로운 계층 방법을 제시하였다. Gibson 등(1997)은 네트워크 연결 디스크(NAS)를 위한 파일 서버에 대해서 논하였다. Nagle 등(1999)은 NAS를 사용자 수준의 네트워킹과 통합하는 방법을 제시하였다. Curtis Preston(2002)은 NAS와 기억장치 영역 네트워크(SAN)에 대해서 연구하였고, Clark(2003)은 기술에 기여하였다. Toigo(2000)는 현대 디스크와 미래 저장장치 기술에 대해서 기술하였다.

디스크 캐싱은 Smith(1985)가 연구했으며, Braunstein 등(1989)은 파일 버퍼 캐시 활용을 위해서 가상 메모리 하드웨어를 사용할 때 어떻게 파일 접근을 빠르게 할 것인지를 연구하였다.

McKusick 등(1996)은 유닉스 4.4BSD를 위한 Berkeley 고속 파일 시스템(FFS)에 대해서 기술하였다. Bach(1986)와 Vahalia(1996)는 유닉스 파일 시스템에 대해서 기술하였고, Ruemmler와 Wilkes(1993)는 유닉스 파일 시스템에서 디스크 접근의 다양한 특성에 따른 성능을 연구하였다. Beck 등(2002)과 Bovet과 Cesati(2005)는 리눅스 I/O 스케줄링에 대해서 연구하였으며, Love(2004, 2005)는 리눅스 2.6에서의 I/O 스케줄러에 대해서 기술하였다. Custer(1994)는 윈도우 NT 파일 시스템에 대해서 기술하였고, Russinovich와 Solomon(2005)은 윈도우 NTFS에 대해서 기술하였다.

1. Alvarez, G. A., W. A. Burkhard, F. Cristian (1996): "Tolerating multiple failures in RAID architectures with optimal storage and uniform declustering," *Proceedings of the 24th Annual International Symposium on Computer Architecture*, 62–72.
2. Bach, M. J. (1986): *The design of the Unix operating system*, Prentice-Hall, Englewood Cliffs, N.J.
3. Beck, M., H. Bohme, M. Dziadzka, U. Kunitz, R. Magnus, C. Schroter, and D. Verworner (2002): *Linux Kernel Programming*, Pearson Education, New York.
4. Bovet, D. P., and M. Cesati (2005): *Understanding the Linux Kernel*, 3rd ed., O'Reilly, Sebastopol, Calif.
5. Braunstein, A., M. Riley, and J. Wilkes (1989): "I mproving the efficiency of Unix buffer caches," *ACM Symposium on OS Principles*, 71–82.
6. Chau, A., and A. W. Fu (2000): "A gracefully degradable declustered RAID architecture with near optimal maximal read and write parallelism," *Cluster Computing*, **5** (1), 97–105.
7. Chen, P. M., and D. Patterson (1990): "Maximizing performance in a striped disk array," *Proceedings of 17th Annual International Symposium on Computer Architecture*, May 1990.
8. Chen, P. M., E. K. Lee, G. A. Gibson, R. H. Katz, and D. A. Patterson (1994): "RAID—high performance, reliable secondary storage," *Computing Surveys*, **26** (2), 145–186.
9. Clark, T. (2003): *Designing Storage Area Networks: A Practical Reference for Implementing Fibre Channel and IP SANS*, 2nd ed., Addison Wesley Professional.
10. Curtis Preston, W. (2002): *Using SANs and NAS*, O'Reilly, Sebastopol, Calif.
11. Custer, H. (1994): *Inside the Windows NT File System*, Microsoft Press, Redmond, Wash.
12. Gibson, G. A., D. Nagle, K. Amiri, F. W. Chang, E.

M. Feinberg, H. Gobioff, C. Lee, B. Ozceri, E. Riedel, D. Rochberg, and J. Zelenka (1997): "File server scaling with network-attached secure disks," *Measurement and Modeling of Computer Systems*, 272–284.

13. Hofri, M. (1980): "Disk scheduling: FCFS *vs.* SSTF revisited," *Communications of the ACM*, **23** (11), 645–53.
14. Iyer, S., and P. Druschel (2001): "Anticipatory scheduling: a disk scheduling framework to overcome deceptive idleness in synchronous I/O," *Proceedings of the 18th ACM Symposium on Operating Systems Principles*.
15. Lampson, B. (1981): "Atomic transactions," in *Distributed Systems—Architecture and Implementation: An Advanced Course*, Goos, G. and J. Hartmanis (eds.), Springer Verlag, Berlin, 246–265.
16. Love, R. (2004): "I/O schedulers," *Linux Journal*, **118**.
17. Love, R. (2005): *Linux Kernel Development*, 2nd ed., Novell Press.
18. Lumb, C. R., J. Schindler, G. R. Ganger, and D. F. Nagle (2000): "Towards higher disk head utilization: extracting free bandwidth from busy disk drives," *Proceedings of the 4th Symposium on Operating Systems Design and Implementation.*
19. McKusick, M. K., K. Bostic, M. J. Karels, and J. S. Quarterman (1996): *The Design and Implementation of the 4.4BSD Operating System*, Addison Wesley, Reading, Mass.
20. Nagle D., G. Ganger, J. Butler, G. Gibson, and C. Sabol (1999): "Network support for network-attached storage," *Proceedings of Hot Interconnects.*
21. Ruemmler, C., and J. Wilkes (1993): "Unix disk access patterns," *Proceedings of the Winter 1993 USENIX Conferenece*, 405–420.
22. Ruemmler, C., and J. Wilkes (1994): "An introduction to disk drive modeling," *IEEE Computer*, **27** (3), 17–29.
23. Russinovich, M. E., and D. A. Solomon (2005): *Microsoft Windows Internal*s, 4th ed., Microsoft Press, Redmond, Wash.
24. Smith, A. J. (1985): "Disk cache-miss ratio analysis and design consideration," *ACM Transactions on Computer Systems*, **3** (3), 161–203.
25. Tanenbaum, A. S. (1990): *Structured Computer Organization*, 3rd ed., Prentice Hall, Englewood Cliffs, N. J.
26. Teorey, T. J., and T. B. Pinkerton (1972): "A comparative analysis of disk scheduling policies," *Communications of the ACM*, **15** (3), 177–184.
27. Toigo, J. (2000): "Avoiding a data crunch," *Scientific American*, **282** (5), 58–74.
28. Vahalia, U. (1996): *Unix Internals—The New Frontiers*, Prentice Hall, Englewood Cliffs, N. J.
29. Wilkes, J., R. Golding, C. Staelin, and T. Sullivan (1996): "The HP autoRAID hierarchical storage system," *ACM Transactions on Computer Systems*, **14** (1), 108–136.
30. Worthington, B. L., G. R. Ganger, and Y. N. Patt (1994): "Scheduling algorithms for modern disk drives," *Proceedings of the 1994 ACM Sigmetrics Conference on Measurement and Modeling of Computer Systems*, 241–251.
31. Yu, X., B. Gum, Y. Chen, R. Y. Wang, K. Li, A. Krishnamurthy, and T. E. Anderson (2000): "Trading capacity for performance in a disk array," *Proceedings of the 2000 Symposium on Operating Systems Design and Implementation*, 243–258.

Chapter 15

보안 및 보호

Security and Protection

운영체제는 사람들이 컴퓨터 시스템에 있는 자원을 불법적으로 사용하거나 어떠한 방법으로든 해치는 것을 방지하기 위해 보안과 보호를 사용한다. 이러한 조치는 권한이 있는 사용자만이 데이터와 프로그램을 원하는 방식으로만 사용할 수 있게 하며, 또한 권한이 있는 사용자를 변경하지도 거부하지도 못하게 한다. **보안**(*security*) 조치는 컴퓨터 시스템 외부로부터 들어오는 자원 위협을 다루는 반면에, **보호**(*protection*) 조치는 내부 위협을 다룬다.

패스워드(password)는 주된 보안 도구이다. 패스워드 요구는 권한이 없는 사람이 시스템의 합법적인 사용자로 가장하려는 것을 저지시킨다. 패스워드의 기밀성은 **암호화**(*encryption*)로 유지된다.

컴퓨터 사용자는 협력자와 함께 파일에 저장된 데이터와 프로그램을 공유할 필요가 있으며, 여기에는 운영체제의 **보호** 조치가 있어야 한다. 파일의 소유자는 운영체제에게 다른 사용자가 가질 수 있는 특정한 **접근 권한**(*access privileges*), 즉 그 파일에 대한 다른 사람의 접근 가능 여부 및 가능한 접근 방법 등을 알려준다. 그러면 운영체제의 보호 기능이 그 파일에 대한 모든 접근을 절대적으로 명시된 접근 권한에 따라 이루어지게 한다.

이 장에서는 먼저 서로 다른 종류의 보안 위협들, 즉 **트로이 목마**(*trojan horses*), **바이러스**(*viruses*), **웜**(*worms*) 및 **버퍼 오버플로우**(*buffer overflows*) 등이 어떻게 일어나는지 살펴본다. 그 다음 암호화 기법을 설명한 연후에, **접근 제어 리스트**(*access control lists*), **자격 리스트**(*capability lists*), **보호 영역**(*protection domains*)이라고 불리는 세 가지 유명한 보호 구조를 설명하고, 이들이 파일 공유에 대해 제공하는 제어 정도를 살펴본다. 마지막으로 컴퓨터 시스템의 보안 등급이 보안 및 보호 위협에 대해 시스템이 이겨내는 정도를 어떻게 반영하는지를 설명한다.

15.1 보안 및 보호의 개요(OVERVIEW OF SECURITY AND PROTECTION)

사용자의 연산이나 자원이 피해를 입지 않도록 하는 것이 1.2절에서 언급한 세 가지 기본적인 운영체제 목표 중 하나이다. 자원은 I/O 장치와 같은 하드웨어, 파일에 저장된 프로그램이나 데이터와 같은 소프트웨어, 또는 운영체제가 제공하는 서비스 등이 될 수 있다. 컴퓨터 시스템의 운영 중에 여러 가지 종류의 방해가 일어날 수 있으며, 이들을 **위협**(*threat*)이라고 한다. 일부 위협은 특정 자원이나 서비스의 속성 및 그 사용 방식에 따라 다르며, 그 밖의 것들은 포괄적인 속성을 가지고 있다.

자원에 대한 승인되지 않은 접근은 운영체제에 명백한 위협이다. 컴퓨터 시스템의 사용자로 등록되지 않은 사람이 자원에 접근하려 시도할 수 있고, 반면에 등록된 사용자가 사용할 권한이 없는 자원에 접근하려 할 수도 있다. 이러한 사람은 의도적으로 자원을 변질시키거나 파괴하려 할 것이다. 이 점이 파일에 저장된 프로그램과 데이터에 대한 강력한 위협이다. 조금 덜 분명한 위협은 자원 및 서비스에 대한 사용자의 합법적인 접근에 대한 방해이다. 이것은 사용자가 운영체제의 자원이나 서비스를 사용하는 것을 방해함으로써 사용자의 연산 행위에 지장을 주려고 한다. 이러한 위협을 **서비스 거부**(*denial of service*)라고 한다. 이 장에서는 운영체제가 포괄적인 위협과 파일에 저장된 프로그램 및 데이터에 대한 위협에 어떻게 대처하는지를 살펴본다.

운영체제는 데이터와 프로그램에 대한 위협에 대처하기 위해 두 가지 종류의 기법을 사용한다.

- 운영체제 외부에 있는 사람이나 프로그램의 방해로부터 사용자의 데이터와 프로그램을 지키는 **보안**(*security*) 조치로서, 그러한 사람이나 프로그램을 **비사용자**(*nonuser*)라고 한다.
- 다른 시스템 사용자의 방해로부터 사용자의 데이터와 프로그램을 지키는 **보호**(*protection*) 조치

표 15.1은 운영체제가 보안과 보호를 구현하기 위해 사용하는 두 가지 중요한 기법을 설명한다. 보안을 염두에 둔 **신원인증**(*authentication*)은 사람의 신분을 확인하는 것으로 구성된다. 컴퓨터 기반의 신원인증은 두 가지 가정 중 하나에 기초하고 있다. 하나의 일반적인 가정은 어떤 사람이 운영체제와 해당 사용자만이 알고 있을 것이라고 예상되는 어떤 것, 예를 들어 패스워드 등을 알고 있다면, 그 사람은 자기가 맞다고 주장하는 그 사용자이다. 이를 **지식에 의한 신원인증**(*authentication by knowledge*)이라고 부른다. 또 다른 신원인증 방법은 그 사용자만이 가지고 있을 것이라고 생각되는 물건에 의존한다. 예를 들어 **생체 신원인증**(*biometric authentication*)은 지문, 망막, 또는 홍채 등과 같은 독특하고 변경될 수 없는 어떤 생체적 특징에 기반한다. **권한인가**(*authorization*)는 보호를 구현

표 15.1 보안과 보호에서 사용되는 용어

용어	설명
신원인증	신원인증은 사용자의 신분을 확인하는 것이다. 운영체제는 지식에 의한 신원인증을 가장 보편적으로 수행한다. 즉, 자기가 어느 사용자 X라고 주장하는 사람은 OS와 사용자 X만이 공유하고 있는 패스워드와 같은 지식을 내보여야 한다.
권한인가	권한인가는 두 가지 측면이 있다. **1.** 사용자에게 일단의 접근 특권을 부여한다. 예를 들어, 일부 사용자는 어떤 파일에 대해 읽기와 쓰기 특권을 부여받으며, 다른 사람은 읽기 특권만을 부여받을 수 있다. **2.** 명시된 방식으로 자원에 접근할 수 있는 사용자의 권한을 확인한다.

하기 위한 핵심 기법이다. 이 기법은 (1) 사용자에게 그 자원에 대해 명시된 방식(13장 참고)으로 접근하기 위한 **접근 특권**(*access privilege*)을 부여하는 것과 (2) 사용자가 그 자원을 명시된 방식으로 접근할 수 있는 권한의 소지 여부를 판단하는 일로 구성된다.

그림 15.1은 운영체제에서 보호와 보안을 구현하기 위한 포괄적인 방식을 보여준다. 보안 설정은 그림 윗부분에 있는 점선 상자에 나타나 있으며, **신원인증 서비스**(*authentication service*)와 **신원인증 데이터베이스**(*authentication database*)로 구성된다. 신원인증 데이터베이스는 운영체제의 모든 등록된 사용자에 대해 한 쌍의 정보(로그인 id, 확인 정보)를 가지고 있으며, 확인 정보는 일반적으로 암호화된 형태의 사용자 패스워드이다. 어떤 사람이 시스템에 로그인하려면, 자신의 로그인 id와 패스워드를 운영체제에 제출한다. 커널은 이 정보를 신원인증 서비스에게 넘기며, 신원인증 서비스는 이

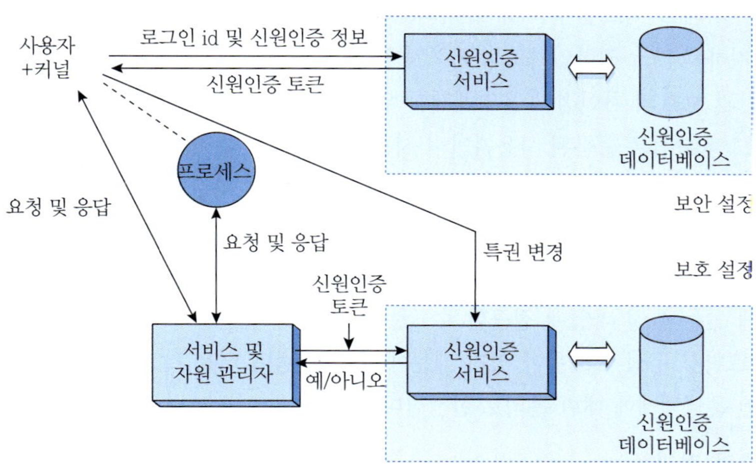

그림 15.1 운영체제에서 포괄적인 보안 및 보호 설정

패스워드를 암호화하여 신원인증 데이터베이스에 저장되어 있는 사용자 확인 정보와 비교한다. 이 검사가 성공하면, 신원인증 서비스는 사용자를 위한 **신원인증 토큰**(*authentication token*)을 생성하여 커널에게 다시 넘겨준다. 신원인증 토큰은 일반적으로 사용자에게 부여되는 사용자 id이다. 사용자 또는 사용자가 시작한 프로세스가 자원에 대한 접근 요청을 할 때마다, 커널은 보호 검사를 용이하게 하기 위해 신원인증 토큰을 요청에 첨부한다.

그림 15.1의 아래쪽에 있는 점선 상자는 보호 설정을 보여주며, 이는 **권한인가 서비스**(*authorization service*)와 **권한인가 데이터베이스**(*authorization database*)로 이루어진다. 권한인가 데이터베이스에는 세 가지 정보(신원인증 토큰, 자원 id, 권한)의 형태가 포함되어 있다. 사용자가 자신의 파일 하나에 대한 접근 권한을 다른 사람에게 주고 싶거나, 또는 이전에 파일에 대해 부여했던 접근 권한을 취소하고 싶으면 커널에게 요청하게 된다. 그림 15.1에서 보듯이, 커널은 그 요청을 사용자에 대한 신원인증 토큰과 함께 권한인가 서비스에게 넘긴다. 권한인가 서비스는 이제 권한인가 데이터베이스에 적절한 변경을 수행한다. 사용자 혹은 그의 프로세스는 자원에 접근하기 위해 **서비스 및 자원 관리자**(*service and resource manager*)에게 자원 요청을 한다. 이 요청에는 자원의 id, 원하는 접근의 종류 및 사용자의 신원인증 토큰 등이 포함되어 있다. 서비스 및 자원 관리자는 이 요청을 권한인가 서비스에게 넘기며, 여기서 사용자가 그 자원을 원하는 방식으로 사용할 수 있는 권한을 가졌는지 여부를 판단하여 예/아니오 응답을 서비스 및 자원 관리자에게 보낸다. 서비스 및 자원 관리자는 이 응답에 따라 사용자 요청을 수락할지 여부를 결정한다.

모든 운영체제가 그들의 보안 및 보호 설정에서 그림 15.1에 보인 모든 요소를 다 가지고 있는 것은 아니다. 예를 들어, 대부분의 최근 운영체제에서는 권한인가 정보가 일반적으로 파일 시스템에 의해 유지되고 사용되며, 운영체제는 권한인가 데이터베이스를 유지하지 않고 권한인가도 수행하지 않는다.

보안과 보호의 차이점이 운영체제를 위한 분리된 관점을 제공한다. 평범한 운영체제에서 보안 관점은 등록된 사용자만이 시스템을 사용할 수 있게 하는 데 있다. 보안 검사는 어떤 사람이 로그인하는 시점에 수행된다. 이는 그 사람이 이 운영체제의 사용자인지를 판단하여 사용자 id를 결정한다. 이 검사 이후에는 시스템에 저장된 정보에 대한 모든 위협은 보호 관점이며, 운영체제는 그 사람의 사용자 id를 사용하여 그 사람이 운영체제에 있는 특정 파일에 접근할 수 있는지 여부를 판단한다. 그러나 분산 시스템에서는 네트워킹 구성 요소들이 있기 때문에 보안 관점이 더욱 복잡해진다. 이 장에서는 보편적인 운영체제에 대한 논의로 한정한다.

메커니즘과 정책(Mechanisms and Policies) 표 15.2에는 보안과 보호에서의 메커니즘과 정책이 기술되어 있다. 보안 정책은 어떤 사람이 시스템 사용을 허가받아야 하는지 여

표 15.2 보안 및 보호에서의 정책과 메커니즘

보안	• **정책**: 어떤 사람이 시스템 사용자가 될 수 있는지 여부. 시스템 관리자는 새로운 사용자를 등록하는 동안에 정책을 사용한다. • **메커니즘**: 사용자의 추가 또는 삭제, 어떤 사람이 등록된 사용자인지 확인(즉, 신원인증 수행), 패스워드의 기밀성을 확보하기 위해 암호화 수행 등이 포함된다.
보호	• **정책**: 파일 소유자가 파일에 대한 권한인가 정책을 명세한다. 이 정책은 어느 사용자가 어떤 방식으로 파일에 접근할 수 있는지를 결정한다. • **메커니즘**: 파일에 대한 권한인가 정보를 설정 및 변경한다. 파일 처리 요청이 사용자 권한에 적합한 것인가를 검사한다.

부를 명세한 것이다. 보호 정책은 어떤 사용자가 특정 파일에 대한 접근을 허가받아야 하는지 여부를 명세한 것이다. 이 두 정책은 모두 운영체제 영역의 외부에 적용된다. 즉, 시스템 관리자는 어떤 사람이 시스템 사용자로 인가되어야 하는지 여부를 결정하고, 사용자는 어떤 사용자가 자신의 파일에 접근할 수 있는지 여부를 명세한다. 보안과 보호 메커니즘은 신원인증 및 권한인가 데이터베이스를 유지하고, 시스템 운영 동안에 특정 검사를 수행하기 위해 그 내용을 사용함으로써 이러한 정책을 구현한다.

15.1.1 보안과 보호의 목표(Goals of Security and Protection)

표 15.3은 보안과 보호의 네 가지 목표, 즉 **비밀성**(*secrecy*), **프라이버시**(*privacy*), **진정성**(*authenticity*), **무결성**(*integrity*) 등을 설명하고 있다.

이 네 가지 목표 중에서 **프라이버시**만이 유일하게 보호 관점이다. 운영체제는 권한인가 서비스와 자원 관리자를 통해 프라이버시를 다룬다(그림 15.1 참고). 권한인가 서비스는 어떤 사용자가 특정 자원을 특정한 방식으로 접근할 수 있는 특권을 가지고 있는지 여부를 검증하며, 서비스 및 자원 관리자는 사용자의 특권에 부합하지 않는 요청을 불허한다. 이러한 설정을 사용하여 사용자 자신의 정보에 대한 프라이버시를 보호하

표 15.3 컴퓨터 보안과 보호의 목표

목표	설명
비밀성	권한인가를 받은 사용자만이 정보에 접근할 수 있다. 이 목표는 **기밀성**(*confidentiality*)이라고도 한다.
프라이버시	정보는 의도되고 공유되는 목적으로만 사용되어야 한다.
진정성	정보의 출처 및 송신자를 확인할 수 있어야 하며, 그 정보가 원래 생성되거나 송신된 형태대로 보존되었다는 것도 확인할 수 있어야 한다.
무결성	정보를 파괴하거나 손상, 예를 들어 디스크를 지우는 것과 같은 일을 할 수 없어야 한다.

는 것은 사용자 책임이다. 자신의 데이터와 프로그램을 다른 몇몇의 사용자와 공유하려는 사용자는 잘 알려진 *need-to-know*(알 필요가 있는) 원칙에 따라 그 정보에 대한 권한인가를 설정해야 한다. 합법적인 기능을 위해 어떤 정보를 사용할 필요가 있는 사람에게만 그 정보에 대한 접근이 인가되어야 한다.

비밀성, **진정성** 및 **무결성** 등은 보호 관점과 보안 관점을 모두 가지고 있다. 보호 관점에서 비밀성, 진정성 및 무결성 등은 사용자의 신원이 이미 검증되었으며, 서비스 및 자원 관리자는 그림 15.1에서 보인 보호 설정의 일부인 권한인가 정보를 사용할 것이기 때문에 만족시키기 용이하다. 그러나 비밀성, 진정성 및 무결성 등을 보안 관점에서 만족시키기 위해서는 정교한 조치가 필요하다.

15.1.2 보호 및 보안 위협(Security and Protection Threats)

운영체제에서 보안 및 보호 위협이 언제, 어떻게 일어나는지를 알아보기 위해 먼저 전통적인 운영체제를 생각해 보자. 운영체제의 신원인증 프로시저가 등록된 사용자만이 시스템에 로그인하여 프로세스를 시작할 수 있게 한다. 그러므로 운영체제는 어느 사용자가 특정 프로세스를 시작하였는지 알며, 이 지식을 사용하여 프로세스에게 특정한 자원의 사용을 허용해야 할지 여부를 손쉽게 검사할 수 있다. 프로세스가 다른 프로세스와 통신할 경우에, 통신에 관한 운영체제 행위도 동일한 컴퓨터 시스템에 국한된다. 따라서 자원이나 서비스에 대한 프로세스의 불법 접근과 메시지 불법 변경 시도는 모두 보안 위협이라기보다는 보호 위협이다.

시스템이 인터넷에 연결되어 있고 사용자가 인터넷을 통해 데이터나 프로그램을 다운로드받는 경우는 상황이 다르다. 운영체제의 외부에 있는 어떤 사람 혹은 프로그램이 다운로드 중인 데이터나 프로그램을 훼손할 수 있을 것이다. 이러한 데이터나 프로그램에 대한 위협은 그 정의에 따라 보안 위협이다.

보안 위협은 분산 운영체제에서 보다 쉽게 발생할 수 있다. 송신자와 수신자 사이에 전송되는 프로세스 간의 메시지는 노드 경계를 뛰어넘을 수 있다. 노드 간의 통신은 공중망을 포함한 개방된 통신 링크를 통해 이루어진다. 따라서 외부 개체가 메시지를 함부로 변경할 수 있다.

15.2 보안 공격(SECURITY ATTACKS)

시스템의 보안을 해치려는 시도를 **보안 공격**(*security attacks*)이라고 하며, 공격하려는 사람이나 프로그램을 **적대자**(*adversary*) 또는 **침입자**(*intruder*)라고 부른다. 보안 위협은 두 가지 일반적인 형태가 있다.

- 가장(*masquerading*): 불법적인 방법을 통해 시스템에 등록된 사용자의 신분으로 위장하는 것
- 서비스 거부(*denial of service*): 등록된 사용자가 접근 특권을 가지고 있는 자원에 대한 접근을 방해하는 것

가장(*masquerading*) 공격이 성공하면 침입자는 위장한 사용자가 접근 권한을 가지고 있는 자원에 접근할 수 있으며, 따라서 침입자는 위장한 사용자에게 속한 프로그램이나 데이터를 마음대로 훼손하거나 파괴할 수 있다. 가장 공격을 시도하기 위한 확실한 방법은 사용자의 패스워드를 알아내어, 이 정보를 사용하여 로그인 시점에 신원인증 검사를 통과하는 것이다. 또 다른 방법은 소프트웨어 환경에 심어 놓은 프로그램을 통하여 보다 교묘한 방식으로 가장 공격을 수행하는 것이다. 이 방법에 대해서는 15.2.1절에서 설명한다.

서비스 거부(*denial-of-service*) 공격은 DoS 공격이라고도 부르며, 운영체제의 설계 또는 운영상의 어떤 취약점을 사용하여 시도된다. DoS 공격은 다양한 방법으로 시도될 수 있다. 즉, 이들 방법 중 일부는 시스템 사용자만이 이용할 수 있는 반면에, 그 외 다른 방법은 다른 시스템에 있는 침입자가 이용할 수 있다. 이들 방법 중 대다수는 합법적이어서 DoS 공격을 쉽게 시도할 수 있으며, 운영체제가 이를 탐지하고 방지하기가 어렵다. 예를 들어, DoS 공격은 유령과 같은 수단을 통해 자원에 대해 과부하를 줌으로써 자원의 진짜 사용자에 대한 서비스가 거부되게 시도할 수 있다. 운영체제의 커널이 커널 자료 구조에 대한 부하를 조절하기 위해 생성되는 프로세스의 전체 개수에 제한을 둔다면, 어떤 사용자가 대량의 프로세스를 생성하여 다른 사용자들이 프로세스를 생성할 수 없도록 할 수 있을 것이다. 네트워크 소켓의 사용도 대량의 소켓을 오픈함으로써 유사하게 거부당할 수 있다. DoS 공격은 또한 어떤 서비스를 제공하는 프로그램을 훼손하거나 커널 내부의 어떤 형상 정보를 파괴함으로써 시도될 수 있다. 예를 들면, 커널의 물리적 장치 테이블(14.5.2절 참고)에 있는 항목을 변경하여 어떤 I/O 장치의 사용을 거부하게 할 수 있다.

네트워크 *DoS* 공격(*network DoS attack*)은 특별한 서버에 대한 과도한 메시지로 네트워크를 마비시켜 네트워크 대역폭이 진짜 메시지를 거부하게 하며, 서버는 메시지 수신에 너무 바빠서 어떠한 메시지에 대한 응답도 할 수 없게 된다. 분산 *DoS* 공격(*distributed DoS attack*)은 네트워크의 서로 다른 호스트에 있는 몇몇 침입자에 의해 시도되며, 비분산의 경우보다 훨씬 탐지 및 방어가 어렵다.

그 밖의 대다수 보안 공격은 메시지 통신 시스템을 통해 시도된다. 도청(*eavesdropping*)이라고도 부르는 권한인가 없이 메시지를 읽는 것과 메시지를 변조하는 것이 그러한 두 가지 공격이다. 이러한 공격은 주로 분산 운영체제에서 발생한다.

표 15.4 트로이 목마, 바이러스 및 웜 등을 통한 보안 위협

위협	설명
트로이 목마	운영체제나 사용자에게 알려진 합법적인 기능을 수행하는 프로그램으로서, 나중에 메시지 보안 또는 가장 공격과 같은 나쁜 목적으로 사용될 수 있는 숨겨진 요소를 가지고 있다.
바이러스	컴퓨터 시스템에 있는 다른 프로그램에 기생할 수 있는 한 부분의 코드로서, 프로그램이 복사되거나 전이될 경우에 다른 컴퓨터 시스템에 전파된다.
웜	운영체제에 있는 원격 프로세스 생성 기능의 취약점과 같은 보안 허점을 이용하여 다른 컴퓨터 시스템에 전파되는 프로그램이다.

15.2.1 트로이 목마, 바이러스 및 웜(Trojan Horses, Viruses, and Worms)

트로이 목마(*trojan horses*), 바이러스(*viruses*) 및 웜(*worms*) 등은 활성화되면 보안 공격을 시도하는 어떤 코드를 포함하고 있는 프로그램들이다. 표 15.4는 이들의 특징을 요약한 것이다. 트로이 목마나 바이러스는 순진한 사용자가 인터넷이나 디스크로부터 프로그램을 다운로드받을 경우에 시스템에 들어간다. 그와 반대로, 한 컴퓨터 시스템에 있는 웜은 스스로 다른 컴퓨터 시스템에 전파된다.

트로이 목마(*trojan horse*)는 컴퓨터 시스템을 파괴하도록 설계된 숨겨진 요소를 가진 프로그램이다. 예를 들어, 컴퓨터 시스템에 있는 하드 디스크를 지워 무결성을 해칠 수 있으며, 가장 공격을 위한 정보를 수집하거나 시스템의 고장 또는 성능저하를 가져오게 하여 서비스 거부 공격을 시도할 수 있다. 트로이 목마의 전형적인 예는 도용된(spoof) 로그인 프로그램으로서, 이것은 사용자가 자신의 패스워드를 넣도록 속이는 로그인 프롬프트를 제공하며 나중에 이 정보는 가장 공격에 사용될 수 있다. 트로이 목마는 순진한 사용자에 의해 명시적으로 적재되기 때문에 그 저작자나 출처를 추적하기 어렵지 않다.

바이러스(*virus*)는 다른 프로그램을 감염시키며, 감염된 프로그램이 복사되거나 전이될 경우에 다른 시스템으로 전파되는 한 부분의 코드이다. 실행 가능한 바이러스(*executable virus*) 또는 파일 바이러스라고 불리는 바이러스는 다음과 같이 감염을 일으킨다. 즉, 바이러스는 디스크를 조사하여 감염시킬 프로그램을 선택하고, 그 프로그램의 코드에 바이러스 코드(*viral code*)라고 부르는 자신의 코드를 추가한다. 바이러스는 또한 프로그램의 코드를 변경하여 그 프로그램이 실행될 경우에 바이러스 코드가 활성화되게 할 수 있다. 이를 달성하기 위한 가장 간단한 방법은 그 프로그램 코드의 맨 처음 명령어, 즉 그 주소가 프로그램의 실행 시작 주소(11.3절 참고)인 명령어를 변경하여 바이러스 코드로 제어가 넘어가게 하는 것이다. 바이러스 코드가 활성화되면, 감염시킬 또 다른 프로그램을 찾기 위해 디스크를 조사한다. 이들 프로그램을 감염시킨 이후에 그 프로그램의 진짜 코드에게로 제어를 넘긴다. 감염 단계가 그다지 많은 CPU 시간을

소비하지 않으며 감염된 프로그램의 기능에도 영향을 주지 않기 때문에, 사용자는 프로그램이 감염되었는지 여부를 알 길이 없다. 바이러스가 자신을 다른 프로그램에 기생시키는 이러한 방법은 트로이 목마보다 훨씬 추적하기 어렵게 만든다.

바이러스는 전형적으로 나중에 파괴 목적으로 이용될 수 있는 **백 도어**(*back door*)를 설정한다. 예를 들어, 특정 날짜나 시간 또는 메시지에 의해 활성화될 때까지 휴면해 있다가, 일단 활성화되면 어떤 파괴적인 행동을 수행하는 데몬(daemon)을 설정할 수 있다. 서로 다른 부류의 바이러스가 감염 및 복제를 서로 다르게 한다. 위에서 설명한 파일 바이러스와 다르게 **부트 섹터 바이러스**(*boot-sector virus*)는 하드 디스크 또는 플로피 디스크의 부트 섹터에 자신을 심는다. 이러한 바이러스는 시스템이 부팅될 경우에 실행될 수 있는 기회를 가지며, 새로운 부트 디스크가 만들어질 경우에 복제될 기회를 얻는다.

실행 가능한 바이러스와 부트 섹터 바이러스는 프로그램이 플로피에서 적재될 경우에 번창한다. 변경이 불가능한 CD를 사용하면 그 위협이 감소된다. 하지만 최근의 바이러스는 컴퓨터의 방어를 깨기 위해 더욱 복잡한 기술로 바뀌고 있다. **이메일 바이러스**(*e-mail virus*)는 이메일을 통해 컴퓨터 시스템에 들어가며, 주소록에서 찾을 수 있는 이메일 id를 가진 사용자에게 거짓 메일을 보낸다. 1999년도의 Melissa 바이러스는 인터넷 뉴스 그룹에 게시된 워드 문서인 바이러스 코드를 사용하였다. 그 바이러스는 사용자가 다운로드받은 워드 문서의 복사본을 오픈한 경우에 활성화되며, 그 사용자의 주소록에 이메일 id가 있는 또 다른 50명에게 자신의 문서를 보낸다. 이 경우에 백 도어는 워드 문서와 연관되어 있는 Visual Basic Application(VBA)이라고 불리는 언어로 작성된 조그만 코드 부분이다. 이 코드 부분은 마이크로소프트 워드의 자동실행 기능에 의해 활성화되었으며, 그 문서가 오픈될 경우에 워드 문서와 연관된 프로그램이 자동적으로 실행되었다. 2000년도의 I LOVE YOU 바이러스는 어떤 이메일의 첨부 형태로 바이러스 코드가 붙어 있는 이메일 바이러스였다. 이 바이러스는 사용자가 그 첨부 파일을 더블클릭하는 경우에 실행되었다. 또한 이 바이러스는 자신의 복사본이 포함된 이메일을 여러 다른 사람에게 보낸 다음에 그것이 실행된 호스트의 디스크에 있는 파일들을 파괴하였다. Melissa와 I LOVE YOU 바이러스는 매우 강력하여 대기업도 그 바이러스를 방지할 수 있을 때까지 그들의 이메일 서버를 완전히 닫아둘 수밖에 없었다.

바이러스는 다양한 기술을 사용하여 앤티바이러스(antivirus) 소프트웨어의 탐지를 피한다. 이런 기술에는 형태 바꾸기, 코드나 데이터를 압축 또는 암호화하기, 자신을 운영체제의 일부로 숨기기 등이 있다.

웜(*worm*)은 다른 컴퓨터 시스템의 보안 설정에 있는 허점을 이용하여 자신을 복제시키는 프로그램이다. 자체 복제 특성 때문에 바이러스보다 추적하기가 더욱 어렵다. 웜은 상상할 수 없을 정도의 빠른 속도로 복제되는 것으로 알려져 있으며, 따라서 복제되는 동안에 네트워크에 부하를 주며 CPU 시간을 소비한다. 2001년도의 Code Red 웜은 버퍼 오버플로우 공격을 사용하여 9시간 만에 25만 개의 호스트를 감염시켰다. 1988년도의 Morris 웜은 유닉스 시스템의 세 가지 약점을 통해 수천 개의 호스트로 전파되었다. 즉,

- 유닉스 원격 로그인 기능인 *rsh*는 사용자가 패스워드 없이 원격 호스트에 로그인할 수 있는 방법을 설정할 수 있게 해주었다. 웜은 *rsh*를 통해 접근할 수 있는 원격 호스트의 이름으로 저장된 파일을 찾아 원격 호스트로 이동하기 위해 이 파일을 사용하였다.
- 15.2.2절에서 설명한 **버퍼 오버플로우**(*buffer overflow*) 기법은 보호되지 않고 있는 서버상의 데몬이 한 부분의 코드를 받아들여 실행하게 한다. Morris 웜은 원격 유닉스 호스트의 `finger` 데몬에 대해 이 공격을 사용하여 자신의 코드를 원격 호스트에 보내어 그 호스트에서 실행되게 하였다.
- Morris 웜은 유닉스의 `sendmail` 프로그램에 있는 디버그 기능을 사용하여 자신의 코드 복사본을 다른 호스트에 보내어 거기서 실행되게 하였다.

트로이 목마, 바이러스 및 웜 등으로 시도되는 보안 공격은 다음과 같은 방법으로 저지할 수 있다.

- 컴퓨터에 새로운 프로그램을 적재하는 경우에 주의하기
- 앤티바이러스 프로그램 사용하기
- 발견되었거나 보고된 보안 허점 막기

제조회사가 공급하는 원본 디스크에서 프로그램을 가져오는 방법으로 트로이 목마 또는 바이러스의 근본적인 원인을 제거할 수 있다. 이 방법은 컴팩트 디스크(CD) 기술을 사용할 경우에 특히 효과적이다. 이러한 디스크는 변경될 수 없기 때문에 진짜 프로그램이 트로이 목마로 대치될 수 없으며, 혹은 제조회사가 공급한 디스크를 바이러스가 감염시킬 수 없다.

앤티바이러스 프로그램은 디스크에 있는 각 프로그램을 분석하여 알려진 바이러스의 어떤 것과 유사한 특징을 가지고 있는지 여부를 조사한다. 이 앤티바이러스 프로그램이 찾는 기본적인 특징은 프로그램의 실행 시작 주소가 변경되었는지 여부와 프로그램의 처음 몇 바이트가 복제와 유사한 행동을 수행하는지 여부, 즉 디스크상의 어떤 프로그램에게 코드를 부착시켰는지 여부 등이다.

운영체제 공급사는 그들 운영체제의 보안 취약점을 정기적으로 웹사이트에 게시하며, 이러한 허점을 봉합하는 보안 패치를 공급한다. 시스템 관리자는 이러한 게시물을 조사하여 보안 패치를 정기적으로 적용시켜야 한다. 이렇게 함으로써 웜으로 시도되는 보안 공격을 막아낼 수 있을 것이다.

15.2.2 버퍼 오버플로우 기법(The Buffer Overflow Technique)

버퍼 오버플로우(*buffer overflow*) 기법은 호스트 컴퓨터 시스템의 보안을 깨기 위해 서버 프로그램이 침입자가 공급한 코드를 실행하게 할 수 있다. 이 기법은 메일 서버와 다른 웹 서버를 완전히 파괴하는 데 사용되어 왔다. 이 기법의 기본 아이디어는 간단하다. 즉, 대부분의 시스템은 근본적인 취약점, 다시 말해 일부 프로그램은 사용자나 다른 프로그램으로부터 받아들이는 입력의 길이를 검사하지 않는다는 약점을 가지고 있다. 이 취약점으로 인해, 그러한 입력을 받아들일 버퍼 영역이 넘쳐나거나 인접한 메모리 영역의 내용에 겹쳐 쓸 수가 있다. 메모리에서 아래로 커지는 스택을 사용하는 하드웨어 플랫폼, 예를 들어 인텔 80x86과 같은 아키텍처에서는 이러한 오버플로우가 버퍼에 들어가는 데이터로 가장한 한 부분의 코드를 실행시킬 수 있는 기회를 제공한다. 이 코드가 다양한 보안 공격을 시도할 수 있다.

그림 15.2는 침입자가 버퍼 오버플로우 기법을 통해 보안 공격을 시도할 수 있다는 것을 예시한 것이다. 어떤 웹 서버가 작동 중에 있다. 어떤 함수 중 하나가 2개의 매개변수를 사용하여 함수 `sample`을 호출할 경우에, 스택은 두 가지 목적으로 사용된다. 즉, `sample`이 실행을 완료한 경우에 호출한 함수의 실행을 재개하기 위해 사용될 복귀 주소를 보관하기 위한 것과 `sample`에게 매개변수를 넘겨주기 위한 것이다. 여기서는 복귀 주소와 매개변수가 각각 4바이트를 차지하며, 스택은 메모리의 아래쪽으로, 즉 메모리에서 주소가 작아지는 방향으로 커진다고 가정한다. `sample`이 실행되는 동안 지역변수에 대한 공간을 스택에 할당한다. 따라서 400바이트 크기의 변수 `beta`는 스택에서 매개변수와 인접한 곳에 할당된다. `sample`이 실행을 시작하면, 웹 서버에 대한 요청이 포함된 메시지를 받아들여 `beta`에 집어넣는다. 하지만 메시지가 400바이트를 넘지 않아야 한다는 것을 검사하지 않는다. 어떤 침입자가 이 약점을 이용하여 412바이트 크기의 메시지를 보내게 되며, 처음 408바이트는 어떤 코드를 가지고 있고 나머지 4바이트는 이 코드의 시작 주소를 가지고 있다. 이 메시지가 `beta`에 복사될 경우, 마지막 4바이트는 원래 복귀 주소가 들어 있던 스택의 내용에 겹쳐 쓰이게 될 것이다. `sample`의 실행이 완료되면, 제어는 이 스택 항목에 있는 주소로 넘어갈 것이다. 따라서 침입자의 코드가 활성화되어 그 웹 서버의 특권을 가지고 실행될 것이다. 이 코드는 그 웹 서버의 코드와 파일을 훼손하여 어떠한 요청에도 응답할 수 없게 만들 수 있으며, 이는 서비스 거부가 되거나 거짓된 메일을 보내게 될 것이다.

침입자는 어느 웹 서버가 버퍼 오버플로우 기법의 먹이감이 되는지, 그리고 복귀 주소를 겹쳐 쓰게 하기 위해 얼마 만큼의 바이트가 주어져야 하는지를 어떻게 알 수 있을까? 침입자는 경험을 통해 이런 자세한 사항을 찾아낼 수 있을 것이다.

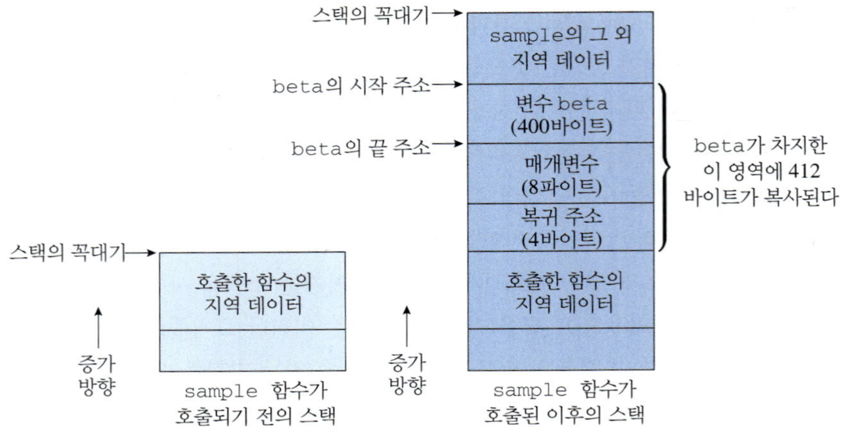

보안 공격을 시도하기 위해 버퍼 오버플로우를 사용하는 방법

1. 스택은 아래쪽으로, 즉 메모리 주소가 작아지는 쪽으로 커진다. 현재 실행 중인 함수가 sample 함수를 호출하기 전에는 위의 왼쪽 그림과 같은 모양이다.
2. 호출하는 함수의 코드가 복귀 주소와 2개의 매개변수를 스택에 집어넣는다. 이들은 각각 4바이트를 차지한다.
3. sample의 코드가 변수 beta 및 다른 변수들을 스택에 할당한다. 이제 스택은 위 그림의 오른편과 같은 모양을 가진다. beta의 시작 주소가 할당된 메모리의 맨 끝에 있다는 점에 유의하라. 즉, beta의 마지막 주소가 매개변수의 마지막 바이트와 인접해 있다.
4. sample 함수가 412바이트를 beta 변수에 복사한다. 처음 408바이트는 보안 공격을 일으키는 코드가 들어 있다. 409~412 바이트는 이 코드의 시작 주소를 가지고 있다. 이 4바이트가 스택의 복귀 주소에 겹쳐 쓰인다.
5. 함수 sample이 return 명령을 실행한다. 제어는 복귀 주소가 있을 것이라고 생각되는 스택 항목에 있는 주소로 넘어간다. 실제로는 변수 beta에 있는 코드가 시작된다. 이 코드는 호출한 함수의 특권을 가지고 실행된다.

그림 15.2 버퍼 오버플로우 기법을 통한 보안 공격 시도

15.3 보안의 정형적 관점(FORMAL ASPECTS OF SECURITY)

시스템이 모든 형태의 보안 공격에 견딜 수 있다는 것을 정형적으로 증명하려면 보안 정책 및 메커니즘, 위협 리스트, 기본적인 공격 리스트 및 증명 방법론 등으로 구성되는 보안 모델이 필요하다. 공격 리스트는 위협 리스트에 있는 어떠한 위협도 이 기본적인

공격들의 결합을 통해 만들어 낼 수 있을 정도로 거의 완벽해야 한다. 증명 방법론은 보안 모델이 어떤 형태의 공격을 견딜 수 있는지 여부를 확인할 수 있어야 한다.

초기 보안 작업은 이러한 맥락에서 수행되었다. **취득 및 부여**(*take-and grant*) 모델 [Landwehr(1981)]에서 프로세스는 객체 및 다른 프로세스에 대한 특권이 주어진다. 객체에 대한 특권은 그 특권 소유자에게 특정한 방식으로 객체에 접근할 수 있는 자격을 준다. 프로세스에 대한 특권은 특권의 소유자에게 다른 프로세스가 가지고 있는 접근 특권을 가져오거나(**취득** 연산), 또는 자신의 접근 특권 중 하나를 다른 프로세스에게 넘겨줄 수(**부여** 연산) 있는 자격을 준다. 증명은 특정 프로세스가 일련의 취득 및 부여 연산을 통해 특정 객체에 대한 특정 접근 특권을 가질 수 있는지 여부를 확인하는 형태를 가진다. 다음 예제에서 정형적인 접근 방법을 통해 보안 결함을 탐지하는 방법을 설명한다.

예제 15.1 보안 결함의 탐지

군대와 같은 보안을 사용하는 어떤 조직에서는 모든 문서를 세 가지 보안 등급, 즉 일반(unclassified), 대외비(confidential), 기밀(secret) 등으로 분류한다. 조직에 근무하는 사람은 자신의 보안 인가와 같거나 낮은 등급의 모든 문서에 접근할 수 있다는 전제와 함께 U(일반), C(대외비), S(기밀) 등으로 불리는 보안 인가(security clearance)를 받는다. 따라서 C 등급의 보안 인가를 받은 사람은 대외비와 일반 문서에는 접근할 수 있지만, 기밀 문서에 대한 접근은 금지된다.

어떤 조직이 유닉스 시스템을 사용하고 있고, 근무자는 문서가 포함된 파일에 접근하기 위해 유닉스 기능을 사용한다. 이러한 방식으로 사용자가 실행시킨 프로그램은 그 사용자가 적절한 보안 인가를 소유하고 있는 경우에만 특정 보안 등급의 문서에 접근할 수 있다. 문서 보안에 대한 검사는 아주 간단히 이루어지고 시스템에서 모든 연산은 모형화되며, 어떤 사람이 자신의 보안 인가보다 높은 등급의 문서에 접근할 수 있는지 여부를 알 수 있는 검사가 수행된다. 사용자에 대한 프로그램 '실행' 특권의 무분별한 배정과 유닉스의 *setuid* 기능을 함께 이용함으로써 사용자는 금지된 문서에 접근할 수 있다는 점이 알려져 있다. 이러한 일은 *setuid* 기능이 프로그램을 실행하려는 사용자에게 프로그램 소유자의 특권을 허용하기 때문에 발생할 수 있으며(15.9.2절 참고), 따라서 어떤 사용자가 높은 보안 인가를 가진 사람이 소유한 프로그램을 실행할 수 있다면 그 사용자는 그 프로그램 소유자의 보안 인가를 취득할 수 있다.

이러한 보안 결함은 *setuid* 기능의 사용을 금지하거나 프로그램의 '실행' 특권을 그 프로그램 소유자의 보안 인가보다 낮지 않은 보안 인가를 가진 사용자에게만 제한함으로써 제거될 수 있다.

예제 15.1의 보안 결함은 수작업 절차를 통해서도 발견할 수 있었을 것이다. 하지만 시스템이 좀 더 복잡해질수록 수작업 절차는 신뢰성이 떨어진다. 정형적 기법은 타당한 연산 순서를 구축하며, 그 속성을 추론 또는 검증한다. 이러한 방법으로 피해를 가져오는 연산 순서를 찾아내거나, 또는 그러한 연산 순서가 존재하지 않는다는 것을 확인할 수 있다.

정형적 접근 방법은 일부 결함도 가지고 있다. 분석해야 할 시스템의 크기가 커지면, 정형적 기법이 요구하는 계산 및 저장 용량이 현재 컴퓨터 시스템의 용량을 초과할 수 있다. 정형적 접근 방법은 또한 완벽한 시스템 명세와 충분히 이해되는 기본적인 공격 리스트를 필요로 하므로 적용하기 어려우며, 최근의 운영체제에서는 그러한 리스트를 작성하는 것이 불가능할 수 있다. 이 기법은 명료한 보안 정책 설명도 필요하다. 대부분의 보안 정책은 조직 내의 모든 사람이 이해할 수 있도록 비정형적으로 언급된 규칙들로 이루어지기 때문에 이러한 요구사항을 만족시키기 어렵다. 그러나 정확한 명세를 필요로 한다는 이러한 점 때문에 정형적 접근 방법이 보안 분야에 크게 이바지하게 되었다.

15.4 암호화(ENCRYPTION)

암호화란 데이터에 알고리즘적인 변환을 적용한 것이다. 데이터를 암호화 형태로 저장하게 되면, 그 원래 형태로 복구하는 방법을 알고 있는 사용자 또는 그 프로세스만이 이를 사용할 수 있다. 이러한 특징은 데이터의 **기밀성**(*confidentiality*)을 지키는 데 도움을 준다. 보호 및 보안 메커니즘은 사용자와 관련된 정보와 그 자원을 보호하기 위해 암호화를 사용하지만, 사용자에게 속하는 정보를 보호하는 데도 사용될 수 있다. **암호학**(*cryptography*)은 암호화 기술을 다루는 과학 분야이다.

표 15.5는 암호학에서 사용되는 주요 용어와 정의를 요약한 것이다. 데이터의 원래 형태를 **평문**(*plaintext*) 형태라고 하며, 변환된 형태를 **암호화된**(*encrypted*) 또는 **암호문**(*ciphertext*) 형태라고 한다. 여기서는 다음과 같은 표기법을 사용한다.

P_d 데이터 d의 평문 형태

C_d 데이터 d의 암호문 형태

여기서 $P_d \equiv d$이다. 암호화는 특정 암호화 키 k를 가진 암호화 알고리즘 E를 데이터에 적용함으로써 수행된다. 데이터는 어떤 키 k'를 가진 복호화 알고리즘 D를 적용함으로써 복구된다. **대칭적 암호화**(*symmetric encryption*)라고 불리는 가장 간단한 형태의 암호화에서는 동일한 키 k를 사용하여 복호화를 수행한다. **비대칭적 암호화**(*asymmetric encryption*)라고 불리는 좀 더 진보된 암호화에서는 암호문을 복호화하는 데 서로 다른 키 k'가 사용된다.

그림 15.3은 대칭적 암호화를 예시한 것이다. 여기서는 알고리즘 E와 D를 키 k를 사용하여 적용한 함수 E_k와 D_k를 사용하여 데이터의 암호화와 복호화를 각각 나타낸다. 따라서,

$$C_d = E_k(d)$$
$$P_d = D_k(C_d)$$

표 15.5 암호학 용어 및 정의

용어	정의
암호화	암호화는 데이터에 대해 알고리즘적인 변환 E_k를 적용하는 것으로서, E는 암호화 알고리즘(*encryption algorithm*)이고 k는 암호화 키(*encryption key*)이다. 암호화는 데이터의 기밀성을 보호하기 위해 사용된다. 원래 데이터는 변환 $D_{k'}$을 적용하여 복구되는데, 여기서 D는 복호화 알고리즘(*decryption algorithm*)이고 k'는 복호화 키(*decryption key*)이다. $k = k'$인 기법을 대칭적 암호화(*symmetric encryption*)라고 하고, $k \neq k'$인 경우를 비대칭적 암호화(*asymmetric encryption*)라고 부른다.
평문	암호화될 데이터
암호문	암호화된 형태의 평문
혼동	Shannon의 혼동 원리는 평문의 변경으로 인한 암호문의 변경은 찾기가 쉽지 않아야 한다고 요구한다.
확산	Shannon의 확산 원리는 평문의 조그만 하부문자열(substring)의 결과는 암호문에 널리 퍼져 있어야 한다고 요구한다.
암호화 스템에 대한 공격	공격(*attack*)이란 침입자가 복호화 함수 D_k를 찾기 위해 행하는 일련의 시도를 말한다. 암호문 단독 공격(*ciphertext only* attack)은 침입자가 암호문만을 조사할 수 있다. 알려진 평문 공격(*known plaintext* attack)은 일부 데이터에 대한 평문과 암호문 형태를 조사할 수 있는 기회를 가진다. 그 반면에 선택된 평문(*chosen plaintext*) 공격은 침입자가 공격을 행하기 위해 평문을 선택하고 그에 대한 암호문 형태를 구할 수 있다.
단방향 함수	그 역을 계산하는 것이 거의 불가능할 정도로 비용이 많이 드는 함수. 이를 암호화 함수로 사용하면 암호 공격이 어렵게 된다.
블록 암호	블록 암호(block cipher) 기법은 고정된 크기의 평문 블록을 암호문 블록으로 대치한다. 이 기법은 약간의 혼동은 가져오지만, 확산은 어렵게 만든다.
스트림 암호	스트림 암호(stream cipher) 기법은 평문과 암호화 키를 모두 비트 스트림으로 간주한다. 평문의 비트들은 동일한 비트 개수의 암호화 키를 사용하여 암호화된다. 스트림 암호는 혼동을 가져오지 않으며, 확산도 제한적이다. 하지만 이 기법의 일부 변형은 고단위의 확산을 가져올 수 있다.
DES	DES(Data Encryption Standard of National Bureau of Standards)는 1976년에 미국 국가 표준국에서 채택한 데이터 암호화 표준으로서 블록 암호 기법을 사용하며, 암호 블록 연쇄화(cipher block chaining)를 선택사항으로 제공한다. 이 표준은 평문 및 중간 단계의 암호문에 대해 복잡한 변환을 수행하는 16번의 반복 과정을 거친다.
AES	AES(Advanced Encryption Standard)는 미국 표준기술연구소(이전의 국가 표준국)에서 2001년에 채택한 새로운 표준이다. 이 표준은 128, 192 또는 256 비트의 평문에 대해 대치 및 치환만이 포함된 10번 내지 14번의 반복 연산을 수행한다.

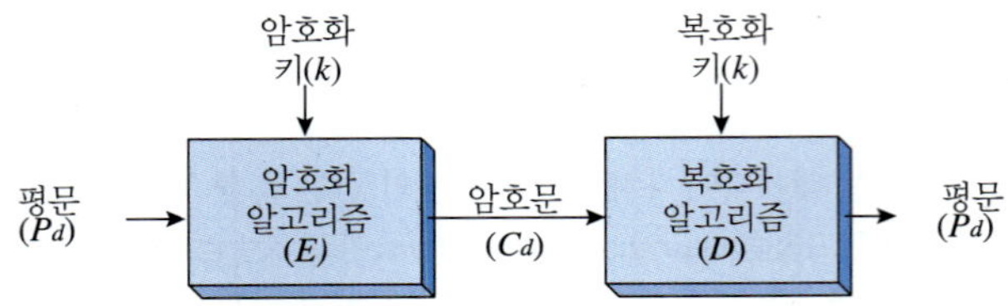

그림 15.3 데이터 *d*의 대칭적 암호화

그리고 함수 E_k와 D_k는 당연히 다음 관계를 만족해야 한다.

$$\text{모든 } d\text{에 대해, } D_k(E_k(d)) = d$$

그러므로 프로세스는 암호화된 데이터의 평문 형태를 얻기 위해 변환함수 D_k를 수행할 수 있어야 한다.

실제로 암호화는 표준화된 알고리즘 E와 D로 수행된다. 그러므로 암호화의 유효성은 침입자가 시행착오를 통해 암호화 키를 알아낼 수 있는지 여부에 달려 있다. 이 절의 후반부에서 침입자가 너무나 많은 시행을 해야 하므로 시행착오를 통해 암호화 키를 알아내는 것이 얼마나 비현실적인지를 알아본다. 하지만 이론적으로는 그렇게 하는 것이 불가능하지 않다. 이러한 속성으로 인해 암호화가 절대적인 의미는 아니지만 확률적인 의미에서 효과적이다. 암호화된 데이터의 기밀성은 이러한 속성에서 나온다.

암호화를 통해 제공되는 기밀성은 데이터의 무결성을 검증하는 데도 도움을 준다. 어떤 침입자가 암호화된 형태의 데이터를 함부로 변경한 경우에, 올바른 복호화 알고리즘과 키를 가진 프로세스가 이를 복호화한 결과는 이해할 수 없는 데이터가 될 것이며, 이는 그 데이터가 권한이 없는 방식으로 변경되었다는 것을 나타내게 된다. 암호화된 데이터의 이러한 속성 때문에 "복호화가 성공하지 못했다"라는 말은 올바른 키에 의한 복호화가 이해할 수 없는 데이터를 내놓는 경우에 사용한다.

15.4.1 암호화 시스템에 대한 공격(Attacks on Cryptographic Systems)

암호화 시스템에 대한 공격은 복호화 함수 D_k를 찾기 위한 시도들로 이루어진다. $D_k(E_k(d)) = d$ 이기 때문에 D_k는 E_k의 역함수이다. 그러므로 공격은 E_k의 역함수를 찾는 일이다. 암호화의 **품질**(*quality*)을 공격에 견딜 수 있는 능력으로 정의한다면, 암호화 기법의 목적은 적은 비용으로 고품질의 암호화를 수행하는 것이다. 암호화 품질은 E_k 함수가 **단방향 함수**(*one-way function*), 즉 공격을 통한 역함수 계산이 실현 불가능한 노력 및 시간이 소요될 경우에 최상이다.

운영체제의 내부 또는 외부에 있을 수 있는 침입자는 암호 시스템에 대해 다양한 공격을 시도할 수 있다. 공격의 속성은 침입자가 시스템 내에서 차지할 수 있는 위치에 따라 달라진다. 침입자가 암호화 함수를 호출할 수 없고 암호문 형태의 데이터를 조사만 할 수 있다면, 그는 추측에만 의존해야 한다. 이 경우는 함수 D_k를 지속적으로 추측하고 암호문에 이를 적용하여 이해할 수 있는 결과가 나올 때까지 시행착오를 거듭하는 접근방법이다. 이러한 공격은 D_k가 될 수 있는 모든 경우를 시도해 보아야 하기 때문에 **전수 공격**(*exhaustive attack*)이라고 부른다.

전수 공격은 대단히 많은 횟수의 시도가 필요하다. 예를 들어, 전수 공격을 통해 56-비트 키를 사용하는 암호화 방식을 깨기 위해서는 2^{55} 번의 시도가 필요할 것이다. 이러한 막대한 횟수의 시도가 필요하기 때문에 이 방식은 계산적으로 안전하며, 암호화 키의 비트 개수가 증가할수록 암호화 품질도 향상된다고 믿게 되었다. 하지만 미분 해석과 같은 강력한 수학적 기법이 전수 공격보다 훨씬 쉽게 D_k를 찾기 위해 이용될 수 있다. 침입자는 전수 공격보다 적은 횟수의 시도를 사용하는 다음과 같은 공격을 사용할 수도 있다. 이러한 공격의 예는 15.5절의 패스워드 보안 설명에서 살펴보기로 한다.

암호문 단독 공격(*ciphertext only attack*)에서 침입자는 일단의 암호문에만 접근할 수 있다. 따라서 침입자는 전수 공격보다 효율적인 공격을 하기 위해 암호문에 있는 문자열 분석 및 평문의 특징, 예를 들어 사전에 있는 단어들로만 구성되었는지 여부 등의 정보를 통해 추출된 실마리에 의존한다. **알려진 평문 공격**(*known plaintext attack*)에서는 침입자가 암호문에 대응되는 평문을 알고 있다. 이 공격은 침입자가 운영체제 내부에서 평문과 대응하는 암호문을 모두 볼 수 있는 위치에 있을 경우에 실현 가능하다. 충분한 개수의 평문–암호문 쌍을 수집한다면 D_k를 알 수 있는 실마리를 얻는다. **선택된 평문 공격**(*chosen plaintext attack*)에서 침입자는 평문을 제공하여 그에 대한 암호문 형태를 볼 수 있다. 즉, d를 선택하여 $E_k(d)$를 볼 수 있다. 따라서 침입자는 공격 도중에 추측 및 추측의 개선을 지원하는 평문–암호문 쌍들을 체계적으로 구축할 수 있다.

15.4.2 암호화 기법(Encryption Techniques)

암호화 기법은 침입자가 D_k를 찾기 위한 시도를 물리치는 방법에 따라 다르다. 기본적인 접근 방법은 암호화를 위해 많은 비용을 들이지 않으면서 평문의 특징을 감추는 것, 즉 암호문이 대응하는 평문의 특징을 나타내지 않도록 하는 것이다.

가장 간편한 암호화 기법으로서 평문에 있는 각 문자를 알파벳의 다른 문자로 대체하는 고전적인 **대체 암호**(*substitution cipher*)를 생각해 보자. 이 기법은 평문의 특징을 충분히 감추지 못하므로 **빈도 분석**(*frequency analysis*) 방법을 통해 간단히 D_k를 찾을 수 있다. 즉, 일단의 암호문에서 알파벳 문자를 사용 빈도가 높은 순으로 나열한다. 그런 다음에 영어 책에 있는 문자 빈도에 대한 표본 데이터를 가져온다. 이제 D_k에 대한 좋은 추측은 첫 번째 목록에 있는 문자를 두 번째 목록에 있는 대응하는 문자로 매핑시키는 함수이다.

그러면 암호화하는 동안 어떻게 평문의 특징을 감출 것인가? Shannon(1949)은 고품질 암호화 기법 설계를 위한 두 가지 원칙을 만들었다. 이러한 원칙을 혼동(*confusion*)과 확산(*diffusion*)이라고 부른다. 혼동 원칙은 평문의 변경으로 인해 암호문에서 무엇이 변경되는지를 쉽게 찾을 수 없도록 해야 한다는 것을 말한다. 확산 원칙은 평문에 있는 조그마한 서브스트링의 영향이 암호문 전체에 퍼져야 한다는 것을 말한다. 이러한 원칙은 평문의 각 부분과 그에 대한 암호문 부분이 서로 간에 강한 상관관계를 갖지 않게 하기 때문에 평문의 특징을 효과적으로 감출 수 있게 한다. 다음에서는 네 가지 암호화 방식을 설명하고, 그들의 혼동 및 확산 속성을 살펴본다.

블록 암호(Block Cipher) 블록 암호는 고전적인 대체 암호를 확장한 것이다. 이 방식은 고정된 크기의 평문 블록을 같은 크기의 암호문 블록으로 대체한다. 예를 들어, n개의 비트로 구성된 한 블록을 키 k로 암호화하면 n-비트 블록의 암호문을 얻는다(그림 15.4 참고). 이러한 블록들을 조합하여 암호문을 얻는다. 블록 암호 기법은 구현이 간편하다. 하지만 이로 인한 혼동과 확산은 암호문에 있는 블록으로 국한된다. 그러므로 평문에 있는 동등한 블록은 암호문에 있는 동등한 블록이 된다. 이 특징으로 인해 빈도 공격이나 알려진 평문 또는 선택된 평문 공격에 취약하게 된다. n 값을 보다 크게함으로써 이러한 공격이 덜 실제적이 되게 할 수 있다.

스트림 암호(Stream Cipher) 스트림 암호는 평문과 암호화 키를 둘 다 비트 스트림으로 간주한다. 암호화는 평문의 몇 비트와 동일한 비트 수의 암호 키를 사용한 변환에 의해 수행된다. 흔히 쓰는 변환 방식은 평문을 비트 단위로 변환하는 것으로서, 일반적으로 평문의 한 비트와 암호화 키의 한 비트에 대해 배타적 논리합(exclusive-OR)과 같은 연산을 수행하는 방법이다.

스트림 암호는 블록 암호보다 빠르다. 비트 단위의 변환이 일어나는 경우는 혼동이나 확산이 발생하지 않는다. 버남 암호(*vernam cipher*)라고 불리는 이 암호의 한 변형은 무작위 비트 스트림을 키 스트림으로 사용하며, 그 크기는 평문의 크기와 똑같게 맞춘다. 그러므로 평문에 있는 동일한 서브스트링들이 암호문에서는 동일한 서브스트링이 되지 않는다. 2차 세계대전 동안에 유명해진 일회용 암호표(*one-time pad*)는 실제로 버남 암호로서, 하나의 키 스트림이 단 하나의 평문만을 암호화하는 데 사용되었다.

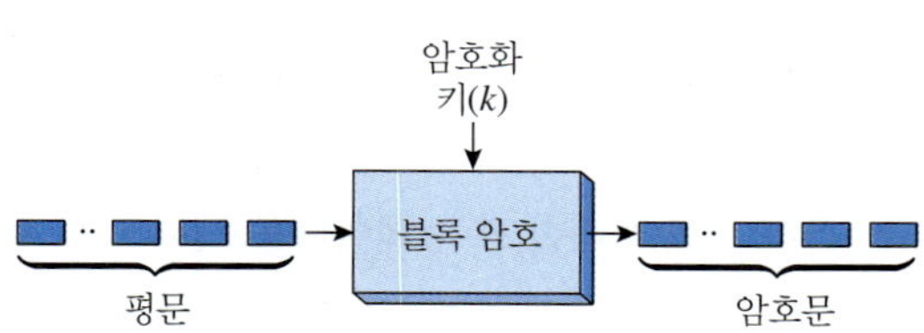

그림 15.4 블록 암호

스트림 암호의 여러 변형이 혼동을 가져오도록 설계되어 왔다. 그러한 암호는 다음과 같이 작동한다. 하나의 *n*-비트 키 스트림이 평문의 처음 *n* 비트를 암호화하는 데 사용된다. 그 다음 *n*-비트 키 스트림은 금방 생성된 암호문의 *n*-비트가 되며, 그런 식으로 평문 전체가 암호화될 때까지 계속된다. 따라서 평문의 한 서브스트링이 평문의 나머지 부분의 암호화에 영향을 미치게 되어 높은 수준의 혼동을 제공한다. 이 암호를 **암호문 자동키**(*ciphertext autokey*) 암호라고 한다(그림 15.5 참고). 키 스트림 생성자가 암호문 대신에 금방 암호화한 평문의 *n* 개 비트를 사용하는 경우에, 그 암호를 **자체 동기화 암호**(*self-synchronizing cipher*)라고 부른다. 이 암호로 인한 혼동은 암호문의 다음 *n* 비트에만 국한된다.

RC4는 널리 사용되는 스트림 암호로서 의사난수(pseudorandom)의 비트 스트림을 키 스트림으로 사용한다. 이 암호는 키 스케줄링 알고리즘이 생성한 키를 사용하여 초기화된 의사난수 스트림 생성기를 사용한다. 이 암호는 1바이트의 키 스트림을 생성하기 위해 8~16 개의 기계어 연산만 필요할 정도로 빠르다. 이 암호는 무선 네트워크 보안을 위한 *Wired Equivalent Privacy*(WEP) 프로토콜과 그 후에 나온 *Wi-Fi Protected Access* (WPA) 프로토콜에 사용되며, 인터넷을 위한 *Secure Sockets Layer*(SSL) 프로토콜에도 사용된다. RC4의 키 스케줄링 알고리즘은 WEP 및 WPA 프로토콜을 깨뜨릴 수 있는 약점을 가진 것으로 알려져 있다. 하지만 SSL 프로토콜에서의 사용은 안전한 것으로 간주되며, 이는 SSL 프로토콜이 의사난수의 스트림 생성기를 초기화하는 데 사용되는 키를 자체적으로 생성하기 때문이다.

데이터 암호화 표준(Data Encryption Standard: DES) DES는 미 국가표준국을 위해 IBM이 개발하였다. 이 표준은 64-비트 데이터 블록을 암호화하기 위해 56-비트 키를 사용하므로 블록 암호 기법이다. 하지만 낮은 혼동 문제를 해결하기 위해, DES는 **암호 블록 연쇄**(*cipher block chaining*: CBC) 모드를 제공한다. 이 모드에서는 평문의 첫 번째 블록이 초기 벡터와 함께 배타적 논리합 연산을 사용하여 결합되고 난 다음에 암호화된다. 그 결과로 나온 암호문은 평문의 두 번째 블록과 배타적 논리합 연산을 사용하여 결합된 다음에 암호화된다.

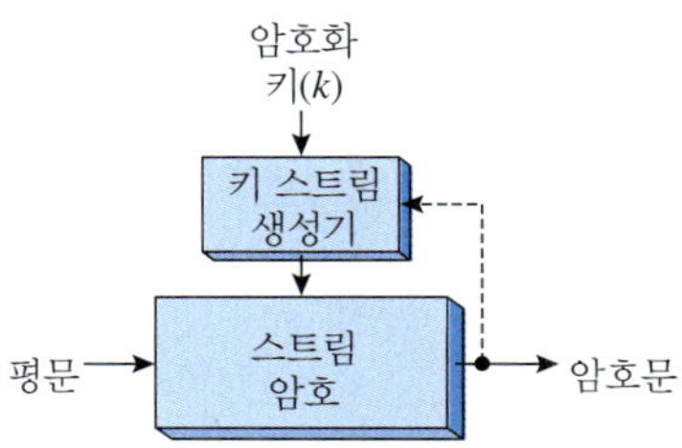

그림 15.5 암호문 자동키 암호

DES는 세 단계, 즉 초기 치환 단계와 변환 단계 및 마지막 치환 단계 등으로 구성된다. 변환 단계는 16개의 반복 과정으로 이루어져 있다. 각 반복 과정에서 반복에 입력된 스트링은 확산을 이루게 되는 스트링 치환 연산과 혼동을 가져오는 일부 비트에 대한 중복 및 삭제를 통한 대체 연산이 포함된 복잡한 변환의 대상이 된다. 그림 15.6은 각각의 반복 과정에서 수행되는 연산을 예시한 것이다. 맨 처음 반복에서 입력 스트링은 평문이다. 그 밖의 모든 반복 과정에서는 그 전 반복 과정에서의 출력이 다시 입력이 된다. 입력 스트링은 각각 32비트인 두 부분으로 나누어진다. 입력 스트링의 오른쪽 절반은 결과 스트링의 왼쪽 절반이 되고, 왼쪽과 오른쪽 절반이 포함된 복잡한 변환이 수행된 다음에 결과 스트링의 오른쪽 절반을 얻는다.

입력 스트링의 오른쪽 절반에 대한 변환은 다음과 같이 이루어진다. 처음에 오른쪽 절반은 몇 개 비트를 치환하고 일부는 중복시켜 48비트로 확장한다. 그런 다음에 배타적 논리합 연산을 사용하여 키 K_i와 결합시킨다(그림 15.6에서 함수 f 참고). 여기서 키 K_i는 반복 횟수 번호 i를 사용하여 암호화 키 k를 치환함으로써 도출된다. 이 연산의 결과는 각각 6비트인 8개 그룹으로 나누어진다. 각각의 6-비트 그룹은 4-비트 그룹을 대체하는 S-박스의 입력이 된다. 대체 결과는 또 다른 32-비트 스트링을 얻기 위해 치환되는 32-비트 스트링을 구하기 위해 이어지게 된다. 이 스트링은 결과 스트링의 오른쪽 절반을 구하기 위해 배타적 논리합 연산을 사용하여 입력 스트링의 왼쪽 절반과 결합된다. S-박스가 혼동을 가져온다. 치환이 확산을 가져오는 반면에 마지막 배타적 논리합 연산은 혼동을 가져온다.

DES는 동일한 순서의 단계를 거쳐 암호화와 복호화를 모두 수행하며, 단지 복호화 동안에 역순으로 사용되는 키가 다르다는 점, 즉 i 번째 반복에서는 K_i 대신에 K_{17-i}를 사용한다는 점이 다르다. 56-비트 길이의 키를 사용하는 DES에서 전수 공격을 하려면 2^{55}번의 시도가 요구되며, 이는 1970년대 및 1980년대에는 그러한 공격을 퇴치할 만큼 충분히 큰 횟수로 생각되었다. 하지만 적은 길이의 키를 사용하는 DES는 최근 기법을 사용하는 공격에는 취약하였다. 1998년에 DES로 암호화된 메시지가 특별히 설계된 컴퓨터에 의해 3일도 되지 않아 깨졌다. 1999년에는 또 다른 메시지가 인터넷상에 있는 100,000대의 PC에 의해 하루 만에 깨졌다. 그래서 삼중 *DES*(*triple DES*) 알고리즘이

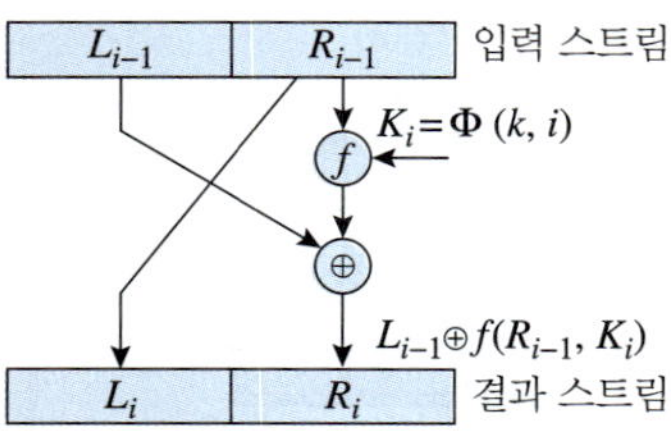

그림 15.6 DES에서 한 번의 반복 과정(⊕는 배타적 논리합 연산을 말한다.)

새로운 표준이 개발될 때까지 일시적 표준으로 대체되었다. 이 표준은 3번의 반복을 거치는데, 각 반복에 DES 알고리즘이 적용되며 암호화 키에서 도출된 서로 다른 키를 사용한다. 즉, 처음과 세 번째 반복에서는 자신들의 키를 사용하여 암호화가 수행되는 반면에, 두 번째 반복에서는 키를 사용한 복호화가 수행된다. 실제로 이 표준에서는 최대 168비트 길이의 키를 사용할 수 있었으며, 이는 그 후 수년 간 공격에 대해 안전한 것으로 간주되었다. 개선된 암호화 표준(*Advanced Encryption Standard*: AES)이라고 불리는 새로운 표준이 2001년에 채택되었다.

개선된 암호화 표준(Advanced Encryption Standard: AES) AES는 대체와 치환만을 사용하는 간결하고 신속한 암호화 알고리즘인 *Rijndael*의 변형이다. AES는 128비트 크기의 블록과 128, 129 또는 256 비트의 키를 사용하는 반면에, Rijndael은 32비트의 배수로 128~256 비트 범위의 임의 키와 블록 크기를 사용할 수 있다. 16바이트의 평문 블록은 스테이트(*state*)라고 불리는 4바이트 × 4바이트의 배열로 취급된다. 이 블록은 여러 라운드의 연산을 거쳐 암호화되며, 라운드 횟수는 키 길이에 따라 달라지는데, 예를 들어 128-비트 키는 10라운드, 192-비트 키는 12라운드, 256-비트 키는 14라운드 등이 수행된다. 각 라운드는 다음과 같은 연산들로 구성된다.

1. 바이트 대체(*byte substitution*): 스테이트의 각 바이트는 S-박스가 적용되는 비선형 변환의 대상이 된다.
2. 행 위치 이동(*shifting of rows*): 스테이트에 있는 행들은 각각 0, 1, 2, 3 바이트씩 주기적으로 위치 이동된다.
3. 열 혼합(*mixing of columns*): 각 열에 있는 4바이트는 각 결과 바이트가 그 열에 있는 4바이트 모두의 함수가 되도록 대치된다.
4. 키 첨가(*key addition*): 키 스케줄을 사용하여 그 크기가 스테이트의 크기와 동일한 서브키를 암호화 키로부터 도출한다. 서브키와 스테이트는 비트 스트링으로 간주되며, 배타적 논리합 연산을 사용하여 결합된다. 마지막 라운드의 경우에는 배타적 논리합 연산의 결과가 암호문의 한 블록이 되며, 그렇지 않으면 그 다음 암호화 라운드를 위한 스테이트로 사용된다.

암호화와 복호화가 모두 동일한 단계 순서로 수행되도록 하기 위해 맨 처음 라운드가 시작되기 전에 키 첨가가 수행되며, 맨 마지막 라운드에서는 열 혼합 단계가 생략된다.

15.5 신원인증과 패스워드 보안(AUTHENTICATION AND PASSWORD SECURITY)

신원인증은 전형적으로 패스워드를 통해 그림 15.1에서 보인 방식을 사용하여 수행된다. 시스템은 등록된 각 사용자에 대해 (로그인 id, <검증 정보>) 형태의 한 쌍의 정보를 패스워드 테이블에 보관하고 있으며, 여기서 <검증 정보> = E_k(패스워드)이다. 시스템은 사용자를 인증하기 위해 E_k로 그 사람의 패스워드를 암호화하여, 그 결과를 패스워드 테이블에 보관되어 있는 검증 정보와 비교한다. 이 둘이 일치하면 그 사용자는 신원 인증된 것으로 간주한다.

침입자가 패스워드 테이블에 접근한다면, E_k를 알아내기 위해 이전의 15.4.1절에서 설명한 공격 중 한 가지를 시도할 수 있다. 그와 반대로 침입자는 어떤 개인 사용자의 패스워드를 깨기 위한 공격을 시도할 수도 있다. 위에서 설명한 방식에서 두 사용자가 동일한 패스워드를 사용한다면 그 패스워드를 암호화한 형태도 동일할 수 있으며, 이는 침입자가 패스워드 테이블을 볼 수 있다면 패스워드 깨기 시도에 이용될 수 있을 것이다. 그러므로 암호화 함수 E는 2개의 매개변수를 가진다. 하나는 암호화 키 k이고, 또 다른 매개변수는 사용자의 로그인 id에서 도출한 스트링이다. 이제는 동일한 패스워드도 서로 다른 형태의 암호화 스트링을 만들어낸다.

침입자는 각 사용자의 패스워드를 알아내기 위해 패스워드 깨기 프로그램을 사용할 수 있다. 이 작업은, 예를 들어 사전적 용어 또는 자동차 번호 등과 같이 추측하기 어렵지 않은 패스워드를 사용하려는 사용자들의 경향으로 인해 간단해진다. 사용자는 자주 사용하지 않는 계좌번호에 대해서는 흔히 기억하기 쉬운 간단한 패스워드를 선택하며, 그 계좌에는 중요한 파일을 많이 두지 않도록 자제한다. 하지만 패스워드는 보안 연결고리에서 가장 취약한 부분으로 알려져 있다. 일단 깨어진 패스워드는 침입자에게 또 다른 보안 공격을 시도할 수 있는 기회를 제공해 준다. 따라서 대다수 보안 문제는 바람직하지 않은 패스워드의 사용과 관련이 있다.

운영체제는 패스워드에 대한 공격을 막아내기 위해 여러 가지 기법을 사용한다. 표 15.6은 이러한 기법들을 요약한 것이다. **패스워드 에이징**(*password aging*)은 침입자에게 패스워드 노출 기간을 한정시킴으로써 패스워드를 보다 안전하게 유지한다. 시스템이 선정한 패스워드는 **강력한**(*strong*) 패스워드를 사용하게 강제함으로써 패스워드의 이름이나 사전적 용어의 일부를 찾아보는 것과 같은 단순한 기법으로는 깨뜨릴 수가 없도록 한다. 이 기법의 사용은 침입자가 패스워드를 깨기 위해서는 전수 공격을 할 수밖에 없도록 만들며, 이는 거의 실현 불가능하다.

암호화된 패스워드 파일을 시스템 내부 또는 외부에서 볼 수 있는 경우에는, 등록된 사용자가 E_k를 알아내기 위해 자신의 패스워드를 반복해서 바꾸면서 그 암호화된 형태를 비교해 봄으로써 선택된 평문 공격을 사용할 수 있다. 그러나 침입자는 어떤 패스워드도 알 수 없기 때문에 E_k를 알아내기 위해서는 암호문 단독 공격을 사용해야 할 것이다. 암호화된 패스워드 파일을 숨기는 것은 시스템 내부 또는 외부에 있는 침입자에게 15.4.1절에서 설명한 어떠한 공격도 사용할 수 있는 기회를 주지 않기 때문에 침입

표 15.6 패스워드에 대한 공격을 막아내기 위한 운영체제 기법

기법	설명
패스워드 에이징	사용자들이 자주, 적어도 6개월에 한 번씩은 패스워드를 바꾸도록 독려하거나 강제함. 이 기법은 패스워드가 침입자의 공격에 노출되는 것을 한정시킨다.
시스템-선정 패스워드	시스템 관리자가 사용자에게 강력한 패스워드를 생성하여 배정해 주는 방법론을 사용한다. 사용자는 자신의 패스워드를 바꿀 수 없다. 침입자가 이러한 패스워드를 깨기 위해서는 전수 공격을 사용해야 할 것이다.
패스워드의 암호화	암호화된 형태의 패스워드가 시스템 파일에 저장된다. 하지만 암호문 형태의 패스워드는 시스템에 있는 모든 사용자가 볼 수 있다. 침입자는 E_k를 알아내기 위해 15.4.1절에서 설명한 공격 중 하나를 사용하거나, 개인 사용자 각각의 패스워드를 깨기 위해 전수 공격을 사용할 수 있다.
패스워드 정보를 암호화하여 숨기기	암호화된 형태의 패스워드를 시스템 내부 또는 외부에 있는 어떤 사람도 볼 수 없다. 그러므로 침입자는 15.4.1절에서 설명한 어떠한 공격도 사용할 수가 없다.

자는 개별 패스워드를 깨는 수밖에 없으며, 이는 강력한 패스워드를 사용한다면 거의 성공할 수가 없다.

유닉스 운영체제는 패스워드에 대해 DES 암호화를 수행한다. 리눅스는 **메시지 다이제스트**(*message digest*) 기법을 사용하는데, 이것은 패스워드에 대해 단방향 해시 함수를 적용하여 얻어지는 128-비트 또는 160-비트 해시 값이다. 이 기법은 MD2, MD4, MD5 등으로 불리는 여러 변형이 있다. 리눅스는 MD5를 사용한다. 유닉스와 리눅스는 모두 쉐도우 패스워드 파일(shadow password file) 옵션을 제공한다. 이 옵션이 선택되면, 암호문 형태의 패스워드는 루트 사용자만이 접근할 수 있는 쉐도우 파일에 보관된다.

15.6 보호 구조(PROTECTION STRUCTURES)

보호 구조(*protection structure*)는 15.1절에서 설명하고 그림 15.1에서 예시한 권한인가 데이터베이스에 대한 고전적인 이름이다. 이 보호 구조에는 어느 사용자가 어떤 방식으로 어느 파일에 접근할 수 있는지를 나타내는 정보가 담겨 있다. 여기서는 보호 구조에 포함되어 있는 정보의 속성을 먼저 설명하고, 이러한 정보가 보호를 구현하기 위해 어떻게 사용되는지를 살펴본다. 이 절의 끝에서는 보호 구조의 구성에 관한 주요 문제점들을 알아본다.

15.1절에서 설명하였듯이, 어떤 파일에 대한 **접근 특권**(*access privilege*)이란 그 파일에 대해 특정 형태의 접근, 예를 들어 읽기 접근 또는 쓰기 접근 등을 할 수 있는 권한을 말

한다. 사용자는 어떤 파일에 대해 한 개 이상의 접근 특권을 가질 수 있다. 예를 들어, 그는 어떤 파일을 읽을 수만 있거나 또는 읽거나 쓸 수는 있지만 실행시킬 수는 없을 수 있다. **접근 기술자**(*access descriptor*)란 파일에 대한 접근 특권들을 모아서 표현한 것이다. 파일에 대한 **접근 제어 정보**(*access control information*)란 접근 기술자들을 모아 놓은 것으로서, 시스템에 있는 모든 사용자들이 가지고 있는 파일에 대한 접근 특권을 표현한 것이다.

여기서는 파일에 있는 데이터나 프로그램을 읽고, 쓰고, 실행하기 위한 접근 특권을 표현하기 위해 *r*, *w*, *x*와 같은 표기법을 사용한다. 접근 기술자는 접근 권한의 집합으로 표현될 수 있으며, 예를 들어 집합 {*r*, *w*}는 파일에 대해 읽고 쓸 수 있는 권한을 나타낸다. 이 장에서는 간결한 표현을 위해 집합 표현법을 사용하지만, 집합 표현을 구현하기 위해서는 메모리도 많이 들고 접근 효율성도 떨어지기 때문에 실제로 운영체제에서는 접근 기술자를 비트로 나타내는 방식을 사용한다. 이 방식에서 접근 기술자는 하나의 비트 스트링이며, 각 비트는 특정한 접근 특권의 유무를 나타낸다. 예를 들어, 세 가지 접근 특권 *r*, *w*, *x* 만을 사용하는 운영체제에서 접근 기술자 110은 읽기와 쓰기 특권은 있지만 실행 특권은 없음을 나타내는 데 사용될 수 있다.

15.1절에서 설명한 바와 같이 `alpha`라는 파일에 대한 접근 제어 정보는 다음과 같이 생성되고 사용된다.

1. 사용자 A가 파일 `alpha`를 생성하는 시점에 그 파일에 대한 접근 제어 정보를 명세한다. 파일 시스템은 이를 보호 구조에 저장한다.
2. 사용자 X가 로그인하면 신원인증을 받는다. 신원인증 서비스는 그에게 신원인증 토큰을 생성해 주며, 이것은 일반적으로 사용자 id이다. 사용자 X가 시작한 프로세스가 파일 `alpha`를 열거나 접근하려고 하면, 그의 신원인증 토큰이 파일 시스템에게 넘겨진다.
3. 파일 시스템은 신원인증 토큰을 이용하여 보호 구조에 보관되어 있는 파일 `alpha`에 대한 사용자 X의 접근 특권을 찾아, 그 프로세스가 원하는 종류의 접근이 접근 특권과 일치하는지 여부를 검사한다.

보호 구조의 구성은 보호의 두 가지 주요 측면, 즉 파일 소유자가 위의 단계 1에서 다른 어떤 사용자가 파일에 접근할 수 있는지를 명세하면서 얼마나 많은 구분을 할 수 있는지와, 단계 3의 보호 검사를 얼마나 효율적으로 구현할 수 있는지에 영향을 미친다. 이들 문제점에 대해서는 다음 절에서 설명한다.

15.6.1 보호의 정밀도(Granularity of Protection)

보호의 정밀도(*granularity of protection*)란 파일 소유자가 파일 보호와 관련하여 명세할 수 있는 구분의 정도를 말한다. 표 15.7에서 세 가지 단계의 정밀도를 정의하였다.

표 15.7 보호의 정밀도

정밀도	설명
낮은 정밀도 보호	파일에 대한 접근 특권은 사용자 그룹에 대해서만 명세될 수 있다. 그룹에 속한 각 사용자는 동일한 접근 특권을 가진다.
중간 정밀도 보호	파일에 대한 접근 특권은 시스템에 있는 각 사용자에 대해 개별적으로 명세될 수 있다.
높은 정밀도 보호	파일에 대한 접근 특권은 한 프로세스, 또는 프로세스의 연산 단계별로 명세될 수 있다.

낮은 정밀도 보호(*coarse-grained protection*)는 사용자들을 그룹으로 묶고 이들 그룹에 대한 접근 특권을 명세하는 반면에, 중간 정밀도 보호(*medium-grained protection*)는 파일 소유자가 시스템에 있는 사용자 각각에게 접근 특권을 명세할 수 있는 것을 의미한다. 높은 정밀도 보호(*fine-grained protection*)는 한 프로세스 또는 한 프로세스의 서로 다른 연산 단계에 대해 접근 특권을 명세할 수 있게 한다. 이러한 방식으로 한 사용자가 생성한 서로 다른 프로세스들이 어떤 파일에 대해 서로 다른 접근 특권을 가질 수 있으며, 또는 한 프로세스도 서로 다른 시점에 어떤 파일에 대해 서로 다른 접근 특권을 가질 수 있다. 이는 정보의 프라이버시를 지키는 데 도움을 준다(15.1.1절 참고).

사용자는 중간 또는 높은 정밀도 보호를 원한다. 하지만 그러한 보호는 대규모의 보호 구조를 필요로 한다. 이 점이 운영체제가 낮은 정밀도 보호를 선호하는 이유이다.

15.6.2 접근 제어 행렬(Access Control Matrix)

접근 제어 행렬(*access control matrix*: ACM)은 여러 파일에 대한 사용자들의 접근 특권과 파일에 관한 접근 제어 정보 둘 다를 제공하는 보호 구조이다. ACM의 각 요소는 한 파일에 대한 어떤 사용자의 접근 특권을 가지고 있다. 각 사용자는 ACM에서 한 행을 가지는 반면에, 각 파일은 한 열을 가진다. 이러한 방식으로 ACM의 한 행은 시스템에 있는 모든 파일에 대한 어떤 사용자의 접근 특권을 기술하며, 각 열은 한 파일에 관한 접근 제어 정보를 기술한다. 어떤 사용자 u_i가 파일 f_k에 접근하려고 할 경우, u_i가 하려는 접근 종류를 효율적으로 검증하기 위해 ACM(u_i, f_k) 요소가 사용될 수 있다. 그림 15.7은 ACM을 예시한 것이다. 사용자 `Jay`는 `beta`에 대해 {read, write} 접근 특권은 있지만, `alpha`에 대해서는 {read} 특권만 있다.

ACM은 중간 정밀도 보호를 제공한다. 하지만 운영체제는 수많은 사용자와 수많은 파일을 가지고 있기 때문에 그 규모가 크다. 따라서 시스템이 동작하는 동안에 메모리 안에 ACM 또는 그 일부를 가지고 있으려면 대용량의 메모리가 요구된다. 운영체제는 접근제어 정보의 크기를 줄이기 위해 두 가지 방법을 사용한다. 첫 번째 방법에서는

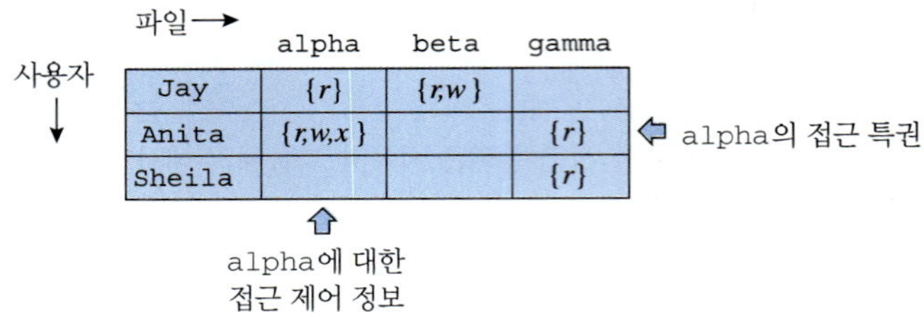

그림 15.7 접근 제어 행렬(ACM)

각 개별 사용자 대신에 사용자 그룹에게 접근 특권을 지정함으로써 행의 개수를 줄인다. 이 방법은 ACM의 기본적인 장점, 즉 사용자의 접근 특권과 접근 제어 정보 모두에 대한 효율적인 접근은 그대로 유지한다. 하지만 그룹에 속한 모든 사용자는 한 파일에 대해 동일한 접근 특권을 가지므로 낮은 정밀도 보호가 된다.

두 번째 방법은, 일반적인 사용자는 단지 몇 개의 파일에 대해 접근 특권을 가진다는 점에 착안하여 보호 구조의 크기를 줄이는 것이다. 그러므로 ACM의 대다수 요소는 널(null) 사항을 가지므로, 널이 아닌 접근 특권을 가지는 리스트 형태의 보호 정보를 구성함으로써 공간을 절약할 수 있다. 이 방법은 보호의 정밀성에 영향을 미치지 않지만, 보호 구조에 대한 접근 효율성은 다소 떨어진다. 다음 절에서는 두 가지 종류의 리스트로 구성된 보호 구조를 살펴본다.

15.6.3 접근 제어 리스트(Access Control Lists: ACLs)

파일에 대한 접근 제어 리스트(*access control list*: ACL)는 접근 제어 정보를 표현한 것으로서 ACM에 포함되어 있는 파일 열 중에서 널이 아닌 항목을 가지고 있다. 이것은 (사용자 *id*, 접근 특권) 형태의 쌍으로 이루어진 리스트로 보관된다. 그림 15.8은 그림 15.7에 있던 파일 alpha, beta 및 gamma에 대한 접근 제어 리스트를 보여준다. alpha에 대한 ACL은 {(Jay,{read}), (Anita,{read, write, execute})}이며, 이는 사용자 Jay가 파일 alpha를 읽을 수만 있는 반면에, Anita는 그 파일을 읽고, 쓰고, 실행할 수 있다는 것을 나타낸다. 사용자 Sheila는 alpha의 ACL이 Sheila에 대해서는 아무런 항목도 가지고 있지 않기 때문에 alpha에 대해서 어떠한 접근도 할 수가 없다.

파일 이름	접근 제어 리스트 (ACL)
alpha	{(Jay, {*r*}), (Anita,{*r*, *w*, *x*})}
beta	{(Jay, {*r*, *w*})}
gamma	{(Anita, {*r*}), (Sheila, {*r*})}

그림 15.8 접근 제어 리스트(ACLs)

ACL을 사용함으로써 널 접근 특권을 보관할 필요가 없어졌지만, 시스템에는 수많은 사용자가 있기 때문에 ACL 크기도 커지게 되며, 그에 따라 파일 시스템에 과다한 디스크 및 메모리 부하가 걸리게 된다. 파일 접근을 검증하기 위해 ACL을 탐색해야 하기 때문에 시간 부하도 많아지게 된다. 메모리와 CPU 시간 부하는 보호 정보를 각 개별 사용자가 아니라 사용자 그룹별로 명세하는 낮은 정밀도 보호를 사용함으로써 절감할 수 있다. 이러한 ACL은 그 크기가 작아져 파일의 디렉터리 항목에 충분히 저장할 수 있다. 예를 들어 Jay와 Anita가 같은 사용자 그룹에 속한다면, 파일 alpha의 ACL은 단 한 쌍의 정보만 포함하게 될 것이다. 이제는 Jay가 alpha에 접근할 수 있는지 여부를 보다 쉽게 판단할 수 있지만, Jay와 Anita는 동등한 접근 특권을 가지게 될 것이다.

15.6.4 자격 리스트(Capability Lists: C-lists)

자격 리스트(*capability list*: C-list)는 시스템에 있는 여러 파일들에 대한 한 사용자의 접근 특권을 표현한 것으로서, ACM에 보관되어 있는 사용자의 행 정보 중에서 널이 아닌 항목들을 가지고 있다. C-list에 있는 각 항목은 한 파일에 대한 접근 특권을 나타내는 하나의 자격으로서, (파일 *id*, 접근 특권) 형태의 한 쌍으로 표현된다. 그림 15.9는 그림 15.7의 사용자 Anita에 대한 C-list를 보여준다. Anita는 파일 alpha를 읽고, 쓰고, 실행할 수 있으며, 파일 gamma를 읽을 수 있다. Anita의 C-list에 beta에 대해서는 아무런 항목이 없으므로, 파일 beta에 대해서는 아무런 접근 특권이 없다. 일반적으로 C-list는 그 크기가 작으므로 파일 보호에 이를 사용해도 공간이나 시간 부하가 그리 많지 않다. 15.7절에서 자격이 컴퓨터에서 어떻게 이용되는지를 살펴본다.

15.6.5 보호 영역(Protection Domain)

접근 제어 행렬, 접근 제어 리스트, 또는 자격 리스트 등은 사용자에게 접근 특권을 주기 위해 사용된다. 이러한 조치는 권한이 있는 사용자만이 파일에 접근할 수 있기 때문에 보안 및 보호의 비밀성(*secrecy*) 목표를 만족시킨다. 하지만 보안 및 보호의 프라이버시(*privacy*) 목표는 정보가 의도한 목적으로만 사용되도록 해야 하며(15.1.1절 참고), 이러한 요구조건은 다음과 같이 위반될 수 있다. 즉, 어떤 사용자가 시작한 일부 프로세스가 요청했기 때문에, 그 사용자는 어떤 파일에 대한 접근 특권을 부여받는다. 하지만 그

(alpha, {r, w, x})
(gamma, {r})

그림 15.9 사용자 Anita의 자격 리스트

사용자가 시작한 다른 모든 프로세스들도 그 파일에 대해 동일한 접근 특권을 가지게 된다. 이들 프로세스의 일부는 그 파일에 의도되지 않은 방식으로 접근할 수 있으므로 프라이버시 요구조건을 위반하게 된다. 다음 예제는 어떻게 정보의 프라이버시가 위태롭게 될 수 있는지를 예시한 것이다.

예제 15.2 프라이버시 위반

사용자 u_i는 다른 사용자 u_j가 소유하고 있는 프로그램 `invest`에 대해 실행 특권을 가지고 있다. u_i가 `invest`를 실행할 경우에 `invest`는 사용자 u_i가 시작시킨 프로세스로 동작한다. 이 프로세스는 `invest`와 아무런 관련이 없는 파일을 포함하여 사용자 u_i가 접근 특권을 가지고 있는 모든 파일에 접근할 수 있다. 사용자 u_j가 그렇게 하려고 한다면, u_j는 `invest`가 u_i의 현재 디렉터리에 있는 파일 리스트를 가져와 그 중 일부를 복사하거나 변경하도록 코딩할 수 있다.

프라이버시 위반은 심각한 신뢰성 문제를 가져온다. 왜냐하면 데이터의 정확성은 그 데이터에 접근할 것이라고 생각되는 프로세스들의 올바른 연산뿐만 아니라, 그 데이터에 접근하지 않을 것으로 생각되는 프로세스들의 접근 피해 방지에도 달려 있기 때문이다. **보호 영역**(*protection domain*) 개념은 프라이버시 위반을 방지하기 위해 사용된다. 보호 영역은 하나의 개념적인 '실행 환경'으로 생각할 수 있으며, 접근 특권은 사용자나 그의 프로세스가 아니라 보호 영역에 대해 주어진다. 보호 영역 '안에서' 동작하는 프로세스는 그 보호 영역이 접근 특권을 가지고 있는 파일들만 접근할 수 있다. 이러한 조치는 높은 정밀성 보호와 함께 "need-to-know(알 필요가 있는)" 원칙의 구현을 보다 용이하게 해준다. 즉, 프로세스는 어떤 보호 영역이 접근 특권을 가지고 있는 파일에 대해 접근이 필요한 경우에만 그 보호 영역에서 동작할 수 있다. 다음 예제는 이러한 접근 방법이 정보의 프라이버시를 어떻게 지키는지 예시한다.

예제 15.3 보호 영역

그림 15.10은 3개의 보호 영역을 보여준다. 영역 D_1은 파일 `personal`과 `finance`에 대해 읽기와 쓰기 특권을 가지는 반면에, 영역 D_2는 `finance`에 대해 읽기 특권만을 가지고 있다. 영역 D_3은 파일 `memos`와 `notes`에 대해 읽기와 쓰기 특권을 가지고 있으며, 파일 `project`에 대해서는 읽기 특권만을 가지고 있다. 따라서 영역 D_1과 D_2는 중첩되어 있는 반면에, 영역 D_3은 이들 둘과 동떨어져 있다.

사용자 u_i가 영역 D_1, D_2, D_3에 각각 `self`, `invest`, `job_related`라는 이름의 3개 프로세스를 시작시킨다. 따라서 `invest`는 파일 `finance`에만 접근할 수 있고, 이를 읽을 수만 있다.

파일 →

영역 ↓

	personal	finance	memos	notes	project
D_1	$\{r, w\}$	$\{r, w\}$			
D_2		$\{r\}$			
D_3			$\{r, w\}$	$\{r, w\}$	$\{r\}$

그림 15.10 보호 영역

운영체제가 보호 영역을 사용하지 않았다면, 사용자 u_i는 파일 `personal`, `finance`, `memos` 및 `notes` 등에 대해 읽기와 쓰기 특권이 필요했을 것이고, 파일 `project`에 대해서는 읽기 특권이 필요했을 것이다. 사용자 u_i가 예제 15.2의 사용자 u_j 소유의 `invest` 프로그램을 실행했다면, `invest`는 사용자 u_i의 파일 `personal`, `finance`, `memos` 및 `notes` 등을 변경할 수 있었을 것이다.

프라이버시는 프로세스가 특정 동작 단계에서만 일부 자원에 접근할 수 있게 허용함으로써 향상될 수 있다. 이것은 프로세스가 수행 동안에 어떤 조건에 맞추어 보호 영역을 변경할 수 있게 해줌으로써 쉽게 이루어진다. 예제 15.3의 사용자 u_i는 이 영역 변경 기능을 사용하여 하나의 단일 프로세스가 일부 개인적인 연산을 하게 하고, 사용자 u_j가 소유한 `invest` 프로그램을 사용하여 어떤 투자 결정을 하며, 표준 패키지를 사용하여 메모나 노트를 기록할 수 있을 것이다. 이 프로세스는 영역 D_1에서 시작되었을 것이다. 이 영역에서 개인적인 연산을 수행한 후에 프로세스는 영역을 D_2로 변경하여 `invest` 프로그램을 호출하며, `invest`는 u_i의 재정 내역을 볼 수만 있지 그 내역 또는 u_i의 다른 개인적인 정보를 변경할 수는 없다. 그 프로세스는 그 후에 표준 패키지를 사용하여 메모나 노트에 기록하기 위해 영역 D_3으로 바뀌게 될 것이다. 유닉스와 Multics 운영체제에서의 보호 영역 변경 기능에 대해서는 15.9절에서 살펴본다.

15.7 자격(CAPABILITIES)

Dennis와 Van Horn(1966)은 공유 및 보호에 사용하기 위해 자격(*capability*) 개념을 제안하였다. 자격이란 객체에 대한 어떤 접근 특권을 나타내는 토큰을 말하며, 여기서 객체는 시스템에 있는 어떤 하드웨어 또는 소프트웨어 개체, 즉 레이저 프린터, CPU, 파일, 프로그램, 또는 프로그램의 자료 구조 등이 될 수 있다. 자격은 프로세스가 소유한다. 이 소유는 그 프로세스에게 자격에 있는 접근 특권과 일치되는 방식으로 객체에 접근할 수 있는 권한을 준다.

그림 15.11은 자격의 형식을 보여준다. 자격은 2개의 필드, 즉 객체 *id*와 접근 특권

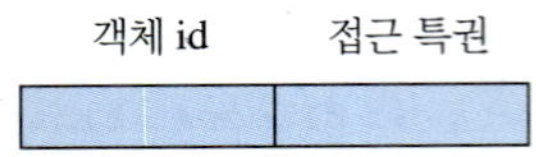

그림 15.11 자격의 형식

으로 구성된다. 각 객체는 시스템에서 유일한 객체 id를 가진다. 접근 권한 필드는 전형적으로 비트로 코드화된 접근 기술자를 가지고 있다. 한 프로세스가 다수의 자격을 가질 수 있다. 이들은 15.6.4절에서 설명한 **자격 리스트**(*capability list*: C-list)에 보관된다.

어떤 프로세스 P_i가 객체 O_i를 새로이 만들면, 운영체제는 O_i에 대해 시스템에서 정의된 모든 접근 특권들이 포함된 자격을 만들어 이를 P_i에게 넘겨준다. P_i는 이 자격을 사용하여 O_i에 대해 보다 적은 접근 특권이 포함된 **하부 자격**(*subset capability*)을 생성해 달라고 운영체제에게 요청할 수 있다. P_i는 또한 O_i에 대한 자격의 복사본을 만들어 운영체제로부터 받을 수 있다. 따라서 시스템에는 O_i에 대한 자격이 많이 있을 수 있다. 프로세스 P_i는 O_i에 대한 자격을 다른 프로세스들에게 넘겨줌으로써 객체 O_i를 다른 프로세스와 공유할 수 있다. 따라서 각 프로세스는 자신이 소유한 객체에 대한 자격 및 다른 프로세스에게서 넘겨받은 어떤 자격을 가진다. 이러한 모든 자격은 합법적인 방법을 통해 얻어지며, 프로세스가 훔치거나 부정하게 생성할 수는 없다. 이것이 자격을 흔히 그 소유자에게 접근 특권을 부여하는 위조 불가능한 토큰이라고 말하는 이유이다.

여기서는 obj_i에 대한 자격을 $Cap_k(obj_i)$로 표기한다. *Cap*의 아래첨자는 단지 그 객체에 대한 서로 다른 자격을 구별하기 위해 사용한 것이며, 그 외 다른 의미는 없다. 객체에 대해 단 한 개의 자격만 있는 경우는 간편성을 위해 아래첨자를 생략한다.

15.7.1 자격 기반의 컴퓨터 시스템(Capability-Based Computer Systems)

자격 기반의 컴퓨터 시스템은 시스템에 있는 **모든** 객체, 예를 들어 파일과 같은 장기간 보유 객체에서부터 메모리에 있는 자료 구조나 프로그램 복사본과 같은 단기간 객체에 이르기까지 모두에 대해 자격 기반의 주소 지정 및 보호를 구현한다. 대다수 자격 기반 시스템은 연구용으로 개발되었으며, iapx-432는 자격 기반의 상용 시스템이었다.

그림 15.12는 객체에 대한 자격 기반의 주소 지정 방식의 구조도이다. 시스템은 객체 주소를 프로세스와 명시적으로 관련짓지 않고, C-list를 프로세스와 연관시킨다. 각 객체는 유일한 id를 가지고 있다. **객체 테이블**(*object table*: OT)은 시스템에 있는 모든 객체에 대한 위치 정보를 가지고 있는 시스템 전역적인 테이블이다. OT 항목의 **객체 주소**(*object address*) 필드는 컴퓨터의 주 기억장치 또는 보조 기억장치에 있는 객체의 주소를 나타낸다. 객체에 대한 접근은 다음과 같이 구현된다. 즉, 프로세스 P_1은 다음과 같은 형태의 명령어를 사용하여 어떤 객체에 대한 <op_i> 연산을 수행한다.

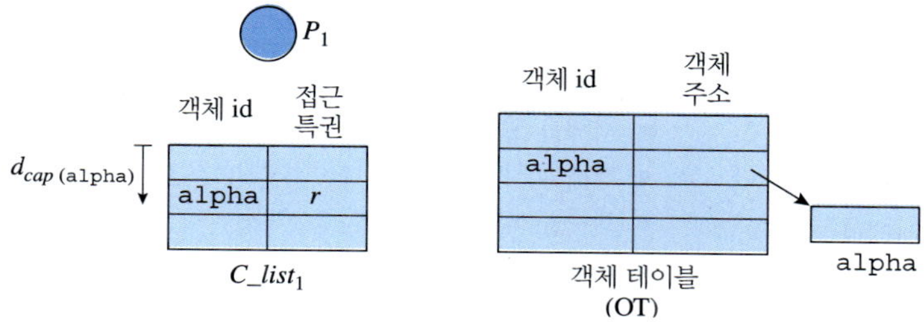

그림 15.12 자격 기반의 객체 주소 지정 방식

$$\langle op_i \rangle \quad d_{Cap}(obj_i) \tag{15.1}$$

여기서 $d_{Cap}(obj_i)$는 P_1의 C-list에 있는 $Cap(obj_i)$의 변위(displacement)이다. CPU는 이 변위를 사용하여 P_1의 C-list에 있는 자격의 위치를 찾아서, 연산 $\langle op_i \rangle$가 자격에 있는 접근 특권에 부합하는지를 검증한다. 자격에 있는 객체 id, 즉 `alpha`는 이제 OT에서 `alpha` 항목을 찾는 데 사용되며, 거기서 찾은 객체 주소가 $\langle op_i \rangle$를 수행하는 데 사용된다. 객체 기반의 주소 지정은 주소 변환 버퍼(12.2.2절 참고)나 주소 변환을 위한 특별한 캐시 메모리와 같은 버퍼를 사용함으로써 보다 효율적으로 할 수 있다.

C-list에 있는 자격은 시스템의 메모리나 디스크와 같이 어떠한 곳에 존재하는 객체에 접근하는 데 사용될 수 있으며, 객체의 위치는 프로세스에게 중요하지 않다. 이러한 특성은 운영체제가 프로그램이 객체에 접근하는 방식에 영향을 주지 않으면서 보다 나은 메모리 관리를 위해 객체를 메모리 내에서 위치 이동하거나, 비용 효과적인 접근 성능을 위해 메모리와 디스크 간에 객체를 이동시킬 수 있게 해준다. 따라서 파일과 같은 장기간 객체나 자료 구조와 같은 단기간 객체에 대해 동일한 방식으로 접근할 수 있다.

객체 연산과 자격(Operations on Objects and Capabilities) 프로세스는 생성되는 시점에 운영체제로부터 자연스럽게 일부 자격을 부여받을 수 있다. 프로세스는 또한 부모 프로세스로부터 어떤 자격을 상속받을 수 있다. 프로세스가 "새로운 객체를 생성하라"는 연산을 수행할 경우에, CPU는 새로운 객체를 생성하고 OT에 그 객체를 위한 새로운 항목을 생성한다. 객체 id와 새로이 생성된 객체의 주소가 이 항목에 들어간다. CPU는 이제 그 객체에 대한 전체 접근 특권이 포함된 자격을 생성하여 P_i의 C-list에 넣는다. 또한 $d_{Cap}(obj_i)$가 CPU의 레지스터에 들어가며, 프로세스 P_i는 이 레지스터 내용을 나중에 obj_i에 접근하는 데 사용하기 위해 저장한다.

프로세스에 의해 수행되는 모든 연산은 그 프로세스의 C-list에 포함되어 있는 접근 특권에 따른다. 객체를 생성하라는 연산 자체도 접근 권한에 따라 할 수 있으며, 그러한 경우에 운영체제는 각 프로세스에게 주는 디폴트 자격 중 하나를 통해 이 접근 특권을 부여할 수 있다. 표 15.8은 프로세스가 객체 및 자격에 대해 수행할 수 있는 연산들

표 15.8 객체 및 자격에 대해 가능한 연산

객체에 대한 연산	
	• 객체를 생성 • 객체를 읽거나 변경 • 객체를 삭제 • 객체를 복사 • 객체를 실행
자격에 대한 연산	
	• 자격의 복사본을 생성 • '하부' 자격을 생성 • 자격을 함수/프로시저 호출의 매개변수로 사용 • 자격을 다른 프로세스가 사용하도록 넘김 • 자격을 삭제

을 나열한 것이다. 따라서 프로세스는 적합한 접근 특권을 가진 자격을 소유하고 있다면 어떤 객체를 생성, 변경, 삭제, 복사, 또는 실행할 수 있다.

자격에 대한 연산도 그 안에 있는 접근 특권에 따른다. 예를 들어, $Cap(obj_i)$가 "하부 자격을 생성하라"는 접근 특권을 포함하고 있는 경우에만 프로세스는 $Cap(obj_i)$의 하부 자격을 생성할 수 있을 것이다. 이러한 특성이 프로세스가 자격에 대해 수행할 수 있는 연산을 통제한다. 객체에 대한 공유는 프로세스가 객체에 대한 자격을 다른 프로세스에게 넘겨줄 경우에 이루어진다. 자격을 받은 프로세스는 그 자격을 자신의 C-list에 집어넣는다. 공유는 양쪽 C-list가 모두 객체에 대한 자격을 가진다는 것 때문에 묵시적이다. 보호도 이러한 자격이 프로세스들에게 서로 다른 접근 특권을 줄 수 있다는 점 때문에 묵시적이다.

자격의 보호(Protection of Capabilities) 자격을 이용한 보호는 자격이 위조되거나 함부로 변경되지 못한다는 기본적인 가정을 바탕으로 하고 있다. 이러한 가정은 어떤 프로세스가 C-list에 접근하여 그 안에 있는 자격을 변경할 수 있다면 무효가 될 것이다. 예를 들어, 그림 15.12의 프로세스 P_1이 `alpha`에 대한 자격의 접근 특권 필드를 변경하여 자신에게 '쓰기' 접근 특권을 부여한 다음에, 변경된 자격을 사용하여 객체 `alpha`를 변경할 수 있을 것이다. 이러한 자격의 불법 변경은 자격에 대해 임의적인 연산을 할 수 없도록 함으로써 방지할 수 있다. 이것은 두 가지 접근 방법, 태그 아키텍처(tagged architecture)와 자격 세그먼트(capability segment) 방법으로 구현된다.

태그 아키텍처를 사용하는 컴퓨터에서는 객체의 실행시간 표현이 2개의 필드, 즉 태그(tag) 필드와 값 필드로 구성된다. 태그는 객체의 종류를 설명한다. CPU는 객체에 대해 그 태그와 일치하는 연산만을 수행하도록 설계되어 있다. 이러한 방식으로 자격에 대해서는 표 15.8에서 언급한 여섯 가지 연산만이 수행될 수 있으며, 이로서 자격은 함부로 변경될 수 없도록 보장된다. 자격 세그먼트를 사용하는 컴퓨터에서는 데이터 객체와 그 자격을 서로 다른 세그먼트에 저장하며, CPU 명령어들은 적절한 세그먼트에서 그 피연산자에 접근하도록 설계되어 있다. 표 15.8에서 언급한 자격에 대한 여섯 개 연산만이 자격 세그먼트에서 피연산자를 가져올 것이다. 이러한 방식으로 임의의 연산이 자격에 대해 수행될 수 없도록 되어 있다.

15.7.2 소프트웨어 자격(Software Capabilities)

자격 기반이 아닌 컴퓨터의 운영체제는 소프트웨어 안에 자격을 구현할 수 있다. 객체와 자격에 대한 조치는 그림 15.12와 유사하게 할 수 있다. 그러나 객체에 대한 조작 및 보호는 그 시스템의 CPU가 수행할 수 없으며, 여기서는 **객체 관리자**(*object manager*: OM)라고 불리는 커널의 한 구성 요소에 의해 수행된다. 프로그램은 객체 관리자에게 OM($<op_i>$, $Cap(obj_i)$) 호출을 함으로써 자신의 객체 조작 요구사항을 알린다. 이 호출은 15.7.1절에서 설명한 (15.1)의 명령어와 동일한 효과를 가진다. 객체 관리자는 $Cap(obj_i)$가 연산을 수행하는 데 필요한 접근 특권을 가지고 있는 경우에만 $<op_i>$를 실행한다.

소프트웨어 자격에는 두 가지 중요한 문제가 있다. 즉, 프로세스는 객체에 접근하면서 자격 기반의 보호 조치를 건너뛸 수 있으며, 자격을 위조하거나 가공할 수 있다. 그러면 어떤 방법으로 프로세스가 객체 관리자를 통하지 않고는 객체를 조작할 수 없게 할 수 있을까? 한 가지 방법은 사용자 프로세스가 객체를 볼 수 없도록 객체 테이블을 암호화하여 감추는 것이다. 그러면 프로세스는 객체의 위치를 알 수 없을 것이다. 그러므로 프로세스는 객체 조작을 수행하기 위해 객체 관리자에게 의존해야 할 것이다. 자격 위조도 암호화를 사용하여 방지할 수 있다. 예를 들어, 분산 운영체제인 Amoeba에서 사용되고 있는 간단한 버전의 자격 보호 기법을 살펴보자.

Amoeba에서의 자격(Capabilities in Amoeba) 객체 obj_i는 생성되는 시점에 암호화 키 key_i를 부여받는다. 암호화 키는 객체 테이블의 obj_i 항목에 저장된다. Amoeba 자격은 그림 15.13에서 보인 것과 같은 형식을 가진다. **숫자**(*number*) 필드는 자격을 보호하는 데 사용되는 정보를 가지고 있다. obj_i에 대한 자격은 다음과 같은 절차에 따라 생성된다.

1. 자격의 **객체** *id* 및 **접근 특권** 필드가 적절히 설정된다.
2. 객체 테이블의 obj_i 항목에서 암호화 키 key_i를 가져온다. 접근 특권 필드의 내용에

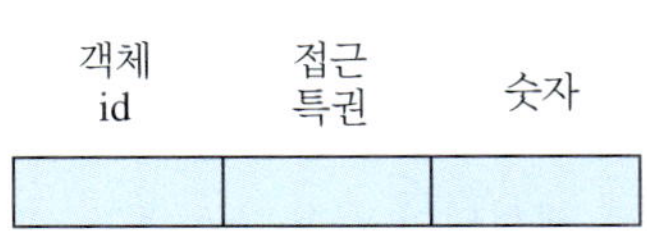

그림 15.13 Amoeba 운영체제의 경우와 유사한 자격

key_i를 연결시켜서 그 결과 스트링을 key_i로 암호화한다. 여기서 이 연산을 E_{key_i}(접근 특권 · key_i)로 표현하며, '.' 표시는 스트링 연결을 나타낸다. 암호화된 결과는 자격의 **숫자** 필드에 저장된다.

프로세스가 obj_i를 조작하려면 객체 관리자에게 obj_i에 대한 자격을 제출해야 한다. 객체 관리자는 이 자격의 정당성을 다음과 같이 검증한다.

1. 객체 테이블의 obj_i 항목에서 암호화 키 key_i를 가져온다.
2. 자격에서 **접근 특권** 스트링을 가져와서 E_{key_i}(**접근 특권**. key_i)한 결과를 자격에 있는 **숫자** 필드와 비교한다.

자격에 있는 **객체** *id* 또는 **접근 특권** 필드가 위조되었다면 위의 두 번째 단계의 비교가 실패할 것이며, 따라서 객체 관리자는 비교가 실패한 경우에는 그 프로세스를 중단시킨다.

자격 기반의 시스템과 비교(Comparison with Capability-Based Systems) 기반이 되는 하드웨어에 독립적이라는 소프트웨어 자격의 주요 강점은 주요 약점도 된다. 자격 기반 시스템의 하드웨어에서 수행되는 하부 자격의 생성과 같은 연산도 소프트웨어에서 수행되어야 한다. 이를 위해서는 객체 관리자를 구동하는 시스템 호출이 있어야 한다. 더구나 위조 방지를 위해서는 사용 전에 검증이 필요하다. 이러한 요구사항들이 상당 시간 부하를 가져온다.

15.7.3 자격 사용의 문제점(Problem Areas in the Use of Capabilities)

자격 사용은 세 가지 실제적인 문제가 있다.

- 쓰레기 수집의 필요성(*need for garbage collection*): 언제 객체를 삭제할 수 있나?
- 자격의 제한(*confinement of capability*): 프로세스들이 다른 프로세스에게 무분별하게 자격을 넘겨주는 것을 어떻게 방지하는가?
- 자격의 취소(*revocation of capability*): 어떻게 자격을 삭제하거나 또는 자격에 주어진 접근 특권을 취소시키는가?

쓰레기 수집(Garbage Collection) 객체 소유자는 객체에 대한 하부 자격을 만들어 다른 프로세스에게 넘겨주어 그 객체에 접근하도록 할 수 있다. 소유자는 그러한 객체를 삭제하기 전에 현재 그 객체를 사용하고 있는 프로세스가 하나도 없다는 것을 알아야 한다. 이 정보는 객체의 모든 사용자와 소유자 간의 동기화를 통해서만 얻을 수 있다. 이 접근 방법은 객체가 빠른 속도로 생성되어 사용되는 경우, 또는 장기간에 걸쳐 공유되는 객체의 경우에는 비현실적이다. 이러한 정보를 수집하지 않고 객체를 삭제할 경우에는 두 가지 문제가 발생할 수 있다. 즉, 객체가 삭제되었는데도 이에 대한 자격이 여전히 존재하거나, 자격이 삭제된 이후에도 객체가 오랫동안 존재할 수 있다. 이러한 상황을 모두 방지하기 위해서는 비용이 많이 드는 쓰레기 수집 기법이 요구된다.

자격의 제한(Confinement of Capabilities) 제한은 일단의 프로세스에게 자격의 사용을 금지시키는 것을 말한다. 제한이 없으면 무분별한 자격의 양도로 인해 시스템 전체에 자격이 난무하게 될 것이다. 제한은 쓰레기 수집을 복잡하게 하며, 객체의 생명을 길게 만든다. 제한은 또한 need-to-know 원칙을 위반하게 되어 보호를 망칠 수 있다. 제한은 자격의 양도 자체를 하나의 접근 권한으로 만듦으로써 이룰 수 있다. 즉, 프로세스 P_i가 P_j에게 자격을 넘기는 과정에 그 자격에 있는 '양도' 접근 권한을 못 쓰게 만들면, P_j는 다른 어떤 프로세스에게도 그 자격을 넘기지 못할 것이다.

자격의 취소(Revocation of Capabilities) 자격 기반의 시스템에서 어떤 객체에 대한 모든 자격을 취소하는 일이 가장 어려운 문제이다. 왜냐하면 어떤 프로세스가 그 객체에 대한 자격을 가지고 있는지 알 방법이 없으며, 자격을 무효화할 방법도 없기 때문이다. 하지만 소프트웨어 자격의 경우는 암호화를 통해 보호되기 때문에 취소가 가능하다. Amoeba에서는 객체에 배정된 암호화 키를 변경함으로써 그 객체에 대한 기존의 모든 자격을 무효화할 수 있다. 객체에 대한 일부 자격을 선별적으로 취소하기 위해서는 소유자가 암호화 키를 변경하여 그 객체에 대한 모든 자격을 무효화시킨 다음에 일부 프로세스에게만 새로운 자격을 발급할 수 있다. 하지만 이것은 비용이 많이 들며 방해가 되는 연산이다. 즉, 객체에 대한 어떤 자격 하나가 취소될 경우에 그 객체에 대해 자격을 가지고 있는 모든 프로세스가 영향을 받는다.

15.8 컴퓨터 보안 등급(CLASSIFICATIONS OF COMPUTER SECURITY)

보안 정책은 컴퓨터 시스템의 자원이 합법적인 방식으로 사용된다는 것을 보장하기 위해 개인이든 프로그램이든 간에 개체의 역할을 명시한다. 그림 15.1의 용어 정의에서, 보안 정책은 신원인증 및 권한인가 데이터베이스를 유지하기 위해 시스템 관리자 및 그들이 사용하는 프로그램의 역할과 신원인증 및 권한인가 서비스를 구성하는 운영체제 프로그램의 역할을 명세하는 것이었다.

이상적으로 말하면, 보안 정책은 훼손될 수 없다는 것을 증명할 수 있어야 한다. 그러나 이러한 증명은 15.3절에서 언급한 이유 때문에 어려우므로, 시스템 개발자는 시스템의 보안 능력에 대한 신뢰를 고취하기 위해 다른 방법을 사용해야 한다. 이러한 방법들은 전형적으로 자원들이 합법적인 방식으로 사용된다는 것을 확인할 수 있는 **접근 제어**(*access control*)와 보안 관련 사건들이 연관된 개체에 의해 어떻게 처리되었는지에 대한 정보를 보관하는 **감사 능력**(*auditing capability*) 등을 시스템이 구현하여 확신시키는 형태를 취한다.

미 국방성은 컴퓨터 시스템이 보안 및 보호 요구사항에 얼마나 잘 부합하는지를 판단하는 컴퓨터 시스템 신뢰성 평가 기준(Trusted Computer System Evaluation Criteria: TCSEC)을 개발하였다. 이 기준은 컴퓨터 시스템을 네 가지 등급으로 구분하고, 각각의 등급 안에서 여러 계층으로 분류하였다(표 15.9 참고). 이 분류는 컴퓨터 시스템을 두 부분으로 분할할 수 있다는 것을 보여준다. 즉, 신뢰할 수 있는 **컴퓨팅 기반**(*trusted computing base*: TCB)은 시스템에서 보안 관련 기능성을 구현하는 하드웨어, 소프트웨어 및 펌웨어 부분이고, 시스템의 나머지 부분은 보안 관련 기능을 전혀 구현하지 않는다. 컴퓨터 시스템의 분류는 그 TCB가 특정 등급의 요구사항 및 그보다 낮은 등급의 요구사항을 만족하는지 여부에 달려 있다. D 등급이 가장 낮은 보안 등급으로서, 어떤 다른 등급의 요구사항을 하나도 만족할 수 없는 시스템에게 주어진다.

C 등급 컴퓨터 시스템의 TCB는 세 가지 주요 능력을 갖추어야 한다. 첫째, 이 등급에서는 사용자가 자신이 소유하고 있는 데이터나 프로그램에 대해 다른 어떤 사람이 접근할 수 있는지를 명세할 수 있어야 하며, 이 능력을 제공하기 위해 사용자의 신원인증을 수행한다. 둘째, 신원인증 시도, 파일 열기/닫기, 시스템 관리자의 행위 등과 같은 사건들의 기록을 보관함으로써 보안 관련 사건에 대한 감사를 용이하게 한다. 셋째, 어떤 사용자의 데이터를 다른 사용자가 우연히 접근할 수 없게 하기 위해 **객체 재사용 보호**(*object reuse protection*)를 제공한다. 이것은 데이터 객체에 할당되었던 메모리를 빈

표 15.9 컴퓨터 시스템 신뢰성 평가 기준

등급	설명 및 계층
검증된 보호 (A 등급)	시스템은 보안 검증을 위한 정형적인 방법을 지원해야 한다.
강제적 보호 (B 등급)	시스템은 데이터와 프로그램에 대해 민감성 수준을 명시해야 하며, **참조 모니터**(*reference monitor*: RM)를 통해 강제적 접근 제어 규칙을 구현해야 한다. • B1: 레이블이 있는 보안 보호 • B2: 구조적 보호 • B3: 보안 영역
임의적 보호 (C 등급)	시스템은 need-to-know 보호를 구현해야 하며, 주체 및 그 행위의 책임에 대한 감사 능력을 제공해야 한다. • C1: 임의적 보안 보호 • C2: 통제된 접근 보호
최소한 보호 (D 등급)	상위 등급의 요구사항을 만족시키지 못한 시스템

객체 또는 빈 메모리의 TCB 수집 장소로 반환하기 전에 그 내용을 지움으로써 구현된다. C 등급의 C1과 C2 계층은 서로 다른 보호 정밀도에 해당된다. 사용자가 자신이 소유한 파일에 접근할 수 있는 각 개인 사용자를 구별할 수 있다면 이 시스템은 C2 계층을 만족하고, 그렇지 않으면 C1 계층을 만족한다. 따라서 낮은 정밀도의 보호를 구현한 시스템은 C1 등급의 분류에 해당될 것이다(15.6.1절 참고).

B 등급의 분류를 받기 위해서는 시스템이 모든 데이터와 프로그램에 대해 보안 및 보호 수준을 반영하는 민감도를 지정해야 하며, 데이터와 프로그램에 대한 모든 접근을 검증하기 위해 이 민감도를 사용해야 한다. 이를 **강제적 접근 제어**(*mandatory access control*)라고 부른다. 이 등급은 또한 접근 권한이 퍼지는 것도 통제해야 한다. 시스템 개발자는 TCB가 기반으로 할 보안 정책 모델을 갖추어야 한다. 이 모델은 사용자나 그 프로세스가 데이터나 프로그램을 참조하는 것을 모두 검증하기 위해 **참조 모니터**(*reference monitor*: RM)를 사용해야 한다. 이 참조 모니터는 위조될 수 없어야 하며, 그 완벽성을 분석하고 시험할 수 있도록 크기가 작아야 한다.

B 등급은 세 계층으로 이루어지며, **강제적 보호**(*mandatory protection*)의 범위, 공격 침투에 대한 저지력, 신뢰성 있는 기능 관리의 지원, TCB를 보호-필수적 또는 보호-비필수적인 요소로 구성하는 방법 등이 다르다. B1 계층에서는 강제적 접근 제어가 반드시 있어야 하며, 시스템 관리자가 선택된 사용자의 행동 또는 선택된 프로그램이나 데이터 객체와 관련된 행동을 감사할 수 있어야 한다. B2 계층에서는 강제적 접근 제어가 모든 사용자와 모든 데이터 및 프로그램에 확장되어야 한다. 시스템은 공격 침투를 막을 수 있어야 하며, 시스템 관리자 및 운영자 기능을 위한 지원을 제공해야 한다. 시스템은 또한 사용자와 TCB 간에 **신뢰할 수 있는 경로**(*trusted path*)를 제공해야 한다. 이 경로는 전형적으로 사용자가 로그인하려고 할 경우에 사용된다. 이 경로의 사용으로 트로이 목마 프로그램(15.2절 참고)에 의한 가장 공격을 제거할 수 있다. B3 계층에서는 시스템이 침투 공격에 대해 보다 강한 방어력이 있어야 하며, 시스템 관리자가 임박한 보안 공격에 대한 정보를 수집하여 그러한 공격의 일부일 가능성이 있는 사건을 종결할 수 있도록 지원해야 한다.

A 등급 판정을 받으려면 시스템이 B3 계층의 능력을 가져야 하며, 그 개발자가 보안 정책에 대한 정형적인 증명을 제시해야 한다.

15.9 보안 및 보호의 사례 연구(CASE STUDIES IN SECURITY AND PROTECTION)

15.9.1 MULTICS

MULTICS는 동일한 중심을 갖는 링(ring)으로 이루어진 64개의 보호 영역을 제공한

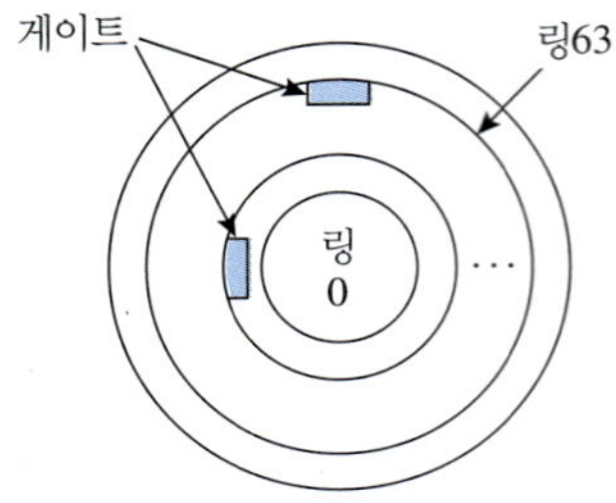

그림 15.14 MULTICS 보호 링 구조

다. 이 링은 가장 안쪽에서 바깥쪽으로 번호가 매겨져 있다(그림 15.14 참고). 한 영역의 접근 특권은 그보다 높은 번호 영역의 모든 접근 특권을 포함한다. 이에 추가로 자신의 영역 접근 특권을 몇 개 더 가질 수 있다. 프로그램의 각 프로시저는 보호 영역을 지정받으며, 동일한 보호 영역에 있는 프로세스에 의해서만 실행될 수 있다.

프로세스의 코드 부분은 서로 다른 보호 영역에 있는 프로시저들로 구성될 수 있다. 보호 영역 D_i에서 실행되고 있는 프로세스가 $D_j \neq D_i$인 다른 보호 영역 D_j에 지정된 프로시저를 호출하면 인터럽트가 발생한다. 그 프로시저를 실행하기 위해서는 프로세스의 보호 영역을 D_j로 변경해야 한다. 커널은 보호 영역 변경 규칙에 따라 이러한 변경이 가능한지를 검사한다. 이 규칙을 간단히 살펴보면 다음과 같다. 즉, 보호 영역의 변경은 어떤 영역 D_i에서 실행되고 있는 프로세스가 그보다 높은 번호의 영역에 있는 프로시저를 호출할 경우에 허용된다. 하지만 낮은 번호의 영역에 들어가려면, 프로세스는 게이트(*gate*)라고 하는 특별히 지정된 프로시저를 호출해야 한다. 그보다 낮은 번호의 계층에 있는 어떤 다른 프로시저를 호출하려고 하면 실패하고, 그 프로세스는 중단된다. 프로시저 호출이 이 규칙을 만족하면, 그 프로세스의 보호 영역은 일시적으로 호출된 프로시저가 있는 영역으로 바뀌게 된다. 호출된 프로시저는 이 보호 영역에서 실행되며, 그 영역의 접근 특권에 따라 자원에 접근한다. 복귀되는 시점에 그 프로세스의 보호 영역은 그 전의 값, 즉 D_i로 재설정된다.

MULTICS 보호 구조는 복잡하며, 프로시저 호출이 있을 때마다 검사하기 때문에 상당한 실행 부하를 가져온다. 어떤 보호 영역의 접근 특권이 그보다 높은 번호의 모든 보호 영역의 접근 특권을 가져야 한다는 요구조건 때문에, 접근 특권이 완전히 별개인 영역들은 사용이 불가능하다. 예를 들어, 그림 15.10의 영역 D_1, D_2, D_3은 D_3 영역의 권한이 D_1과 D_2와 완전히 별개이기 때문에 MULTICS에서 구현할 수 없다. 이 특징은 보호 요구사항을 명세하는 데 있어서 사용자의 자유를 제약한다.

15.9.2 유닉스(Unix)

15.5절에서 언급했듯이, 유닉스는 패스워드 보안을 위해 암호화를 사용한다. 옵션에 따

라서는 루트 사용자만이 접근할 수 있는 쉐도우 패스워드 파일을 사용함으로써 침입자가 패스워드를 깨기 위해서는 전수 공격을 사용할 수밖에 없도록 만든다. 각 유닉스 사용자는 시스템에서 유일한 사용자 id를 가진다. 시스템 관리자는 서로 중첩되지 않는 사용자 그룹을 생성하여, 각 그룹에게 유일한 그룹 id를 배정한다. 사용자 인증서는 사용자 id와 그룹 id로 이루어지며, 패스워드 테이블에 보관되어 사용자 신원인증이 된 이후에 사용자의 인증 토큰이 된다.

유닉스는 세 가지 부류의 사용자, 즉 파일 소유자, 사용자 그룹 및 기타 사용자 등으로 구분하며, 각각 읽기, 쓰기, 실행하기를 나타내는 세 가지 접근 권한 *r*, *w*, *x* 만을 제공한다. 각 사용자 부류에 대해서 3-bit로 나타낸 접근 기술자(access descriptor)가 사용되며, 접근 제어 리스트(ACL)은 세 가지 사용자 부류에 대한 접근 기술자를 파일 소유자, 사용자 그룹 및 기타 사용자 순으로 포함하고 있다. 이러한 방법으로 ACL은 단지 9개 비트만 필요하며, 이 ACL은 파일의 아이노드(inode)에 저장된다(13.14.1절 참고). 파일 소유자의 신분은 파일 아이노드의 또 다른 필드에 저장된다. 그림 15.15는 유닉스 ACL을 디렉터리 목록에 나타나는 형태로 보인 것이다. 파일 `sigma`는 시스템에 있는 모든 사용자가 읽을 수 있지만, 쓰기는 그 파일의 소유자만이 할 수 있다. `delta`는 시스템에 있는 모든 사용자가 읽을 수 있는 반면에, `phi`는 그 소유자만이 읽고 쓰고 실행할 수 있는 특권이 있다.

유닉스 프로세스의 접근 특권은 그 uid로 결정된다. 커널이 프로세스를 생성할 경우에, 프로세스의 uid는 그 프로세스를 생성한 사용자의 uid로 설정된다. 따라서 프로세스는 이를 생성한 사용자의 uid로 결정되는 보호 영역에서 동작한다. 유닉스는 두 가지 조건, 즉 프로세스가 시스템 호출을 한 경우와 *setuid* 또는 *setgid* 기능이 사용된 경우에 프로세스의 보호 영역을 변경한다. 프로세스는 두 가지 구분되는 **실행 상태**, 즉 **사용자 실행**(*user running*)과 **커널 실행**(*kernel running*) 상태를 가진다(5.4.1절 참고). 프로세스가 사용자 실행 상태에 있는 동안에는 자신에게 할당된 메모리 공간 및 자원에 접근하며, 자신의 uid에 따라 파일 시스템에 있는 파일에 접근한다. 프로세스는 시스템 호출을 통해 커널 실행 상태로 전이가 일어난다. 이 상태에서는 커널 자료 구조 및 전체 메모리 내용에도 접근할 수 있다. 시스템 호출에서 복귀할 경우에 프로세스는 다시 사용자 실행 상태로 되돌아온다. 그러므로 보호 영역 변경은 프로세스가 시스템 호출을 하는 경우 및 시스템 호출에서 복귀되는 경우에 묵시적으로 일어난다.

```
rw-r--r--    sigma
r--r--r--    delta
rwx------    phi
```

파일 소유자 / 사용자 그룹 / 기타 사용자

그림 15.15 유닉스 접근 제어 리스트

setuid 기능은 두 가지 방식으로 사용된다. 프로세스는 자신의 uid를 <*id*>로 바꾸기 위해 *setuid* <*id*> 시스템 호출을 하며, 자신의 원래 uid로 복귀하기 위해 자신의 uid를 사용한 또 다른 *setuid* 시스템 호출을 한다. 또 다른 방법으로, uid는 프로세스가 어떤 프로그램을 실행하기 위해 *exec*을 수행하는 경우에 묵시적으로 바뀔 수 있다. 두 번째 경우는 다음과 같이 실현된다. 즉, 프로그램 P가 그 이름이 P인 파일에 저장되어 있다고 하자. P의 소유자가 커널에게 P를 *setuid* 기능하에서 실행되도록 요청하면, 커널은 파일 P의 아이노드에 있는 *setuid* 비트를 1로 설정한다. P에 대한 실행 권한이 있는 어떤 프로세스가 P를 *exec*하면, 커널은 파일 P의 *setuid* 비트가 설정되어 있다는 것을 인지하여 P를 실행하는 프로세스의 uid를 일시적으로 P 소유자의 uid로 변경한다. 이러한 행위는 실제적으로 그 프로세스를 P 소유자의 접근 특권과 동일한 접근 특권을 가진 보호 영역에 들어가게 한다. 이 기능은 예제 15.2에서 설명한 프라이버시 위반을 피하기 위해 다음과 같이 사용될 수 있다. 즉, 사용자 u_j는 `invest` 프로그램의 *setuid* 비트를 설정한다. 사용자 u_i는 `invest`를 호출하기 전에 사용자 u_j에게 `finance` 파일에 대한 읽기 권한을 준다. 이제 프로그램 `invest`는 사용자 u_i의 `finance` 파일에는 접근할 수 있지만, u_i가 소유한 그 밖의 다른 파일에는 접근할 수 없다. *setgid* 기능도 이와 유사하게 프로세스 그룹 id를 일시적으로 변경하는 방법을 제공한다.

15.9.3 리눅스(Linux)

리눅스는 로그인 시점에 사용자 패스워드에 '소금(salt)' 값을 추가하여 그 결과를 MD5를 통해 암호화함으로써 신원인증을 한다. 하나의 옵션으로, 루트 사용자만이 접근할 수 있는 쉐도우 패스워드 파일을 사용한다. 이와 함께 리눅스는 어떤 애플리케이션이 동적으로 적재 가능한 라이브러리에 있는 신원인증 모듈을 통해 언제라도 사용자를 신원인증할 수 있는 *pluggable authentication modules*(PAMs)을 제공한다. 이러한 조치는 애플리케이션을 다시 컴파일하지 않고도 애플리케이션에서 사용되는 신원인증 방식을 변경할 수 있기 때문에 융통성을 제공한다. 애플리케이션 개발자는 PAM을 사용하여 다양한 방법으로 애플리케이션의 보안성을 향상시킬 수 있다. 즉, 자신이 선택한 패스워드 암호화 방식을 사용하기 위해, 또한 사용자들의 자원 사용 제한을 설정하여 서비스 거부 공격을 시도할 목적으로 과도하게 자원을 소비하지 못하게 하기 위해, 그리고 특정 사용자는 특정 장소에서 특정한 시점에만 로그인할 수 있도록 하기 위해 사용될 수 있다.

시스템 관리자는 PAM을 사용하도록 인가된 각 애플리케이션에 대한 PAM 형상 파일을 유지한다. 각각의 PAM 형상 파일은 신원인증이 수행되는 방법 및 사용자 신원인증이 끝난 후에 어떤 행위를 취해야 하는지, 예를 들어 홈 디렉터리 마운팅(mounting) 또는 신원인증 사건의 기록 남기기 등을 명시한다. 형상 파일은 또한 사용자가 자신의 패스워드를 변경하고 싶을 경우에 사용하게 되는 메커니즘도 지칭한다. PAM은 여러 개의 신원인증 모듈을 쌓아놓을 수 있게 하며, 이러한 모듈들은 차례로 호출된다. 애플리케이션은 이 기능을 사용하여 보안을 향상시키기 위해 패스워드 및 생체 인식과 같은 다양한 방법을 통한 사용자 신원인증을 할 수 있다.

리눅스는 프로세스의 사용자 id와 그룹 id를 기반으로 하는 파일 접근 보호를 제공한다. NFS와 같은 서버가 사용자를 대신하여 파일에 접근할 경우, 서버의 id가 아니라 그 사용자의 사용자 id와 그룹 id를 이용하여 파일 보호를 수행해야 한다. 리눅스는 이를 편리하게 하기 위해 서버가 일시적으로 클라이언트의 신원을 가질 수 있는 `fsuid`와 `fsgid` 시스템 호출을 제공한다.

4.8.2절에서 설명한 바와 같이, 리눅스 커널은 적재 가능한 커널 모듈을 지원한다. 이 기능은 *Linux security modules*(LSM)이라고 부르는 적재 가능한 커널 모듈을 통해 향상된 접근 제어를 제공하기 위해 사용되어 왔다. LSM을 사용함으로써 다수의 서로 다른 보안 모듈들을 지원할 수 있다. LSM의 기본적인 구조는 단순하다. 즉, 커널은 객체에 접근하기 전에 접근 검증 함수를 호출한다. LSM이 이 함수를 제공하며, 이를 통해 접근이 허용되거나 거부될 수 있다. 미국 국가안전보장국에서 개발된 Security Enhanced Linux(SELinux)는 LSM을 통해 강제적 접근 제어를 제공하는 접근 제어 메커니즘을 추가하였다.

리눅스는 실행 보호 경로(exec-shield path)를 제공하여, 보안 공격을 시도하기 위한 버퍼 오버플로우 및 자료 구조 덮어쓰기 등을 막을 수 있게 해준다.

15.9.4 윈도우에서의 보안 및 보호(Security and Protection in Windows)

윈도우 보안 모델은 TCSEC 기준(14.5.2절 참고)에 따른 C2(그리고 B2) 등급 시스템의 여러 가지 요소를 가지고 있다. 이 모델은 임의적 접근 제어, 객체 재사용 보호, 보안 관련 사건의 감사, 접근 제어를 강제하는 보안 참조 모니터(SRM) 및 트로이 목마를 통해 시도되는 가장 공격을 막을 수 있는 신뢰성 있는 신원인증 경로 등을 제공한다. 그 밖에 특이한 기능으로 클라이언트-서버 컴퓨팅을 위해 자격(15.7절 참고)과 유사한 접근 토큰을 통한 보안을 제공한다.

윈도우 보안은 **보안 식별자**(*security identifiers*: SIDs)의 사용에 기반을 두고 있다. 즉, 사용자, 호스트 또는 여러 개의 호스트로 구성된 **영역**(*domain*) 등에게 보안 식별자가 부여된다. SID에서 중요한 항목은 SID를 발행한 호스트 또는 영역을 확인하는 48-비트의 식별자 인증기관 값과, 동일한 호스트 또는 영역이 생성한 개체에 대해 유일한 SID를 생성하기 위해 주로 사용되는 몇 개의 32-비트 하부 인증기관 또는 상대적인 식별자(relative identifier: RID) 값들이다.

각 프로세스와 스레드는 그 보안 상황을 식별하는 **접근 토큰**(*access token*)을 가진다. (이 책에서는 프로세스와 스레드들 모두에 대해 포괄적으로 프로세스라는 용어를 사용하였다.) 접근 토큰은 사용자가 로그온할 때 생성되며, 사용자를 위해 생성되는 최초 프로세스와 연관된다. 프로세스는 *Logon User* 함수를 사용하여 더 많은 접근 토큰을 만들 수 있다. 접근 토큰에는 사용자 계정 SID와 그룹 계정 SID가 포함된다. 이러한 항목들은 그 접근 토큰을 소유한 프로세스가 어느 객체에 대한 어떤 연산을 수행할 수 있는지 여부를 판단하는 보안 참조 모니터에서 사용된다. 접근 토큰은 파일 백업의 생성, 클라이언트의 역할 대신 및 호스트를 끄기 위한 특권 등과 같은 특별한 특권들을 나타내는 특권 배열도 포함하고 있다. 여기에는 구동기를 적재하거나 내리기, 객체의 소유권 차지하기 및 새로운 접근 토큰 생성하기 등과 같은 몇 개의 최상위 특권이 포함될 수도 있다.

파일과 같은 객체는 객체 소유자의 id, **임의 접근 제어 리스트**(*discretionary access control list*: DACL), **시스템 접근 제어 리스트**(*system access control list*: SACL) 등이 포함된 **보안 기술자**(*security descriptor*)를 가진다. DACL은 어느 사용자가 어떤 방식으로 객체에 접근할 수 있는지를 명세하는 데 사용되며, SACL은 객체에 대해 수행되는 연산의 감사 기록을 생성하는 데 사용된다. DACL과 SACL은 모두 **접근 제어 항목**(*access control entries*: ACEs)의 리스트지만, ACE는 이들 리스트에서 서로 다른 역할을 담당한다. DACL에 있는 ACE는 특정한 사용자가 그 객체에 접근이 허용되는지 또는 금지되는지를 나타낸다. 이러한 조치는 중간 정밀도의 보호는 제공하면서도 DACL을 간결하게 만드는 데 도움이 된다. 그러나 특정 사용자가 객체를 특정한 방식으로 접근하는 것을 허용할지 여부를 판단하기 위해서는 전체 DACL을 처리해야 한다. 하나의 객체가 디렉터리와 같은 다른 객체를 포함할 수 있으며, 이를 **컨테이너 객체**(*container* object)라고 부른다. 여기서는 그 안에 포함된 객체를 '자식 객체'로 부르기로 한다. 컨테이너 객체의 DACL에 있는 ACE는 그 ACE가 자식 객체에게 적용되는 방식, 예를 들어 동일하게, 전부 무시, 또는 일부 다른 방식 등을 나타내는 플래그를 가지고 있다. 하나의 중요한 옵션은 ACE가 그 자신이 컨테이너 객체인 자식 객체에 의해 상속될 수는 있지만, 자식 객체 내에서 생성된 객체에 의해서는 더 이상 상속되지 않는다는 점이다. 이 기능은 접근 제어 특권의 전파를 제한하는 데 도움을 준다. SACL의 ACE는 객체에 대한 어느 사용자 혹은 사용자 그룹의 어떤 연산을 감사해야 하는지를 나타낸다. 이러한 연산들 중 하나가 수행될 경우에 감사 기록에 한 항목이 만들어진다.

윈도우 보안 모델의 **역할대신**(*impersonation*) 기능은 클라이언트-서버 컴퓨팅 보안을 제공한다. 서버가 클라이언트를 대신하여 객체에 대한 어떤 연산을 수행할 경우에, 이러한 연산은 서버의 특권이 아니라 클라이언트의 접근 특권에 따라야 한다. 그렇지 않으면 클라이언트는 객체에 대해 자신의 접근 특권을 벗어나는 연산을 실현할 수 있을 것이다. 보안 감사 기록도 마찬가지로 서버가 클라이언트를 대신하여 객체에 접근한 경우에 서버의 식별자가 아니라 클라이언트의 식별자를 포함시켜야 한다. 이러한 요구사항은 서버가 역할대신을 통해 일시적으로 클라이언트의 신분을 가질 수 있을 경우에 만족된다.

역할대신은 다음과 같이 구현된다. 즉, 클라이언트가 서버를 호출할 경우에 클라이언트는 서버가 대신 수행해 주기를 원하는 역할의 종류를 표시할 수 있으며, 서버는 클라이언트의 동의 없이 역할대신을 수행할 수 없다. 역할대신이 허용되면 클라이언트의 토큰으로부터 **역할대신 토큰**(*impersonation token*)이 생성되어 서버에게 주어진다. 서버는 객체에 대한 연산을 수행하는 동안에 자신의 접근 토큰이 아니라 역할대신 토큰을 제시한다. 실제로 접근 토큰과 역할대신 토큰은 15.7절에서 설명한 자격처럼 사용된다. 더욱이 서버는 보안을 확실히 하기 위해 역할대신 토큰으로부터 제약이 있는 토큰을 생성할 수 있다. 이러한 토큰은 역할대신 토큰에 포함된 특권보다 적은 특권을 포함하게 될 것이며, 이는 마치 15.7절에서 설명한 하부 자격과 유사하다.

다음의 새로운 보안 기능은 윈도우 Vista를 좀 더 안전한 운영체제로 만들기 위해 추가된 것들이다.

- **인텔 *80x86* 아키텍처에서 버퍼 오버플로우 퇴치하기:** 15.2.2절에서, 이 아키텍처의 프로세서에서 스택은 메모리의 아래쪽으로 커진다고 설명하였다. Vista는 함수 호출의 복귀 주소와 매개변수를 지역 변수들보다 높은 위치의 스택에 두기 때문에 오버플로우로 인한 피해를 막을 수 있다. 데이터에 숨겨 놓은 코드를 실행하려는 시도는 데이터를 보유하고 있는 메모리 부분을 비실행 영역으로 표시하는 프로세서의 비실행(no-execute: NX) 기능을 사용하여 막을 수 있다.
- **힙(*heap*) 훼손 탐지하기:** 침입자는 힙에도 버퍼 오버플로우 공격을 시도할 수 있다. 이를 방지하기 위해서는 힙에 있는 포인터와 같은 메타데이터를 무작위 숫자와 배타적 논리합 연산을 수행하여 암호화한다. 오버플로우 또는 다른 방법을 통한 힙의 훼손은 메타데이터의 일부를 변경시키며, 그 복호화는 실패할 것이다. 커널은 이런 일이 발생한 경우에 프로세스를 중단시킨다.
- **시스템 코드에 접근 방지하기:** 시스템 코드의 일부는 침입자의 접근을 어렵게 하기 위해 메모리에 있는 256개의 적재 가능한 장소 중 하나에 무작위로 적재된다. 오랫동안 메모리에 존재하는 함수 포인터는 무작위 숫자와 배타적 논리합 연산을 수행하여 알기 어렵게 한다.
- **특권 남용 방지하기:** 시스템 서비스는 이전의 윈도우 버전에서 그랬던 것처럼 시스템 계정에서 실행되지 않는다. 이들은 보다 낮은 권한의 계정에서 실행된다. 시스템 관리자가 시작한 프로세스도 보다 낮은 특권 모드에서 실행되며, 커널은 그 프로세스가 관리자 특권이 필요한 함수를 실행하려고 할 경우에 관리자에게 자신을 신원인증하도록 요청한다. 신원인증이 성공하면 화면에 다른 창이 뜨게 되어 사용자 인터페이스나 마우스의 속임수를 방지할 수 있다.
- **네트워크 접근 보호:** 컴퓨터가 관리자가 설정한 기준에 부합되지 않으면, 네트워크의 접근을 막거나 제한된 접근만 제공된다.

15.10 요약

운영체제의 근본적인 목표는 사용자의 연산과 자원이 방해받지 않도록 하는 것이다. 그러나 사용자들은 파일에 저장된 프로그램이나 데이터와 같은 그들의 자원을 동료들과 공유할 필요가 있다. 그러므로 방해를 받지 않게 하기 위한 중요한 관점은 자원에 대한 어떤 접근이 합법적이며, 어떤 접근이 방해인지를 알아야 하는 것이다. 방해 위협은 시스템의 외부 또는 내부에서 발생할 수 있다. 이러한 위협에 대처하기 위해 사용되는 기법들이 각각 **보안**과 **보호**를 구성한다. **신원인증**은 보안의 핵심 기법으로서, 어떤 사람이 시스템에 등록된 사용자인지 여부를 판단한다. **권한인가**는 보호의 핵심 기법이다. 이 기법은 사용자가 자원에 접근할 수 있는지 여부를 판단한다. 이 장에서는 신원인증 및 권한인가 기법들에 대해 공부하였다.

방해의 위협을 꾸미는 사람이나 프로그램을 **침입자**라고 한다. 침입자는 사용자를 가장하거나 사용자의 합법적인 자원 사용을 방해하기 위해 컴퓨터 시스템의 보안 허점을 파고드는 다양한 방법을 사용할 수 있다. 이러한 방법에는 **트로이 목마**, **바이러스**, **웜**, 또는 **버퍼 오버플로우**의 사용 등이 포함된다. 침입자들이 가하는 위협은 알지 못하는 프로그램을 컴퓨터로 가져올 때 주의를 기울이고 보안 허점을 제거함으로써 방지할 수 있다.

운영체제의 신원인증 서비스는 등록된 사용자 이름과 이들의 신원을 확인하는 데 사용되는 정보를 데이터베이스에 보관한다. 이 서비스는 침입자가 신원인증 데이터베이스에 접근하거나 잘못 사용하는 것을 방지하기 위해 데이터를 알고리즘으로 변환하는 암호화를 사용한다. 블록 암호와 스트림 암호가 널리 사용되는 암호화 기법이며, DES(*digital encryption standard*)와 AES(*advanced encryption standard*)가 널리 사용되는 암호화 표준이다.

운영체제의 권한인가 서비스는 두 종류의 정보가 포함된 **보호 구조**를 가지고 있다. 접근 특권은 특정 파일에 특정한 방식으로 접근할 수 있는 사용자의 권한을 나타낸다. 파일의 **보호 정보**는 어떤 사용자가 그 파일에 어떤 방식으로 접근할 수 있는지를 알려준다. **보호 구조**의 구성은 사용자가 그의 파일에 대해 어느 사용자가 어떤 방식으로 접근할 수 있는지를 명세하면서 구별할 수 있는 정도를 조정한다. 이를 **보호의 정밀도**라고 한다. **접근 제어 리스트**, **자격 리스트** 및 **보호 영역**은 보호 구조에 대한 여러 가지 대안이다. 컴퓨터 시스템은 보안 및 보호 요구사항에 부합하는 정도에 따라 보안 등급을 부여받는다. 세밀한 보호의 제공과 보안 정책을 구현하는 시스템 관리자의 지원 능력이 보안 등급의 핵심 판단 요소이다.

여러분의 생각을 평가해 보라.

15.1 다음 각 문장이 참인지 거짓인지 구분하라.

a. 신원인증 기법은 시스템 사용자와 비사용자를 구별하는 데 사용된다.

b. 신원인증 토큰은 사용자가 소유한 접근 특권의 리스트를 가지고 있다.

c. 권한인가 데이터베이스는 보안 기법을 사용한다.

d. 정보의 암호화는 무결성을 보장한다.

e. 가장은 하나의 보안 공격이다.

f. 바이러스는 사용자에 의해 명시적으로 다운로드될 경우에만 보안 공격을 시도한다.

g. 버퍼 오버플로우 기법은 보안 공격을 시도하는 데 사용될 수 있다.

h. 스트림 암호로 암호화할 경우, 평문에 있는 동일한 스트링은 항상 암호문에도 동일한 스트링으로 바뀐다.

i. 로그인 시점에 사용자의 신원인증을 위해 운영

체제는 신원인증 데이터베이스에 보관되어 있는 암호화된 사용자 패스워드를 복호화하여, 그 결과를 사용자가 제시한 패스워드와 비교한다.

j. 패스워드 에이징은 패스워드가 침입자의 공격에 노출되는 기간을 제한한다.

k. 한 객체에 대한 2개의 자격이 그 소유자에게 동일한 접근 특권을 줄 수 있다.

l. 암호화는 소프트웨어 자격을 보호하기 위해 사용된다.

15.2 다음 중 어느 것이 보호 위반인가?

a. 사용자 Y의 파일 `alpha`에 대해 쓰기 특권을 가지고 있는 사용자 X가 `alpha`에 틀린 데이터를 쓴다.

b. 비사용자가 컴퓨터 시스템에 있는 파일 `beta`에 저장된 데이터를 읽으려고 한다.

c. 사용자 X가 사용자 Y의 파일 `alpha`에 대해 읽기 권한을 가지고 있지 않지만 이를 읽으려고 한다.

d. a~c 중 해당 사항이 없다.

15.3 다음 각 열에 있는 항목을 관련된 것끼리 짝지어 보라.

i. 유닉스 형태의 접근 제어 리스트	**i.** 세밀한 보호
ii. 접근 제어 행렬	**ii.** 낮은 정밀도의 보호
iii. 보호 영역	**iii.** 중간 정밀도의 보호

연습문제

15.1 그림 15.1의 신원인증 및 권한인가 데이터베이스를 변경하기 위해 따라야 할 절차를 설명하라.

15.2 암호화로 방지할 수 없는 보안 공격을 나열하라.

15.3 암호화가 데이터의 기밀성, 프라이버시 및 무결성을 보장할 수 있는지 여부를 설명하라.

15.4 예제 15.1의 보안 허점을 제거할 수 있는 보안 규칙을 정형화해 보라.

15.5 패스워드에 대해 선택된 평문 공격을 시도할 수 있는 조건들을 설명하라.

15.6 보호 정밀도가 여러 가지 보호 구조의 크기에 미치는 영향에 대해 말해 보라. 중간 정밀도의 보호를 구현할 경우에 접근 제어 리스트(ACL)의 크기를 줄일 수 있는 방안을 제시하라.

15.7 암호화 함수 E와 키 k를 사용하여 어떤 파일을 암호화하였다. 파일 시스템은 다른 어떤 보호 검사도 하지 않는다. 사용자가 그 파일을 다른 사용자와 공유하려 할 경우에는, 다른 사용자에게 E와 k를 알려준다. 파일 보호를 위한 이 방식과 접근 제어 리스트를 사용하는 방식을 (a) 사용자에게 접근 특권을 부여하거나 취소하기 쉬운 정도 (b)동일한 파일에 대해 서로 다른 종류의 접근 특권을 부여하는 일 등을 기준으로 비교하라.

15.8 일부 오래된 운영체제에서는 패스워드를 파일과 연관시켜서 정당한 패스워드를 제시하는 프로그램만이 파일에 접근할 수 있도록 하였다. 이 보호 방식을 연습문제 15.7에 있는 동일한 기준을 가지고 자격 기반의 보호 방식과 비교해 보라.

15.9 자격 검토(capability review)는 운영체제가 특정 객체 obj_i에 대한 자격을 소유한 모든 프로세스를 찾는 과정이다. 하드웨어 또는 소프트웨어 자격을 사용하는 시스템에서 어떤 방법으로 검토 연산을 수행할 수 있는지 설명하라.

15.10 운영체제는 소프트웨어 자격의 검증을 다음과 같이 수행한다. 즉, 새로운 자격이 생성될 경우에 객체 관리자는 자신이 사용하기 위해 자격의 복사본을 저장한다. 어떤 프로세스가 객체에 대한 연산을 수행하려고 하면, 그 프로세스가 제시한 자격을 보관된 자격과 비교한다. 일치되는 자격이 객체 관리자에 존재하면 그 연산은 허용된다. 이 방식은 절대 안전한가? 이 방식은 접근 특권에 대해 선택적인 취소를 허용하는가?

15.11 운영체제가 사용자에게 다양한 서비스를 제공하는 서버를 생성하였다. 서버는 사용자가 요청한 서비스를 처리하는 동안에 사용자를 대신하여 자

원에 접근할 필요가 있을 수 있다. 이러한 자원 접근은 서버의 접근 특권이 아니라 사용자의 접근 특권에 따라야 한다.

a. 이 목적을 위해 다음과 같은 방식이 제안되었다. 즉, 사용자가 서비스를 요청할 경우에, 그는 자신의 신원인증 토큰을 서버에게 보낸다. 서버는 자원 접근을 요청할 경우에, 자신의 것이 아니라 사용자의 신원인증 토큰을 신원인증 서비스에게 제시한다. 이러한 방식으로 자원의 사용은 사용자의 접근 특권을 따르게 될 것이다. 침입자가 사용자로 가장하기 위해 이 방식을 사용할 수 없다는 것을 어떻게 보장하는가?(힌트: 사용자의 신원인증 토큰이 위조될 수 없다는 것을 보증하라.)

b. 자격을 사용하여 이 방식을 설계하라.

15.12 그림 15.12의 구조에서 객체 접근의 속도를 빠르게 하기 위해 가상 기억장치에서 사용되는 주소 변환 버퍼와 유사한 버퍼 혹은 캐시 메모리를 어떻게 사용할 수 있는지를 설명하라.

15.13 분산 시스템의 서로 다른 노드들이 동시에 새로운 객체를 생성할 수 있다. 분산 운영체제에서 객체 id들의 유일성을 보장할 수 있는 방식을 설명하라.

15.14 유닉스 관련 문헌을 조사하여 유닉스에서 (a) 어떤 파일을 소유하고 있는 사용자의 id 찾기 (b) 어떤 사용자가 파일 소유자와 동일한 사용자 그룹에 속하는지를 판단하기 등에 대한 단서를 설명하라.

참고문헌

Ludwig(1998)은 서로 다른 종류의 바이러스를 기술한 반면에, Ludwig(2002)은 이메일 바이러스에 대해 설명한다. Spafford(1989)는 1998년에 참혹한 피해를 가져온 Morris 인터넷 웜을 설명하고, Berghel(2001)은 Code Red 웜에 대해 기술한다.

Landwehr(1981)은 컴퓨터 보안을 위한 정형적 모델을 설명한다. Voydock과 Kent(1983)는 분산 시스템의 보안 문제점과 이를 해결하기 위한 실제적인 기법에 대해 설명한다.

Shannon(1949)은 컴퓨터 보안에 대한 고전적인 작업으로서 암호의 혼동과 확산 속성에 대해 설명한다. Denning과 Denning(1979) 및 Lempel(1979)은 각각 데이터 보안과 암호학에 대한 우수한 개관을 담고 있다. Schneider(1996) 및 Ferguson과 Schneider(2003)는 암호학에 대한 교재이며, Pfleeger와 Pfleeger(2003)는 컴퓨터 보안에 관한 교재이다. Stalling(2003)은 암호학과 네트워크 보안에 대해 설명한다.

Naor와 Yung(1989)은 단방향 해시 함수를 설명한다. Rivest(1991)는 MD4 메시지 다이제스트 함수를 설명한다. MD4의 목표는 동일한 메시지 다이제스트를 갖는 2개의 메시지 생성, 또는 주어진 메시지 다이제스트를 가지는 메시지의 생성이 계산적으로 불가능하게 만드는 것이다. MD4는 매우 빠르며, 암호 분석 공격에도 성공적으로 견딘다. Rivest(1992)는 보다 보수적이지만 MD4보다 약간 느린 MD5를 설명한다. Preenel(1998)은 정보 신원인증을 위한 암호학적 기본 연산들을 설명한다.

제어 행렬을 기반으로 한 보호 및 보호 영역은 Lampson(1971)과 Popek(1974)이 설명한다. Organik(1972)은 MULTICS 보호 링에 대해 설명한다. 유닉스의 *setuid* 기능은 유닉스에 관한 대부분의 책에서 설명한다.

Dennis와 Van Horn(1996)은 자격의 개념에 관해 널리 참조되고 있는 논문이다. Levy(1984)는 몇 개의 자격 기반의 시스템을 설명한다. Mullender와 Tanenbaum(1986) 및 Tanenbaum(2001)은 Amoeba의 소프트웨어 자격을 설명한다. Anderson 등(1986)은 제한 조건을 가진 소프트웨어 자격을 설명한다.

미국 국방성의 신뢰할 수 있는 컴퓨터 시스템 평가 기준(TCSEC)은 컴퓨터 시스템의 보안 기능에 대한 등급을 제공한다. 이것은 DoD(1985)에서 설명한다.

Spafford 등(2003)은 솔라리스, Mac 운영체제, 리눅스 및 FreeBSD 운영체제 등의 보안에 대해 설명한다. Wright 등(2002)은 리눅스 보안 모듈을 설명한다. Russinovich와 Solomon(2005)은 윈도우의 보안을 설명한다.

1. Anderson, M., R. D. Pose, and C. S. Wallace (1986): "A password-capability system," *The Computer Journal*, **29** (1), 1–8.

2. Berghel, H. (2001): "The Code Red worm," *Communications of the ACM*, **44** (12), 15–19.
3. Denning, D. E., and P. J. Denning (1979): "Data security," *Computing Surveys*, **11** (4).
4. Dennis, J. B., and E. C. Van Horn (1966): "Programming semantics for multiprogrammed computations," *Communications of the ACM*, **9** (3).
5. DoD (1985): *Trusted Computer System Evaluation Criteria*, U.S. Department of Defense.
6. Ferguson, N., and B. Schneier (2003): *Practical Cryptography*, John Wiley, New York.
7. Fluhrer, S., I. Mantin, and A. Shamir (2001): "Weaknesses in the key scheduling algorithm of RC4," *Proceedings of 8th Annual Workshop on Selected Areas in Cryptography*.
8. Lampson, B. W. (1971): "Protection," *Operating Systems Review*, **8** (1), 18–24.
9. Landwehr, C. E. (1981): "Formal models for computer security," *Computing Surveys*, **13** (3), 247–278.
10. Lempel, A. (1979): "Cryptology in transition," *Computing Surveys*, **11** (4), 286–303.
11. Levy, H. M. (1984): *Capability-Based Computer Systems*, Digital Press, Burlington, Mass.
12. Ludwig, M. A. (1998): *The Giant Black Book of Computer Viruses*, 2nd ed., American Eagle, Show Low, Ariz.
13. Ludwig, M. A. (2002): *The Little Black Book of Email Viruses*, American Eagle, Show Low, Ariz.
14. Menezes, A., P. van Oorschot, and S. Vanstone (1996): *Handbook of Applied Cryptography*, CRC Press, Boca Raton, Fla.
15. Mullender, S. P., and A. Tanenbaum (1986): "The design of a capability-based distributed operating system," *Computer Journal*, **29** (4).
16. Nachenberg, C. (1997): "Computer virus–antivirus coevolution," *Communications of the ACM*, **40**, 46–51.
17. Naor, M., and M. Yung (1989): "Universal one–way hash functions and their cryptographic applications," *Proceedings of the 21st Annual ACM Symposium on Theory of Computing*, 33–43.
18. Oppliger, R. (1997): "Internet security: firewalls and beyond," *Communications of the ACM*, **40** (5), 92–102.
19. Organick, E. I. (1972): *The MULTICS System*, MIT Press, Cambridge, Mass.
20. Pfleeger, C. P., and S. Pfleeger (2003): *Security in computing*, Prentice Hall, Englewood Cliffs, N.J.
21. Popek, G. J. (1974): "Protection structures," *Computer*, **7** (6), 22–33.
22. Preneel, B. (1998): *Cryptographic primitives for Information Authentication—State of the art in applied cryptography*, LNCS 1528, Springer Verlag, 1998.
23. Rivest, R. (1991): "The MD4 message digest algorithm," *Proceedings of Advances in Cryptology—Crypto'90, Lecture Notes in Computer Science, volume 537*, Spinger-Verlag, 303–311.
24. Rivest, R. (1992): "The MD5 Message digest algorithm," Request for Comments, RFC 1321.
25. Russinovich, M. E., and D. A. Solomon (2005): *Microsoft Windows Internals*, 4th ed., Microsoft Press, Redmond, Wash.
26. Schneier, B. (1996): *Applied cryptography*, 2nd ed., John Wiley, New York.
27. Shannon, C. E. (1949): "Communication Theory of Secrecy Systems," *Bell System Technical Journal*, October 1949.
28. Spafford, E. H. (1989): "The Internet worm: crisis and aftermath," *Communications of the ACM*, **32** (6), 678–687.
29. Spafford, G., S. Garfinkel, and A. Schwartz (2003): *Practical UNIX and Internet Security*, 3rd ed., O'Reilly, Sebastopol, Calif.
30. Stallings, W. (2003): *Cryptography and Network Security: Principles and Practice*, 3rd ed., Prentice Hall, N.J.
31. Stiegler, H. G. (1979): "A structure for access control lists," *Software—Practice and Experience*, **9** (10), 813–819.
32. Tanenbaum, A. S. (2001): *Modern Operating Systems*, 2nd ed., Prentice Hall, Englewood Cliffs, N.J.
33. Voydock, V. L., and S. T. Kent (1983): "Security

mechanisms in high level network protocols," *Computing Surveys*, **15** (2), 135–171.

34. Wofsey, M. M. (1983): *Advances in Computer Security Management*, John Wiley, New York.

35. Wright, C., C. Cowan, S. Smalley, J. Morris, and G. Kroah-Hartman (2002): "Linux Security modules: General security support for the Linux kernel," *Eleventh USENIX Security Symposium.*

찾아보기

ㄱ

ㄹ

ㅁ

ㅂ

ㅅ

ㅇ

ㅈ

ㅊ

ㅋ

ㅌ

ㅍ

ㅎ

기타

번역진 소개

김성조 중앙대학교 컴퓨터공학부
류연승 명지대학교 컴퓨터공학과
서대화 경북대학교 전자공학부
이금석 동국대학교 컴퓨터공학전공
조병호 서울과학기술대학교 컴퓨터공학과
최의인 한남대학교 컴퓨터공학과
최태영 금오공과대학교 컴퓨터공학과
편기현 전북대학교 컴퓨터공학부

운영체제 기본 개념의 이해

Operating Systems: A Concept-Based Approach

발 행 일 | 2011년 2월 28일
저 자 | Dhananjay M. Dhamdhere
역 자 | 김성조 • 류연승 • 서대화 • 이금석 • 조병호 • 최의인 • 최태영 • 편기현
발 행 인 | 이한성
발 행 처 | 텍스트북스
주 소 | 서울시 마포구 서교동 461-3
전 화 | 02-333-5725
팩 스 | 02-333-5724
웹사이트 | www.textbooks.co.kr
등록번호 | 제313-2004-00146호
ISBN | 978-89-93543-21-6

정 가 | 28,000원